21世纪法学系列教材

刑事法系列

刑法学

（第二版）

张小虎 著

图书在版编目(CIP)数据

刑法学/张小虎著.—2版.—北京:北京大学出版社,2022.11
21世纪法学系列教材.刑事法系列
ISBN 978-7-301-33473-7

Ⅰ.①刑… Ⅱ.①张… Ⅲ.①刑法—法的理论—中国—高等学校—教材 Ⅳ.①D924.01

中国版本图书馆CIP数据核字(2022)第193164号

书　　　名	刑法学(第二版) XINGFAXUE(DI-ER BAN)
著作责任者	张小虎　著
责 任 编 辑	冯益娜
标 准 书 号	ISBN 978-7-301-33473-7
出 版 发 行	北京大学出版社
地　　　址	北京市海淀区成府路205号　100871
网　　　址	http://www.pup.cn
电 子 信 箱	law@pup.pku.edu.cn
新 浪 微 博	@北京大学出版社　@北大出版社法律图书
电　　　话	邮购部 010-62752015　发行部 010-62750672　编辑部 010-62752027
印　刷　者	天津中印联印务有限公司
经　销　者	新华书店
	730毫米×980毫米　16开本　41.75印张　914千字
	2015年5月第1版
	2022年11月第2版　2022年11月第1次印刷
定　　　价	98.00元

未经许可,不得以任何方式复制或抄袭本书之部分或全部内容。
版权所有,侵权必究
举报电话:010-62752024　电子信箱:fd@pup.pku.edu.cn
图书如有印装质量问题,请与出版部联系,电话:010-62756370

作者简介

张小虎,男,1962年生,江苏人。北京大学法学院法学博士,北京大学社会学系博士后。曾任中国犯罪学会副会长(2007年8月至2017年7月)。现为中国人民大学法学院暨刑事法律科学研究中心教授、博士生导师,犯罪学研究所所长。主要教学与研究领域:刑法学、犯罪学。在《中国社会科学》《法学研究》《社会学研究》等期刊独立发表学术论文120余篇;独立出版学术著作:《刑法学》《刑法的基本观念》《犯罪论的比较与建构》(第一版、第二版)、《刑罚论的比较与建构》(上卷、下卷)、《罪刑分析》(上册、下册)、《刑事法律关系的构造与价值》《犯罪学》《当代中国社会结构与犯罪》《转型期中国社会犯罪原因探析》《宽严相济刑事政策的基本思想与制度建构》;主编"十五""十一五"国家级规划教材《犯罪学》;主编及合作出版其他学术著作10余部。

第二版前言

本书在第一版的基础上进行了全面系统的修订,致力于如下的理念及目标:

追寻概念刑法学:本书提倡概念刑法学的体系建构。只有肯定及精确的概念才有理论,理论是独特概念之间的关系的命题。而概念是知识网上的网结,概念是相对意义上的存在,舍此就没有所谓的概念。① 主观主义与客观主义、危险犯与实害犯、实行犯与教唆犯及帮助犯等,这些是刑法内概念的精确化;犯罪本质与犯罪实质、理性人与经验人、法律文本(中的犯罪成立条件、规范的解释论及立法论)与犯罪现象(中的罪因机制、犯罪的控制与预防)、犯罪惩罚与罪犯矫治等,这些是经由刑法外的考究而使刑法的概念更为合理化及精确化。

避免胶柱鼓瑟:概念与命题不能脱离现实逻辑。刑法理论就是将社会生活常规用法言法语解释清楚。脱离社会生活常规及语言规范的解释,难免使社会大众感到茫然。应当以特定的历史阶段、民众观念、社会状况来展开对刑法的思考与期待。犯罪及其处置是沉浸在时代背景下的社会群体中的,正如法国著名社会学家涂尔干所指出的,"如果一种行为触犯了强烈而又明确的集体意识,那么这种行为就是犯罪"。② 法律的终极价值是"社会常理+正直善良"。

立足我国《刑法》:《刑法》的具体规定是我国整个刑法理论与实践的波纹效应的震中,他国的理论及做法只是掠过湖面的一阵轻风,其只是影响我们这个震中触发下的波纹效应的一个因子。如果本末倒置,难免给人以指鹿为马之感。要摒弃超越我国《刑法》而执着地将他国的理论及做法直接适用到对我国案件处理的诱导。这里,注重本土民族文化、社会时代背景与本国法律制度的立足,并不否认他国优秀的立法经验与研究成果的启迪。

注重回归实践:刑法学是磨砺精确的定罪量刑技术,推进合理的刑事制裁与罪犯处遇的科学。作为独特专业的刑法学,不能不关切刑法哲理中的技术。只见价值光环不见技术踪影,或许只是可供观赏的绚丽字番;既有价值根基更有技术大厦,或许才是实战急需的作战地图(工程图纸)。刑事案件海洋的处理,期待着这种客观、现实、可行的作战地图。精准的作战地图既有客观的理论深思,更有脚踏实地的司法勘验。法学是实证科学及实践科学,"理论联系实际"是常理,"实践是检验真理的唯一标准"。

秉持刚柔相济:刚正的面庞下透射着慈爱的心,展示了刑法的个性。刑法学是旨在传承人类公正精神,保障公民自由的科学;刑法学是致力于维护社会秩序,构建社

---

① 详见张小虎著:《犯罪学(第二版)》,中国人民大学出版社2017年版,再版前言。
② 参见〔法〕埃米尔·涂尔干著:《社会分工论》,渠东译,生活·读书·新知三联书店2000年版,第43页。

会防卫体系的科学。现代刑法仍处于以行为刑法为主导的阶段,就我国法治建设的进程而论,我国现阶段的刑法更是如此。由此,犯罪观念以客观主义为基底兼顾主观主义,刑罚观念以报应主义为基底兼顾目的主义,刑法机能以保障人权为基本平台兼顾保护社会。

建构理论体系:确立双层多阶的犯罪构成理论体系,凸显犯罪构成中的肯定性评价与否定性评价;建构双轨的刑法处罚理论体系,即对于责任罪行适用刑罚,对于社会危险行为适用保安处分。注重技术平台与价值理念、法律形式与精神实质、实然规定与应然呈现等的比较分析。

扣紧知识网结:系统展开刑法学的知识网络,对于其中的知识要点予以重点分析。既可以看到观念论犯罪论与存在论犯罪论、社会相当性理论、客观违法性、处罚条件、行为犯与结果犯、普通教唆犯与独立教唆犯、中立行为的帮助、脱离共犯关系、牵连犯与吸收犯等,在本书知识体系土壤中的再生,也可以看到刑事法律关系、法制主义原则、双层多阶犯罪论体系、基准实行行为、过失犯实行行为、因果关系的基本判断与特别判断、纯粹过失犯与非纯粹过失犯、意图偏差的片面帮助犯、一行为与数行为的界分标准、处分措施、追加的盗窃故意与渗透的盗窃故意、骗付型侵财与秘取型侵财等,在本书知识体系平台上的亮相。

系统链接全文:全书统一编节及节中统一编段,以便于知识要点的查找及对比阅读。刑法大厦中各个"区域"的最基本的知识内容,均安排在相应章节的首要节位上,文中楷体字部分可作为本科教学的重点;该"区域"内容的纵深展开,则由其后的相应的节号A、B、C等承载(可供研究生阅读思考)。全书还增加了500多个典型案例及案情举例,以对抽象的概念及命题予以具体说明。每节后均有思考题,其或系重要的疑难点,或可供论文选题的提示。

竭尽简明表述:力求以简洁、明了、清晰但又不失深入的表述形式,将体系完整、知识全面、概念准确的刑法学知识予以展示。对于各项知识要点,既有理论背景的交待,也有思想前沿的挖掘,更有核心内容的定位。专业术语与基本观点等均以黑体字(或楷体字)标明。为了缩减篇幅,对有关议题的纵深内容的展开,感兴趣的读者可循文中脚注的具体指引,查阅《刑法的基本观念》《犯罪论的比较与建构》《刑罚论的比较与建构》《罪刑分析》《宽严相济刑事政策的基本思想与制度建构》等拙著以及相关的拙文。

尽管笔者谨小慎微,但是不可避免仍会有疏漏,敬请各位读者不吝赐教及批评指正。

张小虎　谨识
2022 年 3 月 8 日

目　　录

第 1 编　刑法基础知识

第 1 章　刑法之基础概念 (1)
第 1 节　刑法学概述 (1)
第 2 节　刑法的概念 (4)
第 3 节　刑法的性质 (6)
第 4 节　刑法的机能 (7)

第 2 章　刑法之基本观念 (9)
第 5 节　刑法理论基奠 (9)
第 6 节　刑法学派思想 (10)
第 7 节　刑法基本原则 (13)
第 8 节　刑事法律关系 (21)

第 3 章　刑法之基阶制度 (23)
第 9 节　刑法体系 (23)
第 10 节　刑法规范 (25)
第 11 节　刑法解释 (26)
第 11 节 A　刑法论理解释的展开 (29)
第 11 节 B　刑法法条的解读 (32)
第 12 节　刑法任务 (36)
第 13 节　刑法效力范围 (37)

第 2 编　犯罪构成基础理论

第 4 章　犯罪概念与犯罪构成概述 (43)
第 14 节　犯罪概念 (43)
第 15 节　犯罪构成理论体系概要 (45)
第 16 节　双层多阶犯罪论体系 (50)
第 17 节　犯罪构成的理论分类 (57)

第3编　犯罪典型构成之积极要件:本体构成要素

第5章　客观事实要素 ………………………………………………… (61)
第18节　行为及其附随情状(行为犯与结果犯之共有要素) ………… (61)
第18节A　不作为成立之作为义务来源 ……………………………… (68)
第18节B　基准犯的实行行为 ………………………………………… (70)
第18节C　过失犯的实行行为 ………………………………………… (73)
第18节D　构成要件行为的实质排除(行为的缺乏) ………………… (74)
第18节E　附论:不纯正不作为犯 …………………………………… (78)
第19节　结果及因果关系(结果犯之特有要素) ……………………… (83)
第19节A　特定构成结果与其他结果形态 …………………………… (87)
第19节B　刑法因果关系的判断及类型 ……………………………… (90)
第20节　行为主体(行为犯与结果犯之共有要素) …………………… (97)

第6章　客观规范要素 ………………………………………………… (103)
第21节　违法性的基本观念 …………………………………………… (103)
第21节A　违法性的实质及程度 ……………………………………… (104)
第22节　违法性的具体表现 …………………………………………… (106)

第7章　主观责任要素 ………………………………………………… (110)
第23节　故意的基本结构(故意犯之责任形式) ……………………… (110)
第23节A　故意的类型 ………………………………………………… (111)
第23节B　故意的理论结构 …………………………………………… (115)
第23节C　故意的事实认识内容(违法性认识的判断根据) ………… (116)
第23节D　故意的事实认识错误(故意成立的影响因素) …………… (119)
第24节　过失的基本结构(过失犯之责任形式) ……………………… (125)
第24节A　过失的类型 ………………………………………………… (126)
第24节B　过失的理论结构 …………………………………………… (130)
第24节C　过失的规范评价核心(违反注意义务) …………………… (131)
第24节D　过失的注意义务免除(信赖原则与允许危险原则) ……… (134)
第25节　特定心态(故意犯之特有要素) ……………………………… (136)
第26节　故意与过失的缺乏(不可抗力及意外) ……………………… (139)

第4编 犯罪典型构成之消极要件:严重危害阻却要素

第8章 违法阻却事由 (142)
- 第27节 违法阻却事由概述 (142)
- 第28节 正当防卫 (143)
- 第28节A 防卫过当 (157)
- 第29节 紧急避险 (161)
- 第29节A 避险过当 (171)
- 第30节 其他正当化事由 (174)

第9章 责任阻却事由 (179)
- 第31节 责任的概说 (179)
- 第32节 缺乏责任能力 (181)
- 第32节A 责任能力的概念、内容及程度 (184)
- 第32节B 影响责任能力的因素 (187)
- 第32节C 原因自由行为 (192)
- 第33节 缺乏违法性认识可能性 (193)
- 第34节 缺乏期待可能性 (195)

第10章 严重危害其他阻却事由 (200)
- 第35节 严重危害其他阻却事由概说 (200)
- 第36节 危害显著轻微的类型 (200)
- 第37节 人身危险性显著轻微的规范价值 (203)

第5编 犯罪修正形态

第11章 犯罪修正之停止形态 (205)
- 第38节 犯罪停止形态概说 (205)
- 第39节 犯罪既遂形态 (207)
- 第39节A 分则既遂犯的对比形态 (209)
- 第39节B 故意犯与过失犯的结构形态 (211)
- 第40节 犯罪预备形态 (215)
- 第40节A 预备行为的界分及预备犯的类型 (217)
- 第41节 犯罪未遂形态 (220)
- 第41节A 着手的界说及未遂犯的形态 (222)

第 42 节　犯罪中止形态 …………………………………………（225）
　　第 42 节 A　自动放弃重复侵害的定性及中止犯的类型 …………（228）

第 12 章　犯罪修正之共犯形态

　　第 43 节　我国《刑法》上的共同犯罪 ……………………………（230）
　　第 44 节　共同犯罪之本质的理论学说 ……………………………（237）
　　第 45 节　我国《刑法》上的共同犯罪人 …………………………（241）
　　第 45 节 A　正犯 ……………………………………………………（244）
　　第 45 节 B　帮助犯 …………………………………………………（245）
　　第 45 节 C　教唆犯 …………………………………………………（250）
　　第 45 节 D　被胁迫犯 ………………………………………………（255）
　　第 45 节 E　组织犯 …………………………………………………（256）
　　第 45 节 F　附论：间接正犯 ………………………………………（257）
　　第 46 节　正犯与共犯的理论学说 …………………………………（263）
　　第 47 节　共犯与身份 ………………………………………………（266）
　　第 48 节　共犯与未遂、中止及脱离共犯关系 ……………………（268）

第 13 章　犯罪修正之罪数形态

　　第 49 节　罪数形态概述 ……………………………………………（273）
　　第 50 节　一行为法定一罪 …………………………………………（278）
　　第 51 节　一行为处断一罪 …………………………………………（284）
　　第 52 节　数行为法定一罪 …………………………………………（290）
　　第 53 节　数行为处断一罪 …………………………………………（294）

第 6 编　犯罪扩张形态

第 14 章　不纯正不作为犯 …………………………………………（300）

第 15 章　间接正犯 …………………………………………………（301）

第 7 编　犯罪刑事后果

第 16 章　刑罚基础知识

　　第 54 节　刑罚的概念与特征 ………………………………………（302）
　　第 55 节　刑罚权 ……………………………………………………（303）
　　第 56 节　刑罚本质 …………………………………………………（303）
　　第 57 节　刑罚目的 …………………………………………………（304）

第 58 节　刑罚机能 ……………………………………………… （305）

第 17 章　刑罚种类 ………………………………………………… （307）

第 59 节　刑罚体系 ……………………………………………… （307）

第 60 节　主刑 …………………………………………………… （308）

第 60 节 A　管制 ………………………………………………… （310）

第 60 节 A1　管制附论：禁止令 ………………………………… （311）

第 60 节 B　拘役 ………………………………………………… （314）

第 60 节 C　有期徒刑 …………………………………………… （315）

第 60 节 D　无期徒刑 …………………………………………… （317）

第 60 节 E　死刑 ………………………………………………… （318）

第 61 节　附加刑 ………………………………………………… （321）

第 61 节 A　罚金 ………………………………………………… （322）

第 61 节 B　没收财产 …………………………………………… （324）

第 61 节 C　剥夺政治权利（典型资格刑） ……………………… （328）

第 61 节 D　驱逐出境（资格刑） ………………………………… （329）

第 61 节 E　剥夺军衔（资格刑特例） …………………………… （330）

第 61 节 F　禁止执业及剥夺职业资格（刑事特别处置） ……… （330）

第 18 章　刑罚适用 ………………………………………………… （332）

第 62 节　量刑基本原理 ………………………………………… （332）

第 62 节 A　量刑基本原则 ……………………………………… （333）

第 62 节 B　量刑情节 …………………………………………… （337）

第 63 节　量刑从严制度·累犯制度 …………………………… （340）

第 64 节 A　量刑从宽制度·自首制度 ………………………… （343）

第 64 节 B　量刑从宽制度·坦白制度 ………………………… （346）

第 64 节 C　量刑从宽制度·立功制度 ………………………… （348）

第 65 节　数罪并罚制度 ………………………………………… （349）

第 19 章　刑罚执行 ………………………………………………… （355）

第 66 节　行刑基本原理 ………………………………………… （355）

第 67 节　缓刑制度 ……………………………………………… （357）

第 68 节　减刑制度 ……………………………………………… （363）

第 69 节　假释制度 ……………………………………………… （368）

第 70 节　社区矫正 ……………………………………………… （374）

第 20 章　刑罚消灭 …………………………………………………………（378）
第 71 节　刑罚消灭概述 ……………………………………………………（378）
第 72 节　时效制度 …………………………………………………………（380）
第 72 节 A　追诉时效 ………………………………………………………（382）
第 72 节 B　行刑时效 ………………………………………………………（387）
第 73 节　赦免制度 …………………………………………………………（389）
第 74 节　前科消灭 …………………………………………………………（392）
第 75 节　复权 ………………………………………………………………（393）

第 21 章　保安处分制度 …………………………………………………（395）
第 76 节　保安处分制度概述 ………………………………………………（395）
第 77 节　保安处分的原则及适用条件 ……………………………………（397）
第 78 节　保安处分的适用对象及种类 ……………………………………（398）
第 79 节　保安处分的裁量、执行及消灭 …………………………………（403）
第 80 节　我国保安处分制度的建构 ………………………………………（406）

第 22 章　犯罪其他处置 …………………………………………………（408）
第 81 节　刑事特别处置（涉罪赔偿及非刑措施） ………………………（408）
第 82 节　刑事特别司法（刑事和解） ……………………………………（411）

第 8 编　各罪罪刑

第 23 章　各罪基础知识 …………………………………………………（415）
第 83 节　总则与分则 ………………………………………………………（415）
第 84 节　分则罪名的体系结构 ……………………………………………（417）
第 85 节　分则条文的逻辑结构 ……………………………………………（418）
第 85 节 A　罪名的功能及确定 ……………………………………………（424）
第 85 节 B　罪状的逻辑结构及条文解读 …………………………………（428）
第 85 节 C　法定刑的幅度及轻重 …………………………………………（431）

第 24 章　危害国家安全罪 ………………………………………………（435）
第 86 节　危害国家安全罪概述 ……………………………………………（435）
第 87 节　背叛国家罪 ………………………………………………………（436）
第 87 节 A　背叛国家罪的犯罪形态 ………………………………………（438）
第 88 节　分裂国家罪 ………………………………………………………（439）
第 88 节 A　分裂国家罪的犯罪形态及法条解读 …………………………（441）
第 89 节　武装叛乱、暴乱罪 ………………………………………………（441）

第89节 A　武装叛乱、暴乱罪的从重量刑及与近似罪的区别 …………… (442)
　　第90节　间谍罪 ………………………………………………………… (444)
　　第91节　危害国家安全罪的其他具体犯罪选读 ……………………… (446)

第25章　危害公共安全罪 ……………………………………………… (447)
　　第92节　危害公共安全罪概述 ………………………………………… (447)
　　第92节 A　危害公共安全罪客观规范要素的具体分析 ……………… (448)
　　第92节 B　危险犯的解读 ……………………………………………… (450)
　　第93节　放火罪 ………………………………………………………… (451)
　　第93节 A　放火罪的犯罪形态 ………………………………………… (452)
　　第93节 B　放火罪与相关犯罪 ………………………………………… (453)
　　第94节　破坏交通工具罪 ……………………………………………… (454)
　　第94节 A　破坏交通工具罪与相关犯罪 ……………………………… (456)
　　第95节　交通肇事罪 …………………………………………………… (458)
　　第95节 A　交通肇事罪与相关犯罪 …………………………………… (460)
　　第95节 B　交通肇事后逃逸的定性 …………………………………… (463)
　　第95节 C　关于指使逃逸致死以共犯论处的规定 …………………… (467)
　　第96节　危险驾驶罪 …………………………………………………… (469)
　　第96节 A　危险驾驶罪与相关犯罪 …………………………………… (471)
　　第97节　危害公共安全罪的其他具体犯罪选读 ……………………… (473)

第26章　破坏市场秩序罪 ………………………………………………… (476)
　　第98节　破坏市场秩序罪概述 ………………………………………… (476)
　　第99节　生产、销售伪劣产品罪 ……………………………………… (478)
　　第99节 A　生产、销售伪劣产品罪与相关犯罪 ……………………… (480)
　　第100节　生产、销售不符合安全标准的食品罪 …………………… (481)
　　第101节　走私武器、弹药罪 ………………………………………… (483)
　　第102节　非国家工作人员受贿罪 …………………………………… (485)
　　第102节 A　非国家工作人员受贿罪实行行为的具体展开 ………… (487)
　　第103节　伪造货币罪 ………………………………………………… (488)
　　第104节　洗钱罪 ……………………………………………………… (491)
　　第105节　逃税罪 ……………………………………………………… (493)
　　第105节 A　逃税罪的犯罪数额及事后出罪 ………………………… (495)
　　第106节　破坏市场秩序罪的其他具体犯罪选读 …………………… (496)

第27章　侵犯公民人身罪 ………………………………………………… (497)
　　第107节　侵犯公民人身罪概述 ……………………………………… (497)

第 108 节　故意杀人罪 …………………………………………………… (498)
第 108 节 A　故意杀人罪的犯罪形态 …………………………………… (500)
第 108 节 B　自杀事件 ……………………………………………………… (502)
第 109 节　故意伤害罪 …………………………………………………… (505)
第 109 节 A　故意伤害罪的认定 …………………………………………… (506)
第 110 节　强奸罪 ………………………………………………………… (510)
第 110 节 A　强奸罪基准构成要素的解读 ………………………………… (512)
第 110 节 B　强奸罪的准型构成·奸淫幼女 ……………………………… (516)
第 110 节 C　通奸及婚内强奸 ……………………………………………… (517)
第 111 节　非法拘禁罪 …………………………………………………… (520)
第 111 节 A　非法拘禁罪基准构成要素的解读 …………………………… (521)
第 111 节 B　非法拘禁罪的犯罪形态 ……………………………………… (523)
第 112 节　绑架罪 ………………………………………………………… (525)
第 112 节 A　绑架罪实行行为构成要素的解读 …………………………… (527)
第 112 节 B　绑架罪的犯罪形态 …………………………………………… (529)
第 113 节　侵犯公民人身罪的其他具体犯罪选读 ……………………… (531)

第 28 章　侵犯财产秩序罪 ………………………………………………… (533)

第 114 节　侵犯财产秩序罪概述 ………………………………………… (533)
第 114 节 A　侵犯财产秩序罪有关构成要素的解读 ……………………… (534)
第 115 节　抢劫罪 ………………………………………………………… (537)
第 115 节 A　抢劫罪有关客观事实要素的解读 …………………………… (539)
第 115 节 B　抢劫罪的加重构成 …………………………………………… (541)
第 115 节 C　准型抢劫 ……………………………………………………… (547)
第 115 节 D　抢劫罪的既遂与未遂 ………………………………………… (551)
第 115 节 E　抢劫罪与其他犯罪的界分 …………………………………… (552)
第 116 节　盗窃罪 ………………………………………………………… (555)
第 116 节 A　盗窃罪实行行为的规范解读 ………………………………… (558)
第 116 节 B　窃取对象"他人财物"的规范解读 ………………………… (560)
第 116 节 C　行为主体"单位盗窃"的问题 ……………………………… (563)
第 116 节 D　盗窃罪的"故意"及"特定目的" ………………………… (565)
第 116 节 E　取财意图之形成及内容的复杂情形及其定性 ……………… (566)
第 116 节 F　盗窃罪有关独特类型的具体考究 …………………………… (571)
第 116 节 G　盗窃罪的犯罪形态 …………………………………………… (576)
第 117 节　诈骗罪 ………………………………………………………… (578)
第 117 节 A　诈骗罪实行行为的解读 ……………………………………… (580)

第117节 B　诈骗罪数额要素的解读 …………………………………… (582)

第117节 C　三角诈骗及诉讼诈骗 ……………………………………… (583)

第117节 D　诈骗罪的具体认定 ………………………………………… (586)

第117节 E　诈骗罪的犯罪形态 ………………………………………… (589)

第118节　侵占罪 ………………………………………………………… (590)

第119节　侵犯财产秩序罪的其他具体犯罪选读 ……………………… (591)

第29章　妨害日常管理罪 …………………………………………… (594)

第120节　妨害日常管理罪概述 ………………………………………… (594)

第121节　妨害公务罪 …………………………………………………… (596)

第121节 A　妨害公务罪基准构成要素的解读 ………………………… (597)

第121节 B　妨害公务与被害人重伤、死亡 …………………………… (599)

第122节　寻衅滋事罪 …………………………………………………… (600)

第122节 A　寻衅滋事罪基准构成要素的解读 ………………………… (602)

第122节 B　寻衅滋事罪与相关犯罪的竞合关系 ……………………… (603)

第123节　传授犯罪方法罪 ……………………………………………… (604)

第123节 A　传授犯罪方法罪与教唆犯 ………………………………… (606)

第124节　窝藏、包庇罪 ………………………………………………… (607)

第124节 A　窝藏、包庇罪的犯罪形态与相关犯罪 …………………… (608)

第125节　妨害日常管理罪的其他具体犯罪选读 ……………………… (609)

第30章　危害国防利益罪 …………………………………………… (611)

第126节　危害国防利益罪概述 ………………………………………… (611)

第127节　伪造、盗窃、买卖、非法提供、非法使用武装部队专用

标志罪 …………………………………………………………… (612)

第128节　冒充军人招摇撞骗罪 ………………………………………… (614)

第129节　危害国防利益罪的其他具体犯罪选读 ……………………… (615)

第31章　危害廉政建设罪 …………………………………………… (616)

第130节　危害廉政建设罪概述 ………………………………………… (616)

第131节　贪污罪 ………………………………………………………… (617)

第131节 A　贪污罪实行行为及行为主体的解读 ……………………… (618)

第131节 B　贪污罪的犯罪形态 ………………………………………… (619)

第131节 C　贪污罪与其他犯罪的界分 ………………………………… (621)

第132节　挪用公款罪 …………………………………………………… (622)

第132节 A　挪用情形及挪用行为的解读 ……………………………… (623)

第132节 B　挪用公款罪的准型构成 …………………………………… (625)

第 132 节 C　挪用公款罪与其他犯罪的界分 ……………………………………（626）
第 133 节　受贿罪 ……………………………………………………………（627）
第 133 节 A　受贿罪实行行为及行为对象的解读 …………………………（628）
第 133 节 B　受贿罪的准型构成及与相关罪的界分 ………………………（630）
第 134 节　利用影响力受贿罪 ………………………………………………（632）
第 134 节 A　利用影响力受贿罪实行行为及行为对象的解读 ……………（633）
第 134 节 B　利用影响力受贿罪的准型构成及相关犯罪认定 ……………（635）
第 135 节　危害廉政建设罪的其他具体犯罪选读 …………………………（636）

第 32 章　背离公务职责罪 ……………………………………………………（637）

第 136 节　背离公务职责罪概述 ……………………………………………（637）
第 137 节　滥用职权罪 ………………………………………………………（638）
第 137 节 A　滥用职权罪实行行为及行为加重犯的解读 …………………（639）
第 138 节　玩忽职守罪 ………………………………………………………（640）
第 138 节 A　玩忽职守罪的责任主体入罪范围及与滥用职权罪的关系 …（642）
第 139 节　背离公务职责罪的其他具体犯罪选读 …………………………（644）

第 33 章　背离军人职责罪 ……………………………………………………（646）

术词及关键词选摘 ……………………………………………………………（648）

第 1 编　　刑法基础知识

第 1 章　　刑法之基础概念

第 1 节　　刑法学概述

一、刑法学的诞生

1. 人类有关犯罪与刑罚的思想、规范源远流长。中国早在夏朝就确立了"辟、膑、宫、劓、墨"的五刑;古希腊的先哲们对犯罪现象也发表了经典性的思想;古罗马法还将违法行为分为"私犯"和犯罪两种。然而,这并不意味着现代意义上刑法学的形成。因为上述这些有关罪与刑的学说及规范,就形式而论,尚未形成独立系统的知识体系;从实质来看,缺乏现代意义上的民主政治根基。现代意义的法律必须具有民主政治的根基。对此,法国著名思想家卢梭对现代法律的特性作了经典的阐释。①

2. 现代刑法学诞生的标志,系 1764 年意大利学者贝卡利亚《论犯罪与刑罚》的发表,其在人类历史上,首次对犯罪与刑罚的一系列问题进行了深入系统的论述,确立了罪刑法定、罪刑均衡等作为刑法学支柱的基本原则,奠定了现代刑法理论的根基,贝卡利亚也被誉为"刑法学之父"。这部著作所阐述的思想是一个时代的精神浓缩与标志,在这种思想与规则的强力推进下,刑法由个人意志转向公共意志、由不确定转向确定,刑罚由任意残酷转向谦抑人道,随之也逐步形成了体系性的科学知识。

二、刑法学的概念

3. **刑法学**,是研究刑法及其所规定的犯罪、社会危险行为与刑罚、保安处分的科学,是刑事规范学中一门重要的学科。从内部构成来看,刑法学包括注释刑法学、理论刑法学、哲学刑法学,中国刑法学、外国刑法学、比较刑法学,国际刑法学,沿革刑法学等。就相邻学科而论,犯罪学(包括犯罪社会学、犯罪心理学、犯罪生物学、被害人学等)、监狱学、刑事诉讼法学、刑事侦察学等,是刑法学的相关学科。② 对刑法学的

---

① 参见〔法〕卢梭:《社会契约论》,何兆武译,商务印书馆 1980 年版,第 50—52 页。
② 详见张小虎:《犯罪学(第二版)》,中国人民大学出版社 2017 年版,第 17—27 页。

这一概念的理解,可以从七个方面予以具体的展开。①

4. 刑法学领域存在**全体刑法学**的概念。对此,我国著名刑法学家甘雨沛教授指出:"19世纪的刑法学是合","20世纪的刑法学是分","将来必走向统一、联合,成为一个融刑事立法论、适用解释论、行刑与保安处分论以及刑事政策论等为一炉的全体规制的'全体刑法学'。它不是过去各学科的简单相加而是在新的观念指导下的升华。"② **刑事科学**,是有关研究犯罪及其处置的、集刑事实体与程序、事实与规范为一体的一系列学科群。刑事事实学与刑事规范学是刑事科学的两大主体成分:(1)**刑事规范学**,以刑事法律规范为研究素材,侧重于思辨方法,考究法律文本、建构法律分析工具、揭示法律哲学思想,其构建的理论是规则的框架和应然的法则。刑法学与刑事诉讼法学,是刑事规范学的典型学科。(2)**刑事事实学**,以社会犯罪事实为研究素材,侧重于经验方法,观测犯罪现象、探索犯罪机制、寻求犯罪对策,其构建的理论并不强调应当如何,而是说明事实如何。犯罪学、刑事侦察学,是刑事事实学的典型学科。

5. 注释刑法学、理论刑法学、哲学刑法学,是从刑法学研究的理论深度对刑法学所作的划分:(1)**注释刑法学**,是对刑法条文予以具体注解而构成的知识体系。注释刑法学直接承载于刑法条文,以刑法典的结构框架为体系结构;注解的对象是刑法条文,注解的结论为司法适用;而注解须用刑法理论,由注解也可能演绎与归纳出新的理论。由此,注释刑法学也可称为**条文刑法学**。(2)**理论刑法学**,是基于对刑法条文的抽象分析与综合,把握刑法固有的规律,揭示出其概念、原理、原则的知识体系。理论刑法学超越于刑法条文,构建自身的展示学科规律的体系结构;知识内容既是刑法注释的学科基础,又是刑法立法的合理引导。由此,理论刑法学也可称为**概念刑法学**。(3)**哲学刑法学**,是从刑法固有的规律中,揭示出刑法应有的思想、精神、灵魂的知识体系。哲学刑法学展示刑法概念与原理背后的价值理念,可谓理论刑法学脉络中的灵魂线索;这种价值灵魂指引着概念刑法学的建构,指导着立法的完善与司法的正当。由此,哲学刑法学也可称为**理念刑法学**。

6. 应当注意:(1)**刑法注释与刑法解释并不等同**。刑法注释,直接依附于刑法条文,系属直接针对刑法条文的意义予以阐明。而刑法解释,可以是超越于刑法条文之上,对于解释刑法条文所需的刑法理论的知识根据与内容予以阐明。也不应将刑法解释等同于刑法解释论。(2)**刑法解释论与刑法立法论具有相对意义**。刑法解释论强调以实然的刑法规定为基原,对之予以形式与实质的意义的阐明,使之切合于社会现实的需要;而刑法立法论则强调以应然的刑法完善为基原,对之予以内容与形式的合理性建构,使之切合于社会现实的需要。两者均需运用刑法理论对刑法予以分析与综合。

7. 刑法信条学可谓独特视角的刑法学。大陆法系刑法理论常论及**刑法信条学**

---

① 详见张小虎:《刑法的基本观念》,北京大学出版社2004年版,第3—6页。
② 《刑事法学要论》编写组:《刑事法学要论——跨世纪的回顾与前瞻》,法律出版社1998年版,序第3页。

或**刑法教义学**。"刑法信条学是研究刑法领域中各种法律规定和各种学术观点的解释、体系化和进一步发展的学科。"① 这是对刑法信条学的基原与内容作了阐释,在此"刑法规定"与"刑法学术"均为刑法信条学的基原,而刑法信条学则是对这一基原的"解释""发展"与"体系化"的知识体系。从这个意义上说,刑法信条学囊括了规范刑法学的具体内容与理论层面。

8. 不过,立于"**信条**"的术语,刑法信条学应有其独特的视角。信条意旨信守的准则,最初被表述为希腊语中"正确的东西"。由此,刑法信条学是关于刑法的信守准则的知识体系。立于刑法规定的基原,刑法信条学须将现有的刑法规定作为信守准则确立刑法知识,这是**存在论**的问题;立于刑法学术的基原,刑法信条学须将科学的刑法规则作为信守准则确立刑法知识,这也关涉**决定论**的问题。② 而作为"桥梁"的刑法信条学③,其为使刑法更为合理地适用于司法,基于刑法规定的抽象提升而构建刑法理论,又运用刑法理论予刑法规定以合理的解释,使刑法不断适合于现实的需要。由此,就主导指向而论,刑法信条学不失刑法适用论;就主导内容而论,刑法信条学依附理论刑法学;就主导模式而论,刑法信条学不失刑法解释论;就法文平台而论,刑法信条学可谓规范刑法学。

三、刑法学的体系

9. 1810 年《**法国刑法典**》开创了总则与分则的刑法体例。该刑法典一经颁行,成为世界上大多数国家仿效的范本,遂使总则与分则的体例成为大陆法系国家刑法典结构的通例。法典是刑法理论的经验性基础与承载平台,基于这一总则与分则的刑法体例,刑法理论也形成了总论与分论的体系结构。其中,总论包括刑法论、犯罪论、刑罚论,分论即罪刑各论。这种体系结构在中外诸多较为系统阐释刑法学知识的著作中有着典型的表现。④

10. 犯罪论是当代刑法学的基奠议题及核心内容。本书建构双层多阶犯罪论体系(第 16 节段 1),立于这一犯罪论体系的知识展开,依托我国《刑法》的基本结构与具体规定,并且力求构建简洁明了、重点突出、视野扩展、体系完整的刑法学核心知识,从而确立本书如下刑法学的体系:(**1**) **总论**:分述为三个知识块。A. 刑法论,即"第一编刑法基础知识"。B. 犯罪论,包括"第二编犯罪构成基础理论""第三编犯罪典型构成之积极要件:本体构成要素""第四编犯罪典型构成之消极要件:严重危害阻却要素""第五编犯罪修正形态""第六编犯罪扩张形态"。C. 刑罚论(刑事处置论),即"第七编犯罪刑事后果",确立刑罚与保安处分的双轨,着重阐释刑罚的内容。

---

① 〔德〕克劳斯·罗克辛:《德国刑法学总论》(第 1 卷),王世洲译,法律出版社 2005 年版,第 117 页。
② 在此,存在论与决定论是一对刑法理论的思维路径与方式。**存在论**,即以实然的法规设置(事实描述)为先期命题演绎而成的知识体系;**决定论**(价值论),即以应然的价值规则(规范评价)为先期命题演绎而成的知识体系。
③ 〔德〕汉斯·海因里希·耶塞克、托马斯·魏根特:《德国刑法教科书》,徐久生译,中国法制出版社 2001 年版,第 53 页。
④ 详见张小虎:《刑法的基本观念》,北京大学出版社 2004 年版,第 13—17 页。

(2) 分论:"第八编各罪罪刑",依循我国《刑法》分则章目,对于各个具体犯罪全面予以界定,并且择取其中20多个具体犯罪重点分析。

> **思考题**
> 1. 什么是刑法教义学?刑法教义学的真谛是什么?
> 2. 刑法与自然法之间的关系是什么?

第2节 刑法的概念

一、刑法的词源

1. 中国古代以法、刑、律来表述关涉罪与刑的法律。现代世界各国关于刑法法规的名称也不尽相同,英美法系多称犯罪法,大陆法系常称刑罚法,我国通称为刑法。

二、刑法的界说

2. **刑法**是规定犯罪、社会危险行为与刑罚、保安处分的法律。

3. 关于刑法的概念,刑法理论争议的核心焦点有二:其一,应否将社会危险行为与保安处分纳入刑法(我国有无保安处分制度);其二,刑事责任与犯罪及刑罚之间的关系。对此,从我国现行刑法的规定来看,犯罪与刑罚是其基本的制度脉络:(1)我国刑法并无典型意义的保安处分制度。保安处分制度是刑事处置的类型性呈现,而不是表现为刑罚适用或犯罪规定中的措施。①(2)刑事责任与犯罪及刑罚的关系,并非呈现"犯罪—刑事责任—刑罚"的模式,而是"犯罪—刑事责任(刑罚)"的模式。(3)承担刑事责任的方式应当包括:认定犯罪并处以刑罚、认定犯罪而免予刑罚、认定犯罪而予刑事特别处置、认定社会危险行为并处以保安处分。

4. 应当构建我国的保安处分制度(第80节段3)。刑事处置有两种制度取向:秉持刑事古典学派基本思想的犯罪与刑罚的制度脉络;立足于刑事近代学派基本思想的人身危险性与刑罚替代措施的制度脉络。刑事古典学派与刑事近代学派及其各自所倡导的制度设置,走向了两个极端,现代刑法制度的常态是,以犯罪与刑罚以及社会危险行为与保安处分的双轨,来展开具体规定。

三、刑法的分类

(一)广义刑法与狭义刑法

5. 根据范围的不同,刑法分为:(1)**广义刑法**,是指一切规定犯罪或社会危险行

---

① 详见张小虎:《宽严相济刑事政策的基本思想与制度建构》,北京大学出版社2018年版,第453页。

为与刑罚或保安处分的法律,包括刑法典、单行刑法、附属刑法。不应将广义刑法视同**刑事法**。(2)**狭义刑法**,是指集中而系统地规定犯罪、社会危险行为与刑罚、保安处分的法律,具体指刑法典。

(二)普通刑法与特别刑法

6. 根据适用范围的不同,刑法分为:(1)**普通刑法**,是指具有普遍的适用性,针对一般事项、一般的人、一般时间、一般地域的刑法。刑法典即为普通刑法。(2)**特别刑法**,是指适用的范围特殊,针对特殊事项、特定身份的人、特定时间、特定地域的刑法。单行刑法、附属刑法通常为特别刑法。

(三)单一刑法与附属刑法

7. 根据立法体例的不同,刑法分为:(1)**单一刑法**,是指单纯以规定刑事法律关系为主体而设置罪刑及其相关事项的法律,包括刑法典、单行刑法。(2)**附属刑法**,是指在以规定行政、民事、经济或其他法律关系为主体的法律中,呈现增加罪状设置或罪刑注意规定(第85节B段7)的有关罪刑规定。即附属于非刑法中的刑法规定。例如,(罪状设置)《中华人民共和国海关法》(1987年)第47条①,(注意规定)《中华人民共和国传染病防治法》(1989年)第38条。

8. 我国附属刑法通常仅涉罪状而援引刑法法定刑,但也有例外。例如,《中国人民解放军军官军衔条例》(1994年)第28条对"剥夺军衔"的规定。

(四)行政刑法与刑事刑法

9. 根据法条所规定的犯罪性质的不同,刑法分为:(1)**行政刑法**是规定严重违反行政法规从而构成犯罪(法定犯及行政犯)并承担相应刑事后果的法律规范的总称。具体包括交通刑法、劳动刑法、经济刑法、租税刑法等。(2)**刑事刑法**的犯罪构成不以违反有关行政法规为要件,其违法性的特征倾重于对于社会伦理道德规范的违反(自然犯及刑事犯)。意大利犯罪学家加罗法洛首创**自然犯**与**法定犯**的界分。②

(五)结果刑法与意思刑法

10. 根据罪刑之主观与客观倾重的不同,刑法分为:(1)**结果刑法**,是指犯罪构成及其相应的刑事后果倾重于行为的客观侵害结果的一种刑法模式。(2)**意思刑法**,是指犯罪构成及其相应的刑事后果倾重于行为人的主观侵害意思的一种刑法模式。

11. 显然,结果刑法与意思刑法会导致罪刑评价的差异。例如,在未遂犯与不能犯的判断上,立于结果刑法的立场,除有犯意行为之外,尚须具有犯意的客观外化危险,方可成立未遂犯;而立于意思刑法的立场,只要存在犯意行为,即使未显客观外在危险,未遂犯也可成立。

---

① 该条不仅首创走私罪的设置,而且创设了相应的法定刑,以及单位犯罪主体及其处罚的立法例。
② 详见张小虎:《犯罪学(第二版)》,中国人民大学出版社2017年版,第48页。

（六）刑法的其他分类

12. 从不同的角度还可以对刑法进行其他分类：**形式刑法**与**实质刑法**；**行为刑法**与**行为人刑法**①；**完备刑法**与**空白刑法**②；**国内刑法**与**国际刑法**。③

> **思考题**
>
> 1. 如何看待附属刑法独立设置罚则？
> 2. 法律拟制设置的规则是什么？

第3节 刑法的性质

1. **刑法的性质**主要是指刑法相对于其他法律的属性和特征。

一、刑法的类型性质

2. 根据法律根基与渊源的不同，法律分为实证法与自然法。**实证法**，又称制定法、实定法，是指基于国家立法的作用，根据文化传统、习惯等经验性事实而确定的法律。所谓**自然法**，是指居于实证法之上并指导实证法的普遍法则，不同历史阶段的法学家对自然法又有着不同的解释。刑法表现出明显的实证法性质。

3. 根据法律关系属性的不同，法律分为**公法**与**私法**，刑法系公法；按照法律适用强弱程度的不同，法律分为**强行法**与**任意法**，刑法系强行法；根据法律作用的不同，法律分为**实体法**与**程序法**，刑法系实体法；根据法律所针对国家权力领域的不同，法律分为**司法法**与**立法法**、**行政法**，刑法系司法法。

二、刑法的专有性质

（一）刑法的广泛性、严厉性、保障性、谦抑性

4. **刑法的广泛性**，是指刑法所调整和保护的社会关系的范围较一般的法律更为广泛。**刑法的严厉性**，是指刑法的制裁方法比其他法律的制裁方法更为严厉。④ **刑法的保障性**，是指刑法是其他法律的后盾，保证其他法律得以贯彻实施。**刑法的谦抑性**，又称刑法的收缩性，是指应当尽量缩小刑法制裁的范围；在刑法领域，刑法的浓缩机能、制约机能、刑法规范的明确性、确定性、刑法的严格解释等，不啻予刑法以生命。

---

① 行为人刑法的反对论者，也将之称为"**思想刑法**"。
② 值得考究的是，以引证罪状所表述的刑法是否属于空白刑法？空白刑法是否符合罪刑法定原则？
③ 详见张小虎：《刑法的基本观念》，北京大学出版社2004年版，第28—32页。
④ 详见张小虎：《刑罚论的比较与建构（上卷）》，群众出版社2010年版，第6页。

（二）刑法的不完整性

5. **刑法的不完整性**，是指刑法调整社会生活罪刑事项的范围以及刑法调整社会事项所现的功能不可能是全面无缺的。其中，**调整范围**的不完整性，意味着刑法不可能将社会现实生活中所有值得罪刑的事项均予以纳入事先的立法规定。社会生活的现实多变而纷繁，犯罪现象的呈现亦变幻而复杂，而刑法立法不可避免地会出现滞后与疏漏。**调整功能**的不完整性，意味着仅凭刑法不可能完全实现对于罪行的制裁和对于罪犯的矫治，也不可能完全实现对于犯罪的控制与预防，刑法也不是实现社会控制的唯一手段。遏制犯罪与协调社会需要最好的社会政策。

> **思考题**
>
> 1. 刑法调整范围的不完整性说明了什么？
> 2. 刑法谦抑性的知识构成是什么？

第 4 节　刑法的机能

1. **刑法机能**，是指刑法在其结构与运作中所表现出的有利作用。[①]

一、规律机能

2. 刑法的**规律机能**，又称刑法的规范机能，是指刑法规范本身在其结构与运作中所表现出的积极作用，包括：**（1）犯罪评价机能**：是指刑法具有判断行为是否成立犯罪，以及评价行为的有无价值意义的作用。**（2）刑罚基准机能**：是指刑法具有规定刑罚适用的基本原理原则，并且设置与具体犯罪相应的法定刑，以作为对具体犯罪裁量决定刑罚的标准的作用。**（3）行为引导机能**：是指刑法具有作用于公民的意志，促使公民实施合法行为，避免违法犯罪的意思决定的作用。

二、保障机能

3. 刑法的**保障机能**，又称人权保障机能，是指刑法具有防止国家滥施刑罚权，以及维护公民自由权利不受剥夺的积极作用。具体而论：**（1）保障机能的根基**：只有民主政治根基上的罪刑法定原则，才有刑法的保障机能。**（2）保障机能的内容**：A. 禁止国家滥施刑罚权，也即对国家刑罚权的制约，这也可以称作刑法的收缩机能。B. 禁止国家任意剥夺公民自由，也即对公民自由的保障，包括保障犯罪公民受到合法追究，保障善良公民不受非法追究。

[①] 详见张小虎：《刑法机能探究》，载《社会科学》2004 年第 4 期。

三、保护机能

4. 刑法的**保护机能**,又称法益保护机能,是指刑法具有惩罚犯罪,维护社会秩序,使各种有价值的利益得以体现的积极作用。刑法的这一机能奠基于刑法的工具属性,具体表现为:**(1) 社会秩序的维护**:刑法以其对严重反秩序行为的刑事制裁,肯定着合法的行为模式;刑法通过刑事制裁与罪犯处遇,使对社会秩序的严重破坏者受到惩罚与矫正。**(2) 各种法益的保护**:刑法保护个人法益、国家法益和社会法益。这三者法益密切联系,而刑法对其保护会有一定侧重,甚至可能会有一定的取舍。① 相对于民法而言,刑法主要保护社会法益,而民法侧重保护个人法益。②

> **思考题**
>
> 1. 刑事制裁与罪犯处遇是什么关系?
> 2. 如何权衡刑法的各项机能?

---

① 详见张小虎:《刑法的基本观念》,北京大学出版社 2004 年版,第 140 页。
② Matthew Lippman, *Contemporary Criminal Law: Concepts, Cases, and Controversies*, Second Edition, Thousand Oaks, California: SAGE Publications Inc., 2010, p. 3.

第 2 章　刑法之基本观念

第 5 节　刑法理论基奠

1. 刑法理论基奠在于深入考究犯罪评价以及刑罚取舍的价值理念根据,包括:(1)犯罪理论基奠,犯罪究竟是以行为的客观事实为基准(客观主义犯罪观)还是以行为人的主观人格为尺度(主观主义犯罪观)?(2)刑罚理论基奠,怎样的刑罚才是正当的?刑罚的施加究竟是为了报应(报应刑主义)还是在于目的(目的刑主义)?

一、犯罪评价的观念

(一)客观主义

2. **客观主义**的核心观念表现为:意志自由论(犯罪的刑罚学);行为中心论(结果无价值);道义责任论。①

(二)主观主义

3. **主观主义**的核心观念表现为:行为决定论(刑罚的犯罪学);行为人中心论(行为无价值);社会责任论。②

(三)客观基底兼顾主观

4. 当代刑法仍系以行为刑法为主导的法律制度与知识体系,尤其是在犯罪论中,构成要件行为系贯穿全部要件与要素的主线,行为的事实特征既是核心框架也是行为与行为人的样态呈现。由此,客观主义构成犯罪理论的基底,主观主义借以行为事实特征的平台与面目得以栖息兼顾。

5. 应当明确,客观主义不是客观归罪,主观主义也不是主观归罪,二者在定罪方面都坚持主客观相统一。③ 在此,需要分析的是人身危险性在定罪量刑中的地位(第37节段5—8)。

二、刑罚本质的观念

(一)报应主义

6. **报应主义**,又称绝对理论,强调刑罚的施加在于报应。刑罚本质的报应理念,经历了神意报应、道德报应、法律报应三种理论形态,而作为现代科学刑罚理论的是

---

① 详见张小虎:《主观主义与客观主义之分野及趋同》,载《法律科学》2002 年第 4 期;张小虎:《从犯罪的刑罚学到刑罚的犯罪学》,载《犯罪研究》2000 年第 5 期。
② 详见张小虎:《当代刑事责任论的基本元素及其整合形态分析》,载《国家检察官学院学报》2013 年第 1 期。
③ 详见张小虎:《刑法的基本观念》,北京大学出版社 2004 年版,第 81—83 页。

道德报应(康德强调道德法则是无条件的绝对命令及反坐报应)与法律报应(黑格尔强调法是在匡正不法中获得存在的价值及等价报应)。①

(二) 目的主义

7. **目的主义**，又称相对理论，强调刑罚只是一种手段，通过这一手段以达到预防犯罪、保护社会目的。根据刑罚目的的指向的不同，目的主义分为：(1) **一般预防**，包括立法威吓主义、积极一般预防；(2) **特殊预防**，包括剥夺犯罪能力主义、矫正改善主义。

(三) 报应基底兼顾目的

8. 刑罚因为犯罪而发动，其首当其冲的是对犯罪的制裁，因此报应是刑罚的基本特征及主导成分；同时，刑罚也应关注对罪犯的处遇，而具有其更深层面的社会价值，避免过于形式化与僵硬化，从而目的也是刑罚应有的成分。

9. 刑罚以报应为基底，意味着刑罚的适用应当置重于已然之罪的质与量；刑罚以目的为兼顾，意味着刑罚适用也应考虑其应有的确立社会一般人对法律的信奉(积极的一般预防)，以及对于犯罪人未来犯罪的可能性的削减(特殊预防，教育改造罪犯)。以报应为基底兼顾预防，并不否认在刑事活动的不同阶段，报应与预防各有不同的侧重。②

思考题

1. 人性是善还是恶？立于这一视角考究，人为什么会犯罪，又为什么要承担犯罪的后果？(理解康德)

2. 犯罪与刑罚之间、犯罪与犯罪之间的等同性是什么？如何将之技术操作化？(理解黑格尔)

第 6 节 刑法学派思想

一、刑法学派的形成

1. 人类经历了古代、中世纪、近代、当代的历史跋涉，刑法思想也在这历史的潜行中衍生、发展，并汇集成滔滔奔腾的思想洪流。在古代、中世纪，关于刑法的思想，从根本上归结为神说。同时，这两个时期的刑法思想也比较零散，并未形成独立的、系统的理论体系。③

2. 文艺复兴是西方具有里程性的思想解放运动。由此，新兴的资产阶级逐步萌芽与发展并取代封建贵族阶级，历史步入近代。资产阶级思想家系统地提出了资产

---

① 详见张小虎：《报应主义与目的主义之对峙及调和》，载《社会科学》2003 年第 2 期。
② 详见张小虎：《刑罚论的比较与建构(上卷)》，群众出版社 2010 年版，第 3 页。
③ 详见张小虎：《刑法的时代轨迹及未来趋势》，载《社会科学研究》2004 年第 2 期。

阶级人权、法治、民主的理论，由此与封建的神学思想与罪刑擅断相抗衡，形成了古典自然法学派，进而衍生出刑事古典学派。

3. 19世纪初，资产阶级已经取得了统治地位，及至19世纪中后期，资本主义经济已逐步形成垄断。这时，工业化、城市化、人口大迁徙等继发了诸多社会问题，犯罪日益严重。对此，刑事古典学派理论难以合理地做出解释与处理。同时，将自然科学的研究成果引入社会科学的研究领域，也成为18、19世纪欧洲学术界的一种风尚。由此，刑法学研究也由注重演绎方法，发展到强调综合运用人类学、生物学、社会学等的实证论，以实证与操作为特征、以刑事政策为核心的刑事近代学派应运而生。

4. 在刑事古典学派、刑事近代学派形成之后，西方刑法学家还提出了许多学说。例如新犯罪生物学理论、犯罪心理学理论、现代犯罪社会学理论、新社会防卫论、新古典学派、新黑格尔主义法学派等。尽管这些理论与学派在某些具体的观点上有一定的分歧，但是总的说来，它们仍未从根本上超越刑事古典学派与刑事近代学派的藩篱。因此，刑事古典学派与刑事近代学派具有标志意义。

二、刑法学派的思想概要

5. **刑事古典学派**根源于理性哲学，提出了罪刑法定主义、罪刑均衡主义以及刑罚人道主义等主张，给1789年的法国《人权宣言》、1791年与1810年的《法国刑法典》以及其他早期资产阶级刑法典以很大影响。其基本主张是：**(1) 犯罪理论**：**理性人**①趋利避害的犯罪原因观；基于行为客观危害的刑事制裁；道义责任论的客观主义犯罪理论；注重人权保障的刑法机能。**(2) 学派分支**：A. 刑事古典学派相对主义：又称规范功利主义，在刑罚理论上属于一般预防的目的刑主义；B. 刑事古典学派绝对主义：在刑罚理论上否定刑罚的目的而主张报应刑主义。

6. **刑事近代学派**根源于经验哲学，提出了揭示犯罪原因防控犯罪、施行刑罚替代措施、力挺罪犯处遇与刑事政策等主张，给现代刑事处置制度的改革奠定了坚实的理论基础，对当代资本主义社会法治文化制度模式的建构起到了重要的推进作用。其基本主张是：**(1) 犯罪理论**：**经验人**②必然行为的犯罪原因观③；基于人身危险性的罪犯处遇；社会责任论的主观主义犯罪理论；注重社会保护的刑法机能。**(2) 学派分支**：A. 刑事人类学派：以剥夺犯罪能力为定位，提出了天生犯罪人论；B. 刑事社会学派：以对犯罪人采取特殊的矫治与教育为定位。

三、刑事古典学派的代表思想

7. **贝卡利亚**：于1764年在其名著《论犯罪与刑罚》中，对罪刑的法律应然作了独

---

① 这里的**理性人**，是指明事理、懂道理、有着意志自由、知道趋利避害的抽象的一般人。
② 这里的**经验人**，是指有着先验的社会生活或者先验的生物因素的具体的特殊人。
③ 龙勃罗梭推崇并践行犯罪原因研究及其**经验性研究方法**，赢得犯罪学之父的桂冠。菲利提出了**犯罪原因三元论**，肇始了关注犯罪原因之社会因素的观念；李斯特提出了**犯罪原因二元论**，开创了社会因素系犯罪原因之主导因素的先河。（本节段11、13、14）

到的阐释,成为刑事古典学派的标志性思想,具体内容涉及如下命题:犯罪原因是特定环境下的个人选择;犯罪本质是对社会契约的违反;衡量犯罪的标尺是行为的客观社会危害;刑罚的必定性和及时性对于阻止犯罪极为重要;严酷的刑罚将会促成人们犯下更多罪行;滥施极刑从来没有使人改恶从善;刑罚应与犯罪相对称等。①

8. **费尔巴哈**:强调刑法的人权保障机能,为此在其1801年的刑法教科书中,用拉丁文以法谚的形式对罪刑法定原则作了极为严格的表述②;进而,具体建构罪刑法定原则的操作技术,将"构成要件"由诉讼法意义上的概念变为实体法上的概念;立于客观主义与一般预防的立场,费尔巴哈以分则具体犯罪构成以及客观构成来构建违法行为的犯罪成立条件;费尔巴哈还启用了刑事政策的术语,强调刑事政策是基于心理强制学说的刑事立法政策,是国家据以与犯罪作斗争的惩罚措施的总和。**心理强制学说**是费尔巴哈思想的一个典型,也是其立法威吓的前提性命题。

9. **边沁**:以功利主义著称,在其名著《立法理论(刑法典原理)》③中,竭力构建古典学派刑法思想的功利公式,提出了犯罪与刑罚许多科学论断。诸如,避苦求乐统摄着人类的一切行为;欲望是导致犯罪的一个重要因素;犯罪实施需意志、认知和能力这三项要素同时具备;教育程度、道德、宗教等仁善文化与犯罪有着密切的联系;应对犯罪的措施包括预防方法、遏制方法、补偿方法、刑罚方法。

10. 此外,**康德**的刑法思想包括:接受社会契约论而阐释法律的根源;行为缘于意志自由下的理性选择;刑罚的目的在于其与犯罪的**等量报应**。**黑格尔**的刑法思想包括:犯罪是具有社会危害性的不法行为;刑罚的目的在于其与犯罪的**等价报应**。

四、刑事近代学派的代表思想

11. **龙勃罗梭**:于1878年出版了《犯罪人论》第二版,将实证主义的方法引入刑法研究,并且使对刑法问题的探讨从行为中心转向行为人中心,成为现代**犯罪学诞生**的标志。龙勃罗梭强调**经验性研究方法**;注重犯罪人的生物学特征;致力于揭示犯罪原因,并区分犯罪人的不同类型施以不同的处置;刑事处置不是报应犯罪,也不是一般预防,而是特殊预防等。**天生犯罪人论**是龙勃罗梭早期思想的一个典型。

12. **加罗法洛**:一方面坚持龙勃罗梭的犯罪人类学的立场,以及强调实证和归纳的研究方法,另一方面他又开拓性地提出了自然犯论的思想。在其名著《犯罪学》中,他提出了一系列的独到见解,诸如衡量犯罪的标准是犯罪人的人身危险性、针对犯罪人的不同类型施以相应的刑事处置等。**自然犯论**(界分自然犯与法定犯)是加罗法洛思想的一个典型。这是强调,基于犯罪原因的不同应将犯罪分为自然犯与法定犯,只

---

① 关于贝卡利亚、费尔巴哈、边沁、康德、黑格尔、龙勃罗梭、加罗法洛、菲利的相关思想的具体内容,详见张小虎:《刑法的基本观念》,北京大学出版社2004年版,第102—128页;张小虎:《宽严相济刑事政策的基本思想与制度建构》,北京大学出版社2018年版,第193—202页。

② 无法律则无刑罚(Nulla poena sine lege);无犯罪则无刑罚(Nulla poena sine crime);无法律规定的刑罚则无犯罪(Nullum crimen sine poena legali)。

③ 边沁的《立法理论》分三卷,《刑法典原理》是三卷之一。

有自然犯才是真正的犯罪,应当区分自然犯的不同类型分别采取不同的措施。可见,自然犯立于罪因机制的视角,指向犯罪人人格中最低道德情感的缺乏,这是以犯罪人的人身危险性为根基的犯罪界说;法定犯立于行为规则的视角,指向犯罪行为中最低道德规则的违反,这是以犯罪行为的行为规范为基础的犯罪界说。

13. **菲利**:于1881年出版了其代表作《刑法与刑事诉讼的新见解》,1884年第二版更名为《犯罪社会学》。他承认犯罪与遗传等先天因素有着密切的联系,十分注重犯罪的生理原因,但是菲利又不满足于犯罪人类学派的理论,更为关注犯罪的社会原因,提出了**犯罪原因三元论**、**犯罪饱和论**、**刑罚替代措施**、**社会责任论**等著名论断,从而开创了犯罪社会学派的先河。

14. **李斯特**:力倡刑事社会学的基本思想,提出了"应受惩罚的不是行为而是行为人""最好的社会政策就是最好的刑事政策"等著名论断,系统地阐述了**犯罪原因二元论**、**社会责任论**、**社会防卫论**、**教育刑论**等思想,有力地推进了刑事领域的变革。

【思考题】

1. 学派形成的基本要素是什么?我国目前的刑法学有无形成学派?为什么?
2. 如何理解人身危险性这个概念?自然犯与法定犯均有道德底线,两者的区别究竟何在?
3. 人的生物基因与人的社会行为之间究竟有何关系?

第7节 刑法基本原则

1. **刑法基本原则**,是指刑法部门所特有或者特别强调的,贯穿于刑法整体,对刑法立法与司法具有全面指导意义,作为刑法理论与实践的准则。可以从三个方面展开对刑法基本原则的理解。① 我国《刑法》②规定的基本原则包括罪刑法定原则、罪刑均衡原则、刑法法制主义原则、适用刑法平等原则。

一、刑法特有原则

2. **刑法特有原则**,是指相对于其他法律而论,刑法作为一种独特法律而具有的一些基本原则。包括罪刑法定原则、罪刑均衡原则。

(一) 罪刑法定原则

3. 作为现代刑法价值支柱与铁则的罪刑法定原则,是资产阶级启蒙思想及其制度的产物。法国卢梭、孟德斯鸠及英国洛克等系统提出的人民主权、法治主义、自由主义思想,构成了罪刑法定原则的思想基奠;1215年英王约翰签署的《大宪章》的第

---

① 详见张小虎:《刑法的基本观念》,北京大学出版社2004年版,第142—143页。
② 如未特别说明,本书《刑法》均指1997年修订后的现行《中华人民共和国刑法》。

39条,被认为是罪刑法定原则的最初法律渊源;1354年英王爱德华三世在其第28号法令的第三章中又确立了"法律的正当程序"的概念。这些思想与原则对英美法系国家的立法产生了广泛而深远的影响;进而英美国家在诸多宪法性的法律中都从不同角度巩固并发扬了罪刑法定的思想,从而使英美法系国家在"遵循先例"规则的框架下践行着罪刑法定原则。就大陆法系国家而言,罪刑法定思想从学说到法律的转变,是在法国资产阶级革命胜利以后完成的。1789年法国《人权宣言》第5条与第8条对罪刑法定原则作了规定,而1810年《法国刑法典》第4条则使罪刑法定原则在刑法中扎根。《法国刑法典》这一内容对大陆法系国家的刑法立法产生了极大的影响,继此罪刑法定原则成为大陆法系国家刑法中通行的规定。

4. 罪刑法定原则在清末传入我国。新中国成立后的第一部刑法典即1979年《刑法》并未规定罪刑法定原则,相反却以第79条规定了类推制度。尽管如此,刑法理论仍然认为该《刑法》坚持了罪刑法定原则。这一理论的定位与张扬对于司法实践产生了重要的影响,从而使类推适用的范围与数量受到了很大的限制。如今,1997年修订的《刑法》第3条后段明确规定了罪刑法定原则,这一规定清晰地宣告了这部《刑法》立法坚持了罪刑法定原则的宗旨,并且强调刑法司法一应严格遵循罪刑法定原则而无任何例外。

5. **罪刑法定原则**,在实质上体现了刑法应有的限定国家刑罚权的价值取向,即基于民主政治与法治主义的国家制度,防止任何形式的罪刑擅断,限制国家刑罚权的扩张,保障公民的自由权利。① 在形式上强调刑法应有的实现刑罚权限定的制度规则,即以"法无明文规定不为罪、法无明文规定不处罚"为本源,以"排斥习惯法、禁止绝对不定期刑、禁止适用类推、禁止事后法"为派生,其后又派生出"不明确而无效(刑法明确性)、实体的正当程序(刑法正确性)"原则。②

6. 在罪刑法定原则的理解上应当注意:缺乏民主政治与法治主义的基底,而仅有所谓"事断于法",这不能称作罪刑法定原则,从而在中国古代法律制度中没有罪刑法定原则;罪刑法定原则的实质是对国家刑罚权的限定,对于私权利而言就是"法无禁止皆可为",而对于公权力来说则是"法无允许不可为";正是由于罪刑法定原则是对国家刑罚权的限定,从而其形式上表达式是排除式的陈述,《刑法》第3条前段不在罪刑法定原则的范畴;"法无明文规定不为罪、法无明文规定不处罚"是罪刑法定原则形式意义之根本,而"排斥习惯法"等作为其派生原则可在相对意义上存在;**刑法的明确性与确定性**是罪刑法定原则的核心内容,明确性强调罪刑的规定必须清楚明了,法定刑相对确定,禁止绝对不定期刑,确定性强调罪刑的适用应当必然与确定,必须以刑法明文规定的罪刑为依据;**刑法的正确性**是罪刑法定原则的思想的实质遵循,其强调刑法立法本身应当是合宪的与正当的、罪刑的内容应当是必要的与妥当的③。广义

---

① 详见张小虎:《罪刑法定原则与人权保障》,载《福州大学学报》2000年第2期。
② 详见张小虎:《刑法的基本观念》,北京大学出版社2004年版,第143—146页。
③ 这里的"必要"与"妥当",固然是以罪刑法定原则所应有的实质思想为标准的,这可谓是罪刑法定原则实质意义的更为直接与明确的形式表述。

而论,罪刑法定原则还应包括罪刑均衡与刑罚宽和的思想。轻者重而重者轻,或者轻轻重重而走向重刑①,使罪刑丧失了应有的合理尺度,这在本质上系属罪刑擅断的呈现。

7. 应当说,相对于1979年《刑法》而言,1997年修订后的现行《刑法》的确在诸多方面体现了罪刑法定原则:条文数由原来的192条增加到501条,相应的罪名数也由原来的约128个增加到现在的483个②,同时将1979年《刑法》中玩忽职守罪、流氓罪、投机倒把罪的"口袋罪"③予以分解,并且在许多具体犯罪的立法模式上采纳了叙明罪状的表述,较为明确地规定了刑罚的种类与制度,除少数极刑绝对确定外均采用相对确定法定刑,以《刑法》第12条继续明确坚持从旧兼从轻原则等,这些均使刑法的明确性与确定性有了较大程度的提高。

8. 罪刑法定原则的践行,是随着社会的发展而不断逐步向前推进的一个过程。我国刑法立法与司法在罪刑法定原则的体现与遵循上,也呈现出**一些不足**:我国《刑法》的罪状表述,设置了大量的诸如"其他……""情节严重"等模糊性规定,减损了刑法的明确性;在处罚种类缺乏保安处分措施的场合,将有关类似的处分措施置于责任年龄、责任能力的精神因素或依附于管制及缓刑的内容等的规定中(第60节 A1 段13;第80节段1),有违刑之法定的要求;司法实践中有僭越《刑法》,而将单位盗窃解释成"以盗窃罪追究直接责任人员的刑事责任"的情形(第116节 C 段1)。其他诸如,缺乏标题明示式罪名的立法,某些具体罪名的类型过于简约④,法定刑幅度过于宽泛,有期徒刑与无期徒刑的跳跃过大等。⑤

9. 总之,立于辩证分析的视角,罪刑法定原则的理想境界在于,立于一国所处社会发展阶段的现实背景,在刑法之明确与模糊、确定与开放、严谨与柔韧、人权保障与社会保护等等之间,寻求一个类似于钟摆平衡点的点位。过于明确与确定的罪刑设置,虽可谓极致人权保障,但其使刑法走向了僵硬而难以适应现实社会的需要,社会保护成为空谈;反之,过于模糊与开放的罪刑设置,虽可谓极致保护社会,但其使刑法走向了无形而难以实现刑法应有的使命,人权保障成为泡影。

(二) 罪刑均衡原则

10. 古代基于自然平等观念与血缘宗族制度,**血族复仇、血亲复仇、同态复仇**成为回击犯罪的基本方式。中世纪的社会生活领域笼罩着浓重的神学色彩,对于犯罪的惩罚被视为是对上帝震怒的平息、对来世幸福的寄托。近代意义上的罪刑均衡原

---

① 详见张小虎:《宽严相济政策与轻轻重重政策的特征比较》,载《河南财经政法大学学报》2012年第1期。
② 截至《中华人民共和国刑法修正案(十一)》(2020年)。
③ **口袋罪**系对因立法粗疏而致的、司法中可被诸多犯罪装入之罪名的形象称谓,是指分则所规定的、所含法定情形过于广泛的、能够承载诸多犯罪的某个罪名。详见张小虎:《论我国〈刑法〉应由粗疏型走向精细型:基于我国〈刑法〉立法现状的统计数据分析》,载《政治与法律》2021年第10期。
④ 诸如,针对故意杀人行为,许多国家的刑法典分别规定了谋杀罪、故意人罪、引诱帮助自杀罪、受嘱托杀人罪、杀婴罪等,而我国《刑法》仅设故意杀人罪。
⑤ 详见张小虎:《论我国〈刑法〉应由粗疏型走向精细型:基于我国〈刑法〉立法现状的统计数据分析》,载《政治与法律》2021年第10期。

则,同样是 17、18 世纪启蒙思想的产物,并且经历了三种理论形态:刑事古典学派绝对主义所主张的罪刑报应对称论,包括罪刑反坐报应对称论与罪刑等价报应对称论;刑事古典学派相对主义所主张的罪刑法律预防对称论;刑事近代学派所主张的罪刑特殊预防对称论,包括罪刑剥夺对称论与罪刑矫治对称论。①

11. **罪刑均衡原则**的蕴含也包括实质意义及形式意义。罪刑均衡原则的实质意义,依然是奠基于民主政治与法治主义,旨在防止罪刑擅断,强调限制国家的刑罚权,注重保障公民的自由权利;因而,罪刑均衡原则与罪刑法定原则同出一辙,并且作为罪刑法定框架下之罪刑均衡的独特阐释,也可谓是依附于罪刑法定原则的一项刑法特有原则。罪刑均衡原则的形式是:**(1)** **罪刑的"相称"**:罪与刑的"质的相称"及罪与刑的"量的相称"的有机统一②,具体表现为无罪无刑、轻罪轻刑、重罪重刑、同罪同刑、罪量与刑量相称(本节段 13)。**(2)** **相称的"罪刑"**:罪是指以已然之罪为主、未然之罪为辅的罪的统一体,包括犯罪与危险行为;刑是指以报应之刑为基础、预防之刑为引申的刑的统一体,包括刑罚与保安处分(本节段 13)。

12. 我国《刑法》第 5 条明确规定了罪刑均衡原则。鉴于我国刑法刑事处置的刑罚对(VS.)犯罪的单轨体系,该条"**刑罚的轻重**"是指我国《刑法》所设"刑罚"种类框架下的法定刑的轻重以及量刑的轻重;"**所犯罪行**"是指行为人所犯之罪的犯罪构成的一系列事实特征,也称定罪事实、定罪情节、罪状事实③;该条所称"**刑事责任**"是指行为人在犯罪中所表现出的决定处刑轻重的一系列事实特征,也称量刑事实、量刑情节。行为人的人身危险性的事实主要归属于这里的作为表述"刑事责任"的事实,但是不排除刑法将某项说明人身危险性显著轻微的事实作为出罪的要素,在此场合这一人身危险性事实则为决定"罪行"的消极事实(第 37 节段 7)。

13. 罪刑均衡原则的核心内容系"罪刑的相称"及"相称的罪刑"(本节段 11),这些在我国《刑法》中均有着诸多体现:**(1)** **无罪无刑**:行为不成立犯罪,也就没有刑事处置。例如,《刑法》第 20 条有关正当防卫行为、第 18 条有关缺乏责任能力精神病人行为等的规定。**(2)** **罪刑的"相称"**:具体表现为"轻罪轻刑、重罪重刑、同罪同刑、罪量与刑量相称",而其要点是,罪与刑各自的合理分割形成罪与刑两个序列,以及将分割之后的罪与刑两个序列构成合理的对称关系。其中,罪的分割包括类罪的划分、类罪下具体犯罪的划分、具体犯罪下不同罪状的划分、用作调整罪之轻重的量刑情节与处罚制度;刑的分割包括轻重有序的刑罚体系、同一具体犯罪下轻重有序的法定刑、同一罪状下相对确定的法定刑幅度、用作调整刑之轻重的量刑情节与处罚制度;罪与刑的对称关系包括类罪的严重程度不同、具体犯罪的严重程度不同、罪状的严重程度不同,处罚的轻重也各有差异,以及在量刑情节、处罚制度对罪刑的调整中,罪的大小与刑的轻重相对应。**(3)** **相称的"罪刑"**:具体表现为"罪是已然之罪为主、未然之罪

---

① 详见张小虎:《罪刑均衡蕴意探究》,载《现代法学》2002 年第 6 期;张小虎:《宽严相济刑事政策的基本思想与制度建构》,北京大学出版社 2018 年版,第 104—106 页。
② 详见张小虎:《宽严相济刑事政策的基本思想与制度建构》,北京大学出版社 2018 年版,第 102 页。
③ 详见张小虎:《刑罚论的比较与建构(上卷)》,群众出版社 2010 年版,第 367、371—372 页。

为辅的统一体,刑是报应之刑为基础、预防之刑为引申的统一体"。具体地说,这里的已然之罪,是指案件中客观存在的、承载于行为的主导脉络上的、决定行为构成何种具体犯罪以及所属具体罪状的一系列主客观事实情况,其是定罪的主导及决定的要素;这里的未然之罪,是指行为人基于其行为、自身生活背景、生理、人格等方面的事实特征,而呈出其具有实施社会危害行为的危险的现实状态,其不是决定罪行的主导要素(第37节段4—5);已然之罪为主,决定了报应之刑的基础地位,而未然之罪为辅,也就确立了预防之刑的引申意义。①

14. 尽管如此,我国刑法立法与司法在罪刑均衡原则的体现与遵循上仍然呈现出**一些不足**。例如:缺乏危险行为与保安处分的体系性建构,限制了刑法效能的发挥;资格刑的缺失,减损了刑法对有关具体犯罪的有效与合理的应对;将作为犯罪后果的剥夺资格委于行政法规,有违刑事法理及刑法机能;罚金的从刑地位、主刑中财产刑的缺位,使整个刑罚体系趋于重刑结构;有期徒刑法定刑幅度过宽、缺乏交叉及鸿沟于无期徒刑,难免出现罪刑阶梯失衡;在法定刑设置上普通过失犯重于业务过失犯等特别过失犯,缺乏普遍的事实根据。②

15. 总之,犯罪与刑罚的内容随着时空的变迁而变化着③,罪刑均衡的具体内容也有其**时代的标准**。我国目前正处在社会转型与现代化及法治国建设的进程中。由此,在刑法的价值取向上,原则上应当倾重人权保障的刑法机能;坚持犯罪理念的客观主义主导地位;刑罚报应之中兼顾特殊预防与积极一般预防。在规范设置上,罪状要素主要呈现行为的事实特征,量刑情节包括行为的事实面与行为人的危险人格面;构建罪状与法定刑的质与量的阶梯;量刑轻重的设置与犯罪的主客观危害相对称;将司法解释中的基准刑规定纳入刑法并进一步推进量刑的客观操作。在罪刑结构上,建构刑罚对(VS.)犯罪与保安处分对(VS.)危险行为的罪刑双轨处置体系;刑罚对称于已然之罪,兼顾未然之罪;保安处分对称于未然之罪。④

二、刑法强调原则

16. **刑法强调原则**,是指基于特定的社会背景,本属我国法律的基本原则,鉴于《刑法》的特别强调而为刑法的基本原则。包括刑法法制主义原则、适用刑法平等原则。

(一) 刑法法制主义原则

17. 我国 1966 年开始的"文化大革命",是政治、经济、文化领域的一场浩劫,更是对民主与法制的无情践踏。1978 年拨乱反正再建社会主义民主与法制,成为党和国家的一项极为重要的核心工作。中国共产党第十一届三中全会确立了"有法可依、

---

① 详见张小虎:《刑法的基本观念》,北京大学出版社 2004 年版,第 167—171 页。
② 详见张小虎:《宽严相济刑事政策的基本思想与制度建构》,北京大学出版社 2018 年版,第 109 页。
③ 详见张小虎:《转型期中国社会犯罪原因探析》,北京师范大学出版社 2002 年版,第 37—45 页。
④ 详见张小虎:《宽严相济刑事政策的基本思想与制度建构》,北京大学出版社 2018 年版,第 109—110 页。

有法必依、执法必严、违法必究"的社会主义法制建设的基本方针。1982年《宪法》第5条进一步强调:"国家维护社会主义法制的统一和尊严。"由此,"严格依法"既是党和国家的一项重要方略与制度建设,也是一项试由制度推进而使之成为全社会所拥有的法律文化的期待。

18. 我国《刑法》第3条前段的表述"法律明文规定为犯罪行为的,依照法律定罪处刑",是刑法中法制主义原则的特别呈现与具体要求。其基本的要求就是,对于法定犯罪应当严格依法处置,既不能轻纵也不能苛厉,其核心是定罪处刑严格遵循刑法的规定。这一法制主义原则与罪刑法定原则的区别在于:前者彰显的是"罪内刑内,制度罪刑"从而奠基于法制主义,注重保护社会的刑法价值;后者张扬的是"罪外刑外,无罪无刑"从而奠基于法治主义,注重刑法的人权保障价值。而刑法法制主义原则与罪刑法定原则,两者均以具体、精细的刑法规范体系为承载,均不否定刑法的明确性与确定性。

19. 对于《刑法》第3条前段的表述,刑法理论存在如下不同见解:认为第3条前段的表述是多余的;不仅多余而且减损罪刑法定原则的实质;前段是罪刑法定原则的积极表述而后段是消极表述;强调即使是法定犯罪也不得随意定罪与法外制裁。[①] 在本书看来,上述见解值得推敲。第3条前段的表述,既非多余,也非罪刑法定原则的正面或反面意义,而"不得随意定罪与法外制裁"实则仍是立足罪刑限定的罪刑法定。应当说,第3条前段是对《刑法》贯彻与遵循法制主义原则的强调。

20. 就立法形态而言,法制主义原则在我国刑法具体罪刑的设置中也渐有**一定的呈现**。例如,随着刑法理念与立法技术的不断完善,刑法修正案将许多现实生活中的典型性危害行为设置为独立的罪名,增设了诸如高空抛物罪等具体犯罪。高空抛物等这些行为虽然在一定程度上也可通过其他既有的犯罪来予以处置,但是将其设置为独立的罪名既有助于节约司法成本更有助于增强刑法的明确性,并且也避免了由于立法的粗疏与模糊而使有关严重的危害行为得以逃避应有的惩罚,进而使司法实践中具体贯彻刑法法制主义原则有了良好的法律规范平台。

21. 当前在《刑法》中重申与坚持这一法制主义原则具有重要的**现实意义**。在我国目前的现代化进程中,一定程度上产生了一种"社会失范状态"及"违法成本低廉"[②],这易于造成个人"主观上的规范意识欠缺"及"陷入道德的窘境而不知"。[③] 由此,行为规则的强力的制度触感就显得尤为重要。制度化了的规范与制度化了的措施,对社会成员的价值目标确定与行为方式选择,具有极为重要的意义。[④] 优秀的刑事立法及公正的司法判决承载着净化人类精神家园的神圣使命,"醉驾入刑有效带动

---

① 参见张军、姜伟、郎胜、陈兴良:《刑法纵横谈》,法律出版社2003年版,第18—23页。
② 张小虎:《犯罪行为的化解阻断模式论——兼谈违法成本对犯罪行为之影响》,载《中国社会科学》2002年第2期。
③ 张小虎:《生命历程犯罪学的本土探究:典型罪案与核心原则》,载《社会学研究》2021年第4期。
④ Robert Merton, *Social Theory and Social Structure*, New York: Free Press, 1957, pp.131-160.

了良好社会风气的形成"①。并且,这其中的重中之重是,对看似小的恶行但却系对规范底线践踏的行为的"轻罪化"。"勿以恶小而为之,勿以善小而不为",不要寄期望于"抓大放小",而是要致力于"防微杜渐"。"抓大放小"易于步入"轻轻重重"的歧途。

22. 应当避免某些"轻轻重重"的取向与实际做法,切实做到"轻者不纵,重者适度",从而走向真正的"宽严相济"政策思想下的严格遵循制度。我国 1979 年《刑法》第 1 条明确指出刑法"依照惩办与宽大相结合的政策",1997 年修订的《刑法》虽未特别表述这部刑法典的刑事政策思想,但是宽严相济政策是我国一项基本的刑事政策,而宽严相济政策与惩办宽大相结合政策一脉相承②,应当说现行《刑法》仍然或者应当遵循宽严相济的刑事政策。

23. 我国司法实践尽管在价值取向上至为强调宽严相济政策,但是对于这一政策的理解以及实际遵循的效果却有一定的偏差:**(1) 政策理解**:宽严解释趋向两端。通常,理论与实际将宽严相济政策解释为:"实行区别对待,注重宽与严的有机统一,该严则严,当宽则宽,宽严互补,宽严有度,对严重犯罪依法从严打击,对轻微犯罪依法从宽处理"③;"实行区别对待,做到该宽则宽,当严则严,宽严相济,罚当其罪,打击和孤立极少数,教育、感化和挽救大多数"④。综合而论,就是强调"区别对待,该宽则宽,当严则严,宽严有度",而这其中并没有凸显宽严相济政策的核心思想,却留下了"轻轻重重"政策的阴影。具体地说:本来,宽严相济政策思想的核心应当是"宽严有别,区别对待;宽严融合,相得益彰;轻者不纵,重者有度"。就字面意义而论,上述司法解释确有对于"宽严相济,宽严有度"的关注,不过所谓"该宽则宽,当严则严"之说则较为抽象与趋于离散,且这也使对宽严相济政策的理解有所偏差。"该宽则宽,当严则严"就宽严的应有归宿而论,有其完全无可置疑的合理性,但这也是不言自明的罪刑处置规则。然而,值得注意的是:"该宽则宽,当严则严"不同于"区别对待",前者强调宽者宽而严者严,后者强调宽不同于严而宽严有别。"该宽则宽,当严则严"也不同于"宽严相济",后者强调"宽严并举,宽严救济",即刑事处置有严有宽、宽严并行呼应,宽中有严、严中有宽、以宽辅严、以严助宽、宽严辅助而行,在宽严相互配合中形成合理有益的效果。"该宽则宽,当严则严"虽未直言"宽者更宽,严者更严",但是在将"严打"注入宽严相济政策的内容,以及"从严打击""从宽处理""孤立少数""挽救多数"的语境下,所谓"该宽"与"当严"难免形成宽者"从宽"而严者"从严"的"宽宽与严严"。然而,宽严相济政策与"轻轻重重"政策有着重要区别。⑤
(2) 实际效果:轻者纵而重者厉。A. 轻者纵:呈现在司法实践中对于诸多本应入罪的轻罪行为,在并无法律根据的情况下予以出罪处理。这里的"并无法律根据"是指

---

① 张小虎:《论中国当前制度规范缺损的致罪因素》,载《社会科学战线》2014 年第 1 期。
② 详见张小虎:《惩办与宽大相结合刑事政策的时代精神》,载《江海学刊》2007 年第 1 期。
③ 2006 年 12 月,最高人民检察院《关于在检察工作中贯彻宽严相济刑事司法政策的若干意见》第 2 条。
④ 2010 年 2 月,最高人民法院《关于贯彻宽严相济刑事政策的若干意见》第 1 条。
⑤ 详见张小虎:《宽严相济政策与轻轻重重政策的特征比较》,载《河南财经政法大学学报》2012 年第 1 期。

法律并未规定可予非罪处理,诸如,自诉案件并无撤回自诉、没有我国《刑事诉讼法》第288条规定的情形①等。《刑法》第13条但书之规定过于抽象,若无其他具体规定不能成为出罪的根据(第11节B段8;第16节段18;第36节段7)。缺乏根据而予出罪的情形,诸如,对于《刑法》第270条侵占罪,即使有证据证明行为人非法占有他人保管物数额较大且拒不退还,但是只要在法院立案前行为人因惧怕刑事处理而表示可以考虑退还,即不作为犯罪处理,如此致使此罪基本成为虚设。而这其中表现的不是对财产保护的轻视,就是对秩序维护的疏漏。B. 重者厉:由于我国《刑法》在罪状表述上设置了许多诸如"其他……"等模糊规定,尤其是对于基准罪状与加重罪状设置了大量"严重情节"等的入罪与加重要素,这不仅大大减损了立法的明确性从而有违罪刑法定原则的要求,而且为司法实践较大程度地扩张罪刑奠定了基本的制度平台。长期以来,我国刑事文化深受"乱世重典""以刑去刑""重刑报应"等思想的影响,而目前社会转型时期犯罪率阶位攀高治安状况恰呈严峻态势,于是"严打"与专项整治不仅成为官方应对犯罪的方略,而且也为普通社会民众所期待。而过于模糊与开放的罪刑设置恰为这种方略与期待提供了制度平台。在此背景下,虽言"宽严相济"而实则却是"轻轻重重"。

(二) 适用刑法平等原则

24. 法律面前人人平等原则,是资产阶级在反对封建专制特权的斗争中,系统提出与确立的一项基本的法律思想与制度,也可谓是资产阶级的一项重要的法制原则与司法原则。1776年美国《独立宣言》、1789年法国《人权宣言》等宪法性文件均对此作了具体规定。在社会主义民主政治与法治主义的框架下,法律面前人人平等同样系属社会主义法制与司法的一项基本原则。新中国成立后的第一部宪法1954年《宪法》第85条就明确规定了这一原则:"中华人民共和国公民在法律上一律平等。"现行宪法《宪法》第33条第2款又重申与确认了这一原则。

25. 《刑法》第4条对于法律面前人人平等这一法制一般原则作了特别规定,强调任何人犯罪一律平等适用法律,不允许存在任何越法特权。对此,可以概括为"适用刑法平等原则"。适用刑法平等原则的核心内容是,对于任何人犯罪均应平等地适用刑法予以罪刑处置,不允许任何人具有任何超越法律的特权;所谓平等适用刑法是指同样的情况同样对待而不同的情况不同对待,这里的同样情况与不同情况应当限定在犯罪情节的范畴内。

26. 由此,对于这一原则的理解应当注意:(1) **禁止罪刑特权**:对于任何人犯罪,在具体罪刑的处置上,只能依据事实与法律而平等地适用刑法,犯罪情节之外的犯罪人的家庭出身、社会地位等事实情况,不能构成罪刑处置出入或者轻重的根据。(2) **情节区别平等**:平等并非均等,这里的平等所体现的是分配的正义而不是平均的正义。在刑法适用上就是同样的犯罪情节应有同样的处置结果,不同的犯罪情节处置结果也有所差异。这种任何人犯罪适用刑法的平等,不仅应当呈现在同一地区内的犯罪人之间,而且

---

① 我国2018年修正的《刑事诉讼法》第288条是对可予刑事和解的公诉案件范围与和解条件的规定。

也应呈现在不同地区间的犯罪人之间。不过,同样基于分配的正义,应当允许由于不同地区间经济文化等状况的差异而至司法解释在适用刑法上存在合理的区别。

27. 在我国目前的社会背景下,《刑法》特别强调这一平等原则具有重要意义。我国有着较为漫长的封建专制历史,特权思想的影响较为严重,而治理腐败又是当前国家政权建设中的一项重大课题,现实中的确存在不少的人无视国家法律而迷信个人权力、地位、金钱,试图以权代法、以权压法、以钱买法,妄图使个人凌驾于法律之上。刑法既是保障法,又以其严谨、严厉等而特别显著,在刑法中更应严格地坚持法律平等这一原则。

思考题

1. 甲单位由决策机构决定,偷接乙单位的供热管道,为甲单位的4幢宿舍供热,涉案总价值500万元。对该案应当如何处理?
2. 我国刑法所呈现的刑法价值观是什么?所呈现的刑事政策思想是什么?
3. 轻轻重重刑事政策与宽严相济刑事政策之间的关系是什么?

第8节　刑事法律关系

一、刑事法律关系的概念与特征

1. **刑事法律关系**,又称刑法关系,是由刑法规范调整的,因以犯罪为核心的法定事实为依据而产生、变更、消灭的,国家与犯罪人之间的受制约的刑罚权与有限度的刑事责任的关系。这一概念涉及刑法规范(第10节段1)、刑罚权(第55节段1)、刑事责任等关键术语。这里的刑事责任是指作为犯罪的法律后果的,犯罪人对于法定的刑事制裁或者罪犯处遇的承担(第2节段3)。

2. 刑事法律关系具有如下**特征**:(1) **主体特征**。刑事法律关系是国家与犯罪人之间的一种关系,主体双方地位的不平等是其最主要的特征。民事法律关系主体之间地位是平等的。刑事法律关系也不同于刑事诉讼法律关系。① (2) **内容特征**。刑事法律关系的内容是国家受制约地行使刑罚权与犯罪人有限度地承担刑事责任,是"权力"对"责任"。这与民事法律关系及刑事诉讼法律关系也是不同的。② (3) **规范特征**。刑事法律关系是由刑法规范所调整的一种关系。而其他法律关系分别由其他各种相应的法律规范调整。(4) **形成特征**。刑事法律关系是一种具体的法律关系。刑法规范只是为刑事法律关系的产生、变更、消灭提供了法律前提,刑事法律关系的产生、变更、消灭还必须具有以犯罪为核心的法定事实的存在。③

---

① 详见张小虎:《刑事法律关系主体论》,载《法学研究》1999年第3期。
② 详见张小虎:《论刑事法律关系的内容》,载《中国刑事法杂志》2000年第2期。
③ 详见张小虎:《刑法的基本观念》,北京大学出版社2004年版,第212页。

3. 对于刑事法律关系概念与特征等内容的合理揭示,为刑法的价值取向在较为具体的知识层面,提供了相对基本而更赋直观的理论依据。诸如,正是由于刑事法律关系的主体是"国家与犯罪人",从而更应注重刑法的人权保障价值,罪刑法定原则也就成为不可撼动的刑法支柱;刑事法律关系内容的"受制约的刑罚权与有限度的刑事责任",决定了谦抑性是刑法重要而独特的性质,进而刑法规范应当明确与确定等;犯罪事实的客观存在是刑事法律关系产生的必要前提,这就意味着没有犯罪事实的情况下,即使存在法律规定也不能论及罪刑,由此针对距离过宽的两相事实的法定事实推定应当受到限定。

二、刑事法律关系的主体、内容、客体

4. 刑事法律关系的主体是犯罪人与国家:(1)**犯罪人**:规范刑法学意义上的"犯罪人"是从刑事实体的角度对实施犯罪之人和刑事责任承担者的称谓。① (2)**国家**:刑罚权的拥有者与刑事责任的承担者是确定刑事法律关系主体的标准。犯罪人是刑事责任的唯一承担者而国家是刑罚权的独有拥有者。

5. 刑事法律关系的内容是国家受制约地行使刑罚权与犯罪人有限度地承担刑事责任。

6. 刑事法律关系的客体是犯罪人部分利益的载体。②

三、刑事法律关系的产生、变更、消灭

7. 刑法规范是刑事法律关系的产生的法律前提,"实施犯罪行为"是刑事法律关系产生的唯一的事实前提;行为人实施了具体的犯罪行为则刑事法律关系就同时产生,刑事法律关系的主观认识并不是刑事法律关系产生的必要条件。

8. 数罪将会引起刑事法律关系的变更。减刑与假释也必然导致刑事法律关系的变更。新旧刑法更替并在罪刑规定上有所差异则也会引起刑事法律关系的变更。基于罪责自负原则,刑事法律关系仅存在内容与客体的变更,而不存在主体的变更。

9. 导致既有刑事法律关系基本消灭的情形,包括犯罪已过追诉时效期限、犯罪人受到国家的特赦、犯罪人罪行的刑事后果承担完毕等。导致既有刑事法律关系彻底消灭的情形,包括犯罪人死亡、前科消灭、诉权消灭等。

思考题

1. 如何理解,刑事法律关系是作为犯罪的法律后果所呈现出的一种关系?
2. 犯罪人的权利是否是刑事法律关系的内容?为什么?

---

① 严格而论,规范刑法学意义上的"犯罪人"与犯罪学意义上的"犯罪人"在具体含义上是有区别的。
② 详见张小虎:《论刑事法律关系客体是犯罪人利益之载体》,载《中外法学》1999年第2期。

第3章　刑法之基阶制度

第9节　刑法体系

一、刑法体系概念

1. 从刑法法源的整体来讲,刑法体系是指各种刑法渊源,诸如刑法典、单行刑法、附属刑法乃至具有法律效力的刑事判例等,按照一定的逻辑排列所组成的有机统一整体。就刑法典而言,**刑法体系**是指刑法条文在刑法典中按照一定的逻辑排列所组成的有机统一整体,即刑法典的组成和结构。通常意义上,刑法体系是指刑法典的体系。

2. 在总体上各国刑法典均以总则与分则的划分为基本的体例。这一体例肇始于1810年《法国刑法典》。该刑法典一经颁行,即成为世界上大多数国家仿效的范本。然而,各国在法律文化、历史传统、政治经济状况等方面有所不同,从而不同国家的刑法典在总则与分则的自身结构上各有一定的特点。[①]

二、我国刑法体系

3. 我国《刑法》由总则、分则和附则三个部分组成。在逻辑条理上,按编、章、节、条、款、项的顺序排列。

4. **编**:第一编为总则;第二编为分则;附则虽未列编的标题,但属于与总则、分则并列的层次。附则为《刑法》第452条,规定刑法典施行的日期,并且通过列举附件一、附件二的形式,对1997年修订的刑法典颁布以前的单行刑法的效力进行说明。

5. **章**:章是编下的结构层次。第一编总则以下的章目与第二编分则以下的章目,各自独立排序、互不衔接、自成体系:**(1) 总则分为五章**,规定犯罪与刑事后果的普遍性原理原则,通常适用于刑法分则、单行刑法、附属刑法等。《刑法》第101条规定:"本法总则适用于其他有刑罚规定的法律,但是其他法律有特别规定的除外。"这里的"其他有刑罚规定的法律",主要指单行刑法、附属刑法等。**(2) 分则分为十章**,主要按犯罪社会危害性的大小和所侵害的保护法益的种类排列,具体包括十大类犯罪,规定具体犯罪的罪状与法定刑。截至《刑法修正案(十一)》,我国《刑法》分则的罪名数是483个。

6. **节**:节是章下的结构层次。我国《刑法》有的章下设节,有的章下不设节,根据具体情况而定:**(1) 总则的第二、三、四章下各自设节**。第二章犯罪,下设四节;第三

[①] 详见张小虎:《刑法的基本观念》,北京大学出版社2004年版,第33—35页。

章刑罚,下设八节;第四章刑罚的具体运用,下设八节。**(2)分则的第三、六章下各自设节**。第三章破坏社会主义市场经济秩序罪,下设八节;第六章妨害社会管理秩序罪,下设九节。

7. **条**:条是刑法典的基本单位,属于章或节下的结构层次,但是刑法典的全部条文均统一编号,以达查阅、引用的一致。截至《刑法修正案(十一)》,我国《刑法》共有501条。其中,总则103条,分则397条,附则1条。

8. **款**:款是条下的结构层次,具体表现为条文文字表述中的一个自然段落,每一个自然段落为一款。有的条文仅由一款构成,例如《刑法》第1条、第2条等;有的条文由数款构成,例如《刑法》第6条由3款构成、《刑法》第17条由5款构成。

9. **段**:段是款中的意思层次结构。在刑法条文的款中,有时一款包含着两个或者两个以上的意思,每一个意思就称为一段。**(1)称谓**:有的款中包含两个意思,可以将这两个意思的表述分别称为前段、后段。例如《刑法》第43条第2款。有的款中包含三个意思,可以将这三个意思的表述分别称为前段、中段、后段。例如《刑法》第105条第1款。有的款中包含三个以上的意思,可以将这三个以上意思的表述分别称为第1段、第2段、第3段、第4段等。例如《刑法》第140条。**(2)符号**:款中不同意思的段与段之间,有的用分号隔开,例如《刑法》第24条第2款;有的用句号隔开,例如《刑法》第29条第1款。

10. **但书**:但书是条或款中的意思层次结构。在包含着多个意思的条或款中,有时不同的意思间用"但是"这个连词加以连接,那么"但是"后面的文字表述部分就称为但书。**(1)但书呈现**:通常,但书存在于同款之中。例如,《刑法》第7条第1款中的但书就是针对该款的前段意思而言的。但书也可存在于款与款之间。例如,《刑法》第63条第2款的但书就是针对该条第1款的意思而言的。**(2)但书情形**:大致存在三种:A. **补充**:但书是前段意思的补充,即顺延前段①的意思并对之作进一步的补充。例如,《刑法》第10条的但书。B. **限制**:但书是前段意思的限制,即顺延前段的意思并对之作进一步的限制。例如,《刑法》第69条第1款的但书。C. **例外**:但书是前段意思的例外,即反向于前段的意思。以句型"但是……除外"所表述的但书属于例外型的但书,不过并非所有例外型的但书均以该句型表述。例外型但书又包括两种:其一,纳入:将被前段意思排除在外的情形纳入。例如,《刑法》第63条第2款的但书,即将本不包含于前段意思中的"根据案件的特殊情况,经最高人民法院核准"纳入。其二,排除:将本来包含于前段意思中的情形排除。例如,《刑法》第101条的但书,即将"其他法律有特别规定的"从前段的意思中排除。

11. **项**:项是款下的结构层次,具体表现为列于款后并以基数(一)、(二)、(三)等引导的文字,每一个基数所引导的一段文字为一项。例如,《刑法》第78条第1款后列有6项、《刑法》第84条列有4项。

---

① 有时是前款,下同。

> **思考题**
> 1. 我国《刑法》第 13 条但书的理论价值与司法价值是什么？
> 2. 我国刑法体系呈现何种特点？

第 10 节　刑　法　规　范

一、刑法规范的概念

1. **刑法规范**是规定犯罪及其刑事后果的法律规范，属于法律规范逻辑结构要素中的责任性规范之一，是刑事实体性规范；假定与处理是刑法规范内部逻辑结构中不可缺少的两个组成部分，假定是以罪行为核心的事实特征，处理是予以定罪处刑的具体规则。

2. "刑法规范"作为一个置重于法律形式层面理论术语，主要揭示刑法之"规范"的法律逻辑地位、逻辑结构以及"刑法规范"本身的表现形态。①

3. **普通规范与特别规范：普通规范**，是指具有普遍的适用性，针对一般事项、一般的人、一般对象、一般时间、一般地域的刑法规范。**特别规范**，是指适用的范围特殊，针对特殊事项、特定身份的人、特定对象、特定时间、特定地域的刑法规范。特别与普通是**相对而言的**，两者互为依存且平行并列。例如，过失致人死亡罪的规范（《刑法》第 233 条）相对于交通肇事罪的规范（《刑法》第 133 条），前者针对一般之日常社会生活而后者针对特殊之交通运输活动，从而前者系属普通规范。

4. **简单规范与复杂规范：简单规范**，是指所规定的犯罪成立条件的要素构成或其具体内容相对单一的刑法规范。**复杂规范**，是指所规定的犯罪成立条件的要素构成或其具体内容相对丰富的刑法规范。简单规范与复杂规范也是相对存在的。例如，《刑法》第 114 条所规定放火罪的客观事实要素是"放火+财物生命健康+危及公共安全"、客观规范要素是"侵害公共安全"，而第 232 条所规定故意杀人罪的客观事实要素是"杀人+他人生命+造成他人死亡"、客观规范要素是"侵害生命权利"，比较该两罪犯罪成立条件的要素及其内容，前者更为丰富，从而放火罪的规范为复杂规范。

5. **重法规范与轻法规范：重法规范**，是指所规定的法定刑相对较重的刑法规范。**轻法规范**，是指所规定的法定刑相对较轻的刑法规范。重法规范与轻法规范同样是相对存在的。例如，失火罪的规范（《刑法》第 115 条第 2 款）相对于重大责任事故罪的规范（《刑法》第 134 条第 1 款），前者普通法定刑为"处 3 年以上 7 年以下有期徒刑"，后者普通法定刑为"处 3 年以下有期徒刑或者拘役"，由此失火罪系属重法规范。

---

① 详见张小虎：《刑法的基本观念》，北京大学出版社 2004 年版，第 264 页。

6. 普通规范与特别规范、复杂规范与简单规范、重法规范与轻法规范的划分,是在规范竞合的场合选择适用规范的基本前提。不过,应当注意,对刑法规范虽可作如上划分并作为规范竞合适用规范的前提,但是普通规范与特别规范、复杂规范与简单规范、重法规范与轻法规范之间未必就存在规范竞合。

二、刑法规范的逻辑结构

7. **法律规范**的逻辑结构是个纵横交织的立体模式。在纵向上,法律规范的逻辑结构分为两个层次要素:第一层次要素是调整性规范,第二层次要素是保障性规范。在横向上,法律规范的逻辑结构分为两个要素:第一个要素是假定,第二个要素是处理。

8. 就外部逻辑而论,**刑法规范**属于法律规范逻辑结构纵向要素中的第二层次要素的部分,即属于保障性规范中的自成体系的责任性规范。① 刑法规范是法律规范的保障力量。

9. 从内部逻辑来看,**刑法规范**包括假定与处理两个要素。刑法规范的假定是犯罪成立条件及其所附的其他说明罪行轻重与行为人危险性的事实特征,刑法规范的处理是予以定罪处刑的具体框架与规则。

三、刑法规范的规范属性

10. 刑法规范直接呈现的是命令规范(义务性规范的一种,是规定主体必须为一定行为的规范);刑法规范直接表述的是裁判规范(是表述司法人员对犯罪人予以定罪处刑所应遵循的具体规则);刑法规范间接蕴含的是行为规范(为一般公民的应然行为提供了明确与确定的标准)。

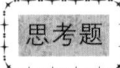

1. 刑法规范的逻辑结构是什么?
2. 不满14周岁的人实施可以成立盗窃犯罪的行为,是否违反刑法规范?

第11节 刑法解释

一、刑法解释的概念与特征

(一) 刑法解释的概念

1. 抽象法律的具体贯彻不可能没有解释的桥梁。刑法解释是刑法理论与实际的核心课题。刑法解释之本质的焦点在于对解释的主体、对象、方法等问题的定位,

---

① 详见张小虎:《刑法的基本观念》,北京大学出版社2004年版,第253—260页。

对此刑法理论颇存争议。① 刑法解释的界说,应当坚持刑法的基本理念以及法律解释之本义。

2. **刑法解释**,是指解释者在刑法条文文句所能涵盖意义的限度内,阐明刑法条文的语言意义和内在真意。

（二）刑法解释的特征

3. **解释主体**：具有广泛性。不能将"刑法解释"理解为"刑法"的解释。刑法解释在解释前冠以"刑法"二字,其意义在于强调对刑法的解释,对刑法可以是有权者的解释也可以是非有权者的解释。着眼于学科领域,刑法解释通常包括立法解释、司法解释和学理解释。尽管在解释的效力上立法解释、司法解释和学理解释三者各有不同,但是三者均不失为一种刑法解释。

4. **解释对象**：应为刑法条文。(1) 刑法规范并非解释的直接对象。法律规范是人们的行为准则,而法律条文是法律规范的文字表述。刑法解释所直接指向的是刑法的文字表述,通过解释阐明刑法文句所表达的刑法规范等内容。(2) 刑法条文除表述罪刑规范之外,也有对规范之原则或用语的阐明,这些原则与用语亦为刑法的有机成分而需要解释。例如《刑法》第93条。(3) 也不宜将刑法解释的对象说成是"刑法规定"。因为"刑法规定"一词有时也用作表述刑法条文的内在蕴意,而这恰恰是刑法解释的结果。

5. **解释方法**：刑法解释首先是对刑法条文文句意义的阐明,同时刑法解释也是对刑法条文内在真义的揭示。法律的精神是随着时代而流淌着的社会事实,以现实社会的文化为背景阐释刑法条文是必要的,否则刑法将过于僵硬而无法调节社会。但是,如果刑法条文文句不能涵盖所需赋予的现实社会意义,那么条文真意的需要应当服从于条文的文句意义,否则刑法解释就变成了刑法立法。刑法条文的文句是刑法条文内在意义的载体,条文内在真义不能超越条文文句本身所能涵盖的意义。由此,"**熨平皱折**"②是刑法解释,但是"**漏洞补充**"③不是刑法解释。④

二、刑法解释的基本分类

（一）解释主体分类：立法解释、司法解释、行政解释、学理解释

6. **立法解释**,是指最高立法机关,在我国即为全国人大及其常委会,阐明刑法条文的语言意义和内在真意。例如,2002年全国人大常委会《关于〈中华人民共和国刑法〉第九章渎职罪主体适用问题的解释》等。

7. **司法解释**,是指司法机关阐明刑法条文的语言意义和内在真意。根据解释主

---

① 详见张小虎：《刑法的基本观念》,北京大学出版社2004年版,第274—278页。
② **熨平皱折**,是指通过对法律语言意义梳理,来弥补法律的缺陷。英国法官丹宁勋爵对熨平皱折的这一蕴含作了界定。参见[英]丹宁勋爵著：《法律的训诫》,杨百揆等译,法律出版社1999年版,第13页。
③ **漏洞补充**,是指超越于法律语言的涵盖,对法律的漏洞予以填补。台湾学者杨仁寿对漏洞补充的这一蕴含作了界定。参见杨仁寿著：《法学方法论》,中国政法大学出版社1999年版,第100、145页。
④ 详见张小虎：《对刑法解释的反思》,载《北京师范大学学报》2003年第3期。

体的不同,司法解释又分为最高司法机关的司法解释与地方司法机关的司法解释。我国刑法理论所称的"司法解释"通常是指前者,即最高人民法院和最高人民检察院的司法解释。同时,按照1981年全国人大常委会《关于加强法律解释工作的决议》第2条的明文规定,最高司法机关的司法解释具有法律效力,从而这一司法解释也属有权解释或称规范性司法解释。

8. **行政解释**,是指行政机关阐明刑法条文的语言意义和内在真意。立于条文语境与解释效力,行政解释存在下列三种情形,其中的(2)及(3)的效力,如果这种解释系有权解释的机关按照法律程序作出并且与法律不相抵触,那么这种解释具有法律效力。① **(1) 单纯刑法条文**:在刑法的执行过程中,对于纯粹刑法条文的含义公安部或司法部等最高司法行政机关予以解释。由于缺乏法律效力的依据,这种行政解释通常不具普遍的法律效力。但是,事实上在司法行政机关系统内部,公安部、司法部的刑法解释对各自的下级部门都有约束力。**(2) 附属刑法条款**:行政机关对附属刑法条款的解释,由于附属刑法条款不失为刑法条款,因此这种解释属于刑法解释中的行政解释。**(3) 空白罪状法规条款**:行政机关对空白罪状的行政法规条款的解释,由于空白罪状的行政法规条款与相应的空白罪状的刑法条款相结合共同构成表述某一犯罪的完整条文,因此这种解释也属于刑法解释中的行政解释。

9. **学理解释**,是指国家宣传机构、社会组织、科研单位、教学部门、法律工作者等阐明刑法条文的语言意义和内在真意。包括采用刑法教科书、学术专著、学术论文、案例分析等形式所进行的刑法解释。学理解释不具法律效力,但是对于刑法立法以及具有法律效力的立法解释、司法解释、行政解释等均具有推动作用。

10. **立法解释与刑法立法**:均由立法机关所作、均具法律效力、皆为有关刑法的规定,但是作为"解释"的立法解释不同于刑法立法:刑法立法是针对刑法条文整体的修正或者新增,修正与新增的条款属于刑法条文本体,通常采用"决定"或"修正案"的名称;而立法解释是针对某个刑法条文中的具体用语的阐明,解释所形成的具体内容并非法条本体而居法条之外,通常采用"解释"的名称。

11. **刑法运行的基本模式**:立法规定具有抽象、简洁与稳定等特性,而司法适用却有具体、复杂与应变等特性,两者之间的距离是不可避免的,缩小两者之间的距离大致存在三种模式:A. 运用判例法而具体化;B. 立法精细而司法的情;C. 立法粗疏而司法解释。英美法系国家通常呈现A,德国、日本等大陆法系国家取B,而我国大陆地区则表现为C。我国《刑法》表述相对粗疏,司法实践中的具体化主要通过司法解释予以解决,由此针对《刑法》的具体运用最高人民法院和最高人民检察院颁布了大量的司法解释。

(二) 解释纵深分类:文理解释与论理解释

12. **文理解释**,又称字面解释、语法解释,是指解释者阐明刑法条文的语言意义。

---

① 1981年全国人大常委会《关于加强法律解释工作的决议》第3条规定:"不属于审判和检察工作中的其他法律、法令"的解释权,归于"国务院及主管部门"。

包括对刑法条文的单词、术语、概念进行字面意义、语法结构的阐明。例如，2010年最高人民法院《关于审理伪造货币等案件具体应用法律若干问题的解释（二）》第1条对《刑法》第170条的"伪造货币"作了字面意义的解释："仿照真货币的图案、形状、色彩等特征非法制造假币，冒充真币的行为"。

13. **论理解释**，是指解释者阐明刑法条文的内在真意。其特点在于：就刑法解释的内容而言，论理解释不局限于阐明刑法条文的语言意义，而是注重分析、揭示蕴含于刑法条文之中的立法真意和现实社会意义；从刑法解释的方法来说，论理解释不局限于语法结构、文字标点上的分析，而是注重逻辑演绎、人文社会科学知识的综合运用。例如，1998年最高人民法院《关于对怀孕妇女在羁押期间自然流产审判时是否可以适用死刑问题的批复》对《刑法》第49条之"审判的时候怀孕的妇女"所作的解释。论理解释通常包括类推解释、当然解释、反对解释、限制解释、扩张解释、比较解释、系统解释、目的解释等。

思考题

"立法粗疏而司法解释"这一刑法制定与实施模式有何优劣？

第11节A 刑法论理解释的展开

一、类推解释

1. **类推解释**，是指解释者对于刑法没有明文规定的事项，基于现实社会的需要，选择规定最相类似事项的刑法条文，对该刑法条文作超出文句本身所能表述的意义的解释，以使刑法没有明文规定的事项被纳入刑法规定的范畴。例如，2002年最高人民检察院《关于单位有关人员组织实施盗窃行为如何适用法律问题的批复》对如何处置单位实施盗窃行为所作的解释（第116节C段1）。

2. **类推解释与罪刑法定原则**：类推有违罪刑法定原则（第7节段5），问题是通常认为相对罪刑法定原则允许有利于被告的类推①，那么是否允许有利于被告的类推解释？所谓有利于被告的类推解释，是指出罪或从宽处罚的类推解释。对此，应当说出罪或从宽处罚的类推解释，例如举重以明轻，也应遵循刑法法制主义原则（本节段7）。同时，有利于被告的立法，例如有利于被告的事后法（第13节段20），基于刑法之人权保障的价值取向可予肯定。

3. **刑法解释与有利于被告**：有利于被告作为一项原则，可适用于事实的认定。在并无确凿证据的场合不能定案，只能作出有利于被告的事实结论。鉴于刑法之人权保障的价值本位，有利于被告也可为一种立法呈现甚或立法取向。例如有利于被

---

① 详见张小虎：《刑法的基本观念》，北京大学出版社2004年版，第152页。

告的事后法(第 13 节段 20)。但是,有利于被告不应作为一项解释原则。刑法解释应在条文文句语言意义的射程之内,射程之内的扩张解释不论是否有利于被告(第 11 节 B 段 10),均符合刑法之保障人权与保护社会的应有价值宗旨(第 4 节段 3—4;第 16 节段 16)。

4. **类推解释与类推适用**。类推解释不同于类推适用。**类推适用**,是指司法机关在适用刑法时,对于刑法没有明文规定的事项援引其他最相类似事项的刑法规定对之作出处理。类推解释与类推适用的相同之处在于,两者均属于"法无明文规定也处理"的情形。我国台湾地区多数学者将类推适用与类推解释混为一谈,以为系属一事。① 但是,类推解释与类推适用存在重要区别。类推解释具有抽象的意义,即解释一经作出可以反复适用;而类推适用仅有具体的意义,即只是针对具体案件的处理。

二、扩张解释及限制解释

5. **扩张解释**,是指解释者基于现实社会的需要,探寻刑法的内在真意,对于刑法条文作超出字面意义但并不突破条文文义范围的解释。扩张解释与类推解释有所不同。扩张解释虽拉伸文义范围,但仍在法条可能文义范围之内;而类推解释则系超出法条可能文义范围,从而走向了法无明文规定。例如,2002 年全国人大常委会《关于〈中华人民共和国刑法〉第 384 条第 1 款的解释》将挪用公款"归个人使用"的含义解释为三种情形。其中,(二)、(三)两项实为"个人将公款挪归单位使用"。将"个人将公款挪归单位使用"解释为"归个人使用",这在字面上似已超出了"归个人使用"的意义,不过从"个人挪用"的角度观之,这种"个人将公款挪归单位使用"仍可置于"归个人使用"的语意射程之内。

6. **限制解释**,又称缩小解释,与扩张解释相对,是指解释者基于现实社会的需要,探寻刑法的内在真意,对于刑法条文作狭于字面意义但并不湮灭条文文义底线的解释。例如,《刑法》第 263 条将"入户抢劫"作为抢劫罪的加重构成之一。2000 年最高人民法院《关于审理抢劫案件具体应用法律若干问题的解释》第 1 条及 2005 年最高人民法院《关于审理抢劫、抢夺刑事案件适用法律若干问题的意见》第 1 条,即对这里的"户"作了限制解释。具体地说,"户"应当具有"供他人家庭生活"和"与外界相对隔离"的特征(第 115 节 B 段 3)。

三、当然解释及反对解释

7. **当然解释**,又称自然解释,是指解释者对于刑法条文未予明文规定的事项,依据逻辑演绎、事物属性的当然道理,对该刑法条文作超越条文表述的解释,以使这一刑法没有明文规定的事项被纳入刑法适用的范畴。当然解释存在两种情形:(1) **入罪举轻以明重**:较轻事项法定入罪而较重事项未予法定,则根据较轻事项的法定入罪认为对较重事项也当然应予入罪。例如,《刑法》第 133 条之一将醉驾入刑,而毒驾比

---

① 转引自杨仁寿:《法学方法论》,中国政法大学出版社 1999 年版,第 161 页。

醉驾的危害更大却未予入刑,如果以毒驾比醉驾危害更重而醉驾入刑则对毒驾也予入刑,那么这就是举轻以明重的解释思路。举轻以明重的入罪处刑,系对法无明文规定事项的罪刑处置,有违罪刑法定原则,从而不应予以肯定。(2) **出罪举重以明轻**:较重事项法定出罪而较轻事项未予法定,则根据较重事项的法定出罪认为对较轻事项也当然应予出罪。例如,《刑法》第389条第3款排除了"因被勒索而给财物且没有获得不当利益的行为(A)"可以成立行贿,但《刑法》在类似的法条第164条中对A之行为可以排除行贿的成立则没有规定。应当说,第389条的行贿比第164条的行贿更重,如果以更重的第389条有A的行为则不成立行贿为据而认为更轻的第164条虽无明文规定但有A之行为也不成立行贿,那么这就是举重以明轻的解释思路。这种举重以明轻的解释是否合理,基于我国《刑法》的明文规定,应当接受刑法法制主义原则(第7节段18)的审查。

8. **反对解释**,又称反面解释,是指解释者针对刑法条文的正面表述,运用逻辑演绎等方法,推导出其反面意义的表述,以作为对该刑法条文的解释。例如,《刑法》第48条第1款前段规定:"死刑只适用于罪行极其严重的犯罪分子。"其反对解释可以表述为:罪行不是极其严重的犯罪分子不适用死刑。合理的反对解释包括:(1) **经由否定全部情形**而得出否定法律效果的结论。例如,针对《刑法》第26条第1款的反对解释是:既不是组织、领导犯罪集团进行犯罪活动,又不是在共同犯罪中起主要作用的,不是主犯。(2) **经由否定必要条件**而得出否定法律效果的结论。例如,针对《刑法》第23条第1款的反对解释是:已经着手实行犯罪,但是并非出于犯罪分子意志以外的原因而未得逞的,不是犯罪未遂。

四、比较解释及系统解释、目的解释

9. **比较解释**,是指解释者通过对比同一国度或者不同国度的相关刑法条文的方法,阐明刑法条文的内在真意。比较解释包括:(1) **国内比较**:对比本国刑法的相关条文予以合理解释。例如,可以对比《刑法》第294条第3款的"包庇"对第310条第1款的"包庇"予以解释。① (2) **国外比较**:对比外国刑法的相关条文予以合理解释。例如,可以纵观外国刑法对抢劫罪之"胁迫"的规定对我国《刑法》第236条之"胁迫"作出解释。②

10. **系统解释**,又称体系解释,是指解释者联系整个刑法体系的相关规定,阐明刑法条文的内在真意。例如,可以将刑法中有关诈骗犯罪,诸如分则第三章第五节中的贷款诈骗罪、票据诈骗罪等、分则第三章第八节中的合同诈骗罪、分则第五章中的诈骗罪,置于整个刑法体系中综合考虑这些诈骗犯罪的含义,对集资诈骗罪作出解释。系统解释与比较解释的区别是,前者通过将被解释的刑法条文置于整个刑法体系中予以解释,而后者通过对比相关刑法条文予以解释。

---

① 详见张小虎:《刑法的基本观念》,北京大学出版社2004年版,第292页。
② 详见杨春洗、张小虎:《抢劫罪剖析》,载《浙江社会科学》2003年第1期。

11. **目的解释**：是指根据刑法的目的，阐明刑法条文的内在真意。例如，可以根据保护交通运输安全的立法目的对《刑法》第 116 条的"破坏"作出限制解释。①

思考题

1. 什么是有利于被告人的解释？试述刑法解释是否有利于被告人与刑法谦抑性的关系？

2. 能否肯定有利于被告人的类推解释？我国司法解释中有无类推解释？

第 11 节 B　刑法法条的解读

一、刑法解释立场的考究

1. 刑法解释的立场与方法是刑法解释的核心议题。刑法解释的特质就是秉持刑法应有的基本理念，正确树立刑法解释应有的立场与方法。对于解释立场与方法，刑法理论存在形式解释与实质解释、严格解释与自由解释、主观解释与客观解释的争议。

2. **形式解释与实质解释**：对其理解，存在本义与引申的不同聚焦：(1) **原本用于针对构成要件符合判断的理论分歧**。A. **形式解释**强调基于刑法条文语言的表述来具体判断行为对构成要件的符合，基于构成要件系违法性的抽象、类型，通常符合构成要件也就具有实质侵害的属性，但是这并不是构成要件符合判断的内容，在此构成要件具有独立的地位与理论机能。B. **实质解释**主张基于行为可罚的必要性与合理性来论及其对构成要件的符合，也即对于构成要件的符合应当进行实质的判断，在此构成要件符合与违法性两者不可分割，构成要件被置于违法性之中并以"不法"概括，构成要件没有独立的地位与机能。(2) **在我国**，形式解释与实质解释被引申至针对刑法条文的不同理解路径。A. **形式解释**强调以刑法文本的实然表述为基点，立于制定法本身规定的平台，注重从罪刑的形式结构（法律要件）上，阐明刑法条文的具体蕴义。由此，形式解释侧重人权保障价值，解释样态相对严格，文理解释居多。B. **实质解释**强调以支撑刑法之应然的社会价值为基点，立于自然法之精神的平台，注重从罪刑的实质蕴含（法益保护）上，揭示刑法条文的内在真义。由此，实质解释侧重社会保护价值，解释样态相对灵活，论理解释居多。

3. **严格解释与自由解释**：**严格解释**强调应以法条字面意思为限，探究其中蕴含的立法者的思想，深入理解法条规定的真正意义而禁止类推解释。这是基于制定法规范的刑法解释，彰显的是刑法之人权保障机能。**自由解释**主张根据社会现实需要，探究法条之中所蕴含的法律真义，刑法解释不受解释方法之限制而承认解释的创造

---

① 详见张小虎：《刑法的基本观念》，北京大学出版社 2004 年版，第 293 页。

性。这是基于自然法精神的刑法解释,彰显的是刑法之社会保护机能。

4. **主观解释与客观解释**:**主观解释**是指合理的刑法解释(刑法解释的目标)在于揭示刑法条文所固有的立法原意,这一立法原意是立法者在制定刑法时赋之于刑法之中的。主观解释论仍将合理之刑法解释承载于制定法的规范,从而彰显了刑法的安全价值与保障机能。**客观解释**是指合理的刑法解释(刑法解释的目标)在于揭示刑法条文之中所蕴含的客观真实意义,这一客观真义是刑法解释时顺应发展变化的社会现实而在刑法中的应有体现。客观解释论将合理之刑法解释承载于自然法的精神,从而彰显了刑法的社会公正价值与社会保护机能。

5. 在思想路径与基本立场上,形式解释、严格解释、主观解释如出一辙,而实质解释、自由解释、客观解释则现相承之势;当然,形式解释、严格解释、主观解释以及实质解释、自由解释、客观解释,各自有其独特的视角与立足点,同一"流域"之中也有具体的差异。基于应然的期待,在建设法治国的背景下,遵循刑法的基本理念,刑法解释应当特别注重刑法的限制功能。刑法解释以形式解释为本位,在法条文句意义的射程之内,实质解释亦为刑法解释之必要。这意味着:(1)无论是阐明刑法条文的立法真意,还是揭示刑法条文的现实社会意义,刑法解释均不能超越刑法条文文句所可能涵盖的意义。在这一前提下,刑法解释可以是对刑法条文作语言意义上的解释,也可以是对刑法条文作内在精神的揭示。(2)对刑法条文作内在精神的揭示,又有法条之国家立法原意与法条之社会现实应有蕴意的不同呈现,倘若国家立法原意(功利)与社会现实应有蕴意(公正)发生冲突,在法条语言意义的射程内应当坚持社会公正的内容取向。

二、解读刑法的应有规则

6. 具体而论,刑法解释涉及的内容广泛,兹以法条解读的视角,对之择例说明如下:

7. **遵循罪刑法定**:刑法解释应当严格遵循罪刑法定原则,法无明文规定不为罪不处罚。例如,《刑法》总则第 30 条对于单位犯罪作了明确限定,而《刑法》分则第 264 条等并未设置单位盗窃,然而 2002 年最高人民检察院《关于单位有关人员组织实施盗窃行为如何适用法律问题的批复》及 2013 年最高人民法院、最高人民检察院《关于办理盗窃刑事案件适用法律若干问题的解释》第 13 条,却将单位盗窃纳入犯罪。这是刑法解释上的法无明文规定比照最相类似条文的入罪处刑,显有类推解释之嫌。2014 年全国人大常委会《关于〈中华人民共和国刑法〉第 30 条的解释》的立法解释仍然缺乏法理根据(第 20 节段 27—28)。又如,《刑法》第 17 条第 2 款对相对责任年龄的表述是"……的人,犯……罪的……"而 2002 年全国人大常委会法制工作委员会《关于已满 14 周岁不满 16 周岁的人承担刑事责任范围问题的答复意见》,将条文中的"犯故意杀人、故意伤害致人重伤或者死亡"解释为相应的"行为"并造成了相应的"后果"。应该看到,这一解释与法条文义并不相符。其实,没有这一解释,相对责任年龄的人实施绑架撕票,依照第 17 条第 2 款的规定照样应予处理(第 112 节段 5)。

8. **摒弃漏洞补充**:刑法不可避免地存在缺陷,对此在无法通过语言涵盖而弥补的场合,只能通过立法修正。例如,《刑法》第 263 条将加重抢劫的情形之一表述为"冒充军警人员抢劫"(A),然而"真正的军警人员抢劫"(B)是否也属于这一情形?就条文文义的射程而言,A 无法涵盖 B。尽管 B 之危害重于 A,但在此却无法通过解释来弥补立法漏洞。另外,或许有些漏洞补充还与一国司法观念有关。例如,许多国家的刑法典专门设置了家庭盗窃的免刑或免罪,与此不同,我国《刑法》对于家庭盗窃未予特别规定,而 2013 年最高人民法院、最高人民检察院《关于办理盗窃刑事案件适用法律若干问题的解释》第 8 条却予家庭盗窃免罪与从宽。这实质上是司法对于法定空白地带的填补。或许有人会以《刑法》第 13 条的但书来为之遮掩,但是倘若如此则第 13 条但书将有被滥用的危险。应当说,该但书的出罪只是立法精神的宣示而不具具体操作根据的属性,由此而及的具体操作根据应当有针对具体情状的法条规定,这是刑法法制主义原则与罪刑法定原则的共同要求。我国刑法立法粗疏而留待司法解释(第 11 节段 11),这为灵活出罪或入罪留下了余地,然而这种粗疏型的立法应向精细型立法转型。①

9. **遵循罪刑均衡**:作为基本原则,罪刑均衡原则应为立法所遵循,对于法条的理解也应以之为据。例如,《刑法》第 238 条第 2 款前段之"致人重伤……致人死亡"的主观心态,对此应当解释为间接故意。这是立于罪刑均衡原则,将这一罪状的相应法定刑设置与过失致人死亡罪、失火罪、暴力干涉婚姻自由致被害人死亡、虐待致被害人重伤死亡的法定刑进行比较而得出的结论(第 111 节 B 段 5)。另外,应当注意,故意致人重伤或者死亡是一个单纯的、以故意伤害为指向的犯罪,而非法拘禁致人重伤或者死亡是以非法拘禁为基础的犯罪,由此两者不具完全的可比性(第 111 节 B 段 2)。

10. **允许入罪的扩张解释**:有利于被告的扩张解释,固然存在许可的理论根据。不过,也应注意到,不利于被告的扩张解释只要在法条语义的射程之内同样应当允许。其实,合理的扩张解释未必都是有利于被告的解释。例如,针对《刑法》第 163 条、第 164 条中的"其他单位",2008 年最高人民法院、最高人民检察院《关于办理商业贿赂刑事案件适用法律若干问题的意见》第 2 条将之伸展至"为组织体育赛事、文艺演出或者其他正当活动而成立的……非常设性的组织"。又如,2007 年最高人民法院、最高人民检察院《关于办理受贿刑事案件适用法律若干问题的意见》第 8 条第 1 款,将收受"未变更权属登记"的房屋、汽车等物品也归入《刑法》第 385 条受贿罪之"收受"的含义中。

11. **谨慎事实推定**:事实推定,是指根据事实 A 的存在,即认定事实 B 的存在。基于人类的认识规律,立法与刑法解释中的事实推定是不可避免的,尤其是在涉及行为人主观事实的判断上。例如,《刑法》第 395 条在对巨额财产来源不明罪的设置中,

---

① 详见张小虎:《论我国〈刑法〉应由粗疏型走向精细型:基于我国〈刑法〉立法现状的统计数据分析》,载《政治与法律》2021 年第 10 期。

根据事实 A"本人不能说明巨大差额的合法来源",认定事实 B"差额部分即为非法所得"的存在。尽管这种事实推定不可避免,但是应当注意,A 与 B 的两项事实之间应当显著地接近,并且在 A 与 B 之间存在合乎事理逻辑的一致性。当然 A 也不是 B 的直接的事实特征,否则就不是事实推定,而是事实征表本身了。

12. **阐明条文内容**:基于条文本身表述特点的不同,对于条文内容的阐明包括:(**1**)**使模糊变清晰**:条文呈现"数额较大""多次"等模糊语言,而刑法解释则使之清晰。例如,2013 年最高人民法院、最高人民检察院《关于办理盗窃刑事案件适用法律若干问题的解释》第 1、2 条称,《刑法》第 264 条的"数额较大"是指"财物价值 1000 元至 3000 元以上"或者具有八项特定情形之一并且财物价值在 500 元至 1500 元以上。(**2**)**使抽象变具体**:条文呈现"情节严重""其他严重……行为"等涵盖内容至为广泛的语言,而刑法解释则使之变得具体。例如,2000 年最高人民法院《关于审理扰乱电信市场管理秩序案件具体应用法律若干问题的解释》第 2 条第 1 款,对于非法经营电信业务而构成《刑法》第 225 条非法经营罪之"情节严重"的情形,作了两项具体列举。(**3**)**使隐藏变显现**:条文的一些表述虽似具体明确但作为罪之要素仍有待凸显其特定意义,刑法解释则使这一特定意义得以呈现。例如,通常"枪"之概念似已明确,然而在《刑法》第 263 条将之作为加重构成一项要素的场合,这里的"枪"仍有其特定意义,为此 2000 年最高人民法院《关于审理抢劫案件具体应用法律若干问题的解释》第 5 条作了具体阐明。

13. **立足法条表述**:无论是法条之意义及精神等的阐明与揭示,还是法条之犯罪构成及其理论形态等的解读,均应以法条本身的表述为基本的立足点。刑法理论是对立法现实的指导与推进,而刑法理论也源于现实立法的事实。由此,刑法条文是刑法学研究的最为重要而核心的经验性素材。例如,《刑法》第 127 条第 1 款对盗窃、抢夺枪支、弹药、爆炸物罪之罪状的表述(A),该条同款对盗窃、抢夺危险物质罪之罪状的表述(B),第 115 条第 1 款对放火罪之罪状的表述(C),第 116 条对破坏交通工具罪之罪状的表述(D),对比这些表述可以看出:A 之叙明中仅限行为与对象,B 在行为与对象之外还有危险结果,对危险结果的要求 C 与 B 相似,而 D 则对危险结果的形态作了具体描述。由此,A 之罪系行为犯,B 与 C 之罪系危险犯且为抽象危险犯,D 之罪系危险犯且为具体危险犯(第 39 节 A 段 4、12)。

14. **尊重社会观念**:法律实际上是将普遍的社会价值观以制度规范的形式(法典法或判例法)记录下来,而成为人们行为的准则。那么,对法律的解读也就不能偏离普遍的社会价值观,否则所谓的法学理论就易于落入刻板的学究式的纸上谈兵。其实,在刑法理论的架构中:(**1**)**许多技术要素**均明确而直接地以普遍的社会价值观为其内容的基奠(要素的判断根据)。例如,以社会相当性确定行为效素、违法阻却等这些要素的成立与否(第 18 节 D 段 5),刑法因果关系中基于社会观念而予相当关系的判断(第 19 节 B 段 4),按照社会共同价值观念评价避险限度中的法益权衡(第 29 节段 22),社会价值观念不失正犯与共犯应有类型性界分的价值根据(第 46 节段 5),基于一般社会观念而得以判断猥亵与奸淫的界分(第 110 节 A 段 13)。(**2**)**许多刑法**

疑难问题的解决，与普遍社会价值观的支持也是吻合的。例如，涉及诈骗罪的解释，民事性欺诈销售与刑事性诈骗的界分是一现实问题（第 117 节 D 段 1），显然如果将欺诈销售都作为刑事诈骗，这不能获得普遍社会观念的支持；同样，将通过欺诈获得资格而购买经济适用房作为诈骗罪处理，也难以为多数社会公众所接受。这其中，《刑法》第 266 条的规定是认定诈骗罪的制度层面，而这一制度规定又是普遍社会价值观的写照。

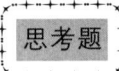

试述形式解释、实质解释与犯罪构成理论体系之存在论、观念论、行为论、构成要件论、二阶层论、三阶层论的关系。

第 12 节　刑　法　任　务

一、刑法任务的概念

1. **刑法任务**是指立法者所赋予刑法的职能或者责任，具体而论就是保护各种法益。①

二、我国刑法的任务

2. 我国《刑法》第 2 条对我国刑法任务作了明确表述。具体而论，刑法任务以保护法益为内容，分为四个方面：**(1) 保卫国家安全**：《刑法》总则对危害国家安全的犯罪，设置了较为严厉的一些处罚制度。例如，第 56 条规定"对于危害国家安全的犯罪分子应当附加剥夺政治权利"，第 66 条对于"危害国家安全犯罪"的累犯构成取消了前罪与后罪的时间限定。分则专章系统规定了危害国家安全的犯罪，并将之列为惩罚的首要对象，规定了较为严厉的刑罚。**(2) 保护财产秩序**：财产秩序，既包括他人财物的所有权，也包括各种形式的占有。《刑法》分则第五章系统规定了侵犯财产的犯罪，以保护财物管理秩序。分则第三章、第六章、第八章等类罪中也有许多具体的罪，包括集资诈骗罪、盗伐林木罪、贪污罪等，指向了对财物管理秩序的保护。**(3) 保护公民权利**：《刑法》分则第四章专章具体规定了侵犯公民人身权利、民主权利和其他权利的犯罪。分则第二章、第六章、第九章等类罪中也有许多具体的罪，包括放火罪、非法行医罪、徇私枉法罪等，指向了对公民人身权利与民主权利的保护。**(4) 维护社会秩序**：社会秩序的含义较为广泛，包括经济秩序、生产秩序、工作秩序、教学科研秩序、群众生活秩序等。可以说《刑法》分则所规定的一切具体犯罪，都是为了维护群众生活秩序、生产秩序、经济秩序、工作秩序等社会秩序。分则第六章还专章对妨害社

---

① 详见张小虎：《刑法的基本观念》，北京大学出版社 2004 年版，第 55—57 页。

会日常管理秩序的犯罪作了系统规定。上述四个方面的刑法任务,相辅相成形成一个有机的整体。

> **思考题**
>
> 1. 为何多数国家的刑法典未对刑法任务予以明确规定?
> 2. 保障人权是否刑法的任务?

第 13 节　刑法效力范围

1. **刑法效力范围**,又称刑法的适用范围,是指刑法在空间与时间上的效力。我国《刑法》第 6 条至第 12 条对刑法的效力范围作了具体规定。

一、刑法的空间效力

2. **刑法的空间效力**,是指刑法对地域和对人的效力,其核心问题是刑事管辖权。**刑事管辖权**是国家基于主权对犯罪进行定罪处刑的权力,其具有两个特征:(1) **国家刑事权力**:刑事管辖权是一种国家刑事权力,涉及国与国之间对犯罪进行处置的主权关系。许多学者将国内刑法的刑事管辖权规范界定为国际刑法。① 对此,本书认为国内法的刑事管辖权规范仅在普遍管辖上归于国际刑法。(2) **刑法的空间效力**:刑事管辖权意味着定罪处刑的权力在空间上所延伸的范围,这不同于刑事诉讼管辖。**刑事诉讼的管辖**,是指一国国内侦查、控诉、审判三机关在刑事案件处理程序上的权力划分或者职责分工,包括立案管辖、审判管辖。

(一) 刑事管辖原则的基本类型

3. 刑事管辖原则是指国家在刑法中确立的延伸其刑事管辖权范围的基本准则。基于国家主权的原则,每个国家都在刑法中规定了相当的刑事管辖权。综观刑法理论与各国立法,刑事管辖原则存在如下具体类型:

4. **属地原则**:也称领土原则,主张以地域为标准,凡是在本国领域内犯罪的,无论犯罪人是本国人还是外国人,均适用本国刑法;反之,在本国领域外犯罪,都不适用本国刑法。属地原则注重维护国家领土主权,这是其优越之处。但是,假如本国人或者外国人在本国领域外实施危害本国国家或者公民利益的犯罪,则无法适用本国刑法,由此表现出这一原则的局限性。所以多数国家刑法并不单纯采用这一原则。在属地问题上,有时会出现犯罪的实行行为与行为结果不在同一空间的所谓**隔地犯**,基于对这种隔地犯处理原则的差异,属地原则又可分为三种情况:(1) **行为地原则**,又称主观的领土原则,主张以行为发生地为犯罪地确定的标准,凡是在本国领域内发生的犯罪行为,无论犯罪结果在何处出现,均适用本国刑法。(2) **结果地原则**,又称客

---

① 参见〔德〕弗兰茨·冯·李斯特:《德国刑法教科书》,徐久生译,法律出版社 2000 年版,第 141 页。

观的领土原则,主张以结果出现地为犯罪地确定的标准,凡是在本国领域内出现的犯罪结果,无论犯罪行为在何处发生,均适用本国刑法。(3) **行为结果择一原则**,主张以行为或者结果中的任意一项为犯罪地确定的标准,只要犯罪行为或者犯罪结果有一项发生在本国领域内的,就认为是在本国领域内犯罪,适用本国刑法。

5. **属人原则**:也称国籍原则,主张以行为人的国籍为标准,凡是本国人犯罪,无论犯罪人是在本国领域内还是在本国领域外,均适用本国刑法。对此,应当注意:**(1) 就广义而论**,属人原则包括:A. **积极的属人原则**,是指本国公民在国外犯一定之罪而适用本国刑法;B. **消极的属人原则**,是指外国公民在国外对本国犯罪而适用本国刑法。通常,所谓属人原则指的是前者,而后者的消极属人原则被归于保护原则。**(2) 属人原则意味着**,本国人在国外犯罪也适用本国刑法,然而这触及了他国主权。然而,在对等规定的场合,外国人在本国犯罪则要适用外国刑法,这也同样触及了本国主权。为此,须对属人原则予以适当限定并依循国际法相关准则。

6. **保护原则**:也称安全原则,主张以保护本国利益为标准,凡是侵害本国国家或者公民利益的犯罪,无论犯罪人是本国人还是外国人,也不论犯罪发生在本国领域内还是在本国领域外,均适用本国刑法。根据保护原则所处置的犯罪的不同,保护原则分为保护国家原则和保护国民原则。保护原则较全面地保护了本国的利益。但是,当犯罪发生在本国领域外的时候,采纳这一原则将涉及国与国之间的关系,因而要完全实现这一原则也比较困难。

7. **普遍原则**:也称世界原则,主张以保护国际社会的共同利益为标准,凡是发生危害国际社会共同利益的犯罪,无论犯罪人是本国人还是外国人,也不论犯罪发生在本国领域内还是发生在本国领域外,均适用本国刑法。由于各国政治、经济、文化的差异,不同国家对犯罪的界定各有不同,因而也难以在世界范围内完全实现这一原则。由此,普遍原则所呈现的主要是对国际条约所规定的侵害国际社会共同利益的某些国际犯罪,诸如空中劫持、灭绝种族、侵害外交代表等,由条约的签字国根据国际条约承担普遍刑事管辖权。

8. **折中原则**:也称结合原则,主张以属地原则为基础,有限制地兼采属人原则、保护原则和普遍原则。具体地说,凡是在本国领域内犯罪的,无论犯罪人是本国人还是外国人,均适用本国刑法(属地原则);本国人或外国人在本国领域外犯罪的,在一定的条件下也适用本国刑法(兼采属人原则、保护原则、普遍原则)。折中原则综合了属地原则、属人原则、保护原则、普遍原则的长处,将这些原则有机融合而相互弥补各自的不足。目前世界各国刑法大多采纳这一原则。

(二) 我国刑法的刑事管辖原则

9. 我国刑法在刑事管辖原则上采纳的是折中原则。具体表现在:

10. **属地原则基础**:《刑法》第6条是我国刑法刑事管辖原则的基本规定,强调属地原则。该条的具体含义:**(1) 领域**:是指中国国境以内的全部区域,包括我国的领陆、领水、领陆领水的底土及领空。领陆包括边界以内的陆地领土和岛屿;领水包括领海和内水;领空是领陆和领水的上空,只及空气空间,不包括外层空间。**(2) 船舶**

或航空器：经我国注册并挂有中国国旗、国徽等标志的船舶或航空器，系我国《刑法》明确规定的我国的拟制领土。这里的船舶或者航空器包括：处于航行过程中，或者停留在外国领域内；归属国有、集体、私有，或者归属军用、民用。(3) **驻外使馆**：1961年《维也纳外交关系公约》规定，各国驻外大使馆、领事馆不受驻在国的司法管辖而受本国的司法管辖。我国承认这一公约。由此，中国驻外大使馆、领事馆也系我国的拟制领土，凡在此领域内犯罪的，适用我国刑法。① (4) **行为地与结果地**：针对隔地犯，我国《刑法》在犯罪地确定的标准上，采纳的是行为与结果择一的原则，即犯罪的行为或者结果有一项发生在中国领域内的，包括部分行为或者部分结果发生在中国领域内的，就认为是在中国领域内犯罪。(5) **适用本法**：法条之"适用本法"，是指适用中华人民共和国的刑法典、单行刑法、附属刑法等刑法规范。(6) **特别规定**：法条所述"除法律有特别规定的以外"，其中的"特别规定"包括：A. **外交豁免特别规定**：《刑法》第11条对于外交人员豁免问题作了规定：其一，豁免人员：是指外交代表、使馆行政技术人员及与他们共同生活的配偶、未成年子女；来访的外国国家元首、政府首脑、外交部部长及其他同等身份的官员等。联合国及其专门机构的官员和专家等。其二，豁免权限：与刑法适用有关的外交特权和豁免权的主要内容有：人身不受侵犯；寓所不受侵犯；财产不可侵犯；享有刑事管辖豁免；无向驻在国司法机关提供证据之义务；等等。其三，具体处置：并不意味着对这些豁免人员的犯罪可以不予处置，而是强调对于他们的犯罪，通过外交途径解决。例如，驻在国宣布其为"不受欢迎"的人，由派驻国予以惩办，向驻在国表示道歉或遗憾等。B. **香港、澳门的特别规定**：根据《香港特别行政区基本法》第2条、《澳门特别行政区基本法》第2条的规定，全国人民代表大会授权该两特别行政区依法"实行高度自治，享有行政管理权、立法权、独立的司法权和终审权"。由此，该两特别行政区的罪刑问题分别适用香港刑法与澳门刑法。C. **民族自治特别规定**：《刑法》第90条对民族自治地方可以制定不适用"本法"的变通规定或者补充规定的情形与做法，作了特别规定。

11. **兼采属人原则**：《刑法》第7条是我国刑法刑事管辖属人原则的具体表述，强调我国公民在我国领域外犯我国刑法规定之罪的，适用我国刑法。对此，又分为两种情形：(1) **一般人员**：基于第7条第1款的但书，按照我国刑法的规定，所犯之罪应当适用的法定最高刑为3年以下有期徒刑的，可以不予追究。(2) **特殊人员**：基于第7条第2款的规定，国家工作人员和军人，所犯之罪不论罪行轻重，一律按照我国刑法予以追究。

12. **兼采保护原则**：《刑法》第8条是我国刑法刑事管辖保护原则的具体表述，强调外国人在我国领域外对我国国家或者公民犯罪，可以适用我国刑法。在此，"可以"意味着保留管辖权与刑事追究的取向，不过鉴于"外国人"在"国外"针对我国的犯罪，这将更多涉及与他国罪刑设置及管辖的冲突。具体而论：(1) **外国人**：这里的"外

---

① 立于对等原则，我国也承认外国驻华大使馆、领事馆具有派驻国的拟制领土地位。例如，2012年2月6日，时任重庆市副市长的王立军私自进入美国驻成都总领事馆，请求美方予其政治避难。该案被认定为叛逃罪。

国人",是指一切不具有中国国籍的人,包括具有外国国籍或者无国籍的人。**(2) 适用要件**:犯罪侵害了我国国家或者公民的利益;按照我国刑法犯罪之法定最低刑为 3 年以上有期徒刑;所犯之罪按照犯罪地的法律规定也应受到处罚。

13. **兼采普遍原则**:《刑法》第 9 条是我国刑法刑事管辖普遍原则的具体表述,强调对于我国参加之国际条约所设罪行,我国同意承担条约义务而行使刑事管辖权的,适用我国刑法。具体而论:**(1) 罪行范围**:我国刑法行使普遍刑事管辖权所处置的犯罪,仅限我国缔结或者参加的国际条约所规定的、侵害国际社会共同利益的某些国际犯罪。**(2) 义务范围**:我国刑法所行使的普遍刑事管辖权,仅限所缔结或者参加的国际条约中我国同意承担的一些义务。反之,假如我国对国际条约中的一些条款声明保留,则不承担相应的义务。**(3) 管辖方式**:依照我国缔结或参加的国际条约所规定的一些特殊的管辖原则(例如对海盗罪和战争罪采取"普遍管辖原则"、对劫持民用航空器罪及危害民用航空安全罪等犯罪采取"或引渡或起诉原则"、对劫持民用航空器罪采取"航空器降落地国管辖原则"或"永久居所地或主要营业地管辖原则"等)行使刑事管辖权,或者依我国刑法的规定予以惩处,或者引渡给有关国家。

14. **禁止重复处罚原则**:又称一事不再罚原则,是指对于同一犯罪不得重复处罚的刑法准则。双重管辖将导致双重处罚,而放弃管辖又有碍主权。对此,《刑法》第 10 条兼顾两者作了具体规定:**(1) 保留刑事管辖**:在国外犯罪,"依照本法应当负刑事责任,虽然经过外国审判,仍然可以依照本法追究"。这意味着,国外判决并不当然有效,并且罪刑的标准仍在我国刑法规定。显然,这是对保留我国刑事管辖权与刑罚权的强调,这也表明在管辖冲突上我国对于国家主权的置重。**(2) 禁止重复处罚**:"在外国已经受过刑罚处罚的,可以免除或者减轻处罚"。由此,我国刑法对外国判决采纳的是消极承认①的模式。这意味着,在犯罪的法律后果上,以根据我国刑法所判定的应有承担为标准,对外国既已承担的部分予以减除,尚有剩余的可以经审判后继续承担。

二、刑法的时间效力

15. **刑法的时间效力**,是指刑法的生效时间、失效时间以及刑法的溯及力。

(一) 刑法的生效时间

16. **刑法的生效时间**,是指刑法发生法律效力的时间。具体分为两种:**(1) 刑法公布之日生效**:单行刑法或者修正幅度不大的修正案,通常采取这一形式。例如,1998 年全国人大常委会《关于惩治骗购外汇、逃汇和非法买卖外汇犯罪的决定》第 9 条规定:"本决定自公布之日起施行。"又如,2001 年《刑法修正案(三)》第 9 条规定:"本修正案自公布之日起施行。"**(2) 公布之后一段时间生效**:刑法典或者修正幅度较大的修正案,通常采取这一形式。这主要是为了让司法部门、公民以及社会各界了

---

① **消极承认**,是指并不完全承认外国判决,对于同一行为仍可再行审判,但是对于已受处罚的事实予以承认。与此相对,**积极承认**,是指将外国判决视同本国判决,不仅在犯罪的认定上,而且在处刑与执行上予以承认。

解新法的内容,做好实施的充分准备。例如,1979 年《刑法》于 7 月 1 日通过、7 月 6 日公布、1980 年 1 月 1 日起生效(第 9 条);1997 年修订的《刑法》于 3 月 14 日修订、同日公布、1997 年 10 月 1 日起施行(第 452 条);《刑法修正案(八)》于 2011 年 2 月 25 日通过、同日公布、2011 年 5 月 1 日起施行(第 50 条)。

（二）刑法的失效时间

17. **刑法的失效时间**,是指刑法失去法律效力的时间。具体分为两种:**(1) 明示废止**:由国家立法机关明确宣布某些法律效力终止。通常表现为,在新的法律公布的同时,该新法规定某项旧法效力终止。例如,1997 年修订的《刑法》第 452 条第 1 款对有关法规废止的规定。**(2) 默示终止**:尽管国家立法机关未予明示,但是某些法律效力实际上终止。包括两种情形:A. 替代失效,即新法代替了同类内容的旧法,从而使旧法失去了法律效力。例如,我国 1997 年修订的《刑法》代替了原来的 1979 年《刑法》。B. 限时失效,主要是限时法的失效。**限时法**,是指基于当时特殊的立法条件而制定的,限制在一定时间内有效的法律。限时法有效期届满,即使没有新法替代,其法律效力也同样终止。

（三）刑法的溯及力

18. **刑法的溯及力**,又称刑法溯及既往的效力,是指刑法生效以后,对其生效以前未经审判或者判决尚未确定的行为,是否具有追溯适用的效力,如果具有追溯适用的效力,就是有溯及力,否则就是没有溯及力。

19. **各国刑法溯及力原则的类型**:(1) **从旧原则**,是指对于过去未经审判或者判决尚未确定的行为,一律按照行为时的旧法处理,新法没有溯及力。(2) **从新原则**,是指对于过去未经审判或者判决尚未确定的行为,一律按照行为后的新法处理,新法具有溯及力。(3) **从新兼从轻原则**,是指新法原则上具有溯及力,但是如果旧法不认为是犯罪或者处刑较轻的,则按照旧法处理。(4) **从旧兼从轻原则**,是指原则上按照旧法处理而新法没有溯及力,但是如果新法不认为是犯罪或者处刑较轻的,则按照新法处理。

20. **从新兼从轻原则与从旧兼从轻原则**:两者在"择取非罪取向"与"择取轻刑处罚"上虽无区别,但是如果择取轻刑处罚之"处刑较轻"的含义只是指行为所犯之罪的相应法定刑相对较轻,则由此而及的旧法或者新法由于其在罪刑制度上不可避免地会存在差异,从而依循旧法或者新法最终所得的处刑结论也会有所不同。(1) **罪刑制度的差异**:影响最终处理结果的不仅是罪与非罪以及法定刑轻重的问题,而且涉及一系列的罪刑制度,包括不同犯罪情节区别对待的原则、量刑情节区别对待的原则、分则具体罪名的差异等,而旧法与新法在这些罪刑制度上也会有所差异①,因此尽管旧法、新法均认为行为成立犯罪并且适用旧法或新法的法定刑,但是从旧或者从新却意味着在最终处刑上所适用的一系列罪刑制度并不相同,这固然会影响到最终的处理结果;同时也不排除旧法与新法对于行为的罪名有差异,由此即使旧法与新法对

---

① 例如,中止犯的处罚原则、累犯的构成及处罚原则、嫖宿幼女罪的取消等。

于行为的处刑也一致,但是从旧与从新也会出现最终定性上的不同。**(2) 从旧兼从轻的选择**:严格意义上的罪刑法定原则要求禁止事后法,即刑法效力不溯及既往。不过,立于罪刑法定原则之保障人权的核心价值,在相对意义的罪刑法定原则的框架下,对于刑法溯及力问题,允许有利于被告的事后法,从而多数国家均采纳从旧兼从轻的原则。

21. **我国刑法的溯及力原则**:《刑法》第12条对于溯及力问题作了具体规定,这一规定表明我国刑法坚持了从旧兼从轻的原则,即原则上按行为时的法律处理,但新法不认为是犯罪或法定刑较轻的,则不认为是犯罪或适用新法法定刑。[①]

思考题

1. 按行为时刑法之罪刑制度定罪处刑意味着什么?
2. 加入中国国籍的外国公民在加入中国国籍前在国外犯中国刑法之罪的,应当如何处理?
3. 中国公民(甲)在日本国货轮上,当该货轮停靠美国港口时与货轮上的韩国公民(丙)发生械斗,造成丙的死亡。对于甲应当如何适用法律?

[①] 详见张小虎:《刑法的基本观念》,北京大学出版社2004年版,第304—307页。

第 2 编　犯罪构成基础理论

第 4 章　犯罪概念与犯罪构成概述

第 14 节　犯罪概念

一、犯罪概念的理论学说

1. **犯罪概念**是犯罪论的基石,其回答最抽象意义上犯罪的基本特征,即所有犯罪的共同的基本特征。犯罪概念存在形式界说与实质界说的不同展开。①

2. **犯罪的形式概念**,是指以犯罪的形式属性来定义犯罪,表现为将犯罪成立的规范标准定位于具体的、外在的、有形的、直观的、刚性的特征。对此,主要存在以下几种学说:刑事违法说;刑罚惩罚说;刑事违法与刑罚惩罚说;刑事违法、刑罚惩罚与刑事起诉说。②

3. **犯罪的实质概念**,是指以犯罪的实质属性来定义犯罪,表现为将犯罪成立的规范标准定位于抽象的、内在的、无形的、隐含的、柔性的特征。对此,也有以下几种主要学说:权利侵害说;法益侵害说(行为侵害了法益);义务违反说;法益侵害并义务违反说;规范违反说(行为违反了文化规范或社会伦理规范);法益侵害并规范违反说;社会危害性说。③

4. **犯罪的双重定义**,是指以立体维度的视角剖析、揭示刑法所规定的犯罪的基本特征。例如,《俄罗斯刑法典》第 14 条对犯罪的双重界说、德国学者耶赛克以"刑法制裁"(形式)及"保障社会生活"(实质)对犯罪的双重界说④。英国学者边沁则立于不同视角对犯罪的形式与实质意义作了阐释。⑤

5. **刑法学上的犯罪概念**,以揭示犯罪的规范形式为核心,其针对犯罪概念的规范学表述,结合社会事实现象,展示刑法上犯罪的基本特征与成立条件,具体表述刑

---

① 详见张小虎:《犯罪概念形式与实质的理论建构》,载《现代法学》2005 年第 3 期。
② 详见张小虎:《犯罪论的比较与建构(第二版)》,北京大学出版社 2014 年版,第 1—4 页。
③ 参见同上书,第 4—6 页。
④ 参见〔德〕汉斯·海因里希·耶赛克、托马斯·魏根特:《德国刑法教科书》,徐久生译,中国法制出版社 2001 年版,第 65 页。
⑤ 参见〔英〕吉米·边沁:《立法理论》,李贵方等译,中国人民公安大学出版社 2004 年版,第 286—287 页;张小虎:《犯罪论的比较与建构(第二版)》,北京大学出版社 2014 年版,第 6 页。

法规范所规定犯罪的形式构造与实质意义,注重刑法的人权保障与社会保护。① 在刑法规范的框架内,犯罪的形式概念与实质概念并不是冲突的,而是一个有机统一整体。

二、我国刑法的犯罪概念

(一) 犯罪概念的界说

6. 我国《刑法》第 13 条对犯罪概念作了明确的规定。对于我国刑法典犯罪概念规定所包含的特征,刑法理论存在两特征说、三特征说、四特征说的不同见解。②

7. 基于我国《刑法》对于犯罪概念的规定,着眼于宏观的整体标志,侧重于彰显立法的思路,应当说,**犯罪**是指具有严重危害性与刑事违法性的行为。"应受刑罚惩罚性"在犯罪的界说中,并不具有独立要素的地位。我国《刑法》第 13 条之"依照法律应当受刑罚处罚"的表述,一则强调行为成立犯罪应以法律规定为唯一根据,二则是对犯罪本质系属严重危害社会的具体阐明。

(二) 犯罪的基本特征

8. 犯罪概念的内容,包括严重危害性与刑事违法性两个基本特征,这两者互为表里、内外一体。

9. **犯罪的严重危害性**:对于严重危害性的基本含义,刑法理论存在事实说、法益说、属性说、危害说的不同见解。③ 本书坚持犯罪概念与犯罪成立条件之双位一体的犯罪论体系(第 16 节段 1),严重危害性系属犯罪概念的本质特征、犯罪成立的消极要件。具体而论:(1) **严重危害性**:是指基于整体的价值评价的视角,刑事违法性的行为所应具有的对于公民利益、社会秩序、国家安全等严重的实际损害或者现实威胁,从而作为犯罪所必需的内在标志。(2) **严重危害性的理论要点**:严重危害性揭示犯罪的实质意义,挖掘法定犯罪的定罪根基,为法定犯罪的确立提供本质的定量标志;严重危害性具体表现为行为对于公民利益、社会秩序、国家安全等所具有的严重的实际损害或者现实威胁;在犯罪成立的框架下,严重危害性揭示行为成立犯罪所需的本质标志,其由"本体构成符合"征表,由"严重危害缺乏阻却"实体判断;严重危害性是主观危害与客观危害的综合评价,主观危害除主观恶性外还包括人身危险性。

10. **犯罪的刑事违法性**:在犯罪概念的理论框架中,犯罪的刑事违法性与犯罪的严重危害性具有相对的意义。具体地说:(1) **刑事违法性**是指行为对于刑法规范所规定的具体犯罪成立的各项要素的符合从而具备应受刑事处置的形式前提,属于成立犯罪所必需的外在标志。(2) **刑事违法性的理论要点**:刑事违法性展现犯罪的形式规格,征表法定犯罪的形式要素与形式标志,为犯罪的司法认定提供外在的形式根据;刑事违法性表述犯罪的法律定型,具体由客观事实要素、客观规范要素、主观责任要素这三项要素予以表现说明;在犯罪成立的框架下,刑事违法性描述行为成立犯罪

---

① 详见张小虎:《犯罪学(第二版)》,中国人民大学出版社 2017 年版,第 47—48 页。
② 详见张小虎:《犯罪论的比较与建构(第二版)》,北京大学出版社 2014 年版,第 10—11 页。
③ 同上书,第 12—13 页。

所需的形式标志,具体展示这一标志的是"本体构成符合";刑事违法性依然是主观要素与客观要素的综合评价,从而决定了行为成立犯罪,成为刑事处置条件的形式性表述。

11. **严重危害性与刑事违法性的统一**:严重危害性的实质与刑事违法性的形式,是犯罪的两个基本特征,其统一于犯罪概念。犯罪概念是以整合的犯罪定型为架构而展开的融形式与实质为一体的对犯罪特征的揭示。其中,刑事违法性侧重于描述犯罪成立的横向规格标准,较具形式意义;严重危害性侧重于阐明犯罪成立的纵向价值标准,较具实质意义。而严重危害性与刑事违法性在犯罪的评价中又是相辅相成、互为贯通的。严重危害性的实质是刑事违法性的内在灵魂;而刑事违法性的形式则是严重危害性的外在承载。严重危害性与刑事违法性共同整合而构成犯罪的实质与形式相统一的定义。形象地说,严重危害性与刑事违法性属于同一事物不同层次的立体叠置,而非平行并举的水平相加。

三、犯罪的违法性与行为的违法性

12. 鉴于犯罪评价的这一路径,本书犯罪概念中的**犯罪的刑事违法性(犯罪的违法性)** 与犯罪论体系中的**行为的违法性(法益侵害属性)** 有着不同的地位、意义。犯罪的违法性展示犯罪概念的形式特征,其与"严重危害性"相对(本节段9);在犯罪成立的视角下,犯罪的违法性与"本体构成符合"相应(第16节段1)。与此不同,行为的违法性属于犯罪论体系中的"客观规范要素",也即系"本体构成符合"中的一个要素,与"客观事实要素"具有相对的意义(第16节段2)。

13. 综上,在本书犯罪论体系中,犯罪成立条件、犯罪构成、犯罪基本特征、犯罪概念这四者,尽管理论侧重与研究视角有所不同,然而在终极结论上术语表述具有同等意义。行为符合犯罪构成,也即具备犯罪成立条件,符合犯罪基本特征与犯罪概念。

思考题

1. 刑法学上的犯罪概念与犯罪学上的犯罪概念,这两者之间的关系是什么?
2. 试述犯罪概念的刑事违法性、严重危害性与犯罪成立条件之间的关系?

第 15 节　犯罪构成理论体系概要

一、犯罪构成理论体系的演进与形成

1. 罪刑法定原则奠定了近代刑法理论的思想基石,而罪刑法定原则的价值理念需要具体、肯定、明确的法律形态予以展现,由此凸显犯罪法律规格的犯罪构成理论应运而生。犯罪构成理论可溯及至"构成要件"概念的出现,费尔巴哈与施就贝尔,将

"构成要件"由诉讼法意义上的概念变为实体法上的概念,为犯罪构成理论的探索奠定了基础;贝林格以构成要件为核心构建犯罪理论体系,首创行为成立犯罪的明确性、精确化判断,建构了犯罪构成理论的基本雏形;迈耶确立"构成要件符合性、违法性、归责可能性"的犯罪论体系,提出规范构成要件要素的观念,有力地推进了犯罪构成理论的发展;麦兹格首倡"不法"的概念,确立"行为、不法、责任"的犯罪论体系,提出主观构成要件要素的观念,形成新构成要件论(见图15-1);威尔哲尔提出开放构成要件理论的观念,创立"人的不法"的违法性评价,强调构成要件中的主观要素,进一步将犯罪构成理论推向深入(见图15-2)。①

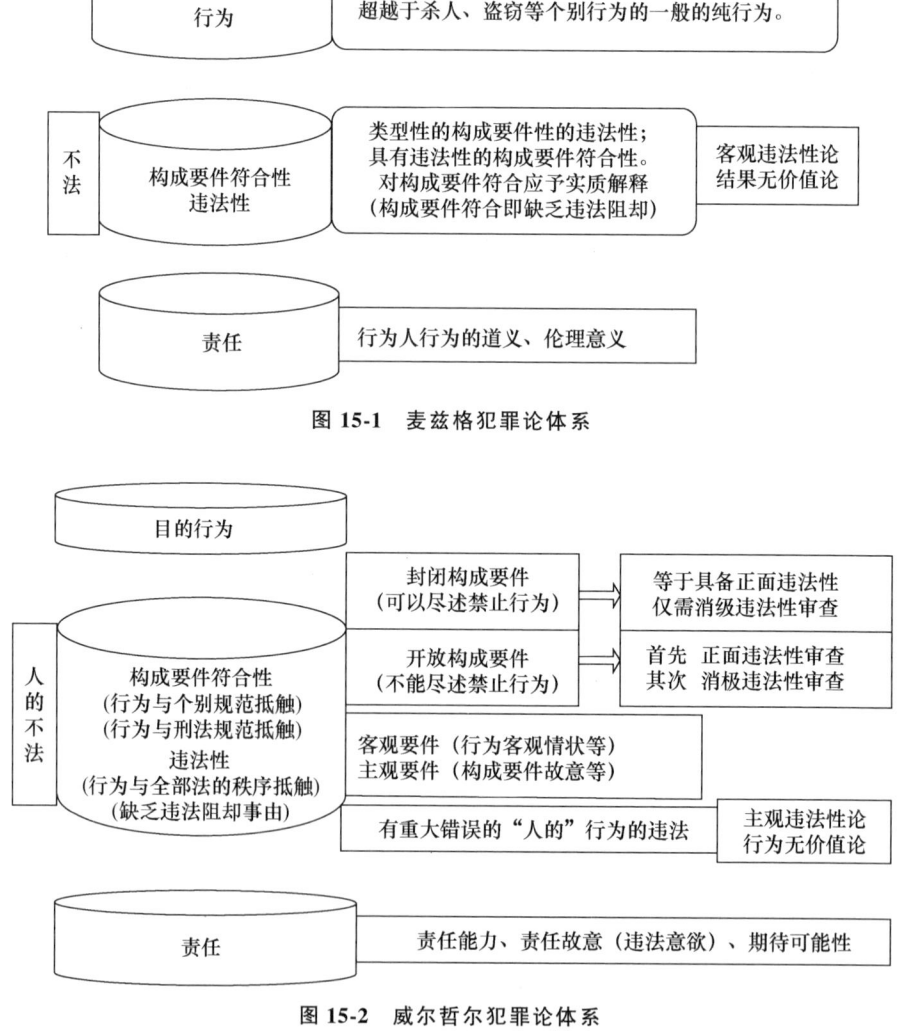

图 15-1　麦兹格犯罪论体系

图 15-2　威尔哲尔犯罪论体系

---

① 详见张小虎:《大陆法系犯罪构成理论进程解析》,载《社会科学辑刊》2007年第3期。

2. **犯罪构成理论的基本点在于**：刑法分则中被特殊化（具体化）的构成要件至关重要，犯罪的成立必须首先符合此种意义上的构成要件。不仅如此，刑法总论中的诸问题，诸如违法性、责任、未遂犯、共犯、一罪数罪等理论，也应当与构成要件的概念联系起来加以解决。由此，以构成要件理论为中心，构建了犯罪一般理论体系。

3. 应当注意的是，在犯罪构成理论中，构成要件与犯罪构成要件是两个不同的概念。**犯罪构成要件**，又称犯罪成立的条件，是指刑法上犯罪成立所必须具备的要件，按照现代大陆法系构成要件理论的通说即为：构成要件的该当性、违法性、有责性；而**构成要件**，则仅指其中的该当性的构成要件，即犯罪成立所必须具备的条件之一。

4. **犯罪构成理论体系**，是指犯罪成立诸要件及其具体内容的系统化知识结构，可以视作当代刑法学犯罪论的缩影。其中，犯罪成立诸要件的排列顺序、组合模式、各别内容具有典型的意义。

二、犯罪构成理论体系的典型样态

5. 大陆法系犯罪构成理论体系学说林立①，不过较为成熟的、具有标志性的体系当推具有新古典犯罪论思想的三阶层犯罪论体系：（1）**构成要件要素**包括行为、结果、因果关系、主体、对象等客观要素以及构成要件故意、构成要件过失、目的犯的目的等主观要素。（2）**违法要素**包括以构成要件要素为征表的客观违法要素，违法故意、违法过失等主观违法要素，正当防卫、紧急避险等消极违法要素。（3）**责任要素**包括责任能力的归责前提或归责要素，责任故意、责任过失等主观责任要素，期待可能性等客观责任要素。②

6. 我国大陆地区在犯罪构成理论体系上承袭了原苏联的模式，可谓平面四要件犯罪论体系。**犯罪构成**包括犯罪的四项要件：（1）**犯罪客体**是指刑法所保护的而为犯罪行为所侵害的社会关系。（2）**犯罪客观方面**是指犯罪活动的客观外在表现，包括危害行为、危害结果以及危害行为与危害结果之间的因果关系等。（3）**犯罪主体**是指达到法定刑事责任年龄、具有刑事责任能力、实施危害行为的自然人。此外还有特殊主体、单位主体。（4）**犯罪主观方面**是指行为人具有犯罪故意和犯罪过失或犯罪目的等。

7. 英美法系注重实务，其犯罪成立要件是双层模式：（1）**犯罪本体要件**是将刑法分则所规定的种种犯罪构成抽象为两个方面的内容——犯罪行为（有意识的行为）和犯罪心态（蓄意、明知、轻率、疏忽）。（2）**责任充足条件**，即缺乏合法辩护。**合法辩护**

---

① 而基本路径有三：以行为与行为人的两轨模式展开的二元论体系；将行为纳入构成要件并以构成要件为出发点的体系（观念论犯罪论）；将行为独立并前置于构成要件的行为论的体系（存在论犯罪论）。而就**发展进程而言**，有**古典犯罪论**、**新古典犯罪论**、**目的论犯罪论**、**目的理性的犯罪论**。详见张小虎：《宽严相济刑事政策的基本思想与制度建构》，北京大学出版社 2018 年版，第 318 页；张小虎：《犯罪论的比较与建构（第二版）》，北京大学出版社 2014 年版，第 48—58 页。

② 详见张小虎：《宽严相济刑事政策的基本思想与制度建构》，北京大学出版社 2018 年版，第 328 页。

事由包括未成年、精神病等不具有责任能力,正当防卫、紧急避险、体育竞技等正当合法行为,认识错误、被胁迫、警察圈套等其他可宽恕的情由。

三、犯罪构成理论体系的各自特色

8. 犯罪论体系样态纷呈,然而各种见解交织的中心议题不外是犯罪构成的要件与要素、构成要件的描述与评价、犯罪构成的层次与平面。各种理念的犯罪论体系,其基本要素的具体类型有着一定的共性表现,关键区别在于这些具体要素在不同的犯罪论体系中所处的结构位置及其理论意义的差异。①

9. **三阶层犯罪论体系**:总体上,构成要件是具体犯罪的轮廓与法律定型,构成要件符合性是对行为的抽象的、类型性的判断,侧重行为事实轮廓;违法性是在一般法律秩序中对行为本身(具体的)、与行为人分离(抽象的)、以违法阻却为主导的规范性评价,侧重行为价值属性;有责性是对实施违法行为的具体行为人进行的(具体的)、可以非难其欠缺规范意识的规范性判断,侧重行为人主观责任。不过,构成要件要素分为记述的构成要件要素与规范的构成要件要素;违法性内容存在形式违法性与实质违法性;责任判断包括作为判断标准的规范与成为判断对象的事实。

10. 不论是大陆法系还是英美法系,其犯罪论体系均表现为阶层性的犯罪评价过程,犯罪成立是在层层递进的基础上所得出的结论。其**优点**在于:表现出人类认识具体犯罪的思维规律,即认识犯罪的逐步深入及由抽象到具体;凸显出构成要件理论的限制功能,即评价犯罪的逐层收缩的限定与制约。不过,大陆法系的三阶层犯罪论体系也表现出一定**不足**:主观与客观的内容并不十分彰显,违法性的肯定判断缺乏独立的正面体现。见图15-3。

11. **平面四要件犯罪论体系**:犯罪成立是由平行并举的四个犯罪的要件整合起来的判断。其中,犯罪客体位于之首,侧重于行为成立犯罪的价值标准的判断;犯罪客观要件、犯罪主体、犯罪主观要件,侧重于行为成立犯罪的形式标准的判断。不过,即使在客观要件、主体、主观要件中,也分别存在着仅凭法官直接认识就能确定的记述要素与必须法官价值评价才能确定的规范要素。

12. 我国四要件犯罪构成理论模式的**长处**是:将犯罪构成的基本要素按照实质、客观、主体、主观的侧重予以相对集中的阐释,使得犯罪构成所必需的主观与客观的内容较为明晰;客观犯罪本为统一的事实整体,理论分析重在基于不同侧面而对之予以分析考察,从而四个要件的整合评价也更为贴近客观事实与认识事物的规律。

13. 我国四要件犯罪论的**不足**是:四个要件的每个要件均被强调为"犯罪"的一个方面,这是对既已存在的犯罪事实的一种解剖式分析,而非对行为能否进入犯罪门槛的逐层递进式的评价;从而,各个要件的先后顺序并不重要,并不存在"犯罪主体""犯罪客体"等谁先谁后的评价问题,重要的是四个"犯罪"方面的有机统一。由此,

---

① 详见张小虎:《宽严相济刑事政策的基本思想与制度建构》,北京大学出版社2018年版,第331—333页。

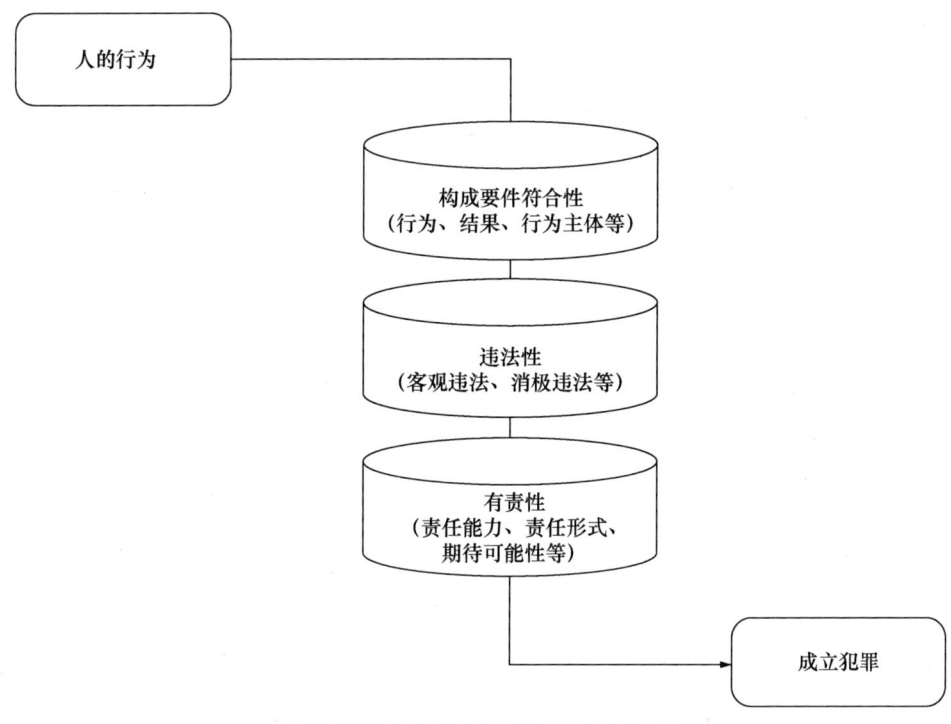

图 15-3 大陆法系三阶层犯罪论体系图

犯罪成立的评价路径缺乏必要的层次,致使犯罪构成应有的限制机能有所削弱。

14. 应当特别注意,国外刑法对犯罪的认定虽无法定的整体意义上的严重危害的特别强调,不过其在犯罪成立中仍有各个侧面的实质程度的限定,例如可罚的违法性、可罚的责任等。而我国刑法的总体观念与立法实然则至为关切犯罪的严重危害性特征。因此,犯罪成立的层次判断与犯罪仅限严重危害的观念,应当成为我国犯罪构成理论的重要标志。见图 15-4。

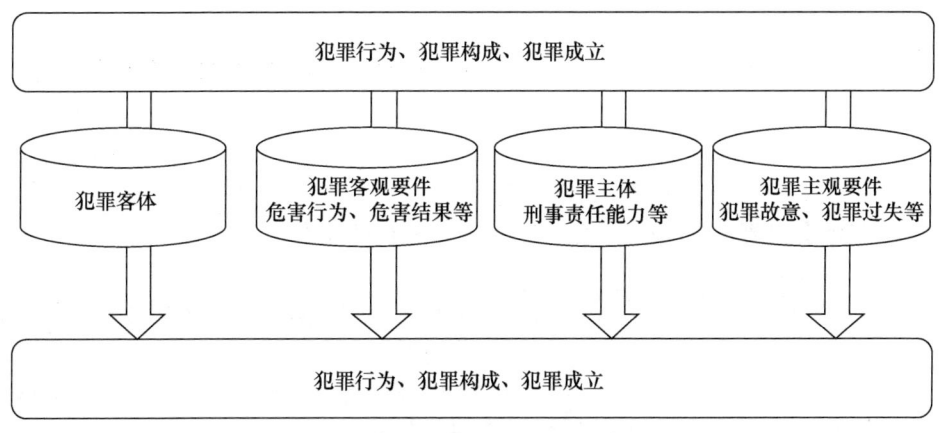

图 15-4 我国平面四要件犯罪论体系图

15. 本书建构双层多阶犯罪论体系(第 16 节段 1),这一犯罪论体系是基于犯罪论体系建构应有的理论基准,而对我国《刑法》总则及分则的立法实际的写照(第 16 节段 16—18),由抽象到具体、展示积极与消极、注重分层递进判断等,也成为该体系建构的关键性的理论路径(第 16 节段 1—15)。

思考题

1. 行为论体系与构成要件论体系在基本构造与价值理念上的差异是什么?
2. 中国大陆四要件犯罪构成理论模式反映了何种价值理念?

第 16 节 双层多阶犯罪论体系

一、双层多阶犯罪论体系的技术构造

(一) 双层多阶犯罪论体系的总体架构

1. **双层多阶犯罪论体系**的具体结构,以积极与消极、客观与主观、行为与行为人、事实与规范的路径为主线而展开。犯罪成立必须同时具备本体构成符合与危害阻却缺乏这两个阶层要件,是这两个阶层要件缩限评价的结果。其中:(1) **本体构成符合**为第一层次(第一要件),系犯罪成立的积极评价(犯罪的轮廓或法律定型),其又由三个阶层的要素递进评价构成,即客观事实要素(事实特征)、客观规范要素(违法性)、主观责任要素(有责性)。(2) **危害阻却缺乏**为第二层次(第二要件),系犯罪成立的消极评价(特殊事态及具体人的例外判断),其又由三个阶层的要素递进评价构成,即违法阻却、责任阻却、严重危害其他阻却。通常,行为符合本体构成即可认为行为具备严重危害,继而犯罪成立,但是不排除在特殊场合如果存在有关严重危害的阻却事由,由此犯罪成立所需的严重危害被阻却,则犯罪不能成立。① 见图 16-1。

(二) 犯罪成立的积极要件:本体构成符合

2. **本体构成是抽象的行为与行为人的入罪的肯定判断**。**本体构成**是指刑法所规定的,对于说明某一具体行为的严重危害性具有决定意义,而为该行为成立犯罪所必需的客观与主观及事实与规范的要素的有机统一。本体构成是分则具体**犯罪的轮廓**,也是行为事实特征类型(客观事实要素)、行为违法性类型(客观规范要素)与行为人有责性类型(主观责任要素)的阶层结构。

3. **客观事实要素**是本体构成中说明行为的客观外在的事实状况特征的一系列要素,具体地说:**(1) 要素组成**:构成要件行为(其典型形态是实行行为)、**行为附随情状**(包括行为对象、行为时间、行为地点、行为情境);特定构成结果(包括因果关系);

---

① 详见张小虎:《宽严相济刑事政策的基本思想与制度建构》,北京大学出版社 2018 年版,第 337—339 页;张小虎:《论我国双层模式犯罪构成理论的建构》,载《犯罪研究》2010 年第 1 期;张小虎:《人身危险性与客观社会危害显著轻微的非罪思辨》,载《中外法学》2000 年第 4 期。

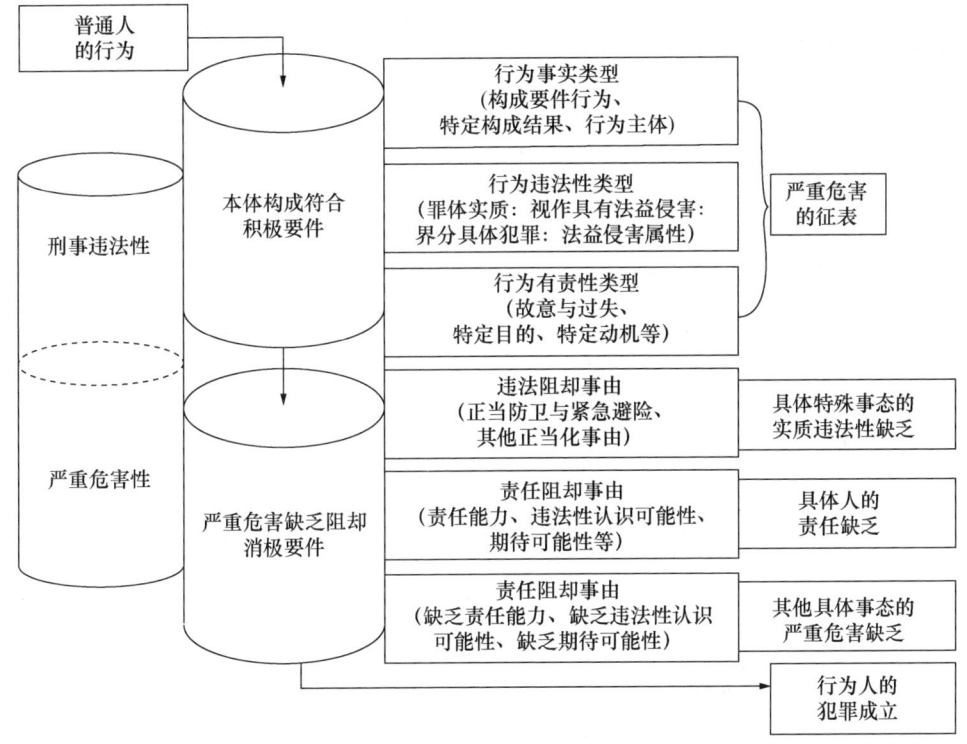

图 16-1　双层多阶犯罪论体系图

行为主体;定量事实等。(2) 要素地位:构成要件行为与行为主体是客观事实要素的必备要素(各种具体犯罪的要素);特定构成结果是客观事实要素的选择要素(结果犯的要素);特别要求的行为对象、行为时间、行为地点、行为情境等是客观事实要素的选择要素(某些具体犯罪的要素);定量事实是客观事实要素的选择要素(次数犯、数额犯、情节犯等的要素)。(3) 要素地位:客观事实要素是对**行为事实特征类型**的描述,而行为事实特征类型是具体犯罪的轮廓(本体构成)的征表(认识根据)。

4. 客观规范要素是本体构成中说明行为造成法益的实害或损害危险的特征的要素,具体表现为行为的法益侵害及其属性(**行为的违法性**,包括形式违法性与实质违法性)。(1) 具体征表及机能:在本体构成符合阶层,客观规范要素由客观事实要素予以征表(本节段 10),其以客观事实的价值评价为核心,揭示客观事实要素的实质(第 21 节段 5—6),唤起社会公众对法律的尊重与信奉,体现刑法的一般预防的机能。(2) 具体犯罪的界分:就犯罪的轮廓(法律定型)而论,**法益侵害属性**具体表述行为的法益侵害的具体特质(行为违反国家法律规范、社会伦理价值等制度规范而侵害法益的具体特点与性质),具有界分类罪以及此罪与彼罪的机能(第 21 节段 7;第 22 节段 6—7)。(3) 具体立法的呈现:这些被侵法益属性呈现为多种类型,包括利益、权利、秩序、制度等(第 22 节段 2)。

5. 主观责任要素是本体构成中说明行为人实施行为时对行为危害结果的主观

心理态度特征的一系列要素。**(1) 横向的次级要素**：其包括故意与过失的心理态度，以及特定目的、特定动机、特定明知、排除特定目的等心理状态。其中，故意与过失的心理态度是主观责任要素的必备要素（各种具体犯罪的要素）；特定目的、特定动机等心理状态是主观责任要素的选择要素（目的犯等的要素）。**(2) 纵深的次级要素**：其既有事实描述也有规范评价。作为事实描述，主观心态的内容指向本体构成的客观事实要素，是针对这一客观事实的**故意或者过失**；作为规范评价，主观心态的内容指向**规范意识欠缺**的意思活动，是针对这一意思活动应予的规范非难。**(3) 故意与过失的规范评价**：违法性知与欲的意思活动构成故意规范评价的核心，违反注意义务的意思活动构成过失规范评价的核心。**(4) 具体征表及机能**：在本体构成符合阶层，规范意识欠缺的判断（对规范的心态）依凭对客观事实要素的主观心态（对事实的心态）具体征表。主观责任要素以对行为人主观心态的规范评价为核心，唤起行为人对于规范意识的觉醒，体现刑法的特殊预防的机能。

(三) 犯罪成立的消极要件：危害阻却缺乏

6. 这一要件是对犯罪成立所必需的严重危害性的特别审查，其讨论的核心是危害阻却。危害阻却以不同侧面指向严重危害的排除，是对具体的行为与行为人的入罪的否定判断。**危害阻却**是指符合本体构成的行为，基于具体案件中特定场合的主观或者客观异常情况，而致原先基于一般场合本体构成符合而生的严重危害存在的判断被排除，进而犯罪的成立也被阻却。

7. 危害阻却是继犯罪成立之类型性判断（本体构成符合）之后，基于具体案件中的特殊情状而对具体的行为与行为人的、以严重危害是否存在为内容的判断。危害阻却具体表现为行为客观面的违法阻却、行为人主观面的责任阻却以及严重危害其他阻却。其中：(1) **违法阻却**包括正当防卫、紧急避险以及其他正当化事由等。(2) **责任阻却**包括缺乏责任能力、缺乏违法性认识可能性、缺乏期待可能性等。(3) **严重危害其他阻却**包括客观危害显著轻微、主观危害显著轻微等。

二、双层多阶犯罪构成理论体系的判断路径

(一) 本体构成的判断

8. **本体构成之于危害阻却**：基于司法定罪的路径与犯罪成立的框架，本体构成符合属于犯罪成立的首要的、实在的、基本的判断。分则法定具体犯罪的设置（抽象立法）皆以其具有严重危害为前提（《刑法》第 13 条前段），从而在通常场合行为符合本体构成即可推定这一行为也具有严重危害（具体认定）；但是，在该行为事实出现严重危害阻却事由的场合（具体特殊事态）行为的严重危害被阻却（本节段 7），从而行为不能成立犯罪。

9. **本体构成内部的阶层**：就本体构成的内部结构的判断而论，本体构成的符合是客观事实要素、客观规范要素与主观责任要素这三项要素逐层递进的肯定判断。本体构成的这三项要素，是定罪过程的呈现而非犯罪整体的侧面；进而，三项要素依次分为三个阶层，表现本体构成符合之评价的思维过程。

10. **客观事实之于违法**:本体构成作为分则具体犯罪的轮廓,首当其冲的是其客观事实要素所具有的客观类型性表征;或者说,以行为为核心的客观事实特征(客观事实要素)属于作为具体犯罪轮廓的标志的客观类型性的呈现。因此,在本体构成的框架中(犯罪成立的积极要件),行为符合客观事实要素即可认为也具有行为的违法性(客观规范要素),即客观事实要素系客观规范要素的认识根据。

11. **客观事实之于责任**:在本体构成的框架中,客观事实要素系行为违法性的征表。因此,主观责任要素中的针对客观事实的主观心态(对事实要素的心态),亦为对违法性主观心态的标志(认识根据)。易言之,一般场合,行为人对于本体构成的客观事实具有故意,也就可以认为行为人对于自己行为的违法性也具有故意(第23节B段5),或者可以认为行为人存在违反注意义务的过失心态①(规范意识欠缺)。

(二) 危害阻却的判断

12. **危害阻却的独立判断**:严重危害具备的肯定判断依附于本体构成符合的肯定判断(本节段8)。犯罪成立消极要件的独立判断在于,基于特定事由的存在而肯定严重危害阻却(《刑法》第13条但书)。② 具体地说就是,由于具体案件中出现的特殊异常情状而生违法阻却事由、责任阻却事由、严重危害其他阻却事由,致使本体构成类型性判断中的客观面与主观面的规范要素(行为的违法性、规范意识欠缺,本节段5)被阻却,或者致使本体构成相关事实所现的其他严重危害的肯定判断被阻却。由此,危害阻却是具体性的判断、否定性的判断、实质性的判断,是继本体构成之后对犯罪成立条件的进一步限定。

13. **违法阻却的判断**:作为类型性的判断,在本体构成中,行为符合客观事实要素即可认为行为具有法益侵害要素,即具有行为的违法性。然而,作为具体性的判断,由于具体案件存在违法阻却事由,诸如正当防卫、紧急避险等,则实质违法性被排除,行为的客观危害被阻却。在此,客观事实的价值评价所展示的已非分则具体犯罪的轮廓,而是基于具体案件所现特殊事由而致的实质违法性的阻却,是对具体行为成立犯罪的否定。

14. **责任阻却的判断**:作为类型性的判断,在本体构成中,具有针对客观事实的故意或过失的主观心态即可认为存在以违法性的知与欲为内容的故意或存在具有违反注意义务的意思活动的过失,也即行为人存在规范意识欠缺的意思活动。然而,作为具体性的判断,由于具体案件存在责任阻却事由,诸如缺乏责任能力、缺乏违法性认识可能性、缺乏期待可能性等,则主观责任的规范非难被排除,行为人的主观危害被阻却。在此,主观心态的价值评价所展示的已非分则具体犯罪的轮廓,而是基于具体案件所现特殊事由而致的主观责任的阻却,是对具体人成立犯罪的否定。

15. **严重危害其他阻却的判断**:除了可以归入上述违法阻却与责任阻却中而排

---

① 过失是以存在主观注意义务为前提的(第24节B段5),对于过失的肯定评价也呈表里统一的样态。针对客观事实的主观心态是过失的形式征表,而这一征表又表述着违反注意义务的实质内容。

② 我国《刑法》第13条前段的犯罪定义是对全体具体犯罪之本质特征的宣示;第13条但书的出罪规定是对全体阻却事由之实质精神的宣示。

除严重危害的一些特殊的异常情况之外,也可能出现其他一些不宜归入其中但具有排除严重危害的事由,这些事由可谓严重危害其他阻却事由。例如具体案件事实表明行为人的人身危险性显著轻微,存在依法亦可不予入罪的事实情况(第 37 节段 7)。

三、双层多阶犯罪论体系的价值基奠

(一)犯罪论体系建构应当遵循的基本规则

16. 犯罪构成虽可基于客观方面与主观方面、事实描述与规范评价、抽象类型与具体判断、积极构成与消极构成、平面整合与分层递进、要素枚举罗列与评价线索演绎等的逻辑路径予以具体展开①,但是各种犯罪论体系的比较分析表明:构成要件(本体构成,犯罪的轮廓)的中心地位、犯罪成立条件的层次性、构成要件要素(本体构成要素)的主观与客观及描述与规范、犯罪论体系的一体化等,系构建犯罪论体系的必然规则。具体地说:**(1)阶层性**:犯罪论体系是罪刑法定原则思想的具体技术呈现,彰显刑法谦抑精神,保障人权是其内在灵魂的根本所在,而保护社会也是其应有的兼顾体现。由此,犯罪论体系应当切实体现犯罪认定的限定机能,呈现为犯罪成立的缩限评价过程,而不是对既定犯罪的结构的解剖(我国四要件犯罪论即系这种"解剖",第 15 节段 13)。**(2)一体性**:犯罪论体系应当将分则的类型性与总则的诸问题有机联系起来构成一个使犯罪成立的诸要素之间既有关联又有区分的统一整体,以统一而协调地解决所有的定罪问题(第 15 节段 2),以及将有关犯罪成立所需的全部要素均归入犯罪论体系之中予以有机的整体性的展开,密切犯罪与刑罚的发动关系(如否定客观处罚条件介入,本节段 10)。**(3)合法性**:犯罪论体系作为一种犯罪评价理论,其也是对现实刑法规范的科学提升,刑法规范(实然刑法规定)是刑法理论最基本的实证根据与事实平台(法条实证)(本节段 18)。② 由此,犯罪论体系应当与我国《刑法》的一系列规定密切吻合。如《刑法》第 13 条犯罪应有严重危害性的宣示规定、法益侵害属性具有对罪质的界分机能(本节段 17—18)。

(二)双层多阶犯罪论体系建构的合法考究

17. 刑法分则具体犯罪的轮廓是对犯罪成立的全部要素的常态性(类型性)的表述(法律定型)。显然,这全部要素中包含着事实与规范、客观与主观、行为与行为人;这也是对犯罪成立的全部的积极要素的表述。例如,法益侵害的属性差异决定着此罪与彼罪(第 21 节段 7);刑法分则各罪的类型性固然有着故意与过失的区别(本节段 5)。对此,本书将之谓以本体构成符合(积极要件),并以三项阶层要素具体展开:

---

① 详见张小虎:《宽严相济刑事政策的基本思想与制度建构》,北京大学出版社 2018 年版,第 317—318、331—334 页。

② 事实学,诸如**犯罪学**,通过经验性方法(实证方法)彰显其科学性,其理论的正确与否能够在社会事实中获得经验性的验证。详见张小虎:《当代中国社会结构与犯罪》,群众出版社 2009 年版,第 38 页。而规范学,诸如**刑法学**,系通过思辨性方法构建分析性命题,其理论的正确性取决于:(1)对于该学科长期凝结的基本规则的遵循。例如,刑法因果关系系客观归责问题,而不能将之混同于主观责任。(2)架构基于实然刑法规定的知识体系。例如,《刑法》第 13 条的规定,就是我国刑法犯罪论的基本事实根据。此乃刑法教义学研究之基本模式。

客观事实要素、客观规范要素、主观责任要素(事实心态与规范心态)。在此,需要特别说明的是危害阻却缺乏(消极要件)设置的价值。

18. 犯罪成立之危害阻却的设置,有其重要的理论意义与现实必要:**(1) 评价层次**:危害阻却层次的加入,构成了犯罪成立条件的双层次结构模式。第一层次为犯罪成立的本体构成符合,第二层次为犯罪成立的危害阻却缺乏,危害阻却则为犯罪成立的消极要件。由此,为犯罪构成理论的限制机能奠定了基础。尤其是,危害阻却中严重危害其他阻却的要素,更为合理地体现了刑法的谦抑精神与现实需要(第35节段1)。**(2) 规范根据**:在危害阻却中,违法阻却及责任阻却系犯罪成立的消极要件,这几乎是犯罪论体系中的通例。在此需要特别说明的是,严重危害其他阻却的理论建构。我国《刑法》第13条但书对分则所有具体犯罪规定了严重危害的定量限定。这一规定既是犯罪论体系中危害阻却之消极要件的根据,更是该消极要件中严重危害其他阻却要素的根据。例如,《刑法》第201条第4款前段的规定,就是第13条但书在分则立法中的体现,也系严重危害其他阻却的情形。**(3) 具体判断**:我国《刑法》第13条但书只是犯罪论体系中危害阻却这一消极要件的法律根据,但是第13条但书本身只是立法理念性的规定,进而其并不能成为具体定罪中的直接的司法依据(**第13条但书的司法适用限定**)。如同违法阻却事由及责任阻却事由不能由第13条但书来判断,同样严重危害其他阻却事由的具体判断也是如此(第36节段7)。**(4) 应对实际**:严重危害其他阻却的要素,可以更为灵活地应对现实案件处理的需要,使得对于符合本体构成的行为予以出罪,有了更为合理的符合我国《刑法》规定的解释路径。例如,敲诈勒索符合《刑法》第274条的规定即符合该罪的本体构成,不过倘若具体案件存在"敲诈勒索近亲属的财物,获得谅解"或者存在"被害人对敲诈勒索的发生存在过错"且"情节显著轻微危害不大"的特殊事实,则可"不认为是犯罪"。① 又如,奸淫幼女符合《刑法》第236条第2款的规定即符合该罪的本体构成,不过倘若具体案件存在"已满14周岁不满16周岁的人偶尔与幼女发生性关系,情节轻微、未造成严重后果"的特殊事实,则"不认为是犯罪"。②

四、犯罪论体系中相关概念的区别

19. 犯罪成立中的要素阻却与要素缺乏的区别:(1) **要素缺乏**,意味着在抽象类型性的判断中(本体构成的评价阶段)这一要素基于一般场合的原则性判断就未得到肯定。(2) **要素阻却**,意味着在抽象类型性的判断中这一要素基于一般场合的原则性判断曾经获得肯定,但是在犯罪成立的具体审查中基于具体案件存在不同于一般场合的特殊的异常情况从而原先曾被肯定的要素现被否定。在此,具体审查的内容针对严重危害的审查,作为判断的事实根据是超出本体构成的事实特征的特定事由。

---

① 参见2013年最高人民法院、最高人民检察院《关于办理敲诈勒索刑事案件适用法律若干问题的解释》第6条。
② 参见2006年最高人民法院《关于审理未成年人刑事案件具体应用法律若干问题的解释》第6条。

这里,要素阻却就是指危害阻却。①

20. 危害阻却事由与处罚阻却事由的区别:双层多阶犯罪论体系中,作为超越本体构成要素的事实特征的危害阻却事由尤其是严重危害其他阻却事由(第 36 节段 6),与大陆法系刑法理论所称的"客观处罚条件和处罚阻却事由"也有着重要区别。虽然两者均可为超越本体构成要素的事实,但是两者各自的理论地位与承担机能却不相同。在双层多阶犯罪论体系的视野下,危害阻却事由置身犯罪成立之危害阻却缺乏的框架,承担独立评价的出罪功能;而客观处罚条件和处罚阻却事由则将某些事实特征的客观存在作为可罚性的附加条件,从而排除对其故意或过失的要求。② 本书不赞成"客观处罚条件和处罚阻却事由"这一理论范畴的设置,而是主张其具体内容,或者归属犯罪构成的要素,或者归属从宽处罚的量刑情节。因为这一理论范畴的设置既有违犯罪论体系建构应有的"一体性"思想(第 15 节段 2),也弱化了犯罪与刑罚之间应有的前提与后果的密切关联。

五、犯罪概念与犯罪构成的关系

21. 犯罪概念与犯罪构成虽在理论价值与具体结构上存在一定差异,但是两者在实质内容上又是对应统一与相互协调的。③

22. 犯罪概念与犯罪构成的比较:犯罪概念与犯罪构成属于一体两位的犯罪理论模式,两者基于不同的侧重对刑法上的犯罪进行理论探究。犯罪概念为行为成立犯罪提供宏观标准,犯罪构成则为行为成立犯罪划定微观结构;犯罪概念总括性地揭示犯罪特征,而犯罪构成则具体性地描述犯罪规格;犯罪概念是犯罪蕴含的基础,却又有待于犯罪构成的具体表述。不过,犯罪概念与犯罪构成均是对同一现实犯罪的形式与实质的理论抽象。

23. 犯罪概念的理论聚焦:犯罪概念强调犯罪具有严重危害性与刑事违法性两个基本特征,着重展示**立法的思维路径**:严重危害性在前、刑事违法性在后,意味着只有具有严重危害性的行为才需要入罪,对于入罪的行为由刑法规范根据不同的抽象类型规定其具体的法律构成,从而严重危害性通过刑事违法性得以具体表征,在这里严重危害性侧重于肯定意义。犯罪概念兼顾**指导司法操作**。

24. 犯罪构成的理论聚焦:犯罪构成强调犯罪具有本体构成符合与危害阻却缺乏的双层要件,侧重提供**司法的思维路径**:本体构成在前、严重危害在后,意味着行为成立犯罪首先必须本体构成符合,包括客观事实要素、客观规范要素及主观责任要素的逐阶递进的肯定评价;其次行为成立犯罪还需对符合本体构成的行为进行是否存在严重危害阻却的特别审查,在存在严重危害阻却事由的场合行为不能成立犯罪。犯罪构成也**折射立法观念**。

---

① 详见张小虎:《宽严相济刑事政策的基本思想与制度建构》,北京大学出版社 2018 年版,第 345 页。
② 详见张小虎:《论处罚条件理论及其形态消释》,载《河南财经政法大学学报》2014 年第 2 期。
③ 详见张小虎:《犯罪论的比较与建构(第二版)》,北京大学出版社 2014 年版,第 88—89 页。

> **思考题**
>
> 1. 犯罪的个别化是由哪些犯罪成立的要素决定的?
> 2. 试述违法性判断中的"认识根据"与"存在根据"的差异。①
> 3. 如何将主观主义思想、目的刑论、刑事政策思想嵌入犯罪构成理论体系?

第 17 节　犯罪构成的理论分类

1. 犯罪构成是犯罪形态的法律描述。根据犯罪形态或法律描述的差异,可以对犯罪构成进行不同的分类,诸如**开放的犯罪构成**、**封闭的犯罪构成**、**积极的犯罪构成**、**消极的犯罪构成**等。②

一、基准犯罪构成与加重犯罪构成、减轻犯罪构成

2. 这是按照刑法分则所规定的具体犯罪的社会危害程度的不同,对犯罪构成的分类。

(一) 基准犯罪构成

3. **基准犯罪构成**,是指刑法分则条文所规定的、作为本罪基准性社会危害的、具体犯罪的必要成立条件,其与基准法定刑相对应。例如,《刑法》第 232 条前段对于故意杀人罪的基准犯罪构成作了具体规定。

4. 本书所称的基准犯罪构成,通常也被称为**普通犯罪构成**。然而,"普通"的称谓是与"特殊"的称谓构成相对的意义的,而本处是相对于"加重"与"减轻"而论的,因此基于概念的明确性及相对性的基本要求,在相对于"加重"及"减轻"的语境中,应当采用"基准犯罪构成"的术语。

5. 基准犯罪构成系犯罪既遂形态的基本平台(第 39 节 A 段 1)。行为犯(举动犯、过程犯)、结果犯,危险犯(具体危险犯、抽象危险犯)、实害犯,数额犯、次数犯、情节犯等,就是根据不同具体犯罪基准犯罪构成的不同特征,而对犯罪既遂形态的具体类型所作的划分。

(二) 减轻犯罪构成

6. **减轻犯罪构成**,是指刑法分则条文所规定的、作为本罪减轻社会危害的、具体犯罪的必要成立条件,其与减轻法定刑相对应。例如,我国《刑法》第 232 条后段对于故意杀人罪的减轻犯罪构成作了具体规定。

7. 我国刑法分则有关减轻犯罪构成的**立法模式**主要有:(1) **情节减轻犯**,即以"情节较轻"作为减轻犯罪构成的减轻事由。这是我国《刑法》常见的减轻犯罪构成

---

① 详见张小虎:《宽严相济刑事政策的基本思想与制度建构》,北京大学出版社 2018 年版,第 311 页。
② 详见张小虎:《犯罪论的比较与建构(第二版)》,北京大学出版社 2014 年版,第 95—104 页。

的犯罪形态。如第111条(为境外窃取、刺探、收买、非法提供国家秘密、情报罪)后段等。(2)**行为减轻犯**,即以相对于基准犯罪构成的实行行为更轻的行为特征,作为减轻犯罪构成的减轻事由。如第120条(组织、领导、参加恐怖组织罪)中段与后段等。

8. **减轻犯罪构成的减轻事由与出罪事由**,这两者所依存的框架以及相应的处罚后果不同:(1)**减轻犯罪构成的减轻事由**,依存于以行为构成犯罪为前提的减轻犯罪构成的框架,系减轻犯罪构成的要素,而减轻犯罪构成是相对于基准犯罪构成的减轻,基于减轻事由而构成减轻犯,适用减轻法定刑。(2)**出罪事由**,依存于行为并不成立犯罪的框架,基于出罪事由的存在而使行为的犯罪性被排除,行为不构成犯罪也就无所谓相应的法定刑。由此,基于某种事由而不按犯罪处理或者不追究刑事责任的,则这一事由应为出罪事由,而非减轻事由。立于犯罪成立实质要件的视角,出罪事由也即犯罪成立之危害阻却的情形(第16节段7)。

(三)加重犯罪构成

9. **加重犯罪构成**,是指刑法分则条文所规定的、作为本罪加重社会危害的、具体犯罪的必要成立条件,其与加重法定刑相对应。例如,我国《刑法》第305条后段对于伪证罪的加重犯罪构成作了具体规定。

10. 我国刑法分则有关加重犯罪构成的立法模式主要有:(1)**情节加重犯**,即以超出基准犯罪构成的更为严重的"情节",作为加重犯罪构成的加重事由。如第202条后段"情节严重"。这是我国《刑法》较为常见的加重犯罪构成的犯罪形态。(2)**罪行加重犯**,即以超出基准犯罪构成的更为严重的"罪行",作为加重犯罪构成的加重事由。如第103条第2款后段"罪行重大"。罪行加重犯在我国《刑法》中并不多见。与情节加重犯类似,罪行加重犯是一种开放性的加重构成模式。(3)**行为加重犯**,即以相对于基准犯罪构成的行为具有更重的行为特征,作为加重犯罪构成的加重事由。如第263条第4、6、7项的"多次抢劫""冒充军警人员抢劫""持枪抢劫"。(4)**对象加重犯**,即以相对于基准犯罪构成的行为对象具有更重危害的对象特征,作为加重犯罪构成的加重事由。如第328条第1款第1项的"盗掘确定为全国重点文物保护单位和省级文物保护单位的古文化遗址、古墓葬"。(5)**结果加重犯**,即以超出基准犯罪构成而具有更重危害的行为结果,作为加重犯罪构成的加重事由。如第238条第2款前段、中段的"犯前款罪,致人重伤……致人死亡"。(6)**数额加重犯**,即以超出基准犯罪构成而具有更重危害的犯罪数额,作为加重犯罪构成的加重事由。如第163条第1款后段的"数额巨大"。(7)**犯罪加重犯**,即以超出基准犯罪构成的他罪行为作为加重犯罪构成的加重事由。如,第240条第1款第3项的"奸淫被拐卖的妇女"。犯罪加重犯,立于加重犯罪构成的视角,其因本罪中又有他罪而设置加重法定刑;基于犯罪之间关系而言,其亦为本罪中又包容他罪从而可以视作加重构成层面的包容犯。[①] (8)**主体加重犯**,即以相对于基准犯罪构成的行为主体具有更重危害

---

① 当然,包容犯未必就因他罪而专设加重犯罪构成与加重法定刑,也有径行依照包容之罪的法定刑从重处罚的立法。例如,我国《刑法》第171条第3款的规定。

的主体特征,作为加重犯罪构成的加重事由。如第 236 条第 3 款第 4 项的"二人以上轮奸"。(9) **情境加重犯**,即以超出基准犯罪构成而具有更重危害的特定情境,作为加重犯罪构成的加重事由。如第 236 条第 3 款第 3 项的"在公共场所当众强奸妇女"。(10) **综合加重犯**,即以主体、对象、行为、结果等多项相对于基准犯罪构成的相应要素具有更大危害的事实特征,综合作为加重犯罪构成的加重事由。**综合加重犯不同于情节加重犯**,尽管情节加重犯的加重情节也可表现为多项加重要素的特征,但是我国《刑法》中的加重情节多数是开放的(加重要素可在主客观的各个方面延伸)、模糊的(加重要素的范围及内容既宽泛又不明确)、可变的(加重要素可随具体案件社会背景的不同而有所变化),而综合加重犯的加重要素是封闭的(并不存在加重要素的扩展)、明确的(法条叙明加重要素的范围)、不变的(针对同一具体犯罪的加重事项并无变化)。如第 292 条第 3 项的"在公共场所或者交通要道聚众斗殴,造成社会秩序严重混乱"系情境并结果的加重要素。(11) **行为并结果加重犯**,即以超出基准犯罪构成而具有更重危害的行为与结果,作为加重犯罪构成的加重事由。这一加重犯实则是一种综合加重犯,因其较为典型从而在此单列。如第 234 条第 2 款中段的"以特别残忍手段致人重伤造成严重残疾"。

11. 我国《刑法》规定了大量的情节加重犯,但对加重情节却缺乏必要的叙明。情节涉及犯罪构成事实特征的各个方面,包括行为手段、行为对象、行为后果、行为情况等。基于情节内容的开放性特征,大量的情节加重犯为刑罚报应的重心提供了制度平台,同时也使刑法保护社会的理念得到了较大程度的彰显。立法中情节犯、情节减轻犯、情节加重犯的大量使用,一方面表现出立法粗疏的形式特征,同时也折射出立法价值理念的本质趋向。或许这种立法模式可谓使宽严相济有了制度空间,但是宽严相济政策的规范刑法学贯彻也有其应有的价值理念根基,亦即在宽严相济政策的具体展开中,应当恰当协调客观主义与主观主义、报应刑与目的刑、保障人权与保护社会等的关系。

12. **加重犯罪构成的加重事由(A)与从重处罚的量刑情节(B)不同**。A 者例如第 254 条后段的"情节严重的,处……",B 者例如第 238 条第 1 款后段的"具有殴打、侮辱情节的,从重处罚"。尽管 A、B 两者处罚的前提均系基于一定的具体事实特征,但是两者的法律性质却各不相同:加重事由是加重犯罪构成的要素,而量刑情节主要表现为犯罪构成事实以外的其他与犯罪密切相关的具体事实情况;《刑法》针对加重构成专设相应的加重法定刑,而量刑情节只是既有法定刑框架下的调整砝码;在一些场合,某一事实特征既为定罪要素又系从重处罚根据,例如第 237 条第 3 款的规定。[①]

二、基本的犯罪构成与修正的犯罪构成

13. 按照刑法分则所规定的具体犯罪是否标准形态的不同,犯罪构成分为基本的犯罪构成与修正的犯罪构成。

---

① 详见张小虎:《犯罪论的比较与建构(第二版)》,北京大学出版社 2014 年版,第 93—94 页。

（一）基本的犯罪构成

14. 基本的犯罪构成，是指刑法分则所规定的、具体犯罪成立的全部要件，其具有既遂犯和单独犯的标准形态。就危害程度的纵深及其相应的构成形态而论，基本犯罪构成又分为基准犯罪构成、加重犯罪构成与减轻犯罪构成。例如，《刑法》第263条前段与后段分别对抢劫罪的基本的基准犯罪构成与加重犯罪构成作了具体规定。

（二）修正的犯罪构成

15. 修正的犯罪构成，是指刑法总则所规定的、对刑法分则所规定的具体犯罪进行某种变更的犯罪成立要件，其具有预备犯、未遂犯、中止犯、共同正犯(实行犯)、帮助犯、教唆犯等非标准形态。[①] 以故意伤害罪的未遂犯为例，我国《刑法》分则第234条规定了故意伤害罪的基本犯罪构成，总则第23条规定了犯罪未遂。综合这两条的规定，故意伤害罪之未遂犯的本体构成是：**(1) 客观事实要素**：表现为已经着手实行故意伤害罪的实行行为；实行行为尚未完成，或者尚未造成轻伤以上结果，或者客观侵害的并非人类身体；行为主体系一般主体。**(2) 客观规范要素**：侵害具体法益，即他人健康权利被侵的现实危险；行为性质，非法。**(3) 主观责任要素**：故意，即针对造成他人伤害的结果主观上持希望或者放任的态度；故意伤害罪未能完成违背行为人的意志，并且是基于超主观意愿的因素所致。

思考题

1. 如何识别我国刑法分则条文有关具体犯罪规定中的基准犯罪构成？
2. 修正犯罪构成的具体形态有哪些？

[①] 在广义上，修正的犯罪构成与典型的犯罪构成相对，这里的典型的犯罪构成是指刑法分则所规定的具体犯罪的犯罪构成。

第3编 犯罪典型构成之积极要件:本体构成要素

第5章 客观事实要素

第18节 行为及其附随情状(行为犯与结果犯之共有要素)

一、构成要件行为

(一) 构成要件行为的理论地位

1. 犯罪论体系不同,行为的具体地位也就不同。行为论的体系将行为独立并前置于构成要件而展开犯罪论体系,这样行为首先是先于构成要件符合评价对象的社会事实行为。构成要件论的体系则以构成要件符合性为出发点,由此行为只是符合法定构成要件的行为,在构成要件符合之外单独讨论行为是没有意义的。本书将行为统一纳入客观事实要素的框架,坚持以本体构成为中心的双层多阶犯罪论体系。

2. 围绕着刑法上行为概念的探索,大陆法系形成了因果行为论、目的行为论、社会行为论、否定行为论等行为理论[①],这些行为理论存在事实与价值的争议以及作为与不作为的包容。应当说,行为的形式特征固然是其不可或缺的承载,不过本书也肯定行为的价值评价内容。但是,行为并不仅限于目的行为,构成要件行为也不具有系统的价值判断的功能[②]。

(二) 构成要件行为的概念

3. 行为是犯罪构成的核心要素及其他要素所附。而在刑法不同的知识要点上,行为也呈现不同的范畴。例如,可以纳入刑法评价之对象的**人的行止**——无意识动作(非行为)与有意识动静(行为);作为罪数界分之重要标志的自然行为、事实行为、规范行为;作为整合判断结论的犯罪行为、非罪行为、危害行为。在刑法理论或者刑

---

① 关于大陆法系的行为理论以及本书以下涉及的构成要件行为要素的理论学说、实行行为的不同理论界说、不作为的行为性的理论学说及论证,其具体内容的纵深展开,详见张小虎:《犯罪论的比较与建构(第二版)》,北京大学出版社2014年版,第121、124、142、133—136页。

② "不具系统的价值判断的功能",意味着仅就构成要件行为局部并不具有肯定犯罪评价的终结意义,但是这并不否认构成要件行为本身的规范意义与评价。

法条文中,不同语境下"行为"表述的含义会有所差异。

4. **构成要件行为**,系犯罪成立所必须具备的行为要素,是指行为人意识与意志支配下的、能够引起刑法评价之社会变化的身体动与静。**(1) 基于基本与修正之犯罪形态的不同**,构成要件行为具体分为实行行为与非实行行为;基于实行行为方式的差异,构成要件行为具体包括作为与不作为。**(2) 就纵深而论**,构成要件行为由形态描述(A)与价值评价(B)的两者整合构成。其中,A由行为的事实样态特征而呈现实行行为的类型性,例如盗窃行为与抢劫行为的类型性区别;B由行为的社会价值效能而呈现实行行为的实质性,例如试以针刺相片杀人系缺乏行为效素的举动(第18节D段14)。见图18-1。

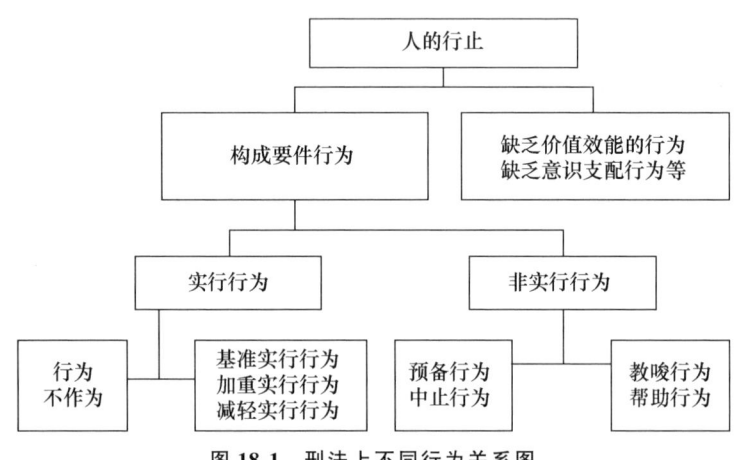

图 18-1　刑法上不同行为关系图

(三) 构成要件行为的构成要素

5. 构成要件行为的成立需有特定的构成要素。"能够导致外界变化"是否行为的构成要素,这是有关行为理论的重要议题之一。① 对此应当说,刑法上的行为应有能够导致外界变化的意义,因而作为犯罪构成的事实要素的行为本身包括心素、体素与效素。(1) **心素**,是指构成要件行为必须基于行为人的意思决定,是意识与意志因素的共同组合。具体地说,无意识也就谈不上意志支配,就不具备心素,如睡眠中的动作;有意识但不受意志支配,同样不具备心素,如受到完全外力强制的动作。(2) **体素**,是指构成要件行为包括身体的动与静,具体表现为作为与不作为。从存在论观之,称身体之运动为作为,称身体之静止为不作为。但从刑法的价值判断上看,不作为并非不为任何行为,并非是单纯之无,而是不为法律所要求之一定行为(本节段21)。(3) **效素**,是指构成要件行为具有能够导致外界变化的意义,只有能够导致外界变化的行为才是构成要件行为。这里的外界变化是指能被纳入刑法评价对象的、具有这种社会意义的行为效能;其是说明行为的社会价值意义(价值评价)特征的重要征表。**在此**,行为效素的价值评价不同于客观规范要素的法益侵害属性的评价,

---

① 详见张小虎:《犯罪论的比较与建构(第二版)》,北京大学出版社2014年版,第124页。

尽管两者均依存于具体犯罪的类型性判断,但是前者着眼于是否存在(社会事实价值意义)的判断,后是指向的是属于何种(法律规范价值意义)的判断(第18节D段8)。同时,能够引起外界变化的行为(行为效素)与外界变化本身(行为结果)并非一个概念。

6. 行为心素、责任形式与责任能力均涉及意识与意志问题,但是意识与意志在这三者中的具体蕴含,以及由此而在犯罪构成中的理论地位是不同的:(1) **行为心素的意识与意志**依存于实行行为构成要素的框架,考究的是意识与意志是否存在的问题,因受"完全外力强制"而为之行为不是刑法上的行为;(2) **责任形式的认识与意志**依存于主观责任之故意与过失的框架,考究的是认识与意志的表现形式与价值内容问题,具体说明行为人对于规范意识的欠缺从而应受责难;(3) **责任能力的认识与意志**依存于消极要件之责任阻却事由的框架,考究的是基于行为人的生理素质与病理素质而致的行为人认识能力与意志能力的有无与程度问题。见图18-2。

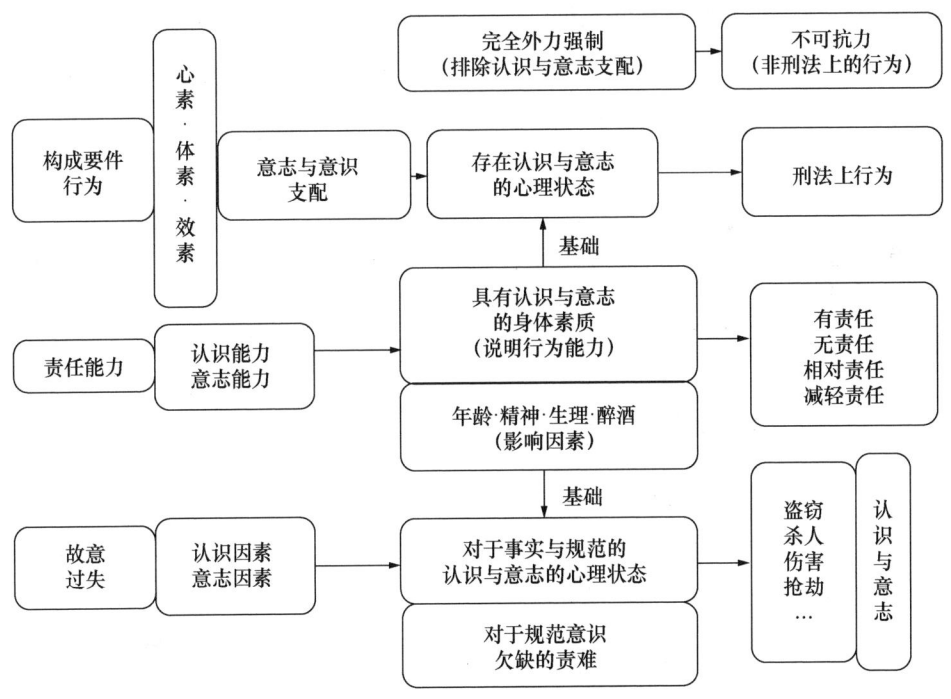

图18-2 认识及意志不同理论地位对比图

二、构成要件行为的典型形态:实行行为

7. 中外学者基于不同的视角对实行行为作了界说,诸如,基本构成要件行为、分则构成要件行为、该当构成要件行为等。① 应当说,实行行为的界说是对实行行为本

---

① 详见张小虎:《犯罪论的比较与建构(第二版)》,北京大学出版社2014年版,第142页。

质特征的揭示,从而使之与其他行为形态相区别。

8. **实行行为**是指刑法分则所规定的、作为基本犯罪构成之客观事实要素的行为,其与总则所规定的预备行为、中止行为、教唆行为、帮助行为等相对,表述了具体犯罪之构成要件行为的类型性形态,具有形式征表与实质评价的双重要素(本节段4)。实行行为,就基本行为方式而言,分为作为与不作为;就具体犯罪构成机能来看,包括基准实行行为、加重实行行为等。

三、实行行为的基本方式之一:作为

9. **作为**,是指行为人以身体的动作实施刑法所禁止的行为,即不应为而为;或者说,对于法益侵害结果行为人违反法律禁止而采用积极行为致成。

10. 作为具有两个**基本特征**:(1)**积极行为**:就形式而言,作为只能表现为**积极行为**(身体动作),**消极行为**(身体静止)不能构成作为。我国《刑法》中的绝大多数犯罪只能表现为作为的形式。例如抢劫罪(第263条)、盗窃罪(第264条)、刑讯逼供罪(第247条)、诬告陷害罪(第243条)等。(2)**禁止性规范的违反**:从实质来说,作为必须是实施刑法所禁止的行为,表现为对刑法规范所蕴含的行为规范中禁止性规范的违反。这里的"禁止"是指刑法规范所蕴含的行为规范中公民不得为一定行为的规范意义。①

11. **持有**行为属于一种作为。持有在实质上是对禁止性规范的违反,在形式上系对行为对象的控制与支配动作。

12. 作为在客观上又存在着各种**表现形式**:仅由自己身体动作本身所实施的作为;利用他人的身体动作所实施的作为;以自己身体动作驾驭物质工具所实施的作为;利用水、火、电、病毒、细菌等自然力实施的作为;诱使动物实施的作为。

四、实行行为的基本方式之二:不作为

(一)不作为的概念与特征

13. **不作为**,是指行为人负有必须履行某种积极行为的特定法律义务,在能够履行的情况下而不履行的行为,即应为而不为;或者说,对于法益侵害结果行为人本应履行作为义务阻止却不以积极行为阻止。

14. 不作为具有两个**基本特征**:(1)**消极行为或消极并积极行为**:就形式而言,不作为主要表现为消极行为(身体静止),不过不予履行义务有时也可由积极行为征表,从而有些不作为包括了积极行为与消极行为两种外在行为样态。例如抗税罪(第202条)的实行行为表现为"暴力、威胁方法"的积极行为与"拒不缴纳税款"的消极行为。(2)**违反命令性规范**:从实质来说,不作为必须是实施刑法要求为而不为的行为,即在本质上表现为对刑法规范所蕴含的行为规范中命令性规范的违反(第10节

---

① 详见张小虎:《刑法的基本观念》,北京大学出版社2004年版,第264—271页;张小虎:《犯罪论的比较与建构(第二版)》,北京大学出版社2014年版,第129—130页。

段 7)。这里的"命令"是指刑法规范所蕴含的行为规范中公民必须为一定行为的规范意义(第 10 节段 7)。行为方式的实质意义是区分作为与不作为的核心标志[①],不作为与刑法规范所蕴含的命令性规范相伴随,即存在作为义务前提(本节段 19)。

15. 应当注意,"包括了积极行为与消极行为两种行为样态的不作为"与"某一犯罪的实行行为同时包含了作为与不作为",这两者的意义是不同的。就立法实际来看,我国《刑法》也有实行行为存在两种行为方式具体犯罪的立法例。例如交通肇事罪的实行行为:作为即违反禁止性的交通法规,例如酒后开车、超速行驶、强行超车、超载行车、开车打手机、闯红灯、逆行等;不作为即违反命令性的交通法规,例如通过交叉道口不鸣笛示警、夜间航行不开照明灯、扳道员不按时扳道岔等。

(二) 不作为成立的客观要件

16. 成立不作为,在客观上应当同时具备以下**三个条件**:**(1) 负有特定义务前提**:行为人负有必须履行某种积极行为的特定法律义务。具体含义包括:应当履行积极行为,即行为人依照特定法律义务必须履行某种积极行为;负有特定法律义务,即行为人必须履行积极行为的依据是特定的法律义务,而不包括道德义务或者其他一般社会义务。不过,特定法律义务并不仅限于法律明文规定的义务(第 18 节 A 段 3)。**(2) 能够履行特定义务**:行为人能够履行所必须履行的特定法律义务。法律不应强求不能履行义务的人去履行义务,社会不能期待行为人履行不可能履行的义务。行为人没有履行义务的能力而没有履行义务,不构成不作为。至于行为人履行义务能力的判断,存在客观说(平均人标准说)、主观说(行为者标准说)、折中说(折中标准说)。本书持客观说的立场,即应当根据必须履行义务情境时普通人的主客观条件予以评价。[②] **(3) 不予履行特定义务**:行为人不履行所必须履行的特定法律义务。这是强调行为人不履行其应当履行的行为,而不是说行为人没有实施任何行为。行为人不履行其应当履行的行为,在形式上既可以表现为消极行为,也可以表现为消极行为并积极行为。因此,不作为的关键是行为人不履行其应当履行的特定法律义务。

(三) 不作为的其他理论问题

17. **不作为的行为性**:不作为主要表现为身体静止,由此不作为的行为性成为刑法理论的一个焦点。因果行为论、目的行为论、社会行为论都试图构建一种能够同时包容作为、不作为的刑法上的行为概念,但是理论争议依然存在。应当说,刑法上行为的概念最终取决于我们将行为放在犯罪论体系中的何种位置。基于本书的双层多阶犯罪论体系,构成要件行为包括作为与不作为,其自然结构要素包括心素、体素与效素。不过,忘却犯的行为是行为界定中心素与体素、效素同在原则的例外。

18. **不作为成立与结果**:刑法理论有将"产生了危害结果",作为不作为成立的一项要素。[③] 对此,本书持否定态度。这一问题也涉及对于行为的自然结构要素之一的

---

① 对于作为与不作为区分的标准,刑法理论存在自然标准、价值标准与综合标准的不同见解。详见张小虎:《犯罪论的比较与建构(第二版)》,北京大学出版社 2014 年版,第 132 页。

② 基于行为人的特殊情况对履行能力而产生的影响,属于针对行为人的具体判断的期待可能性问题。

③ 详见张小虎:《犯罪论的比较与建构(第二版)》,北京大学出版社 2014 年版,第 136—140 页。

效素的理解(本节段8)。在此应当注意,在对行为效素的理解上,引起外界变化的行为(行为的效素)与外界变化本身(行为的结果)并非一个概念。不作为属于构成要件行为的方式之一,而结果则是相对独立于行为的犯罪成立的一个要素。由此,如果"结果"是为了说明行为的效素特征,如同无须重申行为的心素与体素一样,不作为的成立条件也没有必要再次特别强调行为的效素;如果"结果"是指行为所造成的事实状态,则结果并不依存于构成要件行为的框架,而是犯罪成立的独立要素,进而应当考究的是其是否不作为犯成立的要素(第18节E段3、4)。

五、作为与不作为的辨识

19. 作为与不作为均有体素等特征而包含于构成要件行为中,但其具体表现则有所不同。具体地说,刑法禁止有害的外界变化,而就行为之原因力而论,有害变化的形成可能来自两种行为方式:基于某种行为的促成作用(作为);缺乏某种行为的阻碍作用(不作为)。这种促成作用与阻碍作用的关键区别在于:作为系违反禁止性规范的身体动作,造成了特定的外界变化;不作为系违反命令性规范的身体动静,未能阻止外界变化的进程。由此,成立不作为应有作为义务的规范要求前提(A),并且应有不予履行作为义务的身体动静(B)。如果B并非针对A而实施,则不是不作为。试以故意致死为例,对比举例说明如下:

案例 18-1:在普通关系的甲与丙之间,甲用刀砍杀丙致其死亡。甲之致死举动并非违反作为义务,而是对禁止性规范的违反,属作为。

案例 18-2:甲与丙系父子关系,甲砍杀丙致其死亡。甲的致死举动亦非违反父子间的作为义务,其仍是对禁止性规范的违反,属作为。

案例 18-3:甲与丙系父子关系,甲将年幼的丙弃至冰天雪地冻死。甲的致死举动系违反甲对丙应予履行的作为义务,属不作为。

案例 18-4:甲与丙系普通关系,甲出于杀害丙的意图,而将丙带至并丢弃于冰天雪地冻死。该案,甲出于杀害丙的意图而将丙带至冰天雪地的举动,并非对某项作为义务的违反,而是对禁止性规范的违反,即为故意杀人的作为,这是利用自然力的杀人。

案例 18-5:甲与丙系普通关系,甲并无杀害丙的意图而将丙带至冰天雪地,此时产生杀害丙的意图于是将丙弃置于此地冻死。该案,甲将丙带至冰天雪地的举动,只是产生甲负有使丙摆脱险境的作为义务,其后弃置丙于冰天雪地致其冻死系不作为。

六、实行行为的附随情状

20. **实行行为的附随情状**,是指与实行行为的定性密不可分的、作为某些具体犯罪构成之客观事实要素的、行为的特定的对象、时间、地点、情境等。这些要素既外在于实行行为,又与实行行为有机整合,是实行行为得以存在的必要时空条件,可谓实行行为的组成部分(第41节A段4;第39节段3)。

21. **特定行为对象**:即由刑法分则对某一具体犯罪的行为对象的表现或范围予

以特别的限定。具体包括：**(1) 特定的自然人**：行为对象系特别范围内的自然人。例如故意杀人罪的行为对象是"他人的生命"(第95节段5)。这一特定自然人对象又可分为：A. 无身份限定的特定对象：例如强迫他人吸毒罪的行为对象是"他人"。这里"他人"是指不愿意吸食、注射毒品的人，具体身份并无特别限定。B. 有身份限定的特定对象：例如妨害公务罪的行为对象是"正在依法执行职务的国家机关工作人员"等(第121节段4、6、8、10)。C. 特定指向的特定对象：例如诬告陷害罪的行为对象是"特定的他人"。这里"特定的他人"包括其姓名在诬告的内容中已被明确，或者虽未明确但足以被判断、确认。**(2) 特定的单位**：行为对象系特别范围内的单位。例如对单位行贿罪的行为对象是"国家机关、国有公司、企业、事业单位、人民团体"(第108节段6)。**(3) 特定的物**：行为对象系特别范围内的物。这一"特别范围内的物"包括：A. 特定物，例如"正在使用中的燃气设备或者易燃易爆设备"(破坏易燃易爆设备罪的行为对象)；B. 非特定物，例如他人财物(诈骗罪的行为对象)；C. 实物：例如"枪支"(非法持有枪支罪的行为对象)；D. 实物凭证：例如"正在流通中的货币"(伪造货币罪的行为对象)。**(4) 特定的其他事情**：行为对象系人或物以外的其他某种形态，包括情节、判决裁定、情报、信息系统、自然环境、书号等。例如伪证罪的行为对象是"与案件有重要关系的情节"；拒不执行判决、裁定罪的行为对象是"人民法院生效的判决、裁定"；非法获取国家秘密罪的行为对象是"国家秘密"。

22. 特定行为对象的客观要素地位(系对象的类型性)、是否存在于所有具体犯罪(刑法分则条文未作如此规定)、是否应当具有合法性(并不限于合法性)、是否仅限有形的物质形态(并不限于有形)等，是特定行为对象的重要议题。①

23. **特定行为时间**：由刑法分则对某一具体犯罪的实行行为实施的时间予以特别的限定。如抢夺罪实行行为的时间是"当场"。②

24. **特定行为地点**：由刑法分则对某一具体犯罪的实行行为实施的地点予以特别的限定。如暴力危及飞行安全罪实行行为(暴力)的地点是"飞行中的航空器"。

25. **特定行为情境**：由刑法分则对某一具体犯罪实行行为所处的情状与境地予以特别的限定。这种限定尽管似乎也是以时空的要求而表现，但是其限定的内容则是具体的生活、生产、工作等事件。如危险物品肇事罪实行行为(违反爆炸性、易燃性、放射性、毒害性、腐蚀性物品的管理规定)的情境是"在生产、储存、运输、使用中"。

> 思考题

1. 什么是构成要件行为的形式与实质(见本节段4)？
2. 实行行为的构造是什么？

---

① 详见张小虎：《犯罪论的比较与建构(第二版)》，北京大学出版社2014年版，第160—161页。
② 详见张小虎：《罪刑分析(上册)》，北京大学出版社2002年版，第373页。

第 18 节 A　不作为成立之作为义务来源

一、作为义务来源的界域

1. 存在作为义务是不作为成立的首要要素,因此作为义务的来源,即作为义务的规范根据问题,成为考究不作为的重要议题。对此,刑法理论存在三来源说、四来源说、五来源说等不同见解。具体内容包括:法律明文规定的义务、法律行为引起的义务、习惯条理承认的义务、职务业务要求的义务、先行行为引起的义务等。①

2. 本书主张,不纯正不作为犯的作为义务属于法律义务,并且是刑法认可的法律义务。在此,法律义务之"法律"是指广义上的法律,包括宪法、狭义的法律、行政法规、法令、条例、规章等。**法律义务**是指基于法律而产生的义务,包括:直接依照法律规定而产生的义务,例如法律明文规定的义务;依照法律规定通过一定中介而产生的义务,例如法律行为引起的义务、先行行为引起的义务。

3. 具体地说,基于法律而产生的作为义务的主要来源分为三种:(**1**)**法律明文规定的义务**,即直接依照法律规定而产生的作为义务。具体包括:一般作为义务,即社会一般公民或者非职业身份者的作为义务;职业作为义务,即职务身份者或者业务身份者的作为义务。(**2**)**法律行为引起的义务**。法律行为,是指能够产生法律上一定权利与义务的行为。行为人实施某种法律行为,可能产生其必须履行某种积极行为的特定义务。法律行为引起的义务具体包括合同行为引起的作为义务、无因管理引起的作为义务。(**3**)**先行行为引起的义务**,即由于行为人先前的某种行为致使刑法所保护的法益处于危险状态时,行为人依法负有必须采取某种积极行为以排除危险或者避免危害结果发生的特定义务。对此刑法理论仍有争议,但也不乏此类作为义务的立法例。②

二、作为义务来源与道德义务

4. 对于道德义务能否作为不纯正不作为犯作为义务的来源,刑法理论存在肯定说与否定说的不同见解。对此,刑法立法也有不同的规定。应当说,基于我国《刑法》的规定,否定说相对合理。刑法理论既是实然刑法规范的知识性阐明,也是刑法立法与司法的合理性前瞻。不过,刑法的谦抑精神是刑事法治的价值根基,刑法理论应当严守罪刑法定原则的框架。在我国《刑法》对道德义务的作为义务根据未予规定或认可的情况下,将道德义务作为不作为犯作为义务的来源仍无适用于实际的依据。③

---

① 详见张小虎:《犯罪论的比较与建构》,北京大学出版社 2006 年版,第 145—146 页。
② 例如,《韩国刑法典》第 18 条。
③ 详见张小虎:《犯罪论的比较与建构》,北京大学出版社 2006 年版,第 148—149 页。

三、作为义务来源与先行行为

5. 先行行为地位：先行行为能否成为作为义务的来源，对此刑法理论也存在不同的见解。本书的立场是，对由先行行为引起危险从而依法产生作为义务的命题，总体上应予肯定。具体地说，如果先行行为致使刑法所保护的重大法益处于遭受现实危险的危险状态（置于危险），那么这种先行行为已在实质意义（而非形式意义）上触及（而非触犯）了刑法；刑法为了肯定自身的存在及其效力，固然应当要求行为人履行必要的作为以排除法益侵害的现实危险与避免侵害结果的实际发生（作为义务）；如果行为人不履行这种作为义务，致使法益侵害现实危险发生乃至法益侵害结果实际发生（造成损害），那么这种应为而不为当然是刑法应当予以否定评价的行为（不作为）。

6. 先行行为性质：先行行为是否仅限于违法行为，抑或包括合法行为乃至犯罪行为，对此刑法理论也存在较大的争议。本书认为，先行行为不仅包括合法行为、违法行为，而且可以是犯罪行为。如同上文对"先行行为地位"的分析，在不作为的成立中，先行行为（a）只是产生作为义务的一个来源，不履行作为义务的不作为（b）才是不纯正不作为犯（B）的构成要素。也即：a 本身不是 B 罪的行为要素；无论 a 是合法行为、违法行为或犯罪行为均可成为 b 的前提；若 a 本身构成犯罪（A）则涉及 A 罪与 B 罪的罪数问题。① 犯罪行为可为产生作为义务的先行行为，也得到立法与司法及理论的认可。例如《奥地利刑法典》第 94 条第 1 款的规定、我国台湾地区有关先行过失伤害罪后不作为而构成普通杀人罪的判例②、保证人义务理论中有关先行行为"客观上实施了相应的作为犯罪的行为"的观点。③ 先行行为的性质还涉及先行行为的作为与不作为、故意与过失、有责与无责等问题。对此，本书的立场是：先行行为既可以表现为作为，也可以表现为不作为；既可以是有责行为，也可以是无责行为；既可以是故意行为，也可以是过失行为。④

7. 作为义务在犯罪论体系中的地位、作为义务与刑法规范的关系，也是不纯正不作为犯作为义务的重要议题，对此刑法理论也有着诸多不同见解。⑤

思考题

1. 道德义务应否成为作为义务的根据？
2. 如何对先行行为犯罪与不作为犯罪予以合理处置？（第 18 节 E 段 14）

---

① 关于先行行为犯罪与其后的不纯正为作为犯之间的合理处置，详见张小虎：《论不纯正不作为犯附和于先行行为加重犯的处置》，载《社会科学战线》2017 年第 2 期。
② 参见黄仲夫编著：《刑法精义》，台湾五南图书出版有限公司 2001 年版，第 62 页。
③ 参见〔德〕冈特·施特拉滕韦特、洛塔尔·库伦：《刑法总论 I — 犯罪论》，杨萌译，法律出版社 2006 年版，第 368—369 页。
④ 详见张小虎：《犯罪论的比较与建构》，北京大学出版社 2006 年版，第 163 页。
⑤ 参见同上书，第 142—145 页。

第 18 节 B　基准犯的实行行为

一、基准实行行为的概念

1. 实行行为具体包括基准犯的构成要件行为(基准实行行为)、行为加重犯的构成要件行为(加重实行行为)、行为减轻犯的构成要件行为(减轻实行行为)、准犯形态的构成要件行为(准型实行行为)。① 其中,基准实行行为是实行行为的典型形态。

2. **基准实行行为**,又称基准犯的实行行为,是指刑法分则所规定的、作为标示具体犯罪之行为的典型性特征的实行行为,其具有从行为事实要素的角度界分不同具体犯罪的重要标志的意义。基准实行行为又由属性与样态各异的行为要素构成,各个行为要素又以不同模式整合成基准实行行为。

二、基准实行行为的构成要素

3. 方法行为、目的行为、本质行为、职务行为、违规行为、单一性要素、选择性要素等,是构成基准实行行为的要素;而这些行为要素的具体组合,则构成基准实行为的整体。

4. 就要素的属性而言,作为基准实行行为的构成要素主要有:(1) **方法行为**:基准实行行为构成要素中有关行为之实施方法的特定事实特征。例如诈骗罪之基准实行行为的构成要素就含有方法行为"虚构事实或者隐瞒真相"。诈骗罪基准实行行为的构成要素还有目的行为。(2) **目的行为**:基准实行行为构成要素中有关行为之实施取向的特定事实特征。例如报复陷害罪之基准实行行为的构成要素就含有目的行为"报复陷害"。报告陷害罪基准实行行为的构成要素还有方法行为。(3) **本质行为**:基准实行行为构成要素中有关行为之本质属性的特定事实特征。例如强奸罪之基准实行行为的构成要素就含有本质行为"违背妇女意志"。强奸罪基准实行行为的构成要素还有方法行为与目的行为。(4) **职务行为**:基准实行行为构成要素中有关行为之职务属性的特定事实特征。例如职务侵占罪之基准实行行为的构成要素就含有职务行为"利用职务上的便利"。职务侵占罪基准实行行为的构成要素还有目的行为。(5) **违规行为**:基准实行行为构成要素中有关行为之违反国家行政法律、法规、规章制度的特定事实特征。例如交通肇事罪之基准实行行为的构成要素即为违规行为"违反交通运输管理法规"。

5. 就要素的形态而言,作为基准实行行为的构成要素主要有:(1) **单一性要素**:是指基准实行行为的某项构成要素,表现为单一的行为形式。例如绑架罪的基准实行行为由方法行为(绑架)与目的行为(勒索钱财或者其他利益)两个要素构成,其中方法行为就是单一性要素,即表现为单一的"绑架"行为。(2) **选择性要素**:是指基准

---

① 详见张小虎:《犯罪论的比较与建构(第二版)》,北京大学出版社 2014 年版,第 142—147 页。

实行行为的某项构成要素,表现为两个或者两个以上的可供选择的行为形式。例如洗钱罪的基准实行行为由方法行为与目的行为两个要素构成,其中方法行为就是选择性要素,其包括五个并列的可供选择的行为形式(第104节段3)。(3) **合并性要素**:是指基准实行行为的某项构成要素,系由两个或者两个以上的行为形式整合而成。例如诽谤罪的基准实行行为由方法行为与目的行为两个要素构成,其中方法行为就是合并性要素,其由"捏造虚构的事实"与"散布虚构的事实"两个行为形式整合而成。①

三、基准实行行为的构成模式

6. 即具体考究刑法分则所规定的基准实行行为的要素组合形式的特性。对此,其主要表现为:**单一型基准实行行为**(例如,仅由方法行为或仅由目的行为而构成的基准实行行为)、**复合型基准实行行为**(例如,由方法行为与目的行为而构成的基准实行行为)、**往复型基准实行行为**(例如,由多次行为或持续性行为、职业性行为而构成的基准实行行为)。对于这三者,根据视角的不同又可进行多项系列的具体分类。②

四、基准实行行为的主要类型

(一) 提升的基准实行行为

7. **提升的基准实行行为**,是指刑法分则将 A 罪之修正犯罪构成形态的行为,从 A 罪中独立出来而另行单独设置为 B 罪的基准实行行为;即预备行为或共犯行为的实行化,将通常作为刑法总则的非实行行为,提升为基准实行行为或者基准实行行为的行为要素。主要包括三种情形:

8. **预备行为提升的基准实行行为**:这实际上是将他罪的预备行为设置为独立的**前置性犯罪**,也称**实行化预备犯**(第40节 A 段10),具体包括:(1) **附属型独立预备犯**,即具体犯罪预备行为的实行化:专门针对刑法分则某一具体犯罪的预备行为,将之提升为实行行为予以具体犯罪的设置。例如《日本刑法典》第78条的预备和阴谋内乱罪、第201条的预备杀人罪等。(2) **类型型独立预备犯**,即类型犯罪预备行为的实行化:针对以某一特征为标志的刑法分则中的具体犯罪群的预备行为,将之提升为实行行为予以具体犯罪的设置。例如我国《刑法》第120条之一的准备恐怖活动罪。在此,恐怖活动罪并非一个独立罪名,但系以恐怖活动为标志的具体犯罪群。

9. **未遂行为提升的基准实行行为**:这实际上是将未遂行为的可罚性前置而将之与既遂同等对待,也即将未遂行为设置为具体犯罪的既遂,可谓独立未遂犯(第41节段2)。例如我国《刑法》第105条的颠覆国家政权罪、第104条的武装叛乱罪等。

10. **共犯行为提升的基准实行行为**:具体包括:(1) 他罪的教唆性行为的实行化(**教唆实行化**):例如我国《刑法》第103条第2款的煽动分裂国家罪。在此,"煽动"

---

① 张小虎:《犯罪实行行为之解析》,载《政治与法律》2007年第2期。
② 详见张小虎:《犯罪论的比较与建构(第二版)》,北京大学出版社2014年版,第150—154页。

虽不同于"教唆",但系教唆性的一种行为,《刑法》将之实行化而设置为独立的具体犯罪。相对于第 103 条第 1 款分裂国家罪的实行来说,本罪也可谓是教唆性行为的前置性犯罪的设置。(2)他罪的帮助性行为的实行化(**帮助实行化**):例如我国《刑法》第 120 条之一的帮助恐怖活动罪。这是将"资助"等帮助性行为实行化而设置为独立的具体犯罪。当然,这里的作为实行行为的帮助(实行化之罪),其义相对广于作为帮助犯的帮助(他罪之帮助犯),对于两者的重合部分定帮助恐怖活动罪。①

(二) 纯正的基准实行行为

11. **纯正的基准实行行为**,是指刑法分则对 B 罪之基准实行行为的设置,并不存在着从 A 罪之修正犯罪构成形态的行为中独立出来而另行单独设置的情况。绝大多数的基准实行行为均属这种类型。例如,集资诈骗罪的基准实行行为,由"非法集资诈骗"的方法行为与"获取集资款"的目的行为相互组合而构成。刑法分则对集资诈骗罪这一基准实行行为的规定,并非是基于将他罪修正犯罪构成形态的行为予以提升独立而设置。

(三) 扩展的基准实行行为

12. **扩展的基准实行行为**,是指某一具体犯罪的基准实行行为,既包含了该具体犯罪的纯正的基准实行行为形式,同时也包含了在通常意义上应当视作该具体犯罪的非实行行为形式。易言之,在某一具体犯罪的基准实行行为的设置上将基准实行行为的框架向非实行行为扩展。例如,分裂国家罪的基准实行行为,由"组织、策划、实施"与"分裂国家、破坏国家统一"的两项要素组合构成。其中,"实施"可以视作是纯正的基准实行行为形式,而"组织、策划"则是共同犯罪行为中的组织行为。

(四) 单人的与聚众的基准实行行为

13. **单人的基准实行行为**:是指基准实行行为的标准形态表现为由一人单独实施的行为。这是基准实行行为的常态。例如,刑讯逼供罪的基准实行行为,由"使用肉刑或者变相肉刑"的方法行为与"逼取口供"的目的行为相互组合而构成。这一基准实行行为的标准形态,即为由一人单独实施的行为。

14. **聚众的基准实行行为**:是指基准实行行为的标准形态表现为由多数人共同实施的行为。例如,聚众阻碍解救被收买的妇女、儿童罪的基准实行行为,由"聚众"的方法行为与"阻碍解救被收买的妇女、儿童"的目的行为相互组合而构成。在此,"聚众"是指纠集 3 人以上,相互勾结,实施犯罪。从而,这一基准实行行为的标准形态,即为由多数人共同实施的行为。

┌─ ─ ─ ─ ─ ─ ─ ┐
│ 思考题 │
└─ ─ ─ ─ ─ ─ ─ ┘

基准实行行为与加重实行行为、减轻实行行为、预备行为、未遂行为、中止行为的关系是什么?

---

① 关于这里的"资助"行为与共同犯罪的"帮助"行为的关系,详见张小虎:《犯罪论的比较与建构(第二版)》,北京大学出版社 2014 年版,第 156 页脚注。

第18节 C 过失犯的实行行为

一、过失犯实行行为的形式构造

1. 立于实行行为的典型与否,过失犯的实行行为同样存在基准实行行为与加重实行行为的不同法定样态。例如,基于我国《刑法》第133条前段的规定,"交通违法行为"即交通肇事罪的基准实行行为,基于该条中段的规定,"交通违法并逃逸行为"即该罪的加重实行行为。

2. 从基准实行行为的构成要素来看,过失犯实行行为的行为要素主要呈现为目的行为、本质行为、违规行为。就基准实行行为的构成模式而论,过失犯实行行为主要表现为单一型基准实行行为,而少有复合型基准实行行为。另外,过失犯基准实行行为也鲜有提升的基准实行行为、扩展的基准实行行为、聚众的基准实行行为。

3. 对纯粹过失犯实行行为的具体样态,法条不予明确表述;而对非纯粹过失犯实行行为的具体样态,法条予以明确表述。在构成要素上,纯粹过失犯多为目的行为、非纯粹过失多为违规行为。例如,我国《刑法》第115条第2款的失火罪(纯粹过失犯),实行行为系"引起燃烧"的目的行为;第134条第1款的重大责任事故罪(非纯粹过失犯),实行行为系"违反有关安全管理规定"的违规行为。

二、过失犯实行行为的实质构造

4. 过失犯的实行行为是犯罪论的一个重要的理论议题,对此争议颇大,有的否定过失犯的实行行为,有的认为过失犯与故意犯的实行行为是一致的,而在肯定过失犯的实行行为具有独特性的见解中对过失犯实行行为的本质又存在诸多不同的看法,具体包括:违反结果回避义务的行为、违反注意义务的行为、制造不被允许的风险的行为等。对此本书的立场是,过失犯实行行为在本质上表现为超过规范允许之危险的行为。

5. 试对过失犯与故意犯的行为本质分别主观面与客观面来作一对比:过失行为主观上的本质在于违反注意义务(第24节C段1),客观上的本质在于超过规范允许之危险的行为,具体表现为违反社会生活常规(纯粹过失犯的行为)或者违反职业规范(非纯粹过失犯的行为)的危险性行为。相对而言,故意行为主观上的本质在于违法性的知与欲,在本体构成阶段其又是以本体构成事实要素的知与欲为征表的,其独立性的判断在责任阻却阶段(第23节B段5);故意行为客观上的本质在于直接创设导致具有社会意义的外界变化的行为,具体表现为违反规范社会生活等各种秩序之实证法的侵害性行为。

6. 通过上述比较,我们可以更为进一步地认识过失犯实行行为的一些具体特征。过失行为与危险行为相伴,即过失犯的实行行为以危险行为为前提,而危险行为之所以被评价为过失犯的实行行为,是由于这一危险行为超越了社会生活常规或职业规范所允许的危险限度。这也就意味着,从超越危险限度的界点开始就是过失犯实行行为的着手,这也标志着过失犯的实行行为达至成立的底限,当然就行为形式样态来看,此时实行行为的各项形式要素未必全部完成。因此,过失犯的实行行为不仅存在,而且也是存在于结果发生之前,并且严格而论多数过失犯的实行行为也有着手至完成的过程,只是过失犯没有造成结果的不可罚,从而没有所谓未遂犯的问题,进而对其实行行为的着手也就不予关注。结果发生方可成立的过失犯之特征,也在一定程度上淡化了对过失犯实行行为从着手到完成的区间跨度的粗细考究。过失犯实行行为的这种特征,也说明了可以用行为造成结果的危险程度来确定过失犯实行行为的成立。

7. 在对过失犯实行行为本质的理解上,应当注意超过规范允许之危险与侵害保护法益的关系。从基源上来说,任何实行行为的本质均是对保护法益的侵害,过失犯实行行为固然也不例外。然而,过失犯实行行为在超过规范允许之危险这一本质上,显示出其相对于故意犯实行行为的特质。易言之,过失犯实行行为是通过行为具有超过规范允许之危险的属性,来诠释其行为具有侵害法益的本质属性的;而故意犯实行行为则是直接通过行为具有侵害法益(行为直指侵害保护法益)的属性,来展示其行为的本质属性的。

8. 不宜将过失犯实行行为本质理解为违反注意义务,违反注意义务是对过失犯的主观面即过失的本质的揭示(第24节C段1),而在这里我们所讨论的是作为过失犯的客观面即过失犯实行行为的本质,如果将过失犯实行行为的本质也归于违反注意义务,这样不仅模糊了犯罪论体系中客观行为与主观责任的层次关系,而且也不能充分展示实行行为的特征。实行行为的核心是改变外界状态(造成外界变化),而过失犯的实行行为在这方面的表现是使既有的危险性向前发展了,也即实施了超过规范允许之危险的行为从而造成了结果。

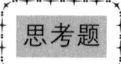

过失犯的实行行为与故意犯的实行行为有何异同?

第18节 D 构成要件行为的实质排除(行为的缺乏)

一、行为排除事由的溯源

(一) 社会相当性理论的考究

1. 构成要件行为由形态描述(A)与价值判断(B)构成。通常,A与B密切相连,但不排除在特殊场合,由于B的被否定而致构成要件行为的符合不能成立。德国学者威尔哲尔提出社会相当性理论试以诠释构成要件行为符合的排除。① 1939 年，威尔哲尔在《刑法体系研究》一书中指出："社会共生活系在一定范围内不断地限制行动自由而成立"，"如法律对所有法益侵害都认为客观的违法，而加以禁止，则全部社会生活都不能不立刻停止，仅留下只许观览的博物馆般的世界"，故不应对一切法益侵害的行为都禁止，"应于历史所形成的国民共同秩序内，将具有机能作用的行为排除于不法概念之外，并将此种不脱逸社会生活上的常规的行为，称为**社会相当行为**。"

2. 对于社会相当性理论的地位，刑法理论存在构成要件阻却说与违法阻却说的不同见解。前者主张"在构成要件该当性判断之前，先为社会相当性的判断"，"唯有超乎社会相当性范围的行为，才可认为与构成要件相合致"。后者主张"社会相当性乃构成要件补充的根据"，"一方面可作为实质违法性的一般原理，另一方面又系正当化事由之一"，"有停止违法推定的机能"。②

3. 社会相当性行为主要有两类：**(1) 允许危险范围内的行为**：如在相关行业正常危险范围内遵守有关规则，驾驶飞机、火车，运行工业机器设备，参加体育对抗比赛等；**(2) 不直接侵害法益的行为**：如男方解除婚约的行为并不危及女方生命健康，家庭范围内机密地对他人进行诽谤并不直接影响他人人格等。③

（二）社会相当性理论的应然地位

4. **社会相当性理论**作为基于行为的实质性评价而对犯罪成立予以限制，有其观念上的价值与意义；社会相当性理论将犯罪的实质评价与特定时空的社会文化现实密切关联，也给刑法注入了活力。然而，明确性、操作性、实证性、准据性、稳定性等是法之安定性的必要。固然不能寄期望于刑法上所有的理论规则都丝毫不差地严格符合上述要求，但是刑法的理论规则应当尽可能地接近法之安定性的要求。由此观之，社会相当性理论也呈现出其相对抽象与包容的特质，难怪乎在对这一理论予以功能性适用的时候似乎其可解决定罪之实质层面的各种问题。因此，不应将社会相当性理论予以要素功能的定位，并且即使在实质评价机能上其也只是终极根据。具体地说：

5. **价值评价工具**：社会相当性理论并非犯罪构成理论体系中的要素，而是确定行为效素、违法阻却等这些要素成立与否的价值评价工具。这也意味着，在犯罪构成理论体系中，社会相当性理论并不是一个独立的居所，其机能的发挥随行于其所诠释的犯罪成立要素，易言之，社会相当性理论是散居于相应的各个犯罪成立要素的居所中的。进而，在构成要件行为与违法阻却的价值评价中，均有社会相当性理论运用的呈现；但是，应当界分基于社会相当性理论对这两个犯罪成立要素予以评价的不同指向。在构成要件行为问题上，针对的是行为效素的成立与否；在违法阻却问题上，针对的是能否阻却法益侵害。由此，就应将遵守行业规范的某些危险职业行为之违法

---

① 参见李海东：《刑法原理入门（犯罪论基础）》，法律出版社 1998 年版，第 39 页。
② 参见黄丁全：《社会相当性理论研究》，载陈兴良主编：《刑事法评论（第 5 卷）》，中国政法大学出版社 2000 年版，第 324—326 页。
③ 参见李海东：《刑法原理入门（犯罪论基础）》，法律出版社 1998 年版，第 39—40 页。

阻却事由等(第30节段10),从构成要件行为的评价中脱离出来。

6. **终极价值评价**:社会相当性的标准,实际上是从法之正当性的社会意识根源上,寻求犯罪成立技术机制中有关事项的应有价值结论,这不可避免地含有一定的不确定因素。因此,基于社会相当性理论对于某项犯罪成立要素而进行的实质判断,只是在法律缺乏明确规定的场合而进行的一种实质判断。同时,社会相当性理论的价值评价,以一个社会历史所形成的社会伦理秩序(社会生活常轨)为判断的基准,从而具有终极根据的意义。因此,在法律规范发生冲突的场合,社会相当性理论也更为凸显出其实质评价机能的重要价值。①

二、行为排除事由的特征

(一) 行为排除事由的概念

7. **行为实质排除事由**,是指说明行为缺乏否定性的社会价值意义这一特质的而致行为不能进入犯罪之构成要件行为评价范围的法定规则(类型性事态)。具体地说,这是以行为效素的排除为核心的。

8. 行为效素的评价不同于行为违法性的评价。前者是事实层面(客观事实要素中的行为)的社会价值评价(行为的效素),后者是规范层面(客观规范要素)的刑法价值评价(实行行为的法益侵害)。

(二) 行为排除事由与违法阻却事由

9. **普通类型事态与具体特殊事态**:行为排除的类型性事态,是指这种事态对于行为的排除在同类案件中具有普遍性的呈现(抽象性的排除);而违法阻却的特殊性事态,是指这种事态对于违法的排除系具体案件中的一种特殊性的呈现(具体性的排除)。

10. **主体行为承载与行为双面比较**:就判断的事实根据而论,行为排除考究的是,行为是否具有能够引起具有社会意义的**外部变化**的效能,由此决定行为价值性效能的事实是判断的根据;而违法阻却考究的是,在侵害法益事实(A)的过程中,因具有保护法益的有关具体事实(B)而致**违法阻却**得以成立,从而 A 与 B 成为判断的根据。

11. **社会价值缺乏与法益侵害阻却**:就判断所指实质而论,行为排除系行为本身缺乏能够引起具有社会意义的外部变化的效能,而缺乏效能的行为不能被纳入犯罪评价对象,由此行为不能成立;而违法阻却则以行为能够产生法益侵害的效能为前提,系以行为为核心的一系列事实要素所具有的法益侵害由于阻却事由的存在而现在被排除了。

12. **行为自始缺乏与阻却行为符合**:就行为的存在轨迹而论,行为排除鉴于行为缺乏社会价值意义的实质构成要素,行为自始就不是构成要件行为;而违法阻却意味着行为符合构成要件行为的特征,只是由于违法阻却事由的存在,由此其违法性被排

---

① 具体适例,详见本书**中立行为的帮助**的处置(第45节B段15)。

除了。

13. **缺乏义务规范与存在授权规范**:就排除事由的规范根据而论,行为排除之所以行为缺乏社会价值意义,是因为这样的行为并非为规范所禁止(作为)或所要求(不作为);而违法阻却之所以侵害法益行为的违法性被阻却,是因为这样的行为是规范所授权的行为。

三、行为排除事由的具体情形

14. **行为无从造成法益侵害**:行为在客观上不可能造成法益侵害。较为典型的适例是纯粹的迷信犯。如在案例 18D-1 中,甲针刺他人相片的诅咒行为不可能危害他人的生命。

案例 18D-1,甲对丙的相片实施针刺,试图以此致丙身亡,果真丙得病不治而亡。

15. **行为缺乏法益侵害危险**:行为虽与结果相关但并无造成结果的危险。如在案例 18D-2 中,甲极力劝说他人乘坐飞机的行为并不具有危害他人生命的现实危险。不过,有关社会相当性行为的适例,不宜作为这里的行为排除事由。例如,正当医疗损伤等行业性的允许危险行为,系注意义务缺乏事由;公共交通固定站点之间的所谓拘禁,系违法阻却事由;向公务员馈赠正常新年礼物,该"正常礼物"本身即非"贿赂";在家庭内部发表侮辱性言论,系犯罪成立之客观事实要素的缺乏;饭店实习生将明知有毒的蘑菇交于食客,可为缺乏期待可能性事由①。

案例 18D-2,甲希望丙在飞机失事中死亡,于是极力劝说丙乘坐飞机,果真丙所乘飞机失事并死亡。

四、行为排除事由的具体判断

16. **应当综合考虑下列要素**:(1) **事实根据**:行为的手段、对象、时间、地点、情境以及行为人地位等客观事实特征,是行为排除事由的形式承载。(2) **核心指向**:具体类型性事实呈现出行为缺乏法益侵害的实害或现实危险性,即行为不能或无从造成法益侵害。(3) **理论路径**:行为缺乏法益侵害的判断根据系社会行为的事理逻辑,而非基于法益保护、权利许可或秩序要求而致的法益侵害被阻却。(4) **司法准据**:基于我国社会目前的社会背景与法治阶段,行为排除事由的司法贯彻,应有具体法律规定或具有法律依据的司法解释及规范化案例。

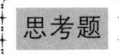

行为效素的评价与行为违法性的评价是什么关系(本节段 5)?

---

① 当然,这需出现在特殊异常事态的场合,并且为普通社会观念所能接受(第 34 节段 4、9)。

第 18 节 E　附论:不纯正不作为犯

一、不纯正不作为犯的概念

1. 基于行为方式的不同,犯罪分为作为犯与不作为犯。**作为犯**,是指由作为的行为方式而构成的犯罪形态;**不作为犯**,是指由不作为的行为方式所构成的犯罪形态。

2. 对于不作为犯的界说与分类,中外刑法理论存在不同的见解。① 刑法的规定是最为确定的与基本的根据。作为与不作为以及不作为之犯罪形态上的差异,关键是其法定行为方式的不同。由此,本书将不作为犯分为**两种类型**:(1) **纯正不作为犯**,又称真正不作为犯,是指按照刑法的规定,其法定实行行为的方式是不作为,而在现实中也只能由不作为完成的犯罪。例如遗弃罪,拒不执行判决、裁定罪等。(2) **不纯正不作为犯**,又称不真正不作为犯,是指按照刑法的规定,其法定实行行为的方式是作为,而在现实中由不作为完成的犯罪,或者说,是以不作为的方式实现作为犯的法定犯罪构成。例如,母亲意图杀害婴儿而不予哺乳,致使婴儿饿死。这就是以不作为方式而实施的故意杀人罪。

二、不纯正不作为犯的成立要件

3. 对于不纯正不作为犯的成立要件,刑法理论存在不同见解。② 对此,本书认为,不纯正不作为犯的成立要件,应当表述不纯正不作为犯得以与法定作为犯等置的一些核心的必要的条件。由此,不纯正不作为犯的成立要件为:(1) **不作为的行为**:不纯正不作为犯的实行行为系不作为(第 18 节段 13)。(2) **特定构成结果**:在结果犯的场合,成立不纯正不作为犯,以造成特定损害结果发生的现实危险为底限,其核心是不作为与作为的等价值性(本节段 6)。(3) **因果关系**:特定构成结果由不作为所引起,也即行为人没有采取积极行动阻止特定构成结果的发生。③ (4) **故意或过失**:行为人具有与法定作为犯相应的故意或过失,其故意与过失的内容指向由"不作为造成特定构成结果"为核心征表的"具体法益被侵状态"。(5) **保证人地位**:行为人具有必须履行特定法律义务的积极行为以防止特定构成结果发生的法律地位,即处于保证人的地位(作为义务人或不作为行为人)。(6) **等价值性**:不纯正不作为犯的成立的事实特征与其相应的作为犯的法定构成,应当具有等价值性。这是不纯正不作为犯成立的综合性判断(本节段 7)。

4. 基于不作为与不作为犯之间的区别,不作为成立的客观要件与不作为犯成立

---

① 详见张小虎:《犯罪论的比较与建构》,北京大学出版社 2006 年版,第 131—134 页。
② 详见同上书,第 172 页。
③ 关于结果犯的不纯正不作为犯的成立以及不作为的因果关系的论证,详见同上书,第 140—141、129—130 页。

的客观要件具有不同的意义,而我国刑法理论却有将两者混淆之嫌。①

三、不纯正不作为犯的成立与结果要素

5. **纯正不作为犯与结果**:纯正不作为犯的构成要件由刑法明确予以规定,对于纯正不作为犯的成立是否以结果为客观事实要素的问题,应当根据具体犯罪的法定犯罪形态予以确定。我国《刑法》中的纯正不作为犯包括:行为犯(如巨额财产来源不明罪)、结果犯(如丢失枪支不报罪)、情节犯(如战时拒绝、逃避征召、军事训练罪)。

6. **不纯正不作为犯与结果**:不纯正不作为犯在成立条件上是否应当附加结果的要素?有的国家刑法明确将不纯正不作为犯规定为结果犯(如《德国刑法典》第13条),而我国《刑法》《俄罗斯刑法典》等对此则未作明确规定。国外刑法理论通常将不纯正不作为犯视作结果犯,不过在具体见解上也存在"实害结果说"与"危险结果说"的差异。对此,本书认为倘若立法对于这一问题已有明确规定,固然其犯罪的成立条件就应以法律为据。然而,倘若立法对之未予明确,那么基于注重法益的实质保护,在不作为及其事实特征与法定作为及其事实特征存在等置的场合,可以承认不纯正不作为犯的成立。

四、不纯正不作为犯的等价值性

7. **等价值性理论的形成**:考究不纯正不作为犯的处罚根据,不纯正不作为犯与法定作为犯的等置问题是核心议题。作为义务是不作为犯成立的基本前提与核心要素,从而作为义务备受不作为犯理论的关注,对于等置的探讨也以此为中心而展开。对此,国外刑法理论提出了因果关系说、违法性说、构成要件符合性说等学说。作为构成要件符合性说的代表,德国学者那格拉提出了**保证人说**。保证人,是指法律上负有的必须防止发生构成要件结果的作为义务的人;保证义务,是指法律上负有的必须防止发生构成要件结果的作为义务。其后,德国学者考夫曼、威尔哲尔等提出了**新保证人说**。该说将保证义务分离为保证人地位与保证人义务。其中,保证人地位属于构成要件要素,而保证人义务则是违法性要素。那格拉的保证人说以及考夫曼的新保证人说受到了德国学者赫尔穆特·迈耶的批评。由此,赫尔穆特·迈耶提出了**敌视法的意志说**,认为保证人说与罪刑法定原则相矛盾,并且以"敌视法的意志"取代"保证义务"而成为等价值性的媒介,着眼于主观方面解决不纯正不作为犯的等价值性。②

8. **等价值性理论的简评**:等价值性理论的核心,就是立于构成要件理论试图以等价值性为媒介,填补不纯正不作为犯与法定作为犯结构上的空隙,以使不纯正不作为犯受到相应法定作为犯的罪刑处置,在理论上有一个圆满的阐释。保证人说、新保

---

① 详见张小虎:《犯罪论的比较与建构》,北京大学出版社 2006 年版,第 137 页。
② 详见同上书,第 165—167 页。

证人说与敌视法的意志说,对于不纯正不作为犯与法定作为犯的等置的阐述各有特点。这些学说使等价值性理论的一些主要议题日益明晰,等价值性理论的核心问题在于等价值性的理论地位与等价值性的评价标准。所谓**等价值性**,是指以不作为方式实现法定作为构成要件,与以作为方式实现法定作为构成要件,两者在刑法上具有一致的意义,可予同样的否定评价。

9. **等价值性的理论地位**:(1) **等价值性是否不纯正不作为犯成立的独立要件**:刑法理论存在肯定说与否定说的不同见解,也有将之作为三阶层犯罪论体系中违法性评价的独立要件。① 本书主张双层多阶的犯罪论体系,犯罪构成是对同一现实犯罪的形式与实质的理论抽象。由此,所谓等价值性既是实质的也是形式的。不纯正不作为犯的成立具有诸多要件,这些要件的有机统一使不纯正不作为犯与法定作为犯在形式与实质上均呈等置。形式上的空隙得以填补,实质上的否定价值同等。因此,等价值性并非单一的构成要件,而是综合的评价结论。(2) **等价值性与作为义务的逻辑关系**:刑法理论存在作为义务内等价与作为义务外等价的不同见解。② 对此,本书认为等价值性是针对犯罪成立条件的综合性评价。在不纯正不作为犯的成立中,作为义务是一至关重要的要素,但是其并不意味着不纯正不作为犯成立要件的全部,作为综合性、结论性评价的等价值性,除了至为关注作为义务之外,还须综合考虑其他要素。并且,在等价值性的评价中,作为义务只是处于说明等价值性的地位。

10. **等价值性的评价标准**:这是探讨应将等价值性评价,置于犯罪构成理论体系的何种层面、何种阶段。对此,刑法理论存在行为等价值说、构成要件等价值说、违法性等价值说、主观要素等价值说、犯罪构成整体等价值说等见解。③ 对此,如上文所述,本书认为等价值性属于综合性、结论性的评价,基于双层多阶犯罪论体系,等价值性在形式上属于本体构成的评价,在实质上属于严重危害的评价,不过这两者应当是呼应并统一的,而且本体构成的等价值性属于积极评价,通常本体构成等价即可推定严重危害等价。当然,等价值性还存在一个具体标准的问题,这个标准是对不纯正不作为犯成立要件的阐明(本节段3)。

五、不纯正不作为犯与罪刑法定原则

11. **不纯正不作为犯与法定作为犯存在结构上的空隙**。由此,有的学者认为,不纯正不作为犯对于法定构成要件的符合,属于类推解释的结果;也有学者认为,不纯正不作为犯系由法官对构成要件的补充,从而违反了罪刑法定原则。对此质疑,有的学者提出构成要件等价值性的理论予以反驳,也有学者基于开放构成要件的基本观念对之予以说明。④ 本书认为,处罚不纯正不作为犯是因其与相应法定作为犯存在等置,而等置是两者在本体构成符合上及至在危害阻却缺乏上的等价值性。

---

① 详见张小虎:《犯罪论的比较与建构》,北京大学出版社 2006 年版,第 168—169 页。
② 详见同上书,第 169 页。
③ 详见同上书,第 170 页。
④ 详见同上书,第 173—175 页。

六、不纯正不作为犯的刑法立法考究

12. 这里的"立法考究"是对不纯正不作为犯的刑法总则规定的分析。对此,世界各国的立法状况不尽相同。应当说,不纯正不作为犯是刑法理论与司法实际中重要的犯罪形态之一,刑法立法予以明确规定具有重要意义。我国《刑法》总则应当增设相应的条文,基于上文对于"不纯正不作为犯的成立要件"的阐述(本节段3),具体表述可以是:"负有阻止特定构成结果发生的法定作为义务,能够阻止而不予阻止,造成或者足以造成结果发生的,则该不作为对于犯罪构成的实现与作为的相当,依本法相应规定处罚。"

七、不纯正不作为犯的具体定性

13. 罪名的确定:如何具体确定不纯正不作为犯的犯罪性质,这是不纯正不作为犯得以成立的核心问题之一。对此,考虑到不纯正不作为犯(A)与相应作为犯(B)在犯罪成立上应有的等价值性(本节段8),因此 A 与 B 在犯罪成立的形式与实质上也具有较大的一致性。具体地说:**(1) 作为义务属性**:不纯正不作为犯与相应的作为犯,除了不作为与作为的行为方式不同之外,在其他构成要素以及违法与责任的特征上应当吻合。从而,在此不作为行为的具体属性成为问题的关键,而这一不作为行为属性又与其作为义务属性融为一体。易言之,不作为的作为义务属性成为不纯正不作为犯具体犯罪定性的重要标志。例如,行为人负有救助他人生命的义务,如果行为人不作为造成他人死亡而构成犯罪的话,其犯罪性质分别主观心态的不同为故意杀人或过失致人死亡。**(2) 其他要素作用**:不纯正不作为犯还涉及造成结果的多元行为(例如,盗窃犯盗窃仓库,守护仓库者明知而不予制止致使财物被窃)、相关纯正不作为犯的规定(例如,巡警遇有暴力抢劫不予处置的玩忽职守,负有义务的行为人遗弃家庭成员致其死亡的遗弃)、先行行为犯罪的相关评价(交通肇事构成犯罪,又有逃逸致被害人死亡的不作为犯)、特定身份对作为义务属性的影响(例如,普通公民与消防警察对火灾的不作为及其等价值性的认定)等问题,从而不纯正不作为犯的具体定性至为复杂。

14. 先行行为犯罪与不作为犯的定性:在先行行为(A)犯罪产生作为义务的前提下,利用先行行为所生之危险实施行为(B),间断性地造成超过且异质于先行行为犯罪之结果的法定结果①,在此场合,对于 B 存在予以不作为考究的余地,但是对于 B 未必就以独立的不作为评价,也不排除将 B 作为先行行为犯罪中的犯罪情节。具体而论,在先行行为构成犯罪的场合,对其后的不作为犯应以如下规则定性。(1) 先行行为犯罪的罪与刑或其加重犯的罪与刑,**难以包容**对其后不作为犯的罪与刑的处置的,则对该不作为犯独立定性,而后与先行行为犯罪按罪数理论处置或数罪并罚。例如,在案例 18E-1 中,甲的先行行为构成过失致人重伤罪(A),其后的不作为故意致死

---

① 如果先行行为犯罪之后,实施某种即时造成法定结果的行为,则该行为通常为作为。

的罪与刑无法置于过失致人重伤的罪与刑中评价,从而构成故意杀人罪(B)。A 与 B 系吸收犯。(2) 先行行为犯罪的罪与刑或其加重犯①的罪与刑,**可以包容**对其后不作为犯的罪与刑的处置的,则将该不作为犯作为先行行为犯罪或其加重犯的相应情节处置。例如,在案例 18E-2 中,甲的先行行为构成交通肇事罪,其后的不作为间接故意致死可以作为交通肇事罪加重构成"因逃逸致人死亡"的罪行(第 95 节 B 段 15)。②

案例 18E-1:甲在荒郊过失致丙重伤,明知不及时送治会致丙死亡,却离场而去,结果致使丙因得不到及时救助而死。

案例 18E-2:甲在城市主路醉驾致丙重伤,明知不及时送治可能致丙死亡,却置其生死于不顾而任其自生自灭,为了自己逃避追究而逃离现场,结果致使丙因得不到及时救助而死亡③。

15. 相关不作为犯:有时对于某种事实行为,尽管刑法分则已有纯正不作为犯(A)的具体规定,但是该事实行为同时也构成更为严重的不纯正不作为犯(B),则按照想像竞合犯的处断原则,应以较重的不纯正不作为犯(B)定性并可从重处罚。例如,在案例 18-3(第 18 节段 19)中,甲将婴儿弃至冰天雪地的不作为,既符合《刑法》第 261 条的遗弃罪,也符合不纯正不作为的故意杀人罪,系属一个事实行为同时触犯两项罪名,从而按照想像竞合犯的处断原则,构成故意杀人罪。

16. 特定身份差异:在对不作为造成结果的考究中,有时行为人的特定身份与作为义务的属性以及等价值性的认定也密切相关。**(1) 缺乏等价值性**:如案例 18E-3 中,甲违反了报火警的作为义务,触犯了与火灾密切相关的公共安全,但是不能就此认为甲就成立不作为犯。因为甲的不予报警的行为(A)与放火或失火的行为(B)不具有等价值性。B 行为系火灾发生的原因(创设了危险),而 A 行为只是没有报告险情但与危险的发生没有关系。**(2) 玩忽职守**:如案例 18E-4 中,甲违反了职业上的作为义务,其属于玩忽职守中的一种不作为(第 138 节段 3)。在此,尽管火灾不是由甲所引起的,但是甲的特定身份赋予了其扑灭火灾的作为义务,甲能为却不为,其不予灭火的不作为直接指向火灾的结果,由此造成严重后果,符合玩忽职守罪的成立条件。

案例 18E-3:普通公民甲路见发生了火灾,能够报告却不予报告。

案例 18E-4:专职消防人员甲在工作中发现了火情或接到报警后不及时组织救火。

17. 原因行为多元:有时危害结果是由多项原因行为造成的,行为人的不作为虽也是其中的原因行为之一,但却不为主导因素,由此对不作为犯的定性除了应当注意作为义务的具体指向属性,还应注意不作为对于危害结果发生的地位。例如,在案例

---

① 这里的加重犯包括情节加重犯、行为并结果加重犯,以及可以包容某些消极不作为的结果加重犯。具体举例,详见本书分论放火罪(第 89 节段 13)、交通肇事罪(第 89 节段 27、28)、故意伤害罪(第 95 节 A 段 16)的相应阐释。

② 张小虎:《论不纯正不作为犯附于先行行为加重犯的处置》,载《社会科学战线》2017 年第 2 期。

③ 在此,"逃逸"行为可谓是实施了法律禁止行为的作为,此行为规范的意义系刑法规范的间接蕴含(第 10 节段 7);而作为"致死"的原因力,"逃逸"在定罪意义上系"不及时救助被害人"的不作为。

18E-5中,乙并未履行制止甲盗窃实行的作为义务,从而乙的不作为具有盗窃的性质。固然这一不作为也是造成财物被窃的原因之一,不过财物被窃的实行行为是甲的盗窃,乙的不作为只是助长了甲的实行,使甲的盗窃实行易于完成,又由于乙与甲之间并无意思联络,从而乙成立盗窃罪的片面帮助犯。

案例 18E-5:金库保安人员乙发现甲正在盗窃金库,却假装不知而不予制止,致使金库财物被窃。

【思考题】

1. 成立不作为与成立不作为犯之间有何关系?
2. 不纯正不作为犯是否身份犯?
3. 对不纯正不作为犯如何确定罪名?

第19节 结果及因果关系(结果犯之特有要素)

1. 在客观事实要素上,特定构成结果独立于实行行为,系本节内容的主线;因果关系附属于特定构成结果;定量事实系特定构成结果的附论。[①]

一、特定构成结果的概念与特征

(一) 特定构成结果的概念

2. 对于犯罪构成中的结果,我国刑法理论通常谓以"危害结果"或"犯罪结果",大陆法系刑法理论则常称为"行为结果"。而在结果的界说上,我国刑法理论存在"犯罪客体损害"与"物质形态损害"的不同见解,大陆法系刑法理论则存在"法益侵害及其危险"[②]与"行为之外法定结果"[③]的不同见解。

3. 本书提出"特定构成结果"的概念,并赋之以独立的理论机能(形式意义),是与法益侵害结果(实质意义)的相对。具体地说,**特定构成结果**,是指刑法分则予以规

[①] 详见张小虎:《犯罪论的比较与建构(第二版)》,北京大学出版社2014年版,第164页。

[②] 参见〔日〕西田典之:《日本刑法总论》,刘明祥、王昭武译,中国人民大学出版社2007年版,第62页。这是对"构成要件结果"作广义的理解,即结果是行为"对于保护法益"所造成的损害,是"所有犯罪共同的构成要件要素"。这样,结果犯与行为犯的区别只是结果与行为的发生在时间或场合上的隔离。进而,否定行为犯的概念。参见〔日〕山口厚:《刑法总论》,付立庆译,中国人民大学出版社2011年版,第44页。这也意味着"行为本身甚至可被视为结果的一种方式。"参见〔德〕汉斯·海因里希·耶塞克、托马斯·魏根特:《德国刑法教科书》,徐久生译,中国法制出版社2001年版,第319页。

[③] 这是对"构成要件结果"作狭义的理解,即"结果不是行为的组成部分,而是法定构成要件的一个独立特征"。参见〔德〕约翰内斯·韦塞尔斯:《德国刑法总论》,李昌珂译,法律出版社2008年版,第93页。结果犯是"以在外界必须产生一定变动"之结果为必要的犯罪。参见〔日〕大谷实著:《刑法总论》,黎宏译,法律出版社2003年版,第94页。由此,肯定了独立于"行为犯"的"结果犯"的存在,也为刑法因果关系的存在提供了前提。因为只有狭义的结果概念才能提出因果关系问题。参见〔德〕汉斯·海因里希·耶塞克、托马斯·魏根特:《德国刑法教科书》,徐久生译,中国法制出版社2001年版,第319页。

定的、构成要件行为所引起的、作为具体犯罪本体构成之客观事实要素的外界变化。这种外界变化具体表现为特定损害的实际发生或者现实危险,包括有形的物质性的损害结果与无形的非物质性的损害结果。

(二) 特定构成结果的特征

4. 特定构成结果有其独特的蕴含、理论地位,其与法益侵害结果呈相对关系,这就决定了特定构成结果具有如下特征:

5. **特定构成结果的法定性**:特定构成结果是刑法分则所规定的犯罪成立之客观事实要素中的要素。基于刑法分则对各个具体犯罪的规定的不同,有的具体犯罪形态的构成存在特定构成结果的要素,而有的具体犯罪形态的构成则无需特定构成结果的要素。

6. **特定构成结果的因果性**:特定构成结果由构成要件行为所引起,构成要件行为与特定构成结果之间存在着刑法上的因果关系(本节段 11)。

7. **特定构成结果的标志性**:根据某一具体犯罪之基准犯罪构成是否存在特定构成结果要素的不同,既遂犯的对比形态分为行为犯与结果犯、实害犯与危险犯(第 39 节 A 段 1、4、5、12、14)。

8. **特定构成结果的客观性**:特定构成结果是客观存在的事实。不仅实害结果系客观事实,而且危险结果也是一种客观事实(现实危险的事实状态),这与行为人主观上所希望达到的结果(追求的主观目标)是不同的。

9. **特定构成结果的损害性**:特定构成结果是客观存在的损害事实,具体表现为由行为而致外界事物发生的损失、恶害的变化。不过应当注意,特定构成结果的损害性(特定损害事实的评价、客观事实要素的判断)并不等同于社会危害性(犯罪的实质评价、本体构成的综合判断)。①

10. **特定构成结果的多样性**:就理论形态而言,特定构成结果表现为各种类型,诸如直接结果、间接结果、实害结果、危险结果、有形结果、无形结果等;从立法设置来看,不同具体犯罪的特定构成结果也会有所差异;从现实表现来看,特定构成结果在具体案件中的表现更是复杂多样。

二、刑法因果关系的概念与特征

(一) 刑法因果关系的概念

11. 因果关系是行为人承担行为结果之法律后果的客观基础。这里的因果关系依存于犯罪类型性的框架,从而这里的结果是指特定构成结果;同时,也只有行为与结果存在空间与时间的间隙的犯罪形态才有因果关系问题②。

---

① 详见张小虎:《犯罪论的比较与建构(第二版)》,北京大学出版社 2014 年版,第 175 页。
② 也即只在存在因果间隙(causal gap)的犯罪,才有刑法因果关系问题。因为只有这种场合才涉及罪之结果系人之行为所致还是由自然事件造成。由此,美国学者弗莱彻将英美法中的重罪分为两类,即有害结果罪(如杀人罪、放火罪)与有害行为为罪(如强奸罪、盗窃罪),而刑法因果关系问题针对的只是前者。George P. Fletcher, *Basic Concepts Of Criminal Law*, New York: Oxford University Press, 1998, p. 61.

12. 英美法系因果关系理论的通说,是双层次因果关系原理。认为刑法上的因果关系应当分为事实因果关系与法律因果关系两个层次。大陆法系因果关系理论以条件说为基源,又鉴于条件说之判断结论的过于宽泛,从而提出了因果关系中断说、合法则的条件说、原因说、相当因果关系说、客观归责理论等主张,以期限定刑法因果关系的具体范围。我国因果关系理论,针对刑法因果关系之"果"的含义,存在"有形结果""危险结果""犯罪客体损害"等不同见解;而针对因与果的关联程度,又存在"必然因果关系""必然联系主导而偶然联系补充"等不同见解。这些因果关系学说,各有一定的可取之处,实际上均系从不同的角度,对刑法上的因果关系进行一定的限定。①

13. 刑法因果关系并非单纯的因果关系的事实锁链,而是刑法学中一个特定的理论范畴。本书立于归因与归责的分析框架,肯定刑法因果关系之事实上的密切关联与规范上的普通观念支持。**刑法因果关系**,是指构成要件行为与特定构成结果之间所存在的,既有事实归因的基础又能符合规范归责的引起与被引起的关系。

(二) 刑法因果关系的特征

14. **特定性·具体因果**:刑法因果关系是对法定结果承担责任之客观基础,由此"因"系构成要件行为而"果"系特定构成结果;而刑法因果关系的判断是具体的,从而"因"是与结果发生有着相当密切关系的具体案件中的事实行为,"果"是由具体事实行为而致的具体案件中的**事实样态**。例如,在案例 19-1 中,甲乙故意开枪杀人系实行行为,造成丙的死亡系特定构成结果;具体呈现为,甲与乙各开一枪(事实的因),一枪先行命中头部致命及另一枪命中心脏(事实的果);在具体因果判断上,系考究这一"事实的因"与"事实的果"之间的关系。

案例 19-1:甲与乙各自分别对丙实施枪杀行为,其中先行一枪击中丙的头部致命,另一枪击中丙心脏也可致命,但是头部致命的一枪究竟是甲还是乙所开,则并不明确。②

15. **事实性·区别主观**:刑法因果关系是对行为人予以客观归责所需的事实要素。就归责地位而论,要使行为人对结果承担客观责任必须确认刑法因果关系的成立,也即缺乏刑法因果关系就不能将结果归咎于行为人的行为。由此,刑法因果关系的归责不同于对行为人的主观归责。就具体存在而论,刑法因果关系是一种客观事实状态,行为人对因果事实的认识错误,并不影响因果事实的实然。例如,在案例 19-2 中,尽管甲误认为丙系中毒而亡,但这种错误认识并不影响丙之死亡结果与甲之投毒行为之间没有因果关系的事实。

案例 19-2:甲在丙食物中投以足量的毒药意图杀之,丙吃下投毒的食物后在毒药发作前因心肌梗塞而死。

16. **评价性·双重判断**:刑法因果关系是一种事实并规范的评价结论。由于现

---

① 详见张小虎:《刑法因果关系判断标准的反思与重构》,载《人民检察》2019 年第 13 期。
② 〔德〕约翰内斯·韦塞尔斯:《德国刑法总论》,李昌珂译,法律出版社 2008 年版,第 101 页。该案系替代因果关系的适例。

实世界中因果关系的极其复杂,造成结果的原因力样态纷呈且数量繁多。因此,确认刑法因果关系需对相关因果事项予以事实与规范的过滤,从中剖析出具有刑法上的意义的因果事实。这里,不仅行为及结果的具体事象应为刑法所关注的,而且行为与结果之间因果关联的密切程度也需达到刑法要求的程度。从而,要成立刑法因果关系,就因果事项的基本判断而论,须有条件关系并相当关系的因果;而基于原因力的各别独立视角,应以现实充分条件与致果共生关系作为补充。(第19节B段2)

17. **复杂性·复合因果**:刑法因果关系的多因多果是其常态,由此充分彰显出刑法因果关系的复杂性。在行为与结果的因果过程中,常常会有诸多介入因素的作用。这些介入因素可能呈现为人的行为或自然事件、与前因有关或与前因无关等情形。进而,形成了一些原因纵横交错及结果纵横交错的因果关系:实际的复合因果,诸如替代因果关系、重叠因果关系、累积因果关系;可能的复合因果,诸如假设因果关系、超越因果关系;众多原因力相因作用而生结果的因果关系、众多原因力交叉作用而生结果的因果关系等。

三、附论:特定定量情状(分则定量要素)

18. **特定定量情状**,是指刑法规定的、作为某一具体犯罪构成所必需的、实行行为实施的具体情况及其相关的事实状态,具体包括犯罪数额、行为次数、特定情节、其他情状等,其是犯罪定量要素的重要表现,系数额犯、次数犯、情节犯的法定根据。由此,特定定量情状具有刑法分则规定、定量事实因素、情节客观要素的特征。[①]

19. **犯罪数额**:刑法分则将特定的犯罪数额作为某一具体犯罪的构成要素,则这一犯罪数额即为这一具体犯罪的特定定量情状要素。以犯罪数额为基准构成要素的犯罪系数额犯。

20. **行为次数**:刑法分则将特定的行为次数作为某一具体犯罪的构成要素,则这一行为次数即为这一具体犯罪的特定定量情状要素。以行为次数为基准构成要素的犯罪系次数犯。

21. **特定情节**:刑法分则将有关的特定情节作为某一具体犯罪的构成要素,则这一特定情节即为这一具体犯罪的特定定量情状要素。以特定情节为基准构成要素的犯罪系情节犯。

22. **其他情状**:除了犯罪数额、行为次数、特定情节以外,有时刑法分则还将其他有关行为情状作为某一具体犯罪的构成要素,则这一其他情状亦为这一具体犯罪的特定定量情状要素。例如,侮辱罪的"公然"行为、虐待罪的"经常"行为等。

> 思考题

大陆法系刑法理论所称"构成要件结果"的具体含义是什么?

[①] 详见张小虎:《犯罪论的比较与建构(第二版)》,北京大学出版社2014年版,第185—188页。

第 19 节 A　特定构成结果与其他结果形态

一、刑法结果的具体形态

（一）刑法结果的理论分类

1. **直接结果与间接结果**：基于行为与结果关联度的不同的分类。**直接结果**，是指由构成要件行为不经任何中介所引起的外界变化。**间接结果**，是指由构成要件行为所导致的因素再引起的外界变化。刑法结果通常指直接结果，有时也指间接结果。

2. **有形结果与无形结果**：基于刑法结果具体呈现形态的不同的分类。**有形结果**，是指构成要件行为所造成的作为客观事实要素的客观可见的物质性的损害。**无形结果**，是指构成要件行为所造成的作为客观事实要素的不具直接的外在物质形态的损害。

3. **实害结果与危险结果**：基于刑法结果具体形态的不同的分类。**实害结果**，是指由构成要件行为所引起的作为客观事实要素的法定损害，表现为特定损害的实际发生。**危险结果**，是指由构成要件行为所引起的作为客观事实要素的法定损害，表现为特定损害的现实危险（发生相应的实害结果的高度可能性）。

4. **特定构成结果与法益侵害结果**：基于刑法结果具体层次的不同的分类。**特定构成结果**，是指由构成要件行为所引起的作为客观事实要素的法定损害。**法益侵害结果**，是指由构成要件行为所引起的作为说明客观规范要素（法益侵害）的具体损害。

5. **基准罪状结果与加重罪状结果**：基于刑法结果所处不同罪状的分类。**基准罪状结果**，是指由构成要件行为所引起的作为基准犯之客观事实要素的法定损害。**加重罪状结果**，是指构成要件行为所引起的作为加重犯之客观事实要素的法定损害。

6. **故意结果与过失结果**：基于造成结果的不同心态的分类。**故意结果**，是指针对结果的发生持故意心态所造成的结果。**过失结果**，是指针对结果的发生持过失心态所造成的结果。①

（二）刑法结果理论类型的立法表现

7. 我国《刑法》总则有若干条文（第 6、14、15、16、17、18、20、21、24 条）明确规定了"结果"或"造成"某种损害，《刑法》分则也有若干条文直接描述了具体结果形态或者规定了"后果"等。《刑法》这些规定与描述所指的结果形态，包括了上文所说的刑法结果理论类型的各种情形。

（三）我国《刑法》上实害结果的具体表现

8. 实害结果是刑法上结果的重要表现形态，其可以存在于各种犯罪形态中，具体地说：**（1）行为犯的加重罪状结果**，如我国《刑法》第 121 条所规定的"致人重伤、死亡或者使航空器遭受严重破坏"。**（2）危险犯的加重罪状结果**，如我国《刑法》第 115

---

① 详见张小虎：《犯罪论的比较与建构（第二版）》，北京大学出版社 2014 年版，第 167—168 页。

条第 1 款所规定的"致人重伤、死亡或者使公私财产遭受重大损失"。**(3) 实害犯的基准罪状结果**,如我国《刑法》第 147 条所规定的"使生产遭受较大损失"。**(4) 实害犯的加重罪状结果**,如我国《刑法》第 234 条第 2 款所规定的"致人重伤""致人死亡""致人重伤造成严重残疾"。**(5) 过失犯的基准罪状结果**,如我国《刑法》第 233 条所规定的"致人死亡"。**(6) 过失犯的加重罪状结果**,如我国《刑法》第 136 第后段所规定的特别严重"后果"。**(7) 故意犯的基准罪状结果**,如我国《刑法》第 232 条所规定的"致人死亡"。**(8) 故意犯的加重罪状结果**,如我国《刑法》第 234 条的"致人重伤"。**(9) 其他某些法定结果**,如第 24 条所规定的"结果""损害"。

二、特定构成结果与法益侵害结果

9. 在犯罪成立中,存在特定构成结果、法益侵害、严重危害的要素,而法益侵害结果与严重危害结果分别可以成为客观规范要素与严重危害具备的表现形态;并且,在刑法结果的理论类型中,特定构成结果与法益侵害结果相对,前者依存客观事实要素,后者展示客观规范要素。①

(一) 特定构成结果与法益侵害结果的相似之处

10. 两者均可表现为实害结果与危险结果。尤其是,两者均有一定的法定性,特定构成结果主要由刑法分则予以规定,具体犯罪的法益侵害亦由刑法予以规定(第 22 节段 2)。而在法益侵害结果由刑法分则设定为具体犯罪的构成要素时,法益侵害结果即为特定构成结果。②

(二) 特定构成结果与法益侵害结果的主要区别

11. **形式意义与价值意义**:特定构成结果属于犯罪之本体构成的客观事实要素,具体内容广泛多样,侧重形式意义的呈现。例如,故意杀人罪的特定构成结果"造成他人死亡",破坏交通工具罪的特定构成结果"造成足以使火车、汽车、电车、船只、航空器发生倾覆或者毁坏危险的现实状态"。不过,有时特定构成结果也表现出一定的价值意义。例如,签订、履行合同失职被骗罪的特定构成结果"致使国家利益遭受重大损失"。而法益侵害结果属于法益侵害的最终状态表现,依附于法益侵害,侧重价值内容的表现。例如,故意杀人罪的法益侵害结果"他人的生命权利遭到损害",破坏交通工具罪的法益侵害结果"交通运输安全遭到损害"。

12. **犯罪成立地位**:特定构成结果属于客观事实要素中的一项要素。缺乏特定构成结果,根据具体情形的不同,可以是不构成犯罪,或者构成犯罪未遂,或者缺乏加重犯罪构成。特定构成结果具有区分危险犯与实害犯、行为犯与结果犯、基准犯与结果加重犯的理论机能。法益侵害结果依附于法益侵害,而法益侵害是犯罪之本体构成的客观规范要素。没有法益侵害就不构成犯罪,而法益侵害结果的情形不同,成立的犯罪形态也有既遂与未遂的差异。法益侵害结果的实际损害与现实危险,可以成

---

① 详见张小虎:《犯罪论的比较与建构(第二版)》,北京大学出版社 2014 年版,第 170—171 页。
② 详见同上书,第 172 页。

为犯罪的完成形态与未完成形态的标志之一。

13. **犯罪形态差异**：特定构成结果只是结果犯与结果加重犯的构成要素，而法益侵害结果是任何犯罪成立的必然体现，同时特定构成结果在行为犯、结果犯、危险犯、实害犯中，也有着不同表现：行为犯的构成要素中并无特定构成结果的要素，结果犯的构成要素中存在特定构成结果的要素，危险犯的特定构成结果要素表现为危险结果，实害犯的特定构成结果要素表现为实害结果。见图 19A-1。

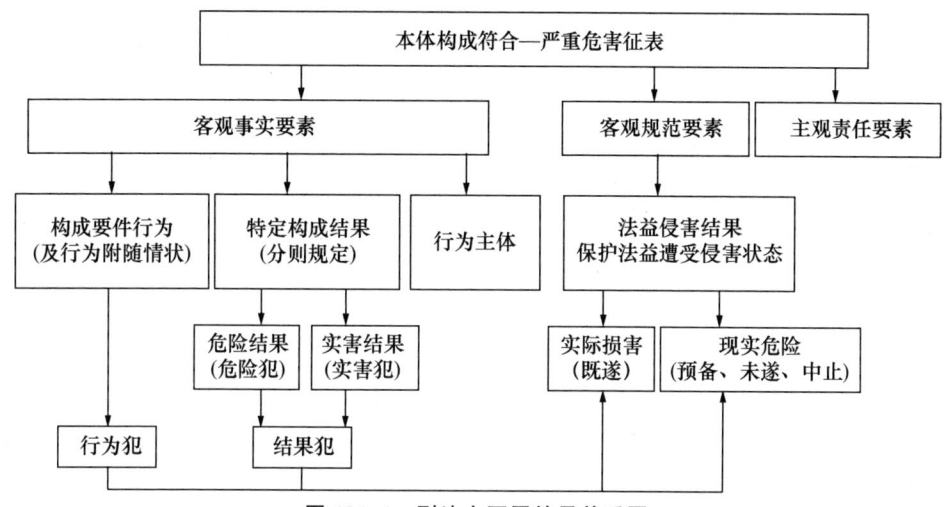

图 19A-1　刑法上不同结果关系图

三、法益侵害与法益侵害结果的区别

14. 法益侵害表明构成要件行为对于法益的侵袭与损害，侧重阐明这种侵害的存在以及遭受侵害法益的性质，而不强调对于法益侵害所达至的最终程度与状态；法益侵害结果强调构成要件行为侵害法益所达至的最终程度与状态，而不只是表明构成要件行为对于法益的侵害本身以及遭受侵害的法益。当然，法益侵害结果是法益侵害的一种重要征表。

四、严重危害性与严重危害结果的区别

15. 严重危害阻却缺乏，也即严重危害性具备，属于犯罪成立的第二层次要件，是对犯罪成立各项要素的本质评价（第 16 节段 1）。而严重危害结果，是指严重危害的最终程度与状态，属于严重危害性的表征之一，但不是全部。在刑法分则的具体犯罪将某种严重危害结果规定为犯罪成立的要素时，这种严重危害结果即为特定构成结果（第 19 节段 3、10）。

特定构成结果与法益侵害结果在不同的犯罪形态中各有何种地位？

第19节 B 刑法因果关系的判断及类型

一、刑法因果关系判断的基本脉络

1. 刑法因果关系之"因"与"果"的作用机制呈现"相因"与"交叉"两项基本脉络,因果作用状态及其焦点问题不同,刑法因果关系的判断标准也会有所差异:(1) **相因因果作用**,是指众多原因力(A、B、C)相因作用而造成最终结果(X)的因果关联,其作用模型是"A→B→C→X";问题的焦点是,如何确定在"A→B→C→X"中 A 与 X 之间具有法律上的因果关系;(2) **交叉因果作用**,是指众原因力(A、B、C)交叉作用而造成最终结果(X)的因果关联,其作用模型是"A→X,B→X,C→X";问题的焦点是,确定在"A→X,B→X,C→X"中究竟 A、B、C 谁与 X 具有法律上的因果关系。①

2. 刑法因果关系判断的最终结论,是要从由行为至结果的事实因果锁链中,滤析出应当对结果承担法律责任的行为。由此,基于**事实归因**搅定因果事实范围(第一阶段),进而基于**规范归责**限定因果责任范围(第二阶段),这理应成为刑法因果关系判断的总体逻辑路径。由事实归因到规范归责,是一个纵横交错的考察与判断过程,包括相因因果作用以及交叉因果作用。其中,事实归因的判断标准是**现实条件关系**,即"以必要条件关系为原则、以现实充分条件关系为补充";规范归责的判断标准是**相对相当关系**,即"以相当关系为原则、以致果共生关系为补充"。这里的"补充",意指其是专门针对交叉因果作用场合而适用。

二、刑法因果关系的基本判断

(一) 事实归因的基本判断

3. 事实归因判断的基本标准是**必要条件关系**。凡是具有构成要件行为特征的、增加特定构成结果(X)之发生危险的行为事实(A),并且在事件的进程中要使 X 得以发生不能没有 A,则 A 即可成为造成 X 的原因事实。在此,对于 X 之发生来说不能缺位的每项条件事实均为 A(等值性);其实质是 A 行为增加了既存状态的危险,或者 A 行为创设了一个新的危险状态。由此,必要条件关系的判断公式是:非 A 则非 X。例如,在案例 19B-1 中,非 A 及非 B(甲及乙不投毒)则非 X(没有丙中毒而亡),从而 A 行为和 B 行为与 X 结果之间均有条件关系。但是,如果没有 A 的情况下 X 也会发生,那么 A 与 X 之间的这种条件关系就应被否定。例如,在案例 19B-2 中,经查,如果甲不违法超车,X 之结果也同样会发生,则甲之违法超车行为(A)与乙之死亡结果(X)之间没有因果关系。② 这一条件关系判断公式在**不作为犯**中也是一样的,其中"A"系"不作为"或"违反作为义务",由此"非 A"也可表述为"履行作为义务"。例

---

① 详见张小虎:《刑法因果关系判断标准的反思与重构》,载《人民检察》2019 年第 13 期。
② 该案也被视作是**假设因果关系**的典型适例。本书认为,该案并非假设因果关系的适例。因为 B 并非假设原因而是实际发生的原因;又因为没有 A,X 也会发生,从而 A 与 X 之间没有条件关系。详见同上。

如,在案例 19B-3 中,如果甲不是不予施救(非 A)则其子不致溺亡(非 X),从而 A(甲不予施救)与 X(子溺水而亡)之间存在条件关系。①

案例 19B-1:甲在丙的食物中投以毒药但不致死(A),乙也在丙的食物中投以毒药且不致死(B),但是丙食用了甲与乙的毒食造成死亡(X)。

案例 19B-2:甲违反交通法规驾车超行(A)骑行者乙,乙因醉酒意识障碍而左拐(B),结果被卷入汽车后轮死亡(X)。②

案例 19B-3:甲携子游泳,子误入深水区危及生命,甲不予施救(A)致其子溺水而亡(X)。

(二)规范归责的基本判断

4. 规范归责判断的基本标准是**相当关系**。相当关系判断,是对 A 与 X 之间的事实关系予以规范性的过滤,由此层析出其中可被归咎的原因行为部分。具体地说,这一判断,应以行为时的客观情况为据,遵循普通理智人之一般生活经验与社会观念;据此如果能够获得如下结论,即 X 结果是 A 行为的合乎事件之生活常态发展规律的当然结局,则 A 与 X 之间存在相当关系;反之,事先不能被普通理智人据其生活经验预测的事件过程,相当关系就不能成立,进而也就不能成为刑法因果关系。**正例**,如在案例 19B-4 中,A 与 X 之间不仅存在必要条件关系,而且也存在相当关系。显然,A 增加了 X 发生的危险,A 行为造成 X 结果是普通人依生活经验可以预测的。由此,A 与 X 之间存在刑法因果关系。**反例**,如在案例 19B-5 中,对于 X 的发生而言,A 行为是必要的,从而 A 与 X 之间存在必要条件关系。但是,X 结果并非是 A 行为发展的一般进程,从而 A 与 X 之间没有相当关系,由此 A 与 X 之间不存在刑法上的因果关系。

案例 19B-4:甲在人行道上设置阻拦物(A),致丙不得不徒步于机动车道,从而发生车祸(B)致丙身亡(X)。

案例 19B-5:甲驭马车时走错路线(A),致乘客丙遭受雷击(B)而死(X),经查马车不走错路线,乘客就无遭受雷击的可能。

三、刑法因果关系的特别判断

(一)事实归因的特别判断

5. 事实归因判断的补充标准是**现实充分条件关系**。在交叉因果作用的场合,结果(X)的形成是多个并不相因的原因力(A、B、C)平行并轨作用所致。在此,对于 X 的发生来说,A、B、C 未必是必要的,但其中的某个或每个都是充分的。例如,在案例 19B-6 中,对于 X 的死亡来说,A 与 B 即为并非均是必要的但却都是充分的。显然,事实归因的判断结论不能将 A 与 B 遗漏,因而在此场合应以现实充分条件关系作为补充标准。具体地说:

---

① 详见张小虎:《刑法因果关系判断标准的反思与重构》,载《人民检察》2019 年第 13 期。

② 〔德〕克劳斯·罗克辛:《德国最高法院判例刑法总论》,何庆仁等译,中国人民大学出版社 2012 年版,第 11 页。

6. 存在"现实"关联：事实归因又是由"现实关联"与"归因关系"这两项要素构成的。其中，"现实关联"又是"归因关系"的基础。由于必要条件关系公式"非 A 则非 X"的否定表述本身即含有"现实关联"的意义，从而对之的阐释无需特别强调；但是，在"充分条件关系"的含义中却未必具有"现实关联"的意义，从而在此对之应予特别强调。假设因果关系即缺乏这种"现实关联"。例如，在案例 19B-7 中，尽管 A 行为即将发生并足以独立造成 X，但是其最终毕竟没有发生，从而 A 与 X 之间并没有现实上的关联。显然，如果行为与结果之间缺乏现实上的关联，就不能将结果的发生归咎于该行为。

7. 存在"充分"关系：充分条件关系的判断公式是："只要 A 则 X"。这一判断标准，尤其能够解决类似案例 19B-6 的累积因果关系判断中的困境。在该案中，A 与 B 各自均独立足致 X，由此非 A 也有 X 而非 B 也有 X，进而单纯地按照必要条件关系公式，似可否定 A、B 与 X 之间的条件关系，这样似乎也就可以否定 A、B 与 X 之间的刑法因果关系了，如此结论显然有违事实逻辑。而按照这里的充分条件关系判断公式，因 A 与 B 各自均独立足致 X，且 A 与 B 对 X 已有事实作用，从而 A 与 B 的事实归因成立。这一充分条件关系判断公式，也同样适用于类似案例 19B-8 的超越因果关系的判断。不过，在案例 19B-6 与案例 19B-8 中，虽可肯定 A 与 B 的事实归因成立，但未必其规范归责也成立。由于 B 的介入而致 X 发生系普通人所难以预测的异常，从而 A 与 X 之间缺乏相当关系，进而 A 与 X 之间也就没有刑法因果关系。①

案例 19B-6：甲在丙的食物中投以足量致死的毒药（A），丙食用后毒药产生一定效用但尚未致死（X1），此时乙开枪（B）将丙打死（X）。

案例 19B-7：死刑犯丙即将被处死，在行刑官即将摁下死刑开关之际（A），被害人的父亲为了向死刑犯复仇而自己抢先摁下了开关（B），由此处死了（X）死刑犯。②

案例 19B-8：甲欲杀丙故在丙的食物中投以足量毒药（A），丙食后在毒药药性发作前出门，恰遇车祸（B），被汽车撞死（X）。

（二）规范归责的特别判断

8. 规范归责判断的补充标准是致果共生关系。在交叉关系的场合，多个并不相因的原因力（A、B、C）在对结果（X）的作用关系，呈现为平行并列的作用样态，而不是单一锁链上的相因作用。因此，对 X 的发生来说，关键的是 A、B、C 各自的作用份额问题，而不是各自距离 X 的远近问题。可见，在此场合，不只是需要"针对结果的同一序列上的、各种原因力是否符合生活常态作用于结果的"相当关系的判断，而且还需要"针对结果的不同序列上的、各种原因力是否具有合力性作用于结果的"致果共生关系的判断。因此，在交叉因果作用的场合，虽然 A 或 B 与 X 之间缺乏相当关系，但是如果原因力 A 或 B 符合"致果共生关系"，则 A 与 B 对 X 结果的规范归责也可成立。致果共生关系的判断公式是：非 A 与 B 的互补直接作用则非 X。在此，A 与 B 均

---

① 详见张小虎：《刑法因果关系判断标准的反思与重构》，载《人民检察》2019 年第 13 期。
② 参见〔日〕野村稔：《刑法总论》，全理其、何力译，法律出版社 2001 年版，第 139 页。

系构成要件行为；A 与 B 对 X 来说均缺一不可；A 与 B 互补融合作用造成 X；A 与 B 对于 X 均系直接作用。

9. 基于致果共生关系的判断标准，诸多特殊事态的因果关系均可得到符合事实逻辑的结论：**(1) 在重叠因果关系**（案例 19B-1，本节段 3）中，尽管基于相当关系的缺乏而对 A 与 B 似不能予以规范归责，但是 X 结果系 A 与 B 互补作用所致，同时 X 也是 A 与 B 的直接作用所致，从而 A 与 B 的规范归责得以例外性地成立，A、B 与 X 之间存在刑法因果关系。**(2) 在累积因果关系**（案例 19B-6，本节段 7）中，基于 B 的异常介入而致 A 与 X 之间缺乏相当关系；并且，X 系 B 独立作用所致，A 对 X 虽也有作用但没有 A 而 X 也可发生，从而 A 与 X 之间的关系并不适用致果共生关系的判断标准，因此 A 与 X 之间相当关系的缺乏不能被例外性地排除。**(3) 对于超越因果关系**（案例 19B-8，本节段 7）中的 A 与 X 之间的规范归责的判断，其判断的逻辑路径及最终结果，与上述累积因果关系（案例 19B-6，本节段 7）中对 A 与 X 之间规范归责的判断是一样的。**(4) 至于假设因果关系**（案例 19B-7，本节段 7）中的 A 与 X 之间的因果关系问题，由于 A 并未现实地发生，从而其事实归因即未成立，也就无需进一步论及其规范归责问题。[①]

四、刑法因果关系判断中的概念界分

（一）相当关系判断、因果关系中断及因果关系断绝

10. 出于对刑法因果关系的归责范围的限制，刑法理论也提出了因果关系中断及因果关系断绝的概念，而在这两个概念的具体界说上，又有诸多不同的见解，并且涉及其与相当关系判断的关系。应当说，相当关系判断、因果关系中断及因果关系断绝，这三个概念均是在条件说的基础上，为了具体限定刑法因果关系的范围而建构的理论工具，但是它们却有着不同的具体含义与技术架构。**相当关系**，是在条件关系框架之外对条件关系的范围予以缩限，并且具有揭示刑法因果关系中的归责的意义；**因果关系中断**[②]，是对"在 A 对因果关系推进中，基于 B 而致 A 对 X 的原因力中断"这一评价的理论阐释；**因果关系断绝**[③]，是为了解决超越因果关系的问题，对"在 B 完全替代了 A 时，A 与 X 没有因果关系"的阐释。由此可见，因果关系中断与因果关系断绝的理论聚焦，只是对条件关系的范围作了否定性的限定，但却缺乏对行为归责的明确的肯定性评价；同时，其对介入事实为何得以中断或断绝刑法因果关系也缺乏具体的理论归纳；并且，它们对限定刑法因果关系范围的理论功能，完全可以通过相当关系的判断得以实现。具体地说：

[①] 详见张小虎：《刑法因果关系判断标准的反思与重构》，载《人民检察》2019 年第 13 期。

[②] **因果关系中断**，是指在以 X 为指向的 A 之原因作用的进程中，尽管 A 对 X 已产生一定的效力，但是在 X 发生之前，由于介入了异常的独立的另一原因力（B），并且由 B 独立地造成了 X 的发生，则 A 与 X 之间的因果历程被阻断，A 与 X 没有刑法因果关系的情形。

[③] **因果关系断绝**，是指某一既已发生的侵害行为（A）足以独立造成结果（X）的发生，在该侵害行为对同一结果（X）产生效力之前，由于另一与 A 并不相关的独立原因力（B）的异常介入而独立造成同样结果（X），则介入因素 B 致使 A 与 X 之间的条件关系断绝。

11. 存在因果关系中断的情形也都缺乏相当关系:因果关系中断强调,介入因素 B 的异常介入而致 A 与 X 之间的因果关系中断,而这种"异常介入"在相当关系的判断标准来说,也是普通人按一般社会生活经验所不可预测的。例如,在案例 19B-6(本节段 7)中,立于因果关系中断的视角,在由甲的 A 行为向丙的死亡(X)的进程中,乙的 B 行为的介入是异常的,并且 B 行为独立造成了丙的死亡(X),从而 B 行为中断了 A 与 X 之间的因果进程;而立于相当关系判断的视角,虽然甲的 A 行为也足以独立造成丙的死亡,但是在丙被 A 行为毒死前却被他人先用枪打死(X),这是普通人按一般社会经验所难以预测的,因此 A 与 X 之间也缺乏相当关系。

12. 缺乏相当关系的未必符合因果关系中断:因果关系中断强调交叉因果作用中的否定性判断,但是在相因因果作用中也需对条件关系的判断予以限定,而只有相当关系的判断能够体现这一功能。例如,在案例 19B-9 中,虽然也是伤口感染(B)而独立地造成了丙的死亡(X),以及治疗中伤口感染的出现(B 的介入)具有异常性,但是 B 的介入与 A 的存在具有相因关系,因此 A 与 X 之间的因果关系判断不适用因果关系中断的概念,从而不能基于因果关系中断而得出 A 与 X 之间缺乏刑法因果关系的结论。反之,立于相当关系的判断,因为 B 的异常介入而造成了 X,也即由甲的伤害行为(A)发展至丙术后因伤口感染而死(X),这并不符合事件正常发展过程,从而 A 与 X 之间也就缺乏相当关系。①

案例 19B-9:甲伤害丙致其重伤(A),丙住院手术治疗术后伤口感染(B),不治身亡(X)。

(二) 相当关系判断与合法则条件判断的区别

13. 尽管两者的判断均有将日常经验法则作为根据而适用,均是对条件关系的范围予以进一步的限定;然而两者的判断在归因与归责、自然与社会、事实与规范等理论架构的本位上,却有着本质的差异。

14. **合法则条件的判断**,是在条件关系的框架之内对条件关系予以合法则的限定,其强调符合自然科学法则的行为与结果之间的因果关联,在此因果关系只是一个事实归因的问题。这种判断规则给人以因果关系的判断是在进行"因果事实鉴定"之感,即是一种基于自然科学根据的事实鉴定。与此不同,**相当关系的判断**,是在条件关系的框架之外对条件关系予以合乎社会生活常态的限定,其强调刑法因果关系的成立,除符合条件关系外尚需符合普通人的认知能力,在此因果关系还是法律归责的问题。这其中包含了普通人的有关因果关系的一般社会观念的成分,即相当关系的限定是一种带有规范成分的因果限定。而从判断的结论来说,合法则条件判断的基本根据是自然科学因果法则,而相当关系判断的依据只是普通人的生活经验法则。由此,两者在某些因果事项上的判断结论也有所不同。如案例 19B-10,对于这种存在被害人特殊体质场合的因果判断;该案如依合法则条件判断,A 行为造成 X 结果是合

---

① 详见张小虎:《刑法因果关系判断标准的反思与重构》,载《人民检察》2019 年第 13 期;张小虎:《论刑法上典型异样因果形态的因果关系特别判断》,载《学术月刊》2017 年第 11 期。

乎自然法则的,从而能够得到肯定结论;然而如依相当关系判断,A 行为造成 X 结果是普通人所难以预料的,从而最终的因果结论是否定的。①

案例 19B-10:甲一般性地击打乙的腹部(A),然而因乙患先天性脾脏肿大(B),而致脾脏破裂造成乙死亡(X)。

五、刑法因果关系的类型

(一)因果关系普通类型

15. 凡是符合刑法因果关系的事实形态与规范评价之特征的,均系刑法因果关系。由此,根据原因行为形式、因果联系程度等的不同,刑法因果关系可以分为:

16. **不作为犯因果关系与作为犯因果关系**:前者是指不作为行为与特定构成结果之间所存在的引起与被引起的联系,即行为人当为而不为,由此引起结果的发生;后者是指作为行为与特定构成结果之间所存在的引起与被引起的联系,这是刑法因果关系中常见的一种类型。

17. **故意行为因果关系与过失行为因果关系**:前者是指故意行为与特定构成结果之间所存在的引起与被引起的联系,后者是指过失行为与特定构成结果之间所存在的引起与被引起的联系。

18. **必然因果关系与偶然因果关系**:前者是指实行行为与特定构成结果之间所存在的、内在的、必然的、合乎规律的引起与被引起的联系;后者是指在作为原因的实行行为(A)实施与推进的发展过程中,由于介入了其他因素(B),基于这一介因素的作用而合乎规律地产生了特定构成结果(X),在此场合的 A 与 X 之间的引起与被引起的关系。在偶然因果关系中,A 与 X 之间呈现出偶然的引起与被引起的关系;偶然因果关系是巧遇介入因素(B),而 B 与 A 存在相因关系。不过,应当注意,偶然因果关系并不等同于间接因果关系。例如,在案例 19B-11 中,A 与 X 之间虽系间接因果关系,但非偶然因果关系。偶然因果关系能否成立刑法因果关系,关键还在于 B 的介入是否符合相当关系。②

案例 19B-11:A 放火延烧,由此 B 造隔火带,而致 X 损害后果。

(二)复合因果关系之一:实际复合行为因果关系

19. 即数个行为(A、B……)实际作用并造成结果(X),或实际发生的数个行为(A、B……)针对并造成结果(X);其核心议题是,在致果侵害人不明或者具体侵害份额不明的场合,如何判断因果关系。具体包括:

20. **替代因果关系**,也称择一因果关系、潜在因果关系、因果关系推定,是指行为人相互间在缺乏意思联络的场合,原本由于他人行为造成某种结果的发生,行为人虽也实施了足以造成结果的行为但只是潜在原因,在特定条件下行为人的行为也作为结果的原因而被归责的情况。如案例 19B-12。一般场合,对替代因果关系归责应予

---

① 详见张小虎:《刑法因果关系判断标准的反思与重构》,载《人民检察》2019 年第 13 期。
② 详见张小虎:《犯罪论的比较与建构(第二版)》,北京大学出版社 2014 年版,第 183 页。

否定,但是对造成他人死亡或重伤的结果,或者对所犯之罪的法定刑为 10 年以上的情形,应当肯定替代因果关系的归责。①

案例 19B-12:甲与乙各自试图枪杀丙,分别同时对丙开枪,结果只有一人命中而致丙死亡,但是究竟是谁命中的则无法确认。

21. **重叠因果关系**,又称共同因果关系,是指数个行为在缺乏意思联络的场合,相互重合叠加在一起造成同一结果的发生,每个行为均不足以造成该结果,也无法查明每个行为引发结果的具体份额的因果关系形态。如案例 19B-1(本节段 3)。

22. **累积因果关系**,也称聚合因果关系,是指数个行为在缺乏意思联络的场合,分别造成同一损害结果的发生,并且每个行为均足以造成相同结果的发生。如案例 19B-6(本节段 7)。②

(三) 复合因果关系之二:可能复合行为因果关系

23. 即数个行为(A、B……)可能作用并造成结果(X),或可能发生的数个行为(A、B……)针对并造成结果(X);其核心议题是,在行为可能作用却尚未作用或者行为可能发生却尚未发生的场合,如何判断因果关系。具体包括:

24. **超越因果关系**,是指某一既已发生的侵害行为(A)足以独立造成结果(X)的发生,在该侵害行为对同一结果(X)产生效力之前,由于另一与 A 并不相关的独立原因力(B)的异常介入而独立造成同样结果(X)的情形。在此,B 系超越原因。如案例 19B-8(本节段 7)。

25. **假设因果关系**,是指某一即将发生的原因力(A)足以独立造成结果(X)的发生,在该原因力发生之前,由于另一与 A 并不相关的侵害行为(B)的异常介入,独立造成同样结果(X)的情形。在此,即将发生但尚未发生的 A 系假设原因,介入原因力(B)阻止了其对 X 的发生与效力。如案例 19B-7(本节段 7)。③

(四) 其他因果关系类型

26. **疫学因果关系**,是指在一些公害犯罪中,行为(A)至结果(X)的发展过程不能为科学所全部证明,但是如果根据疫学的方法 A 至 X 的进程能够被证明,并且其证明的程度没有超出合理怀疑的限度,则可以肯定 A 与 X 之间必要条件关系的成立。在此,所谓疫学证明,是强调在疾病发生机理的证明中,根据"疫学四原则"认定某种因子与疾病之间存在因果关系。④ 将这种证明方法引入刑法因果关系判断意味着,是否可以根据大量的统计观察所认定的集团因果关系(一般因的存在),认定刑法上的个别因果关系(个别因的存在)。这是以统计学的规律为基础来认定刑法因果关系,从而与基于社会观念的相当关系判断存在重要区别。

27. **不作为因果关系**也是刑法因果关系的重要议题。不作为主要表现为消极行

---

① 详见张小虎:《论刑法替代因果关系的归责:理论基奠与事实根据》,载《政治与法律》2019 年第 9 期。
② 详见张小虎:《论刑法上典型异样因果形态的因果关系特别判断》,载《学术月刊》2017 年第 11 期;张小虎:《刑法因果关系判断标准的反思与重构》,载《人民检察》2019 年第 13 期。
③ 详见张小虎:《论刑法上典型异样因果形态的因果关系特别判断》,载《学术月刊》2017 年第 11 期。
④ 〔日〕野村稔:《刑法总论》,全理其、何力译,法律出版社 2001 年版,第 143 页。

为(身体静止),缺乏身体活动,由此,不作为对于外界变化的影响以及不作为的原因力就成为问题。对此,主要存在完全否定说、基本否定说、基本肯定说的不同见解。本书肯定不作为因果关系的存在,这一因果关系表现为,基于刑法的规定行为人当为而不为,从而造成特定构成结果。不应以作为因果关系的标准来判定不作为因果关系。应当肯定作为与不作为是有差异的,也正因为此,刑法才有以处罚作为为原则以处罚不作为为例外。①

思考题

1. 本书案例 19-1(第 19 节段 14)属于何种因果关系?应当如何处理?
2. 偶然因果关系与间接因果关系的关系是什么?

第 20 节 行为主体(行为犯与结果犯之共有要素)

1. **行为主体**,是指刑法规定的、实施构成要件行为、具有责任能力的自然人或者单位。包括自然人主体、特定身份、单位主体等要素。应当注意,作为客观事实要素的行为主体,并不特别评价行为人的责任能力。因为这里的行为主体是犯罪成立的类型性要素,具有责任能力是行为人的常态(意志自由的理性人)。由此,责任能力的地位在于,针对具体行为人因其缺乏责任能力而阻却责任(第 32 节段 5-7)。

一、自然人主体的概念与类型

(一) 自然人主体的概念

2. **自然人主体**,是指刑法规定的、实施构成要件行为、具有责任能力的自然人。**自然人**,是指有血肉组织有生命存在的独立的人类个体。自然人的生命始于出生,终于死亡。

3. 对于出生与死亡的标志,刑法理论上见解不一。我国刑法界通常认为,出生,即胎儿从母体分离出来能够独立进行呼吸;死亡,即心脏不可逆转地停止跳动。

4. 任何公民生命的价值在法律上都是平等的,生命的存在是自然人成立的重要条件之一。物品、动物、尸体等均不能成为行为主体。②

(二) 自然人主体的类型

5. 基于刑法对犯罪的自然人主体身份要求的不同,刑法理论通常将自然人主体分为一般主体与特殊主体。

6. **一般主体**,是指刑法规定的、实施构成要件行为、具备责任能力的自然人。一般主体具有主体资格的普遍特征:为刑法所规定;实施构成要件行为;具备责任能力;

---

① 详见张小虎:《犯罪论的比较与建构(第二版)》,北京大学出版社 2014 年版,第 136—141、184 页。
② 详见同上书,第 194—195 页。

呈现为自然人。

7. **特殊主体**,是指实施构成要件行为、具备责任能力、并具有刑法所规定的特定身份的自然人。特殊主体具有主体资格的普遍特征:为刑法所规定;实施构成要件行为;具备责任能力;呈现为自然人。此外,特殊主体还具有自身独特的地位资格要素:特定身份。

二、身份犯

(一) 特定身份的概念

8. **身份**,是指自身所处的地位。[①] 刑法意义上的**特定身份**,是指行为人实施犯罪行为时已具有的、刑法所规定的、对于定罪或者量刑有着决定意义的地位及资格。应当注意:

9. **分则身份**:刑法上的特定身份,主要是指分则针对具体犯罪所特别规定的主体地位,其是身份犯的构成要素(本节段7)。因此,某些总则规定的身份,诸如未成年人(第17条第3款)、精神病人(第18条第3款)、聋哑人(第19条)等,并不属于身份犯的身份,不能将因这些要素而影响处刑轻重的具体犯罪称为不纯正身份犯。

10. **行为时身份**:特定身份是行为人实施犯罪行为时已具有的刑法上的身份。实施犯罪行为后,或者因犯罪行为的实施而形成的对于定罪量刑有着决定意义的地位及资格,不属于特定身份。我国《刑法》总则规定的累犯、自首犯,分则规定的首要分子、积极参加者,以及作为自然人犯罪的主管人员或直接责任人员等[②],均不属于这里所说的特定身份。

(二) 特定身份的分类

11. 根据身份在定罪或处刑中地位的不同,特定身份分为:**定罪身份**(身份系基准罪状的要素)、**量刑身份**(身份系刑罚轻重的要素)、**自然身份**(身份系由自然事实形成)、**法定身份**(身份系由法律事实形成)、**积极身份**(身份促成行为成立犯罪或受到处罚)、**消极身份**(身份阻却行为成立犯罪或受到处罚)。[③]

12. 刑法分则条文对特定身份要素的规定,通常表现为归入描述的形式(即正面规定某种特定身份系本罪的构成要素)。不过,有时在强调身份系犯罪界分的标志时,刑法分则条文对特定身份要素的规定,也可表现为排除描述的形式(即特别阐明如果具备某种特定身份则按他罪定罪处刑)。例如我国《刑法》第272条第2款。[④]

(三) 身份犯的概念与分类

13. 以特定身份论主体资格,则拥有特定身份的行为人为特殊主体;倘若以特定身份论犯罪类型,则由特殊主体所成立的犯罪为身份犯。**身份犯**,是指刑法所规定的、以行为人实施犯罪行为时已具有的特定身份作为定罪(基准罪状)或者处刑(刑

[①] 参见《现代汉语词典(第5版)》,商务印书馆2005年版,第1208页。
[②] 详见张小虎:《犯罪论的比较与建构(第二版)》,北京大学出版社2014年版,第221页。
[③] 详见同上书,第196页。
[④] 详见同上书,第197页。

罚轻重)的主体要素的犯罪。身份犯包括纯正身份犯与不纯正身份犯。

14. 对于纯正身份犯与不纯正身份犯的界说,刑法理论存在不同的见解。对此,本书认为,应以特定身份在犯罪构成中的地位为标准,具体界分纯正身份犯与不纯正身份犯。犯罪构成是具体犯罪的定型与轮廓,犯罪构成的各项要素是具体犯罪形态界分的标志。某一具体犯罪构成以特定身份为要素的,则这一具体犯罪就是纯正身份犯;某种特定身份只是法定处刑轻重的根据,则这一具体犯罪就是不纯正身份犯。在某些场合,无身份者也可单独实行纯正身份犯的实行行为(本节段15),只是由于缺乏特定身份的缘故对其不能按纯正身份犯之罪定性。

15. **纯正身份犯**,又称真正身份犯,是指刑法所规定的、以行为人实施犯罪行为时已具有的特定身份作为定罪(基准犯罪构成)的主体要素的犯罪。纯正身份犯,有无特定身份决定了本罪的具体犯罪的定性。例如,我国《刑法》第399条第3款所规定的执行判决、裁定滥用职权罪,以"负有判决、裁定执行职责的司法工作人员"这一特定身份作为该罪基准犯罪构成的主体要素;第253条所规定的私自开拆、隐匿、毁弃邮件、电报罪,尽管无特定身份者也可单独实行,但是由于该罪主体要素系"邮政工作人员"从而是纯正身份犯。同样,第260条虐待罪、第260条之一虐待被监护、看护人罪等也是纯正身份犯。

16. **不纯正身份犯**,又称不真正身份犯,是指刑法所规定的、以行为人实施犯罪行为时已具有的特定身份作为处刑(刑罚轻重)的主体要素的犯罪。不纯正身份犯,有无特定身份仅仅决定了本罪处刑的轻重。例如,我国《刑法》第349条所规定的包庇毒品犯罪分子罪,作为该罪基准犯罪构成的主体要素是一般主体而无需特定身份,但是具有"缉毒人员或者其他国家机关工作人员"特定身份的人犯该罪则从重处罚。

三、单位犯罪的理论学说及立法状况

17. **单位主体**,是指实施刑法规定的单位犯罪的构成要件行为、具备责任能力的单位。我国《刑法》针对"法人犯罪"采用了"单位犯罪"的表述,在此,"单位"的外延略大于"法人"的外延(本节段22)。

(一) 法人犯罪能力的理论争议

18. 法人的犯罪能力,涉及有关法人本质的认识,对此国外刑法理论存在否定说、肯定说、拟制说、实体说的不同见解。我国刑法理论对法人犯罪能力也存在否定论与肯定论的不同见解。应当说,在结构属性上,法人与自然人确有区别,两者有着不同的意思表示和行为方式,试图完全以传统的针对自然人犯罪的刑法理论来解读法人犯罪,难免遇到困难。关键是如何在立法与司法实际的基础上,构建合理的法人犯罪刑法理论,以进一步指导实际的问题。[①]

(二) 法人犯罪的立法概况

19. 英美法系国家较早地在刑法实践中承认了法人犯罪。坚持古罗马法"社团

[①] 详见张小虎:《犯罪论的比较与建构(第二版)》,北京大学出版社2014年版,第202—205页。

不能犯罪"的原则,大陆法系国家长期以来一直不承认法人犯罪。然而,随着法人犯罪的日益严重,1994年的《法国刑法典》确立了法人犯罪的地位,成为大陆法系国家中第一部明确规定法人犯罪的刑法典。①

20. 过去,主流上我国的刑法理论与实践对法人犯罪持怀疑态度。新中国成立后的第一部《刑法》,即1979年《刑法》未规定法人犯罪。改革开放以来,随着商品经济的发展,法人犯罪现象不断发生并日益严重。1986年,我国《民法通则》第110条对法人犯罪及其处罚作了抽象原则规定。1987年,我国《海关法》第47条第4款首次对法人犯罪作了具体罪刑规定。其后,根据现实中法人犯罪的状况,单行刑法与附属刑法又分别规定了各种具体的法人犯罪。于是,我国1997年修订的《刑法》对于单位犯罪的构成、范围、处罚原则等作了具体的规定,由此,单位犯罪在我国刑法典中得以确立。

四、我国单位犯罪的概念与构成特征

(一) 单位犯罪的概念

21. 我国刑法理论对于单位犯罪的界说众说纷纭,从而提出了单位犯罪的诸多构成特征。根据我国1997年修订的《刑法》有关单位犯罪的具体规定,本书主张,所谓**单位犯罪**,是指公司、企业、事业单位、机关、团体等单位,根据单位整体意志以单位名义而实施的具有刑事违法性与严重社会危害性的行为。

(二) 单位犯罪的构成特征

22. **单位整体主体**:强调单位主体以"单位"为具体表现,以"整体"为基本特征。根据我国《刑法》第30条的规定,这里的单位包括公司、企业、事业单位、机关、团体。不过,刑法理论对于《刑法》单位的界域仍有争议②。而总体上,司法解释强调单位的法人属性与合法组织属性,承认单位分支机构的主体地位。同时,尽管单位犯罪表现为由主管人员、直接责任人员或者其他有关人员具体实施,然而这些人员在特定条件下的特定行为应是整体单位的行为。

23. **单位整体意志**:强调单位犯罪取决于单位的组织意志。这种意志的具体形成,表现为遵循单位的规章制度,由单位决策机构作出决定或者由负责人员决定。也就是说,单位决策机构或者负责人员,根据单位的制度规定、依照一定的程序所表现的意志,即为单位意志,尽管有时这种意志似乎由个人意志所表现。所谓"负责人员",是指经授权代表单位的人员或者单位的主管人员。

24. **单位整体行为**:强调单位犯罪系以单位的身份进行,属于单位行为。有的论著否认单位犯罪的这一特征,认为并非所有以单位名义实施的犯罪都是单位犯罪,也并非所有的单位犯罪都是以单位名义实施的。事实上,"单位犯罪以单位的名义实

---

① 详见张小虎:《犯罪论的比较与建构(第二版)》,北京大学出版社2014年版,第205—209页。
② 诸如,自然人企业,尤其是合伙企业,或者一人公司,实施《刑法》分则所规定的可以由单位构成的犯罪,是按自然人犯罪主体处置,还是按单位犯罪主体处置?自然人企业、合伙企业,或者一人公司,实施《刑法》分则未予明确规定可以由单位构成的犯罪,能否构成犯罪?等等。

施",并不等于说"以单位名义实施的犯罪就是单位犯罪";另外,固然许多单位犯罪并不是明火执仗地打着单位的旗号,有的也的确没有必要声张单位的名义,但是这并不否认单位犯罪系以单位身份进行。①

(三) 单位犯罪构成特征的特别考究

25. 2001 年最高人民法院《全国法院审理金融犯罪案件工作座谈会纪要》第二部分第 1 条及 1999 年最高人民法院《关于审理单位犯罪案件具体应用法律有关问题的解释》第 3 条,在对单位犯罪的界定上特别强调两项特征,即"利用单位名义实施犯罪""违法所得归属单位所有"。对此,本书肯定"利用单位名义实施犯罪"的单位犯罪特征;至于"违法所得归属单位所有"的特征,其存在于谋利型或获利型的单位犯罪中,这些单位犯罪以"谋取单位利益"为要素。但是,并非所有的单位犯罪均有"谋取单位利益"的要素(本节段 26)。

26. 也有论著强调,单位犯罪应有"执行职务活动"(A)、"谋取单位利益"(B)的要素。应当说,A 者并非单位犯罪的特征,B 者并非单位犯罪的共有特征:**(1) 执行职务活动**:尽管在社会现实生活中,许多单位犯罪确实是单位利用了其所具有的职务之便,但是这并不是我国《刑法》所规定的构成单位犯罪所必须具备的一个特征。**(2) 谋取单位利益**:从我国《刑法》的规定来看,总则并未规定单位犯罪须为谋取单位利益,而分则所规定的许多具体单位犯罪也并非以谋取单位利益为构成要素。虽然事实上多数情况下单位犯罪是为了谋取单位的利益,但是这并不意味着所有的单位犯罪均具有这一特征。另一方面,应当肯定,在以获取经济利益作为具体犯罪特征的场合,谋取单位利益应当成为这类单位犯罪的特征。在获取经济利益的犯罪中,如果行为人利用单位名义与自己单位职务的便利,而为自己个人谋取私利所得利益也归个人所有,这在本质上无异于自然人的职务犯罪。②

五、我国单位犯罪的入罪范围

27. 我国《刑法》第 30 条对单位犯罪的范围作了严格限定,即以"法律规定为单位犯罪的"为限。而分则对单位犯罪范围的具体设置却较为狭窄,可以由单位构成的具体犯罪也只有 150 多个。③ 然而,司法实际中单位实施危害社会的行为而法律并未规定为单位犯罪的情形屡见不鲜,于是 2014 年全国人大常委会《关于〈中华人民共和国刑法〉第三十条的解释》专门针对《刑法》第 30 条作了规定,试图大幅扩张单位犯罪的入罪范围以解决司法实际问题。根据这一立法解释,"单位实施危害社会的行为(A)":在分则规定为"单位犯罪(B)"时,按《刑法》第 31 条的规定处罚;在分则没有规定为"单位犯罪(B)"时,处罚"组织、策划、实施者"。这是试图模拟 1889 年英国

---

① 详见张小虎:《犯罪论的比较与建构(第二版)》,北京大学出版社 2014 年版,第 214—216 页;张小虎:《单位犯罪基本特征探究》,载《犯罪研究》2004 年第 4 期。
② 详见张小虎:《犯罪论的比较与建构(第二版)》,北京大学出版社 2014 年版,第 216—218 页;张小虎:《单位犯罪基本特征探究》,载《犯罪研究》2004 年第 4 期。
③ 详见张小虎:《犯罪论的比较与建构(第二版)》,北京大学出版社 2014 年版,第 210—211 页。

《解释法》有关法人犯罪的立法例①,通过总则性规定大范围纳入单位犯罪。然而,全国人大常委会的这一立法解释增加了立法的内容,是对原有立法内容最大"射程"的突破。

28. 具体地说,这实际上是将《刑法》第 30 条"法律规定为单位犯罪的,应当负刑事责任",解释为"法律没有规定为单位犯罪的,也应当负刑事责任"。显然,这种解释等于取消了《刑法》第 30 条本身。单位犯罪是一特定的概念,按照《刑法》第 30 条的规定,A 行为符合单位犯罪特征且分则规定为单位犯罪的,适用第 31 条处罚;A 行为具有单位犯罪特征但分则并未规定为单位犯罪的,不予处罚。反之,如果 A 行为并不符合单位犯罪特征,也就不存在适用第 31 条的问题,显然这一立法解释不是针对这一情形的,否则这一特别解释就是多此一举。综上,我国《刑法》单位犯罪仍应以分则的规定为限,2014 年全国人大常委会《关于〈中华人民共和国刑法〉第三十条的解释》缺乏法理根据,不足为据,应当通过立法修正案解决我国单位犯罪范围过窄的问题。

六、我国单位犯罪的刑事处置

29. 转嫁责任(单罚责任)与两罚责任(双罚责任)是处置法人犯罪的两种基本的理论见解,而我国《刑法》对单位犯罪采取的是以两罚责任为主、单罚单位责任人为辅的原则。

30. 两罚责任为主意味着,在《刑法》分则以及其他法律没有特别规定的情况下,对单位犯罪,既要对单位判处罚金,也要对单位直接负责的主管人员和其他直接责任人员判处刑罚。所谓直接负责的主管人员,是指对单位犯罪负有直接责任的单位或部门的主要领导人(厂长、经理、部门主任等),主要表现为单位犯罪的决策者(决定、批准、指挥等人员)。其他直接责任人员,是指除直接负责的主管人员以外,其他对单位犯罪负有直接责任的人员,主要表现为积极参与单位犯罪的授意、纵容及决策等的人员。有时《刑法》将单位责任人表述为"直接责任人员",那么这里的"直接责任人员"应当包括"直接负责的主管人员"与"其他直接责任人员"。

31. 单罚单位责任人为辅意味着,在《刑法》分则以及其他法律有特别规定的情况下,根据规定,对单位犯罪,不处罚单位,而仅对直接责任人员、单位直接负责的主管人员和其他直接责任人员判处刑罚。

思考题

1. 对单位实施故意杀人行为的应当如何处理?
2. 在主管人员、直接责任人员承担犯罪后果的犯罪中,如何区分单位犯罪与自然人犯罪?②

---

① 详见张小虎:《犯罪论的比较与建构(第二版)》,北京大学出版社 2014 年版,第 208 页。
② 详见同上书,第 220—221 页。

第 6 章　客观规范要素

第 21 节　违法性的基本观念

一、违法性的概念

1. 从客观规范评价的角度来看，行为之所以入罪并受处罚，就是因为行为客观事实违反规范要求，理应承受由此带来的不利后果。这里，所谓的违反规范要求，在法的纽带①上即表现为行为的违法性。

2. 关于违法性②的蕴含，大陆法系刑法理论存在形式违法性与实质违法性等不同视角的展开。违法性兼有形式违法与实质违法的意义，是形式违法性与实质违法性的整合。行为的违法性不同于犯罪的违法性（第 14 节段 12）。

3. **形式违法性**，是指该当构成要件的行为具有形式上的违法特征（符合违法构成的形式要素）。形式违法性又分为一般违法性（行为对一般法的规范的违反）与刑事违法性（行为对刑法规范的违反）。刑事违法性固然是刑法上的违法性的应有之义，至于违法性是否包括一般违法性，多数学者持肯定态度，不过这依然是一个争议问题。

4. **实质违法性**，是指该当构成要件的行为具有实质上的违法属性（法益侵害或规范违反的性质，本节段 6）。

二、违法性的理论地位

5. 立于双层多阶的犯罪构成体系，由于本体构成作为分则具体犯罪行为的类型，涵括了行为事实特征类型、行为违法性类型与行为人有责性类型，从而行为的违法性（实质违法性）也是具体犯罪类型性要素之一（第 16 节段 2），系行为事实特征类型的实质层面；并且，其特质（法益侵害属性）具有对具体犯罪予以分则归类以及界分此罪与彼罪的机能（第 22 节段 6—7）。

---

① 法的纽带，也可谓法的平台，也即将各种应予保护的价值利益寄居于法的住所。
② **违法性**与**不法**具有不同的理论意义，而这又与犯罪论体系的不同模式（第 15 节段 1）有关，对此德国学者耶塞克作了简明的界分，指出："违法性是行为与法规范的矛盾；不法是指被评价为违法的行为本身"；"不法概念还被理解为实质的违法性"。〔德〕汉斯·海因里希·耶塞克、托马斯·魏根特：《德国刑法教科书》，徐久生译，中国法制出版社 2001 年版，第 287—288 页。与违法行为相对的是**合法行为**。另外，也有学者提出**放任行为**的概念，其含义是介于合法行为与违法行为之间，而并非是法律评价对象的行为，例如，散步、睡觉等。转引自〔日〕大谷实：《刑法总论》，黎宏译，法律出版社 2008 年版，第 213 页。这一放任行为的界说，与美国著名犯罪学家萨瑟兰的差异交往论中的**中性行为**颇为相似。不过，萨瑟兰在犯罪学研究中突出中性行为，旨在说明的是罪因机制。萨瑟兰认为，这种中性行为的交往对犯罪行为的产生几乎没影响或没有任何影响。详见张小虎：《当代中国社会结构与犯罪》，群众出版社 2009 年版，第 383 页。

6. 由此,本体构成中的违法性类型首先需要解决的是实质违法性是否存在的问题。对此,在行为成立犯罪判断的本体构成阶段,实质违法性存在的肯定判断依附于本体构成客观事实要素符合的判断(第16节段10),即本体构成客观事实要素是违法性的认识根据。但是这并不排除在行为成立犯罪判断的危害缺乏阻却阶段,基于具体案件所现特殊事由行为的实质违法性被阻却,即违法性的存在根据在于实质性地具体地考究在具体案件中是否存在特定场合的违法阻却事由(第16节段13)。

7. 同时,本体构成中的违法性类型也需要解决实质违法性的不同特质(法益侵害属性)的问题。由于违法性类型是本体构成的一个要素(本节段5),因此在犯罪成立判断的本体构成阶段,需要具体判断行为的违法性类型是什么(认定行为的法益侵害属性),以明确分则具体犯罪的归类以及此罪与彼罪的界分(第22节段6—7)。

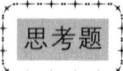

"违法性"与"不法"这两个概念各有何种意义?

第21节 A 违法性的实质及程度

一、违法性实质的内容

1. 大陆法系刑法理论对于违法性实质的内容,有着较大的争议,主要存在权利侵害说、法益侵害说、义务违反说、规范违反说、法益侵害并义务违反说、法益侵害并规范违反说等不同见解。其中,较具典型意义并成为理论交锋的是法益侵害说与规范违反说,而这两种学说又分别与结果无价值论及行为无价值论、客观违法性论及主观违法性论、规则功利主义的伦理观及行为功利主义的伦理观相关。目前,在结果无价值与行为无价值的问题上,许多德国、日本学者融合这两者形成了违法二元论的立场。①

2. **结果无价值论(法益侵害说)**,又称物的违法观、客观主义、行为主义,是指违法性的实质只是基于行为所产生的客观损害结果,表现出其对于法益的侵害或者危险,从而显示其无价值的性质。结果无价值论与客观违法性论一脉相承。**客观违法性论**,将法规范的构造分为客观评价规范与意思决定规范,前者意指法规范具有判断何种客观事实在社会上系属有害的机能,后者意指法规范具有禁止与命令人们行为而唤起人们适法决意的机能。法规范以保护法益为其根本目的,因而法规范的禁止与命令机能则后于法规范的判断客观事实价值机能。违法性意味着法益侵害从而为法评价所否定,而正是因为违法行为被法评价所否定,从而其才是被禁止或命令的行为。循此,违法与责任的判断是分开的,违反法的评价规范,属于违法性判断,而违反

---

① 详见张小虎:《犯罪论的比较与建构(第二版)》,北京大学出版社2014年版,第230—233页。

法的意思决定规范,则属于有责性判断。进而,在构成要件符合之后,首先是实质违法性的判断,其后才是有责性的判断,由此没有责任能力者的法益侵害行为也可以是违法行为,从而存在无责任之违法的判断。

3. 行为无价值论(规范违反说),又称人的违法观、主观主义、行为人主义,是指违法性的实质表现为以行为人的人格为基底的侵害行为的样态、方式、行为之附随情况等,与社会伦理观念或行为规范严重冲突,从而显示其无价值的性质。行为无价值论与主观违法性论如出一辙。**主观违法性论**,将法规范理解为禁止与命令的意思决定规范,即法规范以规范人们的意思活动并引导人们的适合规范行为为其根本。违法性的实质不在于法益侵害而在于规范侵害,也即违反法规范的禁止与命令的规范要求,而这又表现在行为人对于产生不法行为决意的规范意识欠缺的意思活动,这种意思活动又是以行为人具有责任能力为前提的。循此,违法与责任的判断是同一的,违反法的禁止与命令规范的行为,系属违法行为,同时这一违法行为又表现出行为人决意不法的规范意识欠缺的意思活动,此即为有责判断。由此,缺乏责任能力也就无从形成不法的决意,进而其行为也就无从构成违法。因此,并不存在无责任之违法的判断。

4. 结果无价值论(A)与行为无价值论(B)存在诸多对立:无价值内容,A 指向法益侵害的实害或危险的客观无价值,B 指向行为的规范违反属性的志向无价值;违法性聚焦,A 将违法性判断的结论止于法益侵害结果的点位,B 将违法性判断的结论止于行为样态、方式等的点位;违法性本质,A 强调刑法的目的是保护法益,法益侵害的实害或现实危险是违法性的根据,B 强调刑法的目的是维护行为规范的效力,行为违反规范及行为人的恶是违法性的根据。基于理念的差异,在具体实践上两者也有诸多不同取向,例如,不能犯乃至迷信犯,A 主张因其缺乏法益侵害的危险,从而不具备可罚性,B 则主张因其仍有行为的规范违反性,从而依然具有违法性;偶然防卫,A 主张因其没有造成法益侵害的结果,从而属于正当防卫,B 则主张因其缺乏防卫意思而有规范违反心态,从而并非正当防卫。

5. 本书原则上坚持结果无价值论的立场,主张违法性实质的法益侵害说与客观违法性论。违法性判断基于行为客观损害结果对于规范宗旨的冲突,而有责性判断基于行为人决意不法的规范意识欠缺,这两种判断应当予以区别,并且作为理论分析模式,犯罪成立的客观违法与主观责任也应有所界分。再者,规范违反说之文化规范或社会伦理规范,其认定标准相对较为抽象与模糊,而法益侵害说之法益的侵害或危险,其保护利益依存于法律的框架而较为具体与确定。总之,法益侵害说与客观违法性论更便于刑法谦抑精神的体现,也更利于罪刑法定原则的具体贯彻。

6. 目前,也有学者主张应以比例原则作为刑法立法的指导原则。[①] **比例原则**原系行政法上的一项原则,继而又被引申为一项宪法原则。其主旨在于限制公权力,保

---

① 参见[德]克劳斯·罗克信:《刑法的任务不是法益保护吗?》,樊文译,载陈兴良主编:《刑事法评论》第 19 卷,北京大学出版社 2007 年版,第 161 页。

障公民自由,具体地有三个要素:(1)(目的)妥当性:损害公民权益的行政或法律措施,可以实现所追求的行政目的;(2)(损害)必要性:所采取的措施,是所有可能的措施中,对公民权益造成损害最小的措施;(3)(两相)相称性:所采取的必要措施与其所追求的行政目的之间,必须相称。① 刑法保护法益(第 22 节段 1,第 12 节段 2),这一法定目的,系刑法立法与司法对罪刑实质性评价的基准。从而,比例原则并未超越刑法上法益衡量原则。

二、违法性的程度(可罚的违法性)

7. **可罚的违法性**,是指行为的违法性只有达到须用刑罚予以应对的程度,这种违法性才适合纳入刑法的违法性。可罚的违法性的宗旨是从实质评价上对于违法性的成立予以程度限定,是对有必要施以刑罚的违法性的标示与评判。②

8. 立于双层多阶犯罪论体系,应当说只有行为达到严重危害的程度才可予以入罪。违法性是犯罪成立的一个要素及严重危害性表现的一个通道(第 16 节段 1)。由此,所谓达到须用刑罚的程度,在实质上表现为达至一定程度的严重危害,在形式上表现为行为符合本体构成。也即可罚的违法性的肯定判断,由行为符合本体构成而得一般性推论(第 16 节段 8);不可罚的违法性阻却的判断,由严重危害阻却判断予以具体性考察(第 16 节段 12)。

9. 从**立法**的视角考究,可罚的违法性意味着刑法对于违法性的设置,应当结合犯罪成立所需的一系列事实特征,只有对那种显然具有严重法益侵害的情形,才可成为刑法上的违法性而在刑法中予以规定。从**司法**的视角考究,所谓可罚的违法性,应当根据刑法的具体规定,对于法益侵害的肯定判断不能超出刑法规定字面所能涵盖的意义(第 11 节 B 段 5)。

> **思考题**

对于未遂犯的处罚根据,行为无价值论与结果无价值论各有何种解释与解释困境?

第 22 节 违法性的具体表现

1. 客观行为事实的价值评价,立于犯罪成立的理论地位是客观规范要素,立于违法性的实质内容是法益侵害。**法益**是指法律所保护的利益或者价值。一种社会形态的法益,取决于并表述着该社会最基本的经济、政治、意识形态的内容,而犯罪是一种与现存的、占主导地位的、最基本的经济、政治、意识形态等相背离的极端行

---

① 〔德〕哈特穆特·毛雷尔:《行政法总论》,高家伟译,法律出版社 2000 年版,第 238—239 页。
② 详见张小虎:《犯罪论的比较与建构(第二版)》,北京大学出版社 2014 年版,第 234 页。

为,由此犯罪是针对法益的损害或者威胁(犯罪侵害法益);刑法保护法益(第 12 节段 2)。①

一、被侵法益的刑法呈现方式

2. 被侵法益作为犯罪成立的一项要素,其具体形态与内容仍由刑法予以规定。《刑法》分则对于具体犯罪的罪状设置,包含了该罪所应具备的法益侵害属性。基于我国《刑法》的具体规定,被侵法益具体表现为利益、权利、秩序、制度等,具体则通过条文以综合事实或特别事实的描述来说明。②

3. **综合事实说明**:客观事实特征(客观事实要素)是法益侵害属性(客观规范要素)的征表(第 16 节段 10)。刑法条文是通过多方位、多角度地描述侵害法益的具体事实特征(客观罪状表述),包括侵害法益的实行行为、行为主体、行为对象等的描述,来揭示犯罪的侵害法益。如我国《刑法》第 254 条的规定。

4. **特别事实凸显**:在罪状表述中,有的事实描述对揭示侵害法益具有显著价值,具体包括:(1) 直接阐明,即在条文中直接明确表述犯罪的侵害法益。如我国《刑法》第 124 条的规定。(2) 行为对象,即通过行为对象的独特性来凸显被侵法益。如我国《刑法》第 121 条的规定。(3) 被害主体,即通过指出被害人员的独特性来凸显被侵法益。如我国《刑法》第 261 条的规定。(4) 违反法律:即通过指出行为所违反的特定法律规范来凸显被侵法益。如我国《刑法》第 126 条的规定。(5) 实行行为,即通过指出实行行为的独特形态来凸显被侵法益。如我国《刑法》第 140 条的规定。

二、被侵法益范围的类型性

5. **被侵整体法益**,又称共同法益,是指为一切犯罪所共同侵害的而为刑法所保护的整体的法益,其标示着所有犯罪侵害的刑法保护法益的抽象性质。进而,被侵整体法益也揭示了一切犯罪共同的法律属性,是所有犯罪客观行为社会危害性的集中表现。我国《刑法》第 2 条基于刑法保护法益的角度表述了被侵整体法益的具体内容;第 13 条基于犯罪侵害法益的角度表述了被侵整体法益的具体内容。

6. **被侵类型法益**,又称分类法益,是指为某一类犯罪所共同侵害的而为刑法所保护的某一部分或某一方面的法益,其标示着某类犯罪侵害的刑法保护法益的类型性质。进而,被侵类型法益也揭示了某类犯罪共同的法律属性,具有作为具体划分分则犯罪类型的标志的重要机能。我国《刑法》分则根据犯罪所侵害的法益类型的不同,对于犯罪的类型予以划分,具体表现为章的设置,以及某些章下节的设置。

7. **被侵具体法益**,又称具体法益,是指为某一具体犯罪所直接侵害的而为刑法所保护的某一具体的法益,其标示着具体犯罪侵害的刑法保护法益的具体性质。进

---

① 详见张小虎:《犯罪论的比较与建构(第二版)》,北京大学出版社 2014 年版,第 235—237 页。
② 详见同上书,第 237—239 页。

而,被侵具体法益也揭示了某一具体犯罪的法律属性,具有确定具体犯罪性质以及区别此罪与彼罪的重要标志的意义。

8. 被侵具体法益与被侵类型法益的关系可能表现为:(1) **重合**:即被侵具体法益与被侵类型法益完全一致。(2) **包容**:即被侵具体法益是被侵类型法益的表现形式之一。(3) **交叉**:即被侵具体法益与被侵类型法益在构成要素上部分相一致,部分不相同。①

三、被侵法益个数的类型性

9. **单一法益**,是指某一具体犯罪所侵害的具体法益中,只包含了一种具体的保护法益。例如,遗弃罪的被侵具体法益是"没有独立生活能力的家庭成员在家庭生活中受扶养的权利"。

10. **复合法益**,是指某一具体犯罪所侵害的具体法益中,包含了两种以上的具体的保护法益。例如,抢劫罪的被侵具体法益包括了两种具体的保护法益,即"财产秩序"与"公民人身权利"。

四、被侵法益地位的类型性

11. **主要法益**,是指在被侵复合法益中,刑法重点予以保护而为该犯罪侵害焦点的法益。例如,抢劫罪的主要法益是"财产秩序"。主要法益是刑法分则对该具体犯罪进行归类的重要依据。

12. **次要法益**,是指在被侵复合法益中,刑法非重点予以保护亦非该犯罪侵害焦点的法益。例如,暴力危及飞行安全罪的次要法益是"公民的人身权利"(该罪的主要法益是"航空运输安全")。次要法益不是刑法分则对该具体犯罪进行归类的依据,但却是该具体犯罪成立所必须具备的要素。

13. **随机法益**,又称选择法益,是指在被侵复合法益中,可能遭受犯罪侵害的法益。例如,故意伤害罪的随机法益是"他人生命权利"(在"致人死亡"的场合)。随机法益既不是刑法分则对该具体犯罪进行归类的依据,也不是该具体犯罪成立所必须具备的要素,通常其是适用加重法定刑的重要依据。②

五、被侵法益的其他类型性

14. 根据被侵法益具体表现形式的不同,被侵具体法益分为:(1) **物质性被侵法益**,是指被侵具体法益具有较为明显的物质性的表现形式。例如,故意杀人罪的被侵具体法益"他人的生命权利"。(2) **非物质性被侵法益**,是指被侵具体法益不具有直接明显的物质性的表现形式。例如,侮辱罪的被侵具体法益"公民人格权名誉

---

① 详见张小虎:《犯罪论的比较与建构(第二版)》,北京大学出版社2014年版,第240页。
② 详见同上书,第242页。

权"。

15. 根据被侵法益遭受侵害状况的不同,被侵具体法益分为:(1) **法益被侵实害**,是指遭受侵害的具体法益,呈现损害的实际发生的状态。例如,实害犯既遂形态的具体法益的被侵状态。(2) **法益被侵危险**,是指遭受侵害的具体法益,呈现损害的现实危险或者严重威胁的状态。例如,实害犯未遂形态的具体法益的被侵状态。[①]

> 思考题

1. 法益侵害的具体表现形态是什么?
2. 如何具体界分法益侵害实害与法益侵害危险?如何理解行为犯、危险犯之既遂与未遂的法益侵害状态?(提示:概念是相对存在的,未遂与既遂相对,这无论是对结果犯还是对行为犯、危险犯,都是如此。)

---

① 详见张小虎:《犯罪论的比较与建构(第二版)》,北京大学出版社2014年版,第242—243页。

第7章　主观责任要素

第23节　故意的基本结构(故意犯之责任形式)

1. 现代刑法以处罚故意为原则,以处罚过失为例外。对此,各国刑法典以不同方式均有相应的明确规定。① 由此可见,在法定犯罪中,故意的类型既为主干或核心,也具典型或标志的意义。

一、故意的界说

2. 对于故意在犯罪论体系中的**地位**,刑法理论存在如下分歧:责任要素说、构成要件要素并违法要素说、三阶层均有呈说(三阶层犯罪论体系),以及犯罪主观方面的一个要素"犯罪故意"(我国平面四要件犯罪论体系)。关于故意的认定**标准**,刑法理论存在认识说、希望说与容认说的不同见解。刑法立法也存在认识决定故意、希望决定故意、认识并意志决定故意这三种立法模式。相比较而言,认识说、希望说各执一端,分别表现出一定的片面性;而容认说,综合故意界定中的认识因素与意志因素,并且考虑意志因素的各种情况,可谓扬长避短。②

3. 我国《刑法》第14条在故意犯罪的规定中阐明了故意的蕴含,这一故意的界说在形式的层面采纳了容认说,并且在实质的层面注入了价值评价的内容。在双层多阶犯罪论体系中,故意系属本体构成的主观责任要素。本体构成是具体犯罪的轮廓(类型性呈现),作为本体构成的主观责任要素的故意,既有心理事实的特殊结构也有规范评价的特定内容(第23节 B 段1)。

4. 所谓**故意**,是指明知自己的行为可能或者必然发生危害社会的结果,并且希望或者放任这种结果发生的主观心理态度。包括直接故意与间接故意两种典型类型。

二、故意的特征

5. **认识特征**:包括必然性认识与或然性认识(第23节 A 段2、6)。
6. **意志特征**:包括希望与放任两种形式(第23节 A 段3、7)。

三、故意的要素关系

7. 认识因素是故意成立的基础和前提。行为人对行为的危害结果缺乏认识,也

---

① 我国《刑法》第14条第2款与第15条第2款也有相应规定。这里第15条第2款"法律有规定的"意味着,在行为法定为故意犯罪的场合,倘若过失成罪的应由法律明示。这一情形通常是指纯粹过失犯。

② 详见张小虎:《犯罪论的比较与建构(第二版)》,北京大学出版社2014年版,第269—274页。

就谈不上针对行为的危害结果的希望与放任。意志因素是故意成立的关键和主导。行为人虽然对行为的危害结果具有认识，但是既不希望也不放任这一危害结果的发生，而是反对行为的危害结果，则依然不能成立故意。

8. 因此，在故意的成立中，没有认识因素就无所谓意志因素，但具有认识因素却未必就有意志因素，而有了意志因素通常也具备认识因素。只有同时具有了认识因素与意志因素，才能成立故意。

应否区分构成要件故意与责任故意？①

第23节 A 故意的类型

一、直接故意与间接故意（故意的典型类型）

（一）直接故意的概念

1. **直接故意**，是指行为人认识到自己的行为导致危害结果发生的必然性或者可能性，并且希望这种结果发生的心理态度。

（二）直接故意的构成特征

2. **认识因素**：明知（行为的危害结果），是指较为明确地知道自己的行为必然或者可能导致危害结果的发生。具体地说：**(1) 认识的确切程度**：是指故意成立所表现出的行为人对于自己行为的事实内容与规范意义的存在态势（事件发生的概率）的认识水准，包括必然性认识（肯定性的判断）与或然性认识（可能性的判断）。**(2) 认识的清晰程度**：是指故意成立所表现出的行为人对于自己行为的事实内容与规范意义的表现样态（事实与规范的内容）的认识水准，包括清晰认识（判断）与模糊认识（判断）。②

3. **意志因素**：希望（行为的危害结果），是指行为人对自己行为的危害结果，持有希望其发生的心理态度；具体表现为行为人决定以危害结果为目标，并积极努力创造条件，追求危害结果这一目标的实现。希望的意志要素与危害目的的确立密切相关③，希望意味着行为人以危害结果为具体目的并为之而努力。因此，希望的故意具有如下特征：**(1) 危害目的的指向性**（行为直接针对危害结果的发生）。**(2) 侵害态

---

① 详见张小虎：《犯罪论的比较与建构（第二版）》，北京大学出版社2014年版，第271页。
② 这也意味着故意的成立，就事实性认识而言，仅以行为人对于作为认识对象的本体构成主要客观事实具有大致的认识为限，由此可以成为在一般场合判断行为人存在违法性认识的根据。就规范性认识而言，亦以行为人对于认识事实中所蕴含的规范意义具有粗略的认识为限，由此可以成为判断行为人具有违法性认识的根据。详见第23节A段2；同上书，第289—294页。
③ 希望要素与危害目的的密切相关，并不意味着直接故意的危害目的均在刑法条文上明确化与具体化，也不意味着所有以"特定目的"为构成要素的具体犯罪均由直接故意构成（第25节段10—12）。

度的坚决性(行为努力追求危害结果的发生)。**(3) 侵害过程的稳定性**(行为始终指向危害结果的发生)。

（三）间接故意的概念

4. 对于间接故意的界说,刑法理论存在着较大的争议;基于这种理论分歧,立法实际也表现出不同的间接故意形态;这种理论争议也导致了直接故意与间接故意分类标准的不同见解。而问题的焦点在于,间接故意是否存在明知危害结果发生的必然性?① 对此,本书持肯定态度:"明知危害结果发生的必然性并且放任这种结果的发生"的情形是存在的②;意志因素系直接故意与间接故意区别的标志,从而这一情形属于间接故意;由于这一情形归于间接故意,从而与"直接故意应有犯罪目的"的界说并不矛盾。③

5. **间接故意**,是指行为人认识到自己的行为导致危害结果发生的必然性或者可能性,并且放任这种结果发生的心理态度。

（四）间接故意的构成特征

6. **认识因素:明知**(行为的危害结果),是指较为明确地知道自己的行为必然或者可能导致危害结果的发生。即对于行为的危害结果,包括认识确切程度的必然性认识与可能性认识,以及认识清晰程度的清晰认识与模糊认识。

7. **意志因素:放任**(行为的危害结果),是指行为人对自己行为的危害结果持容认其发生的心理态度;具体表现为行为人在追求某一目标的活动中,明知行为会导致危害结果却置这一现实危险于不顾,执意实施该行为而对避免危害结果不予关心,认可行为所导致的危害结果的发生。放任的故意具有如下特征:**(1) 其他目的的指向性**(行为发动针对另一目的)。**(2) 侵害态度的间接性**(为了另一目的不计危害后果)。**(3) 侵害过程的伴随性**(伴随追求另一目的发生危害结果)。

（四）间接故意的存在形态

8. 间接故意伴随于行为人对其他目的的追求,这种对其他目的的追求存在**三种情形:(1) 正当目的**:行为人追求某一正当目的,放任了作为本罪要素的构成要件行为或者特定构成结果的发生,如案例 23A-1。**(2) 危害目的**:行为人追求某一危害目的,放任了作为本罪要素的构成要件行为或特定构成结果的发生,如案例 23A-2。**(3) 突发事件**:在突发事件中,行为人追求某一目的,放任了作为本罪要素的特定构成结果的发生,如案例 23A-3。突发事件中的间接故意,行为人通常受激情心态的支配,不计后果,对于侵害的内容与程度并无明确的主观定位。但是,激情心态下的犯罪未必就是间接故意;突发事件中的行为人也未必都持激情心态;突发事件中的侵害也可能是直接故意(本节段 16)。案例 23-3 中的甲也完全可能持希望致死乙的态度

---

① 否定论者根据纯粹的理性逻辑认为,如果是必然性认识就不可能又是放任态度,只要是必然性认识那就是希望态度。

② 立于事实逻辑,不排除行为人因迫切追求他在目的(A),虽认识到本罪结果(B)发生的必然性,但在意志上对 B 的发生却持放任态度。在此,行为人所实施的同一行为,致使 A 与 B 密切地关联在一起。

③ 详见张小虎:《犯罪论的比较与建构(第二版)》,北京大学出版社 2014 年版,第 295—299 页。

而刺杀乙。

案例 23A-1：甲为了打猎,而放任了猎物附近的他人乙的死亡。

案例 23A-2：甲为了枪杀丙,而放任了丙附近的乙的死亡。

案例 23A-3：甲与乙发生激烈口角,激怒下甲为"教训"乙,不顾乙的死或伤,持刀将乙刺成重伤。

9. 就间接故意所存犯罪形态而论,间接故意犯的具体情形包括：**（1）行为犯的间接故意**。如案例 23A-4。**（2）结果犯的间接故意**。如案例 23A-2。**（3）同罪中的间接故意**。具体适例,第 111 节 B 段 3。**（4）异罪中的间接故意**。如在案例 23A-5 中,A 与 B 即属异罪,而 B 罪系间接故意。

案例 23A-4：甲为了炫耀而放任自己传授犯罪方法行为的发生。

案例 23A-5：甲醉驾交通肇事致人死亡后（A）,为逃逸成倍超过限速在道路上高速行驶,放任了多人死亡结果的发生（B）。

（五）直接故意与间接故意的区别

10. **意志因素不同**：这是两者区别的关键。直接故意的意志因素是希望,而间接故意的意志因素是放任。

11. **危害程度不同**：直接故意行为人希望危害结果的发生,表现出较大的主观恶性,进而危害程度较大。

12. **罪刑设置的典型**："自然人的作为的故意的结果犯"是刑法分则具体犯罪设置的典型形态（应罚之罪的标准形态）,而直接故意犯罪又是刑法中故意犯罪设置的典型形态。在分则所设包含直接故意与间接故意的具体犯罪中,通常直接故意是该具体犯罪基准犯罪构成的标志性样态,从而也成为该具体犯罪基准法定刑配置的基准。例如,我国《刑法》第 232 条前段"故意杀人的",包括直接故意与间接故意,而直接故意是其标志性样态,从而相应的法定刑也以这一样态为基准同时容纳了间接故意的情形。

13. **完成形态的区别**：直接故意所犯结果犯、行为犯与间接故意所犯结果犯、行为犯,其具体犯罪的成立或所成立的犯罪停止形态有着不同的表现[①]（第 38 节段 4—6）。

二、故意的其他类型

（一）确定故意与不确定故意

14. 对于这一界分,刑法理论存在认识与意志的确定程度、认识的确定程度等不同见解。本书根据意志因素的不同,将故意分为直接故意与间接故意；而根据认识因素（认识程度）的不同,将故意分为确定故意与不确定故意。（1）**确定故意**,是指行为人对故意认识的事实内容有着具体明确的认识,而希望或者放任行为危害结果发生的心理态度。（2）**不确定故意**,是指行为人对故意认识的事实内容具有一定的认识,

---

[①] 详见张小虎：《犯罪论的比较与建构（第二版）》,北京大学出版社 2014 年版,第 302—303 页。

但是认识不够具体明确,而希望或者放任行为危害结果发生的心理态度。①

15. **不确定故意**,根据不确定认识事实内容的不同,又可以分为:(1) **概括故意**,是指行为人认识到行为危害结果的发生,但是对危害结果的具体程度或者其所负载的具体对象与范围(行为对象)缺乏具体明确的认识。如案例 23A-6。(2) **择一故意**,是指行为人认识到行为危害结果的发生,并且明知数个行为对象中必有一个发生危害结果,但是到底是哪一个具体对象却不甚明确。如案例 23A-7。(3) **未必故意**,是指行为人认识到自己的行为可能发生危害结果,但是到底能否发生却不能肯定。如案例 23A-8。未必故意能否等同于间接故意,是刑法理论的一个争议问题。本书结合认识因素及意志因素界分各种具体故意的类型,由此未必故意未必就是间接故意,反之亦然。

案例 23A-6:行为人举枪向人群射击,认识到将致人伤亡,但具体何人中弹、中弹者是伤或亡,对此行为人没有具体明确的认识。

案例 23A-7:行为人意图杀害甲、乙,举枪向甲、乙射击一枪,明知这一枪将导致甲或者乙死亡,但到底谁死却不能肯定。

案例 23A-8:行为人意图杀害甲,远距离向甲开枪,明知这一枪可能击中甲也可能打偏。

(二) 预谋故意与突发故意

16. 这是根据故意形成后付诸实施时间的不同,对故意的分类。(1) **预谋故意**,是指行为人在故意形成之后,经过一段时间的思考、准备,而后着手实行犯罪的心理态度。预谋故意行为人有较为明确的犯罪目的、预谋阶段,基本都是直接故意。关于预谋故意的危害程度,刑法理论存在不同见解。事实上,通常预谋故意犯罪的危害较大,但也不尽然。(2) **突发故意**,又称一时故意、临时故意、偶然故意、简单故意、顿起故意、单纯故意、激情故意、非预谋故意,是指行为人在故意形成之后,当场着手实行犯罪的心理态度。突发故意既可以表现为间接故意,也可以表现为直接故意。行为人在激情之下形成直接故意的并不少见。

(三) 事前故意与事后故意

17. 对于这一划分,刑法理论不乏否定见解。本书肯定事前故意与事后故意的界分,并将之界分的标志定位于故意形成与危害结果发生的时间关系的差异。(1) **事前故意**,又称延续故意,是指行为人在实行犯罪行为之前已形成明确的故意,在这一故意的支配下实施一定的犯罪行为,导致一定的危害结果,行为人误认为已经完成特定的故意犯罪,又以其他目的实施他种行为,由此最初故意所指向的危害结果才得以发生的情形。如案例 23A-9。(2) **事后故意**,是指行为人在实施行为前并未形成故意,而是在实施足以发生一定危害结果的行为之后,才产生故意,利用行为已形成的侵害事实,任凭事态自然推移或者不防止危害结果发生的情形。如案例 23A-10。该案中 B 之故意,即为事后故意。注意,事后故意不同于追加故意(第 116 节 E 段

---

① 详见张小虎:《犯罪论的比较与建构(第二版)》,北京大学出版社 2014 年版,第 303—304 页。

4)。事后故意行为与此前的行为,分别系两个不同性质的行为;而追加故意行为与此前的行为,系同一个事实行为。①

案例 23A-9:出于杀害的意图,棒击甲致其昏迷,却误认为甲已死,为灭迹而将甲掩埋,终致甲窒息而死。

案例 23A-10:开车不慎将甲撞成重伤(A),发现甲是自己的仇人,遂产生杀害甲的故意(B),弃甲于冰天雪地的无人之境,导致甲的死亡。

(四) 实害故意与危险故意

18. 根据故意所指向的危害结果类型的不同,故意分为实害故意与危险故意。(1)**实害故意**,又称实害犯的故意,是指行为人明知自己的行为必然或可能导致特定损害的实际发生(实害结果),并且希望或者放任这种结果发生的心理状态。(2)**危险故意**,是指行为人明知自己的行为必然或可能导致特定损害的现实危险(危险结果),并且希望或者放任这种结果发生的心理状态。

(五) 韦伯故意

19. 韦伯故意又称韦伯的概括故意,是指德国学者乌尔里希·韦伯在19世纪对于杀人未遂与过失致人于死之间无法明确分辨其犯意时,倡导应以最初之"故意"概括认定之的意见。具体而论,是指行为人意图实施构成要件行为造成某种特定构成结果,实际上预想的特定构成结果尚未发生,行为人误认为该结果已经发生,又实施了其他行为,由此发生了行为人最初预想的特定构成结果,对于这一事件,将实现特定构成结果的全过程进行概括的把握,从而认定行为人对于最终实现的特定构成结果具有故意。韦伯故意,实际上是对因果关系过程错误的问题,以概括故意的见解予以解决。

思考题

1. 案例 23A-11 中,林森浩是直接故意杀人还是间接故意杀人,其行为属于作为还是不作为?
2. 在共同犯罪中如何认定概括故意?

案例 23A-11:复旦大学医学院学生林森浩对同寝室同学黄洋投毒,致黄洋食毒后的第16日死亡。法院认定,林森浩了解二甲基亚硝胺系剧毒而故意投毒致黄洋中毒;特别是,在黄洋转入重症监护室救治期间,林森浩仍刻意向救治医院隐瞒真相,编造谎言,有意延误对黄洋救治,其杀人故意明显,行为确已构成故意杀人罪。

第 23 节 B 故意的理论结构

一、心理结构与规范评价

1. 就纵深而言,故意存在形式层面的心理结构(故意心态)与实质层面的规范评

---

① 详见张小虎:《犯罪论的比较与建构(第二版)》,北京大学出版社2014年版,第306页。

价(故意内容)。

2. 心理结构:阐明故意之认识与意志的形式标志,即明知故犯与事不违愿。故意的这一心理结构承载着故意的具体内容。心理结构凸显故意的心理特征,认识程度的明知与意志状况的希望及放任,是其核心的分析轴。

3. 规范评价:阐明故意之认识与意志的价值内容,即违法性知与欲。表现为行为人基于本体构成事实要素的知与欲(事实心态,事实故意),从而存在违法性(法益侵害)的知与欲(规范心态,违法故意),因此违法性知与欲是责任之规范意识欠缺的故意呈现。规范评价凸显故意的内容特征,心态所指的本体构成事实要素及其相伴的违法性(法益侵害)是其核心的分析轴。

二、恶性的彰显及其判断路径

4. 故意是对"行为造成危害结果"的"明知故犯"与"事不违愿",这是对客观事实特征(事实特征)的知与欲,以及对客观规范特征(违法性)的知与欲。在这种直接指向行为造成危害结果的知与欲中,故意心态之否定性的规范评价根据充分彰显。具体地说,行为人在能够选择适法行为的场合,对于自己行为的危害结果具有可能或必然的明知,并且持有希望或者放任的态度,这就明显地表现出了行为人"针对恶害而故犯与愿合"的主观心态,由此至为直接地表露了作为故意之责任本质的违反规范的意思活动,对于这种明显的违反规范的意思活动理应给予规范非难。

5. 故意的规范评价内容,涉及事实特征的知欲(A)与违法性的知欲(B)。基于A系B的征表,在本体构成之类型性的判断中有A即可推断也有B,但是不排除在具体案件中由于存在特殊事态而致B被阻却,由此作为B之核心问题的B的实质性评价在责任阻却中讨论(第33节),而在本体构成的主观责任要素中,"事实特征知欲"成为故意规范评价内容展开的核心。

思考题

在犯罪的类型性构成(犯罪的轮廓与法律定型)中,故意的地位及故意的结构是什么?

第23节 C 故意的事实认识内容(违法性认识的判断根据)

1. 在故意的事实认识与违法性认识的关系上,本体构成之客观事实认识不失违法性认识的认识根据与判断根据。违法性认识的肯定判断依附于事实认识的肯定判断,而违法性认识的否定判断独立地存在于责任阻却的理论框架(第16节段14)。由此,在本体构成的故意中,立于肯定判断讨论违法性认识,其核心在于考究事实认识。

一、属于故意认识的事实内容

2. 对于故意认识的事实内容,刑法理论大致认为只能以犯罪构成要件所规定的事实为限;分歧点在于,这一故意认识所含的事实内容是包括犯罪构成要件的全部事实还是部分事实?①

3. 立于双层多阶犯罪论体系,故意分为**事实故意**与**规范故意**。其中,事实故意的内容指向本体构成中的客观事实要素,规范故意的内容指向本体构成中的客观规范要素(违法性)。**故意认识所含事实内容**,即事实故意的内容,是指故意成立所必需的行为人的明知或者预见所指向的客观事实的具体范围(哪些客观事实是需要认识的)以及该范围内具体事项的客观外在表现特征(认识到该事项的什么内容)。具体包括:(1) 对**构成要件行为**的客观外在表现形态的事实特征的认识。应当注意,行为的形态特征(A)不同于行为的规范特征(B)。A 是对构成要件行为具体形式表现的描述,而 B 是对构成要件行为社会法律性质的评价。例如,A 表现为用刀刺入他人心脏,而相应的 B 为刀刺心脏属杀人行为。故意认识的事实内容仅指向 A。(2) 对属于犯罪成立要素的**特定行为对象**的客观外在表现形态的事实特征的认识。例如,盗窃枪支罪的成立中对行为对象系"枪支"这一客观外在事实特征的认识。(3) 对属于犯罪成立要素的**特定时间、地点、情境**的客观外在表现形态的事实特征的认识。例如,非法狩猎罪的成立中对行为的时空及方法系"禁猎区、禁猎期或者使用禁用工具、方法"这一客观外在事实特征的认识。(4) 对属于犯罪成立要素的**特定构成结果**的客观外在表现形态的事实特征的认识。例如,故意杀人罪的成立中对"造成他人死亡结果"这一客观外在事实特征的认识。(5) 对属于犯罪成立要素的**刑法因果关系**的客观外在事实特征的认识。例如,故意杀人罪的成立中对"自己向他人开枪射击将会造成该人的死亡"这一客观外在事实特征的认识。(6) 对自身拥有属于身份犯构成要素的**特殊身份**这一客观事实状况的认识(属于犯罪成立要素的行为主体的特殊身份的事实性的认识)。行为人对自身特殊身份的认识是行为人明确自身适法行为的前提,从而影响到对行为人规范意识的评价。例如,逃税罪的成立中对"自己系纳税人或者扣缴义务人的特殊身份"这一客观事实的认识。(7) 对属于犯罪成立要素的**责任能力在某些状况下会弱化**这一事态的客观情况的认识。有时由于自身的主观行为造成自己责任能力的弱化,进而将会促成一定的危害结果的发生,较为典型的适例是原因自由行为问题。故意原因自由行为的故意认识的事实内容,应当包括行为人对"原因行为将使自身陷入丧失或减弱责任能力"这一事态情况的认识(第 32 节 C 段 3)。②

二、并非故意认识的事实内容

4. 非并故意认识所含内容,是指基于牵涉罪刑的事项的特殊理论地位,故意的

---

① 详见张小虎:《犯罪论的比较与建构(第二版)》,北京大学出版社 2014 年版,第 281—282 页。
② 详见同上书,第 283—289、523 页。

成立不以行为人对于这些事项的明知或者预见为必要,主要是指主观责任形式与客观定量事实。另外,大陆法系刑法理论存在作为主观认识内容之外的客观处罚条件和处罚阻却事由的理论范畴,本书并不赞成设置这一理论范畴(第16节段20)。由此,有关可罚性条件的事实特征的认识与否问题,也就随之统一于对犯罪构成要素认识要求的范畴。具体地说:(**1**) **主观责任形式**:故意系主观责任形式之一,属于行为人所持认识与意志本身,无从论及要求行为人对之予以认识;同样,故意对同属于主观责任形式的过失,也不存在所谓的认识问题。除故意与过失外,特定目的、特定动机、特定明知、排除特定目的等,也系主观责任之特定心态的构成成分,而无从成为故意认识的对象。(**2**) **客观定量事实**:定量事实是本体构成的客观事实的选择要素,其对于某些具体犯罪的成立来说是必要的。例如,数额犯的数额较大,次数犯的多次行为等。作为客观要素,这些定量事实是对行为予以入罪的重要标志,具有说明行为危害之严重性的量的意义。然而,主观认识内容,就程度的具体要求而论,相对是较为粗犷的。故意认识内容所指向的客观事实,相对于具体的量而言,主要在于质的规定性的范畴。[①] (第116节 E 段 15—16)

三、我国《刑法》规定的解读

5. 我国《刑法》第14条对故意犯罪作了明确规定,这也是基于故意犯罪的类型的视角,而对故意的含义所作的界说。该条文将故意的心理态度的内容指向"**行为危害社会的结果**"[②]。对此应作如下理解:(**1**) **基本含义**:故意或者过失的认识内容指向的是本体构成的客观事实及其规范意义。具体包括:A. 故意认识所含的事实内容(本节段3);B. 故意认识所含的规范内容(第33节段7)。(**2**) **具体解释**:基于犯罪论体系中故意与过失的事实与规范的内容(第16节段5)以及行为犯与结果犯在结果要素上的差异(第19节 A 段13),"行为危害社会的结果"是指由"构成要件行为"或者"特定构成结果"作为核心征表的"法益侵害的实际损害或者现实危险"。倘若将这里的"危害结果"仅限于"特定构成结果"或者"有形的物质结果",则不足以解释行为犯的主观心态指向;倘若将这里的"危害结果"直述为"法益侵害结果",则难以凸显客观事实要素对于法益侵害的征表意义,以及在本体构成类型性阶段判断主观心态的一般原则(第16节段11)。

6. 在行为犯、结果犯、实害犯、危险犯等犯罪形态中,作为主观心态所指的"危害结果",各有其具体的蕴含。(**1**) **行为犯**的基准犯罪构成并不存在特定构成结果的要素。作为行为犯故意心态所指向的危害结果,是指由"构成要件行为"作为核心征表的"法益侵害的实际损害或者现实危险(法益侵害结果)"。行为犯没有过失犯(第39节 B 段11)。(**2**) **结果犯**的基准犯罪构成存在特定构成结果的要素。作为结果犯故意心态所指向的危害结果,是指由"特定构成结果"作为核心征表的"法益侵害的实

[①] 详见张小虎:《犯罪论的比较与建构(第二版)》,北京大学出版社2014年版,第289—290页。
[②] 在这一点上《刑法》第15条的表述亦同(即"行为危害社会的结果")。

际损害或者现实危险(法益侵害结果)"。结果犯也可以是过失犯(过失的结构,见第24节段12、13)。**(3) 危险犯**的基准犯罪构成,以危险结果作为其特定构成结果。作为危险犯故意心态所指向的危害结果,是指由"危险结果"作为核心征表的"法益侵害的实际损害或者现实危险(法益侵害结果)"。危险犯不同于行为犯。**(4) 实害犯**的基准犯罪构成,以实害结果作为其特定构成结果。作为实害犯故意心态所指向的危害结果,是指由"实害结果"作为核心征表的"法益侵害的实际损害或者现实危险(法益侵害结果)"。实害犯不等于结果犯。

7. 就具体判断而言,基于犯罪论体系中"客观事实之于责任"的判断路径(第16节段11),除非基于具体案件所现特殊事由而有"责任阻却的判断"(第16节段14),一般场合:行为犯的行为人对于以构成要件行为为核心的客观要素的事实特征存在知欲,即可认为行为人对于相应法益侵害结果也存在知欲;结果犯的行为人对于以特定构成结果为核心的客观要素的事实特征存在知欲,即可认为行为人对于相应法益侵害结果也存在知欲。①

> **思考题**

行为犯有无过失犯?我国《刑法》中有无行为犯之过失犯的立法例?为什么?

第23节 D 故意的事实认识错误(故意成立的影响因素)

1. 行为人的主观认识与客观事实不符,是故意犯现实表现中的非典型形态。对本体构成的客观事实要素存在错误(事实错误)将会影响具体故意的成立(例如误将人当作动物狩猎);事实错误并伴随客观事实要素未能实现也会影响故意犯之既遂与未遂的成立(例如将死人当作活人杀害)。事实错误的核心议题是事实错误的判断标准,而这一议题又涉及事实错误的基本界说与刑法立法。

一、刑法上错误的基本框架

(一) 刑法上错误的概念

2. **刑法上的错误**,是指行为人对于自己行为的刑法性质、处置或者有关事实情况的主观反映与客观实际不相符合,具体包括事实错误(事实上的错误)与法律错误(违法性的错误)。可见,这里的错误系行为人对自己行为的有关内容的不正确理解,从而影响行为人的主观责任;打击错误是行为的客观实际与行为人的主观意志相违进而影响主观责任,也可将之作为刑法上的一种错误。②

---

① 详见张小虎:《犯罪论的比较与建构(第二版)》,北京大学出版社2014年版,第293页。
② 详见同上书,第354页。

(二) 事实错误与法律错误的理论地位

3. 基于"不知法律不免责"的格言,引申出"不知法律有害,但不知事实无害"的思想。由此,法律错误与事实错误成为刑法理论对错误问题展开的基本线索。**(1) 法律错误**,又称违法性错误、禁止错误,是指行为人对于自己的行为在法律上的具体评价存在不正确的理解。通常认为法律错误以并非事实错误为前提。**(2) 事实错误**,又称构成要件性错误、构成要件客观要素错误,是指基于客观要件事实的范畴,行为人在行为时所主观预见的事实与客观实际发生的事实之间不相符合的情况。

4. 事实错误与法律错误在犯罪论体系中则各有独特的理论意义。事实错误属于本体构成主观故意的消极要素,事实错误致使故意成立所需的事实认识缺乏(缺乏客观事实故意),故意自始不能成立;法律错误属于犯罪成立阻却事由的责任阻却要素,法律错误致使故意成立所需的违法性认识被排除(缺乏违法性故意),故意的成立被阻却。

二、事实错误的基本界说

5. 事实错误,是指对于客观要件事实的不正确认识。不过,在事实错误的具体范围上,不同刑法理论的界说则有所差异。大陆法系刑法理论基于不同视角将事实错误分为:方法错误、客体错误、因果关系错误;具体事实错误(同一本体构成内的错误)与抽象事实错误(横跨不同本体构成的错误);影响故意成立的构成事实错误与不影响故意成立的构成事实错误。我国刑法理论通常将事实错误分为五种情况,即客体的错误、对象的错误、行为实际性质的错误、工具的错误、因果关系的错误。①

6. 应当说,刑法研究错误,正是基于这一错误与犯罪成立与否以及与所成立犯罪形态密切相关。立于双层多阶犯罪论体系,**事实错误**,又称事实上的错误、客观事实要素的错误,是指行为人对于犯罪成立条件中的形式内容(客观事实要素的情况)有着不正确的理解,即主观反映与客观实际不相符合。具体包括对象错误、手段错误、打击错误、因果关系错误。

7. 事实错误具有如下**特征:(1) 仅限本体构成事实**:对于事实错误的范围,刑法理论有构成要件事实说与构成要件及其以外事实说的不同观点。本书主张将事实错误限制在本体构成的客观事实错误的范围内(第 23 节 C 段 3)。**(2) 影响责任乃至定性**:事实错误会影响故意的成立,也会影响犯罪停止形态的成立(本节段 1)。当事实错误属不可避免的意外时也可能排除责任(第 26 节段 1),如案例 23D-5(本节段 13)中甲的错误若系意外。**(3) 指向客观事实要素**:事实错误的具体内容,也即具体类型,包括对象错误、手段错误、因果关系错误。另外,打击错误不失为一种错误,并且其不同于手段错误。②

---

① 详见张小虎:《犯罪论的比较与建构(第二版)》,北京大学出版社 2014 年版,第 356—358 页。
② 详见同上书,第 358—359 页。

三、事实错误的具体种类

（一）对象错误

8. **对象错误**，也即大陆法系刑法理论所称的客体错误、目的错误，是指行为人对于自己行为对象的事实情况有着不正确的理解。如案例23D-1。

案例23D-1：甲误将某乙作为仇人某丙而枪杀。

9. 对象错误具有如下**特征**：**(1) 目标偏差**：行为人意图针对的对象与行为实际涉及的对象不相一致。**(2) 方法无误**：行为的实际方法、效果与行为人的主观意愿一致。**(3) 认识有误**：行为人对于行为对象的主观认识与客观实际不相符合。**(4) 意志相违**：另一对象实际承受行为的事实，有违行为人的主观意愿。

10. 我国刑法理论对对象错误存在相同客体说与包括不同客体说（这里的客体是指"犯罪客体"）。应当说，对象错误的着眼点在于对行为对象的不正确认识，只要是犯罪成立之客观事实要素的行为对象，都可能存在被错误认识的情况。①

（二）手段错误

11. **手段错误**，又称工具错误、方法错误，是指行为人对于自己行为所使用工具的实际效能的事实情况有着不正确的理解。如案例23D-2。

案例23D-2：甲误枪的射程不够为足够而举枪射击仇人乙。

12. 手段错误具有如下**特征**：**(1) 目标无误**：行为人意图针对的对象与行为实际涉及的对象并未发生偏离。**(2) 工具错误**：行为人实际上所采取的手段或者工具不能实现行为人的主观意图。**(3) 认识有误**：行为人对于工具的性能或者手段的效能存在错误认识。**(4) 意志相违**：行为所产生的客观事实与行为人的主观希望不相符合。

13. 手段错误包括三种情形：**(1) 迷信犯**：行为人误以为采用某种方法能够造成所希望的危害结果，而实际上由于所采用方法的极端迷信，在任何条件下均不可能造成实际危害。如案例23D-3。对此，由于手段本身缺乏危害社会的可能性，因而不构成犯罪。**(2) 手段不能犯未遂**：又称工具不能犯未遂，是指行为人对作案工具的客观性能或事实情况产生了错误认识，从而使用了在客观上不可能达到既遂的作案工具，致使犯罪未能完成的情形。如案例23D-4。对此，手段本身具有社会危害性，只是由于行为人意志以外的原因而没有得逞。**(3) 手段错误的过失或意外**：行为人误以为采用某种方法不会造成危害结果，而实际上由于所采用方法的错误，引起了预想之外的危害结果。如案例23D-5。对此，如果行为人对于危害结果的发生应当预见而没有预见，承担过失责任；如果没有预见也不应当预见则构成意外。

案例23D-3：甲误以为暗中诅咒能够致仇人乙毙命。

案例23D-4：甲将不足毙命的毒物剂量误认为足以毙命而对仇人乙投毒。

案例23D-5：甲误将农药当作药酒给乙治病，引起乙的死亡。

---

① 详见张小虎：《犯罪论的比较与建构（第二版）》，北京大学出版社2014年版，第360页。

(三) 因果关系错误

14. **因果关系错误**,是指行为人对于自己构成要件行为与特定构成结果之间因果关系的事实情况有着不正确的理解。

15. 因果关系错误包括三种情况:(1) **因果关系有无的错误**:具体又分为两种情形。其一,误有为无,是指行为人实施构成要件行为并造成了特定构成结果,而行为人却误认为该特定构成结果不是自己的构成要件行为所引起的。如案例 23D-6。对此,根据具体情况的不同,可以构成故意、过失或者意外。其二,误无为有,是指行为人实施构成要件行为并没有造成特定构成结果,而行为人却误认为某种特定构成结果是由于自己的构成要件行为所引起的。如案例 23D-7。对此,根据具体情况有不同,可以构成犯罪未遂或者对结果不负责任。(2) **因果关系过程的错误**:具体又分为三种情形:其一,行为人意图实施构成要件行为造成某种特定构成结果,实际上预想的特定构成结果亦已发生,不过因果关系的发展过程与行为人的主观想像并非一致。如案例 23D-8。对此,应当认为行为人对结果的意图中包含了对行为造成结果之所有因果过程危险的预期,从而行为人承担故意犯罪既遂的刑事责任。其二,行为人意图实施构成要件行为造成某种特定构成结果,实际上预想的特定结果尚未发生,行为人却误认为其已经发生,又实施了其他行为,由此发生了行为人最初预想的特定构成结果。如案例 23D-9。对此,最终结果系行为人所预期,可以将行为人的行为作为一个整体看待,从而构成故意犯罪既遂。① 其三,行为人意图实施构成要件行为造成某种特定构成结果,实际上预想的特定构成结果已经发生,行为人误认为该结果尚未发生,又继续实施追求最初预想特定构成结果的行为。如案例 23D-10。对此,行为人构成故意犯罪既遂。(3) **因果关系指向错误**:具体又分为两种情形:其一,行为人意图实施构成要件行为造成某种特定构成结果,实际上发生了超出预想特定构成结果以外的特定构成结果。如案例 23D-11。对此,视具体情况,可以构成结果加重犯。其二,行为人意图实施构成要件行为造成某种特定构成结果,实际上预想的特定构成结果尚未发生。如案例 23D-12。对此,视具体情况,可以构成犯罪未遂。

案例 23D-6:甲盗窃石油基地油井部件造成火灾,却误认为火灾的结果不是自己的盗窃行为所引起的。

案例 23D-7:甲对乙投毒意欲将其杀害,乙在中毒前因心脏病突发而死,甲却误认为乙是被毒死的。

案例 23D-8:甲将乙从桥上推入水中意欲致其淹死,乙落水后头部撞击桥墩而死,甲却误认为乙是被淹死的。

案例 23D-9:甲以杀害的意图猛击乙的头部,乙被击昏而甲误认为乙已死,遂将乙掩埋结果致乙窒息而死。

案例 23D-10:甲以杀害的意图猛击乙的头部,乙被击致死而甲误认为乙仅被击

---

① 对此,也有的观点认为,这一过程中存在着两个行为,前一行为是犯罪未遂,后一行为可以构成过失犯罪。

昏,为了杀死乙,甲又将乙掩埋。

案例 23D-11:甲意图伤害乙,实际上却造成了乙的死亡。

案例 23D-12:甲意图杀害乙,实际上只是造成了乙的重伤。

(四)打击错误

16. **打击错误**,又称行为偏差,是指行为人在针对某一目标实施侵害时,由于行为本身出现了偏差,致使行为的结果发生在行为人意图针对目标之外的对象上。如案例 23D-13。

案例 23D-13:甲意图枪杀仇人丙,结果却打偏了而将乙打死。

17. 打击错误具有如下**特征**:(1)**目标偏差**:行为人意图击打的目标为甲,但是实际上遭到击打的却是乙,由此行为人的主观目标与行为的实际目标发生偏差。(2)**行为偏差**:行为偏差是打击错误的典型标志。行为虽然针对某一既定对象,但是事实上行为却发生了偏离差误。(3)**认识无误**:行为人对于行为所针对目标的内容与性质,以及实际遭受击打目标的内容与性质,均有符合客观的认识。(4)**意志相违**:行为人意图击打的目标是甲而不是乙,乙的被击打不在行为人的意志之中,与行为人的主观意愿相违。

18. **打击错误与手段错误**:大陆法系刑法理论通常将打击错误等同于方法错误(手段错误)。应当说,尽管两者均有意志相违的情况,但是两者存在重要**区别**:(1)**行为目标**:手段错误,行为人意图针对的对象与行为实际涉及的对象并未发生偏离;而打击错误,行为人意图击打的目标与实际上遭到击打的目标发生偏差。(2)**工具与行为**:手段错误强调的是对于行为工具实际效能的错误,而打击错误注重的是打击行为本身的偏差。(3)**认识内容**:手段错误,行为人对于工具的性能或者手段的效能存在错误认识;而打击错误,行为人对于行为所针对目标的内容与性质以及实际遭受击打目标的内容与性质,均有符合客观的认识。

19. **打击错误与对象错误**:尽管两者均存在目标偏差以及客观事实与主观愿望的相违,但是两者存在重要**区别**:(1)**方法与行为**:对象错误,行为进行的实际情况符合行为人的主观意图,行为并不存在偏差;而打击错误,行为人的行为虽然针对某一既定对象,但是事实上行为却发生了偏离差误。(2)**认识内容**:对象错误,行为人对于行为对象的主观认识与客观实际不相符合;而打击错误,行为人对于行为对象的内容与性质没有错误。[1]

四、事实错误的立法规定

20. 针对事实错误是否排除故意的成立,各国刑法主要存在如下立法模式:事实错误缺乏故意但可成立过失;事实错误有利于被告但可成立过失;事实错误排除重罪故意;不可能的犯罪不受刑罚处罚。本书认为,在这些立法例中,相对而言,"事实错

---

[1] 详见张小虎:《犯罪论的比较与建构(第二版)》,北京大学出版社 2014 年版,第 363 页。

误排除故意但可成立过失"的模式较为可取。①

五、事实错误的判断标准

(一) 事实错误判断标准的理论学说

21. 事实错误的判断标准,即事实错误的成立条件,或称影响故意成立的事实错误程度,对此,刑法理论主要存在三种学说:(1) **具体符合说**,主张故意的成立,必须是行为人主观预见的事实与客观实际发生的事实完全具体地一致。如果行为人主观预见的事实与客观实际发生的事实并不一致,则属于事实错误,对发生的结果排除故意的成立。这一学说仅限用于解决打击错误的情形,而不适用于客体错误与因果关系错误。按照具体符合说,打击错误构成预想结果的未遂与实际结果的过失,按照想像竞合犯的处断原则处理。(2) **法定符合说**,主张故意的成立,只需是行为人主观预见的事实与客观实际发生的事实法定性质一致即可,即在"客观事实要素(或法益侵害属性)"上相符合。尽管行为人主观预见的事实与客观实际发生的事实并不一致,但是只要错误所涉事实(错误对象)的"本体构成的事实要素"相同,就不属于事实错误,对发生的结果并不排除故意的成立。基于法定符合说的这一总体思想,在错误横跨于不同本体构成事实要素的场合,原则上按照想像竞合犯的处断原则处理,但是作为例外,存在"事实要素重合符合说"与"事实所现法益符合说"。按照法定符合说,打击错误、客体错误、因果关系错误,均构成所实施行为的既遂。在法定符合说的框架内,对于法定符合的含义也有着**数故意犯说**与**一故意犯说**的不同见解。(3) **抽象符合说**,主张故意的成立,无需是行为人主观预见的事实与客观实际发生的事实完全具体地一致,而只要是抽象地相符合即可。如果行为人主观预见的事实与客观实际发生的事实并不一致,即使是错误所涉事实在"本体构成事实要素"上不同,也不属于事实错误,对发生的结果不一定排除故意的成立。②

(二) 法定符合说的具体展开

22. 关于事实错误判断标准的各种学说,均受到一定的理论质疑。相对而论,法定符合说较为符合现代刑法的基本思想。基于法定符合说的立场,本书坚持**一故意犯说**,即基于一个故意只能构成单数的故意犯。③ 由此,分别对象错误与打击错误,针对案件不同情况,形成如下处理结果。

23. **对象错误**:行为人意图侵害甲,误将乙认作甲而实施了行为,根据具体情况的不同:(**1**) **具体事实错误**(想像竞合):"所知"对象(甲)与"所犯"对象(乙),在行为人意图犯罪的本体构成上属于同质内容。例如,故意杀人罪中,行为对象甲与乙,均为"人"。对于这一情形,鉴于"误将乙认作甲"的错误在本体构成范围内法定性质一致,错误不排除"所知"犯罪的故意成立,并且也不排除"所知"犯罪的既遂,即行为人成立意图犯罪(故意杀人罪)的既遂。(**2**) **抽象事实错误**(想像竞合):"所知"对象

---

① 详见张小虎:《犯罪论的比较与建构(第二版)》,北京大学出版社 2014 年版,第 363—365 页。
② 详见同上书,第 365—370 页。
③ 详见同上书,第 366、370—371 页。

(甲)与"所犯"对象(乙),在行为人意图犯罪的本体构成上属于异质内容。例如,误将"野兽"当成"仇人"而枪杀;误将"枪支"当成"一般财物"而盗窃,并取枪后藏匿。对此,"所知"构成行为人意图犯罪的故意犯未遂,"所犯"按照情况的不同可以是过失、间接故意或者意外,在"所知"与"所犯"均构成犯罪的场合,按照处理想像竞合犯的原则,从一重罪处断。上例,故意杀人的"所知"成立未遂犯,过失①枪杀野兽的"所犯"不成立犯罪;盗取一般财物的"所知"成立盗窃罪未遂(A),盗取枪支的"所犯"基于追加盗窃故意(第116节D段4)成立盗窃枪支罪(B),A与B系想像竞合犯而成立B,非法持有该枪的行为基于吸收犯而被B吸收。②

24. **打击错误**:分别不同情况,或者构成"所犯"故意犯既遂,或者按照想像竞合犯处断原则处理:**(1)法益相同**:行为人意图击打的对象(所知)与由于偏差而实际击中完成的对象(所犯)属于同一罪质,即错误在同一本体构成内(法定性质一致),对此错误不排除"所知"犯罪的故意成立,也不排除"所知"犯罪的既遂。如案例23D-13中(本节段19),甲成立故意杀人罪的既遂。**(2)法益不同**:行为人意图击打的对象(所知)与由于偏差而实际击中造成的对象(所犯)属于不同罪质,即错误跨越不同本体构成(法定性质不一),对此"所知"系意图犯罪之故意犯未遂,"所犯"系实际造成结果之罪的过失犯(根据不同情况也可能系间接故意或意外),按照想像竞合犯的原则处理。如案例23B-14中,甲对丙构成故意杀人罪的未遂,对乙构成过失致人重伤罪,按照想像竞合犯的原则处理。③

案例23B-14:甲意图枪杀仇人丙,结果不慎打偏而未击中丙,却将乙打成重伤。

故意的事实认识错误与法律认识错误各自处于何种理论地位?

第24节 过失的基本结构(过失犯之责任形式)

1. 过失犯罪的认识与意志的组合较为复杂,其理论与实践问题更为值得研究与探讨。并且,随着现代科技的日益发达,风险场景愈加增多,人们的注意责任也相应增强,过失犯罪越发引人瞩目并会愈加走向规范刑法学的中心。

一、过失的概念

2. 与故意表现形式不同的过失的特征有待探究,责任的表现不如故意明显的过失的可罚性有待追问,过失在刑法理论中所处的地位有待考察。由此,过失的本质特

---

① 对该案事实以过失为例。
② 详见张小虎:《犯罪论的比较与建构(第二版)》,北京大学出版社2014年版,第371—372页。
③ 详见同上书,第372—374页。

征、过失的责任根据(过失的责任依据、过失的可罚根据)、过失的理论地位[①],成为刑法理论对过失问题分析的焦点,并形成了有关过失理论的不同学说。

3. 对于过失在犯罪论体系中的**地位**,刑法理论存在如下分歧:责任要素说以及三阶层均有呈现说(三阶层犯罪论体系),以及犯罪主观方面的一个要素"犯罪过失"(我国平面四要件犯罪论体系)。关于过失的认定**标准**,刑法理论存在无认识说、不注意说与避免结果说的不同见解。刑法立法也存在缺乏认识、违背注意义务、轻率与疏忽等不同的立法模式。相比较而言,无认识说、不注意说分别表现出一定的片面性;而避免结果说综合过失界定中的认识因素与意志因素,并且强调过失的意志因素的本质特征,可谓扬长避短。[②]

4. 我国《刑法》第15条在过失犯罪的规定中阐明了过失的蕴含,这一过失的界说在形式的层面采纳了避免结果说,并且在实质的层面注入了价值评价的内容。在双层多阶犯罪论体系中,过失系属本体构成的主观责任要素。本体构成是具体犯罪的轮廓与类型性呈现,作为本体构成的主观责任要素的过失,既有心理事实的特殊结构也有规范评价的特定内容。

5. **过失**,是指对于自己的行为可能发生危害社会的结果,应当预见却因为疏忽大意而没有预见,或者已经预见而轻信能够避免的主观心理态度。包括疏忽大意过失与过于自信过失两种典型类型。

二、过失的构成特征

6. **认识特征**:包括,疏于预见而缺乏预见(疏忽大意过失,第24节A段2—3);可能性认识并排除性认识(过于自信过失,第24节段6—7)。

7. **意志特征**:包括,缺乏意志(疏忽大意过失,第14节段4);避免意志(反对态度)但避免意志不足(过于自信过失,第24节段8)。

> 思考题

避免危害结果的心态与避免危害结果的行为在过失犯成立中的各自含义及地位有何区别?

第24节A 过失的类型

一、疏忽大间过失与过于自信过失(过失的典型类型)

(一) 疏忽大意过失的概念

1. **疏忽大意过失**,又称无认识过失、疏忽过失、懈怠过失,是指行为人对于自己

[①] 这些议题在一定程度上具有同等的理论意义。一种学说其学术思想的覆盖是全方位的。
[②] 详见张小虎:《犯罪论的比较与建构(第二版)》,北京大学出版社2014年版,第307—315页。

的行为可能发生危害结果,应当预见,但是由于疏忽大意而没有预见,从而违反注意义务导致危害结果发生的主观心理态度。

(二) 疏忽大意过失的构成特征

2. **规范评价**[①]:应当预见却疏于预见,违反认识危害结果注意义务。(1) **应当预见**:是指行为人不仅具有预见义务而且也有预见能力。其中,**预见义务**是预见之注意义务的规范要求,其核心是注意义务的来源问题;**预见能力**是预见之注意义务的履行能力,其核心是注意能力的判断标准问题(第24节C段11)。(2) **疏于预见**:是指行为人对于自己行为导致危害结果的发生,本应充分注意予以认识却因疏忽大意而未予认识。在应当预见的前提下行为人疏于预见,这种心态充分说明了行为人主观上的过失而应予非难。

3. **认识因素:缺乏预见**,是指行为人对于自己行为导致危害结果的发生,最终没有形成具体的预见或认识。依循事实逻辑,通常没有认识行为内容也就难以预见行为结果,然而虽有行为内容的认识未必就有行为结果的预见。由此,缺乏预见具体表现为两种情形:(1) 行为人对于自己行动的内容**较为模糊**,从而对于危害结果发生与否没有考虑。或者,行为人处于**潜意识**[②]状态,是一种"忘却",对于自己在做什么不甚明确。(2) 行为人对于自己行动的内容**较为清楚**,但是对于危害结果的发生却没有考虑。这里,行为人对于自己在做什么较为明确,但是并没有想到行为会发生危害结果。

4. **意志因素:缺乏意志**,是指按照心理学的规律,行为人对于行为的危害结果缺乏认识,也就无从论及对于这一危害结果的意志态度。对此刑法理论也有不同见解。[③]

(三) 过于自信过失的概念

5. **过于自信过失**,又称有认识过失、轻率过失、疏虞过失,是指行为人对于自己的行为可能发生危害结果,已经预见,但是由于过于自信而轻信能够避免,从而违反注意义务导致危害结果发生的主观心理态度。

(四) 过于自信过失的构成特征

6. **规范评价**:应当避免却疏于避免,违反避免危害结果注意义务。(1) **应当避免**:是指行为人不仅具有避免义务而且也有避免能力。其中,**避免义务**是对行为人在危险状态下保持高度谨慎、紧张,以形成回避、防止危害结果发生的要求。**避免能力**是指在当时的客观实际情况下,回避与防止危害结果的发生是行为人力所能及与可能的。(2) **疏于避免**:是指行为人对于危害结果的发生有所认识,本应充分注意避免

---

① 相对于故意而言,规范评价在过失成立中有着显著的地位。详见张小虎:《犯罪论的比较与建构(第二版)》,北京大学出版社2014年版,第318页。

② 潜意识,又称下意识,是指处于注意边缘的信息或刺激状态,仅能模糊觉知到的那些事件。在任何情况下,它都不能当作无意识。参见〔美〕阿瑟·S.雷伯著:《心理学词典》,李伯黍等译,上海译文出版社1996年版,第840页。

③ 详见张小虎:《犯罪论的比较与建构(第二版)》,北京大学出版社2014年版,第3321—322页。

危害结果的发生,但是由于避免结果发生的一系列外部条件在行为人心理上占据了较重的地位,致使其对于结果的发生并未保持高度警惕而是采取了自信轻率的态度。对于这种心态应予非难。

7. 认识因素:预见认识不足,是指行为人对于危害结果的发生存在可能性认识与排除性认识。(1) **可能性认识**①:是指行为人对于自己行为导致危害结果的发生,虽有所预见与认识,但只是可能性认识。易言之,行为人对于是否发生危害结果的判断,基于认识当时的主观因素与客观因素,在肯定与否定之间徘徊;行为人既认识到危害结果可能发生,也认识到危害结果可能不发生。(2) **排除性认识**:是指行为人对于自己行为导致危害结果的发生,虽有可能性认识,但却更倾向于危害结果不会发生。易言之,由于作为否定危害结果发生的一系列外部条件在行为人的心理上占据着较为充分的地位,从而行为人对发生危害结果的事态更倾向于向可能不发生的趋势发展。

8. 意志因素:避免意志不足,是指危害结果的发生虽非行为人所愿,但却由于自信与轻率而对避免结果缺乏充分的意志取向。(1) **避免意愿**,是指行为人对于自己行为导致危害结果的发生,持有倾向避免的意志态度,这也意味着行为人对结果的发生持反对态度。**反对态度**,是指对于危害结果的发生既不希望也不放任而是彻底否定的态度。应当注意,反对态度与不希望态度不能等同。不希望意味着不追求,所谓不追求既可以是反对也可以是认可(容认但不反对),而反对则不可能存在放任(容认)的情形。(2) **意志不足**,是指行为人虽有避免意愿,但基于否定危害结果发生的一系列外部条件主导着行为人的心理,从而这一避免意愿并未达到应有的充分程度。如案例24A-1中甲的心态。

案例 24A-1:甲夜间醉驾超速行驶,自恃是一名经验丰富的老司机,所驾车辆性能优越,且夜间路况良好,从而主观上对避免发生事故未予充分注意,结果将正常骑行的乙撞死。

二、过于自信过失与间接故意的区别

9. 过于自信过失与间接故意,对于行为的危害结果的发生均有所预见,并且持不希望态度,两者容易混淆,故意成立的希望说即将间接故意归入过失。不过,过于自信过失与间接故意存在显著区别:(1) **规范评价**:过于自信过失,行为人对于危害结果**应当避免却疏于避免**,责任的责难指向对于避免危害结果的过于自信与轻率;间接故意,行为人对于行为的危害结果持有**容认与包容**的态度,责任的责难直接指向这种容认危害结果的主观恶性。(2) **认识因素**:过于自信过失,行为人对于危害结果的发生**预见不足**,即不仅限于可能性认识,而且呈现排除性认识,倾向于危害结果是非现实的。间接故意,行为人对于危害结果的发生属于**明知**,包括必然性认识与可能性

---

① 关于过失的可能性认识是否属于**具备认识**,刑法理论存在肯定说与否定说不同观点。应当说,可能性认识意味着具备认识。详见张小虎:《犯罪论的比较与建构(第二版)》,北京大学出版社2014年版,第323页。

认识,并且即使是在可能性认识的场合,其对结果发生程度的预见也是清楚的、现实的。**(3) 意志因素**:过于自信过失,行为人对于危害结果的发生持有**反对态度**,未能避免结果或结果的发生是事与愿违的事。间接故意,行为人对于危害结果的发生持有**放任态度**,是在追求其他目的中认可结果的发生,结果的发生是事不违愿的事。**(4) 凭借因素**:过于自信过失,行为人对于可能防止危害结果发生的事实和条件,诸如拥有熟练的技术、丰富的经验、良好的环境、精良的仪器等,予以**充分关注**,从而过于轻率与自信地认为危害结果不会发生。间接故意,行为人对于可能防止危害结果发生的事实和条件**不予关注**,危害结果的发生是行为人预料中的事。对避免危害结果的发生仅凭侥幸或碰运气的心态,是间接故意。①

三、过失的其他类型

(一) 普通过失与业务过失

10. 这是按照行为人违反注意义务规范标准的不同而对过失的分类。**(1) 普通过失**,又称一般过失,是指行为人以一般身份,在日常社会生活中违反一般社会公众的注意义务,导致危害结果发生的过失。普通过失通常表现为纯粹过失犯(第 39 节 B 段 8)。普通过失有四个特征:行为人基于一般身份;发生在日常社会生活中;注意义务针对一般社会公众;导致危害结果的发生。**(2) 业务过失**,又称加重过失②,是指行为人以特殊身份,在业务活动过程中违反特定行业人员的注意义务,导致危害结果发生的过失。业务过失通常表现为非纯粹过失犯(第 39 节 B 段 8)。业务过失也有四个特征:行为人基于特殊身份;发生在业务活动过程中;注意义务针对特定行业人员;导致危害结果的发生。

(二) 积极过失与消极过失

11. 这是按照行为人过失的行为方式的不同,对过失的分类。(1) **积极过失**,是指行为人以积极行为(身体动作)在过失心态的支配下,导致危害结果的发生。(2) **消极过失**,是指行为人以消极行为(身体静止)在过失心态的支配下,导致危害结果的发生。

(三) 事实过失与法律过失

12. 这一划分的前提是认为故意的成立必须有违法性认识,没有违法性认识就不能成立故意,从而存在一个法律过失的问题。(1) **事实过失**,又称构成要件过失,是指行为人对于行为可能符合构成要件事实,应当预见由于疏忽大意而没有预见,或者已经预见但轻信能够避免,以致发生危害结果的心理态度。(2) **法律过失**,又称违法性过失,是指行为人对于行为可能具有违法性,应当预见由于疏忽大意而没有预见,以致发生危害结果的心理态度。③

---

① 详见张小虎:《犯罪论的比较与建构(第二版)》,北京大学出版社 2014 年版,第 341—343 页。
② 通常业务过失应当重于普通过失。
③ 详见张小虎:《犯罪论的比较与建构(第二版)》,北京大学出版社 2014 年版,第 343—344 页。

> **思考题**
>
> 1. 间接故意与过于自信过失的区别是什么？
> 2. 如何合理地配置普通过失与业务过失的法定刑？
> 3. 如何认定故意或过失的心理事实？是确信还是推断（归咎）？推断的规则是什么？

第24节 B 过失的理论结构

一、心理结构与规范评价

1. 就纵深而言，过失存在形式层面的心理结构（过失心态）与实质层面的规范评价（过失本质）。①

2. **心理结构**：阐明过失之认识与意志的形式标志，即不意误犯及事与愿违。过失的这一心理结构承载着过失的具体内容。心理事实凸显过失的心理特征，认识程度的缺乏预见及预见不足与意志状况的结果有违主观意愿及对于结果缺乏意志，是其核心的分析轴。

3. **规范评价**：阐明过失之认识与意志的价值内容，即违反注意义务。表现为行为人对行为的危害结果疏于认识与疏于避免。规范评价凸显过失的内容特征，意思活动的违反注意义务，包括违反针对行为造成危害结果的认识义务与避免义务②，是其核心的分析轴。

二、过失责任的本质

4. 对于行为造成危害结果的心态内容③来说，**故意的心态**是"明知故犯"与"事不违愿"，由此故意心态之否定性规范评价的根据充分彰显，这是在知与欲指向的行为及其结果的违法性中直接获得的。与此不同，对于行为造成危害结果的心态内容来说，**过失的心态**是"不意误犯"与"事与愿违"，从而过失心态之否定性规范评价的根据不能通过类似故意的路径④获得，过失的主观责任的直接表露并不明显，由此需要对之予以充分的揭示与阐释。

5. **责任本质**是基于行为人规范意识欠缺而予非难。对于过失责任来说，行为人

---

① 详见张小虎：《犯罪过失心理结构要素探究》，载《法学评论》2005年第2期。
② 即违反认识行为危害结果的注意义务（疏于认识）与违反避免行为危害结果的注意义务（疏于避免）。
③ 包括行为造成特定构成结果（A）及其相伴的法益侵害（B），而A是B的征表，在行为成立犯罪判断的本体构成阶段，存在A即可推断也存在B。从而，在该阶段，有对A的心态也就认为有对B的心态。不过，在责任阻却阶段，也可能因为缺乏违法性认识可能性而阻却B。
④ 对于客观事实要素的知与欲（A），即可推断也存在违法性（法益侵害）的知与欲（B），而B充分彰显了行为人之规范意识欠缺的故意责任。

对危害结果虽系"不意"与"愿违",但结果的发生却是因其违反注意义务造成的。因此,对注意义务的违反(而致危害结果未能避免)构成了过失的规范评价。**违反注意义务**是过失责任之规范意识欠缺的呈现。行为人在能够选择适法行为的场合,对于自己行为的危害结果具有预见与避免的要求与可能,然而行为人却疏于预见或者疏于避免,从而违反了认识结果或者避免结果的注意义务规范要求,对于这种违反规范的意思活动理应给予规范非难。

> **思考题**

为什么说在过失的构成中规范评价处于决定性地位?①

第24节 C 过失的规范评价核心(违反注意义务)

1. 过失主观责任的表露不够明显,因此需要充分揭示其责任本质,这就凸显了过失中规范因素的地位。过失规范因素的核心是**注意义务**,过失的本质在于违反注意义务。

一、注意义务的概念与特征

2. **注意义务**,是指过失成立所必需的、法律规范或者社会规范所要求的、行为人在危险行为中对于行为的危害结果应当预见或者应当避免的责任。

3. 注意义务具有如下**特征**:为过失成立所必需;为法律规范或者社会规范所要求;依存于危险行为;包括预见结果义务与避免结果义务。②

4. **注意义务依存于危险行为**:危险行为,是指假如行为人不予充分慎重与紧张则可能给法益造成某种侵害的有关活动。某些活动本身对于社会的生产、生活等来说是必要的或者是可以接受的,但是这些活动会置法益于危险状态,具有一定的社会危险性,行为人稍有不慎就会导致危害社会的结果。例如,交通运输活动。③

二、注意义务的基本内容(预见义务与避免义务)

5. **预见结果义务**强调的是对于危害结果的预见责任,这就涉及**预见什么**,即预见之结果的具体所指。对此,刑法理论存在预见具体结果说与预见抽象结果说的不同观点。④ 应当说,预见具体结果说较为合理,具体地说:**(1) 我国《刑法》的规定**:《刑法》第15条将过失的心理态度的内容指向"行为危害社会的结果",其是指由"特

---

① 详见张小虎:《犯罪论的比较与建构(第二版)》,北京大学出版社2014年版,第325页。
② 详见同上书,第326—327页。
③ 详见同上书,第327—328页。
④ 详见同上书,第328—329页。

定构成结果"作为核心征表的"法益侵害的实际损害或者现实危险(法益侵害结果)"。**(2) 过失犯的结果犯特质**:过失犯罪以危害结果的发生为要素,与此相应,作为过失犯罪成立之主观基础的应当是行为人对于特定构成结果实际发生的过失心态。反之,假如认识结果的注意义务只是要求行为人感触到行为的抽象危险性,这会扩大过失成立的范围。① **(3) 纯粹与非纯粹的过失犯**:还应注意,对结果的心态系过失,这对成立之罪属过失犯具有决定意义。过失犯在对结果的心态为过失的情形下,针对行为的心态可以是故意(非纯粹过失犯,第 39 节 B 段 8),也可以是过失与故意②。

6. 避免结果义务强调的是对于危害结果的避免责任,这里涉及**何为避免**。对此,刑法理论存在主观态度说、客观行为说、主观态度并客观行为说的三种观点。③ 本书主张,避免结果义务是一种以行为为征表的动意要求。避免义务,意味着行为人对于危险行为所可能造成的危害结果,应当保持高度的谨慎与紧张,从而具有回避与防止结果发生的动意(A),与主观上所应形成的这一动意相吻合,行为人理应采取一系列积极措施,以回避与防止结果的发生(B)。反之,如果行为人持以轻率的态度而怠于回避的措施,则就是违反了避免结果的注意义务。另外,应当注意的是,违反避免结果义务并非不作为:**(1) 两者主观心态的规范评价不同**。避免结果义务依存于过失这一主观责任要素的理论框架,其所承载的是某种主观心态是否具有规范上的可予责难。违反避免结果义务,行为人主观上也想回避结果,只是由于过于自信与轻率,以致对回避结果出现了错误的估计。在此,彰显了对回避结果轻率态度的责难。与此不同,不作为是一种行为形式,对其规范评价的核心指向是未作法律要求的行为。而在主观上,行为人未必就是想回避结果。从行为构成来说,造成结果的不作为应受意识与意志支配;从责任心态来说,行为人对不作为所致结果的主观心态既可以是故意也可以是过失。**(2) 两者消极行为的具体呈现不同**。尽管两者都可能在一定程度上呈现出消极行为的方式,即没有施以积极的行为而阻止结果的发生,但是其消极行为的具体表现及其程度是不同的。违反避免结果义务,行为人具有回避结果的动意,只是自信与轻率支配了这种动意,从而行为人客观上会有回避结果的措施与凭据,并不否定存在避免结果的积极举动,只是回避措施与凭据未能阻止结果的发生。与此不同,不作为行为人未必具有回避结果的动意,不作为行为的典型特征恰恰是应为而不为,这就意味着行为人以消极行为促成结果的发生,在这一过程中即使伴有积极行为,其积极行为也是指向促成结果发生的。

7. 两种义务的关系:对于预见义务与避免义务之间的关系,刑法理论存在预见结果义务本位说与避免结果义务本位说的分歧。应当说,就注意义务的内容结构而论,预见结果义务是**基础**而避免结果义务是**关键**。④

---

① 详见张小虎:《犯罪论的比较与建构(第二版)》,北京大学出版社 2014 年版,第 329 页。
② 详见同上书,第 294 页。
③ 详见同上书,第 330 页。
④ 详见同上书,第 332 页。

三、注意义务的应当注意

8. 注意义务的规范标准与履行能力有机结合,构成了应当注意与不应当注意的具体判断,两者不可偏废。我国《刑法》第 15 条明确规定了"应当预见",而该条的"轻信能够避免"则隐含着"应当避免"的意义。这里的"应当",就是指既具有履行注意义务的规范要求,也具有履行注意义务的主体能力。同时,也应注意,在司法实践中,规范标准与履行能力,这两者是同时并行的判断。

四、注意义务的规范标准

9. 注意义务的规范标准,又称**注意义务的主要渊源**,是指注意义务的规范表现形式,也就是确定行为人应当注意与不应当注意的规范依据。对此,刑法理论存在不同的观点。相对而言,根据注意义务形成基础的不同,将注意义务的规范来源作三分法的划分较为恰当。①

10. **注意义务的规范来源**具体包括:(1) **法律规定的注意义务**:是指国家机关按照一定的程序制定和公布的,具有明确的表现形式和普遍的适用性的注意义务规范,包括法律、行政法规、部门规章、地方性法规等形式中有关注意义务的明确规定。(2) **习惯要求的注意义务**:是指虽然不具有明确的法定形式,但是人们在长期的社会实践中形成的共同生活准则所要求的注意义务,包括常理、伦理、道德等所要求的注意义务。例如,对待老年人与儿童应当格外谨慎。(3) **先行行为产生的注意义务**:是指行为人由于自己的行为使法益处于危险状况,由此而产生的对于危害结果所具有的预见义务与避免义务。如案例 24C-1 中,裸露于墙头通电的铁丝极为危险,甲对此可能产生的危害结果应予充分注意。

案例 24C-1:甲利用电线与铁丝混接的方式,将室外高压电源经由墙头偷接至屋内使用。

五、注意义务的履行能力

11. **注意义务的履行能力**,又称注意能力、注意可能性,是指履行注意义务的可能性,也就是确定行为人能否履行规范要求的注意义务。注意能力的核心是其判断标准,对此刑法理论存在认识能力说、认识能力与避免能力说、个体能力说的不同见解。② 固然,注意能力问题包括什么方面的注意能力以及注意能力的主体标准。不过,注意能力所要研究的核心问题,是注意能力的主体标准(确定个体注意能力的判断标准)。

12. 关于注意能力的主体标准,刑法理论有客观说、主观说、折中说的不同见解。③ 本书主张,在判断行为人注意能力的标准上,理应采纳**客观说**。这里所说的注

---

① 详见张小虎:《犯罪论的比较与建构(第二版)》,北京大学出版社 2014 年版,第 333 页。
② 详见同上书,第 335 页。
③ 详见同上书,第 336 页。

意义务履行能力,是犯罪成立之本体构成的过失中的一个内容,本体构成是具体犯罪类型的轮廓,本体构成的符合属于犯罪成立的抽象判断(第16节段2),因此这里的注意义务履行能力是在犯罪类型性上而言的,也即是考究具体犯罪中过失成立所需的注意义务履行能力的类型性要求,从而这里的注意能力的主体标准是以普通人为定位的。注意能力是承担过失责任的前提,在一定条件下(当时的客观情境中),普通人具有注意义务(存在义务设置的客观要求),并且能够注意(存在履行义务的主观能力),然而却没有注意以致造成了危害结果,就应当对此承担过失责任。至于行为人注意能力的特别的、实际的情况,由此对能否注意而产生的影响,这属于主观责任中的具体判断,系违法性认识可能性问题(第16节段7、第33节段2)。

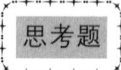

如何理解过失之"避免结果义务"中的"避免"?

第24节 D 过失的注意义务免除(信赖原则与允许危险原则)

一、信赖原则与允许危险原则的基本概念

1. 排除行为人的部分注意义务、分担与减轻行为人的注意义务、规范化免除行为人的某些注意义务等表述具有一致的意义。

(一)注意义务的免除事由

2. 注意义务的免除事由,是指通过分担或者减轻行为人的注意义务,而使行为人的某些注意义务免除的法定规则。具体包括:(1)**信赖原则**,是指在涉及多数人的事件中,行为人在实行某种行为时,只要不存在特殊情况的场合,基于人们的相互信任心、共同责任心以及社会连带感,可以信赖他人,他人也可以信赖行为人,将遵守共同规则采取适当的行动以避免危害结果的发生。如果他人无视共同规则而采取了不适当的行动,由此与行为人的行为相结合从而导致了构成要件的危害结果的发生,那么可以根据这种信赖排除遵守共同规则的行为人的过失责任。例如,在交通行为上,行人可以信赖正在驾车的司机并未酗酒、不超速行驶等,而司机则可以信赖行人走人行道、不闯红灯等。(2)**允许危险原则**,是指某种行为虽然具有侵害法益的危险,但是为了社会文明与科技进步乃至社会运行的必要,只要这种危险行为保持在适度的范围内,实施行为所获取的社会价值超过危险行为的风险,即使导致危害结果的发生,也不存在过失责任。危险行为的适度取决于:危险行为的正当目的;危险行为侵害的法益较小;危险行为产生的社会效益较大;危险行为的风险相对不大。例如,做有利于人类发展进步的危险实验,医师为救助病人的生命及健康而为之施行手

术等。①

3. **信赖原则与允许危险原则及注意义务**：信赖原则与允许危险原则在本质上趋于一致，在评价结果上也有较大的趋同，但是两者有着一定的区别。而信赖原则及允许危险原则与注意义务，无论在概念蕴含上还是在理论意义上均有重要区别。②

二、信赖原则与允许危险原则的应有地位

4. 信赖原则、允许危险原则源于大陆法系的刑法理论，具有排除过失责任的意义，然而这种排除是作为有责性的阻却，抑或是违法性的阻却、构成要件的阻却，学者们观点不一。应当说，信赖原则与允许危险原则是对注意义务的分配及免除，其理论地位伴随于作为过失本质的注意义务；同时，信赖原则与允许危险原则系免除注意义务的规范性许可，从而具有类型性的意义。由此，本书肯定信赖原则与允许危险原则系排除注意义务的过失缺乏。③

三、信赖原则与允许危险原则的应有观念

5. **可以信赖与允许危险之本质趋同**：信赖原则重在表述在适当的场合，过失责任在于未履行信赖所要求的注意义务的一方；允许危险原则重在表述在适当的场合，实施限度内危险行为的行为人无过失责任。④

6. **可以信赖与允许危险之缺乏过失**：信赖原则与允许危险原则通过对行为人注意义务的否定，进而否定(排除)行为人的过失责任。根据信赖原则，因为他人本应是可以信赖的，事实上的不可信赖不能归咎于行为人；根据允许危险原则，行为人的危险行为是可以允许的，事实上的危险应验也不能归咎于行为人。假如注意义务的肯定称作过失构成的积极要素，那么这种对注意义务的否定就是过失构成之积极要素的缺乏。从价值理念来说，则是基于刑法的社会性与谦抑性的一种制度。

7. **可以信赖与允许危险之价值取向**：以因果行为论为理论根据的旧过失论，注重结果无价值；以目的行为论为理论根据的新过失论，强调行为无价值。信赖原则与允许危险原则的提出，则使行为无价值的观念更为具体化。信赖原则及允许危险原则均排除一定场合造成危害结果之危险行为的过失责任，在此危害结果的发生并不具有最终的决定意义，关键是行为价值的有无。⑤

8. **刑法理论与司法实践之可资借鉴**：信赖原则与允许危险原则是随着现代交通与科技的日益发达，为了适应社会发展而对危险行为一定程度放宽的需要，在司法实践中逐步得到认可并总结上升为一般的刑法原则。具体表现为在德国经由判例，逐步占据稳固地位，后又传入日本，在适用对象上，最先是针对交通肇事的处理，后来扩

① 详见张小虎：《注意义务阻却事由之探究》，载《求是学刊》2004年第3期。
② 详见张小虎：《犯罪论的比较与建构(第二版)》，北京大学出版社2014年版，第546—548页。
③ 详见同上书，第551—552页。
④ 详见同上书，第553页。
⑤ 详见同上。

大到医疗事故的判决乃至社会生活的广泛领域。信赖原则与允许危险原则,作为对注意义务的合理分配,不仅使僵硬的注意义务趋于柔化,而且也使某些普遍性的具有危险场合的注意义务有了更为具体的标准。在我国刑法实际中,信赖原则与允许危险原则的地位未得到形式上的肯定,理论上对于是否采纳此原则存在着不同的观点。应当说,在我国科技发展的今天,理论上系统地构建信赖原则、允许危险原则的基本观念,实践中有意识地注重信赖原则、允许危险原则的具体运用,符合刑法的时代要求,而信赖原则与允许危险原则的司法,应有法律、法规或有权解释的明确规定。例如,道路交通驾驶中,除非特种车辆执行职务的场合,驾驶人可以信赖其他驾驶人不随意并线,因此发生事故,并线者负全责。①

信赖原则与允许危险原则应在何种程度及应以何种方式体现于刑事司法?

第 25 节 特定心态(故意犯之特有要素)

1. **特定心态**,即特定动机、特定目的、特定明知等。这些特定心态是与故意并列的主观责任要素。特定动机与特定目的并不等同于犯罪动机与犯罪目的。

一、犯罪动机与犯罪目的的界说

2. **动机**是指引起行为人去行动或者抑制这个行动的一种内在原因,是直接推动的力量。任何意志行动总是由一定的动机所引起的。② **目的**是指行为人试图通过一定行动所达至的某种目标、境地或结果,是主观追求的方向。任何意志行动也总有其一定的目的指向。行为离不开动机与目的,动机是行为的起点,目的是行为的归宿。

3. 犯罪动机与犯罪目的,从价值意义上来讲,具有犯罪的指向性。**犯罪动机**是犯罪行为的内在心理起因,而**犯罪目的**则是犯罪行为的主观心理意图。③

4. 至于在实际发生的具体犯罪中,犯罪动机与犯罪目的的对应关系,可以呈现三种情况:(1) **一种犯罪动机推动多种犯罪目的**。例如,行为人受报复动机的驱使,而犯罪目的可能指向故意伤害、故意杀人或者故意毁坏财物等。(2) **一种犯罪目的由多种犯罪动机推动**。例如,行为人故意杀人的目的,可能受报复、图财、奸情等多种动机的驱使。(3) **犯罪动机与犯罪目的具有一致性**。例如,行为人谋求财物实施抢劫,这里"谋求财物"既是动机又是目的。

---

① 详见张小虎:《犯罪论的比较与建构(第二版)》,北京大学出版社 2014 年版,第 548—551 页。
② 参见叶奕乾、祝蓓里主编:《心理学》,华东师范大学出版社 1988 年版,第 237 页。
③ 详见张小虎:《犯罪论的比较与建构(第二版)》,北京大学出版社 2014 年版,第 346—347 页。

二、特定目的及动机与犯罪目的及动机

5. 我国四要件犯罪论体系,基于以"犯罪"为先行限定的基本思路,在对犯罪构成中的动机与目的的称谓上也谓之以犯罪动机与犯罪目的。值得考究的是,一些作为具体犯罪要素的法律所标明的目的,这些目的本身未必就有否定评价的内容(如"以营利为目的"),因此应当界分具体犯罪中的犯罪目的与特定目的。

6. 作为阶层模式犯罪论的犯罪成立要素,宜于采用特定动机与特定目的的称谓。在双层多阶犯罪论体系中,动机与目的只是犯罪本体构成的要素,行为成立犯罪是多要素的逐层递进的判断结论。(第16节段1)

7. 在犯罪构成要素的意义上,作为行为成立犯罪的特别要求的行为的内在心理起因或者主观心理意图,并非就是"犯罪动机"或者"犯罪目的",而可谓是一种"特定动机",或者目的犯的"特定目的",或者直接故意犯的"危害目的"。(1) **特定动机**,是指由我国《刑法》分则直接或者间接予以规定的、作为某一具体犯罪的主观责任要素的、促使行为人实施构成要件行为的内在心理起因。例如,寻衅滋事罪主观责任要素除故意外还包括"流氓动机"。(2) **特定目的**,是指由我国《刑法》分则直接或者间接予以规定的、作为某一具体犯罪故意要素之外的主观责任要素的、行为人实施构成要件行为所希望达到的某种结果的主观心理意图。例如,高利转贷罪主观责任要素除故意外还包括"转贷牟利目的"。(3) **其他特殊心态**:我国《刑法》对某些具体犯罪的主观要素还设置了其他特殊心态:A. **排除特定目的**,例如非法吸收公众存款罪主观责任要素除故意外还包括"不以非法占有为目的";B. **特定明知**,例如雇用逃离部队军人罪主观责任要素除直接故意外还包括"明知行为对象是逃离部队的军人"。(4) **危害目的**,是指由我国《刑法》分则直接或者间接予以规定的、作为某一直接故意犯罪之直接故意的意志要素的、行为人实施构成要件行为所希望达到的某种结果的主观心理意图。例如故意杀人罪的杀人的直接故意,所具有的希望造成被害人死亡的心理态度。

8. 我国《刑法》分则对于具体犯罪的特定动机与特定目的的规定,以特定目的的规定为例,存在如下情形:(1) **规定方式**:A. 在罪状表述中直接规定("以……为目的""意图……""为谋取……")。例如,《刑法》第326条(倒卖文物罪)的"以牟利为目的"。B. 在罪状表述中间接规定(通过其他法律用语来表明具有"……目的""意图……")。例如,《刑法》第194条(票据诈骗罪)通过"诈骗"这个用语表明该罪在本体构成上具有"以非法占有为目的"的要素。(2) **规定内容**:A. 负价目的:特定目的的内容本身具有较为明显的否定性评价的特征。例如,《刑法》第192条(集资诈骗罪)所规定的"以非法占有为目的"。B. 中性目的:特定目的的内容本身并不具有较为明显的否定性评价的特征。例如,《刑法》第217条(侵犯著作权罪)所规定的"以营利为目的"("营利"本身仅具中性的价值意义)。

三、特定动机、特定目的与故意、过失

9. 故意与过失之心态的内容指向的是由"构成要件行为"或者"特定构成结

果"所征表的"法益侵害的实际损害或者现实危险"(第23节C段5)。相对而言,特定动机属于实施构成要件行为的内心起因,由此特定动机与故意、过失有着较为显著的区别。问题是,特定目的也强调对于行为的某种结果的意图,这与故意,尤其是直接故意,追求行为的危害结果,在心理特征上存在一定的相似,对此需予分析阐明。

10. **特定目的与直接故意的危害目的**:尽管两者均存在着一定的目的,但是两者的理论地位与具体内容不尽相同:**(1)**就**理论地位而言**,直接故意的目的是直接故意的构成要素之一,而特定目的则是故意要素之外的主观目的要素。**(2)从具体内容来看**,直接故意的意志内容指向由"构成要件行为"或者"特定构成结果"所征表的"法益侵害的实际损害或者现实危险"(第23节C段5),而特定目的的目的内容指向故意之外的、分则对于目的犯在主观目的要素上的特别要求。

11. 作为特定目的"主观心理意图"(A)不同于直接故意的意志指向(B),这种区别可能表现为两种情形:**(1) A 完全超脱于 B**:A与B的内容指向完全不同。例如,侵犯著作权罪之主观构成需有"以营利为目的"的特定目的要素,在此特定目的的内容是"追求获取营利";而在该罪的责任形式为直接故意时,其直接故意的意志内容是"对于他人享有著作权的作品实施法定侵害行为(造成他人著作权遭受损害的结果)持希望态度"。同时,这种特定意图所指向的事实也系超出犯罪成立之客观要素的事实。例如,上例中,"获得营利"的事实并非该罪的客观事实要素,而只是特定心态所指向的事实内容。这种犯罪类型称为**短缩的二行为犯**①。类似的适例包括,伪造货币罪(《刑法》第170条)、诬告陷害罪(《刑法》第243条)等之"意图"要素。**(2) A 更为特定于 B**:A与B虽有一定关联,但A仍有其特定的内容指向。例如,盗窃罪之主观构成需有"非法占有目的"的特定目的要素,而"非法占有目的"的成立则应同时具备如下要素:行为人意图排斥他人进而取得财物本体;行为人意图排斥他人进而取得财物经济价值;行为人为了取得他人财物的本体与经济价值,意图排斥权利人或持有人对其财物的控制支配力;行为人为了取得他人财物的本体与经济价值,意图取得对于他人财物的类似所有人的控制支配力。而作为盗窃罪之责任形式的直接故意的意志内容,只是"对秘密取得他人财物行为(造成基于占有关系的财产秩序遭受破坏的结果)"持希望态度。

12. **特定目的和危害目的的具体呈现**:基于上述特定目的的独特意义,在特定目的、危害目的与故意、过失的组合上,呈现出如下的情形:直接故意均有危害目的;间接故意与过失的评价内容没有危害目的;在直接故意犯罪中特定目的可以独立于直接故意而存在,不过直接故意犯罪也可能是非目的犯;间接故意犯罪可以存在特定目的,也可能没有特定目的。②

---

① 即作为"意图"内容的特定事实结果(A)的实现,需要通过实行行为之外的另一进一步的行为(B),在此A与B均非该罪的客观事实要素,而只是"意图"所指向的事实内容。与短缩的二行为犯相对的是"**抑制的结果犯**"或称"**断绝的结果犯**",即行为人只要实施了实行行为即可实现作为犯罪成立要素的"意图"。

② 详见张小虎:《犯罪论的比较与建构(第二版)》,北京大学出版社2014年版,第351—352页。

13. 因此,特定目的与特定动机是否作为具体犯罪本体构成的主观责任要素,形式上取决于刑法分则的规定,当某种目的与动机对于说明行为的社会危害性具有决定意义时,这种目的与动机即被《刑法》规定为该具体犯罪构成的特定目的要素与特定动机要素,从而这一目的与动机就成为该具体犯罪本体构成之诸多要素的组成部分。

思考题

1. 为什么应当界分特定动机、特定目的与犯罪动机、犯罪目的?
2. 特定目的与直接故意的危害目的之间的关系是什么?

第 26 节 故意与过失的缺乏(不可抗力及意外)

1. 故意与过失的缺乏,是指基于一定事由的存在,在作为一般场合的原则性判断的本体构成阶段,行为人的故意与过失就不能成立的情形。例如,事实错误可能导致故意缺乏(第 23 节 D 段 1),注意义务免除导致过失缺乏(第 24 节 D 段 2、4)。此外,不可抗力与意外事件也是导致故意与过失缺乏的事由。不可抗力因不能意志行为而非构成要件行为(第 18 节段 6),意外事件因不应预见危害结果而无主观责任。而我国《刑法》第 16 条将不可抗力作为一种无罪过事件,该条也将意外事件并列置于一种无罪过事件的地位,从而不可抗力与意外事件均无责任意思,系缺乏主观责任的事由。

2. 刑法理论一般均将不可抗力与意外事件作为主观责任问题,不少论著也进而将之归入阻却责任的缺乏期待可能性的事由。本书区别责任的缺乏与责任的阻却(第 16 节段 19),由此基于我国《刑法》的规定以及本书的理论体系框架,不可抗力与意外事件属于责任缺乏而非责任阻却的事由。不可抗力与意外事件之缺乏故意与过失,是在本体构成阶段的行为类型性的评价中,故意与过失的责任就未能得到肯定(A);而不是说故意与过失在行为类型性的意义上获得肯定,其后在具体案件中由于存在特殊事态而致故意与过失的责任被阻却(B)。A 者如案例 26-1,甲主观上即无故意与过失;B 者如案例 26-2,基于类型性评价,甲不可谓没有故意,但因缺乏期待可能性,其故意责任被阻却。

案例 26-1:在抢劫银行中,银行保安甲被捆绑而不能抗拒去履行职责。

案例 26-2:三人连绳攀岩,其中一人(乙)严重滑落并将导致其余二人也被牵入深谷,危急中紧贴滑落者的连绳人(甲)将绳索割断。对甲应当如何处理?

一、不可抗力事件

3. 不可抗力事件,是指行为人的行为受到完全强制而丧失意志自由,主观上缺乏故意或者过失,而客观上却造成了损害结果的情形。

4. 基于《刑法》第 16 条的规定,不可抗力事件的核心**特征**表现为"**不能抗拒结果**",具体包括:(**1**) **受到完全强制**:不可抗力意味着行为人的行为受到来自自然或人为的完全强制,由此行为人丧失了意志自由。(**2**) **丧失行为能力**:受到完全强制与丧失意志自由,意味着其行为并非意识与意志支配下的行为,不是刑法上的行为。(**3**) **造成客观损害**:行为在客观上造成了损害结果的发生,行为与损害结果之间存在因果关系。

5. **不可抗力事件与过于自信过失**,主观上对于行为危害结果的发生均有所认识并均持反对态度,客观上行为均导致了危害结果的发生,因而两者较为相似,但是两者有着重大区别。(**1**) **认识因素**:就认识程度而言,不可抗力事件包括认识到危害结果发生的可能性与必然性,并且常常是必然性认识,而过于自信过失只是认识到危害结果发生的可能性;从认识时间来看,不可抗力事件对于危害结果发生的认识主要是在行为的过程中,而过于自信过失的认识可以并且常常起始于行为之前。(**2**) **意志因素**:不可抗力事件对于危害结果的发生不应当避免,行为人既不具有避免义务也不具有避免能力,而过于自信过失对于危害结果的发生应当避免却没有避免。

二、意外事件

6. **意外事件**,是指行为人遭遇严重反常的情境而致其丧失认识能力,主观上缺乏故意或者过失,而客观上却造成了损害结果的情形。

7. 基于《刑法》第 16 条的规定,意外事件的核心**特征**表现为"**不应预见结果**",具体包括:(**1**) **遭遇反常情境**:行为人行为时遭遇严重的反常情境,由此行为人丧失了预见行为损害的可能。这种严重反常情境,既可是突如其来的,也可是非突然性的,但是不论怎样,这种情境所现事态是严重违背常理、常规与常态的。(**2**) **丧失预见能力**:反常情境致使行为人对于行为的性质与后果丧失了预见能力,也即在当时的场合,行为人对于行为的损害既不存在预见的可能性,也不具有预见的现实性。(**3**) **缺乏主观责任**:意外意味着,行为人没有预见行为的损害结果,从而排除了故意的成立;同时,行为人也缺乏预见行为损害结果的责任,由此排除了过失的成立。(**4**) **造成客观损害**:行为在客观上造成了损害结果的发生,行为与损害结果之间存在因果关系。

8. **意外事件与疏忽大意过失**,主观上对于行为危害结果的发生均没有预见并且均缺乏意志因素,客观上行为均导致了危害结果的发生,因而两者较为相似。但是,两者有着重大区别,主要表现在**认识因素**上:(**1**) **对于危害结果的发生**,意外事件强调没有预见也不应当预见(缺乏预见能力与预见义务),而疏忽大意过失强调没有预见但是应当预见(具有预见能力与预见义务);(**2**) **对于行为的损害结果没有预见**,意外事件是因为客观上遭遇严重的反常情境所致,而疏忽大意过失是因为主观上疏忽大意所致。见表 26-1。

表 26-1　主观心态诸要素比较表

认识结果	没有认识 不应认识	意外事件
	没有认识 应当认识	疏忽大意过失 （没有履行认识结果义务）
认识结果	没有避免 无法避免	不可抗力 非意志行为,非刑法行为
	没有避免 本可避免 存在凭借条件	过于自信过失 （没有履行避免结果义务） 没有充分措施
放任结果	不予避免 本可避免 并无凭借条件或者所谓凭借并无意义	间接故意 不予采取措施
追求结果		直接故意

思考题

1. 不可抗力与意外事件的理论地位是什么？
2. 如何具体界分不可抗力与被胁迫？

第4编 犯罪典型构成之消极要件：严重危害阻却要素

第8章 违法阻却事由

第27节 违法阻却事由概述

一、违法阻却事由的概念及地位

1. **违法阻却**，是指在具体案件中由于存在特殊事态而致行为的法益侵害特征被阻却。这些特殊事态即为**违法阻却事由**，又称正当化事由。一般而论，违法阻却事由系属阻却犯罪成立的消极要素。然而，不同犯罪论体系，对于正当化事由的理论地位也有不同的定位。

2. 大陆法系刑法理论通说，称正当防卫、紧急避险等为"阻却违法事由""排除违法事由""正当化事由"或者"消极的犯罪构成要件"，意指行为符合构成要件，但不具有违法性（即阻却违法性），进而也不成立犯罪。

3. 我国四要件犯罪论强调犯罪概念是犯罪构成的基础而犯罪构成是犯罪概念的具体化。因此，行为不具有犯罪概念的社会危害性，行为也就不符合犯罪构成，而正当防卫等正是此等缺乏危害性的行为。

4. 立于双层多阶犯罪论体系，正当防卫、紧急避险等特定事由系法律规定的或者认可的、对于合法权益予以保护的行为或者对于特定场合有关利益的允许侵害，由此其阻却了侵害法益（实质违法性）的成立，从而阻却了本体构成的符合，进而成为不能成立犯罪的根据。①

二、违法阻却事由的本质及机能

5. 对于违法阻却事由的本质，或称某项事由得以阻却违法性的根据，大陆法系

---

① 详见张小虎：《犯罪论的比较与建构（第二版）》，北京大学出版社2014年版，第380页。

刑法理论存在目的说、法益衡量说、社会相当说的见解。

6. 立于双层多阶犯罪论体系,正当化事由系犯罪成立消极要件之违法阻却事由。违法性的实质系法益侵害,违法性阻却也即法益侵害阻却,其是立于法益之价值实质层面对于违法性的判断。法益为法律所保护的利益与价值,而这种利益与价值之所以为法律所保护,就宏观意义而论,在于其符合社会伦理价值与社会秩序要求。正当化事由在实质上符合社会伦理价值与社会秩序要求,从而并不具有法益侵害的本质属性,进而在本质上并不具有违法性。①

7. 作为违法阻却事由的正当化事由属于犯罪成立的消极要素,立于犯罪成立判断中的要素缺乏与要素阻却的差异(第16节段19),这一消极要素的判断在犯罪成立的评价中具有特定的思维路径,即正当行为在形式上符合客观事实要素而在本质上没有违法性(第16节段7、13)。

8. 正当化事由,根据有无刑法明确规定的不同,可以分为法定的正当化事由与超法规的正当化事由。立于我国《刑法》的规定,法定的正当化事由是指正当防卫(第20条)、紧急避险(第21条)。超法规的正当化事由,是指刑法理论与司法实践认可的被害人承诺的行为、执行命令的行为、正当业务的行为、自救行为等。

思考题

1. 应当如何确立违法阻却事由在犯罪论体系中的理论地位?
2. 执行命令的行为是违法阻却事由还是责任阻却事由?为什么?

第28节 正 当 防 卫

一、正当防卫的概念

1. 刑法理论对正当防卫的界说,实际上是正当防卫成立条件的浓缩。刑法典的规定是刑法理论有关概念的基础与本源。各国刑法典对正当防卫的规定不一,表现出正当防卫制度的差异。

2. 我国《刑法》第20条第1、2款从防卫意图、防卫保护利益的范围、防卫所需的不法侵害及其紧急状况、防卫的具体对象、防卫行为及其损害后果的限度等对正当防卫作了限定,该条第3款还针对特定的暴力侵害行为规定了特殊的防卫限度。基于我国《刑法》的规定,我国刑法理论对于正当防卫的成立条件,主要存在五要件说与三要件说等不同见解。②

3. **正当防卫**,是指为了使国家、公共利益、本人或者他人的人身、财产和其他权

---

① 详见张小虎:《犯罪论的比较与建构(第二版)》,北京大学出版社2014年版,第382页。
② 详见同上书,第384—385页。

利免受正在进行的不法侵害,而对实施不法侵害的人采取制止不法侵害,尚未明显超过必要限度造成重大损害的行为。由此,正当防卫的成立,应当同时具有防卫的目的、前提、时间、对象、限度五项条件。

二、正当防卫的成立条件

(一) 主观条件:出于防卫意思

4. 出于防卫意思,这是强调正当防卫的反击行为必须出于防卫的意图。

5. **防卫意思的蕴含**:对此,日本学者存在防卫认识说、防卫认识并积极防卫目的说、防卫认识并消极防卫目的说等见解。① 应当说,**防卫意思**,是指行为人的防卫反击,基于对不法侵害现实存在与正在进行、防卫对象、合理防卫限度等的认识,并且出于通过必要限度的反击不法侵害者而保护法益免受不法侵害的意志。防卫意思包括防卫认识与防卫意志:(1) **防卫认识**,是指行为人对于不法侵害现实存在与正在进行、对于防卫对象、对于防卫的合理方式及其合理损害等情况的预见或者明知。(2) **防卫意志**,是指行为人基于通过合理限度的反击(损害)不法侵害人,从而保护国家、公共、本人或者他人的法益免遭损害的取向态度。(3) 防卫认识属于必要的**基础与前提**,没有防卫认识不可能形成防卫的意思;同时,防卫意志**亦为必要**,行为人借反击之机恶意攻击对方,这不能说是防卫意思。当然,基于防卫反击的紧迫急切场合,这种防卫意志不一定限于积极防卫意志,也可以表现为**消极防卫意志**②。

6. **防卫意思之成立条件的去留**:这在日本刑法理论存在否定说与肯定说的对立。③ 本书肯定防卫意思对于正当防卫成立的必要,并且也肯定正当防卫的违法阻却事由地位。具体而论:(1) **正当防卫的理论地位**:本书将正当防卫置于严重危害阻却之侵害法益阻却的理论地位(第16节段7、13)。(2) **防卫意思的理论地位**:正当防卫这一事实作为违法性阻却的事由,并不否认正当防卫事实本身由客观与主观的要素构成。而这一构成中的主观要素即为防卫意图的具备,包括合理防卫的认识与保全法益的意志。(3) **保全法益意志与责任**:保全法益意志,从否定行为人所具有的责任来说,其确也具有排除行为人主观上的规范意识欠缺的成分。但是,就防卫意图在犯罪论体系中的地位而论,其首先是决定正当防卫成立的要素。(4) **刑法立法的规范要求**:我国《刑法》第20条第1款的规定表明,正当防卫的成立以防卫意思为必要。除了少数国家④,世界各国多数国家的刑法典在对正当防卫的规定中,也都明确了防卫意思的要求。⑤

7. **偶然防卫的定性**:偶然防卫,是指行为人主观上基于不法侵害的意思,而客观

---

① 详见张小虎:《犯罪论的比较与建构(第二版)》,北京大学出版社2014年版,第400页。
② 关于消极防卫意志的含义,详见同上书,第400页最后一段。
③ 详见同上书,第401页。
④ 例如,《瑞士刑法典》(1942年)第33条。
⑤ 例如,《奥地利刑法典》(1974年)第3条、《泰国刑法典》(1956年)第68条、《意大利刑法典》(1931年)第21条、《日本刑法典》(1908年)第36条、《法国刑法典》(1994年)第122-5条、《俄罗斯刑法典》(1996年)第37条、《德国刑法典》(1999年)第32条、《韩国刑法典》(1953年)第21条。

上偶然地产生了针对不法侵害而保护法益的效果的情形。如案例 28-1 中甲的行为。偶然防卫定性争议的关键是防卫意思不具备,对此刑法理论存在必要说的犯罪性质、不要说的正当防卫、不要说的未遂犯等见解。①本书主张,偶然防卫并非正当防卫,并且视具体情况的不同,可以构成既遂犯或未遂犯。**(1) 并非正当防卫**:基于双层多阶犯罪论体系,正当防卫本质上是侵害法益阻却(违法性阻却)的事由;形式上必须是客观上具有必要的防卫行为、特定的防卫对象、合理的防卫结果等要素,以及主观上具有合理防卫的认识与保全法益的意志的要素。偶然防卫缺乏防卫意思,而不具备正当防卫成立所必需的形式上的主观要素,从而并非正当防卫。**(2) 构成未遂或者既遂**:尽管偶然防卫在客观上偶然地产生了针对不法侵害而看似保护法益的效果,但是偶然防卫属于不法侵害(本节段 6),其对不法侵害人利益的损害仍应受到否定评价,并且这种评价的程度仍应结合行为的主观心态与客观损害的具体情况而论。倘若主观意图实施某一具体犯罪,并且案件的主客观事实呈既遂形态,则构成既遂;反之,符合未遂形态的,则构成未遂。

案例 28-1:甲出于杀害乙的意思,开枪向乙射击,却无意中制止了乙对丙的不法侵害。

8. 挑拨防卫的定性:对此,大陆法系刑法理论存在权限滥用说、原因违法行为说、全体违法说、防卫意思否定说、社会相当性说等见解。②我国刑法理论通常将挑拨防卫理解为故意挑拨防卫,主张对其应以故意犯罪论处。本书立于正当防卫的构成标准,对于挑拨防卫作如下界说,并强调故意挑拨防卫与过失挑拨防卫的区别。**挑拨防卫**,是指行为人故意或过失地招致对方对自己的侵害,进而由此反击该侵害的行为。包括:(1) **故意挑拨防卫**,是指行为人基于攻击侵害对方的意图,挑衅对方侵害自己,再借口正当防卫以侵害对方的行为。故意挑拨防卫通常不属于正当防卫,构成犯罪的应以故意犯罪论处。当然,也不排除在某些场合,被挑拨人以极其激烈的行为回击相对缓和的挑拨,挑拨人回避不及,而予以适当反击,可以考虑成立正当防卫。(2) **过失挑拨防卫**,是指行为人对于自己的行为会招致对方的侵害,应当预见而没有预见或已经预见但轻信能够避免,从而招致对方的侵害而自己防卫反击的行为。如案例 28-2 中甲的行为。在过失招致对方侵害的场合,挑拨人应尽量予以回避,确实回避不及的,为了防卫自身合法权益可予适当反击,这一反击可以成立正当防卫。

案例 28-2:甲出于朋友之间开玩笑,用手指尖弹击乙的脑袋,不料却招致乙的强烈暴力攻击,甲避之不及而在限度内适当反击乙的强烈暴力攻击。

9. 互相斗殴的定性:互相斗殴,是指双方各自基于侵害对方的意图,实施一连串互为侵害的行为。其特点表现在:主观上,斗殴人持积极侵害压制对方的斗殴意思;客观上,斗殴人实施主动侵害对方的斗殴行为。对于互相斗殴,应当区别互相斗殴与**其后的转化情形**。纯粹的互相斗殴,双方均为不法侵害,因缺乏正当防卫的主观条件

---

① 详见张小虎:《犯罪论的比较与建构(第二版)》,北京大学出版社 2014 年版,第 402—403 页。
② 详见同上书,第 404—405 页。

与客观条件,都无从成立正当防卫,构成犯罪的,分别承担相应的刑事法律后果。不过,在互相斗殴情形中断的场合,应当存在正当防卫的余地。具体表现在:一方停止斗殴,而对方继续实施不法侵害,则停止斗殴方可予适当防卫反击,如案例28-3;一方侵害明显增强,而另一方确实回避不及的,可予适当防卫反击,如案例28-4。

案例28-3:在甲乙斗殴过程中,甲放弃斗殴而求饶并逃跑,乙仍穷追不舍,则甲的适度反击可以成立正当防卫。

案例28-4:甲乙赤手空拳相斗,其间乙突然抽出短刀直刺甲的心脏,则甲对乙的刀刺侵害予以适度反击可以成立正当防卫。

10. 保全法益的对象范围:对于正当防卫所能保全法益的对象范围,各国刑法存在仅限防卫个人与包括防卫个人、国家、社会的不同立法。对此,刑法理论对于防卫个人利益通常持肯定态度,而对于能否防卫国家利益则存在肯定说、否定说与原则否定说的见解。① 对于防卫国家利益,本书持肯定说的立场。正当防卫既是对法秩序的维护,也是对法益的保护;刑法保护法益包括保护个人、国家和社会的法益(第4节段4);正当防卫可以出于保全"他人法益",理应也能出于保全"国家法益";认可公民防卫国家、防卫社会,并不意味着公民拥有国家权力;我国《刑法》对于防卫国家与防卫社会,明确予以了肯定。

11. 保全法益的内容范围:(1) **可以防卫财产法益**:对于正当防卫所能保全法益的内容范围,各国刑法立法,或者述以"权利""利益"的抽象概括,或者述以"生命、健康、自由或财产"的具体描述。对此,刑法理论则存在人身权利说与多种权利说的见解。② 本书认为,不应将保全法益内容限于人身权利。正当防卫的意义在于,权益遭受侵害的情况紧急,为了避免时过境迁而造成无可挽回的损失,从而赋予保护权益的防卫权利。由此,在财产等权益遭受正在进行的、现实存在的不法侵害的场合,也应可以采取一定的防卫行动。固然不能仅为了保全财产权益而损害不法侵害者的生命,不过这是防卫限度的问题,而不是防卫内容的覆盖范围。(2) **防卫非法利益问题**:对此,刑法理论也存在肯定说与否定说的见解。③ 本书认为,应当分别两种情形具体分析判断。**A.** 单纯防卫非法利益并非正当防卫,正当防卫所保全的内容应当是合法利益。防卫非法利益的行为,既非本质上的保护法益也无主观上的防卫意图,当然不能称为正当防卫。固然即便是非法利益也不容任意侵害,任意侵害非法利益的行为属于不法侵害,但是不能因为反击不法侵害就应是正当防卫。**B.** 有时情况较为复杂,防卫非法利益与防卫合法利益同时并存。以案例28-5为例,甲防卫赃物属于防卫非法利益,而防卫自己的人身则属于防卫合法利益。在这种场合,对于防卫行为的定性颇值进一步考究。因为在这其中,反击不法侵害的行为包含了防卫合法利益的成分,也就有了主观上存在防卫意图与本质上具有保护法益的余地。

案例28-5:乙抢劫甲的盗窃赃物,甲防卫反击乙的抢劫行为。

---

① 详见张小虎:《犯罪论的比较与建构(第二版)》,北京大学出版社2014年版,第407页。
② 详见同上书,第408页。
③ 详见同上书,第409页。

（二）起因条件：不法侵害现实存在

12. 不法侵害现实存在，这是强调正当防卫必须在侵害具有不法性及现实威胁性的情况下实施。

13. **侵害的不法性**：只有遭受不法侵害，才可进行正当防卫。**不法侵害**，是指违背法律的侵袭损害。对此，**应当注意**：（1）合法行为、合法侵害并非不法侵害，因而不能针对合法行为、合法侵害进行所谓的防卫反击。（2）对于正当防卫、紧急避险也不得实施防卫。（3）不法侵害是否仅指犯罪行为，对此刑法理论存在肯定与否定的对立。应当说，不法侵害可以是**违法行为**。理由如下：我国《刑法》第20条明确表述，正当防卫是"制止不法侵害的行为"，针对的是"不法侵害人"，旨在使合法利益免受正在进行的"不法侵害"；违法行为与犯罪行为的区别是颇具技术性的问题，防卫人难以判断侵害行为到底是犯罪行为还是违法行为；违法行为与犯罪行为的属性，在不法侵害之初依据行为着手时的客观表现也难以判断。有鉴于此，如果将不法侵害局限于犯罪行为，既有违于法条的表述，也不合乎情理。

14. **不法侵害的判断标准**：在国外刑法理论中，对于不法侵害的成立问题，存在主观违法性说与客观违法性说的诠释。在我国刑法理论中，相关的议题被直接表述为对于无责任能力人的防卫问题。① 本书原则上倾向客观违法性的标准，由此存在无责任能力人的法益侵害（第21节A段5），但是这并不意味着无责任能力人的法益侵害就成立这里的"不法侵害"。具体地说：（1）**"不法侵害"含义**：作为正当防卫起因条件的"不法侵害"，应是整合了主观要素与客观要素的违法侵害行为，而不是单纯的具有法益侵害属性的违法性；这近似于犯罪的违法性与行为的违法性的区别（第14节段12），这里的"不法侵害"系"违法的侵袭损害"但未必已达犯罪程度（本节段13）。因此，无责任能力人的行为不能成立这里的"不法侵害"。（2）**反击无责任能力人的属性**：对无责任能力人的侵害行为，不能回应以正当防卫，但可予以紧急避险；在人身侵害的场合，如果造成侵害人重大伤亡的，可以考虑行为人缺乏期待可能性（本节段28）。从法的价值层面来说，如果承认对无责任能力人也可正当防卫，则这种正当防卫的界说失去了其法的社会道义性，而法的社会道义性是法的正当性的根基。（3）**反击意外事件的属性**：意外事件因缺乏主观责任也非这里的"不法侵害"（本节段13），如案例28-6中甲的行为并非正当防卫。

案例28-6：建筑工地上乙推着满载沙土的小车疾步正常前行，前方幼儿丙突然窜出横穿道路，在一旁施工的甲抢先将手中的粗棒扔出挡在车前，因车遇制动致乙撞车而伤。

15. **侵害的现实威胁性**：正当防卫应当针对具有紧迫性的不法侵害，这里的"**紧迫性**"包括侵害的现实威胁性及不法侵害的正在进行（本节段19）。其中，侵害的现实威胁性具体表现在：（1）**不法侵害的客观真实性**：立于客观评价的基点，不法侵害实际存在，而非防卫人的主观臆测或者误解，从而发动防卫现实紧迫。假想防卫不是

---

① 详见张小虎：《犯罪论的比较与建构（第二版）》，北京大学出版社2014年版，第387页。

正当防卫。**(2) 不法侵害的性质威胁性**:不法侵害的性质相当严重,表现出手段具有较大的暴力性或破坏性,对于人身、财产等损害构成直接威胁,从而防卫需要紧迫。**(3) 不法侵害的强度威胁性**:不法侵害的强度相当猛烈,表现出形成较大程度的损害与危险,从而防卫需要紧迫。对于轻微且态势并不严重的侵害,不宜防卫反击。

16. **针对有关特殊侵害行为的防卫反击**:**(1) 针对过失行为的防卫反击**。刑法理论存在肯定说、附条件肯定说与否定说的不同见解。① 对此,本书原则上持肯定说的立场。过失行为不失为不法侵害,在过失行为具有法益侵害现实紧迫性的场合,对之实施防卫反击,符合正当防卫的本质意义,可以使法益得到有效的保护。如案例 28-7 中甲的行为。**(2) 针对不作为侵害的防卫反击**。刑法理论也存在肯定与否定的对立。② 对此,本书肯定对某些不作为侵害可予防卫反击。不作为侵害对于危害结果的发生具有原因力的作用,不作为侵害也可以形成法益侵害的现实紧迫性,当然不作为侵害也不失为不法侵害。对于这样的不作为侵害予以防卫反击制止,可以有效地保护法益免遭侵害。如案例 28-8 中甲的行为。**(3) 针对防卫过当的防卫反击**(又称反防卫、逆防卫)。刑法理论同样存在肯定说与否定说的争议。③ 对此,本书主张通常不宜承认反防卫。应当看到,防卫过当一般是需要经过复杂的司法过程与冷静的理性思辨予以认定的法律事实,而防卫过当是反防卫的前提;在防卫过当并非明显的场合,如果承认反防卫,这是给先前的不法侵害人(反防卫人)进一步侵害防卫人提供了良好的借口;尤其我国现行《刑法》第 20 条第 2 款放宽了防卫限度,第 20 条第 3 款还设置了特殊防卫规定,从而使防卫过当的情形进一步缩减;承认反防卫,无疑会给防卫人造成心理压抑,显然是在规则上要求防卫人谨小慎微防卫,这也有违正当防卫设置的政策初衷与法理;承认反防卫,也予司法认定以过高的期待,司法人员需要在正当防卫与反防卫粘合成一体的现象中,明确防卫过当的时点、表现等。由此,完全肯定反防卫颇值考究。当然,倘若不法侵害人(甲)相对缓和的不法侵害却招致对方(乙)极其强烈的暴力反击行为,此时甲应当尽量予以回避,确实回避不及的,为了防卫自身合法权益可以予以适当的制止反击。

案例 28-7:乙在加油站正在点燃香烟,甲为了防止火灾而在限度内将乙击伤。

案例 28-8:乙交通肇事致丙重伤生命垂危,乙本应并可以将丙迅速送往医院而避免丙的死亡,但是乙却不予救助,甲为了保护丙的生命可以对乙实施一定限度内的暴力强制行为。

17. **假想防卫并非正当防卫**:假想防卫,是指行为人主观认识上发生了错误,基于防卫意图,对于事实上并非是不法侵害的行为,实施了所谓的防卫反击。对于假想防卫刑法理论存在广义说与狭义说的不同见解,本书仅将假想防卫界定为并无不法侵害场合的认识错误防卫(无起因防卫)。如案例 28-9。假想防卫给被害人造成损害的,按照事实认识错误处理。该案中,甲对丙系躲避抢劫的事实情况,应当预见而没

---

① 详见张小虎:《犯罪论的比较与建构(第二版)》,北京大学出版社 2014 年版,第 389 页。
② 详见同上。
③ 详见同上书,第 390 页。

第28节 正当防卫

有预见的,承担过失责任;对于这一事实情况,没有预见也不应当预见的,属于意外事件。应当注意,过失假想防卫未必都是过失犯罪,如果这种假想防卫的过失责任又与缺乏期待可能性的防卫(免责的防卫,本节段28)相伴,则这一过失的假想防卫仍不能成立犯罪。

案例 28-9:丙深夜遭遇歹徒抢劫,逃离中撞门进入甲家躲避,甲误以为丙是抢劫犯,将丙打成重伤。

18. **假想防卫过当**:即假想防卫并防卫过当,是指行为人主观认识上发生了错误,基于防卫意图对事实上并非是不法侵害的行为实施了所谓的防卫反击,却明显超过了必要限度造成了重大损害。对此,应当注意:**(1) 假想防卫过当分为**:A. 假想防卫并过失防卫过当,即行为人假想防卫,并对过当结果持有过失心态。B. 假想防卫并间接故意防卫过当,即行为人假想防卫,并对过当结果持有间接故意心态。**(2) 具体处置**:如果假想防卫属于过失,则过失假想防卫并过失(或间接故意)防卫过当,近似想像竞合犯(从一重处断),行为人对过当结果承担过失(或间接故意)责任;如果假想防卫属于意外,则意外假想防卫并过失(或间接故意)防卫过当,行为人仍需对过当结果承担过失(或间接故意)责任。

(三) 时间条件:不法侵害正在进行

19. 不法侵害正在进行,这是强调必须不法侵害正在进行才可实施正当防卫。这是正当防卫须针对"紧迫性"不法侵害的又一蕴含(本节段15)。

20. **正在进行**:是指不法侵害已经开始并尚未结束,其在本质上意味着法益侵害情况紧急且当时可以避免或者挽回损失。其关键是不法侵害的已经开始与尚未结束。**以下情形**可谓正在进行:**(1)** 对于法益构成严重现实威胁的,可以视作不法侵害已经开始,如案例28-10中甲的行为。**(2)** 法益正处于实际遭受侵害的状态,或者法益遭受侵害的广度和深度仍在延续,如案28-11中乙的生命健康所处的被侵状态。**(3)** 对于当时仍有挽回侵害法益余地的情形,也应视作不法侵害尚未结束,如案例28-12中甲的行为。

案例 28-10:甲取出枪支尽管尚未指向被害人乙,但是乙的生命已处于严重现实威胁的状态。

案例 28-11:甲持刀将被害人乙砍伤,并且持刀继续追击与砍杀乙。

案例 28-12:盗窃者甲尽管已获财物,但被被害人乙及时发觉而在逃离案发现场的过程中。

21. **已经开始的标志**:对此,刑法理论存在进入现场说、着手说、面临危险说、合并说等见解。① 本书主张**以着手作为不法侵害已经开始的标志**,而着手存在形式与实质的内容。在实际中对着手的判断应当结合着手的形式意义与实质意义。**(1) 在形式上**,着手意味着行为人开始实施刑法分则所规定的具体犯罪基准构成的实行行为。刑法分则所规定的具体犯罪基准构成的实行行为,即基准实行行为,其是具体犯罪构

---

① 详见张小虎:《犯罪论的比较与建构(第二版)》,北京大学出版社2014年版,第391页。

成要件行为的标志。基准实行行为的起始就是着手。**(2) 在实质上**,着手意味着对刑法保护的具体法益开始造成损害或者处于造成损害的直接威胁,在发生法定损害结果(特定构成结果)的场合损害结果开始形成或者形成在即。刑法保护的具体法益面临严重、现实与紧迫的威胁即可视为着手。如案例 28-10 中甲的行为(本节段 20)。

22. **尚未结束的标志**:对此,刑法理论存在离开现场说、行为完毕说、排除危险说、事实继续说、结果形成说、权利回复说、合并说等见解。① 本书主张以法益侵害发展或法益回复可能作为不法侵害尚未结束的标志;在此,法益侵害发展与法益回复可能,对于正当防卫的时间条件来说,是"或者"的关系。具体地说:(1) **法益侵害发展**,是指基于行为人的侵害行为,法益侵害的广度或深度尚在延续之中,或者法益面临着遭受进一步侵害的严重现实威胁。如案例 28-11 中乙的被侵法益(本节段 20)。基于正当防卫的本质意义,立足**不法侵害**考察,法益侵害仍然处于基于行为作用的发展之中,具有防卫的可能。(2) **法益回复可能**,是指针对不法侵害实施当场的防卫反击仍有挽回既已遭受侵害的法益损失的余地,致使法益侵害减小到最低限度。如案例 28-12 中乙的被侵法益(本节段 20)。着眼**防卫反击**分析,当场自力可以致使遭受侵害法益得以回复,具有防卫的必要。②

23. **防卫不适时的特征与类型**:对于防卫不适时的理解,刑法理论存在故意犯罪说、过失犯罪或意外事件说、故意犯罪或假想防卫说等的争议。③ 就术语的本意而言,防卫不适时意味着"防卫"的"不适时",即依然具有防卫的倾向,只是时间不恰当。词应达意。由此,**防卫不适时**,是指行为人基于防卫的意图,但对防卫时间存在错误认识,从而在不法侵害尚未开始或者已经结束的时候,对他人实施了自认为是防卫的损害行为。(1) **防卫不适时的特征**:主观上,行为人因防卫时间的认识错误而持有防卫意图;客观上,行为人对他人实施了自认为是防卫的损害行为;时间上,行为人的行为实施于不法侵害尚未开始或者已经结束。(2) **防卫不适时的类型**:A. 事先防卫,是指在不法侵害尚未开始的时候进行所谓的防卫反击。如案例 28-13 中甲的行为。B. 事后防卫,是指在不法侵害已经结束的时候进行所谓的防卫反击。如案例 28-14 中甲的行为。

案例 28-13:丙与甲发生口角,丙持棒在手尚未对甲进行击打,而甲却误认为丙的击打已经开始,即拔刀将丙刺伤。

案例 28-14:丙对甲实施不法侵害,甲予以反击并致丙的双眼被尘土"迷"住,而甲却误认为丙仍有侵害能力,于是继续用刀将丙刺伤。

24. **防卫不适时与相关情形的区别**:(1) **防卫不适时不同于假想防卫**。A. 相似之处:主观上,均出于防卫意图并错误地认为自己的行为是防卫行为;客观上,均对他人实施了自认为是防卫的损害行为。B. 区别要点:主观上,防卫不适时行为人错误认识的内容是不法侵害的起止;而假想防卫行为人错误认识的内容是不法侵害的存

---

① 详见张小虎:《犯罪论的比较与建构(第二版)》,北京大学出版社 2014 年版,第 392 页。
② 详见同上书,第 392—395 页。
③ 详见同上书,第 395—396 页。

否。客观上,防卫不适时不法侵害可能将来发生也可能已经过去,而假想防卫不法侵害自始至终都不存在。**(2) 假想防卫与防卫不适时的竞合**。这一竞合情形的特点是,防卫人对不法侵害存否与不法侵害起止均存在错误认识。这一竞合情形在假想防卫属于意外时,对于防卫行为的定性具有重要意义。防卫人对于并不存在不法侵害的错误属于意外,并不意味着其对自认是不法侵害的起止的错误也是意外,在此场合防卫人仍应承担过失责任。如案例 28-15 中甲的行为。**(3) 防卫不适时不能是直接故意犯罪**。A. 相似之处:主观上,两者针对造成他人损害的结果均持希望态度。客观上,防卫不适时与直接故意犯罪均实施了造成他人损害的行为。B. 主要区别:防卫不适时出于防卫的意图,而直接故意犯罪存在对于社会的危害目的。**(4) 防卫不适时可能是过失犯罪**:防卫不适时的行为人,很可能对不法侵害起止的错误认识存在过失,并且对自己行为的危害结果具有过失。防卫不适时的行为人,也很可能造成"特定构成结果的实际发生"这一过失犯罪成立所需的客观事实要素。**(5) 防卫不适时可能是间接故意犯罪**:防卫不适时而成立的犯罪,原则上都是结果犯;防卫不适时的行为人,很可能造成特定构成结果的实际发生。防卫不适时的行为人,尽管出于防卫的意图,但是不排除防卫心切而置已经认识到的不适时防卫及其造成危害结果于不顾,放任这种结果的发生。**(6) 防卫不适时可能是意外事件**:防卫不适时的行为人,很可能对不法侵害起止的错误认识属于意外,并且对自己行为的危害结果,既没有认识也不应当认识,即使客观上发生了这种结果,然而行为人主观上并无责任。(7) 防卫不适时不包括事先侵害与事后侵害(**防卫不适时与事先侵害及事后侵害**)。**事先侵害**,是指行为人出于侵害的意图,在不法侵害到来之前对他人实施侵害行为,是一种先行下手行为。如案例 28-16 中甲的行为。**事后侵害**,是指行为人以侵害的意图,在不法侵害既已过去对他人实施侵害行为,是一种报复行为。如案例 28-17 中甲所补的一刀即为事后侵害。事先侵害与事后侵害,构成犯罪的均为故意犯罪,它们与防卫不适时的关键区别在于,事先侵害与事后侵害的行为人出于加害意图且对侵害时机没有错误认识,而防卫不适时的行为人出于防卫意图而对防卫时间存在错误认识。在不可能存在认识错误的场合,也就没有防卫不适时存在的余地。①

案例 28-15:甲夜间曾遭歹徒入室抢劫,某日深夜邻居(乙)家有人重病求助于甲,未先声言而急促敲门,甲误以为又遭歹徒抢劫,于是持棒在开门之际当头一棒将乙打成重伤。

案例 28-16:甲听闻乙在家磨刀要来杀甲,于是先行持刀闯入乙家将乙杀死。

案例 28-17:乙无故持棒闯入甲家实施打砸,甲从厨房取刀反击,双方打斗中甲将乙驱赶至门外砍倒在井边不能动弹,甲从井里打上一桶水泼在乙的身上,见乙又动弹即上去补了一刀致乙死亡。

25. **预设防范装置的具体性质**:**预设防范装置**,是指行为人基于防范不法侵害的意图,预先设置具有人身财产等损害功能的装置,以便在特定的场合自动发生效果。

---

① 详见张小虎:《犯罪论的比较与建构(第二版)》,北京大学出版社 2014 年版,第 396—398 页。

预设防范装置是否属于正当防卫,刑法理论存在正当防卫说、分别情况存在正当防卫说、分别情况并非正当防卫说等见解。① 事实上,根据不同情况预设防范装置可能是:**(1) 合法行为**:预设防范装置并不危及公共安全,包括并未使用法律禁用的器械等,则不为法律所禁止。**(2) 不法行为**:预设防范装置只要危及公共安全的,就可视作不法行为。包括预防装置伤及无辜以及伤及不法侵害人。**(3) 视作正当防卫**:在预设防范装置并不危及公共安全因而合法的场合,装置在遭遇不法侵害时起到了制止不法侵害的效用,并且并未超过必要限度造成重大损害,对此可以视作正当防卫。严格来讲,这一情形与正当防卫存在着**区别**:正当防卫针对特定的不法侵害人,而预设防范装置针对不特定的不法侵害人;正当防卫的防卫反击行为紧随于不法侵害行为时或后,而预设防范装置系防范预设而装置触发于不法侵害时或前或后。不过,合法的预设防范装置与正当防卫在本质上相近,从而可以视作正当防卫。

(四) 对象条件:针对不法侵害者本人

26. 针对不法侵害者本人,这是强调正当防卫的反击行为必须针对不法侵害者本人。

27. **不法侵害者本人**:是指正在实行违背法律的侵袭损害行为的自然人。分而述之,这意味着防卫对象应当是:**(1) 自然人**。基于单位的侵害通常不具紧迫性,尤其是单位主体的表现以"整体"为基本特征,难以形成具体明确的防卫对象,因此单位一般不构成防卫对象。**(2) 实行者本人**。强调正当防卫所损害的利益,只能针对实行不法侵害行为的本人,而不能及于第三者。因错误认识而对第三者实施了防卫,按事实认识错误处理。**(3) 正在实行者**。正当防卫只能针对正在实行不法侵害行为的人实施。尚未开始实行不法侵害的人,或者已经将不法侵害行为实行完毕的人,均不能成为正当防卫的对象。

28. **对无责任能力人的防卫问题**:对无责任能力人的侵袭,刑法理论存在可以正当防卫、有限正当防卫、不能正当防卫、未知场合的防卫构成假想防卫等见解。② 无责任能力人的侵害行为,按照大陆法系客观违法性说可以构成违法,而基于主观违法性说则不能成立违法,依据我国主客观统一的犯罪构成理论也不能成立犯罪。本书认为对系正当防卫前提的"不法侵害"应作特定理解(本节段 6)。由此无责任能力人的侵害行为并非不法侵害,进而对之予以防卫反击不能成立正当防卫。但是,这样的防卫反击具有责任阻却事由的缺乏期待可能性,从而不能被评价为犯罪。具体地说:**(1) 免责的防卫**:面临无责任能力人严重与紧迫的侵害,防卫人缺乏适法行为的可期待性,其实施防卫反击造成无责任能力人损害的,可以被评价为缺乏期待可能性的行为,或称**免责的防卫**。本书这里的"免责的防卫"(A)不同于德国、日本刑法理论所称的"防御性避险"(B)。在犯罪论体系中的地位上,A 系有责性问题,而 B 系违法性问题(第 29 节段 18)。"免责的防卫"(A)虽与《德国刑法典》第 35 条"**免责的避险**"

---

① 详见张小虎:《犯罪论的比较与建构(第二版)》,北京大学出版社 2014 年版,第 398 页。
② 详见同上书,第 411 页。

(C)有相似之处,但按照我国《刑法》第 21 条的规定,其不能被称为"避险"。因为 A 损害的是侵害人本人而非第三者法益;而我国《刑法》的避险损害的是第三者法益。
(2)认识错误的分析:在这种场合下如出现认识错误,行为的定性也能在这一责任的评价中获得合理解决。A. 防卫人对侵害人责任能力误无为有,而实施了防卫反击,这可谓假想防卫,防卫人的这种认识错误如系意外,客观上实施了合理限度的防卫,由此缺乏责任而不承担刑事后果;如果防卫人对侵害人的无责任能力应当认识而没有认识,似行为人对这一假想防卫存在过失,而即使行为人认识到侵害人的无责任能力,其防卫行为也系缺乏期待可能性的行为。B. 防卫人对侵害人的责任能力误有为无,而实施了合理限度的防卫反击行为,在这一认识错误的防卫中,防卫人主观上缺乏期待可能性;如果防卫人应当认识到侵害人有责任能力而没有认识,然而即使防卫人对错误没有过失,其出于防卫意图而实施合理限度的防卫,仍可成立正当防卫。

29. 对物之侵害的防卫问题:**对于物的防卫**,是指基于防卫意思,对于由人饲养或者管理的动物,或者其他物品的侵害所进行的反击。对于野兽等无主物侵害的反击,通常不发生法律问题;而当遭遇禁猎动物侵害予以反击,可以考虑按紧急避险处理。在此,需要探讨的对于物的防卫存在两种情形:**(1)自然引发的物的侵害**,即物的自然侵害,对此刑法理论存在肯定说、否定说等见解。① 本书认为,正当防卫对象限于实行不法侵害行为的自然人。在物的自然侵害中,不存在实行不法侵害的自然人,从而无从论及正当防卫。而当物的自然侵害具有紧迫性,为了保全遭受危险的法益,而适度损害侵害物或第三物,可以成立紧急避险。**(2)人为引发的物的侵害**,即物的人为侵害,对此刑法理论通常认为,这种侵害形为物的侵害而实为人的侵害。② 在此,物只是一种特殊的侵害工具,对之实施防卫反击,实质是对人的不法侵害的制止,可以解释为正当防卫。

30. 对共同犯罪的防卫问题:在不法侵害为共同犯罪的场合,倘若各个共同犯罪人均为正犯,那么每个共同犯罪人都可以成为正当防卫的对象。如案例 28-18 中甲的行为系正当防卫。问题是,在存在分工的场合,各个共犯能否成为防卫对象,对此存在肯定说、否定说、区别说的见解。③ 本书主张,对于共同犯罪的防卫应当考虑到共同犯罪行为所具有的整体性以及正当防卫必须面临侵害紧迫性这两个方面,从而对处于实行现场的共犯(教唆犯、帮助犯)可以正当防卫。具体地说:**(1)**这里的实行现场并不等同于犯罪现场。犯罪现场意义广泛,而实行现场是指犯罪人实施实行行为的场所。**(2)**根据共犯所处场合的不同,防卫对象也有所差异。当教唆犯、帮助犯在实行现场教唆、帮助,则其可以成为防卫对象;反之,当共犯不在实行现场教唆、帮助时,则其不能成为防卫对象。

案例 28-18:乙和丙共同对甲实施不法侵害,乙持刀向甲刺来同时丙挥拳向甲打来,甲顺势将丙拉挡在自己的胸前,致使乙的一刀刺中了丙。

---

① 详见张小虎:《犯罪论的比较与建构(第二版)》,北京大学出版社 2014 年版,第 412 页。
② 详见同上书,第 413 页。
③ 详见同上。

31. **对间接正犯的防卫问题**：对间接正犯的防卫也应分别不同情况区别对待：**(1)** 被利用者直接实行侵害，且被利用者的行为构成犯罪（第 45 节 F 段 12），而间接正犯也处于实行现场时，被利用者与间接正犯均可成为防卫对象。不过，当间接正犯并不处于实行现场时，被利用者可以成为防卫对象，而间接正犯则无从成为防卫对象。被利用者实行侵害前，间接正犯的唆使、利用等行为因尚未形成侵害的紧迫性，此时的间接正犯也不能成为防卫对象。**(2)** 在被利用者并不构成犯罪的场合，被利用者行为的不法侵害性质尚有疑问（第 45 节 F 段 10），进而会影响到被利用者防卫对象的地位。对此，如果被利用者缺乏责任能力，则属于对无责任能人的防卫问题（本节段 28）；而对于"合法行为的工具"的情形（第 45 节 F 段 10），由于被利用者的行为具有合法性，从而其不应成为防卫对象，但对其适度的反击也可以被解释为缺乏期待可能性的责任阻却事由。

（五）限度条件：尚未明显超过必要限度造成重大损害

32. 尚未明显超过必要限度造成重大损害，这是强调正当防卫的反击行为及其效果必须具有一定幅度的限制。

33. **防卫限度的立法状况与理论见解**：对于防卫限度，各国刑法典均有规定，不过立法模式则样态纷呈。而刑法理论主要聚焦于必要性、相当性、被迫性、不得已等要素来阐释防卫限度的应然标准及其蕴含。德国学者强调防卫限度的必要性；法国学者强调防卫限度的必要性与相当性；意大利学者强调防卫限度的被迫性、必要性、相当性。我国学者对于防卫限度存在相当说、必要说与折中说的不同见解。①

34. **必要性与相当性的标准定位**：中外刑法理论对于正当防卫限度，总的原则是，既要有利于紧急情况下对法益的及时保护，又要有所节制保障侵害人应有的利益。具体地主要以必要性并相当性为标准。**(1) 必要性**强调防卫行为为制止不法侵害所必要，即有效抗制，不可缺少；属于防卫限度的基础要求，以行为评价为核心。这种必要性判断，需要考虑防卫行为与侵害行为的强度及方法，防卫所面临的危险性（侵害行为所构成的危险性），防卫手段的可选择性，侵害人与防卫人的个人情况，侵害与防卫的时间、地点、环境等因素。**(2) 相当性**强调防卫行为所造成的利益损害与侵害行为所可能的利益损害相当，即两相权衡，对比适度；属于防卫限度的终端要求，以结果评价为核心。这种相当性的判断，需要考虑法益所面临的威胁、防卫法益与侵害法益的性质及程度等因素。为了防卫性自由，可以造成人身死亡损害；而单纯地为了防卫财产利益，则不能承认生命损害。**(3) 我国《刑法》的规定**：刑法理论防卫限度的必要性、相当性这一思路，也为我国刑法立法所确认。1979 年《刑法》第 17 条第 2 款规定：正当防卫不能"超过必要限度造成不应有的危害"；1997 年修订的《刑法》第 20 条第 2 款规定：正当防卫不能"明显超过必要限度造成重大损害"。显然，不论是 1979 年《刑法》还是 1997 年修订的《刑法》，均强调防卫行为的必要限度与防卫结果的损害限度。

---

① 详见张小虎：《犯罪论的比较与建构（第二版）》，北京大学出版社 2014 年版，第 415—419 页。

35. **必要性与相当性的客观关系**：对此，我国刑法理论存在结果定论、行为定论、统一关系的见解。① 应当说，必要性与相当性是防卫限度的两个相辅相成但未必一致的要素。理论上，防卫过当意味着防卫行为与防卫结果超过防卫限度，而立法上，防卫过当是指防卫明显超过必要限度造成重大损害。这意味着：(1) 对于防卫过当的成立来说，"明显超过必要限度"与"造成重大损害"，两者缺一不可从而共同成为防卫过当的要素。(2) "明显超过必要限度"作为过当的基础意义，具有"因"的地位，而"造成重大损害"作为过当的终端表现，具有"果"的地位。(3) 就现实表现来看，没有"明显超过必要限度"，通常不会"造成重大损害"；而"明显超过必要限度"，未必一定"造成重大损害"；"造成重大损害"，通常但未必"明显超过必要限度"。(4) 因此，没有造成重大损害，不用考虑是否明显超过必要限度；存在造成重大损害，尚需认定是否明显超过必要限度。

36. **"明显"与"重大"的蕴含**：相对于 1979 年《刑法》，1997 年修订的《刑法》放宽了防卫限度，强调只有在突破必要性"明显"、超越相当性"重大"的情况下，才存在防卫限度缺失。在此，**明显超过必要限度**，意味着防卫行为清楚显露地超越不法侵害，防卫人与侵害人的个人情况及手段强度等显失比重(手段权衡)；**造成重大损害**，意味着防卫行为所造成的利益损害，在性质或程度上大幅度地超越不法侵害所可能的利益损害(利益权衡)。"明显"与"重大"的判断需要基于**具体情形分析**，例如：(1) **人身伤亡结果**：通常，只有造成不法侵害人重伤或者死亡的，方有可能被认作是"造成重大损害"；不过，防卫中造成不法侵害人重伤或者死亡的，不一定就是"明显超过必要限度"。如案例 28-19 中甲的防卫。(2) **财产利益与生命利益**：不能为了防卫财产利益而以"明显"手段损害生命利益。对于单纯盗窃行为的防卫不能以"明显"手段造成不法侵害人死亡。(3) **强奸犯罪与生命健康**：对于具有现实紧迫性的强奸犯罪侵害，为了保全合法利益，可以损害不法侵害人的生命健康。(4) **行为的危险程度**：为了有效制止不法侵害，防卫行为的危险程度可以适当大于不法侵害行为的危险程度，但是两者不能相差太大。(5) **行为人的侵害能力**：侵害能力、侵害手段、环境条件等，对于最终的效果具有互补性。为了实现一定的防卫效果，能力强悍者只需采取轻缓的手段，而能力羸弱者则须选择激烈的手段。

案例 28-19：乙入室盗窃被主人丙发现，丙一边高喊"抓贼"一边尾随乙予以追捕，乙夺路奔逃，在路边的甲闻声对乙使绊致其摔成重伤。

三、特殊防卫的构成·限度条件的特别规定

(一) 特殊防卫的立法比较

37. 针对特别场合的防卫限度放宽，许多国家的刑法典进行了具体规定，其立法模式主要有：(1) **特别情境**：基于特定时间、特定状况、特定心境等条件下的防卫，法定防卫限度放宽。(2) **特别行为**：基于特殊性质或者特殊危险的侵害行为而实施的

---

① 详见张小虎：《犯罪论的比较与建构(第二版)》，北京大学出版社 2014 年版，第 420 页。

防卫,法定防卫限度放宽。**(3) 缺乏期待**:基于防卫行为所采取的方式、强度等具有唯一性而别无其他选择,法定防卫限度放宽。①

(二) 特殊防卫的我国规定

38. 针对特别场合的防卫限度放宽,我国《刑法》第 20 条第 3 款大致采纳了"特别行为"的立法模式。对《刑法》的这一规定,刑法理论存在"无限防卫""特殊防卫""无过当防卫"等的称谓,这也表现出对法条理解上的差异。② 本书采纳"**特殊防卫**"的称谓,其恰当地表述了《刑法》第 20 条第 3 款的具体内容。**(1) 前提及限度的特殊**:该条款强调防卫前提的特殊及防卫限度的特殊。即对"严重危及人身安全的暴力犯罪"的特殊不法侵害,可以达至"造成不法侵害人伤亡"的特殊防卫限度。**(2) 两相特殊的相对应**:该条款将特殊防卫后果("造成人身伤亡")与特殊不法侵害("严重危及人身安全的暴力犯罪"),相互对应。这与该条第 2 款防卫限度的精神一脉相承。**(3) 因特殊而无过当**:该条款规定的是一种特殊类型的无过当防卫,即在面临"严重危及人身安全的暴力犯罪"的侵袭时,在防卫限度上不存在过当的情形,系防卫限度的无过当。

(三) 特殊防卫的构成条件

39. 我国《刑法》所规定的特殊防卫有其特定的构成条件,具体包括:**(1) 前提条件**:严重危及人身安全的暴力犯罪现实存在;**(2) 时间条件**:严重危及人身安全的暴力犯罪正在进行;**(3) 主观条件**:造成不法侵害人伤亡须出于防卫意思;**(4) 对象条件**:防卫行为须针对不法侵害者本人。

(四) 特殊防卫成立的核心要素

40. "严重危及人身安全的暴力犯罪"在特殊防卫的构成中具有核心要素的意义。这一要素的成立应当同时具有如下意义:**(1) 人身安全**:作为特殊防卫前提的不法侵害,以针对健康、生命、性自决权等"人身安全"的法益侵害为必要。包括仅针对这些人身安全的法益侵害,或者既针对这些人身安全同时也针对其他安全的法益侵害。**(2) 暴力犯罪**:特殊防卫以严重危及人身安全的"暴力犯罪"为前提。暴力犯罪更以暴力手段为典型特征。这种暴力尤其强调强烈的肉体击打、威胁或者特定的残忍场景使人受到强烈的精神震撼及刺激。**(3) 具体类型**:可予特殊防卫的一些暴力犯罪包括:以暴力实施的杀人、抢劫、强奸、绑架的犯罪;"行凶"一词的罪名含义虽然模糊,但在法条的语境中也是对人身伤害的暴力犯罪的一种指向;其他与该法条所列举的暴力犯罪的性质及程度相近的暴力犯罪,如严重伤害。**(4) 严重特征**:只有针对"严重"危及人身安全的暴力犯罪,才存在特殊防卫问题。如同对于"明显""重大"的判断一样,对于"严重"也可以综合侵害能力、侵害手段、环境条件、可能损害等多方面的因素综合判断。财产侵害及一般性人身侵害不适用该款。如一般性的推搡、泼脏水等。

---

① 详见张小虎:《犯罪论的比较与建构(第二版)》,北京大学出版社 2014 年版,第 422 页。
② 详见同上书,第 423 页。

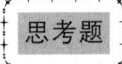

正当防卫的防卫限度标准包含了何种价值根据?

第28节A 防卫过当

一、防卫过当的概念与特征

(一)防卫过当的概念

1. **防卫过当**,是指为了使国家、公共利益、本人或者他人的人身、财产和其他权利免受正在进行的不法侵害,而对实施不法侵害的人采取制止不法侵害的反击行为,却明显超过了必要限度造成了重大损害。如案例28A-1。

案例28A-1:丙正在盗窃甲家财物,甲见后乘丙不备一棒将丙打死。

(二)防卫过当的特征

2. **防卫前提**:防卫过当具备正当防卫的四个条件,即主观条件、起因条件、时间条件、对象条件(第28节段3)。尽管如此,但是基于防卫限度过当,其并不构成正当防卫,而是与正当防卫有着本质区别。防卫过当也不宜理解为,行为先构成正当防卫,而后转化为防卫过当①。防卫过当的成立条件是上述正当防卫的四个条件与防卫限度过当的整合。

3. **过当结果**:防卫过当缺乏正当防卫的防卫限度条件(必要性与相当性)。基于我国《刑法》第20条第2款的规定,防卫过当必须防卫明显超过必要限度造成重大损害。这里,明显超过必要限度与造成重大损害,是相辅相成、整体归一的表述。进而,防卫过当构成犯罪的,属于结果犯,通常表现为致人重伤或者死亡。另外,事后防卫也不同于防卫过当。

二、防卫过当的主观责任形式

(一)理论见解

4. 对于防卫过当的主观责任形式,我国刑法理论存在"过失与间接故意""过失与故意""过失""间接故意"等见解;日本刑法理论根据防卫人"对成为过当基础的事实"有无认识的不同,将防卫过当分为"故意防卫过当"与"过失防卫过当"。②本书认为,防卫过当的主观责任心态应为过当结果心态,具体包括过失与间接故意。

(二)防卫结果心态与过当结果心态

5. 应当区分防卫结果心态与过当结果心态:**(1)防卫结果心态**,是指防卫人对不

---

① 从这个意义上说,所谓防卫过当"系由正当合法转化为过当非法"的说法是不确切的。
② 详见张小虎:《犯罪论的比较与建构(第二版)》,北京大学出版社2014年版,第428页。

法侵害人所造成的防卫限度以内损害结果的心理态度。防卫结果心态包容于防卫意思。易言之,防卫意思包含有防卫行为造成不法侵害人合理损害的心态。合理损害,是指防卫行为给不法侵害人所造成的防卫限度以内的损害。防卫人反击的攻击因素不影响防卫志的成立,且通常防卫蕴含有对不法侵害者的侵害攻击之意;反击的情感因素也不影响防卫志的成立,这些情感因素可以表现为愤怒、憎恶等;但是,防卫人借反击之机恶意攻击对方,这不能说是防卫意思。**(2) 过当结果心态**,是指防卫人对不法侵害人所造成的超过防卫限度的损害结果的心理态度。与防卫结果心态包容于防卫意思不同,过当结果心态超越于防卫意思,其才是防卫过当的主观责任心态。正当防卫就是通过给不法侵害人损害的方式来保护法益,因此合理的损害结果为法律所允许(其并非无价值评价的对象),而超过限度的重大损害结果方为法律所否定(其才是无价值评价的对象)。因此,防卫过当若成立犯罪,其客观指向过当结果的不法,主观指向过当结果的责任心态(本节段9)。但是,出于对过当结果的错误认识也可能成立防卫意思。① 基于防卫意思,对于过当结果心态可以是间接故意或者过失,但不能是直接故意。

(三) 防卫过当心态的具体类型

6. 基于防卫意思对过当结果可以是意外、过失或者间接故意:**(1) 意外因素的防卫过当**:行为人基于防卫意思,实施防卫行为,造成了过当损害结果,对于这一过当损害结果没有认识也不应当认识。对此,应按意外事件处理。**(2) 疏忽大意的防卫过当**:行为人基于防卫意思,实施防卫行为,造成了过当损害结果,对于这一过当损害结果,虽然没有认识但是应当认识。对此,行为人承担疏忽大意过失的主观责任。**(3) 过于自信的防卫过当**:行为人基于防卫意思,实施防卫行为,造成了过当损害结果,对于这一过当损害结果,行为人尽管有所认识但是却轻信能够避免。对此,行为人承担过于自信过失的主观责任。**(4) 间接故意的防卫过当**:行为人基于防卫意思,实施防卫行为,造成了过当损害结果,对于这一过当损害结果,行为人有所认识并且放任其发生。对此,行为人承担间接故意的主观责任。

(四) 防卫过当排斥直接故意犯罪

7. 直接故意与防卫意图冲突:防卫过当以防卫意思为前提条件,缺乏防卫意思不能成立防卫过当(本节段2)。防卫意思包括行为人主观上应当具有将防卫限度保持在必要性与相当性的范围内的含义(第28节段5)。这也意味着,"正当防卫"并非"恶意攻击",对于"明显超过必要限度并造成重大损害"的过当结果不仅明知而且持希望态度,这已超出了防卫意思所能涵盖的意义;基于这一心态而实施的所谓反击行为,就是犯罪的直接故意支配下的行为,无所谓防卫过当的犯罪形态。

8. 过当主观责任并非防卫结果心态:防卫结果(造成不法侵害人合理损害的结果)心态,为防卫意思所包容,从而不能成为主观责任评价的对象;而过当结果(造成超过防卫限度的损害结果)心态,系超出防卫意思的心态,防卫过当的主观责任正是

---

① 详见张小虎:《犯罪论的比较与建构(第二版)》,北京大学出版社2014年版,第430页。

指向这一心态(本节段4—5)。如果主观责任评价以防卫结果心态为内容,则所有防卫行为均有损害不法侵害人(造成不法侵害人合理损害结果)的意图,那么所有防卫行为均有犯罪的直接故意,至少所有防卫过当的犯罪均系直接故意犯罪。这种结论令人难以信服。

9. **过当心态系防卫过当犯罪定性的必要**:对行为是否构成犯罪、构成何种具体犯罪的定性,须结合客观面与主观面来考究。同理,无法仅凭防卫过当在客观上背离了合理防卫的限度而造成了过当结果(第28节段36)来认定其犯罪性;对于防卫过当的犯罪定性,同时也需要考究其主观上是否也具有作为犯罪成立所需的主观责任心态,这就是行为人对过当结果所持的心态(本节段4);并且,这种主观责任心态的内容是具体的,易言之,如果防卫过当成立某罪,则过当心态需符合分则该罪的主观责任要素。

10. **防卫意思中的直接故意不是犯罪故意**:这里否定的是对"过当结果"的直接故意,但不是完全否定致不法侵害人死亡的直接故意。基于防卫限度的法定要求,如果不法侵害人的侵害系迅即造成防卫人死亡,且防卫人又别无他法能够制止这种侵害,由此以致死对方为意图的防卫,还是在防卫限度以内的,这不是对"过当结果"的直接故意,而是对"防卫结果"的直接故意,从而为防卫意思所包容。

(五) 假想防卫过当

11. 假想防卫并防卫过当,是指行为人主观认识上发生了错误,基于防卫意图,对于事实上并非是不法侵害的行为,实施了所谓的防卫反击,却明显超过了必要限度造成了重大损害。如案例 28A-2 中甲的行为。

案例 28A-2:乙遇歹徒追杀,逃离中见路边一辆未锁的自行车即取而骑行以便迅速离开,在车旁的车的主人甲以为乙是盗车窃贼,即扔出石块将乙砸成重伤。

12. 假想防卫过当分为:(**1**)**假想过失防卫过当**,是指行为人假想防卫发生了过当结果,并且对于过当结果持有过失心态。对此,如果假想防卫属于过失,则过失假想防卫并过失防卫过当,近似想像竞合犯(从一重处断),行为人对于过当结果承担过失责任;如果假想防卫属于意外,则意外假想防卫并过失防卫过当,行为人仍需对于过当结果承担过失责任。(**2**)**假想间接故意防卫过当**,是指行为人假想防卫,发生了过当结果,并且对于过当结果持有间接故意心态。对此,如果假想防卫属于过失,则过失假想防卫并间接故意防卫过当,近似想像竞合犯(从一重处断),行为人对于过当结果承担间接故意责任;如果假想防卫属于意外,则意外假想防卫并间接故意过当,行为人仍需对于过当结果承担间接故意责任。

三、防卫过当的刑事后果

(一) 防卫过当的定罪

13. 防卫过当本身不是罪名,防卫过当构成犯罪的,应当按照所成立的具体犯罪定罪。根据我国《刑法》第 20 条第 2 款的规定,防卫过当属于结果犯,并且所造成的结果通常表现为致人重伤或者死亡。防卫造成他人轻伤或者财产损害的结果,不宜认定为防卫过当。有鉴于此,防卫过当的罪名通常是:**(1)(间接)故意伤害罪**:《刑法》第20条第2款、第234条第2款,行为人基于防卫意思,实施防卫行为,造成了他人重伤结果,对于这一重伤结果,行为人有所认识并且放任其发生。**(2)(间接)故意杀人罪**:《刑法》第20条第2款、第232条,行为人基于防卫意思,实施防卫行为,造成了他人死亡结果,对于这一死亡结果,行为人有所认识并且放任其发生。**(3)过失致人重伤罪**:《刑法》第20条第2款、第235条,行为人基于防卫意思,实施防卫行为,造成了他人重伤结果,对于这一重伤结果,虽然没有认识但是应当认识(疏忽大意过失),或者尽管有所认识但是却轻信能够避免(过于自信过失)。**(4)过失致人死亡罪**:《刑法》第20条第2款、第233条,行为人基于防卫意思,实施防卫行为,造成了他人死亡结果,对于这一死亡结果,虽然没有认识但是应当认识(疏忽大意过失),或者尽管有所认识但是却轻信能够避免(过于自信过失)。

(二)防卫过当的量刑

14. 防卫过当通常被作为量刑的从宽情节,不过在从宽的程度与具体内容上,各国刑法的规定仍有差异,主要存在"必减原则""得减原则""限于减轻""直至免除"等情形。①

15. 我国《刑法》第20条第2款,采纳的是"必减原则"并"直至免除"的立法模式;同时该条款也首先明确防卫过当"应当负刑事责任"。这是考虑到防卫过当既具有防卫意思与针对不法侵害等前提,又具有一定的社会危害。具体如何根据《刑法》的规定从宽处罚,是个较为复杂的司法裁量问题,应当根据案件具体情况分析,区别对待。具体可以考虑以下几个方面:**(1)过当程度**:防卫过当的损害结果与合理限度之间的差距大小。包括行为手段、行为结果等因素。**(2)防卫法益**:防卫法益与造成过当所侵害法益之间在质与量上的对比关系,各自的重大程度。**(3)过当心态**:过当心态包括疏忽大意过失、过于自信过失、间接故意,不同心态其主观危害有所差异。**(4)防卫场合**:处于孤立无援、弱势体能等而实施防卫造成重大伤亡的,倘若构成过当则更应从宽。

> 思考题

协警丙误认为抢劫多发地的夜行者甲为抢劫犯,令甲站住欲对其检查,而曾遭拦路抢劫的甲以为丙系抢劫犯,即拼命"逃跑",丙则在后穷追不舍。甲跑至一单位,即从铁门下钻入其内,又进入该单位传达室,随后追来的丙也进入传达室。甲在丙进门之际即拔刀将丙刺成重伤后抢救无效死亡。问:对甲应如何处理?

---

① 详见张小虎:《犯罪论的比较与建构(第二版)》,北京大学出版社2014年版,第433页。

第29节 紧急避险

一、紧急避险的概念

1. 各国刑法典对紧急避险的规定有所不同,我国《刑法》第21条分别3款,从避险意图、避险保护利益的范围等方面对紧急避险作了限定。①

2. **紧急避险**,是指为了使国家、公共利益、本人或者他人的人身、财产和其他权利免受正在发生的危险,不得已而采取的损害另一较小的法益以保全面临危险的较大法益的行为。由此,**紧急避险**的成立,应当同时具有主观条件(目的)、起因条件(前提)、时间条件、对象条件、限度条件、选择唯一、主体禁止这七项条件。

二、紧急避险的成立条件

(一) 主观条件:出于避险意思

3. 紧急避险主观条件,即出于避险意思,其强调紧急避险的避险行为必须出于避险意图。

4. **避险意思的理论蕴含**:**避险意思**,是指行为人的避险行为,基于对危险现实存在与正在发生、避险的合理限度、避险行为迫不得已等的认识,并且出于通过合理限度的避险而保护更大法益免遭损害的意志。避险意思包括避险认识与避险意志:**(1) 避险认识**,是指行为人对于危险现实存在并正在进行、对于避险方式以及避险限度、对于避险行为的迫不得已等情况的预见或明知。**(2) 避险意志**,是指行为人基于通过损害第三者较小法益,以保护国家、公共、本人或者他人的更大法益免遭损害,而实施避险的取向态度。**(3)** 避险认识属于必要的**基础与前提**,没有避险认识不可能形成避险意思;同时,避险意志**亦为必要**,行为人借避险之机恶意损害他人法益,这不能说是避险意思。

5. **避险意思的去留**:与正当防卫一样,对于紧急避险的成立是否以避险意思为必要,刑法理论存在肯定说与否定说的对立。② 本书肯定避险意思对于紧急避险成立的必要,并且也肯定紧急避险的违法阻却事由地位。具体而论:**(1)** 大陆法系刑法理论,通常将紧急避险作为违法性阻却事由。本书将紧急避险置于严重危害阻却之侵害法益阻却(违法性阻却)的理论地位。而紧急避险的这一理论地位,并不否认紧急避险事实本身的构成包括客观要素与主观要素。**(2)** 紧急避险的客观要素表现为必要的避险行为、第三者避险对象、合理的避险结果等,而紧急避险的主观要素则表现为避险意图的具备,包括合理避险的认识与保全法益的意志。从而,缺乏避险意思就不能成立紧急避险。**(3)** 从刑法立法来看,我国《刑法》第21条第1款也将紧急避险的主观心态限定为"为了国家、公共利益、本人或者他人的人身、财产和其他权利免受

---

① 详见张小虎:《犯罪论的比较与建构(第二版)》,北京大学出版社2014年版,第435页。
② 详见同上书,第441页。

正在进行的不法侵害"。这意味着紧急避险的成立以避险意思为必要。

6. 偶然避险的具体性质:偶然避险,是指行为人主观上出于不法侵害第三者法益的意思,而客观上偶然地产生了针对危险而保护法益的效果的情形。如案例29-1中甲的行为。对偶然避险的定性也颇存争议,与偶然防卫一样存在必要说的犯罪(包括既遂犯、未遂犯、准未遂犯)、不要说的紧急避险等见解。本书主张,偶然避险因缺乏避险意思而非紧急避险,并且视具体情况的不同,可以构成既遂犯,也可以构成未遂犯(第28节段7)。

案例29-1:甲出于报复而欲炸毁丙屋,在丙屋安放了定时炸弹,恰逢毗邻丙屋的乙屋发生火灾,火势蔓延,不仅将烧毁其后的丙屋,而且还会延烧至丙屋后的丁屋等,恰在此时甲遥控启动了炸弹,无意中形成了阻止延烧的隔离带。

7. 自招危险的具体定性:**自招危险**,又称避险挑拨,是指行为人基于自身的行为引起了针对本人的法益侵害危险。对于自招危险能否实施紧急避险,刑法理论存在肯定说、否定说、相当说的不同见解。而一些国家的刑法典对于自招危险的紧急避险作了限制,我国《刑法》并未明确限制自招危险的紧急避险,这给理论分析留下了较大的空间。本书主张,对于自招危险的避险问题应予区别对待:行为人故意自招危险,同时意图利用该危险造成他人法益损害,由于缺乏避险意思,从而否定这一场合的紧急避险;行为人面临自己故意或者过失的自招危险,在避险损害法益明显超过避险保护法益的场合,由于缺乏避险限度条件,从而这一情形也非紧急避险;行为人面临自己故意或者过失的自招危险,应当尽量化解危险及避免损害第三法益,确实化解不及或无法化解,如果具备紧急避险的条件,可以考虑成立紧急避险。

8. 避险之保全法益的范围:有的论著又称为"危险对象",对此各国刑法的规定主要存在三种模式,即限于人身权益、可以任何法益、立法具体列举。① 我国《刑法》第21条第1款规定:"为了使国家、公共利益、本人或者他人的人身、财产和其他权利免受正在发生的危险……"这一规定表明,紧急避险,从保全法益的主体来看,既可以保全个人法益,也可以保全国家法益、社会法益;从保全法益的内容来看,原则上可以涉及任何法益,包括人身权利、财产权利、其他权利等。当然,在紧急避险保全法益时需要考虑保全法益与损害法益之间的权衡,不过这是紧急避险的限度条件问题。

(二) 起因条件:危险现实存在

9. 紧急避险起因条件,即危险现实存在,其强调紧急避险系在面临危险侵袭及现实威胁性危险的情况下实施。

10. 避险之危险来源:(1) **自然灾害危险**:雷电、洪水、地震、山崩、海啸、飓风、暴雪、冰雹、干旱等所构成的严重现实危险。(2) **动物侵袭危险**:猛兽追噬、狂犬扑咬、毒蛇袭击等。在此,侵袭的动物并非不法侵害的工具。(3) **人的侵害危险**:有责任能力人不法侵害所构成的严重现实危险,或者无责任能力人的侵袭所构成的严重现实危险。(4) **生理病理危险**:生理需要(如遭遇冻饿)或者疾病发展(如突发重病)对于

---

① 详见张小虎:《犯罪论的比较与建构(第二版)》,北京大学出版社2014年版,第442页。

人的生命健康所构成的严重现实危险。

11. 危险的现实威胁性：实施紧急避险须面临具有紧迫性的危险，这里的"紧迫性"包括危险的现实威胁性（危险的属性）及危险的正在发生（本节段13）。其中，危险的现实威胁性，是指危险处于客观实际状态，且来势迅猛，严重威胁法益。具体表现在：**(1) 客观性**，法益遭受损害的严重状态或者威胁状态客观实际存在，而非避险人的主观臆测。假想避险不是紧急避险。**(2) 突发性**，危险的发生突如其来，令人猝不及防，难以事先预料及控制，构成紧迫威胁，避险十分急切，否则损失将无法挽回。**(3) 强度性**，危险指向人身、财产等法益的损害，并趋于或形成较为严重的破坏性。对于轻微且态势并不严重的危险不宜避险。

12. 假想避险的具体定性：假想避险，是指行为人主观认识上发生了错误，基于避险意图，对于事实上并不存在的危险，实施了所谓的避险。假想避险，由于缺乏作为避险起因的"危险现实存在"，从而不是紧急避险。假想避险给被害人造成损害的，按照事实认识错误处理。行为人对于危险并不存在的事实，应当预见而没有预见的，承担过失责任；行为人对于危险并不存在的事实，没有预见也不应当预见的，属于意外事件。与过失假想防卫类似，过失假想避险也可能因缺乏期待可能性而不成立犯罪（第28节段17）。

（三）时间条件：危险正在发生

13. 紧急避险时间条件，即危险正在发生，其强调必须危险正在进行才可实施紧急避险。这是紧急避险须有"**紧迫性**"危险的又一蕴含（本节段11）。

14. 正在发生的蕴含：**正在发生**，是指危险迫在眉睫或者已经发生，尚未消除。其在本质上意味着法益遭受损害的情况紧急且当时可以挽回损失。具体表现在：法益虽未遭受实际损害，但损害一触即发；法益正在遭受实际损害；法益虽已遭受一定损害，但损害仍在继续扩大。法益遭受损害尚未形成直接、必然、紧迫的状态，或者法益损害结果已经形成并且不再继续发展，是危险尚未发生或者已经消除。对于危险尚未发生或者已经消除，实施所谓避险，涉及避险不适时。

15. 避险不适时的特征与类型：**避险不适时**，是指行为人基于避险意思，但对避险时间存在错误认识，从而在危险尚未发生或者已经消除的时候，对他人实施了自认为是避险的损害行为。**(1) 避险不适时的特征**：主观上，行为人因对避险时间的认识错误而持有避险意思；客观上，行为人对他人实施了自认为是避险的法益损害行为；时间上，行为人的行为实施于危险尚未发生或者已经消除。**(2) 避险不适时的类型**：A. 事先避险，是指在危险尚未发生的时候进行所谓的紧急避险，如案例29-2。B. 事后避险，是指在危险已经消除的时候进行所谓的紧急避险，如案例29-3。

案例29-2：发生火灾时过于超前拆毁他人房屋，制造阻止延烧的隔离带。

案例29-3：已经历经危险而飞越峻岭的运输机，因恐再遇峻岭而丢弃部分货物减重。

16. 避险不适时与有关情形的区别：避险不适时不同于假想避险；避险不适时不能是直接故意犯罪；避险不适时可能是过失犯罪；避险不适时可能是间接故意犯罪；

避险不适时可能是意外事件。对此,在具体理由上,其与"防卫不适时与相关情形的区别"相近似(第 28 节段 24)。

(四)对象条件:针对第三者法益

17. 紧急避险对象条件,即针对第三者法益,其强调紧急避险为了保全法益而损害的法益必须是第三者的法益。

18. **避险对象的学说与立法**:紧急避险所损害法益是否仅限于第三者法益,对此,刑法理论存在"限于第三者法益说"与"可以危险源法益说"的不同见解。在相关的议题上,德国、日本刑法理论将紧急避险分为**防御性紧急避险**与**攻击性紧急避险**:(**1**)**防御性避险**,又称防卫性紧急避险,是指为避免由于他人的动物或并非行为的他人的举动而引起的危险,而伤害该动物或致他人死伤的情形。如果不论危险源是否来自不法侵害,防御性避险似更接近于正当防卫。(**2**)**攻击性避险**,即攻击性紧急避险,是指为避免危险而损害第三人的利益的情形。(**3**)防御性避险(A)与攻击性避险(B)的区别之一·**合法化思想根基**:A 是为了消除动物或非行为他人的攻击危险,从而防御行为本身得以法的确认;B 是面临来自动物、自然或他人的危险为救助更高价值利益,从而避险结果得以法的确认;相比较而言,作为正当防卫起因的不法侵害既侵害法益也损害秩序,从而抗击不法侵害的防卫行为本身及其对秩序的维护得到法的确认。(4)防御性避险(A)与攻击性避险(B)的区别之二·**利益衡量**:基于上述思想根基,在防御、避险或防卫所保护的利益与危险所可能损害的利益,在三项行为成立的要求上不同。A 防御造成损害可以大于危险可能损害,但两者不能过于失衡;B 避险造成损害只能小于危险可能损害;正当防卫的两项损害权衡虽也有限度,但可以比 A 放得更宽。(5)防御性避险(A)与攻击性避险(B)的区别之三·**防御对象**:A 针对的是危险源本身而非第三者;B 针对的是第三人的利益。

19. **仅限第三者法益**:在我国,紧急避险所损害法益仅指第三者法益。为抗击物的自然侵害,而致该物或他物适度损害的,可以成立紧急避险;为抗击物的人为侵害,而致该侵害物损害的,成立正当防卫(第 28 节段 29);面临无责任能力人侵害的危险,而适度损害第三者法益的,可以成立紧急避险。不过,如同本书在正当防卫对象条件中所述,无责任能力人的侵害并非不法侵害,对无责任能力人实施防御性反击而造成其损害的,属于缺乏期待可能性的行为(第 28 节段 28)。

(五)限度条件:合理的法益权衡效果

20. 紧急避险限度条件,即法益价值权衡,其强调避险所保全的法益与避险所损害的法益之间,存在合理的法益权衡效果。

21. **法益权衡的限度比重**:紧急避险,在利益效果上,表现为通过损害与牺牲第三者法益(简称损害法益),从而保全遭受危险法益(简称保全法益)。对于紧急避险之损害法益与保全法益之间的合理比重,刑法理论存在"只能小于说""可以同等说"与"可以大于说"的不同见解。对此,本书坚持,合理的避险限度应当是避险所损害法益小于避险所保全法益。具体地说:(**1**)**保全较大法益**:紧急避险的限度与紧急避险的本质密切相关。紧急避险作为正当行为之一,其本质,大陆法系刑法理论存在目的说、法益衡量说、社会相当性说的见解。立于双层多阶犯罪论体系,正当防卫、紧急避险等情形之所以被排除了犯罪性,是因为此等情形系属侵害法益阻却,进而具备犯罪成立的消极要素严重危害阻却。**正当防卫**基于(反击不法侵害人)制止不法侵害从而保全法益,是不正(不法侵害)对正(保全法益)的关系,其中不仅有保护法益的意义,也有维护秩序的价值;因此,只要制止不法侵害所必需,即使反击不法侵害人所造成的损害大于保全法益,也表现为对于不法侵害之危害的排除,具有侵害法益阻却的价值意义。与此不同,**紧急避险**基于损害第三者法益从而保全另一法益,是正(第三者法益)对正(保全法益)的关系,这其中只有保护法益的意义;因此,法益得失的避险效果对于侵害法益阻却的总体评价极为重要。只有避险所损害法益小于避险所保全法益,由此减少了法益的损失,方可谓具有保全法益的价值意义。**(2) 否定等价避险**:损害法益与保全法益等价的避险,也不具有侵害法益阻却的属性。正当防卫及紧急避险等违法阻却事由的评价,在犯罪论体系中只是处于法益侵害被阻却的阶层(第27节段4),也即其所指向的内容是法益侵害的否定。如上文所述,鉴于紧急避险是"正对正"的关系,避险效果只是考究避险所致法益的得失,等价避险不足以表明总体上的保全法益,从而也难以得出侵害法益阻却的结论。等价避险或者超越限度的避险仍然具有违法性,但是这并不排除这种避险过当在责任阻却阶段的评价中存在缺乏期待可能性的情形(第29节A思考题)。当然,这种责任阻却评价的成立,在规范标准上需有法律的规定,在具体判断上也应顾及社会相当性(第18节D段4)。这种避险过当的责任阻却的评价,不免存在"损人利己"的道德困境。对此应当说,刑法应有其道义的基础,这意味着刑法不能背离时代背景下的人类道德准则;但是,刑法并不指向崇高道德,而是为公民设置不能逾越的道德底线。

22. **法益权衡的总体考究**:两相法益权衡,通常应当关注:**(1) 客观标准**:对于双方法益进行衡量,不能根据行为人的主观价值观念及其主观评价结果而论,而应当按照社会共同价值观念,立于一般人的立场,基于法益存在的客观现实情况予以评价。**(2) 法定刑征表**:犯罪所侵害法益的属性,是影响犯罪轻重的一个重要因素,进而也影响着法定刑轻重。由此,可以参考基准法定刑的轻重识别法益比重。较重之罪的侵害法益,一般占有较重地位。**(3) 综合评价**:被保护法益所受危险的迫切性程度、相关法益的功能意义、避险行为的适当性程度、损害的不可替代性、是否存在保证人义务、避险的最终目的等,均是影响法益权衡的一些因素。[①] **(4) 一般规则**:生命权益及健康权益优先于自由权益,人身权益优先于财产权益,财产权益以价值大小而论,国家权益及公共权益优先于个人权益。不过,具体衡量则系至为复杂的问题。

23. **法益权衡的具体比较**:**(1) 生命与生命之间**:能否以牺牲一个人或少数人的生命来保全多数人的生命?通常认为,生命具有等价性,"为了保全自己的生命,而牺牲别人的生命""就不是合于衡平关系的避难行为"。[②] 也有学者在肯定等价避险的

---

① 参见〔德〕汉斯·海因里希·耶塞克、托马斯·魏根特:《德国刑法教科书》,徐久生译,中国法制出版社2001年版,第437页。
② 黄坚荣:《基础刑法学(第三版)(上)》,中国人民大学出版社2009年版,第166页。

前提下认为,"牺牲他人的生命以救助自己的生命""也可以承认是紧急避险"。① 还有的学者认为,在特殊情况下,当牺牲一人可以防止数人死亡时,剥夺一个人的生命可以成立紧急避险。② 本书认为,在一般理论原则上,生命价值无以计量,以生命换取生命不可理喻。因此,以牺牲生命来保全生命,不能依存于紧急避险的法益侵害阻却的范畴。然而,现实世界极其复杂,在某些特殊情况下,不得已为了保全自己或直系亲属生命的过当避险,虽不能成立阻却违法性的紧急避险,但可成立缺乏期待可能性的责任阻却。例如,《德国刑法典》第35条免责的紧急避险。这种情形及其法律处置,存在一定程度的社会观念的容忍(本节段21.最后一句),本书对此予以肯定(第29节A思考题)。但是,当保全法益系与自己无关人员的生命时,对于相应的情形又当如何处置?如关于案例29-4,德国刑法理论认为教义学上应承认超法规的免责事由,而法院判决则认定其仅存在可以排除刑罚的个人理由。③ 本书认为,基于我国《刑法》的规定及相应的犯罪论体系(第15节段15),类似的情形系严重危害其他阻却[第16节段15及段18之(4)]。如案例29-5中医生甲的行为不能成立紧急避险,也难以被评价为缺乏期待可能性,但可视作是严重危害其他阻却。**(2) 生命与健康之间**:能否以牺牲某人的健康来保全他人的生命?应当认为,牺牲某人重大健康而保全他人生命,不能成立合理的避险限度;牺牲某人易于恢复的健康而保全他人生命,可以考虑系合理的避险限度。试举例说明如下:为了胎儿的生命而有限地损害母亲的健康,为了拯救急需输血的他人的生命而私下抽取不知情的某人的血液,可以成立合理避险。但是,为了拯救急需移植肾脏的他人的生命而私下摘取不知情的某人的一颗肾脏,则不能成立合理避险。**(3) 生命与公共财产之间**:能否以牺牲个人生命来保全重大国家或公共财产利益?曾有肯定论认为,"为保护个人生命损害数以亿计的国家和人民的财产""便很难认为还在避险的必要限度之内。"④否定者认为,"为了保护某项财产而杀死某人,不能用紧急避险来为此种杀人行为辩护,因为在此情况下,社会的利益已经受到损害"⑤。应当说,人身权益优先于财产权益,生命价值无以计量,以生命换取财产,即便是重大财产,其合理性也值得推敲。随着社会进步,人的生命价值日益凸显,生命与财产之间的衡量、道德与法律之间的经纬,更需持重于以人为本的人性道德体系关怀。

案例29-4:为了尽可能多地挽救病人,医生甲只能执行希特勒的命令而杀死部分病人。

---

① 参见〔日〕大塚仁:《刑法概说(总论)》,冯军译,中国人民大学出版社2003年版,第345页。
② 参见〔俄〕库兹涅佐娃、佳日科娃主编:《俄罗斯刑法教程(总论)上卷》,黄道秀译,中国法制出版社2002年版,第468页。
③ 参见〔德〕冈特·施特拉腾韦特、洛塔尔·库伦:《刑法总论 I—犯罪论》,杨萌译,法律出版社2006年版,第247—248页。
④ 高铭暄、马克昌主编:《刑法学》,北京大学出版社、高等教育出版社2007年版,第152页。后来的版本取消了这种说法。
⑤ 〔法〕卡斯东·斯特法尼等:《法国刑法总论精义》,罗结珍译,中国政法大学出版社1998年版,第369页。

案例 29-5：为了挽救患有重病高血压的孕妇，医生甲只能实施引产（医学上引产须先致死成形胎儿）。

24. 避险效果与避险理论地位：基于正当防卫表现为"不正对正"的关系，因而大陆法系刑法理论通常将之解释为违法阻却事由。与此不同，紧急避险表现为"正对正"的关系，损害彼法益以保全此法益，其合理性的依据何在，不无考究。考虑到避险效果的差异，对于紧急避险的理论地位，大陆法系刑法理论存在"违法阻却事由说""责任阻却事由说""违法阻却事由与责任阻却事由说"的不同见解。① 对此，立足于大陆法系三阶层犯罪论体系，依据**优越利益原则**②，保全更大法益的紧急避险可以解释为违法阻却事由；然而，在等价法益避险的场合，优越利益原则缺乏解释力，不宜将等价避险视作阻却违法，法秩序不应肯定等价避险。本书将紧急避险作为违法阻却的事由，并且否定等价法益避险的紧急避险性质。紧急避险之损害法益小于保全法益，从而具有总体上保全法益的意义。

（六）选择唯一：避险出于不得已

25. 紧急避险选择唯一，即避险之不得已，其强调避险必须是在别无选择从而是唯一选择的情况下实施。

26. **不得已的理论蕴含**：不得已，也称**补充原则**③。对此，许多国家刑法立法均有所体现。例如，《德国刑法典》第 34 条、《意大利刑法典》第 54 条、《日本刑法典》第 37 条等。我国《刑法》第 21 条第 1 款也将紧急避险限定为"不得已"。所谓**不得已**，是指在法益面临现实存在、正在发生的危险的场合，只有损害另一较小的第三者法益，才能保全较大的面临危险的法益，这种危险损害的转嫁是保全法益的唯一途径。在紧急避险中，损害法益与保全法益均受法律保护，损害法益（第三者法益）是无辜的，牺牲无辜法益以保全另一法益，必须不得已而为之。如果能够通过逃跑躲避、对抗危险等方法保全法益，就不能采取转嫁损害的方法保全法益；如果采取转嫁损害的方法并不能够保全法益，则转嫁损害本身就具有危害意义；如果能够以尽可能小的转嫁损害以保全法益，就不能造成相对较大的转嫁损害。

27. **不得已的认定因素**：不得已的认定较为复杂，需要综合各种具体情况分析判断，尤其需要关注以下几个方面：**（1）客观判断**：不得已作为一种客观事实状态，并不取决于行为人的主观价值观念及其主观评价结果，而是应当按照社会共同价值观念，立于一般人的立场，基于避险场合的各种具体客观现实情况予以综合判断。**（2）危险情形**：危险的来源、缓急、强度、持续等具体状况，是影响不得已成立的重要因素。

---

① 详见张小虎：《犯罪论的比较与建构（第二版）》，北京大学出版社 2014 年版，第 448 页。
② **优越利益原则**，强调为保全较高利益而牺牲较低利益，这对于保全法秩序而言是必要的。
③ **补充原则**，意味着相互对立的财产利益必须以牺牲他方的利益才能挽救。为了挽救该法益而可能涉及不同的法益，紧急避险行为人必须从各种可能的方法中，选择对他人的侵害相对较小的方式。若被牺牲的法益和被救助的法益之间存在着特殊的冲突关系，也就不存在此等选择。〔德〕汉斯·海因里希·耶塞克、托马斯·魏根特：《德国刑法教科书》，徐久生译，中国法制出版社 2001 年版，第 436 页。特殊冲突，包括法益冲突及义务冲突。例如，对于海难中落水的两个儿子，父亲只能救助其中的一个。该案，父亲的行为可以阻却责任，但不能成立紧急避险。

来源可控越弱、来势越是凶猛、强度越盛、持续时间越长,说明给避险人留有选择的余地越少,则被迫避险的可能性越大。**(3) 主体能力**:避险人自身对抗危险的身心能力,也是影响不得已与否的重要因素。危险威胁与排除危险的对抗双方的力量对比,在一定程度上决定着避险的选择。排除危险能力的较大弱势,很可能迫使避险人既无以直接抗击危险,也难循躲避,而只得谋求转嫁。**(4) 客观条件**:危险发生时的客观条件,决定着排除危险的可选途径。如果客观条件表明存在直接抗击危险、逃避危险或者循求其他救助等的可行途径,那么使第三者法益遭受损害的转嫁方式就不是唯一可行的迫不得已。

28. **缺乏不得已之避险的处置**:行为人在本可以通过其他途径保全法益的情况之下,却损害了第三者法益,对此可能呈现如下处置结果:**(1) 故意犯罪**:客观上存在危险,行为人也认识到保全危险法益的其他可行途径,然而虽然也是出于保全危险法益的意图,却漠视第三者法益或者也想借机损害第三者法益,实施了所谓的避险行为,造成了法益损害。这一情形,客观上行为人对于第三者法益的损害并非出自不得已的所迫,主观上认识到转嫁危险并非唯一方法从而也缺乏避险意思①。而行为人对于第三者法益损害具有希望或放任的心态,并实施了损害法益的行为,由此成立故意犯罪。**(2) 过失犯罪**:客观上存在危险,行为人对于保全危险法益的其他途径,本应认识却没有认识,或者虽有一定的感悟但尚不能确认②,从而为了保全危险法益而将危险转嫁于第三者法益,造成了法益损害。这一情形,客观上行为人危险转嫁并非不得已,并且造成了法益损害结果,主观上对不得已缺乏的事实虽存在误有为无的错误认识,但对此错误存在过失责任,因而可以成立过失犯罪。**(3) 意外事件**:客观上存在危险,行为人对于保全危险法益的其他途径,不仅没有认识,而且根据当时的主客观条件也不应当认识,由此行为人为了保全危险法益而损害了第三者法益,造成了法益损害。这一情形,虽然客观上并不存在不得已的情况,从而造成了法益损害的结果,但是对于这一损害结果,行为人主观上缺乏责任,可以按意外事件处理。

(七) **主体禁止**:排除特定人员之自我避险

29. 紧急避险主体禁止,即排除特定人员之自我避险,其强调避险本人的危险不适用于职务上与业务上负有特定责任的人。

30. **主体限制的条件**:紧急避险的主体限制条件,依然为许多国家的刑法立法所关注。例如,《日本刑法典》第 37 条第 2 款、《意大利刑法典》第 54 条第 2 款、《韩国刑法典》第 22 条第 2 款等的规定。我国《刑法》第 21 条第 3 款对此也作了相应的规定,这一规定表明,负有特定责任的人,不能为了避免本人危险,而放弃职责的履行。具体而论,避险的主体限制,应当同时具备:**(1) 避免本人危险**:是指面临现实存在、正在发生的危险,行为人转嫁危险损害第三者法益,为的是保全自身的法益。**(2) 负有特定责任**:是指行为人由于担任一定的职务或者从事一定的业务而依照法律的规定

---

① 避险意思包括避险认识与避险意志。其中,避险认识要求行为人"对于避险行为迫不得已"的预见与明知。

② 即鉴于一些主客观事实,而对于避险的其他途径的可行性最终予以否定。

31. **主体限制的意义**：刑法禁止特殊主体避险，一定程度上表明了对于处理紧急避险与履行职责关系的实质态度。**(1)职责宗旨**：许多职务、业务的设置本身，就是以抗击危险为宗旨的。例如，为了抗击火险始有消防队员，为了制止违法犯罪始有治安巡警。如果这些特殊主体在遇有与其职责相关的危险时，可以借口紧急避险而放弃义务的履行，那么特定的职务或者业务也就失去了其存在的意义。**(2)职责义务**：每个行业有其基本规则，这既是行业道德的要求也为法律所认可，归根到底这是整个社会有序运行的必要。一些特殊风险职业，肩负着社会需要的特殊义务，职务、业务的身份要求职业者在面临危险发生时，宁可牺牲自身法益也不能放弃职责的履行。否则社会就是不完整的。因此，特殊职业者在面临与职业相关的危险时，不能为了自身法益而放弃职责的履行。

三、紧急避险与正当防卫

（一）相似之处

32. **理论地位相似**：大陆法系理论，通常认为正当防卫系违法阻却事由，而对紧急避险的地位则存在较大争议（本节段24）。立于本书的犯罪论体系，正当防卫与紧急避险在本质上虽不完全相同（本节段21），但均阻却了行为的法益侵害特征，属违法阻却事由（第16节段1、7）。

33. **起因客观特征相近**：正当防卫与紧急避险之起因条件的事实内容各不相同，但是两者在事实内容的存在特征上却相近，即均强调特定事实的现实存在。正当防卫必须不法侵害现实存在，紧急避险必须危险现实存在。

34. **起因时间特征相近**：正当防卫与紧急避险之时间条件的事实内容也不相同，但是两者在事实内容的时间特征上却相近，即均强调特定事实的正在进行、正在发生。正当防卫必须不法侵害正在进行，紧急避险必须危险正在发生。

35. **主观意思相近**：正当防卫与紧急避险均具有保护法益的善意。保护法益的善意，是指行为人的行为，基于对特定事实现实存在与正在发生、自己行为具有合理限度等的认识，并且出于保护国家、公共、本人或者他人的法益免遭损害的意志。

36. **限度条件必要**：正当防卫与紧急避险在限度的界说上，均强调相辅相成、整体归一的要素整合。"超过限度"是限度条件基础意义的揭示，"造成损害"是限度条件终端表现的阐明。超过限度造成损害，达到法定程度，即为防卫过当或避险过当。我国《刑法》对于防卫过当与避险过当，均规定应当负刑事责任，但是应当减轻或者免除处罚。

（二）主要区别

37. **作为前提的事实内容**：包括起因条件的事实内容与时间条件的事实内容。正当防卫之起因条件与时间条件的事实，是现实存在、正在进行的"不法侵害"；而紧急避险之起因条件与时间条件的事实，是现实存在、正在发生的"危险"。"不法侵害"不同于"危险"。不法侵害，是指人的违背法律的侵袭损害，表现为违法行为或犯罪行为。危险,是指法益遭受损害的客观实际状态或者严重威胁状态,包括自然灾害危险、动物侵袭危险、不法侵害危险、生理病理危险等。

38. 行为之法益损害对象:正当防卫针对不法侵害者本人而实施,所损害利益是不法侵害人的利益,而不能及于第三者。而紧急避险针对第三者而实施,所损害的是第三者的法益,否则就不是紧急避险。由此,正当防卫系通过反击不法侵害人制止不法侵害,以保全法益,表现为不正(不法侵害)对正(保全法益)的关系;而紧急避险系通过损害第三者法益,以保全另一法益,表现为正(第三者法益)对正(保全法益)的关系。

39. 限度条件的具体要求:正当防卫本质上是"不正对正"的关系,兼有维护秩序的价值,因此只要制止不法侵害所必需,即使反击不法侵害人所造成的损害大于保全法益,也表现为对不法侵害之危害的排除,具有保全法益而阻却侵害法益的意义。与此不同,紧急避险本质上是"正对正"的关系,系对第三者法益的损害转嫁,因此法益得失的避险效果对于阻却侵害法益的评价极为重要,只有避险所损害法益小于避险所保全法益,减少了法益的损失,才具有总体上保全法益的意义。由此,我国《刑法》规定,防卫过当表现为防卫"明显超过"必要限度造成"重大损害",而避险过当则表现为避险"超过"必要限度造成"不应有的损害"。

40. 行为选择的允许空间:在紧急避险中,损害法益与保全法益均受法律保护,被损害的第三者法益是无辜的,牺牲无辜法益以保全另一法益,必须不得已而为之。紧急避险的成立,必须是危险损害的转嫁仅是保全面临危险法益的唯一途径。这也称作紧急避险的补充原则,许多国家的刑法典,包括我国《刑法》,对此均有规定。相对而言,正当防卫起因的不法侵害既侵害法益也损害秩序,从而抗击不法侵害的防卫行为也是对法的秩序的维护。正当防卫的成立条件也就没有"不得已"的限制。在不法侵害现实存在、正在进行的场合,行为人基于防卫意思,即使存在其他防止法益遭受侵害的方法,也可以实施防卫反击。

41. 特殊人员的行为限制:紧急避险强调,避免本人的危险不适用于职务上、业务上负有特定责任的人。特殊职业者、业务者在面临与职业相关的危险时,不能为了自身法益而放弃职责的履行。正当防卫不存在这一主体限制条件,防卫人的具体身份及其所保全法益的本人归属,并不影响正当防卫的成立。

42. 行为的民事责任:正当防卫属于"不正对正"的防卫反击,因此防卫人对于防卫所造成的损害,"不承担民事责任"(我国《民法典》第181条);紧急避险属于"正对正"的危险损害转嫁,避险人对于避险中所造成的损害,"不承担民事责任,可以给予适当补偿"(我国《民法典》第182条)。

> **思考题**

理论上,阻却违法性的紧急避险与阻却责任的紧急避险的关系是什么?防御性避险与正当防卫的关系是什么?

第29节 A 避 险 过 当

一、避险过当的概念与特征

（一）避险过当的概念

1. 并非出于不得已的避险，未必就是避险过当。与防卫过当关键在于对防卫限度的超越类似，避险过当的典型意义是避险行为超越了避险限度。

2. **避险过当**，是指为了使国家、公共利益、本人或者他人的人身、财产和其他权利免受正在发生的危险，不得已而采取的损害第三者法益以保全遭受危险法益的避险行为，却超过了必要限度造成了不应有损害。

（二）避险过当的特征

3. **避险前提**：避险过当具备紧急避险的六个条件，即主观条件、起因条件、时间条件、对象条件、选择唯一、主体禁止（第29节段2）。避险过当的成立条件是上述紧急避险的六个条件与避险限度过当的整合。避险过当的避险前提，并不意味着避险过当属于紧急避险的一种特殊情况。避险过当尽管具备紧急避险的六个条件，但是基于避险限度过当，其并不构成紧急避险。避险过当也不宜理解为，行为先构成紧急避险，而后转化为避险过当。

4. **过当结果**：避险过当必须缺乏紧急避险的限度条件。根据我国《刑法》第21条第2款的规定，避险过当在避险限度上表现为，超过必要限度造成不应有的损害。这意味着，本质上避险过当使法益遭受了不应有的损失，具有危害特征；形式上避险所损害法益大于或等于避险所保全法益，两相法益失衡。避险损害法益大于或等于避险保全法益，固然是避险过当的表现，不过即使在避险损害法益小于避险保全法益的限度内，本来能够用尽可能小的转嫁损害以保全法益的，却造成了相对较大的转嫁损害，这依然是避险过当的表现。

（三）避险过当与缺乏不得已的避险

5. 在避险过当的界说上，中外刑法理论略有差异，主要表现在对于缺乏"选择唯一（不得已）"条件避险的归属上。国外有的刑法理论主张，缺乏避险限度或者不得已条件，均可成立避险过当；而我国刑法理论，则将避险过当仅限于避险超过必要限度。[①]

6. 应当说，"**避险过当**"仅限指称超过必要限度的避险，这更为贴切。"过当""过剩"，是指超过适当的数量或者限度，或者数量远远超过限度，剩余过多[②]，其核心意义是对于限度的超越。避险过当，意味着避险超过了必要的限度造成了不应有的损害，这与我国《刑法》第21条第2款的规定正相吻合，表明了缺乏避险限度的一种避险情形。而**缺乏"不得已"的避险**，意味着本可以通过不转嫁损害的方式来保全法益，

---

① 详见张小虎：《犯罪论的比较与建构（第二版）》，北京大学出版社2014年版，第453页。
② 参见《现代汉语词典（第5版）》，商务印书馆2005年版，第525、527页。

却使用了转嫁损害的方式,其更为核心地表现为避险的随意、不当,因而可谓是"随意避险"或"不当避险"。当然,不论是随意避险还是避险过当,均会造成不应有的损害。其实,不仅是随意避险、避险过当,从某种意义上说,所有不符紧急避险条件的避险,诸如假想避险、避险不适时、偶然避险等,均会造成不应有的损害,因而关键是在何种情况下造成不应有的损害。

二、避险过当的责任形式

(一) 避险结果心态与过当结果心态

7. 避险结果心态不同于过当结果心态:**(1) 避险结果心态**,是指避险人对于第三者法益所造成的避险限度以内损害结果的心理态度。避险结果心态包容于避险意思,或者说避险意思包含有避险行为造成第三者法益合理损害的心态。合理损害,是指避险行为给第三者法益所造成的避险限度以内的损害。但是,行为人借避险之机恶意侵害第三者法益,这就不能说是避险意思。**(2) 过当结果心态**,是指避险人对于第三者法益所造成的超过避险限度的损害结果的心理态度。与避险结果心态包容于避险意思不同,过当结果心态超越于避险意思,其才是避险过当的主观责任心态。紧急避险是通过合理损害的转嫁来保护法益,因此合理的损害结果为法律所允许,而超过限度的损害结果则为法律所否定。因此,避险过当若成立犯罪,其客观指向过当结果的不法,主观指向过当结果的责任心态。

(二) 避险过当心态的具体类型

8. 避险意思也可能出于对过当结果的错误认识;基于避险意思对过当结果可以是过失或者间接故意,但是不能是直接故意:**(1) 意外因素的避险过当**:行为人基于避险意思,实施避险行为,造成了过当损害结果,对于这一过当损害结果没有认识也不应当认识。对此,应按意外事件处理。**(2) 疏忽大意的避险过当**:行为人基于避险意思,实施避险行为,造成了过当损害结果,对于这一过当损害结果虽没有认识但应当认识。对此,行为人承担疏忽大意过失的主观责任。**(3) 过于自信的避险过当**:行为人基于避险意思,实施避险行为,造成了过当损害结果,对于这一过当损害结果尽管有所认识但是却轻信能够避免。对此,行为人承担过于自信过失的主观责任。**(4) 间接故意的避险过当**:行为人基于避险意思,实施避险行为,造成了过当损害结果,对于这一过当损害结果有所认识并且放任其发生。对此,行为人承担间接故意的主观责任。

(三) 避险过当排斥直接故意犯罪

9. 行为人对于造成过当损害结果持有希望的态度,此时不可能具有避险意思。避险意思应当具有将避险保持在必要限度内的意欲。如果对于过当损害不仅明知而且希望,这固然超出了避险意思所能涵盖的意义。缺乏避险意思不能成立避险过当。基于这一心态实施的所谓避险行为,就是犯罪的直接故意支配下的行为,无所谓避险过当的犯罪形态。类似的理由,见第 28 节 A 段 7—10。

(四) 假想避险过当

10. 即假想避险并避险过当,是指行为人主观认识上发生了错误,基于避险意图,对于事实上并不存在的危险,实施了所谓的避险行为,却超过了必要限度造成了不应有的损害。假想避险过当存在两种情况:**(1) 假想过失避险过当**:是指行为人对于危险事实的认识错误存在过失或者属于意外,假想避险,发生了过当结果,并且对于过当结果持有过失心态,则过失(或意外)假想避险并过失避险过当,近似想像竞合犯(从一重处断),行为人对于过当结果承担过失责任。**(2) 假想间接故意避险过当**:是指行为人对于危险事实的认识错误存在过失或者属于意外,假想避险,发生了过当结果,并且对于过当结果持有间接故意心态,则过失(或意外)假想避险并间接故意避险过当,近似想像竞合犯(从一重处断),行为人对于过当结果承担间接故意责任。

三、避险过当的刑事后果

（一）避险过当的定罪

11. 避险过当本身不是罪名,避险过当构成犯罪的,应当按照所成立的具体犯罪定罪。根据我国《刑法》第 21 条第 2 款的规定,避险过当属于结果犯,并且所"造成不应有损害"通常表现为致人重伤或者死亡,或者致使他人财物遭受重大损失。有鉴于此,避险过当的罪名通常是:**(1) （间接）故意伤害罪**:《刑法》第 21 条第 2 款、第 234 条第 2 款;**(2) （间接）故意杀人罪**:《刑法》第 21 条第 2 款、第 232 条;**(3) 过失致人重伤罪**:《刑法》第 21 条第 2 款、第 235 条;**(4) 过失致人死亡罪**:《刑法》第 21 条第 2 款、第 233 条;**(5) （间接）故意毁坏财物罪**:《刑法》第 21 条第 2 款、第 275 条。

（二）避险过当的量刑

12. 避险过当通常被作为量刑的从宽情节,不过在从宽的程度与具体内容上,各国刑法的规定仍有所差异,主要存在"必减原则""得减原则""限于减轻""直至免除"等情形。①

13. 我国《刑法》第 21 条第 2 款,采纳的是"必减原则"并"直至免除"的立法模式,同时该条款也首先明确避险过当"应当负刑事责任"。这是考虑到避险过当既具有避险意思与针对现实危险等前提,又具有一定的社会危害。具体如何根据《刑法》的规定从宽处罚,可以着重考虑以下几个方面:**(1) 过当程度**:避险过当的损害结果与合理限度之间的差距大小。包括避险方法、行为结果等因素。**(2) 保全法益**:避险所保全法益与避险所侵害法益之间在质与量上的对比关系,各自的重大程度。**(3) 过当心态**:包括疏忽大意过失、过于自信过失、间接故意的不同心态,以及具体目的等因素。**(4) 危险状况**:危险发生极其突然、来势格外凶猛,行为人势孤力单、缺乏经验等避险过当,更应考虑从宽。

> 思考题

女青年甲夜行,路遇乙拦路抢劫。甲与乙周旋,趁乙不注意用自行车打气筒将乙

---

① 详见张小虎:《犯罪论的比较与建构（第二版）》,北京大学出版社 2014 年版,第 457—458 页。

打昏逃离。甲来到一人家,向该家的女主人丙讲述了自己的不幸。丙甚为同情甲,因夜深即留甲在家住宿,并安排甲和丙的女儿丁睡在一起。碰巧,乙系丙的儿子,丁的兄长。乙回家后,丙得知了乙的所为,两人决定趁甲熟睡之机,用镰刀割颈杀人灭口。乙与丙的犯罪预谋被尚未入睡的甲听到。甲在室内无法逃离,于是将自己的睡眠位置与丁作了调换。结果丁被乙与丙所害。问:对甲应当如何处理?

第30节 其他正当化事由

1. 对于阻却违法的其他正当化事由,各国刑法的立法情形不一,刑法理论对于这些情形的归纳也有所差异。具体涉及:经被害人承诺行为、执行命令行为、正当业务行为、自救行为、依照法律的行为、政府机构许可、行使国家强制、职务规定、法令行为、军事命令、惩戒权、治疗行为、代替公共机关所为的行为、合法使用武器、劳动争议行为、自损行为、安乐死、允许危险、义务冲突。本书鉴于我国刑法理论与司法实践的基本状况,仅择具有犯罪成立之阻却意义的其他一些典型事由,予以扼要阐述。这些事由包括:经被害人承诺行为、执行命令行为、正当业务行为、自救行为等。

一、经被害人承诺行为

(一) 经被害人承诺行为的可能情形

2. 罗马法中有"不可能对承诺者实施不法"的法律谚语。不过,经被害人承诺行为成为正当化事由,尚需一定条件。通常,经被害人承诺的侵害行为可能存在三种情形:**(1) 法律后果依旧**:经被害人承诺的法益侵害行为,对于刑事后果不发生任何影响。例如,奸淫幼女的强奸罪(《刑法》第236条第2款)、聚众淫乱罪(《刑法》第301条第1款)。**(2) 刑事处罚从宽**:经被害人承诺的法益侵害行为,虽不阻却行为的犯罪性但可作为从宽处罚的情节。例如,故意杀人罪(《刑法》第232条)、故意伤害罪(《刑法》第234条)。**(3) 违法行为阻却**:经被害人承诺的法益侵害行为,阻却行为违法性,进而排除行为的犯罪成立。例如,经所有人承诺的财物占有无所谓盗窃,经成年妇女同意的性行为无所谓强奸。

(二) 阻却违法之经被害人承诺行为

3. 刑法理论一般所谓之**"经被害人承诺行为"**,特指作为正当化事由的经被害人承诺行为,又称经被害人同意行为、经权利人承诺行为、经权利人同意行为,是指行为人的行为看似侵害了被害人的法益,但是基于被害人对于侵害法益拥有承诺权,并事先或事中同意行为人的法益侵害行为,从而阻却了行为人行为的法益侵害的属性。

(三) 阻却违法之经被害人承诺行为的特征

4. **行为人具有侵害被害人法益的行为**:行为人实施侵害被害人法益的行为,是讨论经被害人承诺行为的前提。行为人的行为并未造成被害人法益的损害,而是与被害人无关或者对被害人有益,也就无从论及被害人同意不同意,进而则无所谓经被害人承诺行为。

5. 被害人对于被侵害法益拥有承诺权：这种承诺权的成立又有如下要素。**(1) 法益主体**：被害人只能对属于自身的法益进行承诺，对于国家、公共或者他人法益，被害人无权承诺。**(2) 承诺内容**：承诺的内容为共同社会生活秩序、国家法律所认可。例如，对于生命的承诺不予认可，除了某些特殊场合，对于健康也无承诺权。**(3) 承诺目的**：承诺的目的应当不为法律所禁止。基于违法意图而实施的承诺，是为自己的违法行为创造条件。这种承诺本身不应得以认可，至于这种承诺能否排除行为人行为的犯罪成立则需具体分析。①

6. 被害人承诺同意行为人的法益侵害：这是被害人承诺行为成立的核心要件，具体又有如下要素：**(1) 意思能力**：被害人对于自己承诺行为的性质、内容、后果等具有辨认和控制能力。无责任能力人无从论及承诺。**(2) 真实意思**：承诺须出自被害人的真实意思。基于威胁、欺骗、强制、戏言等所表示的法益处分，并非承诺。② **(3) 承诺行为**：承诺是基于意思能力与真实意思的一种行为，表现为客观外在活动，可以是明示的或暗示的。③ **(4) 承诺时间**：被害人承诺必须在法益损害结果发生之前，包括法益损害行为前（事前）、法益损害实施中（事中），但不能在事后。**(5) 达至认识**：被害人的承诺必须为行为人所认识，行为人基于对被害人承诺的认识而实施了被害人承诺的法益侵害。④

二、执行命令行为

（一）执行命令行为的概念

7. 在大陆法系刑法理论中，执行命令行为一般被作为阻却违法性的事由，而下级执行上级违法命令的行为，通常被认为可以阻却责任（缺乏适法行为的期待可能性），但不阻却违法性。本书将执行命令行为作为阻却违法性的事由，而下级执行上级显然违法的命令，并不成立执行命令行为。作为阻却违法性的"**执行命令行为**"，是指国家工作人员的行为看似侵害了法益，但是基于行为因由上级国家工作人员下达命令而实施，从而阻却了执行命令者行为的法益侵害的属性。

（二）执行命令行为的特征

8. **国家工作人员实施了侵害法益的行为**：国家工作人员（执行命令者）的执行命令行为造成了法益损害。这是讨论执行命令行为的前提。执行命令者的执行命令行为可能存在两种情形：并不具有法益侵害的表现；基于错误命令造成了法益损害。对于前者固然不存在入罪的问题，而正是因为后者行为造成了法益损害结果，需要考虑该行为的犯罪与否。

---

① 行为人行为的性质，大致可能存在如下情形：(1) 意外事件：行为人对于承诺的违法意图没有认识，也不可能认识，可以作为意外事件；(2) 共同行为：行为人对于承诺的违法意图具有共同明知，则行为人与承诺人在整个违法行为中属于共同行为；(3) 可能过失：行为人对于承诺的违法意图应当认识但没有认识，可以排除故意乃至有认识过失，但是并不排除无认识过失。

② 基于行为人的欺骗，导致被害人承诺，在刑法理论上存在"事实欺骗"与"动机欺骗"的区别。

③ 对于承诺是否必须表现于外部行为，存在意思方向说与意思表示说。

④ 对此，刑法理论存在认识必要说与认识不要说的争议。

9. 法益侵害行为基于执行命令而实施:这是执行命令行为成立的核心要件。国家工作人员的法益侵害行为,属于执行命令的行为。能够阻却行为违法性的执行命令,必须具备一定条件:(**1**) **命令主体**:所执行的命令,由与执行者处于同一部门或系统,并存在着上下级关系的上级国家工作人员所下达。没有上下级关系,或者虽有更高级别但并非同一工作系统,无所谓下达命令。(**2**) **命令权限**:命令属于上下级工作关系的职权范围之内。上级明显超越职权范围的指示,并不成立这里所说的命令。执行这种指示而造成损害的,不能阻却执行者行为的侵害法益性质。(**3**) **命令发布**:命令必须由上级国家工作人员按照法律规定的程序、形式签署下达。缺乏法定程序、形式的上级指示,不能成立命令。执行这种指示而造成损害的,同样不能排除执行者行为的法益侵害性质。(**4**) **命令内容**:命令必须不具有明显的违法犯罪内容。执行者对于命令内容进行形式与实质审查①,对于明显违法者不应执行。执行具有明显违法犯罪内容的上级指示,在一定场合可以考虑执行者的责任阻却②。(**5**) **命令执行**:执行者必须遵照命令所规定的事项、内容、程序等,依法执行。超越命令范围或者执行过程中的违法行为,不属于执行命令的行为,造成损害的,行为人对此承担责任。

三、正当业务行为

(一) 正当业务行为的概念

10. 正当业务行为,是指某些危险性行业行为看似侵害了法益,但是基于社会共同生活所需要的地位,该行为为社会共同观念与规范所认可,并且依据正当业务规则而实施,由此阻却了该业务行为的法益侵害的属性。所谓**业务**,是指基于社会共同生活所需要的类型地位,依据特定的规则所从事的反复性、连续性、稳定性的活动。例如,教师的教学业务、大夫的医疗业务、运动员的竞技业务,等等。正当业务行为虽然造成了一定损害,但是这一行为为社会发展、社会公共福祉所必要,从而取得了社会规范性的容认而排除了行为的法益侵害的性质。

(二) 正当业务行为的特征

11. 业务工作者实施了侵害法益的行为:业务工作者的业务行为造成了法益损害。这是讨论正当业务行为的前提。通常,正当业务行为不存在法益损害的情况。对于这些不存在法益损害的正当业务行为,固然无从论及行为的犯罪与否。但是,某些正当业务行为,尤其是一些风险行业的正当业务行为,造成了法益损害。正是因为这些正当业务行为造成了一定的法益损害结果,需要考虑这些行为的罪与非罪问题。治疗行为、体育竞技行为等,是几种典型的正当业务行为。

12. 正当业务行为没有直接明确的法律或命令根据:这是正当业务行为与依照

---

① 执行者对于命令合法性的审查权限,刑法理论存在绝对服从说、实质审查说、形式审查说的对立。

② 利用组织结构的权力行为系属间接正犯的一种,具体是指利用者基于其所拥有的组织权力,对于该组织中的任一可以替换的人员,下达实施某种具有犯罪性的行为的指令,由此该人员成为被利用者而将行为付诸实施的情形。对此,被利用人是否一概具有责任仍是一个值得考究的问题。如果被利用人执行的是国家机构的领导者所下达的命令,就应当考虑被利用人的责任阻却事项。

法律行为或者执行命令行为的重要区别。正当业务行为并不违背法律规定,但是法律或者命令并非正当业务行为具体实施的直接根据。正当业务活动基于社会共同生活所需要的类型地位而进行,其合法性为社会共同观念所认可。正当业务行为,是社会公认的必要的、合法的行为。

13. **正当业务行为依照正当业务规则而实施**:这是正当业务行为成立的核心要件,具体包括四项内容:(1)**业务正当**:强调正当业务行为,其业务事项本身应当具有正当性、合法性,业务事项为社会认可、法律允许[①]。从事法律禁止的所谓业务,如利用巫术治病,则不能成立正当业务行为。(2)**业务规范**:正当业务行为,在具体业务运作过程中,应当符合行业操作规程和规章。这些规程和规章,表现为法律法规、技术规则乃至行业习惯。违反业务规范的所谓业务活动,也不成立正当业务行为。(3)**业务范围**:正当业务行为,仅限于所从事业务活动界限以内的事项,而不得超过该界限。超越业务范围的行为,不属于正当业务行为,而是与其业务身份无关的一般行为。(4)**业务心态**:正当业务行为,必须基于正当的业务心态,表现为行为人认识到自己行为属于业务范围、符合业务规范,并且希望通过业务行为达到为社会共同观念所认可或为国家法律所允许的结果。行为人明知违反行业操作规程而实施的所谓业务活动、行为人虽循业务规程但将业务活动用作违法犯罪目的,均不构成正当业务行为。

四、自救行为

(一)自救行为的概念

14. **自救行为**,又称自助行为、自力救济,是指权利人的合法权益受到不法侵害以后,在法益侵害状态存续期间,基于情况紧急无法求助公力并且在当时场合自力可以避免损失无可挽回,从而依靠自己的力量采取必要限度的方法,由此使自己遭受侵害的合法权益得到保全或者恢复原状的行为。自救行为与正当防卫,均是基于紧急情况,法律赋予公民保全法益的适法行为。当然,两者在具体特征上有所区别。

(二)自救行为的特征

15. **不法侵害前提**:自救行为,权利人的合法权益处于他人控制状态,是因为曾经遭受不法侵害的缘故。权利人只能对自己遭受不法侵害的法益实施自救行为。对于他人通过合法方式所获得的法益,原先的权利人不得实行自救行为。

16. **侵害已经过去**:这是自救行为与正当防卫的典型区别。正当防卫的实施以不法侵害正在进行为时间条件。所谓"正在进行",意味着"法益侵害发展或法益回复可能",强调法益侵害正在发展并且防卫反击当场进行。而自救行为的实施以不法侵害已经过去为时间条件。所谓"已经过去",意味着"法益侵害已经停止但侵害状态依然存在",强调法益侵害不再发展并且自救行为并非当场进行。

17. **保全法益紧急**:自救行为,必须具有实施场合的必要性,意味着保全法益情

[①] 对于业务事项合法性的判断标准,刑法理论存在事实业务说与许可业务说的不同见解。

况紧急且当时可以挽回损失。具体表现在,基于保全已被侵害法益或者使已被侵害法益恢复原状的情况紧急,无法求助公力救济,并且在当时的场合可以挽回损失,为了避免时过境迁而造成无可挽回的损失,从而赋予保护法益的自救行为。

18. **保全自己法益**:自救行为,必须是权利人为保全自己的法益而实施。他人法益并非自己法益,保全他人法益的行为不属于自救行为,而是他救行为[①]。自己法益主要是指财产权益,至于是否存在针对人身权益的自救行为[②],本书原则上持否定态度。人身权益遭受侵害,在事后通常只是损害赔偿问题,对此应当通过公力救济解决。

19. **行为应有限度**:自救行为,必须具有方法措施的必要性与相当性。必要性强调自救行为为保全法益(恢复法益)所必要,属于行为限度的前提基础要求;相当性强调自救行为仅以保全(恢复)属于自己的法益为限,在遭受反抗的情况下反击的损害程度应当与反抗的损害程度相当,属于行为限度的终端表现要求。必要性与相当性的判断,应当根据实施自救行为场合的一系列情况,包括权利人与侵害者的个人情况、行为的时间地点环境、侵害者的反应等,基于社会共同生活秩序、伦理道德乃至法律要求,予以分析。

思考题

1. 推定同意成立违法阻却的条件是什么?
2. 伤害同意成立违法阻却的条件是什么?
3. 对于误解的同意应当如何处理?

[①] 对此,刑法理论存在仅限自己法益与可以他人法益的不同见解。
[②] 对此,刑法理论存在仅限财产权益说与可以人身权益说的见解。

第9章 责任阻却事由

第31节 责任的概说

一、责任的根据及地位

1. 就责任要件而论,作为**责任主义命题**的"没有责任就没有刑罚"是近代刑法的一个基本理念。这意味着行为人个人的主观责任既是犯罪成立的必要条件,也是刑罚裁量的基准;个人主观责任作为犯罪成立要件,阐明了刑罚发动的根据;个人主观责任作为刑罚裁量基准,阐明了刑罚适用的根据。个人主观责任这一责任主义的核心概念,也是对古代盛行的结果责任与团体责任的否定,其也为现代责任根据的深入考究铺设了理论平台。刑罚以行为人具有责任为前提,与此相对,保安处分以行为人具有社会危险性为前提。**答责原则**立于行为人责任承担的基础,考究对行为人提起责任的基本根据。意志自由论与行为决定论分别走向了两极,由此只有在持有一定伦理道德观念的行为人具有自由决定适法与不法行为的能力时,方可要求行为人承担责任。

2. 具体而论,在责任根据的基本理念上,**道义责任论与社会责任论**极致发挥并互为对峙,由此其也成为当代折中责任论的两大基本元素。当代诸种折中责任论,虽各有特色与风采多姿,却也只可谓是对这两大元素融合的创新。**规范责任论**实则是以道义责任论为基本平台,同时又渗入期待可能性理论的责任本质学说;**新社会防卫论**虽然置重行为人的社会责任,不过其却容留了道义责任论的意志自由与罪因思想;**人格责任论**强调责任既是对选择实施行为的责难,又是对行为背后人格态度的非难,既否定单纯的意志选择又否定素质或环境的必然决定,不失道义责任论与社会责任论的融合。[①]

3. 本书总体立于规范责任论的基本立场,具体确立犯罪构成中的责任构造,并对责任的归责路径与判断路径予以双层多阶犯罪论体系的展开。如上文所述(本节段2),道义责任论与社会责任论虽系现代责任论的基本元素,但其却走向了责任理论的两个极端,难免片面;新社会防卫论虽关注具体人格与人权保障,但其理论逻辑仍有不少尚待推敲之处,且也有移向社会责任一端的倾向;人格责任论虽注重行为人的人格特征,但人格和人格形成及其与责任的关系等问题,仍需在理论与操作上进一步厘清。[②] 相对而言,规范责任论的理论路径较为清晰,责任思想之于法律技术的转

[①] 详见张小虎:《当代刑事责任论的基本元素及其整合形态分析》,载《国家检察官学院学报》2013年第1期。

[②] 同上。

化也显得精当,而行为人主观责任之中的规范评价的凸显,更为切合行为人的责任在刑法中所应有的聚焦,尤其是,主观心态与客观事态的双重视角的价值评价,使得刑法上对于行为人主观责任的审查与确定至为客观并合乎情理。

二、责任的归责路径与判断路径

4. **责任的归责路径**:适法行为的期待可能性是规范责任论的核心要素。具体而论:(1)**立于规范责任论**,责任的成立表现为三项要素的逐层递进的肯定:责任能力、心理事实、规范评价。其中,规范评价首先表现为违法行为的违反义务性;规范评价也更为注重违法行为的期待可能性;而责任能力则是责任形式与期待可能性存在的基础。(2)在本书**双层多阶犯罪论体系**中:A. 本体构成符合是对行为之于犯罪构成类型性特征的判断,其中包括主观成分的责任形式,并且作为犯罪成立的积极要件,其是以责任能力与期待可能性的肯定判断为一般原则的;B. 犯罪成立阻却是对行为或行为人具体的法益侵害或主观责任等的判断,并且作为犯罪成立的消极要件,就责任阻却而论,其是在先前基于一般原则肯定责任能力、推论违法性认识及期待可能性的基础上①,基于特定事由而对具体行为人的责任能力、违法性认识可能性或期待可能性的否定。

5. **责任的判断路径**:对于行为人主观责任的具体判断路径如下:(1)**责任本质**:责任是就不法行为对行为人予以规范的非难,也即对产生不法行为决意的行为人规范意识欠缺予以非难。行为人对于自己行为的不法具有意识或者存在认识可能,并且基于当时客观情况具有适法行为的期待可能性,然其仍为不法(故意)或不予注意认识与避免这种不法(过失),行为人主观上这种规范意识的欠缺应当受到强烈的谴责。(2)**责任要素**:责任形式、特定心态、缺乏责任能力、缺乏期待可能性是责任构成的基本要素,其中,责任形式与特定心态为积极要素,缺乏责任能力、缺乏期待可能性是消极要素。(3)**责任能力**:在本体构成要件的框架下,责任能力的有是一般原则,此时实质判断的是责任形式的存在与否,缺乏责任形式则本体构成不能成立,也就无须再论及责任阻却问题。(4)**责任成立**:存在责任形式,基于一般场合认为责任能力的有,又在一般场合也可以认为行为人具有选择适法行为的期待可能性,从而通常可以形成针对这一责任形式的规范评价。(5)**责任阻却**:虽有责任形式,但是基于特定因素而致行为人责任能力被阻却,或者在存在客观异常情况的场合适法行为的期待可能性被阻却,也就不能对行为人予以规范上的责难。(6)**责任形式**:责任形式的成立首先须有客观事实要素的知欲(心理事实),由此通常可以认为行为系受违反规范意识的支配(违法意识),基于此,进而可对行为人违反规范决意予以责难(规范评价)。(7)**责任阻却**:违法意识只是根据心理事实而得的一般性推论,不排除虽有对客观事实要素的知欲,但是却基于客观异常情况而致违法性认识的可能性被阻却,则责任形式也被阻却。

---

① 只要没有例外情况,个人应为自己的不法行为负责,这是不言而喻的。

三、可罚的责任

6. **可罚的责任**,是指对于行为人的责难只有达到须用刑罚予以应对的程度,这种责任才是适合纳入刑法的责任。可罚的责任的宗旨是从实质评价上对于责任的成立予以程度限定。在具有非难可能性的场合,就可以对行为人施加责任,然而刑法具有谦抑性,由此,只有在非难程度达到须要施加刑罚时,才有必要予以刑法上的归责。可罚的责任,实际上是对有必要施以刑罚的责任的标示与评判。

7. 本书立于双层多阶犯罪论体系,主张只有行为达到严重危害的程度才可予以入罪。行为的严重危害性是犯罪的本质特征,在形式上其呈现为行为的刑事违法性。由此,所谓达到须用刑罚的程度,在实质上表现为达至一定程度的严重危害,在形式上表现为符合刑法所规定的具体条件。而责任既是严重危害性表现的一个通道,也是刑法规定的犯罪成立要素之一。由此,责任具有标示犯罪的严重危害与法定条件的价值。

8. 从**立法**的视角考究,可罚的责任意味着刑法对于责任的设置,应当结合犯罪成立所需的一系列事实特征,只有对那种显然严重的规范意识欠缺的情形,才可予以刑法上的责难而在刑法中予以规定。从**司法**的视角考究,所谓可罚的责任,应当根据刑法的具体规定,对于行为人责任的施加不能超出刑法规定字面所能涵盖的意义。这实际上涉及刑法解释问题。本书坚持以形式解释为限的基本立场,实质解释不能超出刑法字面意义的射程。①

> **思考题**
>
> 1. 责任根据理论的建构与刑法价值根基的思想有何关系?
> 2. 可罚的责任在犯罪论体系中有何地位与意义?

第32节 缺乏责任能力

一、责任能力的理论地位

(一)学说考究·各种犯罪论体系中的责任能力

1. 责任能力理论地位的设置与犯罪论体系的基本立场密切相关。

2. 大陆法系三阶层犯罪论体系在涉及责任能力具体地位的问题上,具体存在归责前提与归责要素的不同见解,而在责任要素中又有积极要素与消极要素的不同定位。②

---

① 详见张小虎:《对刑法解释的反思》,载《北京师范大学学报》2003年第3期。
② 详见张小虎:《犯罪论的比较与建构(第二版)》,北京大学出版社2014年版,第492页。

3. 在英美法系的犯罪论体系中,责任能力由"合法辩护"的一些理由(未成年、精神病、醉酒等)来表现,其虽无系统的归责前提的说法,不过对于责任能力的这种处理却表现出归责前提的一些特征。①

4. 在我国四要件犯罪论体系中,责任能力的地位也有归责前提的某些特征,而责任能力在犯罪主体中又是以积极要件呈现的,并且我国《刑法》对于责任能力的规定也以正面肯定为特征。我国四要件犯罪论与原苏联刑法理论有着较大渊源。②

(二) 归责要素地位·抽象主体基础及归责消极要素

5. 立于双层多阶犯罪论体系,责任能力的具备是抽象的主体的一般性基础,责任能力的缺乏系归责的消极要素,从而责任能力问题的实质性判断在于责任阻却。

6. **抽象主体的一般基础**:犯罪成立条件是以行为为基本线索而贯穿起来的一系列事实特征的有机整合,其中本体构成是行为类型性的描述与评价,犯罪阻却是具体行为与行为人的判断。在本体构成中,作为客观事实要素的行为主体只是说明行为类型性的一个事实,而正是置身于"行为类型性"的框架,所以这里的主体是以责任能力的具备为基础的,也即原则上可以认为普通人均有责任能力。③ 也正因为此,在本体构成的主体中,对于责任能力不作实质性的判断。

7. **归责的消极要素地位**:这意味着,具体到各个案件当中,不同的行为人其责任能力的程度的确是有差异的,存在着责任能力的有与无,或者限定责任能力、减轻责任能力等情形,对于诸如此类的情况不能不予以考虑。由此,在原则肯定类型性主体的责任能力之后,对于具体案件中行为人的责任能力状况应予具体实质性的判断。由于既已原则上肯定类型性主体责任能力的有,从而此时主要考虑行为人是否存在缺乏责任能力、限定责任能力、减轻责任能力等情况。

(三) 责任能力的地位与故意及过失的地位

8. 将责任能力缺乏等情形作为责任阻却的事由,这似乎使得责任能力的判断置后于故意与过失的判断,而这一置后又似乎存在理论逻辑问题,即肯定了故意或过失即意味着有责任能力,而之后又为何再作责任能力有无的判断呢? 对此应当注意到,先前的责任能力的有只是类型性的意义上的存在,其尚未指向具体的行为人;即一般场合,凡人皆有责任能力,进而基于故意或过失而实施了分则各罪的行为。然而,这并不排除在具体案件中具体行为人的责任能力有着独特的表现,从而在作了行为类型性的判断之后,尚须针对具体行为人的责任能力的具体状况予以判断。

(四) 责任能力的地位与责任能力的状况

9. 将缺乏责任能力作为责任阻却的事由,这并不否定限定责任能力、减轻责任能力等在责任能力判断中的地位。固然,责任能力阻却,就"阻却"的意义而言,其核心意义是责任能力的缺乏,但是,限定责任能力实际上也有责任能力的有与无的问

---

① 详见张小虎:《犯罪论的比较与建构(第二版)》,北京大学出版社2014年版,第495页。
② 详见同上。
③ 实施构成要件行为的是意志自由的理性人,只有对这样的行为人才可予以规范责难与追责,这是犯罪成立框架下的类型性与原则性的评价。

题,其是一定范围内的责任能力的有与无。而减轻责任能力虽是以责任能力的有为前提的,不过其却是责任能力的不完整状况,据此将之附于责任能力阻却中予以阐释并非不可。

二、责任能力的本质

10. 关于责任能力的本质,中外刑法理论存在行为能力、犯罪能力、刑罚能力、价值判断能力、社会行为能力、法律能力等不同见解。① 立于双层多阶犯罪论体系,责任能力是抽象行为主体的一般性基础,是行为能力、犯罪能力、法律资格。

(一)责任能力与行为能力

11. 对责任能力是否行为能力的问题,刑法理论存在肯定说与否定说的不同见解。② 应当说,在刑法领域,责任能力是有责的行为能力。具体而论:**(1)意思能力基础一致**:行为能力是一种基于意思能力的行为资格(法律设定的参与某种法律关系的资格),根据行为人的年龄与精神状况等的差异,法律上存在完全、限制、没有等行为能力的不同状况;而责任能力是和其意思能力相适应的对于自己行为承担责任的资格,同样基于行为人的年龄与精神状况等的不同,法律上区分为完全、限制、没有等责任能力的不同状况。**(2)刑法行为基础一致**:刑法上的行为,是意识与意志支配下的行为,缺乏意识与意志支配的行为不是刑法上的行为,固然也就没有所谓的承担责任可言。限制行为能力者在一定范围内具有意识与意志支配资格,则其在此范围内对于自己意思支配的行为承担责任。

(二)责任能力与犯罪能力

12. 关于责任能力是犯罪能力还是刑罚能力(责任能力的基础是什么),刑法理论存在犯罪能力说与刑罚能力说的对立以及两者的折中。③ 其中,"犯罪能力说"将犯罪能力视作责任能力的基础(犯罪能力说明了责任能力),而责任能力又为犯罪成立所不可或缺,从而构建了"责任能力(犯罪能力)—犯罪成立—刑罚处罚"的逻辑关系;"刑罚能力说"将刑罚能力视作责任能力的基础(刑罚能力说明了责任能力),而责任能力又为刑罚适应所不可或缺,从而构建了"责任能力(刑罚能力)—刑罚适应—刑罚处罚"的逻辑关系;"犯罪能力并刑罚能力说"将犯罪能力并刑罚能力视作责任能力的基础,而责任能力又为犯罪成立并刑罚适应所不可或缺,从而构建了"责任能力(犯罪能力并刑罚能力)—犯罪成立并刑罚适应—刑罚处罚"的逻辑关系。④ 对此,本书的立场是,责任能力是对意识与意志支配下的行为独立承担责任的资格,由此将犯罪能力视作责任能力的基础较为合理。具体地说:**(1)术语含义**:**犯罪能力**(系自由意志支配下的行为能力)说明了责任能力,而责任能力属于犯罪成立的要素;作为犯罪成立要素的责任能力,是指行为人实施犯罪行为时的能力;**刑罚能力**(系由

---

① 详见张小虎:《犯罪论的比较与建构(第二版)》,北京大学出版社2014年版,第497—500页。
② 详见同上书,第498页。
③ 详见同上。
④ 详见同上书,第501页。

危险性格所决定的刑罚适应性)决定刑罚适应,构成刑罚适用的前提。**(2) 三者关系**:没有犯罪能力,就没有责任能力,行为无从成立犯罪;具有犯罪能力,就存在责任能力,行为可以成立犯罪,但是在刑罚能力成为问题时,行为构成社会危险行为①;对于犯罪适用刑罚,对于社会危险行为适用保安处分。**(3) 逻辑关系**:责任能力(犯罪能力)—犯罪成立—刑罚处罚(刑罚能力·刑罚适应);有责任能力或无责任能力(存在犯罪能力而缺乏刑罚能力;缺乏犯罪能力并缺乏责任能力)—社会危险行为—保安处分(缺乏刑罚能力·缺乏刑罚适应)。

(三) 责任能力与辨认及控制能力

13. 立于责任能力的内容阐明责任能力的内涵,刑法理论普遍认为,责任能力是两种能力的组合,即辨认行为社会价值能力(价值判断能力)与控制价值行为实施能力(社会行为能力)。② 行为人缺乏辨认能力,也就没有控制能力,进而无所谓责任;行为人具有辨认能力,但是缺乏控制能力,则不具有可归责性;只有在行为人同时具备了辨认能力与控制能力的情况下,归责才是合理的。

(四) 责任能力与法律资格

14. 法律能力说,将责任能力界定为作为制裁条件的、行为人实施不法行为的法律能力或法律资格。③ 这是将法律能力(资格)作为责任能力的中心词。就责任能力界说的中心词而论,责任能力的法律能力说具有一定的合理性。责任能力是行为人实施法律规范所设置的需要承担相应责任的行为的能力或资格。这里一方面强调责任能力基于法律规范的设置,另一方面将责任能力视作一种资格。资格是指从事某种活动所应具备的条件、身份等④。责任能力的确是刑法规定的一种特殊资格。

> **思考题**
>
> 责任能力、犯罪能力、刑罚能力这三者之间的关系是什么?

第32节 A 责任能力的概念、内容及程度

一、责任能力的概念

1. **责任能力**,是刑法所规定的,构成犯罪所必需的,行为人具有辨认行为社会价值与控制价值行为实施的资格。

2. 责任能力具有如下特征:**(1)** 责任能力具有法定性,责任能力的内容、程度、影

---

① 没有犯罪能力,就没有责任能力,行为无从成立犯罪;具有犯罪能力,就存在责任能力,行为虽可成立犯罪,但是也会同时构成社会危险行为。
② 详见张小虎:《犯罪论的比较与建构(第二版)》,北京大学出版社 2014 年版,第 499 页。
③ 详见同上书,第 500 页。
④ 参见《现代汉语词典(第 5 版)》,商务印书馆 2005 年版,第 1801 页。

响因素等均由刑法规定;(2) 责任能力是意思支配下的行为能力(犯罪能力),是行为成立犯罪的要素;(3) 责任能力是行为人对于自己行为事实与性质的辨认能力与控制能力的有机统一;(4) 责任能力是行为人所具有的对于自己的行为与后果独立承担责任的一种特殊资格。

二、责任能力的内容

3. **责任能力的内容**,是指行为人对自己行为所具有的价值判断能力(即辨认能力)与社会行为能力(即控制能力)。

4. **辨认能力**:是指行为人对自己行为的性质、后果所具有的价值分辨、判断的能力。对此理解应当注意:(1) **辨认能力是一种意识力**:辨认能力是指认识能力,其表明行为人对自己行为的是非善恶所具有的辨别能力。例如,有无识别杀人、盗窃、抢劫等行为的能力。(2) **辨认能力不同于主观心态**:这里的辨认能力强调的只是一种认识能力本身,而不是对具体价值内容的认识程度。行为人本身所具有的认识能力,是责任能力的内容(基于生理素质);而行为人以自身的认识能力,对自己行为的价值内容所持的认识状况,则为主观责任的形式(指向社会意义)。

5. **控制能力**:是指行为人所具有的支配自己实施或不实施价值行为的能力。对此理解应当注意:(1) **控制能力是一种意志力**:控制能力是指意志能力,其表明行为人对自己的具有社会意义的价值行为所具有的支配能力。例如,有无支配自己是否实施杀人、盗窃、抢劫等行为的能力。(2) **控制能力不同于主观心态**:这里的支配能力强调的只是意志能力本身,而不是对具体价值内容的意志取向。行为人本身所具有的意志支配能力,是责任能力的内容(基于生理素质);而行为人以自身的意志能力,对自己行为的价值内容所持的意志态度,则为主观责任的形式(指向社会意义)。

6. **辨认能力与控制能力的关系**:(1) **缺乏辨认能力就不具有控制能力**:行为人对自己行为的性质、后果、社会意义缺乏价值分辨、判断的能力,也就无从论及行为人对自己具有社会意义的价值行为的支配能力。例如,对自己的行为缺乏辨识力的精神病人,也就不具备支配自己行为的能力。(2) **具有辨认能力不一定就具有控制能力**:有时行为人对自己行为的性质、后果、社会意义具有价值分辨、判断能力,但是却缺乏对自己具有社会意义价值行为的支配能力。例如,"法律性精神错乱",患此病的人对自己的病态观念、意向、行为存在辨认力、自知力及批判力,但对自己的思维、情感、行为却无法控制与摆脱。(3) **具有控制能力也就拥有辨认能力**:行为人对自己具有社会意义的价值行为具有支配能力,其也就拥有对自己行为性质、后果、社会意义的价值分辨、判断能力。例如,行为人具有能够支配自己实施还是不实施盗窃行为的能力,这一能力以其对自己行为是否盗窃的认识能力为前提。(4) **因此**:辨认能力是责任能力的基础,而控制能力又是责任能力的关键,辨认能力与控制能力相辅相成共同构成责任能力的要素,对于责任能力来说,两者缺一不可。

三、责任能力的程度

7. **责任能力程度**,是指刑法所抽象出的,行为人对自己行为的辨认能力与控制能力的强弱水平。刑法理论、刑法立法对责任能力程度的划分,有两分法、三分法、四分法,具体涉及无责任能力、有责任能力、限定责任能力(减轻责任能力)、部分责任能力(相对责任能力)、完全责任能力。①

8. 应当说,责任能力的有无与基于责任能力的责任轻重属于责任能力程度的两个不同的视角,基于前者划分出无责任能力、有责任能力、部分责任能力,基于后者划分出减轻责任能力。鉴于这种不同的视角,所谓"完全责任能力"的说法显得不够明确,也易于与"有责任能力"的表述混淆。由此,鉴于表述责任能力程度的有关概念的界分的明晰,同时根据我国《刑法》有关责任能力的规定,本书将责任能力程度列为四种,即有责任能力、无责任能力、相对责任能力、减轻责任能力。

9. **有责任能力**:基于"凡人皆有责任能力,系属原则"②,各国刑法在对责任能力的规定上通常采纳出罪式的思路,即直接表述"……是没有责任能力的"。因此,对于有责任能力的情况,各国刑法通常不作明确的规定,而是间接隐含在规定无责任能力、相对责任能力条文的表述中。也就是说,不是无责任能力、相对责任能力,即为有责任能力。与此不同,我国《刑法》采纳的是入罪式的思路,即直接表述"……是有责任能力的"。具体地说:**(1) 术语含义**:在我国有责任能力是指刑法规定的行为人对所有犯罪行为均具有辨认能力与控制能力的情况。**(2) 具体情形**:已满16周岁并且大脑功能正常的人(《刑法》第17条第1款及第18条);已满16周岁而具有生理缺陷的人,依然属于有责任能力人,同时也是减轻责任能力者(《刑法》第17条第1款及第19条)。

10. **无责任能力**:各国刑法对无责任能力的规定,通常以年龄、精神状况为内容,在具体标准上略有不同。例如,《加拿大刑事法典》(1985年)第13条、第16条第1款,将12岁以下的儿童、正患精神病从而缺乏认识能力的人,规定为无责任能力者;《意大利刑法典》(1931年)第88条、第95条、第96条第1款、第97条,将完全心智丧失、不满14岁的未成年人,规定为无责任能力者。我国《刑法》未明确规定无责任能力的年龄,不过依据《刑法》第17条第3款对附条件相对责任年龄的规定,可以获得解释。具体地说:**(1) 术语含义**:无责任能力是指刑法所规定的行为人对所有犯罪行为均缺乏辨认能力或控制能力的情况。**(2) 具体情形**:不满12周岁的儿童为无责任能力者(《刑法》第17条);不能辨认或者不能控制自己行为的精神病人(《刑法》第18条第1款)。

11. **相对责任能力**:从立法实际来看,仅少数国家在刑法中设置了相对责任能力。例如,《俄罗斯刑法典》(1996年)第20条第2款,将已满14岁不满16岁的人犯杀人罪、故意严重损害他人健康罪、绑架罪、强奸罪等19种具体的罪规定为相对责任能力。我国《刑法》规定的情形是:**(1) 术语含义**:相对责任能力是指刑法所规定的行为人对部分犯罪行为具有辨认能力和控制能力,而对其他犯罪行为则缺乏辨认能力

---

① 详见张小虎:《犯罪论的比较与建构(第二版)》,北京大学出版社2014年版,第504页。
② 参见翁国梁:《中国刑法总论》,台湾正中书局1970年版,第89页。

或控制能力的情况。**(2) 设置根据**:主要是考虑到达到一定年龄段的人,虽非对所有犯罪行为具有责任能力,但对某些严重犯罪行为却有辨认能力与控制能力。**(3) 具体情形**:已满14周岁不满16周岁人的相对责任能力(《刑法》第17条第2款);已满12周岁不满14周岁人的附条件相对责任能力(《刑法》第17条第3款)。

12. **减轻责任能力**:多数国家的刑法都对减轻责任能力作了规定。例如,《日本刑法典》(1908年)第39条第2款针对心神耗弱人、《法国刑法典》(1994年)第122-1条第2款针对精神紊乱人、《韩国刑法典》(1953年)第10条第2款与第11条针对精神障碍人与聋哑人等的规定。我国《刑法》也对减轻责任能力作了规定,具体地说:**(1) 术语含义**:减轻责任能力是指刑法所规定的行为人虽然具有责任能力,但是由于年龄、精神状况、生理功能等因素,其辨认能力或控制能力有所减弱的情况。减轻责任能力是在有责任能力或者相对责任能力前提下的责任能力减弱的情况;作为减轻责任能力的法定事由主要是年龄(未成年)、精神状况(心神耗弱)、生理功能(生理缺陷)。**(2) 具体情形**:A. 未成年:已满12周岁未满18周岁的未成年人,包括已满16周岁不满18周岁有责任能力未成年人、已满14周岁不满16周岁相对责任能力未成年人、已满12周岁不满14周岁附条件相对责任能力未成年人(《刑法》第17条第4款)。B. 老年:已满75周岁的人(《刑法》第17条之一)。C. 生理缺陷:又聋又哑的人或者盲人(《刑法》第19条)。D. 心神耗弱:尚未完全丧失辨认能力或者控制能力的精神病人(《刑法》第18条第3款)。

> **思考题**
>
> 1. 我国《刑法》对责任能力的有无采取入罪式的规定,这说明了什么?
> 2. 有责任能力与完全责任能力的关系是什么?

第32节 B 影响责任能力的因素

1. **责任能力的内容**,是辨认能力与控制能力的有机统一。而人的辨认能力与控制能力,随着年龄的增长、心智的健全、生理功能的完善等而逐步增强。

一、影响责任能力的年龄因素

2. **责任年龄**,是指刑法规定的由于年龄因素的影响,行为人对自己的行为具有某种程度的辨认能力与控制能力的情况。

3. **责任年龄的阶段划分**:各国刑法理论与立法实际对责任年龄阶段的划分,大致有二分法、三分法、四分法。① 我国《刑法》第17条与第17条之一,将责任年龄划分为五个阶段:**(1) 有责任年龄阶段**:已满16周岁的人。**(2) 无责任年龄阶段**:不满14

---

① 详见张小虎:《犯罪论的比较与建构(第二版)》,北京大学出版社2014年版,第507页。

周岁的人。(3) **相对责任年龄阶段**:已满14周岁不满16周岁的人,对故意杀人、故意伤害致人重伤或者死亡、强奸、抢劫、贩卖毒品、放火、爆炸、投放危险物质罪有责任能力,而对其他犯罪行为则无责任能力;(4) **附条件相对责任年龄阶段**:已满12周岁不满14周岁在特定条件下有责任能力,具体条件是同时符合:A. 罪质:犯故意杀人、故意伤害罪;B. 罪情:致人死亡或者以特别残忍手段致人重伤造成严重残疾;C. 情节:恶劣;D. 程序:经最高人民检察院核准追诉。这是延续我国刑法入罪式规定模式(第32节A段9)对责任年龄的适当降低。责任年龄下调与社会的发展及人类生理心理成熟的推进、犯罪低龄化等直接相关。英国也曾有①附条件刑事责任年龄(age of conditional criminal responsibility)制度,不过其是出罪式的思路,即在7—14岁的年龄阶段适用无责任能力推定(presumption of *doli incapax*),但孩子被证明的恶习(vice)可以使其承担责任成为正当,从而这种制度也被称为恶意补足年龄(malitia supplet aetatem—malice or wickedness supplies age, malice makes up for age)。(5) **减轻责任年龄阶段**:包括两种情形:A. 未成年人,包括已满16周岁不满18周岁的有责任能力者、已满14周岁不满16周岁的相对责任能力者、已满12周岁不满14周岁的附条件相对责任能力者,其辨认能力或控制能力有所减弱;B. 老年人,已满75周岁的人,虽有责任能力,但基于老年因素而从刑事政策与特殊预防等角度考虑,区别故意犯罪与过失犯罪,对其予以得宽与必宽的处理。

  4. **我国《刑法》上责任年龄的计算**:(1) **公历与周岁制的标准**:我国民众计算年龄,有阴历(农历)、阳历(公历)、虚岁、周岁之分。1997年修订的《刑法》对责任能力的年龄明确为周岁。由此,责任年龄以周岁计算;周岁一律按照公历的年、月、日计算;1周岁计12个月;周岁生日第2天起确定为满周岁,生日当天视同未满该生日的周岁。(2) **严格各个年龄阶段的罪刑限制**:A. 不能突破年龄界限累及处罚:行为人在无责任年龄阶段实施过严重危害行为,其后行为人在附条件相对或相对责任年龄阶段又有应予入罪的行为,或者在有责任年龄阶段有应予入罪的行为,应当注意,不能把无责任年龄阶段时的危害行为也一并予以追究。B. 不能突破年龄界限累及处死:行为人不满18周岁时犯有极其严重的罪行,在已满18周岁后实施了不该判处死刑的犯罪,也应注意,不能将前罪后罪合并判处死刑。

  5. **对未成年人犯罪的处置**:多数国家刑法对未成年人犯罪的处置均有从宽的规定,包括减轻处罚或非刑处置。② 我国《刑法》对未成年人犯罪也设置了若干从宽处罚的规定。具体表现在:(1) **从宽处罚**:已满12周岁不满18周岁的人犯罪,应当从轻或者减轻处罚(《刑法》第17条第4款)。(2) **必宽处罚**:相对于成年人犯同样的罪行,对未成年人刑罚处罚的结果必须体现从轻或者减轻。(3) **排除死刑**:对于不满18周岁人犯罪,一律不得适用死刑,包括不得适用死缓(《刑法》第49条第1款)。(4) **予以监管**:因不满16周岁而不予刑事处罚的,责令其家长与监护人管教,必要时

---

① 1998年英国的英格兰和威尔士废除了无责任能力推定制度,保留10岁为最低责任年龄的规定。
② 详见张小虎:《犯罪论的比较与建构(第二版)》,北京大学出版社2014年版,第508—509页。

依法进行专门矫治教育(第17条第5款);(5) **累犯缓刑**:前罪时不满18周岁的排除一般累犯的成立(第65条第1款);对不满18周岁的人在符合其他条件的场合应当宣告缓刑(第72条第1款)。

6. **对老年人犯罪的处置**:基于刑罚的人道以及老年人社会危险性的减弱,许多国家刑法对老年人犯罪的处置也有从宽的规定。① 我国《刑法》对老年人犯罪也设置了若干从宽处罚的规定。具体表现在:(1) **从宽处罚**:已满75周岁的人故意犯罪的,可以从轻或者减轻处罚;过失犯罪的,应当从轻或者减轻处罚(第17条之一);(2) **排除死刑**:审判的时候已满75周岁的人,不适用死刑,但以特别残忍手段致人死亡的除外(第49条第2款);(3) **适用缓刑**:已满75周岁的人在符合适用缓刑的其他条件的场合,应当宣告缓刑(第72条第1款)。

二、影响责任能力的精神因素

7. **责任能力精神阶段**,是指刑法规定的由于精神因素的影响,行为人对自己的行为的辨认能力与控制能力处于不同程度(心神正常、心神丧失或心神耗弱)的情况。

8. **责任能力精神阶段的划分**:各国刑法理论与立法实际对责任能力精神阶段的划分,大致有二分法、三分法。② 我国《刑法》第18条,将责任能力精神阶段划分为三个层次:(1) **有责任能力**:具有辨认能力与控制能力的精神正常的人;处于具有辨认能力与控制能力之精神正常期的间歇性的精神病人;其他具有辨认能力与控制能力的精神障碍人③。(2) **无责任能力**:不能辨认或者不能控制自己行为的精神病人。(3) **减轻责任能力**:尚未完全丧失辨认或者控制自己行为能力的精神病人或精神障碍人。

9. **责任能力精神阶段判断标准**:是指刑法所规定的据以确定精神障碍与否从而影响行为人责任能力的事实根据。就立法模式而言,各国对责任能力精神阶段所设置的判断标准大致有生理标准、心理标准、混合标准三种。④ 我国《刑法》第18条,将责任能力精神阶段的判断标准确定为**混合标准**:(1) **生理标准**:判断责任能力精神阶段,必须确定行为人是否精神病人。精神病人是精神因素影响责任能力的形式前提。这里关键是精神病的界说。对此,我国刑法理论存在不同见解。本书对这里的"精神病"作"精神障碍"的理解。**精神障碍**,是指由于先天或者后天、机体内或者机体外等各种因素而导致的,大脑神经功能发生紊乱的精神疾病或者精神异常现象。包括精神病、非精神病性精神障碍、精神发育迟缓等。⑤ (2) **心理标准**:判断责任能力精神阶段,还必须确定行为人是否由于精神障碍致使其辨认能力或者控制能力减弱或者丧

---

① 详见张小虎:《犯罪论的比较与建构(第二版)》,北京大学出版社2014年版,第509页。
② 详见同上书,第511页。
③ 例如,某些具有辨认能力与控制能力的**人格障碍人**(纵火癖、偷窃癖等)、**性心理障碍人**(恋物癖、恋童癖、露阴癖、窥淫癖、施虐狂、受虐狂、同性恋等)。
④ 详见张小虎:《犯罪论的比较与建构(第二版)》,北京大学出版社2014年版,第514页。
⑤ 详见同上。

失。因精神障碍致辨认能力、控制能力减弱或丧失是精神因素影响责任能力的内在本质,其最终决定了精神因素对责任能力影响的程度。例如,间歇性的精神病人,尽管属于精神障碍人的范畴,但是其在精神正常的时候,也就是在具有辨认能力与控制能力的时候犯罪,仍然具有责任能力。

三、影响责任能力的生理因素

10. **责任能力生理阶段**,是指刑法规定的由于生理缺陷因素的影响,行为人对自己的行为具有某种程度的辨认能力与控制能力的情况。

11. **责任能力生理阶段的影响因素**:各国刑法对影响责任能力的生理缺陷因素的立法,表现为不予规定、规定聋哑人、规定聋哑人与盲人三种情况。① 我国《刑法》第19条对此作了规定:(1) **两类因素**:将"又聋又哑的人""盲人",并列规定为在生理缺陷因素方面影响责任能力的情形。(2) **又聋又哑的人**:是指由于先天的或者后天的疾病、外伤所致,既丧失听能又丧失语能的人。(3) **盲人**:是指由于先天或者后天的原因而双目失明的人。

12. **责任能力生理阶段的划分**:基于生理缺陷因素对责任能力的影响,有关国家的刑法典通常将责任能力生理阶段划分为有责任能力、减轻责任能力两种情况。② 我国《刑法》第19条对责任能力生理阶段也采用二分法:(1) **有责任能力**:没有生理缺陷的人,对所有犯罪行为均具有辨认能力与控制能力,并相应承担"完全"的刑事法律后果。这里的"完全"是相对于下面的"从宽"而言的。(2) **责任从宽**:又聋又哑的人或者盲人,虽然对所有犯罪具有责任能力,但是由于生理缺陷而可能致辨认能力或控制能力有所减弱,从而可以从轻、减轻或者免除处罚。

四、影响责任能力的醉酒因素

13. 醉酒对责任能力的影响,本系"精神因素影响责任能力"的一个专题。由于醉酒在精神因素中较为突出,对责任能力影响也较为独特,因而设专题讨论。醉酒分为慢性醉酒与急性醉酒。

(一) 慢性醉酒与责任能力

14. **慢性醉酒**,是指长期饮酒而逐渐形成的伴随着机体系统、器官严重损害的酒精中毒症状。

15. 司法精神病学通常将慢性醉酒者的责任能力划分为完全责任能力、减轻责任能力、无责任能力三种情况。刑法学对慢性醉酒是否影响责任能力,存在不予承认与可予承认的两种态度。在我国司法实践中,对慢性醉酒的责任能力问题,通常采取区别对待的方式。③

---

① 详见张小虎:《犯罪论的比较与建构(第二版)》,北京大学出版社2014年版,第515页。
② 详见同上书,第516页。
③ 详见同上书,第517页。

(二) 急性醉酒与责任能力

16. **急性醉酒**,是指一次饮酒后急剧发生的醉酒,包括生理性醉酒、病理性醉酒与复杂性醉酒。(1) **生理性醉酒**,又称单纯性醉酒,是指由于一次性饮酒过量超过了行为人正常的酒精耐受力,引起急性生理反应的中毒症状。生理性醉酒表现出一个短暂而渐进的发展过程,通常分为兴奋状态、迷糊状态、昏睡状态这三个阶段。尽管生理性醉酒伴随有一定的精神异常,但是症状持续较短暂且常常自然消失,因此并不将其视同精神病。(2) **病理性醉酒**,又称精神病性醉酒,是指由于缺乏酒精耐受力的特殊体质,少量饮酒后身体发生急性异常反应的酒精中毒症状。病理性醉酒表现出发作的突然性、行为的攻击性、记忆的丧失性、行为缺乏动机性、缺乏酒精耐受性等特征。病理性醉酒属于精神病,醉酒时具有明显的意识障碍。各国刑法理论与实践通常将病理性醉酒认定为无责任能力。利用病理性醉酒犯罪,则另当别论。(3) **复杂性醉酒**,是指在脑器质性损害或严重脑功能障碍或影响酒精代谢的躯体疾病的基础上,由于对酒精的耐受性下降而出现的急性酒精中毒反应。① 复杂性醉酒是介于生理性醉酒与病理性醉酒的中间状态,醉酒时辨认能力与控制能力有所减弱,但并不完全丧失。对于复杂性醉酒,刑法理论存在减轻责任能力与区别对待的不同见解。应当说,复杂性醉酒情况各异,将其责任能力分别认定为无责任能力与减轻责任能力具有一定的合理性。

17. **生理性醉酒的责任能力**:关于生理性醉酒对责任能力的影响,各国刑法存在明确肯定责任与明确区别对待的不同立法。② 对此,我国《刑法》第18条第4款采纳了"明确肯定责任"的立法模式,彰显了针对醉酒犯罪一般预防的目的。而对于该条款中"应当负刑事责任"的蕴意,刑法理论则存在全负责任与依情负责的不同见解。③ 本书认为,对于"应当负刑事责任"的理解,应当坚持刑法的价值精神并遵循刑法的形式限定,对于醉酒犯罪可以结合导致醉酒的事实与醉酒所致的状态,分别不同情况而区别对待。具体地说:(1) 确系意外或者不可抗力醉酒并致丧失辨认或者控制能力,排除责任。(2) 意外或者不可抗力醉酒致使辨认或者控制能力有所减弱,可以从轻或者减轻处罚。(3) 并非意外或者不可抗力醉酒,不予从宽处理。(4) 故意醉酒实施犯罪,可以作为酌定从重处罚情节。

18. **生理性醉酒的责任根据**:对于过错醉酒犯罪负刑事责任的根据,刑法理论有"原因自由行为"的解释,也有"社会利益原则"的解释。应当说,过错醉酒犯罪负刑事责任,就传统刑法理论体系而言,确属行为与责任同时存在的归责原则的例外,原因自由行为理论可以成为行为与责任同在之归责一般原则的例外性特殊理论。④

---

① 参见刘白驹:《精神障碍与犯罪(上)》,社会科学文献出版社2000年版,第192页。
② 详见张小虎:《犯罪论的比较与建构(第二版)》,北京大学出版社2014年版,第519页。
③ 详见同上。
④ 详见同上书,第521页。

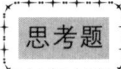

按照我国《刑法》的规定,对相对责任能力人绑架杀人的,如何定罪?其理论根据是什么?

第32节 C 原因自由行为

一、原因自由行为的概念与特征

1. 原因自由行为是指行为人在有责任能力的情况下,对自己陷入无责任能力或减轻责任能力状态后所可能导致的犯罪行为持故意或过失的心态,从而故意或者过失使自己陷入无责任能力或减轻责任能力的状态,结果实施了犯罪行为。

2. 原因自由行为具有如下**特征**:(1) 原因行为(原因设定行为)时认识能力及控制能力(责任能力)的具备状态;(2) 结果行为(结果实现行为)时认识能力及控制能力(责任能力)的减弱、丧失状态;(3) 原因行为时行为人针对结果行为(犯罪行为)持故意或过失的心态;(4) 结果行为时责任能力的减弱、丧失状态缘于原因行为时行为人的故意或过失。①

二、原因自由行为的故意与过失

3. 在原因自由行为中有三种心态值得重视:原因行为时针对结果行为的责任心态;原因行为时针对招致无责任能力或限制责任能力状态的心态;结果行为时针对行为危害结果的心态。其中,原因行为时针对结果行为的责任心态至为重要,否则无需构建原因自由行为理论,而径行按结果行为处置即可。由此,可以将原因自由行为分为:(1) **故意原因自由行为**,是指行为人在有责任能力的情况下,对原因行为后会实施犯罪持故意心态,故意自陷无责任能力或减轻责任能力的状态的情形。(2) **过失原因自由行为**,是指行为人在有责任能力的情况下,对原因行为后会实施犯罪持过失心态,而故意或过失自陷无责任能力或减轻责任能力的状态的情形。②

三、原因自由行为的可归责性

4. 行为与责任同在系归责的一般原则,但是原因自由行为可以成为这一一般原则的例外。现实中,自陷责任能力丧失或减弱继而在此状态下实行犯罪的情形的确存在,而就法的价值与事理逻辑而论对此情形不能放弃责任的施加,然而归责的一般原则无法使对这一情形的归责获得合理解释,原因自由行为则是基于对一般原则的变通而对这一情形归责的理论。现实具体情形的存在以及对此情形归责解释的必

---

① 详见张小虎:《犯罪论的比较与建构(第二版)》,北京大学出版社2014年版,第521页。
② 详见同上书,第522页。

要,也就为原因自由行为存在的理论价值留下了一定的空间。而实际上,许多国家的实然立法,也都较为明确地体现了在行为时责任与归责问题上的原则与例外的立法模式。①

5. 法理的现实终极价值:法学理论的现实的终极价值,是合理解释国家秩序与民众情感的期待。立法及司法的现实的终极取向,是适合国家秩序的基本需要与抚慰民众的善良情感。在刑法的技术规则与刑事政策需要产生冲突的时候,刑事政策需要决定了对刑法技术规则的变通,在此场合,刑法理论的使命是构建对符合刑事政策要求的刑法技术规则的理论解释。当然,这里的"国家秩序""民众情感"及"政策需要",是与反映社会发展规律的特定社会阶段的终极公正相吻合的。英美法系的陪审团制度,从一个侧面反映了上述"法理现实价值"与"民众善良情感"之间的协调关系。在任何情况下,立法、司法、法理均不能逾越社会的善良道德底线,这是使民众崇敬法律、使法律生机勃勃的根本保证,舍此则易于走向初衷的反面,而这又易于造成普遍的厌恶。

> 思考题

"行为与责任同在的归责原则"与"对醉酒下的责任能力的设置",如何合理地解决这两者之间的问题?

第33节 缺乏违法性认识可能性

一、违法性认识、缺乏认识、缺乏认识可能性的地位

(一) 空虚要素及实体要素

1. 故意的成立是否必须具有违法性认识,这一问题本身就存在争议。不过应当肯定,违法性认识是故意成立的规范要素,而对其具体地位则有"构成要件故意的要素"与"责任故意的要素"的不同见解,其中责任要素的见解位居主导地位。②

2. 立于双层多阶犯罪论体系,违法性认识是故意责任的积极要素,依存于本体构成符合阶段的故意成立,由对本体构成之事实的认识而获原则肯定(第23节C段1);缺乏违法性认识或认识可能性是责任的消极要素,依存于危害阻却缺乏阶段的责任阻却,是直接针对违法性问题的判断(本节段6、8)。因此违法性认识可谓**责任要素的空虚要素**(映衬要素),而缺乏违法性认识或认识可能性方为**责任要素的实体要素**(核心要素)。③

---

① 详见张小虎:《犯罪论的比较与建构(第二版)》,北京大学出版社2014年版,第523页。
② 详见同上书,第529—535、526—527页。
③ 详见同上书,第527页。

(二) 缺乏违法性认识阻却故意

3. **法律错误**，即禁止错误，会影响不法意识的成立，也是对缺乏违法性认识的说明。**缺乏不法意识**，即法律错误中的"误有为无"，构成了相应的**违法性错误**或**缺乏违法性认识**，由此故意的成立被阻却（本节段 2）。在大陆法系刑法理论中，法律错误与事实错误相对，违法性错误与构成要件错误相对，而对违法性错误的具体内容则有不同视角的展开；我国刑法理论对于法律错误的理解较为宽泛。①

4. 立于双层多阶犯罪论体系，**违法性错误**是指行为人对于自己行为的事实情况认识无误，但是由于对于法律的无知或者误解，从而对于自己行为的违法性质及危害性质产生了不正确的理解。包括形式违法性认识错误与实质违法性认识错误、误合法为违法的积极错误与误违法为合法的消极错误。罪名错误与刑罚处罚错误，并非阻却故意责任的违法性错误。不少国家与地区的刑法典对违法性错误作了明确规定，其中"违法性错误区别对待"的立法例较为合理。②

(三) 缺乏违法性认识可能性阻却责任

5. 违法性认识可能性是故意与过失的归责的基础。责任是对产生不法行为决意的行为人规范意识欠缺予以非难，而要对行为人予以这种非难，非难可能性是其基本的前提，如果连违法性认识可能性都没有，也就无所谓行为人的法律意识欠缺，即无所谓明知故犯的故意与不意误犯的过失。③

6. **缺乏违法性认识可能性是故意与过失的归责要素**：违法性认识可能性的肯定判断是根据本体构成事实所获的一般性结论（第 23 节 A 段 1）。然而，这不排除在责任判断阶段由于案件事实中的特殊的具体的情形，先前肯定的违法性认识可能性被排除（本节段 2），因此缺乏违法性认识可能性也就成为阻却责任的事由。④

二、违法性认识的内容

7. **违法性认识**，是指行为人对于自己行为违反法律规范或具有社会危害的知晓与意识。故意的认识内容包括事实与规范。其中，故意认识的规范内容即违法性认识内容，具体包括：**(1)** 侵害法益认识或危害性认识（**实质违法意识**）：**危害性认识**，即对自己的行为所具有的危害意识；**侵害法益认识**，即对自己行为所具有的不法意识。危害意识与**不法意识**虽有差异⑤，但危害性不失实质违法性的根基与侧面，危害意识可以征表违法性认识。**(2)** 一般违法性认识或刑事违法性认识（**形式违法意识**）：无

---

① 详见张小虎：《犯罪论的比较与建构（第二版）》，北京大学出版社 2014 年版，第 538 页。
② 详见同上书，第 542 页。
③ 详见同上书，第 527—528 页。
④ 详见同上书，第 527 页。
⑤ 德国刑法理论区分违法性认识与不法意识。**违法性认识**只要认识到法律规范可能不允许这样的行为，而不以法律技术的评价为前提；**不法意识**必须认识到行为系违反了法秩序而应受谴责，其与"以构成要件为基础的禁止规定"相关，如果只是认为行为应受道德伦理的责难，尚不具备不法意识。参见〔德〕冈特·施特拉滕韦特、洛塔尔·库伦：《刑法总论Ⅰ——犯罪论》，杨萌译，法律出版社 2006 年版，第 225—226 页；〔德〕乌尔斯·金德霍伊尔：《刑法总论教科书》，蔡桂生译，北京大学出版社 2015 年版，第 270 页。

论是一般违法性认识还是刑事违法性认识,作为故意的违法性认识内容,在认识程度上,只需认识到行为为一般法律或刑事法律所不允许,至于行为的具体犯罪定性,则不是认识内容的要求。①

三、缺乏违法性认识可能性的判断

8. 责任阻却是具体事态中针对具体人的特别判断,由此,据以判断应予考虑的核心要素包括:**(1) 行为人的标准**:判断的标准定位于具体行为人的认识能力,而不以普通人的认识能力为标准。而确定具体行为人是否有能力认识违法性,则应具体考究该行为人的社会认知素质及其基础,包括其受教育的背景与程度、具体职业、社会活动状况、交友关系、所涉社会场景等。**(2) 具体客观条件**:根据具体案件中的一系列客观事实,考究行为人所处的时空与经历是否存在可供其认识违法性的一些具体的事实条件。例如,是否具有与特定的法律规范接触的机会与可能,是否存在了解某种法律规范的可能的途径,行为人是否有条件对自己行为的法律属性进行慎重的考虑等。**(3) 事态常情评价**:综合上述具体行为人的个人素质情况(A)以及具体案件的客观事实条件(B),根据事物发生、发展、变化的社会事态常情,具体判断在 A 并 B 的场合,缺乏违法性认识可能性是否是一种当然的结论。如案例 33-1 中,拥有少量大麻自用,在荷兰是允许的,甲缺乏系统的教育背景,也无了解中国法律的机会,应当说其携少量自用的大麻进关缺乏违法性认识可能性。

案例 33-1:一直生活在荷兰的荷兰公民甲,缺乏基本的文化教育训练经历,携带少量的大麻进入中国海关以备自用。

┌─────────┐
│ 思考题 │
└─────────┘

1. 法律错误、违法性认识、违法性认识可能性、缺乏违法性认识可能性,它们各自的理论地位及概念之间的关系是什么?
2. 决定缺乏违法性认识可能性的具体要素有哪些?

第 34 节 缺乏期待可能性

一、期待可能性的基本概念

1. **期待可能性**,是指基于行为时的具体情况,能够期待行为人避免实施违法行为而实施适法行为。基于"法律不强人所难"的法理,**期待可能性理论**表明,倘若在行为时的具体情况下,行为人由于不得已②而实施了不法行为,即使行为人具有构成要

---

① 详见张小虎:《犯罪论的比较与建构(第二版)》,北京大学出版社 2014 年版,第 537 页。
② 即"根据行为时的情况,实施犯罪实属不可避免"。〔德〕汉斯·海因里希·耶塞克、托马斯·魏根特:《德国刑法教科书》,徐久生译,中国法制出版社 2001 年版,第 602 页。

件事实与违法性的意识,也不能让其承担责任;反之,只有行为时的具体情况表明,能够期待行为人避免实施不法行为,才可对其进行责任非难。

2. 期待可能性理论源于德国"劣马绕缰案"判例,至 20 世纪 20 年代在德国成为通说,然而如今其在德国却"已经变得无足轻重了",不过该理论在日本及我国台湾地区等仍占据着一定的地位。①

二、期待可能性的理论地位

3. 对于期待可能性在犯罪构成体系中的地位,刑法理论存在第三责任要素说、故意过失要素说、例外责任要素说三种较为典型学说,其中"例外责任要素说"相对合理。②

4. 基于双层多阶犯罪论体系,缺乏期待可能性系责任阻却要素(缺乏责任能力、缺乏违法性认识可能性、缺乏期待可能性等)之一,期待可能性是规范责任要素(与单纯心理事实的心理责任论相对,即规范责任论)、客观责任要素(与责任能力及违法性认识可能性的主观责任要素相对)、消极责任要素(与故意与过失等积极的主观责任要素相对)。③

三、期待可能性的判断标准

5. 对于期待可能性的判断标准,刑法理论存在行为人标准说、平均人标准说、国家标准说与折中标准说的不同见解。④ 就期待可能性的犯罪论体系地位而言,在判断期待可能性有无的标准上应当采纳行为人标准说。

6. 缺乏期待可能性系消极责任要素(责任阻却事由),而责任阻却是基于具体案件所现特殊事由,是对具体行为人是否可予规范非难的具体判断(第 16 节段 14)。这意味着,在行为时的具体情况下,基于行为人的自身能力,可以期待其避免实施违法行为而选择其他适法行为,然而行为人却背离这种期待,由此可以对其施加责难。⑤但是,的确不能否认,在某些特殊场合会出现行为人期待可能性的判断结论与国家秩序要求及民众善良情感相冲突的情形(如某些极特殊的无差别杀人案),在此场合现实的逻辑是刑事政策需要具有决定意义,刑法理论的使命是维护社会正义,彰显民众善良情感,激发民众对法律的崇敬(第 32 节 C 段 5)。原则中有例外,这在刑法中并不鲜见。

四、期待可能性的阻却事由

7. 国外刑法理论将责任阻却事由分为:**(1) 主观责任阻却事由**(责任排除事

---

① 详见张小虎:《犯罪论的比较与建构(第二版)》,北京大学出版社 2014 年版,第 556—557 页。
② 详见同上书,第 558—559 页。
③ 详见同上书,第 559 页。
④ 详见同上。
⑤ 详见同上书,第 561 页。

由),具体包括无责任能力与不可避免的禁止错误①。**(2) 客观责任阻却事由**(期待可能性阻却事由、免责事由、可原谅理由),主要包括免责的紧急避险、避险过当与防卫过当、执行无约束力的命令、不能解决的义务冲突、基于拯救目的决定的行为、被强制行为或受胁迫行为、不可抗拒的暴力等。②

8. 不宜将我国《刑法》第 16 条所规定的不可抗力与意外事件,归于缺乏期待可能性的责任阻却事由。③ 不可抗力缺乏行为心素,意外事件缺乏认识能力,两者系缺乏本体构成之客观要素或主观要素的事由(第 18 节段 6;第 26 节段 1、2)。

9. 另外,我国《刑法》并未规定防卫过当与避险过当的免责,而防卫过当与避险过当则具有法益侵害程度与主观责任程度双重减弱的意义,进而知识体系上可将之附随于正当防卫与紧急避险一并予以讨论。④

10. 国外刑法理论与实际虽然承认超法规的期待可能性阻却事由,但就我国社会现实与法治状况等而论,原则上应当将期待可能性的阻却事由限定在法定或有权解释的范围内。⑤

11. 具体地说,我国刑法期待可能性阻却事由:**(1)《刑法》规定**:我国《刑法》看似不尽合理的某些规定,可以通过缺乏期待可能性得以较好的解释。例如,第 307 条第 2 款针对情节严重的"帮助当事人毁灭、伪造证据"行为规定了帮助毁灭、伪造证据罪,而对于当事人自己毁灭、伪造证据的行为并未作犯罪的设置。⑥ **(2) 司法解释**⑦:对于符合某一具体犯罪构成积极要素的行为,基于被胁迫或特定场合而明确规定不予犯罪处理。例如,2000 年最高人民法院《关于审理黑社会性质组织犯罪的案件具体应用法律若干问题的解释》第 3 条第 2 款规定,对"受胁迫"参加黑社会性质组织情节轻微的行为可不为罪。这里的"受胁迫"应当包括缺乏期待可能性。⑧

案例 34-1:甲胁迫乙当场杀害丙,乙若不从则日后杀乙家人或将乙的隐私散布。

案例 34-2:甲胁迫乙当场杀害丙,乙若不从则立即将乙杀害。

---

① 这里的**不可避免的禁止错误**也即本书第 32 节所称**缺乏违法性认识可能性**。
② 详见张小虎:《犯罪论的比较与建构(第二版)》,北京大学出版社 2014 年版,第 562 页。
③ 详见同上书,第 565 页。
④ 详见同上书,第 568 页。
⑤ 详见同上书,第 572 页。
⑥ 详见同上书,第 573 页。
⑦ 基于罪刑法定原则,严格而论,具体、明确的出罪事由应委于法律规定。然而,我国刑法的基本模式却是立法粗疏而司法解释(见第 11 节段 3)。
⑧ 详见张小虎:《论期待可能性的阻却事由及其我国刑法中的表现》,载《比较法研究》2014 年第 1 期。**应当注意**,根据我国《刑法》总则第 28 条的规定,"被胁迫参加犯罪的"通常并不除罪而只是刑罚从宽,固然这一刑罚从宽也是考虑到被胁迫场合的期待可能性显著降低,从而责任程度显著减弱,不过在立法上其并非是主观责任阻却事由,而是刑罚从宽的事由。与此不同,本题所及司法解释将被胁迫作为出罪的事由,由此可谓主观责任被阻却,继而犯罪成立被排除。理论上,基于被胁迫而实施的侵害行为,在定性上可能呈现三种情形(**被胁迫行为的定性**):(1) 成立被胁迫犯:主要是被他人胁迫,但胁迫的手段与内容、程度上并不严重,实现上并非现实与危急,被胁迫人具有一定的意志自由的余地(第 45 节 D 段 1;案例 34-1,第 34 节 11)。(2) 缺乏期待可能性:被他人或环境所胁迫,胁迫所指向的损害内容重大,并且损害的实现是现实的与危急的,由此被胁迫人丧失了意志自由(案例 34-2)。(3) 成立紧急避险:被他人或环境所胁迫,胁迫的损害是现实的与危急的,且被胁迫人的侵害行为保全了另一更大的法益(第 29 节段 21;案例 34-3)。

案例 34-3：甲胁迫乙当场伤害丙,乙若不从则立即将乙杀害。

12. 在《刑法》及其司法解释没有明确规定的情况下,肯定期待可能性阻却事由应有特定条件的限定:**(1) 特殊异常事态**:缺乏期待可能性事由依存于发生特殊异常事态的场合,这种异常事态包括人为的或自然的、制度性的或非官方的。由于这种异常事态致使行为人严重地陷入一种两难,诸如"法律不能解决的义务冲突"①"难以摆脱的良心决定"②"保护法益的紧迫选择"等。**(2) 选择不可避免**:对于陷入特殊异常事态所致困境中的行为人来说,两难的选择是现实的、紧迫的与不可避免的。其所面临的是,涉及他人生命与健康的重大法益或者与自身密切相关的重大法益的求与舍。例如,医疗条件与资源有限而迫使大夫不得不在两个危重病人中选择一人挽救其生命。**(3) 慎重权衡选择**:行为人应当对事态发展的必然趋势、不同选择所致法益损害的差异、作为选择根据的规范要求等予以慎重的考虑与权衡之后,在得到如下判断的情况下,包括事态之不良结果必将发生、所做选择能够保全更大法益、选择可得社会规范的允许等,作出最后的选择决断。**(4) 一般观念许可**:期待可能性阻却事由,最终应得到这样的肯定,即普通人按一般社会观念判断,认为对这种事由不予责难是能够允许的或可以接受的。成立缺乏期待可能性,须不法行为系"不得已"的要素。这里的"不得已"意味着,在当时的异常情况下,无论什么人均会作此选择,而就行为人自身的能力也只能作此选择。

五、期待可能性的错误

13. **期待可能性错误**,是指对于是否存在导致排除或减轻对行为人责任非难的外部异常情况,即对于是否存在阻却期待可能性的事由,行为人的主观认识与客观实际不相符合的情形。期待可能性错误会影响责任是否成立或责任轻重程度,在责任的构成中期待可能性是客观责任要素(本节段4),因而期待可能性错误并不影响责任故意的成立。③

14. 期待可能性错误存在:**(1) 积极错误·误无为有**:是指客观上并不存在阻却期待可能性的事由,行为人主观上却误认为其存在的情形。在积极错误的场合,错误能否避免是构成影响程度的重要前提。如果行为人的主观错误是无法避免的,行为人的责任被排除;如果行为人的主观错误原本是可以避免的,行为人对基于错误而进入的不法行为承担过失责任。**(2) 消极错误·误有为无**:是指客观上存在阻却期待可能性的事由,行为人却并未意识到其存在的情形。在消极错误的场合,行为人实施了适法行为固然谈不上主观责任问题,而如果行为人做了不法选择,由于其对客观存在的异常情境并无意识,其不法动机也就没有受到减损,对其的责难也就不能排除或

---

① 行为人认真权衡之后选择最小的恶害,对此应予免责。参见〔德〕汉斯·海因里希·耶塞克、托马斯·魏根特:《德国刑法教科书》,徐久生译,中国法制出版社 2001 年版,第 601—602 页。
② 基于良心犯之特定的良心决定而予其免责,至多仅限不作为犯。参见〔德〕冈特·施特拉腾韦特、洛塔尔·库伦:《刑法总论 I ——犯罪论》,杨萌译,法律出版社 2006 年版,第 244 页。
③ 详见张小虎:《犯罪论的比较与建构(第二版)》,北京大学出版社 2014 年版,第 575 页。

者减轻。①

> **思考题**

1. 为什么在损害他人生命的情况下,也可以是不可期待适法行为?
2. 如何将期待可能性理论适用于司法实践?
3. 对案例 34-4 及案例 34-5 中甲的行为各应予以何种评价?

案例 34-4:意外沉船中别人家小孩(乙)与自家小孩(丙)同时落水,丙的父亲(甲)因救乙而延误了对丙的救助,致丙溺水而亡。

案例 34-5:意外沉船中自家小孩(乙)与(丙)同时落水,父亲(甲)因救乙而延误了对丙的救助,致丙溺水而亡。

---

① 详见张小虎:《犯罪论的比较与建构(第二版)》,北京大学出版社 2014 年版,第 575 页。

第10章　严重危害其他阻却事由

第35节　严重危害其他阻却事由概说

一、严重危害其他阻却的理论地位

1. 就总体理论脉络与合理价值来看,严重危害其他阻却依存于犯罪论的框架,属犯罪成立的消极要件,并且系对严重危害的直接否定。从这个意义上说,**严重危害其他阻却**是在本体构成符合的场合,基于案件的整体事实中有关说明危害轻向事由的存在,而最终否定行为整体的严重危害性。这既彰显了刑法应有的谦抑精神,也体现了刑法制度严谨之中的合理柔韧,更为有利于应对形态纷繁的现实案件的处理(第16节段18)。

二、严重危害其他阻却的具体蕴含

2. 严重危害其他阻却的典型呈现是说明危害显著轻微的有关事由的存在。危害显著轻微,主要表现为基于某些对描述行为的危害具有决定意义的事实特征的存在,而使符合本体构成的行为未能达到必须予以定罪的严重程度。具体地说,危害显著轻微针对更为广泛的具体事实因素展开分析,意味着有关事实因素共同作用使得行为的危害程度显著轻微。而整体也是由部分构成的,因此某些事实因素的特别作用也会影响乃至决定整个行为的危害程度,这些事实因素包括:**(1) 客观排除危害的因素**,如行为结果的轻微等;**(2) 主观排除危害的因素**,如行为人主观恶性及人身危险性的轻微等。①

> **思考题**
>
> 1. 决定行为社会危害性的要素有哪些?
> 2. 我国《刑法》第13条但书的理论价值是什么?

第36节　危害显著轻微的类型

一、客观危害显著轻微

1. **客观危害**由诸多客观外在事实特征直接表现。其中,危害结果对于客观危害

---

① 详见张小虎:《犯罪论的比较与建构(第二版)》,北京大学出版社2014年版,第580页。

的表现最为突出。危害结果显著轻微通常会显著降低行为整体上的社会危害程度。这里的危害结果具有广义,是指由构成要件行为所引起的一切具有社会损害特征的外界变化。①

二、主观恶性显著轻微

2. 主观恶性显著轻微在一定程度上表明行为人对于社会的威胁不大,综合其他因素可以考虑对其不予定罪处刑。这里的主观恶性是指由行为人行为的前中后的一系列事实特征所展现的、具体说明行为人的主观邪恶及其程度的、行为人在主观上所具有的社会危害的属性。主观恶性具有较为广泛的意义。②

三、危害显著轻微的法定性

3. 从犯罪构成要素来讲,危害显著轻微即指严重危害其他阻却(第35节段2)。危害显著轻微的具体判断,也就是要确立严重危害其他阻却之事实特征的规范根据及司法认定。在我国目前法治进程阶段的社会背景下,基于我国《刑法》所体现的基本思想,严重危害其他阻却事由应以《刑法》的规定为限。

4. **规范根据的价值基奠**:**(1) 法治阶段**:改革开放以来,法治主义思想得到了空前的张扬,法治国家的建设进程正得以全面地向前推进。不过也应看到,法治文化尚未完全浸透到社会的各个角落,由此严格遵循制度与彰显形式制约就显得尤其必要,这也是法治国建设进程所应有的特质。**(2) 刑法思想**:我国《刑法》明确规定了罪刑法定、罪刑均衡、适用刑法平等、刑法法制主义这四项原则。前三项原则的价值及思想已为刑法理论所公认与明确。而刑法法制主义原则直接的核心的意义在于严格依法办案,其基本前提必然是法律对于罪刑具有明确规定。③

四、严重危害其他阻却事由的规范呈现

5. **定罪事实**:"严重危害其他阻却事由"系犯罪成立的消极要件的要素(第16节段6—7),因此也属定罪事实的范畴(实质危害缺乏的定罪事实)。需要注意的是,在具体犯罪的罪刑评价中,应当避免定罪事实与量刑事实的重复评价。同时还应注意,当某项事实对应于出罪或法定刑时系定罪事实,如《刑法》第201条第4款前段的规定;当某项事实对应于处刑宽严的程度时系量刑事实,如《刑法》第276条之一第3款规定。④

6. **消极要素的事实**:作为消极要素的严重危害其他阻却事由系罪前、罪中或罪

---

① 详见张小虎:《犯罪论的比较与建构》(第二版),北京大学出版社2014年版,第580页。
② 详见同上书,第581—586页。
③ 详见张小虎:《宽严相济刑事政策的基本思想与制度建构》,北京大学出版社2018年版,第343页。
④ 关于"定罪事实"的含义、"避免重复评价"问题及"定罪事实与量刑事实"的界分,详见张小虎:《刑罚论的比较与建构(上卷)》,群众出版社2010年版,相应页码分别为第367、372、372页。

后的出罪事实;与之相对的是作为积极要素的本体构成的事实(罪中的入罪事实)。具体地说:(1)严重危害其他阻却事由是具体案件特殊场合所存在的、说明符合本体构成之行为缺乏严重危害的轻向事实特征,也即具体描述全案情节显著轻微危害不大的那些事实特征(消极要素)。而本体构成的定罪事实则系说明行为之严重危害的事实特征(积极要素)。(2)严重危害其他阻却事由呈现为犯罪前、中、后的相关事实特征,包括行为人的生活背景以及其他有关说明行为人人身危险性显著轻微的一些事实特征。而本体构成的定罪事实只是罪中的说明行为符合本体构成的事实。(3)严重危害其他阻却事由既可以是针对本体构成要素的某些罪中的轻向事实特征,也可以是本体构成要素之外的某些罪前或罪后的轻向事实特征,甚至可以是被害人的有关事实情况(第16节段18)。而本体构成的定罪事实仅依存于本体构成要素的框架。

7. **分则性的具体规定**:严重危害其他阻却事由虽系指向出罪,但仍属定罪事实的范畴,而**定罪依法而定**是刑法的铁则(**定罪法定**)。具体而论,在具体犯罪的认定上,犯罪成立条件中的不同要素,其具体的刑法根据也有所差异。具体地说:行为是否符合本体构成,应以分则对具体犯罪要素的规定为准;行为是否存在违法阻却及责任阻却,须以总则的相关具体规定为准;而行为是否存在严重危害其他阻却事由,则必须根据分则对具体犯罪的相关规定(A),或者根据符合分则具体规定的合理的有权解释(B)。《刑法》第13条但书,只是精神原则的宣示而不能成为具体处理的具体根据。① A者,如我国《刑法》第201条第4款前段的规定(第105节A段3)。B者,许多司法解释依据分则条文而阐明的出罪情形,也系严重危害其他阻却事由(第16节段18)。

8. **基准犯与加重犯等的比较说明**:在基准犯的层面,定罪事实原则上呈现为罪中事实,而对严重危害其他阻却事由来说,也可呈现为罪前或罪后的事实。不过,在加重犯、包容犯、转化犯等的层面,定罪事实则常常呈现为罪后事实。例如:(1) **加重犯**:《刑法》第133条中段、后段的交通肇事后"逃逸""因逃逸致人死亡",构成交通肇事罪的加重犯,处加重法定刑。(2) **包容犯**:《刑法》第171条第3款的伪造货币并"出售或者运输伪造的货币",构成伪造货币罪从重处罚。(3) **转化犯**:《刑法》第241条第2款的收买被拐卖的妇女"强行与其发生性关系",构成强奸罪。

思考题

1. 客观危害与主观恶性各自的决定性要素有哪些?
2. 如何具体判断行为的危害显著轻微?

---

① 类似道理,诸如,我国《刑法》第13条前段的犯罪定义,也不能成为具体犯罪认定的具体根据;《刑法》第61条的量刑规定,同样不能成为具体犯罪量刑轻重的具体根据。

第 37 节　人身危险性显著轻微的规范价值

一、人身危险性的地位及概念

1. 基于行为人的具体的、动态的、人身性的事实特征,以未来再次实施危害行为的可能性为终极评价的社会危险性,系属罪刑处置中应当考究的重要因素。①

2. **人身危险性**,是指基于行为人的具体的、动态的、人身性的事实特征而显示出的其未来实施危害行为的可能性,以及由此决定的行为人所具有的对现存社会秩序构成威胁及其程度的属性。其具有如下**特征**:(1) **危险性**:显示行为人将来实施危害行为的可能性,表明其对社会的威胁及其程度;(2) **人身性**:危险性缘于行为人的素质、生活背景与个性等特征,如精神障碍、吸毒瘾癖、惯犯等;(3) **动态性**:危险性的大小随着治疗改善与再社会化等进程而处于变化之中;(4) **具体性**:系具体的特定的行为人所具有的特征,是决定对其罪刑处置的主观危害事实之一。②

3. 立于行为人危险性是否曾有明显而集中的现实化,人身危险性有广义与狭义之分。**狭义的人身危险性**仅指再犯可能性,而**广义的人身危险性**包括再犯可能性及初犯可能性。一般而论,人身危险性仅指再犯可能性。人身危害性与主观恶性及犯罪人格,均系对行为人主观危害的表述,然而它们的具体内容,进而在规范刑法学中的理论地位则有所不同。③

二、人身危险性的刑法技术机能

(一) 人身危险性在双轨处置模式中的应然地位

4. 刑事处置制度总体应当立于双轨模式而展开。④ 具体地说:(1) **犯罪与刑罚**:这是以行为成立犯罪(行为的类型性)为充分必要条件并以此为核心而展开的罪刑处置,行为事实特征的危害程度是决定刑罚轻重主要根据,人身危险性对于量刑与行刑的调整应受基本行为危害程度(已然之罪的罪行)的限定,不过也不排除说明人身危险性显著轻微的事实可以成为法定出罪的根据。(2) **人身危险与保安处分**:这是以行为人的人身危险性(行为人的类型性)为主要条件并以此为核心而展开的刑事处置,行为人具体人身危险性大小是决定保安处分措施的主要根据,并且处分措施的裁量确定与执行调整均受人身危险性大小(未然之罪的程度)的决定。

(二) 人身危险性在罪刑框架下对定罪量刑的价值

5. **并非定罪的主导因素**:就刑法理论的一般观念而言,行为必须首先符合犯罪构成才可入罪受罚,同时人身危险性并非犯罪构成的独立要件,更非犯罪构成叙述的

---

① 详见张小虎:《犯罪论的比较与建构(第二版)》,北京大学出版社 2014 年版,第 582—583 页。
② 详见张小虎:《论人身危险性的理论蕴涵与罪行地位》,载《南京社会科学》2017 年第 2 期。
③ 详见张小虎:《犯罪论的比较与建构(第二版)》,北京大学出版社 2014 年版,第 582—586 页。
④ 详见张小虎:《论我国保安处分制度的建构》,载《政治与法律》2010 年第 10 期;张小虎:《犯罪论的比较与建构(第二版)》,北京大学出版社 2014 年版,第 587—588 页。

核心内容,犯罪构成系以行为为中心脉络的体系性展开;犯罪构成的要素不能充分反映人身危险性,而人身危险性也不只通过犯罪构成的要素体现。① 由此,应当注意,在以人身危险性作为从严情节的场合,立于罪刑框架作为量刑情节的人身危险性,是以人身危险性并非重大且对适用保安处分不具质的决定程度为前提的。否则应当考虑,基于行为人的人身危险性重大而将之纳入社会危害行为与保安处分的处置框架。本书并不赞成将人身危险性重大置于刑罚处罚的框架。

6. **影响量刑情节的因素**:人身危险性作为量刑情节,具体表现为:酌定情节,如前科②;法定情节,如立功(《刑法》第 68 条第 1 款);可以情节,如自首(《刑法》第 67 条第 1 款);应当情节,如累犯(《刑法》第 65 条第 1 款)。

7. **作为出罪事由**:在特定场合,人身危险性显著轻微可以成为出罪的事由(消极要件的要素)。具体地说,在"行为符合犯罪构成的形式标准(本体构成),但是行为的客观危害并不显著,尤其是行为人的人身危险性轻微"时,依据具体的法律规定或司法解释(第 36 节段 7),而予出罪处理。反之,如将这种行为人贴上犯罪人的标签则不利于其继续社会化;若对其收监也极易使其受到进一步的"犯罪感染",这显然有损于特殊预防;对这种行为人予以罪刑处罚也无助于一般预防。③

8. **作为定罪情节**:人身危险性虽非入罪的主导要素,但也不排除将说明人身危险性较大的事实特征,作为定罪情节中的入罪情节。如,2013 年最高人民法院、最高人民检察院《关于办理盗窃刑事案件适用法律若干问题的解释》第 2 条第 1—2 项,将"曾因盗窃受过刑事处罚的"(A)与"1 年内曾因盗窃受过行政处罚的"(B)这两种情形,作为盗窃罪"数额较大"之入罪标准的 50%的份额。在此,A 与 B 即为行为人人身危险性较大的事实征表。

> **思考题**
>
> 1. 如何具体判断行为人的人身危险性大小?
> 2. 能否或者如何将人身危险性特征作为犯罪论体系中的嵌入因素或独立要素?

---

① 详见张小虎:《人身危险性与客观社会危害显著轻微的非罪思辨》,载《中外法学》2000 年第 4 期。
② 参见 2017 年最高人民法院《关于常见犯罪的量刑指导意见》第 3 条第 12 项。
③ 详见张小虎:《犯罪论的比较与建构(第二版)》,北京大学出版社 2014 年版,第 590 页;张小虎:《人身危险性与客观社会危害显著轻微的非罪思辨》,载《中外法学》2000 年第 4 期。

第5编 犯罪修正形态

第11章 犯罪修正之停止形态

第38节 犯罪停止形态概说

一、故意犯罪阶段、过程、形态

1. 直接故意犯罪以侵害法益为目标,存在着起意、预备、实行、完成或者未完成等各种复杂情况。故意犯罪停止形态,立于故意犯罪纵深发展过程中的可能停止状态,探讨相应的犯罪构成的具体形态及其法律后果。

2. 针对故意犯罪中的有关情况,英美法系存在不完整罪说与预备罪说的两种不同的展开;大陆法系则用未遂犯、预备犯、阴谋犯来分别概括各种不完整的犯罪形态。对此,我国刑法理论主要存在故意犯罪阶段与故意犯罪形态的两种术语的不同概括。①

3. 对于故意犯罪停止形态应当注意如下观念②:(1) **完整罪与不完整罪相对**:以既遂犯为完整罪,则预备犯、未遂犯、中止犯就是不完整罪。(2) **故意犯罪的过程、阶段、形态的概念不同**:过程是经过的一系列程序,阶段是划分的一些段落,形态是停止的一些状态。见表38-1。(3) **形态与行为的概念不同**:预备犯、未遂犯、中止犯、既遂犯属于犯罪形态;预备行为、未遂行为、中止行为、既遂行为属于构成要件行为,只是构成犯罪形态的客观行为要素。(4) **在同一犯罪过程中**(同一主体针对同一对象围绕一个实行行为所实施的同一具体犯罪),不同停止形态不可同时共存。也就是说,只要行为成立某一停止形态,就不能再成立其他停止形态。如成立既遂犯,就不可能再成立预备犯、未遂犯或中止犯(案例42-1,第42节段3),反之亦然。(5) **在一个实行行为的结果加重犯的场合**,犯罪停止形态的判断基准与存在典型系基准犯的要素与形态;而在两个实行行为的包容犯的场合,基准犯与加重犯可能存在不同的停止形态;转化犯也可以出现这种情形(第50节段27—29)。

---

① 详见张小虎:《犯罪论的比较与建构》,北京大学出版社2006年版,第519页。
② 详见同上书,第522—523页。

表 38-1　故意犯罪过程、阶段、形态对比表

犯罪形态	故意犯罪过程		
	预备阶段	实行阶段	结果发生阶段
	预备行为	着手→实行完成	实行完成后→结果发生
预备犯	……(停顿点)		
未遂犯		……(停顿点)	……(停顿点)
中止犯	……(停顿点)	……(停顿点)	……(停顿点)
行为犯	……(停顿点)	……(停顿点) 实行行为完成行为犯既遂	
结果犯	……(停顿点)	……(停顿点)	……(停顿点) 特定构成结果发生结果犯既遂

二、故意犯罪停止形态存在范围

4. 过失犯罪在危害结果发生之前不存在停顿问题。从客观上看,过失犯罪以实害结果为要素,结果没有发生则不构成犯罪,而结果发生则犯罪完成;从主观上看,过失犯罪反对危害结果的发生,也就不存在犯罪预备、未遂及中止的形态。①

5. 间接故意犯罪也不存在犯罪的未完成形态。间接故意犯罪具有伴随性,行为人对于危害结果的发生持放任的态度(第23节A段7)。由此,当危害结果发生时,行为人认可这一危害结果的发生,行为符合具体犯罪构成的完成形态;而危害结果没有发生,这也不违背行为人的意志,也就无所谓未遂与中止,放任与预备的含义也同样不能兼容。②

6. 并非所有的直接故意犯罪在任何阶段均存在预备犯、未遂犯、中止犯等犯罪形态:**(1) 行为犯**,没有特定构成结果的要素,其既遂形态的标志是实行行为完成。因此,行为犯存在预备阶段的预备犯、中止犯,也存在实行阶段的中止犯、未遂犯;行为犯在法定对象缺乏的场合,还可存在实行终了③的未遂犯。但是,行为犯不存在结果发生阶段的未遂犯与中止犯。**(2) 结果犯**,存在特定构成结果的要素,其既遂形态的标志是特定构成结果的发生。因此,实行行为、特定构成结果均将影响结果犯的完成与否,具体地说,结果犯存在预备阶段的预备犯、中止犯,也存在实行阶段、结果发生阶段的中止犯、未遂犯。

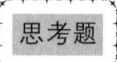

1. 为什么犯罪停止形态只存在于直接故意犯罪的发展阶段中?
2. 故意犯罪发展过程、发展阶段与停止形态之间有何关系?

---

① 详见张小虎:《犯罪论的比较与建构》,北京大学出版社2006年版,第523页。
② 详见同上书,第524页。
③ 通常,行为实行终了行为也告完成。但是有时行为终了却法定对象缺席,在此场合尚难谓之行为完成(案例39-1,第39节段3)。

第39节 犯罪既遂形态

一、既遂的衡量标准

1. **犯罪既遂形态**,又称既遂犯,是指直接故意犯罪发展过程中犯罪达至完整的停止形态。

2. 对于既遂犯的衡量标准,刑法理论存在犯罪目的达到说、构成要件齐备说等各种不同的见解。[①] 基于注重完成形态(完整罪)与未完成形态(不完整罪、缺损罪)的相对意义,以及行为犯与结果犯的不同具体特征,**既遂标准**应当是:"重要客观事实要素符合"——行为完成与结果发生。具体地说:

3. **行为犯**:在行为符合犯罪构成其他要件的前提下,对于行为犯来说实行行为完成。具体而论:**(1) 行为之外要素无从决定进程**:行为犯不以特定构成结果为要素,行为系犯罪成立的核心要素,行为进程在根本上决定着犯罪的纵深发展,成为犯罪完成与否的重要标志,而其余要素仅系犯罪成立或本罪成立的前提。具体地说,行为主体并无纵深发展的进程,而只有是否存在以及主体类型的差异,有则可予入罪,无则排除本罪[②];法益侵害虽有程度差异,但作为规范要素其具体由事实要素征表,在行为犯中行为系其核心征表;主观责任同样仅为责任类型以及责任有无的差异,从而其所涉的只是故意犯与过失犯以及罪与非罪。在此,实行行为完成,意味着实行行为及其附随情状的法定要素完全齐备。**(2) 行为完成并且附随情状符合**:行为附随情状系实行行为的承载,决定实行行为的定性,可谓实行行为的组成部分。由此,虽然行为实行终了,但若行为附随情状缺损,则实行行为仍未完成甚至不能成立。A. 在法定行为对象缺乏的场合,行为虽可成立但系缺损形态。如案例39-1中甲虽将窝藏行为实行终了,但对象并非"犯罪的人"。B. 在法定行为时间与地点缺乏的场合,行为因缺乏依附而不能成立。如案例39-2中甲的行为即缺乏非法捕捞水产品罪对行为时空的特定要求。C. 在法定行为情境缺乏的场合,行为因缺乏依附也不能成立。如案例39-3中甲虽实施了醉酒驾车的行为,但缺乏"道路"这一法定行为情境。

案例39-1:甲明知自己不满12周岁的儿子乙故意杀害了丙,却为乙提供外地的隐藏处所及钱财等,帮助其在外地隐藏了起来。

案例39-2:甲实施了捕捞水产品的行为,但其行为所处时空并非"禁渔区、禁渔期",也无其他违规表现。

案例39-3:甲醉酒驾驶机动车,但并非发生在《道路交通安全法》所指的"道路"上。

4. **结果犯**:在行为符合犯罪构成其他要件的前提下,对于结果犯来说实行行为

[①] 详见张小虎:《犯罪论的比较与建构》,北京大学出版社2006年版,第525—529页。
[②] 国外刑法理论存在"**主体不能犯未遂**"的肯定论与否定论的不同学说,对此我国刑法理论与实践通常持否定态度。

完成并特定构成结果发生。在犯罪的本体构成的有关要素上,行为主体、法益侵害、主观责任对于犯罪成立以及犯罪形态之界分的意义,在行为犯与结果犯上有着相似性。由此,这里需要着重讨论的是实行行为完成与特定构成结果发生的关系。通常,没有实行行为的完成也就没有特定构成结果的发生,在这种场合就犯罪停止形态而论,分别不同情形可能成立预备犯、中止犯或者未遂犯。但是,有实行行为的完成未必就有特定构成结果的发生,在这种场合分别不同情形可以成立未遂犯或中止犯(第38节段3.表38-1.结果发生阶段)。

5. 在既遂标准上应当注意,基准犯罪构成要素齐备成立基准犯的既遂,但是不完整罪的标准则不能以要素不齐备论,而只能以某些特定的要素论,也即应以完整罪与不完整罪的相对意义来论既遂标准(本节段2)。除结果加重犯的未遂外(第38节段3,第50节段27),还有情节加重犯、行为加重犯、对象加重犯等的未遂。如案例39-4中甲的行为①、案例39-5中甲的行为(第50节段28)。另外,某些加重犯也会有其相对独立的既遂与未遂(案例50-8,第50节段27)。

案例39-4:甲在公共交通工具上实施抢劫,但是既未抢得财物也未造成他人轻伤以上的后果。

案例39-5:甲出于绑架索财的意图,对人质乙实施绑架(A),由于暴露了自己的身份,在未及向乙的父亲丙勒索财物(B)之前,将乙杀害(C)。

二、既遂犯的基本特征

6. **既遂犯**,是指在直接故意犯罪发展过程中,在行为符合犯罪构成其他要素的前提下,行为犯之实行行为完成或者结果犯之特定构成结果发生的犯罪停止形态。

7. 既遂犯具有如下基本**特征**:(1) 属于具体犯罪的完成形态;(2) 存在分则规定的各种犯罪形态[基准犯、加重犯、减轻犯(第17节);行为犯、结果犯、危险犯、实害犯(第39节A);故意犯、过失犯(第39节B)]的既遂犯,而这些犯罪形态既遂犯的法定构成要素也由分则予以规定。②

三、既遂犯的处罚

8. 对既遂犯根据基准既遂犯、加重既遂犯或减轻既遂犯的不同情况,分别按照刑法分则所规定的相应法定刑处罚。

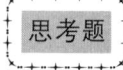

法定既遂犯有哪些具体形态?

---

① 参见2005年最高人民法院《关于审理抢劫、抢夺刑事案件适用法律若干问题的意见》第10条。
② 详见张小虎:《犯罪论的比较与建构》,北京大学出版社2006年版,第530页。

第 39 节 A　分则既遂犯的对比形态

1. **分则犯罪形态**,就罪状轻重而论,存在基准犯、加重犯、减轻犯的区别;而就完成形态所须要素而论,存在行为犯、结果犯、危险犯、实害犯、数额犯、次数犯、情节犯等的差异。后者即为分则既遂犯的对比形态。基准犯罪构成(基准罪状、基准犯)是具体犯罪的标志性描述,也是既遂犯的典型性标准,从而上述既遂犯的对比形态是以基准犯为平台展开的。

一、行为犯与结果犯

2. 对于行为犯与结果犯的界分,刑法理论存在否定论(任何犯罪均有法益侵害结果)①与肯定论(需循因果关系的是结果犯)②。

3. 应当说,法益侵害结果与特定构成结果(构成要件结果)存在重要区别(第 19 节 A 段 11—13)。由此,立于刑法规范对于具体犯罪的基准犯罪构成的设置,确定不同具体犯罪的既遂形态在重要客观事实要素上的不同,从而建构结果犯与行为犯、危险犯与实害犯、数额犯与情节犯等的界分。其中,根据基准犯罪构成是否存在特定构成结果要素的不同,可以将具体犯罪分为行为犯、结果犯。

4. **行为犯**:是指在行为符合犯罪构成其他要件与要素的前提下,只须完成实行行为,即可符合基准犯罪构成的犯罪形态。行为犯的基准犯罪构成并不存在特定构成结果的要素。基于基准实行行为构成模式及其完成形态的差异,行为犯分为:**(1) 举动犯**,是指在行为犯中,实行行为具有启动可能的其他犯罪的特征,从而其构成表现为"单一型"(第 18 节 B 段 6)并且并无行为实行程度要求的犯罪形态。举动犯近似**企行犯**③,但并非即成犯(第 50 节段 7)。举动犯存在预备犯与中止犯,在特殊场合也存在未遂犯。**(2) 过程犯**,是指在行为犯中,实行行为具有进程深度的特征,从而其构成表现为"复合型"(第 18 节 B 段 6)或者存在行为实行特定程度要求的犯罪形态。过程犯既存在预备犯与中止犯,也存在未遂犯。④

5. **结果犯**:是指在行为符合犯罪构成其他要件与要素的前提下,不仅必须完成实行行为,而且必须发生特定构成结果,才能符合基准犯罪构成的犯罪形态。结果犯的基准犯罪构成以特定构成结果为要素,该结果由刑法分则条文明确规定,根据这一

---

① 参见〔德〕李斯特:《德国刑法教科书》,徐久生译,法律出版社 2000 年版,第 180 页。
② 参见〔德〕约翰内斯·韦塞尔斯:《德国刑法总论》,李昌珂译,法律出版社 2008 年版,第 12 页。
③ **企行犯**,是指"在个别刑法规定中,只要企图实施某一行为即可科处刑罚"的犯罪形态。对于企行犯而言,犯罪的既遂与未遂"在刑法规定中是被同等对待的"。企行犯的设置将完全的可罚性前置至未遂,从而不存在从轻处罚的未遂犯可能。参见〔德〕汉斯·海因里希·耶塞克、托马斯·魏根特:《德国刑法教科书》,徐久生译,中国法制出版社 2001 年版,第 326 页。这意味着"实施行为并实现企图"被视为标准的既遂,而"实施行为但未达企图"亦被视作等同既遂。例如,颠覆国家政权罪、武装叛乱罪等。在企行犯的场合,即使是手段不能犯未遂与对象不能犯未遂,也具有可罚性。但是,企行犯的行为并不包括预备行为。就既遂与未遂同等对待而论,企行犯系属独立未遂犯。(第 41 节段 2)
④ 详见张小虎:《犯罪论的比较与建构》,北京大学出版社 2006 年版,第 531 页。

结果的不同形态又界分出危险犯与实害犯(本节段 11)。结果犯既存在预备犯与中止犯,也存在未遂犯。

二、数额犯、次数犯、情节犯

6. 根据基准犯罪构成对于法定损害定量要求的不同,可以将具体犯罪分为数额犯、次数犯、情节犯。

7. **数额犯**:是指基准犯罪构成的定量标准,表现为实行行为所涉金额达至一定数量的犯罪形态。例如,生产、销售伪劣产品罪的基准犯罪构成即含"销售金额 5 万元以上"的要素。

8. **次数犯**:又称**普通多次犯**①,是指基准犯罪构成的定量标准,表现为实行行为重复实施达至一定数量或者实行行为的构成要素存在一定行为数量要求的犯罪形态。例如,盗窃罪的基准犯罪构成即含"多次盗窃"的行为要素。

9. **情节犯**:是指基准犯罪构成的定量标准,表现为情节达至分则所规定的一定严重程度的犯罪形态。例如,假冒注册商标罪的基准犯罪构成即含"情节严重"的要素。

三、危险犯与实害犯

10. 对于危险犯与实害犯的界分,不同刑法理论见解各异。我国刑法理论通常将危险犯独立于结果犯,有的将之包容于行为犯。大陆法系刑法理论通常将危险犯归属于实质犯②,并且将之与实害犯相对,而在对危险犯与实害犯之界分的标志上又存在较大的争议。③

11. 应当说,在犯罪完整形态的框架下,根据刑法分则具体犯罪在构成要件上是否具有结果要素,以及具有何种形态的结果要素的不同,对于分则不同具体犯罪的不同法定犯罪形态予以界分,由此抽象出结果犯与行为犯、实质犯与形式犯、实害犯与危险犯等类型,这是中外刑法理论对于相关犯罪形态界分思路的通例。

---

① **多次犯**,是指实行行为表现为多次行为的法定犯罪形态。关于多次犯的基准实行行为,见第 18 节 B 段 4.往复型基准实行行为。基于多次犯的多次行为所处犯罪构成形态的不同,多次犯分为普通多次犯与加重多次犯。**加重多次犯**,是指将本罪的多次犯罪作为其加重犯罪构成的法定犯罪形态。例如,我国《刑法》第 263 条所规定的由"多次抢劫"所构成的加重的抢劫罪。

② 对于**实质犯与形式犯**,大陆法系刑法理论存在如下界说:实质犯系将对刑罚法规中所保护对象的法益造成实际侵害或威胁作为构成要素的犯罪,而形式犯系有关行政法规规定的仅以违反其中之禁止或命令而不以侵害法益为必要的犯罪。参见〔日〕大谷实著:《刑法总论》,黎宏译,法律出版社 2003 年版,第 94 页。**本书**坚持实质犯与形式犯系刑法分则具体犯罪的既遂形态,同时构成要件事实是具体犯罪类型性的标志。由此,**实质犯**,是指以发生特定形式的损害结果,作为犯罪构成的客观要件事实要素的犯罪。实质犯包括危险犯与实害犯。与实质犯相对的是**形式犯**,是指以实施构成要件行为,而不以发生特定形式的损害结果为犯罪构成的客观事实要素的犯罪。

③ **有的**主张以行为所造成的作为构成要件事实的损害状态来界分两者。参见〔德〕克劳斯·罗克辛:《德国刑法学总论(第 1 卷)》,王世洲译,法律出版社 2005 年版,第 221—221 页。**有的**主张以行为对于保护法益所造成的具体侵害状态来界分两者。参见〔德〕冈特·施特拉滕韦特、洛塔尔·库伦:《刑法总论 I ——犯罪论》,杨萌译,法律出版社 2006 年版,第 92 页。

12. **危险犯**:是指刑法分则某一具体犯罪的基准犯罪构成,其特定构成结果要素表现为行为人实施构成要件行为只须造成特定损害的现实危险(危险结果)的犯罪形态。例如,我国《刑法》第114条所规定的放火罪。危险犯不同于行为犯①;危险结果也是一种结果(第19节A段3),由此危险犯也是一种结果犯,但不等同于结果犯(本节段4)。危险犯具有如下**特征**:(1)危险犯完成于危险结果的发生;(2)危险犯存在未遂(案例41A-2,第41节A段15),也存在预备与中止;(3)"特定损害的现实危险"可谓"实害"之"危险"。

13. 危险犯分为抽象危险犯与具体危险犯。**(1)抽象危险犯**,是指具体犯罪的基准犯罪构成以危险结果为要素,刑法分则对于这一危险结果仅予抽象概括表述,危险结果存在与否的判断,由实行行为完成与否予以表征的犯罪形态。**(2)具体危险犯**,是指具体犯罪的基准犯罪构成以危险结果为要素,刑法分则对于这一危险结果予以具体明确表述,危险结果存在与否的判断,不只由实行行为完成与否予以表征,还须有其他具体事实存在方可确定的犯罪形态。②

14. **实害犯**:是指刑法分则某一具体犯罪的基准犯罪构成,其特定构成结果要素表现为行为人实施构成要件行为必须造成特定损害的实际发生(实害结果)的犯罪形态。例如,我国《刑法》第119条第2款所规定的过失损坏交通工具罪。实害犯具有如下**特征**:(1)实害犯完成于实害结果的发生。(2)实害犯既存在预备阶段的预备与中止,也存在实行阶段的未遂与中止,还存在结果发生阶段的未遂与中止。(3)"特定损害的实际发生"可谓"实害"之"实在"。

思考题

1. 企行犯与举动犯的关系是什么?(见本节段3)
2. 危险犯与行为犯的关系是什么?

第39节 B 故意犯与过失犯的结构形态

1. 行为与结果是犯罪构成之客观事实的核心要素,系具体犯罪之属性的典型征表,从而也是主观心态内容的主导指向。在故意犯与过失犯中,行为与结果及其主观心态的构成形态不同,相应法定刑的轻重也有所不同。

一、行为与结果的心态与法定刑

2. 着眼于罪状与法定刑的对应关系,行为与结果及其相应心态的不同结构形态(**分则犯罪的结构形态**),表述了罪状的轻重,其与法定刑轻重呈现一定的对应关系。

---

① 详见张小虎:《犯罪论的比较与建构》,北京大学出版社2006年版,第534页。
② 详见同上书,第533页。

具体地说:故意行为+故意结果,法定刑一级;故意行为+过失结果,法定刑二级;故意行为,法定刑三级;过失行为+过失结果,法定刑四级。

3. 这里的法定刑级数仅是应然的分析,并以同一性质的行为为前提。上述四个方面的列举,也可成为具体犯罪的结构形态分析的基本元素。就刑法分则的犯罪形态而言,这些元素既可以呈现在基准犯罪构成的结构中,也可以出现在加重犯罪构成的结构中;由于基准犯罪构成是某一具体犯罪的基本的、标志性的、典型的、基准性的样态,从而所谓的行为犯与结果犯、故意犯与过失犯等,均是以基准犯罪构成为基本平台所予的界说;进而,需要考究的是,这些元素在行为犯、结果犯、故意犯、过失犯等(A)中的具体呈现,以及这些元素在 A 之加重犯中的具体呈现及其对相应的法定刑变化的影响。

二、故意犯之行为与结果的形态

4. **故意犯**,是指刑法分则法定具体犯罪之基准犯罪构成的主观责任形式是故意的犯罪形态。故意犯可以表现为行为犯与结果犯、基准犯与加重犯。这些犯罪形态之行为与结果的构成元素呈现如下情形:

5. **行为犯**:行为犯又可表现为基准犯与加重犯,鉴于行为犯与故意犯的基准犯平台,行为犯均为故意犯(本节段 11):**(1) 行为犯之基准犯**:并无特定构成结果的要素,对于实行行为的心态为故意,其构成元素①呈现"故意行为"(如我国《刑法》第 238 条第 1 款的规定)。**(2) 行为犯之加重犯**:可以存在加重结果的要素,而对于这一加重结果的心态可为故意或过失,对于实行行为的心态为故意,从而其构成元素呈现:"故意行为+故意结果"(如我国《刑法》第 121 条后段的"致人重伤、死亡"可为故意);"故意行为+过失结果"(如我国《刑法》第 257 条第 2 款的"致被害人死亡"仅系过失)。

6. **结果犯**:结果犯也可表现为基准犯与加重犯,结果犯可为故意犯与过失犯(过失结果犯见本节段 8):**(1) 故意结果犯·基准犯**:存在特定构成结果的要素,对于结果的心态仅限故意,对于实行行为的心态为故意,其构成元素呈现:"故意行为+故意结果"(如我国《刑法》第 232 条前段的"故意杀人"之造成他人死亡仅限故意)。**(2) 故意结果犯·加重犯**:存在加重罪状结果的要素,对于这一加重罪状结果的心态可为故意或过失,对于实行行为的心态为故意,从而其构成元素呈现:"故意行为+故意加重结果"(如我国《刑法》第 115 条的"致人重伤、死亡"应为故意);"故意行为+过失加重结果"(如我国《刑法》第 234 条第 2 款的"致人重伤"与"致人死亡"可为过失)。

三、过失犯之行为与结果的形态

7. **过失犯**,是指刑法分则法定具体犯罪之基准犯罪构成的主观责任形式是过失的犯罪形态。过失犯仅限结果犯,而存在基准犯与加重犯。这些犯罪形态之行为与结果的构成元素呈现如下情形:

---

① 如无特别说明,本题"构成元素"是指某一具体犯罪的行为与结果及其主观心态的构成元素。

8. **过失结果犯·基准犯**：存在特定构成结果的要素，对于结果的心态仅限过失，而对于**实行行为的心态**①可为故意或过失，由此其构成元素呈现：**(1)** "**过失行为+过失结果**"（如案例39B-1中甲成立过失致人死亡罪，该罪作为法律评价的实行行为是甲的"骑行撞人"为过失，而甲对"致乙死亡"的结果也是过失）。这一过失犯系**纯粹过失犯**。纯粹过失犯之实行行为的外在样态通常是中性行为；对于实行行为的具体样态法条不予明确表述；从而法定实行行为的心态直接索求于**实行行为属性的心态**；行为人对行为样态背后的实行行为属性持过失心态；由此在立法现象上呈现实行行为心态、实行行为属性心态与实害结果发生心态的直接贯通；这三者心态的连接点，可谓是对行为结果的责任心态。纯粹过失犯之"过失"通常由法条明示，且一般为普通过失犯，并有独立的故意犯与之相对应。例如，我国《刑法》第119条第2款、124条第2款、第233条、第235条、第324条第3款、第369条第2款、第370条第2款等规定的过失犯。**(2)** "**故意行为+过失结果**"（如案例39B-2中甲成立交通肇事罪，该罪作为法律评价的实行行为是甲的"交通违法行为"为故意，而甲对"致乙死亡"的结果则是过失）。过失犯系**非纯粹过失犯**。非纯粹过失犯之实行行为的外在样态通常是违法行为；对于实行行为的具体样态法条予以明确表述；由此法条所述之实行行为样态是实行行为属性的法定征表；从而实行行为的心态依循于法条所述之**实行行为样态的心态**；行为人对自己所实施的实行行为样态持故意心态；在此法条通过明示特定的行为样态来征表实行行为属性的存在，这就使得法律现象上实行行为的心态相对独立于实害结果发生的心态。非纯粹过失犯之"过失"通常法条不予明示，且一般为业务过失犯，也无独立的故意犯与之相对应。例如，我国《刑法》第131条、第132条、第134—139条、第143条、第332条、第335条、第337条、第397条等规定的过失犯。

案例 39B-1：甲快速骑自行车超行年迈老人乙，不慎撞倒乙，致乙死亡。

案例 39B-2：甲酒后驾车违规超行年迈老人乙，不慎撞倒乙，致乙死亡。

9. **过失结果犯·加重犯通例**：存在加重结果的要素，对于这一加重结果的心态通常仅限过失，对于实行行为的心态为过失或故意，从而其构成元素呈现：**(1) 纯粹过失犯之加重犯**："过失行为+过失加重结果"（如我国《刑法》第123条后段的"造成严重后果"为过失，而"危及飞行安全行为"②也为过失）。**(2) 非纯粹过失犯之加重犯**："故意行为+过失加重结果"（如我国《刑法》第139条后段的"特别严重后果"为过失，而"违反消防管理法规……拒绝执行"的行为则为故意）。

10. **非纯粹过失犯之加重犯的特例**："（过失犯的）故意行为+故意加重结果"，即我国《刑法》个别条文将一个"故意加重行为+故意加重结果"的罪状，纳入一个相关的过失犯中，并为此设置了特别的法定刑。"故意行为+过失结果+故意加重行为+故

---

① 应当注意，对于**实行行为的心态**与对于作为**实行行为之表象行为的心态**，这两者是不同的。前者指向实行行为的属性，后者指向属性行为的外在表象。例如，在火灾危险场所"点火吸烟的行为"与这一行为系"引起火灾的行为"，前者是后者的表象，后者则为内在属性，刑法评价的是后者的实行行为。

② 虽然对于暴力行为的实施是故意的，但对于暴力行为系"危及飞行安全的行为"则持过失心态。

意加重结果"(如我国《刑法》第133条后段的"致人死亡"可为间接故意,第89节B段27,"致人死亡"的结果由先前的肇事行为与其后的逃逸行为共同造成)。

11. **行为犯没有过失犯**:对于这一命题,刑法理论存在一定的争议。否定该命题的论者虽也承认"过失行为犯很少见",对许多故意犯"在过失领域里几乎不存在对应物,因为在过失犯情况下,行为的当罚性被立法者否定了",但是却通过《德国刑法典》第163条过失虚伪宣誓罪和过失虚伪保证代替宣誓罪的规定,肯定过失行为犯的存在。① 对此,应当说,像《德国刑法典》第163条这样的立法例,只是少数特例;并且,这种立法现象在我国《刑法》中并不见其踪影。原则中有例外,"行为犯没有过失犯"是刑法中的普遍现象,例外并不推翻普遍的原则。处罚过失行为,至少应当是该行为具有造成特定危害结果的现实危险状态,即过失危险犯是可罚性的犯罪结构形态的底限②。对于仅有过失行为而无行为结果的情形予以处罚,显然有违结果无价值论的基本立场,也未必符合行为无价值论的核心理念③;对于这种情形完全可以通过行政或民事的措施予以处置,否则也难免有迷信刑法与滥用刑法之嫌。

四、犯罪形态构成元素的罪刑比较

12. 刑法以处罚故意为原则以处罚过失为例外,以处罚作为为原则以处罚不作为为例外,以处罚自然人为原则以处罚单位为例外,以处罚结果犯为主导以处罚行为犯为引申,由此自然人故意的作为的结果犯是刑法所设具体犯罪的典型的核心的形态,过失犯、行为犯等则是非典型与非核心的形态。基于行为与结果不同心态的结构及其所表述的罪状轻重差异,可以辨析出刑法立法中不同犯罪形态间的差异与关联(本节段2),进而考究我国《刑法》中一些立法例的合理与不足。

13. **纯粹过失犯与非纯粹过失犯**:纯粹过失犯即"过失行为+过失加重结果";非纯粹过失犯即"故意行为+过失加重结果"。作为过失犯,两者结果心态固然均是过失,而实行行为的心态则有过失与故意之分,严格来讲故意行为的法定刑应当相对更重。而在这一点上,我国《刑法》的一些规定却存在进一步完善的余地。例如,失火罪、过失决水罪、过失爆炸罪、过失损坏交通工具罪、过失损坏交通设施罪、过失致人死亡罪等系纯粹过失犯,其相应的法定刑均为"3年以上7年以下有期徒刑";而重大飞行事故罪、交通肇事罪、重大责任事故罪、重大劳动安全事故罪、危险品肇事罪等系非纯粹过失犯,其相应的法定刑却为"3年以下有期徒刑或拘役"。在此,罪刑缺乏合理性与协调性。

14. **非纯粹过失犯加重犯与故意犯结果加重犯**:非纯粹过失犯加重犯即"故意行

---

① 参见〔德〕汉斯·海因里希·耶塞克、托马斯·魏根特:《德国刑法教科书》,徐久生译,中国法制出版社2001年版,第680—681页;〔德〕冈特·施特拉腾韦特、洛塔尔·库伦:《刑法总论 I ——犯罪论》,杨萌译,法律出版社2006年版,第400页。

② 其他可罚性的结构形态包括:故意行为+故意结果(故意结果犯);故意行为(行为犯);过失行为+过失结果(过失结果犯)。见本节段2。

③ 连危险结果都未出现的过失行为,其违反规范的特征显著弱化。对之予以刑事处罚,难以适合规范违反说的犯罪本质。

为+过失加重结果"(A),故意犯结果加重犯包括"故意行为+故意加重结果"(B)与"故意行为+过失加重结果"(C)。其中,A与C似乎是一致的,其实不然。易言之,C之故意犯中的存在与A之过失犯中的存在,两者各有不同意义与存在必要。以我国《刑法》第131条后段的"造成……死亡"与第234条第2款的"致人死亡"为例:"造成……死亡"的过失加重结果,在过失犯的框架下,属于其基准犯之"过失结果"的加重结果;而"致人死亡"的过失加重结果①,在故意犯的框架下,属于其基准犯之"故意结果"的加重结果;在这个意义上,作为基准犯之加重犯的一个层次,显然两者各有必要;而就法定刑轻重而论,前者系经由"过失结果"的"过失结果加重",从而加重法定刑仍以过失犯为基准;而后者系经由"故意结果"的"过失结果加重",从而加重法定刑则以故意犯为基准。

15. 行为犯与非纯粹过失犯及故意犯加重犯:行为犯即"故意行为"(A),非纯粹过失犯即"故意行为+过失结果"(B),故意犯的过失结果加重犯即"故意行为+过失加重结果"。可见,这三者均有"故意行为",尤其是行为犯与非纯粹过失犯也可能在"故意行为"上呈现一定的重合,但是应当注意,这三者仍是各有不同意义与存在必要:**(1) 就A与B而论**,各有存在价值。例如,我国《刑法》第133条之一的"醉酒驾驶"的故意行为,第133条的"交通违法"的故意行为,前者不失为后者的一个部分,但是这并不否定前者的结构模式"故意行为"系行为犯,而后者的结构模式"故意行为+过失结果"为过失犯。**(2) 就B与C而论**,各有独特意义。例如,我国《刑法》第133条前段的"违反交通运输管理法规"的行为与"致人重伤……",这里的"致人重伤……"依存于过失犯基准犯的框架;而第234条第2款的伤害行为与"致人死亡",这里的"致人死亡"依存于故意犯结果加重犯的框架。

> **思考题**

1. 故意犯与过失犯各自的结构形态有哪些?
2. 如何区分纯粹过失犯与非纯粹过失犯?

第40节 犯罪预备形态

一、预备犯的概念

1. 预备行为是为了犯罪而制造条件的活动。对于预备行为是否入罪,刑法理论存在积极说、消极说与折中说的不同见解。相应地,刑法立法也存在不同的模式。对此,我国《刑法》采用一律入罪的立法模式。其实,对于分则所有具体犯罪的预备行为没有必要也不可能一律定罪处刑。只有严重威胁或侵害法益的预备行为才有入罪必

---

① 该条款"致人死亡"的主观心态包括过失与故意(第109节A段12—13)。

要;由此,在法定形式上分则限定的立法模式较为可取。①

2. 我国《刑法》第 22 条第 1 款对分则所有犯罪之预备犯的构成作了规定。据此,**预备犯**,是指行为人为了犯罪而实施创造条件的行为,由于意志以外的因素,在着手实行犯罪前而停顿下来的犯罪停止形态。

二、预备犯的特征

3. **具有犯罪目的**:指行为人从事某些活动是为了实施犯罪的实行行为或者为了追求犯罪结果的发生。预备犯之犯罪目的的特征,表明了预备犯的主观责任形式,也使犯罪的预备行为与其他非罪行为相区别。这里关键是对法条之"为了犯罪"的理解。对此,刑法理论存在实行犯罪说、实行犯罪并完成犯罪说、全面波及犯罪说的不同见解。应当说,"为了犯罪"是指旨在实施实行行为与造成结果发生的意图。②

4. **实施预备行为**:指实施创造犯罪条件的一些具体活动。预备犯之预备行为的特征,限定了预备犯的客观行为内容,也使犯罪的预备行为与犯意表示相区别。这里关键是对"预备行为"的揭示。对此,法条表述为"准备工具、制造条件"。其中:**(1) 准备工具**是最为典型的预备行为,是指预先安排、筹划便于犯罪实行与完成的一切物品,包括各种各样的器械与合法非法的手段等;**(2) 制造条件**是指除了准备工具以外,其他制造犯罪条件的行为,包括掌握犯罪技能、打探犯罪环境、清除犯罪障碍、进行犯罪合谋、拟定犯罪方案等。

5. **预备阶段的形态**:指行为停顿终止于预备阶段,构成预备阶段的一种停止形态。预备犯之预备阶段形态的特征,表明了预备犯的独特停止阶段,也成为预备犯与未遂犯区别的一个重要标志。同时,这一特征也显示出预备犯的犯罪形态意义。预备犯是犯罪预备阶段中停顿下来的一个点,其不同于特定的预备阶段,也不同于特定的预备行为。

6. **违背意志而停止**:指行为之所以停顿于预备阶段,是由于行为人意志以外的原因所致,犯罪停止违背行为人的意志。预备犯之违背意志而停止的特征,表明了预备犯行为停顿的主观特征,从而使预备犯与中止犯相区别。这里关键是对行为人"意志以外原因"的理解。**意志以外原因**,强调行为的停顿并非出自于行为人的主观意愿,而是基于超主观意愿的因素所致。超主观意愿因素包括:**(1) 主观认识因素**,即行为人对于客观事实认识错误而使行为被迫停顿于着手之前。**(2) 各种客观因素**,即由于客观因素而使行为被迫停顿于着手之前,包括现场环境的突变、侵害对象的销匿或防范、他人的劝导等。

三、预备犯的处罚

7. 我国《刑法》第 22 条第 2 款对预备犯作了可以从宽处罚的规定,由此应当注

---

① 详见张小虎:《犯罪论的比较与建构》,北京大学出版社 2006 年版,第 536—537 页。
② 详见同上书,第 538 页。

意:(1)**比照既遂**:适用相应的既遂犯的法定刑。(2)**从宽处罚**:宽于对既遂犯的处罚,根据具体情况既可以是从轻或减轻,也可以是免除。(3)**可以原则**:"可以"不同于"应当"(第62节B段12—13),因此对预备犯的处罚通常从宽,不过也不排除在少数情况下不予从宽。①

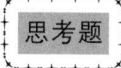

如何认定作为预备行为的"制造条件"?

第40节 A 预备行为的界分及预备犯的类型

一、犯罪预备与相关行为

(一)犯罪预备与犯意表示

1. **犯意表示**:是指行为人通过口头或书面等方式,单纯地将自己内心的犯罪意图表露于外部的活动。

2. 犯意表示具有如下**特征**:(1)主观上具有犯罪的意图。(2)客观上实施表露犯意的行为。(3)危害上对于保护法益尚未构成直接威胁。

3. **犯罪预备与犯意表示**:两者具有一定的**相似之处**:均有犯罪的意图;实施关涉犯罪的行为;行为均在犯罪实行之前。不过,犯罪预备与犯意表示也有着严格的**区别**:(1)犯罪预备表现为实施创造犯罪条件的一些具体活动,属于修正犯罪构成的构成要件行为,具有形式上的犯罪性,如案例40A-2中甲的行为即为犯罪合谋的预备行为;而犯意表示表现为单纯的犯罪意图流露,并非构成要件行为,不具有形式上的犯罪性,如案例40A-1中甲的行为。(2)犯罪预备对刑法的保护法益构成了一定的直接威胁,实质上具有较大程度的危害性;而犯意表示对刑法的保护法益尚未构成直接威胁,实质上不具有严重的危害性。

案例40A-1:甲对乙说,我想杀了丙。

案例40A-2:甲对乙说,我想杀了丙,你来帮帮我吧。

4. **犯罪言论行为与犯意表示**:主观上均有犯罪的意向,客观上均可为言论的行为方式,对于两者的关系也应予以关注。犯罪言论行为,是指以犯罪为内容的言辞、思想的表述活动。对于犯罪言论行为的性质不宜一概而论,其可以存在如下几种情况:(1)**非罪行为**,即犯罪言论仅仅是犯罪意图的流露,并未对刑法的保护法益造成直接威胁;(2)**犯罪预备行为**,即犯罪言论不仅是犯罪意图的流露,而且作为进一步实行、完成犯罪的合谋准备;(3)**犯罪教唆或精神帮助行为**,即以犯罪言论的方式促使他人产生、增强或者巩固其犯罪意图;(4)**犯罪实行行为**,即某些犯罪言论由刑法

---

① 详见张小虎:《犯罪论的比较与建构》,北京大学出版社2006年版,第548页。

分则规定为具体犯罪构成的实行行为。

（二）犯罪预备与犯罪阴谋

5. **犯罪阴谋**，也称阴谋，是指两个以上的行为人为了犯罪而进行谋议并形成合意的活动。阴谋具有如下特征：两人以上主体；出于犯罪意图；实施谋议行为；达成合意。

6. **犯罪预备与阴谋**：两者均有犯罪意图，实施关涉犯罪的行为，行为均可存在于预备阶段；但是两者存在重要区别：阴谋可为共同预备行为（在刑法总则规定处罚预备犯且分则未将阴谋提升为实行行为的场合）或者实行行为（在刑法分则已将特定的阴谋行为提升为实行行为的场合）。①

7. **阴谋与阴谋犯、预备犯**：阴谋并不等于阴谋犯。**阴谋犯**，是指基于刑法的规定，由阴谋行为所构成的犯罪形态。因此，阴谋只是一种行为，而阴谋犯是一种犯罪形态。**阴谋犯与预备犯**也有区别：阴谋犯必须由二人以上构成，而预备犯既可以是单独犯罪也可以是二人以上构成。

8. **阴谋犯的立法模式**：各国刑法对于阴谋犯的规定亦有区别。我国《刑法》总则采纳处罚预备犯的积极说的立法模式，由此通常预备行为与阴谋行为系修正构成要件行为；也有少数预备行为与阴谋行为被提升为实行行为或实行行为要素。例如，第120条之二第1款第1项的规定、第102条所规定的"勾结"。

（三）犯罪预备与实行行为的竞合

9. 有时此罪的预备行为构成彼罪的实行行为。如案例40A-3中，甲系一行为同时触犯两罪名，属于想像竞合犯；而在案例40A-4中，甲 A 行为的对象系证件而 B 行为的对象系乙的财物，从而甲的行为成立牵连犯（第53节段16）。

案例40A-3：甲试以伪造国家机关证件而冒充身份行骗，然而在伪造后被及时发现，而未能实行诈骗。

案例40A-4：甲为了冒充身份伪造国家机关证件（A），而后使用伪造的证件骗取（B）了乙的大量财物。

二、预备犯的类型

10. 我国《刑法》对分则具体犯罪的预备行为，采用了总则一律入罪的立法模式。由此，**非实行预备犯**（总则**预备犯**）与**实行化预备犯**（分则**预备罪**），是我国刑法中预备犯界分的典型形态。与此相对，国外刑法立法通常采用分则限定的立法模式，基于其分则所规定的预备犯的不同，预备犯也呈现出不同样态。

11. **有形预备犯与无形预备犯**：**有形预备犯**，是指具有具体的物质表现形式的预备行为所构成的预备犯。**无形预备犯**，是指并不具有具体的物质表现形式而是以抽象形态的预备行为所构成的预备犯。

12. **自己预备犯与他人预备犯**：**自己预备犯**，是指行为人为了自己或者为了自己

---

① 详见张小虎：《犯罪论的比较与建构》，北京大学出版社2006年版，第542页。

与他人共同实施犯罪,而进行犯罪预备所构成的预备犯。**他人预备犯**,是指行为人为了他人实施犯罪,而进行犯罪预备所构成的预备犯。

13. **形式预备犯与实质预备犯**:**形式预备犯**,是指某一具体犯罪的预备行为具有较大的危险性,而由刑法规定对于该具体犯罪的全部预备行为均予定罪处刑的预备犯。例如,《日本刑法典》第78条规定的内乱预备罪。① **实质预备犯**,是指某一具体犯罪的预备行为并非一律具有较大的危险性,而由刑法规定对于该具体犯罪的特定的预备行为予以定罪处刑的预备犯。例如,《日本刑法典》第153条规定的伪造货币等预备罪。②

14. **从属预备犯与独立预备犯**:**从属预备犯**,是指刑法将某种预备性的行为从属于相应的实行行为,而作为预备行为构成犯罪的预备犯。其没有实行行为,犯罪构成系修正形态。**独立预备犯**,是指刑法将某种预备性的行为独立作为实行行为,而规定构成独立的具体犯罪的预备犯。在此,预备行为被提升为实行行为。③ 我国刑法理论,在概念使用上常将形式预备犯与从属预备犯、实质预备犯与独立预备犯等同。严格而论,它们之间还是有区别的。

15. **规范型独立预备犯与事实型独立预备犯**:这是对独立预备犯之刑法规范设置的差异而作的划分:**(1) 规范型独立预备犯**是将他罪预备行为实行化的独立预备犯,包括附属型独立预备犯与类型型独立预备犯(第18节B段8)。**(2) 事实型独立预备犯**,也称脱离型独立预备犯,与规范型独立预备犯相对,表现为某一具体犯罪(A)的实行在事实上可以成为不定的他罪(B)的预备。例如,盗窃枪支罪的实行可以成为故意杀人罪实行的预备、伪造国家机关证件罪的实行可以成为诈骗罪实行的预备等。刑法分则对于这种具体犯罪的设置不是将彼罪预备行为作此罪实行行为的提升,而是直接就本罪实行之事实特征以单纯的实行性视角而予规定。然而,从A之实行在一定场合可以成为B实行的预备来看,A之实行也可谓是B之实行的独立的预备犯。不过,其不是规范上的预备行为实行化,"事实"与"不定"是此类独立预备犯的特征,这意味着规范本身并未确定A之预备性以及A之于B的预备与实行的对应关系,A与B的这种预备与实行的合致是基于具体案件事实使然。

> **思考题**

1. 处罚预备行为的价值根据是什么?从属预备犯与独立预备犯的处罚根据是否存在区别?为什么?
2. 预备犯与阴谋犯的关系是什么?

---

① 该条的表述是"预备……内乱的",从而包揽了所有的预备行为。
② 该条的表述是"准备器械或者原料的",从而特指一定的准备行为。
③ 参见〔日〕大谷实:《刑法讲义总论》,黎宏译,中国人民大学出版社2008年版,第328页。

第 41 节　犯罪未遂形态

一、未遂犯的概念

1. 刑法理论与刑法立法对于未遂犯,存在狭义说与广义说的不同界说。① 另外,对于未遂一律予以定罪处罚也并非通例,有的国家的立法有选择性地在分则中针对某些重罪特别规定未遂罪,刑法理论也有重罪未遂具有可罚性而轻罪未遂的处罚以法定为限的见解。这种思路值得重视。我国《刑法》对未遂采用了总则一律入罪的立法模式,并且在未遂犯界说上采取了狭义说。

2. 刑法所处置犯罪的典型形态系故意作为结果犯(第 39 节 B 段 12),不过刑法分则也存在将理论上犯罪结构形态属未遂的行为设置为具体犯罪的既遂(与既遂同等对待),即**独立未遂犯**。例如,企行犯(第 39 节 A 段 4)及诬告陷害罪、包庇罪等。独立未遂犯与行为犯、短缩二行为犯(第 25 节段 11)之间的关系,仍是需要深入考究的议题。

3. 我国《刑法》第 23 条第 1 款对未遂犯的构成作了具体规定。据此,**未遂犯**是指行为人已经着手实行犯罪的实行行为,由于意志以外的因素而未完成犯罪的犯罪停止形态。

二、未遂犯的特征

(一) 着手实行犯罪实行行为

4. 着手的成立应当结合形式与实质予以判断(第 28 节段 21)。

5. 未遂犯着手实行犯罪实行行为的特征,限定了未遂犯之未遂行为的内容特点与具体表现;显示出未遂行为(行为进入实行行为的着手)与预备行为(行为停止于着手之前)之间在行为进展上的关键区别。

6. 具体而论,应当注意如下三个要素:**(1) 着手**:就其最基本的意义是指开始做某事。而刑法意义上的着手有其特定的内容(第 28 节段 21),对着手的认定更是一个复杂的理论与实践问题(第 41 节 A 段 3)。**(2) 实行行为**:是指刑法分则所规定基本犯罪构成(第 17 节段 14)的行为要素,包括基准实行行为、加重实行行为、减轻实行行为、准型实行行为等(第 18 节 B 段 1)。这里的实行行为,主要是指基准实行行为。**(3) 行为程度**:未遂行为的实行可能表现出深浅不一,在实行行为的着手之后至实行行为完成之前的任何一个点位上停止下来的行为,均是未遂行为。②

(二) 犯罪停止于未完成犯罪

7. 犯罪停止于未完成犯罪是指着手实行犯罪实行行为并未使犯罪发展到完成的程度,相反犯罪停止于实行阶段或者结果发生阶段,从而构成超过预备阶段的未完

---

① 详见张小虎:《犯罪论的比较与建构》,北京大学出版社 2006 年版,第 549 页。
② 详见同上书,第 550 页。

成犯罪的一种停止形态。

8. 未遂犯犯罪停止于未完成犯罪的特征,表明了未遂犯之犯罪发展进程(停止于实行阶段或结果发生阶段)的特征;这一特征也是未遂犯与既遂犯(实行行为完成并且特定构成结果发生)区别的一个重要标志;未遂犯的这一特征也显示出未遂犯的犯罪形态(系未完成犯罪的一种停止形态)的意义。

9. 具体而言,需要关注如下三个问题:**(1) 未得逞的刑法表述**:各国刑法对于未遂存在"未遂""未完成犯罪""未发生结果""未得逞"等表述。我国《刑法》第 23 条第 1 款将未遂表述为"未得逞"。这里的"未得逞"应当理解为未完成犯罪。**(2) 未完成的判断标准**:所谓未完成犯罪也即犯罪未达至既遂,从而归于既遂犯的标准(第 39 节段 2)。由此,未完成犯罪的判断标准:实行行为尚未完成或者特定构成结果尚未发生。**(3) 未遂犯的具体情形**:既遂犯的构成要素不同,其未遂犯的表现形式也各有差异。过程犯的未遂表现为,着手实行之后实行行为并未完成;结果犯(包括危险犯与实害犯)的未遂表现为,着手实行之后实行行为并未完成,或者虽实行完成但特定构成结果(包括危险结果或实害结果)尚未发生。特别是,未遂犯也可以表现为,实行行为针对的法定对象并不存在,或者实行行为存在方法错误,并由此造成法益侵害现实危险。

(三) 犯罪停止违背行为人意志

10. 犯罪停止违背行为人意志是指行为人具有实现符合具体犯罪之客观事实要素的意图,着手实行犯罪实行行为之后之所以未能完成犯罪,是由于行为人意志以外的原因。

11. 未遂犯犯罪停止违背行为人意志的特征,表明了未遂犯之犯罪停止的主观特征(出于行为人意志以外的原因);这一特征也使未遂犯与中止犯(犯罪停止系出于行为人主观自动意志)相区别。

12. 这里,作为关键问题的行为人"意志以外原因":是指犯罪的未完成,并非出自于行为人的主观意愿,而是基于超主观意愿的因素所致。超主观意愿因素包括:**(1) 主观认识因素**,主要指行为人对于客观事实认识错误(包括犯罪对象错误、犯罪工具错误、因果关系错误、环境事实错误等),而使犯罪被迫停顿于完成之前。如案例 41-1 中甲的行为。**(2) 主体客观因素**,主要指行为人基于自身的智能、体力、经验、技术等客观因素,而使犯罪被迫停顿于完成之前。**(3) 非主体客观因素**,主要指由于行为人自身以外的其他客观因素(如人工环境的防范、自然环境的阻碍、侵害对象的反抗、他人的力控制止等),而使犯罪被迫停顿于完成之前。[①]

案例 41-1:甲正在撬盗保险箱,忽听走廊传来脚步声,甲以为自己被发现了,于是放弃了继续作案而逃离。实际上脚步声来自无关的过路人。

三、未遂犯的处罚

13. 我国《刑法》第 23 条第 2 款对未遂犯作了可以从宽处罚的规定,由此应当注

---

① 详见张小虎:《犯罪论的比较与建构》,北京大学出版社 2006 年版,第 551 页。

意:(**1**) **比照既遂**:适用相应的既遂犯的法定刑。(**2**) **从宽处罚**:所谓从宽,可以是从轻或者减轻,但是不能宽至免除。(**3**) **可以原则**:"可以"不同于"应当"(第62节B段12—13),因此对未遂犯的处罚通常从宽,不过也不排除在少数情况下不予从宽。①

> 思考题

如何认定未遂犯成立之犯罪停止于"意志以外原因"?

第41节 A 着手的界说及未遂犯的形态

一、着手的界说

1. 刑事古典学派的创始人贝卡利亚,首次在学理上使用"着手"的术语,并将之与未遂密切相连;《法国刑法典》(1810年)第2条,率先在立法上以"着手"表述未遂犯,并得到德国、日本、巴西等诸多国家刑法立法的响应。

2. 对于着手的界说,国外刑法理论存在客观说、主观说与折中说的不同见解。我国刑法理论强调以主客观相统一的原则确定着手,具体又有着手的三特征说与二特征说。② 德国刑法理论以"**力图**"的概念来表述着手,并将之与预备行为及既遂行为相区别。所谓力图,是指用对行为的启动来实施犯罪决意,而被启动的行为是在直接开始实现法定构成要件,但尚未导致行为既遂。行为的力图阶段,是指行为与构成要件的实现之间处于一个直接的空间与时间上的关联。③ 从"着手"并"未达既遂"来看,力图也意味着未遂。

3. 对于着手的界说,应当关注,着手是作为实行行为起始的标志,系预备行为与实行行为的分界线,以在行为特征上将未遂犯与预备犯相区别。从这个意义上说,对于着手的确定主要是表述其行为的具体特征。④ 而行为的特征有其形式的描述与实质的评价,循此,应当从形式与实质上来确定着手的含义。详见第28节段21。

4. 着手的认定至为复杂,应当**特别注意**:(**1**) **行为附随情状的影响**:行为附随情状是实行行为定性的组成部分(第41节A段4;第39节段3)。由此,行为附随情状与该实行行为的着手的认定密切相关。如案例39-3(第39节段3)中,对甲的实行行为着手的认定,不能仅看"驾驶机动车"的行为,而要结合"在道路上"与"醉态下"的特定的行为情境予以整合判断,只有在甲醉驾进入"道路"时才是着手。(**2**) **不同犯罪实行行为的影响**:具体犯罪不同,实行行为也就有所差异,其着手的表现也各具特

---

① 详见张小虎:《犯罪论的比较与建构》,北京大学出版社2006年版,第565页。
② 详见同上书,第552—553页。
③ 参见[德]约翰内斯·韦塞尔斯:《德国刑法总论》,李昌珂译,法律出版社2008年版,第339—348页。
④ 当然,这不是否认着手是在犯罪意图支配下的一种特定的行为表现。由此,行为人的犯罪意图与具体犯罪构想,对于着手的判断也有着决定性的意义(第116节段7)。

色。例如,抢劫罪行为人开始实施获取财物的方法行为(如持刀威逼被害人、击打被害人的身体等),即构成抢劫行为的着手;盗窃罪行为人开始实施秘密取财行为(如为扒窃而将手伸入被害人的口袋、为入室盗窃而撬门破锁等),即构成盗窃行为的着手。**(3) 不同类型实行行为的影响**:单一型实行行为、复合型实行行为、往复型实行行为等(第18节 B 段6)着手的表现形式也有所差异。例如,单一型实行行为,行为人开始实施单一行为要素(如暴力危及飞行安全罪中的"暴力"行为)即为着手;复合型实行行为,行为人开始实施合并行为中的任一行为要素(如侵占罪中的"非法占为己有"或"拒不交还")即可视作着手。**(4) 现实行为方式的影响**:采用不同的具体方式去实施实行行为,其表现出的危险性也有所差异,在着手的认定上也应有所区别。如案例28-4(第28节段9)中,甲的行为即可视为着手。与此不同,假如行为人以刀砍杀被害人,则行为人举刀砍向被害人可以视作杀人的着手。

二、未遂犯的类型

(一) 实行终了的未遂与未实行终了的未遂

5. **实行终了的未遂**,是指行为人已经着手实行犯罪的实行行为,并且已将实行行为实施完毕①,由于意志以外的因素,而未完成犯罪的犯罪停止形态。实行终了未遂通常表现于结果犯中;另外也可表现于行为犯中法定行为对象的缺席,如案例39-1(第39节段3)中甲的行为。

6. **未实行终了未遂**,是指行为人已经着手实行犯罪的实行行为,但是尚未将实行行为实施完毕,并且由于意志以外的因素,而未完成犯罪的犯罪停止形态。未实行终了未遂既可以表现于结果犯中,也可以表现于行为犯中。②

(二) 能犯未遂与不能犯未遂

7. 是否将不能犯独立于未遂犯?如何区分两者?对此刑法理论存在不同见解。③

8. **基本界说:能犯未遂**,是指行为人已经着手实行犯罪的实行行为,并且在客观上能够达到既遂形态,但是由于意志以外的因素,而未完成犯罪的犯罪停止形态。**不能犯未遂**,是指行为人已经着手实行犯罪的实行行为,但是由于事实认识错误,在客观上不可能达到既遂形态,而未完成犯罪的犯罪停止形态。相比较而言,能犯未遂是客观上本可达到既遂,但因行为人意志以外的因素而未能完成犯罪。不能犯未遂是由于行为人的事实认识错误,从而造成行为在客观上不可能完成犯罪。能犯未遂的危险性比不能犯未遂的要大。

9. **不能犯未遂的分类**:(1) 工具不能犯未遂(第23节 D 段11)。(2) 对象不能犯未遂:是指行为人对行为对象的客观性能或具体存在产生了错误认识,以致使犯罪

---

① "实行行为实行终了(A)""行为结构要素齐备(B)""实行行为完成(C)"这三者并不完全一致。在继续犯的场合,有 B 未必就有 A(第50节段2);而在对象等附随情状缺席的场合,有 A 未必就有 C(第39节段4)。
② 详见张小虎:《犯罪论的比较与建构》,北京大学出版社2006年版,第555页。
③ 详见同上书,第558—561页。

不能完成的不能犯未遂。如案例 41A-1 中甲的行为。

10. **迷信犯并非未遂犯**:迷信犯不构成犯罪(第 23 节 D 段 11)。**迷信犯与工具不能犯**均具有犯罪意图、均实施了一定的行为、都由于采取了客观上不可能完成犯罪的方法而未得逞,但是两者有着严格的区别:采用客观上不可能造成实际损害的方法,迷信犯系源于观念上的愚昧无知,而工具不能犯系源于现实中记忆错误、心情焦急等因素;对行为方法的事实情况,迷信犯的行为人不存在认识错误,而工具不能犯的行为人存在认识错误;在客观上不可能造成实际损害,迷信犯的方法是绝对的,因而对法益并不构成直接的威胁,而工具不能犯的方法是相对的,因而对法益具有相当的威胁。①

案例 41A-1:甲误将尸体当作活人而加以杀害。

(三) 障碍未遂与中止未遂

11. 我国刑法理论通常将中止犯独立于未遂犯,并与之并列而为犯罪的未完成形态。与此不同,国外刑法理论根据未遂原因的差异,而将未遂犯分为**障碍未遂**与**中止未遂**。②

三、未遂犯与其他犯罪形态

12. **未遂犯与过失犯**:过失犯并无未遂犯。③

13. **不作为犯与未遂犯**:刑法理论通常认为不纯正不作为犯存在未遂犯,而对纯正不作为犯是否存在未遂犯则有所争议。应当说,纯正不作为犯存在行为犯与结果犯(第 18 节 E 段 5),具有未遂犯成立的余地;不纯正不作为犯在"造成特定损害结果发生的现实危险"(第 18 节 E 段 6)而法定结果未实际发生的场合,也存在未遂犯。④

14. **结果加重犯与未遂犯**:结果加重犯是否存在未遂犯,也是备受刑法理论关注的课题。对此,应当肯定结果加重犯的未遂犯(第 50 节段 27)。

15. **未遂犯与危险犯**:不能将未遂犯的法益侵害危险与危险犯的特定损害危险相混淆,进而使未遂犯与危险犯相混淆。(**1**) **就犯罪形态而论**:未遂犯是与既遂犯相对的一种犯罪形态,而危险犯系既遂犯的一种情形,危险犯存在未遂犯(案例 41A-2)。⑤ (**2**) **就侵害危险而论**:未遂犯的损害危险是指法益侵害(属客观规范要素)的现实危险,而危险犯的损害危险是指法定特定损害(属客观事实要素)的现实危险。两者的具体蕴含与理论地位在犯罪论体系中是不同的(第 19 节 A 段 11—13)。行为成立犯罪均有法益侵害要素,而只有危险犯才有危险结果要素;以实害结果为要素的为实害犯,以危险结果为要素的系危险犯(第 19 节 A 段 3,第 39 节 A 段 12—14)。由此,危险犯缺乏法益侵害要素的不能成立犯罪,而具有法益侵害之现实危险并危险结果初步形成的可以成立未遂犯。

---

① 详见张小虎:《犯罪论的比较与建构》,北京大学出版社 2006 年版,第 558 页。
② 详见同上书,第 564 页。
③ 详见同上书,第 567 页。
④ 详见同上。
⑤ 详见同上书,第 533 页。

案例 41A-2： 甲趁夜正在拆卸停放在车场第二天待用的公交车上的刹车装置，尚未完全拆下之际被巡查的保安人员发现抓获。

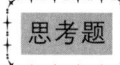

1. 未遂犯与危险犯的关系是什么？
2. 区分能犯未遂与不能犯未遂的具体标准是什么？

第 42 节 犯罪中止形态

一、中止犯的概念

1. 在国外刑法理论中，中止犯通常称作**中止未遂**而与**障碍未遂**相对，这是与其将中止犯从属于未遂犯的立法相适应的。而我国《刑法》则将中止犯独立于未遂犯，中止犯并不限于着手实行之后，而是可以存在于整个犯罪过程中。①

2. 我国《刑法》第 24 条第 1 款对中止犯的构成作了具体规定。据此，**中止犯**是指行为人在犯罪过程中，自动放弃犯罪或者自动有效地防止犯罪结果发生，而未完成犯罪的犯罪停止形态。

二、中止犯的特征

（一）犯罪停止于犯罪过程中

3. 这是中止犯的**时间性**特征，其表明中止犯可以停止于故意犯罪发展的各个阶段；展示了中止犯与预备犯、未遂犯在所依存的犯罪阶段上的差异。对此应当注意：**(1)** 三个停止点均不能成立中止犯：预备行为的起始点、行为犯行为的完成点、结果犯特定构成结果的发生点。**(2)** 成立中止犯也就不可能再成立预备犯、未遂犯或既遂犯，反之亦然（第 38 节段 3）。如案例 42-1 中甲已构成爆炸罪既遂而不能再成立中止。**(3)** 就犯罪过程中的阶段而言，中止犯包括：预备阶段的中止犯（预备阶段自动放弃犯罪）；实行阶段的中止犯（实行阶段自动放弃犯罪）；结果发生阶段的中止犯（结果发生阶段自动有效地防止结果发生）。

案例 42-1： 甲携带自制炸药包（炸药半径 10 米）到丙家要挟丙与其恢复恋爱关系，遭丙拒绝后点燃导火索，丙及其家人见状后大惊即刻同意了甲的要求，甲随即将导火索砍断。

（二）犯罪停止基于行为人意志

4. 这是中止犯的**自动性**特征，其表明中止犯之行为的停顿，在主观上系出于行为人自己意志的原因；也是中止犯与预备犯、未遂犯相区别的重要标志，预备犯、未遂

---

① 详见张小虎：《犯罪论的比较与建构》，北京大学出版社 2006 年版，第 568 页。

犯的犯罪未完成违背行为人的意志。这里,作为关键问题的"自动性"("基于行为人自己的意志")①,是指在犯罪过程中之所以未能完成犯罪,并非基于超主观意愿的因素所致,而是出自于行为人的主观意愿。对此,兹予分述如下:

5. 认识因素·主观标准:行为人认识到犯罪能够继续进行及完成。中止犯系终结性的犯罪形态,自动性系该犯罪形态的要素,是对具体人的判断,而非本体构成阶段的类型性判断(第16节段2)。因此,应以行为人自己的主观认识结果为根据,而不以客观实际事实为标准,来认定是否符合自动性的认识因素。如案例42-2中甲具备自动性成立的认识因素(对比性案例见第41节段12)。

案例42-2:甲正在撬盗保险箱,现场巡查的保安人员已经发现了可疑的迹象,但甲却全然不知而自认为犯罪能够继续进行下去。因系初犯甲考虑到万一事发后的不良后果因而回心转意放弃了犯罪。

6. 意志因素:行为人希望放弃犯罪的实施、希望危害结果不发生。应当注意:**(1) 犯罪中断不能成立自动性**。所谓犯罪中断,是指行为人在同一个具体犯罪中,暂时放弃犯罪意图,待来日条件成熟时再继续完成这一犯罪。如案例42-3中甲的行为。**(2) 放任犯罪停止也不能成立自动性**。希望是一种明确决意的心理态度,其也不同于放任。所谓放任态度,是指行为人在直接故意犯罪活动中,置行为导致犯罪完成的现实危险于不顾,执意实施该行为,只是当客观情况导致犯罪停止时,对此持认可的态度。如案例42-4中甲的行为。

案例42-3:甲撬盗保险箱,作案过程中发现忘带了一件关键性的工具,于是暂时放弃了犯罪,准备第二天带全工具后再来。

案例42-4:甲拦路抢劫乙,乙连呼带叫挣脱甲的束缚而逃跑,甲未对乙予以追赶。

7. 动机因素:促使行为人自动停止犯罪的内心起因并不影响自动性的成立。这种内心起因可能是多方面的,包括:真诚的悔悟;惧怕法律的制裁;避免日后的道德谴责;对于被害人的怜悯同情等,关键是并非由于客观阻碍迫使行为人停止犯罪。②

(三) 实施中止行为并且未达既遂

8. 这是中止犯的**有效性**特征,强调"中止行为"与"未达既遂"同时具备,具体应当注意:

9. 未达既遂:成立中止犯必须犯罪未达既遂,这也意味着行为犯与结果犯在不同犯罪阶段其中止行为各有不同的表现。

10. 中止行为:(1) 放弃犯罪·消极中止:在预备阶段与实行阶段(实行行为实行终了之前),成立中止犯应当是行为人放弃犯罪行为的实施;**(2) 防止结果·积极中止**:针对结果犯在实行后的结果发生阶段,实行行为已经实行终了了,特定构成结果发生在即,成立中止犯必须行为人实施防止结果发生的积极行为以及特定构成结果没有发生。

---

① 对此,也称中止的任意性,刑法理论存在主观说、限定主观说、客观说、折中说等不同见解。详见张小虎:《犯罪论的比较与建构》,北京大学出版社2006年版,第570页。

② 详见同上书,第573页。

11. **因果关系**:就特定构成结果没有发生(B)与中止行为(A)之间的因果关系而言,呈现三种情形:(**1**) **典型中止**(一般中止),即 B 由 A 所致。(**2**) **准型中止**(特殊中止,准中止犯),即 B 并非由 A 所致①。如案例 42-5 中甲的行为。(**3**) **排除中止**,即行为实行终了但缺乏积极中止行为,特定构成结果因其他原因而未发生,这不能成立中止犯。如案例 42-6 中甲的行为即非中止。

案例 42-5:甲意图杀害丙,却误将碱粉当作毒药投毒,在丙的饮料中投下足量致死的"毒药",但在丙喝下此饮料之前甲又自动地将此饮料倒去。

案例 42-6:甲直接故意砍杀丙,致丙奄奄一息即将死亡而离去,恰逢乙路过现场迅速将丙送往医院,经及时抢救丙免于一死。

12. **准中止犯比较**:基于中止行为与未达既遂之间关系的不同,区分出中止犯、准中止犯、未遂犯等不同的情形:(**1**) **典型中止**:在正常的犯罪发展的过程中,中止行为会决定性地阻止这一犯罪进程,使之在某一点位上停顿下来,从而成立中止犯。如案例 42-7 中甲的行为。(**2**) **不能犯中止**:有时行为人的实行行为本身即存在问题,例如出现手段不能犯,这样即使没有中止行为犯罪也不能既遂,在此场合行为人若自动实施中止行为仍可成立中止犯。如案例 42-4 中甲的行为。(**3**) **准型中止**:行为人犯罪实行之后,回心转意而实施积极的中止行为,然而在行为人的中止行为之前,已有介入因素作用独立地阻止了结果的发生,在此虽然结果没有发生并非中止行为所致,但仍可成立准中止犯。如案例 42-8 中甲的行为。(**4**) **成立中止**:行为人犯罪实行之后,回心转意而实施积极的中止行为,尽管最终也发生了特定构成结果,但是这一特定构成结果系由介入因素独立所致,并且行为人的实行行为与最终结果之间也没有因果关系,则仍可肯定中止犯的成立。如案例 42-9 中甲的行为。(**5**) **成立既遂**:行为人犯罪实行之后,回心转意而实施积极的中止行为,但是最终仍然发生了特定构成结果,并且这一结果系由行为人的实行行为所致,这种情形因缺乏中止犯成立的有效性要素而应成立既遂犯。如案例 42-10 中甲的行为。(**6**) **成立未遂**:行为人犯罪实行之后,在特定构成结果发生之前,由于独立的介入因素而致特定构成结果没有发生,行为人也无积极的中止行为,这种情形缺乏中止的自动性与有效性而应成立未遂犯。如案例 42-11 中甲的行为。

案例 42-7:甲意图杀害丙,在丙的饮料中投下足量致死的毒药,但在丙喝下此饮料之前甲又自动地将此饮料倒去。

案例 42-8:甲以杀害意图砍杀丙,致丙奄奄一息即将死亡,此时甲回心转意急打电话叫 120 救护车意欲将丙送医院抢救,然而此时丙的家属在救护车到来之前自开汽车将丙送往医院急救,丙经抢救而脱离生命危险。

案例 42-9:甲以杀害意图砍杀丙,致丙奄奄一息即将死亡,此时甲回心转意急将丙送医院抢救,抢救中丙因医疗事故而死亡。

案例 42-10:甲以杀害意图砍杀丙,致丙奄奄一息即将死亡,此时甲回心转意急将

---

① 立法例可见我国台湾地区"刑法"第 27 条第 2 款后段的规定。

丙送医院抢救,然而终因伤情过重而未能救活。

案例 42-11:甲欲毒杀丙,在丙的饮料中投下了足量致死的毒药,其后乙不经意中将该饮料倒去,致丙未能得以饮用该有毒饮料。

三、中止犯的处罚

13. 我国《刑法》第 24 条第 2 款对中止犯作了区别情况应当从宽或免除处罚的规定①,由此应当注意:(**1**)**比照既遂**:适用相应的既遂犯的法定刑。(**2**)**更宽原则**:分别不同情况,处以比未遂之"从轻与减轻"处罚更轻的"减轻与免除"处罚。(**3**)**应当原则**:所谓应当不仅要求在量刑时必须予以考虑,而且强调在最终的量刑结果上必须予以体现。(**4**)**区别原则**:对"没有造成损害"的中止犯予以"免除"处罚,对"造成损害"的中止犯予以"减轻"处罚。

> **思考题**

我国《刑法》第 24 条所规定的"自动有效地防止"包含了哪些具体情形?

第 42 节 A 自动放弃重复侵害的定性及中止犯的类型

一、自动放弃可能重复侵害行为

1. 自动放弃可能重复侵害的行为是否成立中止犯,对此国外刑法理论存在主观说、客观说与折中说的不同见解,而我国刑法理论也存在中止说、未遂说与折中说的争议。事实上,自动放弃可能重复侵害行为在不同的场合会有中止犯、既遂犯、未遂犯等不同的表现。②

2. **自动放弃可能重复侵害行为**,是指行为人实施一定的侵害行为之后,出于自己的主观意愿,放弃自认为没有进行到底的并且可以继续进行下去的类似的侵害行为。如案例 42A-1 及案例 42A-2 中甲的行为。

42A-1:甲举枪杀害乙,第一枪没有命中,自动放弃了继续枪击乙的行为。

42A-2:甲持刀砍杀乙,第一刀没有砍中,第二刀砍伤了乙的手臂,而后甲自动放弃了继续砍杀乙的行为。

3. 自动放弃可能重复侵害行为的构成要素:(**1**)停止侵害行为出于行为人自己的意愿,而非基于客观障碍所迫。(**2**)行为人认识到犯罪尚未完成,且可以继续进行下去。(**3**)这里的"侵害行为"是指"自然行为",可以是已经完成或尚未完成实行行为。(**4**)就行为犯而言,重复侵害行为具有尚未符合实行行为的可能性;从结果犯来

---

① 有关中止犯减免处罚的理论根据存在不同的学说,相应的刑法立法各国也有不同的表现。详见张小虎:《犯罪论的比较与建构》,北京大学出版社 2006 年版,第 581—584 页。

② 详见同上书,第 574—579 页。

看,重复侵害行为尚未造成特定构成结果的发生。①

4. **自动放弃可能重复侵害行为的犯罪停止形态**:(1) **成立中止犯**:如案例42A-1中甲的行为。(2) **成立既遂犯**:行为人自动放弃可能重复侵害的行为,但这种放弃并未能够有效地防止法定损害结果的发生。如案例42-10中甲的行为。(3) **未遂犯**:行为人自动放弃可能重复侵害的行为,但实行行为已经完成且无积极中止行为,法定损害结果之所以没有发生是由于其他因素所致。如案例42-4中甲的行为。

二、中止犯的类型

5. **预备中止、未实行终了中止、实行终了中止**:(1) **预备中止**:是指行为人在犯罪预备阶段,自动放弃犯罪预备行为或者自动放弃犯罪着手,从而未完成犯罪的犯罪停止形态。(2) **未实行终了中止**:是指行为人在犯罪实行阶段,自动放弃犯罪实行行为,从而未完成犯罪的犯罪停止形态。也有学者称之为实行中止或着手中止。(3) **实行终了中止**:是指行为人在犯罪实行后续阶段,自动有效地防止特定构成结果的发生,从而未完成犯罪的犯罪停止形态。

6. **消极中止与积极中止**:(1) **消极中止**:是指行为人在犯罪过程中,自动以消极的行为方式停止犯罪行为的实施,从而未完成犯罪的犯罪停止形态。(2) **积极中止**:是指行为人在犯罪实行后的结果发生阶段,自动以积极的行为方式有效地防止特定构成结果的发生,从而未完成犯罪的犯罪停止形态。

对于自动放弃可能重复侵害行为应当如何处理?

---

① 详见张小虎:《犯罪论的比较与建构》,北京大学出版社2006年版,第576页。

第 12 章　犯罪修正之共犯形态

第 43 节　我国《刑法》上的共同犯罪

一、共同犯罪的概念

1. "共犯"是一指称意义较为复杂的术语。**最广义共犯**可谓共同犯罪的简称,包括我国《刑法》总则规定之任意共犯与分则规定之必要共犯;**广义共犯**是指共同犯罪中各类形态的共同犯罪人,包括教唆犯、帮助犯、共同正犯;**狭义共犯**是与正犯相对的一个概念,仅指教唆犯与帮助犯,而不包括共同正犯。我国刑法理论与立法所称"共犯"通常是指广义共犯。

2. 我国《刑法》第 25 条对共同犯罪的概念作了明确规定,这一规定表明,我国《刑法》在共同犯罪的界说上坚持的是犯罪共同说的基本立场(第 44 节段 5),并对共同犯罪人的主观心态作了故意的限定。

3. 我国《刑法》上的**共同犯罪**,是指两个以上的行为主体,基于共同的构成要件行为故意,实施共同的构成要件行为,实现同一具体犯罪构成的犯罪形态。

二、共同犯罪的成立要件

（一）共同犯罪的主体要件

4. 共同犯罪须有**二人以上**的行为主体。作为本体构成之类型性的呈现,这里的行为主体是以具有责任能力这一行为主体的"常态"为前提的(第 32 节段 6)。就主体类型而论,这一行为主体包括自然人与单位,具体存在以下三种情形:(1) 两个以上的自然人主体构成共同犯罪。(2) 两个以上的单位主体构成共同犯罪。(3) 自然人主体与单位主体构成共同犯罪。

（二）共同犯罪的主观要件

5. 共同犯罪须有**共同故意**的整合心态。**共同故意**,是指各个共同犯罪人对自己所实施的同一具体犯罪之构成要件行为,具有必然性或可能性的预见并持希望或放任的态度,并且这种心态在一定形式的关联下构成一个统一整体,呈现一种整合状态。

6. **共同故意特质**:共同故意不同于单人故意。共同故意的内容揭示成立共同犯罪所需的故意之共同特质;我国《刑法》第 25 条的"共同故意犯罪"是指共同故意实施犯罪;由此,这里的共同故意的内容指向同一具体犯罪之构成要件行为:(1) **共同故意实行**:除片面帮助犯外(第 45 节 B 段 9),共同故意仅须具有行为的共同故意,未必对于结果也系共同故意。行为的共同故意即对同一具体犯罪的构成要件行为具有共同故意。特定行为对象等行为附随情状与行为密不可分(第 18 节段 20),行为的共同故意也包括对这些附随情状具有共同故意。**(2)未必结果故意**:特定构成结果并非共同故意内容的必要成分。这意味着,共同故意实施某一具体犯罪的构成要件行为,对行为的危害结果持有过失心态,并不排除共同犯罪的成立。例如,共同故意违反交通法规而过失造成重大人员伤亡的,可以成立交通肇事罪的共同犯罪(本节段 8;第 39 节 B 段 8;第 44 节段 12)。**(3)未必故意犯**:我国《刑法》第 25 条的"共同故意犯罪"并不意味着共同实施的必须是故意犯。在犯罪之结构形态上实行行为系故意的均可构成共同犯罪,包括故意犯、非纯粹过失犯(第 44 节段 12)。**(4)不同共犯心态**:共同故意中,相对于正犯对自己行为或结果的心态(故意或过失),教唆故意(教唆犯的故意)与帮助故意(帮助犯的故意)也有不同的表现。教唆故意,除(教唆犯与正犯)须有行为的共同故意之外,尚须教唆犯与正犯对正犯的行为结果具有共同的责任心态(第 45 节 C 段 8);帮助故意,除(帮助犯)须有对帮助行为与正犯行为的双重故意之外(第 45 节 B 段 3),帮助犯的具体犯意与正犯所犯之罪出现偏差时(第 45 节 B 段 11,意图偏差的片面帮助),或者对正犯的行为结果帮助犯与正犯呈现不同心态时(第 45 节 B 段 16,案例 45B-7,故意与过失相异的片面帮助),可以成立片面帮助犯。

7. **共同认识内容**:**(1)多人共同实施**:共同犯罪人认识到不是自己一人在单独实施犯罪,而是与他人一起在实施同一的犯罪。从而,同时犯不是共同犯罪。**(2)同一具体犯罪**:共同犯罪人认识到自己与其他人所实施的行为,属于同一性质的犯罪。在共同犯罪的界说上,我国《刑法》持完全犯罪共同说的立场(第 44 节段)。由此,案例 43-1 中的甲与乙不能成立共同故意。**(3)认识程度包容**:共同犯罪人对于危害结果发生的认识程度,在共同的故意犯中,包括可能性认识或必然性认识,或有人持可能性认识有人持必然性认识(案例 43-2);而在共同的非纯粹过失犯中(第 44 节段 12),包括疏于预见(缺乏认识)或有人疏于预见有人持可能性认识(案例 43-3,没有履行注意义务的协同——第 44 节段 10)。

案例 43-1:甲与乙同时对丙实施侵害,甲以杀人的故意(杀人行为),乙则持伤害的故意(伤害行为)。

案例 43-2:甲与乙共同对丙实施杀害行为,对于丙的死亡结果,甲持可能性认识,乙持必然性认识。

案例 43-3:甲与乙在危险品的储存中共同故意违反规定,对由此可能造成的严重后果,甲有所预见却疏于避免而乙则疏于预见,终致严重后果发生。

8. **共同意志内容**:**(1)多人共同实施**:共同犯罪人意图的不是自己一人单独实施犯罪,而是希望或者放任自己与他人一起实施同一犯罪。**(2)同一具体犯罪**:共同犯罪人希望或者放任自己与他人所实施的行为,属于同一性质的犯罪,但片面帮助犯除外(第 45 节 B 段 10)。**(3)意志程度包容**:共同犯罪人对于危害结果发生的取向,在共同的故意犯中,包括希望或放任,或有人持希望有人持放任(案例 43-4);而在共同的非纯粹过失犯中,呈现为反对的态度(轻信避免)(案例 43-5)。**(4)有关异质结果**

的意图：某些加重犯的结果与其基准犯的结果具有异质性（如故意伤害致死、抢劫致人死亡等），行为人共同故意犯此类犯罪却出现了异质性的加重结果（案例43-7），对此应当如何处理？这涉及共同故意的具体内容。基于共同犯罪是共同犯具体的罪，而具体的罪的标志是其基准犯，因此应当认为行为人共同故意犯某一具体的罪，其共同犯意仅指向该罪基准犯之法定结果及其同质性加重结果（案例43-6），而不包括该基准犯的异质性加重结果。然而，如果各共同犯罪人事先明确扩大犯意（案例43-8）或者持有概括故意的意图明显（案例43-9），则各个共同犯罪人均应对异质性的加重结果负责。

案例 43-4：甲与乙共同对丙实施杀害行为，对于丙的死亡结果，甲持希望态度，乙持放任态度。

案例 43-5：甲与乙在危险品的储存中共同故意违反规定，对由此可能造成的严重后果，甲与乙虽均有所预见但都轻信能够避免，终致严重后果发生。

案例 43-6：甲与乙说好共同对丙实施伤害，甲一刀将丙刺成重伤，乙一刀仅造成丙的轻伤。

案例 43-7：甲与乙共同对丙实施伤害，甲下手过重一刀将丙刺死，乙一刀仅造成丙的轻伤。

案例 43-8：甲、乙、丙、丁系抢劫犯罪集团的成员，该集团以劫取财物为目标而对手段不予限定，该4人在某次作案中甲所实施的旨在取财的暴力致被害人死亡。

案例 43-9：丙是甲与乙共同的仇人，甲、乙商定狠命痛殴一下丙，某日夜甲、乙带着棍棒拦路对丙施加暴行，结果甲的一棒击中了丙的要害造成了其死亡。

9. **意思联络方式**：共同故意具有共同犯罪人之间的**意思联络**的意义。这种意思联络既可以呈现为各个共同犯罪之间直接的明示或默示的意思沟通（A），也可以表现为各个共同犯罪人之间就同一犯罪故意的相互传递与串联（B，案例43-10）。在特殊共同犯罪中，B种情形是常见的意思联络方式。犯罪集团中的首要分子把握该集团的全局，对集团所实施的全部犯罪均有共同故意责任；而犯罪集团中的非首要分子并不通盘全局，可能主持某一方面或者只是负责某一具体犯罪的实施，由此根据不同情况仅对其所主持的或者具体实施的犯罪具有共同故意责任。

案例 43-10：甲与乙进行犯罪故意的沟通，乙又与丙进行同一犯罪故意的沟通，甲、乙、丙成立共同故意。

10. **片面共犯**：是指行为人并未与其他犯罪人达成意思联络，而是单方面地加功于其他犯罪人，其他犯罪人也不知道行为人加功于其犯罪，则行为人构成片面共犯。片面共犯主要表现为给予不知情者的犯罪予以帮助的帮助犯。如案例43-11中的乙。在学理概念上，片面共犯与普通共犯相对，由于片面共犯各个行为人之间缺乏意思联络与意思合致，从而对于片面共犯能否归于共同犯罪刑法理论颇存争议。本书肯定片面帮助犯系共同犯罪的一种特殊情形（第45节B段10），而对片面教唆犯则持否定态度。①

案例 43-11:甲欲毒杀丙,但苦于没有毒药,乙明知甲的意图而暗中给甲供以毒药。

11. **缺乏共同故意的行为**:不能成立共同犯罪,其具体情形包括:(1) 故意行为与无罪过行为(案例 43-12);(2) 故意行为与过失行为(案例 43-13,该案甲成立间接正犯);(3) 故意造成结果的故意帮助过失犯可以成立片面帮助犯(第 45 节 B 段 8);(4) 超出共同故意的犯罪(案例 43-14);(5) 同时实施故意内容不同的行为(案例 43-1),片面帮助犯除外(第 45 节 B 段 10);(6) 缺乏意思联络的相同故意行为(案例 43-15),片面帮助犯除外;(7) 事先无通谋的窝藏、包庇行为。②

案例 43-12:甲明知是犯罪所得的赃物,却欺骗乙称是自家的物品,与乙共同向丙予以销售。

案例 43-13:甲欲杀害丙,故意将装有子弹的手枪交给乙,并欺骗乙说是空枪让乙向丙开枪以示玩笑,乙违反枪支操作规程向丙射击致丙死亡。

案例 43-14:甲、乙共谋协同盗窃,二人共同前往现场实施了盗窃行为,而后甲先一步离开现场,乙又临时起意独自在现场放火灭迹。

案例 43-15:甲在某商场实施盗窃,此时乙也来甲作案的地点进行盗窃,甲乙各自窃取财物。

(三) 共同犯罪的客观要件

12. 共同犯罪须有共同行为的协力整合。**共同行为**,是指各个共同犯罪人各自所实施的构成要件行为,在一定形式的关联下,构成一个统一整体,呈现一种整合状态。共同行为包括构成要件行为的共同性与特定构成结果的共同性的要素。

13. **构成要件行为的共同性**:(1) **行为整合**:各个共同犯罪人的行为相互联系、彼此配合,形成一个统一的犯罪活动整体。各个共同犯罪人的行为均是共同构成要件行为的组成部分,各个行为之间存在着一种协同合力关系与贯通融合关系。(2) **性质一致**:各个共同犯罪人的行为均属同一具体犯罪的构成要件行为。如案例 43-1 中的甲与乙就不能成立共同行为。(3) **行为形式**:各个共同犯罪人的行为既可以是均为作为(案例 43-16),也可以是均为不作为(案例 43-17),还可以是部分作为部分不作为(案例 43-18)。(4) **行为阶段**:各个共同犯罪人的行为所处犯罪阶段包括预备行为(案例 43-19)、实行行为(案例 43-20)及各共犯也可能成立不同的停止形态(第 48 节)。(5) **行为分工**:各个共同犯罪人的行为,可以存在一定的分工(案例 43-21),也可以并无分工而共同实行。③

案例 43-16:甲与乙共同实施放火行为,甲浇洒汽油,乙点燃引火物。

案例 43-17:对年幼的丙具有扶养义务的甲与乙,互相配合故意致使丙无法获得食物而饿死。

---

① 详见张小虎:《犯罪论的比较与建构》,北京大学出版社 2006 年版,第 616 页。
② 详见同上书,第 670 页。
③ 详见同上书,第 669 页。

案例 43-18：甲抢劫银行，银行保安乙按照与甲的事先约定在甲实施抢劫时借故脱岗。

案例 43-19：甲与乙为了盗窃，共同准备实施犯罪所用的撬棒、电钻、大力钳、绳索等工具。

案例 43-20：出于杀害丙的意图，甲与乙持刀共同对丙的身体进行刺杀。

案例 43-21：甲与乙共同毒杀丙，甲提供毒药，乙在丙的食物中下毒。

14. **特定构成结果的共同性**：在发生特定构成结果的场合，这一特定构成结果是一种共同结果。（**1**）**结果产生**：共同犯罪的特定构成结果，由各个共同犯罪人的行为协力配合所形成。（**2**）**因果关系**：鉴于共同犯罪的整合特征，各个共同犯罪人的行为对于共同结果均存在事实归因与规范归责（第 19 节 B 段 2）。①

三、共同犯罪的类型·犯罪集团

（一）任意共犯与必要共犯

15. 按照共犯成立要件的不同规定为标准，共犯分为：（**1**）**任意共犯**，是指根据刑法分则的规定，可以由一人单独实施而构成的犯罪，在由两个以上的行为人基于意思联络而共同实施时所形成的、由刑法总则所规定的共犯。包括教唆犯与帮助犯，广义上还包括共同正犯。（**2**）**必要共犯**，是指根据刑法分则的规定，必须由二人以上基于意思联络而共同实施所构成的共犯。其又分为**相对共犯**与**聚合共犯**（又称**集合共犯**），其中聚合共犯分为**聚众性共犯**、**集团性共犯**、**共行性共犯**。② 必要共犯为分则具体犯罪的一种特殊情形。

16. 对于**必要共犯与任意共犯**，值得考究的是，刑法分则必要共犯能否再行构成总则任意共犯？未能构成必要共犯的相关人员能否构成总则共犯？要回答这些问题，应当注意以下两项条件：符合刑法总则共犯的成立条件；避免必要共犯的已有评价。③

（二）事前共犯、事中共犯与事后共犯

17. 按照参与到犯罪中的时间的不同为标准，可以将共犯分为：（**1**）**事前共犯**，是指共同犯罪人的共同犯罪故意形成于实行行为着手之前（在实行行为着手之前参与犯罪）的共犯（案例 43-22）。（**2**）**事中共犯**，是指共同犯罪人的共同犯罪故意形成于实行行为着手之时或者实行犯罪过程中（在着手之时或者实行犯罪过程中参与犯罪）的共犯（案例 43-23）。（**3**）**事后共犯**，与事前共犯相对，是指在他人所实施犯罪行为结束之后，参与到犯罪中的情形。国外曾有事后帮助犯的规定，然而这些规定均被废止或替代。我国《刑法》原则上也不承认事后共犯。④

---

① 详见张小虎：《犯罪论的比较与建构》，北京大学出版社 2006 年版，第 669 页。
② 详见张小虎：《论必要共犯适用总则共犯处罚原则的规则》，载《当代法学》2012 年第 5 期。
③ 详见同上。
④ 我国《刑法》第 310 条第 2 款、2015 年最高人民法院《关于审理掩饰、隐瞒犯罪所得、犯罪所得收益刑事案件适用法律若干问题的解释》第 5 条等的规定，是否定事后共犯的较为典型的适例。不过，也有个别条文与少数司法解释存在肯定事后共犯的倾向。例如，我国《刑法》第 219 条第 2 款；2001 年最高人民法院、最高人民检察院《关于办理伪造、贩卖伪造的高等院校学历、学位证明刑事案件如何适用法律问题的解释》的共犯规定。

案例 43-22：甲与乙在实施盗窃实行行为之前，共同谋议就盗窃的时间、地点、方法、目标、相互配合等进行规划。

案例 43-23：甲正在对丙实施抢劫，遭到丙的反抗，恰逢乙路过现场，乙明知甲在进行抢劫，却帮助甲共同将丙制服劫取钱财。

18. 与事后帮助行为所成立之罪密切相关的一个概念是连累犯。所谓**连累犯**，是指在事先并无通谋的情况下，行为人明知他人既已实施犯罪，而在事后给予隐藏毁灭罪证、包庇窝藏等帮助，从而实施与他人之犯罪密切相关的事后行为，我国《刑法》分则对此予以独立的罪刑设置的具体犯罪。"连累"意味着"事后罪"由"先前罪"连累而生。窝藏、包庇罪，包庇、纵容黑社会性质组织罪，拒绝提供间谍犯罪、恐怖主义犯罪、极端主义犯罪证据罪，掩饰、隐瞒犯罪所得、犯罪所得收益罪，洗钱罪等，均为我国《刑法》中较为典型的连累犯。

（三）简单共犯与复杂共犯

19. 按照各个共同犯罪人之间有无分工的不同为标准，可以将共犯分为：（1）**简单共犯**，又称共同正犯，是指各个共同犯罪人之间不存在分工，每个共同犯罪人都实施犯罪实行行为的共同犯罪（案例 43-24）。（2）**复杂共犯**，是指各个共同犯罪人之间存在着组织、实行、教唆、帮助等分工的共同犯罪（案例 43-25）。

案例 43-24：甲、乙二人共同故意对丙实行抢劫。

案例 43-25：甲、乙、丙、丁共同故意进行盗窃犯罪，甲为盗窃犯罪意图的制造者，乙、丙具体实施盗窃的实行行为，丁为乙、丙的实行提供帮助。

20. 此外，立于行为角色、参与时间、参与方式、因果效果等不同的视角，分别将共犯分为：独立共犯与从属共犯；先行共犯与承继共犯；直接共犯与间接共犯；纵的共犯与横的共犯；共谋共犯与实施共犯；有形共犯与无形共犯；普通共犯与片面共犯；正犯与加担犯。[①]

（四）一般共犯与特殊共犯

21. 按照各个共同犯罪人之间有无组织形式的不同为标准，可以将共犯分为：（1）**一般共犯**，是指各个同犯罪人之间不存在组织形式，共同犯罪活动具有临时纠合性的共同犯罪。（2）**特殊共犯**，是指三人以上行为主体，为多次实施一种或者数种具体犯罪的目的而结合在一起的，具有稳定的存续态势与严密的组织形式的共同犯罪。

22. 我国刑法理论通常将特殊共犯称为犯罪集团。严格而论，**特殊共犯与犯罪集团**表述的视角并不完全相同。特殊共犯，强调的是犯罪组织所实施的共同犯罪，这里的犯罪组织更主要的是凸显特殊共犯的主体特征，而特殊共犯的共同犯罪行为还是以所实施的具体犯罪的实行行为为核心；与此不同，犯罪集团所描述的则是犯罪集团本身的构成特征。犯罪集团实施具体犯罪，则构成特殊共犯；假如犯罪集团并没有实施具体犯罪，则不一定构成特殊共犯，然而此时犯罪集团依然成立。另外，犯罪集

---

① 详见张小虎：《犯罪论的比较与建构》，北京大学出版社 2006 年版，第 598 页。

团的具体犯罪与基于黑社会性质组织的集团性共犯①也有所不同。前者系任意共犯，后者系必要共犯。

23. 根据我国《刑法》第 26 条第 2 款的规定，**犯罪集团**是指"三人以上为共同实施犯罪而组成的较为固定的犯罪组织"。犯罪集团具有如下的构成要素：三人以上犯罪主体；犯罪目的的组织宗旨②；稳定的存续态势；较为严密的组织形式。

24. 我国《刑法》第 294 条设置了黑社会性质组织型的集团性共犯，该条第 5 款对黑社会性质组织的特征作了具体规定。**黑社会性质组织**，是指旨在从事犯罪活动，并且在组织结构、经济实力、活动表现、势力范围等方面接近"有组织犯罪"之犯罪组织的犯罪集团。这里的有组织犯罪也就是黑社会犯罪。**黑社会组织**，是指有组织犯罪的各个共同犯罪人所组成的相对固定，并且具有寻求权力庇护、合法企业掩护、犯罪领域广泛、组织行动严密、经济武装基础、势力范围庞大等特征的近似于国中之"国"的犯罪集团。③ 由此，就组织严密程度的不同而言，犯罪集团包括一般犯罪集团、黑社会性质组织、犯罪组织集团。④

四、狭义共犯的成立标准

25. 基于我国《刑法》第 25 条、第 29 条第 2 款等的规定以及共同犯罪之本质理论的理论分析（第 44 节），对我国刑法中狭义共犯的成立司法实践中合理的做法应当是：肯定共犯从属性的主导地位，同时也承认一定场合的共犯独立性。即：共犯从属性为原则，共犯独立性为例外（**原则的共犯从属性说**）；帮助犯绝对从属于正犯，教唆犯相对从属于正犯。⑤ 具体地说：

26. **犯罪从属性**（独立性）：以正犯成立犯罪为底限，但教唆者可以例外。正犯并不成立犯罪，教唆者可以单独成立预备犯但不是教唆犯（案例 43-26）；而正犯不成立犯罪，帮助者也不成立犯罪（不具有可罚性）（案例 43-27）。缺乏意思联络的教唆性行为，被教唆者虽因缺乏责任而不成立犯罪，但教唆者可以成立间接正犯（第 45 节 F 段 11，案例 43-28）；而帮助行为不能成立间接正犯（第 45 节 B 段 9，第 108 节 B 段 9）。

案例 43-26：甲教唆乙杀害丙，乙拒绝接受教唆。

案例 43-27：乙意图打猎，向甲借用猎枪，甲以为乙要用枪去伤害丙，于是将枪借给了甲。

案例 43-28：甲意图杀害病中的丙，将毒药谎称秘方交给乙，唆使乙将"药"喂给丙吃，丙吃"药"后中毒身亡。

27. **实行从属性**（独立性）：以正犯着手实行为底限，但教唆犯仅须正犯接受教

---

① 我国《刑法》第 294 条所设置的**组织、领导、参加黑社会性质组织罪**等具体犯罪。
② 为了实施一种或者数种具体的犯罪。
③ 详见张小虎：《有组织犯罪的事实特征与刑法规定》，载《法学家》2008 年第 3 期。
④ 详见张小虎：《犯罪学（第二版）》，中国人民大学出版社 2017 年版，第 212—222 页。
⑤ 详见张小虎：《犯罪论的比较与建构》，北京大学出版社 2006 年版，第 595 页。

唆。在正犯缺席的场合，教唆犯可以独立成立(第45节C段15,案例43-29);而在正犯缺席的场合，帮助犯则不能成立，帮助者与被帮助者成立共同预备犯(第45节B段6,案例43-30)。在另一正犯(乙)虽因缺乏责任而不成立犯罪时，缺乏共同故意而实施部分实行行为的正犯(甲)可以成立间接正犯(案例43-31,该案中甲女摁住丙女的行为系强奸罪实行行为的方法行为)(第110节段3)。

案例43-29：甲教唆乙杀害丙，乙接受了教唆，但未及有其他任何行为，甲、乙的谋害即被发现。

案例43-30：乙意图盗窃，要求甲提供万能钥匙，甲明知而予以提供，但乙未及实行即被查获。

案例43-31：乙男系呆傻人，乙男的姐姐甲女将买来的丙女摁住，让乙男对丙女实施奸淫。

思考题

1. 判断共同故意中的意思联络的标准是什么？
2. 理论上应否肯定共同过失犯罪？如何理解我国《刑法》第25条规定的"共同故意犯罪"？
3. 如何解决必要共犯与任意共犯在处罚上可能出现的重复评价问题？
4. 什么是犯罪集团所犯罪行？

第44节 共同犯罪之本质的理论学说

一、共同犯罪之共同的本质

1. 上一节以我国《刑法》的规定为基准，对共同犯罪的概念等作了具体的讨论。那么界说共同犯罪的学理根据到底是什么？究竟是基于什么"共同"而使多人参与犯罪成立共同犯罪？对此刑法理论存在"犯罪共同说"与"行为共同说"的对立以及"共同意思主体说"的折中。

(一) 理论学说及其分析

2. **要素从属性**：以正犯符合犯罪的本体构成要素(第16节段2)为底限[①](极端的从属)。[②] 正犯缺乏主观责任，则实施缺乏意思联络的教唆性行为的教唆者不能成立教唆犯(第45节F段11);正犯缺乏主观责任，帮助者也不能成立帮助犯。但是，甲者可以成立间接正犯(案例43-28,第43节段26);实施缺乏责任的正犯(乙男)的部分实行行为的另一正犯(甲女)可以成立间接正犯(案例43-31,第43节段27)。

---

① 所谓"正犯符合"，是指正犯所拥有的要素符合犯罪本体构成，教唆者与帮助者方可成立共犯。
② 详见张小虎：《犯罪论的比较与建构》，北京大学出版社2006年版，第594页。

3. **罪名与处罚从属**：在一般场合，共犯的罪名、停止形态、处罚等从属于正犯（第48节段1）；不过，正犯中止，教唆犯可以是未遂（第45节C段12）；而在存在脱离共犯关系的场合，共犯的停止形态与正犯的停止形态则更多地呈现分离（第48节段8—13）。

4. **片面的共犯**：对于片面的教唆犯不予承认[①]，但对片面的帮助犯则予以承认。在帮助意图与正犯所犯不一时，对于帮助者的定性仍从属于正犯，成立意图偏差的片面帮助犯（第45节B段11）[②]；故意造成结果的故意帮助过失犯，帮助者成立过失犯的片面帮助犯（第45节B段17）。[③]

5. **犯罪共同说**，又称犯意共同说，主张犯罪本质是侵害法益，强调共同犯罪的成立应当基于共同的犯罪意思联络。共同过失行为、故意与过失行为、缺乏意思沟通的单方面协力行为等均不能成立共同犯罪。犯罪共同说系客观主义共犯论，持共犯从属性的立场，具体又分为完全犯罪共同说（共同犯罪仅就同一具体犯罪类型而存在）与部分犯罪共同说（在构成要件重合的限度内不同的具体犯罪之间可以成立共同犯罪）。[④]

6. **行为共同说**，又称事实共同说，主张犯罪是行为人主观恶性的表现，强调共同犯罪成立的关键是共同行为。共同过失行为、故意与过失行为、单方面的协力行为、有责任能力人与无责任能力人的共同行为等均可以成立共同犯罪。行为共同说系主观主义共犯论，持共犯独立性的立场。[⑤]

7. **共同意思主体说**尤为强调共同犯意，凡是共同意思主体（参与共谋者）均应当作为共同正犯；同时，共同犯罪的成立也必须有人实行犯罪，不过只要共同意思主体中有一人实施了实行行为，那么其他人也应当共同承担正犯的责任。共同意思主体说隐含有共犯独立性与从属性的复合观念。[⑥]

8. 犯罪共同说、行为共同说、共同意思主体说各有其合理与不足。[⑦] 应当说，基于我国《刑法》第25条的明确规定，完全犯罪共同说更切合于我国的立法与司法实践（解释论）。不过就理论拓展（立法论）而言，可以考虑将共同过失犯罪作为共同犯罪的特殊形态。由此，在同一故意犯的框架下成立共同犯罪这是共同犯罪的常态，此外也不排除共同过失犯罪的共同犯罪之特殊形态，此可谓"**相对完全犯罪共同说**"。这是因为，共同犯罪呈现为多人参与、共同行为、主观联络等的整合特征，由此相对于单独犯罪来说，具有更大的主观危害与客观危害，这也构成了对共同犯罪从严处罚的根据。对于共同犯罪成立要素与具体范围的划定，既要充分呈现共同犯罪所应有的这种整合特征及其所现更大危害，又应避免过于扩张共同犯罪范围而致刑事处罚出现

[①] 详见张小虎：《犯罪论的比较与建构》，北京大学出版社2006年版，第616页。
[②] 详见张小虎：《应当构建犯意偏差之片面帮助犯的理论范畴》，载《当代法学》2018年第6期。
[③] 详见张小虎：《故意帮助过失犯的刑法定性》，载《人民检察》2017年第7期。
[④] 详见张小虎：《犯罪论的比较与建构》，北京大学出版社2006年版，第589页。
[⑤] 详见同上书，第590页。
[⑥] 详见同上书，第591页。
[⑦] 详见同上书，第589—592页。

不必要的铺张。共同故意犯罪固然是共同犯罪的典型形态,而共同过失犯罪也不失为共同犯罪的特殊形态。共同过失犯罪不同于同时的过失犯以及其他的非整合的过失犯,共同过失犯罪有其独特性(本节段10)。这种同一过失犯中的多个参与人之间的主观与客观的协同,恰恰展示了共同过失犯罪的整合特征,正是这种整合性表现出共同过失犯罪更大的危害,也使其成为一种相对独特的犯罪形态。

(二)共同过失犯罪的理论与立法

9. **共同过失犯罪**,是指两个以上的行为主体,虽对过失犯实行行为之表象行为具有意思协同①,但对行为结果却协同未予履行应有的注意义务,协同实施表象行为从而造成特定构成结果的犯罪形态(案例44-1)。共同过失犯罪包括纯粹过失犯的共犯与非纯粹过失犯的共犯,按照我国《刑法》第25条第2款的规定其在是否成立共同犯罪上是不一样的(本节段12)。

案例 44-1:在火灾危险场所,甲欲"吸烟",乙帮其"点火",甲与乙故意协同实施"点火吸烟"行为(A),但对 A 系"引起燃烧的行为"以及将造成"火灾事故的后果"则均未予以应有的注意。

10. 共同过失犯罪除了数人参与之外,还具有如下**特征**:具有共同协力的构成要件行为;共同行为造成同一法益侵害结果;基于意思协同而共同实施表象行为;针对行为侵害结果的共同过失(没有履行注意义务的协同);共同行为、侵害结果与共同过失依存于同一具体犯罪构成。其中,**共同过失**,是指行为人不仅对于自己行为的"危险属性与危害结果(B)"没有履行应有的注意义务,而且对于他人行为与自己行为相互协同而增加 B 之发生的可能性也没有履行应有的注意义务。② 可见,共同过失犯罪的核心要素在于过失犯中"共同"的存在,这就是共同过失行为中的协同特征,即实施表象行为的意思协同、没有履行注意义务的协同与实施构成要件行为的协同、行为所致侵害结果的同一,正是基于这种意思协同、共同过失与行为协同、结果协同,才显示出其属于一种独特的共同过失类型。

11. 就各国的**立法状况**而言,有的国家刑法典明确强调共同犯罪只能由共同故意构成;有的国家刑法典强调教唆犯与帮助犯的成立仅限故意犯;有的国家刑法典虽未明确共同犯罪只能由共同故意构成,但是成立共同犯罪须有共同故意却是刑法理论的主流见解。当然,也有某些国家或地区的刑法典肯定了过失的共同正犯,还有少数国家或地区的刑法典肯定了对过失犯的教唆与帮助。

12. 我国《刑法》第25条第2款明确规定"共同过失犯罪,不以共同犯罪论处"。应当特别注意,鉴于本书第43节(段5—12)对该条第1款之"共同故意"的诠释,这里的"共同过失犯罪"是指纯粹过失犯的共犯,即该条第2款的规定是对纯粹过失犯之共同犯罪的排除。非纯粹过失犯与纯粹过失犯的法定构成结构不同;前者实行行为心态相对独立于行为结果心态,行为故意而结果过失;后者实行行为心态与行为结

---

① 对于**属性行为的心态**与对于**表象行为的心态**不能简单等同(第39节 B 段8)。
② 共同故意的关键系"意思联络",而共同过失的关键系"协同过失"。

果心态直接贯通,两者均为过失(第 39 节 B 段 8)。由此,非纯粹过失犯的共犯存在"共同故意",而纯粹过失犯的共同过失犯罪因缺乏"共同故意"从而"不以共同犯罪论处"①。因此,我国《刑法》第 25 条第 2 款中的"共同过失犯罪",是指"缺乏共同故意实行"的多人参与的具有"共同过失"的犯罪形态;在此场合,"共同过失"虽有针对未予履行应有注意义务的意思协同,但却缺乏针对实行行为及其侵害结果的共同实现意思。而共同犯罪成立所需"共同故意",强调对同一具体犯罪的实行行为具有共同故意为必要。由此,纯粹过失犯的教唆参与者,或者造成结果的协力实行者,虽不失共同犯罪成立的客观要素,但因缺乏共同故意这一共同犯罪成立的主观要素,而不能构成我国《刑法》的共同犯罪。我国《刑法》第 25 条第 2 款明确否定了"共同过失犯罪"的共同犯罪归属,显然分别的过失犯罪、过失并故意犯罪也非共同犯罪,不过对过失犯的片面帮助则应特别考虑。

13. 由此,分别的过失犯罪并非共同过失犯罪,故意帮助过失犯应分别不同情况处理:**(1)** 分别的过失犯罪,即各个行为人虽对行为的危险属性与危害结果未予履行应有的注意义务,但是各个行为人只是各自实施行为而缺乏对表象行为的意思协同(案例 44-2)。**(2)** 过失造成结果的故意帮助过失犯(案例 45B-6,第 45 节 B 段 17),帮助者成立过失犯的帮助犯。**(3)** 故意造成结果的故意帮助过失犯(案例 45B-7,第 45 节 B 段 17),帮助者成立特殊的片面帮助犯。**(4)** 故意教唆过失犯(案例 45F-2,第 45 节 F 段 7),教唆者成立间接正犯。②

案例 44-2:甲、乙相互不知而各自在林中打猎,均将在同一现场采掘草药的丙误认为猎物,分别开枪命中丙致其死亡。

14. 应当注意有关共同犯罪的术语表述。我国《刑法》中的"**共同过失犯罪**"与"**共同故意犯罪**"是具有相对意义两个术语,其是对"共同"实施的犯罪之两种犯罪类型的表述。而法定的共同犯罪仅指后者。与此不同,刑法理论上也常有"**过失共同犯罪**"的论及,在此"过失共同犯罪"与"故意共同犯罪"具有相对意义,这是在承认了过失的共同犯罪的前提下,对"共同犯罪"之两种犯罪类型的表述。

二、狭义共犯之成立的本质

15. 共犯实现刑法分则犯罪的法益侵害须由正犯实行,由此相对于正犯是否具体存在而言,共犯应在何种程度上得以自身成立?对此刑法理论存在"共犯从属性说"与"共犯独立性说"的对立。

16. **共犯从属性说**立于犯罪本质系侵害法益的基本立场,主张实行行为是犯罪成立的一个前提,因此只有在正犯的行为成立犯罪与可罚的条件下,共犯的行为才具有犯罪性与可罚性。共犯从属性说具有**犯罪从属性**、**可罚从属性**、**实行从属性**、**要素**

---

① 详见张小虎:《论我国〈刑法〉中非纯粹过失犯的共犯成立》,载《政治与法律》2016 年第 10 期。
② 详见张小虎:《故意帮助过失犯的刑法定性》,载《人民检察》2017 年第 7 期。

从属性①等议题。②

17. **共犯独立性说**强调犯罪系行为人主观恶性与反社会危险性的表现,主张教唆者、帮助者的行为本身具有犯罪性与可罚性,不存在从属于正犯的情形。只要有教唆行为、帮助行为的存在,即使没有正犯的实行行为,教唆犯、帮助犯也能够成立(未遂犯)。③

18. 共犯从属性说限制了共犯成立的范围,有利于刑法的人权保障机能,然而其却淡化了教唆犯作为犯罪发起者的相对独立意义;共犯独立性说扩大了共犯成立的范围,有利于刑法的社会保护机能,然而其却忽视了教唆行为与帮助行为的类型性意义,不适当地取消了间接正犯的概念。较为合理的做法应当是,肯定共犯从属性的主导地位,同时也承认一定场合的共犯独立性(第 43 节段 25)。

> **思考题**
>
> 共犯从属性的基本思想是什么?帮助行为与教唆性行为在犯罪从属性上有何区别?

第 45 节 我国《刑法》上的共同犯罪人

一、我国《刑法》共同犯罪人的分类模式

1. 在对共犯的分类上,各国刑法立法基本上有"分工"或"作用"这两种划分类型。④ 我国《刑法》明确规定了主犯、从犯、被胁迫犯、教唆犯的具体概念与处罚原则(第 25 条至第 29 条)。这意味着:我国《刑法》采用多元的分类要素,而后以不同要素分层组合的形式,对各类共同犯罪人的具体概念作了界分;我国《刑法》基于罪数、罪量、犯罪情节的不同视角,分别对有关共犯的处罚原则作了规定。

2. **分工、作用、动因的多元分类要素**:**(1) 分工视角**:将共同犯罪人分为组织犯(第 26 条第 1 款"组织领导犯罪集团"及第 97 条"犯罪集团首要分子")、正犯、教唆犯(第 29 条第 1 款"教唆他人犯罪")、帮助犯(第 27 条第 1 款"辅助")。**(2) 作用视角**:将共同犯罪人分为主犯(第 26 条第 1 款"起主要作用")、从犯(第 27 条第 1 款"起次要作用")。**(3) 动因视角**:基于参与共同犯罪动因的视角,在共同犯罪人中区分出被胁迫犯(第 28 条"被胁迫参加犯罪")。

3. **不同分类要素组合的复层分类的形式**:**(1) 先作用后分工**:首先将共同犯罪人

---

① 又分为四种形式,其中限制性从属形式为通说,即共犯的成立必须正犯具备构成要件该当性与违法性但仅缺乏有责性。
② 详见张小虎:《犯罪论的比较与建构》,北京大学出版社 2006 年版,第 593—594 页。
③ 详见同上书,第 594 页。
④ 详见同上书,第 602 页。

分为主犯与从犯。其后：A. 将**主犯**分为组织犯（"犯罪集团首要分子"）、主要作用犯（"起主要作用"的犯罪人，包括"聚众犯罪首要分子"、主犯正犯及主犯教唆犯；尽管帮助犯主要呈现为从犯，不过不排除特定场合的**主犯帮助犯**，如案例 45-1 中的甲，除了不是乙犯的造意者之外，可谓是该案整个进程的策划者和支配者，而从分工来看甲又只是提供了乙的犯罪条件）。B. 将**从犯**分为次要作用犯（"起次要作用"的犯罪人），包括从犯正犯及**从犯教唆犯**（教唆犯通常为主犯，也不排除特定场合的从犯，如案例 45-2 中的教唆帮助犯甲，虽系教唆犯，但在该整个犯罪中仅起次要作用）、从犯帮助犯（"起辅助作用"的犯罪人）。**（2）先分工后作用**：首先明确将**教唆犯**列为一种基本共犯类型（"教唆他人犯罪"）。其后，又将教唆犯进一步区分为主犯教唆犯（"起主要作用"）、从犯教唆犯（"起次要作用"）、对未成年人教唆犯（第 29 条第 1 款后段"教唆不满 18 周岁的人犯罪"）、独立教唆犯（无正犯教唆犯，第 29 条第 2 款"被教唆的人没有犯被教唆的罪"）、普通教唆犯（有正犯教唆犯）。**（3）先动因后作用或分工**：首先明确将被胁迫犯列为一种基本共犯类型（"被胁迫参加犯罪"）。其后，又将**被胁迫犯**进一步区分为被胁迫犯主犯（第 28 条"犯罪情节"——"起主要作用"）①、被胁迫犯从犯、被胁迫犯正犯、被胁迫犯帮助犯、被胁迫犯教唆犯。见表 45-1。

案例 45-1：乙男午后欲强奸丧夫的儿媳甲女，甲称现在不行，今夜 11 点时来我房中。乙信以为真。之后甲设局将乙的女儿丙女骗至自己的房中过夜，自己则借故离开。晚上 11 点时乙如期而至，因天黑看不清楚而将丙强奸。

案例 45-2：甲教唆乙去帮助丙实行犯罪。

表 45-1 我国《刑法》共同犯罪人复层分类表

复层分类视角	共同犯罪人类型	法条根据
先作用后分工	主犯：组织犯；聚众犯罪首要分子、主犯正犯、主犯教唆犯、主犯帮助犯	第 26 条第 1 款
	从犯：帮助犯；从犯正犯、从犯教唆犯	第 27 条第 1 款
先分工后作用	教唆犯：主犯教唆犯、从犯教唆犯； 教唆犯：对未成年人教唆犯；独立教唆犯、普通教唆犯	第 29 条
先动因后作用或分工	被胁迫犯：被胁迫犯主犯、被胁迫犯从犯； 被胁迫犯：被胁迫犯正犯、被胁迫犯帮助犯、被胁迫犯教唆犯	第 28 条

二、我国《刑法》共同犯罪人的处罚原则

4. 集团犯罪视角的首要分子全部责任的处罚原则：主旨是阐明组织犯对犯罪集团所涉全部罪行负责。**（1）组织犯（犯罪集团首要分子）**："按照集团所犯的全部罪行处罚"（第 26 条第 3 款）。这就是说，只要是犯罪集团所进行的犯罪，组织犯均对之承

---

① 当然，从立法原意来看，这里的被胁迫犯似仅限于被胁迫犯从犯（胁从犯，第 45 节 D 段 2）。

担法律后果,包括组织犯指令的犯罪以及其成员基于犯罪集团的组织规程所实施的犯罪。反之,犯罪集团的其他成员背着组织犯,单独或者共同实施超出犯罪集团所预定的具体犯罪,不属于犯罪集团的罪行,也不应当由组织犯承担法律后果。**(2) 犯罪集团的其他主犯**:"按照其所参与的或者组织、指挥的全部犯罪处罚"(第 26 条第 4 款)。由此,聚众犯罪的首要分子,对其组织、指挥的犯罪负责;其他主犯正犯(包括犯罪集团中的主犯正犯),对其参与的犯罪负责;主犯教唆犯,对其所教唆的犯罪负责。

5. **主从视角的从犯从宽处罚原则**:主旨是阐明对主犯从重处罚而对从犯从宽处罚,即对从犯"应当从轻、减轻处罚或者免除处罚"(第 27 条第 2 款)。在此,法条虽未明确规定从犯从宽的比照基准,但应当理解为比照主犯罪行的轻重而从宽。

6. **被胁迫犯的从宽处罚原则**:主旨是阐明对被胁迫犯应当按照其犯罪情节予以更宽的处罚,即"应当按照他的犯罪情节减轻处罚或者免除处罚"(第 28 条)。这里的犯罪情节除其普通意义之外,着眼于共同犯罪人的情状还应当包括主犯情节、从犯情节、组织犯情节、正犯情节、帮助犯情节、教唆犯情节。①

7. **多视角区分教唆犯的处罚原则**:主旨是阐明教唆犯未必就是主犯,即对教唆犯按其"在共同犯罪中的作用处罚",教唆未成年人犯罪的"从重处罚"(第 29 条第 1 款);对缺乏正犯的独立教唆犯从宽处罚(第 29 条第 2 款)。

三、我国《刑法》共同犯罪人的立法考究

8. 我国《刑法》有关共同犯罪的立法,"直译"了惩办与宽大相结合刑事政策的思想,试图从共同犯罪人的表现形态上直接区分共同犯罪中的主犯与从犯,从而作出宽严有别的处罚;同时,专门列出教唆犯,以便对这种较为常见并且危害较大的共同犯罪人的处罚,进一步具体化、明确化;专门列出被胁迫犯,以便体现对于各共同犯罪人的区别对待,从而分化、瓦解各共同犯罪人。然而,鉴于刑法表现形态与立法技术本身所应有的一些规律与规则所限,我国《刑法》立法的这些初衷并没有能够得到很好的体现。

9. 我国《刑法》对共同犯罪的立法不足表现在:同时以作用标准(主犯与从犯)、动因标准(被胁迫犯)、分工标准(教唆犯)对共同犯罪人分类;立法上对主犯的主要作用犯与从犯的次要作用犯,其确切的含义未予明确;对正犯的行为特征与适用的法定刑缺乏规定,使主犯、从犯、被胁迫犯与教唆犯的处罚失去了基奠;并未明确体现共同犯罪比单独犯罪的处罚更严的精神。②

10. 对共同犯罪人的分类,分工标准不失为相对合理的一种立法方案,世界上多数国家在共同犯罪立法上也采纳了分工分类的标准。③

---

① 基于我国《刑法》的规定,被胁迫犯是否只能是从犯?(第 45 节 D 段 4)
② 详见张小虎:《犯罪论的比较与建构》,北京大学出版社 2006 年版,第 678 页。
③ 详见同上书,第 679 页。

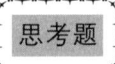

我国《刑法》共同犯罪人的分类模式是什么？

第45节A 正　　犯

一、正犯与共同正犯的概念

1. **正犯**,又称实行犯,是指行为人自己亲自,或者利用他人的行为,实施实行行为的犯罪人,包括直接正犯、间接正犯、同时正犯。

2. 在共同犯罪中,正犯承担实施实行行为的分工,与组织犯、帮助犯、教唆犯并列相对。基于作用的视角,正犯又**包括**:(1) **主犯正犯**,是指在共同犯罪中起主要作用并且实施实行行为的共同犯罪人(案例45A-1中的甲);(2) **从犯正犯**,是指在共同犯罪中起次要作用并且实施实行行为的共同犯罪人(案例45A-1中的乙)。

案例45A-1:甲与乙共同入室撬盗保险箱,甲利用其破锁的技能打开锁着的大门及保险箱,甲、乙共同取出保险箱中的财物逃离现场。

3. 在共同犯罪中,按照人数多少的不同,正犯分为:**单独正犯**,是指单独一人实施实行行为的犯罪人;**共同正犯**,是指两个以上的行为人,基于犯罪意思的联络,共同实施实行行为的犯罪人。这里主要讨论共同正犯。

二、共同正犯的成立要件

4. 共同正犯具有如下**特别要件**:(1) **二人以上**:两个以上具有责任能力的人。(2) **实行行为**:各共同犯罪人都分担了实行行为,可以是均全部实行(案例43-16,第43节段14),也可以是有的部分实行(案例45A-2),还可以是先后实行(案例45A-3)。有时可呈现仅以在场消极行为的方式参与实行(案例45A-4)。(3) **意思联络**:共同正犯的各共同犯罪人,对于共同行为以及犯罪完成具有合意,包括认识合意与意志合意(第43节段8,9)。①

案例45A-2:甲与乙共同对丙实行抢劫行为,甲持刀对丙进行暴力威胁,乙对丙进行搜身获取财物。

案例45A-3:甲与乙共同对丙实行非法拘禁行为,先由甲对乙禁闭2天,继而由乙对丙再禁闭2天。

案例45A-4:甲与乙以抢劫的共同故意对丙实施抢劫,乙持刀对丙进行暴力威胁并对丙进行搜身获取财物,甲只是站在一旁注视着丙。

---

① 详见张小虎:《犯罪论的比较与建构》,北京大学出版社2006年版,第606—609页。

三、共同正犯与相关共犯类型

5. **共谋共同正犯**:是指两个以上具有责任能力的人共同策划犯罪实行,尽管只有其中的部分共谋者直接分担了实行行为,但是没有直接分担实行行为的共谋者也被视同共同正犯,承担共同正犯的法律后果。坚持共同正犯应有实行行为分担的立场,共谋共同正犯的概念不应予以承认。①

6. **望风**:望风行为属于为犯罪实行提供便利条件使犯罪更易完成,从而可以视作帮助行为,但望风之类的行为因缺乏实行行为,即使存在共谋也无从成立共同正犯。②

7. **聚众犯罪首要分子**:是指组织、策划、指挥聚众分子进行聚众犯罪活动的犯罪人(第97条)。我国《刑法》分则聚众犯罪中标志该具体犯罪特质的行为以及聚众行为③,均为该聚众犯罪之实行行为的构成要素(第18节B段14)。聚众犯罪首要分子在成立共同犯罪的场合其是主犯。不过也有观点认为,在仅限处罚聚众首要分子的场合,其不成立共同犯罪的主犯。然而,即使在仅限处罚聚众首要分子的场合,也不排除首要分子多人而构成共同犯罪。④

四、共同正犯的处罚

8. 具体如下:(**1**) **定罪**:各共同正犯之间的主观责任与客观行为具有整合性⑤,对共同正犯应当按照实行行为所构成的具体犯罪定罪。(**2**) **法定刑**:对共同正犯不论其所分担的实行行为如何,均应适用与共同正犯的罪行相应的法定刑。(**3**) **量刑**:各共同正犯虽均为实行犯,但实行情节也会存在主从之分从而影响量刑。此外,也会存在基于行为人个人特征等的一些量刑情节。

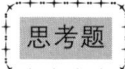

结果加重犯共同犯罪的成立条件及限定是什么?(可查阅第43节段8)

第45节 B 帮 助 犯

一、帮助犯的概念

1. **帮助犯**,有时也直称从犯,是指在共同犯罪中为他人实行犯罪创造条件,使犯

---

① 详见张小虎:《犯罪论的比较与建构》,北京大学出版社2006年版,第607页。
② 详见同上书,第608页。
③ 基于我国《刑法》分则对纳入处罚的行为主体的不同规定,这里的聚众行为可能是首要分子的行为或积极参加聚众的行为等。
④ 详见张小虎:《论必要共犯适用总则共犯处罚原则的规则》,载《当代法学》2012年第5期。
⑤ 对于共同犯罪中的各个犯罪人适用部分实行全部责任的原则。

罪更易完成的共同犯罪人。

二、帮助犯的成立要件

(一) 帮助故意

2. 对此,存在较大争议的是帮助故意的内容指向。[①] 本书基于相对完全犯罪共同说(第 44 节段 8)与原则的共犯从属性说的立场(第 43 节段 25),对帮助故意予以界说。

3. **帮助故意**,是指帮助者对于他人实施具体犯罪而故意提供帮助,从而帮助人对于自己的帮助行为及正犯行为存在知与欲。具体地说:**(1)** 帮助故意包括"对帮助的故意"与"对正犯所犯的故意"这"双重故意",但帮助犯无需对正犯的行为结果也有具体认识。[②] **(2)** 帮助犯对于正犯实行行为的犯罪属性至少应有概括的认识,帮助犯的帮助意图与正犯所犯出现了偏差,可以成立犯意偏差的片面帮助犯(本节段 11)。**(3)** 帮助故意并不否认故意帮助过失犯(本节段 16)。

(二) 帮助行为

4. **帮助行为形式呈现为:(1) 方法多样**:包括言词与动作,公开与暗中,精神(心理、无形)与物质(物理、有形)等。精神帮助不同于教唆。教唆是促使他人的犯罪决意从无到有;帮助是以被帮助人已有犯罪决意为前提的,由此精神帮助可以表现为坚定与强化他人已有的犯罪决意,但不能是引起他人的犯罪决意。**(2) 可以不作为**:所谓**不作为帮助**,是指对于他人的犯罪行为,帮助人负有必须履行某种积极行为的特定法律义务,在能够履行的情况下而不履行,从而为他人实行犯罪创造条件使犯罪更易完成的情况。如案例 45B-1 中甲的行为。

5. **帮助行为内容**:表现为实施促使犯罪更易完成的各种创造条件的活动。由此,帮助行为不同于实行行为,也有别于教唆行为。[③]

案例 45B-1:银行保安(甲)与抢劫实行犯(乙)达成合意,在乙作案时甲离开现场。

(三) 帮助对象

6. 刑法理论对于被帮助人行为特征的表述不一。[④] 基于原则的共犯从属性说的立场(第 43 节段 25),帮助犯绝对从属于正犯。因此,帮助犯的帮助对象应当属于正犯,否则无从成立帮助犯;帮助犯的成立,必须被帮助人至少着手实行行为。倘若被帮助人的构成要件行为停顿于预备阶段,则帮助人与被帮助人可以构成共同犯罪的预备犯,但此时无所谓帮助犯(第 43 节段 27,案例 43-30)。当然,对于我国《刑法》分则所规定的预备罪或提升实行行为之罪的帮助,鉴于分则规定之罪的正犯成立,帮助犯也成立。

---

① 详见张小虎:《犯罪论的比较与建构》,北京大学出版社 2006 年版,第 624 页。
② 详见张小虎:《故意帮助过失犯的刑法定性》,载《人民检察》2017 年第 7 期。
③ 详见张小虎:《犯罪论的比较与建构》,北京大学出版社 2006 年版,第 630 页。
④ 详见同上书,第 632 页。

三、帮助犯的类型及所涉特别情形

（一）缺乏意思联络的片面帮助犯

7. 缺乏意思联络的片面帮助犯是指在正犯没有意识到自己被帮助的场合，帮助者故意为正犯的犯罪实行创造条件使犯罪更易完成的情况。这是对片面帮助犯的通常理解。对于这种片面帮助犯是否应予承认，刑法理论存在不同见解。①

8. 事实上，现实中片面帮助与片面教唆都是存在的。前者自不必说，后者如案例 45B-2 中甲的行为。本书认为，应当承认片面帮助犯，而片面教唆则不能成立教唆犯。

案例 45B-2：甲意图杀害丙，将上膛的枪交给乙并欺骗乙是空枪，让乙向丙射击以示玩耍恐吓，乙不加检查即开枪将丙打死。

9. 片面帮助可以成立片面帮助犯。帮助犯与正犯的关系是，没有正犯就没有帮助犯。由此，帮助者即使没有将自己的具体犯罪意图传递给正犯，正犯照样可以存在；未必要正犯知道他人在给自己帮助，帮助者才可实施对正犯的帮助行为；关键还有，无论正犯是否知道被帮助，均改变不了帮助行为的帮助性质，片面帮助本质上还是帮助者在为他人犯罪提供帮助；并且，帮助者对正犯有着单方面的意思协同，相对于典型共犯其所缺的只是正犯对帮助者的意思协同，也正因为此可以将之作为帮助犯成立的特殊情形。

10. 片面教唆不能成立教唆犯。对于教唆犯的成立来说，必须教唆者与正犯有意思联络。教唆犯是共同犯罪的造意者，教唆犯与正犯的关系是，没有教唆犯就没有正犯。这意味着，教唆者将自己的具体犯意传递给某人，此人必须知道自己被教唆并接受教唆，其才有被教唆者的地位而可为正犯；只有接受他人明确传递的具体犯意而产生了自己的具体犯意，才算是被教唆，进而可能成为教唆者的正犯；所谓片面教唆，本质上是教唆者在利用他人为自己犯罪，这更近于间接实行的间接正犯。

（二）缺乏同一犯意的片面帮助犯

11. 现实中也有这样的情形，即帮助者的帮助意图与正犯所犯出现了偏差。如案例 45B-3，对该案中的甲应当如何处置呢？对此本书认为，类似上述案例 45B-3 也可作为片面帮助犯的一种情形。片面帮助犯之"片面"，不仅可以是帮助犯与正犯缺乏意思联络的片面，而且可以是帮助犯与正犯缺乏同一意思合致的片面。帮助者对于正犯所犯存在意图偏差的故意帮助，可以成立**意图偏差的片面帮助犯**。②

案例 45B-3：甲出借作案工具意图帮助乙犯盗窃罪，而乙实际上利用该工具入室犯了放火罪。

12. 需要说明的是，帮助故意可以是不确定故意，如果甲对乙的帮助包括了任其去盗窃或抢劫，则甲就是典型的帮助犯。

---

① 详见张小虎：《犯罪论的比较与建构》，北京大学出版社 2006 年版，第 625 页。
② 详见张小虎：《应当构建犯意偏差之片面帮助犯的理论范畴》，载《当代法学》2018 年第 6 期。

13. 然而,缺乏具体合意的教唆则与此不同,教唆者是具体犯罪的发起者与支配者,对于教唆行为的定性不能依从正犯,教唆犯成立必须教唆者与正犯形成具体犯意的协同(第 45 节 C 段 4)。

(三) 中立行为的帮助

14. **界说**:中立行为的帮助,意指日常生活行为、正常业务交易行为等"外部的中立行为",此等行为主体明知行为系他人犯罪的便利条件,客观上此等行为也成为他人实施犯罪的便利条件。中立行为的帮助不包括过失帮助,过失帮助不具有可罚性的必要性。

15. **处置**:在存在违法阻却或责任阻却的场合不构成帮助犯,反之则可以成立帮助犯。**中立帮助行为**的特殊性在于帮助系"中立行为",由此这一"中立行为"之"日常生活""典型职业""中性业务""外部中立"的特征,在多大程度、在何种条件下影响帮助行为之帮助犯的成立?对此,存在主观说与客观说的对立。实际上,这是对"中立行为"事实,就行为的刑法定性,以犯罪成立的技术要素为承载而为的刑法价值判断。这一议题也指向在行为的刑法定性上民事合法与刑事违法的判断关系。应当说,存在一般违法性未必就有刑事违法性(A),但是具有民事合法未必肯定刑事合法(B)。对于 B 种情形刑法理论不乏诸多否定论断。其实 B 种情形并非特例,在现实中并不少见。这实际上是在对违法阻却事由认定的实质性根据上,有关民事规范与刑事规范的冲突问题。对于这一冲突问题的解决,本书主张:如果这种民事合法有违**普遍的社会道德规范**,或者有违**法律秩序的普遍原则**,则这种所谓的民事合法本身就丧失了其实质根基,进而其也不能成为阻却刑事违法性的依据。这就是说,普遍的社会道德规范、法律秩序的普遍原则,对于实质违法性的判断具有最终的决定的意义。法律制度应有其道义的基础,法秩序的普遍原则是整个法体系的根本准则。基于我国的普遍社会道德规范,案例 45B-4 中的甲不应成立帮助犯,而案例 45B-5 之甲可以成立帮助犯。应当注意,不应将普遍社会道德规范(观念)理解为定罪技术机制(犯罪论体系)中的具体要素,事实上普通社会道德规范是判断这些技术机制中的有关要素成立与否的工具或根据:系刑法中的诸多事项(诸如行为效素、违法阻却、期待可能性)之价值评价的基本工具,是许多技术要素(诸如行为效素、违法阻却)在各自岗位上发挥其机能的终极价值根据(第 18 节 D 段 4—6)。

案例 45B-4:甲欠乙正当债务 10 万元,甲知乙凭借条索款是将之用于走私,甲仍将欠款归还于乙。

案例 45B-5:经营菜刀行业的甲,知乙购买菜刀是将之用于抢劫,甲仍将菜刀卖于乙。

(四) 故意帮助过失犯

16. **界说**:**故意帮助故意犯**(帮助行为与正犯实行及其结果的双重故意)的故意帮助不难理解;但**故意帮助过失犯**的故意帮助也有存在,且帮助者对正犯的行为结果既可持过失(案例 45B-6 中的甲)也可持故意(案例 45B-7 中的甲)。

案例 45B-6:甲明知乙没有驾驶证,却将自己的汽车交给乙驾驶,乙驾驶该车造成丙死亡的重大交通事故。

案例 45B-7：甲意图杀害丙,并且知道乙有随意玩耍枪支、对他人举枪模拟射击的嗜好,甲选择乙与丙同时在场的时机,暗中将上膛之枪放在易于由乙拿到之处(A),乙不知甲之用心而取枪玩耍,未经检查而向丙举枪射击以示威吓(B),结果出乎意料地将丙打死。

17. **处置**：分别过失造成结果与故意造成结果,具体处置有所不同：**(1) 过失造成结果的**故意帮助过失犯,如案例 45B-6,此时帮助者与正犯均系过失犯罪,且帮助者与正犯具有共同过失(第 44 节段 10),帮助者成立共同的非纯粹过失犯的帮助犯(第 44 节段 13)。**(2) 故意造成结果的**故意帮助过失犯,此时帮助者系故意犯罪而正犯系过失犯罪。对此本书认为,教唆过失犯的教唆者(案例 45F-2)成立间接正犯(第 45 节 F 段 13),而故意造成结果的故意帮助过失犯(案例 45B-7,本节段 16),帮助者成立过失犯的片面帮助犯(**故意帮助过失犯的片面帮助犯**)。这是因为,在案例 45F-2 中,甲将上膛之枪交给乙并叫乙向丙开枪,这一行为决定性地启动了乙枪击丙的行为,对整个犯罪的进程具有控制与支配作用(第 45 节 F 段 5);而在案例 45B-7 中,甲只是"暗中将上膛之枪放在易于由乙拿到之处",这只是给"乙取枪并在取枪后向丙射击"提供了条件,不能说甲的行为就是控制了整个犯罪的进程。案例 45B-8 中的甲也是片面教唆成立间接正犯的典型适例。① 对于片面教唆犯不应予以承认。②

案例 45B-8：甲意图杀害丙,知道乙有给丙喂药的习惯,于是将毒药冒充治病的药交给乙让乙喂于丙,乙信以为真而给丙喂了药,造成了丙的死亡。

(五) 共同帮助

18. 共同帮助,是指两个以上的行为人,基于帮助的意思联络,共同为他人实行犯罪创造条件使犯罪更易完成的情况。

19. 共同帮助包括：**(1) 共同实行帮助**,即各帮助者均分担了帮助行为,各帮助者成立共同帮助犯。**(2) 共谋共同帮助**,即两个以上的行为人共同策划帮助他人实行犯罪,但是只有其中部分共谋者直接分担了帮助行为。在共谋共同帮助的场合,是否存在共谋共同帮助犯(没有直接分担帮助行为的共谋者也被视作帮助犯)则不无疑问。③

(六) 帮助的其他特别情形

20. 刑法理论存在事前帮助(着手之前的帮助)、事中帮助(着手之时或实行完成前的帮助)、事后帮助(实行完成或停止后的帮助)。④ 基于帮助犯绝对从属于正犯(第 43 节段 25),帮助犯之帮助主要是指事中的帮助。

21. **帮助的因果关系**：是指帮助行为应当使正犯的犯罪变得更易完成,其也是决定帮助犯是否成立的一个重要因素。帮助行为致使的正犯更易完成犯罪,包括正犯

---

① 详见张小虎:《故意帮助过失犯的刑法定性》,载《人民检察》2017 年第 7 期。
② 详见张小虎:《犯罪论的比较与建构》,北京大学出版社 2006 年版,第 616 页。
③ 详见同上书,第 627 页。
④ 详见同上书,第 629 页。

更易着手实行犯罪、正犯更易完成实行行为、正犯更易促成特定构成结果发生;帮助行为对于正犯更易完成犯罪,既可以起物理上的促进作用,也可以起心理上的促进作用。①

22. **帮助教唆犯**:又称帮助了教唆犯(乙)的人(甲),是指帮助者(甲)帮助被帮助人(乙),被帮助人(乙)又教唆他人(丙)犯罪的情形。对于帮助教唆犯行为的定性,刑法理论也颇存争议。②

23. 帮助所涉特别情形还有,未遂帮助、帮助不作为犯、帮助预备罪及阴谋罪、承继的帮助犯、间接帮助、过失帮助等议题。③ 对此,本书主张,对**未遂帮助**不宜作为帮助犯处置;**帮助不作为犯**依然可以成立帮助犯;在预备罪与阴谋罪属于刑法分则规定的具体犯罪的场合,**帮助预备罪及阴谋罪**与通常意义上的帮助犯无甚区别;而在预备罪与阴谋罪属于刑法总则规定的场合,对于**帮助预备罪及阴谋罪**应当视作共同预备犯;对于承继的帮助犯应当予以肯定;对于**间接帮助**可以帮助犯予以处罚,而对再间接帮助及其以上的连锁帮助,则不宜将之纳入帮助犯予以处理;**过失帮助**不具有可罚性的必要性(第 45 节 F 段 6 脚注)。

四、帮助犯的处罚

24. 对于帮助犯的处罚原则,各国刑法的规定不尽相同。④

25. 我国《刑法》规定对帮助犯应当从宽处罚(第 27 条第 2 款):**(1) 定罪**:帮助犯从属于正犯,应当按照正犯所实施的具体犯罪定罪。**(2) 法定刑**:对于帮助犯应当适用相应罪行的正犯的法定刑。**(3) 量刑**:对于帮助犯的量刑应当轻于主犯。

> 思考题

片面帮助犯的具体情形有哪些?

第 45 节 C 教 唆 犯

一、教唆犯的概念

1. 关于教唆犯的界说,存在决意说与实行说两种见解。⑤ 本书立于相对完全犯罪共同说(第 44 节段 8)及原则的共犯从属性说(第 43 节段 25),同时基于我国《刑法》对教唆犯立法的实际状况(第 45 节段 1),对教唆犯予以界说。

---

① 详见张小虎:《犯罪论的比较与建构》,北京大学出版社 2006 年版,第 633 页。
② 详见同上书,第 629 页。
③ 关于这些情形及其处置的具体阐释,详见同上书,第 626、630、628—629 页。
④ 详见同上书,第 633 页。
⑤ 详见同上书,第 610—611 页。

2. **教唆犯**,又称造意犯,是指在共同犯罪中故意引起具有责任能力的特定他人,产生具体犯罪决意或者产生具体犯罪决意并达至具体犯罪实行的共同犯罪人。包括:(1) **独立教唆犯**,是指被教唆人接受教唆但未达至着手实行的教唆犯,即缺乏正犯的教唆犯;(2) **普通教唆犯**,与独立教唆犯相对,是指被教唆人接受教唆并达至着手实行的教唆犯,即存在正犯的教唆犯;(3) **主犯教唆犯**,是指在共同犯罪中起主要作用的,并且促使他人产生具体犯罪意图的共同犯罪人;(4) **从犯教唆犯**,是指在共同犯罪中起次要作用的,并且引起他人产生具体犯罪意图的共同犯罪人。

二、教唆犯的成立要件

(一) 教唆对象

3. **被教唆人的具体范围**:教唆应当是针对特定的人教唆犯特定的罪。不是特定的人,则无法确定共同犯罪人的主体范围;不是特定的罪,则无从确定共同犯罪的犯罪性质。特定的人,意味着教唆针对相对确定范围内的相对确定的人而进行。由此,教唆不同于煽动(第 86 节段 2 脚注)。特定的罪,意味着教唆指向实施刑法分则所规定的某一具体的犯罪。缺乏具体犯罪指向的鼓动或怂恿,并非教唆。

4. **被教唆人的责任能力**:教唆应当针对具有责任能力的人。教唆不具有责任能力的人实施具体犯罪,实为利用缺乏责任能力的他人实行犯罪,属于间接正犯的一种情形。间接正犯系单独正犯而非共同犯罪(第 45 节 F 段 3)。

5. **被教唆人的意志自由**:教唆应当针对具有意志自由的人。教唆者采用暴力、欺骗或者其他方法,致使他人受到完全的强制而丧失了意志自由与行动自由,从而实施犯罪的,实为利用他人缺乏意识与意志支配的行为实行犯罪,也系间接正犯的一种情形。

(二) 教唆故意

6. **教唆故意**:是指教唆者对于教唆行为引起被教唆人产生具体犯罪决意,具有必然或可能认识并持有希望或放任的态度。就主观心态而言,这里的"引起他人产生犯罪决意"应当理解为教唆者认识到他人尚无犯罪决意而意图引起他人产生犯罪决意。这是促使他人犯罪决意的从无到有的意图。具体地说:(1) 倘若明知他人犯罪决意尚存动摇,而坚定与强化其犯罪意志,应当视作教唆犯;(2) 倘若明知他人已有犯罪决意,而坚定与强化其犯罪意志,则应当视作帮助犯;(3) 倘若并不知道他人已有犯罪决意,从而进行教唆的,仍可成立教唆故意,但未必成立教唆犯(本节段 11)。

7. **教唆故意形式**:通常为直接故意但也可是间接故意。不过,也有观点认为独立教唆犯只能是直接故意。① 对此,应当说独立教唆犯也可在间接故意教唆的场合成立。如案例 45C-1 中的甲即为间接故意的独立教唆犯(本节段 6、15)。

案例 45C-1:甲明知乙的盗窃意图尚在动摇之中,为了炫耀自己的扒窃技术,在乙面前大肆吹嘘自己高明的扒窃能力及丰厚的"收入",从而放任了乙盗窃决意的最终

---

① 详见张小虎:《犯罪论的比较与建构》,北京大学出版社 2006 年版,第 612—613 页。

形成,但乙在准备作案工具时案发。

8. 教唆故意内容:对此,刑法理论存在"产生决意说"与"产生决意并正犯行为结果说"。本书认为,教唆故意内容指向产生被教唆者的具体犯罪决意,以及被教唆者行为的危害结果。具体地说:**(1)** 成立教唆故意不仅须有产生被教唆者具体犯罪决意的意图,而且对被教唆者的行为结果教唆时即有与被教唆者共同的责任心态。① 教唆犯相对从属于正犯,教唆犯具有一定的独立性,尤其是教唆犯在犯罪的发动上具有绝对的支配地位,如果教唆者仅仅具有通过教唆行为引起被教唆者实行具体犯罪决意的意图,而缺乏对被教唆者行为危害结果具有与被教唆者共同的责任心态,那么就不能实现教唆犯教唆正犯"犯具体的罪"之教唆的核心意义。进而,也就不能充分表现教唆者的主观恶性与教唆行为的客观危险,不能充分显示教唆人与被教唆者之共犯成立的主观特征。② **(2)** 教唆故意的成立强调"对被教唆者行为危害结果的知与欲",对未遂教唆与结果越限之教唆犯的认定具有重要意义。案例 45C-2 中甲系对未遂犯的教唆,不能成立教唆犯(本节段 20);案例 45C-3 中乙实行结果越限,甲仅就伤害结果的意图成立教唆犯(第 43 节段 8)。

案例 45C-2:甲明知盗窃现场戒备森严而不可能得逞,但仍教唆乙去实施盗窃罪,结果乙被现场抓获。

案例 45C-3:甲教唆乙对丙实施伤害并要求仅限致伤,而乙在实施伤害过程中却下手过重导致了丙的死亡。

(三) 教唆行为

9. 教唆行为形式:表现为采取各种方法与作为方式触及被教唆人。**(1) 方法多样**:包括言词教唆与动作教唆,明示教唆与暗示教唆,命令、威胁③、利诱、激将、哀求教唆,等等。采取完全外力强制的方式迫使他人决意犯罪的,系间接正犯。**(2) 只能是作为**:教唆的实质并不是没有履行特定的法律义务,而是实施了刑法所禁止的行为;并且,教唆也只能以积极的行为实施,消极行为无从教唆。**(3) 应当触及被教唆人**:教唆是教唆者与被教唆人之间的一种互动,只有教唆行为到达被教唆人才能对被教唆人产生影响,否则无从成立教唆犯。

10. 教唆行为内容:表现为实施促使他人产生具体犯意的一系列活动。教唆行为不同于实行行为。实行行为系基本犯罪构成的行为要素(第 18 节段 8),而教唆行为属于修正犯罪构成的行为要素,由刑法总则规定。教唆者教唆后又参与了实行行为,则按照吸收原则成立共同正犯。同时,教唆行为的造意特征,也使其有别于帮助行为。教唆行为也不同于传授犯罪方法行为。④

(四) 教唆效果

11. 教唆效果程度:应为教唆致使他人产生犯罪决意。具体地说,只要教唆者引

---

① 具有共同故意,则系故意犯的共犯;具有共同过失,则系非纯粹过失犯的共犯。我国《刑法》第 25 条第 2 款并未否定非纯粹过失犯的共犯(第 44 节段 12)。
② 详见张小虎:《犯罪论的比较与建构》,北京大学出版社 2006 年版,第 614—615 页。
③ 并非完全的外力强制。
④ 详见张小虎:《犯罪论的比较与建构》,北京大学出版社 2006 年版,第 619 页。

起被教唆人产生犯罪决意,而被教唆人的犯罪决意是由教唆者的教唆行为所产生的,即可成立教唆犯。反之,教唆者实施了教唆行为,但是并没有促使被教唆人产生犯罪决意,不成立教唆犯;被教唆人产生了犯罪决意,但是并不是教唆者教唆行为的作用使然,也不成立教唆犯。

12. **教唆效果表现**:被教唆人是否产生犯罪决意以及进而又有何种行为的各种情形。具体地说:**(1) 否定教唆犯成立**:被教唆人拒绝接受教唆,犯罪决意尚未形成;被教唆人错误领会意图,实施其他犯罪。在此,缺乏共同犯罪。**(2) 独立教唆犯·预备犯**:被教唆人接受教唆并产生犯罪决意,但并未达至预备行为,或者仅有预备行为而未达至犯罪着手。① **(3) 教唆犯·未遂犯**:被教唆人产生犯罪决意,并且着手实行犯罪但未达至犯罪完成,包括正犯未遂,或者正犯着手实行后中止。**(4) 教唆犯·中止犯**:被教唆人产生犯罪决意,但教唆者在被教唆人完成犯罪前脱离教唆犯关系,包括独立教唆犯中止及教唆犯中止(第48节段6)。**(5) 教唆犯·既遂犯**:被教唆人产生犯罪决意,并且实行犯罪达至犯罪完成。教唆者不存在脱离教唆犯关系,正犯既遂,则教唆犯也既遂。**(6) 教唆犯·正犯实行过限**:被教唆人产生犯罪决意,并且达至被教唆之罪的犯罪完成,却又超出了被教唆的范围实施了其他犯罪。

13. **承担的法律后果**:上述的教唆效果表现,情形(1)中,教唆者承担单独犯罪预备的法律后果,意图领会错误的被教唆人对自己所犯之罪承担单独犯罪的法律后果;情形(6)中,被教唆人对**实行过限**②的犯罪承担单独犯罪的法律后果;情形(2)、(3)、(4)、(5)、(6)中,教唆者对自己教唆的犯罪承担教唆犯的法律后果。

三、教唆犯的类型及所涉特别情形

(一) 独立教唆犯

14. 我国学者有共犯教唆犯(第29条第1款)与独立教唆犯(第29条第2款)的称谓,认为独立教唆犯是非共同犯罪的教唆犯,共犯教唆犯是共同犯罪中的教唆犯。国外刑法理论通常也在正犯缺席的意义上界说独立教唆犯,而教唆行为说与犯罪决意说对之又有不同的具体解释。③

15. 立于"原则的共犯从属性说"的立场,教唆犯相对从属于正犯(教唆犯存在独立性的例外)(第43节段25),但独立教唆犯的成立须正犯接受教唆(本节段2、12),这是共同犯罪成立的一个前提,教唆犯是共同犯罪中的一种犯罪人的类型,没有共同犯罪则无所谓教唆犯(包括独立教唆犯与共犯教唆犯)。因此,应当舍弃"共犯教唆犯"的概念,与独立教唆犯相对的术语应是普通教唆犯,无论是独立教唆犯还是普通教唆犯均是共犯教唆犯(教唆犯)。具体地说:**(1) 独立教唆犯**:被教唆人虽接受教唆但尚未着手实行,此时虽然正犯缺席,但是教唆行为已经引起了被教唆人的犯罪意图,共同犯罪的合意形成,教唆犯的造意特征具备,教唆犯可以成立,适用教唆犯的处

---

① 教唆者与被教唆人形成共同犯罪的合意,这一行为本身就是共同犯罪的预备。
② **实行过限**,是指被教唆人不仅实施了被教唆的罪,而且超出这一范围实施了其他犯罪。
③ 详见张小虎:《犯罪论的比较与建构》,北京大学出版社2006年版,第620页。

罚原则。**(2) 单独预备犯**：被教唆人拒绝接受教唆，共同犯罪不能成立，在这一场合，教唆行为可以视作单方的犯罪要约，教唆犯不能成立，但教唆行为可以独立构成单独犯罪的预备形态，适用其所教唆的具体犯罪的法定刑。**(3) 独立教唆犯与普通教唆犯**：不能把被教唆人只实施预备行为的情形归入共犯教唆犯。[①] 教唆犯均是共犯教唆犯；教唆犯是狭义共犯之一；与独立教唆犯相对的是普通教唆犯。独立教唆犯是缺乏正犯的教唆犯（被教唆人接受教唆但未至预备行为、接受教唆并有预备行为但未着手实行）；普通教唆犯是存在正犯的教唆犯（被教唆人已经着手实行犯罪而不能只是实施了预备行为）。因此，我国《刑法》第 29 条第 2 款的"被教唆的人没有犯被教唆的罪"，是指被教唆人接受了教唆，但未达至被教唆之罪的着手实行。

（二）共同教唆

16. 共同教唆，是指两个以上的行为人，基于教唆的意思联络，共同引起他人产生具体犯罪决意或者达至具体犯罪实行的情况。具体表现为**两种**：**(1) 共同实行教唆**：各教唆者均分担了教唆行为，在此场合各教唆者成立共同教唆犯，承担教唆犯的法律后果。共同教唆犯包括相继教唆犯的情形。所谓**相继教唆犯**，是指两个以上的行为人，基于教唆的意思联络，先后各别对被教唆人进行数次教唆。**(2) 共谋共同教唆**：两个以上的行为人共同策划教唆，但是只有其中部分共谋者直接分担了教唆行为。是否存在共谋共同教唆犯则不无疑问。所谓**共谋共同教唆犯**，是指两人以上共同策划教唆，尽管只有其中部分共谋者直接分担了教唆行为，但是没有直接分担教唆行为的共谋者也被视为教唆犯，承担教唆犯的法律后果。共谋共同教唆犯的概念值得进一步推敲。[②]

（三）教唆预备罪与阴谋罪

17. 教唆预备罪与阴谋罪是指引起他人产生犯罪决意实施预备犯罪或阴谋犯罪的情况。对于教唆预备罪与阴谋罪是否成立教唆犯，也存在着对立的见解。[③]

18. 对此，基于我国《刑法》对预备罪、阴谋罪以及教唆犯（第 29 条）的规定，应当肯定教唆预备罪与阴谋罪之教唆犯的成立：**(1)** 在仅系总则处罚预备犯的场合，被教唆人接受了教唆并实施了预备行为，教唆者可以成立独立教唆犯（本节段 12）；**(2)** 在分则将预备行为提升为实行行为的场合，被教唆人接受了教唆并实施了这种实行行为，教唆者当然可以成立教唆犯。

（四）未遂教唆

19. 未遂教唆，又称对未遂犯的教唆，是指教唆者在明确被教唆人的实行行为只能以未遂告终的情况下，而进行的教唆。未遂教唆的形态之一是陷害教唆。**陷害教唆**，又称陷阱教唆，是指出于使他人作为犯人受到刑罚处罚的意图，教唆他人实施只能以未遂告终的犯罪的教唆。对于未遂的教唆是否成立教唆犯，刑法理论也存在对

---

① 详见张小虎：《犯罪论的比较与建构》，北京大学出版社 2006 年版，第 620 页。
② 详见同上书，第 617 页。
③ 详见同上书，第 619 页。

立的见解。①

20. 对此本书的立场是,未遂教唆、陷害教唆的教唆者的教唆故意存疑,从而不宜作为教唆犯处置。至于基于单独犯罪的视角考察,未遂教唆者与接受教唆并着手实行的被教唆人是否具有可罚性,则可作进一步的分析。②

(五) 教唆的其他特别情形

21. 教唆故意所涉特别情形,还有过失教唆、片面教唆、教唆过失犯、间接教唆等议题。③ 对此,本书主张,过失教唆、片面教唆不能成立教唆犯,教唆过失犯可以成立间接正犯(第45节F段13,案例45F-2),间接教唆具有可罚性,而再间接教唆以及连锁性教唆的可罚性应予斟酌。

22. 教唆行为所涉特别情形,还有教唆不作为犯等议题。对此,本书主张,教唆不作为犯依然可以成立教唆犯。④

四、教唆犯的处罚

23. 对于教唆犯的处罚原则,各国刑法的规定不尽相同。⑤

24. 我国《刑法》第29条对教唆犯的处罚作了规定。**(1) 定罪**:按照所教唆的具体犯罪定罪。**(2) 法定刑**:适用与正犯罪行相应的法定刑(普通教唆犯)或所教唆之罪的法定刑(独立教唆犯)。**(3) 量刑**:一般场合对教唆犯按其作用处罚,教唆未成年人的从重,对独立教唆犯的预备犯及教唆犯的未遂犯、中止犯等从宽(本节段12)。

思考题

1. 如何理解我国《刑法》第29条第2款规定的"被教唆的人没有犯被教唆的罪"? 该款规定的理论意义是什么?

2. 实行过限的具体情形有哪些?

第45节 D 被 胁 迫 犯

一、被胁迫犯的概念

1. **被胁迫犯**是指因为被胁迫而参加犯罪的共同犯罪人。所谓**被胁迫**,是指受到一定的精神或物质力量的强制,在一定的意志自由与行动自由下,而被迫参与共同犯罪。行为人完全受到外力的强制而丧失了意志自由与行动自由,从而实施某种行为,

---

① 详见张小虎:《犯罪论的比较与建构》,北京大学出版社2006年版,第615页。
② 详见同上。
③ 关于这些情形及其处置的具体阐释,详见同上书,第616—618页。
④ 详见同上书,第618页。
⑤ 详见同上书,第623页。

不属于这里所指的被胁迫。在完全**被强制**的场合,被强制者缺乏责任,强制行为可以成立间接正犯(第45节F段5)。

二、被胁迫犯的类型

2. **作用分类**:(1)**被胁迫犯主犯**,是指被胁迫参加犯罪,并且在共同犯罪中起主要作用的共同犯罪人。(2)**被胁迫犯从犯**,即胁从犯,是指被胁迫参加犯罪,并且在共同犯罪中起次要作用的共同犯罪人。

3. **分工分类**:(1)**被胁迫犯正犯**,是指被他人胁迫而实施实行行为的共同犯罪人;(2)**被胁迫犯帮助犯**,是指被他人胁迫而实施帮助行为的共同犯罪人;(3)**被胁迫犯教唆犯**,是指被他人胁迫而实施引起他人产生具体犯罪意图的行为的共同犯罪人。

4. **被胁迫犯与胁从犯**:受我国惩办与宽大相结合的刑事政策表述的影响①,我国刑法理论通常将被胁迫犯称作胁从犯,并且将之归于从犯。严格来讲,被胁迫犯与胁从犯不是一个概念。胁从犯具有动因上的"被胁迫"与作用上的"次要"的双重含义;而被胁迫犯仅限动因上的"被胁迫"而在作用上未必就是"次要"。**不过**,我国《刑法》将"被胁迫参加犯罪"规定在前条的"从犯"之后(教唆犯之前),并且规定了比前条"从犯"更宽的处罚原则,由此观之,这里的"被胁迫"可谓是从犯的被胁迫,即胁从犯。**然而**,严格来讲,所谓"被胁迫参加犯罪"只是对参与共同犯罪动因的描述,这实际上是对共同犯罪人主观危害程度予以说明的犯罪情节。因此从立法论的意义上来说,应当将"被胁迫参加犯罪"的情形置于教唆犯的条文之后,并且对其的处罚原则作相应的调整。被胁迫犯未必就是从犯,但被胁迫犯的主观责任显著减弱。

三、被胁迫犯的处罚

5. 我国《刑法》第28条对被胁迫犯的处罚作了规定。(1)**定罪**:按照正犯所实施的具体犯罪定罪。(2)**法定刑**:适用相应罪行的正犯的法定刑。(3)**量刑**:根据其犯罪情节予以从宽处罚(第45节段6)。

被胁迫犯与缺乏期待可能性的关系是什么?

第45节 E 组 织 犯

一、组织犯的概念

1. 组织犯的共犯类型由苏联学者所创立,大陆法系刑法理论通常不作组织犯的

---

① 详见张小虎:《惩办与宽大相结合刑事政策的时代精神》,载《江海学刊》2007年第1期。

划分。我国《刑法》总则第 26 条第 1 款将组织犯置于主犯中。

2. 组织犯,是指组织、策划、指挥犯罪集团进行具体犯罪活动的共同犯罪人。

二、组织犯的成立要件

3. **组织行为**:只有实施组织行为的共犯才是组织犯;组织犯既可以直接参与具体犯罪的实施,也可以仅仅实施组织行为。**组织行为**,是指组织、策划、指挥犯罪集团进行具体犯罪活动。我国《刑法》分则已将组织行为提升为实行行为的,则实施组织行为者不再成立共同犯罪的组织犯,而是按照分则所规定的具体犯罪定罪处刑。①

4. **直接故意**:是指行为人明知自己的组织行为会发生犯罪集团成立以及具体犯罪实施的危害结果,并且希望这种结果发生的主观心理态度。组织犯与犯罪集团密切相连,而犯罪集团就是以多次实施一种或者数种具体犯罪为目的的一种犯罪组织。因而,组织犯的组织行为具有危害目的的指向性、侵害态度的坚决性、侵害过程的稳定性等特征。

三、组织犯的处罚

5. 我国《刑法》第 26 条第 3 款对组织犯的处罚作了规定:(1)**定罪**:按照犯罪集团计划或者所犯的全部具体犯罪定罪。(2)**法定刑**:适用犯罪集团计划或者所犯的全部具体犯罪的法定刑。(3)**量刑**:不仅应当重于单独犯罪,而且也应重于犯罪集团的其他成员。

将组织犯作为一种独立的共犯形态有何价值意义?

第 45 节 F 附论:间接正犯

一、间接正犯的界说

1. 对于间接正犯的界说刑法理论众说纷纭,概括起来主要有以下几个方面:强调间接正犯具有将他人当作工具以实现自己的犯罪的特质;强调间接正犯的利用他人实行之中介以及并不构成共犯关系的特征;对于间接正犯的各种表现形式在间接正犯的界说中予以阐明。

2. 间接正犯界说的关键,应当阐明其不同于直接正犯与共同犯罪的特征。同时,通常间接正犯成立于被利用人不构成犯罪的场合,但是并不排除利用人利用被利用人之符合犯罪构成的行为实施犯罪。

---

① 详见张小虎:《犯罪论的比较与建构》,北京大学出版社 2006 年版,第 604 页。

3. **间接正犯**,是指利用人利用他人作为工具实施自己的犯罪,发起犯罪并操纵与支配着整个犯罪的进程,被利用人虽具体实行但并不构成犯罪或不与利用人构成共同犯罪,由此被利用人的实行行为嫁接于利用人的行为而成为利用人的间接实行,对利用人以单独正犯论处的犯罪形态。间接正犯具有过程的支配性(本节段 27)、犯罪的目的性(本节段 6)、实行的间接性(本节段 24-25)等特征。

二、间接正犯的成立要件

(一) 利用中三者的关系锁链

4. 间接正犯存在利用者、中介行为、被利用者的三节锁链:(1) **利用者**为犯罪行为的发起者与幕后操纵者、犯罪过程的支配者、犯罪后果的承担者、犯罪行为的间接实行者,因而也是犯罪行为的实质承载者。(2) **中介行为**系实行行为的形式表现,其由被利用者实施,是造成犯罪结果的直接原因,而被利用者的实施又是基于利用者的行为,从而中介行为也可谓是沟通利用行为与最终犯罪结果的纽带与桥梁。(3) **被利用者**为犯罪行为的行为媒介、利用者的犯罪工具、被操纵者与被支配者、犯罪行为的直接实行者、实行的形式表现者、幕前之人,其不因行为与结果而犯利用者之罪。

(二) 利用者客观行为的支配性

5. 利用者的行为处于支配地位,被利用者的行为归咎于利用者,具体地说:(1) 利用者与正犯并不成立共同犯罪,利用者的利用行为控制与支配着整个犯罪的进程,是造成犯罪结果的原因行为,可以是**教唆性**①或**强制性**②的行为,但不是帮助性的行为,也不能是整体直接实行的行为③。(2) 被利用者的行为被视为利用者的间接行为,这一行为虽由被利用者实施却承载于利用者,从而成为归咎于利用者的实行行为。(3) 被利用者的行为仅限自然人之行为,并且这一行为可以缺乏心素,但在体素与效素上应当符合分则具体犯罪的实行行为的特征。(4) 本书原则上并不承认自手犯的概念,在某些特定的场合,无身份者可以利用有身份者实行原本只能由特定身份的人实行的具体犯罪。④

(三) 利用者主观心态的支配性

6. 利用者须故意控制与支配他人实施可能导致故意犯或过失犯的危险行为,这意味着:(1) 利用者对他人实施危险行为持故意心态,对他人行为所造成的结果也是故意,他人可以是故意犯(案例 45F-4,本节段 15)也可以是过失犯(案例 43-13,第 43 节段 11)。(2) 尽管不排除存在故意利用过失行为但对被利用者的行为结果持过失

---

① **教唆性行为**不等于**教唆行为**,教唆性行为的教唆者与被教唆者缺乏意思联络,但教唆者对被教唆者具有指使、唆使、支配与控制的作用。例如,第 43 节段 26,案例 43-28。
② **强制性行为**的被强制人缺乏意志自由,进而缺乏责任,强制人与被强制人不能成立共同犯罪,但强制人的强制性行为可以成立间接正犯。例如,"不自由的犯罪工具"(本节段 11)、"利用组织结构的权力行为"(本节段 16)。这里的**被强制**与被胁迫犯的**被胁迫**不同(第 45 节 D 段 1)。
③ 缺乏共同故意而实施部分实行行为的正犯(甲),可以成立另一缺乏责任的正犯(乙)所实施之罪的间接正犯(第 43 节段 27,案例 43-31)。
④ 详见张小虎:《身份犯与共犯罪刑论》,载《中外法学》2005 年第 3 期。

的场合(案例45F-1.B,本节段9),但是对于这一情形,基于**可罚性之必要性递减原则**①,从而利用者不具有可罚性。**(3)** 利用者对他人实施危险行为也不能是过失,即不存在所谓的过失利用的间接正犯,因为在对他人危险行为持过失的心态下无所谓支配、操纵与利用他人实施犯罪。**(4)** 利用者的主观责任统辖着整个犯罪的主观面,这不仅表现在利用者本身具有责任能力、故意、期待可能性等责任要素,而且被利用者即使在缺乏责任能力或者故意与过失的场合,其所表现的实行行为仍可与利用者的责任整合而符合犯罪构成;尤其是被利用者缺乏心素的行为,仍可基于利用者的主观责任而视为实行行为的符合(本节段23),成为利用者的间接实行。

三、间接正犯的情形

(一) 被利用者并不构成犯罪的间接正犯

7. 被利用者的行为因缺乏行为心素、行为对象、违法性或者有责性而不构成犯罪,利用者故意地操纵与支配被利用者的行为实行犯罪,由此利用者成立其故意所犯之罪的间接正犯。

8. **实行行为缺乏心素**:又称"构成要件缺乏的行为工具",是指利用他人缺乏意识与意志支配的行为实行犯罪。对于这一情形,利用人究竟构成直接正犯还是间接正犯,刑法理论存在不同见解。本书认为,间接正犯作为一种准型正犯,可以表现为实行行为的心素的脱离(本节段23),由此,如果被利用人基于利用人的操纵与支配实施了缺乏心素的实行行为,利用人成立间接正犯。

9. **实行行为缺乏对象**:教唆他人自杀是其典型适例。这一情形也表明,对他人行为结果持故意心态的间接正犯是间接正犯的常态,但是也不排除对他人行为结果持过失心态的间接正犯。如案例45F-1中,乙系过失自杀,从而甲、乙不能成立共同犯罪;如果甲对乙的死亡持故意心态(A),则甲构成故意杀人罪的间接正犯;如果甲对乙的死亡持过失心态(B),由于乙不构成犯罪并且甲对乙死亡系过失,所以甲的故意教唆不具有可罚性。这也是可罚性之必要性递减原则的应有之义(本节段6脚注)。

案例45F-1:甲唆使乙从布满裂缝的冰面上穿行过去,乙轻率而对危险视而不见,结果因此丧命。

10. **实行行为缺乏违法**:又称"合法行为的工具",是指被利用人行为虽然符合实行行为的构成要素,但是缺乏违法性。这种情形可能存在于,利用人"通过内容不真实的指控或者虚假的证据,欺骗国家机关",误导其逮捕了有关人员或作出致使有关人员遭受不利处置的判决等②,以及故意制造正当防卫或紧急避险的状况,借以实施

---

① **可罚性之必要性递减原则**,是指根据刑事处罚的基本理念,相对于故意犯而言,对于对结果持过失心态的过失犯的处罚原本就是例外,从而故意帮助非罪行为且对被帮助者的结果也持过失的不具有可罚性(本节段9)。

② 参见〔德〕冈特·施特拉滕韦特、洛塔尔·库伦:《刑法总论Ⅰ——犯罪论》,杨萌译,法律出版社2006年版,第299页。

在这种情况下的合理伤害行为等的场合。①

11. 被利用者缺乏责任：又称"缺乏责任的行为工具"，是指被利用人的行为不仅符合实行行为的构成要素，而且也具有违法性，但是被利用人缺乏有责性。这种情形存在于如下场合：被利用人因年龄或者精神状况而缺乏责任能力；被利用人基于事实错误或不可避免的禁止错误等而缺乏故意与过失；利用人操纵事件而被利用人缺乏期待可能性，诸如"不自由的犯罪工具"②。

（二）被利用者构成犯罪的间接正犯

12. 被利用者构成犯罪的间接正犯，又称"具有责任的行为工具"。被利用者的行为本身构成犯罪（A罪），不过被利用者与利用者缺乏共同犯罪的意思联络，利用者故意地操纵与支配着其意图所犯之罪（B罪），由此利用者成立其意图所犯之罪（B罪）的间接正犯。

13. 利用他人的过失行为：是指利用人利用被利用人的缺乏注意的不法行为实行犯罪。如案例45F-2中，甲构成故意杀人罪的间接正犯，乙构成过失致人死亡罪。有关这一情形的间接正犯，国外存在相关的立法。例如，《韩国刑法典》第34条第1款。

案例45F-2：甲欲杀丙，遂将上膛之枪交乙，并教乙向丙开枪，乙误认为枪中无弹而开枪致丙死亡。

14. 利用他人可以避免的禁止错误的行为：是指在被利用人的禁止错误可以避免的场合，利用人利用被利用人存在禁止错误的行为而实行犯罪（案例45F-3）。对于这一情形的间接正犯，刑法理论存在肯定论、否定论以及区别论的不同见解。

案例45F-3：乙误认为某珍贵名画为赝品，甲明知是珍贵名画而教乙对之予以损毁，从而乙对该画实施了损毁。

15. 利用他人缺乏目的的故意行为：是指被利用人虽也故意实施某种具体犯罪，但是具有自己本身的与利用人并不相同的行为目的，利用人利用被利用人有目的的故意行为而实行犯罪。如案例45F-4中，甲控制支配了乙的实行而成立间接正犯；根据法定符合说，乙虽有对象错误但仍构成故意杀人罪。

案例45F-4：甲欲杀害丁，乙欲杀害丙，甲利用乙杀害丙的行为，暗中施计将丙替换成丁，致使乙误认丁为丙而将其杀害。

16. 利用组织结构的权力行为：是指利用者基于其所拥有的组织权力，对于该组织中的任一可以替换的人员，下达实施某种具有犯罪性的行为的指令，由此该人员成为被利用者而将该行为付诸实施的情形。例如，"纳粹政府通过行政机构作出计划并得以执行的大屠杀"③。也有刑法理论认为，这一情形可以成立共同正犯。

---

① 〔德〕汉斯·海因里希·耶塞克、托马斯·魏根特：《德国刑法教科书》，徐久生译，中国法制出版社2001年版，第807页。
② 同上。
③ 〔德〕冈特·施特拉腾韦特、洛塔尔·库伦：《刑法总论Ⅰ——犯罪论》，杨萌译，法律出版社2006年版，第307页。

四、间接正犯的本质归属

（一）间接正犯特质的概述

17. 对于间接正犯的本质，刑法理论存在工具论、因果关系论、构成要件论、行为支配论等不同见解。其中，**工具论**主张可以将被利用者视作利用者实施犯罪的纯粹工具；**因果关系论**强调利用者行为的原因力地位或为实现自己犯罪意图的决定地位；**构成要件论**试图以构成要件之实行行为的定型来解释间接正犯的本质；**行为支配论**主张凡是处于行为支配地位的即为正犯。在此，问题的关键是要合理地阐明间接正犯的正犯特质。

18. 本书认为，间接正犯既非典型正犯从而有别于直接正犯，也非共犯从而不能归属于教唆犯。不过，基于间接正犯系将被利用者的实行行为嫁接于自身（本节段20），从而间接正犯是一种介于共犯与正犯之间而倾重于正犯的**准型正犯**。

（二）间接正犯的准型正犯特质

19. 具体而论，基于实行行为定格的视角，间接正犯具有基于**实行嫁接的准型正犯**的特质，这一特质在间接正犯的客观面及主观面有着具体表现。

20. **嫁接实行行为的客观面**：被利用者虽然具体实施了实行行为的客观面，但是由于整个犯罪启动与进程均受利用者的操纵与支配，而利用者实施了出于故意犯罪（本节段6）而操纵与支配他人实行的行为，由此可以将被利用者之实行行为看作是嫁接于利用者之利用行为之上的成分，由此被利用者之实行与利用者之行为构成一个整体，而前者是后者的一部分。与此不同，动物举动与人的行为有着原则区别，从而不能将动物举动嫁接于人的行为。对于动物的利用类似于对物质工具的利用。

21. **承载实行行为的主观面**：这里的主观面包括实行行为的心素及其责任形式。**(1) 立于心素的视角**，在被利用人完全无知或被强制而缺乏意识与意志支配的场合，其实行行为虽缺乏心素，但基于被利用人的行为嫁接于利用人的行为，从而其行为的心素也承载于利用人。**(2) 立于责任形式的视角**，被利用人可能具有他罪（A）的过失或故意，却无利用者所实施之罪（B）的责任形式，然而间接正犯所评价的正是 B 罪的实行行为与责任，而 B 罪的责任也仅存于利用人。

22. **实行行为客观须有呈现**：间接正犯作为正犯的准型形态，应有正犯的本质特征；而实施实行行为者谓之正犯，当然直接实行者谓为直接正犯；操纵他人实行者则谓为间接正犯。这意味着，就间接正犯而论，被利用者须有实行行为，如果被利用者仅实施了针对实行行为的辅助性的加功行为，则利用者不能谓为间接正犯。不过，被利用者的实行行为至少应有体素与效素的具备，也就是说，被利用者的实行行为可以只是其客观要素的呈现。

23. **实行行为心素可以脱离**：被利用人因缺乏违法性或有责性而不能入罪，但是这并不排除此时其实施了实行行为。问题是，在被利用人完全无知或被强制而缺乏意识与意志支配的场合，其虽有实行行为的客观要素，但由于缺乏实行行为的心素，其行为能否成立实行行为则成为问题。对此，刑法理论存在肯定论与否定论的不同见解。本书认为:(1)在此场合如果将利用人归为直接正犯,则不仅使直接正犯的本义出现了偏差,而且也模糊了直接正犯与间接正犯的界分。(2)将被利用人缺乏心素的实行归于利用人(间接正犯)的行为,其合理性在于:肯定了利用人并未实施实行行为的实际从而不能成为直接正犯;肯定了利用自然人之实行与利用动物之举动的差异(本节段24);坚持了被利用人之实行嫁接于利用者之利用行为的间接正犯之实行性的解释;被利用人与利用人缺乏合意(本节段3),被利用人的行为可以嫁接于利用人的行为(本节段20),而被利用人缺乏心素的实行行为也可嫁接于利用人的行为。

(三)间接正犯与相关犯罪形态

24. 间接正犯不同于直接正犯:在间接正犯的场合,利用者的确没有实施实行行为,因此从犯罪构成之实行行为的基准上来看,其不同于典型意义上的正犯。值得考究的是,工具说以利用物质或动物工具犯罪来类比间接正犯的利用他人犯罪。然而,利用物质或动物工具与利用他人是不同的。在利用动物工具的场合(案例45F-5),可以将被利用动物的举动视作利用者行为的延伸。由于动物并非刑法之行为主体的评价对象,从而动物举动若由行为人操纵则应完全归于行为人。与此不同,刑法在行为主体方面是针对人的评价,从而利用者在利用他人作为工具实施自己的犯罪的场合,的确存在被利用者在犯罪评价中的地位问题。

案例45F-5:甲训练猴子钻窗入室行窃。

25. 间接正犯不能归于教唆犯:间接正犯与教唆犯均系操纵、支配与利用他人去实施犯罪,然而间接正犯有别于教唆犯。对此,有的学者从规范障碍的角度予以阐释。所谓规范障碍,是指行为人在行为时对于事实特征与违法性存在认识,从而也就能够形成不法行为的反对动机的可能性。如果被利用人缺乏规范障碍,则利用者对于他人的利用是间接正犯;如果被利用人具有规范障碍,则利用者对于他人的利用是教唆犯。规范障碍在一定程度上可以说明教唆犯与间接正犯的差异,不过在利用有故意的犯罪工具的场合,被利用者并不缺乏规范障碍,然而这种利用的情形也常被归于间接正犯。在正犯与共犯的理论上,立于行为支配论(第46节段4)与相对完全犯罪共同说(第44节段8)的立场,共犯有别于正犯,共同犯罪仅在同一具体犯罪的框架内成立。间接正犯之所以不能成为教唆犯,关键在于利用者与被利用者在主观上不能形成实施同一具体犯罪的合意。

五、间接正犯的处罚归属

26. 这一议题涉及两个焦点:从其危害性的价值立场来看,对间接正犯是否有必要予以处罚?从其犯罪构成的形式架构来看,对间接正犯的处罚如何进行?

27. 处罚间接正犯的必要性:间接正犯故意操纵与支配他人实施危险行为,对于行为的结果具有故意,造成了具体法益侵害的实际损害或现实危险,由此其不仅具有可予刑法评价的行为特征,而且不失行为的违法性与有责性,进而具有应予否定价值评价的危害性。再从危害程度来看,虽然这种利用他人为自己实行犯罪与自己亲自实行在形式表现上有所不同,但是从实质的层面来看,这种出于故意造成危害结果而故意操纵与支配他人的主观危害,并不显著轻于亲自实行犯罪之主观危害;对于他人具体犯罪的实行予以操纵与支配的行为所包摄的客观危害,也不显著亚于亲自实行犯罪之客观危害。这就如同教唆犯的危害未必就小于实行犯的危害一样①。也正因为此,无论是限制正犯论还是扩张正犯论,均不否认对于间接正犯所现情形的处罚,只是前者予其为间接正犯,而后者则将之视作直接正犯。

28. **间接正犯的形式构成归属**:处罚间接正犯的关键问题是,对于这种虽然操纵与支配他人实行具体犯罪的情形,在他人并不构成犯罪或者无法构成共犯的场合,如何在犯罪构成的理论框架下予其以犯罪形态的定位,从而合理地解释其所应受处罚的刑法技术根据。对此,本书认为,间接正犯并不具有正犯的典型形态,不过其可谓是一种准型正犯。这就是说,基于一定条件的前提,间接正犯嫁接着他人的实行行为(本节段20),从而间接正犯也有别于直接正犯与教唆犯(本节段24-25)。

29. **间接正犯的处罚**:不少国家的刑法典对间接正犯的处罚作了明确规定。具体包括依照教唆犯或者帮助犯处罚、或者依照正犯处罚、或者加重处罚等。我国《刑法》对于间接正犯未予明确规定。间接正犯系一种准型正犯,对于间接正犯依照正犯处罚。

教唆犯与间接正犯的关系是什么?

第 46 节　正犯与共犯的理论学说

一、正犯概念

1. 第 45 节及其分节(A—F)以我国《刑法》的规定为基准,对各共同犯罪人的概念等作了具体的讨论。那么界说正犯与共犯的学理根据到底是什么?正犯与共犯的类型究竟应当如何去划分?对此刑法理论存在"限制正犯论"与"扩张正犯论"的对立以及"行为支配论"的折中。

2. **限制正犯论**,又称限制正犯概念,主张只有亲自、直接实施实行行为的才是正犯,教唆犯与帮助犯的行为并非实行行为也就不能归属于正犯。限制正犯论也称为**刑罚扩张事由**,持**共犯从属性论**的立场,系**客观主义共犯论**。②

3. **扩张正犯论**,又称扩张正犯概念,主张凡是对于分则构成要件的实现予以原因力的均为正犯,教唆犯与帮助犯也为正犯。扩张正犯论也称为**刑罚限制事由**,持共

---

① 当然,在犯罪构成的技术层面,间接正犯不同于教唆犯,也正是由于不能将间接正犯的情形归于教唆犯,才有了间接正犯的本质的理论问题。

② 详见张小虎:《犯罪论的比较与建构》,北京大学出版社 2006 年版,第 586 页。

犯独立性论的立场,系主观主义共犯论。①

4. **行为支配论**,系限制正犯论与扩张正犯论的综合,由德国学者洛伯、罗克辛等所主张,兼有客观主义与主观主义的理念,居于主导地位。该论**主张**,亲自、直接实现分则构成要件的(A)总是可能成立正犯;但虽没有 A 如能产生行为支配意志并行为支配作用的(B)也可成立正犯;正犯是实现分则构成要件过程中的核心人物,居于行为控制与支配的地位。这种行为控制在"控制犯罪""义务犯罪""亲手犯罪"②中有着不同的呈现。在**间接正犯**的场合,利用者具有将行为视为自己的从而操纵着犯罪进程(行为支配意志),并且其行为具有直接实行的等价行为支配作用,从而被视为正犯。间接正犯不同于教唆犯。教唆犯只是唆使他人产生犯罪决意,但是否实行仍由被教唆人自我决定;而间接正犯呈现意志控制地位,包括凭借强制的意志控制、凭借认识错误的意志控制、凭借组织机关的意志控制。在**共同正犯**的场合,实行分担者如果具有共同犯罪的决意主体的角色(行为支配意志),并且其行为也具有完成实行的功能行为支配作用,从而可被视为正犯。共同正犯也不同于帮助犯。帮助犯只是辅助他人实现构成要件,尽管有时其也参与了犯罪计划;而共同正犯呈现功能控制地位,由此其成立必须:存在共同行为计划;存在共同实施行为;对于实施作出实质贡献。

5. 在我国,扩张正犯论常被冠以"一元参与体系"或"单一正犯体系",不过"统一正犯概念已为德国通说所拒绝"③。对于统一正犯概念,本书不予采纳。**理由**是:**(1)就定性而论**,统一正犯概念一定程度上取消了具体犯罪实行行为的标志意义,也使具体定性中各个共同犯罪人在犯罪中的以行为特征为标志的角色地位变得模糊。缺乏了行为特征的标志,所谓各个犯罪参与人的作用大小的区分又以何为据?这种依据又如何与整个犯罪论原理吻合?**(2)从概念逻辑来看**,所谓"统一正犯"实际上是取消了"正犯"的概念。当教唆与帮助等行为均可谓为正犯的时候,正犯的独特意义也就不存在了,进而遑论"正犯"。所谓"统一正犯"实为"共同犯罪行为"。概念是相对存在的,没有教唆犯、帮助犯之共犯,又何谈实行犯之正犯?**(3)就价值评价考究**,法律评价上正犯与共犯的类型性(法律典型特征)界分,既不是刑法立法的执意造作,也不是刑法理论的无缘臆想,而是现实犯罪关系结构的真实写照。法律的原理原则源于现实社会生活的常理,缺乏合理社会价值观念支持的法律技术难以获得人们的共鸣。**(4)以理论全局观察**,统一正犯概念虽为在共同犯罪中张扬行为人的人身危险性留下了空间,但人身危险性的犯罪构成地位与技术呈现,在犯罪论的知识体系

---

① 详见张小虎:《犯罪论的比较与建构》,北京大学出版社 2006 年版,第 587 页。

② **控制犯罪**,正犯呈现为外在的举止行为方式,是独立或与他人共同控制行为的人;**义务犯罪**,正犯呈现为对特定义务的违反,是违反特定义务而侵害了该结果的人;**亲手犯罪**,正犯以亲手实现构成要件为限,只有亲手实现行为构成的人才是正犯。参见〔德〕克劳斯·罗克辛:《德国刑法学总论(第 2 卷)》,王世洲等译,法律出版社 2013 年版,第 11 页。

③ "统一正犯概念,将所有对构成要件的实现起到原因作用的共犯均视为正犯,而不考虑其共同影响的意义如何。"〔德〕汉斯·海因里希·耶塞克、托马斯·魏根特:《德国刑法教科书》,徐久生译,中国法制出版社 2001 年版,第 777—778 页。

中并未占据主导地位。况且共同犯罪只是一种特殊的犯罪形态,无需为循"统一正犯"这一局部新标而影响整个犯罪论知识逻辑的优雅。**(5) 就处罚而言**,统一正犯概念搅浑了行为典型差异与处罚轻重不同的应有对应关系,模糊了不同行为对于结果之原因力的区别及其对于处罚轻重差异的意义。一定的法定刑有其相应的罪状根据,量刑轻重取决于相应的量刑情节,而无论是分则的罪状,还是刑法的量刑情节,行为的事实特征或具体表现是其一项核心内容。**(6) 从立法实际来看**,我国《刑法》虽至为强调分别主从的不同作用予以不同的处罚,但在主从的界分上也特别关注行为的差异,而有组织犯(第 26 条)、教唆犯(第 29 条)与帮助犯(第 27 条)的明确界分。《奥地利刑法典》虽言"行为之参与人皆为正犯"(第 12 条),但该法典在未遂与中止的处置中仍区分了"唆使""直接着手""实行行为""加功"等行为特征(第 15、16 条)。

6. 总之,扩张正犯论取消了正犯与共犯的区别,忽视了构成要件的类型意义,扩大了对于共犯的刑罚处罚,并不可取;限制正犯论明确了正犯与共犯的界限,坚持了构成要件的类型意义,具有相对的合理性。① 不过,间接正犯与共同正犯的正犯性质仍需解决,从这个意义上说,行为支配论既坚持客观构成要件的类型意义,又注重正犯在共同犯罪中的主观决意地位与行为支配作用,具有较大的合理性。由此本书主张,**正犯**是指行为人自己亲自或者利用他人的行为,实施具体犯罪实行行为的犯罪人。**共犯**是指行为人教唆或者帮助他人,实施具体犯罪实行行为的犯罪人。对于共同犯罪中行为人的不同地位角色及其相应的罪刑处置,应以正犯与共犯之行为互为界分的知识体系展开。

二、正犯类型

7. 按照实施实行行为人员多寡为标准,可以将正犯分为**单独正犯**与**共同正犯**(第 45 节 A 段 3)。

8. 按照行为人是否亲自实施实行行为为标准,可以将正犯分为:**(1) 直接正犯**,是指行为人自己亲自实施具体犯罪实行行为的犯罪人。这里的"亲自实施",包括行为人利用非人类生命的物质工具或自然力等。**(2) 间接正犯**,是指行为人利用他人的行为实施具体犯罪实行行为的犯罪人。

9. **自手犯**是与直接正犯密切相关的一个概念。刑法理论通常认为,自手犯是指根据刑法分则的规定,犯罪实行行为只能由行为人自己亲自实施而不能利用他人行为完成的具体犯罪,包括身份犯、目的犯、纯正不作为犯、举动犯、形式犯等。对于是否存在自手犯的概念,刑法理论存在不同见解。本书原则上并不承认自手犯的概念,刑法上的确存在某些实行行为的要素只能由特定身份的人等亲自实施的一些具体犯罪,但是这并不意味着他人就不能利用这些特定身份的人实行此类具体犯罪,如案例 43-31(第 43 节段 27,间接正犯)及案例 46-1(共同正犯)。②

---

① 详见张小虎:《犯罪论的比较与建构》,北京大学出版社 2006 年版,第 588 页。
② 关于自手犯概念的理论争议以及本书对其考究的具体阐释,详见同上书,第 589、656 页。

案例 46-1：甲为国家工作人员，乙为普通公民，甲与乙共同受贿，乙收受钱财，甲利用职务之便为他人谋利益。

限制正犯论与扩张正犯论各自的价值基奠及社会文化背景是什么？

第 47 节 共犯与身份

一、身份犯与共犯的定罪

1. 身份犯的基本分类是纯正身份犯与不纯正身份犯（第 20 节段 15—16）。身份犯与共犯定罪的关键问题是：有身份者与无身份者共同犯纯正身份犯，有身份者与无身份者各应如何定性？不同身份者共同犯不同的纯正身份犯（案例 47-1），各应如何定性？

案例 47-1：某公司中的甲为国家工作人员，乙为非国家工作人员，甲与乙勾结分别利用各自的职务便利，共同将本单位的财物非法占为己有。

（一）无身份者加功于有身份者实施纯正身份犯的定罪

2. 对此，**共犯独立性**主张身份的个别作用，由此无身份者无从成为有身份者的共犯。与此相对，**共犯从属性**主张身份的连带作用，由此无身份者可以成为身份犯的共犯。①

3. 基于共犯从属性系原则而共犯独立性为例外（第 43 节段 25），应当肯定身份的连带作用，由此无身份者加功于有身份者实施纯正身份犯，无身份者从属于有身份者而成立纯正身份犯的共犯（包括教唆犯、帮助犯、共同正犯）。②

（二）有身份者加功于无身份者实施纯正身份犯的定罪

4. 如案例 47-2，对该案中甲的定性刑法理论存在间接正犯说、共同正犯说、教唆犯说的不同见解。其中，间接正犯说为通说。③

案例 47-2：国家工作人员甲教唆无身份的妻子乙收受丙的财物，而甲则利用职务上的便利为丙谋取利益。

5. 基于身份连带作用的立场，对有身份者加功于（教唆、帮助或共同实行）无身份者实施纯正身份犯，应当分别两种情形处理：

6. **分担实行行为**：有身份者与无身份者构成纯正身份犯的共同正犯，如案例 47-2 中的甲与乙构成受贿罪的共同正犯，案例 47-3 中的甲与乙构成贪污罪的共同正犯。

---

① 详见张小虎：《犯罪论的比较与建构》，北京大学出版社 2006 年版，第 638 页。
② 详见同上书，第 639 页。
③ 详见同上书，第 640—641 页。

案例 47-3: 国有金融机构工作人员甲指使普通公民乙,趁甲押运钱款在预定的时间与地点,以假抢劫的方式劫取由甲所控制的国有金融机构的现金,甲表面佯装遭到抢劫而实则予以配合,从而甲与乙共获钱款。

7. **单纯教唆或帮助**:对此又存在三种情形:(1) 无身份者根本无法实行(案例 47-4),此时正犯缺席。基于帮助犯绝对从属于正犯(第 43 节段 26),从而不存在所谓有身份者帮助根本无法实行的无身份者实行纯正身份犯。由于教唆的成立教唆者主观上必须有"对被教唆者行为危害结果的知与欲"(第 45 节 C 段 4),而类似案例 47-4 情形中的甲系对未遂犯的教唆,从而缺乏教唆成立的主观要素,因此甲也不能成立教唆犯。(2) 无身份者虽无法单独完成实行行为但可实施实行行为的部分要素(案例 47-5),由于无身份者(乙)已有部分实行,从而此时正犯已经存在,基于身份连带作用,该案中的甲成立受贿罪的教唆犯,乙系受贿罪的正犯(未遂)。案例 47-6 中的甲构成受贿罪的帮助犯(第 45 节 C 段 4;2003 年最高人民法院《全国法院审理经济犯罪案件工作座谈会纪要》第 5 条),乙系受贿罪的正犯(未遂)。(3) 无身份者可以单独完成实行行为(案例 47-7),对这一情形的处理与上述的无身份者部分实行的类似。案例 47-7 中的乙虽因无身份不能单独构成招收学生徇私舞弊罪(招收学生徇私舞弊罪主体问题),但其可以单独完成该罪的实行行为,基于身份连带作用,甲成立招收学生徇私舞弊罪的教唆犯,乙是该罪的正犯(既遂)。

案例 47-4: 国家工作人员甲教唆并无机会经手公款的非国家工作人员乙,挪用公款归个人使用。

案例 47-5: 国家工作人员甲教唆无身份的妻子乙收受丙的财物,但是甲并未利用职务上的便利为丙谋取利益。

案例 47-6: 乙无身份,其丈夫甲系国家工作人员,乙已有利用甲的地位与影响收受丙的财物的意图,但是这种意图并不坚定,甲增强其妻乙的这种意图,致使其妻乙收受丙的财物,但未利用职务上的便利为丙谋取利益。

案例 47-7: 在招生工作中,国家机关工作人员甲教唆学校的教师乙,利用临时担任招收学生职务之便,伪造考试成绩,招收不合格的学生,情节严重。

二、身份犯与共犯的处刑

8. 处刑首先是确定应当适用的具体法定刑,身份犯与共犯的定罪为此提供了依据;处刑也涉及法定刑框架内刑罚轻重的选择,而身份是影响量刑的重要因素之一。

9. 基于原则的共犯从属性及身份连带作用的立场,在身份犯与共犯的量刑上,对于实施纯正身份犯的无身份者"有条件减轻处罚",对于实施不纯正身份犯的无身份者"判处通常之刑"。①

三、我国《刑法》的共犯与身份

10. 我国《刑法》总则对于共犯与身份的问题,并未作普遍性的规定,不过从分则

---

① 详见张小虎:《犯罪论的比较与建构》,北京大学出版社 2006 年版,第 647 页。

的有关规定以及司法解释来看:在有身份者与无身份者犯纯正身份犯的定罪问题上,经历了"强调主犯的犯罪性质"到"强调身份的连带作用"的过程①;而在对不同的有身份者构成不同的纯正身份犯这一情形的共同犯罪定罪问题上,采纳了主犯犯罪性质的标准②。在量刑问题上,主要表现为"适用相同刑罚或身份者从重"③。

11. 应当看到,在对不同有身份者构成不同纯正身份犯这一情形的共同犯罪定罪问题上,采纳主犯犯罪性质的标准,仍然存在诸多问题。对于这种情形应当按照想像竞合犯从一重罪处断,因为不同有身份者在主观意图及客观行为上具有较大的同一性与整合性,从而可以成为共同犯罪上的一个事实行为,只是由于特殊身份的不同而触犯不同的罪名。④

思考题

1. 有身份者与无身份者共同实施纯正身份犯,理论上各应如何定罪?
2. 我国《刑法》与司法对共犯与身份问题是如何处理的?

第48节　共犯与未遂、中止及脱离共犯关系

一、共犯与未遂

1. 共同犯罪与各共犯以及各共犯之间在犯罪停止形态的关联性上有怎样的具体表现?基于各共犯依存于共同犯罪的框架以及共同犯罪的整体性,因此共同犯罪的停止形态对各共犯的停止形态具有总体上的制约作用,即共同犯罪既遂则各共犯也都既遂,共同犯罪未遂则共犯可以是未遂或中止。共同犯罪构成既遂,说明共同所犯之罪的法益侵害及其他构成要素均已成立,共同犯罪作为一种整体其已完成,各共同犯罪人就应承担既遂的责任,只有在共同犯罪尚未完成的场合(共同所犯之罪的法益侵害等尚未完全实现),才有考虑共同犯罪内部的各共犯对该犯罪未完成的不同贡献问题。

2. **共同正犯未遂**:是指共同正犯(第45节A段3)已经着手实行,由于其意志以外的原因未能完成犯罪的共犯停止形态。某个共同正犯未遂,其他共同正犯可以是未遂或中止。共同正犯未遂具有如下**特征:(1) 共同着手实行**:共同正犯之一的着手即意味着共同犯罪的着手。应当注意,只有实施分担实行行为的共同犯罪人才能成为共同正犯,也只有是共同正犯才有其未遂的问题。**(2) 未能完成犯罪**:成立未遂的

---

① 参见我国《刑法》第382条第3款;2000年最高人民法院《关于审理贪污、职务侵占案件如何认定共同犯罪几个问题的解释》第1—2条。
② 参见2000年最高人民法院《关于审理贪污、职务侵占案件如何认定共同犯罪几个问题的解释》第3条。
③ 详见张小虎:《犯罪论的比较与建构》,北京大学出版社2006年版,第649—652页。
④ 详见同上书,第649、651页;张小虎:《身份犯与共犯罪刑论》,载《中外法学》2005年第3期。

某共同正犯(甲)未能完成犯罪。问题是如果其他共同正犯(乙)完成犯罪则甲是否还能成立共同正犯未遂(案例 48-1)？对此,由于乙对脱逃罪的完成,该罪的共同犯罪也已完成,从而甲也成立既遂(本节段 1)。**(3) 背意而未完成**:共同犯罪未能完成是由于其(甲)意志以外的原因,包括回心转意的其他正犯(乙)制止犯罪的因素。①

案例 48-1:甲与乙共同从狱中脱逃,乙成功逃离而甲因摔伤了腿未能得逞。

3. **教唆犯未遂**:是指教唆者故意引起被教唆人产生具体犯罪决意并着手实行,但是由于教唆者意志以外的原因共同犯罪未能完成的共犯停止形态。教唆犯未遂时正犯可以是未遂或实行中止。②

4. **帮助犯未遂**:是指帮助者为被帮助人实施犯罪创造条件,被帮助人着手实行,由于帮助者意志以外的原因共同犯罪未能完成的共犯停止形态。帮助犯未遂时正犯可以是未遂或实行中止。

二、共犯与中止

5. **共同正犯中止**:是指共同正犯(第 45 节 A 段 3)已经着手实行,基于其自己意志的原因放弃犯罪并阻止其他共同正犯的实行或避免特定构成结果的发生,共同犯罪未能完成的共犯停止形态。某个共同正犯中止,其他共同正犯可以是中止或未遂。共同正犯中止具有如下**特征**:**(1) 共同着手实行**:共同正犯已经着手实施自己所分担的实行行为。**(2) 未能完成犯罪**:共同犯罪在着手后未能完成。由于行为人的正犯行为已对共同犯罪的完成起到了推进作用,因此其要成立共同正犯中止,除自己放弃犯罪之外还需采取积极行动阻止其他正犯的实行或避免结果的发生,以消除自己先前对共同犯罪的行为贡献。**(3) 中止行为出于己意**:成立中止的共同正犯,其所实施的中止行为出于自己的意志的原因,而共同犯罪未能完成也完全符合其意愿。③

6. **教唆犯中止**:是指教唆者故意引起被教唆人产生具体犯罪决意,在被教唆人的犯罪过程中,教唆者基于自己意志的原因,有效地消除自己先前教唆的作用及影响(消除被教唆人的具体犯罪决意,阻止被教唆人实施犯罪及避免特定构成结果发生),共同犯罪未能完成的共犯停止形态。教唆犯中止时正犯可以是中止(教唆犯自动有效地消除被教唆人的具体犯罪决意,而这也完全符合被教唆人自己的意志)或未遂(被教唆人由于教唆者的外力强制等客观原因而致犯罪未能完成)。由于独立教唆犯的存在,因此教唆犯中止也可以成立于被教唆人行为的预备阶段。④

7. **帮助犯中止**:是指帮助者为被帮助人实施犯罪创造条件,被帮助人着手实行,帮助者基于自己意志的原因,有效地消除自己先前帮助的作用及影响(撤回先前的帮助,阻止被帮助人实施犯罪及避免特定构成结果发生),共同犯罪未能完成的共犯停止形态。帮助犯中止时正犯可以是未遂(未完成犯罪因为正犯意志以外的因素)或中

---

① 详见张小虎:《犯罪论的比较与建构》,北京大学出版社 2006 年版,第 654 页。
② 详见同上书,第 658 页。
③ 详见同上书,第 654 页。
④ 详见同上书,第 661 页。

止(未完成犯罪因为正犯自己意志的原因)。①

三、脱离共犯关系

8. **脱离共犯关系**,是指共同犯罪人中的一部分,基于自己的意志断绝与共同犯罪的关系,而共同犯罪的其他人继续将共同犯罪完成的情形。脱离共犯关系具有如下**特征**:(1)**脱离主体**:共同犯罪人中的一部分共同犯罪人。(2)**脱离心态**:基于脱离者自己的意志。(3)**脱离时间**:可以是在共同犯罪各个阶段的脱离。(4)**脱离本质**:脱离者向其他共同犯罪人表明自己的脱离态度,并进一步采取行动消除此前自己对共同犯罪的影响(本节段9)。(5)**犯罪结局**:脱离者脱离后其他共同犯罪人继续将共同犯罪完成。(6)**脱离处罚**:脱离者仅对脱离前的行为承担责任,对于脱离后其他共同犯罪人的行为与结果不承担责任。

9. **消除共犯影响**,即脱离共犯关系的共同犯罪人成功地消除了自己先前的行为对共同犯罪的促进作用,这是成立脱离共犯关系的关键性要素,也是对脱离共犯关系之处罚根据的阐明,而对其具体内容应予如何理解,刑法理论存在因果关系切断说与尽力阻止犯罪说的不同见解②。应当说,脱离共犯关系是对共同犯罪的参与人,在共同犯罪中真诚地退出共同犯罪的评价。客观上说,如果特别强调脱离者的脱离对其后犯罪结局的因果关系切断,这的确在许多场合是不现实的,比如说,按照因果关系切断说,只要被教唆人完成犯罪则教唆者就不存在脱离教唆犯关系。因此,立足于对共同犯罪中脱离者的脱离行为的评价,如果脱离者向其他共同犯罪人明确表明了自己退出共同犯罪的态度,并且采取积极行为消除了此前自己的行为对促进共同犯罪的直接作用,就应当认为脱离者脱离了共犯关系,进而脱离者对其脱离之后的其他共同犯罪人的继续完成犯罪的行为及结果不承担责任,而是只对其脱离之前的行为承担责任③。

10. **脱离共同正犯关系**:是指共同犯罪中的一部分正犯,基于自己的意志向其他共同犯罪人表明自己脱离的态度,放弃自己的实行并采取行动阻止其他正犯的实行,而其他共同犯罪人继续将犯罪完成的情形(案例48-2)。应当摒弃脱离共同正犯关系的所谓"着手前脱离"的说法;而在处罚上应当将"着手后脱离"作为一个独立的从宽处罚情节。④

---

① 详见张小虎:《犯罪论的比较与建构》,北京大学出版社2006年版,第662页。

② 因果关系切断说强调,脱离共犯关系须脱离者完全切断自己先前的行为与其他共同犯罪人其后的行为及其结果之间的因果关系。即脱离者须消除自己既已制造的"犯罪力",如首谋者须阻止他人的实行。参见〔日〕西田典之:《日本刑法总论》,刘明祥、王昭武译,中国人民大学出版社2007年版,第304—306页。尽力阻止犯罪说认为,脱离者要完全消除自己的"犯罪力",除非阻止了他人犯罪的进行,否则"几乎所有的场合都难以认定为脱离"。因此,"脱离者制造了与未加功共犯之类似状况,就应承认共犯的脱离"。参见〔日〕大谷实:《刑法总论》,黎宏译,法律出版社2003年版,第350—351页;〔日〕松宫孝明:《刑法总论讲义》,钱叶六译,中国人民大学出版社2013年版,第238页。

③ 对此,刑法理论存在中止犯与无遂犯不同见解。

④ 详见张小虎:《犯罪论的比较与建构》,北京大学出版社2006年版,第664页。

案例 48-2：甲与乙共同入室抢劫，入室后甲因同情被害人丙而回心转意，并竭力劝阻乙不要对丙实施抢劫了，然而乙不听甲的竭力劝阻，于是甲独自离开丙家，其后乙独自对丙实施了抢劫。

11. **脱离教唆犯关系**：是指共同犯罪中的教唆者，基于自己的意志向被教唆人表明自己脱离的态度，在其着手前消除被教唆人的具体犯罪决意，或者在其着手后采取行动阻止被教唆人的实行及其结果的发生并消除其具体犯罪决意，其后被教唆人又产生犯罪决意并完成犯罪的情形。包括被教唆人着手前的脱离（案例 48-3）与被教唆人着手后的脱离（案例 48-4）。①

案例 48-3：基于甲的教唆乙产生了抢劫的决意，在乙着手实行抢劫前，甲又基于自己的意志而竭力说服乙，使乙一度取消了抢劫的犯意，之后乙又重启抢劫的犯意而实施了抢劫。

案例 48-4：甲教唆乙投毒杀害丙，乙接受了甲的教唆并在丙的食物中投放了足量的毒药，在丙尚未吃下投毒食物前甲抢先将食物倒去，并竭力说服乙，使乙一度取消了杀害丙的犯意，之后乙又重新产生了杀丙的犯意并将丙杀害。

12. **脱离帮助犯关系**：是指共同犯罪中的帮助者，基于自己的意志向被帮助人表明自己脱离的态度，撤回先前的帮助并采取行动阻止被帮助人的实行及其结果的发生，而被帮助人继续将犯罪完成的情形。脱离帮助犯关系是指被帮助人着手后的脱离（案例 48-5）。

案例 48-5：乙欲投毒杀丙而向甲索要毒药，甲明知乙的犯意而供以毒药，乙得药后对丙实施了投毒，甲在丙尚未吃下投毒食物前抢先将食物倒去，并将此情告知了乙且索回了剩余的毒药，此后乙又将丙杀害。

13. **单纯共谋者的脱离**：是指共谋者承诺承担实行行为或者承诺为他人的实行提供帮助，其后在正犯着手实行之前，出于自己的意志，向其他共同犯罪人表明自己脱离的态度，或撤回已做的帮助并采取行动消除自己的帮助所产生的作用，其他共同犯罪人继续将犯罪完成的情形。包括承诺实行的脱离（案例 48-6）与承诺帮助的脱离（案例 48-7）。

案例 48-6：甲、乙共谋盗窃并约定了行窃的时间与地点，之后甲因惧怕司法追究，在约定的时间以前向乙表示将不参与盗窃，乙在没有甲参与的情况下如期实施了盗窃。

案例 48-7：甲、乙共谋盗窃，甲向乙提供了万能钥匙，在乙着手实行盗窃以前，甲因惧怕司法追究，向乙表明退出盗窃活动并索回了万能钥匙及劝诫乙放弃盗窃，乙在没有甲参与的情况下实施了盗窃。

14. **脱离共犯关系与共犯退出**：英美刑法中存在共犯退出的理论范畴，在处罚根据及构成特征上，其与这里的脱离共犯关系具有一定的相似性。**(1) 共犯退出**，是指共犯劝诱或便利他人实施犯罪，在实行犯着手实行犯罪之前与其沟通，明确表示退出

---

① 详见张小虎：《犯罪论的比较与建构》，北京大学出版社 2006 年版，第 665 页。

所参与的共同犯罪,并且作出真诚努力阻止先前行为所造成的后果,则退出者对此后实行犯所犯的罪行不承担责任,但是退出者对其退出前的行为仍应承担不完整罪之煽动或共谋、教唆①的责任。**(2) 就处罚根据而论**,共犯退出是以退出者的退出为转折,免除退出者对退出后实行犯罪行的责任。从构成要素来看,(主观要素)共犯退出须退出者出于自己意志的因素自动退出共同犯罪;(客观要素)退出者须将自己退出的意思明确告诉给其他共同犯罪人,并且作出真诚努力消除此前行为对犯罪的影响;(时间要素)退出行为须发生在实行犯着手实行犯罪之前。**(3) 共犯退出与脱离共犯关系**,两者在处罚根据及主观要素、客观要素上,具有较大的相似性;而在时间要素上,两者则有较大不同。脱离共犯关系可以在正犯着手实行之前或之后(脱离教唆犯关系),或者只在正犯着手实行之后(脱离正犯关系及脱离帮助犯关系),而共犯退出则限于实行犯实行犯罪之前(仅限预备阶段的退出)。

> 思考题

1. 在案例48-7中(本节段13),如果在甲索回万能钥匙之前乙复制了甲的万能钥匙,并使用这一复制的钥匙盗窃成功,则对甲应当如何处理?
2. 独立教唆犯是否属于教唆犯未遂?

---

① 关于英美刑法中不完整罪的教唆罪,详见张小虎:《犯罪论的比较与建构》,北京大学出版社2006年版,第519页。

第13章　犯罪修正之罪数形态

第49节　罪数形态概述

一、罪数形态的概念

1. **罪数形态**,是指犯罪个数的外部形状与内部构造的类型化表现。罪数理论是犯罪论体系中的非标准犯罪形态理论之一,其关键是解决非标准形态的一罪问题,而核心就是探究不典型一罪的类型化的外部形状与内部构造,进而归纳出罪数的理论规则或立法模型。

2. **竞合论**是与罪数论密切相关的一个概念①,其研究中也涉及犯罪竞合与数罪评价的问题,不过竞合论与罪数论是有区别的。竞合论关注的是罪与罪之间的评价过程,构建一种理论规则作为认定竞合犯的标准;罪数论关注的是罪与罪之间的评价结论,揭示各种不典型一罪的构成特征与处罚原则。而罪数论中的牵连犯、吸收犯、连续犯等数行为形态能否纳入竞合论,则涉及对竞合犯界说的本身。因此,罪数论可以更为合理地将不典型一罪的诸多情形纳入其理论范畴。

二、决定罪数的标准

3. 对于决定罪数的标准,刑法理论存在行为标准说、犯意标准说、法益标准说、构成要件标准说、个别化标准说、犯罪构成要件标准说等不同见解。②

4. 立于双层多阶犯罪论体系,应以犯罪的本体构成作为决定罪数的标准。在双层多阶犯罪论体系中,犯罪的本体构成是犯罪类型的轮廓,为犯罪认定设置基本规格(第16节段1)。由此,行为符合一个本体构成的只能成立一罪;行为符合数个本体构成的,可能成立数罪,也可能基于牵连、吸收、连续等关系而作一罪处理。而在罪数的具体判断中,作为核心标志的是行为的个数。

三、一行为与数行为

（一）行为个数与罪数形态的关系

5. 行为是刑法学犯罪理论的核心线索。对于一罪与数罪的区分来说,行为的个数虽然不是唯一的标准,不过不可否认行为个数是首当其冲应予考究的基本的重要的标志。刑法上的数行为虽可能作为一罪,但刑法上的一行为只能作为一罪。在以罪数形态为视角的不典型一罪中,相对而言,一行为的犯罪形态与数行为的犯罪形态

---

① 参见柯耀程:《刑法竞合论》,中国人民大学出版社2008年版,第16—26页。
② 详见张小虎:《犯罪论的比较与建构》,北京大学出版社2006年版,第681页。

呈现较为明显的差异。想像竞合犯、规范竞合犯、继续犯、结果加重犯等均系一行为,而集合犯、结合犯、转化犯、包容犯、吸收犯、牵连犯、连续犯等则为数行为。见图 49-1。①

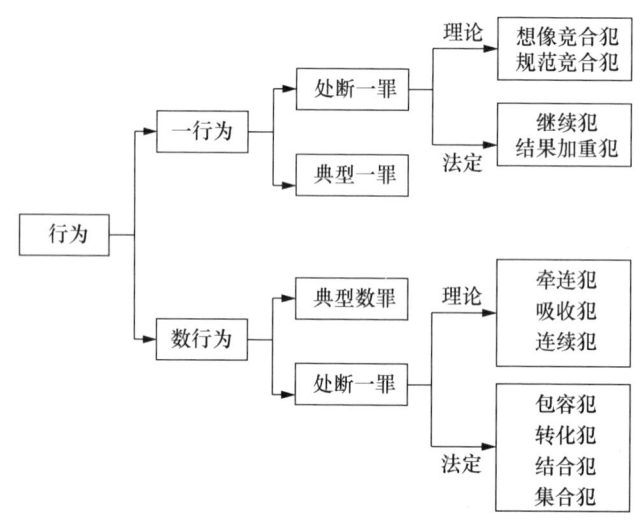

图 49-1　一行为及数行为与罪数形态对应图

6. 刑法上的行为存在众多类型,诸如危害行为、犯罪行为、构成要件行为、实行行为、非实行行为、预备行为、未遂行为、中止行为、教唆行为、帮助行为等,对于这些行为已分别在本体构成之客观事实要素、故意犯罪停止形态、共同犯罪形态的理论框架中讨论。在罪数形态理论中针对一行为与数行为的界分,至少应当厘清如下三个问题:明确自然行为、规范行为、事实行为的不同意义;一行为与数行为界分的核心标志;一行为与数行为界分的影响因素。

(二) 自然行为、规范行为及事实行为的含义

7. **自然行为**,表现为行为人实施具体犯罪的自然举动,如案例 49-1 中甲 10 余次刺击乙的各个举动。**规范行为**,是刑法规范对于具体犯罪中的行为的规范设置,如我国《刑法》第 232 条所规定的杀人行为(第 108 节段 3)。**事实行为**,是指由若干自然行为整合而成的符合规范行为的行为整合体,如案例 49-1 中甲 10 余次刺击乙的各个举动的整合体。

案例 49-1:甲出于杀害乙的意图,持刀刺击乙的胸部 10 余次致乙死亡。

8. 由此,一个自然行为表现为具体犯罪中的一个身体的动作或者静止。一个规范行为的标志在于刑法规范对于具体犯罪的行为的具体设置。一个事实行为有时呈现为一个自然行为(如案例 49-2 中甲的行为),有时也会呈现为多个自然行为(如案

---

① 当然,严格而论,规范竞合犯、继续犯、结果加重犯、集合犯、结合犯等均为刑法分则的具体犯罪形态,从这个意义上说,其为典型一罪。它们的特别之处在于,其本体构成具有一定的独特性。

例49-1中甲的行为)。**然而**,一个自然行为对于具体犯罪来说究竟有何表现?一个规范行为在刑法规范上究竟有何构造?一个事实行为以自然行为对于规范行为的符合状态来认定,但这却是一个更为复杂的问题,因为这其中涉及自然行为的主观心态、行为对象、时空框架的更替等因素(如案例49-3中甲即实施了两个事实行为)。由此,需要厘清一行为与数行为界分的核心标志。

案例49-2:甲出于杀害乙的意图,持刀刺击乙的胸部1刀将乙刺死。

案例49-3:甲出于伤害乙的意图,持刀刺击乙的胸部3次(A)致乙倒地,这时甲又产生杀害乙的意图,继续对倒地乙的胸部再刺7刀(B)致乙死亡。

(三) 一行为与数行为界分的核心标志

9. 刑法规范对于具体犯罪中的行为的规范设置是**核心标志**;行为的个数是由行为的主观特征与客观特征综合决定的。具体地说:**(1)刑法上行为**:罪数理论中的一行为与数行为,是刑法上的行为。而刑法上的行为,是行为人意识与意志支配下能够引起外界变化的举动(第18节段4)。**(2)规范的基准**:一罪与数罪界分的核心标志,是刑法规范对于具体犯罪的相关规定。由此,在刑法上的行为中,刑法规范对于行为的具体规定,也就成为罪数视角下的一行为与数行为界分的最为关键的根据。**(3)主观并客观**:界分一行为与数行为,首要的是界分行为的属性。同一性质的行为可能征表为数个自然行为(如案例49-1中甲的行为),不同性质的行为通常征表为数个自然行为(如案例49-3中甲的行为)。而行为性质的界分必由行为的主观面与客观面共同完成。这里的主观面是指针对事实之故意与过失的主观心态[①];这里的客观面是指标志实行行为的事实特征。**(4)与犯罪行为**:罪数视角下的一行为,虽有主观面与客观面,但这并不意味着其就是犯罪行为。因为行为只是犯罪构成的诸要素之一,犯罪行为系成立犯罪之行为,而行为成立犯罪还有行为主体、法益侵害、特定构成结果等其他要素。**(5)与构成要件行为**:罪数视角下的一行为,也非单纯的构成要件行为。构成要件行为的构成要素只是心素、体素及效素(第18节段5),其中心素不同于故意与过失(第18节段6);而罪数视角下一行为的主观面则存于构成要件行为之外,其内容指向事实之故意与过失的主观心态。

10. 有鉴于此,就典型形态而论:(1) 一个**自然行为**,即一个身体的自然动作或者静止。(2) **一个规范行为**,即一个具体犯罪的规范设置上的主观心态与行为构造这两者的整合体。(3) **一个事实行为**,即由若干自然行为连成一体而符合规范上一个行为的行为整体。

(四) 一行为与数行为界分的影响因素

11. 相对而言,一个自然行为及一个规范行为较为明确,而在若干自然行为的场合,其究竟系一个事实行为还是数个事实行为,这种认定则较为复杂,存在着许多不如上述典型形态那么明晰的非典型形态。对此应当注意,行为的**主观心态与客观特**

[①] 例如,以取财意图而实施暴力,可谓抢劫罪的方法行为;而以杀人意图实施暴力,则为杀人罪的实行行为。

征是行为属性的核心标志,因而主观心态与客观特征的任一变更,均会影响一行为与数行为的成立。**(1) 一个自然行为共同承载两个心态,系一个事实行为**:如案例49-4,甲"独自离开"的自然行为,共同承载了"遗弃丙的心态"及"放任丙死亡的心态",是一个事实行为。对此按想象竞合犯处理。而先前拐骗丙的行为构成拐骗儿童罪。**(2) 多个自然行为各自承载不同心态,系数个事实行为**:如案例49-3(本节段8),甲先系故意伤害(A),而后心态发生了变化,由故意伤害转为故意杀害,并继续对乙实施刺击(B)。虽然从外在现象上看,B行为承续着A行为,且B行为与A行为发生在同一时空中,并针对的也是同一行为对象,但此时B行为并非是对伤害规范行为的符合,而是对杀人规范行为的符合。由此,A行为与B行为为两个事实行为。本题情形可以考虑为吸收犯(第53节段1)。**(3) 不同客观特征的行为系数个事实行为**:不同具体犯罪的行为属性不同,其客观特征的构成要素及其具体表现也有所不同;反之,行为的不同客观特征及其具体表现,也是不同属性行为的重要征表。如在案例49-5中,A行为具有盗窃罪实行行为的事实特征,B行为具有抢劫罪实行行为的事实特征。A与B为两个事实行为。本题情形为数罪。

案例49-4:甲将拐骗来的幼儿丙带至无人的约30亩的浓密树林,此时又产生了抛弃丙的恶念,遂独自离开丙而放任丙的死亡,致丙冻饿而死。

案例49-5:甲出于取财的意图,于某晚在某商场采用秘密方法获得乙的财物(A),其后又行至某路口采用暴力方法取得丙的财物(B)。

12. 具体案件中的**时空框架与对象状况**的变更,也是影响行为个数的重要因素。不过这种影响下的行为个数的最终定位基准,仍在刑法规范有关行为属性的主观面与客观面的标志。**(1) 时空变更**:同一概括时空中的行为一般为一个事实行为,但是也未必就是一个事实行为。如在案例49-3(本节段8)中,甲先系故意伤害,随即由先前的伤害故意转为杀人故意,在同一时间与地点对同一被害人乙实施侵害,即为两个事实行为。不同时空中的行为通常为数个事实行为,但是也未必就是数个事实行为。如在案例49-6中,甲虽然在不同的时空中实施了数个下毒行为,但是这数个下毒行为仅为一个故意杀人罪的事实行为。**(2) 对象变更**:在不同时空中针对不同对象的行为,通常为数个行为,如案例94-4中甲的行为。不过,有时基于实行行为本身的构成特征,针对不同时空不同对象的行为也可能整合而为一个事实行为。如在案例49-7中,甲的A行为和B行为虽系针对两个对象,但统辖于绑架罪的实行行为(第112节段3)中而为一个事实行为。另外,在同一场合针对不同对象的行为也可为一个事实行为,如案例49-8中甲的行为。当然,在同一场合针对不同对象的行为也可为数个事实行为,如案例49-9中甲的行为。还有,在同一场合针对同一对象的行为也可为数个事实行为,如案例49-10中甲的行为[①]。

案例49-6:甲出于杀害乙的故意,在不同的时空中分10次对乙下毒,逐渐将乙毒死(徐行犯)。

[①] 参见2001年最高人民法院《关于抢劫过程中故意杀人案件如何定罪问题的批复》。

案例 49-7：甲出于绑架索财的意图，对人质乙实施绑架的行为（A），之后又对乙的父亲丙实施勒索财物的行为（B）。

案例 49-8：甲在某路口强行拦下一辆路过的小轿车，并对车上的乙、丙、丁等人实施暴力劫财。

案例 49-9：甲在某路口强行拦下一辆路过的小轿车，并对车上的乙男实施抢劫，对车上的丙女实施强奸。

案例 49-10：甲为劫取财物在某路口强行拦下乙对乙实施抢劫（A），其后出于灭口的目的而故意将乙杀害（B）。

13. 有时在判断自然行为对规范行为的符合中，利用了**自然行为的重复评价**，那么这种重复评价的自然行为对一个事实行为的认定又有怎样的影响呢？对此应当区分如下两种情形：**(1) 实行行为准整体重复**：被重复评价的自然行为在对不同的规范行为（实行行为的法定构造）符合的判断中，呈现为某个实行行为全部要素的整体性重复，由于是实行行为的整体性重复，因而基于禁止重复评价的原则，最终只能成立一个事实行为。如案例 49-11 中，甲实施了一个自然行为 A，这一自然行为在故意杀人罪中被评价为杀人的实行行为，而在抢劫罪中被评价为抢劫实行行为的方法行为，由于 A 的重复评价独立符合杀人实行行为的全部要素，尽管其重复评价在抢劫实行行为中只是符合方法行为要素，然而基于禁止重复评价的原则，应取消一个 A 的重复评价，从而 A 与 B 最终只能成立一个事实行为，也即"A"与"A+B"只能成立一个事实行为。**(2) 实行行为非整体重复**：被重复评价的自然行为，在对不同的规范行为符合的判断中，呈现为各个实行行为部分要素的非整体性重复，这里由于是实行行为非整体性的重复，从而并不完全触及禁止重复评价的原则，最终可以成立两个事实行为。如案例 49-12 中，甲所实施的自然行为 A，在妨害公务罪中被评价为妨害公务实行行为的方法行为，在抢劫罪中又被重复评价为抢劫实行行为的方法行为，尽管如此，但是甲所实施的 B 行为与 C 行为在妨害公务的实行行为与抢劫的实行行为中是没有重复的，由此甲的行为最终可以成立两个事实行为，也即"A+B"与"A+C"成立两个事实行为。

案例 49-11：甲出于取财的意图，一刀将乙捅死（A），而后将乙身上的钱财洗劫一空（B）。

案例 49-12：甲出于妨害公务的意图，将执行公务者乙捆绑（A）阻碍其依法执行职务（B），同时又利用乙被捆绑的状态（A）将其身上的钱财洗劫一空（C）。

四、罪数形态的类型

14. 罪数形态类型主要是就不典型一罪而进行的种类划分。对此，刑法理论存在：(1) 基于构成要件（本体构成）与科处刑罚视角的分类，如：A. 本来一罪、科刑一罪；或者 B. 单纯一罪、科刑一罪、包括一罪。(2) 基于事实构成、法律规定、科处刑罚视角的分类，如：A. 法定的不典型一罪、处断的不典型一罪；或者 B. 实质一罪、法定一罪、处断一罪。①

15. 本书以"行为的单数与复数、依据的理论与法律"为标准,对罪数模糊形态进行分类。由此,罪数模糊形态可以分为四类:(1) 一行为法律上规定为一罪,包括继续犯、结果加重犯;(2) 一行为理论上认定为一罪,包括想像竞合犯、规范竞合犯;(3) 数行为法律上规定为一罪,包括集合犯、结合犯、包容犯、转化犯;(4) 数行为理论上认定为一罪,包括连续犯、吸收犯、牵连犯。

思考题

1. 如何区分刑法上的一行为与数行为?
2. 决定罪数的标准是什么?罪数形态存在哪些类型?

第50节 一行为法定一罪

一、继续犯的概念、特征及处罚

(一) 继续犯的概念

1. **继续犯**,又称持续犯,是指针对同一行为对象,实施一个实行行为,实行行为与不法状态同时继续,实行行为具有持续性的犯罪形态。继续犯是刑法分则规定的一种具体犯罪类型,如我国《刑法》规定的非法拘禁罪,非法持有、私藏枪支、弹药罪,虐待罪等。

(二) 继续犯的构成特征

2. **一个基本的责任心态**:(1) 继续犯的基准构成表现为单一的责任心态,当然也不排除继续犯的加重构成可能表现为复合的责任形式。(2) 继续犯基准构成的责任心态主要表现为故意,尚无基准构成的责任心态为过失的继续犯的立法例。②

3. **行为"始终"针对"一个概括的行为对象"**:(1) "始终"强调的是在犯罪持续的时间内行为对象并未发生变化,否则就不是继续犯。(2) "一个概括的行为对象"即行为对象在整体上、性质上同一,也可谓"一个概括的法益"。如同时对两人施以非法拘禁。

4. **一个持续性的实行行为**:(1) 实行行为的"持续性":是指从实行行为结构要素齐备到行为实行终了,实行行为持续存在一段时间,这也意味着继续犯的行为实行终了具有独特的"行为持续性"的要素。如案例50-1中,甲将乙及丙禁闭在屋内时,其行为即齐备非法拘禁行为的结构要素"强制"并"剥夺自由"③,但此时非法拘禁行为尚未实行终了,只有在禁闭行为持续一段时间(24小时以上),非法拘禁行为方为

---

① 详见张小虎:《犯罪论的比较与建构》,北京大学出版社2006年版,第683页。
② 详见同上书,第687页。
③ 详见张小虎:《罪刑分析(上册)》,北京大学出版社2002年版,第325页。

实行终了。(2)"行为结构要素齐备(A)"与"行为实行终了(B)"并非一个概念:A意味着行为符合实行行为的结构要素;而B意味着行为符合实行行为的基准形态。通常这两者是重合的,但是在继续犯的场合,有前者不一定有后者。(3)继续犯实行行为的基准形态(持续性的"一行为"):表现为实行行为通常由系列性的自然行为完成,如虐待行为、拘禁行为等;这些行为不间断地持续性地符合"实行行为的结构要素";这种"持续性符合"行为以一个整体而符合"实行行为实行终了"。

5. **实行行为与不法状态同时持续一段时间**:这是继续犯的标志性特征。仅有不法状态的持续但无实行行为的持续(如盗窃、伤害等既遂后的状态),不是继续犯。

案例 50-1:甲将乙及丙非法禁闭在某屋内长达 24 小时。

(三) 继续犯的处罚原则

6. 继续犯本系刑法分则所设的典型一罪。继续犯的构成要件与法定刑由刑法分则具体规定,对于继续犯依照刑法分则的规定处罚。行为持续时间的长短,首先是定罪情节,其次也是量刑情节,但要避免重复评价。

二、继续犯与相关形态

(一) 继续犯与即成犯

7. **即成犯**,又称即时犯,是指行为结构要素齐备或者特定构成结果发生犯罪即告完成,不存在实行行为持续的犯罪形态。例如故意杀人罪、盗窃罪等。

8. 对于即成犯的理解应当注意:即成犯包括行为犯与结果犯,在结果犯的场合行为与结果之间可能存在时间间歇;即成犯强调的是实行行为不具持续状态,但是不排除即成犯存在不法状态延续的情况。[①]

9. 即成犯是继续犯的对称,两者基本上是正与反的关系。成立继续犯就不是即成犯,而成立即成犯也就不是继续犯。继续犯与即成犯在实行行为是否持续、不法状态是否持续、犯罪完成的时间标志等方面有着重要的区别。[②]

10. 继续犯、即成犯与行为犯、结果犯。这些犯罪形态的分类标准不一,从而在存在形态上也有交叉。行为犯可以是继续犯,如非法拘禁罪,或者是即成犯,如脱逃罪;结果犯也可以是继续犯,如持有假币罪,或者系即成犯,如故意杀人罪。[③]

(二) 继续犯与接续犯

11. **接续犯**,是指针对同一行为对象,以连接承续的数个自然行为,实施一个实行行为,而实行行为不具有持续性的犯罪形态。如案例 50-2 中甲的行为即构成接续犯。

案例 50-2:甲基于杀害乙的故意,在某一作案现场,先后以 10 刀将乙刺死,甲的行为即构成接续犯。

12. 接续犯具有如下**特征**:(1) **数个自然行为**:行为人以数个自然行为共同完成

[①] 详见张小虎:《犯罪论的比较与建构》,北京大学出版社 2006 年版,第 690 页。
[②] 详见同上书,第 691 页。
[③] 详见同上。

一个实行行为。数个自然行为联成一体整合成一个事实行为;数个自然行为的实施具有连接性与承续性而不可分割;数个自然行为的具体犯罪性质一致。**(2) 一个故意行为**:行为人的数个自然行为均在一个犯罪故意的支配下实施。**(3) 不是法定形态**:接续犯是一种理论上的犯罪形态,其所犯之罪的法定实行行为不具有持续性。**(4) 同一行为对象**:一个行为始终侵害着一个概括的行为对象,行为对象在整体上、性质上同一。①

13. 在对接继犯的理解上还应当注意,接续犯不同于徐行犯。**徐行犯**,是指行为人采用较长的时间分次完成本来只需以较短的时间一次完成的犯罪形态。如案例50-3中甲的行为即构成徐行犯。接续犯包括徐行犯,但是接续犯不全是徐行犯。

案例 50-3:甲投毒杀害乙,分 10 次下毒逐渐将乙毒死。

14. 继续犯与接续犯两者均为一个故意与实行行为、均针对同一行为对象,但是两者也存在重要区别:**(1)** 接续犯是一种犯罪形态的现实表现,所谓接续不具有法定构成要求的意义;而继续犯是一种法定的犯罪形态,所谓继续具有法定构成的要求。**(2)** 接续犯强调数个自然行为完成一个实行行为;而继续犯的实行行为虽也常由一系列的自然行为完成,但这并非特别的要求。**(3)** 接续犯的实行行为不具有持续性,相反却具有即成性;而继续犯的实行行为具有持续性。

(三)继续犯与状态犯

15. **状态犯**,是指行为实行终了则实行行为停止且犯罪完成,但是实行行为所造成的法益被侵害的状态仍然继续存在的犯罪形态。例如,故意伤害罪。

16. 继续犯与状态犯两者均存在不法状态的继续,两者的主要区别是:**(1) 持续要素不同**:继续犯是不法状态与实行行为同时持续;而状态犯只是不法状态的持续,并无实行行为的持续。**(2) 不法状态持续的起始不同**:继续犯行为结构要素齐备不法状态形成并开始延续,但此时犯罪尚未完成;而状态犯不法状态自行为实行终了并犯罪完成时起形成并延续。

(四)继续犯与过程犯

17. **过程犯**的实行行为具有进程深度的特征(第39节A段4),这意味着过程犯的行为实行终了也有一个时间过程。不过,过程犯的这个时间过程是"行为结构要素齐备的时间过程(A)",这与继续犯的"实行行为的持续性(B)"不是一个概念:**(1)** 在过程犯的场合,一旦行为结构要素齐备,实行行为即实行终了。如案例50-4中,甲自"秘密离开监房"至"骑行而去",方为符合脱逃行为的结构要素"摆脱监押控制",这一要素的齐备有一个时间过程,但这是要素齐备的时间过程(A),一旦要素齐备则实行行为实行终了,而不存在"结构要素齐备后行为实行终了所需的行为持续时间(B)"的要求。**(2)** 继续犯可以是过程犯,但过程犯未必就是继续犯。

案例 50-4:在押犯甲秘密逃离监房,穿越监区地带并越过监狱围墙,在监狱外撬开一辆自行车急驰而去。

---

① 详见张小虎:《犯罪论的比较与建构》,北京大学出版社 2006 年版,第 692 页。

（五）继续犯与集合犯

18. 集合犯以将实行行为预设为可以轮番同种反复为典型特征（第52节段3），由此集合犯的实行行为也会在时间上呈现出一定的跨度。然而，继续犯的持续性实行行为是一个实行行为（本节段4），而集合犯系数个同质的实行行为而法定为一行为（第52节段3）。

（六）继续犯的未遂与既遂

19. 刑法理论有见解否定继续犯的未遂，并对继续犯既遂后的继续存在争议。本书认为，继续犯可以存在未遂，也不排除继续犯既遂后的继续状态。①

三、结果加重犯的概念、构成特征及处罚原则

（一）结果加重犯的概念

20. **结果加重犯**，是指犯罪构成中的一个基准实行行为，造成了基准犯罪构成以外的加重结果，刑法对其规定了加重法定刑的犯罪形态。例如，我国《刑法》第234条第2款所规定的故意伤害"致人死亡"的情形。

（二）结果加重犯的构成特征

21. **犯罪构成中的一个基准实行行为**：（1）结果加重犯以一个基准实行行为为行为要素，基准实行行为不同于加重实行行为等（第18节B段1）；（2）结果加重犯是由超出基准犯罪构成的加重结果而构成的加重犯，是一种独特的加重犯（第17节段10）。

22. **造成了基准构成以外的加重结果**：是指由一个基准实行行为所引起的、基于一定的主观心态支配而发生的基准犯罪构成之外的犯罪结果。具体地说：（1）这一加重结果具有：独立性（系对基准犯要素的超越，是加重犯的要素，有其自身独特的表现与存在，但未必与基准犯的结果异质）；结果性（具体是指特定构成结果，我国《刑法》规定的加重结果通常是但也不全是物质性结果，加重结果不同于情节，结果加重犯也不同于情节加重犯）；关联性（加重结果是在基准犯基础上的发展，由基准实行行为而引起，与基准实行行为之间具有因果关系）。②（2）结果加重犯的基准犯既可以是行为犯，也可以是结果犯，还可以是危险犯或实害犯。我国《刑法》中也不乏行为犯的结果加重犯（如第238条2款）与危险犯的结果加重犯（如第115条第1款）。

23. **故意或过失组合的复合主观心态**：（1）**基准犯心态**：结果加重犯的基准犯罪构成可以是过失犯，加重结果作为加重犯的构成要素具有相对的独立性，过失的基准犯其加重犯的加重结果完全可以是也系过失。例如，我国《刑法》第131条后段规定的重大飞行事故罪的结果加重犯。（2）**加重结果心态**：是指行为人在实施基准实行行为时，对超出基准犯罪构成的加重结果的责任心态。我国《刑法》所规定的结果加重犯之加重结果的心态包括：故意或过失，如第263条抢劫"致人重伤、死亡"；只能过

---

① 详见张小虎：《犯罪论的比较与建构》，北京大学出版社2006年版，第688页。
② 详见同上书，第696页。

失,如第 260 条虐待"致被害人重伤、死亡";只能间接故意,如第 238 条非法拘禁"致人重伤"与"致人死亡"(第 111 节 B 段 3)。① **(3) 基准犯责任形式与加重结果主观心态**:基于我国《刑法》的规定,这两者的组合存在四种情形:故意+过失,如第 260 条第 2 款的犯虐待罪,"致使被害人重伤、死亡的";故意+故意,如第 238 条第 2 款前段的犯非法拘禁罪,"致人重伤的、致人死亡的";过失+过失,如第 131 条后段的犯重大飞行事故罪,"造成飞机坠毁或者人员死亡的";过失+故意,如第 133 条后段的犯交通肇事罪,"因逃逸致人死亡的"(第 95 节 B 段 15)。

24. 基于加重结果刑法规定了加重法定刑:刑法对结果加重犯罪名下的基准犯与以加重结果为要素的加重犯,分别规定了轻重不同的法定刑。由此,结果加重犯有自身独立的加重法定刑。

(三) 结果加重犯的处罚原则

25. 结果加重犯的构成要素与法定刑由刑法分则具体规定,对于结果加重犯依照刑法分则的具体规定处罚。

四、结果加重犯的未遂问题及其展开考究

26. 对于结果加重犯是否存在未遂,刑法理论有着不同的见解。

27. 应当肯定,结果加重犯存在未遂,主要表现在虽有加重结果的发生,但是基准犯未遂②。如案例 50-5 中甲的行为(第 110 节段 3)。不过应当注意,不存在针对加重结果的未遂:**(1)** 结果加重犯的成立关键在于法定的加重结果是否发生,而后方有对这一加重结果的主观心态的追问,而不在于针对某项加重结果的主观目的是否实现。如案例 50-6 中甲的行为已构成既遂③但并不成立结果加重犯(包括其未遂)。**(2)** 结果加重犯系一个实行行为(A),加重结果是承接在其基准犯的实行行为(A)上的,加重结果本身并不具有"行为(B)与结果"的独立的犯罪性,如果其基准犯既遂,说明结果加重犯的实行行为(A)的犯罪进程已达至完成结局,由此基于犯罪过程中不同停止形态的择一(第 38 节段 3)以及既遂标准(第 39 节段 2),无所谓加重犯的未遂(如案例 50-7 中甲的行为)或中止(如案例 42-1 中甲的行为,第 42 节段 3)。**(3)** 案例 50-7 中甲的直接故意杀人,实质上被评价为抢劫罪中的方法行为"暴力",在抢劫罪中甲的直接故意杀人并不被评价为故意杀人罪,从而无所谓故意杀人罪的未完成。与该案不同,在案例 50-8 中,甲的直接故意杀人是独立于抢劫罪的一个实行行为(B),系故意杀人罪的实行行为④,基于这一行为(B)的犯罪进程没有达至完成(乙未死)可以成立未遂。案例 50-9 中甲的杀人行为也被独立地评价为故意杀人

---

① 关于结果加重犯的基准犯及加重结果的心态,其具体阐释详见张小虎:《犯罪论的比较与建构》,北京大学出版社 2006 年版,第 694—696 页。

② 基准犯未遂则加重犯也未遂的司法解释例,见 2005 年最高人民法院《关于审理抢劫、抢夺刑事案件适用法律若干问题的意见》第 10 条。

③ 参见 2005 年最高人民法院《关于审理抢劫、抢夺刑事案件适用法律若干问题的意见》第 10 条。

④ 参见 2001 年最高人民法院《关于抢劫过程中故意杀人案件如何定性问题的批复》。

罪未遂,其后取财系盗窃罪①。

案例 50-5:甲拦路强奸乙女遭乙强烈反抗,为使乙屈从以达奸淫目的甲暴力击打乙致其重伤,恰时有人路过,甲慌忙逃离。

案例 50-6:甲为达劫财目的欲先杀了乙而后取财,但刺杀偏离结果仅将乙捅成轻伤,乙拼力逃脱离去。

案例 50-7:甲为达劫财目的欲先杀了乙而后取财,结果将乙捅至倒地不能动弹,甲以为乙已死,于是劫得财物离去,而乙经路人丙送医院抢救未死。

案例 50-8:甲劫取了乙的财物,为了灭口决意将乙杀害,结果将乙捅至倒地不能动弹,甲以为乙已死于是离去,而乙经路人丙送医院抢救未死。

案例 50-9:甲出于杀害乙的直接故意将乙捅至倒地失去知觉,甲以为乙已死,见乙身上有财物,于是临时起意将乙的财物取走,乙经路人丙送医院抢救未死。

28. 在包容犯的场合,可能会呈现基准犯与加重犯的不同停止形态。与一个实行行为的结果加重犯不同,包容犯系两个实行行为的两罪包含在一个罪当中,从而这里的基准犯与加重犯的不同停止形态,并不违反同一行为的犯罪过程中的停止形态不能同时共存的规则(第 38 节段 3)。**具体情形**包括:(**1**)基准犯既遂而被包容的加重犯未遂:如案例 50-10 中甲的行为成立基准犯的既遂及加重犯的未遂。(**2**)基准犯未遂,则即使加重结果发生而加重犯也未遂:如案例 39-5(第 39 节段 5)中甲的行为其基准犯系未遂,虽有加重结果的发生,但该绑架罪的加重犯也系未遂。

案例 50-10:甲出于绑架索财的意图,对人质乙实施绑架(A),并向乙的父亲丙勒索财物(B),之后意图杀害人质乙,将乙捅至倒地不能动弹(C),甲以为乙已死于是离去,而乙经他人送医院抢救未死。

29. 基于相似的理由,在转化犯的场合,也可能会呈现基础罪与转化罪的不同停止形态。**具体情形**包括:(**1**)基础罪未遂而转化罪既遂,如案例 52-1(第 52 节段 19)中甲的行为。(**2**)基础罪既遂而转化罪未遂或不能成立,如案例 52-2(第 52 节段 19)及案例 50-11 中甲的行为。

案例 50-11:邮政工作人员甲私自开拆乙的邮件,窃取该邮件中数额不大的财物。

五、结果加重犯与情节加重犯

30. **情节加重犯**,是指行为人实施一个基准实行行为,同时又具备了基准犯罪构成以外的加重情节,刑法对其规定了加重法定刑的犯罪形态。

31. 结果加重犯与情节加重犯均以基准犯罪构成为基础,均针对加重犯专门规定了独立的加重法定刑,情节加重犯的情节还常常包含着结果。

32. 结果加重犯与情节加重犯的区别表现在:结果加重犯的加重结果系客观上的损害结果,属于单纯的客观要素,法律对于加重结果的表述也较为具体;而情节加重犯的加重情节既可以表现为主观危害事实,也可以表现为客观危害事实,法律对于

---

① 参见 2005 年最高人民法院《关于审理抢劫、抢夺刑事案件适用法律若干问题的意见》第 8 条。

加重情节的表述也相对抽象。①

> **思考题**
>
> 1. 继续犯与接续犯的关系是什么？
> 2. 结果加重犯是否存在未遂犯？为什么？

第 51 节　一行为处断一罪

一、想像竞合犯

（一）想像竞合犯的概念

1. **想像竞合犯**，又称想像数罪、观念竞合犯，是指行为人实施一个事实行为，而同时触犯两个以上罪名的犯罪形态。如案例 51-1 中甲的行为。②

案例 51-1：甲实施一个开枪杀人的行为，这一枪既打死了被害人乙，又损毁了国家保护的珍贵文物。

（二）想像竞合犯的构成特征

2. **事实关系形态**：想像竞合犯系一个事实行为，从而属于想像的犯罪竞合而非实质的数罪竞合，也不是法律规定的竞合，想像竞合犯是实质的与裁判的一罪。③

3. **一个事实行为**：是指行为人基于一个主导犯罪意图的支配，实施若干自然行为而整合成的符合规范行为的单一的事实整体（第 49 节段 7）。应当注意：(1) 一个事实行为必有一个主导犯罪意图的支配（如案例 51-2 中甲的心态及行为），但一个主导犯罪意图支配的未必就是一个事实行为（如牵连犯的心态及行为）。(2) 自然行为的重复评价的不同情形，也会影响一个事实行为的认定（第 49 节段 13）。④

案例 51-2：甲"出于妨害公务的意图"又"对执行公务者重伤持过失心态"，一棒将执行公务者击伤。

4. **同时触犯数个罪名**：是指以一个事实行为为核心的主观与客观的事实，在事实行为被重复评价的场合同时符合数个不同罪名的具体犯罪。⑤

5. **单一或者复合责任心态**：是指行为人实施一个事实行为所触犯的不同罪名之罪的主观责任心态，可以是单一的，也可以是复合的。具体包括：(1) **单一的故意**，如案例 51-3 中甲实施一个事实行为（实行行为准整体重复，第 49 节段 12），同时触犯虚假广告罪与损害商业信誉罪，并且甲对于行为结果的主观心态均为故意。(2) 单一

---

① 详见张小虎：《犯罪论的比较与建构》，北京大学出版社 2006 年版，第 699 页。
② 详见张小虎：《想像竞合犯的理论探究》，载《法律科学》2005 年第 4 期。
③ 详见张小虎：《犯罪论的比较与建构》，北京大学出版社 2006 年版，第 729 页。
④ 详见同上书，第 731 页。
⑤ 详见同上书，第 734 页。

的过失,如案例 53-4 中甲实施一个事实行为,同时触犯污染环境罪与重大责任事故罪,并且甲对于行为结果的主观心态均为过失。**(3) 复合责任心态**,如案例 51-5 中甲实施一个肉刑逼供的事实行为,故意肉刑逼供触犯刑讯逼供罪,而肉刑过失致死乙构成过失致人死亡罪。①

案例 51-3:甲以虚假广告的方式(A),损害他人商业信誉(B)。

案例 51-4:甲在生产作业过程中,违反有关安全管理规定,排放放射性废物,造成环境严重污染。

案例 51-5:甲刑讯逼供过失致使被害人乙死亡。

(三) 想像竞合犯的处罚原则

6. 对想像竞合犯从一重处断,具体包括:(1) **重罪定罪**:按照所触犯的数罪中最重的一罪定罪。(2) **重罪法定刑**:在所定重罪所应当适用的法定刑幅度内量刑。(3) **从重量刑**:并不排斥在重罪所应当适用的法定刑幅度内从重。②

(四) 想像竞合犯与结果加重犯

7. 想像竞合犯与结果加重犯均与一个行为相关、均可呈现复合责任心态、均为一罪的终局,但两者存在重要**区别**:(1) 想像竞合犯的一行为系一个事实行为,而结果加重犯的一行为系一个实行行为。(2) 想像竞合犯一行为所触犯的数罪之间,在构成要件上呈横向交互关系,而结果加重犯一行为所符合的同一犯罪的不同形态之间,在构成要件上呈纵向加重关系。(3) 想像竞合犯一个事实行为同时触犯数个不同的罪名,为避免重复评价而为实质一罪;结果加重犯属于同一罪名框架内的普通犯罪构成向加重结果的递进,属于法定一罪。(4) 想像竞合犯从一重罪处断,而结果加重犯直接适用加重法定刑。③

二、规范竞合(犯)的概念

8. **规范竞合**,又称法条竞合、法律竞合、法规竞合,是指规定不同罪名的刑法规范之间,在犯罪构成的关系上,实行行为整体结构与内容具有一定重合,主观责任心态类型重合相容,其他构成要件与要素相容的规范关系形态。这种竞合的规范之间存在着规范上的同一犯罪行为,需要规范竞合理论解决其规范的适用问题。例如,我国《刑法》第 127 条规定盗窃枪支罪的规范与第 264 条规定盗窃罪的规范。④

9. **规范竞合犯**,是指与竞合规范相应的案件事实,适用规范而构成的一种具体犯罪形态;或从犯罪构成的角度称,是一种兼有竞合规范的犯罪构成的要素的一种具体犯罪形态;即所谓竞合规范中的同一犯罪行为(本节段 23)。例如盗窃枪支的犯罪行为。

---

① 详见张小虎:《犯罪论的比较与建构》,北京大学出版社 2006 年版,第 733 页。
② 详见同上书,第 741 页。
③ 详见同上书,第 738 页。
④ 详见张小虎:《规范竞合之理论分析》,载《广东社会科学》2002 年第 1 期。

三、规范竞合的构成特征

（一）规范关系的形态

10. 规范竞合系分则不同罪名的规范之间,存在相互容合与错综关系,在出现同一犯罪行为的案件事实时,仅择一个规范适用,由此确认事实行为的一罪。这意味着:

11. **刑法规范的竞合**:规范竞合是刑法"规范"的竞合。在规范竞合的场合,不论事实行为是否存在,犯罪构成的重合总是存在。

12. **不同罪名的竞合**:规范竞合是规定"不同罪名"的刑法规范之间的竞合。同一罪名框架下的预备犯、未遂犯、中止犯与既遂犯,以及基准犯与结果加重犯、情节加重犯等,均非规范竞合。

13. **分则规范的竞合**:不同罪名的规范之间的竞合,依存于"分则规范"的框架,主要表现为 A 罪基准罪状规范与 B 罪基准罪状规范之间的竞合,也包括 A 罪加重罪状规范与 B 罪基准罪状规范之间的竞合(本节段 26)。

14. **实质的一罪**:规范竞合系择一规范适用,因而具备竞合规范的重合部分的同一行为事实,仅仅符合竞合中的某一规范,进而只成立"实质的一罪"。对此,可以用公式表述为:A 规范 ∩ B 规范 = C 构成 = A 罪(B 罪)。①

（二）实行行为的整体重合

15. 规范竞合的核心,表现为竞合的各个规范所规定的实行行为之间具有一定的重合,并且这种重合是实行行为的整体结构及内容之间的一种关系。至于竞合的犯罪构成中的行为的结果、对象、情境等之间是否具有重合关系,则并非规范竞合的必要要求,但其应当具有相容性,而无分离。

16. **实行行为构成要素的重合**:是指不同规范的实行行为的构成要素一一对应,并且对应的要素在内容上也存在重合。由此,以下情形并非这种重合:**(1)** 两罪实行行为的构成要素对应缺损。例如,故意伤害罪实行行为与抢劫罪实行行为的方法行为具有一定的重合,但是抢劫罪实行行为的目的行为则是故意伤害罪实行行为所不具备的。**(2)** 两罪实行行为的构成要素属于不同类型。例如,暴力危及飞行安全罪实行行为系"暴力"的方法行为,而故意伤害罪实行行为系"引起他人身体健康损害"的目的行为。**(3)** 两罪实行行为的构成要素的内容不同。例如,放火罪与故意杀人罪的实行行为虽均由目的行为构成,但放火罪行为的内容是"引起燃烧",而故意杀人罪行为的内容是"引起他人死亡"。

17. **实行行为整体重合的表现**:重合意味着竞合两罪的实行行为之间在构成要素的整体结构与内容上存在相同的部分,但并不意味着两罪的实行行为在逻辑关系的几何图形上是一同心圆。具体而论,竞合两罪的实行行为之间的重合样态是:
(1) 实行行为周延重合。例如,故意毁坏财物罪的"毁灭或者损坏"行为,与破坏交通

---

① 详见张小虎:《犯罪论的比较与建构》,北京大学出版社 2006 年版,第 703 页。

工具罪的"破坏"行为。**(2) 实行行为包容重合**。例如,诈骗罪的"虚构事实或者隐瞒真相骗取"行为,包容招摇撞骗罪的"冒充国家机关工作人员骗取"行为。**(3) 实行行为交叉重合**。例如,妨害作证罪的"以暴力、威胁、贿买等方法阻止证人作证或者指使他人作伪证"行为,与辩护人、诉讼代理人妨害作证罪的"以威胁、引诱的方法使证人违背事实改变证言或者作伪证"行为。[①]

(三) 犯罪构成的竞合

18. 规范竞合是犯罪构成的竞合,其中实行行为与主观责任同时具有一定的重合,犯罪构成的其他要件必须相容,而构成要件存在分离则排除了竞合。

19. **犯罪构成竞合**:规范竞合的理论路径为:规范竞合意味着不同刑法规范(A 与 B)之间存在着竞合关系;这种竞合关系的核心是,不同刑法规范(A 与 B)所规定的不同犯罪构成之间存在着犯罪构成的重合形态(C);由于出现了这种犯罪构成的重合形态(C),因而需要确定与 C 相应的案件事实所应适用的具体规范(A 或 B);而与 C 相应的案件事实所应适用的具体规范的确定,实际上也就是该案件事实所应适用的罪名、罪状与法定刑的确定。

20. **实行行为与责任类型同时重合**:规范竞合的本义也意味着,竞合的规范(A 与 B)中的犯罪构成在区别中具有相当程度的容合。因为只有在规范间的容合到一定程度的时候,才需要规范竞合理论对这种容合的规范(A 与 B)所现的同一犯罪行为(C)的案件事实,确定其规范的适用。而实行行为与主观责任是犯罪构成轮廓的支柱要素。倘若两个犯罪构成中的实行行为与主观责任同时具有一定的重合,那么这两个犯罪构成之间就具有了较大程度的相似性。因此,犯罪构成的竞合,至少是实行行为与主观责任心态同时具有一定的重合。这里,主观责任具有一定的重合,强调的是责任心态类型的重合或者相容。这就排除了实行行为重合而主观责任分离的规范之间的竞合。由此,故意杀人罪与过失致人死亡罪、放火罪与失火罪等之间并不存在规范竞合。

21. **其他构成要素相容**:是指在不同刑法规范(A 与 B)竞合的场合,A 规范之 a 罪与 B 规范之 b 罪构成了犯罪构成的重合形态(C),在 C 中不仅 a 罪与 b 罪之实行行为与主观责任具有重合,而且 a 罪与 b 罪的其他构成要素,或者也具有一定的重合(X),或者虽不重合但可以同时共存(Y)。其中,情形 X 称为重合相容,情形 Y 称为共存相容。**(1) 重合相容**:例如,故意泄露国家秘密罪的行为主体"一般主体"与故意泄露军事秘密罪的行为主体"军职人员",前者包容后者。**(2) 共存相容**:例如,盗窃罪的侵害法益"财物管理秩序"与盗窃枪支罪的侵害法益"公共安全和枪支管理制度",两者并无重合但可共存。

22. **构成要素并无分离**:沿袭上文所述的语境,所谓分离是指 a 罪的构成要素与 b 罪的构成要素,相互矛盾与对立而不能同时共存以致共处于 C 中。a 与 b 两罪构成要素之间的关系可为重合、共存与分离。其中,重合与共存可以形成 C 而为规范竞

---

① 详见张小虎:《犯罪论的比较与建构》,北京大学出版社 2006 年版,第 711 页。

合,而分离则不能形成 C,也不存在规范竞合关系。例如,挪用资金罪的行为主体是"公司、企业或者其他单位的非国家工作人员",而挪用公款罪的行为主体是"国家工作人员",两者之间的关系恰恰是是与非的逻辑关系,即分离。由此,职务侵占罪与贪污罪等之间并不存在规范竞合。

23. 重合于犯罪构成的重合形态:沿袭上文所述的语境,具有规范竞合关系的 a 罪与 b 罪构成了犯罪构成的重合形态(C)。具体地说,C 是一种兼有 a 罪与 b 罪的包容性的犯罪构成形态,在这一犯罪构成形态中包含着 a 罪与 b 罪的犯罪构成要素。根据规范竞合理论,对于 C 只能适用竞合的 A 规范与 B 规范中的某一规范。而 C 作为一种犯罪形态,可谓是竞合规范中的同一犯罪行为,这一同一犯罪行为也有其相应的具体案件事实,这一具体案件事实即为规范竞合犯。

四、规范竞合的类型

24. 对于规范竞合的类型,刑法理论存在诸多不同的见解。对此,应当注意,规范竞合类型(竞合的规范之间的关系类型)不同于规范充足类型(竞合之罪对某一规范充足关系的类型)。作为竞合规范之间的关系形态的种类,规范竞合类型有包容关系和交叉关系两种。①

25. 在规范竞合的视野下,竞合之犯罪构成的要素之间的关系,是竞合规范之间的关系的实质内容。竞合规范的犯罪构成要素之间的关系,可能存在三种情况:包容重合、交叉重合、共存相容。根据这三者组合形态的不同,可以将规范竞合的类型分为两种。**(1)包容关系**:是指竞合的规范所规定的犯罪构成的要素之间,仅存在单向包容重合的关系,包括单向包容重合、重合、共存相容的关系共存的情形,而不存在交叉重合或双向包容重合的关系的情形。**(2)交叉关系**:是指竞合的规范所规定的犯罪构成的要素之间,或者存在着交叉重合的关系,包括交叉重合、包容重合、共存相容的关系共存的情形;或者存在着双向包容重合的关系,包括双向包容重合、共存相容的关系共存的情形。②

26. 另外,不同罪名之间的规范竞合既可以存在于同层之间,也可存在于异层之间:**(1)同层规范竞合**:在 A 罪的基准罪状规范与 B 罪的基准罪状规范存在规范竞合的场合,规范竞合即表现为同层竞合。例如,规定高空抛物罪的规范(第 291 条之二)与规定以危险方法危害公共安全罪之基准罪状的规范(第 114 条),这两者之间的竞合。**(2)异层规范重合**:在 A 罪的加重罪状规范与 B 罪的基准罪状规范存在规范竞合的场合,规范竞合即表现为异层竞合。例如,规定高空抛物罪的规范(第 291 条之二)与规定以危险方法危害公共安全罪之加重罪状的规范(第 115 条),这两者之间的竞合。

---

① 详见张小虎:《犯罪论的比较与建构》,北京大学出版社 2006 年版,第 708 页。
② 详见同上书,第 709 页。

五、规范竞合的适用原则

27. 基于遵循罪刑法定原则与规范竞合适用原则,在规范竞合的适用规范上应当做到:**(1) 依照刑法规定**:在《刑法》对于规范竞合适用原则作了明确规定的场合,依照《刑法》规定。对此,我国《刑法》规定的类型包括:特别规范优于普通规范,例如第233条、第234条第2款等;普通规范优于特别规范,例如第438条第2款;重法规范优于轻法规范,例如第142条之一第2款①等。**(2) 遵循一般原则**:在《刑法》未对规范竞合适用原则予以明确规定的场合,遵循适用规范的一般原则,即总体上应当按照特别规范优于普通规范、复杂规范优于简单规范的原则,选择适用规范。**(3) 特别场合例外**:遵循适用规范的一般原则明显有违罪刑均衡原则,并且《刑法》也没有明确规定竞合规范的适用原则,在此场合适用重法规范优于轻法规范的原则。② 因为罪刑均衡原则也是立法与司法的准则;一般原则有例外是刑法理论的多种场合的呈现。

六、规范竞合犯与想像竞合犯

28. 规范竞合犯与想像竞合犯均属一个行为、均牵涉数个罪名、均为实质一罪,不过两者存在重要区别:**(1) 事实竞合与规范竞合**:想像竞合犯系由事实行为的累及而生A罪与B罪之竞合,A罪与B罪在规范设置上并无竞合关系;而规范竞合犯系由实行行为重合等而生A罪与B罪之竞合,A罪与B罪在规范设置上就有竞合关系。**(2) 事实行为与规范行为**:想像竞合犯的聚焦在于,在不同具体犯罪中被重复评价的一个事实行为;而规范竞合犯的聚焦在于,在不同具体犯罪构成中所现的实行行为整体结构与内容的重合。**(3) 责任心态多元与责任类型重合**:想像竞合犯一个事实行为所触犯的数罪,其主观责任形式可为故意与过失的多元并存;而规范竞合犯竞合的不同犯罪构成之间,其主观责任形式的具体类型应为重合或者相容。**(4) 罪刑定位与规范适用**:想像竞合犯要解决的核心问题是罪刑的定位,即在一个事实行为触犯数个不同罪名的场合如何定罪处刑。而规范竞合犯要解决的核心问题是规范的适用,即当刑法规范的设置出现了交叉或者重合的关系时对于犯罪构成上的同一犯罪行为如何选择适用规范。**(5) 处断一罪与单纯一罪**:想像竞合犯的一个事实行为对数个罪名均有符合,最终从一重罪处断,因而想像竞合犯属于处断一罪;而规范竞合犯的同一犯罪行为的具体案件事实,仅择竞合中的某一规范适用,而不适用其他规范,从而规范竞合犯属于单纯一罪。

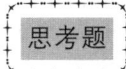

1. 想像竞合犯与结果加重犯的关系是什么?

---

① 第142条之一与第142条该两规范之间存在规范竞合。《刑法》中有关"依照处罚较重的规定定罪处罚"所指情形包括规范竞合犯、想像竞合犯、牵连犯等罪数形态。

② 详见张小虎:《犯罪论的比较与建构》,北京大学出版社2006年版,第720页。

2. 规范竞合的构成特征(构成要素)有哪些?
3. 我国《刑法》中有关"依照处罚较重的规定定罪处罚"的规定是指什么?

第52节 数行为法定一罪

一、集合犯的概念、特征及处罚

(一)集合犯的概念

1. **集合犯**,是指行为人基于同一犯罪意图,反复实施同种性质的犯罪行为,刑法分则将其包括在同一犯罪构成中的犯罪形态。例如我国《刑法》第303条规定的赌博罪、第336条规定的非法行医罪等。

(二)集合犯的构成特征[①]

2. **同一犯罪意图**:是指行为人具有反复实施某一相同性质的具体犯罪的意思图谋,并且在行为时持有该具体犯罪的故意心态。

3. **反复实行行为**:是指刑法分则将某一具体犯罪的实行行为预设为可以轮番同种反复的实行行为,即该罪的实行行为包括数次同种实行或一次实行。

4. **成立单一犯罪**:是指根据刑法分则的预设行为人实施数次实行行为成立单一的具体犯罪,行为人实施一次实行行为也可成立该罪,即数个同质行为法定一罪。

(二)集合犯的处罚原则

5. 集合犯属于数个同质行为的法定一罪,对于集合犯依照刑法分则的具体规定处罚。

二、集合犯的类型

(一)常习犯

6. **常习犯**:又称习惯犯、惯习犯,是指行为人逐步养成某种犯罪的习惯,在较长时间内反复多次实施该种具体犯罪,以犯罪所得作为主要生活来源的犯罪形态。我国1979年《刑法》第152条曾有惯窃、惯骗的常习犯的规定,《德国刑法典》第243条第1款也有"职业盗窃"的常习犯的规定。我国现行《刑法》并未明确设置常习犯,而现实中常习犯的情形却大量存在。

7. 常习犯具有如下**特征**:(1) **习惯性**:行为人逐渐形成了实施某种具体犯罪的较为稳定的心理结构与行为模式,犯罪技术日臻完善。(2) **长期性**:行为人在相当长的时期内(少则几年多则一生)不断地实施犯罪,形成了犯罪的职业生涯。(3) **重复性**:行为人基于同一犯罪意图,不断地、经常地、反复地实施同种性质的犯罪行为。(4) **依赖性**:行为人缺乏正当的职业,依靠犯罪所得作为自己生活或挥霍的主要

[①] 关于集合犯的构成特征的具体阐释,详见张小虎:《犯罪论的比较与建构》,北京大学出版社2006年版,第743—744页。

来源。①

（二）职业犯

8. **职业犯**：是指行为人违法实施某种职业性的活动，刑法规范将其包括在同一犯罪构成中的犯罪形态。例如非法行医罪。职业犯是法定一罪，由刑法分则具体规定。

9. 职业犯具有如下**特征**：**(1) 违法性**：职业犯的行为内容多数存在合法的途径，然而行为人却以违法的手段实现自己的职业需求。**(2) 职业性**：职业犯的行为内容具有职业属性，倘若行为人遵守从业规则则行为可成为恰当的职业活动。**(3) 同一性**：行为人基于重复实施相同犯罪行为的意图，实施一次行为与实施数次行为均可成立职业犯。**(4) 法定性**：职业犯由刑法规范预先设置，尤其是对于职业犯的违法性特征，刑法条文一般都予以叙明。②

10. **常习犯与职业犯**：均可表现为行为人将某种犯罪作为自身的一种职业活动。然而，两者在主观恶性、重复行为、职业特征等方面存在重要**区别**。③

（三）常业犯

11. **常业犯**：是指行为人实施某种非法经营性的活动，刑法规范将其包括在同一犯罪构成中的犯罪形态。例如"以赌博为业"的赌博罪。常业犯也是法定一罪，由刑法分则具体规定。常业犯通常以营利为目的，但是"以营利为目的"并非所有常业犯的法定构成要素。

12. 常业犯具有如下**特征**：**(1) 经营性**：常业犯行为的内容具有经营性的特征，表现出经济上的投入、活动上的管理等成分。**(2) 非法性**：常业犯行为人所从事的营业内容与性质，具有较为明显的非法性和反社会特征。**(3) 同一性**：在行为人的行为表现为轮番重复的场合，数次行为的性质前后始终保持一致。**(4) 法定性**：常业犯由刑法规范预先设置。经营性特征在刑法条文中既可叙明也可隐含。④

13. **常业犯与职业犯**：均伴随着行为人的从业特征，并且在性质的同一性、构成的法定性等方面也基本一致。然而，两者在从业性质上则有着重要**区别**，常业犯以经营非法行业为特征，而职业犯以非法经营行业为标志。⑤

三、转化犯的概念、特征及处罚

（一）转化犯的概念

14. 转化犯，是我国刑法理论根据立法实际而启用的术语，在一定程度上相当于"**追并犯**"⑥。尽管这一术语已获得广泛的承认，但是学者们对其具体界说颇有争议。

---

① 详见张小虎：《犯罪论的比较与建构》，北京大学出版社 2006 年版，第 745 页。
② 详见同上书，第 746 页。
③ 详见同上。
④ 详见同上书，第 747 页。
⑤ 详见同上书，第 748 页。
⑥ **追并犯**，乃原罪依法律之特别规定，因与犯罪后之行为合并，变成他罪。参见陈朴生编著：《刑法总论》，台湾正中书局 1969 年版，第 168 页。

在此,本书基于我国刑法的规定及相应的理论逻辑对转化犯展开讨论。①

15. **转化犯**,是指行为在成立基础犯(基础罪)之后又具备了另一密切相关的更为严重的犯罪构成或者其他事实特征,刑法分则明文规定按后一较重的犯罪(转化罪)论处的犯罪形态。转化犯的基本模式是"A(基础犯)+B(转化犯或者其他事实特征)= B(转化犯或者准型转化犯)"。例如我国《刑法》第269条的规定。

(二) 转化犯的构成特征②

16. **基础形态**:应为犯罪行为。由此,我国《刑法》第289条前段的规定不是转化犯。转化犯的基础形态,是指转化犯在转化前的行为及其伴随的诸事实所构成的、作为转化犯之转化基础的一种行为形态。

17. **主观特征**:(1) **基础犯呈现为故意犯**:转化犯是法定的一罪,而从我国《刑法》的规定来看,目前尚无由过失犯向故意犯转化的转化犯立法例。当然,不排除在以后的立法中会出现这种情形。(2) **故意内容的转化**:转化犯是此罪向彼罪的转化,从而不同的故意内容的转化也是必然的。

18. **客观特征**:(1) **转化行为**:转化犯的构成要件行为(转化行为)与基础犯的构成要件行为(基础行为)既有关系又互为相对独立,转化行为有其自身的构成。基础行为与转化行为可以呈包容关系(如我国《刑法》第269条的规定)或分离关系(如我国《刑法》第253条第2款的规定)。(2) **转化时间**:决定转化的事实紧随基础犯之后或发生于基础犯持续的期间。发生于基础犯行为之前的事实,对于基础犯来说,不是罪与罪之间的转化问题,而是具体犯罪构成的问题。由此,我国《刑法》第267条第2款的规定不是转化犯。

19. **停止形态**:(1) **基础犯可为未遂犯**:无论是既遂犯还是未遂犯均系犯罪,将它们视作转化犯的基础犯并无不妥,而现实中也确实存在基础犯未遂而转化犯既遂的情形。如案例52-1中甲的行为。③ (2) **转化犯的停止形态**:应当以行为符合转化犯的具体情况为准。基础犯未遂而转化犯可以是既遂,但基础犯既遂而转化犯未必就是既遂或成立。如案例52-2中甲的行为。④ 另例见案例50-11(第50节段29)。

案例52-1:计划周密意图盗窃金融机构的甲,在着手之际被值班人员发现而逃离,为了抗拒抓捕而当场使用暴力。

案例52-2:甲入户盗窃取财后被发现而逃离,在户外使用暴力抗拒抓捕,但是暴力强度较小未造成轻伤以上后果。

20. **转化条件**:是指基础犯构成要素以外的决定转化犯成立的诸事实特征。对此,我国《刑法》所设置的转化犯存在三种:(1) 转化条件独立符合转化犯的构成要素,如《刑法》第247条后段的规定。(2) 基础犯并转化条件符合转化犯的构成要素,

---

① 详见张小虎:《犯罪论的比较与建构》,北京大学出版社2006年版,第753页。
② 关于转化犯的构成特征的具体阐释,详见同上书,第754页;张小虎:《转化犯基本问题探究》,载《现代法学》2003年第6期。
③ 参见2016年最高人民法院《关于审理抢劫刑事案件适用法律若干问题的指导意见》第3条。
④ 参见同上。

如《刑法》第 393 条后段的规定。(3) 基础犯并转化条件大致符合转化犯的构成要素,如《刑法》第 269 条的规定。

21. **法定特征**:(1) **转化犯为法定一罪**:系针对 A 罪之后又有较重 B 罪事实特征的情形,刑法分则规定按照较重 B 罪论处的法定犯罪形态。因此,转化犯中包含了"一个犯罪行为并其他事实"或者"两个犯罪行为"。(2) **罪名转化**:基础犯(基础罪)与转化犯(转化罪)是两种不同性质的犯罪,其罪名各不相同,且是由轻罪向重罪的转化,这也是刑法设置转化犯的价值所在。

(三) 转化犯的类型

22. 按照转化犯转化之罪的特征,将转化犯分为:(1) **典型转化犯**:是指刑法所规定的决定转化犯成立的诸事实特征,完全符合转化罪的标准构成形态。例如我国《刑法》第 253 条第 2 款的规定。(2) **准型转化犯**:是指刑法所规定的决定转化犯成立的诸事实特征,并不完全符合转化罪的标准构成形态,但是刑法规定依照该转化之罪论处。例如我国《刑法》第 269 条的规定。①

23. 注意准犯未必就是准型转化犯。准犯可以分为普通型准犯和转化型准犯:(1) **普通型准犯**是指所成立的犯罪不存在由彼罪向本罪转化的准犯,如我国《刑法》第 267 条第 2 款规定的准抢劫罪。(2) **转化型准犯**是指所成立的犯罪是由彼罪向本罪转化的准犯,如我国《刑法》第 269 条规定的准抢劫罪。

(四) 转化犯的处罚原则

24. 转化犯虽为法定一罪,但并不形成新的罪名。因此,对转化犯依照刑法分则对转化犯的处罚规定以及所转化罪的法定刑具体处罚。

四、转化犯与其他法定一罪

(一) 转化犯与包容犯

25. **包容犯**,是指行为人实施本罪犯罪行为,又出现了另一相关的他罪事实特征,刑法明文规定按本罪从重或者加重处罚的法定犯罪形态。包容犯的基本模式是"A(犯罪)+B(犯罪)= A(犯罪)";意味着 A 罪或其加重犯罪构成,包含容纳了 B 罪或其某些罪状的法定犯罪形态。例如我国《刑法》第 171 条第 3 款的规定、第 240 条第 1 款第 3 项的规定、第 328 条第 1 款第 4 项的规定。包容犯不同于结果加重犯与结合犯。

26. 转化犯与包容犯,均为关涉两罪而为法定一罪,并且最终均将一罪置于他罪中论处。但是,两者存在重要**区别**:(1) 包容犯是 A 罪包容 B 罪,而转化犯是 A 罪转化成 B 罪;(2) 在包容犯中 B 罪独立成立,而转化犯在 B 为其他事实特征的场合(本节段15)需由 A、B 整合构成转化犯或准型转化犯。

(二) 转化犯与结果加重犯

27. **结果加重犯**的基本模式是"A(基准犯)+B(加重结果)= A(结果加重犯)"。

---

① 详见张小虎:《犯罪论的比较与建构》,北京大学出版社 2006 年版,第 761 页。

转化犯与结果加重犯均涉及复合责任心态而为法定一罪。但是,两者存在重要**区别**:(**1**) 在结果加重犯中,基准犯与结果加重犯依存于同一具体犯罪(A),B 仅是 A 罪中的加重结果;而在转化犯中,基础犯罪(A)与转化犯罪(B)分属于不同的具体犯罪(A 与 B)。(**2**) 结果加重犯的 B,只是 A 罪之加重犯罪构成的结果加重要素;而转化犯的 B,既可以是转化犯也可以是其他事实特征(本节段 15),但其均非 A 罪的构成要素。

(三) 转化犯与结合犯

28. **结合犯**,又称复杂罪,是指数个罪名不同、各自独立的法定犯罪,由刑法分则将之整合成另一新罪名犯罪的犯罪形态。结合犯的基本模式是"A 罪 + B 罪 = AB 罪(C 罪)"。例如《日本刑法典》第 241 条所规定的强盗强奸罪。

29. 转化犯与结合犯,均为法定一罪,均涉及罪名的变化,均存在涉及两罪的不同责任心态。但是,两者在罪名特征、前提特征、法定刑等方面存在重要区别。①

五、转化犯的立法事宜

30. 转化犯有其立法价值,诸如利于立法的明确性、增加司法的可操作性等,不过转化犯的设置应以必要为限,如果能够较为明确地通过罪数理论予以解决的情形,则可不必动用立法,以节省立法资源、精简法条。尤其是,不宜将本应数罪并罚的情形设置为转化犯,否则难以做到罪刑均衡。

思考题

1. 集合犯的具体类型有哪些?
2. 转化犯与包容犯、结果加重犯、结合犯的关系是什么?

第 53 节 数行为处断一罪

一、吸收犯

(一) 吸收犯的概念

1. **吸收犯**,是指行为人在针对同一行为对象的同一犯罪过程中,基于一个主导或单一的犯罪意图的支配,实施分别符合数个构成要件行为的数个事实行为,按照社会经验或者法律性质判断,这些行为之间存在着当然联系,从而其中的一个行为将其他行为吸收,被吸收的行为失去独立存在的意义,而按吸收行为论罪的犯罪形态。如案例 53-1 中甲的行为。吸收犯是数个事实行为触犯一个罪名或数个罪名的犯罪形态,只是由于这数个行为之间存在当然联系从而作为一罪处断。

---

① 详见张小虎:《犯罪论的比较与建构》,北京大学出版社 2006 年版,第 762 页。

案例 53-1：甲盗窃枪支而后予以持有。

(二) 吸收犯的构成特征

2. **一个主导或单一的犯罪意图**：是指行为人所实施的具有吸收关系的数个事实行为，受一个核心的或者同一的主观心态支配。包括：实施数个性质不同的事实行为，受一个主导犯罪意图的支配，如案例 53-1 中甲占有枪支的意图；实施数个性质相同的事实行为，受一个性质单一的主观心态支配，如实行吸收预备中的单一犯意。

3. **数个事实行为**：是指行为人在一个犯罪过程中所实施的、作为具体案件事实的若干自然行为，在不存在重复评价的情况下分别符合不同的构成要件行为。这里，数个事实行为可以是同一性质的(属于同一罪名)，也可以是不同性质的(属于不同罪名)。对此，刑法理论有同一性质说、不同性质说、同异性质兼容说的对立。

4. **数个行为存在吸收关系**：是指数个事实行为分别符合的数个构成要件行为之间或者数个具体犯罪行为之间，按照社会经验或者法律性质判断，存在着合乎情理的当然联系。这里的"当然联系"，既是社会经验的判断(具有现实生活的规律性发展关系)，也是法律性质的展现(具有法律规定的主导与从属意义)。

5. **同一犯罪过程中的同一行为对象**：是指行为人在一个主导或单一犯罪意图的支配下，实施数个事实行为的法定性质具有当然联系(本节段 4)，并且行为对象具有同一指向，从而在事实上形成一个犯罪整体。在此，"行为对象同一指向"是指吸收犯的行为对象具有相对集中、一致的指向性，包括对象形式上似有差异而实质上具有同一。例如存折本身(A)与其所承载钱款(B)。①

6. **符合数个犯罪构成**：是指具有吸收关系的数个事实行为，在各自独立评价的场合，分别符合数个不同的犯罪构成。这里"不同的犯罪构成"包括同一罪名下的不同犯罪形态以及不同罪名之间不同。吸收犯的成立必须数个行为分别符合"数个"犯罪构成。如案例 53-2 中 A 行为构成盗窃罪，但 B 行为并不构成掩饰、隐瞒犯罪所得罪，从而 A 与 B 之间并非吸收犯。而在案例 52-3 中 B 行为构成故意毁坏财物罪，甲的行为可以成立吸收犯。② 在案例 52-4 中由于 A 与 B 之间并非受一个主导犯罪意图的支配，从而成立数罪。③

案例 53-2：甲盗窃乙的笔记本电脑(A)而后甲自己销售赃物(B)。

案例 53-3：甲出于泄愤盗窃乙的笔记本电脑(A)而后故意将之毁坏(B)。

案例 53-4：甲出于占有目的盗窃乙的笔记本电脑(A)而后为掩盖罪行而将之损毁(B)。

---

① 详见张小虎：《论牵连犯的典型界标》，载《中国刑事法杂志》2013 年第 5 期。

② 对于这一情形，国外刑法理论以不可罚的事后行为解释之。**不可罚的事后行为**，是指在状态犯的场合，本来分割考察事后行为也可以独立成罪，然而基于事后行为利用了前者实行行为的结果状态，由此事后行为作为前者实行行为的结果行为被评价在前行为的犯罪中，前行为与后行为总和起来受到处罚从而使对后行为的单独处罚没有必要。

③ 参见 2013 年最高人民法院、最高人民检察院《关于办理盗窃刑事案件适用法律若干问题的解释》第 11 条。

（三）吸收犯的吸收关系①

7. 同一罪名下的行为吸收（行为吸收犯或称同质吸收犯），包括共同犯罪形态行为的吸收关系（正犯行为吸收共犯行为、教唆行为吸收帮助行为）、故意犯罪过程行为的吸收关系（实行终了行为吸收未实行终了行为、实行行为吸收预备行为、中止行为吸收预备行为与未实行终了行为、结果没有发生则中止行为吸收实行终了行为、结果已经发生则实行终了行为吸收中止行为）。

8. 不同罪名下的行为吸收（犯罪吸收犯或称异质吸收犯），主要是重罪行为吸收轻罪行为。

（四）吸收犯的处罚原则

9. 对不同吸收关系的吸收犯在处罚原则上有所不同：**(1) 停止形态吸收·一罪处断**：在故意犯罪停止形态中，预备犯、未遂犯、中止犯与既遂犯依存于同一罪名，且这些犯罪的停顿点不可兼有，从而对这一类型的吸收犯以"一罪处断"为宜。**(2) 共同形态吸收·一罪重处**：在共同犯罪形态中行为人先后可有教唆犯、实行犯、帮助犯的多重角色，而这些犯罪形态依存于同一罪名，对这一类型的吸收犯以"一罪重处"为宜。**(3) 不同罪名吸收·重罪重处**：在犯罪吸收犯的场合，数个事实行为分别符合不同性质的犯罪构成，只是基于数罪之间存在吸收关系而作一罪处断，对于这一类型的吸收犯以"从一重罪重处"为宜。

10. "从一重罪重处"包括如下意义：**(1) 重罪定罪**：按照所触犯的数罪中最重的一罪定罪。**(2) 重罪法定刑**：在所定重罪的法定刑幅度内量刑。**(3) 从重量刑**：在重罪所应当适用的法定刑幅度内适当从重。

（五）犯罪吸收犯与想像竞合犯

11. 犯罪吸收犯与想像竞合犯均有事实行为触犯数个罪名的问题，行为吸收犯与想像竞合犯均存在实质一罪的情形。但是，吸收犯与想像竞合犯有着重要**区别**：**(1) 数行为与一行为**：吸收犯表现为数个事实行为，而想像竞合犯表现为一个事实行为。**(2) 单一意图与责任复合**：犯罪吸收犯的数行为受一个主导犯罪意图支配，行为吸收犯的数行为受性质单一的主观心态支配；而想像竞合犯的一行为承载着故意复合、过失复合或者故意与过失复合的责任心态。**(3) 罪名复杂与数个罪名**：犯罪吸收犯数行为触犯不同罪名，行为吸收犯数行为触犯同一罪名；而想像竞合犯一行为触犯数个罪名。**(4) 当然联系与偶然关系**：吸收犯数行为的不同性质之间，按照社会经验或者法律性质判断，存在着合乎情理的关系；而想像竞合犯一行为所触犯的数个罪名之间，只是基于一个事实行为而形成的偶然关系。**(5) 罪数复杂与实质一罪**：吸收犯包含着实质一罪与实质数罪的情况，而想像竞合犯只是实质的一罪。**(6) 处罚多样与重罪重处**：对行为吸收犯根据不同情形可为"一罪处断"或"从一重罪重处"，对犯罪吸收犯"从一重罪重处"；而想像竞合犯的处罚原则则为"从一重罪重处"。

---

① 关于吸收犯的吸收关系的具体阐释，详见张小虎：《犯罪论的比较与建构》，北京大学出版社2006年版，第787—790页。

二、牵连犯

（一）牵连犯的概念

12. 值得注意的是,刑法理论存在取消牵连犯而将之归入包括一罪或并合罪的见解。对此,应当看到,牵连犯既不同于单纯一罪或典型数罪,也不宜被简单归入包括一罪,牵连犯有其独特的个性。一些国家的刑法总则也规定了牵连犯。[①]

13. **牵连犯**,是指行为人基于一个主导犯罪意图的支配,实施作为主旨支配的本罪行为触犯本罪罪名,而其方法准备行为或者后续结果行为又成立他罪行为触犯他罪罪名的犯罪形态。如案例 53-5 及案例 53-6 中甲的行为。

案例 53-5：甲意图杀害乙,于是盗窃枪支将乙击毙。

案例 53-6：甲为非法占有枪支而抢劫枪支,继而予以非法持有。

（二）牵连犯的构成特征[②]

14. **一个主导犯罪意图支配**：是指行为人实施数个性质不同的犯罪行为,相应存在数个性质不同的主观心态,其中有一个居于支配地位,贯穿并统治着整个犯罪的进程。一个主导犯罪意图包括：具有牵连意图(有意识地将他罪行为作为本罪行为的方法准备或者后续结果,从而使相关的数个犯罪在事实上形成一个犯罪整体);可以存在不同故意(牵连犯数个行为的每个行为均存在自身的犯罪心态)。

15. **数个异质事实行为**：是指行为人在一个总体犯罪过程中所实施的若干自然行为构成各个事实行为(事实行为 A——主旨支配行为、事实行为 B——方法准备行为、事实行为 C——后续结果行为),分别符合数个不同性质具体犯罪(本罪、方法准备之罪、后续结果之罪)的构成要件行为。

16. **数个罪行存在牵连关系**：是指数个事实行为分别符合的数个具体犯罪行为之间,存在着方法准备(为顺利完成本罪 A 而实施系 B 罪)、主旨支配(引导推进着整个犯罪系 A 罪)、后续结果(为巩固 A 罪成果而实施系 C 罪)的相关关系,从而使整个犯罪过程连成一体,即 A、B、C 在同一进程的犯罪中。

17. **行为对象相异**：是指牵连犯虽然也是依存于同一进程的犯罪中,但是数个事实行为所针对的行为对象彼此分离,并不具有同一指向。具体地说,在牵连犯中,方法准备行为针对行为对象 B,主旨支配行为针对行为对象 A,后续结果行为针对行为对象 C,A、B、C 三者并不完全一致。[③]

18. **触犯数个罪名**：是指具有牵连关系的数个事实行为,在各自独立评价的场合,分别符合的数个不同罪名的犯罪构成。即方法准备行为符合 B 罪,主旨支配行为符合 A 罪,后续结果行为符合 C 罪。

（三）牵连关系的评价与类型

19. 牵连关系的认定应当结合主观与客观,主观系各罪行为受一个主导犯罪意

---

① 详见张小虎：《犯罪论的比较与建构》,北京大学出版社 2006 年版,第 795 页。
② 关于牵连犯的构成特征的具体阐释,详见同上书,第 796—800 页。
③ 详见张小虎：《论牵连犯的典型界标》,载《中国刑事法杂志》2013 年第 5 期。

图支配(本节段 13),客观系各罪行为之间存在特定的当然联系。所谓**当然联系**,是指行为人所实施数个犯罪行为之间,按照一般社会经验,存在着合乎情理的方法准备行为、主旨支配行为、后续结果行为的关系。**社会经验评价**,是将方法准备行为、主旨支配行为、后续结果行为之间具有现实生活的规律性(因果)发展关系,视作当然联系的存在。

20. 牵连关系主要存在如下类型:方法准备行为与主旨支配行为的牵连,如案例 53-7;主旨支配行为与后续结果行为的牵连,如案例 53-6;方法准备、主旨支配、后续结果的复杂牵连,如案例 53-8。①

案例 53-7:甲采取伪造国家机关公文证件的方法实施诈骗犯罪。

案例 53-8:甲为非法占有枪支而入室抢劫枪支,继而予以非法持有。

(四) 牵连犯的处罚原则

21. 我国《刑法》总则对于牵连犯的构成与处罚未予规定,而《刑法》分则对一些本属牵连犯的情形的处罚作了规定。具体包括:数罪并罚,如《刑法》第 198 条第 2 款;设置为转化犯,如《刑法》第 253 条第 2 款;设置为包容犯,如《刑法》第 171 条第 3 款。

22. 对刑法分则未予特别规定的其他牵连犯的处罚,刑法理论存在"数罪并罚说"与"从一重从重处罚说"的不同见解。其中,"从一重从重处罚说"为通说。事实上,牵连犯既不同于典型数罪,又不同于单纯一罪,因此对其从一重从重处罚较为合理,即"从一重罪重处"。

23. **从一重罪重处**包括如下意义:(1) **重罪定罪**:按照所触犯的数罪中最重的一罪定罪。(2) **重罪法定刑**:在未考虑其他牵连行为触犯其他罪名影响的情况下,确定所定重罪所应当适用的法定刑幅度。(3) **从重量刑**:其他牵连行为触犯其他罪名的事实应当作为重要的量刑情节,因此在重罪所应当适用的法定刑幅度内,适当从重量刑。

(五) 牵连犯与吸收犯

24. **相似之处**:主观上均可为受一个主导犯罪意图的支配;客观上均含数个事实行为;数个行为之间均存在当然联系;均存在牵涉数个罪名的情形;均可为实质数罪处断一罪;均可适用从一重罪重处的原则。

25. **主要区别**:主要表现为行为对象的同一与各异的差异,以及牵连犯与行为吸收犯的区别:(1) 牵连犯数个事实行为的对象彼此分离,而吸收犯数个事实行为具有同一指向。(2) 牵连犯的数个事实行为犯罪性质相异,而行为吸收犯(本节段 7)数个事实行为犯罪性质相同。(3) 牵连犯数个犯罪行为之间存在牵连关系(本节段 15),而吸收犯数个犯罪行为或者构成要件行为之间存在吸收关系(本节段 4)。(4) 牵连犯的整个犯罪受一个主导犯罪意图的支配,而行为吸收犯的整个犯罪受一个单一犯罪意图的支配。(5) 牵连犯的数个事实行为分别依存于不同的罪名,而行

---

① 详见张小虎:《犯罪论的比较与建构》,北京大学出版社 2006 年版,第 799 页。

为吸收犯的数个事实行为分别符合同一罪名(本节段7)。(6)牵连犯的数个事实行为原本可以成立数罪,只是基于牵连关系而以一罪处断,而行为吸收犯的数个事实行为本系实质一罪也以一罪处断。(7)对牵连犯的处罚原则是从一重罪重处,而对行为吸收犯的处罚原则是一罪断处或重处。①

三、连续犯

26. **连续犯**,是指行为人基于同一总体犯罪意图,先后连续实施数个性质相同的独立行为,触犯同一罪名的犯罪形态。如案例53-9中甲的行为。

案例53-9:甲基于概括的盗窃故意,一夜连续撬窃了5家单位。

27. 连续犯基于总体犯罪意图的同一与犯罪行为的连续性而作为一罪处断,但其又是数个事实行为连续触犯数个相对独立而性质相同的犯罪的形态,从而与数罪的界限似有模糊,但连续犯仍有其特有的表现。②

28. 总体上连续犯并非由法律明确规定,而是刑法理论根据其特征以一罪处断。基于连续犯的特征,基准犯罪构成与减轻犯罪构成通常不能涵盖连续犯的情形,因此根据刑法规定的不同,对于连续犯的处罚分为"从重处罚"与"适用相应法定刑"两种情形。③

> **思考题**

1. 吸收犯的具体类型有哪些?
2. 如何界分吸收犯与牵连犯?

---

① 详见张小虎:《论牵连犯的典型界标》,载《中国刑事法杂志》2013年第5期;张小虎:《犯罪论的比较与建构》,北京大学出版社2006年版,第801页。
② 详见张小虎:《犯罪论的比较与建构》,北京大学出版社2006年版,第769—782页。
③ 详见同上书,第783页。

第 6 编　犯罪扩张形态

第 14 章　不纯正不作为犯

就刑法规定的基本规则来看,刑法以处罚故意为原则,以处罚过失为例外。"过失犯罪,法律有规定的才负刑事责任。"① 行为主体一般成分系自然人,单位主体须有法律特别规定。"法律规定为单位犯罪的,应当负刑事责任。"② 实行行为法定行为方式的常态是作为,除非法律明确规定为不作为犯,具体犯罪法定实行行为的"住所标签"系作为。③ 由此,作为犯以及纯正不作为犯均与法定犯罪构成直接吻合,系法定的犯罪;而不纯正不作为犯的法定构成要件行为立于作为的平台设置,不纯正不作为犯基于与相应作为犯的等价值性而成立,从而可谓非法定的犯罪。从这个意义上说,不纯正不作为犯系**犯罪扩张形态**,由此备受刑法理论与实际的关注。

本章具体内容,详见第 18 节 E。

---

① 这是我国《刑法》第 15 条第 2 款的规定。作为一项通则这在国外刑法理论与实践中也得到肯定。例如,在德国"没有发生结果的过失行为通常则不受刑罚处罚。"〔德〕冈特·施特拉滕韦特、洛塔尔·库伦:《刑法总论 I——犯罪论》,杨萌译,法律出版社 2006 年版,第 41 页。

② 我国《刑法》第 30 条的规定。

③ 社会秩序的一个基本原则是,个人在自己支配范围里具有独立与自负的责任。由此,法律禁止人们侵害他人法益,这是原则;法律要求人们保护他人法益,这是例外。进而,刑法处罚作为是原则,处罚不作为是例外。

第 15 章 间 接 正 犯

间接正犯系单独正犯,我国《刑法》对间接正犯未予明确规定①,间接正犯是基于刑法理论将他人的实行嫁接于行为人而予论罪。从这个意义上说,在我国《刑法》中间接正犯可谓是一种犯罪扩张形态。②

本章具体内容,详见第 45 节 F。

---

① 当然,也有国家的刑法典对间接正犯作了明确规定。例如,《德国刑法典》第 25 条第 1 款。
② 严格来讲,无论是间接正犯还是直接正犯,在单独正犯的场合其并不涉及共同犯罪。由此,有的论著将间接正犯置于构成要件之行为的理论框架中来讨论。不过,间接正犯系利用他人犯罪,这涉及犯罪的数人参与,又有刑法典将间接正犯作为一种正犯而与共犯相对,从而有的论著又将间接正犯置于共同犯罪的理论框架中。

第7编　犯罪刑事后果

第16章　刑罚基础知识

没有犯罪就没有刑罚,然而有犯罪未必就一定有刑罚。刑罚并非消极地被动于犯罪,而是有其相对积极的意义。①

第54节　刑罚的概念与特征

一、刑罚的概念

1. **刑罚**,是指基于报应犯罪与预防犯罪的宗旨,由国家权力机关制定刑法予以规定,国家审判机关依法对犯罪人具体适用,以剥夺犯罪人利益为内容的强制性、严厉性、痛苦性措施。

二、刑罚的特征②

2. **刑罚基本目的**:刑罚目的以报应为基底兼顾预防(第5节段9)。
3. **刑罚法律根据**:刑法是刑罚的唯一法律依据。"没有法律就没有刑罚"。
4. **刑罚适用主体**:刑罚只能由代表国家的审判机关裁量、执行机关执行(第8节段4)。
5. **刑罚适用对象**:刑罚只能适用于犯罪人(第8节段4)。
6. **刑罚基本内容**:刑罚以剥夺犯罪人利益为内容(第8节段6)。
7. **刑罚强制属性**:刑罚以对犯罪人强制适用为特征。表现为国家司法的强力、刑法适用的必然、刑罚拘束的强迫。
8. **刑罚严厉属性**:刑罚以最严厉的法律制裁为特征。
9. **刑罚痛苦属性**:刑罚具有给犯罪人带来痛苦的特征,使犯罪人感受到精神生活、物质生活的难受。

---

① 详见张小虎:《刑罚论的比较与建构(上卷)》,群众出版社2010年版,第1页。
② 关于刑罚的特征的具体阐释,详见同上书,第3—6页。

> 思考题
>
> 1. 刑罚的概念与特征是什么?
> 2. 刑罚与保安处分的关系是什么?

第55节 刑 罚 权

一、刑罚权的概念

1. **刑罚权**,是指国家基于维护社会共同秩序的必要,对于犯罪人所动用的刑事惩罚权力,其核心是使用实行刑罚的权力。

2. 刑罚权具有如下**特征**:属于刑事惩罚权力;由国家拥有及特定的机关代行;仅适用于犯罪人;基于维护社会共同秩序的必要而发动;包括制刑权、量刑权、行刑权等多种形式。[①]

二、刑罚权的根据

3. 在实质上,国家的刑罚权为社会共同秩序所必要,在形式上,国家的刑罚权严格以刑法规定为根据;在抽象意义上,刑罚权直接基于国家利益、间接基于社会利益、最终受控于客观规律而发动,表现于刑罚规范;在具体意义上,刑罚权基于具体犯罪行为的实施而可能发动,并且仅在刑法规定的限度以内。[②]

> 思考题
>
> 1. 刑罚权的根据是什么?
> 2. 国家应当如何行使刑罚权?

第56节 刑 罚 本 质

一、刑罚本质的概念

1. **刑罚本质**是指刑罚本身所固有的根本属性。刑罚的本质是刑罚理论的重大课题,18世纪中叶以来,学者们对之进行了深入的研究,形成了报应主义与目的主义

---

① 详见张小虎:《刑罚论的比较与建构(上卷)》,群众出版社2010年版,第6—8页。
② 详见同上书,第9—11页。

的理论对峙,20世纪两者又逐步趋于调和,走向折中主义。①

二、刑罚本质的展开

2. 报应是刑罚本身的固有的属性;同时,刑罚也应有其预防的目的。报应与预防两者相互兼容统一。当然,在特定的社会与历史背景下,两者也应有其地位上的差异。刑罚首先着眼于已然之罪而发动,报应构成了刑罚的基底;刑罚也着眼于未然之罪而施加,预防不失为刑罚的兼顾。②

1. 刑罚的本质是什么?
2. 报应与目的的关系是什么?

第57节 刑 罚 目 的

一、刑罚目的的概念

1. **刑罚目的**,是指国家运用刑罚应对犯罪所希望达到的结果,其贯穿于刑罚立法与刑罚司法的统一整体中。

2. 刑罚目的,作为国家运用刑罚的期望与指引,其固然以刑罚本质为基础,但是刑罚目的也主观能动地影响着刑罚的结构(刑罚的制定)、刑罚的运作、刑罚的机能。

二、刑罚目的的展开

3. 刑罚应当兼有报应与预防的目的(第5节段9)。

4. 刑罚属性与刑罚目的密切相关。刑罚属性是刑罚的固有特质;刑罚目的系刑罚的应有追求;刑罚属性为刑罚目的奠定基础,刑罚目的应当符合刑罚属性。报应的属性中有目的,预防的目的中也有属性。

5. 犯罪大量地存在着,并且会继续存在着,惩罚倘若失去了精确、合理、相称,不仅消灭了罪行的惩罚本身,而且会造成罪行的弥漫。刑罚不为报应,等于没有药物与手术刀的"治疗",这无疑是疗养,而不是治病。当然,这里的报应是基于现代刑法的基本理念的报应。③

---

① 详见张小虎:《刑罚论的比较与建构(上卷)》,群众出版社2010年版,第12—13页。
② 详见同上书,第14—15页。
③ 关于刑罚目的(包括刑罚目的与刑罚属性的关系)的具体阐释,详见同上书,第15—19页。

> **思考题**
>
> 1. 刑罚的目的是什么？
> 2. 犯罪学意义上的犯罪防控与刑罚目的的关系是什么？

第58节 刑 罚 机 能

一、刑罚机能的概念

1. **刑罚机能**,是指刑罚在其结构与运作中所表现出的有利作用。刑罚机能是刑罚作用的客观表现,它以刑罚属性为基底,受刑罚结构、刑罚具体运作乃至刑罚目的等的影响。

二、刑罚机能的展开

2. 刑罚针对的对象不同,其所发挥的积极作用也有所差异。①

（一）针对犯罪人的机能

3. **隔除再犯条件机能**:是指刑罚适用于具体的犯罪人,限制、剥夺其犯罪活动所赖之基础,从而使之丧失再次犯罪的基本条件。包括制约机能、隔离机能、消除机能。

4. **个别威慑机能**:是指刑罚的痛苦、剥夺、惩罚等特性,对于具体犯罪人所形成的心理上的威吓、行为上的慑服作用。包括立法威慑与司法威慑,以司法威慑为主。

5. **矫正机能**:是指刑罚适用于具体的犯罪人,通过教育、感化、劳动、狱内治疗等手段,致使具体犯罪人的价值观念与行为规范有所改善,从而适应正常社会生活。

（二）针对社会的机能

6. **一般威慑机能**:是指刑罚的痛苦、剥夺、惩罚等特性,对于社会上不特定的潜在犯罪人所形成的心理上的威吓、行为上的慑服作用。包括立法威慑与司法威慑,两者并重。

7. **规范机能**:是指基于刑罚立法与刑罚司法,而对社会全体公民所产生的行为评价、行为引导以及增强法律观念、形成法律信奉的作用。

8. **鼓励机能**:是指基于刑罚立法与刑罚司法,而对社会守法公民所产生的严厉否定犯罪行为,从而增强与犯罪作斗争的信心与勇气的作用。

---

① 详见张小虎:《刑罚论的比较与建构(上卷)》,群众出版社2010年版,第20—26页。

（三）针对被害人的机能

9. 针对被害人的机能主要表现为安抚机能。所谓**安抚机能**，又称安抚功能、报复感情平息功能、报复感情绥靖机能，是指基于刑罚适用，具体犯罪人受到应有的惩罚，由此被害人及其家属的精神痛苦得以慰藉、报复情感得以绥靖。

1. 刑罚的机能是什么？
2. 发挥刑罚机能的根据与条件是什么？

第17章 刑罚种类

第59节 刑罚体系

一、刑罚体系的概念

1. **刑罚体系**,是指基于刑罚本质,为了实现刑罚目的与发挥刑罚功能,刑法明文规定一定的刑种及其适用,并且依照刑罚轻重与适用特点等标准,进行排列而形成的刑罚序列。

2. 刑罚体系在设立的指导思想、刑法的明文规定、构成的基本要素、刑种的排列标准、整体的有机系列等方面有其特征。①

二、刑罚体系的立法

3. 基于不同的社会背景与刑罚理念,各国刑法典所规定的刑罚体系及刑种排列模式也有所差异。总之,刑罚体系与犯罪体系密切相关,在将犯罪区分为重罪、轻罪、违警罪的场合,作为犯罪法律后果的刑罚,进行对应性的分类排列,有其现实依据。然而,不论怎样,立法上,"主刑与附加刑""自由刑、财产刑、资格刑等"的分类模式,是构成刑罚体系的主流思路。②

三、我国的刑罚体系

4. 我国《刑法》总则"第三章刑罚"之"第一节刑罚的种类",具体明确规定了我国的**刑罚体系**。其中,第32条明确规定刑罚分为主刑和附加刑;第33条明确规定了主刑的种类;第34条明确了规定附加刑的种类;第35条规定了具有附加刑性质的、适用于犯罪的外国人的驱逐出境。**另外**,第36条规定了与刑事处罚并科的"赔偿经济损失";第37条规定了独立适用的非刑罚处理方法;第37条之一规定了禁止从业的适用条件与期限等内容。

5. 严格而论,我国《刑法》第36条与第37条所规定的非刑罚处理方法,系"刑事特别处置",其既非刑罚也非保安处分,应当将其从现行《刑法》所规定的"刑罚的种类"一节中单列出来,独立作为一章;第37条之一立法上居于刑事特别处置地位,内容上具有附加刑的某些特征(第61节F段3)。

6. 我国的刑罚体系具有如下**特征**:(1)**体系层次清晰**:刑法明确规定了刑罚体系的逻辑结构层次;第一层面,刑罚总体上分为主刑与附加刑,展示出较为明显的双轨

---

① 详见张小虎:《刑罚论的比较与建构(上卷)》,群众出版社2010年版,第28页。
② 详见同上书,第29—32页。

延伸;第二层面,主刑与附加刑又分别各有其分类,并呈现由轻到重的递进。**(2) 整体结构严谨**:不仅总体上主刑与附加刑相互呼应,而且主刑、附加刑本身,各种刑罚衔接协调、层层递进。主刑,纵向整合,由最轻的管制到最重的死刑;附加刑,平面整合,各种刑罚特性有别而又彼此关照。**(3) 刑罚轻重有序**:主刑,呈现由限制自由到剥夺自由直至剥夺生命的提升。附加刑,罚金的适用以贪财图利或财产犯罪为主导,剥夺政治权利既可适用于严重犯罪也可适用于较轻犯,而没收财产相对严厉主要适用于重罪。**(4) 刑种基本合理**:刑罚种类,以自由刑为主体,自由刑中既有限制自由的管制,也有剥夺自由的徒刑,既有有期徒刑,也有无期徒刑,作为财产刑的罚金刑有广泛适用的趋势,保留死刑但强调适用的限制。**(5) 价值理念适宜**:我国的刑罚体系,总体而言体现了宽严相济、给出路、惩罚与教育相结合等刑事政策思想,反映了报应与预防相结合、刑罚人道、刑罚谦抑等刑罚价值观念。当然,具体而论,我国刑罚体系也存有诸多有待完善的方面。

思考题

1. 我国刑罚体系的特点是什么?
2. 我国《刑法》第37条之一所规定的禁止从业(执业禁止)具有何种法律地位?

第60节 主　　刑

一、主刑的概念

1. **主刑**,是指除特别规定的以外,只能独立适用而不能附加适用的主要刑罚方法,包括财产刑、自由刑、生命刑。

二、我国主刑的特征

2. 我国《刑法》将主刑种类规定为:管制、拘役、有期徒刑、无期徒刑、死刑。由轻到重排列。

3. 我国《刑法》主刑并未规定财产刑。然而,当代世界各国刑法大多均将罚金列为主刑,或赋予其主刑地位。我国《刑法》将罚金列为附加刑,而附加刑与主刑的地位是有区别的。主刑中财产刑的缺席,使得刑罚对于犯罪的应对能力有所减弱,也低估了财产刑的时代意义。[①]

4. 我国《刑法》主刑的典型特征是:**(1) 只能独立适用**:不能附加适用。具体表现在:一罪一个主刑,即对于一个犯罪行为只能裁量一个主刑;在数罪并罚的场合,除管制外(第65节段14)最终决定执行的主刑只能是一个;从刑可予附加,即不排除主

[①] 详见张小虎:《刑罚论的比较与建构(上卷)》,群众出版社2010年版,第39页。

刑可以与附加刑并科适用。**(2) 主要刑罚方法**：在应对犯罪中，主刑居于主导地位。具体表现在：处罚重心，即主刑是刑罚应对犯罪的主要砝码与主体砝码，附加刑仅起调节主刑适用的作用；覆盖全面，即主刑是处罚犯罪的系统方法，其轻重、类型等级有序、系统全面，适应各种犯罪处罚；整体表现，即主刑的主导地位一以贯之，立法上主刑种类齐全覆盖全面，裁量上附加刑只是补充于主刑而附加选用，执行上首先执行主刑或其效力扩展至附加刑①。

三、主刑的主导形态·自由刑

5. 自由刑是当今世界各国主刑的主导形态。**自由刑**，是指将犯罪人关押拘束于一定场所，剥夺或限制其人身自由，予以适当矫治的刑罚方法。

6. 自由刑的**基本类型**包括：**(1) 剥夺自由刑**，是指将犯罪人关押于监狱等特定场所，剥夺其人身自由的刑罚方法。**(2) 限制自由刑**：是指将犯罪人拘束于一定的区域而不予关押或者周期性地关押，限制其人身自由的刑罚方法。限制自由刑又可分为：**A. 不间断限制自由**，表现为受刑人的自由程度在刑罚期限内持续而没有明显反差，如我国《刑法》的管制；**B. 间断的限制自由**，表现为受刑人的自由程度在刑罚期限内周期性地显著重复更替，如美国刑法的间歇监禁刑。

7. 此外，基于不同视角自由刑还可表现为：短期自由刑、有期自由刑、无期自由刑，单纯监禁的自由刑与附带劳役的自由刑。②

8. 自由刑的焦点议题之一是短期自由刑。**短期自由刑**，是指在较短的时期内剥夺犯罪人人身自由的刑罚方法。将"短期刑"定位于宣告刑相对合理；可以考虑将1年以下作为自由刑的"短期"。短期自由刑又存在着诸多议题。③

9. 不定期自由刑是自由刑的又一焦点议题。**不定期刑**，是指审判机关在裁量刑罚时，对于犯罪人罪行的刑期不予具体确定，而只是判决宣告处以自由刑，其执行的具体刑期，有待犯罪人矫正的具体情况而定的刑罚制度。不定期刑**包括：(1) 绝对不定期刑**，是指审判机关所判决宣告的自由刑刑期，既无上限也无下限而是完全不确定的。**(2) 相对不定期刑**，是指审判机关所判决宣告的自由刑刑期，存在上限、下限或上限与下限的限定。④

10. 当代自由刑发展的一个焦点议题是自由刑单一化。**自由刑单一化**，是指取消基于执行场所、有无劳役等不同执行内容而设立不同种类自由刑的立法，将现有诸种自由刑归入一个统一含有劳役、监禁等内容的自由刑种，刑罚轻重仅依刑期的长短为计量的自由刑改革趋向。自由刑单一化是当今自由刑改革的重要内容之一，其目

---

① 例如，判处附加驱逐出境的，须先执行主刑；判处附加剥夺政治权利的，剥夺政治权利的效力当然施用于主刑执行期间（我国《刑法》第58条第1款）。

② 关于自由刑的概念及种类的具体阐释，详见张小虎：《刑罚论的比较与建构（上卷）》，群众出版社2010年版，第41—46页。

③ 详见同上书，第50—61页。

④ 详见同上书，第65—69页。

标是实现单一自由刑。①

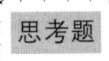

我国《刑法》第69条第2款的规定是否合理？

第60节 A 管 制

一、我国管制的概念

1. 我国《刑法》的**管制**，是指对于犯罪人不予监禁关押，而是限制其人身自由以及其他有关自由，劳动中同工同酬，由社区矫正机构负责执行的刑罚方法。

二、我国管制的特征

2. **制度系统简洁**：管制列于主刑之首，属于最轻的主刑。并且，我国《刑法》总则以第三章第二节设专节对管制作了具体规定，内容囊括了管制制度的各个主要方面。《刑法》对管制制度的规定也仅用4个条文，相关内容尽量归并，文字形式结构紧凑，条文简洁。

3. **适用对象广泛**：对于管制的适用对象，《刑法》总则未予明确，分则条文适用率约24%，罪名适用率约26%。管制主要适用于妨害社会管理秩序罪、危害国家安全罪、部分侵犯财产罪；管制也适用于危害公共安全罪、破坏社会主义市场经济秩序罪、侵犯公民人身权利、民主权利罪、危害国防利益罪。管制适用于罪行较轻的罪状。

4. **限制自由**：(1) 限制自由：被判处管制的犯罪人，不被监禁拘押，并不脱离家庭生活、工作单位、社区生活等，但是其行动自由以及部分政治活动与社会交往自由受到一定的限制，其中包含了限制居住的内容（《刑法》第39条第1款）。(2) 可予禁止令：判处管制的同时，可予犯罪人以禁止令；禁止令的内容可为禁止特定活动、禁止进入特定场所、禁止接触特定人员（《刑法》第38条第2款）。不过，这种立法模式仍值得推敲（第60节A1段5）。(3) 同工同酬：犯罪人在劳动中应当同工同酬（《刑法》第39条第2款），这有别于拘役的"可以酌量发给报酬"与徒刑的强制无偿劳动。②

5. **刑期不长解除明确**：(1) 刑期：管制一般刑期为3个月以上2年以下（《刑法》第38条第1款）；数罪并罚时最高不能超过3年（《刑法》第69条第1款）。由此，相对于拘役与有期徒刑，管制的刑期不算太长，但也可谓不短。(2) 解除：管制属于限制自由，受刑人并不脱离大众社会，因而在行刑形式上"监"与"放"没有明显反差。

---

① 详见张小虎：《刑罚论的比较与建构（上卷）》，群众出版社2010年版，第70—74页。
② 通常认为徒刑劳动系属无偿，不过我国《监狱法》第72条规定，监狱对参加劳动的罪犯，应当按照有关规定给予报酬。

为了避免无限管制的现象,管制的解除应向其本人、所在单位及居住地群众宣布(《刑法》第 40 条)。

6. 社区矫正执行:管制由社区矫正机构负责执行(《刑法》第 38 条第 3 款;《刑事诉讼法》第 269 条)。《社区矫正法》对于社区矫正工作的开展作了具体规定。被判处管制的犯罪人,有违反《刑法》第 39 条第 1 款管制普通内容的,由社区矫正机构给予训诫、警告、提请公安机关予以治安管理处罚;被判处管制同时又被宣告禁止令的犯罪人,有违反《刑法》第 38 条第 2 款禁止令内容的,经县级司法行政部门负责人批准,可以使用电子定位装置,加强监督管理。

7. 羁押折抵刑期:管制的刑期从判决执行之日起计算;判决执行以前先行羁押的,羁押 1 日折抵刑期 2 日(《刑法》第 41 条)。此外,指定居所的监视居住 1 日折抵管制 1 日(《刑事诉讼法》第 74 条)。

三、我国管制的利弊与完善

8. 任何事物总是在世界的审视中存在。长期以来,管制的优点与不足也一直为刑法理论所关注。价值是根本,管制的价值意义之利决定了应当保留管制;而管制的技术环节之弊决定了应予较大程度地完善管制。①

试比较我国的管制与英美等国的社区服务令。②

第 60 节 A1　管制附论:禁止令

一、禁止令的概念

1. 根据我国《刑法》第 38 条第 2 款及第 72 条第 2 款的规定,禁止令是指审判机关对于被判处管制和适用缓刑的犯罪人,根据其犯罪的客观事实、主观恶性以及罪行与所需禁止内容的关联,在判决宣告的同时,宣告犯罪人在管制执行与缓刑考验的一定期限,禁止从事特定活动、进入特定区域场所、接触特定人员,由社区矫正机构负责执行的一项法定的特别监管内容。

二、禁止令的特征

2. **法律属性**:就其处罚性质而言,实质上禁止令是隶属于管制与缓刑的法定特别监管内容(本节段 3)。管制与缓刑的普通内容,分别由《刑法》第 39 条第 1 款与第

---

① 详见张小虎:《刑罚论的比较与建构(上卷)》,群众出版社 2010 年版,第 95—100 页。
② 详见同上书,第 89 页。

75条规定,而相对于此,禁止令属于针对管制与缓刑之监管内容的特别规定。禁止令不是独立的刑种与保安处分措施,而是由特别法条规定的法定监管内容。

3. **适用主体**:2011年最高人民法院、最高人民检察院、公安部、司法部《关于对判处管制、宣告缓刑的犯罪分子适用禁止令有关问题的规定(试行)》(以下简称《适用禁止令规定》)第1、7、8条,对禁止令适用主体的有关问题作了具体规定。禁止令只能由人民法院在刑事审判中,依据《刑法》与《刑事诉讼法》的规定适用。在判处管制与宣告缓刑中,禁止令作为一项单独的内容予以宣告。

4. **适用对象**:禁止令只能适用于被判处管制与宣告缓刑的犯罪人(《刑法》第38条第2款与第72条第2款;《适用禁止令规定》第1条),其中被宣告缓刑的犯罪人可能被判处拘役或3年以下有期徒刑。由此,禁止令适用于罪行较轻受刑罚处罚而被限制自由的犯罪人。

5. **事实依据**:宣告禁止令应当根据"犯罪情况"。这里的犯罪情况包括犯罪原因之罪前事实,悔罪表现之罪后事实,犯罪性质与手段之犯罪中的客观事实,个人一贯表现之犯罪人的主观事实,以及禁止令的内容与罪行的关联程度(《刑法》第38条第2款与第72条第2款;《适用禁止令规定》第2条)。

6. **具体内容**:禁止令的内容具有限制自由与剥夺资格的特点,具体包括三项:(1)禁止从事特定活动,诸如,禁止设立公司、企业、事业单位,禁止从事高消费活动等;(2)禁止进入特定区域与场所,诸如,禁止进入夜总会等娱乐场所,禁止进入中小学校等;(3)禁止接触特定的人员,诸如,禁止接触被害人及其法定代理人,禁止接触同案犯等。(《刑法》第38条第2款与第72条第2款;《适用禁止令规定》第3—5条)

7. **期限**:禁止令的期限及其计算,存在如下情形:(1)同于管制执行及缓刑考验的期限;(2)短于管制执行及缓刑考验的期限;(3)最短期限,依附于管制的不得少于3个月,依附于缓刑的不得少于2个月;(4)执行期限,从管制与缓刑执行之日起计算。(《适用禁止令规定》第6条)

8. **执行机构**:禁止令由社区矫正机构负责执行。社会工作者、志愿者、村民委员会、工作单位、学校、家庭等协助执行。人民法院宣告禁止令,人民检察院监督执行,公安机关处罚违反禁止令。(《适用禁止令规定》第9、1、10、11条)

9. **违反禁令后果**:违反禁止令尚不属情节严重的,由公安机关依照我国《治安处罚法》第60条的规定处罚。被宣告缓刑的犯罪人违反禁止令情节严重的,应当撤销缓刑,执行原判刑罚。(《适用禁止令规定》第11、12条)

三、禁止令的考究

10. 禁止令是《刑法修正案(八)》增设的规定。以其具体内容及其在法条体系中的位置,对其法律属性作一考究,可得如下结论:禁止令可谓是,立法者意图增设处罚形式,司法部门称之为"执行监管措施",立法事实呈现为特别监管内容,刑法理论存在误读。禁止令的立法模式存疑。具体分述如下。

11. **国外相关设置**:我国禁止令的相关内容,在国外刑法典中呈现如下立法模式:(1)作为刑罚方法:例如,《瑞士刑法典》第56条将"禁止进入酒店"作为附加刑之一。(2)作为处分措施:多数国家将禁止出入特定场所作为保安处分措施。诸如,《意大利刑法典》第234条。(3)独立或隶属:有的将禁止出入特定场所、禁止执业处分等单列为保安处分措施,有的将之作为"保护观察处分"的内容。(4)缓刑与假释:在缓刑与假释中明确规定,可以将保护观察作为对于缓刑犯与假释犯的附加措施,从而保护观察又成为缓刑与假释考察的基本内容。①

12. **形式与实质的冲突**:随着社会情况的变化,需要对被管制者"进行必要的行为管束"②,从而禁止令步入了《刑法》,这反映了立法者对新形势下处罚方式需要的认同。而在法律形式上,却仍强调禁止令只是"对管制的执行方式适时调整"③,或称"属于管制、缓刑的执行监管措施"④。当然,这种说法有其"道理",因为如果说禁止令是处罚方法,则需要触动刑罚体系与刑罚种类,进而《刑法》就要大改。然而,事实上禁止令是对管制与缓刑内容的新增,从无到有这固然是"新增",然而在有关内容的规定中没有"这一内容的新增"⑤的场合又何来其"执行方式"?作为《刑法》第38条第2款及第72条第2款如果意味着禁止令是管制或缓刑的执行可适用的特别措施,那么在刑罚种类没有规定这种措施的情况下其依据又何在呢?实际上立法者是意图将禁止令作为管制与缓刑之普通内容基础上的特别内容,进而应当将禁止令设置为《刑法》第39条第2款与第75条第2款,作为规定管制内容与缓刑内容的特别法条。这也可谓是在维持目前我国刑罚体系与种类前提下的权宜办法。不过,在根本上,应当建构我国《刑法》的保安处分制度,并将禁止令的相关内容归属于独立的处分措施。⑥

13. **禁止令属性的误读**:禁止令在《刑法》中的呈现,实际上是增设了新的处罚方法,加之禁止令的相关内容在他国刑法中一般均为保安处分措施,于是难怪一些学者称禁止令为保安处分措施。但是,应当明确,我国《刑法》中并无保安处分制度,禁止令也不能称为保安处分措施。保安处分制度是犯罪法律后果的体系性建构,不仅有一系列的处分措施,而且包括处分原则、条件、裁量、执行及其与刑罚的关系等一系列问题的规定,并且这些规定是在相互关联与映衬基础上的整合,其具体规定也是作为总则刑事处罚的普通规范呈现的。而禁止令只是依附于管制与缓刑,固然不是刑罚体系中的独立的一员;禁止令在实质上也呈现为管制内容与缓刑内容的特别规定,这也有别于作为保安处分措施所应有的普通意义。在总则对作为犯罪后果之处罚种类的规定缺乏禁止令的立法状况下,禁止令以附加适用的方式,突兀地出现在管制期限及执行机关条款(第38条)中,以及突兀地出现在缓刑适用条件条款(第72条)中,这

---

① 关于保护观察处分的立法及其与缓刑、假释、社区矫正的关系,详见张小虎:《刑罚论的比较与建构(下卷)》,群众出版社2010年版,第1001页。
② 《关于〈中华人民共和国刑法修正案(八)(草案)〉的说明》第3条。
③ 同上。
④ 2011年《正确适用禁止令相关规定,确保非监禁刑执行效果——最高人民法院、最高人民检察院、公安部、司法部有关负责人就〈关于对判处管制、宣告缓刑的犯罪分子适用禁止令有关问题的规定(试行)〉答记者问》。
⑤ 第39条管制考察的内容及第75条缓刑考察的内容均未增加禁止令的内容。
⑥ 与禁止令相关的保安处分措施,如"禁止出入特定场所"(第78节段23)。

也难免使人要去追问管制与缓刑之适用禁止令的合理的法源根据。基于近似的理由,"专门矫治教育"系依存于刑事责任年龄条款中的一项特别规定(第17条第4款),"强制医疗"系依存于精神病人刑事责任能力条款中的一项特别规定(第18条第1款),也不能将这里的"专门矫治教育""强制医疗"等,称为保安处分措施(第80节段2)。

> **思考题**

试述我国《刑法》中"禁止令"的法律地位。

第60节 B 拘 役

一、拘役的概念

1. **拘役**,是指短期剥夺犯罪分子的人身自由,实行强制劳动改造,劳动中酌量发给报酬,由公安机关就近执行的刑罚方法。

二、拘役的特征

2. **制度结构简洁**:拘役属于主刑,重于管制轻于徒刑。我国《刑法》总则以第三章第三节设专节对拘役作了具体规定,囊括了拘役制度的基本内容。在条文的表述上,《刑法》有关拘役制度的规定仅用3个条文,相关内容较为简洁。

3. **适用对象广泛**:拘役主要适用于罪行轻微,但仍需关押的犯罪分子。拘役的分则条文适用率约77%,罪名适用率约83%;除第十章以外,其余各章可适用拘役的具体罪名数均占该章罪名总数的过半,可适用有期徒刑的罪名也大都规定了拘役的适用。

4. **剥夺自由与法定待遇**:(1) 剥夺自由:被判处拘役的犯罪分子,应受拘押监禁,并且凡有劳动能力的,一律被强制劳动改造;(2) 回家探亲:被判处拘役的犯罪人,每月可以回家1至2天。这是拘役与有期徒刑在自由待遇上的法定区别。(3) 酌量报酬:被判处拘役的犯罪分子,参加劳动的,可以酌量发给报酬。这是拘役与管制、徒刑在劳动报酬上的区别。

5. **期限较短**:拘役属于短期自由刑。拘役一般刑期为1个月以上6个月以下(《刑法》第42条);数罪并罚时最高不能超过1年(《刑法》第69条)。

6. **公安机关就近执行**:(1) 公安执行:拘役由公安机关执行,这不同于管制与徒刑的执行。管制由社区矫正机构负责执行,徒刑通常由隶属司法行政机关的狱政部门执行。(2) 就近执行:被判处拘役的成年和未成年罪犯,由看守所执行。[①] "由看守

[①] 参见2013年公安部《看守所留所执行刑罚罪犯管理办法》第2条第2款。

所执行"体现了就近执行的原则。

7. **羁押折抵刑期**：拘役的刑期，从判决执行之日起计算；判决执行以前先行羁押的，羁押1日折抵刑期1日（《刑法》第44条）。非羁押的监视居住与取保候审期间，不予折抵刑期。

三、拘役与其他处置

8. **拘役与刑事拘留、行政拘留、民事拘留**，尽管均表现为短期剥夺人身自由，但是它们之间在法律性质、适用对象、适用机关、法律依据、适用期限、执行场所等方面，存在明显区别。①

9. **拘役与有期徒刑**，尽管均表现为剥夺人身自由的刑罚方法，但是它们之间在刑期长短、适用对象、执行场所、执行待遇、累犯构成等方面，也存在较大区别。②

四、拘役的利弊与完善

10. 拘役属于短期自由刑，拘役的利弊客观存在。在坚持拘役基本特征的前提下，可对现行拘役进行系统的完善。③

试比较我国的拘役与国外有关国家的短期自由刑。④

第60节 C 有 期 徒 刑

一、有期徒刑的概念

1. **有期徒刑**，是指剥夺犯罪分子一定期限的人身自由，实行强制劳动改造，在监狱或者其他执行场所执行的刑罚方法。

二、有期徒刑的特征

2. **制度结构简洁**：我国《刑法》将有期徒刑与无期徒刑并列，由总则第三章第四节统辖；该节的规定囊括了有期徒刑制度的基本内容。在刑罚体系上，有期徒刑属于主刑之一；列于拘役之后无期徒刑之前，表明轻于拘役重于无期徒刑。在条文表述上，《刑法》有关有期徒刑制度的规定仅用3个条文，相关内容简洁明了。

3. **适用对象覆盖全面**：有期徒刑的刑罚跨度较大、法定刑幅度种类多样，因此可

---

① 详见张小虎：《刑罚论的比较与建构（上卷）》，群众出版社2010年版，第112—113页。
② 详见同上书，第113—114页。
③ 详见同上书，第118—123页。
④ 详见同上书，第115—118页。

以适应于由轻至重各种梯度等级的具体犯罪,是我国刑罚体系中唯一的,除第 133 条之危险驾驶罪之外,其余所有罪名均有适用的刑种。有期徒刑的分则条文适用率约 89%。

4. 剥夺自由与劳动改造:(1)剥夺自由:被判处有期徒刑的犯罪分子,依法受到相对严格的拘押监禁,被剥夺人身自由。(2)劳动改造:被判处有期徒刑的犯罪分子,凡有劳动能力的,都应当参加劳动,接受教育和改造(《刑法》第 46 条)。(3)报酬待遇:我国《刑法》对于有期徒刑的劳动报酬未予明确。不过,我国《监狱法》第 72 条规定:"监狱对参加劳动的罪犯,应当按照有关规定给予报酬……"

5. 刑期幅度大变化多:(1)幅度大:一般情况,6 个月以上 15 年以下;数罪并罚,最高不超过 20 年或 25 年;死缓减为有期徒刑,为 25 年。(2)变化多:法定刑幅度类型较多,计有 15 种幅度、8 个幅度界点:(幅度种类)1 年以下,2 年以下,3 年以下,5 年以下;1 年以上 3 年以下,2 年以上 5 年以下,2 年以上 7 年以下,3 年以上 7 年以下,3 年以上 10 年以下,5 年以上 10 年以下,7 年以上 10 年以下;5 年以上,7 年以上,10 年以上,15 年;(幅度界点)6 个月、1 年、2 年、3 年、5 年、7 年、10 年、15 年。

6. 分押监禁执行:有期徒刑在监狱或者其他执行场所执行。(1)监狱执行:现行监禁场所一律称为监狱(《监狱法》第 2、39 条)。除缓刑、假释、监外执行等特殊情况外,有期徒刑均应收监执行。(2)分押监管:对于收监执行的犯罪分子应当分别男犯与女犯、重罪与轻罪、犯罪类型、宽严程度等分押分管。(3)监外执行:对于被判处有期徒刑的罪犯,符合法定条件的,可以监外执行。① (4)假释执行:判处有期徒刑被假释的犯罪分子,在假释考验期内依法实行社区矫正。(5)短期余刑执行:交付执行前剩余刑期为 3 个月以下的,由看守所代为执行(《刑事诉讼法》第 264 条)。(6)未成年犯执行:对未成年犯应当在未成年犯管教所执行。

7. 羁押折抵刑期:有期徒刑的刑期,从判决执行之日起计算;判决执行以前先行羁押的,羁押 1 日折抵刑期 1 日(《刑法》第 47 条)。非羁押的监视居住与取保候审期间,不予折抵刑期。

三、有期徒刑的利弊与完善

8. 有期徒刑的完善也是一项焦点议题。对我国现行有期徒刑应予系统的完善。②

应当如何完善我国《刑法》中的有期徒刑设置?

---

① 详见张小虎:《刑罚论的比较与建构(上卷)》,群众出版社 2010 年版,第 130 页。
② 详见张小虎:《论我国〈刑法〉应由粗疏型走向精细型:基于我国〈刑法〉立法现状的统计数据分析》,载《政治与法律》2021 年第 10 期。

第 60 节 D 无 期 徒 刑

一、无期徒刑的概念

1. **无期徒刑**,是指剥夺犯罪分子终身人身自由,实行强制劳动改造,在监狱或者其他执行场所执行的刑罚方法。

二、无期徒刑的特征

2. **制度结构简洁**:我国《刑法》将无期徒刑与有期徒刑并列,由总则第三章第四节统辖;基于无期徒刑与有期徒刑在执行场所与执行内容方面的共同特征,仅以第46条对此作了规定。在刑罚体系上,无期徒刑属于主刑;列于有期徒刑之后死刑之前,表明轻于死刑重于有期徒刑。

3. **相关制度涉及广泛**:除与有期徒刑并列的专节规定之外,总则有关刑罚制度也有对无期徒刑的专门规定:(1)死缓制度:判处死刑缓期执行的,在死刑缓期执行期间,如果没有故意犯罪,2年期满以后,减为无期徒刑(《刑法》第50条)。(2)剥夺政治权利制度:判处无期徒刑,应当剥夺政治权利终身;无期徒刑减为有期徒刑,应当把附加剥夺政治权利的期限改为3年以上10年以下(《刑法》第57条)。(3)数罪并罚制度:对数罪中有一罪被判处无期徒刑的,其他罪无论被判处什么主刑,都只执行无期徒刑(《刑法》第69条)。(4)减刑制度:无期徒刑执行期间,符合条件的可以减刑或者应当减刑;减刑以后实际执行的刑期,不能少于13年或25、20年;减刑后的刑期,从裁定减刑之日起计算(《刑法》第78、80条)。(5)终身监禁制度:犯贪污罪、受贿罪被判处死刑缓期执行的,根据犯罪情节等情况,可以同时决定在其死缓两年期满依法减为无期徒刑后,终身监禁不得减刑、假释(《刑法》第383条第4款)。(6)假释制度:无期徒刑实际执行13年以上,符合条件的可以假释;对累犯以及因杀人等暴力性犯罪被判处无期徒刑的,不得假释;无期徒刑的假释考验期限为10年(《刑法》第81、83条)。(7)时效制度:法定最高刑为无期徒刑的犯罪,经过20年不再追诉;如果20年以后认为必须追诉的,须报请最高人民检察院核准(《刑法》第87条)。

4. **适用对象罪行严重**:无期徒刑是仅次于死刑的主刑,不具有可分割性,适用于罪行严重,但又不必判死刑,而需要与社会永久隔离的犯罪分子。在适用范围上,除我国《刑法》第九章渎职罪之外,分则其余各章均有无期徒刑的规定;其条文适用率约21%,罪名适用率约23%。在法定刑设置上,无期徒刑通常与死刑或者10年以上有期徒刑并列[①],并且一般作为加重犯罪构成的法定刑。"对已满14周岁不满16周岁的人犯罪一般不判处无期徒刑。"[②]

5. **分则法定刑幅度较大**:我国《刑法》分则法定刑设置,包含无期徒刑的情形主

---

① 详见张小虎:《刑罚论的比较与建构(上卷)》,群众出版社2010年版,第148页。
② 参见2006年最高人民法院《关于审理未成年人刑事案件具体应用法律若干问题的解释》第13条。

要有八种:"无期徒刑";"无期徒刑或者10年以上有期徒刑";"10年以上有期徒刑或者无期徒刑"(A);"15年有期徒刑或者无期徒刑";"15年有期徒刑、无期徒刑或者死刑";"无期徒刑或者死刑";"10年以上有期徒刑、无期徒刑或者死刑"(B);"死刑、无期徒刑或者10年以上有期徒刑"。其中,A与B的情形居于主导。

6. 剥夺自由与政治权利:(1)剥夺自由:被判处无期徒刑的犯罪分子,依法受到严格的拘押监禁,被剥夺人身自由。(2)剥夺政治权利(本节段3.B)。(3)劳动改造:被判处无期徒刑的犯罪分子,凡有劳动能力的,都应当参加劳动,接受教育和改造。(4)报酬待遇:我国《刑法》对于无期徒刑的劳动报酬未予明确。不过,我国《监狱法》第72条规定,监狱对参加劳动的罪犯,应当按照有关规定给予报酬。

7. 终身剥夺与法定例外:无期徒刑的刑期与罪犯的生命终期相同。但是,在刑罚执行中,如果出现法定情形,则可以避免无期徒刑的最终执行:(1)减刑(本节段3.D)。(2)假释(本节段3.F)。(3)特赦:在刑罚执行期间遇有国家特赦,也可以获释。我国《宪法》规定了特赦。

8. 分押监禁执行:无期徒刑在监狱或者其他执行场所执行(《刑法》第46条)。(1)监狱执行:除假释、监外执行等特殊情况外,有期徒刑均应收监执行。(2)分押监管:对于收监执行的犯罪分子应当分别男犯与女犯、犯罪类型等分押分管。(3)监外执行:对于被判处无期徒刑的罪犯,符合法定条件的,可以监外执行。(4)假释执行(本节段3)。

三、无期徒刑的利弊与完善

9. 无期徒刑存在不足也有其优点。作为仅次于死刑的刑种,无期徒刑的作用与地位是其他刑种所无法替代的。对于现行无期徒刑的完善,总的**原则**应当是,真正体现无期徒刑仅次于死刑的严厉特征,并且尽量构建无期徒刑的不同等级,从刑种制度以及行刑配套制度等多方面予以考虑。①

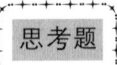

试比较我国与国外有关国家的无期徒刑制度。②

第60节 E 死 刑

一、死刑的概念

1. **死刑**,又称生命刑、极刑,是指剥夺犯罪分子生命的刑罚方法,包括死刑立即

---

① 详见张小虎:《刑罚论的比较与建构(上卷)》,群众出版社2010年版,第155—165页。
② 详见同上书,第151—155页。

执行与死刑缓期两年执行。

二、死刑的特征

2. **制度结构简洁**：死刑属于最为严厉的主刑。我国《刑法》总则以第三章第五节设专节对死刑作了具体规定，囊括了死刑制度的基本内容。在条文的表述上，《刑法》有关死刑制度的规定仅用4个条文，相关内容较为简洁。

3. **适用对象限制又伸展**：(1) 严重犯罪：我国《刑法》总则第48条正面限定了死刑对象，即"死刑只适用于罪行极其严重的犯罪分子。"这里的"罪行极其严重"，应当理解为犯罪人的主观危害以及犯罪行为的客观危害均极其严重。(2) 硬性限制：《刑法》总则第49条还反面限定死刑对象，即犯罪时未成年人与审判时怀孕妇女，即使罪大恶极，也不适用死刑；审判时已满75周岁的人，除以特别残忍手段致人死亡外，也不适用死刑。(3) 较为伸展：德国、意大利、法国、英国等过半数以上的国家废除了死刑，保留死刑的国家在死刑适用的罪名数上也仅限为几种或十几种①，而我国《刑法》分则死刑条文适用率约12%，死刑罪名适用率约10%。

4. **适用程序严格**：(1) 管辖限制：死刑案件只能由中级以上人民法院审理判决(《刑事诉讼法》第21条)。(2) 核准限制：死刑都应当报请最高人民法院核准(《刑法》第48条第2款；《刑事诉讼法》第246条)。(3) 执行限制：死刑采用枪决或者注射方法执行；在执行前，如果发现可能有错误，应当暂停执行，报请最高人民法院裁定(《刑事诉讼法》第262条)。

5. **分则法定刑包容**：除极少数条文以外，均将死刑与无期徒刑等刑种并列供选，从而给死刑的选择适用留下空间，便于死刑的限制适用。分则含有死刑的法定刑设置模式包括："可以判处死刑"；"处死刑"；"死刑、无期徒刑或者10年以上有期徒刑"；"无期徒刑或者死刑"(B)；"15年有期徒刑、无期徒刑或者死刑"；"10年以上有期徒刑、无期徒刑或者死刑"(A)。其中，A与B的情形居于主导。②

6. **创立死缓制度**：死缓制度是我国刑法的独创，这一制度形成于新中国成立初期的镇压反革命运动，并在新中国成立后的第一部刑法典中确立下来，1997年修订的《刑法》延续并完善了这一制度。死缓是死刑的执行方法，而不是独立的刑种。我国的死缓制度涉及死缓的适用条件、法律后果、死缓考验期间的计算等(本节段3)。

7. **保留死刑但严格死刑**："保留死刑，严格控制死刑"是我国的基本死刑政策。③坚持少杀，是我国一贯坚持的死刑政策。我国《刑法》贯彻了这一死刑政策，具体表现在：(1) 总则限制：包括适用对象的限制；适用程序的限制；死刑执行的限制；死缓制度的限制。(2) 分则限制：对于死刑罪状的规定，更为具体明确，由此严格死刑的适用。规定有死刑的条文，除极少数以外，均将死刑与无期徒刑等刑种并列供选。

---

① 详见张小虎：《刑罚论的比较与建构(上卷)》，群众出版社2010年版，第186页。
② 详见同上书，第185页。
③ 参见2007年最高人民法院、最高人民检察院、公安部、司法部《关于进一步严格依法办案确保办理死刑案件质量的意见》第2条。

三、我国死缓制度的具体内容

8. 适用条件：根据我国《刑法》第 48 条第 1 款后段的规定，死缓是死刑的执行方法，而不是独立刑种。宣告死缓应当同时具备以下两个条件：应当判处死刑；无须立即执行①。

9. 法律后果：根据我国《刑法》第 50 条的规定：（1）无期徒刑：死缓期间，如果没有故意犯罪，2 年期满以后减为无期徒刑；（2）有期徒刑：死缓期间，如果确有重大立功表现，2 年期满以后减为 25 年有期徒刑；（3）执行死刑：死缓期间，如果故意犯罪并情节恶劣的，报请最高人民法院核准后执行死刑②；（4）期间重计：死缓期间，如果故意犯罪但并非情节恶劣而未执行死刑的，死缓期间重新计算；（5）限制减刑：对累犯以及故意杀人等暴力性犯罪的死缓犯，人民法院可以同时决定对其限制减刑。③（6）终身监禁：犯贪污罪、受贿罪被判处死缓的，可以同时决定终身监禁不得减刑、假释（第 60 节 D, 段 2）。

10. 刑期计算：根据我国《刑法》第 51 条的规定：（1）死缓考验期间计算：死刑缓期执行期间，从判决确定之日起计算。这里的"确定之日"，是指判决或者裁定核准死刑缓期 2 年执行的法律文书宣告或送达之日。④ 被判死缓的犯罪分子先前被羁押的，羁押日期不能折抵死缓考验期。（2）死缓减为有期徒刑：死刑缓期执行减为有期徒刑的，其有期徒刑的刑期从死刑缓期执行期满之日起计算。被判死缓的犯罪分子先前被羁押的，羁押日期同样不能折抵死缓考验期。

四、死刑的存废与完善

11. 18 世纪后期，资产阶级启蒙思想家基于天赋人权的理论，系统地提出了废除死刑的主张，掀起了世界范围内的死刑存废大论战。刑事古典学派相对主义力主否定死刑；刑事古典学派绝对主义强调死刑报应；刑事近代学派人类学派张扬死刑意义；刑事近代学派社会学派倾向废除死刑。⑤

12. 长期以来，死刑存废问题一直是刑罚理论的聚焦，中外许多学者提出了一系

---

① 根据审判经验，具体情形包括：犯罪后自首、立功或者有其他法定从轻情节的；在共同犯罪中罪行不是最严重的，或者其他在同一同类犯罪中罪行不是最严重的；由于被害人的过错导致犯罪分子激愤犯罪的；犯罪分子存在令人怜悯情形的；具有其他应当留有余地情况的；等等。

② 值得考究的是：死缓期间如果既有重大立功又有故意犯罪，则应作如何处置？故意犯罪执行死刑，当在犯罪后的及时，还是死缓 2 年期满之后？对此，如有故意犯罪，应当及时查证，罪行属实情节严重，则依法执行死刑。相对于《刑法》第 48 条第 1 款后段之"可以判处死刑同时宣告缓期 2 年执行"的规定，《刑法》第 50 条第 1 款后段之"如果故意犯罪……执行死刑"的规定系特别规定。

③ 这里的"限制减刑"是指依第 78 条的减刑，并且与第 78 条第 2 款第 3 项的规定呼应。

④ 参见 2002 年最高人民法院《关于死刑缓期执行的期间如何确定问题的批复》。

⑤ 关于死刑存废的价值溯源的具体阐释，详见张小虎：《刑罚论的比较与建构（上卷）》，群众出版社 2010 年版，第 189—206 页。

列的真知灼见。应当说,在理论预期上死刑应当废除,而在目前现实中死刑必然保留。①

13. 针对我国现行死刑制度的不足,完善死刑应当在基本思路的转化、死刑适用的范围、死刑罪状的规定、死刑刑种的特设、死刑执行的规定、死缓制度的完善等方面着重考虑。②

我国《刑法》在限制死刑方面有哪些具体表现?

第61节 附 加 刑

一、附加刑的概念

1. 附加刑基于各国刑法典的不同规定,含义各异:可以独立适用也可以附加适用;不能独立适用而只能附加适用;某些有罪判决的法定后果。③

2. 根据我国《刑法》的规定,**附加刑**又称从刑,是指既可以独立适用也可以附加主刑适用,具有主刑补充意义的刑罚方法,包括罚金、剥夺政治权利和没收财产。另外,仅对外国人适用的驱逐出境具有附加刑性质。

二、我国附加刑的特征

3. **可以独立适用**:通常,附加刑附随于主刑适用,但是附加刑也可以独立适用。

4. **可以附加适用**:一般情况下,附加刑附随于主刑适用。

5. **调节主刑适用**:主刑是犯罪处罚首当其冲的方法,而附加刑仅起调节主刑适用的作用,以使主刑对于具体犯罪报应与预防的应对更为贴切、吻合。

6. **依附主刑**:立法上,主刑种类齐全系统、轻重幅度广阔、阶位等级有序、覆盖罪行全面;裁量上,附加刑附加于主刑而选用,具有补充意义;执行上,或者先执行主刑再执行附加刑,或者主刑扩展至附加刑效力④。

7. **基本类型简单**:当代世界各国刑法典刑罚体系的附加刑,主要内容属于资格刑。相对而言,我国《刑法》的附加刑,财产刑居于主导而资格刑呈现单一,从而表现出我国《刑法》刑罚体系安排的不足与刑罚的趋重。

---

① 详见张小虎:《废除死刑的理论预期与保留死刑的现实必然——论我国死刑制度的完善》,载《社会科学研究》2007年第1期;张小虎:《刑罚论的比较与建构(上卷)》,群众出版社2010年版,第206—211页。
② 详见张小虎:《刑罚论的比较与建构(上卷)》,群众出版社2010年版,第211—215页。
③ 详见同上书,第216—217页。
④ 例如,判处附加剥夺政治权利的,剥夺政治权利的效力当然施用于主刑执行期间(我国《刑法》第58条第1款)。

三、附加刑的例外形态·财产刑

8. **财产刑**,是指对犯罪人的财产法益予以剥夺的刑罚方法,包括罚金型财产刑与没收型财产刑。现代刑罚体系,通常将财产刑,尤其是罚金型财产刑,作为主刑。财产刑是地位仅次于自由刑的刑罚。当今社会的刑罚体系以自由刑为主流,随着刑罚日益宽和的发展趋势,未来社会的刑罚体系必定以财产刑为主导。

四、附加刑的典型形态·资格刑

9. **资格刑**,又称能力刑、权利刑、名誉刑,是指剥夺犯罪人从事某种活动所应具备的条件或身份的刑罚方法。资格刑是现代刑罚体系附加刑的核心刑种。在我国主要表现为:《刑法》规定的"剥夺政治权利""驱逐出境";附属刑法规定的"剥夺军衔"。另外,"禁止执业"及"剥夺职业资格"系具有剥夺资格内容的刑事特别处置(第59节段5)。

10. **资格刑具有如下特征**:资格刑以剥夺某种权利、禁止从业、限制居住等资格为内容;剥夺资格既可以针对未来应有的资格,也可以针对既往已获的资格;剥夺资格的执行相对简便易行,所费司法资源不多而效果却适得其所,也可以在必要的时候予以重新获得。①

11. **资格刑的利弊与完善**:保留资格刑并予合理地设置,应当成为当代刑事处置的选择。对于我国的资格刑应予系统的完善。②

应当如何完善我国的资格刑?

第61节 A 罚 金

一、罚金的概念

1. **罚金**,是指剥夺犯罪人一定数额的金钱,限期一次或分期缴纳,遭遇特殊情况可以延期缴纳或者酌情减免的刑罚方法。

二、罚金的特征

2. **首要附加刑地位**:罚金属于首要的附加刑,既可以独立于主刑适用,也可以附加于主刑适用,具体根据分则法定刑的规定。

---

① 详见张小虎:《刑罚论的比较与建构(上卷)》,群众出版社2010年版,第325页。
② 详见同上书,第333—348页。

3. **制度结构简洁**:我国《刑法》总则以第三章第六节,对罚金的主要内容作了规定,形成了专一的罚金制度。在条文表述上,第六节的规定仅用 2 个条文,相关内容较为简洁。

4. **根据犯罪情节判决**:判处罚金,应当根据犯罪情节决定罚金数额(《刑法》第 52 条)。判处罚金,也要"综合考虑犯罪分子缴纳罚金的能力"[①]。再者,罚金的判决应当以分则的具体规定为依据。

5. **缴纳方式多样**:根据情况不同而有区别,包括:应当根据判决指定的期限[②],按照自己的支付能力,一次或者分期完纳;期限届满后仍不完纳的,采取查封、扣留、拍卖财产等方式强制完纳;不能完纳的,在任何时候发现被执行人有可以执行的财产,应当随时追缴;罚金由人民法院执行(《刑法》第 53 条第 1 款)。

6. **遭遇灾祸等延期或减免**:因遭遇不能抗拒的灾祸等而缴纳确实有困难的,经人民法院裁定,可以延期或酌情减免(《刑法》第 53 条第 2 款)。具体系:因遭受火灾与水灾等不能抗拒的灾祸、罪犯因重病与伤残等而丧失劳动能力、需罪犯扶养的近亲属患有重病而需支付巨额医药费等,确无财产可供执行。[③]

7. **适用范围较大**:相对于 1979 年《刑法》,现行《刑法》对于罚金的适用又有所扩大。分则罚金的条文适用率约为 43%,罚金的罪名适用率约为 46%。在适用的具体罪名方面,绝大多数为贪利侵财性质的犯罪。

8. **分则法定刑单科与并科**:《刑法》分则法定刑设置,包含罚金的情形主要有六种:(1)罚金只是法定刑适用的唯一刑种,这一情形只是针对犯罪的单位,如"对单位判处罚金"。(2)罚金与主刑并列,判决时只能择一适用,而不能同时适用,如"处……拘役或者罚金"。(3)既可只选择适用罚金,也可将罚金附加于主刑适用,如"处……有期徒刑,并处或者单处罚金"。(4)除适用主刑外,还应当附加罚金或者没收财产,如"处……无期徒刑,并处罚金或者没收财产"。(5)除适用主刑外,也可以附加罚金,如"处……拘役,可以并处罚金"。(6)除适用主刑外,还应当附加罚金,如"处……有期徒刑,并处罚金"。

9. **限额或无限额罚金**:《刑法》分则法定刑有关罚金数额的模式包括:(1)无限额罚金:对于罚金的具体数额不予规定,判决时由法院自由裁量。例如,"处罚金"。这一模式有利于随具体犯罪情节的不同以及社会经济状况的变化调整罚金数额,但过于灵活。(2)限额罚金:分则以绝对数值的方式,规定罚金数额上限与下限区间。例如,"处 2 万元以上 20 万元以下罚金"。这一模式使罚金的数额相对确定,增强了刑法的明确性,但不利于应对社会经济状况的变化。(3)倍比罚金:分则以违法数额为基准,规定一定的倍数作为罚金数额。例如,"处违法所得 1 倍以上 5 倍以下罚金"。这一模式将犯罪所得与罚金数额直接关联,但成倍增长也可能使罚金过高。

[①] 2000 年最高人民法院《关于适用财产刑若干问题的规定》第 2 条第 1 款前段。

[②] 通常情况,罚金缴纳的期限不超过 3 个月(2000 年最高人民法院《关于适用财产刑若干问题的规定》第 5 条)。

[③] 参见 2000 年最高人民法院《关于适用财产刑若干问题的规定》第 6 条。

三、罚金与其他处理

10. **罚金与行政罚款**,尽管均为剥夺行为人一定数额金钱的制裁措施,但是它们之间存在明显区别:(1) **法律性质**:罚金具有刑法性质,属于以犯罪为前提的刑罚方法,旨在报应犯罪、预防犯罪;行政罚款具有行政法规性质,属于以行政违法为前提的行政处罚,旨在教育制裁行政违法行为。(2) **适用对象**:罚金只能适用于触犯《刑法》的犯罪人,包括犯罪的自然人和犯罪的单位;行政罚款适用于违反治安管理法规、有关经济法规、其他行政法规的一般违法者,包括个人与单位。(3) **机关依据**:罚金只能由人民法院依据《刑法》,按照《刑事诉讼法》的程序适用;行政罚款则由公安、海关、税务、工商等行政机关,依照《行政处罚法》以及其他有关行政法规适用。(4) **法律后果**:被判处罚金的人,属于有前科记录的人。前科是从重量刑的酌定情节。被处以行政罚款的人不存在前科记录问题。(5) **术语称谓**:通常"罚金"专指《刑法》所规定的刑罚方法,而作为行政制裁措施的处罚方法称"罚款"。当然,不排除"罚款"在一些法规中曾经被称作"罚金"或者"罚锾"。①

11. **罚金与赔偿损失**,两者均以经济支付为内容、均由行为人承担、均适用于犯罪人,但是罚金与赔偿损失有着重要区别:(1) **法律性质**:罚金属于刑罚方法,具有刑罚处罚的性质;赔偿损失属于刑事处置中的经济赔偿,可谓刑事特别处置。(2) **交付对象**:罚金表现为犯罪人向国家缴纳一定数额的金钱;而赔偿损失则是犯罪人向被害人支付一定经济赔偿。

四、罚金的利弊与完善

12. 罚金有其本身的不同于自由刑的特征,由此决定了罚金的利弊。②

13. 基于罚金应有的基本理念以及各国罚金制度的成功范例,应当对我国的罚金制度予以系统完善,包括将罚金列为主刑、增设附科罚金、易科罚金、罚金易科的制度、扩大罚金适用范围、构建日额罚金制度等。③

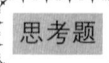

应当怎样构建我国的日额罚金制度?

第61节 B 没 收 财 产

一、没收财产的概念与分类

1. **没收财产**,是指剥夺犯罪人所有的、与犯罪行为直接相关的犯罪物品、犯罪所

---

① 详见张小虎:《刑罚论的比较与建构(上卷)》,群众出版社2010年版,第239页。
② 详见同上书,第262—268页。
③ 详见同上书,第268—278页。

得等,或者并非与犯罪行为直接相关的犯罪人资产的一部或全部,将之无偿收归国有的财产性质的刑事处罚方法。

2. 没收财产分为:**特别没收**,是指刑法针对与犯罪行为直接相关的犯罪物品、犯罪所得以及诱发犯罪物品等其他物品,规定在一定条件下予以没收的刑事处罚方法。**一般没收**,是指刑法针对并非与犯罪行为直接相关的犯罪人所拥有的资产的一部或全部,规定在一定条件下予以没收的刑事处罚方法。①

3. 通常,一般没收位居刑罚方法的地位,而特别没收基于各国立法模式的不同,有的作为刑罚方法,有的作为保安处分。

二、我国没收财产的概念

4. 我国《刑法》的**没收财产**,是指将犯罪分子所有财产的一部或者全部强制无偿收归国有的刑罚方法。

三、我国没收财产的特征

5. **附加刑地位**:我国《刑法》的刑事处置体系总体上采纳的是刑罚单轨的立法模式。没收财产属于附加刑。

6. **制度结构简洁**:我国《刑法》总则以第三章第八节,对没收财产的主要内容作了规定,形成了专一的没收财产制度。在条文表述上,第八节的规定仅用2个条文,相关内容较为简洁。

7. **一般没收类属**:没收财产是没收犯罪分子个人所有的财产,不得没收属于犯罪分子家属所有或者应有的财产;没收财产既可以没收犯罪分子个人财产的一部,也可以没收其全部;没收全部财产的,应当对犯罪分子个人及其扶养的家属保留必需的生活费用。没收财产是没收犯罪分子现有的财产,包括动产与不动产,但是不得没收犯罪分子将来可能的财产。

8. **民事赔偿优先**:对于犯罪分子所负正当债务,在一定条件下"应当"偿还。由此,充分体现了民事赔偿优先的原则。偿还债务所需的一定条件包括:必须是犯罪分子在财产被没以前所负债务;必须是犯罪分子所负的正当债务;必须是需要以没收的财产予以偿还;必须经债权人提出请求。

9. **适用于严重的犯罪**:(1)罪量·罪行严重:没收财产通常适用于本罪最为严重的罪状,与之匹配的法定刑主刑通常也是本罪的最高刑。(2)罪质·总体三类:没收财产主要适用于危害国家安全罪、财产经济犯罪、其他性质严重的犯罪。我国《刑法》分则各章,没收财产的罪名适用率,由高到低分别是:危害国家安全罪100%,侵犯财产罪42%,破坏社会主义市场经济秩序罪37%,贪污贿赂罪31%,妨害社会管理秩序罪8%、侵犯公民人身权利、民主权利罪5%、危害公共安全罪2%。

10. **分则法定刑附加适用**:虽然我国《刑法》上的附加刑既可以独立适用也可以

---

① 详见张小虎:《刑罚论的比较与建构(上卷)》,群众出版社2010年版,第286页。

附加适用(第34条第2款),然而根据分则法定刑的具体规定,没收财产这一附加刑均为附加于主刑或者其他附加刑适用。具体包括:(1) 没收财产可以附加于主刑,如"处……有期徒刑,可以并处没收财产"。(2) 没收财产可以附加于主刑或者其他附加刑,这主要表现为危害国家安全的具体犯罪的法定刑设置(《刑法》第113条第2款)。(3) 没收财产附加于主刑,如"处无期徒刑或者死刑,并处没收财产"。(4) 除适用主刑外,还应当附加罚金或者没收财产。如"处……有期徒刑,并处罚金或者没收财产"。

11. **人民法院执行**:没收财产的判决由人民法院执行,必要的时候可以会同公安机关执行(《刑事诉讼法》第272条)。

四、没收财产与罚金

12. 没收财产和罚金均为我国《刑法》上的财产刑并附加刑,但是两者有着明显的区别:(1) **处置轻重**:没收财产是一种处置较为严重的附加刑,适用于性质与罪行较为严重的犯罪;并且实际上,基于刑法分则的规定,没收财产只能附加于主刑适用。而罚金是一种处置并不十分严厉的附加刑,适用于罪行轻重的各种情况,侧重于贪利性质的犯罪;并且基于刑法总则与分则的规定,既可以独立适用,也可以附加适用。(2) **适用对象**:没收财产主要适用于危害国家安全罪、财产经济犯罪、其他性质严重的犯罪。而罚金主要适用于财产经济犯罪、社会秩序犯罪、贪污贿赂犯罪等犯罪类型中的贪利性质的犯罪。(3) **具体内容**:没收财产是剥夺犯罪人现有的动产或不动产的一部或者全部,从而强调财产的"现有""动产或不动产""一部或全部"。而罚金是剥夺犯罪人一定数额的金钱,从而并不限于"现有"的金钱,而是包括"未来"所有的金钱,同时仅限于"金钱",而不包括其他动产或不动产。(4) **减少免除**:没收财产仅为一次性没收,而不存在分期缴纳与减少或免除的问题。而罚金是在判决指定的期限内一次或者分期缴纳。如果由于遭遇不能抗拒的灾祸缴纳确实有困难的,可以酌情减少或者免除。(5) **民事赔偿**:没收财产涉及犯罪人合法债务的偿还,为此《刑法》肯定了民事赔偿优先的原则。而罚金是对犯罪人所有尤其是未来所有金钱的剥夺,从而不存在民事赔偿问题。

五、我国其他没收的概念与特征

13. 我国《刑法》第64条也规定了针对犯罪物品、犯罪所得等的没收,对此以下简称"其他没收"。据此,我国《刑法》的**其他没收**,是指将犯罪分子的违法所得、被害人的合法财产、违禁品和犯罪物品,予以追缴、返还或者没收的处置方法。

14. 我国现行其他没收具有如下特征:(1) **处置方法性质**:其他没收并非刑罚方法,而是规定于"量刑"中的第64条。就其法条的具体内容而论,这种其他没收具有非刑处分的属性。这一立法模式是存疑的(本节段15)。(2) **没收财物范围**:我国的其他没收类似于特别没收,其范围针对与犯罪行为直接相关的犯罪物品、犯罪所得以及诱发犯罪物品等其他物品。(3) **没收财物去向**:一般存在三种情形:A. 属于被害人的合法财产,应当及时返还或者退赔给被害人;B. 违法所得中难以确认物主的财物,或者有关供犯罪所用的财物,没收上缴国库;C. 对于有关违禁品,诸如收缴的毒品、淫秽物品等,予以销毁。①

15. 我国《刑法》的其他没收,既非刑罚也非保安处分,刑法理论通常将之归属于民事恢复原状、行政强制措施、诉讼取证措施。事实上,从实然规定的法条内容来看,这种其他没收具有非刑处分的属性,即基于民事、行政等的法律规定,对特定财物,或者返还原主、或者收归国有、或者销毁;而究其应然的实质意义而论,对犯罪物品、违禁品、诱发犯罪物品的没收,具有消除犯罪危险的性质,对违法所得的没收,则有报应惩罚与一般预防的价值意义。由此,若将我国现行的其他没收作为非刑处分,也最好将之列于第 37 条之后;而作为根本解决的方法,应当增设保安处分制度并将这种其他没收作为保安处分措施。

六、我国没收制度与国外没收制度

16. 我国一般没收与国外一般没收均与主刑并科、均包括得科或必科、均针对犯罪人现有财产的一部或者全部,然而两者在适用对象、有无替代制度等方面存在着一定的区别。②

17. 我国其他没收与国外特别没收虽在没收对象等方面有着一定的相似之处,但是国外的特别没收通常被作为保安处分措施,我国的其他没收却是被规定在"量刑"中的。③

18. 追征④与特别没收如出一辙,均针对剥夺违法所得、犯罪物品,均具有司法处分的性质,并且通常追征被视作特别没收的换刑处分,但是两者在没收物的具体表现、具体存在的场合以及是否存在减免等方面也有着明显的区别。⑤

七、我国一般没收的废除

19. 特别没收更具特别预防、保护社会的效果,从而通常作为保安处分的一项措施而在刑法典中得以确认。对于一般没收,多数国家的刑法典未予规定,少数国家的立法虽也有所表现,但是我国刑法典的规定则相对典型。从总体上说对于一般没收应予废除。⑥

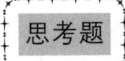

我国《刑法》没收财产刑的设置体现了我国《刑法》立法的何种价值根基?

---

① 详见张小虎:《刑罚论的比较与建构(上卷)》,群众出版社 2010 年版,第 290 页。
② 详见同上书,第 293、303 页。
③ 详见同上书,第 295、303 页。
④ 追征,是指在犯罪所得全部或者部分无法没收的场合,命令犯罪人以一定金额作为替代,而向国家缴纳的刑事处分。
⑤ 详见张小虎:《刑罚论的比较与建构(上卷)》,群众出版社 2010 年版,第 304 页。
⑥ 关于一般没收的他国立法及我国废除一般没收的应然,其具体阐释详见张小虎:《刑罚论的比较与建构(上卷)》,群众出版社 2010 年版,第 293—295、307—309 页。

第61节 C 剥夺政治权利(典型资格刑)

一、剥夺政治权利的概念

1. **剥夺政治权利**,是指剥夺犯罪分子参加管理国家和社会政治生活的权利的刑罚方法。

二、剥夺政治权利的特征

2. **附加刑地位**:剥夺政治权利系附加刑,列于"罚金"之后,"没收财产"之前。

3. **总则·严重犯罪·附加适用**:剥夺政治权利附加适用于严重的犯罪,由《刑法》总则规定:A. 对于危害国家安全的犯罪分子,应当附加剥夺政治权利;B. 对于故意杀人、强奸、放火、爆炸、投毒、抢劫等严重破坏社会秩序的犯罪分子,可以附加剥夺政治权利[①];C. 对于被判处死刑、无期徒刑的犯罪分子,应当剥夺政治权利终身。

4. **分则·较轻犯罪·独立适用**:剥夺政治权利的独立适用,由《刑法》分则各罪相应的法定刑规定。A. 所适用的具体罪名主要表现为危害国家安全罪、危害公共安全罪、侵犯公民人身权利、民主权利罪、妨害社会管理秩序罪、危害国防利益罪中的一些具体的罪,罪名适用率约为8%。B. 剥夺政治权利的独立适用,通常对应于本罪最轻的罪状,与较轻的法定刑主刑("3年以下有期徒刑""5年以下有期徒刑""拘役""管制")选科,如"处3年以下有期徒刑、拘役、管制或者剥夺政治权利"。

5. **剥夺内容侧重政治资格**:剥夺政治权利的法定内容,与管制的法定内容存在部分重合:管制的第二项内容同样限制"言论、出版、集会、结社、游行、示威自由权利";管制通常也剥夺了犯罪分子担任"国营或集体、企事业单位的领导职务"的权利[②];管制的第一项也强调"遵守法律、行政法规,服从监督"。但是,剥夺选举权与被选举权,是剥夺政治权利所特有;报告活动、限制会客、限制迁居,则为管制所特有。

6. **剥夺期限**:剥夺政治权利的期限存在四种情形:A. 1—5年:独立适用或者判处有期徒刑、拘役附加剥夺政治权利的,剥夺政治权利的期限为1年以上5年以下。B. 与管制同:判处管制附加剥夺政治权利的,剥夺政治权利的期限与管制的期限相等,同时执行。C. 终身:对于被判处死刑、无期徒刑的犯罪分子,应当剥夺政治权利终身。D. 3—10年:在死刑缓期执行减为有期徒刑或者无期徒刑减为有期徒刑的时候,应当把附加剥夺政治权利的期限改为3年以上10年以下。

7. **期限计算**:剥夺政治权利的期限计算也存在六种情形:A. 判决执行之日:独立适用剥夺政治权利的,剥夺政治权利的期限,从判决执行之日起计算。B. 主刑执行

[①] 对于故意伤害、盗窃等其他严重破坏社会秩序的犯罪,犯罪分子主观恶性较深、犯罪情节恶劣、罪行严重的,也可以依法附加剥夺政治权利。参见1997年最高人民法院《关于对故意伤害、盗窃等严重破坏社会秩序的犯罪分子能否附加剥夺政治权利问题的批复》。

[②] 参见1986年最高人民法院、最高人民检察院、公安部、劳动人事部《关于被判处管制、剥夺政治权利和宣告缓刑、假释的犯罪分子能否外出经商等问题的通知》。

完毕:判处有期徒刑、拘役附加剥夺政治权利的,剥夺政治权利的期限,从徒刑、拘役执行完毕之日或者假释之日起计算;剥夺政治权利的效力及于主刑执行期间。C. 主刑执行之日:判处死刑与无期徒刑附加剥夺政治权利终身的,剥夺政治权利的效力始于主刑的执行之日。D. 缓刑确定之日:判处拘役与有期徒刑而宣告缓刑同时附加剥夺政治权利的,剥夺政治权利的期限从缓刑判决确定之日起计算①。E. 与管制同:判处管制附加剥夺政治权利的,剥夺政治权利的期限与管制的期限相等,同时执行。F. 徒刑执行完毕:因死刑缓期执行减为有期徒刑或者无期徒刑减为有期徒刑,而把附加剥夺政治权利的期限改为3年以上10年以下的,剥夺政治权利的期限从减刑后的有期徒刑执行完毕之日或者假释之日起计算;剥夺政治权利的效力及于该有期徒刑的执行期间。

8. **公安机关执行**:剥夺政治权利"由公安机关执行",执行期满应当以法定方式及时解除(《刑事诉讼法》第270条)。这与管制、缓刑、假释、监外执行由社区矫正机构执行不同。

国外刑法上的"褫夺公权"与我国刑法上的"剥夺政治权利"的关系是什么?

第61节 D 驱逐出境(资格刑)

一、驱逐出境的概念

1. **驱逐出境**,是指剥夺犯罪的外国人在我国境内居留权利的刑罚方法。

二、驱逐出境的特征

2. **附加刑性质**:驱逐出境既可以独立适用也可以附加适用,这与我国《刑法》附加刑的适用原则一致,从而驱逐出境虽未明确列为附加刑,但具有附加刑的性质。

3. **适用对象特定**:驱逐出境只能针对犯罪的外国人适用,包括在中国境内犯罪的外国人,或者在中国境外对中国国家或公民犯罪而受中国司法审判的外国人。

4. **独立或附加得科**:可以"独立"适用,或者"附加"适用;并且是"可以"适用,而不是"应当"适用。

5. **强制离境**:驱逐出境是剥夺犯罪的外国人在我国境内继续居留的权利,强制其离开中国国(边)境。

6. **不定期剥夺**:对剥夺期限《刑法》未予明确,原则上可以理解为不定期剥夺。

---

① 对此,我国《刑法》未予明确规定。如此处理的根据在于:缓刑是附条件"不执行"主刑,而附加刑仍须执行;如果缓刑被撤销而执行主刑,剥夺政治权利既已执行的刑期应当计算在内,余刑待主刑执行完毕后继续执行,剥夺政治权利的效力及于主刑执行期间。

7. **执行时间各异**：独立适用的，其执行期限为判决发生法律效力之日；附加适用的，其执行期限为主刑执行完毕之日。

8. 应当注意，我国《刑法》所规定的驱逐出境与我国《出境入境管理法》第 81 条第 2 款规定的驱逐出境，存在本质区别。①

[思考题]

试比较我国的驱逐出境与其他有关国家的驱逐出境。②

第 61 节 E 剥夺军衔(资格刑特例)

1. **剥夺军衔**，是指剥夺犯罪的军人既已获得的作为其军官等级与身份的标志和荣誉。

2. 我国《刑法》对于剥夺军衔未予规定，现行的剥夺军衔刑罚由现行《中国人民解放军军官军衔条例》规定，这也可视作我国附属刑法设置刑罚的特例③。

3. 剥夺军衔在适用对象、适用主体、适用方式、剥夺内容、剥夺期限、复得军衔等方面有其特点。④

[思考题]

试比较我国的剥夺军衔与其他有关国家的剥夺荣誉称号及军衔。⑤

第 61 节 F 禁止执业及剥夺职业资格(刑事特别处置)

一、我国《刑法》上的禁止执业

1. 我国《刑法》上的**禁止执业**，是指剥夺犯罪分子从事某种特定职业的权利。

2. 我国《刑法》上的禁止执业表现出如下**特征**：**(1) 适用前提**：利用职业便利实施犯罪，或者实施违背职业要求的特定义务的犯罪，并且被判处刑罚的。**(2) 适用方式**：附加于刑罚而适用，即在犯罪分子被判处主刑或附加刑时，同时适用禁止执业。**(3) 适用根据**：犯罪情况和预防再犯需要。这里的犯罪情况即广义的犯罪事实，预防再犯需要即犯罪分子仍有利用职业再犯的危险。**(4) 适用期限**：3 年至 5 年；自刑罚

---

① 详见张小虎：《刑罚论的比较与建构(上卷)》，群众出版社 2010 年版，第 329 页。
② 详见同上书，第 341 页。
③ 通常，我国的附属刑法只设罪不设刑，采用"比照刑法 xx 条的规定处罚"的立法模式。
④ 详见张小虎：《刑罚论的比较与建构(上卷)》，群众出版社 2010 年版，第 330 页。
⑤ 详见同上书，第 341 页。

执行完毕之日或者假释之日起计算;禁止效力及于刑罚执行期间;刑罚执行完毕是指主刑执行完毕。**(5) 禁止内容**:剥夺犯罪分子从事相关职业的权利,这种职业系其实施犯罪所利用的职业或者背离特定职业义务的职业。**(6) 适用主体**:由人民法院依法予以判决。被禁止执业的犯罪人违反法院决定的,由公安机关依法给予处罚。

3. 需要特别考究的是我国《刑法》第 37 条之一**禁止执业的法律地位**。对此,从立法形态上来看,其属于一种刑事特别处置(A);从内容与适用来看,其具有附加刑的某些特征(B)。就 A 而论,禁止执业既非第 33 条的主刑种类,也非第 34 条的附加刑种类,而是附载于《刑法》总则"第三章刑罚"的"第一节刑罚的种类"之下的,承接于第 36 条与第 37 条之刑事特别处置之后的一种刑事处置措施。从 B 来看,禁止执业系从业权利的剥夺,其虽不能独立适用,但附加于刑罚适用,既可以附加于主刑适用,也可以和其他附加刑一并适用,从而具有附加刑的属性;但是,第 34 条的附加刑种类中并无其名称。从世界**各国立法**来看,禁止执业或作为刑罚方法,或作为保安处分措施。① 我国《刑法》以《刑法修正案(九)》增设禁止执业的处罚措施,这不失为刑法立法上的重要进步。不过,我国《刑法》之资格刑的体系与内容仍有较大的完善空间(第 61 节段 11)。

二、我国《刑法》认可的剥夺职业资格

4. 我国《刑法》第 37 条之一第 3 款,对其他法律、行政法规有关剥夺职业资格的规定,给予"从其规定"的法律地位。据此,**剥夺职业资格**,是指剥夺犯罪人从事法官、检察官、警察、律师、教师等职业的资格。

5. 我国《刑法》认可的剥夺职业资格,在法律依据、适用前提、施加方式、剥夺内容、剥夺期限等方面有其特点。②

6. 对于我国《刑法》认可的剥夺职业资格是否属于一种刑罚,刑法理论存在不同见解。事实上,这一处置措施并非刑法所设置,而是附属于其他法律法规;并且其也不由法院具体予以个案审判宣告(具体剥夺),而是基于法定事实抽象予以剥夺(抽象剥夺)。由此,可以说这种剥夺职业资格并非典型的刑罚方法。不过,其以犯罪为前提、属于犯罪的法定后果,是基于法院对犯罪的认定而对犯罪人原有资格的剥夺,从这个意义上说,其又有不典型的资格刑的某些特征。而作为《刑法》第 37 条之一中的一款,与上述"禁止执业"类似,似有刑事特别处置的地位(第 61 节 F 段 3)。

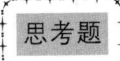

附属于其他法律中的剥夺职业资格与资格刑有何关系?③

---

① 详见张小虎:《刑罚论的比较与建构(下卷)》,群众出版社 2010 年版,第 1013 页。
② 详见张小虎:《刑罚论的比较与建构(上卷)》,群众出版社 2010 年版,第 331 页。
③ 详见同上书,第 330 页。

第 18 章 刑 罚 适 用

第 62 节 量刑基本原理

一、量刑的概念

1. **刑罚适用**是指特定的司法机关依法将**刑罚应用**于具体的刑事案件。广义的刑罚适用包括刑罚裁量与刑罚实现,狭义的刑罚适用仅指刑罚裁量。

2. **刑罚裁量**,又称**量刑**,是指人民法院在认定犯罪事实与犯罪性质的基础上,以相应法定刑为基本平台、以量刑情节为调整砝码,对于犯罪分子依法决定是否判处刑罚,具体判处何种刑种与刑量,以及是否立即执行所处刑罚的一种审判活动。

二、量刑的特征

3. **量刑主体**:人民法院是量刑的唯一主体。量刑属于刑罚权的实体内容。**刑罚权**包括制刑权与司刑权。实现刑罚权的司法活动包括刑事追诉、刑事审判、刑事执行,分属于三种不同的机关,这些机关各自相对独立。其中,刑事审判专属于人民法院。

4. **量刑前提·量刑对象**:认定犯罪事实和犯罪性质是量刑的基础。量刑是在定罪的基础上,确定相应的法定刑幅度,由此基于量刑情节进一步决定对犯罪分子是否判处刑罚、判处何种刑罚,这也说明,量刑只能针对犯罪分子进行。

5. **量刑内容**:是否判处刑罚;具体判处何种刑种与刑量;是立即执行所处刑罚,还是适用死缓与缓刑。

6. **刑罚裁量**:量刑是以法定刑为平台、以量刑情节为砝码,由起点刑经基准刑达至宣告刑(本节段9)。

7. **量刑属性**:量刑是一种刑事审判活动,即人民法院查明具体案件的犯罪事实,认定犯罪性质,对于犯罪分子依法适用刑罚的一系列司法工作。[①]

三、中外量刑路径及基准刑与处刑刑

8. 法定刑是刑罚适用的基本单位与制约框架;宣告刑与执行刑是刑罚适用的结果项;基准刑与处刑刑则是法定刑至结果项的过渡项。

(一)我国量刑的路径·起点刑与基准刑

9. 我国量刑的路径系法定刑之起点刑,经由基准刑初步定位,再经量刑情节调

[①] 详见张小虎:《刑罚论的比较与建构(上卷)》,群众出版社2010年版,第355—357页。

整而最终至宣告刑与执行刑。**(1) 起点刑**,是指审判机关根据具体案件的基本犯罪构成事实,确定这一事实所符合的相应罪状及其法定刑,由此确定这一法定刑幅度内的量刑起点。如基准犯的抢劫 1 次,以有期徒刑 3 至 6 年为起点刑。**(2) 基准刑**,是指审判机关根据该具体犯罪案件中作为说明这一罪状框架内罪行轻重的犯罪数额、犯罪次数、犯罪后果等定罪情节,在量刑起点的基础上增加刑罚量而确定一个作为基准的量刑点位。如基准犯的抢劫 2 次,将基准刑定为有期徒刑 8 年。**(3) 宣告刑**是在基准刑的基础上,再根据刑罚从重、从轻、减轻的量刑情节,并综合考虑全案情况,对基准刑予以规范性的调整而最终得以确定的刑罚。如基于自首等情节,将宣告刑定为 7 年。

10. 在由起点刑至基准刑再到宣告刑的这种点到点的量刑过程中,法官的自由裁量受到一定程度的限制,体现出刑罚适用相对严谨的基本思想。

(二) 国外量刑的路径·处刑刑

11. 国外一些国家量刑的路径系法定刑之起点,经由处刑刑,最终至宣告刑。具体地说,(1) 基于具体案件的罪行确定适用的法定刑幅度;(2) 刑法典对于刑罚"加重"与"减轻"的方法作了具体规定,由此根据案件中刑罚加重与减轻的事由确定处刑刑。这里的**处刑刑**除死刑或无期刑之外,通常表现为一个处刑的幅度。① (3) 宣告刑是在处刑刑的幅度内由法官裁量。

12. 这其中,一方面对于犯罪人适用的刑罚在最终确定之前基本呈现为一个区间幅度,直到宣告刑最终确定才表现为一个具体的刑罚点位;另一方面这种由处刑刑的幅度到宣告刑的点位之中,也给法官的自由裁量留下了较大的空间,体现出刑罚适用相对柔韧的基本思想。进而,就整个刑法理念而论,其与详尽周密的犯罪构成理论相结合,凸显出定罪力求严谨而处刑注重目的的特点。

我国量刑的路径与国外量刑的路径在量刑的价值取向上有何区别?

第 62 节 A 量刑基本原则

一、国外量刑基准的要览

1. **量刑原则**,在国外刑法理论中又称为量刑基准。

2. **量刑基准**,是指合理的量刑所应遵循的根本价值准则及其所应考虑的具体事实准据。量刑基准的**价值准则**是指刑法典规定的刑法的基本观念在量刑层面上所应遵循的有关具体准据与原则,而其**事实准据**则表现为刑法典所规定的基于这种价值

---

① 详见张小虎:《刑罚论的比较与建构(上卷)》,群众出版社 2010 年版,第 382 页。

准则的指导而作为量刑依据的一些具体事实要素与内容。**量刑基准**也可基于总体原则与具体因素的双轨路径展开。**总体原则**阐明量刑所应遵循的根本性准则，**具体因素**则揭示量刑所应依据的具体事项标准。

3. **刑罚根据理念**：在刑法领域，存在古典学派、近代学派与折中主义的不同观念（第6节段5—6）。目前，居于主导地位的是折中主义，即强调刑罚的基础是行为的客观危害与行为人的人身危险性两个方面，具体到量刑基准，在理论上可以归纳为量刑的**责任主义**与**预防主义**。① 在责任与预防的关系上，又存在两种见解：**（1）积极的责任主义**：主张有责任必科以与此相应的刑罚，预防目的的认可应以此作为限度；**（2）消极的责任主义**：主张责任具有的仅仅是画出刑罚上限的功能，从预防的角度来看，也可以科以在责任程度之下的刑罚。

4. **点刑罚理论·幅刑罚理论**：刑罚的量与责任（包括预防）的量，存在何种的具体对应，对此德国、日本刑法理论存在两种不同的见解：**（1）点刑罚理论**：是指刑罚的量与责任的量，两者应当在一个点上重合。在点刑罚理论的支配下，出于预防的需要，可以适当偏离刑罚与责任相对应的这个点，但是可以在何种程度上偏离，仍然成为问题。**（2）幅刑罚理论**：又称活动空间理论，是指与责任的量相适应的刑罚的量，存在一个并不超越报应要求的相对区间。在幅刑罚理论的支配下，出于预防的需要，可以在罪责的上限和下限之间确定刑罚。

5. **刑法立法状况**：国外刑法典在量刑根据的总体原则上，存在以"责任与特殊预防"或"广义的责任"等为根据的不同立法；在量刑根据的具体因素上，存在以"行为时的主客观事实、犯罪人的生活背景及犯罪后表现"或"行为的动机、手段、结果及行为人的品行、环境、罪后表现"等为因素的不同立法。②

二、我国量刑原则的揭示

（一）量刑原则的概念

6. **量刑原则**，是指人民法院在裁量决定刑罚时所应遵循的，指导整个量刑活动并体现量刑活动的特有本质的根本准则。

（二）量刑基准的总体原则

7. 我国《刑法》对于量刑原则的价值准则与总体原则未予明确，对此刑法理论提出了诸多见解。③

8. 基于刑法理论考究《刑法》第61条的应有精神，我国的量刑原则如下：**（1）以行为事实特征为基底**：量刑的核心根据在于行为的事实特征，基于预防的调整不能过度地超越基于行为的事实特征所应适用的具体刑罚。**（2）兼顾刑事政策具体需要**：可以在有限限度内基于预防目标，对由行为的事实特征所确定的具体刑罚予以适当调整，而调整的根据在于决定预防目标的有关事实特征。**（3）依照刑法的具体规定**：

---

① 详见张小虎：《刑罚论的比较与建构（上卷）》，群众出版社2010年版，第359—360页。
② 详见同上书，第361页。
③ 详见同上书，第363—364页。

量刑的规范框架在于刑法的具体规定,包括:总则的有关量刑制度;分则的罪状与法定刑;总则及分则的量刑情节。①

(三) 量刑基准的具体因素所含内容

9. 我国《刑法》第 61 条中的"犯罪的事实"与"犯罪的性质"等系量刑根据的一些具体因素,在此对条文中这些术语的具体内容作一阐明。

10. **犯罪事实·基本含义**:犯罪事实存在广义与狭义的解释。**(1) 广义的犯罪事实**,又称案件事实,是指案件中客观存在的、对于定罪与量刑具有决定意义的一切主客观事实特征。包括罪中事实、罪前事实、罪后事实,犯罪构成事实与非犯罪构成事实,行为特征事实与行为人特征事实,定罪事实与量刑事实。**(2) 狭义的犯罪事实**,又称案件基本事实,是指案件中客观存在的,说明行为的基本犯罪构成的一系列主客观真实情况。这是犯罪事实的核心部分,主要表现为基本犯罪构成事实、定罪事实。例如,说明基准罪状的事实、说明加重罪状或者减轻罪状的事实。**(3)** 我国《刑法》第 61 条所谓的"**犯罪的事实**"是指狭义的犯罪事实,这一犯罪事实所指,与其后的犯罪性质、犯罪情节所指,并列对应。犯罪的事实,是确定犯罪性质的重要前提,而犯罪性质的定位又是量刑的必要基础。

11. **犯罪事实·相关概念**:犯罪事实,涉及基本犯罪构成事实的概念以及相关概念的引申。**(1) 基本犯罪构成事实**,也称**定罪事实**,是指案件中客观存在的,说明行为构成分则具体犯罪的一系列主客观真实情况。就罪刑的**规范设置**而言,基本犯罪构成与法定刑相对应。基准犯罪构成对应于基准法定刑,加重犯罪构成对应于加重法定刑,减轻犯罪构成对应于减轻法定刑。而作为量刑根据的事实特征,与从重、从轻、减轻或者免除的处刑相对应。**(2)** 基本犯罪构成事实不同于量刑事实。就**事实与情节**的视角而言,基本犯罪构成事实,具体表现为定罪情节;而量刑事实,具体表现为量刑情节。就事实的**时间与性质**而言,基本犯罪构成事实主要表现为罪中事实、行为特征事实,不过也涉及行为前后的事实以及说明行为人人身危险性大小的事实②;量刑事实包括罪中事实、行为特征事实,也涉及行为前后的事实以及说明行为人人身危险性大小的事实。

12. **犯罪性质**:是指由案件的基本事实特征所决定的犯罪的具体罪名,这一基本事实特征包括具体罪名框架内的轻重不同的具体罪状。犯罪性质,是确定具体法定刑的重要依据。**(1) 具体罪名**:犯罪性质首先是指案件的基本事实特征所决定的犯罪的具体罪名(第 85 节段 2)。**(2) 具体罪状**:犯罪性质框架内的基本事实特征包括相应罪名下的轻重罪状,即相应罪名下的基准犯罪构成、加重犯罪构成或者减轻犯罪构成的事实特征。**(3) 罪质与罪量**:犯罪性质表述犯罪的质的规定性,与此相应的是犯罪的量的规定性。罪量,意味着质的范围内的一定梯度的量,具体表现为在具体罪状的范围内,基于案件事实的不同而表现出的犯罪的轻重不同程度。

---

① 详见张小虎:《刑罚论的比较与建构(上卷)》,群众出版社 2010 年版,第 365—366 页。
② 详见张小虎:《犯罪论的比较与建构(第二版)》,北京大学出版社 2014 年版,第 85 页。

13. **犯罪情节**:是指案件中客观存在的,说明犯罪行为的社会危害程度与行为人人身危险性大小的各种具体事实情况。犯罪情节分为定罪情节与量刑情节。**(1) 定罪情节**,主要表现为基本犯罪构成事实的详情细节,其对应于具体法定刑。**(2) 量刑情节**,主要表现为基本犯罪构成事实以外的其他与犯罪密切相关的具体事实情况,其对应于具体处刑程度①。**(3)** 鉴于上文所述犯罪事实的狭义与犯罪性质的含义,我国《刑法》第61条所谓的**"情节"**是指量刑情节。量刑情节,是以具体法定刑的质的框架为中心调整刑罚轻重的重要依据②。量刑情节,也基于具体案件事实,为正确量刑提供了具体细化了的事实依据。

14. **社会危害程度**:是指犯罪行为对于社会造成或者可能造成损害的大小。**(1)** 决定社会危害程度的,是具体案件的一系列主客观事实特征,包括犯罪构成的事实与非犯罪构成事实,行为特征事实与行为人特征事实等。行为在客观上所造成的损害结果、行为的方式方法与实行、行为人在主观上的故意或过失、行为的动机与目的、行为人的个人情况、一贯表现和犯罪后的态度等,均是说明社会危害程度的因素。**(2)** 由此,社会危害程度是在"犯罪事实(狭义)""犯罪性质""犯罪情节(量刑情节)"的基础上,全面分析这三者以及相关的案件事实情况而予以的综合评价,其决定了量刑的最终结果,即罪与非罪、此罪与彼罪、罪重与罪轻、是否判处刑罚、判处何种刑罚与刑度、是否立即执行所判刑罚等。

三、我国量刑原则的完善

15. 我国《刑法》第61条对于量刑原则的规定相对抽象概括。就总体原则而言,并未凸显客观主义为主导兼顾主观主义的思想;就具体因素而言,并未具体阐明总体原则指导下的核心事实特征构成;就表述形式而言,无论是总体原则还是具体因素,表述相对笼统。

16. 完善我国《刑法》的量刑原则,可以遵循以下思路:明确表述量刑基准的总体原则及事实因素,增强条文形式合理,对于总体原则与事实因素分款予以规定,同时强调量刑事实因素独立于定罪事实因素,但是法律有特别规定的除外。③

思考题

1. 我国《刑法》量刑的价值基准(价值准则)是什么?其又是如何在量刑的制度基准(规范特征)中得以体现的?

2. 为何应将我国《刑法》第61条中的犯罪"情节"理解为量刑情节?

---

① 即从重、从轻、减轻或者免除处罚。
② 即作为从重、从轻、减轻或者免除处罚的重要根据。
③ 详见张小虎:《刑罚论的比较与建构(上卷)》,群众出版社2010年版,第373—374页。

第 62 节 B 量刑情节

一、定罪情节与量刑情节的概念

（一）情节的概念

1. **情节**，是指犯罪事实中客观存在的各种具体事实情况。对于情节与犯罪事实的关系，日本学者曾作一贴切比喻，犯罪事实好比一座大厦，而情节则是建造这座大厦的砖瓦。

2. 情节在刑法上表现为犯罪情节。犯罪情节分为定罪情节与量刑情节。

（二）定罪情节的概念

3. **定罪情节**，是指案件中客观存在的，作为决定是否构成犯罪或者构成何种具体犯罪以及所属具体罪状的各种具体事实情况。主要表现为基本犯罪构成事实的详情细节，具体侧重于行为时的情节以及有关说明行为社会危害程度的情节，也涉及行为前中后的情节以及说明行为人人身危险性大小的情节①。

4. 分则情节犯与情节加重犯之情节，属于定罪情节，并且具有具体犯罪之主观或者客观的事实特征的意义，其决定某一具体犯罪之犯罪构成的符合，包括：(1) **作为基准罪状的情节**，如我国《刑法》第 246 条第 1 款所规定"情节严重"；(2) **作为加重罪状的情节**，如我国《刑法》第 310 条第 1 款后段所规定的"情节严重"。

（三）量刑情节的概念与特征

5. **量刑情节**，是指案件中客观存在的，作为决定处刑轻重或者免除处罚的各种具体事实情况。主要表现为基本犯罪构成事实以外的其他与犯罪密切相关的具体事实情况，包括有关行为时的情节以及行为前中后的情节、有关说明行为社会危害程度的情节以及说明行为人人身危险性大小的情节等。

6. 在国外刑法理论中，量刑情节也称为**刑罚的加重与减轻**，是指以某一法定刑为中心，在由此决定宣告刑时，根据有关事实特征，具体调整宣告刑的轻重。在此，刑罚的加重与减轻，强调的是据以决定宣告刑轻重的有关事实特征（第 62 节段 11）。

7. 量刑情节的存在如下**特征**：**(1) 客观存在**：量刑情节是案件中客观存在的具体事实情况。既包括行为人主观面的具体事实（如犯罪动机），也包括行为客观面的具体事实（如犯罪手段）；既可以是有形的（如肢体伤害的程度），也可以是无形的（如行为的具体目的）。**(2) 详情细节**：量刑情节是有关案件事实的具体情状和细节特征的呈现，是在刑罚裁量中有关调整刑罚轻重的各类功能与事实的砝码的具体展开。**(3) 调整法定刑**：量刑情节则是法定刑的从重、从轻、减轻或者免除所对应的案件事实的详情细节。由此，量刑情节以某一法定刑为中心调整对该法定刑的具体适用。

---

① 将说明人身危险性较大的事实特征，作为定罪情节中的入罪情节；例如，2013 年最高人民法院、最高人民检察院《关于办理盗窃刑事案件适用法律若干问题的解释》第 2 条第 1、2 项的规定（见第 37 节段 8）。犯罪情节中人身危险性情节的界域，应以法定为限。详见"定罪法定"（第 36 节段 7）。

从重、从轻的量刑情节是在法定刑内发挥其决定宣告刑的作用;减轻或者免除的量刑情节则是突破法定刑框架发挥其决定的作用。**(4) 基本构成以外**:量刑情节不同于定罪情节。量刑情节主要表现为基本犯罪构成以外的其他与犯罪密切相关的具体事实情况,是**罪量**的决定因素,这里的罪量主要是指以具体罪状为核心框架的危害程度大小波动。而定罪情节主要表现为基本犯罪构成事实的详情细节,是**罪质**的决定因素,这里的罪质既包括以罪名为标志的罪质,也包括该罪名下各种罪状所表现的罪质。**(5) 行为前中后**:量刑情节既可以表现为行为前的具体事实情况(如累犯的情节),也可以表现为行为中的具体事实情况(如犯罪中止的情节),还可以表现为行为后的具体事实情况(如自首的情节)。而定罪情节主要表现为行为中的具体事实情况。**(6) 行为危害·行为人危险**:量刑情节包括表现为行为危害特征的具体事实情况(如教唆犯、防卫过当、犯罪未遂等情节)与行为人危险特征的具体事实情况(如立功、自首、累犯、中止犯等情节)。而定罪情节主要表现为行为危害特征的具体事实情况。

二、量刑情节的分类

(一) 法定情节与酌定情节

8. **法定情节**,是指刑法对于调整刑罚的轻重功能砝码与具体事实情况明文予以规定,审判机关在量刑时必须予以考虑的情节。**(1)** 法定情节的**格式**表现为"具体事实情况"并"轻重功能砝码"。例如,我国《刑法》第65条第1款规定,对于累犯应当从重处罚。其中,"累犯"为具体事实情况,"应当从重处罚"为轻重功能砝码。而对于"轻重功能砝码",具体地又可以分为两部分:功能性质与加减方法。所谓功能性质,是指某一法定情节调整刑罚的轻重特征,包括从重、从轻、减轻、免除等性质;所谓加减方法,是指某一法定情节调整刑罚的具体加减幅度。例如,我国《刑法》第63条第1款对法定减轻处罚具体方法作了规定。**(2)** 对法定情节又可作多种**分类**:基于轻重功能砝码,法定情节分为从严情节与从宽情节;基于总则与分则的设置,法定情节分为总则性情节与分则性情节;基于影响量刑结果的程度,法定情节分为可以情节与应当情节。**(3)** 对我国法定情节的**评析**:与国外刑法典的规定相比,我国《刑法》法定情节的规定较为笼统与粗疏,这折射着一种因事制宜的柔韧观念。应当增强我国《刑法》法定情节的具体、肯定、明确。①

9. **酌定情节**,又称审定情节,是指刑法对于调整刑罚的轻重功能砝码或者具体事实情况未予明确详细规定,而是由刑法理论与司法实践总结出来的,审判机关在量刑时通常予以考虑、酌情掌握的情节。**(1)** 对于酌定情节,同样存在着主观情节与客观情节、罪中情节与罪前或罪后情节、行为危害特征的情节与行为人危险性的情节等不同视角下的**分类**。酌定情节随案件的具体情况而有所不同,具体究竟存在哪些酌定情节的事实因素,难以一概而论。**(2)** 在我国刑法理论与实践中,**常见的酌定情节**

---

① 详见张小虎:《刑罚论的比较与建构(上卷)》,群众出版社2010年版,第425页。

的事实因素主要表现为:犯罪动机、犯罪手段、犯罪对象、犯罪结果、犯罪时空、罪后态度、个人情况、一贯表现等。这些事实因素,在国外刑法中大多作为法定情节处理。**(3) 形势需要与民愤要求**能否作为酌定情节,这在我国刑法理论上有着较大的争议。应当说,形势需要、民愤要求与行为危害性、行为人危险性之间,如果存在合理的转换或折合的过渡,那么其影响量刑就有了形式基础。如 1978 年轰动全国的蒋爱珍故意杀人罪由死刑改判 15 年有期徒刑。**(4) 酌定情节的地位**:酌定情节是法定情节的必要补充。酌定情节运用灵活、内容更为具体丰富、与具体案件直接相关。即使在运用法定情节时,也存在着将法定情节具体化的问题,这同样需要酌定情节的厘定。①

(二) 从严的法定情节与从宽的法定情节

10. **从严情节**,是指表述行为危害程度较大或者行为人人身危险性程度较大的具体事实情况,从而决定刑罚的从重、加重的情节。就情节的调整功能而言,从严情节意味着从重处罚与加重处罚。**(1) 从重处罚**,是指在法定刑的幅度以内,对于具有从重情节的犯罪分子,比对于没有这种情节的犯罪分子,适用较重的刑种或者较长的刑期,但是不得在法定最高刑以上判处刑罚。**(2) 加重处罚**,是指基于本法定刑的幅度,对于具有加重情节的犯罪分子,比对于没有这种情节的犯罪分子,适用更高一个层次的法定刑幅度,但是一般不得再予超越,而只是罪加一等判处刑罚。**(3) 我国《刑法》**仅规定了从重情节。对于加重情节,现行《刑法》颁行前的特别刑法曾有规定。我国法定从重处罚的事实因素包括总则与分则的一系列规定。诸如:教唆不满 18 周岁的人犯罪(第 29 条第 1 款);累犯(第 65 条第 1 款);武装掩护走私(第 157 条第 1 款);国家机关工作人员犯诬告陷害罪(第 243 条第 2 款)等。

11. **从宽情节**,是指表述行为危害程度较小或者行为人人身危险性程度较小的具体事实情况,从而决定刑罚的从轻、减轻、免除的情节。就情节的调整功能而言,从宽情节意味着从轻处罚、减轻处罚与免除处罚。**(1) 从轻处罚**,是指在法定刑的幅度以内,对于具有从轻情节的犯罪分子,比对于没有这种情节的犯罪分子,适用较轻的刑种或者较短的刑期,但是不得在法定最低刑以下判处刑罚。**(2) 减轻处罚**,是指在法定最低刑以下,对于具有减轻情节的犯罪分子,比对于没有这种情节的犯罪分子,适用更低层次的法定刑幅度的刑种或者刑期,并且原则上一个减轻情节只是罪减一等处罚。具体应注意:A. 减轻系"在法定刑以下判处刑罚""有数个量刑幅度的,应当在法定量刑幅度的下一个量刑幅度内处刑";B.《刑法》第 63 条第 1 款所称"以下"不应包括本数;C. 在刑减一等的降幅范畴内,减轻处罚包括刑种的减轻以及由主刑减至从刑,但减轻不应包括免除;D. 刑法理论称《刑法》第 63 条第 1 款所规定的减轻处罚为法定减轻或者一般减轻,称该条第 2 款所规定减轻处罚,为酌定减轻或者特殊减轻。**(3) 免除处罚**,是指对于行为构成犯罪的犯罪分子,由于具有免除处罚的情节,从而仅作有罪的宣告而免除其刑罚处罚。**(4) 我国《刑法》**规定了从轻处罚、减轻处

---

① 关于形势需要与民愤要求能否作为酌定情节以及酌定情节的地位,其具体阐释详见张小虎:《刑罚论的比较与建构(上卷)》,群众出版社 2010 年版,第 398—399 页。

罚、免除处罚的情节；与这些从宽情节相对应的事实因素规定于总则或分则的不同条文中，如又聋又哑的人或者盲人犯罪、预备犯、从犯、自首、立功等。①

（三）应当情节与可以情节

12. **应当情节**，又称命令性情节，是指审判机关在量刑时必须予以考虑的，并且在量刑结果中必然有所体现的法定情节。其关键的特点在于，这种法定情节对于量刑的结果产生必然影响。

13. **可以情节**，又称授权性情节，是指审判机关在量刑时必须予以考虑的，不过在量刑结果中可能有所体现的法定情节。其关键的特点在于，这种法定情节对于量刑的结果产生或然影响。

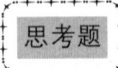

我国《刑法》第13条与第37条所规定的"情节"是指什么？其在定罪量刑中有何地位与作用？

第63节 量刑从严制度·累犯制度

1. **量刑制度**，是指刑法对于影响量刑轻重的有关事由予以集中系统的规定而形成的一般规则。在各国刑法典中，累犯是较为典型的量刑从严制度。

一、累犯的概念

2. **广义累犯**，又称实质累犯，是指行为人在犯罪既已判决（前罪）之后又实施犯罪（后罪），这种前罪与后罪之间的关系。近似我国刑法理论常说的再犯。再犯与初犯相对，包括：**(1) 广义再犯**，是指曾经受犯罪判决之人再次实施犯罪；**(2) 狭义再犯**，是曾经受犯罪与刑罚判决之人再次实施犯罪。

3. **狭义累犯**，又称形式累犯，是指在广义累犯的基础上，需要具备一定的法定条件方可成立，并产生加重处罚结果的情形。刑法上的累犯通常是指狭义累犯。**狭义累犯**又区分为：**(1) 特别累犯**，是指在累犯的成立条件上，将前罪与后罪的犯罪性质限定在一定类型的犯罪之内。如我国《刑法》第66条的规定。**(2) 一般累犯**，是指在累犯的成立条件上，对前罪与后罪的犯罪性质的类型关系不予特别限定。如我国《刑法》第65条的规定。

4. 《日本刑法典》总则规定了普通累犯，分则规定了常习赌博；通常累犯系针对自然人，而《法国刑法典》明确规定了法人累犯；《俄罗斯刑法典》还明确区分了累犯、危险累犯、特别危险累犯。这些立法例颇具特色。②

---

① 详见张小虎：《刑罚论的比较与建构（上卷）》，群众出版社2010年版，第406—418页。
② 详见同上书，第428—433页。

二、累犯从严的责任依据

5. 累犯从严处罚的根据究竟何在？对此存在责任主义、性格主义、折中主义等不同见解。应当说，累犯对于先前判决警告的违反，由此增强了其受谴责的程度（责任非难），同时在一定场合，累犯也表现出行为人具有较大的人身危险性（性格危险）。①

三、我国的累犯制度

（一）我国累犯的总体模式

6. **累犯**是指因犯罪受过一定刑罚处罚，在该刑罚执行完毕或者赦免以后，在法定期限内又犯一定之罪的犯罪人。包括一般累犯与特别累犯。

7. 我国《刑法》对于有关累犯的立法，具有如下**特征**：**(1) 总则规定为主与分则规定为辅**：在总则第四章中专设第二节确立了累犯制度。另外，分则第356条针对有关毒品犯罪规定了再犯从重处罚。**(2) 一般累犯·特殊累犯·法定再犯**：总则第65条与第66条分别规定一般累犯与特殊累犯，分则第356条规定法定再犯；三者均为从重处罚的情节。**(3) 行为中心论的累犯与再犯**：对于累犯与再犯的界说，仅仅描述累犯行为与再犯行为的事实特征，行为人的危险特征并非构成要素。**(4) 单位累犯与再犯的不明**：对于单位能否构成累犯或法定再犯，未予明确。②

（二）我国《刑法》的一般累犯

8. **一般累犯**，又称普通累犯，是指18周岁以上因故意犯罪被判处有期徒刑以上刑罚，在刑罚执行完毕或者赦免以后，在5年以内再犯应当判处有期徒刑以上刑罚之罪的犯罪人。一般累犯不同于惯犯（第52节段6），也不同于再犯（本节段2）。

9. 一般累犯的**构成条件**如下：**(1) 前罪后罪形态**：前罪与后罪都必须是故意犯罪。如果在前罪与后罪中，有一个是过失犯罪或者两罪均为过失犯罪，均不构成累犯。**(2) 行为人的年龄**：行为人的年龄应在18周岁以上。如果前罪实施时不满18周岁，即使后罪实施时系18周岁以上，也不能构成累犯。**(3) 前罪后罪刑罚**：前罪被判处的刑罚和后罪应当被判处的刑罚，均是有期徒刑以上。如果在前罪与后罪中，有一个犯罪的宣告刑不是有期徒刑以上，则不构成累犯。**(4) 前罪后罪间隔**：后罪发生的时间，必须在前罪刑罚执行完毕或者赦免以后的5年以内。由此，如果后罪发生的时间距离前罪已满5年，或者后罪发生在前罪判决之前与前罪刑罚执行期间，均不构成累犯。前罪刑罚执行完毕，是指主刑执行完毕，而不要求附加刑也执行完毕。

10. **一般累犯的认定**：关于累犯的构成存在若干争议问题：缓刑再犯与累犯成立，假释再犯与累犯成立，单位再犯与累犯成立，国外处罚与累犯成立，连续犯和继续犯与累犯成立等。对此，本书认为：犯罪人在缓刑考验期限内或者缓刑考验期满后再

---

① 详见张小虎：《刑罚论的比较与建构（上卷）》，群众出版社2010年版，第440页。
② 详见同上书，第449页。

犯的,均不能构成累犯;犯罪人在假释考验期满后再犯的,可以构成累犯;而在假释考验期限内再犯的,不能构成累犯;严格说来,我国《刑法》关于累犯的规定主要是针对自然人犯罪而言的;在国外受到有期徒刑以上刑罚,经由实质审查而承认国外刑事处罚的,方有成立累犯的可能;在连续犯与继续犯的场合,应以起始行为作为评价是否构成累犯的基准。①

11. **累犯与法定再犯**:对我国《刑法》第356条的规定,刑法理论有的将之归于特殊累犯。事实上,该条规定仅系法定再犯,在我国刑法中特殊累犯不同于法定再犯。特殊累犯强调前罪刑罚执行完毕或者赦免以后再犯新罪,而法定再犯即使在狭义上也仅强调前罪刑罚既已判决以后再犯新罪。②

(三)我国《刑法》的特殊累犯

12. **特殊累犯**是指因危害国家安全犯罪、恐怖活动犯罪、黑社会性质的组织犯罪而被判处刑罚,在刑罚执行完毕或者赦免以后,在任何时候再犯上述任一类罪的犯罪人。

13. **特殊累犯的构成条件**如下:(1) **前罪后罪形态**:前罪与后罪均属三种类罪中的具体犯罪之一。其中,危害国家安全犯罪(A),是指《刑法》分则第一章所规定具体犯罪。而恐怖活动犯罪(B)与黑社会性质的组织犯罪(C),则指向不明。原则上可以理解为,B系《刑法》第120条与第120之一至之六所设之罪,以及其他以恐怖主义组织为承载的各种具体犯罪;C系《刑法》第294条所设之罪,以及其他以黑社会性质组织为承载的各种具体犯罪。同时,前罪与后罪之间,在这三种类罪的对应关系上,未必具有一致性。例如,前罪犯分裂国家罪,后罪犯恐怖主义的爆炸罪,仍可构成特殊累犯。(2) **前罪后罪刑罚**:前罪被判处的刑罚和后罪是否应当被判处刑罚,均不受限制。前罪被判管制、拘役或者单科附加刑,均不影响特殊累犯的成立;后罪是否被处刑罚,并非特殊累犯成立的要素。(3) **前罪后罪间隔**:后罪发生的时间,应当在前罪刑罚执行完毕或者赦免以后的任何时候。前罪与后罪的时间间隔,不论是在5年以内还是在5年以外,均可构成特殊累犯;但是,后罪必须是在前罪的刑罚执行完毕或者赦免以后发生,否则不能构成特殊累犯。

14. **特殊累犯的认定**:值得考究的是,一般累犯构成中不满18周岁人的例外规定,是否适用特殊累犯的构成?如案例63-1中的甲能否构成特殊累犯?应当说,甲不能构成特殊累犯。相对于一般累犯的规定,特殊累犯的规定系特别规范;特别规范优于普通规范,是指特别规范对某些事项的特别规定的优先适用;但是,在特别规范对某些事项未予特别规定的场合,则相关事项的规定仍应适用普通规范。由此,特殊累犯的法条对不满18周岁人的累犯构成未予特别规定,则此类人员的累犯构成问题仍应适用一般累犯的普通规定。

案例63-1:不满18周岁的甲犯黑社会性质组织的故意杀人罪,在刑罚执行完毕

---

① 详见张小虎:《刑罚论的比较与建构(上卷)》,群众出版社2010年版,第446—451页。
② 详见同上书,第454页。

之后,又犯黑社会性质组织的故意伤害罪。

(四) 我国《刑法》累犯的处罚

15. 对于累犯"应当从重处罚"(《刑法》第65条)。这不仅适用于一般累犯,而且适用于特殊累犯。此外,对于累犯"不适用缓刑"(《刑法》第74条)与"不得假释"(《刑法》第81条第2款);对于被判死缓的累犯可以"限制减刑"(《刑法》第50条第2款)。

16. 我国《刑法》对累犯的处罚仅规定了总体性的处罚原则,而对具体方法未予特别明确。应当说,累犯是一种较为常见的量刑制度,各国刑法对累犯的处罚通常予以特别明确的加重方法,从而增强了累犯处罚的司法可操作性。

> 思考题
>
> 1. 对于累犯从严处罚的价值根据,旧派思想与新派思想各有何种解释?
> 2. 我国《刑法》规定特别累犯的价值基奠的主导取向是什么?

第64节A 量刑从宽制度·自首制度

1. 各国刑法典对于自首的规定各有特色。① 我国《刑法》在总则第四章中专设第三节确立了自首、坦白和立功制度,同时在分则第164条第3款、第390条、第392条中对有关具体犯罪的自首及其处罚作了特别规定。我国《刑法》还将自首分为"自首"(一般自首,第67条第1款)与"以自首论"(余罪自首,第67条第2款)。

一、我国一般自首的概念

2. **一般自首**,是指犯罪人犯罪以后自动投案,如实供述自己的罪行的行为(《刑法》第67条第1款)。

二、我国一般自首的成立条件

3. **自动投案**:是指犯罪人在犯罪以后归案以前,基于自己的意志主动向司法机关申告罪行,并且到案接受审查裁判的行为。**具体包括:(1)典型的"自动投案"**,是指犯罪事实或者犯罪嫌疑人未被司法机关发觉,或者虽被发觉但犯罪嫌疑人尚未受到讯问未被采取强制措施时,主动直接向公安机关人民检察院或者人民法院投案。② 这也意味着:A."发现犯罪事实""发现犯罪人""犯罪人到案"这三者缺一而投案的,均可构成"自动投案"。B. 投案须出自犯罪人意志的支配,但不要求发自悔悟和善

---

① 详见张小虎:《刑罚论的比较与建构(上卷)》,群众出版社2010年版,第458页。
② 详见1998年最高人民法院《关于处理自首和立功具体应用法律若干问题的解释》(以下简称1998年《处理自首立功问题解释》)第1条。

意,投案动机不影响自动投案的成立。C. 投案须犯罪人到案,即置身司法控制与处置。以下情形不是自首:自动投案后又逃跑的[①];虽不逃跑但拒绝接受司法控制与审查的;以电话等方式向司法机关报案但并未载明自己的姓名与住所,或者虽已明确自己的身份但拒绝到案接受司法控制。**(2) "视为自动投案"**,系对"自动投案"的投案对象及归案程度的条件作了放宽的规定,包括:向所在单位、城乡基层组织或其他有关负责人投案;因自己伤病或为了减轻犯罪后果委托他人先代为投案(代首)或以电信方式投案;罪行尚未被司法机关发觉而仅因形迹可疑被盘问教育后主动交代自己的罪行(询首);在被通缉追捕的过程中主动投案;经查实确已准备投案或在投案途中被捕获;在亲友规劝陪同下投案(陪首);犯罪嫌疑人的亲友接到公安机关通知或主动报案后将其送去投案(送首)。[②] 犯罪后主动报案没有逃离现场并在司法机关询问时交代自己罪行;在司法机关未确定犯罪嫌疑人而尚在一般性排查询问时主动交代自己罪行;因特定违法行为被采取行政拘留、司法拘留等行政、司法强制措施期间主动交代尚未被掌握的罪行(自告)。[③] 与此不同,办案机关所认"犯罪事实不成立",而犯罪人交代其他未觉"同种罪行的",系"没有自动投案"但"以自首论"。[④]

4. 如实供述自己罪行:是指犯罪人在自动投案以后,如实交代自己的主要犯罪事实。[⑤] 对此应当注意:**(1) 如实供述**:所供述的内容应当基本客观真实,对犯罪性质、罪行轻重的认定大致无误。不过,下列情形不应视为如实供述:犯罪人为了推卸罪责,故意避重就轻,隐瞒犯罪事实关键环节,致使犯罪性质罪行程度等无法得以正确认定的;犯罪人为了包揽罪行,故意作虚假陈述,隐瞒犯罪行为与犯罪人的基本事实,致使全案在犯罪人等问题的认定上难以得出正确结论的;犯罪人出于增强从宽处理力度等动机,肆意夸大犯罪事实甚至无中生有,同样致使犯罪行为的认定走向歧途的。**(2) 主要事实**:应当供述犯罪事实的基本与核心部分,包括犯罪人的身份情况、犯罪实施的状况、全部犯罪事实的主要部分或者轻重程度所占比重较大部分。**(3) 数罪事实**:仅如实供述所犯数罪中的部分犯罪的,只对如实供述的该部分犯罪认定为自首。**(4) 自己罪行**:应当供述属于自己承担刑事责任的罪行。在共同犯罪案件中,犯罪人除了如实供述自己的罪行以外,还应当供述所知的同案犯;主犯则应当供述所知其他同案的共同犯罪事实。**(5) 排除翻供**:如实供述自己的罪行后又翻供的,不能认定为自首;但在一审判决前又能如实供述的,应当认定为自首。自行合理辩解并不影响如实供述的成立。

5. 关于自首还存在诸多具体的理论与实际问题:单位自首;罪数供述;过失犯的

[①] 1998年《处理自首立功问题解释》第1条。
[②] 同上。
[③] 详见2010年最高人民法院《关于处理自首和立功若干具体问题的意见》(以下简称2010年《处理自首立功问题意见》)第1条。
[④] 2009年最高人民法院、最高人民检察院《关于办理职务犯罪案件认定自首、立功等量刑情节若干问题的意见》(以下简称2009年《认定自首立功问题意见》)第1条。
[⑤] 1998年《处理自首立功问题解释》第1条。

自首;一般自首与投案、告发、告诉、坦白;自首与**首服**①等。②

三、我国余罪自首的概念

6. **余罪自首**,又称特别自首、准自首,是指被采取强制措施的犯罪嫌疑人、被告人和正在服刑的罪犯,如实供述司法机关还未掌握的本人其他罪行的行为(《刑法》第67条第2款)。

四、我国余罪自首的成立条件

7. **特定主体**:余罪自首属于归案状态下的自首,自首主体仅为被采取强制措施的犯罪嫌疑人、被告人和正在服刑的罪犯。(1) **归案**,是指犯罪人已经处于司法机关的直接控制之下,而受到一定的司法处置。(2) **强制措施**,是指司法机关为了防止犯罪嫌疑人、被告人逃避侦查和审判,依照法定程序对其人身自由加以一定限制或者剥夺的强制方法。包括:拘传、取保候审、监视居住、拘留和逮捕。(3) **犯罪嫌疑人**,是指在立案侦查与审查起诉阶段,因涉嫌犯罪而被依法追究刑事责任的当事人。(4) **被告人**,是指在起诉与审判阶段,被指控犯有某种罪行的当事人。(5) **罪犯**,是指被生效判决确定犯有某种罪行,从而受到相应刑罚处罚,正在被执行刑罚的犯罪人。

8. **如实供述**:必须如实供述自己的罪行。这与一般自首的要求相似。

9. **未觉余罪**:如实供述的必须是司法机关尚未掌握的本人的其他罪行。本书称之为"未觉余罪",而与此相对的是"已觉本罪"③。(1) 这里的"未觉"或"已觉"应以司法机关客观上是否掌握犯罪人的罪行为标准,而不能根据犯罪人的主观认识。(2) 对于"余罪"的含义,刑法理论存在不同见解④,而司法解释的态度是:供述异种余罪的以自首论;供述同种余罪不成立自首的可以从轻;供述较重与大部同种余罪的应当从轻⑤;供述的余罪与本罪系选择性罪名或者在法律与事实上有密切关联的罪名的,是供述同种罪行。⑥ (3) 事实上,这里的"余罪"还涉及所供述之罪是否需要数罪并罚、在判决宣告前还是刑罚执行中供述等情形。对此,可以按如下思路解决:判决宣告前供述余罪,且所供述之罪不应数罪并罚的,根据司法解释精神按供述部分在全部犯罪事实中所占比重大小考虑可以从轻或应当从轻;判决宣告前供述余罪,如系需按数罪并罚予以处理的数罪的,则所供述罪行成立余罪自首;刑罚执行中供述漏罪与新罪的,无论漏罪与新罪在全部犯罪事实中所占比重大小,所供述罪行均成立余罪自首;犯罪人所供述的余罪与本罪虽系在法律与事实上有密切关联,但系他种罪名的,

---

① 首服,又称自服,是指在自诉案件中,犯罪人自动向有告诉权的人陈述自己的犯罪事实,接受刑事处置的行为。
② 详见张小虎:《刑罚论的比较与建构(上卷)》,群众出版社2010年版,第476—483、462页。
③ 即犯罪人已经被采取强制措施或者被适用刑罚的事由。
④ 详见张小虎:《刑罚论的比较与建构(上卷)》,群众出版社2010年版,第483页。
⑤ 1998年《处理自首立功问题解释》第2、4条;2009年《认定自首立功问题意见》第3条。
⑥ 2010年《处理自首立功问题意见》第3条。

如实供述的余罪部分也应成立余罪自首。

10. 在余罪自首的认定中,还存在诸多具体的理论与实际问题,如基于强制措施与刑罚剥夺自由程度的不同,以及缓刑、假释、监外执行等牵涉刑罚执行的差异,对于不同场合的余罪供述是否一律认定余刑自首等。[①]

五、一般自首与余罪自首

11. 余罪自首是否也存在自动投案的要件?对此,刑法理论存在不同见解。基于我国《刑法》的规定,应当说余罪自首无须如同一般自首的"自动投案"。[②]

12. **一般自首与余罪自首的关系**:两者均可呈现自告自己的未觉罪行,置身于司法机关的控制与处置,均属从宽处罚的法定情节。但是,两者也有着明显的**区别**:**(1) 自首主体**:一般自首的主体只要是犯罪人均可;而余罪自首的主体进一步限定为被采取强制措施的犯罪嫌疑人、被告人和正在服刑的罪犯。**(2) 投案样态**:一般自首既可以表现为已觉罪行状态下的"归案",也可以表现为未觉罪行状态下的"投案",还可表现为行政控制状态下的主动交代未觉罪行[自告,本节段3之(2)];而余罪自首仅指"本罪"既已归案状态下的针对"未觉余罪"的供述。**(3) 自由状态**:一般自首通常呈现为"归案"与"投案",此时犯罪人拥有完全的人身自由;而余罪自首则系犯罪人的人身自由受到限制与剥夺状态下的供述余罪。

六、我国《刑法》自首的处罚

13. 对于自首犯,可以从轻或者减轻处罚;对于犯罪较轻的自首犯,可以免除处罚。

单位自首与有关责任人员自首的关系是什么?

第 64 节 B 量刑从宽制度·坦白制度

一、坦白的概念

1. **广义坦白**,是指犯罪人如实供述自己的罪行的行为,包括一般自首、余罪自首、被动坦白。所谓"坦白从宽,抗拒从严"的刑事政策,其中的"坦白"即为广义的坦白。**狭义坦白**,仅指被动坦白而不包括一般自首与余罪自首,通常所称的坦白是指狭义坦白,也即《刑法》意义上的坦白。

---

① 详见张小虎:《刑罚论的比较与建构(上卷)》,群众出版社 2010 年版,第 489—491 页。
② 详见同上书,第 491 页。

2. **坦白**，是指犯罪人被动归案后，如实供述自己的已被司法机关掌握的罪行的行为。

二、坦白的成立条件

3. **罪行已觉被动归案**：是指犯罪事实与犯罪人均已被发现，并且基于已觉罪行犯罪人既已被司法机关捕获或者被群众扭送或者被有关部门依法审查处置。这里关键是"被动归案"，其强调归案的方式是基于他在行为的外在强制，包括：被司法机关捕获；被群众及时扭送（《刑事诉讼法》第 84 条）；被有关部门控制审查，如被纪检与监察部门讯问。

4. **主动供述已觉罪行**：是指犯罪人基于自己的意志客观真实地供述自己已被司法机关或者有关部门掌握的主要罪行。"主动供述"不同于"被迫招供"。坦白的"如实供述"与自首的"如实供述"这两者的要求相似。而坦白的"已觉罪行"是指作为被动归案事由的罪行。如果系被动归案而如实供述未觉罪行的，可以成立余罪自首（第 64 节 A 段 7—9）。

三、坦白与自首

5. 坦白与自首均有如实供述自己罪行的情形，均有自觉接受刑事处置的态度，且均为法定从宽处罚的情节。但是两者仍有重要**区别**。

6. **坦白与一般自首区别**：**(1) 自动投案·被动归案**：坦白与一般自首的关键区别在于，坦白系被动归案，而一般自首系自动投案；**(2) 供述罪行·已觉罪行**：坦白的犯罪人所供述的是司法机关已经掌握的罪行，而一般自首的犯罪人所供述的既可以是已知罪行也可以是未知罪行。由此，坦白系"被动归案+供述已觉罪行"；一般自首系"自动投案+供述罪行"。

7. **坦白与余罪自首**：被动归案是两者的共有特征，主要区别在于：**(1) 未觉余罪·已觉罪行**：坦白的犯罪人所供述的是被指控的司法机关已经掌握的本人罪行；而余罪自首的犯罪人所供述的是被指控的罪行以外的司法机关尚未掌握的本人罪行，如案例 64-1 中甲的行为以自首论①；**(2) 主导部分·权重较小**：在供述同种罪行且无须数罪并罚的场合，供述未被司法机关掌握的罪行所占权重较大的，可作全案自首；而供述未被司法机关掌握的罪行所占权重较小或者与已觉罪行均等的，则为坦白。由此，坦白系"被动归案+供述已觉罪行"；余罪自首系"被动归案+供述未觉余罪"。

案例 64-1：甲因收受乙的贿赂而被采取强制措施，在办案期间发现这一犯罪事实并不成立，但是甲主动交代了收受丙的贿赂的犯罪事实。

四、坦白的处罚

8. 对于坦白犯，可以从轻处罚；对于因坦白而避免特别严重后果发生的，可以减

---

① 2009 年《认定自首立功问题意见》第 1 条。

轻处罚。

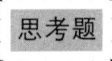

试述我国《刑法》第67条第3款"避免特别严重后果发生"的具体情形。

第64节 C 量刑从宽制度·立功制度

一、立功的概念

1. **立功**,是指犯罪人终审以前,揭发他人罪行查证属实,或者提供重要线索从而得以侦破其他案件,或者对国家和社会具有其他突出贡献的行为。立功制度在各国刑法典中并不多见。

二、立功的成立条件

2. **立功主体**:立功是我国《刑法》为犯罪分子所设置的从宽量刑的情节。这里的立功仅指量刑立功。**量刑立功不同于减刑立功**:量刑立功系量刑情节,由我国《刑法》第68条规定,是针对未决犯而言的;而减刑立功由我国《刑法》第78条规定,是针对已决犯的减刑而言的。

3. **立功时间**:作为量刑情节的立功,应当发生在犯罪分子到案后至终审判决前的各个阶段。**归案前的行为并非立功**:《刑法》上的立功是对犯罪人戴罪立功的宽宥,且这与对适用刑法平等原则的遵循是一致的。

4. **立功行为**:立功行为系三种情形之一,包括揭发他人罪行查证属实、提供重要线索致使侦破其他案件、其他有利于国家和社会的突出贡献。对立功的线索来源《刑法》未予明确规定,司法实践作了限制解释。① 由此,案例64-2中甲的行为不能成立立功。②

案例64-2:甲处于审前羁押中,甲的亲友乙趁给甲送衣服之机暗中将写有丙之罪行的纸条夹带其中蒙过了检查,甲收到衣服后发现了其中的纸条并将该犯罪线索提供给了司法机关。

三、立功的类型:一般立功与重大立功

5. **一般立功**,是指犯罪人终审以前,立功行为所针对的案件与罪行等,属于一般案件、一般犯罪、一般犯罪嫌疑人的情形。**重大立功**,是指犯罪人终审以前,立功行为所针对的案件与罪行等,属于重大案件、重大犯罪、重大犯罪嫌疑人的情形。

---

① 2009年《认定自首立功问题意见》第2条。
② 详见张小虎:《刑罚论的比较与建构(上卷)》,群众出版社2010年版,第496—498页。

6. 所谓"重大"是指所揭发的罪行等,可能被判无期徒刑以上刑罚或者案件在省级或者全国范围有较大影响。① 而"可能被判无期徒刑以上刑罚",包括基于罪行应判无期徒刑以上刑罚但因有法定从宽情节而被判有期徒刑的情形。②

四、立功的处罚

7. 对于一般立功,可以从轻或者减轻处罚;对于重大立功,可以减轻或者免除处罚。

我国《刑法》的立功制度表现出哪些时代背景?

第65节　数罪并罚制度

一、数罪并罚的概念

1. **数罪并罚**,是指人民法院对于同一犯罪分子在法定期限内所犯数罪分别定罪量刑,然后根据法律规定的并罚原则与方法予以合并决定应当执行的刑罚的量刑制度。关于数罪并罚的概念还涉及"量刑合成"与"执行合成"及"基础并罚"与"具体处理"等。③

二、数罪并罚的特征

2. **一人犯有数罪**:这里关键是数罪的认定。有的国家刑法典对应予并罚与不予并罚的罪数情形分别作了规定,而我国《刑法》对此不够明确,实际中争议较大的问题是,对判决宣告以前的同种数罪是否应予并罚?对此可以考虑,在存在情节加重犯的场合不予并罚,而在多次罪行无法包容于具体罪状的场合应予并罚。④

3. **数罪呈现的阶段**:判决宣告以前业已发现的数罪;判决宣告以后刑罚执行完毕以前,发现的漏罪与再犯的新罪;在缓刑考验期或者假释考验期,发现的漏罪与再犯的新罪。

4. **数项刑罚合成的原则**:对于死刑、无期徒刑采取吸收原则;对于有期自由刑采取限制加重原则(拘役及管制除外,《刑法》第69条第2款);对于附加刑与主刑采取并科原则。

5. **不同阶段数罪的并罚方法**:对于判决宣告以前的数罪,采取基本合并的方法;

---

① 1998年《处理自首立功问题解释》第7条。
② 2009年《认定自首立功问题意见》第2条第5款。
③ 详见张小虎:《刑罚论的比较与建构(上卷)》,群众出版社2010年版,第527页。
④ 详见同上书,第512—520页。

对于漏罪的并罚,采取先并后减的方法;对于新罪的并罚,采取先减后并的方法。

三、数罪并罚基本原则的考究

6. **数罪并罚的基本原则**,是指对于一人所犯数罪予以合并处罚,所应依据的基本准则。刑法理论所阐释的数罪并罚原则主要是针对"量刑合成"及"基础并罚"的基本准则。

(一) 并科原则

7. 并科原则又称累加原则,是指对数罪分别宣告刑罚,然后对各罪的刑罚相加,以该相加之和作为数罪的最终处罚或者应当执行的刑罚。该原则的特点与不足是:(1) **特点**:将数罪的刑罚绝对相加,从而强调刑罚的报应功能与威慑功能。(2) **不足**:死刑与死刑、死刑与无期徒刑、无期徒刑与无期徒刑等,难以并科处理;虽也可先执行有期徒刑再执行死刑,但却有违刑罚目的与刑罚经济;对于数个有期徒刑的绝对并科,可能导致超过人的生命极限的刑期;一罪一罚、数罪数罚、每罪必罚,也难免走向刑罚苛严。

(二) 吸收原则

8. 吸收原则是指对于数罪分别宣告刑罚,然后选择其中最重的宣告刑,作为数罪的最终处罚或者应当执行的刑罚,其余较轻的宣告刑被最重的宣告刑所吸收,而不予执行。该原则的特点与不足是:(1) **特点**:采取重刑吸收轻刑,强调刑罚的合理与人道。(2) **不足**:仅按最重的一罪处罚,这就造成了数罪中的其他犯罪不受处罚的现象;这无异于鼓励犯罪人在犯某一较重犯罪之后,再犯其他较轻或同等轻重的犯罪。

(三) 限制加重原则

9. 限制加重原则又称限制并科主义,是指对于数罪分别宣告刑罚,然后以其中最重的宣告刑为基础,再予一定限度的加重,由此构成数罪的最终处罚或者应当执行的刑罚。该原则的特点与不足是:(1) **特点**:既强调每罪必罚,又予其以一定的限制。(2) **不足**:对死刑或无期徒刑的并罚,无法予以限制加重;对一些不同性质的刑种(如自由刑与财产刑),也无法予以限制加重。

(四) 折中原则

10. 折中原则又称混合原则,是指对于一人所犯数罪的合并处罚,根据数罪分别应当适用的刑罚种类与特点的不同,综合采用并科原则、吸收原则或者限制加重原则,作为确定数罪的合并量刑或者执行刑罚的基本准则。该原则的特点及可取性:(1) **特点**:针对应予并合的刑罚的特点,分别采取相应的原则。(2) **可取性**:使数罪的处罚总体上重于一罪的处罚,同时在一些特殊场合又不至于走向极端;分别情况采用不同原则,也避免了操作上的困境。各国刑法对数罪并罚大多采取折中原则。

四、我国刑法数罪并罚的原则

11. 我国刑法采用了"以限制加重原则为主、以吸收原则并科原则为辅"的折中原则(《刑法》第 69 条)。

(一) 限制加重原则

12. 限制加重原则适用于同种自由刑的并罚,即数罪中各罪的宣告刑,均为有期徒刑、或者均为拘役、或者均为管制的,应当在一个最低与最高的刑期区间,酌情决定并罚以后的执行刑。具体地说:**(1)"加重"的含义**:数个宣告刑的最终合并执行刑,应当在数个宣告刑中的最高刑期以上,并且可以超过所处刑种的法定最高刑期的限度,即管制可以超过 2 年、拘役可以超过 6 个月、有期徒刑可以超过 15 年。**(2)"限制"的含义**:数个宣告刑的最终合并执行刑,不能超过数个宣告刑的总和刑期,并且不能超过数罪并罚最高刑期的限制,即管制最高不能超过 3 年,拘役最高不能超过 1 年,有期徒刑总和刑期不满 35 年的最高不能超过 20 年,总和刑期在 35 年以上的最高不能超过 25 年。**(3)"以上"与"以下"的含义**:《刑法》第 69 条系对限制加重原则的规定,相对于吸收原则及并科原则其具有独特的意义,并且相对于第 99 条其也系特别规定。因此该条第 1 款前段之"以下"及"以上"不包括本数,而该条款后段所称"35 年以上"因其与"不满 35 年"相对,从而应当包括本数。**(4) 决定执行刑的"酌情"**:不应包含在各罪宣告刑中既已考虑的情节,而应当是指数个宣告刑的总体性、整合性的情状(如宣告刑的数量、每个宣告刑的刑期、数刑中的最高宣告刑、数刑的总和刑期)及数罪之间的关系及其所表现出的犯罪人的个性特征(如数罪之间的性质关系、发案时间关系、犯罪手段关系、犯罪倾向表现)等。具体地可以考虑以数刑总和刑期的 2/3 作为决定执行刑的参照点并加以调整。①

(二) 吸收原则

13. 吸收原则适用于"有期徒刑和拘役"及"死刑与无期徒刑等"的并罚。具体地说:**(1) 有期徒刑与拘役**:根据《刑法》第 69 条第 2 款前段的规定,在数罪的宣告刑分别为有期徒刑和拘役的场合,只是执行有期徒刑而拘役不再执行。不过,对此仍有可予进一步推敲的余地。② **(2) 死刑与无期徒刑等**:具体情形包括:A. 数个宣告刑均为死刑;数个宣告刑有一为死刑、或者若干为死刑,其余为无期徒刑或者有期自由刑。B. 数个宣告刑有一为无期徒刑,其余为有期自由刑;数个宣告刑均为无期徒刑,或者若干为无期徒刑,其余为有期自由刑。应当注意,不能将数个无期徒刑升格为死刑。

(三) 并科原则

14. 并科原则适用于"有期徒刑(拘役)和管制"及"附加刑与主刑"的并罚。具体地说:**(1) 监禁和管制**:根据《刑法》第 69 条第 2 款后段的规定,在数罪的宣告刑为有期徒刑和管制、或者拘役和管制的场合,先执行有期徒刑或者拘役,而后执行管制。对此在立法论上仍有思考的余地。③ **(2) 附加刑与主刑**:根据《刑法》第 69 条第 3 款前段的规定,各罪的宣告刑中既有主刑又有附加刑的,除执行并罚的主刑以外,也应执行并罚的附加刑。

---

① 详见张小虎:《刑罚论的比较与建构(上卷)》,群众出版社 2010 年版,第 541 页。
② 详见同上书,第 534—538 页。
③ 详见同上书,第 534 页。

（四）附加刑与附加刑

15. 根据《刑法》第69条第3款后段的规定，对于数项附加刑的并罚，附加刑种类相同的合并执行（A），种类不同的分别执行（B）。不过，A之"合并执行"究竟何意？是基于并科原则？还是吸收原则？抑或限制加重原则？B之"分别执行"，是否就是将数个宣告刑简单相加？另外，对没收全部财产与罚金的并罚，在司法实践看来也并无同时执行的可能。因此，对于《刑法》的这一规定仍有进一步探讨的余地。①

五、我国数罪并罚的方法

（一）数罪俱发·基本合并

16. 数罪并罚的基本合并方法及其适用情形，其基本法条是《刑法》第69条，这一合并方法具有如下**特征**：**（1）数罪俱发·执行前的数罪**：适用情形包括两种：A.《刑法》第69条规定的"判决宣告以前一人犯有数罪"，并且各罪在此前均被发现而被一同追诉。这里的"判决宣告"，应当理解为判决确定。B.《刑法》第77条第1款规定的犯罪人在缓刑考验期限内被发现漏罪或者再犯新罪的，也适用第69条的并罚方法。**（2）分别量刑**：将数罪中的每一个罪，逐一地、分别地予以个别地看待，在不考虑其他犯罪的情况下，对其进行定罪量刑，由此确定每一个罪各自的宣告刑。此时所考虑的量刑情节，是数罪中各罪所具有的量刑情节。**（3）合并量刑**：根据各罪宣告刑的不同情况，分别采取并科原则、吸收原则、限制加重原则，对各罪的各个宣告刑予以合并，酌情确定数罪最终的一个执行刑。

（二）漏罪并罚·先并后减

17. 数罪并罚的先并后减方法及其适用情形，其基本法条是《刑法》第70条，这一合并方法具有如下**特征**：**（1）发现余罪**：适用情形包括两种：A.《刑法》第70条规定的"判决宣告以后，刑罚执行完毕以前，发现……还有其他罪没有判决的"。这里的"判决宣告"，同样应当理解为判决确定。"发现余罪"实为"前罪（判决确定之罪）+漏罪（被漏判之罪）"的并罚。B.《刑法》第86条第2款规定的犯罪人在前罪所判刑罚的假释考验期限内被发现漏罪的并罚。**（2）先并**：对于新发现的漏罪单独予以定罪量刑以确定漏罪的宣告刑，而后将前罪既已判决的刑罚（前罪宣告刑）与漏罪宣告刑，按照《刑法》第69条规定的并罚原则，予以合并酌情决定数罪（前罪与漏罪）的执行刑。可以简要表述为：(前罪宣告刑+漏罪宣告刑)·并罚系数=数罪执行刑。**（3）后减**：对于前罪判决既已执行的刑期，应当于执行刑确定之后在执行刑中予以扣除，由此得出的刑期才是前罪与漏罪尚需执行的刑期（数罪剩余刑期）。可以简要表述为：数罪执行刑－前罪既已执行刑期=尚需执行刑期。

（三）新罪并罚·先减后并

18. 数罪并罚的先减后并方法及其适用情形，其基本法条是《刑法》第71条，这一合并方法具有如下**特征**：**（1）再犯新罪**：适用情形包括两种：A.《刑法》第71条规

---

① 详见张小虎：《刑罚论的比较与建构（上卷）》，群众出版社2010年版，第547—549页。

定的"判决宣告以后,刑罚执行完毕以前,被判刑的犯罪分子又犯罪的"。这里的"判决宣告"仍然应当理解为判决确定。"再犯新罪"实为"前罪(判决确定之罪)+新罪(刑罚执行期间再犯之罪)"的并罚。B.《刑法》第86条第1款规定的犯罪人在前罪所判刑罚的假释考验期限内再犯新罪的并罚。**(2)先减**:在前罪既已判决的刑期(前罪宣告刑)中先行扣除前罪判决既已执行的刑期①,由此得出前罪的剩余刑期。可以简要表述为:前罪宣告刑-前罪既已执行刑期=前罪剩余刑期。**(3)后并**:对于再犯的新罪单独予以定罪量刑以确定新罪的宣告刑,而后将前罪剩余刑期与新罪宣告刑,按照《刑法》第69条规定的并罚原则,予以合并酌情决定数罪尚需执行刑期。可以简要表述为:(前罪剩余刑期+新罪宣告刑)·并罚系数=数罪尚需执行刑期。

六、先减后并与先并后减·先减后并方法的功能

19. 先减后并方法比先并后减方法,并罚的结果更重。具体表现在:**(1)** 实际可能执行的最低刑期的限度更高:采用先减后并的方法实际可能执行的最低刑期可能为:"前罪剩余刑期以上+前罪既已执行刑期"(A)②或者"新罪宣告刑以上+前罪既已执行刑期"(B)③;采用先并后减的方法实际可能执行的最低刑期可能为:"前罪宣告刑以上-前罪既已执行刑期"(C)④或者"新罪宣告刑以上-前罪既已执行刑期"(D)⑤。上述 A 与 C、B 与 D 对应比较,显然前者大于后者;而且前罪既已执行刑期越长,这种差距越大。**(2)** 实际可能执行的最高刑期限度可能超过数罪并罚法定最高期限:采用先减后并的方法实际可能执行的最高刑期为:"(前罪剩余刑期+新罪宣告刑)·并罚系数+前罪既已执行刑期",而其中的"(前罪剩余刑期+新罪宣告刑)·并罚系数"不得超过20年或者25年,所以先减后并方法的最高极限为"(20年或25年)+前罪既已执行刑期"(A);采用先并后减的方法实际可能执行的最高刑期为:"(前罪宣告刑+新罪宣告刑)·并罚系数-前罪既已执行刑期",其中的"(前罪宣告刑+新罪宣告刑)·并罚系数"不得超过20年或者25年,所以先并后减方法的最高极限为"(20年或25年)-前罪既已执行刑期"(B)。显然,上述 A 将超过 20 年或者 25 年,而 B 不会超过 20 年或者 25 年。

20. 我国《刑法》对于漏罪的先并后减的并罚结果,重于对于新罪的先减后并的并罚结果。这是因为犯罪人在前罪刑罚执行期间再犯新罪,在一定程度上表明犯罪人人身危险性仍然较大;犯罪人在此期间犯罪,也应受到更为严厉的谴责,从而承担更重的责任非难。

---

① "前罪判决既已执行的刑期",应当是指截至新罪发生时前罪判决既已执行的刑期,而非截至新罪被发现时前罪判决既已执行的刑期。详见张小虎:《刑罚论的比较与建构(上卷)》,群众出版社2010年版,第555页。
② 在"前罪剩余刑期"大于"新罪宣告刑"的场合。
③ 在"新罪宣告刑"大于"前罪剩余刑期"的场合。
④ 在"前罪宣告刑"大于"新罪宣告刑"的场合。
⑤ 在"前罪宣告刑"大于"前罪宣告刑"的场合。

七、数罪并罚的特殊情形

21. 鉴于漏罪发现与新罪再犯及其发现的不同阶段,数罪并罚的情形较为复杂。由此,如下情形的处理值得关注:数项前罪既已并罚,在刑罚执行过程中又发现漏判之罪;数项前罪既已并罚,在刑罚执行过程中犯罪人再犯新罪;在刑罚执行过程中又发现数项漏判之罪;在刑罚执行过程中犯罪人再犯数项新罪;在刑罚执行过程中发现犯罪人尚有漏罪,同时犯罪人再犯新罪;在缓刑考验期满以后发现漏罪;在缓刑考验期间所犯新罪,在缓刑考验期满以后才被发现;假释考验期满以后发现漏罪;在假释考验期间所犯新罪,在假释考验期满以后才被发现;减刑之后的刑罚执行期间发现漏罪;减刑之后的刑罚执行期间再犯新罪;减刑之后发现减刑之前存在刑罚执行期间的新罪;减刑之罪的刑罚执行完毕发现减刑之前存在刑罚执行期间的新罪;减刑之罪的刑罚执行完毕发现在前罪判决宣告之前的漏罪;刑罚执行期间数项前罪中的部分或者全部被再审改判,对于该数项前罪的并罚;刑罚执行期间再犯新罪被数罪并罚,其后前罪又被再审改判;刑满释放以后再次犯罪,同时又发现在刑满释放以前(包括刑罚执行过程中)的漏罪。①

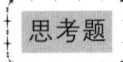

1. 限制加重原则的价值根基是什么?
2. 减刑之后的刑罚执行期间发现漏罪如何并罚?②

---

① 详见张小虎:《刑罚论的比较与建构(上卷)》,群众出版社 2010 年版,第 558—580 页。
② 详见同上书,第 569—571 页。

第19章 刑罚执行

第66节 行刑基本原理

一、行刑的概念

1. **行刑**,又称刑罚执行,是指国家授权的专门机关,将人民法院生效刑事裁判所确定的刑罚,付诸实施的刑事司法活动。广义的行刑,是指各种刑罚的执行;狭义的行刑,仅指自由刑的执行。

二、行刑的特征

2. **司法活动·行刑属性**:行刑属于国家授权的专门机关的特定刑事司法活动。基于司法公正,国家将实现刑罚权的司法活动分为追诉、审判、执行三个部分,分属三个机关行使(第62节段3)。可见,行刑是国家实现刑罚权的重要组成部分,系刑罚执行的司法活动。

3. **专门机关·行刑主体**:行刑主体只能由国家授权的专门机关担任,此外任何组织或者个人均不能充任行刑主体,不过国外有关的私营监狱的出现对这一理念提出了挑战,也引起了广泛的理论争议。根据刑罚种类的不同,在我国行刑主体分别表现为:监狱负责死刑缓期2年执行、无期徒刑、有期徒刑的执行;人民法院负责死刑立即执行、罚金、没收财产的执行;公安机关负责剥夺政治权利、拘役、余刑1年以下的有期徒刑的执行;社区矫正机构负责管制、缓刑、假释与监外执行的执行(《刑事诉讼法》第269条)。

4. **生效裁判·行刑依据**:行刑依据只能是人民法院的生效刑事裁判,**具体包括**:(1)已过法定期限没有上诉、抗诉的判决和裁定。不服判决的上诉和抗诉的期限为10日,不服裁定的上诉和抗诉的期限为5日。(2)终审的判决和裁定。第二审的判决、裁定和最高人民法院的判决、裁定,都是终审的判决、裁定。(3)最高人民法院核准的死刑的判决和高级人民法院核准的死刑缓期2年执行的判决(《刑事诉讼法》第259条第2款、第230、244条)。

5. **刑罚实现·行刑内容**:行刑内容是将人民法院裁判所确定的刑罚付诸实现。(1)虽为人民法院生效裁判,如果裁判内容并不涉及刑罚处罚的,一般也就无所谓这里的行刑。如无罪判决、仅作有罪判决;有罪判决并予刑事特别处置等。(2)这里的行刑包括主刑与附加刑的行刑。基于刑种的不同,行刑的基本方式、具体内容、行刑主体等均有所差异。

三、行刑的意义

6. 审判必然延伸：行刑是将人民法院所确定的刑罚，予以实现的一项专门工作。没有刑罚执行，刑事审判就变得没有意义，刑罚价值无从实现。

7. 实现刑罚价值：刑罚以报应为基底兼顾预防（第5节段8），而行刑是刑罚的报应与预防得以实现的最终体现。

8. 具有独特意义：相对于刑事诉讼与监狱的执行，刑法视角的行刑具有独特意义，其至为关注刑罚的实质内容，设置行刑调整的基本模式与实质条件。[①]

四、行刑的基本原则

9. 行刑原则，是指基于行刑价值目标的实现，行刑活动所特有的，贯穿于行刑过程始终，作为行刑活动应当遵循的法则与标准。[②]

10. 以裁判刑罚为本位兼顾动态调整的原则：裁判刑罚的本位地位，在形式上确定了行刑活动的惩罚属性，强调基于犯罪人罪行的刑罚应当得到切实的实行；动态调整的兼顾，则在形式上展示了行刑活动的教育宗旨，在行刑活动中基于罪犯接受教育的表现可依法予以减刑或者假释。

11. 惩罚与教育相结合的原则：惩罚是基本前提而教育是最终目的。没有惩罚就难以实现对罪犯的特殊教育；而教育又融合于惩罚之中，没有教育的惩罚则刑罚的目的无法实现。在既定的刑罚框架内，教育具有核心意义。行刑就是要通过各种再社会化的方法，使罪犯的个性得到根本改变。

12. 行刑个别化原则：行刑个别化是刑罚个别化的重要表现。**刑罚个别化**，是指刑罚的制定与适用应当考虑犯罪人的个体情况，以使刑罚轻重与犯罪人人身危险性大小相适应。具体表现为规范个别化、量刑个别化、行刑个别化。基于阶段区分的折中主义刑罚理论，在行刑活动中，刑罚个别化更具典型意义。

13. 行刑社会化原则：是指行刑活动应当注意采用与大众社会密切相关的模式，使罪犯的再社会化更多地融入大众社会的促进力量，从而更加顺利地实现罪犯重返大众社会。其核心意义包括：行刑模式的社会开放与拓展；行刑活动的社会力量参与与依靠；罪犯重返大众社会的渠道疏通。行刑社会化原则的具体贯彻，经由有关开放式半开放式处遇或者社会内处遇的刑种，以及开放式半开放式处遇或者社会内处遇的行刑方式体现。[③]

[①] 详见张小虎：《刑罚论的比较与建构（下卷）》，群众出版社2010年版，第584页。
[②] 详见同上书，第585页。
[③] 详见同上书，第588页。

> **思考题**
> 1. 行刑个别化原则的基本思想是什么?
> 2. 如何合理地设置我国徒刑的行刑机构?

第67节 缓刑制度

1. 严格来讲,缓刑意味着并未实际执行刑罚,从而无所谓行刑。但是,缓刑依然存在缓刑考验的执行,缓刑考验与有关行刑缓和处遇也有着诸多的形态上的相似,由此将缓刑置于行刑制度中予以阐述。

一、缓刑的概念与特征

（一）缓刑的基本含义

2. **缓刑**,是指对于符合一定条件的犯罪人,规定一定的考验期限与考验内容,如果犯罪人在此期限遵守规定,则不予罪刑判决或者刑罚执行的刑罚制度。缓刑包括**起诉犹豫、刑罚宣告犹豫、刑罚执行犹豫**。①

3. 我国《刑事诉讼法》针对未成年犯罪嫌疑人的附条件不起诉(第282—284条),即起诉犹豫。

（二）我国缓刑的概念与特征

4. 我国《刑法》总则仅规定了刑罚执行犹豫的缓刑(第72—77条),通称缓刑或一般缓刑;分则规定了战时缓刑(第449条)。

5. **缓刑**,是指人民法院对于被判处拘役、3年以下有期徒刑的犯罪分子,同时符合犯罪情节较轻、有悔罪表现、没有再犯危险、对于居住社区没有重大不良影响的,可以规定一定的考验期,暂缓所判刑罚的执行,如果犯罪分子在考验期内没有发生法定应当撤销缓刑的事由,所判刑罚就不再执行的刑罚制度。

6. 我国缓刑具有如下**特征**:**(1) 适用前提**:A. 缓刑适用的肯定条件:被判处拘役、3年以下有期徒刑的犯罪分子;犯罪情节较轻、有悔罪表现、没有再犯危险、置于社区而没有重大不良影响。B. 缓刑适用的否定条件:必须不是累犯和犯罪集团的首要分子。**(2) 主刑缓刑**:缓刑仅指特定种类的主刑的缓刑。"被宣告缓刑的犯罪分子,如果被判处附加刑,附加刑仍须执行。"(《刑法》第72条第3款)主刑缓刑同时附加剥夺政治权利的,剥夺政治权利的期限从缓刑判决确定之日起计算(第61节C段7)。**(3) 考验期限**:适用缓刑必须规定一定考验期限。具体表现为:拘役的缓刑考验期限为原判刑期以上1年以下,但是不能少于2个月;有期徒刑的缓刑考验期限为原判刑期以上5年以下,但是不能少于1年。**(4) 行为考察与特别禁止**:A. 适用缓刑

---

① 详见张小虎:《刑罚论的比较与建构(下卷)》,群众出版社2010年版,第594—597页。

均有一定的行为考察。据此,被宣告缓刑的犯罪分子必须遵守缓刑监督管理规定,不能再犯新罪或者出现漏罪。B. 宣告缓刑还可以根据犯罪情况同时宣告禁止令。据此,被宣告缓刑的犯罪分子还必须遵守禁止令的有关规定。(5) **缓刑效果**:我国缓刑属于附条件免除执行。被宣告缓刑的犯罪分子,在缓刑考验期限内,没有出现应当撤销缓刑的情形,则原判刑罚就不再执行。反之,被宣告缓刑的犯罪分子在考验期限内再犯新罪或者出现漏罪,则应撤销缓刑而数罪并罚;或者严重违反有关缓刑监督管理规定,严重违反被同时宣告的禁止令的,则应撤销缓刑而执行原判刑罚。(6) **刑罚制度**:缓刑兼有量刑制度与行刑制度的特征。就量刑制度而言,缓刑是基于适用缓刑的法定条件,在刑罚裁量时由人民法院裁量予以确定;就行刑制度而言,缓刑属于附条件的暂缓执行,虽非实际执行但仍属牵涉刑罚执行的课题[①]。

(三) 我国战时缓刑的概念与特征

7. **战时缓刑**,是指在战时,对于被判处3年以下有期徒刑并且没有现实危险的犯罪军人,暂缓所判刑罚的执行,允许其戴罪立功,如果确有立功表现,可以撤销原判刑罚,并且不以犯罪论处的刑法制度。

8. 战时缓刑具有如下**特征**:(1) **适用时间**:战时缓刑只能适用于战时,非战时不能适用。具体包括,在战时犯罪、战时适用战时缓刑;或者在非战时犯罪而被宣告缓刑,在战时可以按照战时缓刑处理。(2) **形式条件**:战时缓刑只能适用于被判处3年以下有期徒刑的犯罪军人。战时缓刑可以适用于刑法分则各章的具体犯罪。同时,被判处拘役的犯罪,也可以适用战时缓刑。(3) **实质条件**:适用战时缓刑必须犯罪人没有现实危险。对于累犯与犯罪集团首要分子不适用缓刑的规定,同样适用于战时缓刑。(4) **法律效果**:适用战时缓刑的犯罪人如果战时确有立功表现,不仅可以撤销原判刑罚,而且不以犯罪论处。(5) **其他效果**:如果战时并无立功表现,也没有再犯新罪与发现漏罪的,则原判刑罚不再执行,但是前科记录依然存在;如果再犯新罪或者发现漏罪的,应当撤销缓刑,实行数罪并罚。(6) **考验期限**:战时缓刑的考验期限可以参照一般缓刑考验期限的确定方法予以确定;战时缓刑的考验内容包括战时的遵纪守法等一般表现,以及确有立功的特殊表现。

(四) 战时缓刑与一般缓刑

9. 战时缓刑与一般缓刑的**相似之处**:(1) **形式要件**:均为被处3年以下有期徒刑的犯罪分子,包括被处拘役;(2) **实质要件**:"不致再危害社会"与"没有现实危险",其核心意义一致;(3) **否定要件**:累犯与犯罪集团首要分子不适用缓刑的规定,同样适用于战时缓刑;(4) **考验期限**:战时缓刑也应有其考验期限,具体期限可以参照一般缓刑确定。

10. 战时缓刑与一般缓刑的**区别**:(1) **适用时间**:战时缓刑仅限战时适用,而一般缓刑适用的时期没有限制。(2) **适用对象**:战时缓刑只能适用于犯罪军人,而一般缓刑适用对象的身份没有限制。(3) **考察内容**:一般缓刑考察的核心内容系《刑法》第

[①] 我国《刑事诉讼法》第269条也将缓刑归于执行。

75条的规定以及同时宣告的禁止令,而战时缓刑考察的核心内容系是否存在立功表现。**(4) 缓刑效果**:一般缓刑,如果没有出现应当撤销缓刑的法定事由,则缓刑考验期满原判刑罚不再执行;而战时缓刑,如果确有立功表现,不仅可以撤销原判刑罚,而且不以犯罪论处。

(五) 缓刑与其他措施

11. **缓刑与死缓**:两者都属于附条件不执行原判刑罚;均非刑种而系刑罚适用的具体制度。但是,两者有着重大**区别**:**(1) 适用对象**:缓刑适用于被判处拘役、3年以下有期徒刑的犯罪分子,强调不予监禁不致再危害社会;死缓适用于被判处死刑的犯罪分子,强调罪行极其严重但是无须立即执行。**(2) 执行方式**:缓刑采取非监禁的方式在大众社会中予以考察监督;死缓采取监禁的方式在重刑监狱中实行强制劳动予以教育改造。**(3) 考验期限**:缓刑的考验期限,拘役的为原判刑期以上、1年以下、不少于2个月,有期徒刑的为原判刑期以上、5年以下、不能少于1年;死缓的考验期限为2年。**(4) 法律后果**:缓刑考验结果分别不同情况可能是,原判刑罚不再执行、撤销缓刑执行原判刑罚、撤销缓刑数罪并罚;死缓考验结果分别不同情况可能是,减为无期徒刑、减为25年有期徒刑、执行死刑。**(5) 依附平台**:缓刑针对拘役、3年以下有期徒刑,属于附条件不执行自由刑的裁量制度或行刑制度;死缓针对死刑,属于死刑的执行制度。

12. **缓刑与监外执行**:两者均属对罪犯不予监禁的一种行刑制度。但是,两者存在重大**区别**:**(1) 适用对象**:缓刑适用于被判处拘役、3年以下有期徒刑的犯罪分子。监外执行适用于:A. 被判处有期徒刑或者拘役,并且患有严重疾病需要保外就医者,或者生活不能自理者;B. 被判处无期徒刑、有期徒刑或者拘役,并且怀孕或正在哺乳自己婴儿的妇女。**(2) 实质条件**:适用缓刑的实质条件在于,适用缓刑确实不致再危害社会。适用监外执行的实质条件在于,有严重疾病需要保外就医者没有社会危险性也不会自伤自残;生活不能自理者适用暂予监外执行不致危害社会(《刑事诉讼法》第265条)。**(3) 确定与期限**:适用缓刑在判决宣告时由人民法院予以确定,并有明确的考验期限;监外执行,在交付执行前由人民法院决定,在交付执行后由省级监狱管理机关批准;监外执行并无固定期限,以监外执行原因消失为限。**(4) 执行特征**:缓刑属于附条件不执行原判刑罚;监外执行属于原判刑罚的一种特殊执行方式。**(5) 法律后果**:缓刑考验期满,尚未出现应当撤销缓刑的法定事由,原判刑罚不再执行;监外执行的情形消失以后,原判刑期尚未执行完毕的,仍须送交监狱收监执行。

13. **缓刑与管制**:两者均表现为对于罪犯不予监禁;均由人民法院在量刑时予以确定宣告;均具有明确的期限;均由社区矫正机构负责考察监督;均须遵守有关监督管理规定;均可同时特别附加宣告禁止令。但是,两者存在重大**区别**:**(1) 刑种与行刑**:缓刑属于一种行刑制度或者量刑制度,而非刑种;管制属于主刑之一,是一种刑种。**(2) 适用对象**:缓刑根据刑罚种类规定适用的形式对象,由刑法总则规定,即被判处拘役、3年以下有期徒刑的犯罪分子;管制根据犯罪性质规定适用的形式对象,由刑法分则具体规定,包括妨害社会管理秩序罪、危害国家安全罪等类罪下的具体犯罪。(3) **遵守规定**:被宣告缓刑的犯罪分子应当遵守《刑法》第 75 条的规定;被判处管制的犯罪分子应当遵守《刑法》第 39 条的规定。(4) **考察性质**:对于被判处管制的犯罪分子限制自由予以监管,属于刑罚的执行;对于被宣告缓刑的犯罪分子限制自由予以监督考察,属于缓刑考验而非刑罚执行。(5) **刑期折抵**:缓刑考验不存在刑期折抵问题,先行羁押的日期不能折抵缓刑考验期;管制判决执行以前先行羁押的,羁押 1 日折抵刑期 2 日。

二、缓刑的适用条件

14. 缓刑的适用条件包括形式要件、实质要件与否定要件。对于同时符合这三项要件的犯罪分子,可以宣告缓刑;对于同时符合这三项要件,并且系不满 18 周岁、怀孕妇女和已满 75 周岁的犯罪分子,应当宣告缓刑(《刑法》第 72 条);对于累犯和犯罪集团的首要分子,不适用缓刑(《刑法》第 74 条)。

(一) 形式要件·宣告刑(执行刑)轻重

15. 被判处拘役、3 年以下有期徒刑的犯罪分子。对此,**应当注意**:(1) **宣告刑**:这里的被判处的刑罚,是指对犯罪分子应当适用的宣告刑或执行刑,而非其所犯具体犯罪的法定刑。(2) **刑种**:犯罪分子应受的宣告刑,仅限拘役或者 3 年以下有期徒刑。其他刑种或者刑期不得适用缓刑。(3) **附加刑**:缓刑的效力仅及于主刑,附加刑仍须执行;并且在主刑适用缓刑的场合,仍可判处附加刑。① (4) **轻罪**:宣告刑系拘役或者 3 年以下有期徒刑,也意味着缓刑仅限适用于犯有轻罪的犯罪分子。

(二) 实质要件·不致危害社会

16. 适用缓刑确实不致再危害社会。具体应当同时符合:犯罪情节较轻;有悔罪表现;没有再犯危险;对于居住社区没有重大不良影响。其核心是对犯罪人人身危险性的评价与论断。

17. 其中,"没有再犯危险"是人身危险性的典型表述,"犯罪情节较轻"与"有悔罪表现"是以行为特征为主导的人身危险性评价要素,而"社区影响"是以犯罪人生活背景特征为主导的人身危险性评价要素。

18. 由此,上述形式要件决定了适用缓刑的犯罪系轻罪,而这里的实质要件又进一步将缓刑的适用限定为轻罪中的过失犯罪、非暴力性犯罪、初犯等。反之,不如实供述罪行、不予退赃、共同犯罪中的主犯等②,不宜适用缓刑。此外,2011 年最高人民法院《关于进一步加强危害生产安全刑事案件审判工作的意见》第 18 条,也原则上否定了罪数并罚的缓刑适用。

(三) 否定要件·并非累犯与首要分子

19. 对于累犯和犯罪集团的首要分子,不适用缓刑。(1) 累犯的构成要件表明,

---

① 不过,附加刑的缓刑问题,仍是刑法理论的重要议题。诸如,对于剥夺政治权利与罚金的能否适用缓刑?是否有必要专门针对附加刑予以缓刑立法?

② 参见 2012 年最高人民法院、最高人民检察院《关于办理职务犯罪案件严格适用缓刑、免予刑事处罚若干问题的意见》第 2 条。

一般来说累犯的人身危险性较大,对于累犯适用缓刑有违缓刑适用的实质要件。各国刑法也均将累犯作为从严处罚的情节。(2)犯罪集团的首要分子系组织策划指挥犯罪集团进行犯罪活动的犯罪分子,这一形式特征也在一定程度上表明,犯罪集团首要分子的人身危险性较大,对其适用缓刑同样有违缓刑适用的实质要件。

三、缓刑的考验期限

20. 缓刑的考验期限,是指对于适用缓刑的犯罪分子予以监督考察的一定时间段落。

(一)考验期限的具体年限

21. 犯罪人应处刑罚的刑期是缓刑考验期限具体确定的基准,缓刑考验期限的具体确定系随此不同而相应地有所波动。而在具体波动上,法定的上限与下限(《刑法》第73条)是缓刑考验期限具体确定的两极。具体地说:(1)拘役的缓刑考验期限为原判刑期以上1年以下,但是不能少于2个月。(2)有期徒刑的缓刑考验期限为原判刑期以上5年以下,但是不能少于1年。

(二)考验期限的调整问题

22. 在缓刑考验的过程中,对于考验期限能否予以适当调整?对此,某些国家的刑法存在期限延长与缩短的制度,而我国《刑法》未予直接明确的规定。2016年最高人民法院《关于办理减刑、假释案件具体应用法律的规定》第18条,将我国减刑制度中的重大立功减刑也适用于缓刑减刑及其考验期限的缩减。不过,鉴于《刑法》第78条的减刑系适用于刑罚"执行期间",而缓刑是附条件不执行原判刑罚,从而这一司法解释仍值得推敲。①

(三)考验期限的刑期计算

23. 缓刑考验期限,从判决确定之日起计算;先前羁押的日期不能折抵。**(1)判决确定之日**:是指法院判决发生法律效力的具体日期。不过,也不排除缓刑判决确定之后缓刑考验却未执行的情况,此时倘若缓刑考验期限从判决确定之日起计算,就值得推敲了。② **(2)羁押不予折抵**:缓刑考验不同于刑罚执行,缓刑考验期间也不同于刑期。先行羁押的日期可以折抵刑期,但不能折抵缓刑考验期限。另外,一审判决缓刑以后,在二审期间,对于被羁押的被告人应当变更强制措施。

(四)缓刑期满的法律后果

24. 缓刑期满的法律后果是指被宣告缓刑的犯罪人,在缓刑考验期限内并未发生撤销缓刑的法定事由,经过缓刑考验期限,由此原判罪刑宣告的最终效果。

25. 基于缓刑制度设置的不同,各国刑法对于缓刑期满法律后果的规定也有所差异,主要表现为:免除执行、免除罪刑。我国《刑法》一般缓刑采纳的是"免除执行",而战时缓刑采纳的是"免除罪刑"。

---

① 详见张小虎:《刑罚论的比较与建构(下卷)》,群众出版社2010年版,第627页。
② 详见同上书,第628页。

四、缓刑考验的执行

26. 缓刑考验执行,是指将人民法院生效的缓刑判决所确定的缓刑考验付诸实施,由缓刑监督考察单位对于被缓刑的犯罪分子予以监督考察所进行的活动。

(一) 考察机关

27. 缓刑考验由社区矫正机构负责执行(《刑法》第76条、《刑事诉讼法》第269条)。具体地说:县级以上司法行政部门主管本区域内的社区矫正工作;县级以上政府根据需要设置社区矫正机构,负责社区矫正工作的具体实施;司法所根据社区矫正机构的委托,承担社区矫正相关工作,组织具有法律、教育、心理、社会工作等专业知识或者实践经验的社会工作者开展工作。①

(二) 考察内容

28. 考察内容主要由三个部分组成:**(1) 普通约束**:所有缓刑犯均应遵守《刑法》第75条所规定的具体内容,这些内容也即对缓刑犯予以考察的核心根据。**(2) 遵守禁止令**:被同时宣告禁止令的缓刑犯,还应遵守禁止令中所宣告的内容。禁止令系对某些缓刑犯监管内容的特别规定。**(3) 遵守社区矫正监管**:缓刑犯应当服从社区矫正机构的监督管理,遵守相应的行为规范和服从相应的监管措施。②

五、缓刑的撤销

29. **缓刑的撤销**,是指被宣告缓刑的犯罪人,在缓刑考验期限内发生了法定事由,人民法院依法将其原判宣告的缓刑予以撤销,根据不同情况,执行原判刑罚或者对犯罪人应受刑罚重新作出判决并予执行的刑事司法活动。

(一) 撤销缓刑的法定事由

30. 撤销缓刑的法定事由为,缓刑犯在缓刑考验期限内,有下列四种情形之一:再犯新罪、发现漏罪、严重违反监督管理规定、严重违反禁止令(《刑法》第77条)。

31. **再犯新罪与发现漏罪**:对此应当注意以下方面:**(1) 新罪与漏罪的性质**:与原判适用缓刑之罪,既可以是同种性质,也可以是不同性质;新罪及漏罪,既可以是故意犯罪,也可以是过失犯罪。**(2) 再犯新罪不能再予缓刑**:缓刑考验期间再犯新罪说明缓刑适用实质条件的缺乏,从而撤销缓刑后的数罪并罚处罚,也不能再予适用缓刑。**(3) 发现漏罪可以再予缓刑**:对此,刑法理论存在争议,司法实践也有不同的做法(本节段16)。客观说来,在缓刑考验期限内发现漏罪与在此期限内再犯新罪,这两者犯罪人的危险性程度是不同的,由此在发现漏罪的场合,如果仍然符合缓刑适用条件的,可以考虑再予缓刑宣告。③ **(4) 考验期满后发现考验期限内再犯新罪**:也应将原判缓刑撤销,对于新罪与前罪按照法定数罪并罚的原则处理,执行实刑。**(5) 考验期满后发现缓刑确定之前尚有漏罪**:对于前罪既已执行完毕的缓刑则不宜再予撤销,而

---

① 参见我国《社区矫正法》第8—11条。
② 参见我国《社区矫正法》第23、27、29条。
③ 详见张小虎:《刑罚论的比较与建构(下卷)》,群众出版社2010年版,第654页。

是直接对新发现的漏罪作出处理。

32. **严重违反监督规定或禁止令**：具体包括以下两种情形之一。其中"情节严重"的掌握是关键。对此,有关司法解释作了具体规定。[①] (1) 缓刑犯在缓刑考验期限内,违反法律法规或者缓刑监督管理规定,情节严重的。(2) 被同时宣告禁止令的缓刑犯,违反判决中的禁止令,情节严重的。

(二) 出现法定事由的法律后果

33. 根据《刑法》第77条的规定：(1) 缓刑犯在考验期限内再犯新罪或者发现漏罪的,应当撤销缓刑,将新罪或漏罪与宣告缓刑之罪,依照《刑法》第69条的并罚方法予以数罪并罚,决定执行的刑罚。(2) 缓刑犯在考验期限内违反监督管理规定,或者违反判决书中的禁止令,情节严重的,应当撤销缓刑,执行原判刑罚。原判宣告以前先行羁押的,羁押的日期应当折抵刑期。

思考题

1. 我国缓刑的制度特点是什么?
2. 对于适用缓刑的实质要件"没有再犯危险",如何予以可操作性的认定?

第68节 减刑制度

一、减刑的概念与特征

1. 我国《刑法》设专节对减刑制度作了较为系统的规定,由此也形成了较为丰富而系统的减刑理论,其是指在刑罚执行过程中对原判刑罚的减轻。而在国外刑法中,类似于我国减刑的刑法规定并不是很多,刑法理论也未形成较为系统的减刑理论。

2. **减刑**,是指对于被判处管制、拘役、有期徒刑、无期徒刑的犯罪分子,在刑罚执行期间,如果认真遵守监规,接受教育改造,确有悔改表现的,或者有立功表现的,适当减轻其原判刑罚的刑罚制度(《刑法》第78条)。

3. 减刑具有如下特征：(1) **适用对象**：被判处管制、拘役、有期徒刑、无期徒刑的犯罪分子。(2) **适用阶段**：在刑罚执行过程中,由人民法院裁定将原判刑罚予以适当减轻。(3) **实质条件**：确有悔改表现与立功表现。这是行刑而致犯罪人人身危险性减小的评价标志。(4) **具体类型**：确有悔改表现或者立功表现的,可以减刑;具有重大立功表现的,应当减刑。(5) **行刑制度**：减刑是在刑罚执行过程中对于原判刑罚的轻向调整,从而属于刑罚执行制度。

[①] 参见2009年中央社会治安综合治理办公室、最高人民法院、最高人民检察院、公安部、司法部《关于加强和规范监外执行工作的意见》第15条;2011年最高人民法院、最高人民检察院、公安部、司法部《关于对判处管制、宣告缓刑的犯罪分子适用禁止令有关问题的规定(试行)》第12条。

二、减刑与其他措施

（一）减刑与改判

4. **改判**，是指人民法院、人民检察院对于已经发生法律效力的判决和裁定，在其认定事实或适用法律上确有错误时，依照审判监督程序予以提出，再审人民法院对案件进行重新审判，对于原判决与裁定认定事实有错误或证据不足而经过再审查清事实的，或者对于原判决与裁定认定事实没有错误但适用法律有错误或者量刑不当的，根据查清的事实或者根据法律，撤销原判决，重新予以判决。

5. 减刑与改判存在一定**相似**之处：两者均发生在原审判决生效之后；均可表现为对原审判决所确定刑罚的更改。但是，两者有着重大**区别**：改判的前提是原审认定的事实或者适用的法律确有错误，从而其本质在于纠错，按照审判监督程序启动，适用一审程序或者二审程序；而减刑的前提是犯罪人在刑罚执行中确有悔改表现或者有立功表现，其本质在于行刑调整而有利于实现刑罚目的，程序上由执行机关向中级以上人民法院提出减刑建议书，由人民法院组成合议庭进行审理。①

（二）减刑与死缓减刑

6. **死缓减刑**，是指对于被判处死刑缓期2年执行的犯罪分子，在死刑缓期执行期间，如果没有故意犯罪或者确有重大立功表现，2年期满以后分别减为无期徒刑或者25年有期徒刑。

7. 减刑与死缓减刑存在一定**相似**之处：两者均属于对原判刑罚的减轻；均发生于行刑阶段，属于行刑中的刑罚调整。但是，两者有着重大**区别**：死缓减刑仅针对被判死缓的犯罪分子适用，以犯罪人没有情节恶劣的故意犯罪为基本前提，在死刑缓期执行的2年期满以后予以法定减刑，属于死刑制度的组成部分；而减刑适用于被判处管制、拘役、有期徒刑、无期徒刑的犯罪分子，以犯罪人确有悔改表现或者立功表现为基本前提，在行刑过程中裁量减刑（可以减刑）或者法定减刑（应当减刑），纯属行刑制度的内容之一。②

（三）减刑与附加剥夺政治权利法定减刑

8. **附加剥夺政治权利法定减刑**，是指《刑法》第57条所规定的，在死刑缓期执行减为有期徒刑或者无期徒刑减为有期徒刑的时候，应当把附加剥夺政治权利的期限改为3年以上10年以下。

9. 减刑与附加剥夺政治权利减刑**均是**有关刑罚的减轻处理。但是，两者有着重大**区别**：附加剥夺政治权利法定减刑仅在死刑缓期执行减为有期徒刑或者无期徒刑减为有期徒刑的时候，对于附加剥夺政治权利终身的法定减刑，属于一种特殊的减刑制度，依存于剥夺政治权利的框架；而减刑是对被判处管制、拘役、有期徒刑、无期徒刑的犯罪分子在符合减刑条件时，对于所判主刑的裁量减刑（可以减刑）或者法定减

---

① 详见张小虎：《刑罚论的比较与建构（下卷）》，群众出版社2010年版，第664页。
② 详见同上。

刑(应当减刑),属于一种普通的减刑制度,依存于行刑制度的框架。①

(四)减刑与罚金酌减

10. **罚金酌减**,是指《刑法》第53条所规定的,对于被判处罚金的犯罪分子,如果由于遭遇不能抗拒的灾祸缴纳确实有困难的,可以酌情减少或者免除。

11. 减刑与罚金酌减均是有关刑罚的减轻处理。但是,两者有着重大**区别**:罚金酌减依存于罚金的框架,是对被判处罚金的犯罪分子,由于其在罚金判决确定后遭遇不能抗拒的灾祸等原因缴纳确有困难的,而予减少或者免除;而减刑依存于行刑制度的框架,是犯罪人在刑罚执行过程中确有悔改表现或者立功表现,而予减少刑期。②

(五)减刑与减轻处罚

12. **减轻处罚**,是指人民法院裁量决定刑罚的时候,对于具有减轻情节的犯罪分子,比对于没有这种情节的犯罪分子,适用更低一个层次的法定刑幅度,但是一般不得再予降等,而是罪减一等判处刑罚。

13. 减刑与减轻处罚均是有关刑罚的减轻处理。但是,两者有着重大**区别**:减轻处罚属于量刑的重要内容,是在刑罚裁量过程中,基于量刑情节对于未决犯在量刑上的减轻;而减刑属于行刑制度的重要内容,是在刑罚执行过程中,基于行刑期间的表现对于已决犯的原判刑罚予以减轻。③

三、减刑的适用条件

14. 减刑的适用条件,是指在刑罚执行期间犯罪分子得以减刑所必须具备的法定的基本标准。根据我国《刑法》第78条的规定,减刑的适用条件包括形式条件、实质条件、限度条件。

(一)形式条件

15. 减刑适用于被判处管制、拘役、有期徒刑、无期徒刑的犯罪分子。对此,应当注意:(1)**执行刑**:这里的被判处的刑罚,是指基于犯罪分子的具体罪行所受确定判决的刑罚,而非其所犯具体犯罪的法定刑。(2)**刑种**:减刑所针对的执行刑,仅为管制、拘役、有期徒刑、无期徒刑。另外,对于附加于管制与有期徒刑的剥夺政治权利,在主刑减刑时也酌减或可酌减。④ (3)**罪行**:减刑所针对的罪行不限。无论是故意犯罪还是过失犯罪、重罪还是轻罪、暴力性犯罪还是非暴力性犯罪,无论罪犯是累犯还是初犯、成年人还是未成年人、共同犯罪还是单独犯罪等,均可适用减刑。

16. 对剥夺政治权利、没收财产及缓刑的减刑,是有关减刑问题的重要议题。对此,应当注意:(1)**剥夺政治权利附加适用的减刑**:如主刑减刑则剥夺政治权利也可酌减,具体包括:死缓刑减刑的必减(《刑法》第57条第2款),有期徒刑减刑的得

---

① 详见张小虎:《刑罚论的比较与建构(下卷)》,群众出版社2010年版,第665页。
② 详见同上。
③ 详见同上书,第666页。
④ 参见2016年最高人民法院《关于办理减刑、假释案件具体应用法律的规定》第17条。

减①,管制减刑的同减(第55条第2款)。**(2)剥夺政治权利独立适用的减刑**:从严格意义上来讲,《刑法》第78条是对被判管制、拘役、有期徒刑、无期徒刑犯罪分子减刑的规定。因此,对独立适用的剥夺政治权利的减刑问题,应当通过立法完善来解决。②**(3)没收财产的减刑**:没收财产在行刑上表现为判决确定后一次性立即执行,而不存在持续的执行刑期,从而也就无所谓行刑中的减刑。**(4)缓刑的减刑**:对此,司法解释规定:一般情况不适用减刑;考验期内有重大立功的,可予减刑(包括考验期的减轻)。③ 不过,缓刑系有条件不执行原判刑罚,这不同于《刑法》第78条的"在执行期间"④。

(二)实质条件

17. **可以减刑的实质条件**:"确有悔改表现"或者"确有立功表现"的,可以减刑。其中:**(1)确有悔改表现**,是指同时具备以下四个方面情形:认罪悔罪;认真遵守法律法规及监规,接受教育改造;积极参加思想、文化、职业技术教育;积极参加劳动,努力完成劳动任务。同时,罪犯积极执行财产刑和履行民事赔偿的,可视为认罪悔罪表现⑤;对罪犯在行刑期间提出申诉的,要依法保护其申诉权利。**(2)确有立功表现**,是指具有下列情形之一:阻止他人实施犯罪活动的;揭发犯罪活动或提供破案线索,经查证属实的;协助司法机关抓捕其他犯罪嫌疑人的;在生产与科研中进行技术革新,成绩突出的;在抗御自然灾害或排除重大事故中,表现积极的;对国家和社会有其他较大贡献的。⑥

18. **应当减刑的实质条件**:具有法定"重大立功表现之一"的,应当减刑。而法定**重大立功表现**,是指下列七种情形之一:阻止他人实施重大犯罪活动的;检举监狱内外重大犯罪活动,经查证属实的;协助司法机关抓捕其他重大犯罪嫌疑人的;有发明创造或者重大技术革新的;在日常生产、生活中舍己救人的;在抗御自然灾害或者排除重大事故中,有突出表现的;对国家和社会有其他重大贡献的。⑦

(三)限度条件

19. 限度条件包括"减刑的总体幅度的限制"及"减刑的起始时间、每次减刑的幅度与间隔的限制":

20. **减刑的总体幅度**:减刑可以反复进行,而经过一次或者多次减刑,犯罪人所受原判刑罚实际执行的刑期不能低于一定限度,具体存在如下情形:**(1)** 判处管制、拘役、有期徒刑的,不能少于原判刑期的1/2。**(2)** 判处无期徒刑的,不能少于13年。**(3)** 判处死缓的,不能少于15年,死缓执行期间不包括在内。⑧ **(4)** 判处死缓同时被

---

① 参见2016年最高人民法院《关于办理减刑、假释案件具体应用法律的规定》第17条。
② 详见张小虎:《刑罚论的比较与建构(下卷)》,群众出版社2010年版,第667页。
③ 参见2016年最高人民法院《关于办理减刑、假释案件具体应用法律的规定》第18条。
④ 详见张小虎:《刑罚论的比较与建构(下卷)》,群众出版社2010年版,第668页。
⑤ 参见2021年最高人民法院《关于适用〈中华人民共和国刑事诉讼法〉的解释》第536条。
⑥ 参见2016年最高人民法院《关于办理减刑、假释案件具体应用法律的规定》第3—4条。
⑦ 参见2016年最高人民法院《关于办理减刑、假释案件具体应用法律的规定》第5条。
⑧ 参见2016年最高人民法院《关于办理减刑、假释案件具体应用法律的规定》第12条。

限制减刑的,其中,缓期执行期满后减为无期徒刑的,不能少于25年,缓期执行期满后减为25年有期徒刑的,不能少于20年。(5) 犯贪污罪、受贿罪被判处死缓的,可以同时决定在死缓期满依法减为无期徒刑后,终身监禁不得减刑,假释(第60节 D 段 3)。

21. **减刑的起始时间及每次减刑幅度与间隔的限制**:对此,《刑法》未予明确,司法解释作了一定的规定。①

四、减刑的程序

22. 《刑法》第 79 条,《刑事诉讼法》第 273 条第 2 款、第 274 条,《监狱法》第 30 条,以及有关司法解释,对于减刑的程序作了具体规定,包括裁定主体、提请主体、审理期限、监督机关等内容。②

23. 对于被判处无期徒刑的罪犯的减刑,由罪犯服刑地的高级人民法院裁定;对于被判处有期徒刑、拘役与管制的罪犯的减刑,由罪犯服刑地的中级人民法院裁定;人民法院应当组成合议庭进行审理;减刑提请主体是与裁定减刑的人民法院同级的刑罚执行机关;减刑应当在法定期限内审结;减刑的监督机关是与裁定减刑的人民法院同级的人民检察院。

五、减刑后刑期计算

24. **管制、拘役、有期徒刑减刑**:减刑后的刑期从原判刑罚执行之日起计算。原判刑罚已经执行的刑期,应当计算在减刑后的刑期之内。

25. **无期徒刑减刑**:减刑后的有期徒刑刑期从裁定减刑之日起计算。原判无期徒刑已经执行的刑期以及原判宣告以前先行羁押的日期,不应计入减刑后的刑期之内。

26. **无期徒刑减刑并再次减刑**:对于无期徒刑减为有期徒刑以后再次减刑的,再次减刑后的刑期计算,按照有期徒刑减刑后刑期计算的方法计算刑期。

27. **减刑以后改判**:减刑以后,又对原判决予以再审,如果再审维持原判的,则原减刑裁定效力不变;如果再审改变原判的,则原减刑应按法定程序重新予以裁定。③

思考题

1. 我国减刑制度体现了何种刑罚观念?
2. 我国《刑法》设置减刑的制度价值是什么?

---

① 参见 2019 年最高人民法院《关于办理减刑、假释案件具体应用法律的补充规定》第 2—6 条。
② 详见张小虎:《刑罚论的比较与建构(下卷)》,群众出版社 2010 年版,第 674 页。
③ 参见 2016 年最高人民法院《关于办理减刑、假释案件具体应用法律的规定》第 32 条。

第69节 假释制度

一、假释的概念与特征

1. **假释**,是指对于被判处有期徒刑、无期徒刑的犯罪分子,既已执行一定刑期,其间认真遵守监规,接受教育改造,确有悔改表现,没有再犯危险,置于居住社区没有重大不良影响的,由此附条件地予以提前释放,并且规定一定的考验期限与考验内容,如果犯罪分子在考验期限内没有发生法定应当撤销假释的事由,剩余刑罚就视为已经执行完毕的刑罚制度。

2. 假释具有如下**特征**:(1)**适用前提**:有期徒刑执行原判刑期1/2以上,无期徒刑实际执行13年以上;行刑期间确有悔改表现,没有再犯危险;不是累犯以及暴力犯罪被判处10年以上有期徒刑、无期徒刑的犯罪分子;适用假释对于居住社区没有不良影响。(2)**考验期限**:有期徒刑的假释考验期限为没有执行完毕的刑期;无期徒刑的假释考验期限为10年。(3)**行为监督**:被宣告假释的犯罪分子必须遵守假释监督管理规定,不能再犯新罪或者出现漏罪,否则将被撤销假释,执行尚未执行完毕的刑罚。(4)**假释效果**:被宣告假释的犯罪分子,在假释考验期限内,没有出现法定的应当撤销假释的情形,则认为原判刑罚已经执行完毕。(5)**刑罚制度**:假释是在刑罚执行过程中,对于原判剩余刑期的执行方式的轻向调整,从而属于刑罚执行制度。

二、假释与其他措施

(一)假释与缓刑

3. **相似之处**:假释属于一种刑罚执行制度,而缓刑兼有量刑制度与行刑制度的特征;两者均有一定的考验期限并受行为的监督考察,呈现限制自由的特征;在考验期限内均实行社区矫正;撤销条件均含违反监督管理规定、再犯新罪或者发现漏罪;两者均有免除监禁刑执行的成分;价值理念一致,均是刑事近代学派的刑罚思想的制度体现。

4. **主要区别如下**:(1)**适用对象**:假释的对象是被判处有期徒刑或者无期徒刑的犯罪分子;而缓刑的对象是被判处拘役、3年以下有期徒刑的犯罪分子。(2)**实质条件**:假释适用的实质根据,是犯罪人在行刑中接受教育改造、确有悔改表现、没有再犯危险和假释后对所居住社区的影响;而缓刑适用的实质根据,是犯罪人在判决确定前的犯罪情节较轻、有悔罪表现、没有再犯危险和宣告缓刑对所居住社区没有重大不良影响。(3)**其他前提**:假释的适用必须是犯罪人既已服完一定的刑期,属于附条件不执行原判刑罚的余刑,从而表现为在行刑中予以宣告;而缓刑是附条件不执行原判全部刑罚,从而表现为在量刑时予以宣告。(4)**禁止令**:裁定假释的同时不能宣告禁止令,而宣告缓刑的同时可以宣告禁止令。(5)**考验期限**:假释考验期限,有期徒刑的为没有执行完毕的刑期,无期徒刑的为10年;而缓刑考验期限,拘役的为原判刑期以上1年以下,但是不能少于2个月,有期徒刑的为原判刑期以上5年以下,但是不能少于1年。**(6)法律效果**:假释考验期满,犯罪人没有出现撤销假释的事由,认为原判刑罚已经执行完毕;而缓刑考验期满,犯罪人没有出现撤销缓刑的事由,原判刑罚就不再执行。由此,影响到累犯的成立。

(二)假释与刑满释放

5. **刑满释放**,是指犯罪人已经服完原判全部刑罚,无条件地回归大众社会。

6. 假释与刑满释放均系由监禁形态到非监禁形态。但是,两者存在重大区别:**(1)附条件与否**:假释属于附条件提前释放,被假释的犯罪人在假释考验期限内仍须遵守特别规定;而刑满释放,被释放者完全恢复自由,无须遵守专门为其设定的特别的行为规则。**(2)恢复执行与否**:假释属于附条件提前释放,这也意味着在一定期限内仍然保留执行原判刑罚余刑的可能性;而刑满释放属于无条件释放,这意味着原判刑罚已经执行完毕,不存在恢复执行问题。

(三)假释与监外执行

7. 两者均属于对于罪犯不予监禁的一种行刑制度。但是,两者存在重大区别:**(1)适用对象**:假释适用于被判处有期徒刑、无期徒刑并且既已执行一定刑期的犯罪分子;监外执行适用于被判处有期徒刑或者拘役且患有严重疾病需要保外就医、或者生活不能自理的犯罪分子,以及被判处无期徒刑、有期徒刑或者拘役且怀孕或正在哺乳自己婴儿的妇女。**(2)实质条件**:适用假释的实质条件在于,犯罪分子在行刑中确有悔改表现、假释后没有再犯危险、对于居住社区没有不良影响;适用监外执行的实质条件在于,有严重疾病需要保外就医者没有社会危险性也不会自伤自残、生活不能自理者适用暂予监外执行不致危害社会。**(3)确定与期限**:假释于行刑过程中由人民法院予以裁定,并有明确的考验期限;监外执行,在交付执行前由人民法院决定,在交付执行后由省级监狱管理机关批准;监外执行并无固定期限,以监外执行原因消失为限。**(4)执行特征**:假释属于附条件不执行原判刑罚的余刑;监外执行属于原判刑罚的一种特殊执行方式。**(5)法律后果**:假释考验期满,尚未出现应当撤销假释的法定事由,原判刑罚视为已经执行完毕;监外执行的情形消失以后,原判刑期尚未执行完毕的,仍应收监执行。

(四)假释与减刑

8. **相似之处**:两者依存于宽严相济政策与实现刑罚目的等共同的价值理念;均属一种刑罚执行制度;均根据行刑期间犯罪人的表现而适用;在适用条件与最低执行刑期等方面有着一定的呼应关系。

9. **主要区别如下:(1)适用对象**:假释的对象是被判处有期徒刑或者无期徒刑的犯罪分子;而减刑的对象是被判管制、拘役、有期徒刑、无期徒刑的犯罪分子。**(2)特殊对象**:累犯与某些暴力性犯罪的罪犯不得假释(《刑法》第81条第2款),而减刑则没有这些限制。死缓只有经法定减刑后才能适用假释,并且被限制减刑的死缓犯也不得假释;而被限制减刑的死缓犯仍可适用减刑。**(3)首次适用**:假释必须完成相应的最低执行刑期的执行,方可一次适用;而减刑虽也有其最低执行刑期的限制,但是减刑的起始刑期不受这一最低执行刑期的限制。(4) **实质条件**:假释适用的实质根据,是犯罪人在行刑中确有悔改表现、假释后没有再犯危险、对于居住社区没有不良影响;而减刑适用的实质根据,是犯罪人在行刑中确有悔改表现或者确有立功表现。(5) **宣告次数**:假释在整个行刑中只能宣告一次,即一次性不执行原判刑罚的余刑;而减刑在整个行刑中可以宣告多次,即控制每次减刑幅度并可多次予以减刑。(6) **考验期限**:假释附有考验期限,有期徒刑的为没有执行完毕的刑期,无期徒刑的为10年;而减刑是对原判刑期的减刑,所减刑期依随于各次减刑裁定而确定。(7) **行为监督**:假释附有行为监督,被假释的犯罪人在假释考验期限内必须遵守假释监督管理规定;而减刑随减刑裁定的确定而确定,没有附随的监督考验。(8) **法律效果**:假释之后违反假释监督管理规定,将被撤销假释执行余刑;而减刑之后违反监规,既有的减刑裁定不会被撤销。(9) **回归社会**:假释之后犯罪人在一定程度上恢复自由、回归大众社会;而减刑之后犯罪人仍在监狱服刑。

三、假释的适用条件

(一) 形式要件·刑种与执行刑期

10. **刑种**:假释只适用于被判处有期徒刑或无期徒刑的犯罪分子。反之,对于管制、拘役、死刑以及附加刑不得适用假释。不过,除法定不得假释的对象(《刑法》第81条第2款)被判死缓外,其他死缓犯在经过法定减刑,被减为无期徒刑或者有期徒刑后,仍可适用假释。

11. **执行刑期**:假释只适用于实际执行一定刑期的犯罪分子。(1) 有期徒刑执行原判刑期1/2以上,无期徒刑实际执行13年以上。(2) 死缓法定减刑后又被假释的,须至少实际执行15年,死刑缓期执行期间不包括在内。① (3) 如果有特殊情况(如国家政治、国防、外交等方面的特殊需要),经最高人民法院核准,可以不受上述执行刑期的限制(《刑法》第81条第1款)。

12. **执行刑期理解**:(1) **先行羁押与执行原判**:"有期徒刑执行原判刑期",应当包括先行羁押的日期与判决确定后实际执行的日期;"无期徒刑实际执行的日期",仅指判决确定后罪犯在监狱所服刑的日期。(2) **减刑刑期与执行原判**:减刑以后可以假释②,不过应当注意,作为假释条件的既已执行刑期的最低限度,仍以原判刑种及其既已执行的刑期为准,而不以减刑以后的刑种与刑期计算。(3) **减刑与假释间隔**:罪犯减刑后又假释的,间隔时间一般不得少于1年;对一次减去1年以上有期徒刑后,决定假释的,间隔时间不得少于1年6个月。③

(二) 实质要件·不致危害社会

13. **不致危害社会**:这是假释适用的实质要件。具体须要同时符合:确有悔罪表现;没有再犯危险;对于居住社区没有不良影响。其核心是对**犯罪人人身危险性**的评

---

① 参见2016年最高人民法院《关于办理减刑、假释案件具体应用法律的规定》第23条第3款。
② 反之,假释以后能否减刑?对此曾有司法解释予以常规性的否定,不过这一问题仍值考究。
③ 参见2016年最高人民法院《关于办理减刑、假释案件具体应用法律的规定》第23条第3款、第28条。

价与论断。其中,"**有悔罪表现**"是以行为特征为主导的人身危险性评价要素,"**没有再犯危险**"是人身危险性的典型表述,而"**社区影响**"是以犯罪人生活背景特征为主导的人身危险性评价要素。另外,法定的"认真遵守监规"与"接受教育改造"应是"确有悔改表现"的具体征表。

14. **下列罪犯从宽假释**:过失犯罪的罪犯、中止犯罪的罪犯、被胁迫参加犯罪的罪犯;因防卫过当或者紧急避险过当而被判刑的罪犯;未成年人罪犯;基本丧失劳动能力、生活难以自理,假释后生活确有着落的老年罪犯;患严重疾病罪犯或者身体残疾罪犯;服刑期间改造表现特别突出的罪犯等。①

(三) 否定要件·并非累犯与暴力犯罪

15. **对象限定**:主要针对人身危险性较大的罪犯,具体包括:**(1) 累犯**:这是指所有累犯,包括一般累犯与特殊累犯,不论处刑轻重、具体犯罪性质、犯罪人的其他特征乃至服刑期限等如何,均不适用假释。**(2) 某些暴力性犯罪**:是指因故意杀人、强奸、抢劫、绑架、放火、爆炸、投放危险物质以及有组织的暴力性犯罪被判处 10 年以上有期徒刑或者无期徒刑的罪犯,不得假释。因这些暴力性犯罪被判死缓的罪犯,以及在数罪并罚的场合有一罪系上述暴力性犯罪且该罪宣告刑为 10 年以上有期徒刑、无期徒刑或死缓的罪犯,也不得假释。

四、假释的适用主体

16. 对此,各国刑法的规定有所差异,包括法院、执行法官或司法部部长、行刑主管机关、专门委员会等情形。② 我国《刑法》第 82 条、《刑事诉讼法》第 273 条、《监狱法》第 32 条以及有关司法解释,对假释的适用主体与程序等作了具体规定。

17. 我国假释的适用主体等,具有如下特征:**(1) 提请主体**:被判处无期徒刑的罪犯的假释由执行机关提出并经与高级人民法院同级的监狱管理机关审核同意;被判处有期徒刑和被减为有期徒刑的罪犯的假释,由与中级人民法院同级的执行机关提出。**(2) 提请程序**:应当由分监区的全体警察集体评议,监区长办公会议审核,监狱刑罚执行部门审查,监狱减刑假释评审委员会评审,监狱长办公会议审议决定,监狱长签署意见后提请人民法院裁定。③ **(3) 审理主体**:对于被判处无期徒刑的罪犯的假释,由罪犯服刑地的高级人民法院裁定;对于被判处有期徒刑和被减为有期徒刑的罪犯的假释,由罪犯服刑地的中级人民法院裁定。④ **(4) 审理组织**:人民法院审理假释案件,应当依法组成合议庭。**(5) 审理期间**:高级人民法院或中级人民法院,应当自收到假释建议书之日起 1 月内作出裁定;案情复杂或者情况特殊的,可以延长 1 个月。**(6) 假释监督**:人民检察院认为假释裁定不当,在法定期限内提出书面纠正意

---

① 参见 2016 年最高人民法院《关于办理减刑、假释案件具体应用法律的规定》第 26 条。
② 详见张小虎:《刑罚论的比较与建构(下卷)》,群众出版社 2010 年版,第 706 页。
③ 参见 2014 年司法部《监狱提请减刑假释工作程序规定》第 6—7、12—13 条。
④ 参见 2021 年最高人民法院《关于适用〈中华人民共和国刑事诉讼法〉的解释》第 534 条。

见,人民法院应当在收到意见后另行组成合议庭审理,并在1个月以内作出裁定。①

五、假释的考验期限

18. 假释的考验期限,是指对于适用假释的犯罪分子,予以监督考察的一定时间段落。我国《刑法》对假释考验的期限及其计算(第83条)以及假释考验期满的法律效果(第85条)作了规定。

（一）考验期限的具体年限

19. **有期徒刑假释**：考验期限为没有执行完毕的刑期。由于涉及执行期间减刑后的假释,从而这里的"没有执行完毕的刑期"究竟何指？对此,其应当是指假释之时罪犯所服刑期的余刑。②

20. **无期徒刑假释**：考验期限为10年,这是指由无期徒刑直接假释时的假释考验期限。无期徒刑减刑后假释的,按有期徒刑确定假释考验期。问题是,减刑具有分割性,而假释属于一次性,因此由无期徒刑直接假释通常适用于老残等罪犯。

（二）考验期限的刑期计算

21. "假释考验期限,从假释之日起计算。"这里的"假释之日",是指法院假释裁定发生法律效力的具体日期。

（三）考验期满的法律效果

22. **原判余刑执行完毕**：被假释的犯罪分子,在假释考验期限内,如果没有发生法定撤销假释的情形,"假释考验期满,就认为原判刑罚已经执行完毕"(《刑法》第85条)。就累犯的构成要素而论,其也就符合《刑法》第65条与第66条之"刑罚执行完毕"的条件,在这一点上其与缓刑的"原判的刑罚就不再执行"(《刑法》第76条)不同。

23. **附加刑仍须执行**：主刑假释期满而附加刑仍须执行。鉴于罚金的行刑在判决宣告时予以确定,没收财产只是一次性没收,从而需要注意的是附加剥夺政治权利的行刑与假释考验期满的关系。对此,附加剥夺政治权利的刑期,从假释之日起计算,剥夺政治权利的效力当然施用于主刑执行期间(《刑法》第58条)。

六、假释考验的执行

24. 假释考验的执行,是指将人民法院生效的假释裁定所确定的缓刑考验付诸实施,由假释监督考察单位对被假释的犯罪分子予以监督考察所进行的活动。

（一）考察机关

25. 假释考验由社区矫正机构负责执行(《刑法》第85条、《刑事诉讼法》第269条)。社区矫正机构的组建、人员、工作开展在缓刑考察机关中已有阐述(第67节段27)。

---

① 参见2021年最高人民法院《关于适用〈中华人民共和国刑事诉讼法〉的解释》第539条。
② 详见张小虎：《刑罚论的比较与建构(下卷)》,群众出版社2010年版,第714页。

（二）考察内容

26. 考察内容主要由两个部分组成：(1) **普通约束**：应当遵守《刑法》第 84 条所规定的具体内容，这些内容也即对假释犯予以考察的核心根据。(2) **遵守社区矫正监管**：应当服从社区矫正机构的监督管理，遵守相应的行为规范和服从相应的监管措施。①

七、假释的撤销

27. **假释的撤销**，是指被宣告假释的犯罪人，在假释考验期限内发生了法定事由，司法机关依法将其假释予以撤销，根据不同情况，执行原判尚未执行完毕的刑罚或者对犯罪人应受刑罚重新作出判决并予执行的刑事司法活动。

（一）撤销假释的主体

28. 在考验期限内再犯新罪或发现漏罪而应撤销假释的，由审理该案件的人民法院撤销假释，并书面通知原审人民法院和执行地社区矫正机构。对因违反监管规定等而需要撤销假释的，由社区矫正机构向原审人民法院或执行地人民法院提出撤销假释的建议，人民法院在收到建议书后 30 日内作出裁定。②

（二）撤销假释的法定事由

29. 假释犯在假释考验期限内，有下列三种情形之一的，撤销假释：再犯新罪，发现漏罪，违反监督管理规定（《刑法》第 86 条）。

30. **再犯新罪与发现漏罪**：(1) **新罪与漏罪的性质**：假释考验期间再犯新罪或发现漏罪，均应将前罪或既判之罪的假释撤销。这里的新罪及漏罪，与适用假释的前罪或既判之罪，既可以是同种性质，也可以是不同性质；新罪及漏罪，既可以是故意犯罪，也可以是过失犯罪。(2) **新罪并罚结果与假释**：因新罪而撤销前罪假释后，对于新罪并罚结果也不能再予适用假释。因为：A. 就实质要件而论：假释考验期间再犯新罪，说明适用假释的实质要件的缺失；B. 就形式要件而论：鉴于对新罪的并罚是"先减后并"，这一并罚的结果是新的执行刑（《刑法》第 71 条），而假释须执行一定刑期，可见这一新的执行刑也不符合适用假释的形式要件。不过，在并罚结果执行一定刑期之后，如果符合假释适用条件的，可以适用假释。(3) **漏罪并罚结果与假释**：因漏罪而撤销既判之罪假释后，对于漏罪并罚结果可以再予适用假释。因为：A. 就形式要件而论：既判之罪与漏罪的数罪并罚的结果是新的执行刑，而"已经执行的刑期，应当计算在新判决决定的刑期以内"（《刑法》第 70 条），这样，新的执行刑就有机会符合适用假释的形式要件。B. 就实质要件而论：在假释考验期间内发现漏罪，不能就此肯定犯罪人的人身危险性较大，不排除适用假释实质条件的具备。(4) **考验期满后发现新罪**：倘若在假释考验期满之后，发现假释犯在假释考验期限以内再犯新罪，鉴于《刑法》第 86 条第 1 款针对新罪撤销假释所规定的是"在假释考验期限内犯

---

① 参见我国《社区矫正法》第 23、27、29 条。
② 参见我国《社区矫正法》第 46、48 条。

新罪",因此在这一场合,也应当将前罪的假释裁定撤销,对于新罪与前罪按照法定数罪并罚的原则处理,执行实刑。(5) **考验期满后发现漏罪**:倘若在假释考验期满之后,发现假释犯在假释确定之前尚有漏罪没有被处理的,鉴于我国《刑法》第86条第2款针对发现漏罪撤销假释所规定的是"在假释考验期限内"发现漏罪,因此在这一场合,对于既判之罪已经执行完毕的假释则不宜再予撤销,而是直接对新发现的漏罪作出处理。

31. **违反监督规定**:假释犯在假释考验期限内违反法律法规或者假释监督管理规定,应当撤销假释。具体包括:未按规定时间报到或者脱离监管超过1个月的;受到社区矫正机构两次警告,仍不改正的;其他违反法律法规和监督管理规定,尚未构成新的犯罪的。①

(三) 出现法定事由的法律后果

32. 再犯新罪与发现漏罪的,分别不同的方法实行数罪并罚;违反监督规定等的,收监执行未执行完毕的刑罚(《刑法》第86条)。(1) **再犯新罪**:假释犯在考验期限内再犯新罪的,应当撤销假释,将新罪与假释之罪,依照《刑法》第71条的先减后并的方法,予以数罪并罚,决定执行的刑罚。在假释考验期间再犯新罪,更为贴近执行期间的再犯。(2) **发现漏罪**:假释犯在考验期限内被发现尚有漏罪的,应当撤销假释,将漏罪与假释之罪,依照《刑法》第70条的先并后减的方法,予以数罪并罚,决定执行的刑罚。在假释考验期间发现漏罪,更为贴近执行期间的发现漏罪。(3) **违反规定**:假释犯在考验期限内违反法律法规或者假释监督管理规定,尚未构成新的犯罪的,应当撤销假释,收监执行未执行完毕的刑罚。假释考验期限不得计入刑期。

> **思考题**
>
> 1. 各国刑法对适用假释形式要件的具体规定,有何不同的立法模式?②
> 2. 谋生能力、履行民事责任或消除损害等,是否应当作为假释适用的实质条件?③

第70节 社区矫正

1. 社区矫正是西方国家行刑社会化改革的重要举措。就性质而言,社区矫正属于一种行刑制度;从内容来看,社区矫正表现为对受刑人不予拘押,并赋予一定的矫治措施,以使受刑人更好地回归社会。社区矫正为西方许多国家所热衷,我国刑法理论对此也予以了较大的关注,近年这一制度在《刑法》《刑事诉讼法》等规定中得以确

---

① 参见2020年最高人民法院、最高人民检察院、公安部、司法部《社区矫正法实施办法》第47条。
② 详见张小虎:《刑罚论的比较与建构(下卷)》,群众出版社2010年版,第689—692页。
③ 详见同上书,第703—704页。

认,已成为我国司法实践的重要举措。

一、社区矫正的概念

2. 社区矫正的概念并不统一,这与各国社区矫正制度的差异、刑法理论对社区矫正分析视角的不同等有关。基于我国法律法规的规定,本书对社区矫正作如下界说。**社区矫正**,又称社区处遇,是与监禁矫正、机构处遇相对的行刑方式,是指将被判处管制、宣告缓刑、假释或者暂予监外执行的罪犯置于社区内,由专门的国家机关依靠有关社会团体和基层群众组织以及社会志愿者的帮助,矫正其犯罪心理和行为恶习,促使其个性得以改善并适应大众社会的非监禁刑罚的行刑制度。

二、社区矫正的特征

3. **主体·专门国家机关**:社区矫正工作由司法行政机关主管、社区矫正机构具体组织实施(第67节段27)。社区矫正机构依法履行接受社区矫正对象、建立矫正小组、监督及教育帮扶社区矫正对象,提出治安管理处罚、减刑、撤销缓刑、撤销假释、收监执行等建议;人民法院依法履行判处管制、宣告缓刑、裁定假释、决定暂予监外执行以及撤销缓刑、假释、监外执行,裁定减刑、决定逮捕等;人民检察院依法履行对社区矫正的诸活动实行法律监督;公安机关依法履行对社区矫正对象予以治安管理处罚,协助社区矫正机构处置突发事件等。①

4. **空间·社区资源**:社区矫正依托社区平台利用社区资源。**社区**,是指一个人们能常常互动并能活动的地方,具有五种重要功能。② 社区矫正意味着罪犯仍然回到其所生活的社区,并不脱离家庭生活,保持情感和社会纽带的联系,感受社区的文化、接受社区的控制,进而更为有效地再社会化。同时,社区矫正也意味着充分利用社区资源,这除了充分发挥社区的社会控制、文化熏陶、行为引导、生活帮助、团结纽带等机能外,尤其是广泛吸收社会力量投入社区矫正工作。社会工作者和志愿者、基层群众组织、社区矫正对象所在单位、就读学校、家庭成员等协助社区矫正机构进行社区矫正。

5. **对象·社会内处遇**:社区矫正适用于符合**社会内处遇**③的罪犯。我国社区矫正的对象包括四种类型:"被判处管制、宣告缓刑、假释或者暂予监外执行的罪犯"(《刑事诉讼法》第269条)。被处剥夺政治权利在社会上服刑的罪犯,并非法定的社区矫正的对象。剥夺政治权利由公安机关负责执行。④ 社区矫正适用于限制自由的罪犯,而各个国家对于社区矫正的对象又有一定的差异。例如,美国的社区矫正

---

① 参见2020年最高人民法院、最高人民检察院、公安部、司法部《社区矫正法实施办法》第5—9条。
② 参见蔡文辉:《社会学》,台湾三民书局1997年版,第539、541页。
③ 社会内处遇,与设施内处遇相对,是指避免将犯罪人收容于监狱等设施之内,而是将其置于大众社会并不脱离一般生活,同时接受专门机构与人员的矫正、改善与援助,促使其改过自新的一种刑事处置方式。行刑社会化原则是社会内处遇的一个重要思想基础。社会内处遇的典型形态是社区矫正。
④ 参见我国《刑事诉讼法》第270条;2021年最高人民法院《关于适用〈中华人民共和国刑事诉讼法〉的解释》第520条。

(community-based corrections)种类包括缓刑(probation)、假释(parole)、中间惩罚(intermediate punishments,即先于、跟随或代替监禁和缓刑)。①

6. **性质·行刑制度**:社区矫正属于一种行刑制度。对于社区矫正予以不同视角的阐释,会形成社区矫正的不同性质的归属。社区矫正不失为一种犯罪控制和犯罪预防的重要举措。不过,如果将社区矫正的对象予以限制,仅指被处刑罚的罪犯,包括服管制、社区服务令等非监禁刑的罪犯,以及被处监禁刑而予缓刑或者假释等的罪犯,由此社区矫正就属于一种社会内的行刑措施或者行刑制度。严格来讲,通常刑法理论与刑事立法均将社区矫正作为一种行刑制度或者行刑措施。行刑制度,具有着眼于社区矫正的规范体系设置的意义;行刑措施,则具有着眼于社区矫正的具体方法的意义。

三、社区矫正的价值理念

7. 社区矫正与缓刑、假释等制度如出一辙。缓刑、假释等属于社区矫正的基本内容与主要方式,而社区矫正作为一个独立的范畴,则表现为缓刑、假释等的一种融合。由此,在价值理念上,社区矫正与缓刑假释等根基一致,同样体现着贯彻宽严相济刑事政策、推进刑罚积极机能、实现刑罚个别化、行刑社会化、罪刑均衡、刑罚目的等重要价值。另外,社区矫正这一相对独立范畴的提出与张扬,也使上述有关价值内容得以进一步彰显。

8. 社会区矫正的价值理念**具体表现**在:**(1) 系统体现新派思想**:社区矫正将符合社会内处遇的刑种、量刑、行刑有机融合,构建了相对独立而系统的社会化的行刑制度。这种制度模式,更为集中地体现了刑事近代学派的目的刑论与教育刑论的刑罚思想理念,强调对于犯罪人的合理矫治。如果说基于刑事近代学派刑罚思想的制度建设,缓刑、假释等还只是各别的、侧面的,则社区矫正制度建设是全面的、系统的。**(2) 刑罚制度阶段标志**:社区矫正得以西方国家广泛推行,也预示着未来刑罚制度的重心所在。观念启蒙制度,制度推进观念,观念与制度相辅相成。1764 年刑事古典学诞生,进而也逐步形成了以行为为中心的现代刑法的基本制度平台;1876 年刑事近代学派肇始,由此现代刑法制度逐渐融入了以犯罪人为中心的制度因素。② 在经历了一百多年后的今天,现代刑法典表现着以刑事古典学派思想及其相应制度为平台、以刑事近代学派思想及其相应制度为补充的总体制度架构。而再过一百年,这种"平台"与"补充"的具体内容或许会倒置。而目前的社区矫正,作为更为系统全面体现近代思想的行刑制度,较为深刻地展示着这种刑法制度的发展历程。③

四、我国社区矫正的推进

9. 社区矫正与监狱矫正相对,较为典型地反映了行刑社会化的趋势,在这一制

---

① 详见张小虎:《刑罚论的比较与建构(下卷)》,群众出版社 2010 年版,第 752 页。
② 详见张小虎:《从犯罪的刑罚学到刑罚的犯罪学》,载《犯罪研究》2000 年第 5 期。
③ 详见张小虎:《刑罚论的比较与建构(下卷)》,群众出版社 2010 年版,第 751 页。

度中,刑罚个别化、教育刑论、刑罚特殊预防、保护社会、刑法柔韧等思想观念,得到了较为充分的张扬。现阶段仍是刑事古典学派理念及其相应刑法制度占主导地位的年代,不过随着时代的发展,刑事近代学派的思想及其相应制度在刑法中所占比重日益增强。在我国,由于报应思想、重刑思想具有一定的渊源以及在目前仍有一定市场,这种现代刑罚观念的推进就显得尤为重要。

10. 人身危险性是刑事近代学派的基石概念,其核心是对犯罪人未然之罪可能性的评价。社区矫正的一个重要根据,就是犯罪人的人身危险性表明,适用社区矫正不致再危害社会,从而适宜在社区对其予以再社会化。由此,关键是如何准确肯定地测量犯罪人的人身危险性。如果人身危险性的定量测量技术能够得到根本解决,则现代刑法制度将不可避免地发生根本性的转变。现实需要我们像致力于建构精确的犯罪论体系一样,去挖掘定量确定的人身危险性的测量技术。

思考题

1. 英美等国家的社区矫正制度有何特点?[1]
2. 应当如何对我国的社区矫正制度予以完善?

---

[1] 详见张小虎:《刑罚论的比较与建构(下卷)》,群众出版社2010年版,第752—755页。

第20章 刑罚消灭

第71节 刑罚消灭概述

一、刑罚消灭的概念

1. **刑罚消灭**,是指由于法定或者事实的原因,致使基于犯罪事实而产生的刑罚司法权归于消灭。

二、刑罚消灭事由的特征

2. **法定或事实事由**:一定事由的发生是刑罚消灭的原因。这一事由包括:A. 法定事由:由于法律的规定司法机关不能行使刑罚权。例如,已过追诉时效,特赦免除刑罚等。B. 事实事由:基于某种事实的发生从而导致刑罚的消灭。例如,犯罪人死亡等。

3. **犯罪事实前提**:犯罪事实的存在是刑罚消灭的基本前提。只有行为成立犯罪,才有刑罚的消灭。而以行为成立犯罪为前提的刑罚消灭,可以发生在案件查获前、起诉审理期间、行刑过程中、刑罚执行完毕以后的各个阶段。

4. **应处或可处刑罚**:应处或者可处刑罚是刑罚消灭的又一前提。犯罪与刑罚的关系呈现:A. 存在犯罪但不应适用刑罚;B. 存在犯罪而可以适用刑罚;C. 存在犯罪并应当适用刑罚。其中,情形 A 无所谓刑罚的消灭;刑罚消灭存在于情形 B 与 C。

5. **刑罚司法权消灭**:刑罚司法权的消灭是刑罚消灭的本质。刑罚权包括刑罚立法权(抽象刑罚权)、刑罚司法权(具体刑罚权)。刑罚立法权不可能消灭。立于犯罪人的视角,刑罚消灭意味着在具体案件的范畴内,不能再对具体的犯罪人施加刑罚。

6. **刑罚责任消灭**:刑罚责任的消灭是刑罚消灭的具体表现。刑罚责任是刑事责任的一种。**刑事责任**,是基于行为成立犯罪或者构成社会危险行为,而由国家依法适用、犯罪人或者危险者依法承担的,以法定的刑事谴责与惩罚为内容的法律责任。[①]

三、刑罚消灭与相关概念

(一)刑罚消灭与免除处罚

7. 免除处罚具有三个特点:构成犯罪的前提;免除情节的依据;免予刑罚的结果。

8. 刑罚消灭与免除处罚有着**相似之处**:两者均以行为成立犯罪为前提;均呈现

---

① 详见张小虎:《刑罚论的比较与建构(下卷)》,群众出版社 2010 年版,第 764 页。

为对犯罪人不适用刑罚的结果。但是,两者有着重要**区别**:**(1) 基本意义**:刑罚消灭是指由于特定的事由发生,致使不能再对犯罪人适用或者实现刑罚,其实质是刑罚司法权的丧失。免除处罚是指对于行为成立犯罪的人,由于存在特定的情节,致使作出免予刑罚处罚的处理,其实质是具体刑罚的免除。**(2) 前提情形**:刑罚消灭以应当适用或者至少可以适用刑罚为前提;反之,不应适用刑罚,则不存在所谓刑罚消灭问题。而免除处罚,既可以表现为可以免除处罚,也可以表现为应当免除处罚。**(3) 事由根据**:刑罚消灭的具体存在主要基于特定的事由,这种特定事由并不一定存在于具体案件中,也并不一定说明行为危害性。免除处罚的处理结果主要基于诸多量刑情节,量刑情节是案件中客观存在的、说明行为危害性的具体事实情况。

(二) 刑罚消灭与犯罪消灭

9. 没有犯罪就没有刑罚,从而犯罪消灭必然引起刑罚消灭,在此犯罪消灭系刑罚消灭的一项事由。但是,存在犯罪未必就有刑罚,从而刑罚消灭并不一定犯罪就消灭。反之,存在刑罚就肯定有犯罪,从而刑罚没有消灭犯罪也就不可能消灭。[①]

四、刑罚消灭的事由

10. 刑罚消灭的事由,是指在符合刑罚适用以及刑罚实现的场合,所发生的致使国家刑罚司法权丧失的一些特定的事实情况。

(一) 刑罚消灭事由的理论形态

11. 在理论上刑罚消灭的事由可以分为:**(1)** 刑罚消灭的法定事由(例如,超过追诉时效、经特赦免除刑罚);刑罚消灭事实事由(例如,犯罪人死亡)。**(2)** 致使追诉权消灭的事由(例如,超过追诉时效);致使裁判权消灭的事由(例如,告诉才处理的案件,自诉人撤回告诉);致使行刑权消灭的事由(例如,超过行刑时效)。**(3)** 经由犯罪消灭的事由(例如,行为成立犯罪而未经判决,其后法律变更,对于该行为新法不认为是犯罪);直接刑罚消灭的事由(例如,超过行刑时效)。**(4)** 未然刑罚消灭的事由(例如,告诉才处理的犯罪,自诉人撤回告诉);已然刑罚消灭的事由(例如,经特赦免除刑罚)。**(5)** 非经判决的刑罚消灭事由(例如,行为人实施严重的故意杀人罪,而后畏罪自杀);判决免刑的刑罚消灭事由(例如,行为成立犯罪,但是基于情节轻微法院判决免予刑罚)。

(二) 刑罚消灭事由的法律规定

12. 各国刑罚消灭事由的内容各有一定的特点。[②] 我国法律规定的刑罚消灭事由**具体包括**:**(1) 超过追诉时效**:《刑事诉讼法》第 16 条第 2 项规定,犯罪已过追诉时效期限的,不追究刑事责任,撤销案件,不起诉,终止审理,宣告无罪。《刑法》第 87—89 条,对于追诉时效的具体期限、追诉时效的中断、追诉时效的计算以及延长等,作了具体规定。**(2) 特赦免除刑罚**:《宪法》第 67 条第 18 项规定,全国人大常委会行使决

[①] 详见张小虎:《刑罚论的比较与建构(下卷)》,群众出版社 2010 年版,第 767 页。
[②] 详见同上书,第 770 页。

定特赦的职权;第80条规定,国家主席根据全国人大常委会的决定,发布特赦令。《刑事诉讼法》第16条第3项规定,经特赦令免除刑罚的,不追究刑事责任直至宣告无罪。**(3) 告诉才处理的犯罪撤回告诉**:《刑事诉讼法》第16条第4项规定,依照刑法告诉才处理的犯罪,没有告诉或者撤回告诉的。**(4) 不起诉决定的处理终局**:人民检察院作出不起诉的决定,并且这一决定已经成为案件处理终局的,则这一处理终局导致刑罚的消灭。根据《刑事诉讼法》第177条第1款与第2款、第175条第4款的规定,不起诉包括:法定不起诉;酌定不起诉;证据不足不起诉。**(5) 犯罪人死亡**:《刑事诉讼法》第16条第5项规定,犯罪嫌疑人、被告人死亡的,不追究刑事责任直至宣告无罪。**(6) 刑罚执行完毕**:A罪刑罚执行完毕,意味着犯罪人已经承担了其罪行的刑法后果,则A罪所产生的刑罚消灭。不过,基于累犯制度,在后罪(B罪)成立累犯时处罚上A罪对B罪有从重处罚的累及。**(7) 缓刑考验期满**:《刑法》第76条规定,"缓刑考验期满,原判的刑罚就不再执行"。这意味着这一"原判刑罚"的行刑权归于消灭。**(8) 假释考验期满**:《刑法》第85条规定,"假释考验期满,就认为原判刑罚已经执行完毕"。原判刑罚已经执行完毕,从而刑罚消灭。**(9) 刑罚被免除**:行为人基于免除刑罚的情节或事由,而被作出免除刑罚的处理。

13. 我国《刑法》等法律并未设置行刑时效、大赦、前科消灭、复权等制度。应当说,这些制度的构建对于完善我国刑法刑罚消灭的规定,具有重要意义。

> **思考题**
>
> 1. 日本、意大利等国家刑罚消灭事由的内容特点是什么?[①]
> 2. 刑罚后遗效果消灭事由的具体内容有哪些?[②]

第72节 时 效 制 度

一、时效的概念

1. **时效**,是指刑事法律所规定的,如果在法定期间犯罪未经追诉,或者判决确定的刑罚未予执行,则法定期间经过就丧失了对于犯罪的追诉权,或者丧失了对于刑罚的行刑权的法律事实。

2. 时效包括追诉时效与行刑时效。广义的时效包括得权时效与免责时效。刑法上的时效仅指免责时效即消灭时效。

二、时效的特点

3. **法律规定**:时效属于刑罚消灭的法定事由。各国的具体立法模式有所不同,

---

① 详见张小虎:《刑罚论的比较与建构(下卷)》,群众出版社2010年版,第770—775页。
② 详见同上书,第768页。

有的国家采纳实体主义,有的国家采纳程序主义,有的国家兼采实体与程序主义。

4. 法定期间:时效以法定期间为构成要素之一。在法律规定的期限内没有实施追诉犯罪或者执行刑罚的司法活动,其后国家即丧失了实施这种司法活动的权力。

5. 状态继续:时效以特定事实状态持续为又一构成要素。这里的特定事实状态持续,是指国家对于犯罪没有追诉或者对于判决确定刑罚没有执行的情形延续不断地进行。

6. 法律效果:时效最终产生一定的法律效果。具体表现为,时效期间经过,则国家丧失了对于犯罪的追诉权,或者丧失了对于判决确定的刑罚的行刑权。

7. 法律事实:时效也表现为一种法律事实。时效的发生将导致国家与犯罪人之间的刑罚司法权与刑事责任的刑事法律关系消灭。

三、时效的理论根据

8. 时效制度受到诸多理论质疑。贝卡利亚认为,时效制度只能有条件地确立;加罗法洛也主张,时效制度虽应保留但只应局限于某些犯罪;龙勃罗梭则否定时效制度,认为时间的流逝并不能消除或减轻罪过的邪恶性质。当代理论也有主张,时效的意义只在纯司法的视角。[①]

9. 尽管时效受到诸多理论质疑,但是时效制度却为现代世界各国所普遍推行,不可否认时效制度也有其一定的合理成分。国外刑法理论对于时效的根据,从不同视角给予较为充分的阐释。具体见解包括怠于行使说、改善推测说、证据湮灭说、刑罚同一说、规范感情缓和说、事实状态尊重说等。[②]

10. 我国刑法理论对于时效根据的阐释,基本上综合了国外刑法理论的改善推测说、证据湮灭说、刑罚同一说、规范感情缓和说、事实状态尊重说等内容。[③]

11. 本书视国家功利与事实推测为时效制度的核心根据。时效是致使刑罚司法权消灭的法定事由,时效制度的确立说明在这种场合国家不应或者无需再对犯罪人行使刑罚司法权。这其中既有国家功利的考虑(即平衡"矫正仍有危险性的犯罪人及彻底报应犯罪"与"节约司法资源及侧重维护社会整体稳定"),也有客观事实的推测(即经过一定期间,可以认为刑罚目的、报应及积极预防等效果,不失为较高概率的事实)。[④]

时效的理论根据究竟是什么?

---

① 详见张小虎:《刑罚论的比较与建构(下卷)》,群众出版社2010年版,第779页。
② 详见同上书,第780页。
③ 详见同上书,第781页。
④ 详见同上书,第783页。

第72节A 追诉时效

一、追诉时效的概念与特征

1. **追诉时效**,是指刑事法律所规定的,如果在法定期间犯罪未经追诉,则法定期间经过就丧失了对于犯罪的追诉权的法律事实。追诉时效分为自诉时效与公诉时效。

2. 追诉时效存在如下特征:属于刑罚消灭的法定事由;也系一种法律事实;以法定期间及特定事实状态持续为构成要素;时效期间经过则丧失了对于犯罪的追诉权;这种追诉权的否定直接指向定罪处刑问题。①

二、追诉时效的期限

(一) 追诉时效期限的理论标准与立法状况

3. 追诉时效期限,是指法律所规定的在一定条件下丧失对犯罪追诉权所必须经过的期间限度。

4. 追诉时效制度的合理与否,在很大程度上取决于恰当的追诉时效期限,而追诉时效期限的确定不能脱离罪行的轻重与刑法的理念。②

5. 各国的追诉时效期限,总体上均按年限的不同而采取等级制,不过具体表现则有所不同。有的国家根据犯罪轻重的不同划分年限等级;有的国家根据刑罚轻重的不同划分年限等级;在具体等级划分上,也存在二分、三分、五分等不同的等级划分;有的国家还规定了时效期限的例外。③

(二) 我国刑法的追诉时效期限

6. **确定时效期限的根据**:以犯罪行为应处的法定最高刑的轻重不同为标准,确定相应的追诉时效的期限,具体分为四个等级(《刑法》第87条)。④

7. **时效期限的具体年限**:(1) **最高刑期**:追诉时效期限的确定,是具体犯罪所应适用的法定刑幅度的最高刑。作为确定所应适用的法定刑幅度的犯罪情节,包括定罪情节(确定起点刑及基准刑)与量刑情节(确定宣告刑)(第62节段9)。在追诉时效期限的确定上,首先基于犯罪情节确定该具体犯罪所应适用的法定刑幅度(宣告刑所处法定刑幅度),然后再根据所确定的应当适用的法定刑幅度,以该法定刑幅度的最高刑作为该犯罪的追诉时效期限。(2) **四分等级**:将时效期限划分为四个等级。**A. 5年**:适用于法定最高刑为不满5年有期徒刑的犯罪。当然,这里的"不满5年有期徒刑"也应包括法定刑为拘役或者管制的犯罪,或者可以单处附加刑的犯罪。

---

① 详见张小虎:《刑罚论的比较与建构(下卷)》,群众出版社2010年版,第786页。
② 详见同上书,第789页。
③ 详见同上书,第790页。
④ 详见同上书,第795页。

B. 10 年:适用于法定最高刑为 5 年以上不满 10 年有期徒刑的犯罪。**C. 15 年**:适用于法定最高刑为 10 年以上有期徒刑的犯罪。这里的"10 年以上"是指 10 年以上 15 年以下,因为时效期限以单个犯罪为单位,而在此场合有期徒刑的最高期限为 15 年;根据《刑法》第 89 条第 2 款的规定,后罪将使前罪的追诉时效中断。**D. 20 年**:适用于法定最高刑为无期徒刑、死刑的犯罪。不过,这一追诉时效期限,存在着例外情况。

8. **时效期限的特殊例外**:对于法定最高刑为无期徒刑、死刑的犯罪,虽然经过 20 年,但是如果认为必须追诉的,报请最高人民检察院核准仍可追诉。由此,这一特殊例外应当同时具备下列四项要件:(1) **死刑、无期徒刑**:针对应处法定最高刑为死刑或者无期徒刑的犯罪。(2) **经过 20 年**:从犯罪之日起,犯罪经过 20 年。(3) **必须追诉**:这一犯罪虽然经过 20 年,但是仍然必须追诉。这里,确定"必须追诉"的实质标准在于:犯罪的主客观危害依然严重,尤其是行为人依然具有较大的人身危险性;犯罪虽然时过 20 年,但是只有对之追诉才能确立社会公众对于法律的信奉、恢复应有的社会秩序。(4) **报请核准**:必须报请最高人民检察院核准。

三、追诉时效期限的计算

(一) 追诉时效期限计算的概念

9. **广义**上的追诉时效期限计算,是指追诉时效进行的开始日期与终止日期,以及在追诉时效进行中由于特定事由的发生而使时效进行出现暂停、中断、延长的日期等一系列时效期限经过日期的具体定位。由此,追诉时效期限计算包括:追诉时效开始与终止,追诉时效暂停、追诉时效中断与追诉时效延长。

10. **狭义**上的追诉时效期限计算,仅指追诉时效正常进行的开始与终止的具体日期的定位。追诉时效暂停、追诉时效中断与追诉时效延长,从时效期限经过日期的具体定位来看(在时间轴上)属于时效期限的计算,而从造成时效期限暂停、中断或延长的有关特定事由来看(在事由轴上)属于时效进行的特殊现象。由此,追诉时效期限计算主要是狭义上的。①

(二) 各国追诉时效期限的起算

11. 关于追诉时效期限的计算,关键是追诉时效期限的起算时间,对此各国立法大多确立某一基本的时效起算标准,同时针对犯罪类型的多样,再对某些犯罪类型的时效起算予以专门规定。其中,"时效起算的基本标准"包括:犯罪终了、实施犯罪、犯罪既遂、犯罪、构成犯罪、行为终了、犯罪被发现;"专门规定的犯罪类型"包括:行为犯与结果犯、连续犯与继续犯、共同犯罪、亲告罪、基于未成年被害人的犯罪类型、基于在船舶上犯罪的犯罪类型。②

(三) 我国追诉时效期限的起算

12. 我国《刑法》第 89 条第 1 款对于追诉时效期限的起算作了具体规定,这一规

---

① 详见张小虎:《刑罚论的比较与建构(下卷)》,群众出版社 2010 年版,第 803 页。
② 详见同上书,第 803—807 页。

定也以"时效起算的基本标准"与"时效起算的专门规定"的路径展开。

13. 时效起算的基本标准:《刑法》规定:"追诉期限从犯罪之日起计算"。这里的关键是对"犯罪之日"的理解,对此刑法理论存在"犯罪成立之日""犯罪发生之日""犯罪停止之日""犯罪完成之日""犯罪实施之日"等不同见解。[①] 基于追诉时效的实质与形式的意义,这里的"犯罪之日"应当是指"犯罪终了之日"。其理由与含义如下:(**1**) **在实质上**:追诉时效的起算应当较为合理地体现追诉时效的前提与价值。就前提而言,追诉时效指向刑罚司法权的行使,而这一权力行使的前提是犯罪的存在,从而"起算"至少应有"犯罪成立";就价值而言,追诉时效的起算应当能够尽述法定时效期限的跨度,这意味着起算的时点应当是在犯罪进行的终点上而不能覆盖犯罪的过程。(**2**) **在形式上**:术语(犯罪终了之日)的采纳应当较为确切地涵盖所需包含的意义。这意味着:A. 词能达意,即术语应当能够尽述其所欲表述的实质内容,即上文所述的"前提与价值";B. 解释全面,即术语应当能够包容所需纳入的各种犯罪形态(行为犯、结果犯,危险犯,预备犯、未遂犯、中止犯,结果加重犯,共同犯罪等)的时效起算。(**3**) **具体含义**:这里的"犯罪终了"是指行为人的犯罪活动及其所造成的刑法上的结果所发展至的最终状态,这是一种事实状态,这种事实状态可能成立行为犯、结果犯、结果加重犯、预备犯、未遂犯、中止犯、共同犯罪等犯罪形态,时效起算即为这些犯罪形态成立之时。如案例 72A-1 中甲的时效起算为乙身亡之日;而案例 72A-2 中甲的时效起算为乙重伤之日。

案例 72A-1:甲以杀人的直接故意,致乙重伤,1 月后乙因伤势过重而亡。

案例 72A-2:甲以杀人的直接故意,致乙重伤,1 月后乙脱离危险而逐步好转。

14. 时效起算的专门规定:《刑法》针对连续犯与继续犯,将时效起算专门规定为"犯罪行为终了之日"。(**1**) **连续犯**:由于连续犯的数个独立犯罪之间存在连续关系,所以连续犯数罪的各个犯罪之间存在时效中断,进而连续犯追诉时效起算的"犯罪行为终了之日",是指在具有连续关系的数罪中最后一个犯罪行为的犯罪终了之日。尚需注意的是,即使连续犯的数罪的最后一个犯罪属于未完成形态,而其前罪均为完成形态,该连续犯的追诉时效起算仍然为该最后一个犯罪的终了之日。(**2**) **继续犯**:继续犯存在犯罪持续的时间,这一持续时间不应计算在时效期限内,从而继续犯追诉时效起算的"犯罪行为终了之日",是指继续犯的犯罪终了之日,即"实行行为与不法状态同时持续"所构成的具有刑法意义的一种最终事实状态,其既可以表现为实行行为与不法状态的停止,也可以表现为具有刑法意义的某种结果的发生。如案例 72A-3 中甲的时效起算为乙身亡之日。

案例 72A-3:甲非法拘禁乙致乙重伤,即将乙"释放",乙获释 1 月后因该重伤不治而亡。

(四) 我国追诉时效期限的终点

15. 时效期限终点,是指追诉时效期限在何种时间点上算作完成。如果时效期

[①] 详见张小虎:《刑罚论的比较与建构(下卷)》,群众出版社 2010 年版,第 807—809 页。

限经过后恰至某种司法处置,则需要明确的是,这个"终点"究竟是指立案侦查、案件起诉,还是指案件审判?对此,我国《刑法》没有明确规定,刑法理论存在侦查之日、审判之日、判决生效之日等不同见解。①

16. 时效期限终点应当定位于"立案侦查"或者"受理案件"。在自然时间上,"审判之日"应在"立案侦查"与"受理案件"的一定时间之后;其间既可能出现正常的侦查期间、起诉期间、审理期间(A),也可能出现因案犯逃避而使审判不能进行的期间(B)。**(1)就 A 而论**,如果将时效终点定位于"审判之日",就会使立案侦查之日或受理案件之日至审判之日的司法过程,计算在时效期限以内,形成对时效期限的覆盖,从而不恰当地缩短了时效期限。**(2)就 B 而论**,《刑法》第88条规定了"立案侦查"与"受理案件"的时效延长,从而如果时效期间未满司法机关"立案侦查"或"受理案件",其后"逃避侦查或者审判的,不受追诉期限的限制"。

四、追诉时效进行的停止制度

(一)追诉时效期限暂停

17. **追诉时效期限暂停,**简称时效暂停,是指在时效期限进行过程中,由于发生了法律规定的事由,致使时效期限不能进行,在法律规定的事由终了之后,追诉时效期限继续进行的时效制度。时效暂停强调将法定事由进行期间从时效期限的进行中排除,其典型特征是:法定事由期间,时效进行停止;法定事由结束,时效继续进行。

18. 与追诉时效期限暂停相关的一个概念是时效迟延起算。所谓**时效迟延起算**,是指法律规定基于一定事由,时效期限不能进行,在法律规定的事由终了之后,追诉时效期限得以进行的时效制度。时效迟延起算,其时效进行的暂停发生于时效尚未开始,由此可以视作时效起算的迟延;而从时效不能进行,其后待法定事由终了之后时效进行的角度看,也可谓时效期限的暂停。

19. 各国立法所规定的导致追诉时效期限暂停的法定事由,主要包括如下情形:提起诉讼、无法追诉、逃匿追诉、特定任职、履行义务、司法停止、诉讼程序等待、境外服刑、身处境外等;同时,有的国家或地区的立法针对追诉时效期限的暂停设置了绝对时效制度。② 我国《刑法》并未规定追诉时效期限的暂停。

(二)追诉时效期限中断

20. **追诉时效期限中断,**简称时效中断,是指在时效期限进行过程中,由于发生了法律规定的事由,致使既已进行的时效期限归于无效,在法律规定的事由终了之后,追诉时效期限重新开始进行的时效制度。时效中断强调自法定事由发生时点起前期既已进行的时效期限消除,其典型特征是:法定事由发生,时效进行停止;法定事由结束,时效重新进行。

21. 各国立法所规定的导致追诉时效期限中断的法定事由,主要包括如下情形:

---

① 详见张小虎:《刑罚论的比较与建构(下卷)》,群众出版社2010年版,第817—818页。
② 详见同上书,第825—829页。

预审或追诉、提起诉讼、调查、强制措施、审判、逃避审判或精神失常、再次被指控、再犯新罪等;同时,有的国家立法针对追诉时效期限的中断设置了绝对时效制度。①

22. 我国《刑法》第 89 条第 2 款规定了基于再犯新罪的时效中断,这一规定表现出如下**特征:(1) 再犯新罪**:犯罪人在实施前罪之后又实施了另一犯罪的,前罪时效中断。这里的前罪与后罪可以表现为各种犯罪形态。既可以是故意犯罪也可以是过失犯罪,既可以性质相同也可以性质不同,既可以是完成形态也可以是未完成形态。**(2) 追诉期限以内**:在前罪的追诉时效期限以内再犯新罪,方可致使前罪时效中断。在新罪属于间隔犯的场合,新罪实施的时点必须在追诉期限以内,而不是指新罪的最终结果的时点必须在追诉期限以内。**(3) 时效中断**:在追诉期限以内再犯新罪的,前罪时效中断。新罪进行期间,前罪时效进行停止;新罪终了之时,前罪时效重新起算。新罪属于间隔犯的,前罪时效重新起算的时点是新罪的最终结果发生之时。**(4) 分别各罪时效**:在前罪追诉时效期限以内再犯新罪,仅仅导致前罪的时效期限自后罪终了时重新起算,至于前罪的时效期限与后罪的时效期限仍然不变,并且各自分别计算。

(三) 追诉时效期限延长

23. **追诉时效期限延长**,是指在时效期限进行过程中,由于发生了法律规定的事由,致使追诉时效期限在原有的基础上延续增长的时效制度。就广义而言,追诉时效期限延长包括时效期限无限延长(法定事由致使不再计算时效期限)与时效期限有限延长(法定事由致使时效期限在原有基础上延至某一有限的终点)。②

24. 我国《刑法》第 88 条规定了追诉时效期限的无限延长,这一规定表现出如下**特征:(1) 逃避侦查或者审判**:人民检察院、公安机关、国家安全机关"立案侦查"或者人民法院"受理案件"之后,犯罪人"逃避侦查或者审判"的,犯罪"不受追诉期限的限制"。对此,在具体理解上应当注意:A."立案侦查"应当是指立案并侦查。通常立案与侦查密切相连,不过也不排除立案后未及侦查。B."受理案件"是指人民法院对于自诉人的自诉或者检察院的公诉经审查而予以接受的诉讼活动。C."逃避侦查或者审判"是指犯罪人故意实施彻底摆脱侦查审判的行为,致使侦查或者审判因缺乏犯罪人而无法进行。D."不受追诉期限的限制"是指时效期限不再计算,即不再存在时效期限的终止,追诉时效期限无限延续。**(2) 应当立案而不予立案**:被害人"在追诉期限内提出控告",人民法院、人民检察院、公安机关"应当立案而不予立案"的,犯罪"不受追诉期限的限制"。对此,在具体理解上应当注意:A."在追诉期限内提出控告"是指刑事案件的被害人在法定的追诉时效期限以内,向人民法院、人民检察院、公安机关告发某人或某些人对被害人实施了犯罪行为,并要求司法机关依法追究犯罪人的刑事责任。B."应当立案而不予立案"是指被害人所控告的事实在客观上已经构成犯罪并且应当受到刑事追究,对此客观上人民法院、人民检察院、公安机关应当

---

① 详见张小虎:《刑罚论的比较与建构(下卷)》,群众出版社 2010 年版,第 829—831 页。
② 详见同上书,第 823 页。

立案(包括应当移送具有管辖权的部门予以立案)却不予立案。

(四) 追诉时效停止制度的立法完善

25. 我国《刑法》将在追诉时效期限内再犯新罪作为时效中断的法定事由,这具有一定的合理性,不过总体而论我国刑法对于追诉时效进行停止制度的设置,仍需作较大的调整。具体包括:取消我国《刑法》的时效无限延长制度,其功能可以由时效中断或者时效暂停来替代;吸取国外立法的合理成分,建立我国的时效暂停制度,同时设置相应的绝对时效制度①;完善我国时效中断制度,将立案、侦查、起诉、审判等诉讼行为增设为时效中断事由;针对共同犯罪、单位犯罪、连续犯与牵连犯,增设我国时效停止制度适用的特别规定。②

思考题

对共同犯罪的追诉时效停止,应当如何处理?③

第 72 节 B　行 刑 时 效

一、行刑时效的概念与特征

1. **行刑时效**,是指刑事法律所规定的,如果在法定期间所判刑罚未予执行,则法定期间经过就丧失了对于所判刑罚的执行权的法律事实。

2. 行刑时效具有如下**特点**:属于刑罚消灭的法定事由;既是一种刑罚制度也是一种法律事实;以在一定的法定期间内既判刑罚未予执行为前提;时效期间经过则行刑权丧失及至刑罚消灭。④

二、行刑时效的期限

3. **行刑时效期限**,是指法律所规定的,在一定条件下丧失对已判刑罚执行权所必须经过的期间限度。

4. 行刑时效制度的合理与否,在很大程度上取决于恰当的行刑时效期限。就理论标准而言,行刑时效期限的确定不能脱离刑罚的轻重与刑法的理念,并且行刑时效应适当高于追诉时效期限。⑤

5. 从立法状况来看,总体上各国均按年限的不同而采取等级制来规定行刑时效

---

① 绝对时效制度,是对于时效暂停期间的时间长度予以一定程度的限制,以使时效开始至时效结束的整个时间长度不致过长。
② 详见张小虎:《刑罚论的比较与建构(下卷)》,群众出版社 2010 年版,第 838—847 页。
③ 详见同上书,第 846 页。
④ 详见同上书,第 848 页。
⑤ 详见同上书,第 850 页。

期限,而在具体等级划分、划分根据等问题上则有所不同。①

6. 我国《刑法》对于行刑时效未予规定,这不能不说是一种缺憾。应当建构我国的行刑时效期限制度:以判处刑罚轻重为根据,确定行刑时效的具体期限;对某些特殊类型的罪刑,设置相应的时效期限的特殊限制。②

三、行刑时效期限的计算

7. **行刑时效期限计算**,是指法律所规定的,关于行刑时效期限的开始与终止的日期的具体定位。

8. 各国对行刑时效期限起算的规定各有特点,何种设置更为合理,这首先涉及理论应然。由此,对行刑时效期限计算的立法可作如下考虑:以"判决确定之日"作为行刑时效的起算;将犯罪人丧失刑罚能力、犯罪人逃避服刑、或者因为意外而无法行刑等,作为迟延时效起算的事由;对缓刑撤销、假释撤销、减刑、再审改判、刑罚并科、数罪并罚等情形的行刑时效期限与计算,予以特别规定。③

四、行刑时效进行的停止制度

(一) 行刑时效期限暂停

9. **行刑时效期限暂停**,是指在时效期限进行过程中,由于发生了法律规定的事由,致使时效期限不能进行,在法律规定的事由终了之后,行刑时效期限继续进行的时效制度。

10. 在国外立法中时效暂停制度较为普遍。时效暂停制度的核心内容是致使时效暂停的法定事由,对此各国存在缓刑期间、假释期间、行刑期间、依法停止执行、客观无法执行、不可抗力、其他监禁服刑等规定。④

11. 建立我国的时效暂停制度,在具体制度建构上,可以考虑以缓刑期间、假释期间、行刑期间、无法缉拿期间、无法执行期间等作为致使时效暂停的法定事由,同时设置相应的绝对时效制度。⑤

(二) 行刑时效期限中断

12. **行刑时效期限中断**,是指在时效期限进行过程中,由于发生了法律规定的事由,致使既已进行的时效期限归于无效,在法律规定的事由终了之后,行刑时效期限重新开始进行的时效制度。

13. 在国外立法中时效中断制度也较为普遍。时效中断制度的核心内容仍是致使时效中断的法定事由,对此各国存在执行刑罚、自首、被抓获、逃至无法缉拿之地、

---

① 详见张小虎:《刑罚论的比较与建构(下卷)》,群众出版社2010年版,第851—858页。
② 详见同上书,第858—864页。
③ 关于各国对行刑时效期限起算的规定以及其合理设置的具体分析,详见同上书,第865—882页。
④ 详见同上书,第885—887页。
⑤ 详见同上书,第890—892页。

再犯新罪等规定。①

14. 建立我国的时效中断制度,可以考虑以再犯新罪之日、逃避服刑之日等作为致使时效中断的法定事由,同时设置相应的绝对时效制度。②

(三) 行刑时效期限延长

15. 行刑时效期限延长,是指在时效期限进行过程中,由于发生了法律规定的事由,致使行刑时效期限在原有的基础上延续增长一定幅度的期限的时效制度。

16. 从各国立法情况来看,时效延长制度并不普遍,少数国家基于逃至无法缉拿之地、再受刑罚宣告的事由,设置了时效延长制度。③ 不过,对比各项时效停止制度的功能特征,上述相关事由对于时效进行的影响,可以置于时效暂停或者时效中断中予以规定,而无需设置时效延长制度。

思考题

行刑时效期限所应遵循的根本价值准则是什么?④

第73节 赦免制度

一、赦免的概念

1. **赦免**,是指国家立法机关或者国家元首根据法定特权,非经司法程序而以法案或者政令的方式,直接针对犯罪人宣告免除其罪与刑,或者宣告免除、减轻其刑的法律制度。赦免通常包括大赦、特赦、减刑⑤、复权。

二、赦免的特点

2. 属于最高立法机关或者国家元首的一项特权。根据各国法律规定的不同,赦免由最高立法机关或者国家元首决定,或者由最高权力机关决定、国家元首发布。

3. 赦免对于既定罪刑的处理,并不通过司法程序,而是由国家立法机关通过法案的方式,或者由国家元首通过政令的方式,直接针对特定或者不特定的犯罪人而适用。

4. 赦免通常规定在宪法中,不过许多国家的刑法对此也有体现。例如,《法国宪法》确立了总统的赦免权,并且《法国刑法典》第133-7条至第133-11条具体规定了赦免制度。

---

① 详见张小虎:《刑罚论的比较与建构(下卷)》,群众出版社2010年版,第887—888页。
② 详见同上书,第892—895页。
③ 详见同上书,第888页。
④ 详见同上书,第850—851页。
⑤ 注意,这里赦免的减刑(本节段13),与我国《刑法》的减刑不同。

5. 赦免既可以表现为免除罪与刑,也可以是仅仅免除或者减轻刑罚;既可以针对某种犯罪类型,也可以仅仅针对特定犯罪人。有的国家还设置了赦免性减刑与赦免性复权。

6. 赦免不失以罪刑为内容的法案或政令处理。赦免以法案或者政令的方式颁布实施,具有立法或行政的性质;赦免针对某类犯罪或特定犯罪人而免除其罪刑,具有刑法的性质。

三、赦免的理论根据

7. 赦免旨在体现最高的、实质的正义。具体地说:赦免不失刑事政策思想的一种规范制度表现;有其应对社会现实发展变化之需要的基础;也是最高统治基于宏观政治而直接处置罪刑的需要;还可以基于更高的视野与时代的全局纠正对具体罪行既有处置的过于严厉与失当。①

四、赦免的种类

(一) 大赦

8. **大赦**,是指由立法机关决定,对于某种类型的不特定的犯罪人,免予追诉或者免除犯罪宣告与刑罚执行的法律制度。

9. 大赦存在如下**特征**:大赦通常由最高立法机关通过法案的方式予以决定,而各国又有不同的具体表现;大赦通常针对某种类型犯罪的不特定的犯罪人;大赦通常致使被赦免的犯罪人的罪与刑均予消灭,此后倘若犯罪人再犯则不构成前科。②

(二) 特赦

10. **特赦**,是指由立法机关决定,对于特定的犯罪人,免除刑罚执行的法律制度。

11. 特赦存在如下**特征**:特赦通常由最高立法机关或者国家元首以命令的方式予以实施,对此各国立法又有所差异;特赦通常针对特定的犯罪人;特赦通常只是赦免对犯罪人的刑罚执行而并不赦免犯罪的宣告,此后倘若犯罪人再犯则可以构成前科。③

12. **大赦与特赦**:大赦与特赦虽同属赦免,但除某些国家(如俄罗斯)的独特立法外,通常两者存在**区别**:(1) 大赦通常由最高立法机关,通过法案的方式予以实行;而特赦通常由国家元首,通过政令的方式予以实行。(2) 大赦通常针对某种类型犯罪的不特定的犯罪人,并不声明被赦免者的名单;而特赦通常针对特定的犯罪人,声明被赦免者的名单。(3) 大赦通常致使被赦免的犯罪人罪与刑均予消灭,而特赦通常只是赦免对犯罪人的刑罚执行而不赦免犯罪的宣告。

(三) 减刑

13. **减刑**,是指国家立法机关或者国家元首根据法定特权,以法案或者政令的方

---

① 详见张小虎:《刑罚论的比较与建构(下卷)》,群众出版社2010年版,第900页。
② 详见同上书,第903页。
③ 详见同上书,第905页。

式,对于受罪刑宣告的人免除其刑罚的一部或者全部的执行的法律制度。

14. **减刑存在如下特征**:(1) 这里的减刑属于赦免的范畴,是赦免的表现形式之一,其是由最高立法机关或者国家元首通过法案或者政令的方式予以实行,这与通常所说的司法减刑不同。(2) 赦免减刑分为一般减刑与特别减刑,而不同的立法又有所差异,如在日本,一般减刑针对已受刑罚宣判者,而特别减刑针对已受刑罚宣判的特定者。①

（四）复权

15. **复权**,是指国家立法机关或者国家元首根据法定特权,以法案或者政令的方式,对于受到剥夺资格宣告的人恢复其所被剥夺资格的法律制度。

16. **复权存在如下特征**:(1) 这里的复权也系赦免的范畴,是赦免的表现形式之一②,其是由最高立法机关或者国家元首通过法案或者政令的方式予以实行。(2) 复权主要表现为资格的恢复,并且这种资格的恢复通常只是面对未来,即复权后不再受资格上的限制,但过去受到处分的事实并不消灭,犯罪人曾被剥夺的官职也不能恢复。(3) 复权也分为一般复权与特别复权。如日本的恩赦复权有两种:一般复权,对由于受有罪宣告而根据法令被丧失或停止资格者用政令确定要件后实施;特别复权,对特定人施行。③

五、我国的赦免·特赦

17. 我国 1954 年《宪法》对于大赦与特赦均予以了规定。此后以及现行《宪法》只规定了特赦,这一特赦由全国人大常委会决定,特赦令由国家主席发布;由此,现行《刑法》第 65、66 条在累犯制度中所用的术语"赦免",仅指特赦。新中国成立后,我国先后实行过七次特赦。

（一）我国特赦的概念

18. **我国特赦**,是指由全国人大常委会决定、国家主席发布,对于某类犯罪或者被处某种刑罚的犯罪人中的一部分,免除剩余刑罚执行或者减轻原判刑罚的法律制度。

（二）我国特赦的特征

19. **主体与程序**:通过法令的方式进行,具有法律的性质。具体地说,由中共中央或者国务院提出建议,全国人大常委会审议决定,国家主席颁布特赦令,最高人民法院和高级人民法院负责执行。

20. **特赦对象**:主要针对战争罪犯,而对于普通刑事犯通常经由司法程序采取减刑、假释等方法予以刑罚的从宽调整;针对某种犯罪类型或者被处某种刑罚的犯罪人中的一部分;只是针对被判处刑罚且执行一定刑期,并且既已改恶从善的犯罪人。

21. **特赦效力**:只是对于既判刑罚的宽免,而不使犯罪的宣告消灭。特赦后犯罪

---

① 详见张小虎:《刑罚论的比较与建构(下卷)》,群众出版社 2010 年版,第 907 页。
② 国外刑法理论,通常将复权分为三种形式:法律上复权、裁判上复权、赦免复权。
③ 详见张小虎:《刑罚论的比较与建构(下卷)》,群众出版社 2010 年版,第 908 页。

人再犯新罪则构成前科;同时,对于既判刑罚的宽免也只限部分,或者表现为免除剩余刑期的执行,或者表现为减轻原判的刑罚。

1. 对于赦免的理论根据存在哪些不同的观点?①
2. 赦免的法律性质是什么?②

第74节 前科消灭

一、前科的概念与特征

1. **广义前科**,是指刑法所规定的曾经受到有罪判决的犯罪人在此后一定期间所处的一种不利的法律地位,或者被判处刑罚的犯罪人在缓刑考验期满、刑罚执行完毕或者赦免之后的不利的刑事处置地位。

2. **狭义前科**,是指刑法所规定的曾经受到定罪处刑的犯罪人,在缓刑考验期满、刑罚执行完毕或者赦免之后的一定期间,所处的一种不利的法律地位。

3. 前科具有如下**特征**:(1) **罪刑判决**:至少行为构成犯罪曾受有罪判决,或者至少曾被定罪处刑,当然也包括曾被定罪处刑并且刑罚执行;(2) **不利地位**:前科是基于前罪而使犯罪人所处的一种不利地位,这种不利地位既可以针对民事或行政事项,也可以针对刑事处置;(3) **刑事地位**:在犯罪人被处刑罚的场合,其刑事处置的不利地位发生于缓刑考验期满、刑罚执行完毕或者赦免之后;(4) **一定期间**:前科作为一种前罪累及的法律制度,前科的存在应当以一定的期间为限,易言之,前科应有其消灭制度;(5) **法律制度**:在发生后罪的场合,前科属于从严处置的根据,依循罪刑法定的基本精神,其构成条件与法律后果应当由刑法明确予以规定。

二、前科的后果

4. **前科的后果**,是指法律所规定的基于前科而产生的在刑事、民事、行政等事项的处理方面不利于前科者的结局。前科的后果在各国法律中有着不同表现,综合而论存在如下类型:(1) **作为定罪的因素**:例如,2013 年最高人民法院、最高人民检察院《关于办理盗窃刑事案件适用法律若干问题的解释》第 2 条将"曾因盗窃受过刑事处罚的"作为入罪的一项补充条件。(2) **作为量刑的因素**:这在各国立法与司法实践中较为普遍。例如,《奥地利刑法典》第 33 条,将"曾经因实施具有相同危害倾向的行为被判过刑的"情形,作为"特别从重处罚的事由"之一。(3) **作为否定有关资格的充分**

---

① 详见张小虎:《刑罚论的比较与建构(下卷)》,群众出版社 2010 年版,第 898—899 页。
② 详见同上书,第 901—903 页。

条件:例如,我国有关法律、法规规定,曾因犯罪受过刑事处罚的人,不得担任法官、检察官、人民警察、人民陪审员,不得录用为公务员,不予颁发新闻记者证等。**(4) 将前科报告作为在特定场合的一种要求**:例如,我国《刑法》第100条的规定。①

三、前科消灭的概念与特征

5. **前科消灭**,是指根据法律的规定,取消前科存在的法律事实从而消除基于前科而产生的不利地位,由此恢复前科人正常法律地位的法律制度,包括法定消灭、裁定消灭、赦免消灭。

6. 前科消灭具有如下**特征:(1) 法律规定**:前科的法定消灭、裁定消灭、赦免消灭,均有其法律规定的根据;前科消灭的条件与程序,分别不同情况也均有相对明确的法律规定。**(2) 消除前科**:前科的消灭就是取消前科存在的法律事实,消除基于前科而产生的不利法律地位,此后前科人的法律地位不再受到前科的不利累及。**(3) 多种表现**:基于各国立法模式的差异,前科消灭的方式包括法定消灭、裁定消灭、赦免消灭,而通常所讲的前科消灭主要是指法定消灭与裁定消灭。

四、前科消灭的理论根据

7. 前科属于基于前罪行为而使前科人所处的一种不利法律地位。这种不利的法律地位,不仅在实质上致使前科人的某些资格丧失、存在刑事处置的从严累及,而且在形式上也是前科人有别于一般人的明显标志。前科的长期存在(缺乏前科消灭制度),既不利于特殊预防,也无助于社会稳定。②

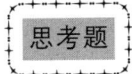

有关前科消灭的条件,各国的立法状况是什么?③

第75节 复 权

一、复权的概念与特征

1. **复权**,是指法律规定的,对于被判处资格刑的犯罪人,在资格刑期限届满之前因其具备一定条件,审判机关提前恢复其被剥夺或者限制的资格的法律制度。

2. 复权具有如下**特征:(1) 复权主体**:复权由审判机关依法适用,属于裁定恢复被剥夺或者限制的资格;基于各国立法模式的不同,有的由犯罪人提出复权的申请,有的由检察机关提出申请。**(2) 复权对象**:是被判处资格刑的犯罪人。**(3) 提前恢**

---

① 详见张小虎:《刑罚论的比较与建构(下卷)》,群众出版社2010年版,第914页。
② 详见同上书,第917页。
③ 详见同上书,第918—922页。

复资格:复权表现为在资格刑期限届满之前恢复犯罪人的资格。(4) **符合法定条件**:基于各国法律规定,这些法定条件通常包括资格刑既已执行一定刑期,犯罪人具有良好表现,经由一定程序申请等。(5) **并非前科消灭**:复权只是提前恢复犯罪人的被剥夺或者限制的资格,并不意味着原判犯罪与资格刑的法律效果丧失,从而复权也非前科消灭。

二、复权与相关概念

3. **复权与减刑**:如果减刑制度也包括针对资格刑的独立减刑的话,复权与减刑存在一定**相似之处**:两者均属行刑过程中的刑期调整;均以执行一定的刑期为前提;均注重犯罪人行刑中的良好表现。但是,复权与减刑也存在重要**区别**:复权属于对于剥夺资格的一次性恢复,而减刑对于刑期的缩减并不以一次为限;同时,如果法律设置复权这一制度的话,则其在具体的主体、程序、条件、对象等方面也会体现出与减刑相应内容的差异。

4. **复权与前科消灭**:两者存在一定**相似之处**:均以受到刑事处分的犯罪人为对象;均会导致犯罪人因受到刑事处分而丧失的资格得以恢复的法律效果。但是,两者也存在重要**区别**:(1) **本体意义不同**。复权是对原判资格刑的调整,表现为资格刑尚未执行完毕之前提前恢复所剥夺的资格;而前科消灭并未改变原判刑罚,只是在原判刑罚执行后取消原判刑罚的法律效果,从而使基于原判法律效果而丧失的资格得以恢复。(2) **适用对象不同**。复权仅仅适用于被判处资格刑的犯罪人,针对资格刑所剥夺的资格予以恢复;而前科消灭可以适用于所有受到罪刑判决的犯罪人,旨在恢复犯罪人正常的法律地位,涉及的资格范围较广。(3) **法律后果不同**。复权只是提前恢复犯罪人因受资格刑而被剥夺的资格,但是并未取消原判犯罪与资格刑的法律效果,即前科依然存在;而前科消灭则是取消犯罪人原判犯罪与刑罚的法律效果。(4) **着眼点不同**。复权将原判资格刑中被剥夺的资格予以恢复,属于回溯过去的一种处置;而前科消灭取消罪刑判决的法律效果,致使前科者的以后生活不受影响,属于面向将来的一种处置。

有关复权的条件,各国的立法状况是什么?①

---

① 详见张小虎:《刑罚论的比较与建构(下卷)》,群众出版社 2010 年版,第 926—927 页。

第 21 章 保安处分制度

第 76 节 保安处分制度概述

一、保安处分的思想基奠与立法形成

1. 严格意义上的保安处分,是近代的产物,并由理论发轫,到制度肇始,经由学派争鸣,走向成熟定型。刑事近代学派所倡导的社会责任论、社会防卫论、刑罚的替代措施、教育刑论等思想(第 6 节段 13—14),为保安处分的生存提供了广阔的知识背景和坚实的理论根基。

2. 1893 年《司托斯草案》首次在刑法典中将保安处分确立为一种正式的、独立的、系统的处置方法,并与刑罚的处置方法并驾齐驱,标志着保安处分刑法立法的开端。《司托斯草案》坚持的是**保安处分二元论**的思想,具有较为明显的折中主义的倾向。而 1921 年的《意大利刑法草案》(史称《菲利案》),彻底明确地以社会性的制裁措施取代传统的刑罚方法,旗帜鲜明地彰显**保安处分一元论**[①]的思想,将保安处分的刑法地位推向极致。然而,保安处分一元论,在刑法理念上社会防卫的思想过于奔放,有蚕食人权保障之嫌;在立法事实上其保安处分框架中刑罚的内容依然存在,只是套用以保安处分之名。这也表明一元论的立法模式在现实中难以立足,在近现代的社会发展阶段,刑罚不可能被取消。由此,自 1931 年《意大利刑法典》以来,以折中主义思想为背景的保安处分二元论的立法模式,在世界各国或地区的刑法制度中,日益占据了统治地位,成为现代刑法立法的主流模式。此后直至当今,许多国家或地区的刑事立法,均确立了相对具体而完备的保安处分制度。

二、保安处分的概念

3. 通常,将保安处分分为广义上的保安处分与狭义上的保安处分;也有的将保安处分区分为行政法上的保安处分与刑法上的保安处分;针对保安处分与刑罚的关系,存在一元论与二元论的不同见解;基于保安处分二元论的总体框架,具体又存在并科主义、代替主义、择一主义。

4. 保安处分的界说,阐明保安处分的本质蕴含,厘定保安处分与刑罚之间的关系。基于对各种有关保安处分界说的分析[②],在此对保安处分的本质蕴含作如下归

[①] **二元论主张**,刑法上的法律效果包括刑罚与保安处分,保安处分与刑罚二者并驾齐驱,各自有着不同的理念侧重、适用对象等特征。与此相对,**一元论主张**,刑法上的法律效果仅为保安处分,保安处分与刑罚二者合二为一,以保安处分代替刑罚。详见张小虎:《刑罚论的比较与建构(下卷)》,群众出版社 2010 年版,第 942—944 页。

[②] 参见同上书,第 939—948 页。

纳:**保安处分**,是指由法院按照司法程序依据刑法,对于实施了危害行为的具有社会危险性的特殊对象,旨在预防犯罪与保护社会而采取的、与被适用者的社会危险性相适应的、不定期的矫治改善或者监禁隔离的安全措施。

三、保安处分的特征

5. **目的特征**:保安处分着眼于未然之罪,适用的目的直接指向预防犯罪、保护社会。预防犯罪,包括对于特定的犯罪人的再犯预防与对于有犯罪之虞的人的初犯预防;保护社会,意味着保安处分不以道义责任论而以社会责任论为基底。《瑞士刑法典》等不少国家的刑法对于保安处分的这一宗旨予以了明确规定。

6. **前提特征**:保安处分的适用,不以犯罪而以社会危险行为为前提,这意味着总体而言,适用保安处分必须且只需:A. 行为人实施了危害社会的行为;并且 B. 行为人基于其人格素质或生活环境,而充分表明其具有实施违法犯罪行为的可能性,从而构成了对社会安全的现实的重大威胁。

7. **量定特征**:保安处分的具体量定,并不注重行为的具体客观危害,而是根据行为人的社会危险性,并且广泛采用不定期处分。行为人社会危险性的量定内容、社会危险行为与保安处分措施的具体对应、保安处分措施的期限范围,通常由刑法予以规定。因此,保安处分应当坚持处分法定、处分必要、处分相当、处分不定期的原则。

8. **性质特征**:保安处分属于刑事司法处分,这意味着:A. 由刑法予以规定:包括将保安处分与刑罚并列统一于刑法典,或者采用单行刑法的模式规定保安处分;B. 适用刑事诉讼法程序:不仅措施的裁量宣告必须经过严格的程序,而且可以通过上诉和抗诉获得司法救济;C. 只能由法院予以裁量宣告:其他任何个人和组织均不得以任何理由适用保安处分。

9. **关系特征**:就保安处分与刑罚的关系而言,存在一元论与二元论的不同见解。不过,自 1931 年《意大利刑法典》以来,以折中主义思想为背景的保安处分二元论的立法模式,在世界各国的刑法制度中日益占据了统治地位。对于责任罪行适用刑罚,对于社会危险行为适用保安处分。在责任罪行与社会危险行为并存,并且有必要适用保安处分的场合,保安处分或者代替刑罚适用,或者补充刑罚适用。

> **思考题**

1. 现代保安处分制度的理论发轫、制度肇始、学派争鸣及成熟定型的具体历程是什么?[1]
2. 保安处分一元论与二元论争议的焦点是什么?[2]
3. 在刑罚与保安处分的具体适用关系上,存在哪些不同的理论观点?[3]

---

[1] 详见张小虎:《刑罚论的比较与建构(下卷)》,群众出版社 2010 年版,第 929—939 页。
[2] 详见同上书,第 942—945 页。
[3] 详见同上书,第 945—948 页。

第77节 保安处分的原则及适用条件

一、保安处分的基本原则

（一）保安处分基本原则的概念

1. **保安处分的基本原则**，是指展示保安处分特有性质，贯穿于保安处分整体，对保安处分立法和司法具有全面指导意义，作为保安处分理论与实践的准则。

2. 对于保安处分基本原则的具体内容，刑法理论存在四原则说、二原则说、三原则说等不同见解。立于保安处分的特质，本书将保安处分的基本原则列为四项。[①]

（二）保安处分基本原则的内容

3. **处分法定原则**，就形式规则而言，是指没有刑法事先的明确规定，对于任何公民均不得以任何理由处以保安处分，由此强调无法律则无处分、成文法法源、禁止类推适用等；就实质精神而言，是指以法治主义为基底，对国家保安处分权的限制与公民自由权利的保障。这意味着，对于保安处分的基本原则、适用的前提条件、具体对象、被适用者社会危险性的量定标准、保安处分措施的种类、保安处分的裁量原则、执行制度、解除制度等内容，均应在刑法中予以具体明确的规定。

4. **处分必要原则**，是指保安处分只有在其成为"消除行为人的社会危险性而为防卫社会所必需（A）"，同时"符合社会道德伦理观念的要求（B）"的场合，才能存在与适用。由此，A以及B这二者的统一是处分必要原则的中心内容。A意味着对于行为人社会危险性的消除，保安处分系必不可少的、充分有效的、合乎目的的方法；B意味着保安处分的存在与适用应当符合社会道德伦理观念的要求。任何法律均应符合社会道德伦理的要求，保安处分制度更应如此。

5. **处分均衡原则**，又称相当性原则，是指保安处分的措施类型与轻重程度，必须与"行为人的社会危险性程度（A）"以及"预防犯罪保护社会所需要的程度（B）"，构成相应适度的比例关系。这意味着保安处分的具体运用，不得超越A以及B。由此，A与B这两者与保安处分的质与量的对应关系，构成处分均衡原则的中心内容。需要程度与危险程度，两者共同决定着保安处分的具体的质与量，不过基于人权保障理念，危险程度更具决定意义。

6. **处分不定期原则**，是指审判机关在裁量保安处分时，对于受处分者的处分期限不予具体确定，而是只判决宣告处以某种处分措施，其执行的具体期限，有待根据受处分者被矫治或隔离后社会危险性改善的具体情况而定。包括处分绝对不定期与处分相对不定期。基于保安处分的不同表现形式，处分不定期可以表现为法定不定期、宣告不定期、执行不定期。不过，基于保安处分的目的宗旨与技术操作等因素，宣告不定期仍为保安处分的重要特征与必然选择。

[①] 关于保安处分基本原则的理论见解及对其的具体分析，详见张小虎：《刑罚论的比较与建构（下卷）》，群众出版社2010年版，第952—963页。

二、保安处分的适用条件

（一）保安处分适用条件的概念

7. 保安处分适用条件，又称保安处分适用要件，是指刑法所规定的适用保安处分措施所必须具备的事实前提的构成要素。包括一般要件（各种保安处分措施适用的共同要件）与具体要件（某一保安处分措施适用的特别要件）。

（二）适用保安处分的一般要件

8. 客观要件（危害行为）：是指刑法所规定的适用保安处分措施所必须具备的，行为人实施危害社会行为的客观事实特征。保安处分的适用是否必须具备危害行为？对此，刑法理论存在肯定论与否定论的争议，其中肯定论系通说也为各国立法所广泛采纳。不过，这里的危害行为是否必须为犯罪行为？或者兼可犯罪行为与违法行为？对此各国刑法的规定不一，有的规定原则上必须为犯罪行为，有的则分别处分措施的不同类型而对危害行为的性质有不同的要求。①

9. 主观要件（社会危险性）：是指刑法所规定的适用保安处分措施所必须具备的，行为人基于其人格素质或生活环境，而充分表明其具有实施违法犯罪行为的可能性，从而构成了对社会安全的现实的重大威胁的主观事实特征。这里关键问题是，如何具体确定行为人的社会危险性大小？**社会危险性的确定**，意味着基于行为人过去与现在的各种因素，评价其内在的恶性倾向，进而预测其未来实施违法犯罪行为的概率大小。这里的"内在倾向""未来行为""概率大小"等均系评价的结论项，而"行为人过去与现在的各种因素"（"基础因素"）则构成结论项的基础依据。对此，相关变量的构成及其定量关系，可设专题研究。对如何具体确定行为人社会危险性，各国刑法的立法模式也各有差异。有的设置专门条款予以规定，有的则将之融合于有关具体处分措施适用要件的规定中。②

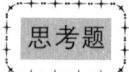

如何客观、科学、有效地测评行为人的人身危险性？

第78节 保安处分的适用对象及种类

一、保安处分的适用对象

1. 保安处分的适用对象，是指符合保安处分的适用要件，从而直接承受处分措施的具体的人或者物。包括承受处分措施的人与承受处分措施的物。

---

① 详见张小虎：《刑罚论的比较与建构（下卷）》，群众出版社2010年版，第964—968页。
② 关于确定行为人社会危险性的理论思路及各国的立法模式，详见同上书，第969—972页。

(一) 承受处分措施的人

2. **承受处分措施的人**,是指保安处分措施所直接针对的、符合保安处分适用要件的具体的人,包括精神障碍患者、瘾癖人员、未成年人、特殊危险人员、其他危险人员等。

3. **精神障碍患者**:精神障碍不仅会影响到行为人的**犯罪能力**(自由意志支配下的行为能力),而且也会影响到行为人的**刑罚能力**(由危险性格所决定的刑罚适应性)。因此,对实施了危害行为并且具有社会危险性的精神障碍人,给予以矫治改善为核心内容的保安处分就成为一种有力的方法。许多国家的刑法都对此作了一定的规定。具体包括:(1) 由于精神障碍而无责任能力,不能成立犯罪,从而不予刑罚处罚,但是可予保安处分。(2) 由于精神障碍而限制责任能力,可以成立犯罪,但是刑罚能力减弱而予保安处分。(3) 行为人行为时有犯罪能力可予刑罚处罚,但是行为后由于精神障碍,可以予以保安处分。①

4. **瘾癖人员**:瘾癖,是指由于神经中枢经常接受某种刺激,从而形成的对于某种习惯的生物性依赖。包括酒精瘾癖与毒品瘾癖等。瘾癖的生物性依赖特征,决定了瘾癖人员反复实施癖行的顽固性,这些人员的刑罚适应性也成为问题,对于瘾癖人员适用保安处分,也为许多国家或者地区的刑法立法所采纳。在立法模式上包括:(1) 对于具有责任能力的瘾癖人员适用保安处分与刑罚。(2) 对于没有责任能力的瘾癖人员适用保安处分。②

5. **未成年人**:是指尚未达到法定责任年龄、实施了危害行为并且具有社会危险性的人。未成年人处在人生成长的特殊阶段,具有较大的可塑性,以矫治改善为核心内容的保安处分,对于违法危险未成年人重返正常社会具有特殊的意义。对于未成年人的保安处分,各国或者有关地区存在如下立法模式:(1) 对于没有责任能力的未成年人,由于不能成立犯罪,从而不予刑罚处罚,但是可予保安处分;(2) 对于具有责任能力的未成年人,适用保安处分与刑罚;(3) 对于**虞犯少年**③予以保护处分。

6. **特殊危险人员**:是指反复实施犯罪行为,从而构成相对稳定的犯罪惯性,刑罚对之难以获得矫正效果的行为人。具体包括常习累犯、常习犯(习惯犯)、常业犯、职业犯。这些人员,或者已经形成犯罪恶习,或者其所谓的职业活动本身就具有犯罪性,从而其社会危险性较大并刑罚能力成为问题,有必要对其施以特别的矫正改善与监禁隔离措施,以便使其重返正常社会。对于特殊危险人员予以保安处分,也为多国刑法的立法所采纳。

7. **其他危险人员**:是指精神障碍患者、瘾癖人员、未成年人、特殊危险人员以外的,基于其人格素质或者生活环境而具有社会危险性的人员。包括:(1) **流浪懒惰成**

---

① 详见张小虎:《刑罚论的比较与建构(下卷)》,群众出版社2010年版,第973页。
② 详见同上书,第974页。
③ 虞犯少年,与犯罪少年、触法少年相对,是指未实施被刑法规定为犯罪的行为,但是其人格素质明显地表明其具有犯罪的倾向与较大可能性的未成年人。而犯罪少年,是指触犯刑律并成立犯罪的少年;触法少年,是指触犯刑律但因未达责任年龄而不成立犯罪的少年。

习者,是指四处游荡居无定所、嫌弃厌恶劳动、游手好闲已成习惯,或者存在其他人格缺陷而拒绝正当职业,从而缺乏社会适应性的人。包括游荡成习者、懒惰成习者、职业乞丐、惯性营利卖淫者等。(2) **严重传染病患者**,是指患有由病原体传染而引起的疾患,具有造成疾患在人群中流行传播的严重危险的人。(3) **受徒刑宣告的外国人**。对于犯罪的外国人,可以单独或者附加适用驱逐出境的刑事处置。而驱逐出境,在有的国家的刑法中属于附加刑;也有的国家的刑法将之作为保安处分措施之一。

8. 也有的国家的刑法,排除**不能犯**的可罚性,而是将之纳入保安处分的对象范畴。①

9. 还有的国家的刑法,将**具有危险性的单位**列为保安处分的适用对象。所谓具有危险性的单位,是指被用作犯罪的平台并且将有可能继续被犯罪所用的单位。

(二) 承受处分措施的物

10. 基于物品无所谓实施危害行为,并不直接符合保安处分的适用要件,从而对于物品是否可以作为保安处分的对象,不无疑问。事实上,各国立法对此也呈现为肯定与否定的两种做法,不过肯定者占多数。应当说,肯定财产保安处分的立法模式较具理论与实际意义。②

11. **承受处分措施的物**,是指保安处分措施所直接针对的、具有消除行为人社会危险性意义的具体的物。

12. **财产保安处分**的对象包括:(1) **犯罪物品**,是指被行为人用作犯罪的工具、手段、方法、措施等的物品。包括用于犯罪的物品与准备用于犯罪的物品、犯罪构成要素的物品与非犯罪构成要素的物品。(2) **犯罪所得**,是指行为人通过犯罪所直接或间接获得的经济收益或者财物。对于犯罪物品与犯罪所得,均予没收。(3) **善行保证金**,是指要求行为人提供一定数额的金钱,作为其不实施犯罪行为的担保,如果行为人一定期限内未实施犯罪,则保证金返还;如果行为人实施犯罪,则保证金没收。

二、保安处分的具体种类

(一) 剥夺自由的保安处分

13. **治疗监护处分**:又称疗护处分、治疗处分、监护处分、收容于精神病院、收容于治疗机构,是指刑法规定的,对于无责任能力或者限制责任能力的精神障碍人、限制责任能力的聋哑人,基于其实施了严重危害社会的行为,并且有继续实施此类行为的社会危险,从而有必要予以人道的、特殊的处遇,法院宣告将其收容于具有治疗与监护机能的司法精神病院,经过一定的期限,促使其精神健康得以改善,藉以实现预防犯罪与保护社会目的的剥夺自由的保安处分。

14. **强制禁戒处分**:又称矫正处分、禁戒处分、禁绝处分、收容矫正处分,是指刑法规定,对于酒精瘾癖、毒品瘾癖等人员,基于其在瘾癖直接或间接的作用下实施了

---

① 详见张小虎:《刑罚论的比较与建构(下卷)》,群众出版社 2010 年版,第 982 页。
② 详见同上书,第 985 页。

严重危害社会的行为,并有在瘾癖的作用下继续实施危害行为的社会危险,从而有可能也有必要予以人道的、特殊的处遇,法院宣告将其收容于具有医疗与禁绝机能的司法禁戒机构,经过一定期限,促使其不良瘾癖得以矫正,藉以实现预防犯罪与保护社会目的的剥夺自由的保安处分。

15. **强制治疗处分**:是指刑法规定,对于严重传染病患者,基于其实施了与所患传染病密切相关犯罪行为,同时其有将所患传染病继续传播的社会危险,从而需要将其置于特定场所予以监禁并医疗、矫正,法院宣告将其收容于具有医疗与隔离机能的治疗机构,经过一定期限,促使其病患得以痊愈,藉以实现预防犯罪与保护社会目的的剥夺自由的保安处分。

16. **强制工作处分**,又称劳作处分、移交劳役场、遣送习艺所等,是指刑法规定,对于流浪懒惰成习者,基于其实施了危害社会的行为而受轻刑处置,同时其不良的品行表现出其具有继续危害社会的危险,从而需要予以特别矫治,法院宣告将其收容于具有劳动改造与教育辅导机能的特定的劳役或习艺场所,经过一定期限,促使其不良恶习得以改善与矫正,藉以实现预防犯罪与保护社会目的的剥夺自由的保安处分。

17. **保安监禁处分**,又称预防监禁处分、保安拘禁处分、保安监置处分,是指刑法规定,对于特殊危险人员,基于其实施了危害社会的行为而受到刑罚处置,同时其不良的品行表现出其具有继续危害社会的危险,从而需要予以特别隔离与矫正,法院宣告将其收容于具有特定监禁与改善机能的场所,经过一定期限,断绝其继续危害社会的可能,改正其不良个性,藉以实现预防犯罪与保护社会目的的剥夺自由的保安处分。

18. **感化教育处分**,又称收容于司法感化院、少年保护处分,是指刑法(或少年法)规定的,对于犯罪少年、触法少年、或者虞犯少年,基于其不良人格的社会危险特征,从而有必要予以人道的、特殊的处遇,法院宣告将其收容于具有教育感化机能的场所,经过一定的期限,促使其不良的个性得以矫正,藉以实现预防犯罪与保护社会目的的剥夺自由的保安处分。

(二) 限制自由的保安处分

19. **保护观察处分**,又称保护管束处分、行为监督处分,是指刑法规定的,对于受到刑罚处罚的人员、已受或者应受保安处分的人员、或者缓刑人员、假释人员,基于这些人员仍具有一定的社会危险性,从而有必要对之予以一定的保护与管束,法院宣告由警察机构、民间团体或其他适当人员基于社会力量给予受处分者适当的指导与援助,经过一定的期限,使其个性与身心得以改善,藉以实现预防犯罪与保护社会目的的限制自由的保安处分。

20. **更生保护处分**,又称免囚保护处分、司法保护处分、紧急更生保护,是指刑法(特别刑法)规定的,对于刑罚或处分执行完毕或宣告终结的人员、或者被免予处罚人员、受到暂缓起诉人员,基于其在有关刑事处遇之后重返正常社会的适应断层,从而需要在社会生活方面予以特别保护,由此作出保护决定,对之施以一系列的保护措施,藉以实现预防犯罪与保护社会目的的促进性的保安处分措施。

21. **限制居住处分**,又称限制居住自由,是指刑法规定的,对于政治性犯罪或者区域性犯罪,基于这些犯罪的犯罪人与特定区域密切相关的社会危险特征,从而有必要对之予以居住区域的限制,法院宣告限制其居住场所,经过一定的期限,藉以实现预防犯罪与保护社会目的的限制自由的保安处分。

22. 驱逐出境处分,又称放逐国外、追放国外、驱逐处分,是指刑法规定的,对于实施了犯罪行为的外国人,在刑罚执行完毕或赦免后,基于其居留在本国将会继续危害本国国家和公民利益,从而禁止其继续居留于本国境内,而将其遣送回国或至其他国家或地区,藉以实现预防犯罪与保护社会目的的限制自由的保安处分措施。

23. 禁止出入特定场所,是指刑法规定的,对于瘾癖人员以及其他有关人员等,基于这些人员的危害社会行为与特定场所密切相关的社会危险特征,从而有必要对之予以出入场所的限制,法院宣告限制其出入可能引发其实施危害行为的特定场所,经过一定的期限,藉以实现预防犯罪与保护社会目的的限制自由的保安处分。

24. 剥夺驾驶许可处分,是指刑法规定的,对于违规驾驶机动车辆的人员,基于这些人员实施了与驾驶机动车辆有关的危害行为,并且如果继续驾驶机动车辆存在现实社会危险,从而有必要将其排除于机动车辆交通之外,法院宣告剥夺其驾驶许可,经过一定的期限,藉以实现预防犯罪与保护社会安全目的的限制自由的保安处分。

25. 禁止执业处分,又称剥夺营业权,是指刑法规定的,对于违规从事某种特定职业的人员,基于这些人员实施了与某种职业有关的危害行为,并且如果继续从事此项职业存在现实社会危险,从而有必要将其排除于特定职业之外,法院宣告剥夺其从事该项职业的权利,经过一定的期限,藉以实现预防犯罪与保护社会目的的限制自由的保安处分。

(三)财产保安处分

26. 善行保证处分,又称提供善行保证金,是指刑法规定的,对于已受或者应受保安处分的人员,基于这些人员仍具有一定的社会危险性,从而有必要对之予以一定的限制,法院宣告要求行为人提供一定数额的金钱,作为其不实施犯罪行为的担保,经过一定的期限,促使其行为得以改善,藉以实现预防犯罪与保护社会目的的限制自由的财产保安处分。

27. 没收处分,又称没收,是指刑法规定的,对于犯罪物品或者犯罪所得,基于这些物品与所得给予犯罪提供一定条件,具有一定的社会危险性,法院宣告对之予以收缴,藉以实现预防犯罪与保护社会目的的财产保安处分。

思考题

1. 各国对具体确定行为人社会危险性的立法模式有哪些?[①]
2. 各国对限制自由保安处分的立法状况是什么?[②]

---

① 详见张小虎:《刑罚论的比较与建构(下卷)》,群众出版社2010年版,第970—972页。
② 详见同上书,第1001—1015页。

第 79 节　保安处分的裁量、执行及消灭

一、保安处分的裁量

（一）处分的宣告机关

1. **法院依法宣告**：保安处分，作为一种刑事司法处置，原则上由国家审判机关，严格按照刑事程序，根据刑法的规定，予以裁判宣告。这也是保安处分与行政处分的原则区别之一。①

2. **专门委员会决定**：这属于较为特殊的情形，主要表现为以某种保安处分措施（如保护观察）为内容的假释的决定，可谓采纳了英美法系的传统做法，而大陆法系仍将假释的决定权归于法院。②

（二）宣告的具体阶段

3. **判决一并宣告**：保安处分，原则上由法院在刑事判决时，与刑罚一并予以宣告，或者在案件审理结束而不予刑罚处罚时宣告。

4. **先予裁定宣告**：在法院判决前的侦查、起诉或审理阶段，基于特殊紧急情况，为了有效地预防再犯与保护社会，经由检察机关提请，法院先予裁定宣告临时保安处分。主要针对精神障碍患者、瘾癖人员、未成年人、严重传染病患者等适用。

5. **执行过程宣告**：在刑罚或者保安处分执行过程中，基于假释等原因，经检察机关或执行机关提请，由法院裁定予以保护观察等处分；也可表现为保护观察等与其他保安处分措施的变更。

6. **执行完毕宣告**：在刑罚或者保安处分执行完毕时，基于受刑者或受处分者仍有一定的社会危险性或者难以自力适应大众社会，从而由法院予以宣告适用。较为典型的是保护观察处分、善行保证处分、更生保护处分。

（三）与刑罚等并用关系

7. **单独科处保安处分**：包括：基于责任能力问题行为不能成立犯罪，从而无从适用刑罚而单独适用保安处分；虽然行为成立犯罪，但是基于行为人的社会危险性的主导地位而仅宜适用保安处分。

8. **保安处分与刑罚并科**：包括：剥夺自由的保安处分与监禁刑同时适用；限制自由或财产保安处分与监禁刑同时适用。

9. **保安处分与保安处分并科**：包括：针对数行为，在各别行为可以适用不同种类保安处分的场合，对不同种类的保安处分予以并科；虽为一行为，但针对该行为可以适用一个为主的监禁性保安处分与附加的非监禁性保安处分。

10. **保安处分优先科处**：有的国家刑法，针对一定场合的情形，规定在选科保安处分与刑罚时，可以用保安处分代替刑罚，或者优先科处保安处分。

---

① 详见张小虎：《刑罚论的比较与建构（下卷）》，群众出版社 2010 年版，第 1019 页。
② 详见同上书，第 1020 页。

(四) 保安处分的缓刑

11. **保安处分的缓刑**,是指基于受处分者的行为表现、生活背景、社会危险性等因素,法院认为暂缓执行原判剥夺自由的保安处分,而予以限制自由的监督,足以达到所判剥夺自由保安处分目的的,由此规定一定的考验期,在考验期内受处分者并未再犯新罪、被发现有漏罪或者违反缓刑监督管理规定,原判处分就不再执行的制度。

12. 保安处分缓刑具有如下**特征**:(1) **针对剥夺自由处分**:保安处分的缓刑,通常旨在对于受处分者不予收容也能实现收容的目的,从而主要针对剥夺自由的保安处分适用。(2) **社会危险程度可行**:保安处分的缓刑,基于受处分者的行为表现、生活背景、社会危险性等因素,法院认为可行而适用。(3) **能够实现处分目的**:保安处分的缓刑,给予受处分者以限制自由的监督,应当足以达到所判剥夺自由保安处分的目的。(4) **其他限定条件**:有的国家或地区的刑法规定,对于较为严重的犯罪须有最低收容期,缓刑必须在此期间经过之后;也有国家或地区的刑法规定,在并科刑罚场合除非刑罚缓刑,否则判决时不得宣告处分缓刑。(5) **暂缓执行的具体情形**:通常,保安处分缓刑意味着在单科处分的场合对于所判处分暂缓执行,即单科处分暂缓;有时,刑罚与处分并科而先执行刑罚,在刑罚执行完毕时对于未执行的处分暂缓执行,即后续处分暂缓。(6) **处分缓刑考验期**:有的国家刑法将缓刑考验期依附于作为缓刑考验内容的保护观察处分的法定期限;有的国家刑法则以所处剥夺自由处分的法定期限来确定缓刑的考验期;也有的国家刑法对于缓刑的考验期予以专门的规定。(7) **处分缓刑考验内容**:有的国家刑法将缓刑考验内容统归于对于保护观察处分的具体规定之中;有的国家刑法对于缓刑考验内容予以专门的规定。就具体内容而言,缓刑考验主要表现为受处分者必须在专门的机构或人员的监督下,遵守法院依法对其命令的具有限制自由特征的有关指示。(8) **处分缓刑的撤销**:主要表现为被缓刑者在考验期内,再次实施应受刑罚处罚的行为,或者严重违法缓刑考验应当遵守的规定,或者被发现尚有应受处罚的行为未受判决,从而显示收容为不可免除,有必要撤销缓刑。①

二、保安处分的执行

(一) 执行机构

13. **监督指挥执行的机构**(执行指挥机构):通常是检察机构。

14. **具体负责实施执行的机构**(执行操作机构):根据处分措施的不同,包括具有治疗与监护机能的司法精神病院,具有治疗与禁绝机能的戒酒机构、戒毒机构,具有医疗与隔离机能的特殊治疗机构,劳役场或者习艺所,具有特定监禁与改善机能的场所、农垦区或劳动场、开放式或封闭式监狱,对于未成年对象可以是司法教养院、治疗机构、再教育中心、感化教育处所,对于限制自由的保安处分还包括警察机构、社会扶助机构等。

---

① 详见张小虎:《刑罚论的比较与建构(下卷)》,群众出版社 2010 年版,第 1023 页。

（二）执行顺序

15. 在保安处分与刑罚并科的场合，两者执行的先后关系，基于各国规定与处分措施的差异而有所不同：**（1）先执行处分后执行刑罚**。先执行处分，意味着受处分者需要先行治疗，或者体现了注重消除受处分者的社会危险性的理念。**（2）先执行刑罚后执行处分**。体现了承认刑罚的矫正改善机能与关注犯罪的刑罚报应的理念。**（3）处分与刑罚同时执行**。主要表现为财产刑与剥夺自由的保安处分并科，或者财产保安处分与刑罚并科的场合。**（4）两种处分同时执行**。主要表现为限制自由的保安处分与财产保安处分并科的场合。

（三）保安处分的变更

16. **保安处分的变更**，是指在保安处分的执行中，基于某种法定事实的出现，法院对原先判决宣告的保安处分予以调整。

17. **重向变更**，具体包括：**（1）处分类型的重向更换**，表现为原处限制自由的保安处分，基于执行过程中某种法定事实的出现，法院以新的剥夺自由的处分措施替代原先的处分，或者在原先处分的基础上再加科限制自由处分或财产处分。**（2）处分期限的延长**，是指判决宣告的保安处分期限虽然业已届满，但是基于受处分者的社会危险性尚存从而有必要的，法院依法增加原判保安处分的期限。

18. **轻向变更**：基于保安处分的不定期的特征，处分的期限，宣告时并不绝对确定，通常在一定的框架下波动，根据被处分者在执行中的具体情况而定。由此，保安处分的轻向变更，一般不具有纯粹的执行中的处分期限削减的意义，主要表现为：**（1）处分类型的轻向转变**，表现为针对特殊危险人员的剥夺自由的保安处分，根据刑法的规定，在该处分执行终结之时，承继以限制自由的保安处分。**（2）保安处分的假释**，是指剥夺自由的保安处分经过一定期间的执行，基于受处分者的行为表现、生活背景、社会危险性等因素，法院认为附条件予以释放而予以限制自由的监督，足以达到继续执行剥夺自由保安处分目的的，由此规定一定的考验期，在考验期内受处分者并未再犯新罪或者违反假释监督管理规定，原判剥夺自由处分的剩余部分视为执行完毕的制度。

三、保安处分的消灭

19. **保安处分的消灭**，是指法院所宣告的保安处分，基于特定事由的发生，而归于取消。

20. 保安处分消灭的核心问题是引起保安处分消灭的特定事由，对此主要包括如下情形：被处分者死亡或被处分物消除；处分执行完毕；处分缓刑考验期满而未有应当撤销缓刑的情形；在刑罚与保安处分同科并且刑罚先行执行的场合，基于刑罚的执行受处分者的社会危险性业已消除，法院依法取消保安处分的执行；执行时效完成；追诉时效完成；赦免；某些基于犯罪而适用的保安处分，由于犯罪的消灭。[①]

[①] 详见张小虎：《刑罚论的比较与建构（下卷）》，群众出版社 2010 年版，第 1034—1038 页。

> **思考题**
>
> 1、各国立法例所呈现的决定保安处分与刑罚并用关系的法定情形有哪些?①
> 2. 各国立法例所呈现的保安处分重向变更或轻向变更的法定事由有哪些?②

第80节 我国保安处分制度的建构

一、建构我国保安处分制度的必要性

1. 在我国旨在实现预防犯罪与保护社会之目的的处分措施,大量地设置为或者实质性地体现为相关的行政处罚措施③,这显然有违刑法乃至法理的基本理念。有关行政处罚措施,虽然类似保安处分,但是却与保安处分有着重大区别。保安处分坚持处分法定等原则,并在目的、前提、量定、性质、关系、内容等方面有其独特表现。④ 相比较而言,处罚措施与保安处分,虽在"侧重预防犯罪与保护社会的目的""具有矫治改善与监禁隔离的功效"等方面存在一定的类似,然而,两者在"适用基础的社会危险与客观危害""适用期限的不定期与定期""适用程序的法院适用与行政决定""保安处分关联刑罚而处罚措施相对独立"等方面则有着明显的区别。

2. 我国《刑法》并未规定保安处分制度,即使"禁止令""专门矫治教育""强制医疗"等措施在《刑法》中有所规定,但是其并不具有与刑罚并列的体系性的处罚地位(第60节A1段13)。

3. 我国《刑法》缺乏明确的、体系性的保安处分制度,这不能不说是一种观念的迟滞与制度的缺憾。在相对罪刑法定原则的前提下,将社会危险行为与保安处分纳入刑法,是当今刑法发展的趋势,符合现代社会的要求。这既是保安处分应对特定对象的需要,也是保安处分增强刑法机能的体现。⑤

4. 由于我国《刑法》社会危险行为与保安处分的缺席,从而致使某些基于人身危险性重大的主导因素而本应有质的差异处置的情形,被置于基准犯罪构成或者加重犯罪构成及其相应的法定刑的处置框架中。这种罪刑设置显然模糊了"行为之罪行性"与"行为人之危险性"的差异,从而缺乏理论根据。这种相对单一、僵硬的刑罚体系,也使得司法实践中在对人身危险性者的处置上,既有失人权保障(以行政处置取代司法处置,不足以保障人权),又不利社会保护(缺乏明确统一的司法依据,导致实际处置难以恰如其分)。

---

① 详见张小虎:《刑罚论的比较与建构(下卷)》,群众出版社2010年版,第1022—1023页。
② 详见同上书,第1030—1034页。
③ 详见同上书,第1042、1056—1072页。
④ 详见同上书,第953—961、948—950页。
⑤ 详见同上书,第1072页。

5. 因此,刑事处置应以双轨展开:"以刑罚抗制犯罪"及"以保安处分抗制危险行为"。应当将保安处分统一规范至我国《刑法》中,突破目前的"犯罪与刑罚"单轨格局,形成刑罚与保安处分的刑事处置二元结构。①

二、我国保安处分一般制度的建构

6. 就总体而言,建构我国保安处分,应当坚持保安处分的基本原则并凸显保安处分的基本特征,确立合理的立法技术与制度模式、处分措施的体系框架以及保安处分的运作制度等。**(1)立法技术与制度模式**:注重立法的明确严谨,处分统一纳入刑法典,采纳处分与刑罚的双轨模式。**(2)处分措施的体系框架**:对物处分纳入处分体系,剥夺资格归入刑罚体系,建构合理的处分体系框架。**(3)保安处分的运作制度**:确立处分的执行审查、免除与延长,处分的缓刑与假释,保安处分的消灭等制度。②

三、我国保安处分具体措施的建构

7. 就具体而言,建构我国保安处分,对于各项保安处分措施,也应本着坚持处分的基本原则与应有特征,结合我国的社会实际,依循处分的总体框架,予以严谨清晰的规定。具体地说,这些处分措施包括:**(1)监禁性保安处分**:分为治疗监护处分、强制禁戒处分、强制治疗处分、强制工作处分、保安监禁处分、感化教育处分。**(2)非监禁性保安处分**:分为保护观察处分、更生保护处分。**(3)财产保安处分**:分为保安没收处分、善行保证处分。③

如何建构我国保安处分的一般制度及具体措施?

---

① 详见张小虎:《论我国保安处分制度的建构》,载《政治与法律》2010年第10期。
② 详见张小虎:《刑罚论的比较与建构(下卷)》,群众出版社2010年版,第1074—1078页。
③ 详见同上书,第1078—1090页。

第 22 章 犯罪其他处置

第 81 节 刑事特别处置(涉罪赔偿及非刑措施)

一、刑事处置内涵与外延

1. **刑事处置**,是指由人民法院按照刑事司法程序依据刑法,对于犯罪分子或者社会危险行为者所适用的,剥夺或者限制其生命、自由、财产、资格等权益的法定处理方法。

2. **狭义的刑事处置**,主要指刑罚与保安处分。

3. **广义的刑事处置**,除了刑罚与保安处分以外,还包括基于行为人的犯罪行为、由人民法院直接适用或者间接适用的其他法定处理方法,具体包括:(1)**附带民事赔偿**,是指判处赔偿经济损失与责令赔偿损失。(2)**附带行政制裁**,是指司法建议由主管部门予以行政处罚或者行政处分。(3)**特别教育谴责**,是指予以训诫、责令具结悔过、责令赔礼道歉。

4. 就广义的刑事处置而言,附带民事赔偿、司法行政制裁,虽然形式上具有民事赔偿、行政制裁的内容,但是其由刑法规定,经由司法程序,由人民法院适用,以犯罪为前提,从而实质上具有刑事处置的性质,系犯罪的法律后果之一。

5. **刑事处置与刑事制裁**:刑事处置强调的是处罚犯罪的法定处理方法,具体以刑种为主要特征,包括刑罚、保安处分、刑事特别处置。而刑事制裁是一个更为广泛的概念,可以表现为刑事处置种类(如刑罚种类等)与刑事执行措施(如缓刑等),包括刑事惩罚的整个过程的体现。

二、刑事特别处置的概念

6. **刑事特别处置**,即我国刑法理论通称的非刑罚处理方法,是指基于行为人的犯罪行为,由人民法院直接适用或者间接适用的,刑罚以外的法定处理方法①。包括:判处赔偿经济损失(涉罪赔偿)、训诫、责令具结悔过、责令赔礼道歉、责令赔偿损失、司法建议行政制裁(非刑措施)。

7. 对于刑事特别处置,我国《刑法》将之**附载**于"刑罚的种类"②,以第36、37条作了明确规定。在立法形态上,第37条之一禁止执业也呈现为一种刑事特别处置;不

---

① 刑事特别处置也非保安处分(本节段3)。
② 这种附载立法模式:A. 既不利于呈现刑法的明确性,例如,第36、37条将刑事特别处置附载于"刑罚的种类",将第37条之一禁止执业附载于刑事特别处置;B. 也使有关规定本末倒置,例如,第38条第2款与第72条第2款将禁止令附载于管制与缓刑的适用,然而,禁止令本应属于一种独立保安处分措施。综合 A 和 B,我国《刑法》的内在逻辑也受到蚕食。

过，在实质内容及适用特征上，禁止执业更有附加刑的某些特征，而有别于刑事特别处置（第61节F段3）。这里主要讨论我国《刑法》第36、37条的规定。

三、刑事特别处置的特征

8. **犯罪前提**：刑事特别处置的适用，以行为人的行为构成犯罪为前提。"涉罪赔偿"的适用前提是"由于犯罪行为而使被害人遭受经济损失的"（《刑法》第36条）；"非刑措施"的适用前提是"对于犯罪情节轻微不需要判处刑罚的"（《刑法》第37条）。

9. **人民法院适用**：刑事特别处置由人民法院依法判决宣告，包括直接适用（人民法院判处赔偿经济损失、责令赔偿损失、训诫、责令具结悔过、责令赔礼道歉）与间接适用（人民法院向有关主管部门提出行政制裁的司法建议）。

10. **刑事特别处置**：刑事特别处置仅是一种刑事司法处置的特别方法。其既非刑罚方法，也非保安处分措施（本节段13）。刑事特别处置由人民法院适用，以犯罪为前提，系犯罪的一种法律后果。

11. **刑事法定方法**：刑事特别处置属于刑法的范畴。其适用条件、适用对象、适用主体、具体类型等，均由《刑法》予以规定；而犯罪的前提及其法律后果的逻辑结构，表现出其刑法规范的逻辑结构的特征（第10节段9）。

四、刑事特别处置的法律性质

12. 对于刑事特别处置的法律性质，我国刑法理论存在"刑事责任方式""刑罚替代措施""行政制裁措施"等不同见解。① 应当明确，这里所讲的"刑事特别处置"（《刑法》第36、37条）有其独特的处罚地位，是一种特别的刑事处置方法。

13. **并非保安处分**：(1) **适用对象**：刑事特别处置针对犯罪适用，保安处分针对社会危险行为适用。(2) **适用目的**：刑事特别处置的适用以报应为基底兼顾预防，保安处分的目的直接指向预防犯罪与保护社会。(3) **措施内容**：刑事特别处置是指"涉罪赔偿"及"非刑措施"（本节段6），保安处分措施系限制自由或剥夺自由及没收等措施（第78节段13—27）。

14. **并非单纯的行政制裁与民事赔偿**：(1) **适用对象**：刑事特别处置适用于犯罪分子，行政制裁、民事赔偿适用于行政违法人员或民事侵权人员；(2) **法律依据**：刑事特别处置的法律依据在于刑法，行政制裁与民事赔偿的法律依据分别在于行政法律与民事法律等。(3) **法律性质**：刑事特别处置属于广义的刑事处置的框架，是应对犯罪的一种特别方法，行政制裁与民事赔偿分别属于行政处置与民事处置的框架。

五、刑事特别处置的具体类型

（一）涉罪赔偿：判处赔偿经济损失与责令赔偿损失

15. **判处赔偿经济损失**，是指人民法院在判处犯罪分子刑罚的同时，基于犯罪行

---

① 详见张小虎：《刑罚论的比较与建构（下卷）》，群众出版社2010年版，第1098页。

为对被害人所造成的经济损失,判处犯罪分子给予被害人相应的经济赔偿(《刑法》第 36 条)。

16. **责令赔偿损失**,是指人民法院对于犯罪情节轻微的犯罪分子免予刑罚,同时基于犯罪行为对被害人所造成的损失,责令犯罪分子给予被害人相应的赔偿(《刑法》第 37 条)。

17. "涉罪赔偿"具有如下特点:(1)**适用的主体与对象**:由人民法院适用于犯罪分子。(2)**适用前提**:犯罪行为致使被害人遭受经济损失。(3)**法律依据**:《刑法》规定,当然在具体赔偿问题上需要遵循相关的民事法律。(4)**赔偿去向**:经济赔偿归属被害人所有。

18. 判处赔偿经济损失与责令赔偿损失的主要区别在于,判处赔偿经济损失对犯罪分子既适用刑罚也判处经济赔偿;而责令赔偿损失对犯罪分子免予刑罚,但是判处经济赔偿。

(二) 非刑措施:司法建议行政制裁及训诫、责令具结悔过、责令赔礼道歉

19. **司法建议行政制裁**,是指人民法院对于犯罪情节轻微的犯罪分子免予刑罚,同时基于犯罪行为认为有必要给予行政制裁的,向有关主管部门提出司法建议,由主管部门给予犯罪分子行政处罚或者行政处分。(1)**行政处罚**,是指特定行政机关在其职能管理中,依据人民法院司法建议与行政法律法规,对于犯罪行为轻微而免予刑罚的犯罪分子,所给予的限制或剥夺其自由、财产、名誉等权益的行政制裁。如罚款、行政拘留等。(2)**行政处分**,是指国家机关、企事业单位、社会团体等在内部管理中,依据人民法院司法建议与行政部门规章纪律,对于犯罪行为轻微而免予刑罚的犯罪分子,所给予的剥夺其资格等权益的行政制裁。如开除、记过、警告等。

20. 行政处罚与行政处分并不排斥,针对同一行为可以同时适用行政处罚与行政处分,人民法院也可以针对同一行为同时提出行政处罚与行政处分的司法建议。

21. **训诫**,是指人民法院对于犯罪情节轻微的犯罪分子免予刑罚,同时基于犯罪行为认为有必要给予教育儆戒的,当庭对犯罪分子予以批评与谴责,责令其改正,不得再犯。

22. **责令具结悔过**,是指人民法院对于犯罪情节轻微的犯罪分子免予刑罚,同时基于犯罪行为认为有必要给予教育儆戒的,责令犯罪分子写出保证书,检讨其犯罪原因,认识犯罪行为的社会危害性,决心悔改不再犯罪。

23. **责令赔礼道歉**,是指人民法院对于犯罪情节轻微的犯罪分子免予刑罚,同时基于犯罪行为认为有必要给予教育儆戒的,责令犯罪分子公开向被害人当面承认错误,表示歉意。

六、刑事特别处置的适用条件

(一)《刑法》第 36 条的适用条件

24. 判处赔偿经济损失应当同时具备两项条件:(1)**给予刑罚处罚**:行为人的行为构成犯罪,并且受到刑罚处罚。(2)**犯罪行为造成经济损失**:行为人的犯罪行为致

使被害人遭受经济损失。

25. 民事赔偿优先：根据《刑法》第36条第2款的规定：**(1) 罚金与民事赔偿**：犯罪分子同时被判处罚金与民事赔偿，在其财产不足以全部支付的时候，应当先承担民事赔偿责任；**(2) 没收财产与民事赔偿**：犯罪分子同时被判处没收财产与民事赔偿，应当先承担民事赔偿责任。

（二）《刑法》第37条的适用条件

26. 适用第37条应当同时具备两项条件：**(1) 免予刑罚处罚**：行为人的行为构成犯罪，但因犯罪情节轻微而未被处以刑罚。**(2) 需要给予刑事特别处置**：根据犯罪情节，仅予单纯的犯罪宣告并不足以实现惩戒与教育，需要对行为人予以适当形式的处理。

七、刑事特别处置的完善

27. 类似我国《刑法》的刑事特别处置，在国外刑法典中也有一定的表现。总体上，多数国家将赔偿损失作为量刑的重要情节，某些国家将谴责作为刑种予以规定。我国刑法理论对于《刑法》刑事特别处置的规定，褒贬不一。反思我国《刑法》第36、37条的规定，应当对我国现行的刑事特别处置，在体系设置与具体内容上予以系统调整。具体包括：将刑事特别处置从"刑罚的种类"一节中单列出来，独立作为一章，与刑罚和保安处分并列；刑事特别处置的立法与适用，以必要为原则；明确规定刑事特别处置的种类与具体性质；明确规定各种刑事特别处置的适用主体、适用对象、适用条件、具体内容等。①

> 思考题

1. 规定刑事特别处置的价值根据是什么？
2. 刑事特别处置与刑罚及保安处分的关系是什么？

第82节　刑事特别司法（刑事和解）

1. 刑事特别司法，与传统刑事司法相对，基于变通的刑事程序，最大限度地实现刑事处置对于犯罪人、被害人以及社会稳定关系等的修复价值。由此，刑事特别司法具体表现为变通的刑事程序的形态，更具刑事程序的知识建构与比较的意义。不过，这种刑事特别司法的形式，奠基于修复性的刑事处置的价值理念，也会形成对于犯罪人刑罚减免与执行方式转换的实体效应。从这个意义上说，其也不失为刑罚替代措施的具体表现。刑事特别司法的典型适例可谓刑事和解。

---

① 关于类似我国《刑法》上刑事特别处置的国外立法状况及我国《刑法》刑事特别处置的立法完善，其具体阐释详见张小虎：《刑罚论的比较与建构（下卷）》，群众出版社2010年版，第1103—1109页。

一、刑事和解的概念

2. 刑法理论对于刑事和解概念有着不同视角的界说。应当注意,刑事和解并非只是采取和解的方式解决刑事案件,而是拥有特定的价值理念与形式要件的刑事处置类型之一。

3. **刑事和解**(victim-offender mediation),又称被害人与犯罪人调解,是指基于修复性司法的基本理念,对于符合法定条件的犯罪采取变通的刑事司法程序,促成犯罪人、被害人以及社会关系得以最大限度地修复,并且由此减免犯罪人刑罚的一种有别于传统的刑事处置方式。

二、刑事和解的特征

4. **修复理念**:刑事和解以修复理念为价值基础。与报应或预防的价值取向不同,修复理念固然不以报应为本位,同时也不看重预防,甚至不以矫正为核心,而是强调补偿、复归与重塑。加害人反省自己的罪行并主动承担责任及平稳回归社会;被害人得到物质补偿与精神抚慰;社会秩序及合理的行为准则重新获得确认。[①]

5. **特别司法**:刑事和解以变通的刑事程序为表现形式。具体表现为由警察、检察官、法官、社区志愿者等居中主持,加害人与被害人直接面对面地进行商谈,这一过程虽不纳入正规的诉讼程序,但其结果将由司法机关认可并影响案件的处理。刑事和解并非犯罪案件的私了,其淡化了国家的角色,彰显了被害人地位并给予犯罪人主动性。

6. **刑罚减免**:刑事和解以减免犯罪人的刑罚为实体效果。修复的理念促使对犯罪人的处置尽可能采取与社区紧密联系的方式,从而社区服务的处罚与社区矫正的执行得以推崇;在刑事和解中犯罪人所表现出的悔罪态度及对被害人的赔偿,系法定的从宽处罚的依据;这种从宽处罚在实质上也奠基于犯罪的主客观危害性的缩小。[②]

三、刑事和解与相关概念

7. **刑事和解与免除处罚**:刑事和解的最终结果也有可能出现免除刑罚的情形。不过,刑事和解是基于修复理念的一种特别司法方式,由此彰显的是其修复的思想与互动的处理方式,而免除处罚的前提在于相应的犯罪情节;就处罚结果而言,在刑事和解的场合免除处罚只是基于成功的刑事和解而可能出现的一种情形,有时虽有刑事和解的存在但未必就是免除处罚。

8. **刑事和解与量刑情节**:刑事和解中犯罪人的悔罪态度与赔偿表现,也可视作

---

① 详见张小虎:《刑罚论的比较与建构(下卷)》,群众出版社 2010 年版,第 1110 页。
② 详见同上书,第 1111 页。

一种对犯罪人予以从宽处罚的量刑情节。不过,刑事和解以其修复理念与特别司法见长,和解中的犯罪人的态度与表现及其对于量刑的意义,只是刑事和解中的事实表现及其法律价值之一,而且对于量刑的最终效果仍然依赖具体和解的事实表现。

9. 刑事和解与修复性司法:修复性司法(restorative justice),是指基于促成犯罪人、被害人以及社会关系得以最大限度修复的宗旨,对于符合法定条件的犯罪采取变通的、互动开放的程序的处理方式。刑事和解与修复性司法如出一辙,只是两者在表述上各有不同的侧重。刑事和解展示处理的形式表现,加害人与被害人在调停人主持下的互动与对刑事纠纷的直接商洽、和解协议的形成;修复性司法彰显处理的价值宗旨,加害人在反省罪行承担责任基础上的回归社会,被害人得到应有的物质补偿与精神抚慰,社会关系重新获得确认与肯定。

四、国外有关刑事和解的立法

10. 20世纪60、70年代,基于对刑事处置报应性司法的反思以及对恢复性司法的期待,美国、加拿大的刑事司法实践中出现了较为典型的做法,即由教会组织、缓刑部门等主持,促成加害人与被害人直面沟通而形成和解计划,此和解计划亦获得司法机关认可并且对于犯罪人的实体处置产生影响。这是现代意义上的刑事和解较早的表现形态。其后,这种刑事司法模式由北美到欧洲不断扩展,甚至"目前在欧洲比在北美发展更快"①。如今,刑事和解在一些国家的刑事法律上有所规定,总体上其属于刑事诉讼之外的非讼活动,而其处理结果却成为刑事程序的启动、案件审理的刑罚裁量的轻重或者刑罚执行的方式的法定事项。

11. 具体地说,各国对刑事和解的场合、效果、内容等的规定,又各有不同的特点,具体包括:(1)针对刑法所规定的轻重各种犯罪,将犯罪人在刑事和解中的良好表现,作为减轻刑罚或者免除刑罚的量刑情节。如《德国刑法典》第46条a。(2)针对初犯所实施的轻罪和中等严重犯罪,将犯罪人与被害人和解并且补偿被害人损害,作为免除刑事责任的法定事由。如《俄罗斯刑法典》第76条。(3)针对各种犯罪,将犯罪人与被害人和解并且补偿被害人损害,作为检察机关不予立案、法院免除刑罚或者推迟刑罚宣告的法定事由。如《法国刑诉法典》第41条第8款。(4)针对各种犯罪,将犯罪人与被害人和解并且消除犯罪结果努力,作为在量刑中减轻处罚的法定事由。如《芬兰刑法典》第6章第6条。

12. 我国《刑事诉讼法》设专章,以特别程序对"当事人和解的公诉案件程序"作了具体规定,内容包括:(1)适用范围主要是法定类型的轻罪或过失犯且非5年内故意再犯;(2)由司法机关对和解的自愿性与合法性审查并主持制作协议书;(3)达成和解可以从宽处理,其中犯罪情节轻微的可以不起诉。

13. 我国的刑事和解是在一定范围与程度上展开的。至于我国目前应否全面建

---

① 〔美〕博西格诺等:《法律之门》,邓子滨译,华夏出版社2002年版,第659页。

立与推行刑事和解制度,这涉及我国目前所处的社会发展阶段,包括现实的法治理念水准、执法状况、社区建设、刑事法律制度体系等因素的影响与制约。不过,刑事和解的确反映了相对柔和的价值理念与较为灵活的制度措施,在一定场合有利于社会稳定与提高刑事司法效益,从而可以在较为明确的制度框架下、限于一定的条件与范围而展开。

思考题

1. 刑事和解制度与刑事政策的关系是什么?
2. 对刑事和解的范围是否应予限定?如何限定?

第 8 编 各罪罪刑

第 23 章 各罪基础知识

第 83 节 总则与分则

一、总则与分则的主导内容

1. 具体罪刑驻扎于分则框架而又都要遵循总则规范,由此具体罪刑首先涉及总则与分则的内容特征。

(一) 总则内容

2. 总则内容是对涉及罪刑全局问题或者具体罪刑共性问题的规定,从而可谓罪刑的普通规范,具体包括:**罪刑通则**,诸如刑法基本原则、适用范围、刑法用语,刑法任务、制定根据等;**犯罪通则**,诸如责任能力、责任形式、行为结果、违法阻却等犯罪构成一般要素,未遂中止、共同犯罪、一罪数罪等特殊犯罪形态;**处刑通则**,诸如刑罚体系与具体方法、量刑原则与具体制度、刑罚执行与消灭制度等。

(二) 分则内容

3. 分则内容是对具体犯罪及其相应处刑的规定,其反映罪刑的触角点位与具体个性。**作为触角点位**,分则的具体罪刑的设置划定了刑法典的罪刑范围与程度,也即刑法典共有多少罪名以及各个罪名具体构成与相应处罚;**作为具体个性**,分则的具体罪刑所规定的只是各个具体犯罪与相应处罚的独特方面,而其共性问题则由总则统一予以概括规定。从这个意义上说,分则是罪刑的住所与具体表现。

二、总则与分则的关系

4. 总则与分则各有侧重,而两者又贯穿统一,呈现一般与特殊、抽象与具体的关系。

(一) 总则指导分则

5. **观念指导**:刑法典有其思想灵魂(罪刑实体的价值理念),其由整个刑法规范体系予以体现。**总则**通过罪刑通则的规定直接展示刑法典的思想灵魂。诸如,刑法基本原则等条文直接呈现刑法典的谦抑精神与人权保障价值,量刑原则与制度的一般规定具体展示刑法典在客观主义与主观主义上的取舍或倾向。**分则**通过具体罪刑的设置具体反映刑法典的思想灵魂。例如,罪名范围的严密与粗疏、罪状表述的明确与否、法定刑幅度的大小及其轻重,等等,也均是刑法典的客观主义与主观主义以及报应刑主义与目的刑主义的体现。

6. **制度指导**:总则与分则也均是有关罪刑实体的制度形态的规定。**总则**规定的内容以涉及罪刑全局与共性内容为特征,并且有关罪刑的一些基本制度也均由总则规定。涉及全局内容的总则规定,诸如刑法基本原则、适用范围等;涉及共性内容的总则规定,诸如犯罪构成的一般要件要素、特殊犯罪形态等;罪刑基本制度的总则规定,诸如量刑制度、刑罚执行制度等。**分则**规定的内容既非针对罪刑全局,也非涉及罪刑共性与基本制度,而是各个具体犯罪的特殊构成与相应处罚。由此,分则内容宏观涉及刑法典所有具体犯罪及其相应法定刑的覆盖,微观针对每一具体犯罪的轻重不同层次罪状形态及其相应的法定刑幅度。

7. **统一性**:无论是价值精神还是制度形态,一部刑法典的总则与分则均是统一贯穿的。**不过**,基于总则与分则在内容侧重上的差异,从而总则具有全面统辖的意义,而分则具有具体体现的特征,总则规范系属普通规范而分则规范则为特别规范,由此可以说,在对某一事项分则并无特别规定的场合,总则的规定对于分则的罪刑均应适用(《刑法》第101条)。**然而**,从罪刑的完整表述来看,总则与分则缺一不可。也即某一具体犯罪的构成与处置,既要适用总则规范也要适用分则规范。由此,分则成为具体罪刑的住所,而总则则由本属具体罪刑的有关内容予以抽象而构成,进而分则的具体罪刑也为总则内容奠定着基础。

(二) 各自内部的普通与特殊

8. 总则的普通规范与分则的特别规范,是在总则与分则的相对意义上说的,但是这并不排除在总则规范中,基于某种一般与特殊的相对意义,仍可存有普通规范与特别规范之别。例如,我国《刑法》第99条与第69条均为总则条文,其中第99条是有关"以上""以下""以内"具体含义的规定,第69条第1款是数罪并罚限制加重的规定。就"以上"与"以下"的含义而言,第99条的规定系针对刑法一般场合的普通规范,而第69条的规定则是针对数罪并罚限制加重的特别规范。**同样**,在分则规范中,基于一般与特殊的相对意义,同样存在普通规范与特别规范之别。例如,我国《刑法》第140条与第141条均为分则条文。相对而言,第140条针对生产销售伪劣产品的一般情形,从而其规定系普通规范,而第141条针对生产销售假药的特定情形,从而其规定可谓特别规范。

(三) 分则特别规定优于总则普通规定

9. 总则是分则的指导,总则条文对于分则条文具有普遍适用的意义。但是,分则条文又有特别规定的意义,从而在总则条文与分则条文的规定出现竞合的场合,分则条文优先适用。例如,根据我国《刑法》总则第67条第1款的规定,"自首"一般只是"从轻或者减轻处罚",只有"犯罪较轻的"方可"免除处罚"。而分则第390条第2款规定,行贿人只要具有自首性质的行为,一般即可"减轻处罚或者免除处罚"。在此,分则条文与总则条文并不冲突,并且优先适用。

（四）分则制度补充总则制度

10. 有关罪刑的基本制度主要存在于总则，而具体罪刑的特殊内容主要依存于分则，这也是基于总体情形而言的，并不排除在某些场合，分则条文中也有属于罪刑制度的内容。例如，我国《刑法》分则第 449 条有关战时缓刑的规定，尽管系特别缓刑，却不失缓刑制度的一个侧面。分则第 383 条第 4 款的规定，针对被判死缓而减为无期徒刑的贪污罪与受贿罪，确立了终身监禁制度。

在犯罪论体系中，总则规定与分则规定的理论意义各是什么？

第 84 节　分则罪名的体系结构

1. **分则有其自身的逻辑结构**。这种逻辑结构，在宏观层面上，表现为分则罪名的体系结构，即类罪的划分及具体犯罪的归类、类罪及具体犯罪的排列；在微观层面上，表现为分则条文的逻辑结构，即各个具体犯罪的罪名、罪状、法定刑。

2. 各国刑法典在具体犯罪的分类与排列上，通常根据犯罪侵害法益类型的不同而具体展开，诸如侵害国家法益的犯罪、侵害个人法益的犯罪、侵害公共法益的犯罪。然而，各国的法律文化、历史传统、政治经济状况等有所不同，折射到分则罪名的体系结构上，不同国家的类罪划分与排列模式也有所差异。我国《刑法》分则将犯罪分为 10 类（第 9 节段 5）。

一、类罪划分及具体犯罪归类

3. **章与节的设置**：我国《刑法》分则各章及章下各节的犯罪设置，以犯罪所侵害的法益类型为标志（第 9 节段 5、6；第 22 节段 3）。

4. **具体犯罪的归类**：我国《刑法》分则具体犯罪进入各章的根据，是该具体犯罪所侵害的具体法益的类属。对此又分为两种情况：**（1）被侵具体法益为单一法益**，径行根据该法益的具体类属进行犯罪类型的归类。如遗弃罪归入第四章侵犯公民权利犯罪（第 22 节段 5）。**（2）被侵具体犯罪系复合法益**，则根据主要法益的具体类属进行犯罪类型的归类。如抢劫罪归入第五章侵犯财产犯罪（第 22 节段 6）。

二、类罪及具体犯罪的排列

5. **类罪的排列**：我国《刑法》类罪的排列，主要依循犯罪的社会危害程度由重到轻，同时辅以立法技术。**（1）社会危害程度**：例如，危害国家安全的犯罪矛头直指国家安全，犯罪性质与危害极为严重，从而将之列为分则类罪之首。其后，危害公共安全犯罪、破坏经济秩序犯罪、侵犯公民权利犯罪、侵犯财产犯罪，也是按其类罪总体上的社会危害程度由高至低而排列。**（2）辅以立法技术**：我国《刑法》分则自第六章妨害社会管理秩序的犯罪起,具体章目排列的主要根据是立法技术的需要。易言之,立法者并非认为这些章所设置的犯罪在社会危害程度上就亚于前章的犯罪,之所以将其置后是因为其在侵害法益或者行为主体等方面具有一定的独特性。

6. **具体犯罪的排列**:我国《刑法》具体犯罪的排列,主要依循犯罪的社会危害程度由重到轻,同时兼顾犯罪之间的内在联系。**(1) 社会危害程度**:例如,在危害国家安全犯罪中,背叛国家罪、分裂国家罪等社会危害性最为严重,因而将之依次列为该类犯罪之首;在危害公共安全罪的类罪中,同样将社会危害性较为严重的一些具体罪,诸如放火罪、决水罪、爆炸罪、投放危险物质罪等,排列于前。**(2) 犯罪内在联系**:具体犯罪的排列在一定场合,也兼顾犯罪之间的内在联系。例如,将煽动分裂国家罪紧随分裂国家罪之后而置于武装叛乱、暴乱罪等之前,主要考虑的是煽动分裂国家罪与分裂国家罪之间在实行行为上存在提升与纯正的内在联系。将失火罪、过失决水罪、过失爆炸罪、过失投放危险物质罪紧随相应的故意犯罪之后,主要考虑的是此类过失犯罪与故意犯罪之间的内在联系。

> **思考题**
>
> 如何完善我国《刑法》分则的体系性设置?

第85节 分则条文的逻辑结构

1. 分则条文的基本逻辑,呈现罪名、罪状、法定刑的结构。

一、罪名

2. **罪名**是指犯罪的名称,包括:类罪名,即某类犯罪的名称;具体罪名,即某一具体犯罪的名称。通常意义上,所谓的罪名是指具体罪名,是对犯罪基准构成的本质特征的高度概括。

(一) 罪名的立法模式

3. **明示式**:是指刑法分则条文对罪名明确予以规定的方式。《法国刑法典》《日本刑法典》《德国刑法典》《意大利刑法典》等均采用这一罪名立法模式。明示式又可分为:A. 标题明示式:是指刑法分则条文采用标题的方式对罪名明确予以规定。例如,《德国刑法典》第249条以标题"(抢劫)"明示该条所规定的具体犯罪的罪名为"抢劫罪"。B. 定义明示式:是指刑法分则条文采用定义的方式对罪名明确予以规定。例如,我国《刑法》第385条第1款对"受贿罪"作了定义式的规定。

4. **暗含式**:是指刑法分则条文对罪名并不予以明确的规定,而是将其暗含于对罪状的表述中。我国《刑法》绝大多数条文对具体犯罪的规定均采用这一罪名立法模式。例如,《刑法》第121条是对"劫持航空器罪"的规定,在这一规定中,"劫持航空器罪"的罪名暗含于该法条对劫持航空器罪的罪状表述"以暴力、胁迫或者其他方法劫持航空器的……"之中。

(二) 罪名的种类

5. 立法罪名、司法罪名、学理罪名：这是按照罪名确定者的不同，对罪名所作的划分：**(1) 立法罪名**：是指最高立法机关(全国人大及其常委会)在刑法条文中所规定的罪名。例如，我国《刑法》第382条第1款在法条中明确表述了"贪污罪"的罪名。**(2) 司法罪名**：是指最高司法机关(最高人民法院、最高人民检察院)通过司法解释所确定的罪名。例如，2021年最高人民法院、最高人民检察院《关于执行〈中华人民共和国刑法〉确定罪名的补充规定(七)》。**(3) 学理罪名**：是指教学科研人员、宣传机构等，从学理上确定刑法条文所规定具体犯罪的罪名。

6. 单一罪名、选择罪名：这是按照罪名所包含构成要件内容之单复的不同，对罪名所作的划分：(1) **单一罪名**：是指罪名所包含的具体犯罪构成要件的内容，尤其是实行行为、行为对象等单一。例如，我国《刑法》第123条的暴力危及飞行安全罪、第133条的交通肇事罪等。(2) **选择罪名**：是指罪名所包含的具体犯罪构成要件的内容，尤其是实行行为、行为对象等复杂。其形态特征：A. 表现为实行行为上的并列待选。例如，我国《刑法》第215条的非法制造、销售非法制造的注册商标标识罪；B. 表现为行为对象上的并列待选。例如，我国《刑法》第130条的非法携带枪支、弹药、管制刀具、危险物品危及公共安全罪。C. 表现为实行行为与行为对象均有并列待选。例如，我国《刑法》第125条第1款的非法制造、买卖、运输、储存枪支、弹药、爆炸物罪。

7. 选择罪名、排列罪名：这是按照同一条文所列复杂罪名是否各具相对独立性质的不同，对罪名所作的划分：(1) **概念**：选择罪名已如上述。**排列罪名**，是指基于表述的简洁，将几个性质各不相同的具体犯罪规定在同一条文中的罪名类型。例如，我国《刑法》第114条将性质不同的放火罪、决水罪、爆炸罪、投放危险物质罪、以危险方法危害公共安全罪规定在同一法条中，第118条将性质不同的破坏电力设备罪、破坏易燃易爆设备罪规定在同一法条中。(2) **区别**：选择罪名不同于排列罪名，尽管两种罪名的具体构成均为复杂，但是选择罪名待选的行为或者对象等均属于同一性质的具体犯罪，行为人实施数个待选行为或者行为针对数个待选对象，仅成立一罪。与此不同，排列罪名的数个行为或者行为对象所构成之具体犯罪性质相异，而不属于同一性质的具体犯罪，行为人实施数个行为或者行为针对数个对象，成立数罪。

8. 确定罪名、不确定罪名：这是按照罪名是否随机确定的不同，对罪名所作的划分：(1) **确定罪名**：是指罪名相对明确肯定，而不受具体案件不同情况影响的罪名。我国现行《刑法》的罪名基本上均为确定罪名。(2) **不确定罪名**：是指罪名随具体案件的情况而定，案件具体情况不同，罪名不同。例如，我国1979年《刑法》第105条的表述"……以其他危险方法破坏工厂、矿场、油田、港口、河流、水源、仓库、住宅、森林、农场、谷场、牧场、重要管道、公共建筑物或者其他公私财产，危害公共安全，尚未造成严重后果……"构成"以其他危险方法危害公共安全罪"，在当时该罪名即为不确定罪名。具体表现为，倘若行为人以驾车冲撞人群的方法危害公安全的，则将罪名确定为"以驾车撞人的方法危害公共安全罪";倘若行为人采用私设电网的方法危害公安全的,则将罪名确定为"以私设电网的方法危害公共安全罪"。

二、罪状

9. **罪状**,是指刑法分则性条文对具体犯罪构成的事实特征的描述,是适用相应法定刑的前提条件。

(一) 罪状的立法模式

10. 根据刑法分则性条文对于罪状的描述方式的不同,可以将罪状分为简单罪状、叙明罪状、引证罪状、空白罪状。

11. **简单罪状**:是指刑法分则性条文对具体犯罪基准构成的事实特征,不作较详细的描述,只是简单地概括出犯罪名称的罪状。例如,我国《刑法》第 237 条第 3 款的表述"猥亵儿童的"。在此,该条文只是简单地概括了这一条款所规定的"猥亵儿童罪"的具体犯罪名称,而对该罪具体犯罪构成的事实特征未作详细的描述,因而属于简单罪状。

12. **叙明罪状**:是指刑法分则性条文对具体犯罪基准构成的事实特征,进行较为详细的描述,从而超出犯罪名称概括的罪状。例如,我国《刑法》第 109 条第 1 款的表述"国家机关工作人员在履行公务期间,擅离岗位,叛逃境外或者在境外叛逃的"。在此,该条文对这一条款所规定的"叛逃罪"的行为主体(国家机关工作人员)、行为情境(在履行公务期间)、行为方式(擅离岗位叛逃境外,或者擅离岗位在境外叛逃)等基准犯罪构成要件,作了较为详细的描述,从而已超出了对"叛逃罪"这一犯罪名称的概括,因此属于叙明罪状。

13. **引证罪状**:是指刑法分则性条文,援引同一法律中的其他条或款,来描述本条或本款所规定的具体犯罪基准构成的事实特征的罪状。引证罪状对其他条或款的援引,包括:**A. 本条以外的援引**,即援引同一法律中本条以外的其他条或款。例如,我国《刑法》第 107 条的表述"境内外机构、组织或者个人资助实施本章第 102 条、103 条、第 104 条、第 105 条规定之罪的"。在此,该条文援引本条(第 107 条)以外的第 102 条、第 103 条、第 104 条、第 105 条的规定,来描述本条(第 107 条)所规定的"资助危害国家安全犯罪活动罪"的基准犯罪构成的行为对象要素①,因而属于本条以外援引的引证罪状。**B. 本条以内的援引**,即援引同一法律中本条以内的其他款。例如,我国《刑法》第 124 条第 2 款的表述"过失犯前款罪的"。在此,该条文援引本条(第 124 条)第 1 款(破坏广播电视设施、公用电信设施罪)的规定,来描述本条的第 2 款所规定的"过失损坏广播电视设施、公用电信设施罪"的犯罪构成,因而属于本条以内援引的引证罪状。

14. **空白罪状**:是指刑法分则性条文,援引其他法律、法规,来描述本条文所规定

---

① 即有关组织或个人实施的《刑法》第 102 条背叛国家罪,第 103 条分裂国家罪、煽动分裂国家罪,第 104 条武装叛乱、暴乱罪,第 105 条颠覆国家政权罪、煽动颠覆国家政权罪。

的具体犯罪基准构成的事实特征的罪状。例如,我国《刑法》第128条第1款的表述"违反枪支管理规定,非法持有、私藏枪支、弹药的"。在此,该条文援引枪支管理规定①,来描述本条款(第128条第1款)所规定的"非法持有、私藏枪支、弹药罪"的犯罪构成,因而属于空白罪状。

15. **否定混合罪状**:也有论著提出了"混合罪状"的概念,即同时用两种或两种以上罪状的机制来描述某一犯罪的构成。对此,本书摒弃混合罪状的提法。因为,简单罪状、叙明罪状虽具有罪状的单一性,但引证罪状、空白罪状却未必就具有罪状的单一性。倘若按照"混合罪状"的概念,则引证罪状与空白罪状均为混合罪状,进而也就无所谓引证罪状与空白罪状了。②

(二) 罪状的类型

16. 根据罪状所描述的具体犯罪构成事实特征的罪行轻重的不同,罪状分为基准罪状与加重罪状或者减轻罪状。罪状是定罪处刑的重要基础。其中,基准罪状决定着具体犯罪的定性与基准法定刑的适用,罪名是基准罪状的高度浓缩;加重或减轻的罪状决定着加重或减轻的法定刑的适用。

17. **基准罪状**:是指刑法分则性条文对具体犯罪基准犯罪构成的事实特征的描述;基准罪状,对应于具体犯罪的基准的法定刑。例如,我国《刑法》第263条前段的表述"以暴力、胁迫或者……的",即为抢劫罪的基准罪状。基准罪状可谓具体犯罪罪行轻重及其相应法定刑轻重的基准(典型构成,基准罪行,基准性危害);并且,基准罪状通常是确定具体罪刑之法条的最前一段的表述(第1款或第1款的前段,立法首先表明标准与典型)。例如,《刑法》第232条前段的表述,系故意杀人罪的基准罪状,这一罪状及其相应的法定刑,是故意杀人罪减轻之罪行及其相应之减轻处刑的基准。又如,绑架罪之基准罪状的法定刑大大重于抢劫罪之基准罪状的法定刑,表明绑架罪之基准罪行与处刑大大重于抢劫罪之基准罪行与处刑,这与该两罪的立法呈现也相吻合。绑架罪位于侵犯人身权利的第四章,而抢劫罪则位于其后的侵犯财产权利的第五章。说明立法者更为关注绑架罪对于公民人身权利的侵犯,相应地在具体犯罪序列中也将之置于比抢劫罪更重的位置。

18. **加重罪状**:是指刑法分则性条文对具体犯罪加重犯罪构成的事实特征的描述;加重罪状对应于具体犯罪的加重的法定刑。例如,我国《刑法》第263条后段的表述"有下列情形之一的……",即为抢劫罪的加重罪状。

19. **减轻罪状**:是指刑法分则性条文对具体犯罪减轻犯罪构成的事实特征的描述;减轻罪状对应于具体犯罪的减轻的法定刑。例如,我国《刑法》第232条后段的表述(故意杀人)"情节较轻的……",即为故意杀人罪的减轻罪状。

---

① 即我国《枪支管理法》。
② 详见张小虎:《刑法的基本观念》,北京大学出版社2004年版,第46页。

三、法定刑

(一) 法定刑的概念

20. **法定刑**,是指刑法分则性条文所规定的与具体犯罪的罪状相应的刑罚种类与刑罚幅度。易言之,法定刑系属立法上的作为具体罪状之法律后果的处刑种类与幅度。**(1) 刑罚种类**:简称**刑种**,学理上通常将刑种分为生命刑、身体刑、自由刑、财产刑、资格刑。立法上,各国刑法典所规定的刑种有所不同。我国《刑法》第32—35条对刑罚种类作了具体规定。由此,刑罚分为主刑和附加刑。其中,主刑包括管制、拘役、有期徒刑、无期徒刑、死刑;附加刑包括罚金、剥夺政治权利、没收财产。另外,驱逐出境作为一种特殊刑种,仅适用于犯罪的外国人,可以独立适用或者附加适用。**(2) 刑罚幅度**:简称**刑度**,我国《刑法》刑度的立法模式有两种:A. 同一刑种内的刑度:例如,我国《刑法》第233条前段针对过失致人死亡罪所规定的普通法定刑,这一法定刑的刑度"3年以上7年以下"即包容于有期徒刑这一刑种之内。B. 不同刑种间的刑度:例如,我国《刑法》第232条前段针对故意杀人罪所规定的规定普通法定刑,这一法定刑的刑度"死刑、无期徒刑或者10年以上有期徒刑",即跨越死刑、无期徒刑、有期徒刑三个刑种。

21. **法定刑不同于宣告刑、执行刑**:**法定刑**,是指立法机关,根据具体犯罪罪状的抽象社会危害程度,在刑法分则性条文中所设置的与具体罪状相应的刑种与刑度。**宣告刑**,是指各级审判机关,根据所审判的具体犯罪案件的事实、性质、情节和社会危害程度,依照刑法的规定,对犯罪分子所宣告的具体刑罚。**执行刑**,是指审判机关所确定的应予执行的刑罚。**(1) 法定刑与宣告刑的区别**:法定刑不同于宣告刑。A. 主体不同:法定刑由立法机关设置;宣告刑由审判机关确定。B. 依据不同:法定刑依具体犯罪罪状的抽象社会危害程度设置;宣告刑根据所审判的具体犯罪案件的事实、性质、情节和社会危害程度,依照刑法的规定确定。C. 属性不同:法定刑属于立法的性质;宣告刑属于司法的性质。D. 确定程度不同:法定刑通常有一定的刑种或刑度可供选择;宣告刑则相对确定。**(2) 宣告刑与执行刑的区别**:宣告刑也不同于执行刑。执行刑以宣告刑为基础,但是有时却低于宣告刑。A. 在数罪并罚时,执行刑低于宣告刑。B. 在减刑时,执行刑低于宣告刑。

(二) 法定刑的种类

22. **绝对确定的法定刑**:又称绝对法定刑主义,是指刑法分则性条文针对具体犯罪的某一罪状,只规定单一的、无幅度的刑罚。绝对确定的法定刑,司法操作较为简便,但是过于机械僵硬,审判机关无自由裁量的余地,也不利于实现刑罚的个别化。我国《刑法》分则条文规定了少量的绝对确定的法定刑,但主要是针对具体犯罪最为严重的罪状而设置最高法定刑。例如,《刑法》第121条规定,犯劫持航空器罪,"致人重伤、死亡或者使航空器遭受严重破坏的,处死刑";《刑法》第317条第2款规定,犯暴动越狱罪,聚众持械劫狱罪,"情节特别严重的,处死刑"。《德国刑法典》第211条第1款、第212条第2款、第220条a第1款等,也有类似的规定。

23. **绝对不确定的法定刑**：又称绝对专断刑主义，是指刑法分则性条文对具体犯罪的罪状，不规定具体的刑种和刑度，只笼统地规定应予刑事处置，具体处罚由审判机关掌握。绝对不确定的法定刑，过于灵活，审判机关的自由裁量权过大，有违于罪刑法定、罪刑相适应。我国并未采纳绝对不确定的法定刑的立法。应当说，法定刑的确定与不确定是相对的，虽然绝对不确定的法定刑并不多见，但是将法定刑幅度较大程度地放宽，也就接近于法定刑的不确定，当法定刑幅度包容了所有刑种的时候则是绝对不确定法定刑。从总体上看，我国《刑法》法定刑幅度相对较宽。

24. **相对确定的法定刑**：又称相对法定刑主义，是指刑法分则性条文针对具体犯罪的某一罪状，规定了比较具体的刑种和刑度，即拥有相对明确的刑种和刑度区间的法定刑。相对确定的法定刑，避免了过于僵硬与过于灵活的两个极端，赋予审判机关一定的自由裁量权，有利于根据案件的具体情况，贯彻刑罚的个别化原则。这一法定刑模式为现代各国刑法立法所普遍采纳。我国刑法分则条文也广泛采用相对确定的法定刑，主要表现为：**(1) 多种主刑**：是指刑法分则针对具体犯罪的某一罪状所规定的法定刑，由两种或两种以上的主刑构成，从而表现出相对确定。例如，《刑法》第102条（背叛国家罪）第1款规定的"处无期徒刑或者10年以上有期徒刑"。在此，法条所设法定刑由无期徒刑与有期徒刑这两种主刑构成。**(2) 单一主刑**：是指刑法分则针对具体犯罪的某一罪状所规定的法定刑，由单一的相对确定的主刑构成。例如，《刑法》第114条（放火罪等）规定的"处3年以上10年以下有期徒刑"。在此，法条所设法定刑仅由相对确定的有期徒刑这一主刑构成。**(3) 主刑·附加刑**：是指刑法分则针对具体犯罪的某一罪状所规定的法定刑，由并列选科的主刑与附加刑构成，从而表现出相对确定。例如，《刑法》第246条（侮辱罪，诽谤罪）规定的"处3年以下有期徒刑、拘役、管制或者剥夺政治权利"。在此，法条所设法定刑除了有期徒刑、拘役、管制等主刑外，还有与主刑选科的剥夺政治权利这一附加刑。**(4) 主刑（附加刑）**：是指刑法分则针对具体犯罪的某一罪状所规定的法定刑，由附加刑并科于主刑构成，从而表现出相对确定。例如，《刑法》第326条（倒卖文物罪）规定的"处5年以下有期徒刑或者拘役，并处罚金"。在此，法条所设法定刑除了有期徒刑、拘役等主刑外，还有与主刑并科的罚金这一附加刑。**(5) 主刑与附加刑**：是指刑法分则针对具体犯罪的某一罪状所规定的法定刑，由附加刑并科或者选科于主刑构成，从而表现出相对确定。例如，《刑法》第244条（强迫职工劳动罪）规定的"处3年以下有期徒刑或者拘役，并处或者单处罚金"。在此，法条所设法定刑除了有期徒刑、拘役等主刑外，还有与主刑并科或者选科的罚金这一附加刑。

（三）相对确定的典型刑种

25. 就各个刑种的刑度而言，作为主刑的死刑、无期徒刑不存在刑度问题。而作为主刑的管制和拘役以及作为附加刑的剥夺政治权利，其刑度较小，因此刑法分则条文对之不作具体的规定，而是根据刑法总则对它们所作的相应规定确定。附加刑没收财产所针对的是犯罪分子个人所有的财产，由于犯罪分子个人所有财产的现实情况极为复杂，刑法分则条文未将之具体类型化。因此，值得分析的是刑法分则条文对有期徒刑、罚金相对确定的模式。

26. **有期徒刑的相对确定**:具体有三种立法模式:(1) **分则性条文规定有期徒刑的最高限度**:是指刑法分则性条文针对具体犯罪的某一罪状,只规定有期徒刑的最高限度,而该有期徒刑的最低限度则根据刑法总则对之所规定的最低限度确定。例如,我国《刑法》第 234 条(故意伤害罪)规定的"处 3 年以下有期徒刑"。这意味着这一法定刑,有期徒刑的最高限度为 3 年,而其最低限度则根据《刑法》总则第 45 条的规定为 6 个月。(2) **分则性条文规定有期徒刑的最低限度**:是指刑法分则性条文针对具体犯罪的某一罪状,只规定有期徒刑的最低限度,而有期徒刑的最高限度则根据刑法总则对之所规定的最低限度确定。例如,我国《刑法》第 239 条(绑架罪)的规定"处 10 年以上有期徒刑"。这意味着这一法定刑,有期徒刑的最低限度为 10 年,而其最高限度则根据《刑法》总则第 45 条的规定为 15 年。(3) **分则性条文同时规定有期徒刑的最高限度与最低限度**:是指刑法分则性条文针对具体犯罪的某一罪状,既规定有期徒刑的最低限度,又规定该有期徒刑的最高限度,即分则性条文对有期徒刑幅度的上下限均予特别明确,而无须根据刑法总则的相应规定去确定。例如,我国《刑法》第 122 条(劫持船只、汽车罪)的规定"处 5 年以上 10 年以下有期徒刑"。

27. **罚金刑的相对确定**:具体有三种立法模式:(1) **抽象罚金**:是指刑法分则性条文针对具体犯罪的某一罪状,只抽象地规定处以罚金,而不规定罚金的具体数额,罚金的具体数额由审判机关掌握。例如,我国《刑法》第 266 条(诈骗罪)规定的"并处或者单处罚金"。抽象罚金的不足是罚金数额过于笼统。(2) **固定罚金**:是指刑法分则性条文针对具体犯罪的某一罪状,规定明确的具有一定幅度的罚金数额。例如,我国《刑法》第 162 条(妨害清算罪)的规定"并处或者单处 2 万元以上 20 万元以下罚金"。固定罚金的不足是罚金数额难以适应社会经济变化。(3) **浮动罚金**:是指刑法分则性条文针对具体犯罪的某一罪状,所规定的罚金数额是犯罪数额的一定倍数或者一定比例,即罚金的数额依具体犯罪案件的犯罪数额的不同而浮动。例如,我国《刑法》第 158 条(虚报注册资本罪)的规定"并处或者单处虚报注册资本金额 1% 以上 5% 以下罚金"。浮动罚金以犯罪数额的倍比为罚金数额,会导致罚金数额的畸大。

> 思考题

试述法定刑与宣告刑及执行刑的区别。

第 85 节 A 罪名的功能及确定

一、罪名的功能

1. **罪名功能**,是指罪名所发挥的有利的作用。主要有:(1) **概括功能**:是指罪名具有将个体犯罪现象、总体犯罪现象①及至犯罪的规范表述,高度概括成一个简洁、明确、具体的犯罪名称的作用。例如,将入室抢劫、拦路抢劫、持刀抢劫、持枪抢劫、暴力抢劫、麻醉抢劫等,概括为抢劫罪;将我国《刑法》第263条的表述"以暴力、胁迫或者其他方法抢劫公私财物的",概括为抢劫罪。**(2) 区别功能**:又称个别化功能,是指罪名是具体犯罪的标志性称谓,这一标志性的称谓涵盖了相应于该罪名的犯罪行为的基本构成特征,从而使罪名具有了区分此罪与彼罪以及罪与非罪的重要提示作用。例如,盗窃罪,意味着行为具备盗窃罪的构成要件,属于犯罪,并且不同于抢劫罪等其他具体的犯罪。**(3) 评价功能**:是指罪名具有以国家的名义,对危害社会的行为在法律上予以否定性评价,并对犯罪人予以最严厉的谴责的作用。这种评价将使犯罪人受到刑事制裁的不利后果。例如,故意杀人罪,意味着国家对故意非法剥夺他人生命的行为,在法律上所予以的否定性评价,以及对故意杀人者所予以的最严厉的谴责。依照《刑法》的规定,犯故意杀人罪将被处死刑、无期徒刑或者有期徒刑等刑罚。**(4) 威慑功能**:是指罪名具有阻吓未曾实施过犯罪行为的社会危险分子(对初犯的威慑)以及曾被追究过刑事责任的社会危险分子(对再犯的威慑),实施犯罪行为的作用。罪名的威慑功能,以罪名的评价功能为基底,以罪名评价的法律后果为后盾。正是因为触犯罪名具有国家对危害行为的法律否定,对犯罪人的严厉谴责,进而犯罪人将由此受到刑事制裁的作用,从而形成了一种应当避免罪名评价的警示。

二、确定罪名的原则

(一) 合法性

2. 合法性,是指罪名的确定,应当符合刑法分则对具体犯罪基本构成的规定。包括:**(1) 符合法条用语所表述的内在精神**。例如,我国《刑法》第116条所表述的精神是,故意破坏特定种类的交通工具造成具体现实危险状态而构成犯罪的情形,据此,可将这一法条所规定的具体犯罪名称,确定为"破坏交通工具罪"。**(2) 符合法条用语所表述的形式意义**。例如,根据《德国刑法典》第316条的表述,可将该条所规定的罪名确定为"酒后驾驶罪"。但是,将我国《刑法》第133条之一的罪名确立为"醉酒驾驶罪"就不合刑法规定。因为该条所规定的事实特征,除在道路上"醉酒驾驶机动车"(A)的情形之外,还有在道路上驾驶机动车"追逐竞驶,情节恶劣"(B)、"特定超载超速"(C)、"特定违规运输"(D)的情形,而"醉酒驾驶罪"不能恰当地归纳B、C、D种情形。

(二) 简明性

3. 简明性,又称概括性,是指确定的罪名,应当高度概括、简洁、明确。例如,我国《刑法》第136条规定:"违反爆炸性、易燃性、放射性、毒害性、腐蚀性物品的管理规定,在生产、储存、运输、使用中发生重大事故,造成严重后果的……",其中,"爆炸性、易燃性、放射性、毒害性、腐蚀性物品"属于"危险物品"。由此,可将这一法条所规定

---

① 个体犯罪现象、总体犯罪现象,是犯罪研究的一对经验性基础。

的具体犯罪名称,概括为"危险物品肇事罪"。

(三) 合理性

4. 合理性,是指罪名的确定,应当符合刑法理论的基本规则以及罪名的本意。包括:**(1) 法条本身已有**:注意使用法条表述本身已有的一些关键术语。例如,我国《刑法》第112条所作具体犯罪的规范表述中,"资敌"是一关键性的术语,可将这一法条文所规定的具体犯罪名称,确定为"资敌罪"。**(2) 基本构成特征**:罪名应当是对具体犯罪基本构成的本质特征的高度概括。例如,我国《刑法》第139条所表述的具体犯罪的本质特征是"消防责任事故",可将该法条所规定的具体犯罪名称,确定为"消防责任事故罪"。**(3) 避免章节罪名**:避免使用分则章节所列的类罪名。例如,不宜将我国《刑法》第140条所规定的具体犯罪的名称"生产、销售伪劣产品罪",确定为统辖该具体犯罪的类罪名"生产、销售伪劣商品罪"。**(4) 避免总则表述**:避免将总则的一些规定用作罪名。例如,我国《刑法》第20条第2款对防卫过当的构成与后果作了规定,不能据此采用"防卫过当罪"的罪名。同样的道理,也不存在"抢劫未遂罪""教唆罪"等罪名。

(四) 基准性

5. 基准性,是指罪名的确定,至少应有作为独立罪名成立标志的具有独特意义的罪刑基本单位(独特罪状+独立法定刑),不过有时虽有独立的罪刑单位,未必就有独立罪名。具体而论:

6. 缺乏法定刑,不足以构成独立的罪名。这是罪刑法定原则的当然结论。罪刑法定原则的基本要求是,没有犯罪就没有刑罚,没有法律就没有刑罚,没有法律规定的刑罚就没有犯罪。而缺乏法定刑的罪名有违"没有刑罚就没有犯罪"。立法实际中也的确存在过缺乏法定刑的罪名。例如,我国1997年修订的《刑法》第155条所设置的"走私固体废物罪",即为没有法定刑之罪的适例。《刑法修正案(四)》将之删除,并在第152条第2款重新设置了具有罪状与法定刑的"走私废物罪"。

7. 具有一定程度独特性的罪状,但缺乏相应独立的法定刑,不足以构成独立的罪名。例如,我国《刑法》第244条第2款,将"协助强迫他人劳动行为"以独立的罪状模式作了规定,这是对帮助行为实行化的专门设置,相对于第1款的罪状有其独特性,但是由于其缺乏相应独立的法定刑,从而不宜作为独立罪名。与此不同,《刑法》第358条第3款,同样将"协助组织他人卖淫行为"以独立的罪状模式予以规定,这也是对帮助行为实行化的专门设置,相对于第1款的罪状也有其独特性,然而正是由于该款之独特罪状又有相应独立的法定刑,从而成为有别于第1款之罪名的独立罪名"协助组织卖淫罪"。

8. 虽然后款援用前款的法定刑,但是后款所述罪状独特,也即后款的罪状不能为前款罪名所包容,则后款可以构成独立的罪名。例如,我国《刑法》第128条第2款的"依法配备公务用枪的人员,非法出租、出借枪支",这一罪状所述情形相对于该条第1款的规定而言,具有明显的独特性,从而可以将第2款确立为独立的罪名"非法出租、出借枪支罪"。类似的情形还有《刑法》第164条第2款、第300条第2

款等。

9. 有独立的法定刑,未必构成独立的罪名。因为罪名确定是以犯罪的基准构成为核心根据的,也即罪名是对基准犯罪构成之本质特征的集中而简洁的表述。因此,只要罪状表述没有突破基准犯罪构成的质的规定性,就无须确定为新的罪名。例如,我国《刑法》第397条第2款的表述"徇私舞弊,犯前款罪",虽有独立法定刑,但其仅系该条第1款所设之滥用职权罪与玩忽职守罪的行为加重犯,从而无须单设独立罪名[①]。类似的立法例,诸如第237条第2款的行为加重等。

10. 多个罪状虽共用同一法定刑,但其基准犯罪构成的性质不一,构成独立罪名。理由同样是,罪名系基准犯罪构成之本质特征的集中而简洁的表述,而犯罪构成的性质不同,即使规定在同一法条之中,其也说明法条所表述的情形是性质不一的各种犯罪构成,应当确立为不同的罪名。例如,我国《刑法》第114条将"放火、决水、爆炸、投放危险物质以及其他危险方法危害公共安全的行为"规定于同一法条,并共用同一法定刑,然而这些行为各有独特的事实特征表现,并且具体性质不一,从而构成各自相对独立的罪名。类似的立法例有《刑法》第290条第4款等。

11. 法条明确指示援用罪名的,依照指示罪名而不成立新罪名。此时,虽然罪状也有独特表现,但是基于立法已作转化犯、包容犯等的规定,从立法所指向的罪名来看其并无独立的法定刑。例如,我国《刑法》第238条第2款后段所表述的罪状意味着"非法拘禁"并"使用暴力致人伤残、死亡",尽管这一罪状相对于第1款非法拘禁罪的基准构成具有独特表现,但是《刑法》明确将之指向故意伤害罪与故意杀人罪,从而并无独立的法定刑与罪名。类似的立法例,诸如第171条第3款所设伪造货币罪的包容犯。

三、关于"犯前款罪"的罪名确定

12. 法条的罪状表述"……犯前款罪的",有时这一罪状表述构成新的罪名,有时则沿用前款的罪名,关键是这种罪状内容是否符合独立罪名的基准。

13. **独立罪名**:"……犯前款罪的"罪状表述与前款罪之罪状,存在故意与过失的差异。例如,我国《刑法》第115条第2款"过失犯前款罪的"罪状表述,成立失火罪、过失决水罪等独立罪名。这里的"前款罪"是指该条第1款所规定的放火罪、决水罪等的结果加重犯。类似的立法例,诸如第119条第2款"过失犯前款罪"的罪状表述等。

14. **前款罪名**:"……犯前款罪的"罪状表述,相对于前款罪状,在客观要素与主体要素有所变更,但仍可依存于前款犯罪构成框架的场合,仍为前款罪名。例如,我国《刑法》第102条第2款表述了与前款之罪的行为对象的差异,系属前款之罪的准型构成;第192条第2款表述了与前款之罪的行为主体的差异,系属前款之罪的单位

[①] 1997年最高人民检察院《关于适用刑法分则规定的犯罪的罪名的意见》曾将该款解释为独立罪名"国家机关工作人员徇私舞弊罪"。

犯罪;第237条第2款表述了在前款之罪基础上的行为与情境特征的增加,系属前款之罪的行为或情境加重犯;第243条第2款表述了与前款之罪的主体身份的差异,系属前款之罪的不纯正的身份犯;第229条第2款表述了在前款之罪基础上的其他独立罪行的增加,立法将之作了包容犯的规定;第120条第2款表述了在前款之罪基础上的其他独立罪行的增加,立法将之作了数罪并罚的规定;第239条第2款表述了在前款之罪基础上的结果与其他独立罪行的增加,系属前罪之结果加重犯或包容犯。

试述法定刑设置与独立罪名的关系?

第85节 B 罪状的逻辑结构及条文解读

一、罪状的逻辑结构

1. **假定与处理的表述样态**:刑法规范存在假定与处理两个要素。刑法规范的假定表述定罪事实特征与量刑事实特征,处理表述定罪处刑的框架与规则。在表述样态上,假定通常以"……的"的文字模式表述,有时也表述为"对……犯罪分子(犯)"等;处理通常以"处……""应当(可以)……""是……"等的文字模式表述。例如,我国《刑法》第18条:假定,"精神病人……经法定程序鉴定确认的";处理,"不负刑事责任……"第28条:假定,"对于被胁迫参加犯罪的";处理,"应当按照他……"第65条:假定,"被判处有期徒刑以上刑罚……的";处理,"是累犯,应当从重处罚……"

2. **分则规范表述样态**:分则假定多为定罪事实特征,也有量刑事实特征,相应的处理多为法定刑框架,也有处刑规则。其相应的文字表述样态是:假定通常系"……的",处理通常系"处……"或者"可以(应当,是)……"等。例如,我国《刑法》第116条(破坏交通工具罪):假定(定罪事实特征),"破坏火车、汽车、电车……的";处理(法定刑框架),"处3年以上10年以下有期徒刑"。第390条第2款(行贿罪的处罚):假定(量刑事实特征),"行贿人在被追诉前主动交待行贿行为的",处理(处刑原则),"可以减轻处罚或者免除处罚"。

3. **罪状表述样态**:分则规范的主体是罪名、罪状与法定刑。其中,罪状是分则规范的假定部分,法定刑是分则规范的处理部分。罪状表述样态具有一定的稳定格式,从而本书称之为"**罪状陈式**"。罪状陈式是指承载罪状的语言模型,具体表现为"……的"。由此,可以将"……的"与"处……"作为罪状与法定刑的标志。罪状陈式对于罪状的承载,呈现如下情形:(1)**一陈式一罪名**:一个罪状陈式仅单居一个罪名罪状。例如,我国《刑法》第133条前段的一个罪状陈式,仅含交通肇事罪的罪状。(2)**一陈式复罪名**:一个罪状陈式复居或者多居不同罪名罪状。例如,我国《刑法》第246条第1款的一个罪状陈式,共居了侮辱罪与诽谤罪两项不同罪名的罪状。(3)一

陈式一情形：一个罪状陈式表述了同一层级罪状中的一个情形。例如，我国《刑法》第234条第1款的一个罪状陈式，具体表述了故意伤害罪的基准罪状，该基准罪状也仅有一个抽象情形。**(4) 一陈式多情形**：一个罪状陈式表述了同一层级罪状中的不同情形。例如，我国《刑法》第163条第1款前段的一个罪状陈式，具体表述了非国家工作人员受贿罪基准罪状的"索贿"与"收贿"两种情形。**(5) 多陈式多情形**：多个罪状陈式共同表述同一层级罪状中的不同情形。例如，我国《刑法》第384条第1款的三项罪状陈式，分别表述了挪用公款罪基准罪状的三种不同情形。**(6) 多陈式多罪状**：多个罪状陈式分别表述不同层级的罪状情形。例如，我国《刑法》第170条的两项罪状陈式，分别表述了伪造货币罪基准罪状与加重罪状的具体情形。

4. 罪状陈式机能：在法律技术意义上，罪状陈式具有揭示犯罪构成要素与探究具体犯罪形态等的机能，因为一个单居罪名并单一情形的罪状陈式，对应于罪名框架中的一项完整的犯罪构成。例如，我国《刑法》第133条之一第1款设置了四个罪状陈式并统辖于同一罪名，每个罪状陈式仅系危险驾驶罪的单一情形的表述，由此这四个罪状陈式均为危险驾驶罪犯罪构成的完整表述，进而，"追逐竞驶"型危险驾驶罪系情节犯，而"醉酒驾驶"型危险驾驶罪系行为犯，"特定超载超速"型危险驾驶罪系行为犯，"特定违规运输"型危险驾驶罪系危险犯。又如，《刑法》第358条第1款分别两个单居罪名并单一情形的罪状陈式，对于受贿罪两种情形的犯罪构成作了具体完整的表述，由此，"索贿"情形的受贿罪构成无须"为他人谋利益"，而"收贿"的受贿罪构成则须"为他人谋利益"。

二、罪状的条文解读

5. 以上对罪状的逻辑结构与表述形态作了阐释，立于刑法解释论，在对分则性条文罪状表述的理解上，仍有其他诸多应予注意的事项，兹择要予以概述。

6. **典型设置与准型设置**：分则条文对于某一具体犯罪的设置，有时存在典型与准型的差异，正确区分两者有助于加深对该罪本质构成的理解。**典型设置**呈现该罪的核心形态，而**准型设置**则是该罪的引申形态。例如，我国《刑法》第270条侵占罪，第1款表述的是该罪的典型形态，第2款表述的是该罪的准型形态。在此，法条分设两款规定该罪，表明侵占罪核心指向侵占他人保管物，同时侵占罪也指向侵占他人遗忘物与埋藏物。类似立法例，诸如，《刑法》第382条贪污罪之第1款典型与第2款准型，第102条背叛国家罪之第1款典型与第2款准型，等等。

7. **注意规定与法律拟制**：刑法理论存在注意规定与法律拟制的界分。**(1) 注意规定**，是指刑法分则对本就属于本罪的有关事实特征（B），在本罪典型罪状（A）的表述之外予以特别的具体描述，并特别提示或强调将B作为A的情形处理的一种立法模式。例如，我国《刑法》第289条规定，"聚众打砸抢……抢走公私财物"，依照抢劫罪的规定定罪处罚。还有第183条第2款、第163条第3款的规定等。**(2) 法律拟制**，是指刑法分则对本不属于本罪的有关事实特征（B），在本罪典型罪状（A）的表述之外予以特别的具体描述，并明确规定也将B归属于A定罪处刑的一种立法模式。

例如,我国《刑法》第289条规定,"聚众打砸抢,致人伤残、死亡",依照故意伤害罪、故意杀人罪定罪处罚。还有第267条第2款的规定等。

8. 法律拟制所含情形:B并非A,而立法明确规定将B归于A,赋予其与A相同的法律后果,从这个意义上说,法律拟制系刑法分则的一种特别规定,可谓是将构成要件上的非A的事实特征归于A中以A评价。作为一种特别规定,法律拟制包括:包容犯,例如《刑法》第196条"盗窃信用卡并使用的"依照盗窃罪定罪处罚;转化犯,例如《刑法》第269条"犯盗窃……相威胁的"依照抢劫罪定罪处罚;准型罪,例如《刑法》第267条"携带凶器抢夺的"依照抢劫罪定罪处罚;彼罪作此罪,例如《刑法》第265条"明知是盗接……而使用的"依照盗窃罪定罪处罚。

9. 法律拟制与准型设置:值得考究的是,法律拟制与准型设置。法律拟制,系B原本非属A,但是立法明文将B归属于A;而准型设置,系本罪典型设置(A)的引申形态(B),法律上B依存于A之框架。应当说,从并非典型构成与终究归于A罪来看,准型设置亦可谓一种法律拟制。不过,相对而论,**准型设置**更为趋近典型设置,其在本质上与A罪兼容,拥有A罪的基本框架;而法律拟制所含形态较广,其中许多情形离典型设置较远,甚或并不具有A罪的本质特征,系属寄居于A之住所的外来者。

10. 法律拟制与法律推定:**法律推定**,是指某种事实现象(B),可能就是也可能不是某种特定的事实特征(A),而立法明确规定存在B就有A。例如,我国《刑法》第395条(巨额财产来源不明罪)所规定的"差额部分(B)以非法所得(A)论"。法律拟制与法律推定的不同之处在于:**(1) 构成扩张与事实推断**:法律拟制是犯罪构成的扩张,是在本罪典型事实特征(A)的基础上,将本罪的事实特征扩张至其他事实特征(B);而法律推定是事实认定的推断,是将某种事实现象(B),认定为其符合特定的事实特征(A)。**(2) 事实无疑与事实存疑**:法律拟制,B不同于A肯定无疑,从而是将不同于A事实特征的B事实特征,拟制作为A事实特征,在此事实的认定没有问题;而法律推定,B可能就是A也可能不是A,从而是基于某种B事实现象,推定A事实特征的存在,在此事实的认定成为问题。**(3) 适例对比**:法律拟制的适例,可谓《刑法》第93条第2款所规定的"国有公司……(B),以国家工作人员(A)论"。① 法律推定的适例,可谓《刑法》第395条(巨额财产来源不明罪)所规定的"差额部分(B)以非法所得(A)论"。**(4) 有权解释推定**:与法律推定相类似的,可谓有权解释推定,即有权解释将某种事实现象(B)明确规定为存在B就有A。例如,1998年最高人民法院《关于审理挪用公款案件具体应用法律若干问题的解释》第6条规定:"携带挪用的公款潜逃的",依照贪污罪的规定定罪处罚。这是将"携带公款逃跑"这一事实现象,认定为"非法占有目的"的存在。

11. 法条文句省略:法条表述应当尽量简练,从而刑法条文会呈现诸多省略,法条也有其相对独特的语言征表,在对法条解读中应当充分注意这种合理的省略与独

---

① 我国《刑法》第93条,相对于该条第1款而论,第2款的规定可谓法律拟制。而立于《刑法》第93条的规定,则第183条第2款等的规定可谓注意规定。

特。例如,我国《刑法》第289条后段"毁坏或者抢走……"之前,虽为句号但省略了前段的"聚众'打砸抢'";同样,规定非法拘禁罪的第238条第2款后段"使用暴力致人……"之前,虽为句号但省略了前段的"犯前款罪";规定挪用公款罪的第384条第1款,对于罪状分别三项予以表述,后两项分别省略了第一项的挪用公款"归个人使用"。

> **思考题**
>
> 1. 试述罪名及罪名下的罪状与罪状陈式之间的关系。
> 2. 试述法律拟制与准型设置之间的关系。

第85节 C　法定刑的幅度及轻重

一、法定刑幅度与法定刑的格

1. **法定刑幅度**:在没有具体限定的场合,"法定刑幅度"可能被理解为,具体犯罪的整个法定刑幅度(F),或者具体罪状的某个法定刑幅度(S)。而在阐释从轻处罚、从重处罚或者减轻处罚时,所称"法定刑幅度",仅指"S"意义上的法定刑幅度,具体地说,就是犯罪分子的罪行所符合的具体罪状,与这一具体罪状相对应的法定刑幅度。

2. **法定刑的格**:通常认为,**法定刑的格(G)**是指综合我国《刑法》分则所有对应于具体罪状的法定刑幅度的设置,其中所出现的以法定最高刑的界点为标志的法定刑等级形态。具体地说,我国法定刑的格存在9个等级:1年,2年,3年,5年,7年,10年,15年,无期徒刑,死刑。当然,法定刑的格也可以基于法定最低刑的界点标志予以理解。由此,**法定刑的格(D)**,是指综合我国刑法分则所有对应于具体罪状的法定刑幅度的设置,其中所出现的以法定最低刑的界点为标志的法定刑等级形态。具体地说,在这一意义上我国法定刑的格存在:罚金,剥夺政治权利,管制,拘役,有期徒刑6个月,1年,2年,3年,5年,7年,10年,15年,无期徒刑,死刑。综上,可以称G为法定刑的高格,D为法定刑的低格;倘若以格作为加重或者减轻的限定,则G有助于说明加重处罚,而D有助于说明减轻处罚。

3. **法定最高(低)刑**:在上述"S"的意义上理解法定刑幅度,所谓"法定刑幅度"是指与具体罪状相对应的基准法定刑、加重法定刑或者减轻法定刑。由此,**法定最高刑**是指基准法定刑、加重法定刑或者减轻法定刑等各自幅度中的最高刑种或者最高刑期,即某个法定刑幅度的最高点。而**法定最低刑**是指基准法定刑、加重法定刑或者减轻法定刑等各自幅度中的最轻刑种或者最低刑期,即某个法定刑幅度的最低点。

二、法定刑的轻重

4. 法定刑的轻与重是相对而言的,由此就涉及对于法定刑轻重比较的规则,而我国刑法理论通常也以一定程度的法定刑作为重罪与轻罪的标志。

（一）法定刑轻重比较

5. 基于罪数形态理论,对于想像竞合犯、犯罪吸收犯与牵连犯的处罚原则是从一重处断,即按照所触犯数罪中的最重一罪定罪,并适用相应的法定刑幅度从重量刑。[①] 这就涉及罪之轻重的比较,而罪之轻重的比较又取决于相应法定刑轻重的比较。我国《刑法》第 149 条第 2 款、第 329 条第 3 款、第 399 条第 4 款等有关条文也规定:实施某一行为构成本条之罪,"同时又构成本法规定的其他犯罪的,依照处罚较重的规定定罪处罚"。这里的"处罚较重"固然是指法定刑较重。对于法定刑轻重的确定,有的国家的刑法典予以了明确的规定。例如,《韩国刑法典》第 50 条、《日本刑法典》第 10 条,规定了刑罚轻重的评价标准。我国刑法典对此未予明确,根据我国的刑罚体系以及法定刑的设置模式,在司法实践中较重法定刑的取舍规则通常是:

6. **比较主刑最高刑**:比较主刑法定最高刑,具体表现为依死刑、无期徒刑、有期徒刑、拘役、管制,由重至轻。例如,"处 5 年以下有期徒刑、拘役或者管制"（我国《刑法》第 261 条遗弃罪）的法定刑,重于"处 2 年下有期徒刑、拘役或者管制"（我国《刑法》第 260 条虐待罪第 1 款）的法定刑。

7. **比较主刑最低刑**:若主刑法定最高刑相同,则比较主刑法定最低刑,主刑法定最低刑高者,即为较重法定刑。例如,"处无期徒刑或者死刑,并处没收财产"（我国《刑法》第 239 条绑架罪第 2 款）的法定刑,重于"处死刑、无期徒刑或者 10 年以上有期徒刑"（我国《刑法》第 232 条故意杀人罪前段）的法定刑。

8. **比较并科附加刑**:若主刑相同,则比较附加刑,如有并科附加刑或者所并科的附加刑重者,即为较重法定刑。例如,"处 3 年以下有期徒刑、拘役或者管制,并处罚金"（我国《刑法》第 268 条聚众哄抢罪前段）的法定刑,重于"处 3 年以下有期徒刑、拘役或者管制"（我国《刑法》第 274 条敲诈勒索罪前段）的法定刑。

9. **比较选科附加刑**:若主刑相同,则比较附加刑,如有选科附加刑或者所选科的附加刑轻者,即为较轻法定刑。例如,"处 3 年以下有期徒刑、拘役或者管制,并处或者单处罚金"（我国《刑法》第 264 条盗窃罪第 1 段）的法定刑,轻于"处 3 年以下有期徒刑、拘役或者管制"（我国《刑法》第 276 条破坏生产经营罪前段）的法定刑。

（二）法定刑加重与减轻

10. 法定刑与罪状相对应。分则罪状有基准罪状、加重罪状、减轻罪状,其相应的法定刑分别是普通法定刑、加重法定刑、减轻法定刑。

---

① 详见张小虎:《犯罪论的比较与建构》,北京大学出版社 2006 年版,第 742、793、805 页。

11. 基准罪状·基准法定刑：分则条文对具体犯罪基准构成事实特征的描述，为基准罪状；对应于基准罪状的法定处刑，是基准法定刑。基准罪状系属具体犯罪的罪行基准，基准法定刑也是这一具体犯罪的法定刑基准。例如，我国《刑法》第 232 条(故意杀人罪)前段的规定"处死刑、无期徒刑或者 10 年以上有期徒刑"，即为故意杀人罪基准罪状的法定刑，即基准法定刑。

12. 加重罪状·加重法定刑：分则条文对具体犯罪加重构成事实特征的描述，为加重罪状；对应于加重罪状的法定处刑，是加重法定刑。加重罪状系属具体犯罪的加重罪行，加重法定刑也是这一具体犯罪的较之基准法定刑更重的法定刑。例如，我国《刑法》第 305 条(伪证罪)后段的规定"处 3 年以上 7 年以下有期徒刑"，即为伪证罪加重罪状的法定刑，即加重法定刑。

13. 减轻罪状·减轻法定刑：分则条文对具体犯罪减轻构成事实特征的描述，为减轻罪状；对应于减轻罪状的法定处刑，是减轻法定刑。减轻罪状系属具体犯罪的减轻罪行，减轻法定刑也是这一具体犯罪的较之基准法定刑更轻的法定刑。例如，我国《刑法》第 232 条(故意杀人罪)后段的规定"处 3 年以上 10 年以下有期徒刑"，即为故意杀人罪减轻罪状的法定刑，即减轻法定刑。

(三) 法定刑与重罪轻罪

14. 国外一些国家的刑法典，对于重罪与轻罪等的区分，予以了明确的规定。不过，其立法模式有所不同，刑法理论的见解也有差异。A. 最高刑或最低刑：对于区分轻罪与重罪的界点，有的国家采以法定最高刑，也有国家采以法定最低刑。前者例如，《俄罗斯刑法典》第 15 条，后者例如，《德国刑法典》第 12 条。对此，本书认为，这种不同立法模式，与刑法典本身之刑罚轻重的特质以及界分轻罪重罪的具体刑罚界点有关。B. 法定刑或宣告刑：确定轻罪与重罪，究竟应根据法定刑轻重(抽象观察方式)还是宣告刑轻重(具体观察方式)，对此刑法理论也存在争议。① 然而，区别轻罪与重罪本系区别对待未遂、教唆等的前提，由此多数学者主张具体观察方式缺乏可操作性。C. 犯罪本身或刑罚轻重：以法定刑轻重界分轻罪与重罪的立法，还受到"缺乏逻辑性"的理论质疑。质疑者认为，"犯罪的严重程度并不取决于对它当处刑罚的轻重，而应当反过来"②。不过，立于立法的逻辑路径，作为法定刑轻重之基源的仍系犯罪的轻重。D. 罪质或罪量：还有刑法理论认为，应以犯罪危害的严重程度为依据③，或者应以"犯罪人是否具有犯罪故意"为依据④，作为划分重罪与轻罪的根据。然而，罪量与罪质均难以定分。有时罪质较重却罪量未必就重；而有时罪量较重却罪质未

---

① 参见〔德〕冈特·施特拉腾韦特、洛塔尔·库伦：《刑法总论 I ——犯罪论》，杨萌译，法律出版社 2006 年版，第 65—66 页。
② 〔法〕卡斯东·斯特法尼等：《法国刑法总论精义》，罗结珍译，中国政法大学出版社 1998 年版，第 183 页。
③ 参见〔意〕杜里奥·帕多瓦尼：《意大利刑法学原理》，陈忠林译，法律出版社 1998 年版，第 69 页。
④ 参见〔法〕卡斯东·斯特法尼等：《法国刑法总论精义》，罗结珍译，中国政法大学出版社 1998 年版，第 184 页。

必较重。**综上**可见,刑罚的轻重,是犯罪轻重的一个重要的、明确的、可操作性的标志。

15. 我国《刑法》并未明确将犯罪分为重罪、轻罪,不过刑法理论同样根据法定刑的轻重,将犯罪分为重罪与轻罪。一般认为,法定最高刑为 3 年有期徒刑以上的犯罪,是**重罪**;法定最高刑为 3 年有期徒刑以下的犯罪,是**轻罪**。这一标志间接地来源于我国《刑法》的有关规定。例如,《刑法》第 7 条是对刑事管辖权属人管辖原则的规定,该条第 1 款但书强调法定"最高刑为 3 年以下有期徒刑的,可以不予追究",由此可将该条的基本精神理解为,对于我国公民在国外犯罪保留管辖权,但是对于其中罪行较轻的犯罪可以不予追究。同样,对于《刑法》第 8 条在刑事管辖权保护管辖原则规定中的表述"最低刑为 3 年以上有期徒刑的,可以适用本法",可以理解为外国人在国外对我国犯罪,其中罪行较重的可以适用我国刑法。循此,对于《刑法》第 72 条第 1 款有关缓刑适用条件规定中的表述"被判处拘役、3 年以下有期徒刑的犯罪分子",可以理解为所犯罪行较轻是适用缓刑的基本条件之一。上述规定与相应理解表明,3 年有期徒刑可谓是界分重罪与轻罪的一个标志。

> **思考题**
>
> 如何比较犯罪的轻与重?

第 24 章　危害国家安全罪

第 86 节　危害国家安全罪概述

一、危害国家安全罪的本体构成

1. **危害国家安全罪**,是指故意危害中华人民共和国国家安全的行为。
（一）客观事实要素

2. **实行行为**:危害国家安全行为。**(1) 法定行为方式**:本章各罪的法定行为方式,均表现为作为。例如,背叛国家行为(《刑法》第 102 条)、分裂国家行为(第 103 条)、投敌叛变行为(第 108 条)等等,均属于以身体的动作,实施刑法所禁止的行为,即不应为而为。**(2) 实行行为立法模式**:A. 提升的实行行为(第 18 节 B 段 7)。例如,煽动分裂国家罪(第 103 条第 2 款)的"煽动",属于造意与助长决意且系原本未必一律入罪的行为①,现提升为实行行为要素;资助危害国家安全犯罪活动罪(第 107 条)的"资助",属于帮助性质且系原本未必一律入罪的行为,现提升为实行行为。B. 扩展的实行行为(第 18 节 B 段 12)。例如,分裂国家罪(第 103 条)的"组织、策划、实施"行为,其中的"实施"行为可以视作是纯正的实行行为形式,而"组织、策划"行为则是共同犯罪行为中的组织行为。行为扩展后"组织、策划"成为首要的行为基准,从而设置了更重的法定刑。C. 纯正的实行行为(第 18 节 B 段 11)。例如,叛逃罪(第 109 条)、投敌叛变罪(第 108 条),为境外窃取、刺探、收买、非法提供国家秘密、情报罪(第 111 条)等,本章多数犯罪的实行行为仍为纯正的实行行为。相对其他章节而言,在本章各罪的实行行为中,扩展的实行行为与提升的实行行为的情形较多,反映出立法上对于危害国家安全犯罪从严的思路。

3. **行为主体**:除资助危害国家安全犯罪活动罪(第 107 条)的主体为非纯正单位外,其余各罪的主体只能是自然人。**(1) 非纯正单位犯罪**:资助危害国家安全犯罪活动罪的主体是,境内外的机构、组织或者个人。其中,机构或者组织具有单位的意义,是指这种单位实施资助行为;根据法定刑的设置,系单位犯罪而单罚单位责任人。**(2) 自然人犯罪**:在仅由自然人构成的本章各罪中,多数是一般主体,少数是特殊主体。例如,叛逃罪(第 109 条)的主体,必须是国家机关工作人员。

4. **既遂形态**:本章各罪的既遂形态类型,均属于行为犯。
（二）客观规范要素

5. 本章各罪所侵害的类型法益,是中华人民共和国国家安全。所谓**中华人民共**

---

① "煽动"虽为造意与助长决意的行为,但其不同于"教唆"行为。煽动针对不特定对象,而教唆针对特定对象。行为人教唆他人犯分裂国家罪的,应当构成分裂国家罪的教唆犯。

和国国家安全,是指中华人民共和国的国家主权,领土完整与安全,以及人民民主专政的政权和社会主义制度。

(三) 主观责任要素

6. 本章各罪的主观责任形式均为故意。故意内容指向由"危害国家安全行为"为核心征表的"国家安全法益被侵状态"。其中,多数为直接故意,少数可以是间接故意。例如,为境外窃取、刺探、收买、非法提供国家秘密、情报罪(第111条)的法定责任形式,包括直接故意与间接故意。

二、危害国家安全罪的种类

7. 基于行为特征的具体类型,可以将我国《刑法》"第一章危害国家安全罪"分为三类:

8. **危害国家政权、分裂国家的犯罪**。包括:背叛国家罪,分裂国家罪,武装叛乱、暴乱罪,颠覆国家政权罪,资助危害国家安全犯罪活动罪等。

9. **叛变、叛逃的犯罪**。包括:投敌叛变罪,叛逃罪。

10. **间谍、资敌的犯罪**。包括:间谍罪,为境外窃取、刺探、收买、非法提供国家秘密、情报罪,资敌罪。

我国《刑法》分则在制度设置上,如何体现出对危害国家安全罪的严惩?

第87节　背叛国家罪

1. 设置本罪的基本法条是《刑法》第102条。其中,第1款为本罪的典型构成,第2款为本罪的准型构成。第113条对本罪的加重罪状与法定刑作了规定。

2. **背叛国家罪**,是指勾结外国或者与境外机构、组织、个人相勾结,危害中华人民共和国主权、领土完整和安全的行为。

一、基准构成

(一) 客观事实要素

3. 本罪基准构成的客观事实要素,表现为勾结外国,或者与境外机构、组织、个人相勾结,危害中华人民共和国的主权、领土完整和安全的行为。具体构成要素包括实行行为、行为对象与行为主体。

4. **实行行为**:包括方法行为与目的行为两个要素。**(1) 方法行为**:勾结(外国),或者(与境外机构、组织、个人相)勾结。勾结,是指联络、通媒;包括秘密接触、通信往来,行为人主动与对方联络通媒或者行为人接受来自对方的联络通媒。**(2) 目的行为**:危害(中华人民共和国的主权、领土完整和安全)。包括:出卖国家主权、签订卖国条约;策划对我国发动侵略战争;制造国际争端向我国提出领土要求;干涉我国内政、组织傀儡政权,等等。

5. **行为对象**:外国,或者境外机构、组织、个人。**外国**,是指外国的政府、政党、政治集团、社会势力及其代表人物。**境外机构、组织、个人**,是指"外国"所不能涵盖的隶属我国大陆区域以外的地区的机构、组织、个人。在此强调是,这些机构或组织隶属我国大陆区域以外的地区,而无论其是否地处我国大陆区域内;这里的个人是指隶属我国大陆区域以外的地区的人员。

6. **行为主体**:本罪主体为特殊主体,即具有中国国籍的中国公民,主要表现为掌握有党、政、军的重要权力,位居较高职位、社会地位,或具有相当社会影响的人。

7. **既遂形态**:本罪是行为犯。

(二) 客观规范要素

8. 本罪所侵害的具体法益,是中华人民共和国的主权、领土完整和安全。**主权**,是指一个国家对内在国家管理中的最高统治权和对外在国际关系中的独立自主的权力。**国家领土**,是指隶属于国家主权的特定空间。

(三) 主观责任要素

9. 本罪的主观责任形式为直接故意,故意内容指向由本罪之实行行为为核心征表的"中国主权、领土完整和安全法益被侵状态"。行为人具有危害中国主权、领土完整和安全的目的。

二、法定刑

10. **基准法定刑**:根据我国《刑法》第102条的规定,犯背叛国家罪的,处无期徒刑或者10年以上有期徒刑。

11. **加重法定刑**:根据我国《刑法》第113条第1款的规定,犯背叛国家罪对国家和人民危害特别严重、情节特别恶劣的,可以判处死刑。

12. **一般没收**:我国《刑法》第113条第2款对危害国家安全罪的各罪设置了一般没收。由此,犯背叛国家罪的,可以并处没收财产。

三、背叛国家罪与投敌叛变罪

13. **背叛国家罪**,表现为中国公民与他方勾结,以出卖国家主权、策划侵华战争、干涉中国内政等方式,而背叛国家。**投敌叛变罪**,表现为中国公民主动投奔敌方或者被动投降敌人,而背叛己方。两者的**主要差异**,表现在:

14. **客观事实要素**:背叛国家罪的实行行为由"勾结"与"危害"组成,行为对象分别指向"外国或者境外机构、组织、个人"与"国家主权、领土完整和安全"。而**投敌叛变罪**的实行行为构成要素则为,"投奔(敌人营垒)或者(被捕、被俘后)投降(敌人)"以及"(为敌人)效力服务危害(国家安全)";相应地,行为对象也分别指向"敌人营垒或者敌人"与"敌人与国家安全"。从要素**核心意义**上来看,背叛国家罪的"危害国家主权、领土完整和安全",是一种卖国行为,包括出卖国家主权、签订卖国条约、策划对我国发动侵略战争、制造国际争端向我国提出领土要求,等等。而投敌叛变罪的"为敌人效力服务危害国家安全",一般不直接针对较为宏观的国家主权、领土完整等安全,通常是为敌人提供情报、攻击我国现行的政策、诬蔑国家领导人等。

15. **客观规范要素**:**背叛国家罪**所侵害的具体法益,是中华人民共和国的主权、领土完整和安全。而**投敌叛变罪**所侵害的具体法益,是人民民主专政的政权和社会主义制度。相比较而言,投敌叛变罪侵害的是具体的、较小范围的国家利益和安全,其一般不会使国家主权丧失。

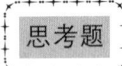

背叛国家罪的典型构成与准型构成之间的关系是什么?

第87节 A 背叛国家罪的犯罪形态

一、具体阴谋犯

1. 本罪属于阴谋犯并系具体阴谋犯。(**1**) 本罪实行行为的构成要素"勾结……"具有"阴谋"的意义。所谓阴谋,是指两个以上的行为人为了犯罪而进行谋议并形成合意的活动。① 基于刑法的规定,由阴谋行为所构成的犯罪形态,是**阴谋犯**。② (**2**) 基于刑法分则是否将阴谋提升为实行行为的不同,阴谋犯存在**具体阴谋犯与共同预备犯**这两种形态,前者阴谋行为被提升为实行行为,后者阴谋行为并未被提升且总则规定处罚预备犯。"勾结"已被提升为实行行为要素,从而本罪属于具体阴谋犯。

二、必要共犯

2. 本罪实行行为的构成要素包括"勾结",这意味着必须由双方基于意思联络或通谋而共同实施所构成的犯罪,从而本罪属于必要共犯。同时,"勾结"也意味着存在勾结的相对双方或者相互勾结,从而本罪属于相对共犯。

三、总则共犯

3. "勾结"系属本罪实行行为要素,由此并不排除两人以上共同故意实施"勾

---

① 阴谋具有如下特征:主体上,阴谋必须是二人以上;主观上,阴谋应当是为了犯罪;客观上,阴谋表现为谋议行为;结果上,阴谋具有达成合意的意义。阴谋在构成要件行为上的表现,可能存在两种情况:(共同预备行为)刑法总则规定处罚预备犯,并且分则并未将阴谋提升为实行行为,在这一场合,阴谋属于共同预备行为;(实行行为)刑法分则已将特定的阴谋行为提升为实行行为,无论总则是否规定处罚预备犯,在这种场合,阴谋属于实行行为。

② 阴谋犯具有如下特征:主体上,系二人以上;行为上,基于法律规定的不同,阴谋行为可为共同预备行为或者实行行为;法定上,或者由刑法总则规定,或者由分则明确规定;形态上,或者属于犯罪预备形态,或者属于犯罪既遂形态。

结……危害……",在这种场合仍可构成背叛国家罪的共同犯罪。例如,A 与 B 共同勾结外国危害中国主权,中国公民 A 与 B 共同与境外个人 C 相勾结危害中国主权,则 A 与 B 构成共同犯罪。①

必要共犯在何种场合可以适用总则共犯处罚?

第 88 节 分裂国家罪

1. 设置本罪的基本法条是《刑法》第 103 条第 1 款。第 106 条对本罪的行为加重要素与相应量刑作了规定。第 113 条对本罪的结果与情节加重的要素与相应法定刑作了规定。

2. **分裂国家罪**,是指组织、策划、实施分裂国家、破坏国家统一的行为。

一、基准构成

(一) 客观事实要素

3. **实行行为**:包括选择性方法行为与选择性目的行为两个要素。**(1) 方法行为·选择行为**:组织、策划、实施。**组织**,是指为共同实施分裂国家而纠集他人、网罗成员乃至组建组织;**策划**,是指为分裂国家进行商讨、规划,制定方案;**实施**,是指将分裂国家的计划付诸实行。**(2) 目的行为·选择行为**:分裂国家、破坏国家统一。**分裂国家**,是指割据一方,拒绝中央领导,或者制造民族分裂;**破坏国家统一**,是指阻碍国家统一事项的进行。

4. **行为主体**:本罪主体为一般主体,包括中国公民、外国人、无国籍人。通常情况下,是掌握有党、政、军大权的人或者具有一定影响的分裂主义分子。

5. **既遂形态**:本罪是行为犯。

(二) 客观规范要素

6. 本罪所侵害的具体法益,是国家的统一,包括各民族的统一,中央与地方的统一,香港、澳门、台湾与祖国大陆的统一等。

(三) 主观责任要素

7. 本罪的主观责任形式为直接故意,故意内容指向由本罪之实行行为为核心征表的"国家统一法益被侵状态"。行为人具有分裂国家、破坏国家统一的目的。

二、法定刑与量刑

8. **基准法定刑**:根据《刑法》第 103 条第 1 款前段的规定,对分裂国家罪的首要

---

① 详见张小虎:《论必要共犯适用总则共犯处罚原则的规则》,载《当代法学》2012 年第 5 期。

分子或者罪行重大者,处无期徒刑或者10年以上有期徒刑。

9. **减轻法定刑**:(1) **罪刑设置**:根据《刑法》第103条第1款中段与后段的规定,对分裂国家罪的积极参加者,处3年以上10年以下有期徒刑;对分裂国家罪的其他参加者,处3年以下有期徒刑、拘役、管制或者剥夺政治权利。(2) **剥夺政治权利**:注意,这里对于"其他参加者"的"……或者剥夺政治权利"(A),与《刑法》第56条第1款前段所规定的"对于危害国家安全的犯罪分子应当附加剥夺政治权利"(B),两者并不存在重复问题。A之剥夺政治权利是指对于犯本罪的其他参加者"可以独立适用"剥夺政治权利,而B之剥夺政治权利是指对所有危害国家安全各罪的主体"均应附加适用"剥夺政治权利。

10. **加重法定刑**:根据《刑法》第113条第1款的规定,犯分裂国家罪对国家和人民危害特别严重、情节特别恶劣的,可以判处死刑。

11. **一般没收**:《刑法》第113条第2款对危害国家安全罪的各罪设置了一般没收。由此,犯分裂国家罪的,可以并处没收财产。

12. **从重量刑**:根据《刑法》第106条的规定,与境外机构、组织、个人相勾结,实施分裂国家罪的,从重处罚。

三、本罪与背叛国家罪

13. **分裂国家罪**,表现为中国人或外国人,组织、策划、实施分裂国家、破坏国家统一的行为。**背叛国家罪**,表现为中国公民与国外或者境外势力勾结,实施危害中国主权、领土完整和安全的行为。两者的**主要差异**,表现在:

14. **客观事实要素**:A. 实行行为不同:分裂国家罪的实行行为,表现为组织、策划、实施分裂国家、破坏国家统一;而背叛国家罪的实行行为,表现为勾结外国,或者与境外机构、组织、个人相勾结,危害中国的主权、领土完整和安全。相对而言,前者的核心是分裂国家,后者的核心是出卖国家。B. 行为主体不同:分裂国家罪的行为主体是一般主体,无论是中国公民还是外国人均可构成;而背叛国家罪的行为主体是特殊主体,必须是中国公民才能构成。

15. **客观规范要素**:分裂国家罪所侵害的具体法益,是国家的统一,包括各民族的统一、中央与地方的统一、香港、澳门、台湾与祖国大陆的统一等,这主要是对内而言的;而背叛国家罪所侵害的具体法益,是中国的主权、领土完整和安全,这主要是对外而言的。

16. **主观责任要素**:两罪的责任形式虽均为直接故意,但故意的内容有所不同。分裂国家罪具有分裂国家、破坏国家统一的直接故意,而背叛国家罪则持危害国家主权、领土完整和安全的直接故意。

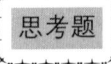

试述分裂国家罪实行行为的完成形态。

第88节 A 分裂国家罪的犯罪形态及法条解读

一、必要共犯并集合共犯

1. 本罪属于必要共犯,并且系"集合共犯"①。理由如下:**(1) 本罪的立法来源**:本罪系由 1979 年《刑法》第 92 条的规定而来。该第 92 条规定:"阴谋颠覆政府、分裂国家的,处无期徒刑或者 10 年以上有期徒刑。"这里的"阴谋",是指二人以上的谋议行为。**(2) 本罪的实行行为**:本罪的实行行为的构成要素之一是组织、策划、实施。其中,"组织"固然具有必要共犯的意义;"策划"是指"商讨与谋划",也具有多人进行的意思。而"实施"是将商讨谋划的内容付诸实行,站在其后的仍是多人的谋划。**(3) 本罪的处罚规定**:本罪处罚首要分子、积极参加者与一般参加者,这也表明本罪的成立具有多人进行的意思。当然,与处罚"首要分子"并列的还有处罚"罪行重大"者,对于这里的"罪行重大"者应当理解为犯罪活动中的作用显著者,这仍不失为本罪由多人构成的意义。

2. 本罪主体能否再行适用总则共犯处罚。对此,应当分别不同情况区别处理。例如,A(首要分子)纠集 B(积极参加者)共同实施分裂国家的行为,A 与 B 并不适用总则有关共同犯罪的处罚规定;但是,如果 A 与 B 均为首要分子,就可以考虑 A 与 B 构成《刑法》总则第 25 条的共同犯罪。②

二、法条解读

3. 本罪的基准罪状为第 103 条第 1 款前段的表述。本罪实行行为的基本形式是"组织、策划、实施",本罪系属"集合共犯"的犯罪形态,从而首要分子必先入罪,其罪行通常亦为基准罪行。本罪以"首要分子"为核心的罪状系属基准罪状,其后的"积极参加"行为以及"其他参加"行为,系属减轻罪状。

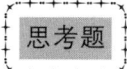

基准罪状的功能是什么?

第89节 武装叛乱、暴乱罪

1. 设置本罪的基本法条是《刑法》第 104 条;第 106 条对本罪的行为加重要素与相应量刑作了规定;第 113 条对本罪的结果与情节加重的要素与相应法定刑作了规定。

2. **武装叛乱、暴乱罪**,是指组织、策划、实施武装叛乱或者武装暴乱的行为。

---

① "集合共犯"与"相对共犯"相对(第 43 节段 15)。
② 详见张小虎:《论必要共犯适用总则共犯处罚原则的规则》,载《当代法学》2012 年第 5 期。

一、基准构成

（一）客观事实要素

3. **实行行为**：包括选择性方法行为与选择性目的行为两个要素。**（1）方法行为·选择行为**：组织、策划、实施。**（2）目的行为·选择行为**：武装叛乱或者武装暴乱。其中，**武装叛乱**，是指较大规模地使用武力，制造社会动乱，以投靠或者意图投靠境外敌对势力，而反叛国家和政府。**武装暴乱**，是指较大规模地使用武力，制造社会动乱，破坏社会秩序。

4. **行为主体**：本罪主体为一般主体，包括中国公民、外国人、无国籍人。

5. **既遂形态**：本罪是行为犯。

（二）客观规范要素

6. 本罪所侵害的具体法益，是人民民主专政政权和社会主义制度。

（三）主观责任要素

7. 本罪的主观责任形式为直接故意，故意内容指向由本罪实行行为为核心征表的"我国民主政权与社会制度法益被侵状态"。行为人具有破坏民主政权与社会制度的目的。

二、法定刑

8. **基准法定刑**：根据《刑法》第104条第1款前段的规定，对武装叛乱、暴乱罪的首要分子或者罪行重大者，处无期徒刑或者10年以上有期徒刑。

9. **减轻法定刑**：根据《刑法》第104条第1款中段与后段的规定，对武装叛乱、暴乱罪的积极参加者，处3年以上10年以下有期徒刑；对武装叛乱、暴乱罪的其他参加者，处3年以下有期徒刑、拘役、管制或者剥夺政治权利。

10. **加重法定刑**：根据《刑法》第113条第1款的规定，犯武装叛乱、暴乱罪对国家和人民危害特别严重、情节特别恶劣的，可以判处死刑。

11. **一般没收**：《刑法》第113条第2款对危害国家安全罪的各罪设置了一般没收。由此，犯武装叛乱、暴乱罪的，可以并处没收财产。

> 思考题

武装叛乱与武装暴乱的区别是什么？

第89节 A 武装叛乱、暴乱罪的从重量刑及与近似罪的区别

一、法定从重量刑的两种情形

（一）特定策动行为的从重

1.《刑法》第104条第2款对以**特定策动行为**犯本罪而从重处罚作了具体规定。

适用该款规定的具体要素：**(1)特定行为**：行为人除了实施本罪的基准行为(A)之外，还实施了本罪的应予从重处罚行为(B)。其中，A为组织、策划、实施武装叛乱或者武装暴乱的行为；B为策动、胁迫、勾引、收买特定对象的行为。**策动**，是指策划、鼓动；**胁迫**，是指威胁、强迫；**勾引**，是指以名誉、地位、色情等引诱；**收买**，是指用钱财或者其他好处笼络人，使受利用。"策动""胁迫"等行为原本具有总则共犯行为的性质，但是由于分则既已将其提升而作为从重处罚事实根据的行为要素，从而不再基于这一行为特征而适用总则的共犯处罚原则。但是，如果两人共同实施"策动"等行为，则仍可成立《刑法》总则第25条的共同犯罪，适用总则共犯的处罚原则。① **(2)特定对象**：应予从重处罚行为所针对的对象具有特定性，即"国家机关工作人员、武装部队人员、人民警察、民兵"。只有针对这些特定对象实施策动、胁迫、勾引、收买而犯本罪的，方可从重处罚。

（二）特定勾结行为的从重

2.《刑法》第106条对以**特定勾结行为**犯本罪而从重处罚作了具体规定。适用该条规定的具体要素：**(1)特定行为**：行为人除了实施本罪的基准行为(A)之外，还实施了本罪的应予从重处罚行为(B)。其中，B为与境外机构、组织、个人相勾结的行为。"勾结"原本具有总则共犯行为的性质，但是由于分则既已将其提升而作为从重处罚事实根据的行为要素，从而如果仅一人成立本罪则单独适用分则规定。但是，如果两人共同实施"勾结"行为，则仍可成立《刑法》总则第25条的共同犯罪，适用总则共犯的处罚原则。② **(2)特定对象**：应予从重处罚行为所针对的对象具有特定性，即勾结的对象应是"境外机构、组织、个人"。

二、本罪从重处罚的事实与背叛国家罪

3. 本罪从重事实构成(A)与背叛国家罪基准构成(B)，存在较大的相似之处。但是，A与B两者，仍有关键性的区别。在此仅分析A与B之实行行为的表现。**(1)行为相似之处**：本罪从重事实构成的实行行为由两项要素构成：Ⅰ.与境外机构、组织、个人相勾结；Ⅱ.组织、策划、实施武装叛乱、武装暴乱。背叛国家罪基准构成的实行行为也由两项要素构成：Ⅰ.勾结外国，或者与境外机构、组织、个人相勾结；Ⅱ.危害中国主权、领土完整和安全。相对而言，在Ⅰ项要素上，两者均可为"与境外机构、组织、个人相勾结"。**(2)行为关键区别**：A与B之实行行为区别的关键在于Ⅱ项要素。作为A之实行行为的"组织、策划、实施武装叛乱"，虽也有"反叛国家"的意义，但其系以较大规模地使用武力制造社会动乱，继而投靠境外敌对势力的方式，而反叛国家和政府；而作为B之实行行为的"危害中国主权、领土完整和安全"，虽也有"背叛国家"的意义，但其系以出卖国家主权、领土的方式，而背叛国家。**(3)准型的数行为**：行为人"与境外机构、组织、个人相勾结"(Ⅰ)，既"较大规模地使用武力制造

---

① 详见张小虎：《论必要共犯适用总则共犯处罚原则的规则》，载《当代法学》2012年第5期。

② 详见同上。

社会动乱并投靠境外敌对势力"（Ⅱ₁），同时又"出卖国家主权、领土"（Ⅱ₂），在此，对于 A 与 B 之实行行为的构成来说，Ⅱ₁ 与 Ⅱ₂ 这两项行为同时利用了Ⅰ这一项行为，从而此可谓准型的数行为，即（Ⅰ+Ⅱ₁）（Ⅰ+Ⅱ₂）。在此案中，如行为人缺乏同一主导意图支配，则此案构成数罪。不过，在存在同一主导意图支配的场合，也不排除成立牵连犯。

> **思考题**
>
> 我国《刑法》第 104 条第 2 款的规定在现实中可以表现为哪些具体情形？

第 90 节 间 谍 罪

1. 设置本罪的基本法条是《刑法》第 110 条，第 113 条对本罪的结果与情节加重的要素与相应法定刑作了规定。

2. **间谍罪**，是指参加间谍组织，或者接受间谍组织及其代理人的任务，或者为敌人指示轰击目标的行为。

一、基准构成

（一）客观事实要素

3. **实行行为**：表现为三种形式，具备其中之一即可成立：**(1) 参加间谍组织**。**间谍组织**，是指外国政府或者境外敌对势力建立的，旨在收集我国情报，对我国进行颠覆破坏活动等危害我国国家安全和利益的组织。**参加间谍组织**，是指通过履行一定的手续加入间谍组织成为间谍组织成员的行为。**(2) 接受间谍任务**：接受间谍组织及其代理人的任务。**间谍组织代理人**，是指受间谍组织或者其成员的指使、委托、资助，进行或者授意、指使他人进行危害中华人民共和国国家安全的人。**接受间谍组织及其代理人的任务**，是指行为人虽然没有加入间谍组织，但是接受了间谍组织或者其代理人的命令、派遣、指使、委托。**(3) 指示轰击目标**：为敌人指示轰击目标。

4. **行为主体**：本罪主体为一般主体，包括中国公民、外国人、无国籍人。

5. **既遂形态**：本罪是行为犯。

（二）客观规范要素

6. 本罪所侵害的具体法益，是中华人民共和国国家安全。

（三）主观责任要素

7. 本罪的主观责任形式为直接故意，故意内容指向由本罪实行行为为核心征表的"中国国家安全法益被侵状态"。行为人具有危害国家安全的目的。同时，行为人具有特定明知，包括：明知是间谍组织而参加；明知是间谍组织及其代理人的任务而接受；明知是敌人而为其指示轰击目标。

二、法定刑

8. 基准法定刑：根据《刑法》第 110 条前段的规定，犯间谍罪的，处 10 年以上有期徒刑或者无期徒刑。

9. 减轻法定刑：根据《刑法》第 110 条后段的规定，犯间谍罪情节较轻的，处 3 年以上 10 年以下有期徒刑。

10. 加重法定刑：根据《刑法》第 113 条第 1 款的规定，犯间谍罪对国家和人民危害特别严重、情节特别恶劣的，可以判处死刑。

11. 一般没收：《刑法》第 113 条第 2 款对危害国家安全罪的各罪设置了一般没收。由此，犯间谍罪的，可以并处没收财产。

三、本罪与为境外窃取、刺探、收买、非法提供国家秘密、情报罪

12. 为境外窃取、刺探、收买、非法提供国家秘密、情报罪，是指为境外的机构、组织、人员窃取、刺探、收买、非法提供国家秘密或者情报的行为。间谍罪与为境外窃取、刺探、收买、非法提供国家秘密、情报罪的**主要差异**，表现在：**(1) 客观事实要素**：实行行为及其附随要素不同。间谍罪的实行行为及其附随要素（Ⅰ），表现为参加间谍组织（A），或者接受间谍组织及其代理人的任务（B），或者为敌人指示轰击目标（C）；而为境外窃取、刺探、收买、非法提供国家秘密、情报罪的实行行为及其附随要素（Ⅱ），表现为为境外的机构、组织、人员窃取、刺探、收买、非法提供国家秘密或者情报（D）。对比Ⅰ与Ⅱ两者，在规范设置的构成要素上，A、B、C 不同于 D。**(2) 主观责任要素**：A. 故意类型不同：间谍罪由直接故意构成，对行为造成国家安全损害的结果持希望态度；为境外窃取、刺探、收买、非法提供国家秘密、情报罪由故意构成，对行为造成国家安全损害的结果可以持放任态度。B. 明知内容不同：间谍罪，行为人对行为对象的明知指向间谍组织、间谍组织代理人、敌人。而为境外窃取、刺探、收买、非法提供国家秘密、情报罪，行为人对行为对象的明知指向境外的机构、组织、人员。

13. 牵连犯：行为人明知是境外的间谍组织而接受其刺探国家情报的任务，并为其刺探国家情报（X）。此系本题所述两罪牵连犯的具体形态。对此，理解的关键点在于 X 情形中存在具有牵连关系的两个行为。接受间谍组织的任务（B）是一个行为，在此只要行为人接受任务行为即告完成，并未要求将任务付诸实现；而为境外组织刺探国家情报（D）又是一个行为，在此行为人须将刺探情报付诸实施才告行为的完成。而对于 B 与 D，行为人主观上存在一个主导的犯罪意图支配，客观上按照一般社会经验具有当然联系。

接受间谍组织的任务在现实中可能表现为哪些具体情形？

第91节 危害国家安全罪的其他具体犯罪选读

一、煽动分裂国家罪

1. 煽动分裂国家罪(《刑法》第103条第2款),是指煽动分裂国家、破坏国家统一的行为。

2. 本罪的基准实行行为是,煽动分裂国家或煽动破坏国家统一。**煽动**,是指以各种方法鼓动、怂恿,引起他人产生或者增强他人既已产生的分裂国家、破坏国家统一的犯罪决意的行为。

3. 对于煽动对象的特定与否,刑法理论存在不同见解。应当说,煽动仅限针对不特定人。煽动不同于教唆。教唆仅限针对特定的人。另外,煽动可为增强他人既有的犯罪决意,而教唆仅限产生他人的犯罪决意。行为人教唆他人犯分裂国家罪的,应当构成分裂国家罪的教唆犯。将煽动定义为包括针对特定的人,混淆了煽动与教唆,将会轻纵相应犯罪,从而有违本罪之提升实行行为的立法原意。

二、资助危害国家安全犯罪活动罪

4. 资助危害国家安全犯罪活动罪(第107条),是指境内外机构、组织或者个人资助实施背叛国家罪、分裂国家罪、煽动分裂国家罪、武装叛乱、暴乱罪、颠覆国家政权罪、煽动颠覆国家政权罪的行为。

5. 本罪的基准实行行为是,资助实施特定的危害国家安全罪。**资助**,是指通过提供金钱、财物、设备、场所等物质条件予以支持和帮助。

6. 这里的"资助"不同于共犯的"帮助"。共犯的**帮助行为**,通常成立于背叛国家罪、分裂国家罪等实行行为着手之后,犯罪完成之前。帮助行为与实行行为相对,没有实行行为就没有帮助行为;帮助犯主要是指事中帮助,事前帮助以被帮助人其后着手实行行为为条件。实施结束之后的帮助行为构成共同犯罪的,以事前通谋为条件,对于事后共犯不予承认。而这里的**资助行为**,既可以发生在背叛国家罪、分裂国家罪等特定危害国家安全罪的实施之前,或者实施之中,也可以发生在这些特定犯罪行为的实施之后。对于原本作为特定他罪共犯帮助行为的资助行为,定特定他罪的帮助犯并适用相应特定他罪的法定刑。否则,难免轻纵相应犯罪,并且有违本罪之提升实行行为的立法原意。另外,倘若行为超出了"资助",而直接参与了所助之罪的实施,则同时构成所助之罪的共犯。

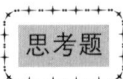

煽动与教唆的区别是什么?

第25章 危害公共安全罪

第92节 危害公共安全罪概述

一、危害公共安全罪的本体构成

1. **危害公共安全罪**,是指故意或者过失地实施危及不特定人的生命、健康或者财产安全,尚未造成严重后果(行为犯)、足以造成严重后果(危险犯)或者已经造成严重后果(实害犯)的行为。

(一)客观事实要素

2. **实行行为**:危及公共安全行为。本章各罪的法定行为方式,表现为:(1)**多数系作为**:例如,破坏交通工具行为(《刑法》第116条),劫持航空器行为(第121条),盗窃、抢夺枪支、弹药、爆炸物、危险物质行为(第127条第1款)等。(2)**个别系不作为**:例如,丢失枪支不报的行为(第129条)。(3)**少数系作为并不作为**:例如,交通肇事行为的违反交通运输管理法规的行为(第133条),在交通运输管理法规属于命令性规范时,交通肇事行为表现为不作为;在交通运输管理法规属于禁止性规范时,交通肇事行为表现为作为。

3. **特定构成结果**:本章各罪有许多为结果犯,其特定构成结果表现为:(1)**足以造成严重后果(危险结果)**:例如,破坏交通设施罪(第117条)基准构成的客观事实要素,须有"足以使火车、汽车、电车、船只、航空器发生倾覆、毁坏危险,尚未造成严重后果"这一特定构成结果(危险结果)。(2)**已经造成严重后果(实害结果)**:例如,交通肇事罪(第133条)基准构成的客观事实要素,须有"发生重大事故,致人重伤、死亡或者使公私财产遭受重大损失"这一特定构成结果(实害结果)。

4. **行为主体**:本章各罪的行为主体,具体表现为:(1)**多数系一般主体**:例如,放火罪(第114条)、破坏交通工具罪(第116条)。其中,放火罪、爆炸罪、投放危险物质罪的主体,是已满14周岁的人。(2)**少数系特殊主体**:须为从事特定业务或者具有特定职务的人员。例如,铁路运营安全事故罪(第132条)的法定主体,须为铁路职工。(3)**自然人或单位**:例如,非法制造、买卖、运输、邮寄、储存枪支、弹药、爆炸物罪(第125条)的法定主体,包括了自然人与单位。(4)**须由单位**:例如,违规制造、销售枪支罪(第126条)、工程重大安全事故罪(第137条)的法定主体,仅为单位。(5)**须由自然人**:例如,放火罪(第114条)、破坏交通工具罪(第116条)、组织、领导、参加恐怖组织罪(第120条)、劫持航空器罪(第121条)等的法定主体,仅为自然人。

5. **既遂形态**:本章各罪的既遂形态类型表现为:(1)**行为犯**:例如,劫持航空器罪(第121条)。(2)**危险犯**:例如,放火罪(第114条)、破坏交通工具罪(第116条)

(3) 实害犯:例如,重大飞行事故罪(第 131 条),重大责任事故罪(第 134 条第 1 款)、强令、组织他人违章冒险作业罪(第 134 条第 2 款)。

(二) 客观规范要素

6. 本章各罪所侵害的类型法益是公共安全。对此,刑法理论颇存争议,应予具体考究(第 113 节 A 段)。

(三) 主观责任要素

7. 本章各罪的主观责任形式,表现为故意或者过失。**(1) 有的系直接故意**:例如,抢劫枪支、弹药、爆炸物、危险物质罪(第 127 条第 2 款)。**(2) 有的系故意**:包括直接故意与间接故意。例如,放火罪、爆炸罪、投放危险物质罪(第 114 条)。**(3) 有的系过失**:例如,交通肇事罪(第 133 条)、重大飞行事故罪(第 131 条)。

二、危害公共安全罪的种类

8. 基于行为特征的具体类型,可以将我国《刑法》"第二章危害公共安全罪"分为五类:

9. **用危险方法危害公共安全的犯罪**。包括:放火罪,失火罪,决水罪,爆炸罪,投放危险物质罪,以危险方法危害公共安全罪,过失以危险方法危害公共安全罪等。

10. **破坏公共设备、设施危害公共安全的犯罪**。包括:破坏交通工具罪,过失损坏交通工具罪,破坏交通设施罪,破坏电力设备罪,破坏易燃易爆设备罪等。

11. **实施恐怖危险活动危害公共安全的犯罪**。包括:组织、领导、参加恐怖活动组织罪,帮助恐怖活动罪,准备恐怖活动罪,劫持航空器罪,暴力危及飞行安全罪等。①

12. **违反枪支、弹药、爆炸物及危险物质管理规定危害公共安全的犯罪**。包括:非法制造、买卖、运输、邮寄、储存枪支、弹药、爆炸物罪,违规制造、销售枪支罪等。

13. **造成重大责任事故危害公共安全的犯罪**。包括:重大飞行事故罪,铁路运营安全事故罪,交通肇事罪,危险驾驶罪,妨害安全驾驶罪,重大责任事故罪,危险作业罪等。

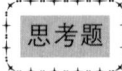

我国《刑法》上法定行为方式包括作为与不作为的犯罪有哪些类型?

第 92 节 A 危害公共安全罪客观规范要素的具体分析

一、公共安全界说的分歧

1. 刑法理论对公共安全的界说颇存争议,主要存在如下见解:A. 不特定多数人

---

① 详见张小虎:《反恐怖活动的刑法立法分析》,载《法学评论》2002 年第 5 期。

的;B. 不特定或者多数人的;C. 多数人的;D. 不特定人的(生命、健康和重大财产安全)。①

二、公共安全界说的定位

2. 本书主张,公共安全是指不特定人的生命、健康或者财产安全。对此,分述如下:

3. **不特定的含义**:不特定是指行为人侵害行为所危及的对象、范围和程度,或者是行为人无法预料和控制的(A,行为承受),或者是由行为人肆意加以拓展和扩张的(B,行为针对),由此造成社会成员共同生活空间中所有在场人员与财物的被害的现实可能。例如:A. 在公共场所制造爆炸事件。这里强调的是,行为所危及的对象、范围和程度,是行为人无法预料和控制的,而致所有在场人员与财物均有被害的现实可能;B. 在公共场所驾车冲撞人群。在此强调的是,行为所针对的对象、范围和程度,是由行为人肆意加以扩张的,而致所有在场人员与财物均有被害的现实可能。

4. **行为时危及与行为前针对**:行为时危及的对象、范围与行为前针对的对象、范围是两个不同的概念。行为时危及的对象与范围,是指行为发生时,可能被行为所侵害的对象、范围;而行为前针对的对象与范围,是指行为发生前,行为所预计指向的对象、范围。有时尽管行为前针对的对象是不特定的,但是行为时受行为危及的对象及范围却是特定的。如案例92A-1中甲的拦路抢劫所针对的对象可能是无法预料的,但是其行为时所危及的对象及范围是确定的。有时尽管行为前针对的对象是特定的,但是行为时受行为危及的对象与范围却是不特定的。如案例92A-2中甲的爆炸行为所针对的对象只是乙,但是在公共场所实施这一行为其危及的对象和范围则是无法预料和控制的。公共安全,就是社会上每个人的安全,即不特定人的安全;强调行为时,行为危及的对象与范围是不特定的。例如,驾车冲撞人群、放火、爆炸等。

案例92A-1:甲夜间携带刺刀守候在某个路口,伺机抢劫路过的人员。

案例92A-2:甲为了泄愤伺机杀害乙,某日乘乙在公园晨练时引爆了预先设置的炸药。

5. **人数多寡**:对于公共安全中人数多寡的问题,本书认为,"不特定人"即包含着涉及多数人的意义。危及不特定人的核心意义,是可能被行为波及的人很多,凡处于一定的公共空间中的人均有可能被危及。申言之,尽管实际受到侵害的可能是其中的个别人,也可能是其中的许多人,但是被危及的则是多数人。因此,"危及多数人"与"同时造成了多数人的损害"不是一个概念。由此,所谓"特定的个人或少数人的生命受到侵害,这是杀人罪;若多数人的生命受到侵害,这是涉及危害公共安全"②,这种说法是值得推敲的。

---

① 详见张小虎:《罪刑分析(上册)》,北京大学出版社2002年版,第21页。
② 赵秉志主编:《刑法相邻相近罪名界定与运用(上册)》,吉林人民出版社2000年版,第95页。

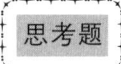

立于公共安全界说的视角,如何理解"多数人"这个概念?

第 92 节 B 危险犯的解读

1. 作为危害公共安全的一类犯罪,我国《刑法》分则在本章中规定了诸多危险犯。

一、危险犯界说的考究

2. 大陆法系刑法理论在对"公共危险罪"的阐释中,通常将该罪界定为对于公众的生命、健康、财产具有危险性的犯罪;而公共危险罪又有抽象公共危险犯(罪)与具体公共危险犯(罪)之分。其中,抽象公共危险犯的特征是,犯罪构成所须之危险为"特定法益的抽象危险",对于这一公共危险构成要件要素并未表述,刑法实务中无须查证行为人主观上对于这一危险是否认识;而具体公共危险犯的特征是,犯罪构成所须之危险为具体危险,这一危险在构成要件要素中设有"致生公共危险"的表述,刑法实务中必须查证与判断这种具体公共危险是否确有存在。①

二、危险犯界说的定位

3. 立于本书对危险犯的界说(第 39 节 A 段 12):危险犯也是一种结果犯;法益侵害的现实危险或者实际损害(法益侵害结果),是违法性的征表(第 19 节 A 段 14);在客观事实要素中,以危险结果为特定构成结果的,方系危险犯的重要标志;这一危险结果由刑法分则具体规定,包括抽象危险结果或具体危险结果;抽象危险结果者为抽象危险犯,而具体危险结果者为具体危险犯。由此,类似本章放火罪(第 114 条)等的危险犯为抽象危险犯;类似本章破坏交通工具罪(第 116 条)等的危险犯为具体危险犯。大陆法系刑法理论所谓抽象公共危险犯,由于缺乏法律文本上的应有的标志,而所谓抽象危险的具备系由"构成要件要素的彼此关联"呈现②,也使得抽象危险的要素地位与内容至为含糊,从而难以与相应的行为犯形成较为明确的界分。

抽象公共危险犯与行为犯有何关系?

---

① 参见林山田:《刑法各罪论(下册)》,北京大学出版社 2012 年版,第 155—156 页;〔日〕大谷实:《刑法各论》,黎宏译,法律出版社 2003 年版,第 261、270 页。

② 参见林山田:《刑法各罪论(下册)》,北京大学出版社 2012 年版,第 155 页。

第93节 放 火 罪

1. 设置放火罪的基本法条是《刑法》第114条。第115条第1款对该罪的加重罪状与法定刑作了规定。

2. **放火罪**是指故意引起对象物燃烧,危及公共安全的行为。

一、基准构成

(一) 客观事实要素

3. **实行行为**:引起燃烧,具体是指使用各种引火物或者其他方法,引起对象物燃烧的行为。**(1)** 故意引起对象物燃烧,即为放火,依存于放火罪;过失引起对象物燃烧,即为失火,依存于失火罪。**(2)** 在刑法分则条文没有特别表述的场合,作为是法定行为方式的通例。放火的法定行为方式属于作为,不过我国刑法理论与司法实践也承认不纯正的不作为放火,因而在实际中放火的方法包括作为与不作为。

4. **行为对象**:放火行为直接作用于对象物(直接对象——点燃的目的物),而间接作用于不特定人的生命、健康、财产(间接对象——燃烧的波及面)。

5. **行为结果**:危险结果,即造成不特定人伤亡或重大财产损毁的现实危险状态。

6. **行为主体**:本罪主体为一般主体,且刑事责任年龄系已满14周岁。

7. **既遂形态**:放火罪是危险犯,以危险结果为客观事实要素的特定构成结果。

(二) 客观规范要素

8. 本罪所侵害的具体法益,是公共安全,即不特定人的生命、健康或者财产安全。

(三) 主观责任要素

9. 本罪的主观责任形式为故意,包括直接故意与间接故意。故意内容指向由放火行为"造成危及公共安全现实状态"为核心征表的"公共安全法益被侵状态"。放火动机并不决定本罪的构成,但可以影响量刑。现实中,放火动机表现为多种多样,如湮灭罪证、报复等。

二、法定刑

10. **基准法定刑**:根据《刑法》第114条的规定,放火危及公共安全,尚未造成严重后果的,处3年以上10年以下有期徒刑。

11. **加重法定刑**:根据《刑法》第115条第1款的规定,放火危及公共安全,致人重伤、死亡或者使公私财产遭受重大损失的,处10年以上有期徒刑、无期徒刑或者死刑。

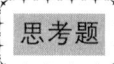

为什么说放火罪是危险犯?

第 93 节 A　放火罪的犯罪形态

一、放火罪的加重犯

1.《刑法》第 115 条第 1 款,将放火造成实际损害作为放火罪的加重构成。**(1) 构成要素**:实施放火行为,危及公共安全,并且致人重伤、死亡或者使公私财产遭受重大损失。**(2) 加重类型**:结果加重犯。

2. 造成火灾严重后果的三种犯罪形态比较:(1) **直接故意放火**:案例 93A-1 系适例,对该案可按如下思路评价:A 与 B 系一个整体,B 之行为与结果是以 A 之基准构成的框架为依存的。(2) **间接故意放火**:案例 93A-2 系适例,对该案可按先行行为与其后不作为犯的处置(第节段)来评价:A 系先行行为产生作为义务,B 系不作为的间接故意放火加重犯。(3) **过失引起火灾**:案例 93A-3 系适例,在该案中 A 系过失引起燃烧的行为,而对于 B 来说,行为人不知起火也就无从履行救火,进而无所谓不作为,但 B 之结果由 A 行为引起。

案例 93A-1:甲故意放火危及公共安全(A),火势蔓延之际甲袖手于现场任火延烧,终致人员伤亡的实害结果(B)。

案例 93A-2:甲抽烟不慎将烟头掷于森林的草丛中而起火(A),甲明知却不予采取措施,离场而去而放任燃烧后果,致使森林被大面积烧毁(B)。

案例 93A-3:甲抽烟不慎将烟头掷于森林的草丛中(A),行为人随即离场而去,其后起火而行为人对此并不知晓,致使森林被大面积烧毁(B)。

二、放火罪的既遂与未遂

3. 放火罪是抽象危险犯,刑法理论上通常将发生目的物烧毁的结果,作为放火罪既遂成立的标准。然而,对烧毁结果的确认却有着不同的观点,包括:A. 目的物独立燃烧说;B. 目的物效用丧失说;C. 目的物重要部分开始独立燃烧说。其中,A 系通说。①

4. 本书亦持"独立燃烧说"的立场,而又奠基于本书对抽象危险犯的界说。放火罪是一种抽象危险犯,即通常认为放火行为成立,行为的危险结果也就存在(第 39 节 A 段 13)。由此,说明放火既遂的"燃烧事实特征"应当能够恰当地表述"放火行为成立"与"危险结果存在",而"独立燃烧说"的蕴含则可表述此意。具体地说,"放火

---

① 详见张小虎:《罪刑分析(上册)》,北京大学出版社 2002 年版,第 26 页。

达到了使目的物独立燃烧程度",可谓"放火行为成立",即在这种场合放火行为既已完成;同时,"放火达到了使目的物独立燃烧程度",也不失"危险结果存在",即在这种场合行为对公共安全的危险性达到了相当的程度。

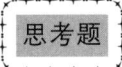

试述放火罪未遂的具体表现。

第 93 节 B　放火罪与相关犯罪

一、放火罪与故意杀人罪

1. 放火罪与故意杀人罪的概念各异,两者的**主要区别**:(1) **实行行为**:放火罪的实行行为是引起对象物燃烧;而故意杀人罪的实行行为是非法剥夺他人生命。(2) **行为对象**:放火罪行为的直接对象是点燃的目的物,间接对象是不特定人的生命、健康与财产;而故意杀人罪行为的对象是他人生命。(3) **行为结果**:放火罪是危险犯,其特定构成结果系危及公共安全的危险结果;而故意杀人罪是实害犯,其特定构成结果系造成他人死亡的实害结果。(4) **侵害法益**:放火罪侵害的具体法益是公共安全;而故意杀人罪侵害的具体法益是他人的生命权利。

2. 放火罪与故意杀人罪的关键区别是行为危及对象的特定与否(是否危及公共安全):(1) **故意杀人罪**:案例 93B-1 系适例。(2) **放火罪**:案例 93B-2 系适例。

案例 93B-1:甲对居住于个人庄园独栋房内的乙以放火的方法施以杀害,该行为不足以危及公共安全。

案例 93B-2:甲对居住于各家毗连的塔楼中的 A 户内的乙以放火的方法施以杀害,该行为也足以危及公共安全。

3. 法定的放火罪与故意杀人罪何者更重?对此可以分别以下三项分析:(1) **普通的故意杀人罪重于普通的放火罪**。理由是,故意杀人罪的基准法定刑是"处死刑、无期徒刑或者 10 年以上有期徒刑",而放火罪的基准法定刑是"处 3 年以上 10 年以下有期徒刑"。显然,前者重于后者。(2) **加重的放火罪并不轻于普通的故意杀人罪**。理由是,放火罪的加重法定刑(A),与故意杀人罪的基准法定刑(B)一致。虽然从排序来看,似乎后者(B)比前者(A)更重,但是对应于罪状所列情形的排序,位居放火罪加重法定刑(A)首位的"10 年以上有期徒刑"是针对"致人重伤"的,这比《刑法》第 234 条第 2 款前段的故意伤害致人重伤的法定刑要重。从这个意义上说,放火罪致人死亡的法定刑,并不轻于故意杀人罪的基准法定刑。(3) **立法者认为放火是更为严重的犯罪**。理由是,放火罪系危险犯,而故意杀人罪为实害犯。这意味着《刑法》将放火产生危险结果作为处罚基准,而将杀人产生实害结果作为处罚基准。再者,故意杀人罪设置了减轻法定刑,而放火罪没有减轻法定刑。这意味着,在杀人实害的场合可以"处3年以上10年以下有期徒刑",而放火无须实害就应"处3年以上10年以下有期徒刑",一旦有实害则至少"处10年以上有期徒刑"。

二、放火罪与故意毁坏财物罪

4. 两者的**主要区别**:(1)**实行行为**:放火罪的实行行为是引起对象物燃烧,而故意毁坏财物罪的实行行为是毁灭或者损坏他人财物。(2)**行为结果与情节**:放火罪是危险犯,以危及公共安全的危险结果为构成要素;而故意毁坏财物罪是数额犯与情节犯,以毁灭或者损坏的他人财物数额较大或者有其他严重情节为构成要素。(3)**侵害法益**:放火罪侵害的具体法益,是公共安全;而故意毁坏财物罪侵害的具体法益是财物管理秩序。

5. 放火罪与故意毁坏财物罪的关键区别是行为危及对象的特定与否(是否危及公共安全):(1)**故意毁坏财物罪**:案例93B-3系适例。(2)**放火罪**:案例93B-4系适例。

案例93B-3:甲放火焚烧乙堆积在某单位空旷广场上的货物,但不足以危及公共安全。

案例93B-4:甲放火焚烧乙仓库中的货物,而仓库与其他厂房毗连,放火行为也足以危及公共安全。

三、事后放火行为的定性

6. 行为人在实施盗窃、杀人、强奸等犯罪后又放火焚毁罪迹。对此,也应分别不同情况作出处理:(1)**案例93B-5**:甲构成盗窃罪及故意毁坏财物罪,数罪并罚。(2)**案例93B-6**:甲构成盗窃罪及放火罪,数罪并罚。

案例93B-5:甲在个人庄园独栋居住的乙家窃得大量财物,离开现场时为了灭迹又将屋内的被褥点燃,烧毁财物价值3万余元。

案例93B-6:甲在某公厂仓库窃得大量财物,离开现场时为了灭迹又引燃办公桌,造成厂区火灾经济损失10万余元。

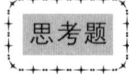

司法实践中如何处理与放火相关的罪数形态?

第94节 破坏交通工具罪

1. 设置本罪的基本法条是《刑法》第116条。第119条第1款对本罪的加重罪状与法定刑作了规定。

2. **破坏交通工具罪**,是指故意破坏火车、汽车、电车、船只、航空器,足以使火车、汽车、电车、船只、航空器发生倾覆、毁坏危险的行为。

一、基准构成

(一) 客观事实要素

3. **实行行为**：引起损毁，即破坏。**(1) 破坏**，是指损毁、拆卸交通工具的整体或者重要部件，由此使之功能丧失并将影响到交通运输的安全的行为。因此，这里的"破坏"不同于日常生活中通常意义上的"破坏"。如果行为人只是对交通工具的坐椅、灯具、卫生设备等辅助设施进行破坏，不足以使交通工具发生危及交通运输安全的倾覆或者毁坏危险的，则不构成作为本罪构成要素的破坏。**(2)** 破坏的方法不是构成本罪的法定要素，从而除非基于方法而出现竞合犯，通常方法并不影响本罪的定性。

4. **行为对象**：正在使用中的火车、汽车、电车、船只、航空器。**(1) 正在使用中**：是指交通工具正在行驶、航运或者飞行中(A)，或者已交付使用而停靠在车站、码头、机场待用(B)。其中，B的解释可谓论理上的扩张解释。长期不用、停放在仓库或者待修待售的交通工具，不属于这里的"正在使用中"。**(2) 仅限五种特定的交通工具**：行为人侵害法定以外的交通工具，例如自行车、三轮车、手推车等，则不构成破坏交通工具罪。而破坏家庭正在使用的小型汽车，仍然构成破坏交通工具罪。**(3) 对"汽车"的解释**：尤其是农用拖拉机是否属于这里的汽车？对此刑法理论存在肯定与否定的不同见解。本书对汽车作如下定义：汽车是指由自动机械动力牵引，依法可以在公共交通道路上行驶，用作人员与货物运载或道路作业，通常表现为双排轮胎的交通工具。由此，对于破坏**农用拖拉机**的，应当区分不同情形定性。如果拖拉机只是用作耕地，如同多数手扶拖拉机那样，而依法不可在公共交通道路上行驶的，则对之破坏通常不构成破坏交通工具罪；如果拖拉机不只是用作农用，而且可以依法在公共交通道路上行驶承担运输功能，则可将其视作汽车的一种，对这种拖拉机破坏构成破坏交通工具罪。

5. **行为结果**：危险结果，即造成足以使火车、汽车、电车、船只、航空器发生倾覆或者毁坏的现实危险状态。所谓**倾覆**，是指汽车、电车翻车，火车出轨，船只翻沉，航空器坠毁；所谓**毁坏**，是指对涉及行驶安全的部件或车体进行拆卸、损毁等损坏从而使之功能丧失。

6. **行为主体**：本罪主体为一般主体。

7. **既遂形态**：破坏交通工具罪是危险犯。

(二) 客观规范要素

8. 本罪所侵害的具体法益，是交通运输安全，这是公共安全的一种具体类型；具体是指以火车、汽车、电车、船只、航空器的正常功能与运行为基础的不特定人的生命、健康和财产安全。

(三) 主观责任要素

9. 本罪的主观责任形式为故意，包括直接故意与间接故意。故意内容指向由本罪特定构成结果(危险结果)为核心征表的"交通运输安全法益被侵状态"。破坏动机并不决定本罪的构成，而可以影响量刑。现实中，动机表现为多种多样，如泄愤报复、贪财图利等。

二、加重构成

10. 《刑法》第 119 条第 1 款,将破坏交通工具造成严重后果作为破坏交通工具罪的加重构成(结果加重犯)。这里的"造成严重后果",表现为致使交通工具发生倾覆或者毁坏,造成人员伤亡或者重大财产损失等。案例 94-1 系适例。

案例 94-1:甲为报复,将乙停放待用的汽车上的刹车油管及部分刹车线掐断,乙不知而驾驶造成车毁人亡的严重后果。

三、法定刑

11. **基准法定刑**:根据《刑法》第 116 条的规定,破坏交通工具,足以发生危险,尚未造成严重后果的,处 3 年以上 10 年以下有期徒刑。

12. **加重法定刑**:根据《刑法》第 119 条第 1 款的规定,破坏交通工具,造成严重后果的,处 10 年以上有期徒刑、无期徒刑或者死刑。

思考题

对下列行为应当如何定性?

案例 94-2:甲盗窃停放在车场上待用的公交车上的汽油,由于天黑看不清楚于是点燃打火机照明,结果起火将该公交车烧毁。

案例 94-3:甲将停放在车场上待用的日产 GTR 跑车上的 4 个轮胎秘密卸下并取走,价值 4 万余元。

案例 94-4:甲为泄愤将停放在车场上待用的汽车左后轮的五颗螺丝拧松。

案例 94-5:甲持猎枪狩猎飞鸟,时值某次高铁列车驶来,甲向行驶中列车边上的飞鸟开枪,结果击中列车司机室前挡风玻璃,造成整个玻璃破损价值 30 万元,列车被迫降速。

第 94 节 A 破坏交通工具罪与相关犯罪

一、破坏交通工具罪与故意毁坏财物罪

1. 毁坏亦为一种破坏,而交通工具也系一种财物,然而根据我国《刑法》分则的规定,破坏交通工具罪与故意毁坏财物罪不仅具体犯罪性质各异而且分属不同的类罪。两者的**主要区别**:**(1)** **实行行为的本质含义**:破坏交通工具罪的实行行为"破坏",是指损毁特定交通工具的整体或重要部件,使之安全性能丧失,从而危及交通安全;而故意毁坏财物罪的实行行为"毁灭或者损坏",是指损毁他人财物,使之使用效能丧失,从而致其原有价值灭失。**(2)** **行为对象**:破坏交通工具罪的行为对象,必须

是正在使用中的火车、汽车、电车、船只、航空器;而故意毁坏财物罪的行为对象,系他人财物而无具体的限定。**(3) 行为结果与情节**:破坏交通工具罪是危险犯,以足以使交通工具发生倾覆或者毁坏危险的危险结果为构成要素;而故意毁坏财物罪是数额犯与情节犯,以毁灭或者损坏的他人财物数额较大或者有其他严重情节为构成要素。**(4) 侵害法益**:破坏交通工具罪侵害的具体法益是交通运输安全,而故意毁坏财物罪侵害的具体法益是财物管理秩序。

2. 规定破坏交通工具罪的规范与规定故意毁坏财物罪的规范之间存在规范竞合,这一规范竞合的类型属于包容关系。因此,对案例 94A-1 中甲的行为适用破坏交通工具罪的规范。

案例 94A-1:甲为了泄愤,用钉有铁钉的木板多次放置在乙所驾汽车的必经之路上,导致乙车的 4 个轮胎被扎,被扎轮胎损毁价值共计 6000 元。

二、破坏交通工具罪与盗窃罪

3. 行为人常常窃取交通工具上的重要部件而使交通工具受损,由此涉及破坏交通工具罪与盗窃罪之间的关系。在我国《刑法》分则中,两罪分属不同的类罪,在法定构成上也有着重要区别:**(1) 实行行为**:破坏交通工具罪的实行行为是破坏;而盗窃罪的实行行为是秘密获取,包括普通窃取、入户窃取、携带凶器窃取、扒窃。**(2) 行为对象**:破坏交通工具罪的行为对象,必须是正在使用中的火车、汽车、电车、船只、航空器;而盗窃罪的行为对象,系他人财物而无具体的限定。**(3) 行为结果及定量**:破坏交通工具罪是危险犯,以足以使交通工具发生倾覆或者毁坏危险的危险结果为构成要素;而盗窃罪是数额犯、次数犯与行为犯。**(4) 侵害法益**:破坏交通工具罪侵害的具体法益是交通运输安全,而盗窃罪侵害的具体法益是财物管理秩序。

4. 在现实案件中,破坏交通工具罪与盗窃罪会呈现为想像竞合犯,案例 94A-2 系适例。不过,破坏交通工具罪与盗窃罪也会呈现为数罪,案例 94A-3 系适例。

案例 94A-2:甲以非法占有为目的,多次秘密拆卸并带走(窃取)靠站待发的火车上的制动鞲鞴杆。

案例 94A-3:甲乘乙停车上厕所之际,将自制铁钉放置在乙所驾汽车的右后轮胎下,在乙开车继续行驶时甲驾车尾随其后,不久乙下车更换轮胎,甲乘隙打开乙车驾驶室盗走现金 6000 元。

三、破坏交通工具罪与放火罪

5. 两罪虽同属危害公共安全罪一类,但在法定构成上仍有重要区别:**(1) 实行行为**:破坏交通工具罪的实行行为系引起特定种类交通工具损毁,即破坏;而放火罪的实行行为系引起对象物燃烧,故意引起燃烧谓为放火。**(2) 行为对象**:破坏交通工具罪行为的对象是正在使用中的特定种类的交通工具;而放火罪行为的直接对象是点燃的目的物,间接对象是不特定人的生命、健康与财产。**(3) 行为结果**:破坏交通工具罪是具体危险犯,其特定构成结果(危险结果)是足以使特定种类交通工具发生倾覆或者毁坏危险的现实状态；而放火罪是抽象危险犯，其特定构成结果(危险结果)是危及公共安全的现实状态。**(4) 侵害法益**：破坏交通工具罪侵害的具体法益是由于交通工具安全故障而引发的公共安全；而放火罪侵害的具体法益是由于起火燃烧而引发的公共安全。

6. 在现实案件中，破坏交通工具罪与放火罪会呈现为想像竞合犯。案例 94A-4 系适例。

案例 94A-4：甲放火焚烧正在行驶中的公交汽车，尚未造成严重后果(A)，或者造成车毁人亡的严重后果(B)。

对案例 94A-4 中甲的行为应当如何定性处理？

第 95 节　交通肇事罪

1. 设置本罪的基本法条是《刑法》第 133 条。该条前段是本罪基准罪状与法定刑的规定；该条中段是本罪的行为加重犯与情节加重犯及其法定刑的规定；该条后段是本罪结果加重犯或行为并结果加重犯及其法定刑的规定。

2. **交通肇事罪**，是指违反交通运输管理法规，因而发生重大事故，致人重伤、死亡或者使公共财产或他人财产遭受重大损失的行为。

一、基准构成

(一) 客观事实要素

3. **实行行为**：交通肇事罪的实行行为由交通违法行为构成，即违反交通运输管理法规。具体是指违反保障公路、水路、铁路、航空运输安全的法律、法规、操作规程和技术规范等。交通违法行为包括作为与不作为。作为，即违反禁止性的交通法规。例如，酒后开车、超速行驶、强行超车、超载行车、开车打手机、闯红灯、逆行等。不作为，即违反命令性的交通法规。例如，通过交叉道口不鸣笛示警、夜间航行不开照明灯、扳道员不按时扳道岔等。

4. **行为结果**：发生重大事故，致人重伤、死亡或者使公共或他人财产遭受重大损失。所谓**重大事故**，是指造成人员的重大伤亡与财物的重大损失的后果。交通违法行为与重大事故之间具有因果关联。行为虽然违反交通运输管理法规，但是没有发生重大交通事故的，或者虽然发生重大交通事故，但是不是由于违反交通运输管理法规所引起的，均不构成本罪，案例 19B-2 系适例(第 19 节 B 段 3)。

5. **行为主体**：本罪主体为一般主体。在司法实践中，主要是指：**(1) 从事交通运输人员**。包括：其一，具体从事交通运输业务的人员。例如，交通运输工具的驾驶人员、交通设备的操纵人员。其二，交通运输的领导、指挥和管理人员。例如，调度员、引水员、机务员、船长机长、交通警察等。**(2) 非专业交通运输人员**。例如①,无驾驶资格人员驾驶机动车辆肇事的;单位主管人员、机动车所有人或车辆承包人指使、强令他人违章驾驶的②;渡口乘客强行抢渡,引起渡船超载倾覆的。

6. **既遂形态**:本罪是结果犯。

(二) 客观规范要素

7. 本罪所侵害的具体法益,是交通运输安全。这里的"交通运输"是否包括铁路交通运输和航空交通运输? **(1)** 对此,刑法理论存在肯定说与否定说的不同见解。③ **(2)** 应当说,这里的交通运输包括铁路和航空运输。规定本罪的《刑法》第133条系普通规范,而规定飞行与铁路运营事故的第131条与第132条系特别规范。**(3)** 本罪也是对交通肇事中具体罪行及其法律后果的更为全面的设置。铁路运营事故后或者重大飞行事故后,肇事者逃逸的,鉴于特别规范没有规定,可以适用普通规范处置。

(三) 主观责任要素

8. 本罪的主观责任形式为过失,包括疏忽大意的过失与过于自信的过失。具体心态内容指向发生重大交通事故而致人重伤、死亡或者使财产遭受重大损失的实害结果。过失犯的过失关键是结果的过失,而行为未必一概均为过失(第44节段12)。在本罪法定构成中,行为人违反交通运输管理法规是明知故犯,但是这不影响本罪过失的成立。本罪是非纯粹过失犯。当然,如果行为人故意利用交通工具危害社会,则根据具体情况的不同可以构成故意杀人罪、故意伤害罪、以危险方法危害公共安全罪等。

二、定罪基准

9. 司法解释对交通肇事罪基准构成的定量标准作了规定。这一标准综合了"事故结果"与"违法行为"这两个方面的要素。④ 其中:第2条**第1款**侧重"事故结果"的要素,强调适用该罪的基准法定刑,具体列举了三项情形;第2条**第2款**侧重"违法行为"的要素,强调以交通肇事罪定罪处罚,具体列举了六项情形。

三、法定刑

10. **基准法定刑**:根据《刑法》第133条前段的规定,犯交通肇事罪的,处3年以下有期徒刑或者拘役。

11. **加重法定刑**:交通运输肇事后逃逸或者有其他特别恶劣情节的,处3年以上7年以下有期徒刑(《刑法》第133条中段);交通肇事后因逃逸致人死亡的,处7年以

---

① 参见2000年最高人民法院《关于审理交通肇事刑事案件具体应用法律若干问题的解释》第2、7条。

② 在此值得考究的是,"指使、强令"行为不是交通违法的实行行为,而刑法理论通说又否定交通肇事罪的过失共同犯罪,由此需要揭示将"指使、强令"行为作为交通肇事罪处置的法理根据。本书认为非纯粹过失犯的交通肇事罪可以成立共同犯罪,从而这里的"指使、强令"行为属于交通肇事罪的共犯行为(第44节段9)。

③ 详见张小虎:《罪刑分析(上册)》,北京大学出版社2002年版,第83页。

④ 2000年最高人民法院《关于审理交通肇事刑事案件具体应用法律若干问题的解释》第2条。

上有期徒刑(《刑法》第133条后段)。

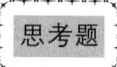

同为过失犯罪,交通肇事罪与过失致人死亡罪在法定成立要素的构造上有何差异?

第95节 A 交通肇事罪与相关犯罪

一、交通肇事罪与故意杀人罪、故意伤害罪

1. 交通肇事会发生人员伤亡的后果,这似有杀人与伤害的后果。但是,交通肇事罪与故意杀人罪、故意伤害罪有着重要**区别**:(1) **实行行为**:交通肇事罪的实行行为是违反交通运输管理法规,而故意杀人罪的实行行为是非法剥夺他人生命。(2) **行为结果**:交通肇事罪的特定构成结果包括了三种实害形态,即致人重伤、死亡或者使财物遭受重大损失;而故意杀人罪的特定构成结果仅为一种实害形态,即造成他人死亡。(3) **行为对象**:在致人死亡的场合,交通肇事罪的行为对象是不特定的交通参与者;而故意杀人罪的行为对象是特定的他人。(4) **行为主体**:交通肇事罪行为主体的责任年龄是已满16周岁,而故意杀人罪行为主体的责任年龄是已满12或14周岁。(5) **侵害法益**:交通肇事罪侵害的具体法益是交通运输安全,而故意杀人罪侵害的具体法益是他人的生命权利。(6) **责任形式**:交通肇事罪的责任形式是过失,而故意杀人罪的责任形式是故意。

2. 司法实践中区分交通肇事罪与故意杀人罪还应注意,对基于交通工具而致人死亡案件的定性。案例95A-1中的甲成立交通肇事罪;案例95A-2中的甲成立故意杀人罪;案例95A-3中的甲成立以危险方法危害公共安全罪(直接故意,无差别杀人);案例95A-4中的甲成立以危险方法危害公共安全罪(间接故意)。①

案例95A-1:甲无驾驶资格驾驶汽车在公共交通道路上超速行驶,结果将正常行走的乙撞死。

案例95A-2:甲与乙因占道行车发生争执,愤怒之极的甲开着自己的汽车故意加速撞向站在路边的乙,致乙死亡。

案例95A-3:甲因不满社会,驾驶公交车在公共交通道路上高速行驶,沿途故意碾压路上的行人,造成数人死亡多人重伤。

案例95A-4:甲醉酒及无驾驶资格驾驶汽车在公共交通道路上行驶,在与其他车辆发生追尾后超速行驶逃逸,并越过黄色双实线,不断与迎面驶来的汽车相撞,直至

---

① 详见张小虎:《我国死刑裁量的法理分析——孙伟铭死刑案二审改判的具体展开》,载《社会科学研究》2010年第1期。

自己的车熄火。

二、交通肇事罪与过失致人死亡罪

3. 交通肇事罪与过失致人死亡罪,均因过失而造成他人死亡的危害结果,但两罪有着重要**区别**:(1) **实行行为**:交通肇事罪的实行行为是违反交通运输管理法规的行为,而过失致人死亡罪的实行行为是引起他人死亡的行为。(2) **行为结果**:交通肇事罪的特定构成结果可为致人重伤、死亡或者使财物遭受重大损失,而过失致人死亡罪的特定构成结果仅为造成他人死亡。(3) **行为对象**:在致人死亡的场合,交通肇事罪的行为对象是不特定的交通参与者,而过失致人死亡罪的行为对象是特定的他人。(4) **侵害法益**:交通肇事罪侵害的具体法益是交通运输安全,而过失致人死亡罪侵害的具体法益是他人的生命权利。

4. 规定交通肇事罪的规范与规定过失致人死亡罪的规范之间存在规范竞合,这一规范竞合的类型属于交叉关系。案例95A-5中甲的行为系规范竞合犯,应适用交通肇事罪的规范(复杂规范)。但是,如果案件事实没有出现竞合规范中的同一犯罪行为(第51节段9),如案例95A-6中甲的行为,则也就无从成立规范竞合犯。

案例95A-5:甲酒后驾驶汽车在公共交通道路上超速行驶,结果将正常行走的乙撞死。

案例95A-6:甲酒后驾驶汽车在非公共交通管理的道路上超速行驶,不慎将正常行走的乙撞死。

5. 司法实践中对前段类似案件的处理,与前段所述一致:(1)《刑法》规定:第233条(过失致人死亡罪)对在有其他相关规定的场合而排除本条的适用,作了明确的表述:"本法另有规定的依照规定"。(2) **司法解释规定**:"在实行公共交通管理的范围内发生重大交通事故的",依照交通肇事罪处理;"在公共交通管理的范围外",驾驶机动车辆发生事故的,依照重大责任事故罪、强令、组织他人违章冒险作业罪、重大劳动安全事故罪、过失致人死亡罪等处理。①

6. 仍需考究的是,过失致人死亡罪与交通肇事罪的法定刑设置缺乏轻重的协调(第39节B段13)。从国外的相应立法例来看,交通肇事致死的法定刑通常都重于或不轻于普通过失致死的法定刑。例如,《俄罗斯刑法典》第264条第2款肇事致死"处5年以下的剥夺自由……",第109条第1款普通过失致死"处2年以下限制自由……";《意大利刑法典》第589条第2款肇事致死"处1年至5年有期徒刑",该条第1款普通过失致死"处6个月至5年有期徒刑";《韩国刑法典》第268条业务过失致死伤"处5年以下徒刑……",第267条普通过失致死"处2年以下徒刑……"。

三、交通肇事罪与过失以危险方法危害公共安全罪

7. 交通肇事罪与过失以危险方法危害公共安全罪,两罪的责任形式均为过失,

---

① 2000年最高人民法院《关于审理交通肇事刑事案件具体应用法律若干问题的解释》第8条。

且实行行为均可谓危险方法,行为主体均为一般主体,侵害具体法益均可纳入公共安全。但是两者有着重要**区别**:(**1**)**实行行为**:交通肇事罪的实行行为是违反交通运输管理法规的行为,而过失以危险方法危害公共安全罪的实行行为是与放火、爆炸等有着相似危险性的方法行为。(**2**)**侵害法益**:交通肇事罪侵害的具体法益是交通运输安全,而过失以危险方法危害公共安全罪侵害的具体法益是范畴较广的公共安全。

8. 规定交通肇事罪的规范与规定过失以危险方法危害公共安全罪的规范之间存在规范竞合,这一规范竞合的类型属于包容关系。案例 95A-5(本节段 4)中甲的行为系规范竞合犯,应适用交通肇事罪的规范(特别规范)。当然,其更深层面的立法上的合理性(本节思考题),仍有深入探讨的余地。

但是,由于规范竞合的成立要素之一系"实行行为具有一定的重合"(第 51 节段 15-17),因此不排除在案件事实中会呈现"危险方法"行为与"交通违法"行为并不重合的情形,在此场合危险方法行为会独立成罪,从而会有吸收犯等数行为的罪数形态。试举例对比说明:案例 95A-7 中甲的行为系交通肇事罪与过失以危险方法危害公共安全罪的规范竞合犯,适用交通肇事罪的规范;案例 95A-8 中甲实施了交通违法(明知安全机件失灵而驾驶)及危险方法(放弃控制行驶中的车辆而任其滑行)的两个行为,造成了同一严重后果,符合吸收犯的特征而成立过失以危险方法危害公共安全罪。

案例 95A-7:甲在道路上驾驶明知是转向系及制动系失灵的重型卡车,在某路口与对面正常驶来的大型汽车会车时需调整方向及刹车,但由于车辆故障而转向错位及刹车失效,遂将路旁正常行走的乙撞死丙撞成重伤。

案例 95A-8:上述案例中的甲在转向错位及刹车失效时,从驾驶室跳出车外并尾随自己的卡车追跑,同时示意行人避让,但终因卡车失控将路旁正常行走的乙撞死丙撞成重伤。

四、交通肇事罪与以危险方法危害公共安全罪

9. 交通肇事罪为过失犯与实害犯,而以危险方法危害公共安全罪为故意犯与危险犯,并且两者在实行行为的具体构成以及侵害法益的具体类型上,也有着特殊与一般的差异。

10. 不过,对故意交通违法而造成严重后果的情形应当慎重区别。尤其是,应当注意对行为人交通肇事后逃逸而放任不特定的交通参与者死亡情形的定性,如案例 95A-4(本节段 2)。

如何协调交通肇事罪、过失致人死亡罪、过失以危险方法危害公共安全罪等相关犯罪之间的法定刑?

如何具体分割与合理设置上述这些具体犯罪?

第 95 节 B　交通肇事后逃逸的定性

一、交通肇事后逃逸的含义

1. 我国《刑法》第 133 条中段对"肇事后逃逸"作了规定。显然,该中段是对交通肇事罪加重犯的表述,其中"逃逸"是行为加重要素(行为加重犯)。

2. **肇事后逃逸**:加重犯的完整形态,是在全面符合本罪基准构成基础上,针对本罪加重事实特征的一种犯罪形态的设置。由此,这里的"肇事后逃逸"是指犯交通肇事罪后的逃逸,即行为人明知自己的交通违法行为引起了重大交通事故,为了逃避法律追究而逃离事故现场的行为。具体可以简洁地表述为:交通肇事逃逸 = 基准犯罪构成+逃逸。2000 年最高人民法院《关于审理交通肇事刑事案件具体应用法律若干问题的解释》第 3 条对"肇事后逃逸"的具体蕴含也作了如是规定。

3. **逃逸**:"肇事后逃逸"中的"逃逸",兼有作为与不作为的行为方式。作为,如案例 95B-1 中甲的逃逸行为(法律禁止逃逸)。不作为,如案例 95B-2 中甲的逃逸行为,甲本应履行救助由其肇事所致而重伤的乙的义务。

案例 95B-1:甲驾驶汽车不慎将道路上正常行走的乙撞死并负事故全部责任,肇事后逃逸。

案例 95B-2:甲酒后驾驶汽车,不慎将道路上正常行走的乙撞成重伤并负事故全部责任,甲不救助乙而逃逸,乙由过路人丙送医院抢救未死。

二、因逃逸致人死亡的含义

4. 我国《刑法》第 133 条后段对"因逃逸致人死亡"作了规定。这也是对交通肇事罪加重犯的表述,即将"逃逸致死"作为一种加重事实特征(A)而予特别规定。然而,值得考究的是,理论上"逃逸致死"也是一种不作为的致死(B),那么是否一律将 B 均置于 A 中评价呢?A 之情形到底是指哪些?对此,应当遵循先行行为犯罪与其后不作为犯这两者之间最终定性处置的规则(第 18 节 E 段 14)。立于这一基本规则,本书对司法解释就 A 之含义的规定以及 A 之应有的含义,作一具体分析与阐明。

（一）司法解释的空白

5. 2000 年最高人民法院《关于审理交通肇事刑事案件具体应用法律若干问题的解释》第 5 条规定:"'因逃逸致人死亡',是指行为人在交通肇事后为逃避法律追究而逃跑,致使被害人因得不到救助而死亡的情形"。这一司法解释肯定了逃逸致人死亡的以下要素:(1) **逃逸行为**,出于为逃避法律追究的目的(A);(2) **行为对象**,系先行交通肇事中的被害人(B);(3) **致死原因**,在于行为人逃逸而怠于救助(C)。

6. 对此,刑法理论不无**质疑**。诸如,如下情形是否"因逃逸致人死亡":(1) 缺乏司法解释中的 A 之要素,而是为达先行犯罪目的而离开肇事现场?(2) 逃逸中造成二次交通事故中的被害人死亡,而非 B?(3) 即使不逃逸也不能使被害人得以救活,从而并非 C？对此，本书的**结论**是：(1) A 之要素是指肇事者拒绝接受司法处置与履行救助义务而逃离，这并不否认肇事者逃离也会另有企图，肇事后放任被害人死亡而图另一直接故意犯罪，构成逃逸致死的交通肇事罪与另一所图犯罪的数罪；(2) 肇事后逃逸而放任先前肇事的被害人以外的他人死亡的，构成以危险方法危害公共安全罪，从而与先前的交通肇事罪存在数罪的问题，可按罪数形态理论处理。(3) 如果无论逃逸与否或救助与否，被害人终将会死，则被害人死亡的结果应属先前交通肇事罪的结果，由此逃逸可以归属于第 133 条中段。

7. 实际上，司法解释尚须明确的是：其一，交通肇事性质：逃逸致人死亡之前的交通肇事行为，是否构成交通肇事罪？其二，致人死亡心态：对于导致被害人死亡的主观责任形式，是故意还是过失？其三，逃逸行为方式：只是单纯的逃离肇事现场，还是带离并弃置被害人逃逸？

（二）交通肇事的性质

8. 先前的交通肇事行为(X)，或者其本身(X)或者其并逃逸(X+逃逸)，应当符合基准犯罪构成。具体理由：

9. **加重构成理论**：加重犯的完整形态，是在全面符合本罪基准构成基础上，针对本罪加重事实特征的一种犯罪形态的设置。《刑法》第 133 条后段是重于前段与中段的加重犯，由此基于 2000 年最高人民法院《关于审理交通肇事刑事案件具体应用法律若干问题的解释》第 2 条第 2 款第 6 项的规定，以及《刑法》第 133 条中段的"基准犯罪构成+逃逸"（本节段2)，应当将第 133 条后段的逃逸致人死亡理解为："逃逸型基准构成+致人死亡"，或者"基准构成+逃逸+致人死亡"。

10. **法条的形式表述**：《刑法》第 133 条后段为该条中段加重构成之上的加重之加重构成，且从法言上来看，其在"因逃逸致人死亡……"之前省略了中段的"交通运输肇事后"的表述。有鉴于此，也应将后段之"因逃逸致人死亡……"理解为：先行交通肇事行为后，因怠于救助的逃逸行为致使被害人得不到及时救助而死亡。

11. **逃逸的要素地位**：《刑法》第 133 条后段所设要素系"逃逸+致死"；而这里的逃逸既可以作为入罪要素[①]也可以作为加重要素（《刑法》第 133 条后段)。由此，在交通肇事罪的框架下，在先前的肇事行为不足以构成犯罪的场合，逃逸与肇事结合则可入罪[②]，而"致死"是加重结果，即为"逃逸型基准构成+致人死亡"，案例 95B-3 系适例；在先前的肇事行为既已构成犯罪的场合，"逃逸"与"致死"为行为并结果加重，即为"基准构成+逃逸+致人死亡"，案例 95B-4 系适例。

案例 95B-3：甲驾驶汽车不慎将道路上正常行走的乙撞成重伤并负事故全部责任，甲不救助乙而逃逸，致乙得不到及时救助而死亡。

案例 95B-4：甲驾驶汽车不慎将道路上正常行走的丙撞死以及乙撞成重伤并负事故全部责任，甲不救助乙而逃逸，致乙得不到及时救助而死亡。

---

① 参见 2000 年最高人民法院《关于审理交通肇事刑事案件具体应用法律若干问题的解释》第 2 条第 2 款第 6 项。

② 参见同上。

12. **法定刑的设置**:将《刑法》第133条后段之罪状理解为"逃逸型基准构成+致人死亡"(A)或者"基准构成+逃逸+致人死亡"(B),从其相应的法定刑设置来看也是合理的。**(1)** 从第133条后段与中段的相对设置来看,"肇事致死而逃逸"(案例95B-1,本节段3)系中段罪状之情形(C),"肇事逃逸而致死"(案例95B-3,本节段11)系后段上述A之情形。A之情形相对于C之情形,前者危害更大:A之实际损害扩张——因逃逸而致被害人得不到救助而死可谓扩大了损害;A之故意行为介入——A之致死除肇事行为之外更有逃逸的故意行为。由此,相对于C而对于A,《刑法》设置了更重的法定刑。**(2)** 从第133条后段之A与B的两种情形来看,显然B之情形(案例95B-4,本节段11)要重于A的情形(案例95B-3,本节段11),而B与A却共用一个法定刑,这是否有违罪刑均衡原则?回答应是否定的:因为与B和A相应的法定刑是相对确定的法定刑,而且这一法定刑幅度较宽;并且B与A有其整合的于同一罪状的核心要素"因逃逸致人死亡",相应的法定刑也正是针对这一要素;对于符合B的有关情形,除案例95B-4(本节段11)外也包括案例95B-5等,显然也应适用第133条后段法定刑。①

案例95B-5:甲酒后驾驶汽车,不慎将道路上正常行走的乙撞成重伤并负事故全部责任,甲不救助乙而逃逸,致乙因得不到及时救助而死亡。

(三)致人死亡心态

13. 逃逸的致人死亡的主观心态应为过失或间接故意。具体地说:

14. **可以过失**:如果认为因逃逸而致死的心态可为过失,则"交通肇事逃逸致死"的法定刑,比交通肇事罪与过失致人死亡罪之数罪并罚的处刑还要重。由此观之,似本处致死心态可为的过失的定位仍有推敲的余地。不过,从《刑法》第133条后段的规定来看,这是继该条中段加重之后的加重之加重,且以逃逸这一故意行为为致死的原因之一,可谓是将逃逸而过失致死这一特别情形②予以纳入的特别设置。如上所述,"肇事致死而逃逸"(归属第133条中段)与"肇事逃逸而致死"(归属第133条后段),后者的危害更大(本节段12)。

15. **可以间接故意**:值得考究的是,逃逸的间接故意致死能否包容于第133条后段的"因逃逸致人死亡"。对此,本书持肯定态度。交通肇事逃逸致人死亡的法定刑,超过了交通肇事罪与过失致人死亡罪的并罚处刑(A)。不过,交通肇事逃逸致人死亡的法定刑也较大程度地低于故意杀人罪的基准法定刑(B)。由此,立于A可以认为,《刑法》第133条后段的法定刑,存在针对交通肇事又间接故意致死而加重处刑的空间;立于B可以认为,间接故意要轻于直接故意,而逃逸之不作为放任被害人死亡与杀人之作为放任他人死亡,后者客观行为③与主观责任④更甚,从而前者又存在可予轻于一般间接故意杀人处刑的空间;立于现实可以认为,行为人逃逸而放任肇事被

---

① 在此,无论A与B,逃逸的致死心态仅限过失与间接故意。
② 即将"故意逃逸+过失致死"置于交通肇事罪中而为该罪的加重犯(交通肇事+"故意逃逸+过失致死")。
③ 从不作为与作为的不同行为特征考察。
④ 从事后掩盖罪行与侵害他人的不同期待可能性考察。

害人死亡,这是一种常态,立法当然首先要表述常态。

16. 排除直接故意:行为人对肇事被害人致死持直接故意而逃逸,案例 95B-6 系适例,虽然这一直接故意致死的逃逸似也可视作交通肇事罪加重犯中的一种独立的行为,进而其似也可以行为加重犯的角色而被评价在交通肇事罪的加重犯中。但是,从《刑法》第 133 条后段的法定刑来看,与这一法定刑相应的罪状虽可包容间接故意致死,但若将直接故意致死也纳入其中,则有轻纵后者犯罪之嫌。由此,逃逸直接故意致被害人死亡构成不作为的故意杀人罪(A),如果作为第 133 条后段之情形之一(如案例 95B-6 中的酒后驾车)的先前肇事行为还构成交通肇事罪(B),则 A 与 B 存在吸收关系,以 A 处断。

案例 95B-6:甲(酒后)驾驶汽车不慎将道路上正常行走的乙撞成重伤并负事故全部责任,时值冰天雪地零下 20 多度并且系夜间罕见路人,甲明知不救助乙则乙必死却依然逃逸,致乙得不到及时救助而死亡。

(四)逃逸行为方式

17. 一般而论,逃逸可以呈现为消极逃逸、积极逃逸、部分救助逃逸,而第 133 条后段之"逃逸"仅指非直接故意致死的消极逃逸与部分救助逃逸,而不包括积极逃逸。具体地说:

18. 三种类型的逃逸:**消极逃逸**(单纯逃逸),是指交通肇事后径行逃离现场,而未置受伤的被害人隐藏或带离隐弃,案例 95B-3 系适例;**积极逃逸**(隐弃被害逃逸),是指交通肇事后逃离现场,并且将受伤的被害人隐藏或带离隐弃,案例 95B-7 系适例。**部分救助的逃逸**:除了消极逃逸与积极逃逸之外,还存在一种"部分救助逃逸",即交通肇事后将受伤的被害人带至易于被他人发现的人流密集场所,而后逃离,案例 95B-8 系适例。

案例 95B-7:甲驾驶汽车不慎将道路上正常行走的乙撞成重伤并负事故全部责任,甲将乙抬进汽车开至人迹罕至的水沟边弃置后逃离,致乙得不到及时救助而死亡。

案例 95B-8:甲驾驶汽车不慎将道路上正常行走的乙撞成重伤并负事故全部责任,甲将乙弃置于医院的急诊室未办理任何手续及交接即行逃离,乙由于无人关照而怠于抢救死亡。

19. 积极逃逸可谓典型不作为,而消极逃逸可谓不典型不作为。理由是:**(1)作用于被害人的行为**:在积极逃逸的场合,行为人有三项行为作用于被害人,即肇事行为、带离隐藏、逃离现场。在此,带离并隐藏具有直接重要的意义,这既使使行为人应予救助被害人的作为义务进一步增量;也使行为人不予履行救助被害人的不作为特征至为彰显。进而,不予救助的不作为也更具相对独立的意义与表象。在消极逃逸的场合,行为人作用于被害人的仅有两项行为,即肇事行为、逃离现场,而缺乏带离与隐藏的行为。肇事致伤的先行行为与逃离现场的不作为之间,呈现自然的延续;既未产生作为义务的增量,也无额外的不履行作为义务的表现。由此,不作为虽亦为一项独立行为,但其具体表象却并不明显。**(2)致死的原因力的程度**:在积极逃逸的场合,先前的肇事行为对于致死虽也有重要作用,但是将被害伤者带离隐藏却又逃离现场而不予救助,这一行为成为并未阻断被害伤者死亡结果的直接的原因力。这就是不作为犯相对独立评价的思路。在消极逃逸的场合,行为人对被害人的作用,由于除了肇事行为之外,只是单纯的逃离现场而不予救助的不作为,从而也可以认为肇事行为系重要而直接的致死的原因行为。这就是交通肇事罪加重犯评价的思路。

20. 部分救助逃逸亦属不作为(案例95B-8,本段段18),不过其不同于积极逃逸,且罪行轻于消极逃逸。部分救助逃逸并未最终履行救助被害伤者的作为义务,从而不失为一种不作为;而其主观上意图由他人来施救被害伤者,客观上为他人施救创造了一些条件,这些都与积极逃逸之主观意图与行为取向互为相背;部分救助逃逸之主观意图与行为取向的特征,也使得其的罪行程度要轻于消极逃逸,其置被害人于险境却不予救助的不作为的特征也要弱于消极逃逸。

(五) 结论:法定含义的解读

21.《刑法》第133条后段的"因逃逸致人死亡"系行为并结果加重犯,仅就行为特征而言,对于这里的"逃逸"似乎不应予以特别限定。不过,"因逃逸致人死亡"是涉及诸多主客观要素的综合判断,从而依存于该段的"逃逸"也受到相关致死心态与相应法定刑的限定。由此,该段因逃逸致人死亡的情形包括:消极逃逸过失或者间接故意致死;部分救助逃逸过失或者间接故意致死。鉴于第133条后段所述的致死心态不能是直接故意,从而该段情形不包括:积极逃逸(案例95B-7,本节段18)或消极逃逸的直接故意致死(案例95B-6,本节段16)。对积极逃逸应以故意杀人罪定罪处罚①,对消极逃逸的直接故意致死也应按不作为的故意杀人罪论处(本节段16)。

> **思考题**
>
> 对案例95B-9中甲的行为应当如何定性处理?

案例95B-9:甲驾驶汽车不慎将道路上正常行走的丙撞成重伤并负事故全部责任,甲不救助丙而逃逸,其后乙开车驶过现场不慎再次碾压丙,最终造成丙的死亡。

第95节 C 关于指使逃逸致死以共犯论处的规定

一、不同理论见解的考究

1. 2000年最高人民法院《关于审理交通肇事刑事案件具体应用法律若干问题的解释》(以下简称《交通肇事司法解释》)第5条第2款对指使逃逸致死以共犯论处作了明确规定。对此,刑法理论存在不同见解:**(1) 肯定论主张**,指使人与肇事人在"因逃逸致人死亡"这一交通肇事罪的加重犯的框架下,存在共同故意与共同行为。指使

---

① 参见2000年最高人民法院《关于审理交通肇事刑事案件具体应用法律若干问题的解释》第6条。

人与肇事人对被害人的死亡均持放任心态;指使人与肇事人又有"指使逃逸"与"逃逸"的共同行为。**(2)** **否定论**认为,"致人死亡"的心态完全可能"只有过失";"致死"结果也未必就是因"逃逸"行为所致;"在基本行为结束后,不可能存在对结果加重犯的教唆犯"。由此,指使逃逸致死宜视行为性质与内容,认定窝藏罪或遗弃罪。

2. 在此,虽然肯定论在交通肇事罪加重犯的层面试图将《交通肇事司法解释》适合于《刑法》,但是仍需说明的是,指使人"指使"的只是加重行为的"逃逸",而对基准罪状的实行行为"交通违法"并无"指使",如果交通肇事罪的基准犯并无构成共犯的余地的话,又如何会有本应以基准犯可为共犯为奠基的加重犯的共犯,进而"以交通肇事罪的共犯论处"的规定,在这一理论解释的逻辑路径下就值得推敲了。① 而就**否定论**的见解来看,致死心态虽未必只是间接故意,但也未必"只有过失"(第 95 节 B 段 13—16);"致死"因"逃逸"行为所致,这已为《交通肇事司法解释》第 5 条第 1 款所肯定。所谓难以存在基准犯的"结果加重犯的教唆犯"的命题,也并非绝对,而应根据具体情况而论。如果致使加重结果的行为不能置于基准犯所成立之罪的加重犯中评价的,则这一命题能够成立;反之,则不能成立。而"逃逸致人死亡"则属于该命题所限情形之外。

二、司法解释的理论解读

3. 具体地说,立于加重犯之共犯的视角,"指使逃逸致死的"可以成立交通肇事罪的共犯。理由是:**(1)** 这里的"因逃逸致死"系:"逃逸型基准构成+致人死亡"(A,结果加重犯)或"基准构成+逃逸+致人死亡"(B,行为并结果加重犯)(第 95 节 B 段 9—12)。**(2)** 在 A 种场合,"逃逸"系基准犯实行行为的组成部分,对其"指使"固然可以构成共犯。**(3)** 在 B 种场合,加重要素并非单纯的"致死"结果,而是包括"逃逸"行为,易言之,其并非只是一个单纯的结果加重犯。**(4)** 尤其是,"因逃逸致人死亡"是指"因故意逃逸而过失或间接故意致人死亡"(C)(第 95 节 B 段 13—16),其是交通肇事罪的加重犯而不被作为他罪评价。**(5)** 所谓难以存在基准犯的"结果加重犯的教唆犯",是指教唆加重结果的行为所成立之罪不能置于基准犯的加重犯中被评价的情形。这实际上是强调,不能依存于先前行为所成立之罪的框架中的承继行为,不能成立承继共犯。如案例 95C-1 中,甲先构成故意伤害罪,其后甲、乙构成故意杀人罪的共犯,但乙并非承继共犯。

案例 95C-1:甲故意伤害丙致其重伤,乙恰好路过现场,于是指使甲将丙杀害以免后患,甲与乙遂将丙杀害。

4. 立于问题的源头,即《刑法》总则对共同犯罪的规定来寻求答案,"指使逃逸致死的"也可以成立交通肇事罪的共犯。具体地说:**(1)** 立于本书对我国《刑法》总则第 25 条之"共同犯罪"的诠释,实行行为系故意的均可构成,除故意犯之外非纯粹过失

---

① 以交通肇事罪加重犯之共同故意犯罪的解释路径,更难说明该司法解释第 7 条"指使、强令"行为以交通肇事罪定罪处罚的法理根据。

犯也包括在内(第44节段12),应当认为该司法解释的规定是肯定了非纯粹过失犯之共犯的成立。在这一交通肇事罪的加重犯中,肇事者与指使者构成共同故意犯罪;其中,肇事者为先行共犯,指使者系承继共犯。**(2)** 交通肇事罪是非纯粹过失犯,该罪基准犯的实行行为"交通违法行为"的法定行为心态系故意;《刑法》第133条后段的"因逃逸致人死亡",这里的"逃逸"也系故意。指使人在交通肇事之后"指使肇事人逃逸",其故意心态彰显无疑;这也是在肇事人实施交通违法的实行行为而构成交通肇事罪之后,指使人以"故意指使逃逸"的行为加入肇事人所犯的同一交通肇事罪中,指使人与肇事人在同一交通肇事罪的框架下以共同故意逃逸完成该罪的加重构成,从而指使人成为肇事人所构成的同一交通肇事罪之共同故意犯罪的**承继共犯**。承继共犯与先行共犯的概念相对(第43节段20),两者均依存于同一具体犯罪的框架。

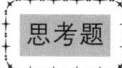

对如下案例中的甲和乙应当如何定罪处刑?

案例 95C-2:甲驾驶汽车不慎将道路上正常行走的丙撞死并负事故全部责任,同车乘车人乙指使甲逃逸。

案例 95C-3:甲驾驶汽车不慎将道路上正常行走的丙撞成重伤并负事故全部责任,同车乘车人乙指使甲继续开车逃逸,致丙得不到及时救助而死亡。

案例 95C-4:甲驾驶汽车不慎将道路上正常行走的丙撞成重伤并负事故全部责任,同车乘车人乙指使甲将乙抬进汽车开至人迹罕至的水沟边弃置后逃离,致丙得不到及时救助而死亡。

案例 95C-5:不满16周岁的甲驾驶汽车不慎将道路上正常行走的丙撞成重伤并负事故全部责任,同车乘车人乙指使甲继续开车逃逸,致丙得不到及时救助而死亡。

第96节 危险驾驶罪

1. 设置本罪的基本法条是《刑法》第133条之一。该条第1款是对本罪基准罪状及其法定刑的规定;该条第2款系注意规定(本节段8);该条第3款对本罪与他罪竞合场合的处置,作了依重定罪处刑的规定。

2. **危险驾驶罪**,是指在道路上驾驶机动车追逐竞驶情节恶劣,或者在道路上醉酒驾驶机动车,或者从事校车业务或旅客运输严重超载或严重超速,或者违反规定运输危险化学品危及公共安全的行为。

一、基准构成

3. 危险驾驶罪的客观事实特征区分为飙车、醉驾、特定超载超速、特定违规运输四种情形,这四种情形在实行行为与定量要素的表现上有所不同,而在行为对象、行为情境、行为主体等要素的内容上则是一致的。

4. **情形之一·飙车**:在道路上驾驶机动车追逐竞驶,情节恶劣。(1)**实行行为**:驾驶机动车追逐竞驶;(2)**行为对象**:机动车;(3)**行为情境**:在公共交通道路上;(4)**定量要素**:情节恶劣;(5)**行为主体**:一般主体;(6)**侵害法益**:交通运输安全;(7)**责任形式**:故意。故意内容指向由"驾驶机动车追逐竞驶行为"为核心征表的"交通运输安全法益被害状态"。**既遂形态**:本情形为情节犯。

5. **情形之二·醉驾**:在道路上醉酒驾驶机动车。(1)**实行行为**:驾驶机动车;(2)**行为对象**:机动车;(3)**行为情境**:在公共交通道路上①,且行为人处于醉酒状态;(4)**行为主体**:一般主体;(5)**侵害法益**:交通运输安全;(6)**责任形式**:故意。故意内容指向由"醉酒驾驶机动车行为"为核心征表的"交通运输安全法益被害状态"。**既遂形态**:本情形为行为犯。对于本情形,刑法理论存在抽象危险犯、过失犯等的不同见解。立于本书总论对相关犯罪形态的界说,本情形应为行为犯,我国《刑法》行为犯无过失犯(第39节B段11)。

6. **情形之三·特定超载超速**:在道路上驾驶机动车从事校车业务或者旅客运输,严重超过额定乘员载客,或者严重超过规定时速行驶。(1)**实行行为**:驾驶校车或客车严重超载或严重超速;(2)**行为对象**:机动车中的校车或客车;(3)**行为情境**:在公共交通道路上;(4)**行为主体**:一般主体;(5)**侵害法益**:交通运输安全;(6)**责任形式**:故意。**既遂形态**:本情形为行为犯。

7. **情形之四·特定违规运输**:在道路上驾驶机动车违反危险化学品安全管理规定运输危险化学品,危及公共安全。(1)**实行行为**:驾驶机动车违规运输危险化学品;(2)**行为对象**:载有危险化学品的机动车;(3)**行为结果**:危及公共安全;(4)**行为情境**:在公共交通道路上;(5)**行为主体**:一般主体;(6)**侵害法益**:交通运输安全;(7)**责任形式**:过失。本情形是非纯粹过失犯,在本罪法定构成中,行为人驾驶机动车违规运输危险化学品是明知故犯,而对于这一行为造成的危及公共安全的现实状态则持过失心态。**既遂形态**:本情形为过失危险犯。

8. 《刑法》第133条之一第**2**款,是对机动车所有人、管理人构成本罪第三、四种情形的共犯及其处罚的注意规定。该款所谓"负有直接责任"是指机动车所有人、管理人,对正犯就本罪第三、四种情形行为的实行,具有予以组织、教唆、指使、迫使等行为的情节(A);该款所谓"依照前款的规定处罚"是指对具有A之情节的机动车所有人、管理人,依照本罪定罪处刑。

二、法定刑

9. 根据《刑法》第133条之一第1款的规定,犯危险驾驶罪的,处拘役,并处

---

① 根据我国《道路交通安全法》第119条的规定,这里的"道路"应当是指社会公共交通区域,具体包括:公路、城市道路、虽在单位管辖范围但允许社会机动车通行的地方以及广场、公共停车场等用于公众通行的场所。

罚金。

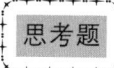

本罪第 1 款第 4 项所规定的情形,与《刑法》第 136 条"运输"所指情形,除了危险犯与实害犯的差异外,其他区别有哪些?

第 96 节 A 危险驾驶罪与相关犯罪

一、危险驾驶罪与交通肇事罪

1. 立于基准构成,危险驾驶罪与交通肇事罪,两罪构成均有交通违法行为、发生于公共交通道路、由一般主体实施、侵害交通运输安全法益等事实特征。但是,两罪存在重要**区别**:(1) **实行行为**:危险驾驶罪的实行行为只是在道路上追逐竞驶、醉酒驾车、特定超载超速、特定违规运输的行为;而交通肇事罪的实行行为是交通违法行为,包括在道路上追逐竞驶、醉酒驾车,以及其他诸如超速行驶、闯红灯等各种违反交规行为。(2) **责任形式**:危险驾驶罪的责任形式是故意(前三种情形)或过失(后一种情形),而交通肇事罪的责任形式是过失。(3) **既遂形态**:危险驾驶罪分别四种不同的情形,各为情节犯、行为犯或者危险犯。在追逐竞驶的场合为情节犯,以情节恶劣为定量要素;在醉酒驾车、特定超载超速的场合为行为犯;在特定违规运输的场合为危险犯,以造成危及公共安全的现实状态为要素。而交通肇事罪是实害犯,以实害结果为特定构成结果,具体实害形态包括致人重伤、死亡或者造成财物重大损失。

2. 因此,案例 96A-1 中的甲只能成立危险驾驶罪;案例 96A-2 中甲的行为无从符合危险驾驶罪,成立交通肇事罪。

案例 96A-1:甲在道路上醉酒驾驶汽车(或者在道路上追逐竞驶情节恶劣,如出于竞技曲折穿行快速追赶行驶),但是并未致人重伤、死亡或者造成重大财产损失。

案例 96A-2:甲无驾驶资格驾驶汽车(并非属于"追逐竞驶"与"醉酒驾车"等第 133 条之一的交通违法行为),不慎将道路上正常行走的乙撞死并负事故全部责任。

3. 不过,从犯罪形态结构要素来看,两罪具有较大的相似性。危险驾驶罪的构成特征表现为"故意飙车行为""故意醉驾行为""故意特定超载超速""故意特定违规运输+过失危险结果";交通肇事罪的构成特征表现为"故意交通违法行为+过失实害结果"。可见,两罪实行行为的心态均为故意,且行为内容具有一定的重合。这就使两罪呈现了较大程度的**竞合**。鉴于本书对规范竞合的界说及限定,故意犯与过失犯无需纳入规范竞合(第 51 节段 20),由此危险驾驶罪前三种情形(A)与交通肇事罪(B)这两罪的规范之间并非规范竞合。而在案件事实(X)出现 A 与 B 两罪竞合构成的场合,则这一案件事实(X)系该两罪的想像竞合犯。《刑法》第 133 条之一第 3 款的规定,也是对想像竞合犯"从一重处断"原则的肯定①。因此,案例 96A-3 中甲的行为最终成立交通肇事罪。

案例 96A-3:甲在道路上醉酒驾驶汽车不慎将道路上正常行走的乙撞成重伤并负事故全部责任。

4. 同理,危险驾驶罪前三种情形(A)与过失以危险方法危害公共安全罪(C)之间也会呈现事实竞合,在出现同一犯罪行为的案件事实 X 的场合,X 也系危险驾驶罪(A)与过失以危险方法危害公共安全罪(C)的想像竞合犯。但由于 X 也系危险驾驶罪与交通肇事罪(B)想像竞合犯(X 适用 B 规范),而规定交通肇事罪的规范与规定过失以危险方法危害公共安全罪的规范之间又存在规范竞合(第 95A 段 8,X 适用 B 规范),因此 X 最终仍成立交通肇事罪。案例 96A-4 系适例。

案例 96A-4:甲在道路上醉酒驾驶汽车(或者在道路上追逐竞驶情节恶劣),不慎将道路上正常行走的乙撞死并负事故全部责任。

二、危险驾驶罪与以危险方法危害公共安全罪

5. 危险驾驶罪与以危险方法危害公共安全罪,两罪的责任形式均为故意,且实行行为均可谓危险方法,行为主体均为一般主体,侵害具体法益均可纳入公共安全。但是,作为两个具体犯罪两者有着重要**区别**:(1) **实行行为**:危险驾驶罪的实行行为是追逐竞驶、醉酒驾驶、特定超载超速或特定违规运输;而以危险方法危害公共安全罪的实行行为是与放火、爆炸等有着相似危险性的方法行为。(2) **侵害法益**:交通肇事罪侵害的具体法益是交通运输安全;而以危险方法危害公共安全罪侵害的具体法益是范畴较广的公共安全。(3) **既遂形态**:危险驾驶罪分别四种不同的情形,各为情节犯、行为犯或者危险犯(第 96 节段 4-7);而以危险方法危害公共安全罪是危险犯。

6. 规定危险驾驶罪的规范与规定以危险方法危害公共安全罪的规范之间存在规范竞合,这一规范竞合的类型属于包容关系。案例 96A-5 中甲的行为系规范竞合犯,根据《刑法》第 133 条之一第 3 款的规定,对于这一规范竞合犯应当适用较重的规范,成立以危险方法危害公共安全罪。

案例 96A-5:甲醉酒驾驶汽车,在道路上沿途故意冲撞其他车辆并碾压行人,造成严重后果。

7. 应当注意区分"A. 醉驾型危险驾驶罪(第 133 条之一第 1 款第 2 项)"与"B. '尚未造成严重后果'的醉驾型以危险方法危害公共安全罪(第 114 条)"。A 系行为犯(第 96 节段 5),这意味着,A 罪的客观构成要素仅须有实行行为(在道路上醉酒驾驶机动车),而无须特定构成结果,案例 96A-6 中甲的行为系适例。与此不同,B 系危险犯②,这意味着,B 罪的客观构成要素不仅要有实行行为(在道路上醉酒驾驶机动车),而且必须有特定构成结果(危险结果,即发生实害结果——致人重伤、死亡或

---

① 同时,第 133 条之一第 3 款的规定,也是对在出现规范竞合犯的场合,选择适用重法规范的规定(第 51 节段 27)。

② 详见张小虎:《罪刑分析(上册)》,北京大学出版社 2002 年版,第 38 页。

者财产遭受重大损失——的高度概然状态、"现实"危险状态,也即濒临发生实害的边缘),案例 96A-7 中甲的行为系适例。

案例 96A-6:甲醉酒后驾驶机动车在公共交通道路上正常行驶。

案例 96A-7:甲醉酒后驾驶机动车,在高速公路上超速逆向行驶,尚未造成人员伤亡。

> 思考题

1. 刑法修正案增设危险驾驶罪等轻微的犯罪,表现出一种怎样的立法趋势?具有怎样的社会价值?

2. 行为人在城市机动车道旁的人行道上醉酒驾驶小汽车的行为,能否构成危险驾驶罪?

第 97 节　危害公共安全罪的其他具体犯罪选读

一、过失损坏广播电视设施、公用电信设施罪

1. 过失损坏广播电视设施、公用电信设施罪(《刑法》第 124 条第 2 款),是指过失引起广播电视设施、公用电信设施损坏,危害公共安全的行为。

2. 本罪是纯粹过失犯,并且是过失实害犯而非过失危险犯。由于规定本罪法条之"犯前款罪"所指的模糊,而致产生本罪也是过失危险犯的理解。本书否定本罪系过失危险犯,理由是:**(1) 存在解释的空间**:本罪罪状的表述是"过失犯前款罪",由于"前款罪"包括破坏广播电视设施、公用电信设施罪的危险犯(A,普通犯)与加重犯(B,实害犯),从而需要明确这里的"犯前款罪"对于 A 与 B 来说究竟何指。**(2) 双重合一的排除**:若将"犯前款罪"理解为 A 与 B,则本罪系过失犯险犯与实害犯合一。尽管我国《刑法》也有这样的立法例①,但是这是基于《刑法》的明确规定②,而这里的 A 与 B 恰恰凸显法定刑分割,故意犯分割而相应的过失犯却不分割则无道理。**(3) 罪刑均衡的限定**:本罪与过失损坏电力设备罪的罪刑轻重相当,而过失损坏电力设备罪系实害犯,从而本罪也应是实害犯;破坏广播电视设施、公用电信设施罪与本罪两者的基准法定刑一致,而前者系故意危险犯,从而本罪不应是过失危险犯。

二、帮助恐怖活动罪

3. 帮助恐怖活动罪(《刑法》第 120 条之一),是指资助恐怖活动组织或者实施恐怖活动的个人,或者资助恐怖活动培训的行为。本罪是行为犯。

---

① 例如,我国《刑法》第 330 条的妨害传染病防治罪、第 332 条的妨害国境卫生检疫罪。
② 即我国《刑法》明确将过失危险犯与实害犯共用同一法定刑。

4. 本罪的实行行为"**资助**"系提升的实行行为。若行为超出了"资助"的范畴,而直接组织、领导、参加恐怖活动组织或者实施恐怖活动或者组织、积极参加恐怖活动培训,则成立相应犯罪的共犯。

5. 《刑法》第 120 条之一第 2 款的规定是本罪的准型构成,其是对本罪实行行为包括为恐怖活动组织、实施恐怖活动或者恐怖活动培训"招募、运送人员"之**帮助**行为的特别说明。

三、暴力危及飞行安全罪

6. 暴力危及飞行安全罪(《刑法》第 123 条),是指对飞行中的航空器上的人员使用暴力,危及飞行安全的行为。**暴力**,是指为了达到某种目的,对飞行中的航空器上的人员采取的具有攻击性的强制力量。本罪是危险犯。①

7. 关于本罪的责任形式,刑法理论存在故意说、直接故意说、间接故意说、间接故意与过失说的不同见解。基于罪刑协调以及客观生活常态,本书认为本罪系过失危险犯:**(1) 立于法定刑配置**,本罪的基准法定刑既轻于本章故意危险犯②的基准法定刑,也轻于本章过失实害犯③的基准法定刑;**(2) 立于生活常态**,行为人对于飞行中的航空器上的人员使用暴力,而对由此造成的危及飞行安全的现实状态持过失心态。

8. 本罪也是非纯粹过失犯。虽然对于暴力行为的实施是故意的,但对于暴力行为系"危及飞行安全的行为"则持过失心态。对于他人暴力未必就是应予入罪的伤害等行为,但也不是一般生活中的中性行为,加之行为以发生在本就危险的空中为基准,从而本罪的法定刑重于失火罪等纯粹过失犯。

9. 注意本罪与故意伤害罪、故意杀人罪的关系,在暴力伤害或杀害他人的场合,可以成立本罪与相应犯罪的想像竞合犯。

10. 还应注意本罪与抢劫罪等的关系,在暴力当场劫取他人财物的场合,也可成立本罪与抢劫罪的想像竞合犯。

四、盗窃、抢夺枪支、弹药、爆炸物、危险物质罪

11. 盗窃、抢夺枪支、弹药、爆炸物、危险物质罪(《刑法》第 127 条第 1 款),是指以非法占有为目的,秘密获取、公然夺取枪支、弹药、爆炸物的,或者秘密获取、公然夺取毒害性、放射性、传染病病原体等物质而危害公共安全的行为。

12. 本罪系选择性罪名。其中,盗窃、抢夺枪支、弹药、爆炸物罪是行为犯;盗窃、抢夺危险物质罪是危险犯,且为故意犯。盗窃、抢夺国家机关、军警人员、民兵的枪支、弹药、爆炸物的,是本罪的加重犯。

13. 注意本罪与盗窃罪、抢夺罪的关系。规定盗窃枪支罪的规范与规定盗窃罪的规范之间存在规范竞合关系。

---

① 详见张小虎:《暴力危及飞行安全罪之理论分析》,载《犯罪研究》2002 年第 4 期。
② 例如,破坏交通工具罪等。
③ 例如,过失损坏交通工具罪等。

14. 还要注意盗窃、抢夺枪支、弹药罪与非法持有、私藏枪支、弹药罪的关系,案例 97-1 中甲的行为成立盗窃罪与非法持有枪支罪的吸收犯。但由于抢劫枪支的行为对象除"枪支"外还有"他人人身",从而按照本书对吸收犯与牵连犯的界分,案例 53-6(第 53 节段 12)中甲的行为系牵连犯。

案例 97-1:甲明知是枪支为非法占有而予以盗窃,继而持有所盗枪支。

五、非法携带枪支、弹药、管制刀具、危险物品危及公共安全罪

15. 非法携带枪支、弹药、管制刀具、危险物品危及公共安全罪(《刑法》第 130 条),是指违反管理法规,携带枪支、弹药、管制刀具或者爆炸性、易燃性、放射性、毒害性、腐蚀性物品,进入公共场所或者公共交通工具,危及公共安全,情节严重的行为。本罪是情节犯。**非法携带进入公共场所或者公共交通工具**,是指违反管理法规,将枪支等法定行为对象从一般空间随身带到公共场所或者公共交通工具。**危及公共安全**,是指携带行为致使公共安全处于现实危险状态。

16. 对于本罪的责任形式存在故意与过失的不同见解。对此,本书认为,本罪的责任形式应为过失,理由是:本罪责任形式的核心内容应为对行为造成公共安全现实危险状态的主观心态。这里的现实危险状态是一种危险结果,是一种发生相应实害的高度盖然性状态。若将本罪责任形式定位于故意,则系违法携带行为的故意并危及安全之危险结果的故意,如此则与放火罪、爆炸罪等基准罪状(《刑法》第 114 条)相差无几,但是本罪的法定刑明显在放火罪等的下一阶位。

> **思考题**

对如下案例中甲的行为应当如何定罪处刑?注意将案例 97-2 与案例 94-2(第 94 节思考题)进行对比分析。

案例 97-2:甲拆卸并盗取燃气设备上的重要部件,致燃气设备损坏漏气,此时甲明火抽烟引起火灾烧毁燃气设备,造成重大损失。

案例 97-3:甲出于社会不满情绪,在公共场所持刀实施无差别杀人,造成 5 人死亡 5 人重伤。[1]

案例 97-4:甲系限制刑事责任能力人,在公共场所(家乐福超市)持刀无故扎刺不特定多人,造成 1 人死亡 1 人重伤等。法院判决甲构成以危险方法危害公共安全罪。[2]

---

[1] 关于无差别杀人犯罪的事实特征及典型案例,详见张小虎:《犯罪学(第二版)》,中国人民大学出版社 2017 年版,第 195—204 页。

[2] 详见北京市第二中级人民法院刑事判决书(2014)二中刑初字第 1307 号。

第26章 破坏市场秩序罪

第98节 破坏市场秩序罪概述

一、破坏市场秩序罪的本体构成

1. **破坏市场秩序罪**,是指违反国家经济管理法规,严重破坏社会主义市场经济秩序的行为。

(一)客观事实要素

2. **实行行为·法定犯**:违反国家经济管理法规,严重破坏市场经济秩序。(1)违反国家经济管理法规是破坏市场秩序罪的一个基本的前提,如果行为不违反一定的经济管理法规,也就不构成本章之罪。从而本章各罪属于法定犯。国家经济管理法规是关于国家的宏观调控及市场规制的法律规范。(2)严重破坏市场经济秩序,是确定违反国家经济管理法规的行为是否构成犯罪的一个重要的客观标准。行为危害的严重性,分别通过犯罪数额、犯罪情节、犯罪后果、行为内容等表述。

3. **行为主体**:本章各罪的行为主体具体表现为:(1)**一般主体**:例如,伪造货币罪(《刑法》第170条),变造货币罪(第173条)等。(2)**特殊主体**:例如,逃税罪(第201条)的法定主体,须为纳税人或者扣缴义务人。(3)**自然人并单位**:例如,虚报注册资本罪(第158条),虚假出资、抽逃出资罪(第159条)等。(4)**仅限单位**:例如,逃汇罪(第190条)的法定主体是公司、企业或者其他单位。(5)**仅限自然人**:例如,持有、使用假币罪(第172条)、抗税罪(第202条)等。

4. **既遂形态**:本章各罪的既遂形态类型表现为:(1)**行为犯**:例如,生产、销售有毒、有害食品罪(第144条)、非法出售增值税专用发票罪(第207条)等。(2)**结果犯**:例如,侵犯商业秘密罪(第219条)、编造并传播证券、期货交易虚假信息罪(第181条第1款)等。(3)**数额犯**:例如,生产、销售伪劣产品罪(第140条)、逃汇罪(第190条)等。(4)**情节犯**:例如,内幕交易、泄露内幕信息罪(第180条第1款)、假冒注册商标罪(第213条)等。(5)**危险犯**:例如,生产、销售不符合安全标准的食品罪(第143条)、生产、销售不符合标准的医用器材罪(第145条)等。(6)**实害犯**:例如,生产、销售劣药罪(第142条)、生产、销售不符合安全标准的产品罪(第146条)等。

(二)客观规范要素

5. 本章各罪所侵害的类型法益是市场经济秩序。**市场经济秩序**,是指国家为保证市场经济的正常运行,以法律、法规所确定的必须遵循的经济准则、管理制度、行为规范。具体包括正当竞争秩序、对外贸易管理秩序、对公司、企业管理秩序、国家正常的货币管理秩序、正常的证券交易秩序、正常的金融秩序、国家对注册商标的管理秩序、正常的税收征收管理秩序等。

（三）主观责任要素

6. 本章各罪的主观责任形式具体表现为：**(1) 个别过失**：例如，签订、履行合同失职被骗罪（第167条）等。**(2) 多数故意**：例如，走私文物罪（第151条第2款）、虚开发票罪（第205条之一）等。**(3) 许多含特定目的**：包括牟利目的，非法占有目的，或者其他特定目的。例如，高利转贷罪（第175条）的法定责任要素，包括转贷牟利的目的。**(4) 有些含特定明知**：例如，洗钱罪（第191条）的法定责任要素，包括对毒品犯罪、黑社会性质组织犯罪、恐怖活动犯罪、走私犯罪、贪污贿赂犯罪、破坏金融管理秩序犯罪、金融诈骗犯罪的所得及其产生收益的明知。

二、破坏市场秩序罪的种类

7. 我国《刑法》分则"第三章破坏社会主义市场经济秩序罪"分为八节，相应地该章各罪也分为八类：

8. **生产、销售伪劣商品罪**。包括：生产、销售伪劣产品罪，生产、销售、提供假药罪，生产、销售、提供劣药罪，妨害药品管理罪等。

9. **走私罪**。包括：走私武器、弹药罪，走私核材料罪，走私假币罪，走私普通货物、物品罪等。

10. **妨害对公司、企业的管理秩序罪**。包括：虚报注册资本罪，欺诈发行证券罪，非国家工作人员受贿罪，签订、履行合同失职被骗罪等。

11. **破坏金融管理秩序罪**。包括：伪造货币罪，出售、购买、运输假币罪，持有、使用假币罪，非法吸收公众存款罪，逃汇罪，洗钱罪等。

12. **金融诈骗罪**。包括：集资诈骗罪，贷款诈骗罪，票据诈骗罪，信用证诈骗罪，信用卡诈骗罪，有价证券诈骗罪，保险诈骗罪等。

13. **危害税收征管罪**。包括：逃税罪，抗税罪，逃避追缴欠税罪，虚开发票罪，非法出售发票罪，持有伪造的发票罪等。

14. **侵犯知识产权罪**。包括：假冒注册商标罪，侵犯著作权罪，侵犯商业秘密罪，为境外窃取、刺探、收买、非法提供商业秘密罪等。

15. **扰乱市场秩序罪**。包括：损害商业信誉、商品声誉罪，合同诈骗罪，非法经营罪，强迫交易罪，逃避商检罪等。

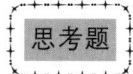

如何理解"法定犯"的概念？

第 99 节 生产、销售伪劣产品罪

1. 设置本罪的基本法条是《刑法》第 140 条。第 149 条第 1 款是本罪的注意规定;第 2 款是本罪普通规范与其他特别规范在规范竞合场合适用重法规范的特别规定;第 150 条是对本罪等单位犯罪及其处罚的规定。

2. **生产、销售伪劣产品罪**,是指生产者、销售者在产品中掺杂、掺假,以假充真,以次充好或者以不合格产品冒充合格产品,销售金额 5 万元以上的行为。

一、基准构成

(一) 客观事实要素

3. **实行行为**:包括方法行为与目的行为两个要素。**(1) 方法行为**:系以下四种情形之一:**A. 在产品中掺杂、掺假**:"是指在产品中掺入杂质或者异物,致使产品质量不符合国家法律、法规或者产品明示质量标准规定的质量要求,降低、失去应有使用性能的行为。"[1]确切地说,就是在生产、销售的产品中,较多地掺入与产品的品质不同的其他物质。例如在米中掺入砂粒、在酒中加入水等。这是立于产品的构成对掺杂掺假予以理解。**B. 以假充真**:"是指以不具有某种使用性能的产品冒充具有该种使用性能的产品的行为。"[2]确切地说,就是用在质地等方面完全不同于所标名称、成分的假产品,冒充真产品。例如用仿真羊皮冒充真羊皮、用猪皮冒充牛皮、用自来水冒充纯净水等。这是立于产品的整体对以假充真予以理解。**C. 以次充好**:"是指以低等级、低档次产品冒充高等级、高档次产品,或者以残次、废旧零配件组合、拼装后冒充正品或者新产品的行为。"[3]确切地说,就是以同种产品较低等级的、残次的,冒充较高等级的、优质的。例如用劣等羊皮冒充优等羊皮、用同品牌的三级茶叶冒充一级茶叶、用次品冒充正品等。**D. 以不合格产品冒充合格产品**:不合格产品,是指不符合我国《产品质量法》第 26 条第 2 款规定的质量要求的产品。[4] 由此,以不合构产品冒充合格产品,是指用没有达到特定质量标准的产品,冒充达到特定质量标准的产品。**(2) 目的行为**:生产并销售;销售。其中,销售行为是必要的。假如仅仅是生产而没有销售,也就无所谓销售金额 5 万元以上,从而也就不能完全充足本罪的构成要素。因此,仅有生产而无销售的可以构成未遂。[5]

4. **行为对象**:伪劣产品。即掺杂、掺假、以假充真、以次充好、以不合格冒充合格的产品。"产品,是指经过加工、制作,用于销售的产品";建设工程不属于产品,但是

---

[1] 参见 2001 年最高人民法院、最高人民检察院《关于办理生产、销售伪劣商品刑事案件具体应用法律若干问题的解释》(以下简称 2001 年《办理生产、销售伪劣商品案件的解释》)第 1 条第 1 款。
[2] 参见 2001 年《办理生产、销售伪劣商品案件的解释》第 1 条第 2 款。
[3] 参见 2001 年《办理生产、销售伪劣商品案件的解释》第 1 条第 3 款。
[4] 参见 2001 年《办理生产、销售伪劣商品案件的解释》第 1 条第 4 款。
[5] 参见 2001 年《办理生产、销售伪劣商品案件的解释》第 2 条第 2 款。

建设工程所使用的建筑材料、建筑构配件和设备,属于产品的范围。① 这里的产品,既包括危害人身与财产安全的产品,也包括不危害人身与财产安全的产品。

5. **犯罪数额**:销售金额5万元以上。对"销售金额"应作如下理解:**(1) 销售金额的本义**:销售金额,是指生产者、销售者出售伪劣产品后所得和应得的全部违法收入。由此,销售金额不同于违法所得,销售金额并未扣除经营投入。**(2) 未达金额的未遂**:伪劣产品尚未销售,货值金额达到《刑法》第140条规定的销售金额3倍以上的,以生产、销售伪劣产品罪(未遂)定罪处罚。**(3) 销售金额的累计**:多次实施生产、销售伪劣产品行为,未经处理的,伪劣产品的销售金额或者货值金额累计计算。**(4) 货值金额的计价**:货值金额以违法生产、销售的伪劣产品的标价计算;没有标价的,按照同类合格产品的市场中间价格计算。②

6. **行为主体**:包括一般主体和单位。从行为类型来讲,又可分为生产者与销售者。

7. **既遂形态**:本罪是数额犯。

(二) 客观规范要素

8. 本罪所侵害的具体法益,是国家对产品质量的监督管理制度。

9. 对于本罪的侵害法益,刑法理论还存在市场管理秩序与广大用户消费者合法权益的见解,对此本书持否定态度:**(1)** 市场管理秩序是一较为宽泛的概念,我国《刑法》第三章第八节之前各节类罪各具独特性,而第八节类罪则具有综合性,市场管理秩序正是第八节之罪的侵害法益。**(2)** 广大用户与消费者的合法权益,通常会因为行为人生产与销售伪劣产品而遭受损害,但是这并非是本罪包括本节各罪之本体构成的要素。

(三) 主观责任要素

10. 本罪的主观责任形式为故意,故意内容指向由生产与销售伪劣产品行为为核心征表的"国家产品质量监督管理制度被侵状态"。

11. 行为人具有特定明知,即明知生产与销售的产品是伪劣产品。通常情况下,行为人具有牟取非法利润的目的,但这并非是法定的构成要素。

二、法定刑

12. **基准法定刑**:我国《刑法》第140条第1段对本罪设置了基准法定刑。

13. **加重法定刑**:我国《刑法》第140条第2段至第4段,基于销售金额的递增设置了逐层加重的法定刑。

14. **对单位的处罚**:我国《刑法》第150条对单位犯本罪的处罚作了规定。

---

① 参见我国《产品质量法》第2条。
② 参见2001年《办理生产、销售伪劣商品案件的解释》第2条。

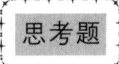

分析 2001 年《办理生产、销售伪劣商品案件的解释》第 2 条第 2 款的规定。

第 99 节 A 生产、销售伪劣产品罪与相关犯罪

一、生产、销售伪劣产品罪与诈骗罪

1. 生产、销售伪劣产品罪与诈骗罪均有欺骗的成分,但是两罪有着重要**区别**。**(1) 实行行为**:生产、销售伪劣产品,在一定程度上是一种经济行为,具有买卖交易的成分,表现为在商品交易中,对产品掺杂、掺假,以假充真,以次充好,以不合格产品冒充合格产品,牟取利润。而诈骗,则是一种纯粹的欺诈蒙骗行为,不存在任何买卖交易的成分,表现为用虚构事实或者隐瞒事实真相的方法,欺诈蒙骗被害人,将其财物占为己有。**(2) 行为主体**:生产、销售伪劣产品罪的行为主体包括自然人和单位,而诈骗罪的行为主体只能由自然人构成。**(3) 侵害法益**:生产、销售伪劣产品罪侵害的具体法益是国家对产品质量的监督管理制度,而诈骗罪侵害的具体法益是国家对财物的管理秩序。**(4) 主观责任**:生产、销售伪劣产品罪的责任形式是故意,且常以牟取非法利润为目的;而诈骗罪的责任形式虽也为故意,但其须有非法占有目的的特定目的要素。

二、生产、销售伪劣产品罪与销售假冒注册商标的商品罪

2. 生产与销售的伪劣产品常常被贴上假冒的注册商标,由此使生产、销售伪劣产品与销售假冒注册商标商品易于混淆,不过生产、销售伪劣产品罪与销售假冒注册商标的商品罪有着重要**区别**。**(1) 实行行为·方法行为**:关键系"以假充真"与"假冒注册商标"的区别。生产、销售伪劣产品罪的方法行为包括四种特定的方式,其中"以假充真"意味着用在质地等方面完全不同于所标名称、成分的假产品,冒充真产品。而销售假冒注册商标的商品罪的方法行为仅为假冒注册商标,这里的"假冒注册商标"只是强调未经注册商标所有人许可,在的同一种商品上使用其注册商标。**(2) 实行行为·目的行为**:生产、销售伪劣产品罪的目的行为,包括"生产并销售"或"销售";而销售假冒注册商标的商品罪的目的行为仅为"销售"。**(3) 侵害法益**:生产、销售伪劣产品罪侵害的具体法益,是国家对产品质量的监督管理制度;而销售假冒注册商标的商品罪侵害的具体法益,是他人注册商标的专用权。

3. 生产、销售伪劣产品罪与销售假冒注册商标的商品罪区分的关键,是对现实中两罪牵连犯的处理。案例 99A-1 系适例。该案中甲基于冒充倾销劣质醋的意图的支配,"将劣质醋冒充优质醋销售"这是"以次充好销售(A)","在产品上贴上恒顺商标销售"这是"假冒注册商标销售(B)",因此 B 与 A 之间存在方法与目的的牵连。

案例99A-1: 甲将劣质醋贴上"恒顺"的商标予以销售,销售金额6万元。

三、生产、销售伪劣产品罪与生产、销售特定种类的伪劣产品犯罪

4. 我国《刑法》第140条之规范与第141条至第148条之规范会呈现事实竞合的情形,案例99A-2(销售伪劣产品罪与销售有毒、有害食品罪的竞合犯)系此类竞合犯的适例。

案例99A-2: 甲明知是用"地沟油"加工而成的劣质油脂,却将其冒充正常的豆油予以销售,销售金额达900万余元。

对案例99A-1(本节段3)及案例99A-2(本节段4)中的甲应当如何定罪处刑。

第100节 生产、销售不符合安全标准的食品罪

1. 设置本罪的基本法条是《刑法》第143条。第149条第2款是本罪特别规范与第140条普通规范在规范竞合场合适用重法规范的特别规定;第150条是对本罪等单位犯罪及其处罚的规定。

2. **生产、销售不符合安全标准的食品罪**,是指生产、销售不符合安全标准的食品,足以造成严重食物中毒事故或者其他严重食源性疾患的行为。

一、基准构成

(一) 客观事实要素

3. **实行行为**:生产或者销售(不符合安全标准的食品)。**生产**,是指制造、加工的行为。**销售**,是指将自己或他人生产的产品有偿转让的行为,包括批发与零售,获取金钱或其他物质利益,等等。

4. **行为对象**:不符合安全标准的食品。**不符合安全标准的食品**,是指食品没有达到保证人体健康所必需的基本卫生标准与其他安全标准。(1) **食品**,指各种供人食用或者饮用的成品和原料以及按照传统既是食品又是中药材的物品,但是不包括以治疗为目的的物品。① 应当注意,瘦肉精与地沟油系非食品原料,生产、销售相关食品的,构成生产、销售有毒、有害食品罪。② (2) **食品安全标准**以国家标准为准,企业可以制定严于国家标准的企业标准。③ 食品安全标准包括食品添加剂及农药残留等

---

① 参见我国《食品安全法》第150条第1款。
② 参见2002年最高人民法院、最高人民检察院《关于办理非法生产、销售、使用禁止在饲料和动物饮用水中使用的药品等刑事案件具体应用法律若干问题的解释》第3条;2012年最高人民法院、最高人民检察院、公安部《关于依法严惩"地沟油"犯罪活动的通知》第2条。
③ 参见我国《食品安全法》第29—30条。

的限量规定、生产过程的卫生要求、食品安全质量要求等内容。①

5. **行为结果**：足以造成严重食物中毒事故或者其他严重食源性疾病。**足以造成严重食物中毒事故或者其他严重食源性疾病**，是指生产、销售不符合安全标准食品的行为，造成了发生严重食物中毒事故或者其他严重食源性疾病的"现实危险"，但尚未造成严重食物中毒事故或者其他严重食源性疾病的实际发生。2013 年最高人民法院、最高人民检察院《关于办理危害食品安全刑事案件适用法律若干问题的解释》第 1 条对上述"现实危险"的具体认定作了规定，这一规定呈现近似事实推定的解释模式（第 11 节 B 段 11）。应当注意，事实推定不同于法律拟制。

6. **行为主体**：包括一般主体和单位。从行为类型来讲，又可分为生产者与销售者。

7. **既遂形态**：本罪是具体危险犯。

（二）客观规范要素

8. 本罪所侵害的具体法益，是国家对食品安全的监督管理制度和不特定人的生命、健康安全。

（三）主观责任要素

9. 本罪的主观责任形式为过失。具体心态内容指向足以造成严重食物中毒事故或者其他严重食源性疾病的危险结果。

10. 不少论著认为本罪系故意犯，强调对于生产销售不符合安全标准食品行为的故意。其实，作为过失犯的过失并不取决于行为心态，行为人生产销售不符合安全标准食品行为常常是明知故犯，但是这不影响本罪过失犯的构成。② 从而，本罪也可谓是非纯粹过失犯。

11. 行为人具有特定明知，即明知生产、销售的是不符合安全标准的食品。通常情况下，行为人具有牟取非法利润的目的，但这并非是法定的构成要素。

二、法定刑

12. **基准法定刑**：处 3 年以下有期徒刑或者拘役，并处罚金（《刑法》第 143 条前段）。

13. **加重法定刑**：对人体健康造成严重危害或者有其他严重情节的，处 3 年以上 7 年以下有期徒刑，并处罚金（《刑法》第 143 条中段）；后果特别严重的，处 7 年以上有期徒刑或者无期徒刑，并处罚金或者没收财产（《刑法》第 143 条后段）

14. **对单位的处罚**：对单位判处罚金，并对其直接负责的主管人员和其他直接责任人员，分别按相应的法定刑处罚（《刑法》第 150 条）。

---

① 参见我国《食品安全法》第 26 条。
② 另外，对比本罪的法定刑，与以危险方法危害公共安全罪（第 114 条）、过失以危险方法危害公共安全罪（第 115 条）、妨害传染病防治罪（第 330 条）等的法定刑，也可看出，本罪系过失犯。

事实推定与法律拟制的区别是什么?

第 101 节 走私武器、弹药罪

1. 设置本罪的基本法条是《刑法》第 151 条第 1 款;第 151 条第 4 款是对本罪单位犯罪及其处罚的规定。第 155 条是对实施特定的收购走私的货物等行为而以走私罪论处的法律拟制。第 156 条是有关共同走私犯罪的注意规定。第 157 条第 1 款是对武装掩护走私犯走私罪而适用本罪法定刑从重处罚的特别规定。第 157 条第 2 款是对犯走私罪又有暴力威胁抗拒缉私行为而按照数罪并罚处罚的特别规定。

2. **走私武器、弹药罪**,是指违反海关法规,运输、携带、邮寄武器、弹药进出国(边)境的行为。

一、基准构成

(一)客观事实要素

3. **实行行为·要素**:走私,具体包括三个要素:**(1)违法行为**,即违反海关法规。**违法海关法规**,是指违反我国《海关法》或者其他相关的法律、法规,例如我国《对外贸易法》。**(2)方法行为**,即运输、携带、邮寄武器、弹药。**(3)目的行为**,即使武器、弹药进出国(边)境。

4. **实行行为·表现**:按典型表现与非典型表现,包括:**(1)**我国《海关法》第 82 条对走私行为的**典型表现**作了规定,包括:运输、携带、邮寄禁止或限制进出境的物品或者应当纳税的物品,进出境的;擅自将保税货物、特定减免税货物以及其他海关监管货物等,在境内销售的。**(2)**我国《刑法》第 155 条对走私行为的**非典型表现**作了规定,包括:直接向走私人员非法收购走私进口的货物、物品的;在内海、领海、界河、界湖运输、收购、贩卖禁止(限制)进出口货物、物品的。

5. **行为对象**:武器、弹药。2014 年最高人民法院、最高人民检察院《关于办理走私刑事案件适用法律若干问题的解释》第 2 条规定,**武器、弹药**的种类"参照《中华人民共和国海关进口税则》及《中华人民共和国禁止进出境物品表》的有关规定确定"。

6. **行为主体**:包括一般主体和单位。对于单位走私的认定,2002 年最高人民法院、最高人民检察院、海关总署《关于办理走私刑事案件适用法律若干问题的意见》(以下简称 2002 年《办理走私案件意见》)第 18 条作了具体规定:**(1)单位走私构成**:以单位名义实施走私,即由单位集体研究决定,或者由单位负责人决定与同意;为单位谋取不正当利益或者违法所得大部分归单位所有。**(2)排除单位犯罪**:个人为进行违法犯罪活动而设立的公司企业事业单位,或者个人设立公司企业事业单位后以实施犯罪为主要活动的,不以单位犯罪论处。

7. **既遂形态**：本罪是行为犯。

（二）客观规范要素

8. 本罪所侵害的具体法益，是国家对外贸易管制。**对外贸易**，是指货物进出口、技术进出口和国际服务贸易。[①] 对外贸易管制，是国家为了发展对外贸易，维护公平、自由的对外贸易秩序，对对外贸易实行统一的监督和控制的制度。

（三）主观责任要素

9. 本罪的主观责任形式为故意。故意内容指向由走私武器弹药行为为核心征表的"国家对外贸易管制被侵状态"。由此，严格来讲，构成本罪的故意，须有对行为性质（走私）以及行为对象（武器、弹药）的明知。

10. 不过，2002年《办理走私案件意见》第5条肯定了本罪的故意构成须有对行为性质明知，但第6条却否定了本罪的故意构成须有对行为对象的明知，即"对走私对象不明确的……根据实际的走私对象定罪处罚"。由此，对案例101-1中甲的行为似应按走私武器罪定罪处刑。这种处理值得推敲。

11. 同时，2002年《办理走私案件意见》第6条还指出："……对走私对象发生认识错误的，可以从轻处罚"。但是，这一规定也是不尽恰当的，因为这其中存在误重为轻与误轻为重的差异。如案例101-2及案例101-3中甲的行为即为适例。

案例101-1：甲受乙指使携带禁止进出境的物品进行走私，但对走私的究竟何物则不明确，实为枪支。

案例101-2：甲只是意图走私普通物品，却误将枪支当成普通物品进行了走私。

案例101-3：甲意图走私武器，却误将文物当成武器进行了走私。

二、法定刑及处罚

12. **基准法定刑**：走私武器、弹药的，处7年以上有期徒刑，并处罚金或者没收财产（《刑法》第151条第1款前段）。

13. **加重法定刑**：走私武器、弹药，情节特别严重的，处无期徒刑，并处没收财产（《刑法》第151条第1款中段）。

14. **减轻法定刑**：走私武器、弹药，情节较轻的，处3年以上7年以下有期徒刑，并处罚金（《刑法》第151条后段）。

15. **从重量刑**：犯走私武器、弹药罪又武装掩护走私的，依照151条第1款的相应法定刑从重处罚（《刑法》第157条第1款）。

16. **对单位的处罚**：单位犯本罪的，对单位判处罚金，并对其直接负责的主管人员和其他直接责任人员，分别按相应的法定刑处罚（《刑法》第151条第4款）。

17. 关于本罪的定罪基准及"情节特别严重""情节较轻"的具体含义，2014年最高人民法院，最高人民检察院《关于办理走私刑事案件适用法律若干问题的解释》第1条作了具体规定。

[①] 参见我国《对外贸易法》。

三、犯罪形态

（一）共同犯罪

18. 注意规定："与走私罪犯通谋,为其提供贷款、资金、账号、发票、证明,或者为其提供运输、保管、邮寄或者其他方便的,以走私罪的共犯论处"(《刑法》第 156 条)。2002 年《办理走私案件意见》第 15 条对"与走私罪犯通谋"中的通谋,作了概念与认定的阐明。

（二）数罪并罚

19. "以暴力、威胁方法抗拒缉私的,以走私罪和本法第 277 条规定的阻碍国家机关工作人员依法执行职务罪,依照数罪并罚的规定处罚"(《刑法》第 157 条第 2 款)。

20. 这一规定所述情形包含了"走私"与"妨碍公务"两项行为,理论上两者可以成立牵连犯,而立法上将之作数罪并罚。

> **思考题**
>
> 对案例 101-1、案例 101-2、案例 101-3(本节段 10)中甲的行为应当如何处理？

第 102 节　非国家工作人员受贿罪

1. 设置本罪的基本法条是我国《刑法》第 163 条,该条第 1 款是本罪的典型构成,第 2 款是本罪的准型构成,第 3 款是与本罪相关之受贿罪的注意规定。第 184 条第 1 款是本罪的注意规定;该条第 2 款是与本罪相关之受贿罪的注意规定。

2. **非国家工作人员受贿罪**,是指公司、企业或者其他单位的工作人员利用职务上的便利,索取他人财物或者非法收受他人财物,为他人谋取利益,数额较大的行为。

一、基准构成

（一）客观事实要素

3. **实行行为**:包括职务行为与目的行为两个要素。**(1) 职务行为**:利用职务上的便利,是指利用本人职务所拥有的管理事务的职能与权力。应当注意,"职务权力"与"职务便利"及"职务劳动"的区别,尤其是在现实具体情形中对之予以区分(第 102 节 A 段 1-3)。**(2) 目的行为**:可以分为:A. 典型受贿:索取他人财物并为他人谋利益;非法收受他人财物并为他人谋利益(《刑法》第 163 条第 1 款)。B. 准型受贿:(在经济往来中)违反国家规定,收受各种名义的回扣、手续费,归个人所有,并为他人谋利益(《刑法》第 163 条第 2 款)。需要考究的是,索贿是否需要"为他人谋利"？"为他人谋利益"是主观要素还是客观要素？(第 102 节 A 段 5—6)

4. **行为对象**:典型受贿行为的财物,准型受贿行为的回扣、手续费。

5. **犯罪数额**：受贿财物数额较大，即价值人民币6万元以上。①

6. **行为主体**：特殊主体，在此是指"公司、企业或者其他单位的工作人员"，其核心意义是"非国家工作人员"。包括：（1）非国有公司、企业或者其他单位中的非国家工作人员。（2）国有公司、企业以及其他国有单位中的非国家工作人员。②（3）银行或者其他金融机构中的非国家工作人员（《刑法》第184条第1款）。（4）事业单位或评标委员会等中的国家工作人员受贿构成犯罪的，以受贿罪定罪处刑；事业单位或评标委员会中的非国家工作人员受贿构成犯罪的，以非国家工作人员受贿罪定罪处刑。③（5）这里的"其他单位"，既包括事业单位、社会团体、村民委员会、居民委员会、村民小组等常设性的组织，也包括为组织体育赛事、文艺演出或者其他正当活动而成立的组委会、筹委会、工程承包队等非常设性的组织。④

7. **既遂形态**：本罪是数额犯。

（二）客观规范要素

8. 本罪所侵害的具体法益，是公司企业或者其他单位的管理制度与公司企业或者其他单位工作人员职务的廉洁性。

（三）主观责任要素

9. 本罪的主观责任形式为故意，故意内容指向以"受贿行为"为核心征表的"管理制度与廉洁职责被侵状态"。行为人具有非法占有他人财物的目的。

二、法定刑

10. **基准法定刑**：犯非国家工作人员受贿罪的，处5年以下有期徒刑或者拘役（《刑法》第163条第1款前段）。

11. **加重法定刑**：犯非国家工作人员受贿罪，数额巨大的，处5年以上有期徒刑，可以并处没收财产（《刑法》第163条第1款后段）。这里的"数额巨大"是指价值人民币100万元以上。⑤

三、犯罪形态

（一）共同犯罪

12. 本罪主体系非国家工作人员，受贿罪主体为国家工作人员，而在两者构成共同犯罪的场合，应当如何定罪处刑？对此，2008年《办理商业贿赂案件意见》第11条规定："根据双方利用职务便利的具体情形"处理。具体地说：（1）利用国家工作人员

---

① 参见2016年最高人民法院、最高人民检察院《关于办理贪污贿赂刑事案件适用法律若干问题的解释》第11条第1款。

② 参见2008年最高人民法院、最高人民检察院《关于办理商业贿赂案件适用法律若干问题的意见》（以下简称2008年《办理商业贿赂案件意见》）第3条。

③ 参见2008年《办理商业贿赂案件意见》第4—6条。

④ 参见2008年《办理商业贿赂案件意见》第2条。

⑤ 2016年最高人民法院、最高人民检察院《关于办理贪污贿赂刑事案件适用法律若干问题的解释》第11条第2款。

的职务便利为他人谋取利益的,以受贿罪追究刑事责任。(2)利用非国家工作人员的职务便利为他人谋取利益的,以非国家工作人员受贿罪追究刑事责任。(3)分别利用各自的职务便利为他人谋取利益的,按照主犯的犯罪性质追究刑事责任,不能分清主从犯的,可以受贿罪追究刑事责任。

(二) 商业贿赂犯罪

13. 商业贿赂犯罪,系司法实践中的常用术语,是指有关商品经济活动中各种贿赂犯罪的总称。其既非我国《刑法》上的具体罪名,也非《刑法》上的法定犯罪类型。《刑法》上的贿赂犯罪,只要涉及商品经济活动的,均可纳入商业贿赂犯罪的范畴。具体包括:(1) 2008年《办理商业贿赂案件意见》第1条所列8种具体的贿赂犯罪;(2) 利用影响力受贿罪(《刑法》第388条之一);(3) 对有影响力的人行贿罪(《刑法》第390条之一);(4) 对外国公职人员、国际公共组织官员行贿罪(《刑法》第164条第2款)。

> 思考题

我国《刑法》第163条与第385条在基准罪状实行行为的表述上有何差异?其说明了什么?

第102节 A 非国家工作人员受贿罪实行行为的具体展开

一、职务行为

1. 法条中的"利用职务上的便利",其强调的是利用"职务权力",由此应当注意,"职务权力"不同于单纯熟悉环境条件的"职务便利",也不同于虽与职务相关但非权力行使的"职务劳动"。

2. 2008年《办理商业贿赂案件意见》第4条第2款与第3款、第5条第2款与第3款、第6条第1款,具体表述了属于利用职务便利受贿的有关情形:(1) **医疗机构中的非国家工作人员**,在药品、医疗器械、医用卫生材料等医药产品采购活动中,利用职务上的便利,索取销售方财物,或者非法收受销售方财物,为销售方谋取利益,构成犯罪的;(2) **医疗机构中的医务人员**,利用开处方的职务便利,以各种名义非法收受药品、医疗器械、医用卫生材料等医药产品销售方财物,为医药产品销售方谋取利益,数额较大的;(3) **学校及其他教育机构中的非国家工作人员**,在教材、教具、校服或者其他物品的采购等活动中,利用职务上的便利,索取销售方财物,或者非法收受销售方财物,为销售方谋取利益,数额较大的;(4) **学校及其他教育机构中的教师**,利用教学活动的职务便利,以各种名义非法收受教材、教具、校服或者其他物品销售方财物,为教材、教具、校服或者其他物品销售方谋取利益,数额较大的;(5) **依法组建的评标委员会、竞争性谈判采购中谈判小组、询价采购中询价小组的组成人员**,在招标、政府采购等事项的评标或者采购活动中,索取他人财物或者非法收受他人财物,为他人谋取利益,数额较大的。

3. 另外,值得**考究**的是,医务人员利用开具住院手续的职务之便,或者利用开具仪器检查的职务之便,索取或者收受病人钱财,是否构成受贿?对此,本书肯定开具住院手续与开具仪器检查等属于职权行为。但是,医务人员基于主刀手术而索取或者收受病人钱财的,鉴于单纯的手术只是一种劳务活动,从而这一情形不应认作受贿。

二、目的行为

4. 目的行为的构成要素包括"索取他人财物""非法收受他人财物""为他人谋利益"。其中,**索取他人财物**,是指主动索要并收取他人财物;**非法收受他人财物**,是指他人为了某种目的而给予财物,行为人违反规定收取接受了这些财物。较有争议的是"为他人谋利益"的要素。

5. 在索贿的场合,是否必须具备"为他人谋利益"的要素才能构成这里的受贿?对此,本书认为,基于罪状表述样态以及我国《刑法》第163条与第385条表述的差异,无论是索取他人财物还是非法收受他人财物,均须具备为他人谋利益的要素,方可完备这里的受贿行为。

6. "为他人谋利益"的要素,究竟是主观要素还是客观要素?在收受回扣手续费的场合,是否也须要"为他人谋利益"的要素?对此,应当说,为他人谋利益是一种客观行为,若将之作为主观意图则有违受贿之主观责任的应有指向;收受回扣手续费虽为一种准型受贿,但应有典型受贿的核心特征,从而在此场合为他人谋利益亦为必要。就具体含义而论,为他人谋利益,包括:允诺为他人谋利益、正在为他人谋利益、已经为他人谋取了利益。

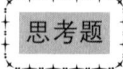

"收受"的构成要素及具体表现有哪些?"收受"与形式或实质的"取得""占有"有何关系?

第 103 节 伪造货币罪

1. 设置本罪的基本法条是我国《刑法》第170条,该条前段是本罪的基准罪状与法定刑,后段是本罪的加重罪状与法定刑。第171条第3款是本罪包容出售、运输假币罪之包容犯的具体规定。

2. **伪造货币罪**,是指仿照流通中的货币,制造足以使普通人误认为是真的假货币,并意图使之进入流通的行为。

一、基准构成

（一）客观事实要素

3. **实行行为**：伪造。具体理解时应注意：**(1) 伪造**，是指**仿照**流通中的货币，**制造**足以使普通人误认为是真的假货币。**仿照**，是指模仿真货币的式样、票面、图案、颜色、质地、防伪技术等；**制造**，是指用描绘、复印、影印、制版印刷、计算机扫描打印等方法，制作假货币。**(2)** 伪造行为须达至以假乱真的程度，即货币的伪造在效果上足以使普通人在通常情况下将伪造币误认为是真货币。"仿照真货币的图案、形状、色彩等特征非法制造假币，冒充真币的行为"应当认定为伪造货币。① **(3)** 伪造货币不同于变造货币。"同时采用伪造和变造手段，制造真伪拼凑货币的行为，依照刑法第170条的规定，以伪造货币罪定罪处罚"。② **(4)** 如果行为人不是非法制作与真货币相似的货币，而是以纸张夹置于真货币中冒充真货币，或者从画册上剪下货币图案冒充真货币，实施骗取他人的钱财，则不构成本罪，可以构成诈骗罪。

4. **行为对象**：正在流通中的货币。具体理解时应注意：**(1)** 这里的**货币**，具体包括本国货币和外国货币。其中，本国货币有人民币（包括普通纪念币、贵重金属纪念币）、港币、台币、澳币；外币有可以在我国境内兑换的美元、英镑、日元、马克等，以及不能在我国境内兑换的卢布、瑞士法郎等。**(2)** 伪造的货币，必须是**正在流通**的货币，如果伪造的是已经停止使用的货币，例如古钱、民国时期的银元，则不构成本罪。**(3)** "以使用为目的，伪造停止流通的货币，或者使用伪造的停止流通的货币的，依照刑法第266条的规定，以诈骗罪定罪处罚"③。

5. **行为主体**：一般主体。

6. **既遂形态**：本罪是行为犯。尽管伪造货币罪是**行为犯**，但是行为构成犯罪必须达到一定的危害程度。"伪造货币，总面额在2000元以上或者币量在200张（枚）以上的，应予立案追诉"④。

（二）客观规范要素

7. 本罪所侵害的具体法益是国家的货币管理制度。包括国家对本国货币的管理制度和国家对外币的管理制度。

（三）主观责任要素

8. 本罪的主观责任形式为**故意**，故意内容指向由伪造货币行为为核心征表的"国家货币管理制度被侵状态"。同时，必须具有使伪造的货币进入流通的**特定意图**。主观上是否以牟利为目的，并不影响本罪的构成。

9. 对于本罪特定意图的要素，刑法理论存在肯定与否定的对立。应当说，这里

---

① 参见2010年最高人民法院《关于审理伪造货币等案件具体应用法律若干问题的解释（二）》第1条。
② 参见2010年最高人民法院《关于审理伪造货币等案件具体应用法律若干问题的解释（二）》第2条。
③ 参见2010年最高人民法院《关于审理伪造货币等案件具体应用法律若干问题的解释（二）》第5条。
④ 2022年最高人民检察院、公安部《关于公安机关管辖的刑事案件立案追诉标准的规定（二）》第14条；2000年最高人民法院《关于审理伪造货币等案件具体应用法律若干问题的解释》第1条。

的特定意图与责任形式密切相关。如果行为人临摹货币,只是作为艺术品供个人欣赏,而不具有使之进入流通的意图,则不构成本罪。

二、法定刑

10. **基准法定刑**:犯伪造货币罪的,处 3 年以上 10 年以下有期徒刑,并处罚金(《刑法》第 170 前段)。

11. **加重法定刑**:犯伪造货币罪,有法定三种情形之一的,处 10 年以上有期徒刑、无期徒刑或者死刑,并处罚金或者没收财产(《刑法》第 170 条后段)。

三、罪数形态

(一) 伪造货币罪与出售、运输假币罪

12. 伪造货币罪与出售、运输假币罪,在我国《刑法》中分设于第 170 条与第 171 条。而现实中常会出现伪造货币并出售或者运输伪造的货币的情形,案例 103-1 系适例。这一情形理论上成立伪造货币罪与出售、运输假币罪的牵连犯,而立法上《刑法》第 171 条第 3 款将之作为伪造货币罪包容出售、运输假币罪的包容犯。

案例 103-1:甲伪造人民币 10 万元,并将这伪造的 10 万元出售给了乙。

(二) 伪造货币罪与使用假币罪

13. 伪造货币罪与使用假币罪,在我国《刑法》中分设于第 170 条与第 172 条。而现实中常会出现伪造货币并使用伪造的货币的情形,案例 103-2 系适例。这一情形理论上成立伪造货币罪与使用假币罪的牵连犯,而 2001 年最高人民法院《全国法院审理金融犯罪案件工作座谈会纪要》第 2 条规定以伪造货币罪定罪从重处罚,这是将这一情形作为伪造货币罪包容使用假币罪的包容犯。

案例 103-2:甲伪造人民币 1 万元,并用这伪造的 1 万元购买了笔记本电脑。

(三) 购买假币罪与使用假币罪

14. 购买假币罪与使用假币罪,在我国《刑法》中分设于第 171 条与第 172 条。现实中关于购买假币与使用假币的情形可能是:(1) 行为人购买假币后使用,案例 103-3 系适例。这一情形理论上成立购买假币罪与使用假币罪的吸收犯,而 2000 年最高人民法院《关于审理伪造货币等案件具体应用法律若干问题的解释》第 2 条第 1 款将之作为购买假币罪包容使用假币罪的包容犯。(2) 行为人购买 A 类假币,同时又在另处使用 B 类假币,案例 103-4 系适例。这一情形构成购买假币罪与使有假币罪数罪。(3) 行为人使用 A 类假币购买 B 类假币,案例 103-5 系适例。这一情形构成使用假币罪与购买假币罪的想像竞合犯。

案例 103-3:甲在乙处购得假人民币 2 万元,并用这 2 万元的假币在丙处购买了笔记本电脑和手机。

案例 103-4:甲向乙购买了 1 万假美元,同时又在丙处使用了 2 万假人民币购得笔记本电脑和手机。

案例 103-5:甲使用 5 万元假人民币向乙购买了明知是假的 1 万美元。

(四)出售、运输假币罪与使用假币罪

15. 出售、运输假币罪与使用假币罪,分设于我国《刑法》第171条与第172条。2000年最高人民法院《关于审理伪造货币等案件具体应用法律若干问题的解释》第2条第2款规定:"行为人出售、运输假币构成犯罪,同时有使用假币行为的,依照刑法第171条、第172条的规定,实行数罪并罚"。

金融工作人员购买假币罪与购买假币罪的区别是什么?

第104节 洗 钱 罪

1. 设置本罪的基本法条是我国《刑法》第191条,该条第1款前段是本罪的基准罪状与法定刑,第1款后段是本罪的加重罪状与法定刑;该条第2款是对本罪单位犯罪及其处罚的规定。

2. **洗钱罪**,是指为掩饰、隐瞒毒品犯罪、黑社会性质的组织犯罪、恐怖活动犯罪、走私犯罪、贪污贿赂犯罪、破坏金融管理秩序犯罪、金融诈骗犯罪的所得及其产生的收益的来源和性质,而实施提供资金账户、将财产转换为现金、金融票据、有价证券、通过转账或其他支付结算方式转移资金、跨境转移资产等的行为。

一、基准构成

(一)客观事实要素

3. **实行行为**:包括方法行为与目的行为两个要素。**(1) 方法行为**:以法定的方式掩饰、隐瞒。这里的"法定方式"是指:提供资金账户;将财产转换为现金、金融票据、有价证券;通过转账或者其他结算方式转移资金;跨境转移资产;以其他方法(掩饰、隐瞒),2009年最高人民法院《关于审理洗钱等刑事案件具体应用法律若干问题的解释》第2条对此作了具体规定。**(2) 目的行为**:将犯罪所得及其产生的收益的来源和性质转化为合法的形式。如将犯罪所得混入自己合法的投资中。掩饰、隐瞒毒品犯罪等所得及其产生的收益的来源和性质,既是行为人主观上追求的目的,也是行为人的客观行为。

4. **行为对象**:毒品犯罪、黑社会性质的组织犯罪、恐怖活动犯罪、走私犯罪、贪污贿赂犯罪、破坏金融管理秩序犯罪、金融诈骗犯罪的所得及其产生的收益。在此,有两个核心概念:**(1) 7种特定的犯罪**,通称"上游犯罪"。"上游犯罪事实成立"是本罪认定的前提,对此2009年最高人民法院《关于审理洗钱等刑事案件具体应用法律若干问题的解释》第4条对相关特殊情形作了具体规定。**(2) 犯罪所得及其产生的收益**。犯罪所得,是指通过犯罪活动所获取的全部钱财。产生的收益,是指将犯罪所得用于经营投资或者储蓄存款等所产生的利润或者孳息等收益。

5. **行为主体**：包括一般主体和单位。经《刑法修正案（十一）》修正后，"上游犯罪"的犯罪人及其以外的他人均可构成本罪的实行犯。

6. **既遂形态**：本罪是行为犯。2022年最高人民检察院、公安部《关于公安机关管辖的刑事案件立案追诉标准的规定（二）》第43条对本罪的追诉基准作了规定，规定中并未设置特别的定量标准。

（二）客观规范要素

7. 本罪所侵害的具体法益是国家的金融管理制度与司法机关的正常活动。

（三）主观责任要素

8. 本罪的主观责任形式为**故意**，故意内容指向由洗钱行为为核心征表的"国家金融管理制度与司法机关正常活动被侵状态"。

9. 同时，必须具有特定目的与特定明知。**特定目的**，即行为人具有掩饰、隐瞒特定犯罪的所得及其产生的收益的来源和性质的目的；**特定明知**，是指行为人对行为对象的明知，即明知掩饰、隐瞒的是"上游犯罪"的所得及其产生的收益。2009年最高人民法院《关于审理洗钱等刑事案件具体应用法律若干问题的解释》第1条对于这里特定明知认定的总体原则、具体情形等，作了规定。

二、法定刑

10. **基准法定刑**：犯洗钱罪的，没收实施"上游犯罪"的所得及其产生的收益，处5年以下有期徒刑或者拘役，并处或者单处罚金（《刑法》第191条第1款前段）。这里的"没收……"，并非刑种而居于非刑处分地位①，与《刑法》总则第64条的规定相呼应。

11. **加重法定刑**：犯洗钱罪情节严重的，没收实施"上游犯罪"的所得及其产生的收益，处5年以上10年以下有期徒刑，并处罚金（《刑法》第191条第1款后段）。

12. **对单位的处罚**：单位犯本罪的，对单位判处罚金，并对其直接负责的主管人员和其他直接责任人员，分别按相应的法定刑处罚（《刑法》第191条第2款）。

三、洗钱罪与掩饰、隐瞒犯罪所得、犯罪所得收益罪

13. 洗钱罪与掩饰、隐瞒犯罪所得、犯罪所得收益罪，均存在掩饰与隐瞒犯罪所得与犯罪所得收益的行为，并且在责任形式的故意、特定的明知、主体的非纯正单位犯罪等方面，两罪也呈现一致。但是，两者在法定构成上有着重要区别。**（1）实行行为**：洗钱罪的方法行为具有一定程度的特定性（五种法定方式），目的行为强调将"赃款"犯罪来源和性质转化为合法的形式；而掩饰、隐瞒犯罪所得、犯罪所得收益罪的方法行为并无特别限定，目的行为也不强调转化"赃款"的犯罪来源和性质。**（2）行为对象**：洗钱罪的行为对象仅限特定"上游犯罪"的所得及其产生的收益；而掩饰、隐瞒犯罪所得、犯罪所得收益罪的行为对象是所有犯罪的所得及其产生的收益。**（3）侵害法益**：洗钱罪侵害的具体法益是国家金融管理制度与司法机关正常活动；而掩饰、

---

① 详见张小虎：《刑罚论的比较与建构（上卷）》，群众出版社2010年版，第290页。

隐瞒犯罪所得、犯罪所得收益罪侵害的具体法益是司法机关正常活动。**(4) 主观责任**:在特定明知的内容上,洗钱罪仅限特定"上游犯罪"的所得及其产生的收益,而掩饰、隐瞒犯罪所得、犯罪所得收益罪对犯罪的范围并无特别限定。**(5) 行为主体**:洗钱罪经《刑法修正案(十一)》修正后,上游犯罪人也可构成洗钱罪的实行犯,而掩饰、隐瞒犯罪所得、犯罪所得收益罪的窝藏、转移等掩饰、隐瞒行为不包括上游犯罪人(本犯)的掩饰与隐瞒行为。① 在此,"本犯"与"连累犯"相对。所谓**连累犯**,是指在事先并无通谋的情况下,行为人明知他人既已实施犯罪,而在事后给予隐藏毁灭罪证、包庇窝藏等帮助,从而实施与他人之犯罪密切相关的事后行为,刑法分则对此予以独立的罪刑设置的具体犯罪。

14. 明知是犯罪所得及其产生的收益而予以掩饰、隐瞒(A),可能牵涉洗钱罪、掩饰、隐瞒犯罪所得、犯罪所得收益罪以及窝藏、转移、隐瞒毒品、毒赃罪,对此司法解释规定"依照处罚较重的规定定罪处罚"。② 鉴于洗钱罪之实行行为与掩饰、隐瞒犯罪所得、犯罪所得收益罪之实行行为,尤其是两罪实行行为之目的行为的构成要素的差异,所涉洗钱罪等相关犯罪的 A 之情形在理论上可谓想象竞合犯。

> **思考题**
>
> 对案例 104-1 中的甲及乙应当如何处理?
>
> **案例 104-1**:甲系走私集团的首要分子,通过走私获得赃款 50 万元,之后甲指使该走私集团以外的乙,由乙通过其合法账户将这 50 万元转换为乙所控股企业的股份。

第 105 节 逃 税 罪

1. 设置本罪的基本法条是我国《刑法》第 201 条,该条第 1 款前段是本罪的基准罪状与法定刑,第 1 款后段是本罪的加重罪状与法定刑;该条第 2 款是本罪的准型构成与处罚规定;第 3 款是多次逃税累计逃税数额处罚的规定;第 4 款是对本罪罪后不予入罪情形的特别规定。第 211 条是对本罪等单位犯罪及其处罚的规定。

2. **逃税罪**,是指纳税人、扣缴义务人,采取欺骗、隐瞒手段进行虚假纳税申报或者不申报,逃避缴纳税款,或者不缴或者少缴已扣、已收税款,数额较大的行为。

一、基准构成

(一) 客观事实要素

3. **实行行为**:逃税行为系不作为,包括方法行为与目的行为两个要素。**(1) 方法行为**:A. 采取欺骗、隐瞒手段进行虚假纳税申报;或者 B. 不申报。A 系以积极行为实

---

① 不过,倘若本犯事后教唆他人实施窝藏、转移等掩饰、隐瞒行为,则本犯可以成立掩饰、隐瞒犯罪所得、犯罪所得收益罪的教唆犯。

② 2009 年最高人民法院《关于审理洗钱等刑事案件具体应用法律若干问题的解释》第 3 条。

现逃税的不作为(第18节段13—14),这些积极行为包括伪造、变造、隐匿、擅自销毁账簿、记账凭证,或者在账簿上多列支出或者不列、少列收入等。B系以消极行为实现逃税的不作为。**(2) 目的行为**:不予纳税,包括:A. 典型形态是纳税人逃避缴纳税款(《刑法》第201条第1款);B. 准型形态是扣缴义务人不缴或少缴已扣收税款(《刑法》第201条第2款)。

4. **行为对象**:应纳的税款;已扣收的税款。

5. **犯罪数额**:在避缴纳税的场合,所逃税款数额10万元以上并且占应纳税额10%以上;在避缴扣税的场合,所逃税款数额10万元以上。①

6. **行为主体**:包括特殊主体和单位。从地位类型来讲,又可分为纳税人、扣缴义务人。**纳税人**,是指法律、行政法规规定的,负有纳税义务的单位和个人;**扣缴义务人**,是指法律、行政法规规定的,负有代扣代缴、代收代缴义务的单位和个人。

7. **既遂形态**:本罪是数额犯。

(二) 客观规范要素

8. 本罪所侵害的具体法益是国家的税收征管制度与国家的税收利益。**税收征管制度**,是指我国税法规定的有关税款征收管理的法律制度的总称。

9. 对于这里税收征管制度是否包括关税征管制度,刑法理论存在不同见解。本书主张,这里的税收征管制度不应仅限国内税税款征收管理制度。就《刑法》的规定来看,并不排斥本罪与其他有关违反关税制度犯罪的竞合。

(三) 主观责任要素

10. 本罪的主观责任形式为故意,故意内容指向由逃税行为为核心征表的"国家税收征管制度与利益被侵状态"。通常,行为人具有逃税牟取非法利益的目的,但是这一特定目的并非法定构成要素。由于过失而少缴或者未缴应纳税款的漏税,或者虽然超过期限未缴应纳税款但是却无故意的欠税,均不构成逃税罪。

二、法定刑

11. **基准法定刑**:犯逃税罪的,处3年以下有期徒刑或者拘役,并处罚金(《刑法》第201条第1款前段)。

12. **加重法定刑**:犯逃税罪,逃税数额巨大并且占应纳税额30%以上的,处3年以上7年以下有期徒刑,并处罚金(《刑法》第201条第1款后段)。

13. **对单位的处罚**:单位犯本罪的,对单位判处罚金,并对其直接负责的主管人员和其他直接责任人员,依照第201条的规定处罚(《刑法》第211条)。

> 思考题
>
> 考究我国《刑法》第201条第1款的表述,"不申报"是否也需要"采取欺骗、隐瞒手段"?

---

① 2022年最高人民检察院、公安部《关于公安机关管辖的刑事案件立案追诉标准的规定(二)》第52条。

第 105 节 A　逃税罪的犯罪数额及事后出罪

一、逃税罪的犯罪数额累计

1. 我国《刑法》第 201 条第 3 款规定,多次逃税未经处理的,按照累计数额计算。类似规定在我国《刑法》中并不少见,诸如,第 153 条第 3 款、第 347 条第 7 款、第 383 条等。应当说,这种立法一方面未必可以有效地避免行为人避法,另一方面却又有不当加重对行为人处罚的倾向。具体地说:(1) 多次逃税每次数额均不达立案基准(A):在此场合,由于缺乏入罪的启动,所谓累计数额计算也就无从进行。(2) 多次逃税每次数额均达至立案基准(B):在此场合,累计数额计算实际上是将行为人的同种数罪予以了简单累加。(3) 逃税达数额后又多次不达数额逃税(C):在此场合,累计数额计算实际上是在既已规定定量入罪的前提下,又将非罪行为简单归入加重的犯罪中处理。(4) 前次逃税数额虽入罪但过追诉时效(D):由此,应当区分前次逃税与后次逃税的不同定性与时间间隔等予以处理,而不是一律累计数额计算。

2. 对于上述的诸多情形,累计数额计算不尽可取。不过,若以行为次数作为入罪或处刑的定量要素,则可恰当遏制行为人避法与均衡罪刑轻重。对此,我国《刑法》也有值得肯定的一些立法例,诸如第 264 条的"多次盗窃"的定量入罪、第 263 条的"多次抢劫"的加重法定刑等。如此,对于上述 A 情形,可以设置"多次逃税"的定量入罪;对于上述 B 情形,可以设置"多次逃税"的加重法定刑;对于上述 C 情形,可以将不达数额的逃税作为从重量刑的情节。

二、逃税罪事后行为的去罪

3. 我国《刑法》第 201 条第 4 款前段中所规定的,"经税务机关……已受行政处罚的"情形,是逃税罪消极要件中的其他严重危害阻却事由(第 36 节段 6)。在对这一条款规定的理解上应当注意:(1) 定罪事实与量刑事实的区别:第 201 条第 4 款前段规定的刑事后果是"不予追究刑事责任",这其中包括了不予定罪,从而系定罪事实。而如果某些事后悔过行为的法定情形,其刑事后果是"从轻、减轻或者免除处罚",则这一法定情形应属量刑事实。例如,《刑法》第 164 条第 4 款、第 276 条之一第 3 款、第 383 条第 3 款前段、第 390 条第 2 款、第 392 条第 2 款等。(2) 危害阻却与处罚阻却的区别:有的论著认为,《刑法》第 201 条第 4 款前段的规定系"逃税罪的处罚阻却事由"。但是,就该款以罪后行为作为犯罪成立要件之消极要素来看,这一罪后行为并不具有处罚阻却事由的典型特征(第 16 节段 20)。[1] 不仅该款规定的事实内容与处罚阻却事由的事实内容有所不同,而且该款强调的是去罪而处罚阻却指向的只是去罚。

---

[1] 详见张小虎:《论处罚条件理论及其形态消释》,载《河南财经政法大学学报》2014 年第 2 期。

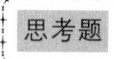

多次逃税未经处理,累计数额计算,这一规定是否合理?

第 106 节　破坏市场秩序罪的其他具体犯罪选读

一、签订、履行合同失职被骗罪

1. 签订、履行合同失职被骗罪(《刑法》第 167 条),是指国有公司、企业、事业单位直接负责的主管人员,在签订、履行合同过程中,因严重不负责任被诈骗,致使国家利益遭受重大损失的行为。

2. 金融机构、从事对外贸易经营活动的公司、企业的工作人员严重不负责任,造成大量外汇被骗购或者逃汇,致使国家利益遭受重大损失的,是本罪的准型构成。①

二、侵犯商业秘密罪

3. 侵犯商业秘密罪(第 219 条),是指采用法定的方法侵犯商业秘密,情节严重的行为。

4. 第 219 条第 1 款系本罪的典型构成,案例 106-1 系适例;第 219 条第 2 款是本罪的准型构成,案例 106-2 系适例。

5. 在准型构成(案例 106-2)的场合,甲与乙成立共同犯罪,系共同正犯,甲为典型正犯,乙为准型正犯。这也可谓是我国《刑法》分则事后共犯的立法例。

案例 106-1:甲盗窃他人商业秘密,并将该商业秘密披露给乙。

案例 106-2:甲盗窃他人商业秘密,乙明知系甲所窃取的他人的商业秘密,而从甲处获取该商业秘密。

思考题

1. 1998 年全国人大常委会《关于惩治骗购外汇、逃汇和非法买卖外汇犯罪的决定》第 1 条第 2 款与《刑法》第 198 条第 2 款所规定的情形,在理论上系何种犯罪形态?立法上各又系何种形态?

2. 事后共犯与承继共犯有何区别?(第 43 节段 17)②

---

① 1998 年全国人大常委会《关于惩治骗购外汇、逃汇和非法买卖外汇犯罪的决定》第 7 条。
② 详见张小虎:《犯罪论的比较与建构》,北京大学出版社 2006 年版,第 598 页。

第27章 侵犯公民人身罪

第107节 侵犯公民人身罪概述

一、侵犯公民人身罪的本体构成

1. 侵犯公民人身罪,是指故意或者过失侵犯公民的人身权利、民主权利以及其他与人身直接相关的权利的行为。

（一）客观事实要素

2. **实行行为**:非法侵犯公民人身与民主等权利行为。本章各罪的法定行为方式,表现为:(1) **多数系作为**:例如,故意杀人罪、故意伤害罪等。其中,许多犯罪在实际中的实行行为也只能由作为构成。例如,强奸罪、侮辱罪、诽谤罪、诬告陷害罪等。① (2) **不纯正不作为犯**:本章也有法定行为方式系作为的犯罪,在实际中可以由不作为构成(第18节E段2)。例如,以不作为方式实施的故意杀人罪。(3) **不作为**:例如,遗弃罪的法定行为方式遗弃即为不作为。由此,遗弃罪为纯正不作为犯。

3. **特定构成结果**:本章各罪有许多为结果犯,其特定构成结果表现为造成他人伤害、死亡等实害结果。例如,故意杀人罪(《刑法》第232条)基准构成的客观事实要素,须有"造成他人死亡"这一特定构成结果;故意伤害罪(第234条)基准构成的客观事实要素,须有"造成他人轻伤以上伤害"这一特定构成结果。

4. **行为主体**:本章各罪的行为主体,具体表现为:(1) **多数系一般主体**:例如,过失致人死亡罪(第233条)、非法拘禁罪(第238条)、绑架罪(第239条)等。(2) **少数系特殊主体**:例如,报复陷害罪(第254条)的法定主体,须为国家机关工作人员;刑讯逼供罪(第247条)的法定主体,须为司法工作人员。(3) **少数系自然人或单位**:例如,强迫劳动罪(第244条)、侵犯公民个人信息罪(第253条之一)、虐待被监护、看护人罪(第260条之一)的法定主体,包括了自然人与单位。(4) **责任年龄**:故意杀人罪、故意伤害罪(致人重伤或者死亡)、强奸罪的主体,是已满14周岁的人。

5. **既遂形态**:本章各罪的既遂形态类型表现为:(1) **行为犯**:例如,非法拘禁罪(第238条)、非法侵入住宅罪(第245条)等。(2) **结果犯**:例如,故意杀人罪(第232条)、故意伤害罪(第234条)等。

（二）客观规范要素

6. 本章各罪所侵害的类型法益是公民的人身权利、民主权利以及其他与人身直

---

① 注意,这里的实际中的行为方式也只为作为,仅指实行行为。也就是说,不排除这些犯罪的非实行行为在实际中可以表现为不作为。例如,父母现场不予救助被强奸的亲生幼女,即可成立强奸罪的不作为的共犯行为。

接相关的权利。(1)**人身权利**,是指公民享有法律保障的、与其人身不可分离的权利。例如,生命权、健康权、人身自由权、性自由权、人格权、名誉权、婚姻家庭权等。(2)**民主权利**,是指公民享有法律保障的、参加国家管理和社会政治活动的权利。例如,选举权和被选举权、批评权、检举权、控告权、申诉权、宗教信仰自由权等。(3)**其他与人身直接相关的权利**,是指劳动权、休息权、住宅不受侵犯权、通信自由权、民族平等权、少数民族风俗习惯等权利。

(三) 主观责任要素

7. 本章各罪的主观责任形式,除过失致人死亡罪和过失致人重伤罪为过失以外,其他各罪均为故意。

二、侵犯公民人身罪的种类

8. 基于侵害法益的具体类型,可以将我国《刑法》"第四章侵犯公民人身权利、民主权利罪"分为七类:

9. **侵犯公民生命、健康权利的犯罪**。包括:故意杀人罪,过失致人死亡罪,故意伤害罪,组织出卖人体器官罪,过失致人重伤罪。

10. **侵犯妇女、儿童身心健康的犯罪**。包括:强奸罪,负有照护职责人员性侵罪,强制猥亵、侮辱罪,猥亵儿童罪,拐卖妇女、儿童罪,收买被拐卖的妇女、儿童罪等。

11. **侵犯公民人格、名誉的犯罪**。包括:诬告陷害罪、侮辱罪、诽谤罪。

12. **侵犯公民婚姻家庭的犯罪**。包括:暴力干涉婚姻自由罪,重婚罪,破坏军人婚姻罪,虐待罪,遗弃罪,拐骗儿童罪。

13. **其他侵犯人身及其直接相关权利的犯罪**。包括:非法拘禁罪,绑架罪,非法搜查罪,非法侵入住宅罪,强迫劳动罪,侵犯通信自由罪,侵犯公民个人信息罪等。

14. **侵犯公民民主权利的犯罪**。包括:报复陷害罪,打击报复会计、统计人员罪,破坏选举罪,非法剥夺公民宗教信仰自由罪。

15. **司法工作人员侵犯公民权利的犯罪**。包括:刑讯逼供罪,暴力取证罪,虐待被监管人罪。

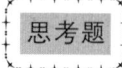

如何界分"人身权利""民主权利"及"其他与人身直接相关的权利"?

第 108 节 故意杀人罪

1. 设置本罪的基本法条是我国《刑法》第 232 条,该条前段是本罪的基准罪状与法定刑,后段是本罪的减轻罪状与法定刑。第 238 条第 2 款后段,第 247 条后段,第 248 条后段,第 292 条第 2 款,对由非法拘禁罪、刑讯逼供罪、暴力取证罪、虐待被监管人罪、聚众斗殴罪转化为本罪的转化犯,分别作了规定。第 289 条前段是对聚众"打砸抢"致人死亡依照本罪定罪处罚的注意规定。①

2. **故意杀人罪**,是指故意非法引起他人死亡的行为。

一、基准构成

(一) 客观事实要素

3. **实行行为**:引起他人死亡,具体是指使用各种方法,直接或者间接作用于他人的肌体,致使他人的生命非自然终结。故意引起他人死亡,即为杀人,依存于故意杀人罪;过失引起他人死亡,即为过失致人死亡,依存于过失致人死亡罪。具体理解**应当注意**:(**1**) **作用方式**:本罪的致死行为之对肌体的直接或者间接作用,包括:物理作用(如拳打脚踢、刀刺枪击等);心理作用(如基于精神刺激致极度惊恐或激愤而亡等)。(**2**) **间接正犯**:分则故意杀人罪之实行行为的典型系行为人亲自实行,而教唆并非实行,教唆自杀系利用他人的实行从而可为间接正犯。诱骗无责任能力他人自杀或者完全强制、完全欺骗他人自杀也为间接正犯(第 45 节 F 段 5—11)。(**3**) **行为方式**:本罪法定行为方式是作为,我国刑法理论与实践通常也承认不纯正的不作为杀人。现实中的杀人行为,既可以是作为(如刀砍、拳击、扼杀),也可以是不作为(如母亲故意不给婴儿哺乳致其死亡)。(**4**) **行为方法与罪数**:杀人的行为方法并无具体法定限制,可为多种多样,包括徒手、使用工具、利用动物、利用自然力等。不过,也可能会因独特的杀人方法而构成他罪与本罪的罪数形态(第 108 节 A 段 1)。

4. **行为对象**:他人的生命。人的生命始于出生终于死亡。具体理解**应当注意**:(**1**) **生命标志**:对于出生与死亡的标志,刑法理论上见解不一。② 我国刑法理论通常认为,出生即胎儿从母体分离出来能够独立进行呼吸,死亡即心脏不可逆转地停止跳动。(**2**) **侵害尸体**:生命的存在是故意杀人罪成立前提之一。明确针对尸体的侵害不构成故意杀人罪。盗窃、侮辱、故意毁坏尸体的可以构成盗窃、侮辱、故意毁坏尸体罪(第 302 条)。倘若因认识错误,误将尸体当成活人而予以杀害,则可以构成故意杀人罪的未遂。

5. **行为结果**:实害结果,即造成他人死亡。

6. **行为主体**:本罪主体为一般主体。未成年人犯本罪的责任年龄:(**1**) 已满 14 周岁不满 16 周岁。(**2**) 附条件的已满 12 周岁不满 14 周岁。

7. **既遂形态**:本罪是结果犯。

(二) 客观规范要素

8. 本罪所侵害的具体法益是他人的生命权利。任何公民生命的价值在法律上都是平等的。

9. 本罪的行为性质系属非法,即非正当行为的杀人。

10. 我国法律并未承认生命权的承诺,对此理论与实际中也有基本一致的观点

---

① 我国《刑法》第 289 条前段的"致人伤残、死亡",应当解释为故意致人伤残、死亡。
② 详见张小虎:《罪刑分析(上册)》,北京大学出版社 2002 年版,第 274 页。

与做法。

(三) 主观责任要素

11. 本罪的主观责任形式为故意,包括直接故意与间接故意。故意内容指向由杀人行为"造成他人死亡"为核心征表的"他人生命权利被侵状态"。

12. 现实中,杀人动机表现为多种多样,如报复、奸情、义愤、灭口等。通常,杀人动机并不决定本罪的构成,而可以影响量刑。但是,倘若行为人当场图财害命劫财,则构成抢劫罪,案例108-1系适例。

案例108-1:甲为达劫财目的欲先杀了乙而后取财,于是将乙刺死并取走乙所携钱财。

二、法定刑

13. **基准法定刑**:犯故意杀人罪的,处死刑、无期徒刑或者10年以上有期徒刑(《刑法》第232条前段)。这是以直接故意为基准,对故意杀人罪法定刑的设置。自然人的作为的故意犯是分则具体犯罪的典型形态,在法条未予特别明示的场合基准罪状以此为框架,这是通例(第39节B段12)。由此,这里的"处死刑"的首选法定刑设置是与"作为的直接故意杀人"的罪状相适应的。这就相当于保留死刑的其他国家或地区的刑法典上的"谋杀罪"。进而,对于不作为的间接故意杀人,就不宜首先考虑适用死刑。①

14. **减轻法定刑**:犯故意杀人罪情节较轻的,处3年以上10年以下有期徒刑(《刑法》第232条后段)。

> **思考题**

考究各国有关故意杀人的立法例,如何完善我国《刑法》对故意杀人罪的规定?

第108节A 故意杀人罪的犯罪形态

一、行为方法与罪数

1. 杀人的方法行为,有时可能触及其他犯罪,进而呈现诸**多罪数形态**问题:**(1)** 使用放火、爆炸等方法杀人并危及公共安全的,系放火罪或爆炸罪与本罪的想象竞合犯,案例93B-2(第93节B段2)系适例。**(2)** 出于取财目的故意杀人致人死亡的,系抢劫罪的结果加重犯(《刑法》第263条第5项),案例108-1(第108节段12)系适例。**(3)** 犯非法拘禁罪使用暴力致人死亡的,系由非法拘禁罪转化为故意杀人罪

---

① 详见张小虎:《我国死刑裁量的法理分析——孙伟铭死刑案二审改判的具体展开》,载《社会科学研究》2010年第1期。

的转化犯(《刑法》第 238 条第 2 款后段),案例 108A-1 系适例。**(4)** 抢劫财物后出于灭口的目的而杀害被害人的,则为抢劫罪与故意杀人罪的数罪,案例 49-10(第 49 节段 12)系适例。

案例 108A-1:甲将乙禁闭 A 屋,其间又对乙实施殴打致乙死亡。

二、归于故意伤害罪、故意杀人罪的转化犯

(一) 非法拘禁罪转化为故意杀人罪

2. 实施非法拘禁,并使用暴力致人伤残、死亡的,依照故意伤害罪、故意杀人罪的规定定罪处罚(《刑法》第 238 条第 2 款后段)。这里的致人伤残、死亡,应排除典型的数罪(第 111 节 B 段 8)。

(二) 刑讯逼供罪转化为故意杀人罪

3. 实施刑讯逼供、暴力取证,并致人伤残、死亡的,依照故意伤害罪、故意杀人罪的规定定罪从重处罚(《刑法》第 247 条后段)。这里的致人伤残、死亡,是指在刑讯逼供或暴力取证中,出于刑讯逼供、暴力取证的意图,逼供行为、暴力行为致被害人重伤或者死亡。刑讯逼供导致被害人轻伤、自杀不属于这一情形。

(三) 虐待被监管人罪转化为故意杀人罪

4. 殴打或者体罚虐待被监管人,并致人伤残、死亡的,依照故意伤害罪、故意杀人罪的规定定罪从重处罚(《刑法》第 248 条第 1 款后段)。这里的致人伤残、死亡,是指在殴打或者体罚虐待被监管人中,出于虐待被监管人的意图,殴打或者体罚的虐待行为致被害人重伤或者死亡。殴打或者体罚虐待被监管人导致被监管人轻伤、自杀不属于这一情形。

(四) 聚众斗殴罪转化为故意杀人罪

5. 聚众斗殴,致人重伤、死亡的,依照故意伤害罪、故意杀人罪的规定定罪处罚(《刑法》第 292 条第 2 款)。这里的致人重伤、死亡,是指在聚众斗殴中,由于斗殴行为致使他人重伤或者死亡。

(五) 非法组织卖血罪转化为故意伤害罪

6. 非法组织他人出卖血液、以暴力、威胁方法强迫他人出卖血液,对他人造成伤害的,依照故意伤害罪定罪处罚(《刑法》第 333 条第 2 款)。这里的对他人造成伤害,是指行为人出于组织他人出卖血液(或强迫他人出卖血液)的意图,非法组织他人出卖血液(或强迫他人出卖血液)的行为致使他人重伤。

三、致人重伤、死亡的结果加重犯

7. 致人重伤、死亡的结果加重犯,是我国《刑法》中较为常见的一种结果加重犯(第 50 节段 20)。例如,《刑法》第 263 条的抢劫致人重伤、死亡,第 236 条的强奸致被害人重伤、死亡,第 257 条的暴力干涉他人婚姻自由致被害人死亡等。

8. 根据结果加重犯的理论内涵,致人重伤、死亡的结果加重犯,其中重伤、死亡的结果,必须是基准构成的实行行为所致,反之则不能将重伤、死亡的结果归为基准

构成的加重结果。例如,为了劫取财物而杀害他人,构成抢劫的结果加重犯,案例108-1(第108节段12)系适例;但是在抢劫过程中为了逃跑、灭口等目的而杀害他人,由于行为意图的转变进而行为性质也发生了相应的转变,从而这里的杀害他人应当构成故意杀人罪,案例50-8(第50节段27)及案例49-10(第49节段12)系适例。

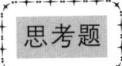

我国《刑法》中造成死亡后果的加重犯的立法模式有哪些?(见第239条第2款前段、第238条第2款等的规定。)

第108节 B 自杀事件

1. 自杀,是指自己杀死自己。纯粹个人的自杀当然与杀人无关,但是有时自杀中加入了他人的因素则需要分清自杀与杀人。相关的主要议题包括教唆自杀、帮助自杀、相约自杀等。

一、教唆自杀

2. 教唆自杀,是指他人本没有自杀意图,行为人故意采用引诱、劝说、欺骗等方法,使他人产生自杀意图。

3. 对于教唆自杀的定性,刑法理论有见解认为:"杀人与自杀是两个不同的概念,杀人就是杀别人,自杀就是杀自己",因此"自杀不是杀害他人,不构成犯罪。自然,教唆、帮助自杀不能构成犯罪"。

4. 事实上,教唆自杀是教唆人对他人进行精神诱导,从而运用他人自身的行为致他人于死亡,这可以视作一种间接的杀人,应当属于杀人的范畴,以故意杀人罪论处。在此,需要解释问题是:A. 杀自己不同于杀他人,从而杀自己能否构成杀人的实行? B. 教唆不同于实行,即使有实行但实行者非罪则教唆如何定性?

5. 就**问题 A** 而论,故意杀人罪的实行行为由致死行为与行为对象两项要素构成①,在通常的单一行为人实行的场合,致死行为与行为对象集中于同一行为主体而被评价。而在利用他人实行的间接正犯场合,行为本身实则与利用者这一主体分离,但这一行为却被评价为利用者的行为,由此对于利用者来说致死行为的要素符合。同时,对于利用者来说,被利用的自杀者显系他人,从而行为对象的要素也符合。因此,立于利用者的地位,故意杀人罪的实行行为成立。

6. 对于**问题 B**,也可从间接正犯的理论中获得答案。在教唆自杀的场合,自杀者

---

① 广义而论,行为附随情状(特定行为对象、时间、地点等),与实行行为的定性密不可分,可谓实行行为的组成部分(第18节段20)。详见张小虎:《犯罪论的比较与建构(第二版)》,北京大学出版社2014年版,第81、159页。

虽实施了致死行为，但缺乏对象要素从而不构成犯罪，然而自杀者的致死行为系由教唆者发起并操纵与支配，在此教唆者实则利用自杀者作为工具来实施自己的犯罪，从而自杀者的致死行为被嫁接于教唆者的教唆利用行为。申言之，对于教唆者来说，自杀者的致死行为是作为教唆者的间接实行而为刑法评价的，此时教唆者亦为一种正犯，是间接正犯。

二、帮助自杀

7. 帮助自杀，是指在他人已有自杀意图的情况下，为他人提供便利，使他人实现自杀意图。

8. 对于帮助自杀的定性，刑法理论也颇有争议，否定犯罪论者认为：A. 我国《刑法》并未规定帮助自杀，基于罪刑法定原则，帮助自杀不能构成犯罪；B. 帮助自杀属于帮助行为，由于不存在实行行为，因而不能成立故意杀人罪；C. 加功于他人**自我答责**[①]的自我危险行为不可罚，据此规则帮助自杀也不成罪。[②]

9. 本书认为，帮助自杀之所以不具有可罚性，这是由帮助犯绝对从属于正犯的共犯成立本质所决定的。在教唆自杀的场合，"没有教唆犯就没有正犯"，教唆行为控制与支配着整个具体犯罪，所以自杀者虽然不成立犯罪，但只要有实行行为的要素，该实行行为可以嫁接于教唆者的教唆行为，这就是教唆者利用他人在为自己犯罪，从而教唆者成立间接正犯。与教唆自杀不同，"没有正犯就没有帮助犯"，帮助行为既不决定具体犯罪的进程，更不决定具体犯罪的发动，虽可肯定自杀者具有"杀"之实行行为的要素，但是该实行行为不能嫁接于帮助者的帮助行为，帮助者的从属地位不可能使其成为实行者的主宰。既然如此，实行者不能成立犯罪，则帮助一个非罪的帮助行为也就不应受到处罚[③]。帮助一个非罪的帮助行为，由于缺乏正犯也不能成立片面帮助犯。[④]

三、相约自杀

10. 相约自杀，是指两人以上相互约定自愿共同自杀。

[①] **自我答责原则**，意味着被害人具有意志自由，认识到事件的风险与后果并能避免其发生，被害人自我决定选择风险行为或强化了损害的风险，由此造成了损害结果，则被害人对这一结果优先负责，而不由他人对结果负责。自我答责原则与禁止溯责原则密切关联。**禁止溯责原则**，是指他人故意（有的界说也包括过失）且完全自我答责的自我危险行为（B），原则上阻断了对过失（甚至也包括故意）引起或作用于该自我危险行为的前行为（A）的溯责，即因为 B 而 A 不可罚；有的甚至将 B 延伸至故意犯罪行为，相应的 A 则系过失引起 B 的行为，例如，A 应当预见 B 会实施杀人，却漫不经心地出租凶器给 B，既已决意杀人的 B 持凶器将 X 杀害。本书认为，对于禁止溯责原则应当区分不同情形，例如，对于故意教唆自杀就不适用这一原则。

[②] 参见〔德〕克劳斯·罗克辛：《德国最高法院判例刑法总论》，何庆仁、蔡桂生译，中国人民大学出版社 2012 年版，第 10 页。

[③] 帮助行为既不能被非罪的实行行为所嫁接，帮助行为本身也非实行、着手或预备行为。对此，也见可罚性之必要性递减原则（第 45 节 F 段 6. 脚注）。

[④] 教唆行为可以成立间接正犯，但并不存在片面教唆犯，与此相对，帮助行为不能成立间接正犯，但可以存在片面帮助犯（第 45 节 B 段 9—10）。

11. 相约自杀,如果自杀者均已死亡,则不存在追究刑事后果问题。需要分析的是,倘若一方未死,那么未死的相约自杀者应否承担责任? 对此存在以下几种情形: **(1)** 相约自杀者各自实施自杀行为,并且未死者并非自杀的造意者,则未死者不承担责任;倘若未死者是相约自杀的造意者,则未死者相当于教唆自杀而构成故意杀人罪。**(2)** 未死者受嘱托杀死其他相约自杀者,则未死者构成故意杀人罪。**(3)** 未死者帮助其他相约自杀者自杀,则未死者相当于帮助自杀,帮助自杀行为不可罚(本节段 9)。

四、逼迫自杀

12. 逼迫自杀,是指利用权势或者其他优势地位,以暴力或胁迫的方法,故意强制他人自杀。

13. 逼迫自杀,被逼迫者丧失意志自由,其致死行为系由逼迫者发起与支配,逼迫者实则利用被逼迫者作为工具来实施自己的犯罪,从而被逼迫者的致死行为被嫁接于逼迫者的逼迫行为,逼迫者系故意杀人罪的间接正犯。

五、导致自杀

14. 导致自杀,是指行为人的错误行为、违法行为、犯罪行为,导致被害人羞辱、愤恨、冤屈而自杀。导致自杀,行为人既非自杀的造意者与操纵者,也非自杀的帮助者与实行者。

15. 导致自杀分别不同情形而有不同处理:**(1)** 行为人存在针对自杀者的错误行为或轻微违法行为,但是自杀者心理承受能力较弱而自杀,对此行为人不承担刑事后果。**(2)** 行为人存在针对自杀者的严重违法行为而导致自杀,综合整个事件达到了犯罪的程度,可以构成行为性质的犯罪。例如,侮辱致人自杀身亡,可以构成侮辱罪。**(3)** 行为人的犯罪行为导致他人自杀,则他人自杀身亡的事实可以作为犯罪行为的严重后果或情节。例如,犯诈骗罪而致被害人自杀。

六、安乐死

16. 安乐死,是指受身患绝症、濒临死亡、不堪忍受病痛折磨的病人的嘱托,对其施以无痛苦的死亡。

17. 荷兰是第一个将安乐死合法化的国家,其后日本、瑞士、美国的一些州等也通过了安乐死法案。我国刑法理论对安乐死的认识不一。[①] 不过,在实然的法律并未肯定安乐死的情况下,安乐死原则上应当构成故意杀人罪。在此,虽有病人嘱托,但生命权不能让渡,从而并无阻却事由;而行为人实施了杀人行为,又具有杀人故意。

[①] 参见楚东平:《安乐死》,上海文化出版社 1988 年版;赵秉志主编:《侵犯人身权利犯罪疑难问题司法对策》,吉林人民出版社 2001 年版,第 21 页。

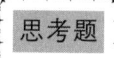

对单位杀人如何处理?

第109节 故意伤害罪

1. 设置本罪的基本法条是我国《刑法》第234条,该条第1款是本罪的基准罪状与法定刑,第2款前段与中段是本罪的加重罪状与法定刑。第2款后段是在竞合与其他加重涉及伤害的场合排除本条适用的规定。

2. **故意伤害罪**,是指故意非法引起他人身体健康损害的行为。

一、基准构成

(一) 客观事实要素

3. **实行行为**:引起他人身体健康损害,具体是指使用各种方法,直接或者间接作用于他人的肌体,致使他人身体组织的完整或者人体器官的正常机能遭受破坏。例如,砍断手臂,打聋耳朵,使人神经机能失常。具体理解**应当注意**:(1) 故意引起他人身体健康损害,即为伤害,依存于故意伤害罪;过失引起他人身体严重损害,即为过失致人重伤,依存于过失致人重伤罪。(2) 伤害的法定行为方式是作为,我国刑法理论与实践通常也承认不纯正的不作为伤害。现实中的伤害行为,既可以是作为也可以是不作为。(3) 伤害的行为方法并无具体法定限制,可为多种多样,包括徒手、使用工具、利用动物、利用自然力、利用被害人自身力量等。

4. **行为对象**:他人的健康。具体理解应当注意:(1) **行为针对健康**,即针对他人身体组织的完整或者人体器官的正常机能,否则不构成伤害。针对他人实施精神折磨与摧残,致其精神损伤,可谓针对人体器官正常机能的伤害。(2) **行为针对他人**,即伤害的是他人,伤害自己的身体通常不构成犯罪,但是,根据我国《刑法》第434条的规定,战时自伤身体,逃避军事义务的,构成战时自伤罪。侵害胎儿的,可以成立本罪(第109节A段2—4)。

5. **行为结果**:造成他人轻伤以上伤害。刑法规定的**伤害结果**包括轻伤害、重伤害、伤害致人死亡三种:(1) **轻伤害**,是指各种致伤因素致使组织、器官结构的一定程度的损害,或者部分功能障碍,尚未构成重伤又不属轻微伤害的损伤。(2) **重伤害**,是指使人肢体残废、毁人容貌,或者使人丧失听觉、视觉或其他器官机能,或者其他对于人身健康有重大伤害的损伤。

6. **行为主体**:本罪主体为一般主体。未成年人犯本罪的责任年龄:(1) **已满14周岁不满16周岁**:犯故意伤害罪致人重伤或者死亡;(2) **已满12周岁不满14周岁**:犯故意伤害罪致人死亡或者以特别残忍手段致人重伤造成严重残疾,并附其他条件。

7. **既遂形态**:本罪是结果犯。法定的完成形态是造成轻伤以上伤害结果,但本罪应当存在未遂(第 109 节 A 段 1)。

(二) 客观规范要素

8. 本罪所侵害的具体法益,是他人的健康权利。另外,本罪的行为性质系属非法,即非正当行为的伤害。

9. 健康权能否承诺,对此刑法理论存在较大争议。这实际上是被害人承诺伤害的违法阻却问题。本书认为,通常被害人对于自身健康的损害并无承诺权。但是,如果法律存在相关肯定这种承诺的规定,则这种承诺可以阻却违法性。例如,为了医疗的目的已满 18 周岁的人承诺摘取其器官。①

(三) 主观责任要素

10. 本罪的主观责任形式为故意,包括直接故意与间接故意。故意内容指向由伤害行为"造成他人健康较重损伤"②为核心征表的"他人健康权利被侵状态"。

11. 通常,伤害动机并不决定本罪的构成,而可以影响量刑。现实中,伤害动机表现为多种多样,诸如嫉妒、报复、逞强等。

二、法定刑

12. **基准法定刑**:犯故意伤害罪的,处 3 年以下有期徒刑、拘役或者管制(我国《刑法》第 234 条第 1 款)。

13. **加重法定刑**:犯故意伤害罪致人重伤的,处 3 年以上 10 年以下有期徒刑;致人死亡或者以特别残忍手段致人重伤造成严重残疾的,处 10 年以上有期徒刑、无期徒刑或者死刑(我国《刑法》第 234 条第 2 款)。

> **思考题**

被害人承诺能否阻却或在何种条件下可以阻却伤害罪的成立?

第 109 节 A 故意伤害罪的认定

一、故意伤害罪的未遂

1. 故意伤害罪是否存在未遂犯?例如实施故意伤害行为虽未造成轻伤以上结果,但是具有出于卑劣动机、采用残忍手段、针对弱势群体人员等情节。对此,理论上应当存在故意伤害罪的未遂犯,司法实践中以轻伤以上伤害结果作为追诉基准的做法值得推敲。

---

① 详见张小虎:《犯罪论的比较与建构(第二版)》,北京大学出版社 2014 年版,第 467 页。
② 故意伤害罪的特定构成结果是轻伤以上伤害,这一特定构成结果的事实特征是主观责任的事实内容。不过,要求行为人在主观知与欲的程度上明确轻伤害与重伤害等,这既不现实也不合理,从而只要行为人对于这种伤害结果的事实具有大致的知与欲,则伤害故意的事实内容的知与欲即可成立。

二、侵害胎儿

2. 由于胎儿不是独立的个体，从而对于侵害胎儿的定性产生了争议。

3. 本书认为，侵害母体及至胎儿，就行为对母亲的作用而论，是故意伤害，此时胎儿作为母体的一部分；而就行为对胎儿的作用而论，鉴于胎儿并非独立的生命个体，从而只能将之置于母体的一部分予以评价。

4. 然而，如果故意使用药物给予母亲，致使胎儿出生后畸形，而母亲并未遗有疾患，对此如何定性？无罪论者主张侵害胎儿缺乏故意伤害罪的法定行为对象"人"，从而基于罪刑法定原则不能构成犯罪；也有论者主张胎儿成"人"是行为对象的时期问题，这不同于行为的时期，从而侵害胎儿可谓是对出生后的"人"的伤害。应当说，这依然是以母亲为对象的故意伤害。理由是：母亲虽未显有遗患但胎儿已有畸形，由此药物作用于母体时未必母体就没有受到伤害；胎儿与母体血脉相连而不可分割，母子健康统为一体，胎儿受损也就意味着母体健康受损；在药物作用于母体时胎儿受损即已逐步形成，故出生后的胎儿畸形并非无原因的突发；胎儿出生后的畸形是其在母体中受损的体外征表，伤害后果的自然分解并不否认伤害结果的存在。总之，胎儿体内受损及母体健康受损的结果系由给药的伤害行为所致，胎儿出生后的畸形只是这一伤害后果的独特体现。

三、故意伤害行为的其他刑法规定

5. 我国《刑法》第 234 条第 2 款后段特别规定，在《刑法》对伤害行为另有特别规定的场合排除本条的适用。这主要涉及规范竞合犯与结果加重犯的规范选择适用。

（一）规范竞合犯

6. 倘若规定故意伤害罪的刑法规范与规定其他犯罪的刑法规范出现竞合，则对于相应的规范竞合犯适用其他刑法规范而构成其他具体犯罪，案例 109A-1 系适例，甲构成非法行医罪。

案例 109A-1：甲未取得医生执业资格而非法行医，在行医中使用不符合国家规定标准的医疗器械，放任了对就诊人乙的健康的严重危害，造成乙轻度残疾。

7. 对于规范竞合犯通常按照特别规范优于普通规范等一般原则选择规范适用，而在法律对于适用规范有明确规定的场合则依照法律规定。不过，通常规定故意伤害罪的规范系普通规范而规定其他犯罪的规范系特别规范，从而《刑法》第 234 条第 2 款后段的这一规定与规范竞合之适用规范的一般原则也是吻合的。

（二）结果加重犯

8. 行为人实施其他具体犯罪的实行行为，却发生了这一具体犯罪基准构成要素以外的重伤结果，刑法针对这一重伤结果规定了加重的法定刑，对此按照其他具体犯罪定性，并且适用相应的加重法定刑，案例 109A-2 系适例，甲构成抢劫罪的结果加重犯，并适用抢劫致人重伤的加重法定刑。

案例 109A-2：甲为达顺利劫财目的，先将乙刺成重伤而后取走乙所携钱财。

四、故意伤害罪与殴打行为

9. **殴打**,是指故意打人。在此,打人行为系故意,可能旨在造成他人身体暂时性疼痛而打人,也可能出于伤害或杀害他人而施以殴打。这里关键是行为结果状态以及行为结果心态,这是对殴打行为予以法律定性的核心要素:(1) **行为结果状态**:致人轻微伤、轻伤、重伤乃至死亡。(2) **行为结果心态**:出于伤害或杀害他人的故意;对他人伤害或死亡的结果持过失心态;对他人伤害或死亡的结果缺乏故意与过失。

10. 结合殴打的结果状态与结果心态,殴打他人的性质可以是:(1) **故意伤害罪**:出于伤害他人的故意,殴打他人,致人轻伤、重伤或者死亡;(2) **故意杀人罪**:出于杀人的故意,殴打他人,致人轻微伤、轻伤、重伤、死亡;(3) **过失致人重伤罪或过失致人死亡罪**:殴打他人,尽管反对他人重伤、死亡的结果,但是对于这种结果存在过失,以致发生了这种结果;(4) **不构成犯罪**:殴打他人,尽管造成了他人伤害、死亡的结果,但是行为人反对这种结果的发生(排除故意),并且对这种结果的发生没有预见也不可能预见(排除过失)。

五、故意伤害致死与故意杀人

(一) 故意伤害致死与故意杀人的基本关系

11. 故意伤害致死,是指行为人以伤害他人为故意,实施损害他人身体健康的行为,却发生了他人死亡的结果。

12. 故意伤害致死与故意杀人,两者相同之处:客观上均以一定的行为造成了他人死亡的结果;主观上责任形式的类型均为故意。两者主要区别在于故意内容不同:故意伤害致死,行为人出于伤害故意而实施行为,对他人死亡的结果则持过失或间接故意的心态;故意杀人,行为人出于杀人故意而实施行为,对他人死亡的结果也持故意心态。

(二) 故意伤害致死中的间接故意致死

13. 我国《刑法》第 234 条第 2 款中段所规定的故意伤害"致人死亡",是否包括故意致人死亡,尤其是在伤害停止后间断性地造成他人死亡的场合?对此,基于《刑法》这一规定的结果加重犯形态及其法定刑轻重,本书肯定这一故意伤害致死可以包容伤害中的间接故意杀人。

14. **间断与不间断的致死**:故意伤害致死,就故意伤害与致死结果之间的自然衔接而论,存在间断与不间断的两种情形:(1) **伤害不间断致死**,是指行为人实施故意伤害行为,而行为却即时造成了被害人的死亡。这是较为典型的结果加重犯形态。(2) **伤害间断致死**,是指行为人故意伤害致人重伤,而后经过一段时间发展造成了被害人的死亡。这其中包括结果加重犯的情形,但未必均为结果加重犯(本节段 16)。

15. **积极与消极的不作为**:在伤害间断致死的场合,涉及行为人对于伤者不予及时救助致其死亡的不作为问题,而这一不作为又有消极与积极的不呈现:(1) **消极不作为**是指行为人实施前罪致被害人重伤之后,对于被害人既不予救助也无将之转移并弃置的举动,终致被害人因得不到及时救助而死亡;(2) **积极不作为**是指行为人实施前罪致被害人重伤之后,对于被害人不予救助而是将之转移并弃置于隐蔽场所,终致被害人因得不到及时救助而死亡。

16. **积极不作为的相对独立**:在积极不作为中,行为人转移并弃置被害人的行为,一则更加彰显了引起行为人救助正处于生命危险中的被害人之作为义务的先行行为的要素;二则也更为充分地征表了行为人不予履行作为义务以阻断被害人死亡结果的不予救助行为。由此,积极不作为,其不作为的特征至为明显。在积极不作为的场合,对于积极不作为致被害人得不到及时救助而死亡的,均应以不作为犯论处。积极不作为也展示了行为人对致死心态的直接故意。

17. **消极不作为致死结果的阐释**:消极不作为致人死亡确有不作为犯的特征,不过将之置于结果加重犯中评价,在一定程度上也能得到合理解释。在前罪的实行行为与被害人最终死亡结果之间,就行为人身体动静而论,行为人没有其他刑法意义上的积极举动,被害人死亡也可看作是前罪实行行为所致状态后又因自然延续而致的加重结果,可谓是实施基准实行行为而致加重结果。当然,作此处理须有两项条件:其一,《刑法》的这一结果加重犯的法定刑能够包容对这一不作为犯的处罚;其二,消极不作为与先行伤害行为可被评价为一行为以符合结果加重犯的解释。

18. **消极不作为致死心态的阐释**:在伤害又间断消极不作为致死的场合,行为与心态呈现:A. 故意伤害行为;B. 过失或故意消极不作为致死行为。虽然在同一时点上同一行为不能既是伤害行为又是杀人行为,然而这里的 A 与 B 系先后的行为,即先有故意伤害而后有故意致死,故意致死是承载于消极不作为的。由此,就致死的原因力而论,可以认为故意伤害行为是决定性的因素,死亡是这一因素的自然延续,而针对死亡这一加重结果的故意,与间断性的针对死亡这一加重结果的过失可以附载于A 一样,也可附载于 A。这一理解不失我国《刑法》第 234 条第 2 款中段的应有之意。

19. **伤害又造成死亡的情形**:鉴于上述理由,对故意伤害又造成被害人死亡的定性,根据具体案情的不同主要包括:**(1) 放任心态侵害**:甲出于侵害乙的意图而实施人身侵害行为,对于乙的死与伤持放任态度。如造成乙死亡构成故意杀人罪,如造成乙伤害则系故意伤害罪。**(2) 伤害即时致死**:甲出于故意伤害乙的意图实施侵害行为,而故意伤害行为却即时过失造成了乙的死亡。这是较为典型的故意伤害致死的结果加重犯。**(3) 伤害间断过失致死**:甲故意致乙重伤,预见乙可能死亡但轻信能够避免而离开现场,致使乙因得不到及时救助而死亡。这也可归于故意伤害致死的结果加重犯。**(4) 伤害消极故意致死**:甲故意致乙重伤,明知乙可能死亡但对此结果持放任态度而离开,致使乙因得不到及时救助而死亡。这仍可归于故意伤害致死的结果加重犯。① **(5) 伤害部分救助致死**:甲故意致乙重伤,预见乙可能死亡即将之送至

---

① 比较本情形与上述情形(1),似乎对于致死均持放任心态,在终致被害人死亡的场合,情形(1)定故意杀人罪,而本情形却定故意伤害(致死)罪。对此,应当考虑,情形(1)系作为的放任致死,而本情形系消极不作为的放任致死;刑法本来就是以处罚作为为原则,以处罚不作为为例外,尤其是在不纯正不作为犯的场合。并且,情形(1)系一行为构成一罪的评价,而本情形系先行行为犯罪与其后不作为犯罪的合并评价。

医院门口,轻信会有第三人予以救助,然终致被害人因得不到及时救助而死亡。这依然是故意伤害致死的结果加重犯。**(6)伤害积极故意致死**:甲故意致乙重伤,而后将乙带离并弃于人迹罕至场所,故意使乙因得不到及时救助而死亡。甲的故意伤害行为成立故意伤害罪,甲的不予避免乙死亡的不作为成立故意杀人罪①,两罪按吸收犯处理。**(7)伤害进而故意致死**:甲先以伤害意图对乙实施侵害,过程中又转而出于杀人意图对乙继续实施侵害,终致乙死亡。甲的前一伤害意图行为构成故意伤害罪,甲的后一杀人意图行为构成故意杀人罪,两罪按吸收犯处理。

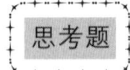

案例109A-3中,乙的行为是伤害的既遂还是未遂?应当如何适用法定刑?

案例109A-3:甲与乙以伤害的共同故意持刀对丙实施侵害,甲一刀刺中丙的左胸及至心脏造成丙的死亡,乙的一刀并未刺中丙。

第110节 强 奸 罪

1. 设置本罪的基本法条是我国《刑法》第236条,该条第1款是本罪的基准罪状与法定刑,第2款是本罪的准型构成与处罚,第3款是本罪的加重罪状与法定刑。第259条第2款是对以胁迫手段奸淫军人妻子而构成强奸罪的注意规定。第300条第3款是对利用会道门等方法犯强奸罪的注意规定。

2. **强奸罪**,是指采用暴力、胁迫或者其他手段,违背妇女意志而与之性交,或者奸淫不满14周岁幼女的行为。

一、基准构成

(一)客观事实要素

3. **实行行为**包括方法行为、本质行为、目的行为三个要素。**(1)方法行为**:采用暴力、胁迫或者其他手段。这意味着,暴力手段是强奸行为的主要特征,但并非是唯一的特征;和平手段也可构成强奸的方法行为。其中,**暴力**,是指对妇女的身体实施有形的外力,诸如殴打、捆绑、堵嘴、按倒、卡颈等,使其不能反抗的行为;**胁迫**,是指以杀害、伤害、报复、揭发隐私、毁坏名誉、加害亲属等,对妇女进行精神威胁与恐吓,使其产生恐惧心理而不敢反抗的行为;**其他方法**,是指暴力、胁迫方法以外的,利用或者造成妇女无法反抗、不知反抗的行为(第110节 A段1—3)。**(2)本质行为**:违背妇

---

① 就罪而论,积极不作为致死其不作为具有相对独立性,由此伤害与积极不作为致死不能符合结果加重犯所需的一个基准实行行为的构成要素。就刑而论,我国《刑法》第232条的法定刑是以直接故意杀人为基准的,显然第234条第2款中段伤害致死的加重法定刑,从轻重看并非针对直接故意致死而设。关于先行行为犯罪与其后不作为犯罪的处置规则,见"第18节 E段14"及张小虎:《论不纯正不作为犯附和于先行行为加重犯的处置》,载《社会科学战线》2017年第2期。

女意志。这是强奸行为的本质特征。违背妇女意志,是指违反与背离妇女拒绝性交的真实意愿。方法行为与本质行为虽有关联但终究系两个要素(第110节A段9)。就强奸罪的既遂而论,方法行为与本质行为不可或缺。**(3) 目的行为**:实施奸淫或性交,即男女生殖器的交合进入的行为。立于我国《刑法》的规定,作为本罪的典型构成,奸淫是指男性生殖器对女性生殖器的插入,而就本罪准型构成的奸淫幼女而论,奸淫是指男性生殖器对女性生殖器插入式的接触(第110节A段10及13)。

4. **行为对象**:妇女。这里的妇女,是指具有生命的妇女。妇女的性自决权系妇女在生命存续期间呈现的一种权利。基于我国《刑法》的明确规定,男子不能成为本罪的行为对象(第110节A段15)。

5. **行为主体**:男子,且责任年龄系已满14周岁。女子可以成立本罪的间接正犯(案例43-31,第43节段27)。

6. **既遂形态**:本罪是行为犯。在其他要素符合的情况下,实行行为的完成系本罪既遂的标志,而本罪实行行为的完成关键又在目的行为的完成。通常缺乏强奸实行行为的方法行为及本质行为则难以构成强奸罪,不过有时方法行为与本质行为也可呈现分离(第110节A段9),会影响既遂的成立。

(二)客观规范要素

7. 本罪所侵害的具体法益是妇女性交的自决权。丧失意志自由的呆傻人、心神丧失者等,由于缺乏性自决的能力,与之性交即侵犯了其性交的自决权。

(三)主观责任要素

8. 本罪的主观责任形式为故意。故意内容指向由"采用暴力、胁迫或者其他手段违背妇女意志与之性交行为"为核心征表的"妇女性交的自决权被侵状态"。

9. 行为人具有违背妇女意志与之性交的目的。具体认定中应注意本罪的间接故意及认识错误(第110节A段21—22)。

二、法定刑

10. **基准法定刑**:犯强奸罪的,处3年以上10年以下有期徒刑(我国《刑法》第236条第1款)。

11. **加重法定刑**:犯强奸罪有六种法定情形之一的,处10年以上有期徒刑、无期徒刑或者死刑(我国《刑法》第236条第3款)。应注意这六种法定情形的具体蕴含(第110节A段23—28)。

12. **从重量刑**:奸淫幼女的,以强奸论,从重处罚(我国《刑法》第236条第2款)。

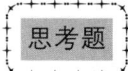

比较考究其他国家对强奸罪的实行行为、行为对象等的规定。

第110节 A 强奸罪基准构成要素的解读

一、实行行为的方法行为

（一）暴力

1. 强奸罪的方法行为首当其冲的是暴力。这里的暴力，包括出于强奸意图作为遏制妇女反抗手段的故意伤害行为与间接故意杀人行为。对此，应注意下列关涉强奸的罪数形态：案例110A-1中的甲虽持奸淫意图，但直接故意杀人与奸淫活体妇女意图不可共存，其所谓的奸淫意图只是奸尸，从而甲的行为成立故意杀人罪与侮辱尸体罪的吸收犯；案例110A-2中甲采用暴力而放任乙女死亡的行为系奸淫乙女的暴力行为，该行为致乙死亡，从而成立强奸罪（致死及未遂），其后奸尸可为侮辱尸体罪，按吸收犯处理；案例110A-3中甲的行为成立强奸罪与故意杀人罪数罪；案例110A-4中甲的行为成立故意杀人罪与侮辱尸体罪数罪。

案例110A-1：甲出于奸淫意图，先行直接故意杀害乙女，而后奸尸。

案例110A-2：甲出于奸淫意图，过程中使用堵嘴捂鼻的暴力手段放任乙女死亡，而后奸尸。

案例110A-3：甲出于奸淫意图，暴力强奸乙女，又出于灭口意图将乙杀害。

案例110A-4：甲出于报复意图将乙女杀害，而后产生奸尸意图而奸尸。

（二）胁迫

2. 在此，胁迫的内容包括暴力与非暴力；胁迫内容的实现既可以是当场的也可以是日后的。但是，在胁迫的程度上，对妇女的精神强制应当达到致使妇女被完全控制与支配而丧失了意志自由。例如，利用教养关系、职务从属关系、孤立无援环境而要挟逼迫妇女接受奸淫等。

（三）其他方法

3. 这里的其他方法包括：（1）造成妇女反抗成为问题而奸淫。例如，冒充妇女的丈夫或情夫奸淫，用药麻醉或用酒灌醉妇女奸淫，假冒治病欺骗妇女同意奸淫，利用会道门或邪教组织的邪说欺骗妇女奸淫等。（2）利用妇女反抗成为问题而奸淫。例如，乘妇女病重不能反抗之机奸淫，乘妇女熟睡不知反抗之机奸淫，利用妇女心神丧失或呆傻不知反抗奸淫等。

二、实行行为的本质行为

（一）"违背妇女意志"的具体判断

4. **意志内容**：违背的是妇女拒绝性交的意志。而性交行为有其具体对象以及具体时空等的承载。由此，性交的具体对象固然是拒绝性交的重要内容；同时，性交的特定场所与时间等也是拒绝性交的重要内容；甚至，是否使用安全套性交也是拒绝性交的重要内容。

5. **意志能力**：违背的是妇女的意志，包括针对具有意志能力的妇女与针对缺乏意志能力的妇女。妇女具有意志能力而拒绝性交，行为人违之而为固然是违背妇女意志；妇女缺乏意志能力也就无法表达其意志，行为人与之性交也是违背妇女意志。

6. **背意程度**：违背妇女意志意味着行为人完全控制与支配着妇女意志，诸如基于欺骗、暴力等，而使妇女丧失其意志自由或不能实现其真实意愿。反之，妇女具有一定的意志自由从而存在意志行为的空间，在此场合基于意愿而与行为人性交，不能谓为违背妇女意志。

7. **反抗与否**：违背妇女意志，既可以表现为对妇女意志的外在暴力强制，也可以表现为对妇女意志的内在精神强制。而妇女对这种强制虽有抗拒意志，但却未必就要表现出外在的强烈的反抗行为。有时精神强制与客观条件等，致使妇女不敢反抗。然而，行为人无过错地误认妇女不受胁迫地同意性交，则缺乏违背妇女意志。

（二）方法行为与本质行为

8. 对于方法行为与本质行为的关系，刑法理论存在如下不同见解：强奸罪的本质特征是违背妇女意志；强奸罪的本质特征是行为方法的强制性；行为方法强制性与违背妇女意志系属现象与本质。

9. 对此，本书认为，通常方法行为系对本质行为的征表，不过也不尽然。有方法行为通常也有本质行为，如案例 110A-5 中甲的行为可谓"其他方法"；但是在某些场合也可能存在有方法行为而无本质行为的情形，如案例 110A-6 中甲的行为。由此，对于方法行为与本质行为的判断，可以关联分析但最终应分别定论。

案例 110A-5：甲利用自己有恩于乙女非强制性地提出与乙女性交的要求，乙女因感恩于甲对自己家人的照顾背意而为。

案例 110A-6：某夜甲冒充乙女外出而归的丈夫将乙女骗奸，然而乙女对甲本就有倾慕相许之意。

三、实行行为的目的行为

（一）我国《刑法》对奸淫行为的限定

10. 我国《刑法》上强奸的目的行为仅限男女生殖器的插入结合，口交、肛交、指奸、顶臀等均非性交之意，这些行为可以归入猥亵行为。

11. 在这方面，各国刑法的规定不一，试择例说明如下：(1) 有些国家的刑法典明确将口交、肛交等行为归属于奸淫行为。例如，《西班牙刑法典》第 179 条将性侵犯罪等同于强奸罪；《菲律宾刑法典》第 266 条 A 将口交、肛交等方式的性攻击也作为强奸的情形。(2) 有的国家刑法典明确了医疗中接触肛门等的违法阻却。例如，《新西兰刑事法典》第 128 条规定，性犯罪包括发生性接触的强奸与非法性关系，而在"发生性接触"的界说中，该条明确排除了他人基于"正当的医疗行为"而将持有物品的插入。(3) 有的国家的刑法典则明确规定口交、肛交等不属于强奸的奸淫行为。例如，《斯洛伐克刑法典》第 199 条设置了强奸罪，是指使用暴力等手段强制女性性交；同时，第 200 条又设置了性暴行罪，是指使用暴力等手段强制实施口交、肛交或其他性行为。

(二) 猥亵与奸淫

12. 对于猥亵与奸淫的关系,刑法理论也有不同见解。对立关系说主张猥亵是奸淫以外的行为,特别关系说则认为奸淫是一种特别的猥亵。

13. 基于我国《刑法》与一般社会观念,猥亵与奸淫应呈对立关系。男女生殖器的交合谓为奸淫,此外的刺激性欲违反性道德行为可谓猥亵,包括诸如肛交、指奸等单方生殖器的接触或进入,以及接吻、搂抱、抚摸阴部等性刺激。

14. 如此,似有疑问,妇女猥亵幼男可以构成猥亵儿童罪,而妇女诱使幼男性交则不能处理。其实,妇女诱奸幼男不会仅是单纯的性交,其中应有猥亵行为。另外,刑法的不完整性不可避免。诸如,妇女强制成年男子性交、妇女强制猥亵成年男子等的处理均成问题。

四、强奸罪的行为对象

15. 基于我国《刑法》的规定,女子采用暴力、威胁或者其他手段强行与男子发生性交的,不能构成强奸罪。

16. 不过,在这方面,同样是各国或各地区刑法的规定不一,试择例说明如下:(1) 有些国家或地区的刑法典明确将女子对男子强制性交也作为强奸罪的情形。例如,《罗马尼亚刑法典》第 217 条将强奸罪的行为对象规定为"异性或同性"。类似的立法例还有《阿根廷刑法典》第 119 条等。我国台湾地区"刑法"第 221 条将强制性交罪的行为对象明确规定为"男女"。(2) 许多国家的刑法典对于强奸罪行为对象的性别未予限定。例如,《奥地利刑法典》第 201 条、《捷克刑法典》第 185 条、《芬兰刑法典》第 20 章第 1 条、《瑞典刑法典》第 6 章第 1 条、《意大利刑法典》第 609 条-2、《德国刑法典》第 177 条、《法国刑法典》第 222-23 条。(3) 也有不少国家的刑法典所规定的强奸罪仅限男子针对女子的强制性交。例如,《韩国刑法典》第 297 条、《泰国刑法典》第 276 条、《埃及刑法典》第 267 条、《日本刑法典》第 177 条、《瑞士刑法典》第 190 条、《朝鲜刑法典》第 293 条、《越南刑法典》第 111 条、《斯洛伐克刑法典》第 199 条。

五、强奸罪的既遂形态

(一) 奸淫完成的标志

17. 对于奸淫行为完成的形态,就各国刑法典的规定来看,存在如下立法例:(1) 许多国家的刑法典未予明确。例如,《意大利刑法典》第 609 条-2、《日本刑法典》第 177 条。(2) 有的国家的刑法典采用接触说。例如,《西班牙刑法典》第 179 条。(3) 也有国家的刑法典采用插入说。例如,《新加坡刑法典》第 375 条、《法国刑法典》第 222-23 条。(4) 还有国家的刑法典将插入作为加重构成。例如,《德国刑法典》第 177 条以"性行为"定义强奸,而在"性行为已奸入的"场合则为"情节严重"。

18. 对此,我国《刑法》未予明确规定,刑法理论存在接触说、插入说与射精说的不同见解。基于生理特征与社会观念,我国刑法理论与司法实践的通说认为:在奸淫幼女的场合,采纳接触说;在奸淫成年妇女的场合,采纳插入说。本书支持通说的立场。

（二）奸淫幼女完成的标志

19. 有的学者主张对于幼女的奸淫行为也应以插入作为完成的标志，以免基于性器官的接触而将猥亵作为强奸处理。

20. 本书并不支持这一见解。在接触说的框架下，同样可以界分对幼女的猥亵与奸淫，基于插入意图而实施的进入式生殖器接触的行为是强奸，仅存猥琐淫秽而无插入意图施以生殖器接触的行为是猥亵；对幼女采用接触说不会造成将猥亵当作奸淫而处理，这如同对成年妇女采用插入说也不会造成将猥亵当作强奸未遂而处理，因为后者在未遂的场合也可能只是生殖器的接触。

六、主观责任要素

21. 间接故意也可构成强奸罪，奸淫的目的并不否认背意行为（侵犯性自决权）的放任可能。行为人具有奸淫的意图，推知可能违背妇女意志却放任这种违背，不失强奸的间接故意。

22. 具体认定还应注意，在事实上妇女为呆傻人或心神丧失者的场合，如果行为人对此特殊的行为对象确实不知，双方自愿性交的，则缺乏强奸的故意。

七、强奸罪的加重法定刑

23. 加重法定刑的相应罪状系六种法定情形（我国《刑法》第 236 条第 3 款），对此在具体理解上应注意：

24. **情节恶劣**，是指强奸妇女手段残忍；多次强奸妇女造成很坏影响；强奸精神病患者、孕妇、病妇等。

25. **强奸多人**，通常指强奸妇女 3 人或者 3 人以上。

26. **轮奸**，是指 2 个或者 2 个以上的男子，在短时间内共同故意轮流强奸同一妇女；系必要共犯之共行性共犯（第 43 节段 15）；但是不包括片面共同正犯，本书否定片面共同正犯①。

27. **致使被害人重伤、死亡**，是指因强奸导致被害人性器官严重损伤，或者造成其他严重伤害，甚至当场死亡或者经治疗无效死亡，包括强奸暴力过程中放任被害人死亡。

28. **造成其他严重后果**，是指因强奸引起被害人自杀、精神失常以及其他严重后果。

> **思考题**
>
> 在法定"强奸致使被害人死亡"的情形中，行为人行为的意图是什么？对致死的心态又是什么？

---

① 详见张小虎：《应当构建犯意偏差之片面帮助犯的理论范畴》，载《当代法学》2018 年第 6 期，第 31 页。

第 110 节 B　强奸罪的准型构成·奸淫幼女

1. 奸淫幼女是指与不满 14 周岁的幼女性交的行为。

一、基准构成

（一）客观事实要素

2. **实行行为**：实施奸淫或性交。**应当注意**：**(1)** 基于幼女的身心尚未成熟，对性行为的意义和后果缺乏必要的辨识能力，对他人性行为的侵害也无抗拒能力，因此不论行为人采取什么手段，也不问幼女是否同意，只要与幼女发生了性交行为，即系强奸罪的实行行为完备。**(2)** 现实中，行为人奸淫幼女方法行为表现为多种多样，有的采用暴力、胁迫、麻醉手段，有的利用幼女无知以金钱、玩具等引诱，有的以扮演某一角色欺骗幼女同意。

3. **行为对象**：幼女，是指不满 14 周岁的女性。

4. **行为主体**：男子。

5. **既遂形态**：奸淫幼女型强奸罪也是行为犯，而在既遂标准上采纳接触说。

（二）客观规范要素

6. 奸淫幼女型强奸罪所侵害的具体法益，也是幼女性交的自决权。不过，由于幼女缺乏性自决的能力，从而只要与之性交即侵犯了其性交的自决权。

（三）主观责任要素

7. 奸淫幼女型强奸罪的主观责任形式为故意。行为人具有：特定目的，与幼女性交的目的；特定明知，明知性交的对象是幼女。具体认定**应当注意**：**(1) 年龄推定或事实判断**：幼女不满 12 周岁时，应当认定为明知；幼女已满 12 周岁不满 14 周岁时，从身体发育等外部情况观察可能是幼女的，应当认定为明知；知道或应当知道对方是不满 14 周岁幼女的，应当认定为明知。① **(2) 少男与幼女**：已满 14 周岁不满 16 周岁的人，偶尔与幼女性交，情节轻微尚未造成严重后果的，不认为是犯罪。② 例如，少男与幼女恋爱，交往密切，双方自愿性交。反之，倘若已满 14 周岁不满 16 周岁的人，与幼女性交，又造成严重后果的，则构成犯罪。**(3) 与早熟幼女**：有的幼女发育较早，身材高大，貌似成人，且虚报年龄，而行为人确实不知道幼女的真实年龄，双方自愿性交的，则缺乏奸淫幼女的故意。

二、法定刑的设置

8. 嫖宿幼女可为奸淫幼女的一种情形。1997 年修订的《刑法》第 360 条第 2 款设置了嫖宿幼女罪，《刑法修正案(九)》取消了这一罪名。这一修正的要旨似因原嫖

---

① 2013 年最高人民法院、最高人民检察院、公安部、司法部《关于依法惩治性侵害未成年人犯罪的意见》第 19 条。

② 2006 年最高人民法院《关于审理未成年人刑事案件具体应用法律若干问题的解释》第 6 条。

宿幼女罪的规定有轻纵犯罪之嫌。其实，原嫖宿幼女罪的基准法定刑重于强奸罪的基准法定刑，而奸淫幼女的行为与嫖宿幼女的行为可以成立想像竞合犯"从一重处断"（第51节段6），从而对嫖宿幼女的处理不致轻于对普通强奸的处理。由此看来，取消嫖宿幼女罪反倒没有体现对幼女身心健康的特别保护。

9. 原嫖宿幼女罪的基准法定刑重于强奸罪的基准法定刑，有其合理的成分。两罪的形式构成特征相近，嫖宿幼女侵害的是"社会风尚与幼女身心健康"双重法益，而单纯奸淫幼女侵害的是"幼女身心健康"单一法益。尤其是，奸淫幼女相对于普通强奸而言，前者的罪行及其社会危害更为严重，然而不仅嫖宿幼女罪的取消而且原先第236条法定刑的设置（奸淫幼女与普通强奸的法定刑一致），均有失于对幼女身心健康所应予的特别保护。因此，《刑法修正案（十一）》新增第236条第3款第5项，大幅提高了奸淫幼女型强奸罪的基准法定刑，即将奸淫幼女型强奸罪的基准法定刑提高至普通型强奸罪的加重法定刑，不过这一法定刑的陡升又值推敲。

> 思考题
>
> 如何正确适用我国《刑法》第236条第2款及第3款第5项的规定？如此规定是否合理？

第 110 节 C 通奸及婚内强奸

一、强奸与通奸

1. **通奸**，通常是指双方或者一方有配偶的男女之间，自愿发生婚外性交的行为；从广义上讲，通奸也包括未婚男女恋爱期间自愿发生性交的行为。通奸由于不违背妇女意志，不存在暴力、胁迫或者其他手段，因此不构成强奸罪。但是，有时情况较为复杂，应予具体分析。

2. **通奸谎称强奸**：有的妇女与人通奸，然而在事情暴露或者关系恶化后，为了保全名誉、维持夫妻关系，或者为了推卸责任、嫁祸于人等，把通奸说成是强奸。

3. **先强奸后通奸**：第一次性交行为违背妇女意志，是强奸，但是事后女方并未告发，后来又多次自愿与该男子发生性交行为，对此一般不宜以强奸罪论处。然而，倘若行为人第一次强奸妇女以后，女方由于爱面子、害怕等未告发，行为人继续胁迫女方发生性交行为，迫使其忍辱屈从，则构成强奸罪；多次强奸的，按强奸妇女情节恶劣处理。

4. **先通奸后强奸**：男女双方先是通奸，后来女方不愿继续通奸，而男方纠缠不休，并以暴力、胁迫等手段，强行与女方发生性行为的，以强奸罪论处。

5. **利用特定关系的强奸与相互利用的通奸**：利用教养关系、从属关系或者利用职权与妇女发生性交行为的，是否构成强奸，对此应作具体分析，关键还是确定是否违背妇女意志:(1)行为人利用教养关系、从属关系或者利用职权,对被害妇女进行威逼与胁迫,迫使其违背意愿而屈从性交的,构成强奸罪。(2)男女双方相互利用,各有所图,男方提供女方一定利益,女方自愿以肉体相许,从而发生性交行为的,是通奸,不构成强奸罪。

二、"半推半就"

6. "半推半就"是女方在性交时的一种外在表现,既有推脱的行为又有依从的行为。在此,关键是要确定女方这种"半推半就"的真实心态以及行为人对此的心感受。而这一判断又必须建立在对整个事件的全面掌握与综合分析上,包括男方对女方有无胁迫、男女双方的情感、性交行为的环境和条件等。(1)如果女方的真实心态倾向于自愿性交,男方对女方也无显著的暴力或胁迫行为,则不能构成强奸罪。例如,"推"仅为女方的羞愧的表现,而"就"是其真实的意愿。(2)如果女方的真实心态是反对性交,男方对女方也有显著的暴力或胁迫行为,则可构成强奸罪。此时,女方的"推"是其真实意愿的表示,而"就"是其受到强制与威胁不敢反抗的表现。

三、"婚内强奸"

7. "婚内强奸"是刑法理论与实际的焦点议题之一。对此,刑法理论存在肯定、否定与折中的不同见解,司法实践采取折中的做法,本书的立场是原则否定与例外承认。

(一)理论争议

8. **肯定论**认为,我国《刑法》并未否定丈夫可以成为强奸罪的主体,丈夫违背妻子意志侵犯妻子性权利符合强奸罪。

9. **否定论**主张,婚姻的合法契约中包含着性关系的内容,只要婚姻契约不解除,即使丈夫违背妻子意志也不能成立强奸罪;强奸罪是重罪,对于强奸可以实行特殊防卫,承认所谓婚内强奸势必带来诸多消极后果;从取证与定案来看,所谓婚内强奸的司法操作也非常困难。

10. **折中论**认为,不应采取极端化的观点;既不能置婚姻关系于不顾而一概将丈夫违背妻子意志的行为认定为强奸罪,也不能过分强调夫妻关系的性关系而认为丈夫违背妻子意志的行为均不构成犯罪;一般场合无所谓婚内强奸,但是虽已登记结婚但尚未同居或者夫妻长期分居,丈夫强奸的成立强奸罪。

(二)司法处理

11. 司法机关**肯定**婚内强奸的判决,一般均有被害人控告,案发夫妻分居等情形。典型案例包括1995年河南信阳靖志平案、1999年上海青浦王卫明案、2010年河南三门峡于欣欣案、2011年上海浦东孙金亭案等。例如,在孙金亭案中法院指出:"夫妻同居义务是从自愿结婚行为推定出来的伦理义务,不是法律规定的强制性义务","双方在领取结婚证书后从未同居过","起诉离婚也表明两人的夫妻关系实际上只是一种名义",被告人在这种特殊的非正常婚姻存续期内,采用暴力强行与被害人发生性行为构成强奸罪。①

12. 反之，也有诸多在类似案情的场合，法院作出**否定**婚内强奸的判决。例如，1995年被告人白俊峰在妻子姚某提出离婚要求并回娘家居住期间，在姚某娘家采用暴力手段强行与姚某发生性关系。对此，1997年辽宁义县法院判决指出，被告人在婚姻关系存续期间以强制手段与姚某发生性关系的行为，不构成强奸罪。又如，在2010年广东佛山李某案中法院指出，"在正常的婚姻关系存续期间，任何一方都有与另一方同居的义务，性生活是夫妻共同生活的组成部分"；判处强行与妻子发生性关系的丈夫构成强奸罪，既有违事实与法律也不合我国伦理风俗，"丈夫不应成为强奸罪的主体"。②

（三）立法状况

13. 对于能否成立婚内强奸，各国刑法立法呈现**四种模式：(1) 明确肯定婚内强奸**：例如，《新西兰刑事法典》第128条规定，"夫妻之间也可以构成""成年男性强奸女性的"性犯罪。《印度刑法典》第376条规定，"当妻子是15岁以下的幼女时，丈夫强迫其性交的"可以成立强奸罪。**(2) 限制追诉婚内强奸**：例如，《瑞士刑法典》第190条将婚内强奸限制为"告诉乃论。告诉权的有效期限为6个月。"《奥地利刑法典》第203条规定婚内强奸除非加重构成须被害人告诉，《菲律宾刑法典》第266条C将妻子宽恕作为使婚内强奸的追诉及所处的刑罚消灭的事由。**(3) 明确强奸仅限婚外**：例如，《泰国刑法典》第276条将强奸罪的行为对象明确规定为"配偶以外妇女"，第277条则排除了丈夫对其未成年配偶与幼女配偶的强奸罪。**(4) 强奸规定未涉婚姻**：多数国家的刑法典对于强奸罪的规定并未涉及婚姻关系的问题。诸如，《法国刑法典》《日本刑法典》《德国刑法典》《挪威刑法典》《匈牙利刑法典》等等。

（四）"婚内强奸"定性分析

14. 立于我国目前的法治建设状况与社会发展阶段，在现行《刑法》强奸罪设置的框架下，本书主张否定婚内强奸是原则，承认婚内强奸是例外。

15. 婚姻关系是两性关系合法化的重要征表，也是维系与保障家庭与社会稳定的重要纽带。这意味着合法的婚姻关系包含着夫妻相互发生性关系的权利与义务；应当肯定这种婚姻关系范围内的权利与义务的存在的相对稳定性；对于家庭内部的财产与人身的罪刑干预法律总是采取极其谨慎的态度。

16. 强奸罪侵害的具体法益是妇女的性自决权，既然合法婚姻关系本身就是夫妇的性自决权的重要表现，这种自决权的表陈在婚姻关系的范围内也有其相对的稳定性，从而所谓的"婚内强奸"缺乏侵害法益。当然，这并不否认丈夫的暴力侵害行为可能存在对妻子的伤害罪或虐待罪的法益侵害。

17. 在离婚诉讼期间，尤其是在夫妻双方因诉求离婚而分居的场合，此时虽也可谓合法婚姻关系存续，但是妻子因诉求离婚而与丈夫分居已是其性自决权的特别而

---

① 参见"北大法宝，孙金亭强奸案"。
② 参见刘艺明：《老公"夹硬嚟"被判无罪》，载《广州日报》2010年12月7日。

强烈的表现,法院受理与审理案件也是法律对于此自决权的具体尊重与关切的呈现,此时丈夫严重违背妻子意志则不失侵害妻子的性自决权。

18. 尽管可以有限地承认特定场合的婚内强奸,但是对于这种特别的婚内强奸在处理上也应与发生于普通社会的强奸有所区别。基于案件发生于尚存婚姻关系的具体场合,行为人适法行为的期待可能性明显减弱,对于这种特别的婚内强奸,在程序上应当注重以妻子告发为原则,在实体上应当坚持以量刑从轻为原则。

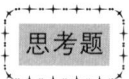

如何认定婚内强奸中的"违背妇女意志"?

第 111 节 非法拘禁罪

1. 设置本罪的基本法条是我国《刑法》第 238 条。该条第 1 款前段是本罪的基准罪状与法定刑,第 1 款后段是成立本罪基准犯又予从重处罚的情形;该条第 2 款前段与中段是本罪致人重伤与致人死亡的结果加重犯规定,第 2 款后段是本罪转化为故意伤害罪与故意杀人罪的转化犯规定;该条第 3 款是对索债非法拘禁他人而成立本罪的特别规定;该条第 4 款是对本罪基准犯、结果加重犯、转化犯与索债型拘禁的非纯正身份犯的规定。

2. **非法拘禁罪**,是指采用拘禁或者其他方法,非法剥夺他人人身自由的行为。

一、基准构成

(一) 客观事实要素

3. **实行行为**:剥夺他人人身自由,具体是指使用各种方法致使他人丧失自主离开的人身自由(拘禁剥夺自由)。在具体认定中应当注意,"拘禁剥夺自由"行为的现实表现、非纯正的不作为、成立的持续性等(第 111 节 A 段 1—5)。

4. **行为对象**:他人自主离开某一场所的自由。我国《刑法》将本罪置于"侵犯公民人身权利、民主权利罪"一章,由此这里的他人仅指自然人而不包括法人。而离开某一场所的自由系人的自主活动,由此这里的他人是具有意思决定能力的人(第 111 节 A 段 7)。

5. **行为主体**:一般主体。国家机关工作人员系量刑身份(本节段 15)

6. **既遂形态**:本罪是行为犯与继续犯。2006 年最高人民检察院《关于渎职侵权犯罪案件立案标准的规定》对国家机关工作人员利用职权犯非法拘禁罪的立案标准作了具体规定。

(二) 客观规范要素

7. 本罪所侵害的具体法益是他人的行动自由权利,即公民依法享有的,根据其自由意志支配自己身体行动并排除他人非法干涉的权利。对此,应当特别注意"他人行动自由"的蕴含及其在本罪成立中的作用(第 111 节 A 段 6)。

8. 另外,本罪的行为性质系属**非法**,即非正当行为的剥夺他人行动自由。基于被害人承诺行为、正当医疗行为、合法监护行为等而有的剥夺行动自由,系因违法性阻却事由而阻却拘禁的违法性。

(三) 主观责任要素

9. 本罪的主观责任形式为故意,包括直接故意与间接故意。故意内容指向由"剥夺他人行动自由行为"为核心征表的"他人行动自由权利被侵状态"。

10. 行为人对于自己行为会造成他人行动自由的丧失,有所认识并持放任态度的,是本罪间接故意的责任形式。

11. 过失不能构成本罪。例如,行为人不意将他人锁在屋内,不能成立本罪。

二、法定刑

12. **基准法定刑**:犯非法拘禁罪的,处 3 年以下有期徒刑、拘役、管制或者剥夺政治权利(《刑法》第 238 条第 1 款前段)。

13. **加重法定刑**:犯非法拘禁罪致人重伤的,处 3 年以上 10 年以下有期徒刑;致人死亡的,处 10 年以上有期徒刑(《刑法》第 238 条第 2 款前段与中段)。

三、从重量刑

14. 犯非法拘禁罪具有殴打、侮辱情节的,从重处罚(《刑法》第 238 条第 1 款后段)。应当注意,避免将这里的"殴打、侮辱情节"与"致人重伤死亡"以及"使用暴力致人伤残死亡"予以重复评价。

15. 国家机关工作人员利用职权犯非法拘禁罪,或者犯非法拘禁罪使用暴力致人伤残、死亡的,从重处罚(《刑法》第 238 条第 4 款)。国家机关工作人员利用职权非法拘禁他人并使用暴力致人伤残死亡的,依照故意伤害罪或故意杀人罪从重处罚。

思考题

非法拘禁罪的结果加重犯(《刑法》第 238 条第 2 款前段)与转化犯(第 238 条第 2 款后段)在构成要素上有何区别?

第 111 节 A 非法拘禁罪基准构成要素的解读

一、实行行为

1. **拘禁剥夺自由的方法**:典型方法系"拘禁他人",此外包括"其他方法"(《刑法》第 238 条第 1 款)。**(1) 拘禁**,即对他人予以拘押与禁闭,诸如捆绑、束缚、圈围、关押等。(2) **其他方法**,系似无直接拘禁但致使他人丧失人身自由,诸如趁他人入浴拿走其全部衣服致其不能离开等。

2. **拘禁剥夺自由的行为方式**:法定的行为方式是作为,刑法理论与实践也承认不纯正的不作为拘禁剥夺自由。例如,瘫痪者的监护人能够履行却不履行义务而使瘫痪者丧失合理的活动自由,可为现实中不作为拘禁剥夺自由的适例。

3. **拘禁剥夺自由的现实表现**:具体的行为方法可有多种表现:(1) **强制的与和平的**:前者如使用暴力或胁迫方法将他人监禁于一定的空间,后者如欺骗他人并提供完善的食宿将他人限制在一定空间;(2) **物理的与心理的**:前者如将他人捆绑与关押使其无法离开某处,后者如以杀害家人为要挟使他人不敢离开某处;(3) **带离的与原地的**:前者将他人从某地带至另一处所并予以关押,后者在他人的住地或所至的处所就地予以关押;(4) **他人意识的与他人不知的**:前者如将他人强力带至某处禁闭从而他人对自己被禁闭的事实明知无误,后者如趁他人熟睡将其锁闭于屋内而他人始终并不知晓自己被锁闭;(5) **意欲离开的与不意离开的**:前者如行为人强力拘禁他人而此间他人意欲离开却无法摆脱拘禁,后者如行为人将他人限制于一定处所而此间他人恰好并无离开的意图①;(6) **同住的与分离的**:前者拘禁行为人与被拘禁人吃住同在一屋,后者拘禁行为人将被拘禁人单独关押一室。

4. **拘禁剥夺自由的持续性**:本罪的实行行为具有持续性,致使他人人身自由丧失的行为与他人人身自由丧失的状态,两者同时延续一段时间。国家机关工作人员利用职权"非法剥夺他人人身自由24小时以上的"应予立案;不过,在存在其他情节的场合,诸如具有殴打侮辱行为、造成被拘禁人重伤或死亡、非法拘禁3人次以上等,即使非法拘禁持续时间不达24小时也应予以立案。②

5. **拘禁剥夺自由的核心指向**:就空间转换而论,他人的行动自由存在进入某一场所、停留某一场所、离开某一场所等的自由。本罪的剥夺他人人身自由是指致使他人丧失自主离开某一场所的自由。本罪的实行行为并不表现为阻止他人进入某一场所的自由,也不包括驱逐他人离开某一场所的行为。有的论著将阻止他人自主停留于某一场所的行为也作为本罪的实行行为,本书对此看法不予肯定。

二、客观规范要素

6. "他人的行动自由权利"是本罪侵害的具体法益,这里的"他人行动自由"系他人基于自主决定而予自身身体活动的自由,由此他人的"意思决定能力(A)"是其"身体活动自由(B)"的前提。那么,如何理解A与B这两者在本罪成立中的作用呢?

7. **意思决定能力**,强调他人所具有的自主决定自身身体活动的主观能力。由此,缺乏意思能力的婴儿等则不能成为本罪的行为对象。

8. **身体活动自由**,强调他人基于自主决定而可为自身身体活动的客观表现。就

---

① 被害人出于真实有效的意图而承诺放弃自己的活动自由则可谓被害人承诺行为。
② 2006年最高人民检察院《关于渎职侵权犯罪案件立案标准的规定》。

自由的客观状态而论,对于他人行动自由的存在与否,刑法理论存在可能自由说与现实自由说的对立。可能自由说强调只要断绝了他人自主活动的可能性,即使他人并无身体活动的意思决定,也系拘禁;现实自由说强调只有断绝了他人所为的身体活动,方为拘禁,在此他人活动的意思决定系前提。由此,将熟睡的他人锁闭于屋内在其未欲离开前,按可能自由说构成拘禁,而按现实自由说则不构成拘禁。

9. 本书立于可能自由说的立场。本罪的侵害法益是他人行动自由的权利,而权利内容系"主体可以这样行为或不这样行为……"①;在他人自主活动的可能性被断绝的场合,他人行动自由的权益即已受到侵害。除非存在被害人承诺行为等情形,是否决定身体活动是被拘禁人的事,而阻止他人身体活动则为行为人所为,正是这一行为人所为而为刑法所评价。

> **思考题**

试述被害人"未有摆脱被拘禁表示"的具体情形及其对拘禁成立的影响。

第 111 节 B 非法拘禁罪的犯罪形态

一、结果加重犯

1. 犯非法拘禁罪致人重伤或者死亡的,是非法拘禁罪的结果加重犯(《刑法》第238条第2款前段与中段)。对此,以下两点值得关注:其一,致人重伤或者死亡的行为能否表现为暴力行为？其二,致人重伤或者死亡的心态是什么？

(一) 致使伤死的行为

2. 作为结果加重犯,这里的致伤与致死的行为应当是非法拘禁罪的实行行为。由于该条后段将"使用暴力"作为转化犯而规定,从而应当说这里的拘禁实行行为排除了"使用暴力"的方法。

(二) 致使伤死的心态

3. 对此,许多论著主张应为过失,理由是"结果加重犯的加重结果心态是过失"。本书认为,鉴于这一加重罪状的法定刑设置,以及《刑法》相关犯罪的法定刑设置,这里的致伤与致死的心态应当是间接故意。以致死心态为例,具体阐释如下:

4. 结果加重犯的加重结果心态未必就是过失。例如,我国《刑法》第263条第5项所规定的"抢劫致人重伤、死亡",这里的致伤与致死的心态可以是故意(第50节段23;案例49—11,第49节段13)。

5. 罪刑均衡是《刑法》的一项基本原则,如果将这里的致死心态理解为过失,则法定刑设置不尽合理:(1) 非法拘禁罪的法定刑系3年以下,过失致人死亡罪的法定

---

① 沈宗灵主编:《法理学》,北京大学出版社2003年版,第71页。

刑系 3 至 7 年，两者即使数罪并罚至多也是 10 年以下；而非法拘禁致人死亡的法定刑系 10 年以上。(2) 就一行为造成死亡结果来看，像失火罪这样较为严重的致人死亡，可以适用的法定刑也只是 3 至 7 年；立于基准犯为故意的致人死亡，诸如暴力干涉婚姻自由致死、虐待致死，其法定刑也只是 7 年以下。这些都低于非法拘禁致人死亡的法定刑。(3) 还可以类比故意伤害致人死亡，而其法定刑恰恰是 10 年以上。不过，故意伤害致人死亡的法定刑，是重于故意致人重伤的一个法定刑层次；故意伤害致人重伤的法定刑是 3 至 10 年。与此相应，非法拘禁致人死亡的法定刑，也是重于非法拘禁致人重伤的一个法定刑层次；而非法拘禁致人重伤的法定刑也是 3 至 10 年。尽管如此，但是，故意伤害致人重伤是一个单纯的故意犯罪，行为人对于重伤的结果仍然是故意；由此，非法拘禁致人重伤，对于这里的重伤结果的心态也应理解为故意；循此，非法拘禁致人死亡作为拘禁致伤结果的上一阶位，对其致死结果的心态也应理解为故意。

二、转化犯

6. 犯非法拘禁罪使用暴力致人伤残、死亡的，依照故意伤害罪、故意杀人罪定罪处罚(《刑法》第 238 条第 2 款后段)，此系非法拘禁罪转化犯的规定。在此，"使用暴力"行为的属性以及"致人伤残、死亡"的心态，依然是有待阐明的焦点问题。

7. 对此，有的论著主张，《刑法》的这一规定"属于法律拟制"，是指使用"非法拘禁行为以外的暴力"而"没有杀人故意"但有过失导致他人伤残、死亡。

8. 本书并不支持这一理解。所谓"非法拘禁行为以外的暴力"，这一概念较为模糊；而将致人伤残、死亡的心态理解为过失，则与本条整体的罪刑设置不合。作为转化犯，我国《刑法》第 238 条第 2 款后段的这一规定，是指行为人非法拘禁他人，其间出于非法拘禁的意图，使用暴力故意致人伤残、死亡，案例 108A-1 (第 108 节 A 段 1) 系适例。具体地说：(1) "使用暴力"属于拘禁行为中的方法行为，法定的拘禁行为对于行为方法未予限定。这里的"暴力"是指使用暴力方法拘禁或为了拘禁而施以暴力行为。(2) 致人伤残或死亡的心态系故意，由此暴力行为而故意致人伤残或死亡构成故意伤害罪或故意杀人罪，而这又有此前的犯非法拘禁罪的前一犯罪过程。(3) 我国《刑法》第 238 条第 2 款后段所规定的这一情形，在理论形态上可谓吸收犯，如果没有《刑法》的这一转化犯的规定，可按罪数理论解决。(4) 行为人非法拘禁他人，在拘禁过程中又出于非法拘禁以外的其他目的，使用暴力故意致使被害人伤残、死亡的，属于典型数罪，案例 111B-1 系适例。典型数罪不宜包含在转化犯中(第 52 节段 30)。(5) 行为人基于非法拘禁目的，实施非法拘禁的行为，过失致使被害人死亡的，属于非法拘禁罪与过失致人死亡罪的想像竞合犯，定为过失致人死亡罪。

案例 111B-1：甲将乙禁闭 A 屋，其间又出于灭口的意图将乙勒死。

三、索债型拘禁

9. 为索取债务非法扣押、拘禁他人的，依照非法拘禁罪处罚(《刑法》第 238 条第

3款)。这里的债务既可以是合法的也可以是非法的。①

10. 问题是,行为人与债务人之间既有债务 A,为此行为人非法拘禁债务人,但同时又索要了超出 A 的非债务钱款 B。对此,行为人出于一个主导犯罪意图,实施一个事实行为,就 A 而论触犯非法拘禁罪,而就 B 而论同时触犯绑架罪,系想像竞合犯,定为绑架罪。

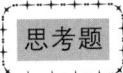

转化犯与法律拟制的关系是什么(第 85 节 B 段 8)?

第 112 节 绑 架 罪

1. 设置本罪的基本法条是我国《刑法》第 239 条。该条第 1 款前段是本罪的基准罪状与法定刑,第 1 款后段是本罪的减轻罪状与法定刑;第 2 款是本罪包容犯、结果加重犯的加重罪状与法定刑;第 3 款是偷盗婴幼儿索财而构成本罪的注意规定。

2. **绑架罪**,是指以勒索财物为目的绑架他人并索要钱财,或者出于其他目的绑架他人作为人质而勒索其他利益的行为。

一、基准构成

(一) 客观事实要素

3. **实行行为**:绑架人质以勒索钱财或者其他利益,包括两个要素:**(1) 方法行为**,即绑架,具体地又分为两种情形:A. 索财型绑架:绑架是指违背人质被害或者违背不满 16 周岁人质被害监护人的意志,使用暴力、胁迫或者其他方法,利用或者造成人质被害与其家庭或者监护人的隔离,对人质被害实行剥夺自由的人身控制的行为。这一绑架行为具体又包括四个要素:本质行为、手段行为、掳离行为、拘禁行为(第 112 节 A 段 1-5)。B. 非索财型绑架:绑架是指违背人质被害或者违背不满 16 周岁人质被害监护人的意志,使用暴力、胁迫或者其他方法,对人质被害实行剥夺自由的人身控制的行为。在此,非索财型绑架行为以本质行为、手段行为、拘禁行为这三项行为为要素;易言之,掳离行为并非非索财型绑架行为的构成要素(第 112 节 A 段 6—8)。**(2) 目的行为**:勒索,即勒索钱财或者其他利益,具体是指将绑架的情况通知人质被害的亲属等利害关系人或者有关单位,以扣押与杀伤人质被害相要挟,勒令人质利害关系人或者单位在指定的时空交付钱财或者其他索求,以换回人质。勒索行为具体又包括三项要素:告知、要挟、勒令(第 112 节 A 段 9—14)。

4. **行为对象**:人质被害与索财被害,以及财物或其他利益。**(1) 在索财型绑架的**

---

① 参见 2000 年最高人民法院《关于对为索取法律不予保护的债务非法拘禁他人行为如何定罪问题的解释》。

场合,掳离行为所致的隔离状态以及勒索的目的行为,形成了人质被害与索财被害在时空上的相对分离,从而较为典型地表现了绑架罪的双重被害特征。**(2)在非索财型绑架的场合**,虽不强调"掳离"的行为要素,但是构成要素中"作为人质"的典型事实特征,也呈现出绑架行为对象与勒索行为对象的各别多元的状况。**(3)财物与其他利益**,是勒索行为的具体指向。这里的其他利益,是指财物以外的诸如政治利益、释放罪犯等。

5. **行为主体**:一般主体。相对责任年龄的人实施绑架并且故意杀害人质的[①],虽不构成绑架罪但却构成故意杀人罪,应当适用我国《刑法》第17条第2款与第232条。[②]

6. **既遂形态**:行为犯与继续犯。本罪法定的基准构成不以特定构成结果为要素;并且实行行为的构成要素绑架行为具有持续性的特征。

(二) 客观规范要素

7. 本罪所侵害的具体法益是他人的自由安全及生活安宁的权利。

8. 对此,国外刑法理论的见解有被绑架者的自由、被绑架者自由及对被监护人的监护权、对他人的保护关系、被绑架者自由及人身安全;我国刑法理论存在人身自由权利、人身自由权利及财产权利等不同见解。

9. 应当说,就本罪的客观事实要素来看,行为不仅侵害了人质被害而且也侵害了勒索被害;行为侵害的是人质被害的自由安全或婴儿人质的人身安全以及被勒索人的生活安宁。财物或者其他利益虽也为行为对象,但在法定构成上并非必然招致损害。

(三) 主观责任要素

10. 本罪的主观责任形式为**故意**,包括直接故意与间接故意。故意内容指向由"绑架行为与勒索行为"为核心征表的"他人自由安全及生活安宁权利被侵状态"。此外,必须具有**特定目的**:勒索财物或者勒索其他利益的目的。

11. 应当注意,绑架罪之绑架行为的属性以勒索目的为必要,易言之,只有以勒索目的实力控制人质的行为方为绑架罪之绑架行为。而勒索目的不同于索债、报复、性侵等目的,出于诸如此类目的而实力控制他人的行为,并非绑架罪的绑架行为。

二、法定刑

12. **基准法定刑**:犯绑架罪的,处10年以上有期徒刑或者无期徒刑,并处罚金或者没收财产(我国《刑法》第239条第1款前段)。

13. **减轻法定刑**:犯绑架罪情节较轻的,处5年以上10年以下有期徒刑,并处罚金(我国《刑法》第239条第1款后段)。

14. **加重法定刑**:犯绑架罪杀害被绑架人或者故意伤害被绑架人致其重伤死亡的,处无期徒刑或者死刑,并处没收财产(我国《刑法》第239条第2款)。

---

① 包括为绑架(暴力控制人质)而杀害人质,以及为其他目的(诸如灭口、报复等)而杀害人质。
② 参见2006年最高人民法院《关于审理未成年人刑事案件具体应用法律若干问题的解释》第5条。

> **思考题**

对下列案例中甲的行为应当如何定性？为什么？

案例 112-1：甲直面乙的利害关系人丙，将乙扣押为人质，要求丙提供100万元后方可放人。

案例 112-2：甲直面乙的利害关系人丙，将乙扣押为人质，要求丙提供飞机供甲外逃后方可放人。

第112节 A 绑架罪实行行为构成要素的解读

一、索财型绑架的方法行为

1. 索财型绑架的方法行为，应当同时由本质行为、手段行为、掳离行为、拘禁行为这四项要素构成。

2. **本质行为**：违背人质被害人或者其监护人的意志。这种背意行为，既可呈现外在强制也可呈现和平状态。其中，外在强制的行为，违背人质意志的特征较为彰显。而某些看似和平的行为，结合索财或索取利益的行为综合评价，只要具有出乎人质对于和平行为现象的意料，包括人质被害同意被拘禁但不知对方利用此而索财，也系违背人质意志，案例112A-1系适例。反之，倘若所谓的人质，已满16周岁的人，与行为人共谋，谎称遭到绑架而向其亲属勒索钱财，则不构成绑架，可以构成敲诈。

案例 112A-1：甲一面将乙骗至某场所好吃好喝殷勤招待，一面向乙的家人丙索要钱款答应找回乙，其间乙并不知情而未提出离开被控场所。

3. **手段行为**：使用暴力、胁迫或者其他方法。**暴力**，是指对人质被害的身体实施有形的外力，诸如伤害、殴打、捆绑等，使其不能反抗的行为。**胁迫**，是指以杀伤、加害亲属、揭发隐私等对人质被害进行精神威胁与恐吓，使其产生恐惧心理而不敢反抗的行为。**其他方法**，是指暴力、胁迫方法以外的，利用或者造成人质被害无法反抗或不知反抗的行为。例如，用药麻醉、用酒灌醉以及蒙骗等等，包括盗窃婴幼儿。

4. **掳离行为**：绑架是否需将被害人带离其原处所，对此刑法理论存在肯定与否定的不同见解。应当说，在索财型绑架的场合，对于绑架的构成来说，掳离是必要的，不过掳离并不仅限将人质被害带离原处所的意思，而是指利用或造成人质被害与索财被害之间的隔离状态。这也是绑架罪之双重被害，从而成为重罪之重罪的基础要素。**具体地说**：（1）**掳离是指**：行为人利用（扣押为人质）或者造成（带离为人质）的一种状态；是一种人质被害与索财被害之间的隔离状态；这种隔离状态使人质被害与索财被害无法正常互动并有空间障碍；这种隔离的本质是形成人质被害与索财被害相互情况不清的双重被害。（2）**掳离的具体形态包括**：索财被害不知人质被害的去向所在；或者索财被害虽知人质被害的去向但具体所在不明；或者索财被害虽知人质被害的具体所在,但对人质被害的生死等状况不明等。**(3) 掳离的具体形态不包括**,索财被害在场目睹人质被害被强力控制,只是无法与之正常接触。当着索财被害的面劫持人质被害作为人质,在此场合索财被害与人质被害仅为一个概括的威胁的对象,而非作为绑架罪之重要特征之一的双重被害。案例 112A-2 系适例,甲的行为不符合绑架应之掳离的要素,该情形构成抢劫罪。

案例 112A-2:甲暴力劫持银行前台工作人员乙而胁迫银行后台工作人员丙递出 50 万元。

5. **拘禁行为**:持续剥夺人质被害的行动自由。

二、非索财型绑架的方法行为

6. 非索财型绑架的方法行为与索财型绑架的方法行为一致的是,两者均须同时具备本质行为、手段行为、拘禁行为,所不同的是非索财型绑架的方法行为无须掳离行为的要素。对此,应当考虑《刑法》具体规定。

7. **两种绑架的不同表述**:《刑法》对于绑架罪的立法表述,属于"多陈式多情形"(第 85 节 B 段 3)于同一罪名的模式①。针对索财型绑架,《刑法》强调的是"绑架他人",在此对绑架应作全面而严格的解释。针对非索财型绑架,《刑法》强调的是"作为人质",而从这一视角解释绑架,应当说,只要违背人质意志而使用暴力等方法剥夺人质行动自由即可,在此场合被绑架人已为"人质"。

8. **绑架与抢劫的分别设置**:针对同以侵害人身法益与财产法益的犯罪,我国《刑法》分别规定了抢劫罪与绑架罪(索财型)。相对而言,在《刑法》上绑架罪是比抢劫罪更重的一个具体犯罪;抢劫罪的典型特征是暴力与取财的当场性以及被害的单一性②。如果索财型绑架行为的构成无须掳离行为的要素,则许多人质型当场索财行为也就可以归于绑架,而绑架是重罪,如此抢劫有被虚设之嫌。

三、绑架实行的目的行为

(一)"勒索"行为的构成要素

9. 勒索行为须同时具备以下三项要素:**(1) 告知**:将人质被害被劫持控制的情况告知勒索被害。**(2) 要挟**:以扣押与杀伤人质被害对勒索被害实施威逼。**(3) 勒令**:强令勒索被害按照指定的时空与要求交付钱财或者其他索求。

10. 在此,勒索的告知、要挟与勒令行为,既可以由行为人直接亲自向勒索被害实施,也可以通过人质被害向勒索被害传达,还可以通过缺乏责任的第三人或以其他方式间接向勒索被害传递。

(二)"勒索"行为的要素地位

11. 对于绑架罪的实行行为,除了绑架行为之外是否尚须勒索行为,刑法理论存在肯定与否定的不同见解。对此,本书立于肯定的立场,而理由如下:

---

① 对此,也有学者认为我国《刑法》第 239 条应为两项罪名。

② 固然,这里的被害单一性并不排除一案中同时多人被抢。

12. **《刑法》规定**：我国《刑法》第 239 条虽未明确绑架罪的实行行为须有勒索的行为要素，但这一蕴含可以依存于该条的条文表述中。"以勒索财物为目的"的表述，既是对行为人主观目的的展现，也是对行为人客观行为的揭示；犹如"以非法占有为目的"并不否定"取财"的目的行为，"勒索目的"也不否定"勒索"行为。而"作为人质"的表述则同样具有"勒索"行为的含义；如果没有"勒索"又如何有"人质"之说；所谓"人质"，意味着将对方的利害关系人作为要挟的砝码，而向对方索求自己想要的东西。

13. **绑架与非法拘禁**：如果绑架罪的实行行为不以"勒索"的目的行为为要素，而仅以"绑架"的方法行为为要素，那么在犯罪构成的客观要件上，绑架罪与非法拘禁罪并无区别。进而，两罪的主要区别只是表现在，主观上绑架罪以勒索财物或其他利益为目的，而非法拘禁罪则以剥夺他人行动自由为目的。然而，两罪的法定刑却相去甚远。应当说，主观目的的这一区别不应当构成如此悬殊的法定刑。

14. **绑架的重罪特征**：如果绑架罪的实行行为仅以"绑架"的方法行为为要素，则绑架罪实行行为完成的进程就较为浅短，而绑架罪是重于重伤害以及抢劫等的重罪，并且又系行为犯，如此似乎"绑架"的方法行为完成即要"处 10 年以上……"的重刑，这难以看出其中立法的合理性。另外，也有论著认为将"勒索"行为作为绑架罪实行行为的要素，不利于鼓励行为人中止犯罪。其实，正是由于"勒索"行为系方法行为之外的又一构成要素，才使绑架罪中止犯的成立有了更大的空间。

"掳离行为"的关键性要素是什么？

第 112 节 B 绑架罪的犯罪形态

一、加重构成

1. 我国《刑法》第 239 条第 2 款，将犯绑架罪"杀害被绑架人"与"故意伤害被绑架人，致人重伤、死亡"，规定为绑架罪加重构成的两种情形。对此，应当注意，这一加重的犯罪构成的规定，系包容犯与结果加重犯的立法形态。

（一）杀害被绑架人

2. 犯绑架罪"杀害被绑架人"的表述系包容犯。在此，致死的行为是超出绑架行为的另一行为，即出于报复、灭口等目的而杀害人质被害的行为。杀人心态通常为直接故意，也可为间接故意，案例 112B-1 系适例。

案例 112B-1：甲绑架勒索之后将奄奄一息的人质被害乙弃置于荒野放任其死亡。

3. 也有论著称《刑法》所述这一情形为结合犯。然而，结合犯系"A 罪+B 罪＝AB 罪"，而这里是"绑架罪+故意杀人罪"仍在"绑架罪"的框架下。如果杀害被绑架人未遂的,则构成绑架罪之包容犯加重构成的未遂犯。

(二) 故意伤害致死

4. 犯绑架罪"故意伤害……"的表述可为两种情形,分别为结果加重犯或包容犯。

5. **结果加重犯**:故意伤害系以勒索目的而实力控制人质的行为,由于这一行为而致使被绑架人重伤、死亡。在此,故意伤害行为是作为基准构成的绑架行为,致死的心态主要是过失,也不排除放任的间接故意。

6. **包容犯**:故意伤害系以勒索之外的报复等目的而为的行为,由于这一行为而致被绑架人重伤、死亡。在此,故意伤害行为是超出绑架行为的另一行为,这一行为原本可以成立独立的故意伤害罪,立法上将之置于绑架罪中而为包容犯。

二、绑架与抢劫

7. 索财型绑架与抢劫均有暴力、胁迫或其他方法以及索财或取财的行为,由此应当注意索财型绑架与抢劫这两者之间的界分(第112节A段8)。本书强调索财型绑架的掳离要素,由此论及索财型绑架与抢劫的关系,呈现各自成罪与牵连犯的情形。

8. **各自成罪**:典型的抢劫系当场的暴力①与当场的取财,暴力行为并非控制人质而是直指取财,取财行为直指在场的被害人,从而暴力被害与取财被害系概括上的同一;相对而论,索财型绑架先有暴力控制人质被害,基于这种暴力控制人质而向利害关系人索财,人质被害与索财被害存在隔离状态,从而呈现双重被害的特征。以较易混淆的情形案例112A-2(第112节A段4)为例,在该案中,甲暴力控制乙的行为并无掳离要素,方法行为与目的行为均系当场,从而本案只能构成抢劫罪。

9. **牵连犯**:案例112B-2系适例。在该案中,甲的A行为构成抢劫,B行为构成绑架;在A与B中,"暴力控制乙"虽有重复,但"当场搜取乙的财物"与"向丙索取财物"并不重复,从而A与B属于准型的两个事实行为(第49节段13);这两个行为均基于索财的总体意图,客观上也存在规律性的发展关系。由此,成立牵连犯,从一重罪重处。对于相似情形,2001年最高人民法院《关于对在绑架过程中以暴力、胁迫等手段当场劫取被害人财物的行为如何适用法律问题的答复》的规定是,绑架过程中又暴力当场取财的,择一重罪处罚。

案例112B-2:甲暴力控制人质被害乙并且当场搜取乙的财物(A),同时又基于暴力控制人质乙而向其利害关系人丙索取财物(B)。

绑架罪与抢劫罪哪一犯罪的法定刑更重?我国《刑法》为什么如此规定?

---

① 在此,为了表述的简练,仅以暴力行为表述。

第113节 侵犯公民人身罪的其他具体犯罪选读

一、拐卖妇女、儿童罪

1. 拐卖妇女、儿童罪(我国《刑法》第240条),是指以出卖为目的,拐骗、绑架、收买、贩卖、接送、中转妇女、儿童的行为。

2. 本罪的实行行为系拐骗、绑架、收买、贩卖、接送、中转的行为之一;本罪的责任要素包括"以出卖为目的"的特定目的。

3. 以非法获利为目的,出卖亲生子女的,构成本罪;以出卖为目的,偷盗婴幼儿的,系本罪的加重犯。

二、收买被拐买的妇女、儿童罪

4. 收买被拐卖的妇女、儿童罪(我国《刑法》第241条),是指不以出卖为目的,收买被拐卖的妇女、儿童的行为。

5. 相对于我国《刑法》第241条第4款的规定,该条第2款与第3款系注意规定,强调对实施本罪行为(A)中的强奸行为、非法拘禁行为、伤害行为、侮辱行为(B),分别按照各该行为所构成的犯罪定罪处罚;同时,其中又有本罪行为,据此第241条第4款规定,对于A与B实行数罪并罚。

6. 第241条第5款是对本罪转化为拐卖妇女、儿童罪的规定。

三、重婚罪

7. 重婚罪(我国《刑法》第258条),是指有配偶而与他人结婚,或者明知他人有配偶而与之结婚的行为。

8. 事实婚姻的重婚并不否定本罪的构成。我国《民法典》第1042条第2款规定:"禁止重婚。禁止有配偶者与他人同居。"重婚系两项以上婚姻的复加,这里的重婚应当理解为包括事实上的重婚,事实婚姻的重婚不失为重婚罪之重婚行为的表现。我国《刑法》设置重婚罪是为了保护一夫一妻制的婚姻关系,重婚罪予以制裁的正是这种非法的婚姻复加。

四、虐待罪

9. 虐待罪(我国《刑法》第260条),是指经常以打骂、冻饿、禁闭、强迫过度劳动或者有病不给医治等方法,对共同生活的家庭成员,从肉体上、精神上进行摧残、折磨,情节恶劣的行为。

10. 肉体摧残或精神折磨的目的行为是本罪的实行行为。

11. 虐待中造成被害人重伤、死亡情形的定性:**(1) 结果加重犯**:虐待家庭成员,在对重伤、死亡的结果持过失心态的支配下,致使被害人重伤、死亡的,属于我国《刑法》第260条第2款所规定的虐待罪的结果加重犯。**(2) 故意伤害罪、故意杀人罪**：以虐待为目的，殴打家庭成员，同时放任被害人轻伤、重伤、死亡的，理论上属于想像竞合犯，按照从一重处断的原则，成立较重之罪。**(3) 吸收犯**：虐待家庭成员，并且以超出虐待目的的直接故意心态实施伤害、杀害行为，致使被害人伤害、死亡的，属于虐待罪与故意伤害罪或故意杀人罪的吸收犯。

12. 本罪基准构成之罪系亲告罪。

五、遗弃罪

13. 遗弃罪（我国《刑法》第261条），是指对于年老、年幼、患病或者其他没有独立生活能力的人，负有扶养义务而拒绝扶养，情节恶劣的行为。

14. 遗弃中造成被害人重伤、死亡情形的定性：**(1) 想像竞合犯**：以遗弃为目的，遗弃家庭成员，而过失导致（或放任）被害人重伤或死亡，系遗弃罪与过失致人死亡罪（或故意伤害罪、故意杀人罪）的想像竞合犯。**(2) 吸收犯**：实施遗弃行为，并且以超出遗弃目的的直接故意心态，致使被害人重伤或死亡，系遗弃罪与不作为的故意伤害罪或故意杀人罪的吸收犯。在此，遗弃行为系先行行为，其后在直接故意心态下的致伤致死行为，系不作为的伤害与杀人行为（遗弃行为排斥直接故意杀人行为，第49节段11）。

六、侵犯公民个人信息罪

15. 侵犯公民个人信息罪（我国《刑法》第253条之一），是指违反国家规定，向他人出售或者提供公民个人信息，情节严重的行为。

16. 我国《刑法》第253条之一第3款系本罪的准型构成，是指窃取或者以其他方法非法获取公民个人信息的行为。相对于第1款的典型构成：第3款的实行行为系"窃取或者以其他方法非法获取"，而第1款的实行行为系"违规向他人出售或者提供"；第3款的规定系行为犯，而第1款的规定系情节犯。

17. 我国《刑法》第253条之一第2款是对本罪从重处罚情节的规定。

18. 本罪的主体包括自然人与单位。

诽谤罪与侮辱罪的关键区别在哪里？

第28章 侵犯财产秩序罪

第114节 侵犯财产秩序罪概述

一、侵犯财产秩序罪的本体构成

1. **侵犯财产秩序罪**,是指攫取他人财物,或者故意毁坏他人财物,或者破坏生产经营的行为。

(一)客观事实要素

2. **实行行为**:攫取财物、毁坏财物、破坏生产。**(1)攫取财物**又表现为两种情形:A. **盗抢骗索**:是指采用法定的方法,将他人控制支配下的财产据为己有,包括抢劫、盗窃、诈骗、抢夺、聚众哄抢、敲诈勒索等行为;B. **侵占挪用**:将合法占有的他人财产,据为己有或者挪用,包括侵占、职务侵占、挪用资金、挪用特定款物等行为。**(2)毁坏财物**,是指采用各种方法,使财物的价值丧失。**(3)破坏生产**,是指采用法定的方法,使生产无法正常进行。

3. **行为对象**:能给所有人或占有者带来一定利益的财物。对此,在具体理解上应当注意财物的具体形态、价值内容、具体表现、动产与否等方面(第114节A段1—4)。

4. **行为主体**:除拒不支付劳动报酬罪可以由单位构成之外,本章其他各罪的行为主体均为自然人。其中:**(1)多数为一般主体**,诸如盗窃罪、抢劫罪、诈骗罪等;**(2)少数为特殊主体**,如职务侵占罪的主体是公司、企业或者其他单位的人员。

5. **既遂形态**:本章各罪的既遂形态类型包括:**(1)多数系数额犯**:如诈骗罪、抢夺罪、侵占罪、职务侵占罪、拒不支付劳动报酬罪等。**(2)行为犯**:如破坏生产经营罪。**(3)结果犯**:如抢劫罪①。**(4)数额犯与次数犯**:如敲诈勒索罪。**(5)数额犯与次数犯、行为犯**:如盗窃罪。**(6)数额犯与情节犯**:如聚众哄抢罪、故意毁坏财物罪。**(7)情节犯与结果犯**:如挪用特定款物罪。

(二)客观规范要素

6. 本章各罪所侵害的类型法益是财产秩序。对此,刑法理论颇存争议,应予具体考究(第114节A段5—14)。

(三)主观责任要素

7. 本章各罪的主观责任形式,均为故意。除故意毁坏财物罪以外,其余各罪尚须特定目的。

---

① 司法解释将之作为结果犯。严格来讲,抢劫罪的既遂形态较为复杂。

8. 根据具体犯罪的不同,特定目的呈现三种:**(1) 非法占有目的**:包括抢劫罪、盗窃罪、诈骗罪、抢夺罪、聚众哄抢罪、侵占罪、职务侵占罪、敲诈勒索罪;**(2) 挪用目的**:包括挪用资金罪、挪用特定款物罪;**(3) 泄愤报复或者其他个人目的**:破坏生产经营罪。

二、侵犯财产秩序罪的种类

9. 基于行为主体与行为特征的具体类型,可以将我国《刑法》"第五章侵犯财产罪"分为三类:

10. **特殊主体侵财犯罪**。包括:职务侵占罪、挪用资金罪、挪用特定款物罪、拒不支付劳动报酬罪。

11. **一般主体攫取型犯罪**。包括:抢劫罪、盗窃罪、诈骗罪、抢夺罪、聚众哄抢罪、侵占罪、敲诈勒索罪。

12. **一般主体毁坏、破坏型犯罪**。包括:故意毁坏财物罪、破坏生产经营罪。

> **思考题**
>
> 本章侵财犯罪的"财物"与受贿罪的"财物",有何关系?

第114节 A 侵犯财产秩序罪有关构成要素的解读

一、行为对象财物

1. **财物的具体形态**:这里的"财物"具体可为实物本身与实物凭证、财产本体与财产利益。A. 实物本身,即具有经济价值的实际物品,诸如金银、手机、笔记本电脑等;B. 实物凭证,即具有财产价值意义的凭单证据,诸如各种票证、证券、货物单据等;C. 财产本体,即财物所直接体现的经济价值,诸如金钱、房屋等;D. 财产利益,即某种形态所承载的经济价值,诸如债权、债务等。

2. **财物的价值内容**:这里的"财物"是指他人的具有经济价值的财物。A. 他人财物:无主物,诸如阳光、空气、丢弃物等,不能成为侵犯财产秩序罪的行为对象。B. 价值财物:缺乏经济价值的物品,也不能成为侵犯财产秩序罪的行为对象。

3. **财物的具体表现**:这里的"财物"具体可为非禁品与违禁品、有形物与无形物等。A. 非禁品与违禁品:非禁品属于财物并无问题。违禁品也是一种财物,盗窃、抢劫枪支、毒品等违禁品依然构成犯罪。B. 有形物与无形物:有形物属于财物,而无形物也为财物的表现形态。例如,电信资源、电力、煤气、天然气等无形物可以成为盗窃罪的行为对象。

4. **动产与不动产**:具体侵财犯罪不同,行为对象的动产与不动产的表现特征也有所差异,具体表现为:A. 行为对象包括动产与不动产:例如,诈骗罪、侵占罪、职务侵占罪、敲诈勒索罪、故意毁坏财物罪、破坏生产经营罪的行为对象,既可以是动产,也可以是不动产。B. 行为对象仅为动产:例如,抢夺罪、聚众哄抢罪、挪用资金罪、挪用特定款物罪的行为对象,则只能是动产。C. 行为对象通常是动产:盗窃罪、抢劫罪的行为对象,通常是动产,但在个别情况下似也可是不动产①,刑法理论对此有着较大的争论。

二、客观规范要素财产秩序

（一）我国刑法理论的分歧

5. 我国刑法理论对侵财犯罪的保护法益,主要存在"财产所有权说"与"财产所有权及有条件占有说"的不同见解。

6. **财产所有权说**:我国刑法理论通常认为,侵财犯罪的主要客体是他人财产所有权。财产所有权是指所有人依法对自己的财产享有占有、使用、收益和处分的权利。对任何一种权能的侵犯,都是对所有权不同程度的侵犯。违法所得的物品和违禁品仍然可以成为侵犯财产罪的对象,因为这些物品应当依法没收或者发还,并非没有合法所有人。② 这一见解近似国外刑法理论的"本权说"。然而,这种见解却难以回答在本权与占有对抗场合的侵财犯罪的法益侵害。如案例114A-1中甲的行为,仍不失为侵害法益的行为。

案例114A-1:甲是财产的合法所有人,乙占有甲的合法财产,在并非当场或自力救济的场合,甲将自己的合法财物秘密取回。

7. **财产所有权与有条件占有说**:也有的学者提出,财产犯的法益首先是财产所有权及其他本权,其次是需要采取法定程序改变现状(恢复应有状态)的占有;但在非法占有的情况下,相对于本权者恢复权利的行为而言,该占有不是财产犯的法益。即使本权者在不符合自救行为的条件下从非法占有者处窃回财物,相对于本权者恢复权利的行为而言,非法占有不是法益。③ 这一见解近似国外刑法理论的"并无对抗本权占有说"。然而,这种见解并未合理回答在本权与非法占有对抗场合的侵财犯罪的法益侵害问题。如案例114-2中甲的行为,仍不失为侵害法益的行为。

案例114A-2:甲是财产的合法所有人,乙非法占有甲的合法财产,在并非当场或自力救济的场合,甲将自己的合法财物秘密取回。

（二）国外刑法理论的学说

8. 国外刑法理论对侵财犯罪的保护法益,存在本权说、占有说、平稳占有说、并无对抗本权占有说、特定状态占有说等不同见解。

---

① 例如,日本刑法认为,使用胁迫手段将借房人从出借的房子中赶走的行为,成立抢劫财产性利益罪。参见〔日〕大谷实:《刑法各论》,黎宏译,法律出版社2003年版,第158页。又如,房主出差归来发现,房产证被人盗窃,并且盗窃房产证者通过伪造其他证件既已将房子出售。本书认为行为人构成盗窃罪,出售房子的诈骗行为被吸收。

② 参见高铭暄、马克昌主编:《刑法学》,北京大学出版社、高等教育出版社2016年版,第491页。

③ 参见张明楷著:《刑法学》,法律出版社2011年版,第838页。

9. **本权说**：主张侵犯财产罪的保护法益，是他人财产本权。立于本权说的立场，由于本权成立的前提是存在法律上的正当理由①，因此只有侵犯这种具有合法性的本权才能充足法益侵害要件，否则就不具有法益侵害要件进而不构成犯罪。本权说所受的理论质疑在于，其不利于维护财产秩序。由于本权说强调对于合法财产关系的保护，所以在财物占有者对于财物的占有并非合法的场合，按照本权说财物所有权人可以采取任何手段夺回自己的财物。如此，必然引起财产秩序的混乱。

10. **占有说**：主张侵犯财产罪的保护法益，是财产占有本身。占有，是指基于支配的意图对于财物进行实际的支配。刑法上的占有具有更广泛的意义，包括为自己占有、为他人占有，合法占有（基于物权占有、基于债权占有）、非法占有（善意占有、恶意占有）。占有说所受的理论质疑在于，其有违背刑法目的。由于占有说强调对于所有占有事实予以保护，所以在财物占有者对于财物的占有并非合法的场合，按照占有说这种占有事实也应受到保护，这显然有违刑法应有的保护合法权益的宗旨。另外，占有说也不利界分他罪。②

11. **中间说·并无对抗本权占有说**：主张侵犯财产罪的保护法益，最终是所有权以及其他本权，而首先是并非对抗本权的财物占有本身。这意味着，只要财物占有本身并未遭遇本权的对抗，则这种占有本身即使是非法占有也应受到保护，因此侵害这种占有本身也就属于侵害法益；反之，如果非法占有本身遭遇本权的对抗，在这种场合财物的本权者对于非法占有的侵害并不受到否定评价。并无对抗本权占有说仍然存在其所保护法益有违刑法目的的疑问。在并无本权对抗的场合，为何非法占有也能受到保护。另外，在本权对抗本权的场合，行为人侵取他人占有的财物，例如所有权人盗窃他人占有的质物，对此又应如何评价。

（三）侵财犯罪保护法益的定位

12. 本书认为，侵财犯罪的侵害法益是财产秩序。财产秩序包括本权与占有。

13. **财产秩序的法益表述**：将侵财犯罪的侵害法益表述为财产秩序，符合我国《刑法》对于具体犯罪的侵害法益的一般表述。基于我国《刑法》的规定，侵害秩序不失某些具体犯罪的侵害法益的表现。例如，非法经营罪所侵害的具体法益是市场管理秩序，聚众冲击军事禁区罪所侵害的具体法益是军事禁区管理秩序。

14. **财产秩序与各种占有**：占有包括三种情形：A. 财产所有人自己在事实上控制属于自己所有的财产，直接行使占有权能；B. 非所有人根据法律的规定或所有人的意思，对于财产事实上的控制；C. 非所有人没有法律上的依据而占有他人财产的非法占有。A 与 B 的占有，固然符合财产秩序。而 C 的非法占有是一种既存的财产占有状态，固然法律不会保护这种占有，但是保护财产秩序意味着除非符合正当行为，

---

① 本权，是指行为人基于法律上的正当理由占有财物而拥有的财产权利。本权首先是指所有权，此外本权还指抵押权、质权、留置权、租赁权，等等。

② 如果盗窃罪的法益侵害仅为占有事实的话，那么窃取财物之后的使用或者损坏行为就难以评价在盗窃罪之中，而应另行成立侵占罪或者毁损罪。然而，理论上这种窃后的使用或者损坏行为本应属于不可罚的事后行为，实际中也是将之作为盗窃罪的不可罚事后行为予以处理的。

财产不能由公民擅自相互任意掠取①;除非符合正当行为,公民私自取回被他人非法占有的财产,也违反了财产秩序。

比特币是否"财物"?

第115节 抢 劫 罪

1. 设置本罪的基本法条是我国《刑法》第263条,该条前段是本罪的基准罪状与法定刑,后段是本罪的加重罪状与法定刑。第267条第2款是对携带凶器抢夺的准抢劫罪的特别规定。第269条是对由盗窃、诈骗、抢夺罪转化为本罪的转化犯的特别规定。第289条后段毁坏财物依抢劫罪定罪处罚的规定系法律拟制,抢走财物依抢劫罪定罪处罚的规定系注意规定。

2. **抢劫罪**,是指以非法占有为目的,当场使用暴力、胁迫或者其他方法,违背被害人的意志,当场获取他人财物的行为。

一、基准构成

(一) 客观事实要素

3. **实行行为**:使用暴力、胁迫或者其他方法,违背被害人的意志,获取他人财物,包括三个要素:**(1) 方法行为**:暴力、胁迫或者其他方法。方法的暴力内容是抢劫实行的典型特征,不过"其他方法"也一定程度地淡化了暴力(第115节A段6—8)。**(2) 本质行为**:违背被害人意志,是指行为人的取财行为违反与背离被害人拒绝交付财物的真实意愿。这是对抢劫实行的方法行为的本质特征的揭示(第115节A段9)。**(3) 目的行为**:获取财物,是指在使用暴力、胁迫或者其他方法遏制被害人反抗的状态下,搜取被害人所占有或者所持有的财物。应当注意抢劫实行的方法行为与目的行为的因果关系(第115节A段10)。

4. **行为时间**:强制与取财的双重当场,是指不仅方法行为是当场实施的,而且目的行为也是当场实施的。应当注意当场取财的具体情形(第115节A段12)。

5. **行为对象**:他人财物与他人人身。其中,就财物而言,强调他人财物;就被害人而言,应当注意抢劫行为的对象也可以是财物所有者或占有者之外的第三人(第115节A段16)。

---

① 虽然秩序框架下的事物并非都是合理的,但是即使是不合理的事物,也应在秩序的框架下通过合法途径去改变,否则就是对现有秩序的破坏,而这种破坏是对国家统治基本条件的侵蚀。应当说,在国家的活动中,抽象秩序的保持比具体事物的改变,具有更为重要的价值。

6. **行为程度**:造成伤害或者取得财物。① 对此,应当注意基准犯的伤害程度、财物取得程度以及犯罪数额的计算(第 115 节 A 段 17—20)。

7. **行为主体**:一般主体,且责任年龄系已满 14 周岁。

8. **既遂形态**:从"具备劫取财物"及"造成轻伤以上后果"来看②,本罪似为结果犯。不过,这一解释仍值进一步推敲。首先,以伤害结果作为既遂标志之一不够贴切(第 115 节 D 段 3);其次,"劫取财物"的抢劫罪应为行为犯,此时缺乏行为对象系目的行为尚未完成,而"获取财物"未达至占有则目的行为也未完成(第 116 节 A 段 6)。

(二) 客观规范要素

9. 本罪所侵害的具体法益,是基于占有关系的财产秩序与公民的人身权利。由此,抢劫他人窃得的财物不失本罪的法益侵害。

(三) 主观责任要素

10. 本罪的主观责任形式为故意,包括直接故意与间接故意。故意内容指向以"抢劫行为"为核心征表的"财产秩序与他人人身权利被侵状态"。

11. 同时,必须具有特定目的,即行为人具有非法占有他人财物的目的。反之,如果缺乏非法占有目的,"行为人仅以其所输赌资或所赢赌债为抢劫对象,一般不以抢劫罪定罪处罚"。③

12. 另外,家庭内部的暴力取财一般也不以抢劫罪论处④,这在理论上可以归于行为缺乏期待可能性,在有明文法定的场合,可以成为司法根据。

二、法定刑

13. **基准法定刑**:犯抢劫罪的,处 3 年以上 10 年以下有期徒刑,并处罚金(我国《刑法》第 263 条前段)。

14. 值得考究的是,就抢劫罪的法定刑设置而论,对抢劫罪能否适用缓刑?对此,本书持肯定态度。犯抢劫罪被判处 3 年有期徒刑,同时符合我国《刑法》第 72 条其他条件的,可以宣告缓刑,对于特定主体应当宣告缓刑。

15. **加重法定刑**:犯抢劫罪并有法定 8 种加重情形之一的,处 10 年以上有期徒刑、无期徒刑或者死刑,并处罚金或者没收财产(我国《刑法》第 263 条后段)。

思考题

考究各国有关抢劫罪的立法例,如何完善我国《刑法》对抢劫实行的规定?

---

① 参见 2005 年最高人民法院《关于审理抢劫、抢夺刑事案件适用法律若干问题的意见》第 10 条。
② 同上。
③ 参见 2005 年最高人民法院《关于审理抢劫、抢夺刑事案件适用法律若干问题的意见》第 7 条。
④ 同上。

第 115 节 A　抢劫罪有关客观事实要素的解读

一、抢劫实行的方法行为

（一）暴力

1. **行为呈现与本质**：暴力是指对他人的身体实施有形的外力,诸如杀伤、殴打、捆绑等,使其不能反抗的行为。

2. **暴力目的**：这本属主观心态的内容,不过客观行为与主观目的是密切相关的,两者的不同整合也在一定程度上决定了行为的性质,从而在对暴力的理解上也应结合主观目的。暴力行为必须出于非法占有的目的,也即作为抢劫的暴力,必须是出于排除他人的抵抗,以便获取财物的目的而实施的。

3. **实例界分**：这里的暴力包括杀人,出于取财目的而故意杀人,可谓抢劫暴力；抢劫后出于灭口目的而故意杀人,系抢劫罪与故意杀人罪数罪。① 单纯出于杀人的意图而杀害他人,其后见财起意而取走财物,可以构成故意杀人罪与盗窃罪。行为人为取财入室后将被害人禁闭于某一房间的行为,可谓抢劫的暴力。

（二）胁迫

4. **行为呈现与本质**：胁迫是指以杀害、伤害、殴打等暴力内容,对被害人进行精神威胁与恐吓,使其产生恐惧心理而不敢反抗的行为。

5. **胁迫特点**：A. 胁迫的**方式**,须是直接面对被胁迫者,既可以使用语言,也可以使用动作。与此不同,绑架而取财的胁迫具有间接特征②。B. 胁迫的**内容**,是当场实施暴力侵害,不包括揭发隐私、损毁名誉等非暴力内容。与此不同,敲诈勒索的胁迫包括非暴力胁迫。C. 胁迫的**目的**,是为了获取财物。

（三）其他方法

6. **行为呈现与本质**：其他方法是指暴力、胁迫方法以外的使被害人无法反抗、不知反抗的行为。例如,用药麻醉、用酒灌醉,等等。

7. **其他方法特点**：A. 其他方法的目的：为了获取财物而实施；B. 其他方法的效果：造成被害人无法反抗、不知反抗的状态。

8. **实例界分**：利用被害人自身形成或者由于其他原因形成的无法反抗与不知反抗状态,不是这里的其他方法。例如,单纯利用他人瘫痪无法反抗而无威胁成分,公然直面被害人取财,构成抢夺；利用他人熟睡不知反抗而取财,构成盗窃。

二、抢劫实行的本质行为

9. "违背被害人意志"是抢劫实行的本质要素,对抢劫实行的完成来说,其也是

---

① 参见 2001 年最高人民法院《关于抢劫过程中故意杀人案件如何定罪问题的批复》。
② 绑架强调人质被害(A)与勒索被害(B)的"隔离",具体表现为,采取和平或暴力方式扣押 A,将 A 被扣押及身处危险的消息告知处于另一空间的 B,胁迫 B 就犯。

必要的。采用暴力与胁迫手段迫使被害人交出财物,固然违背被害人意志;用药麻醉等造成被害人不知反抗的状态而取财,也是违背被害人意志。反之,如果行为人虽采取暴力手段取财,但被害人只是出于怜悯之心而交付财物,则基于缺乏本质行为从而抢劫行为缺损,这一情形只能成立抢劫罪的未遂犯。也可解释为,基于被害人同意,从而阻却既遂犯的不法。当然,立于这一视角,又存在意思指向理论与意思表示理论的对立。

三、抢劫实行的目的行为

10. 应当注意,抢劫实行的方法行为与目的行为之间存在相当因果关系,即暴力胁迫等手段的采取致使行为人取得财物。反之,如果这种因果关系出现中断则不宜认为目的行为成立。例如,行为人出于取财意图而对被害人实施暴力,被害人因惧怕而逃跑,逃跑中不慎丢失财物,行为人由此拾得财物。这一取财行为即非抢劫的目的行为。

四、抢劫实行的行为时间

11. 只有方法行为与目的行为均当场实施方可成立抢劫,反之则不能成立抢劫。

12. **当场取财的情形包括**:行为人使用暴力等手段从被害人处立即取得财物;行为人使用暴力等手段迫使被害人立即从他处取出财物而取得。在胁迫当场他处取财的场合,应当注意抢劫与绑架的界分。如案例115A-1中甲的行为构成抢劫罪与绑架罪的牵连犯,从一重罪绑架罪重处。反之,案例115A-2中甲的行为则不构成绑架罪而成立抢劫罪。

案例115A-1:甲对乙拦路劫财仅获百元,于是将乙控制,同时告知住在他处的乙的妻子丙,以乙为人质而胁迫丙将钱款打入甲的账户(包括由乙明确告知丙,自己被劫持而要求丙付款)。

案例115A-2:甲对乙拦路劫财仅获百元,于是胁迫乙让乙欺骗家人丙,说因急于用钱而让丙将钱款即刻送达指定地点,乙迫于甲的强力而欺骗了丙,丙不知实情而付款。

13. **缺乏方法行为的当场则非抢劫**:行为人以未来的某一时间实施暴力相威胁,或者以揭发隐私等相要挟,而当场获取财物的,构成敲诈勒索罪并不构成抢劫罪,案例115A-3系适例。

案例115A-3:甲胁迫乙当场交付5万元,否则3天后将制造意外车祸的假象将乙杀害,或者3天后将向司法机关告发乙受贿的犯罪事实。

14. **缺乏取财行为的当场也非抢劫**:行为人为了证明未来的暴力将被害人打伤,并限定被害人日后付款的,构成故意伤害罪与敲诈勒索罪的想象竞合犯,案例115A-4系适例。

案例115A-4:甲为了证明自己的凶悍及施暴能力将乙打伤,并限定乙于3天后交付5万元。

15. **缺乏当场方法与当场取财的相当因果关系也非抢劫**：行为人以当场的暴力相威胁，强索日后交付的财物，而被害人却主动当场交付财物的，也不宜认定为抢劫。

五、抢劫实行的行为对象

16. 在抢劫的实行中，取财行为的被害人固然是财物的占有者或者持有者；不过抢劫方法行为的被害人除了通常呈现的财物占有者或者持有者之外，在某些情况下也可以是第三人。（1）案例 115A-5 中的丙，可谓典型抢劫罪中第三人被胁迫的例子；（2）案例 115A-6 中的丙，可谓准型抢劫罪中第三人被胁迫的例子。该案系由盗窃罪转化为抢劫罪的转化犯。抢劫的方法行为可以针对第三人，也是抢劫罪与盗窃罪及抢夺罪的区别之一。盗窃与抢夺只是针对财物的所有者或占有者。

案例 115A-5：甲持刀蒙面，趁财物所有人乙不在家，在他人丙在场的情况下，将乙的财物强力取走，丙明知甲系劫财，但是基于甲的暴力威胁而不敢抓捕或反抗。

案例 115A-6：甲扒窃乙的财物被丙发现，甲对丙予以暴力威胁使之不敢揭发及抓捕。

六、抢劫的行为程度

17. 完整的抢劫罪在行为程度上应当"造成伤害"或者"取得财物"。
18. **造成伤害**：是指"造成他人轻伤以上"伤害。①
19. **取得财物**：是指行为人获得对财物的占有而被害人丧失对财物的占有。反之，行为人虽已夺取财物但未及逃离现场而被擒获，只能成立未遂。作为终局，抢劫既遂后财物既可由行为人占有，也可由第三人占有。
20. **犯罪数额**：A. 抢劫信用卡后使用的，以实际消费数额计算，未使用的则不计数额；B. 为抢劫而抢取机动车当作犯罪工具的，机动车价值计入抢劫数额；C. 为实施抢劫以外的其他犯罪劫取机动车的，以抢劫罪和实施的他罪数罪并罚。② 其实，情形 C 在理论上可以成立牵连犯。

抢劫实行的方法行为与本质行为的关系是什么？有哪些表现形态？

第 115 节 B 抢劫罪的加重构成

1. 我国《刑法》第 263 条后段对抢劫罪的加重构成作了具体规定。

---

① 参见 2005 年最高人民法院《关于审理抢劫、抢夺刑事案件适用法律若干问题的意见》第 10 条。
② 参见 2005 年最高人民法院《关于审理抢劫、抢夺刑事案件适用法律若干问题的意见》第 6 条。

一、入户抢劫

2. 有关司法解释对入户抢劫作了限制解释①,据此入户抢劫应当具备**三项特征**:

3. **户的含义**:"户"应当具有"供他人家庭生活"和"与外界相对隔离"的特征。具体地说,这里的户包括:封闭的院落、牧民的帐篷、渔民作为家庭生活场所的渔船、为生活租用的房屋等。反之,一般情况下,集体宿舍、旅店宾馆、临时搭建工棚等不应认定为"户";但在特定情况下,如果确实具有"家庭生活"与"相对隔离"这两个特征的,也可以认定为"户"。例如,酒店式公寓。

4. **入户目的**:进入他人住所须以实施抢劫等犯罪为目的。这里的犯罪目的未必限于抢劫,行为人为了伤害、盗窃、强奸等目的而入户,入户后临时起意实施抢劫的,也系"入户抢劫"。反之,抢劫行为虽然发生在户内,但是行为人不以实施抢劫等犯罪为目的进入他人住所,而是出于办事或访友等被允许入户,在户内临时起意实施抢劫的,不属于"入户抢劫"。非犯罪目的入户,入户后临时起意实施盗窃、诈骗等犯罪而转化为抢劫的,也不是"入户抢劫"。

5. **户内暴力**:暴力或者暴力胁迫行为必须发生在户内。入户实施盗窃被发现,行为人为窝藏赃物、抗拒抓捕或者毁灭罪证而当场使用暴力或者以暴力相威胁的,如果暴力或者暴力胁迫行为发生在户内,可以认定为"入户抢劫";如果发生在户外,不能认定为"入户抢劫"。对于营业与起居集于一体的场合,非营业时间入内抢劫的,或者营业与起居虽为一体但有明确隔离,进入生活区抢劫的,系"入户抢劫";没有明确隔离的,非营业时间入内抢劫的系"入户抢劫",而营业时间入内抢劫的,不是"入户抢劫"。

二、在公共交通工具上抢劫

6. 根据有关司法解释的规定②,对于"在公共交通工具上抢劫"应作如下理解:

7. **公共交通工具**:强调"公共交通工具""正在运营"以及"大中交通工具"的特征。具体包括:从事旅客运输的各种公共汽车,大、中型出租车,火车,船只,飞机等。反之,在未运营中的大、中型公共交通工具上针对司售、乘务人员抢劫的,或者在小型出租车上抢劫的,均不属于"在公共交通工具上抢劫"。

8. **抢劫场合**:包括"搭乘抢劫"与"拦截抢劫"。既可以表现为行为人在搭乘的公共交通工具上,对旅客、司售、乘务人员实施的抢劫;也可以表现为行为人对运行途中的公共交通工具加以拦截后,对公共交通工具上的人员实施的抢劫。

---

① 参见 2005 年最高人民法院《关于审理抢劫、抢夺刑事案件适用法律若干问题的意见》第 1 条、2000 年最高人民法院《关于审理抢劫案件具体应用法律若干问题的解释》第 1 条、2016 年最高人民法院《关于审理抢劫刑事案件适用法律若干问题的指导意见》第 2 条。

② 2000 年最高人民法院《关于审理抢劫案件具体应用法律若干问题的解释》第 2 条、2005 年最高人民法院《关于审理抢劫、抢夺刑事案件适用法律若干问题的意见》第 2 条。

三、抢劫银行或者其他金融机构

9. 根据 2000 年最高人民法院《关于审理抢劫案件具体应用法律若干问题的解释》第 3 条的规定,对于"抢劫银行或者其他金融机构"应作如下理解:

10. **抢劫资金**:抢劫银行或者其他金融机构,是指抢劫银行或者其他金融机构的经营资金、有价证券和客户的资金等。抢劫正在使用中的银行或者其他金融机构的运钞车的,视为"抢劫银行或者其他金融机构"。

11. **排除一般物品**:抢劫银行或者其他金融机构,不包括抢劫银行或者其他金融机构的办公用品、交通工具、生活用品等。

12. **银行与金融机构**:银行,是指能够从事信贷业务的政策性银行与商业银行、国有银行与民营银行、中外合资银行与外资银行等。其他金融机构,是指银行以外的能够从事信贷业务的信托投资公司、证券公司、保险公司、农村信用合作社、城市信用合作社等。

四、多次抢劫或者抢劫数额巨大

（一）多次抢劫

13. 根据 2005 年最高人民法院《关于审理抢劫、抢夺刑事案件适用法律若干问题的意见》第 3 条的规定,对于"多次抢劫"应作如下理解:(1)**三次以上**:"多次抢劫"的"多次",是指三次以上。(2)**每次成罪**:"多次抢劫"中的每次抢劫行为,均已构成犯罪为前提。(3)**多次认定根据**:认定"多次",应当综合考虑犯罪故意的产生、犯罪行为实施的时间与地点等因素。(4)**排除某些情形**:对于某些连续犯或者本属典型一罪的情形不能认作"多次"。具体包括:行为人基于一个犯意实施犯罪,如在同一地点同时对在场的多人实施抢劫的,这本属典型一罪;行为人基于同一犯意在同一地点实施连续抢劫犯罪的,如在同一地点连续地对途经此地的多人进行抢劫的,这可谓连续犯;行为人在一次犯罪中对一栋居民楼房中的几户居民连续实施入户抢劫的,这也可谓连续犯。

14. 不过,仍需明确的是:"多次"之每次构成犯罪,其犯罪完成形态的表现;"多次抢劫"与连续犯及同种数罪的关系。对此,本书立场如下:(1)**每次既遂**:"多次"之每次构成犯罪,原则上应当理解为每次构成犯罪既遂。就刑法分则设置而言,"多次"在不同的场合应有其特定的意义。在加重犯罪构成的场合,"多次抢劫"的主导意义应当是"多次抢劫既遂";在基准犯罪构成的场合,"多次盗窃"的主导意义应当是"多次盗窃实行行为"[①]。当然,按照 2005 年最高人民法院《关于审理抢劫、抢夺刑事案件适用法律若干问题的意见》第 3 条的规定,这里的多次抢劫的加重构成也可表现为抢劫未遂[②]。但是,这并不否认多次抢劫加重构成的标准形态是多次抢劫既遂。如同

---

① 详见张小虎:《多次行为的理论定性与立法存疑》,载《法学杂志》2006 年第 3 期。
② 多次抢劫未遂,不失 2005 年最高人民法院《关于审理抢劫、抢夺刑事案件适用法律若干问题的意见》所称的"多次抢劫"并且"每次均已构成犯罪"。

故意杀人罪可以表现为未遂,但法定故意杀人罪的标准形态是既遂。(2) **连续犯与同种数罪**:这里的"多次抢劫"应当包括抢劫的某些连续犯与抢劫的同种数罪。"多次行为"基于其所处的罪状不同,所表述的含义也有所差异。我国《刑法》中的多次行为,可能是数个实行行为、同种数罪或者连续犯等。① 在此,从我国《刑法》对于"多次抢劫"加重法定刑的设置来看,连续犯与同种数罪的抢劫应当可以包容在"多次抢劫"之中。2005年最高人民法院《关于审理抢劫、抢夺刑事案件适用法律若干问题的意见》虽然对于"多次抢劫"作了限制解释,将部分本属连续抢劫情形从"多次抢劫"中排除,但是这并不意味着其他连续抢劫的情形也应从"多次抢劫"中排除。例如,行为人出于抢劫的总体意图,每周选择一个作案地点实施拦路抢劫,如此往复呈现系列性的抢劫案。

(二) 抢劫数额巨大

15. 抢劫数额巨大的认定标准,参照各地确定的盗窃罪数额巨大的认定标准执行②,而盗窃罪数额巨大是指"3万元至10万元以上"③。

五、抢劫致人重伤、死亡

16. 这是抢劫罪的结果加重犯,2001年最高人民法院《关于抢劫过程中故意杀人案件如何定罪问题的批复》基于"劫财故意杀人"与"灭口杀人"的角度对此作了阐释,另外基于学理分析劫财过失致死也应包容其中。具体情形,分述如下:

17. **劫财故意杀人伤害**:行为人以非法占有财物为目的,预谋先杀人或者重伤后取财,采用暴力方法先故意杀害或者重伤被害人,而后取走财物;或者行为人以非法占有财物为目的,在取财过程中,为制服被害人反抗而故意杀害或者重伤被害人,取走财物。

18. **劫财过失致人死伤**:行为人以非法占有财物为目的,采用暴力方法实施人身侵害,应当预见到暴力会导致被害人死亡或者重伤的结果,因为疏忽大意而没有预见,或者已经预见而轻信能够避免,致使被害人死亡或者重伤,强行劫取财物。

19. **排除灭口杀人**:2001年最高人民法院《关于抢劫过程中故意杀人案件如何定罪问题的批复》明确指出:"行为人实施抢劫后,为灭口而故意杀人的,以抢劫罪和故意杀人罪定罪,实行数罪并罚"。据此,行为人以非法占有为目的,采用暴力方法,强行劫取财物,并且出于灭口、逃避侦查、审判等目的,在抢劫过程中或抢劫后,故意伤害或杀害被害人,构成抢劫罪和故意伤害罪或故意杀人罪。

六、冒充军警人员抢劫

20. 冒充军警人员抢劫,这里的"**军警人员**",是指现役军人、武装警察、公安机关

---

① 详见张小虎:《多次行为的理论定性与立法存疑》,载《法学杂志》2006年第3期。
② 参见2000年最高人民法院《关于审理抢劫案件具体应用法律若干问题的解释》第4条。
③ 参见2013年最高人民法院、最高人民检察院《关于办理盗窃刑事案件适用法律若干问题的解释》第1条。

警察、国家安全机关警察、司法警察。其他国家机关工作人员,包括其他执法人员,并不属于这里的军警人员。冒充军警人员抢劫,颇值探讨的议题是"冒充"的确切含义。

(一) 军警人员抢劫

21. 军警人员抢劫是否适用这里的"冒充"? 对此,刑法理论颇存争议:否定说:主张冒充军警抢劫并不包括军警抢劫。理由:遵循严格罪刑法定的要求;冒充就是假冒,真正的军警抢劫显然不能解释在冒充军警人员抢劫里。肯定说:主张冒充军警抢劫可以包括军警抢劫。理由:冒充包括假冒与充当,其实质是使被害人得知行为人为军警人员,故军警显示身份抢劫应认定为冒充军警抢劫。效果说:试以专注于"冒充"的"效果"来涵括真正的军警人员抢劫,即"冒充军警人员抢劫是指采用足以使人以为是军警人员的方式,以暴力或暴力威胁手段劫财"。

22. 应当说,军警人员抢劫已超出可予纳入"冒充"的解释射程,"效果说"仍不能改变法言的"冒充"的限定。就形式意义而言,"冒充"并不包括"真实","军警显示身份抢劫"并不属于"冒充军警抢劫"。我国《刑法》表述的是"冒充"。"刑法解释应当特别注重刑法的限制功能","刑法解释不能超越刑法条文文句所可能涵盖的意义"。①"冒充"一般解释为"假的充当真的"②,不论怎样"真实"难以解释在"冒充"里。就实质危害而言,"军警显示身份抢劫"与"冒充军警抢劫",在利用特定身份抢劫上具有近似的严重危害。如果冒充军警抢劫作为加重罪状,则军警显示身份抢劫也应成为相应的加重罪状,不过对此应由刑法立法予以明确规定,而不能由解释予以造法的"漏洞补充"。

(二) 不同类型军警人员的相互冒充

23. 此类军警人员冒充彼类军警人员是否这里的"冒充"? 对此,也有学者基于我国《刑法》第 279 条招摇撞骗罪之"冒充",包括不同种类以及同一种类不同级别的国家机关工作人员之间的冒充,从而主张《刑法》第 263 条的"冒充"也应含有不同种类军警人员之间冒充之义。

24. 应当说,抢劫罪的"冒充"是指非军警人员对军警人员的冒充。我国《刑法》条文中同样的表述未必就具有同样的意义。例如,《刑法》第 263 条的"暴力"与第 246 条、第 257 条等的"暴力",其含义就不完全一样。《刑法》中的法言法语,应在具体罪状与法定刑的承载中,遵循文义射程、刑法原理、立法真意及社会意义,予以合理理解。招摇撞骗罪之"冒充"依附于该罪"骗取利益"的核心意义,而不同种类以及不同级别的国家机关工作人员在社会地位与社会资源的持有上是不同的,行为人通过这种跨种类等的冒充就可迎合被害人所需的角色扮演以便从中获取利益。而抢劫罪之"冒充"依附于该罪"暴力取财"的核心特征,如同"持枪"的暴力威慑更大一样,"军

---

① 详见张小虎:《刑法的基本观念》,北京大学出版社 2004 年版,第 280 页。
② 《现代汉语词典(第 7 版)》,商务印书馆 2017 年版,第 883 页。

警人员"的身份也有更大的威慑意义①。不过,在这种威慑意义上,不同类型的军警人员并无本质上的差异。

(三) 冒充"抓赌"

25. 现实中常有冒充"抓赌"的发生,对此 2005 年最高人民法院《关于审理抢劫、抢夺刑事案件适用法律若干问题的意见》第 9 条作了如下规定:(1) 冒充警察"抓赌""抓嫖",实施没收赌资或者罚款的行为,尚未使用暴力或者暴力威胁,构成犯罪的,以招摇撞骗罪从重处罚;(2) 冒充警察"抓赌""抓嫖",实施没收赌资或者罚款的行为,并且使用暴力或者暴力威胁的,以抢劫罪定罪处罚;(3) 冒充治安联防队员"抓赌""抓嫖",实施没收赌资或者罚款的行为,尚未使用暴力或者暴力威胁,构成犯罪的,以敲诈勒索罪定罪处罚;(4) 冒充治安联防队员"抓赌""抓嫖",实施没收赌资或者罚款的行为,并且使用暴力或者暴力威胁的,以抢劫罪定罪处罚。

七、持枪抢劫

26. 根据 2000 年最高人民法院《关于审理抢劫案件具体应用法律若干问题的解释》第 5 条的规定,对于"持枪抢劫"应作如下理解:(1) **显示枪支**:行为人使用枪支或者向被害人显示持有、佩带的枪支进行抢劫。(2) **枪支特征**:枪支的概念和范围,适用我国《枪支管理法》的规定。而该法第 46 条规定:"本法所称枪支,是指以火药或者压缩气体等为动力,利用管状器具发射金属弹丸或者其他物质,足以致人伤亡或者丧失知觉的各种枪支。"

27. 仍值探讨的是,对于行为人持假枪抢劫应当如何处理?对此,就规范的形式意义而言,根据 2000 年最高人民法院《关于审理抢劫案件具体应用法律若干问题的解释》,构成持枪抢劫的枪支应属真枪,而假枪不是真枪,报废的枪支也不构成上述枪支管理法中所称"足以……"。就规范的实质意义而论,假枪或者报废的枪支在抢劫罪的暴力中,并不构成如同真枪一样的侵害法益的严重的现实的威胁。不过,持假枪抢劫依然是一种当场的暴力威胁取财,行为构成基准抢劫应当没有问题。

八、抢劫军用物资或者抢险、救灾、救济物资

28. 这一加重的犯罪构成包括如下主观与客观要素:

(一) 主观·特定明知

29. 行为人应当明知抢劫的对象是军用物资或者抢险、救灾、救济物资。对于这一特定明知,刑法理论存在不同见解:否定论主张,刑法所规定的这些特定对象,"并不是决定抢劫罪构成的定罪要件,而只是量刑的一个情节"。肯定论主张,适用刑法的这一规定,"以行为人明知是军用物资或者抢险、救灾、救济物资为前提"。

30. 应当说,刑法对于这一抢劫特定物资的规定,系属适用加重法定刑的加重罪

---

① 当然,也不否认,这种冒充中也包含着对军警人员应有良好形象的亵渎,从而增加了行为的社会危害的量。

状,或称是对抢劫罪的加重构成的规定。加重构成也是犯罪构成的一种形态,加重构成并非量刑情节,行为人的行为只有符合这一加重构成,才能对其适用相应的加重法定刑。而这里的特定物资是加重抢劫的行为对象,就相关的加重构成要素的成立而言,客观上行为人实施抢劫这些特定物资的行为,主观上行为人明知特定物资而实施抢劫,由此综合表现出行为人针对特定物资抢劫的更为严重的危害。

(二) 客观·特定对象

31. 行为人的行为对象仅限军用物资或者抢险、救灾、救济物资。其中,军用物资,是指专供武装部队,包括武装警察部队,使用的物资。问题是,这里的"军用物资"是否包括军用枪支、弹药、爆炸物?对此,有的论著持否定态度,主张抢劫军用枪支、弹药、爆炸物的,应以抢劫枪支、弹药、爆炸物罪论处。①

32. 应当说,我国《刑法》第263条后段第8项的"抢劫军用物资",与第127条第2款的"抢劫枪支、弹药、爆炸物的",并非对立关系,而系规范竞合,对于相应的同一犯罪行为的事实表现,可以根据特别规范优于普通规范的原则,适用抢劫罪的加重规定而构成抢劫罪。

对军警人员抢劫应当如何处理?

第115节 C 准型抢劫

1. 许多国家的刑法典,将采用暴力、胁迫以外的诸如麻醉的其他方法,获取他人财物的行为,作为准抢劫罪。例如,《日本刑法典》第239条所规定的"昏醉强盗罪"。而我国《刑法》将这种采用麻醉的其他方法所实施的抢劫,也归入标准的抢劫罪中。由此,这里所讨论的准型抢劫不包括麻醉方法的抢劫。

2. **准抢劫罪**,是指在具体构成要素上近似于标准的抢劫罪,但是与之又有着一定差异,而刑法分则明确将之归于抢劫罪的犯罪形态。具体包括:事后的准抢劫罪;携带凶器的准抢劫罪。

一、事后的准抢劫罪

(一) 立法形态的归属

3. 我国《刑法》第269条对事后的准抢劫罪作了具体规定。对于这一法条所述具体犯罪形态,刑法理论存在转化犯说与准抢劫罪说的不同见解。本书认为我国《刑法》的这一规定同时兼具转化犯与准抢劫罪的特征。

4. **准抢劫罪**:A. 倾向抢劫:整个犯罪缘于攫取财物的目的,并且实施了攫取财物

---

① 王作富主编:《刑法分则实务研究》,中国方正出版社2011年版,第1084页。

的行为,尤其是在犯罪过程中实施了当场的暴力行为,由此暴力与取财在时间与空间上密切连贯,从而具备了抢劫的主导特征;B. 偏离抢劫:行为人的取财行为表现为盗窃、诈骗、抢夺,当场的暴力或者暴力威胁并非为了取财,而是出于窝藏赃物、抗拒抓捕或者毁灭罪证的目的,由此与标准的抢劫罪的构成有了差异。

5. **转化犯**。行为人实施原先的盗窃、诈骗、抢夺罪的行为,在被人发现后却又实施了其他的行为;这一其他行为的事实特征为"行为方法,暴力或者暴力威胁;行为目的,窝藏赃物、抗拒抓捕或者毁灭罪证;行为时间,当场";由此,行为性质发生转化,《刑法》明文将之归入抢劫罪。假如将转化行为完全符合转化犯构成要件的称为典型的转化犯,则这里的转化犯是一种不典型的转化犯。典型的转化犯可谓"A(基础犯罪)+B(转化犯罪)= B(转化犯罪)",而不典型的转化犯则为"A(基础犯罪)+B(其他事实特征)= B(准转化犯罪)"。

(二)基本构成要素

6. 我国《刑法》所规定的这一转化型抢劫罪的构成,应当符合下述三个条件:(1)必须实施了盗窃、诈骗、抢夺罪的行为,这是转化的前提;(2)必须是在实施盗窃、诈骗、抢夺行为的过程中,当场使用暴力或以暴力相威胁;(3)使用暴力或以暴力相威胁必须是为了窝藏赃物、抗拒抓捕或者毁灭罪证。

(三)转化型抢劫基础犯的考究

7. 在对转化型抢劫罪构成条件的理解上,我国刑法理论有着较大争议的是,这里的盗窃、诈骗、抢夺行为是否必须构成盗窃罪、诈骗罪、抢夺罪? 对此存在三种不同观点:(1)**构成犯罪**:盗窃、诈骗、抢夺行为必须构成犯罪,即非法占有财物数额较大,因为刑法规定的是犯罪盗窃、诈骗、抢夺罪。[①] (2)**强调暴力行为严重**:盗窃、诈骗、抢夺行为不必构成犯罪,如果财物数额虽未达到较大,但是暴力行为严重甚至造成严重后果的,应当适用第269条。不过,也不应当把数额很小的小偷小摸行为都包括在内。[②] (3)**强调情节相对严重**:不应对先行的盗窃、诈骗、抢夺行为的数额作任何限制,它既不要求达到数额较大,也不宜排除数额过小,只要先行的盗窃、诈骗、抢夺行为,综合全案不属于情节显著轻微危害不大的,都可以转化为抢劫罪。[③]

8. 对于这一问题,原先的司法解释虽已失效,但目前的司法解释与原先解释的基本精神一致:(1)**原先解释**:盗窃可以是未遂(未达数额较大),但若按转化型抢劫处理的话,需抗拒抓捕的暴力等行为情节严重,否则不认为是犯罪,或者按盗窃罪(未遂)从重处罚。[④] (2)**目前解释**:盗窃等未达数额较大,抗拒抓捕的暴力等行为情节较轻,可以不以犯罪论处。但有下列情形之一的可按抢劫罪处理:盗窃等接近数额较大的;入户或在公共交通工具上盗窃等后在户外或交通工具外实施暴力抗拒抓捕等行

---

① 参见孙国利、郑昌济:《刑法第一百五十三条的法理浅析》,载《法学评论》1983年第2期。
② 参见陈兴良、曲新久:《案例刑法教程(下卷)》,中国政法大学出版社1994年版,第278页。
③ 参见高铭暄、王作富主编:《新中国刑法的理论与实践》,河北人民出版社1988年版,第574—575页。
④ 参见1988年最高人民法院、最高人民检察院《关于如何适用刑法第153条的批复》、1991年最高人民法院研究室《关于盗窃未遂行为人为抗拒逮捕而当场使用暴力可否按抢劫罪处罚问题的电话答复》。

为的;使用暴力致人轻微伤以上后果的;使用凶器或以凶器相威胁的;具有其他严重情节的。①

9. 具体明确地说,适用我国《刑法》第269条的转化型抢劫罪,应当盗窃、诈骗、抢夺行为构成犯罪,并且所使用的暴力或暴力威胁情节严重。这一结论也表现出该法条的规定,所兼有的转化犯与准抢劫罪的特征。**(1)** 就转化犯来看,应当肯定,盗窃、诈骗、抢夺行为应当构成犯罪,至于是既遂形态还是未遂形态则在所不问,但是不能是情节显著轻微危害不大的行为。**(2)** 作为准抢劫罪,应当肯定,盗窃、诈骗、抢夺行为所占有的财物不一定要达到数额较大,因为从标准抢劫罪的构成来看,其并未将数额较大作为构成要素。**(3)** 无论是转化犯还是准抢劫罪,犯盗窃、诈骗、抢夺罪后的,为窝藏赃物、抗拒逮捕或毁灭罪证而当场使用暴力或者以暴力相威胁的行为,应当情节严重。

（四）未成年人触犯转化型抢劫的处理

10. 对于未成年人有我国《刑法》第269条情节的处理,2006年最高人民法院《关于审理未成年人刑事案件具体应用法律若干问题的解释》第10条作了具体规定,其要旨是:已满14周岁不满16周岁的人有转化抢劫的情形,其当场暴力系故意伤害致人重伤或者死亡,或者故意杀人的,应当分别以故意伤害罪或者故意杀人罪定罪处罚;已满16周岁不满18周岁的人有转化抢劫的情形,适用《刑法》第269条的规定,情节轻微的,可不以抢劫罪定罪处罚。

11. 这一司法解释相对合理,并且也肯定了第269条之"盗窃、诈骗、抢夺"应当构成犯罪的结论。相对责任年龄的人,不能构成盗窃、诈骗、抢夺罪,固然也就谈不上适用《刑法》第269条的转化型抢劫罪,但是其后的暴力行为可以构成故意杀人或者故意伤害罪。完全责任年龄的人,可以构成盗窃、诈骗、抢夺罪,其后又有符合《刑法》第269条所规定的行为,当然应当适用第269条的规定;而暴力抗拒抓捕等行为情节轻微的,则不成立转化型抢劫。

二、携带凶器的准抢劫罪

12. "携带凶器抢夺的",依照抢劫罪定罪处刑(我国《刑法》第267条第2款),这里的"携带凶器抢夺"是指什么？对此,刑法理论存在三种不同见解:**(1) 随身携带**:认为只要发现行为人在抢夺时随身携带凶器,不问其是否使用或者出示都构成对他人的人身威胁,因此应以抢劫罪论处。② **(2) 显示凶器**:认为携带凶器抢夺构成抢劫罪,至少要求行为人显示出凶器,如果行为人携带凶器抢夺但没有显示凶器,则不能构成抢劫罪。③ **(3) 应予废除**:认为携带凶器抢夺,如果没有利用凶器则与一般抢夺无异,而利用或显示凶器则系典型抢劫,从而《刑法》的这一规定缺乏科学性。④

---

① 参见2005年最高人民法院《关于审理抢劫、抢夺刑事案件适用法律若干问题的意见》第5条。
② 参见何秉松主编:《刑法教科书(下卷)》,中国法制出版社2000年版,第916页。
③ 参见高铭暄、马克昌主编:《刑法学(下编)》,中国法制出版社1999年版,第896页。
④ 参见刘明祥:《财产罪比较研究》,中国政法大学出版社2001年版,第138页。

13. 对于这一问题,司法解释针对"凶器含义"与"携带意图"作了限制解释①,其具体要旨是:**(1)"携带凶器抢夺"是指**:A. 携带禁携器械抢夺:这里的特定器械,是指"枪支、爆炸物、管制刀具等国家禁止个人携带的器械"。B. 为了犯罪携带器械抢夺:在所带器械并非禁止携带的场合,必须是"为了实施犯罪而携带其他器械"。**(2)并非"携带凶器抢夺"**:A. 携带非禁携器械:携带非禁止携带的其他器械抢夺,但有证据证明该器械确实不是为了实施犯罪准备的。B. 携带凶器的典型抢劫:将随身携带凶器有意加以显示、能为被害人察觉到的,直接适用《刑法》第 263 条。**(3)事后暴力的定性处理**:携带凶器抢夺后,在逃跑过程中为窝赃、拒捕或者毁证而当场使用暴力行为的,仍适用《刑法》第 267 条第 2 款。②

14. 2005 年最高人民法院《关于审理抢劫、抢夺刑事案件适用法律若干问题的意见》强调"显示携带凶器直接适用第 263 条",这一规定较为合理。行为人"显示凶器"即为暴力威胁,从而完全符合抢劫罪的标准形态,应当直接适用《刑法》第 263 条。

15. 关于我国《刑法》第 267 条第 2 款的规定,关键问题是,携带国家禁止个人携带的器械进行抢夺,或者为了实施犯罪而携带其他器械进行抢夺,在并未显示从而被害人不能察觉的场合,是否一律依照抢劫罪定罪处刑?对此,2005 年最高人民法院《关于审理抢劫、抢夺刑事案件适用法律若干问题的意见》持肯定态度,"应予废除"论者持否定态度。本书认为,这是法定的准型抢劫,其与单纯抢夺仍有区别,属于《刑法》的"趋重立法(从严立法)"。对此,兹予分述如下:**(1)准型抢劫**:就《刑法》第 267 条第 2 款的构成要素来看,携带凶器与抢夺各为一种行为;从而,这是将"携带凶器"加上"抢夺"归为"抢劫"。由此,从行为的事实特征来看,其既不同于普通抢夺也不同于典型抢劫。从而,这也可谓是一种法律拟制。以行为为核心的事实特征,是对行为定性的关键。**(2)趋重立法**:暴力方法是抢劫的本质特征,而《刑法》第 267 条第 2 款的构成要素中并没有现实暴力,当然似也可将"携带凶器"理解为潜在暴力。"携带凶器抢夺"归于"抢劫"由立法规定,从而是立法趋重。但是,这并不意味着对此应予否定。抢劫罪的"其他方法"也无明显暴力,显然在准型抢劫的意义上,这一规定仍有存在的空间。**(3)并非推定事实**:《刑法》第 267 条第 2 款并非法律上的推定事实。所谓推定事实,是指基于一种事实状态(A)认定另一事实状态(B),也即只要存在 A 也就认为存在 B。法定的推定事实,并没有法定的构成要素的转换。推定事实较为典型的适例是《刑法》第 395 条后段的规定,而《刑法》第 267 条第 2 款的规定,则不存在事实状态的转换。**(4)并非转化犯**:《刑法》第 267 条第 2 款的规定也不是转化犯。转化犯中决定转化罪的事实特征紧接于基础罪行为之后,或者在基础罪是持续犯时发生于基础罪行为持续期间。假如超出基础罪而决定转化罪的事实特征,发生于基础罪行为之前,则不存在基础罪与转化罪之间的转化问题,而是某一具体犯罪的构成

---

① 参见 2000 年最高人民法院《关于审理抢劫案件具体应用法律若干问题的解释》第 6 条、2005 年最高人民法院《关于审理抢劫、抢夺刑事案件适用法律若干问题的意见》第 6 条。
② 由于"携带凶器抢夺"归于抢劫,从而不再适用我国《刑法》第 269 条。进而,司法解释所述的情形,系对"抢劫"与"事后暴力行为"的定性。值得考究的是,如事后暴力致人重伤或死亡又当如何处理?

问题。而《刑法》第 267 条第 2 款的规定恰恰是,"携带凶器"发生在"抢夺"之前,"携带凶器"并"抢夺"构成"抢劫"。

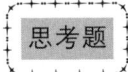

对下列案例中甲(乙)的行为应当如何处理?

案例 115C-1:甲在公交车到站人多拥挤下车之际扒窃,被发现后即冲开人群下车逃跑,车下的丙听闻"抓贼"后上前抓捕,被甲猛力推倒,后甲在众人围堵下被擒。

案例 115C-2:甲与乙协同试图将超市的名贵酒私自带出,在出口处被保安发现,甲、乙即分头逃跑,甲将前来抓捕自己的丙击倒致伤,乙因奔跑迅速未被保安赶上。

案例 115C-3:甲携带匕首抢夺乙的挎包,丙听闻乙的呼救前来抓捕甲,甲拔出匕首将丙刺成重伤。

第 115 节 D 抢劫罪的既遂与未遂

1. 对于抢劫罪既遂与未遂的标准,刑法理论存在三种不同的观点:**(1) 财物占有说**:主张以行为人是否非法占有他人财物作为区分抢劫罪既遂与未遂的标准;并未非法占有财物,即使杀伤被害人也只构成未遂。**(2) 人身伤害说**:主张以行为人是否损害被害人的人身作为区分抢劫罪既遂与未遂的标准;虽未非法占有财物,但是只要给被害人的人身造成损害即构成既遂。**(3) 区分说**:主张在抢劫罪基本犯的场合,以是否占有财物作为区分既遂与未遂的标准;而在抢劫罪结果加重犯与情节加重犯的场合,不存在未遂问题。

2. 2005 年最高人民法院《关于审理抢劫、抢夺刑事案件适用法律若干问题的意见》第 10 条对抢劫罪的既遂与未遂作了具体规定,其总体思路是,以侵害具体法益为理论根据的特定构成结果的具体呈现。具体地说:**(1) 侵害法益**:基于抢劫罪所侵害的具体法益是,"既侵犯财产权利又侵犯人身权利",从而以"取财"与"伤害"来论定该罪的既遂与未遂。**(2) 总体标准**:"劫取财物或者造成他人轻伤以上后果",即"取得财物"或"造成伤害",具备两者之一的均属抢劫既遂,而两者均无则为抢劫未遂。**(3) 死伤加重**:在"抢劫致人重伤、死亡"的加重构成的场合,无论是否劫取财物,由于具备了造成他人重伤与死亡的后果,从而构成既遂。**(4) 其他加重**:在其他七种加重构成的场合,存在既遂与未遂的问题。如果既未劫取财物也未造成他人伤害,虽有这七种情形之一但仍只构成未遂。

3. 抢劫罪系侵财犯罪,以"取得财物"作为抢劫罪既遂的标准更为恰当,这一"取得财物"未必系结果评价(第 115 节段 8)。2005 年最高人民法院《关于审理抢劫、抢夺刑事案件适用法律若干问题的意见》虽为抢劫罪既遂的认定提供了具体操作办法,不过其合理性仍有可推敲的余地。具体地说:**(1) 法益根据**:在具体犯罪的构成中,实行行为、特定结果与侵害法益系各自独立的要素,且侵害法益未必一定要由特定结果来征表。如绑架罪的侵害法益是"他人的自由安全及生活安宁的权利"(第112节段7),而这一侵害法益的核心征表是"绑架人质以勒索钱财或其他利益"的行为(第112节段3)。**(2) 复合法益**:抢劫罪的侵害法益为复合法益(第115节段9),在此"财产秩序"与"人身权利"是"合并"的关系而不是"择一"的关系。倘若仍以司法解释之"侵害法益"至"造成结果"的思路展开,则抢劫罪的既遂标准应为"既劫取财物又造成他人伤害后果"。**(3) 主要法益**:以复合法益为成立要素之一的抢劫罪,基于其被侵主要法益为财产秩序而被归于侵财犯罪一章中,这是我国《刑法》对抢劫罪属性定位的立法原意。由此观之,将"取得财物"作为抢劫罪既遂的标准更为恰当。**(4) 未遂处罚**:如单纯以"取得财物"为抢劫罪既遂的标准,则抢劫致人重伤或死亡因可为未遂而可以从宽处罚,这似乎令人难以接受。其实不必担心于此,抢劫致人重伤或死亡所适用的是加重法定刑,这与基准抢劫罪的基准法定刑是不同的;同时,对于未遂犯只是"可以"比照既遂犯从轻或者减轻处罚(我国《刑法》第23条第2款)。**(5) 加重未遂**:至于抢劫致人重伤或死亡的结果加重犯,也可成立未遂犯,这也完全没有理论障碍。行为符合结果加重犯的加重构成要素,但却缺乏某些基准犯的要素而成立未遂,这在犯罪构成形态上是完全有可能的(第50节段27)。

抢劫罪是行为犯还是结果犯?

第 115 节 E 抢劫罪与其他犯罪的界分

一、抢劫罪与强迫交易罪

1. 抢劫罪与强迫交易罪均有暴力与威胁的强制行为的成分,尤其是不排除行为人以"交易"为幌子而实施抢劫。不过,应当说,两罪在主观与客观的诸多要素上仍有区别,而核心的区别在于主观意图与目的行为的差异。

2. 抢劫罪出于非法占有他人财物目的,而当场强力取得他人财物;强迫交易罪出于迫使他人屈从交易的意图,而强力与他人进行商品、服务、经营等的交易。行为人针对他人当场的强力获利中,如果确有交易的成分,不宜认定为抢劫;反之,以无价之物或虚构交易为据,而当场强取他人财物的,则应认定为抢劫。关于是否存在交易成分的判定,应注意考虑"超出合理价钱与费用"的绝对数额与具体比例。①

二、抢劫罪与寻衅滋事罪

3. 鉴于寻衅滋事罪中存在"强拿硬要"他人财物的法定情形,而抢劫罪的实行行

---

① 参见 2005 年最高人民法院《关于审理抢劫、抢夺刑事案件适用法律若干问题的意见》第 9 条。

为亦现"强力获取"他人财物的特征。虽然两罪在主观目的、行为动机以及侵害法益等要素的内容上存在显著的不同,但是在社会现实中两罪的这些事实特征常常交融在一起而同时存在,从而使对这种具有交融事实之具体案件的定性产生了疑问。对此,应当说,该两罪之间的关系并非对立关系,在事实重合的场合系想像竞合犯。

4. 寻衅滋事罪的实行行为是"挑起与制造事端"的目的行为,"强拿硬要"等法定行为是作为"挑起与制造事端"的具体方法而呈现的。抢劫罪的实行行为是"暴力……"方法行为与"取得财物"目的行为的组合,呈现为较为典型的复合行为,且无"挑起与制造事端"之意。而规范竞合成立的一个基本前提是,"实行行为的整体结构及内容具有一定重合"(第51节段15);在此,两罪的实行行为之间并不具有规范竞合成立所需的这一重合关系。不过,在基于同一事实行为的场合,两罪可能呈现为想像竞合犯。

5. 作为一种事实竞合关系,两罪可能竞合但未必竞合。具体而论,可能的情形包括:**(1) 构成抢劫罪但未必构成寻衅滋事罪**:行为人并不具有流氓动机即"逞强好胜和通过强拿硬要来填补其精神空虚等目的"①,而是单纯地以非法占有为目的,采取暴力方法当场取得他人财物。**(2) 构成寻衅滋事罪但未必构成抢劫罪**:行为人出于流氓动机,虽然当场强取得他人财物"1000元以上"②,但是强力程度相对轻微,也即寻衅滋事"一般不以严重侵犯他人人身权利的方法强拿硬要财物"③。**(3) 同时构成两罪的想像竞合犯**:行为人出于流氓动机,且以非法占有为目的,采取暴力强取他人财物的方法,挑起与制造事端,造成了恶劣的社会影响。

三、抢劫罪与故意伤害罪

6. 抢劫罪与故意伤害罪在规范构成上的区别是较为明显的,只是在某些具体案件中由于两罪事实特征的交融,从而需对这种交融的具体事实予以罪刑属性的分析。对此,本书简要列举如下:**(1) 结果加重犯**:行为人出于取财目的,采用暴力当场取得他人财物,并且基于这一暴力而致他人重伤,适用我国《刑法》第263条后段第5项。**(2) 数罪并罚**:行为人出于取财目的,采用暴力当场取得他人财物,而后出于报复等其他目的,又将他人致成重伤,构成抢劫罪与故意伤害罪。**(3) 故意伤害罪**:行为人为索取债务,使用暴力手段取得他人财物,并且这一暴力行为导致他人重伤,对此认定为故意伤害罪④。

四、抢劫罪与抢夺罪

7. 抢劫罪与抢夺罪在公然、强取、取财、非法占有目的等规范构成的要素上有着

---
① 参见2005年最高人民法院《关于审理抢劫、抢夺刑事案件适用法律若干问题的意见》第9条。
② 参见2013年最高人民法院、最高人民检察院《关于办理寻衅滋事刑事案件适用法律若干问题的解释》第4条。
③ 参见2005年最高人民法院《关于审理抢劫、抢夺刑事案件适用法律若干问题的意见》第9条。
④ 参见同上。

诸多相同之处。然而,该两罪在规范构成与现实表现上也有着诸多重要的区别。其中,方法行为的差异是区别两罪的关键与核心所在。抢劫罪的方法行为是"暴力、胁迫或者其他方法",其本质是造成他人不能反抗、不敢反抗、无法反抗、不知反抗的状态;抢夺罪的方法行为是"乘人不备等非暴力方法",其本质是利用他人不及反抗、不能反抗、无法反抗的状态。

8. 有鉴于此,本书针对实际中关涉两罪定性的情形,简要列举如下:(1) 行为人当场采用欺骗方法而持有他人财物①,随即公然持他人财物逃离。这是利用他人不及反抗的抢夺。(2) 行为人采用欺骗方法将他人关进某一房间,而后公然在他人的其他房间取财。这是造成他人不能反抗的抢劫。(3) 行为人趁他人重病无法下床行走,公然将他人财物取走。这是利用他人无法反抗的抢夺。(4) 行为人给他人饮用麻醉剂致他人昏睡,而后将他人财物取走。这是造成他人无法反抗的抢劫。(5) 行为人驾驶车辆行至他人身边,趁他人不备择机公然瞬息取走他人财物。这是利用他人不及反抗的抢夺。

9. 不过应当注意,驾驶车辆乘人不备夺取财物与驾驶车辆强力取财的区别。2005年最高人民法院《关于审理抢劫、抢夺刑事案件适用法律若干问题的意见》第11条将下列情形归为抢劫:(1) 驾驶车辆逼挤、撞击或者逼倒他人以排除他人反抗,乘机夺取财物的;(2) 驾驶车辆强抢财物时,因被害人不放手而采取强拉硬拽方法劫取财物的;(3) 行为人明知其驾驶车辆强行夺取他人财物的手段会造成他人伤亡的后果,仍然强行夺取并放任造成财物持有人轻伤以上后果的。

五、抢劫罪与敲诈勒索罪

10. 抢劫罪与敲诈勒索罪在公然、强取、取财、非法占有目的等规范构成的要素上有着诸多相同之处。然而,该两罪在规范构成与现实表现上也有着诸多重要的区别。其中,实行行为的差异是区别两罪的关键与核心所在。抢劫罪的实行行为是"当场使用暴力、胁迫或者其他方法,当场取得他人财物",这是以直面被害的"暴力"为典型特征,"胁迫"仅限暴力威胁,暴力等方法与取财均系当场;敲诈勒索罪的实行行为是"以实施侵害相威胁,强行索取他人财物",这是以"索取"为典型特征,"威胁"不限暴力威胁,暴力方法仅限日后取财而其他威胁也可当场取财。

11. 有鉴于此,本书针对实际中关涉两罪定性的情形,简要列举如下:(1) 行为人以当场或者日后实施揭发隐私、损毁名誉等非暴力相威胁,强索他人当场或者日后交付数额较大的财物的,构成敲诈勒索罪;(2) 行为人以日后实施暴力相威胁,强索他人当场或者日后交付数额较大的财物的,构成敲诈勒索罪;(3) 行为人以当场实施暴力相威胁,强索他人当场交付数额较大的财物的,既有"暴力"又有"双重当场",从而构成抢劫罪;(4) 行为人以当场实施暴力相威胁,迫使他人当场交付财物未成,又强索他人日后交付数额较大的财物的,属于抢劫未遂与敲诈勒索的吸收犯;(5) 行为人

---

① 他人并非交付财物。

以当场实施暴力相威胁,迫使他人当场交付财物未成,又随即跟随被害人到他处取财的,属于当场取财,构成抢劫罪;(6) 行为人以当场实施暴力相威胁,单纯强索他人日后交付数额较大的财物的,构成敲诈勒索罪。

六、抢劫罪与强奸罪

12. 抢劫罪与强奸罪有着较为显著的区别。不过,两罪的方法行为均现"暴力、胁迫或者其他方法",尽管在两罪的具体构成中这一方法行为的具体蕴含仍有其差异,但是也不否认这两者之间存在较大的相似与一定的重合。现实中两罪也常常并发;尤其是行为人在使用暴力实施强奸后,又利用这一暴力控制状态而取得被害人的财物,对此应当如何处理?

13. 有的国家的刑法典针对该两罪规定了结合犯。例如,《日本刑法典》第241条、《韩国刑法典》第339条的"强盗强奸罪"。我国《刑法》对此未设结合犯,2005年最高人民法院《关于审理抢劫、抢夺刑事案件适用法律若干问题的意见》第8条将强奸后利用此前暴力控制状态而当场取财的,规定为强奸罪与抢劫罪的数罪并罚。就理论分析而言,应当肯定上述情形中存在两个事实行为。在此,虽然在两罪中行为人所施"暴力"行为同一(A),但是行为人分别实施了不同的目的行为(B 与 C),由此而构成了可谓是准型的两个事实行为("A+B"与"A+C")(第49节段13)。

> **思考题**
>
> 寻衅滋事罪中"强拿硬要"的规范含义是什么?

第 116 节 盗 窃 罪

1. 设置本罪的基本法条是我国《刑法》第264条,该条前段是本罪的基准罪状与法定刑,中段与后段是本罪的加重罪状与法定刑。第265条是对盗用他人电信资源而为盗窃的注意或拟制规定。第196条第3款是对盗窃信用卡并使用的包容犯的规定。第210条第1款是对盗窃有关发票而构成盗窃罪的注意规定。第253条第2款是对由私自开拆、隐匿、毁弃邮件、电报罪转化为本罪的转化犯的特别规定。

2. **盗窃罪**,是指以非法占有为目的,窃取他人财物数额较大,或者多次窃取、入户窃取、携带凶器窃取、扒窃他人财物的行为。

一、基准构成

(一) 客观事实要素

3. 盗窃罪分为数额犯、次数犯、行为犯三种形态,这三种形态的行为对象(他人财物)及行为主体(一般主体)一致,而实行行为等又各有相应的构成要素:**(1) 数额犯**:实行行为(窃取);犯罪数额(取得财物数额较大);**(2) 次数犯**:实行行为(窃取);行为次数(多次窃取);(3)**行为犯**:实行行为(入户窃取、携带凶器窃取、扒窃)。

4. **窃取**:盗窃罪实行行为的基本而核心的表现是窃取。窃取即秘密获取,是指针对财物占有人与持有者予以回避与掩饰,以积极的行为自行拿取处于他人占有状态下财物,转为自己占有或者转为第三人占有。就行为构成而论,窃取包括两个要素:(1)**方法行为**:"秘密方法"是盗窃行为的典型标志,其决定了盗窃与抢夺、抢劫、诈骗等的区别。就行为属性而论,行为事实特征的定性与支配行为的主观**意图**密不可分①,窃取也是特定主观状态下的一种独特行为。由此,窃取之秘密包括行为人主观对于回避与掩饰的知与欲②。**回避**即行为人自认为财物占有人与持有人不知其取财,采取不为财物占有人与持有人知晓的方法取财;**掩饰**即行为人避开财物占有人与持有人,隐瞒未经财物占有人与持有人的许可而取财的事实真相。具体而论,窃取的情形呈现为多种多样(第116节A段1—2)。(2)**目的行为**:"拿取财物",是指以积极的行为自行拿取处于他人占有状态下财物,转为自己占有或者转为第三人占有。在具体理解上应当注意三点:其一,这里的"拿取财物"与诈骗中的"交付"不同;其二,"拿取财物"系致他人财物占有状态的改变;其三,"拿取财物"系窃取之目的行为完成的行为状态(第116节A段3—6)。

5. **多次盗窃**:鉴于"多次盗窃"之"多次"系盗窃罪基准构成的定量要素,这里的多次盗窃是指多个盗窃实行行为的组合,其在犯罪构成要素上相当于一个盗窃实行行为与数额较大的组合。因此,"多次盗窃"行为中的每个盗窃行为应当具有一系列独特的表现,同时就时间跨度而论,"多次盗窃"可以表现为盗窃未遂的连续犯或同种数罪(第116节A段8—10)。

6. **入户盗窃**:入户盗窃中的"户",是指"供他人家庭生活,与外界相对隔离的住所"③。这一解释类似于对"入户抢劫"中"户"的解释(第115节B段3)。

7. **携带凶器盗窃**:对此,2013年最高人民法院、最高人民检察院《关于办理盗窃刑事案件适用法律若干问题的解释》第3条第3款作了限定,具体包括两种情形:A. 携带国家禁止个人携带的器械进行盗窃;B. 为了实施违法犯罪携带其他足以危害人身安全的器械进行盗窃。该解释所述"携带凶器",近似于2005年最高人民法院《关于审理抢劫、抢夺刑事案件适用法律若干问题的意见》第4条对"携带凶器抢夺"中"携带凶器"的解释(第115节C段13)。所不同的是,在B种情形下,携带凶器盗窃对于其他器械还作了"足以危害他人人身安全"的限定。

8. **扒窃**:对此,2013年最高人民法院、最高人民检察院《关于办理盗窃刑事案件适用法律若干问题的解释》第3条第4款也作了限定,由此"扒窃"除了窃取之外其独特构成要素包括:行为场所,在公共场所或者公共交通工具上;财物状况,他人随身携带的财物。对于这一解释尚需明确的是,何为"随身携带的财物"(第116A段11—

---

① 如同单纯的暴力行为难以谓为抢劫的暴力,而取财意图支配下的暴力可谓抢劫的方法行为。
② 窃取系基于回避与掩饰的意图,采取回避与掩饰的方法取财。
③ 2013年最高人民法院、最高人民检察院《关于办理盗窃刑事案件适用法律若干问题的解释》第3条第2款。

13)?

9. **行为对象**：他人财物，即他人占有的财物。在具体理解上，这又涉及财物的价值、表现形态、他人占有情状等诸议题（第 116 节 B 段 6—16）。

10. **犯罪数额**：本罪在数额犯的场合，成立既遂尚须取得的财物价值人民币的数额较大。而"数额较大"具体标准又包括：**(1) 单纯数额**，即财物价值达 1000 元至 3000 元以上。① **(2) 数额并情节**，即 50% 的上述具体数额并有特定的犯罪情节。②

11. **行为主体**：一般主体。应当注意，根据目前的《刑法》规定，单位不能成立本罪（第 116 节 C 段 3—6）。

12. **既遂形态**：本罪分别不同情形，各为数额犯（"数额较大"）、次数犯（"多次盗窃"）与行为犯（"入户盗窃、携带凶器盗窃、扒窃"）（本节段 3）。

（二）客观规范要素

13. 本罪所侵害的具体法益是基于占有关系的财产秩序。

14. 财产秩序作为侵财犯罪的具体法益，在盗窃罪的场合值得讨论议题是，行为人取回自己所有而为他人占有的财物，对于这一行为应当如何定性？对此，刑法理论存在占有说与本权说等不同立场之处理的分歧。从立法来看，有些国家的刑法典明确将之规定为盗窃罪，如《西班牙刑法典》第 236 条的规定。

15. 本书立于盗窃罪具体侵害法益的财产秩序的立场，主张这一行为分别不同情形存在如下定性：他人非法占有财物，行为人当场取回，可以成立正当防卫；他人之前非法占有财物，在保全法益紧急的场合行为人取回财物，可以成立自救行为；行为人秘密取回他人借用财物，如果不再向借用人索要，基于缺乏非法占有目的，不构成犯罪；但是，如果秘密取回他人借用财物，而后又向借用人索取借用财物，可以成立盗窃罪。

（三）主观责任要素

16. 本罪的主观责任形式为故意，同时成立本罪须有特定目的。对此，应当注意盗窃故意的内容及其与非法占有目的的区别（第 116 节 D 段 3）。

二、法定刑

17. **基准法定刑**：盗窃他人财物，数额较大或者多次盗窃、入户盗窃、携带凶器盗窃、扒窃的，处 3 年以下有期徒刑、拘役或者管制，并处或者单处罚金（我国《刑法》第 264 条前段）。

18. **加重法定刑**：盗窃他人财物，数额巨大或者有其他严重情节的，处 3 年以上 10 年以下有期徒刑，并处罚金（我国《刑法》第 264 条中段）；数额特别巨大或者有其他特别严重情节的，处 10 年以上有期徒刑或者无期徒刑，并处罚金或者没收财产（我

---

① 参见 2013 年最高人民法院、最高人民检察院《关于办理盗窃刑事案件适用法律若干问题的解释》第 1 条。

② 参见 2013 年最高人民法院、最高人民检察院《关于办理盗窃刑事案件适用法律若干问题的解释》第 2 条。

国《刑法》第264条后段）。

如何认定窃取之目的行为的完成？

第116节 A　盗窃罪实行行为的规范解读

一、盗窃实行之窃取的情形

1. 具体**窃取情形包括**：**(1) 公然行窃**。例如，行为人扮成搬家公司人员，趁物主家中无人而入室取财。**(2) 不知监控**。例如，现场虽有电子监控但行为人并不知晓，而避开他人取财。**(3) 不知预伏**。例如，财物占有人或者警察等预伏于现场，行为人并不知晓而取财。**(4) 利用无知**。例如，行为人明知他人缺乏辨识能力，而采用欺骗手法取得其财物。**(5) 欺骗行窃**。例如，行为人谎称受物主之托取物，骗得宿舍统管员开门而取走财物（案例 117C-6，第 117 节 C 段 5）。**(6) 暗中替换**。例如，行为人谎称购物，趁营业员不注意用赝品置换真品而取走真品。**(7) 调虎离山**。例如，行为人谎称家住小店附近的店主家来了快递，趁被骗店主短暂离开之际行窃。

2. 反之，以下情形**并非窃取**：**(1) 属于抢劫的**：例如，行为人趁 A 家无人，持刀蒙面，在他人在场的情况下，强力取走 A 之财物。**(2) 属于抢夺的**：例如，他人财物不慎丢于楼下，行为人明知他人看于窗口而公然取走财物；现场设有电子监控，行为人对此明知而于监控探头下公然取走财物。**(3) 属于诈骗的**：例如，行为人利用他人智虑有所减弱的状况，而采用欺骗手法取得其财物；行为人谎称存物牌丢失，骗得存物处保管员的信任而将财物取走（案例 117C-3，第 117 节 C 段 3）；行为人使用骗术将赝品说成是真品，致使他人信以为真而付款购买。

二、窃取之"拿取财物"的规范蕴含

3. 在对"拿取财物"这一窃取的目的行为的解读上，应当注意其具体蕴含的三个关键性的要素。

4. **缺乏交付**：在窃取中并不存在诈骗所呈现的"互动取财"，即对方基于被骗而"交付"财物，行为人"接受"对方所交付的财物。窃取是行为人回避与掩饰于被害人，而在暗中偷偷地拿取被害人的财物。由此，诈骗是**骗付型侵财**，而盗窃是**秘取型侵财**。案例 116A-1 中甲的行为系盗窃与诈骗的想象竞合犯。就甲与丙之间的关系而言，甲的秘密替换行为系掩盖事实真相，由此致使丙与乙产生了认识错误而错误地处分了财产（第 117 节 A 段 5），即乙将货物交付丙而丙刷二维码付款，丙与乙均以为款是到了乙的账上，而实际上是货款直接到了甲的账上。这是基于被骗的交付，丙系交付人，乙是被害人。从甲与乙之间的关系来看，乙的二维码相当于乙的一个收款账

户,甲秘密替换行为相当于窃取了这一账户。从而甲是一个事实行为触犯了两个罪名。有所不同的是,在案例116A-2中乙并未提供单车服务,也没有财产损失,甲覆盖二维码的行为并不构成对乙的盗窃;遭受财产损失的是丙,是丙因甲的覆盖二维码而产生了错误认识从而进行了交付,在这里甲近似"冒名顶替收账"。

案例116A-1:甲暗中将自己的收款二维码覆盖商家乙的收款二维码,顾客丙与商家乙均不知二维码已被替换,从而乙将货物交付丙,丙则刷二维码付款,但该货款却直接进入了甲的账上。

案例116A-2:甲暗中将自己的二维码覆盖共享单车上的二维码,顾客丙误认为是车主乙的二维码,于是刷二维码付款,而该款项却直接进入了甲的账上。

5. 改变占有:所谓拿取财物,也意味着将财物由他人占有的状态,变为自己占有或者转为第三人占有。通常需要触动与移动实物,但在转账等场合也未必搬动实物。占有状态的改变,也可能呈现为被害人失去占有而第三人获得占有。只有占有状态达致改变,才能谓之拿取行为完成;反之,虽有触动财物的行为,但未能达致占有状态的改变,则不能谓为拿取行为完成。例如,行为人拿到财物,但未及离开现场即被擒获。

6. 行为与结果:应当注意盗窃罪中行为与结果之评价的界分。作为目的行为的完整形态,所谓取得财物强调的是针对财物之拿取行为的完成,此时的他人财物是行为人获取的对象。就广义而论,行为对象等行为附随情状也是行为完整评价的组成部分(第18节段20)。行为对象缺席则不能谓为实行行为完成。由此,"拿取财物"包含着取得他人财物的意义。既然"取得财物"在行为中已有评价,就不应再在结果中予以重复评价,但是这并不否认行为之外的"数额较大"的评价。

三、窃取的着手

7. 对于窃取着手的判断,固然也应遵循着手之形式与实质相结合的判断标准。不过,现实中许多场合的窃取着手的判断则较为复杂。例如,行为人躲藏于商场角落欲待商场打烊后取财。对此,如何判断行为人窃取的着手,就应视具体案情,包括行为人的具体构想而论。如果目标是敞放的财物,行为人临近财物的行为构成窃取的着手;如果目标置于室内保险箱,则行为人撬保险箱锁构成窃取的着手。因此,窃取的具体行为、财物存放的空间、财物的属性、行为人的具体意图等,均会影响窃取着手的认定。

四、"多次盗窃"的规范蕴含

8. 将多次盗窃作为入罪的定量要素的立法并不多见。有的国家的刑法典将多次盗窃作为加重要素。例如,《俄罗斯刑法典》第158条第2款的规定。需要考究的是,我国《刑法》第264条所规定的"多次盗窃"的含义。

9. **每次构成**:"多次盗窃"之"多次"系盗窃罪基准构成的定量要素,因此"多次盗窃"行为中的每个盗窃行为应当具有如下特征:均不能独立成立盗窃罪既遂;均为实行终了的未遂;每次盗窃的数额均未达到"数额较大";每次盗窃的数额附着于相应行为而构成一个事实单元;"多次"的各个事实单元整合而成立盗窃罪的既遂;以"多次"行为定罪就不应再对该多次的数额"累计"定罪;每次盗窃的数额或其累计应当作为量刑情节被评价。

10. **时间跨度**:"2年内盗窃3次以上的"系"多次盗窃"。① 由此,"多次盗窃"可为盗窃未遂的连续犯或同种数罪。对现实中多次盗窃行为的司法认定,2017年最高人民法院《关于常见犯罪的量刑指导意见》第4条第6项有一基本倾向:数额达到较大以上的,以数额定罪;数额未达到较大的,以次数定罪。对此,本书认为:多次盗窃中如果某次盗窃数额达到较大以上,其余各次盗窃数额均未达较大,则以数额定罪而次数作为量刑情节;然而,如果只是2次或3次的累计数额较大,但是每次数额均未达到较大,对此应当以盗窃次数定罪,而将数额作为量刑情节,因为以累计数额定罪并不合理(第105节A段1—2)。另外,鉴于窃取之目的行为的"拿取财物"的界说(本节段6),如果行为人2年内2次盗窃拿取财物数额不大,第3次盗窃未能拿到财物,如此"多次"行为也就未能完成,应当构成盗窃罪未遂。

五、"扒窃"的规范蕴含

11. "扒窃"的成立须系窃取他人"随身携带的财物",那么这里的"随身携带的财物"是指什么呢?

12. 本书认为,这里的"随身携带的财物"是指他人贴身附着的财物。由此,从他人的衣袋中窃取,从他人手持的包中窃取等,在特定场合可谓扒窃。而在公共场所拎包作案则不宜谓之扒窃,同样窃取他人离身置于一边的包中的财物也非扒窃。

13. 对扒窃进一步作此限定是因为:扒窃的行为特征,使其等同于同是基准入罪的"多次""携带凶器"或"数额较大"的窃取;扒窃是一种需要犯罪技术的行为,而拥有这一技术又反映了行为人的犯罪"老道";窃取他人的贴身财物,更为接近他人的人身,从而构成对他人人身更为贴近的威胁。

> **思考题**
>
> 我国《刑法》对携带凶器盗窃与携带凶器抢夺在立法上有何差异?为何如此差异立法?

第116节 B 窃取对象"他人财物"的规范解读

一、财物的有价性

1. 被窃取的财物须为有价。财物的价值标准的确定,既与一个社会的历史发展

---

① 参见2013年最高人民法院、最高人民检察院《关于办理盗窃刑事案件适用法律若干问题的解释》第3条第1款。

阶段密切相关,也与一个社会的文化背景紧密相连。同时,财物价值也存在物质本身所值(本体价值)、社会客观评价(客观价值)与物主个体认同(主观价值)的差异。因而,物质形态的经济价值,应当综合上述诸多因素予以确定。

2. 没有价值的物品或者价值极低的物品,不能成为盗窃罪的行为对象。关于财物价值的具体计算标准,2013年最高人民法院、最高人民检察院《关于办理盗窃刑事案件适用法律若干问题的解释》第4—5条作了可操作性的规定。

二、财物的形态

3. 财物是指作为经济价值承载的钱财、物资或者利益。就形态而论,钱款是财物最常见的形态,其他较为典型的财物形态还有金银、手机、笔记本电脑等贵重物品,古玩、字画等藏品,有价证券、支付凭证、有价票证等钱物标志等。财物通常表现为积极意义,有时也会表现为消极意义。

4. 作为盗窃罪行为对象的财物,通常表现为有体物、动产、钱款物资,然而对于无体物、不动产、人体器官、违禁品、财产利益等,是否也可以成为盗窃罪的行为对象,刑法理论存在不同的见解。

5. 应当说,无体物、不动产、人体器官、违禁品、财产性利益等,在特定场合均可成为盗窃罪的行为对象:**(1) 无体物**:诸如电力、煤气、天然气等可以成为盗窃罪的行为对象。① **(2) 不动产**:盗窃罪的行为对象通常是动产,但不排除极少数情况下可以是不动产。如将他人自留地种植的树木砍伐后窃走。② **(3) 人体器官**:依存于活体的人体器官,并不具有他人财物的意义,不能成为盗窃罪的行为对象;盗窃脱离于活体的人体器官,在无法律对此特别设置罪名的场合,可以构成盗窃罪。摘取尸体器官的,可以成立盗窃、侮辱、故意毁坏尸体、尸骨、骨灰罪(我国《刑法》第234条之一第3款)。婴儿属于自然人,从而不能成为盗窃罪的行为对象。**(4) 违禁品**:如果《刑法》没有特别规定的,可以成立盗窃罪,如盗窃毒品、淫秽物品等;难以具体确定财物的价值的,"根据情节轻重量刑"。③ 如果《刑法》有特别规定的,则适用特别规范,如盗窃枪支的,成立盗窃枪支罪(我国《刑法》第127条)。**(5) 财产性利益**:财产性利益可以成为诈骗罪与抢劫罪等的行为对象自无问题。不过,在特定场合并不否认财产性利益可以成为盗窃罪的行为对象,案例116F-6系适例(第116节F段22)。**(6) 电信资费**:"上网账号、上网密码"承载的电信资费,也是盗窃罪的行为对象。④

三、他人"占有"的财物

6. 被窃取的财物须为他人"占有"。所谓**他人占有**,是指由行为人自己以外的别

---

① 参见2013年最高人民法院、最高人民检察院《关于办理盗窃刑事案件适用法律若干问题的解释》第4条第1款第3项。
② 参见2000年最高人民法院《关于审理破坏森林资源刑事案件具体应用法律若干问题的解释》第9条。
③ 参见2013年最高人民法院、最高人民检察院《关于办理盗窃刑事案件适用法律若干问题的解释》第1条。
④ 2000年最高人民法院《关于审理扰乱电信市场管理秩序案件具体应用法律若干问题的解释》第8条。

人对于财物的事实上的支配。而**占有**,是指基于支配的意图对于财物进行实际的支配。刑法上的占有具有更广泛的意义,包括为自己占有、为他人占有,合法占有、非法占有。基于对财产的充分保护,对于占有应予宽泛的理解,只要没有明确的放弃财物的意思表示并且在事实上财物不失持有者的控制范围,就应当认定占有的存在。

7. **支配意图**是占有成立的主观要素,强调占有人对于财物具有事实上的控制或支配的意思。支配意思应当以意思能力为基础,不过意思能力的存在与支配意思的表现,并不一定集中于同一持有人的身上。现实生活中支配意思的表现复杂多样,具体包括:放置于自己支配范围之内的财物存在支配意思;支配意思存在持续延伸的特征而不因暂时失意丧失;暂时忘却财物也不否认对于该财物的支配意思;基于某种事由有意将财物置于自己难以支配的场所同样不失支配意思。

8. **实际支配**是占有成立的客观要素,展示财物占有状态的客观表现。只要财物处于持有人的私人领域、为持有人临时划定的个人空间乃至持有人设定的具有一定排他性的特定空间等,均可视作实际控制或支配。在占有的**具体判断**标准上,存在:主观标准,以占有者对于支配意思与实际支配的评价为依据;客观标准,以社会一般人对于支配意思与实际支配的评价为依据。通常采取客观标准。

9. 就占有的完整意义而言,占有不同于**持有**。持有侧重表述握有财物的客观状态,而占有则是支配意思与实际支配的整合界说。因而,尽管刑法上的占有与民法上的占有存在一定差异[①],但是由此将刑法上的占有称为管理、所持等,也不够确切。

四、被占有的"他人"的财物

10. 被窃取的系"他人"的财物。他人,是指行为人自己以外的盗窃行为之前占有财物的人,包括自然人、法人。反之,如系并非他人占有的财物,诸如无主财物、无从支配财物乃至行为人自己占有的财物等,则不能成为盗窃罪的行为对象。

11. 首先,"他人"仅指盗窃之前占有财物的人。就占有关系而言,盗窃系由原先的某人占有,转为盗窃之后行为人占有或者第三人占有。显然,这里的"他人",既非行为人,也非因盗窃而最终占有财物的人。

12. 其次,"他人"包括自然人与法人。法人占有的支配意思,表现为遵循单位的规章制度,由单位决策机构作出决定或者由负责人员决定。

13. 在特殊场合也不排除智能机器占有。例如,代表银行占有钱款的 ATM 机。

五、现实中占有的议题

14. 现实中他人占有的情形至为复杂,诸如活人占有与死者占有、单独占有与共同占有、无障碍占有与有障碍持有、紧密型占有与松弛型占有、占有凭证与占有实物、直接占有与转承占有、行为人所有而为他人占有等,兹择两题分析。

---

① 日本刑法理论认为,刑法上的占有是一种事实上的概念,它与民法上的占有不同,不承认代理占有或继承。参见[日]木村龟二主编:《刑法学词典》,顾肖荣等译校,上海翻译出版公司 1991 年版,第 683 页。本书认为,对此也不能一概而论,例如,在财物为死者或者缺乏行为能力人持有的场合,对其占有状态就应具体分析。

15. **死者占有**：占有通常是指活人占有，而死者能否占有？对此，刑法理论存在肯定说、否定说、有条件肯定说、视作存在占有说等不同见解。本书肯定活人的占有主体地位，但并不否认死者的占有状态。占有者死亡而财物的占有状态依然存在，只是原有占有主体得以转换以及原有占有方式出现变更。例如，死者随身的财物，由原先的紧密型控制变为现在的松散型控制。死者持有财物既是一种占有事实，也是应受刑法保护的占有事实。由此，行为人以非法占有为目的，获取猝死于路旁的死者所随身携带的现金，应认定为盗窃罪；行为人报复杀人后，以非法占有为目的取走死者身上的钱财，则杀人后的取财行为构成盗窃罪。

16. **共同占有**：关键是对某个共同占有人私自占据占有物的定性，对此刑法理论与实际存在不同的见解与做法。本书认为，解决这一问题的前提是确定共同占有的存在与状况。应当说，成立占有至少是，对处于特定空间财物，能够合乎制度规范地或者符合社会一般观念地将其自由地携带出入该空间；共同占有意味着，将某物合理合法地带离其存放的空间或者场所，需要经由各个共同占有人的各自特定行为的整合。由此，受雇家庭服务人员对于雇主的财产不具占有地位；托运包裹的受托人占有包裹的包装而不占有包裹的内容。由于共同占有系协同整合的支配与控制，而非某个共同占有人的支配与控制，从而某个共同占有人独自占有共同占有的财物，并非侵占而系盗窃。

如何经由财物的主观价值及客观价值而具体认定财物的价值？

第116节 C 行为主体"单位盗窃"的问题

一、对单位盗窃处理的立法及理论争议

1. 单位能否成为盗窃罪的主体？对此，有的国家的刑法典给予了明确的肯定，如《法国刑法典》第311—316条。基于我国《刑法》第30条与第264条的规定，单位不能成立盗窃罪。**单位盗窃**，是指为谋取单位利益，由单位组织实施，盗窃所得归单位所有的盗窃行为。司法实践中单位盗窃并不鲜见。为了解决现实问题，司法解释作了单位盗窃追究直接责任人员等刑事责任的规定[①]，立法解释作了单位犯罪追究组织、策划、实施者刑事责任的规定。[②]

2. 对单位盗窃的处理，我国刑法理论存在两种不同见解：（1）基于罪刑法定原则，主张单位盗窃不构成犯罪。同时，在犯罪的严重程度与入罪标准上，单位盗窃与

[①] 参见2002年最高人民检察院《关于单位有关人员组织实施盗窃行为如何适用法律问题的批复》、2013年最高人民法院、最高人民检察院《关于办理盗窃刑事案件适用法律若干问题的解释》第13条。

[②] 参见2014年全国人大常委会《关于〈中华人民共和国刑法〉第三十条的解释》。

自然人盗窃也显有不同,单位盗窃处罚自然人不能罚当其罪。(2) 立于单位中的自然人行为,主张单位盗窃并不否认单位中的自然人符合盗窃罪。盗窃罪非法占有不以行为人占有为必要,盗窃所得归单位所有不影响单位自然人成立盗窃罪;单位的自然人成立共同犯罪。

二、立于《刑法》规定对单位成立盗窃罪的否定

3. 本书认为,上述司法解释及立法解释(本节段1)的说法缺乏逻辑:按照我国《刑法》第30条的规定,仅在法律明文规定为单位犯罪的场合单位行为才有刑事责任;单位犯罪有其独有的特征,单位犯罪不同于自然人利用单位犯罪,单位犯罪也不同于自然人犯罪;如果行为确系符合单位犯罪的特征,则仅在法律明文规定为单位犯罪的场合才有刑事责任问题;如果行为不是单位行为而只是自然人行为,则它本来就是自然人犯罪而应按自然人犯罪处理;一方面承认行为符合单位犯罪的特征,另一方面又在没有法律规定为单位犯罪的场合处罚自然人,这实际上是取消了《刑法》第30条的规定,而不是对该条的解释。具体地说:

4. **有权解释的逻辑问题**:就普通事理逻辑来看,在我国《刑法》分则没有明确规定的场合,如果单位犯罪处罚单位自然人,则《刑法》分则所有的具体犯罪均可如此处理,进而《刑法》总则第30条对于单位犯罪的限定也就成为虚设。就刑法理论逻辑而论,单位犯罪是一有别于自然人犯罪的独特概念,单位犯罪具有单位的整体意志、整体行为、单位主体等特征,单位中的自然人的行为附属于单位;在单位盗窃的场合,单位中的自然人缺乏适法行为的期待可能性。

5. **盗窃自然人缺乏责任**:立于刑法理论具体考究单位犯罪中的自然人行为,就客观行为而论,自然人的行为仅是单位整体行为的延伸,就主观责任而论,自然人的意志受单位支配而缺乏期待可能性。具体地说:在单位犯罪的场合,经由单位依照决策程序而形成犯意,并且经由单位依照执行程序而付诸实施,单位控制支配着整个犯罪。单位犯罪中的组织者、指使者与实施者,只是执行单位的决策。在此,组织者、指使者只是执行与传达单位决策的指令,实施者的实行行为也只是单位的犯罪工具。在盗窃的场合,按照一般人的社会观念,可以认为实施者缺乏适法行为的期待可能性,从而基于缺乏责任而不能成立犯罪;在盗窃的场合,按照一般人的社会观念,同样可以认为作为单位犯罪决策指令的传达者,也缺乏适法行为的期待可能性。也有论者以单位故意杀人应予追究来类比单位盗窃也应追究。对此,本书认为,单位故意杀人追究单位自然人责任,这其中依然存在着单位的自然人在具体案件中的适法行为的期待可能性问题;单纯的单位故意杀人在缺乏法定单位构成故意杀人罪的场合,追究单位自然人的责任这本身并非没有疑问;况且故意杀人侵害他人生命法益与盗窃侵害财产法益,这两者在责任评价中作为与相关利益权衡的取舍是不同的。

6. **单位犯罪不同于利用单位犯罪**:单位的某个领导或者其他人员已有具体犯罪决意,其利用单位的组织程序将自己的具体犯罪决意变为单位的决策,进而由单位组织实施这一具体犯罪,这是个人利用单位实施具体犯罪,显然其不同于单纯的单位犯

罪。对此:(1)如果我国《刑法》分则对于所实施的具体犯罪并未规定单位犯罪,鉴于单位犯罪主体缺席,利用者的行为不能构成教唆犯,不过利用者支配了整个犯罪,从而利用者构成间接正犯,单位行为嫁接于利用者。(2)如果我国《刑法》分则对于所实施的具体犯罪规定了单位犯罪,则利用者的行为可以构成教唆犯,利用者与单位构成这一具体犯罪的共同犯罪;如果这一利用者也是单位犯罪中的直接责任人员,对其可按吸收犯处理。

> **思考题**
>
> 1. 对单位帮助自然人盗窃应当如何处理?
> 2. 立法解释与刑法修正案有何区别?

第116节 D 盗窃罪的"故意"及"特定目的"

一、故意

1. 盗窃罪系故意犯。故意内容指向以"窃取行为"或"窃取而占有他人财物"为核心征表的"基于占有关系的财产秩序被侵状态"。

2. **未必故意**是本罪主观责任的重要形式之一。例如,行为人意图窃取他人提包内的财物,但对于包中是否存在财物行为人却不能肯定,进而行为人实施了窃取行为。**概括故意**也是现实中盗窃案较为常见的表现形式。例如,行为人意图扒窃他人钱包,虽知钱包中有钱,但对数额具体多少缺乏明确认识,行为人实施了窃取行为。

3. **应当注意**,不应将盗窃故意内容与非法占有目的混同(第25节段11)。行为人出于非法占有目的(A),而对于窃取行为能否取得财物或者取得多少财物,可有明确认识或者不尽明确认识,在此场合,行为人对于取得这些财物或者取得一定数量财物,可持希望态度也可持放任态度(B)。在此,A系非法占有目的,B系盗窃故意事实内容。这也表明,在行为人不知财物具体数额的场合,出于非法占有目的,并以不论取得多少数额均可的包容心态取财,对此情形可按客观所得财物数额计算。

二、特定目的

4. 对于非法占有目的是否盗窃罪的主观要素,日本刑法理论存在不要说与必要说的不同见解。而在立法上,有的国家的刑法典对盗窃意图明确予以肯定,有的国家则由司法实际与刑法理论对此予以肯定。

5. 应当说,非法占有目的具有相对独特的意义以及界分有关具体罪的机能。关于非法占有目的的界说,刑法理论形成了诸多不同的理论见解。这些见解总体上系由四个要素的分析路径展开:取得财物本体与获得财物价值、排斥所有与获得所有。本书认为,**非法占有目的**,既有指向事实的知与欲的"占有"目的,也有指向规范的知与欲的"非法"目的。尤其是,在具体内容上,非法占有目的应当同时具备如下要素:**(1)** 行为人意图排斥他人进而意图取得财物本体与财物经济价值,其中"取得物之价值"具有"意图获利"的意义。由此,基于毁弃财物的意图而取得并非非法占有目的。在基于他人财物而"意图获利"的场合,非法占有目的包括牟利目的的情形。**(2)** 行为人意图排斥他人对其财物的控制支配力以及意图获得对于他人财物的类似所有人的控制支配力,其中"获得控制支配"具有"持续所有"的意义。由此,基于暂时使用的意图而取得并非非法占有目的。①

> **思考题**

盗窃罪的非法占有目的与直接故意的危害目的有何区别?

第 116 节 E 取财意图之形成及内容的复杂情形及其定性

一、行为与意图的部分分离及其定性方案

1. 行为与意图的部分分离及其定性方案是盗窃罪认定中有关主观责任的一个重要议题。其中,有待理论解释的是,在实行行为与占有意图有所分离的场合(案例 116E-1,案例 116E-2,案例 116E-3),如何认定行为的性质?

案例 116E-1:甲以盗窃特定的财物(A)为目标,结果不仅窃得了该财物,而且还取得了意料之外的另一贵重财物(B),继而甲将 B 也占为己有。

案例 116E-2:甲暴力强奸(A^*)乙,其后利用乙因惧怕被继续强暴而不敢反抗的状态,临时起意(Y)将乙的财物占为己有(B^*)。

案例 116E-3:甲故意伤害(A^*)乙,其后利用乙因惧怕被继续伤害而不敢反抗的状态,临时起意(Y)将乙的财物占为己有(B^*)。

2. 对此,本书确立"追加的盗窃故意"与"渗透的取财故意"来解决之,即具有非法占有目的的后行为(B^*行为)与具有犯罪实行性的前行为(A^*行为),在这两者(B^*行为与 A^*行为)整合为一个实行行为的场合,承载于 B^*行为上的非法占有目的可以向 A^*行为追加或渗透,由此根据整合而就的实行行为的特征与追加或渗透的主观意图,决定行为的性质。这一追加的盗窃故意、渗透的取财故意,不仅与**概括的盗窃故意**(第 116 节 D 段 2;案例 116E-4)存在重要区别,而且与事后的独立侵占、事后盗窃、数额错误的故意均有着重要区别。

案例 116E-4:甲以盗窃他人拎包中的财物为目标,窃取该拎包后发现,包内不仅有钱款(A),而且还有一件珍贵文物(B),甲将 A 与 B 均占为己有。

---

① 详见张小虎:《论盗窃罪的非法占有目的要素》,载《法学杂志》2014 年第 12 期。

二、追加的盗窃故意

3. 行为人实施盗窃行为（A*）时缺乏盗窃特定财物（B）的故意，行为完成后才发现 B 物，产生非法占有 B 物的目的（Y），并将其占为己有（B*），则基于 B* 行为对 A* 行为的承续，Y 目的也承载于 A* 行为而成立盗窃故意框架下的非法占有目的。典型适例是案例 116E-1（本节段 1）。该案定性的疑难在于，甲在实施盗窃行为时对 B 物并无非法占有目的，而是在窃取行为后产生了非法占有目的；就故意认识的事实内容而论，先前窃取行为的故意，也只是针对 A 物（以窃取 A 物为承载）的财产法益侵害。

4. 本书认为，对于这一问题，应当分别行为的两个阶段及其相应的主观心态，以"**追加的盗窃故意**"的概念来具体判断行为的性质，从而认定甲对 B 物亦为盗窃。具体地说，甲先前的窃取行为（A*）取得了 A 物与 B 物，此时甲对 B 物并无盗窃故意；甲窃得 A 物与 B 物后继续占有 B 物的行为（B*，即持续性及排斥性占有），此时甲具有非法占有 B 物的意图；而非法占有目的，正以"持续所有"及"排斥与取得"为特征（第 116 节 D 段 5）。因此，就**行为特征**而言，甲对 B 物的持续性与排他性占有，是由 A* 行为与 B* 行为共同完成的，即 B* 行为是 A* 行为的承续（没有 A* 行为就不会有 B* 行为），A* 行为与 B* 行为是连为一体的（盗窃的同一事实行为）。而就**主观心态**来看，虽然 A* 行为时甲并不具有占有 B 物的意图，但是 B* 行为时甲具有了占有 B 物的意图，由于 B* 行为与 A* 行为连为一体，因此承载于 B* 行为上的对 B 物的非法占有目的，也延展至先前的 A* 行为；也可以说，甲是认可了 A* 行为对 B 物的盗窃，并将这一盗窃的占有状态承续下去。这种 B* 行为的非法占有目的及盗窃意图的向前延展，即为承接于 A* 行为的对 B 物的**追加的盗窃故意**。当然，在案例 116E-1 中，如果行为人在取得 B 物后即予返还，则对 B 物不能成立盗窃故意。

三、渗透的取财故意

5. 行为人基于特定犯罪意图（X），实施相应的行为（A*）而成立 A 罪，行为完成后临时产生取财意图（Y），利用该前行为（A* 行为）的状态，获取被害人的财物占为己有（B*），则基于 B* 行为与 A* 的对接整合而成立 B 罪的实行行为，Y 目的也渗透至 A* 行为而成立 B 罪。典型适例是案例 116E-2 与案例 116E-3（本节段 1）。在案例 116E-3 中，A* 行为与 B* 行为整合为暴力取财，从而承载于 B* 行为上的取财意图（Y），也渗透至先前的 A* 行为，进而甲伤害后的临时起意取财成立抢劫罪。2005 年最高人民法院《关于审理抢劫、抢夺刑事案件适用法律若干问题的意见》第 8 条的结论亦如是。

6. **追加的盗窃故意**与**渗透的取财故意**，两者均存在 B* 行为对 A* 行为的承接，均存在由此而及的 B* 行为的意图向 A* 行为的延展。两者的区别在于，在追加的盗窃故意中，先前的 A* 行为既已作用于 B 物而完成了盗窃的实行行为，B* 行为只是 A* 行为（既已完成的盗窃实行行为）的巩固性组成部分；与此不同，在渗透的取财故意中，不仅 A* 行为与 B* 行为是性质各异的两项行为，而且缺乏 B* 行为而仅凭 A* 行为则不能构成 B 罪(如抢劫罪)的实行行为。

四、事后的独立侵占

7. 行为人的一个非罪行为(A^*)占有了他人的财物(B),行为完成后产生了非法占有 B 物的意图(Y),并将 B 物占为己有(B^*)。案例 116E-5 系典型适例。在该案中,甲取得乙的包(A^*行为)是基于错误认识而为,由此对甲来说包中的财物可谓是基于错误的保管物。甲在发现该贵重物后起意将其占为己有(B^*行为),虽也可言 B^* 行为是在 A^* 行为基础上的发展,但是不仅 B^* 行为与 A^* 行为的性质不一,而且 A^* 行为并非犯罪的实行行为,而 B^* 行为是一独立的"非法占有他人财物拒不退还"的行为。B^* 行为的非法占有目的只能承载于 B^* 行为,其符合侵占的事实特征。

案例 116E-5:甲与乙各持有一只外形一样的包乘车,甲的包中并无重要财物,而乙的包中有一件珍贵文物价值连城。下车时甲与乙不慎相互错拿(A^*)了对方的包。到家后甲开包发现了该珍贵文物,并将其占为己有(B^*)。

8. **追加的盗窃故意与事后的独立侵占**,两者均系 A^* 行为造成对 B 物的占有,均是在实际占有 B 物后产生非法占有 B 物的意图并实施非法占有的行为(B^* 行为)。两者的区别在于:其一,追加的盗窃故意,A^* 行为是盗窃罪的实行行为,B^* 行为并不具有独立的盗窃实行行为的意义,B^* 行为只是对 A^* 行为的认可与巩固;而事后的独立侵占,A^* 行为只是一项非罪行为,B^* 行为才是一项独立的实行行为,其实行行为的成立无须与 A^* 行为整合。其二,在追加的盗窃故意的场合,由于 B^* 行为并不独立于 A^* 行为,从而 B^* 行为的非法占有目的也可延伸至 A^* 行为的故意框架;而在事后的独立侵占的场合,由于 A^* 行为系非罪行为而 B^* 行为是一独立的实行行为,从而 B^* 行为的非法占有目的也只能依附于 B^* 行为。

9. 同样,**渗透的取财故意与事后的独立侵占**也有区别:渗透的取财故意,A^* 行为系他罪(如伤害罪)的实行行为的要素,A^* 行为与 B^* 行为整合而构成此罪(如抢劫罪)的实行行为;承载于 B^* 行为的非法占有目的渗透至 A^* 行为上。与此不同,事后的独立侵占,A^* 行为是一项非罪行为(如无因管理),而 B^* 行为是一项独立的实行行为(如侵占行为);承载于 B^* 行为的非法占有目的也不能渗透至 A^* 行为上。**另外**,也应将案例 116E-5 的侵占与案例 116E-6 的盗窃(我国《刑法》第 253 条第 2 款)区别开来。在案例 116E-6 中,甲合法占有的只是包裹物整体,甲以非法占有为目的,私自开拆包裹获取包裹中财物的行为,即为盗窃。

案例 116E-6:邮递员甲受托投递乙的包裹,出于非法占有意图,将包裹中的珍贵文物占为己有。

五、事后盗窃

10. 行为人基于特定犯罪意图(X),实施相应的行为(A^*)而成立 A 罪,行为完成后临时产生取财意图(Y),利用 A^* 行为所造成的被害人丧失意识的状态,获取被害人的财物占为己有(B^*)。案例 116E-7 与案例 116E-8 系典型适例。在案例 116E-7 中,甲的故意杀人行为(A^*行为)与甲的杀人后见财起意取财行为(B^*行为),分别成立故意杀人罪与盗窃罪。同理,案例 116E-8 中甲的行为分别成立故意伤害罪与盗窃罪。①

案例 116E-7:甲故意杀害乙(A^*),杀人后见乙携有贵重财物(B),于是将 B 物也占为己有(B^*)。

案例 116E-8:甲故意伤害(A^*)乙致乙昏迷,其后利用乙被击昏的状态,临时起意将乙的财物占为己有(B^*)。

11. 对此,需要特别说明的是,为何不能将 B^* 行为的非法占有目的渗透至 A^* 行为?被害人没有意识的状态是由甲造成的,为何甲的 B^* 行为不能与 A^* 行为整合而成立抢劫?答案是,案例 116E-7 中的 B^* 行为与 A^* 行为系典型的性质不一的两个完整的实行行为。这也是该案与案例 116E-2(渗透盗窃故意)区别的关键所在。在案例 116E-2 中,B^* 行为的见财起意取财,由于被害人尚存意识状态,从而不能成立一项独立的实行行为(如盗窃行为),由此也就需将 B^* 行为与 A^* 行为整合而成立一项独立的实行行为(如抢劫行为),进而也就有了将 B^* 行为的非法占有目的向 A^* 行为的渗透。与此不同,在案例 116E-7 中,由于被害人丧失了意识,由此 B^* 行为的见财起意取财完全符合完整的盗窃罪的实行行为,进而也就没有了将 B^* 行为的非法占有目的向 A^* 行为的渗透。尽管被害人丧失意识的状态是由甲造成的,但是甲造成这一状态并非出于非法占有目的,从而甲的 A^* 行为与 B^* 行为不能成立抢劫。

12. 概括地说,**事后盗窃与渗透的取财故意**,两者的取财行为(B^*行为)均利用了前行为(A^*行为)所造成的状态(如致被害人不敢反抗或昏迷),且 A^* 行为均系没有非法占有目的的他罪行为(如强奸或伤害)。但两者存在重要区别:事后盗窃,B^* 行为系独立于 A^* 行为的一项完整的新的实行行为(如盗窃),而渗透的取财故意,B^* 行为须与 A^* 行为整合才能成立一项完整的新的实行行为(如抢劫)。

13. 另外,**事后盗窃与追加的盗窃故意**,两者均是在 A^* 行为后产生非法占有他人财物的意图,并且 B^* 行为均具有盗窃行为的属性。但两者也有着重要区别:其一,追加的盗窃故意,B^* 行为不具有独立意义,整个案件事实只有一个实行行为(A^* 行为);而事后盗窃,B^* 行为与 A^* 行为各为独立的实行行为;其二,追加的盗窃故意,整个案件事实只有一个盗窃故意;而事后盗窃,B^* 行为与 A^* 行为各有不同性质的故意。

14. 还应注意,**事后盗窃与事后的独立侵占**也不尽相同。其一,事后盗窃,在对 B 物的作用上,B^* 行为与 A^* 行为之间并无关联;而事后的独立侵占,B^* 行为则利用了 A^* 行为对 B 物的作用结果;其二,事后盗窃的 B^* 行为,通常表现为作为;而事后的独立侵占,B^* 行为呈现为不作为。

---

① 参见 2005 年最高人民法院《关于审理抢劫、抢夺刑事案件适用法律若干问题的意见》第 8 条。

六、对所窃财物的价值具有认识错误的盗窃故意

(一) 误有为无的消极错误

15. 案例 116E-9 系适例。在案例 116E-9 中,甲明知是他人有价值的财物而予窃取,甲的行为具有盗窃故意不成问题;甲将他人有价值的财物意图排他性地持续性地获得,甲的行为的非法占有目的也得以成立。该案的疑难在于,甲并不具有盗窃较大数额与巨大数额的财物的故意或概括故意,由此对甲究竟是以其主观认识的财物价值定性,还是以财物的客观价值定性?对此,实际上存在两个问题:是否入罪?归于何种罪状?

案例 116E-9:甲以为某物(A)不值多少钱,于是窃取该物占为己有,案发后方知该物价值数额巨大。

16. 入罪问题,是要考究这一数额错误是否影响故意的成立。对此,如同上文所述,甲的盗窃故意不成问题。故意的违法性认识,并不要求行为人必须认识到行为的刑事违法性(第 33 节段 7),由此即使甲未知财物数额较大,但只要知道是他人的有价值财物,而予以窃取,除非有其他责任阻却事由,甲的行为的盗窃故意即可成立。

17. 罪状问题,是要考究这一数额错误如何影响甲的行为对罪状的归属。这是此类问题的核心所在。对我国盗窃罪不同罪状的具体数额,司法解释均有具体而明确的限定。盗窃罪不同罪状之具体数额的界限,不仅涉及具体财物价值的估算,而且涉及司法操作的边界,这是一个非常技术性的具体问题,一定要求行为人对所窃财物的具体限额具有明确认识,方可将之行为归于相应的罪状,这既不切实际也过于学究。但是,具体数额限额不同则罪状轻重不同,具体数额作为一项客观事实要素,固然也是盗窃故意的一项事实认识内容,对于盗窃行为应当归于何种具体罪状,不能不考虑行为人对所窃财物数额的主观认识。**在此**,不同罪状实际上是现实的行为危害程度的写照。而行为危害程度的决定因素包括征表客观危害与主观危害的事实特征;同时,刑法的犯罪观应当坚持以客观主义为基底兼顾主观主义(第 5 节段 4)。由此,在案例 116E-9 中,虽然事实上盗窃数额巨大而客观危害严重,但甲的主观意图却未达到相应的严重程度。因此,对于此类案件不宜一律以 A 物的客观数额定罪,而应切实考虑甲的认识能力,如果可以认定甲对 A 物的实际价值缺乏认识可能性的话,可以按普通盗窃(基准盗窃)处理。

18. 不过,上述处理是以行为人主观上拒绝窃取价值数额巨大的财物为前提的,这不排除行为人取财后明知了财物价值数额巨大而仍然继续占有该物,由此可以认为行为人具有了追加的盗窃故意(本节段 4)。

(二) 误无为有的积极错误

19. 案例 116E-10 系适例。在案例 116E-10 中,甲以盗窃数额巨大的财物为目标,主观危害的程度严重,但是所窃 A 物的价值不大,客观危害未达主观意图的程度。对于此类案件,如果 A 物价值达到数额较大标准的,可按基准盗窃处理,并基于主观意图从重处罚;如果 A 物价值未达数额较大的标准,对甲仍应予以入罪,可按基准盗

窃罪的未遂处理①。

案例 116E-10：甲以为某物（A）价值数额巨大,于是窃取该物占为己有,案发后方知该物不值多少钱。

窃取对象认识错误的情形有哪些？其对行为的定性有何影响？

第 116 节 F　盗窃罪有关独特类型的具体考究

一、盗窃数额与出入罪

1. 应当注意,即使是盗窃罪的数额犯,犯罪数额也不是盗窃行为入罪的决定性因素。盗窃财物"数额较大",但是行为人具有"认罪""退赃""法定从宽"等情节的,"可以不起诉或者免予刑事处罚"②;盗窃未遂,但是具有以"数额巨大的财物"或者"珍贵文物"为盗窃目标等"严重情节"的,应当依法追究刑事责任。③ 另外,已满16周岁不满18周岁的未成年人,盗窃数额虽已达到"数额较大"标准,但是具备"实施盗窃行为未超过三次"与"如实供述全部盗窃事实并积极退赃"以及其他法定情形的,"不认为是犯罪"。④

2. 在此,值得考究的是,2013年最高人民法院、最高人民检察院《关于办理盗窃刑事案件适用法律若干问题的解释》第12条所述"以数额巨大的财物为盗窃目标",是主观要素还是客观要素？对此,本书认为,基于"未遂"的框架以及"情节""目标"的表述,这一"数额巨大的财物"既可是行为人主观意图,也可是行为的客观对象,具体包括：**(1) 直接故意**:行为人主观意图盗窃数额巨大,而实际财物并非数额巨大甚或不达较大,从而未能得逞。**(2) 行为未遂**:行为的客观对象数额巨大,但是行为人并不明确,行为人在行窃中因意外而未能完成。

二、使用盗窃

3. **使用盗窃**,是指行为人基于使用的目的而窃取他人财物,从而在短时间内非法占有他人财物的行为。严格而论,使用盗窃仅指用后返还;用后丢弃或用后无法归还等用后不还的行为,难以界定为仅系使用。使用盗窃,就行为意图而论系使用型而

---

① 参见2013年最高人民法院、最高人民检察院《关于办理盗窃刑事案件适用法律若干问题的解释》第12条第1款第1项。
② 参见2013年最高人民法院、最高人民检察院《关于办理盗窃刑事案件适用法律若干问题的解释》第7条。
③ 参见2013年最高人民法院、最高人民检察院《关于办理盗窃刑事案件适用法律若干问题的解释》第12条。
④ 参见2006年最高人民法院《关于审理未成年人刑事案件具体应用法律若干问题的解释》第9条。

非取得型的盗窃,就行为对象而论系盗窃使用所负载的利益。

4. 对于使用盗窃的问题,刑法理论存在"并不构成犯罪""返还不为犯罪而丢弃构成犯罪""构成盗窃罪"等不同见解,而各国刑法立法多将之作为独立罪名予以规定,并在构成上排除占有目的与强调用后归还。我国《刑法》并未直接规定使用盗窃,"使用盗窃"并非独立的罪名。2013年最高人民法院、最高人民检察院《关于办理盗窃刑事案件适用法律若干问题的解释》第10条针对盗用机动车作为犯罪工具的情形作了规定,其主旨是:偷开机动车,导致车辆丢失的,定盗窃罪;为实施其他犯罪偷开机动车,用后送回车辆未造成丢失的,按所实施的其他犯罪从重处罚。

5. 问题是,行为人只是偷开机动车,用后送回车辆未造成丢失的,应当如何处理?案例116F-1系适例。该案中甲的行为是盗窃了汽车的使用,而这一使用衍生出经济利益(使用包含着经济利益)。应当说,甲的行为符合盗窃罪的成立要素:甲以非法占有财产性利益(第116节 A 段17)为目的,实施了盗窃行为,获取了该财产性利益。对此情形予以定罪处罚,既是对公民财产的应有保护,更是对全民规范意识的有力推进,在我国目前的社会背景下尤其需要这种保护和推进(第7节段21—23)。

案例116F-1:甲乘乙出国之际,并不出于取得而是出于以开出租车的方式营利为目的,盗用乙的汽车两年多,在乙回国前方才将车放回原处。

6. 对盗窃使用后任意毁弃财物的情形,通常认定为成立盗窃罪。应当说,在我国目前立法状况下,这一处置可以体现刑法保护社会的机能,法理上也有一定的合理之处。用后毁弃财物,基于使用与毁弃系两个行为阶段以及毁弃的不同情形,其具体定性可能是:基于使用目的的使用(C),使用后转为毁弃该使用物,将该物彻底损毁(A,如弃于大海、焚毁等)或仅将该物任意弃置(B,如弃于道旁等而财物价值暂时没有灭失)。其中,A情形系"使用盗窃(C)"与"故意毁坏"的吸收关系,B情形可谓"使用盗窃(C)"后的恶劣情节。

三、盗用通信资源

7. 我国《刑法》第265条对于盗用电信资源的行为,作了依照盗窃罪定罪处罚的规定。该条罪状的典型要素包括:牟利目的;盗用他人电信资源(A),或者使用明知是盗得的电信资源(B)。由此,《刑法》的这一规定,A系注意规定而B系法律拟制。

8. **A之注意规定**:盗窃罪的"非法占有目的"具有"取得财物本体与财物经济价值"的意义,而这其中又包含着具有"意图获利"的意义;在基于他人财物而"意图获利"的场合,非法占有目的又包括"牟利目的"的情形。由此,行为人出于非法占有目的之牟利目的,盗用他人电信资源,这本就符合盗窃罪的构成要素,而法律明确将之归于盗窃罪。

9. **B之法律拟制**:行为人出于非法占有目的之牟利目的,使用明知是盗得的电信资源。在这一情形中,行为人并非盗取电信资源行为的实施者,而是第三者盗得电信资源后行为人明知而予使用。这可谓是行为人明知是赃物而予以使用获利,对此本可构成我国《刑法》第312条的掩饰、隐瞒犯罪所得、犯罪所得收益罪,而《刑法》将之归于盗窃罪。不过,这种将彼罪归于此罪的法律拟制的价值与意义值得推敲。

四、家庭盗窃

10. 对于家庭内部成员之间的盗窃,许多国家的刑法典都有明确规定,并予从宽处理。例如,《日本刑法典》第244条的或者作为自诉案件或者作为未遂犯免除处罚;《法国刑法典》第311-12条的针对直系亲属盗窃不起诉。对此,我国《刑法》未予明确规定,具体则委以司法解释阐明。这也是我国刑法立法粗疏的又一表现。我国《刑法》不仅设置了大量的情节犯、兜底性规定,频频使用简单罪状,罪状中采用模糊词语,存在许多口袋罪[①],而且对诸多原本应由立法予以明确的事项却委以司法解释。除了本题家庭盗窃的立法情形之外,诸如,试图通过立法解释解决单位盗窃、缺乏标题明示式的罪名规定等问题,均是适例。显然,这种立法思路是值得推敲的。

11. 2013年最高人民法院、最高人民检察院《关于办理盗窃刑事案件适用法律若干问题的解释》第8条针对家庭盗窃特别规定的主旨是:A. 行为对象系家庭成员或近亲属;B. 获得被害人谅解。在同时符合A与B的场合,盗窃行为一般可以不认为是犯罪;即使追究责任也应当酌情从宽。另外,2006年最高人民法院《关于审理未成年人刑事案件具体应用法律若干问题的解释》第9条针对未成年人家庭盗窃也作了类似规定,并且将行为对象放宽至其他亲属,即已满16周岁不满18周岁的人,盗窃其他亲属财物,其他亲属要求不予追究的,可不按犯罪处理。

12. 问题是,家庭成员与外人勾结共同盗窃家庭成员财物的,应当如何处理?对此,本书认为,鉴于我国《刑法》并未针对家庭盗窃设置独立的罪刑,以及我国《刑法》总则对共同犯罪以区分主从为主导的处理模式,由此在现有的法律框架下应当根据主犯的行为来具体定性并予相应处罚。如果家庭成员系主犯,则按上述司法解释(本节段11)的规定处理,在一定条件下外人也可不认为是犯罪;如果外人是主犯,则外人原则上构成盗窃罪,而家庭成员作为从犯"应当从轻、减轻处罚或者免除处罚"。

五、破坏型盗窃

13. 有时盗窃与破坏会呈现在同一犯罪过程中。对此,基于盗窃行为与破坏行为的不同定性,会存在牵连犯或数罪等情形。

14. **牵连犯**:盗窃行为构成犯罪,破坏行为成立特定犯罪,且存在牵连关系。以盗窃与破坏公用电信设施为例(案例116F-2)。该案系盗窃罪与破坏公用电信设施罪的牵连犯,从一重罪从重处罚。类似的情形包括:盗窃罪与破坏交通工具罪,盗窃罪与破坏交通设施罪,盗窃罪与破坏电力设备罪,盗窃罪与破坏易燃易爆设备罪,盗窃罪与破坏广播电视设施罪,盗窃罪与故意损毁文物罪,盗窃罪与故意毁坏财物罪等。2013年最高人民法院、最高人民检察院《关于办理盗窃刑事案件适用法律若干问题

---

① 详见张小虎:《论我国〈刑法〉应由粗疏型走向精细型:基于我国〈刑法〉立法现状的统计数据分析》,载《政治与法律》2021年第10期。

的解释》第 11 条第 1 项后段的规定,即指本题所述情形。

案例 116F-2:甲以非法占有为目的,出于取财的主导意图,切割正在使用的公用电信线路(A 行为),并将切割下来的价值较大电缆秘密带回家中(B 行为)。

15. **数罪**:盗窃与破坏分别成罪,案例 116F-3 系适例。该案系盗窃罪与故意毁坏财物罪数罪。窃后放火灭迹危害公共安全的,构成盗窃罪与放火罪数罪。2013 年最高人民法院、最高人民检察院《关于办理盗窃刑事案件适用法律若干问题的解释》第 11 条第 2 项的规定,即指本题所述情形。

案例 116F-3:甲以非法占有为目的窃取他人财物,取得财物后又出于报复或掩盖罪行等其他目的,将现场未及窃取带走的财物予以损毁价值数额较大。

16. **盗窃罪**:盗窃行为构成犯罪,但破坏行为不构成犯罪(案例 116F-4)。对此以盗窃罪从重处罚。①

案例 116F-4:甲窃取他人财物后,为掩盖罪行而毁坏财物破坏现场,但是毁财行为不足构成故意毁坏财物罪。

17. **其他犯罪**:盗窃行为不构成犯罪,但破坏行为构成特定犯罪。案例 116F-5 系适例。该案盗窃所得电路板价值数额不大,而破坏性手段造成冰箱报废价值数额较大。对此可以成立故意毁坏财物罪。②

案例 116F-5:甲盗窃他人冰箱的电路板,破坏性手段导致他人冰箱功能丧失而报废。

18. **盗窃与破坏生产**:行为人出于泄愤报复的主导意图,以非法占有为目的,将正用作生产的机器设备上重要部件拆卸窃回家中,致使生产经营无法正常进行的,此为盗窃罪与破坏生产经营罪的牵连犯。行为人窃取生产作业场所的财物价值数额较大,并且出于泄愤报复的目的,毁坏机器设备,致使生产经营无法正常进行的,此为盗窃罪与破坏生产经营罪数罪。

六、盗窃"智障"机器

19. 拾得他人信用卡并使用的,就刑法定性而论,实为以非法占有为目的冒用他人信用卡的行为,构成信用卡诈骗罪。③ 问题是,在 ATM 机上冒用他人信用卡,如果 ATM 机发生故障,致使钱款因行为人的冒用而被大量支取,对此情形应当如何定性?

20. 应当说,本案应当构成盗窃罪。虽然 ATM 机发生故障,但是钱款仍处特定的存放状态,即仍为银行所占有;行为人虽有冒用他人信用卡的诈骗行为,但此时发生故障的机器不存在被骗的问题;这就如同行为人欺骗明知是缺乏辨识能力的智障人,

---

① 参见 2013 年最高人民法院、最高人民检察院《关于办理盗窃刑事案件适用法律若干问题的解释》第 11 条第 1 项前段。
② 参见 2013 年最高人民法院、最高人民检察院《关于办理盗窃刑事案件适用法律若干问题的解释》第 11 条第 3 项。
③ 2008 年最高人民检察院《关于拾得他人信用卡并在自动柜员机(ATM 机)上使用的行为如何定性问题的批复》。

将其随身携带的财物取走。①

七、盗窃财产性利益

21. 所谓**财产性利益**,是指并非直接呈现为财产实体,但具有积极或者消极的财产内容的某种好处。例如,提供劳务、设定债权、免除债务、承诺负债、降低贷款利息、提供住房权、取得使用(第 116 节 F 段 3—5)。严格来讲,财产性利益不同于支付凭证。支付凭证可谓一种实物形态,财产由凭证所承载;而财产利益属于一种利益形态,通常由对方一定行为(为、不为或无法)所承载。

22. 盗窃财产性利益以及盗窃不法原因的财产性利益,能否成立盗窃罪?案例 116F-6 系典型适例。对此,否定论者认为,盗窃财产性利益不可罚,而对上述摆脱支付的行为应予具体分析:如果原本就没有支付的意思而消费,这是以吃喝做幌子致使对方产生错误认识而交付的诈骗财产性利益;如果只是在消费之后才产生摆脱支付的意思,趁对方不注意偷偷溜走,这是盗窃财产性利益,不可罚。

案例 116F-6:甲在饭店大肆消费后秘密逃离,从而摆脱了应予的消费支付。

23. 本书认为,案例 116F-6 中的甲在原本没有支付的意思下消费,而后偷偷溜走的,也应构成盗窃。按照饭店结算的惯例,服务人员先前给予的吃喝只是欠账消费,而不是交付,交付的时点是在行为人最终的买单行为时。如果此时行为人偷偷溜走,则不存在服务人员对行为人债务的任何承诺,从而缺乏交付,成立盗窃罪。这实际上系通过窃取使饭店免除了甲的合法债务,而甲由此而取得了消极意义上的财物。

24. 本书肯定盗窃财产性利益成立盗窃罪。对于吃喝消费后摆脱支付的行为,根据具体情形的不同而有如下定性:**(1) 盗窃罪**,行为人秘密逃离饭店或宾馆;**(2) 抢劫罪**,行为人公然暴力威胁饭店或宾馆工作人员而离开;**(3) 敲诈勒索罪**,行为人以揭发隐私威胁饭店或宾馆工作人员而离开;**(4) 诈骗罪**,行为人以假支票进行虚假的支付。

25. 盗窃不法原因的财产性利益,根据具体情形的不同而有如下定性:**(1) 不能成立盗窃罪**:行为人偷偷地免除自己的不法原因的债务,案例 116F-7 系适例。由于不法原因的债权债务关系不受法律保护(第 118 节段 6),从而行为人盗窃不法原因的财产性利益的行为,不能成立盗窃罪。**(2) 成立盗窃罪**:行为人盗窃法律效果上不属于自己的不法原因的财产性利益,案例 116F-8 系适例。在法律效果上该消费卡不属于甲所有,甲窃取了乙的赃物,甲的行为成立盗窃罪。

案例 116F-7:甲嫖宿后,趁卖淫女不注意而偷偷地逃离,从而免付嫖资。

案例 116F-8:丙向乙行贿了以提供按摩服务为内容的消费卡,甲盗窃了乙的该消费卡。

26. 针对财产性利益的其他有关侵财行为属性的对比适例:行为人偷偷翻墙进入公园逃票的,是盗窃行为;行为人冒用他人公园卡刷卡入园逃票的,是诈骗行为;行

---

① 详见张小虎:《拾得信用卡使用行为的犯罪问题》,载《犯罪研究》2008 年第 3 期。

为人假装付款在提杆抬起之际迅疾过卡逃避收费的,是抢夺行为。

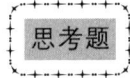

盗窃使用是否成立盗窃罪的核心议题是什么?

第 116 节 G 盗窃罪的犯罪形态

一、盗窃罪的加重犯(加重构成)

1. 我国《刑法》第 264 条中段与后段,规定了盗窃罪的两个层次的加重构成:"数额巨大或者有其他严重情节";"数额特别巨大或者有其他特别严重情节"。这里,关键是"数额"与"情节"的可操作性确定。

2. **数额**:"数额巨大"与"数额特别巨大",分别是指盗窃财物价值"3 万元至 10 万元以上"与"30 万元至 50 万元以上"。①

3. **情节**:"其他严重情节"与"其他特别严重情节",各以"特定情形"与"特定数额"合并的方式确定。②

二、既遂与未遂

(一)行为犯的既遂与未遂

4. 盗窃罪行为犯的既遂与未遂,涉及是否存在盗窃罪的行为犯?以及何谓盗窃罪行为的完成?对于盗窃罪是否存在行为犯,刑法理论存在不同见解。肯定论主张,在入户盗窃、携带凶器盗窃、扒窃的场合,只要实施盗窃行为即可成立既遂;否定论主张,入户盗窃、携带凶器盗窃、扒窃,虽无数额标准但须占有财物方可成立既遂。司法实践中也存在相应的两种处理,只要实施相应行为即使当场被擒也认定为既遂③,或者虽有相应行为但未能占有财物仅成立未遂④。

5. 本书认为,在入户盗窃、携带凶器盗窃、扒窃的场合,盗窃罪的既遂形态系行为犯。在此,关键是**窃取行为完成的标志**。窃取行为由"秘密方法"的方法行为与"拿取财物"的目的行为构成。其中,"拿取财物"表现为"达致财物占有状态改变"的获取行为。"财物占有状态改变",就"拿取财物"的目的行为而论,是行为进展的程度问题,易言之,只有"拿取财物"的行为达致这种程度,才能说"拿取财物"的目的行

---

① 参见 2013 年最高人民法院、最高人民检察院《关于办理盗窃刑事案件适用法律若干问题的解释》第 1 条。
② 参见 2013 年最高人民法院、最高人民检察院《关于办理盗窃刑事案件适用法律若干问题的解释》第 6 条。
③ 参见北大法宝,司法案例,闫某盗窃案(法宝引证码 CLI. C. 2377116)。
④ 参见北大法宝,司法案例,赵振淇扒窃案(法宝引证码 CLI. C. 1482613)。

为完成。而"财物占有状态改变"则意味着行为人获得财物。由此,盗窃罪实行行为的评价中已有取得财物的意义。进而,在无须"数额较大"的场合,在盗窃罪的行为犯中,只有也只要取财行为达致占有状态改变的程度,则盗窃罪的目的行为即告完成,盗窃罪也告完成;反之,如果行为没有达致占有状态改变的程度,则盗窃罪的目的行为尚未完成,盗窃罪也未能完成。由此,扒窃他人钱包,虽钱包中有钱但被当场擒获,基于行为未能完成而成立未遂犯;扒窃他人钱包,回家后发现钱包无钱,也系行为未能完成而成立未遂犯;扒窃他人钱包,回家后发现钱包有钱,基于行为完成而无须"数额较大"即可成立既遂犯。

(二)数额犯的既遂与未遂

6. 盗窃罪的数额犯以"数额较大"为其既遂的重要标志。在非行为犯的场合,窃取财物未达数额较大的,通常成立未遂犯;而窃取财物达到数额较大的,通常成立既遂犯。当然,这并不排除"盗窃数额与出入罪"中所述的例外情况(第116节F段1),不过这种例外也主要只是针对出入罪而言的。在此需要考究的是何谓"数额较大"?应当说,这个"数额较大"是指"得到财物"的价值数额较大。当然,"较大"的具体数目已由司法解释规定,这里关键问题是**何谓"得到财物"**?对此,刑法理论存在接触说、转移说、藏匿说、失控说、控制说、失控加控制说等不同见解。

7. 本书基于盗窃罪的本质意义以及既遂的罪之界分机能,主张以行为人控制财物而被窃者丧失财物控制为标准,确定盗窃罪之"得到财物"。从犯罪属性上看,盗窃罪是一种以侵取他人占有财物为行为对象的攫取型犯罪,行为人要得到财物则被窃者固然要失去对财物的实际控制。但是,有时这种对应关系却是不尽肯定与明确的。例如,行为人占有可以即时支付的有价凭证,但是不排除被窃者在一定场合可以止付;而被窃者失去对财物的控制未必就是行为人或第三人得到财物。从既遂机能上看,作为具体犯罪的一种完整形态,罪与罪之间的界分承载于这种完整形态的各个构成要素上。盗窃罪的获得财物固然是表明该罪独特性的一项要素。而所谓获得财物应当理解为占有财物,即财物由他人占有转为行为人自己或第三人占有。由此,被窃者丧失财物控制,行为人控制财物,可谓行为人获得了财物。司法解释的具体规定也肯定了这一立场。例如,对于盗窃不挂失的有价支付凭证,应当按票面数额和应得孳息计算盗窃数额;而盗窃记名的有价支付凭证,按照兑现部分的财物价值计算盗窃数额。[①]

三、盗窃罪的法定一罪(立法形态)

8. 我国《刑法》针对盗窃罪,设置了包容犯、转化犯、注意规定以及规范竞合等立法形态。

9. **盗用信用卡·包容犯**:盗窃信用卡并使用的,系盗窃信用卡与冒用信用卡的

---

① 参见2013年最高人民法院、最高人民检察院《关于办理盗窃刑事案件适用法律若干问题的解释》第5条。

两个行为,前者构成盗窃罪,后者构成信用卡诈骗罪,两者存在吸收关系,从一重罪重处。对此,我国《刑法》第 196 条第 3 款以包容犯的立法模式作了规定,依照盗窃罪的规定定罪处罚。

10. **私拆邮件窃财·转化犯**:邮政工作人员私自开拆邮件并窃取其中财物的,系私自开拆邮件与盗窃的两个行为,前者构成私自开拆邮件罪,后者构成盗窃罪,两者存在牵连关系,从一重罪重处。对此,我国《刑法》第 253 条第 2 款以转化犯的立法模式作了规定,依照盗窃罪的规定定罪处罚。

11. **盗窃专用发票·注意规定**:盗窃增值税专用发票或者可以用于骗取出口退税、抵扣税款的其他发票的,原本即可成立盗窃罪。对此,我国《刑法》第 210 条第 1 款作了注意规定,依照盗窃罪的规定定罪处罚。

12. **规范竞合**:在我国《刑法》针对一些独特的盗窃对象设置了特别犯罪的场合,针对这些特定对象盗窃的,构成规范竞合犯,适用特别规范。(1)盗窃技术成果等商业秘密的,适用《刑法》第 219 条侵犯商业秘密罪的规定。(2)盗窃枪支、弹药、爆炸物的,或者盗窃毒害性、放射性、传染病病原体等物质的,适用《刑法》第 127 条盗窃枪支、弹药、爆炸物、危险物质罪的规定。(3)盗窃国家机关的公文、证件、印章的,适用《刑法》第 280 条盗窃国家机关公文、证件、印章罪的规定。(4)盗伐森林或者其他林木数量较大的,适用《刑法》第 345 条盗伐林木罪的规定。

> **思考题**
>
> 我国《刑法》如何完善盗窃罪加重犯的罪状立法?

第 117 节 诈 骗 罪

1. 设置本罪的基本法条是我国《刑法》第 266 条,该条第 1 段是本罪的基准罪状与法定刑,第 2 段与第 3 段是本罪的加重罪状与法定刑,第 4 段是在竞合的场合排除本条适用的规定。第 210 条第 2 款是对骗取有关发票而构成诈骗罪的注意规定。第 300 条第 3 款是对犯组织、利用会道门、邪教组织、利用迷信破坏法律实施罪又有诈骗财物的犯罪行为,依照数罪并罚的规定处罚的规定。

2. **诈骗罪**,是指以非法占有为目的,采用虚构事实或者隐瞒真相的方法,致使被骗者产生错误认识而交付财物,由此行为人获取他人财物数额较大的行为。

一、基准构成

(一)客观事实要素

3. **实行行为**:采用虚构事实或者隐瞒真相的方法,致使被骗者产生错误认识而交付财物,由此行为人获取他人财物,包括三个要素:(1)**方法行为**:采用虚构事实或者隐瞒真相的方法。**虚构事实**,是指凭空编造根本不存在的事实,足以使他人对事实情况产生错误认识而交付财物。**隐瞒真相**,是指掩盖事实原本是与非的真实情况,足以使他人对事实情况产生错误认识而交付财物。应当注意,诈骗的这种方法行为须有特定的构成要素,并有致使他人被骗而交付财物的功效(第117节A段1)。

(2)本质行为:诈骗行为具有致使被骗者产生错误认识而交付财物的性质。这也可谓是诈骗行为的本质意义。在此,诈骗所致的被骗者的"认识错误"及"交付财物"是核心要素(第117节A段3—5)。**(3)目的行为**:出于取财的意图而获得他人占有的财物。其中,**取财意图**,是指行为人出于拿取处于他人占有状态下财物,意图转为自己占有或者转为第三人占有;**获取**他人财物,是指行为人实施了将财物由他人占有的状态,变为自己占有或者转为第三人占有的行为。应当注意,取财的目的行为系诈骗结构锁链上的重要一环(第117节A段9)。

4. **行为对象**:他人财物,即他人占有的财物。这里的财物,包括动产与不动产、财产本体与财产利益、积极的财产与消极的财产等。刑法理论与实际通常认为,不动产与财产性利益可为诈骗罪的行为对象,这与盗窃罪中刑法理论对此所存争议不同。骗取对方提供有偿劳务、免除债务、承诺负债、交付住房、免付车费或通行费等,均可成为诈骗罪的表现。

5. **犯罪数额**:取得财物"数额较大"系本罪基准构成的定量要素,具体是指"财物价值3000元至1万元以上"①。应当认为,这里的"数额较大"也包含着致使被害人"财产损害"的意义(第117节B段2)。

6. **行为主体**:一般主体。单位不能构成本罪主体。

7. **既遂形态**:本罪系数额犯,数额存疑虽有加重情节仅为未遂。不过,数额未必就是出入罪的标志(第117节B段4)。

(二)客观规范要素

8. 本罪所侵害的具体法益是基于占有关系的财产秩序。

(三)主观责任要素

9. 本罪的主观责任形式为故意,同时成立本罪须有特定目的。

10. **故意**:本罪故意内容指向以"骗取行为而占有他人财物"为核心征表的"财产秩序被侵状态"。

11. **特定目的**:非法占有他人财物的目的。非法占有目的与直接故意的取得他人财物的希望态度并不完全等同。

二、法定刑

12. **基准法定刑**:诈骗他人财物,数额较大的,处3年以下有期徒刑、拘役或者管制,并处或者单处罚金(我国《刑法》第266条第1段)。

13. **加重法定刑**:诈骗他人财物,数额巨大或者有其他严重情节的,处3年以上

---

① 2011年最高人民法院、最高人民检察院《关于办理诈骗刑事案件具体应用法律若干问题的解释》第1条。

10年以下有期徒刑,并处罚金(我国《刑法》第266条第2段);数额特别巨大或者有其他特别严重情节的,处10年以上有期徒刑或者无期徒刑,并处罚金或者没收财产(我国《刑法》第266条第3段)。

甲伪造了寄存处的取物牌,从寄存员乙处将丙的寄存物取走,甲的行为属于什么性质?

第117节 A　诈骗罪实行行为的解读

一、诈骗的方法行为

1. 诈骗的方法行为应有如下**构成要素**:实施虚构事实或者隐瞒事实的行为;足使他人产生错误认识而交付财物。由此:(**1**) 行为人缺乏对事实的虚构或者隐瞒,而只是对事实作相对夸大的描述,固然不能成立诈骗。例如,存在商品交易的成分,只是有所夸大宣传地欺诈销售,不是诈骗行为;但是,超过限度的欺诈销售可以成立诈骗罪(第117节 D 段3)。(**2**) 同时,虚构隐瞒行为要成为诈骗行为,尚须该行为达到足以使他人产生错误而付财的程度。这里的诈骗行为程度,可按一般人或被骗人的认知能力具体判断。被骗人的过失不影响诈骗行为的成立。(**3**) 此外,虚构隐瞒行为也应基于致使他人错误交付财物而实施,反之如果欺骗行为只是为了获取某种犯罪条件则不是这里的诈骗。例如,采取欺骗方法"调虎离山""偷梁换柱"作案等。

2. 现实中,诈骗行为的具体表现可以多种多样:诸如,语言的诈骗与行为的诈骗;明示的诈骗与默示的诈骗;作为的诈骗与不作为的诈骗。其中,作为诈骗是事实常态与法定形态,不过不作为诈骗在具有等价值性场合应予认可。不作为诈骗的成立应以行为人具有作为义务为前提。案例117A-1系适例。不过,如果行为人当时并未意识到对方错误给付,回家后方才发现则另当别论。

案例117A-1:甲在某店购货,选中价值7000元的表,由于人多,接待的店主乙要去招呼另一顾客,于是交待另一店主丙给甲开票取表,丙以为乙已收款,开票后即将表交给了甲,甲明知乙与丙交接有错却接过表走了。

二、诈骗的本质行为

3. 诈骗行为的本质系致使被骗者产生认识错误而交付财物。

（一）认识错误

4. 认识错误,是指诈骗行为具有致使被骗者对财物处分产生不正确认识的性质。在此,认识错误内容指向对于财物的处分,反之则不是诈骗行为所有的认识错误。如案例117A-2,该案司机的错误认识即非指向财物处分。

案例117A-2:甲打车由A地至B地,快到B地时为摆脱付费,谎称上厕所,出租车司机信以为真,甲借机从厕所后门溜走。

5. 有时,被骗者陷入错误认识也存在自身的过失,但是只要行为人的诈骗手段足使他人产生错误,就不能否定诈骗行为的成立。

6. 如果行为人实施了诈骗行为,但是被骗者并未产生错误认识,而是出于怜悯之心交付了财物,对此基于认识错误缺乏而使本质行为缺损,可以成立诈骗罪的未遂犯。①

（二）交付财物

7. **交付财物**,是指诈骗行为具有致使被骗者基于处分意思而对财物作了处分,即使财物由原先的占有状态变为行为人或者第三人占有。因此,诈骗系交易型侵财,这也是其与盗窃的一个重要区别(第116A段4)。在此,交付财物(处分行为)的成立应有如下**要素**:被骗者出于处分财物的意思;被骗者具有财物处分的地位;被骗者实施了处分财物的行为;交付后财物被行为人或第三人占有。

8. 缺乏"交付"的某项要素,则不能成立交付:**(1) 缺乏处分意思的行为不是交付**。如案例117A-3,该案中乙交衣行为并无处分的意思。**(2) 缺乏财物处分地位的行为也非交付**。如案例117A-4,该案中乙并无该包的处分地位。

案例117A-3:甲谎称购衣需要试穿,营业员乙信以为真将衣服交于甲。

案例117A-4:会场清洁员乙正在清理卫生,甲指着暂离会场的他人的包,对乙声称这是自己的包,乙信以为真将包递给了甲。

9. 处分可以表现为占有状态的转移。如案例117A-5,该案中借用之占有状态的转移可谓这里的处分,乙出借汽车也具有处分的意思。

案例117A-5:甲谎称借用一下汽车,车主乙信以为真将汽车交于了甲。

10. 就交付的**具体表现**而言,交付既可以是即时交付也可以承诺交付,既可以是直接交付也可以是转接交付。交付通常呈现为积极行为,但在某些场合也可呈现为消极行为。如案例117A-6,该案中乙的默许可谓对甲暂缓付费的同意,呈现为以消极行为对财产性利益的处分。

案例117A-6:甲在饭店食宿后,为摆脱付费,谎称开车送朋友后即回来买单,饭店服务员乙信以为真而予以默许。

三、诈骗的目的行为

11. 诈骗之目的行为的"获取财物",是该罪如下结构**要素锁链**上的一环。这一结构要素锁链包括:(1) 行为人"诈骗行为";(2) 被害人"错误认识";(3) 被害人"交付财物";(4) 行为人"获取财物";(5) 财物"占有状态改变";(6) 被害人"财产损害"。在此,"获取财物"作为目的行为,系上述锁链的第4环。并且,作为目的行

---

① 这如同在强奸罪中,甲冒充乙女的丈夫骗奸,而乙女对甲本有相许之意(案例110A-6,第110节A段9)。该案应构成强奸罪的未遂犯。

为,其只是一种行为样态,在这个意义上其与上述锁链的第5环不同。上述(4)与(5),是行为与结果的关系,行为实施完毕未必就有结果的出现(第116节A段6)。

相对作为来说,不作为诈骗的实行有哪些独特之处?

第117节 B 诈骗罪数额要素的解读

一、财产损害

1. 《德国刑法典》第263条明确规定,诈骗罪的构成要素须"获得不法财产利益"并且造成被害人"财产损害"。而对何为这里的"财产损害",德国、日本刑法理论则存在**整体财产论**(根据被害人的全部财产有无减损来判断财产损害)与**个别财产论**(根据骗取对象的财物有无减损来判断财产损害)的不同见解。同时,对财产损害的判断还存在**经济财产论**(根据被骗财产的客观经济价值来判断财产损害)与**法律财产论**(根据被骗财产是否受到法律保护来判断财产损害)的对立。由于诈骗还涉及被害人对特定财产或利益的自我评价与实现意图,这也就使得对财产损害的判断更为复杂。如案例117B-1,该案中的乙虽获得了对价财物,却因受骗而未能达成目的,这是否财产损害?对此不无争议,而**目的未达论**(即使行为人支付了对价财物,但被害人意图所购的某物或交易的真实意欲未能实现)肯定这一情形的财产损害。

案例 117B-1:患有感冒的被害人乙欲购感冒清热颗粒(治疗感冒),甲谎称自己是医生,故意将对等价格的明目地黄丸(治疗眼病)给付了乙。

2. 对于上述诸项问题,根据我国《刑法》第266条的规定,相应的构成要素是"骗取财物"且"数额较大"。在此,我国《刑法》并未明确将"财产损害"作为诈骗罪的构成要素。不过,诈骗依存于行为人与被害人之间的财产"交易",从而设置"**财产损害**"的要素以及对之作合理解释具有重要意义。相对而论,整体财产论、经济财产论与目的未达论具有较大的合理性。由此,司法实践中,被害人被骗而致虽无物质财产减损,但却有其目的所指的精神财产减损,对于这种情形也不能完全排除其诈骗罪的成立。由此,"数额较大"具有在对行为人所骗取的财物价值的计量中,也包含着被害人财产损害以及未达交付目之意义的判断。

二、数额犯及数额对出入罪的影响

3. **数额犯**:诈骗罪的实行行为的完成须有行为达致财物占有状态改变的程度,即被害人丧失财物占有,而行为人或第三人占有财物。从这个意义上说,诈骗罪的实行行为完成之中已有对获得财物的评价。但是,与抢劫罪不同,诈骗罪的基准构成尚须骗取财物"数额较大"。也就是说,在抢劫罪的场合,只要劫得财物即可成立既遂;

但是在诈骗罪的场合,行为人虽然骗得财物,如果所骗得的财物并未达到"数额较大",则仍不能成立既遂犯。从这个意义上,诈骗罪是数额犯。

4. **数额与出入罪**:"数额较大"是既遂的重要标志,但未必就是出入罪的标志。易言之,不达数额可以入罪而达到数额也可能出罪。诈骗财物"数额较大",但是具有"认罪"与"悔罪"以及"退赃"或"被害人谅解"等"法定从宽"情节的,可以"不起诉或者免予刑事处罚"①;诈骗未遂,但是"以数额巨大的财物为诈骗目标的,或者具有其他严重情节的,应当定罪处罚"②。

5. **加重情节的未遂**:根据《刑法》的规定,诈骗罪的基准犯是数额犯,而诈骗罪的加重构成则包括加重数额与加重情节的要素。由此,存在加重情节未必就有基准数额,在此场合可以成立未遂。在"诈骗数额难以查证"的场合,符合"其他严重情节"或者"其他特别严重情节"的,"以诈骗罪(未遂)定罪处罚"③。

> **思考题**
>
> 我国1979年《刑法》第152条规定了"惯窃、惯骗",现行《刑法》应否恢复这一立法例?这其中蕴含了何种价值取向?

第117节 C 三角诈骗及诉讼诈骗

一、二间诈骗与三角诈骗

1. **二间诈骗**,是指被骗者与被害人系同一人的诈骗。在此,交付财物的被骗者(被害人)系财物的所有者或占有者。与此相对,**三角诈骗**,是指由行为人、被骗者、被害人三方构成的诈骗,也即被骗者与被害人不是同一人的诈骗。

二、三角诈骗的构成特征

2. **被骗者与处分者相同**:被骗者基于被骗而产生了错误认识,处分了财物。由此,被骗者与处分者必须一致。例如,在案例117C-1中,乙受甲之骗而产生了错误认识,进而处分了丙的财物,将该财物交付给了甲。问题是,被骗者与交付者是否也须一致?有论著认为,诉讼诈骗属于被骗者与交付者不一致的情况。对此,应当说,即使在诉讼诈骗中,被骗者也是交付者,而被害人(败诉方)不是真正交付者(本节段

---

① 2011年最高人民法院、最高人民检察院《关于办理诈骗刑事案件具体应用法律若干问题的解释》第3条。

② 2011年最高人民法院、最高人民检察院《关于办理诈骗刑事案件具体应用法律若干问题的解释》第5条。

③ 2011年最高人民法院、最高人民检察院《关于办理诈骗刑事案件具体应用法律若干问题的解释》第5条第2—3款。

13)。

案例117C-1：丙临时外出将房门钥匙交于邻居乙，嘱托乙在其外出期间看护房子。甲得知此情，谎称受丙之托前来取件，乙信以为真将房门打开，甲当着乙的面取走丙的财物。

3. **被骗者未必占有财物**：(1) 被骗者可以是财物的占有者或所有者。例如，在案例117C-2中，丙将包交给乙看管，乙是寄存处的保管员，从而临时占有了乙的包。固然，乙也是被骗者。(2) 被骗者并非财物的占有者或所有者。例如，在案例117C-3中，电子存物箱相当于由丙所把持的保险箱，箱中之包仍由丙所占有，乙虽有开箱的电子密码，但并没有占有箱中之物。固然，乙也同样是被骗者。

案例117C-2：甲窥视得知丙包中之物，见丙将包寄存于寄存处，于是谎称自己是包的主人，不慎将取物牌弄丢了要求取包。基于甲对包中之物的描述，寄存处的保管员乙相信了甲。

案例117C-3：甲窥视得知丙包中之物，见丙将包放入了电子寄存箱，于是谎称自己是包的主人，不慎将电子取物单丢了要求取包。安全管理人员乙相信了甲，开箱将该包交给了甲。

4. **被骗者具有处分地位**：被骗者具有事实上的财物的处分权限与地位，这是诈骗（三角诈骗）与利用他人盗窃（间接正犯盗窃）的关键区别。**处分地位与处分意思**不同。成立处分行为须有处分意思（第117节A段5），但是被骗人具有处分意思却缺乏处分地位，这种场合行为人也不能成立诈骗。例如，案例117C-4中的乙具有处分意思，但却无处分地位，该案的甲构成盗窃。所谓事实上的**财物处分权限与地位**，以被骗者具有守护财物的职责或具有制度性的处分地位为底线。例如，在案例117C-1中，乙占有房间钥匙未必就占有房内财物，但乙对房内财物具有保护责任，从而乙打开房门默认行为人将财物取走，可以认为是交付财物的行为。反之，在案例117C-5中，甲虽拥有诸多办公室的门禁卡，但对各人房内的财物并无守护职责。从而甲开门默认行为人取财的行为并非交付，行为人的行为构成盗窃的间接正犯。

案例117C-4：主人丙外出上班，仅保姆乙一人在家，甲谎称受丙之托前来取丙的西服，乙信以为真而将丙的西服交给了甲。

案例117C-5：某单位办公室主任乙拥有该单位所有办公室的门禁卡，甲谎称受某个办公室主人丙的委托前来取件，因事急仓促而忘记带卡了需要开一下门，乙信以为真将丙的房门打开，甲当着乙的面取走丙的财物。

5. **被害人须占有或所有**：被害人系财物的所有者或占有者，虽未被骗却由于被骗者的交付而遭受财产损失。在三角诈骗的场合，虽然被骗者也可能是财物的占有者，但是被骗者与被害人必须分离，被害人没有被骗及交付却因被骗者的交付而遭受了财产损失。例如，在案例117C-6中，乙为被骗者并在保养期间占有丙的汽车，丙为被害人是汽车的所有人，并基于乙的被骗交付而遭受了财产损失。

案例117C-6：被害人丙将自己的汽车交于4S店保养，甲谎称受丙的委托前来取车，4S店的接待人员乙信以为真，办理相关手续后将车交于甲开走。

三、诉讼诈骗

6. **诉讼诈骗**,是指向法院提出虚假的诉讼或者证据,致使法院产生错误认识而作出判决处分财产,由此行为人骗得他人财产转为自己或第三人占有,被告方却基于法院的判决而遭受财产损失。

(一) 刑法理论对诉讼诈骗归属的不同见解

7. 不能成立诈骗罪。理由是:有时法院明知证据虚假却不得不作出判决,这就不是诈骗手段的后果;败诉一方是被强制交付财物的,这与诈骗的自愿交付财物不同。2002年最高人民检察院法律政策研究室《关于通过伪造证据骗取法院民事裁判占有他人财物的行为如何适用法律问题的答复》也否定了诉讼诈骗可以构成诈骗罪。

8. 成立敲诈勒索罪。(1) 敲诈的直接正犯,理由是:行为人借助法院判决的强制力迫使被害人交付财物,符合敲诈勒索罪的要挟手段索取财物;(2) 敲诈的间接正犯,理由是:法院针对被害人的强制力与迫使交付可以视作实行行为,而这一行为又是基于行为人的利用,从而行为人系间接正犯。①

9. 成立诈骗罪(三角诈骗):理由是:在诉讼诈骗中,存在欺骗法院使其陷入错误而作处分决定,并因处分决定而处分财物,最终使被害人遭受损失的情况,在此场合被欺骗者和财物的交付者并不一致。②

(二) 诉讼诈骗行为定性的解读

10. 本书认为,诉讼诈骗是较为典型的三角诈骗;并且被骗者与交付者是一致的(本节段13)。在立法并未将诉讼诈骗设置为特别诈骗罪的场合,诉讼诈骗归属于诈骗罪;在我国《刑法》第307条之一设置了虚假诉讼罪的场合,诉讼诈骗仍可构成诈骗罪,并且这一诉讼诈骗之诈骗罪与虚假诉讼罪可能呈现为想像竞合犯。

11. 诉讼诈骗并非敲诈勒索的直接正犯,因为行为人并未直接要挟被害人,被害人交付是基于法院判决的强制力;尽管敲诈之间接正犯的解释似也可成立,但是基于更为基础性的刑法规则"直接实行吸收间接实行"③,行为人的所为更符合三角诈骗的直接实行。

12. 三角诈骗与二间诈骗不同,三角诈骗存在被骗者被骗而处分财物与被害人没有被骗及交付却遭受损失的分离。反之,如果被害人与被骗人共同被骗而自愿处分财物,这就不是三角诈骗了;或者没有被骗人与被害人的分离,而只是被害人被强制交付财物,这固然不是诈骗。在诉讼诈骗中,行为人采用诈骗方法致使法院产生错误认识,从而作出判决处分了败诉方的财产,败诉方没有被骗却由此遭受了财产损失系被害人。至于败诉方(被害人)被强制交付财物的问题,这不应成为诉讼诈骗构成

---

① 这是指行为人利用他人缺乏违法性的行为实行犯罪。又称"合法行为的工具"。参见〔德〕约翰内斯·韦塞尔斯:《德国刑法总论》,李昌珂译,法律出版社 2008 年版,第 301 页;〔德〕冈特·施特拉腾韦特、洛塔尔·库伦:《刑法总论 I——犯罪论》,杨萌译,法律出版社 2006 年版,第 299 页。
② 参见〔日〕大谷实:《刑法各论》,黎宏译,法律出版社 2003 年版,第 188 页。
③ 相对于敲诈行为,诈骗行为也为重行为。

三角诈骗的障碍;因为败诉方的被强制交付财物不能成立交付,所以交付者仍是法院(本节段13)。由此看来,诉讼诈骗并非被骗者法院与败诉者被害人共同被骗,而是不仅与诈骗罪的"结构要素锁链"相吻合,并且符合三角诈骗之被骗者与被害人分离的典型特征。

13. 通常情况下,三角诈骗中的被害人不知被骗者被骗及处分财物,这也意味着被害人既没有被骗也无对于被骗财物的交付行为。然而,有学者认为,在诉讼诈骗中,法院与败诉方均是财物的交付者,在此败诉方没有被骗而交付财物,从而"诉讼诈骗属于被骗者和财物交付者不一致的一种情况"①。本书认为,在此不能将败诉方的被强制行为认为是交付行为。易言之,败诉方执行法院的判决是受到完全强制的动作,败诉方的这种动作并非意识与意志支配下的行为,其缺乏刑法上行为所需的"心素",这种动作固然不具有交付行为的意义。从这个意义上说,败诉方的动作只是法院交付行为的"影子"与"工具";进而,这与通常情况下的三角诈骗的被害人没有交付,具有近似的意义。

> **思考题**
>
> 1. 在诉讼诈骗中,被骗者是谁?交付者是谁?被害人是谁?这意味着什么?
> 2. 如何区分三角诈骗与间接正犯形式的盗窃?

第 117 节 D 诈骗罪的具体认定

一、欺诈销售与购买

1. 如何界分民事性的欺诈销售(购买)与刑事性的诈骗,这是具有现实意义的重要议题。对此,本书分别阐释如下。

2. 单纯的无给付或微给付而取财的欺诈销售,这是典型的诈骗。

3. 以低给付或少给付获得高回报的欺诈销售,对此具体情况不同,在非法占有目的、财产法益侵害等特质上是有差异的,在处理上也应予以区分。下列情形可以考虑**成立诈骗罪**:(1)欺诈销售,致使被害人意图所购的某物未能实现(目的未达,第117节B段2),且数额较大,诸如案例117D-1中甲的行为。(2)欺诈销售带有虚假的商品,虚假的价值超过交易总额价值的半数以上,并且超过诈骗罪的数额标准,诸如案例117D-1中甲的行为;(3)虚构某种特定的资格,购买具有较大的市场差价的商品,从中牟取数额较大的不法利益。例如,通过欺诈获得资格而购买经济适用房。

案例 117D-1:甲销售特定规格的茶叶,而给付的货物中有一半以上是普通树叶,且虚假货物的价值达到数额较大。

---

① 〔日〕大谷实:《刑法各论》,黎宏译,法律出版社 2003 年版,第 188—189 页。

4. 与上述情形相对,基于非法占有目的、财产法益侵害等存疑或趋轻的特质,以下情形不宜认定为诈骗罪:(1) 按款给付的欺诈购买:例如,通过欺诈获得资格而购买家庭第二套限购房。(2) 欺诈提前兑现自己的财产法益:例如,通过欺诈获得条件而支取自己的住房公积金。

二、双重抵押与买卖

5. 双重抵押或一物二卖,也涉及诈骗的与否。对于案例 117D-2,日本原先判例认为,甲系三角诈骗,乙是被害人而丙是被骗人;而现在判例认为,甲构成《日本刑法》上的背任罪。① 我国《刑法》并未设置背任罪,由于被害人乙对甲的房产没有处分权,而丙也不是对乙的房产获得处分授权,从而甲的行为不是三角诈骗。由于丙并无财产损失,甲对丙也不成立诈骗罪。但是,由于甲的隐瞒事实真相而致乙遭受财产损失,所以可以考虑甲对乙构成诈骗罪。类似的情形,在案例 117D-3 中,由于丙没有财产损失,甲对丙不成立诈骗罪,但是乙因受骗而遭受财产损失,所以甲对乙构成诈骗罪。

案例 117D-2:甲将某房产抵押给乙,尚未办理抵押手续,同时又将该房产抵押给丙,并给丙办理了抵押手续。

案例 117D-3:甲将某房产出售给乙,办理手续前而获得部分预付款,同时又将该房产出售给丙,并办理了手续而获得全部房款。

三、不法原因给付

(一) 具体问题

6. 不法原因给付中的欺骗是否成立诈骗罪,存在两种情况:其一,行为人实施诈骗,被害人不法原因给付(出于不法意图给付),造成被害人财产损害(案例 117D-4)。其二,行为人不法原因给付,其后又将原先的不法原因给付物从受付人处骗回(案例 117D-5 与案例 117D-8);或者行为人基于不法原因而需给付,但是行为人却予以虚假的给付(案例 117D-6)或骗逃支付(案例 117D-7)。

案例 117D-4:甲将玩具枪谎称是真枪,出售给了私自购买枪支的乙,乙信以为真而付款。

案例 117D-5:甲因赌博而将所输的金器交给了赢家乙,其后采用诈骗的方法将该金器骗回。

案例 117D-6:甲因赌博将某金器输给了乙,但是甲却将没有经济价值的替代品冒充该金器交给了乙。

案例 117D-7:甲欺骗卖淫女乙提供了性服务,又采用诈骗的方法致使乙未能收取嫖资。

案例 117D-8:卖淫女乙为甲提供了性服务,甲支付了嫖资,其后又将该嫖资

---

① 参见〔日〕西田典之:《日本刑法各论》,刘明祥、王昭武译,中国人民大学出版社 2007 年版,第 158 页。

骗回。

(二) 理论见解

7. 对案例 117D-4 中的甲存在:(1) 通说成立诈骗罪,理由是,即使乙是不法原因给付,乙也无权请求返还,但是只要欺骗行为侵害了乙对财物的支配权,即可成立诈骗罪。(2) 不能成立诈骗罪,理由是,乙是不法原因给付,从而无权请求返还,也就不存在财产损害,因此甲也就不能构成诈骗罪。

8. 对案例 117D-7,由于提供性服务不属于财产性利益,从而甲欺骗而获得乙的性服务不成立诈骗罪。问题是,甲欺骗而逃避支付嫖资能否成立诈骗罪?对此存在:(1) 成立诈骗罪,理由是,尽管支付嫖资的合同存在违反公序良俗的内容,但是在本质上民事合同的无效与刑事责任的存在并不相同,因此嫖资也可成为诈骗的对象。(2) 不能成立诈骗罪,理由是,以卖淫这种违反公序良俗为内容的合同是无效的,因此甲不承担支付嫖资的债务,进而欺骗而免付嫖资也并未获得财产性利益。①

(三) 本书分析

9. 我国民法总则与刑事司法实践,对不法原因的债权或取得物原则上不予肯定(第 118 节段 6)。易言之,不法原因的给付物,原则上给付人对其仍拥有财产权限;不法原因的债权,原则上法律对其不予保护。总体上基于这一定位,考究诈骗行为中财产损害的与否,附带涉及行为的法益侵害与行为人的非法占有目的,具体判断各案中甲的行为是否成立诈骗罪。**(1) 案例 117D-4**,乙虽基于私购枪支这一不法原因而给付,但这并不否认乙对给付钱款拥有权限,由此甲的欺骗造成了乙的财产损害,甲成立诈骗罪。**(2) 案例 117D-5**,所输金器原系甲所有,甲基于赌博这一不法原因的给付不能否认甲对该金器的财产权限,甲将该金器骗回并未造成乙的财产损害,甲不成立诈骗罪。**(3) 案例 117D-6**,法律并不承认赌债的合法性,从而甲对乙并非正当的债务关系,甲以替代品冒充该金器交给乙也没有造成乙的财产性利益损害,甲不成立诈骗罪。**(4) 案例 117D-7**,性服务不是财产性利益,由此甲骗取性服务不能成立诈骗罪。又因为卖淫也不能形成合法的债务关系,从而甲骗逃嫖资支付也未造成乙的财产性利益损害,甲不成立诈骗罪。**(5) 案例 117D-8**,甲所支付的嫖资系不法原因给付,这一给付不能承认乙对该嫖资就拥有了财产权限,因此甲将嫖资骗回并未造成乙的财产损害,甲不成立诈骗罪。

10. 在此,本书并未强调民刑规范一致的**法秩序统一性**。当然,法秩序统一性具有一定的普适意义,也能较好地用以上述这些案例的定性。但是,应当注意,在某些特殊的民刑规范冲突的场合,有关法秩序统一性的规则也会有例外。有时,民事合法未必就是刑事合法,普遍的社会道德规范或法律秩序的普遍原则才是违法性判断的根本(第 45 节 B 段 15)。

四、欺诈逃避付款(骗吃行为)

11. 对于食宿消费后实施欺诈而逃避付款行为的定性,存在盗窃与诈骗的争议。

---

① 参见〔日〕大谷实:《刑法各论》,黎宏译,法律出版社 2003 年版,第 200 页。

诈骗论者认为,财产性利益不能成为盗窃的行为对象,从而这种行为至多只是诈骗。

12. 本书认为,财产性利益可以成为盗窃的行为对象(第 116 节 B 段 5)。不过,对于类似情形,究竟是盗窃还是诈骗,具体案情不同而有差异(第 116 节 F 段 24)。就其中的诈骗而论,较为典型的是行为人作虚假的支付。但是,也有类似案例 117A-6(第 117 节 A 段 8)的情形。

13. 对案例 117A-6 的处理,存在两种不同见解:盗窃说认为,乙只是承诺甲离开,而缺乏支付所需的处分意思,因此甲不能成立诈骗;诈骗说认为,乙承诺甲离开意味着允许其暂缓支付,这也是一种处分意思,因此甲成立诈骗。本书认为,甲提出暂缓支付的请求,乙予以默许,这可以视作是乙对甲的特殊支付方式的允诺,虽不能说这是乙对债权的放弃意思,却也可说是对债权的一种处分意思。应当注意,案例 117A-6 与案例 117A-2(案例 117 节 A 段 4)有着原则区别。在案例 117A-2 中,乙所承诺的内容不是对债权兑现的暂缓,而是允许甲暂时脱离乙的视线,这种暂时脱离并无兑现债权这一指向的内容,从而在这种场合甲的逃离系盗窃。

> 思考题

司法中对欺诈销售伪劣产品违法所得数额巨大的行为应当如何定性?

第 117 节 E 诈骗罪的犯罪形态

一、规范竞合

1. 我国《刑法》第 266 条是对普通诈骗罪的规定,与此相对,《刑法》还规定了诸多特别诈骗罪,具体包括:**(1)**《刑法》集中规定的诸多金融诈骗罪,包括:集资诈骗罪(第 192 条)、贷款诈骗罪(第 193 条)、票据诈骗罪(第 194 条第 1 款)、金融凭证诈骗罪(第 194 条第 2 款)、信用证诈骗罪(第 195 条)、信用卡诈骗罪(第 196 条)、有价证券诈骗罪(第 197 条)、保险诈骗罪(第 198 条)。**(2)**《刑法》将之作为扰乱市场秩序罪之一的合同诈骗罪(第 224 条)。**(3)**《刑法》将之作为扰乱公共秩序罪之一的招摇撞骗罪(第 279 条)。**(4)**《刑法》将之作为危害国防利益罪之一的冒充军人招摇撞骗罪(第 372 条)。

二、加重构成

2. 我国《刑法》第 266 条第 2 段与第 3 段,规定了诈骗罪的两个层次的加重构成:"数额巨大或者有其他严重情节";"数额特别巨大或者有其他特别严重情节"。这里,关键是"数额"与"情节"的可操作性确定。

3. **数额**:"数额巨大"与"数额特别巨大",分别是指诈骗财物价值"3 万元至 10

万元以上"与"50万元以上"。①

4. 情节:"其他严重情节"与"其他特别严重情节",各以"特定数额"与"特定情形"合并的方式确定。②

网络诈骗、电信诈骗各有哪些较为典型的事实形态及其刑法定性?

第 118 节 侵 占 罪

一、基本概念

1. 侵占罪(我国《刑法》第270条),是指以非法占有为目的,非法占有代为保管的他人财物,数额较大且拒不退还的行为。

2. 我国《刑法》第270条第2款的规定是本罪的准型构成。这一准型构成的一个特别之处,在于行为对象系遗忘物或者埋藏物。

二、司法现实的缺憾

3. 司法实践对行为人在立案前返还财物的均不予追究,这种做法颇存疑问。行为符合犯罪构成,即可成立犯罪;只要证据确凿"拒不退还",则这一要素即可成立。先前拒不退还,立案时仍拒不退还,则说明主观恶性更大与行为危害更重。如立案前返还财物的不予追究,则本罪不失为虚设。

4. 实际上,我国目前类似的司法操作并非个案。然而,不能不说这种放纵催生与助长了社会失范的形成;在社会失范状态下法律的权威与良好秩序的形成,需要严格遵循刑法法制主义原则(第7节段21)。同时,还应注意,这种司法操作的根据及其理念,与我国《刑法》第164条第4款、第390条第2款、第392条第2款等规定及其理念,并不相同。

三、不法原因给付

5. 对基于不法原因给付的财物拒不返还,这是否可以成立侵占罪? 对此,刑法理论颇存争议,而这一问题回答涉及不法原因给付的法律效果。

6. **不法原因给付效果**:基于违法事项或理由而实施的给付,给付人对该给付物是否有权请求返还? 对此,基于我国《民法典》第157条的规定,行为人因无效民事法

---

① 参见2011年最高人民法院、最高人民检察院《关于办理诈骗刑事案件具体应用法律若干问题的解释》第1条。

② 参见2011年最高人民法院、最高人民检察院《关于办理诈骗刑事案件具体应用法律若干问题的解释》第2条。

律行为取得的财产,应当予以返还。这意味着,法律原则上并不否定给付人对该不法给付物的权利。这一思路也与有关司法解释在相关问题上的刑事处置吻合。例如,行为人仅以其所输赌资为抢劫对象,一般不以抢劫罪定罪处罚。①

7. **侵占罪的行为对象**:侵占不法原因给付物能否成立侵占罪?否定说认为,由于给付人对该给付物没有权利请求返还,从而立于法秩序的统一性,受付人拒不返还的行为不能成立侵占罪。然而,我国民法实际上肯定了受付人对不法原因给付物的返还。其实,问题是,不法原因的给付物能否称为侵占对象的"保管物"?对此,应当认为,侵占的本质是对他人财物由"非违法占有"到"非法占有"。这里的"非违法占有"包括:合法占有,诸如担保占有、租赁占有等;中性占有,诸如无因管理、不当得利等;不法给付占有。因此,侵占他人的不法原因给付物,可以成立侵占罪。

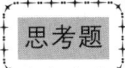

我国《刑法》为什么将侵占罪的罪状分别规定为两款?

第119节 侵犯财产秩序罪的其他具体犯罪选读

一、职务侵占罪

1. 职务侵占罪(我国《刑法》第271条),是指公司、企业或者其他单位的人员,利用职务上的便利,非法占有本单位财物,数额较大的行为。

2. 本罪与贪污罪的一个关键区别,在于行为主体身份的分离。

二、挪用资金罪

3. 挪用资金罪(我国《刑法》第272条),是指公司、企业或者其他单位的工作人员,利用职务上的便利,挪用本单位资金归个人使用或者借贷给他人,数额较大、超过3个月未还的,或者虽未超过3个月,但数额较大、进行营利活动的,或者进行非法活动的行为。

4. 本罪与挪用公款罪的一个关键区别,在于行为主体身份的分离:(1)国家工作人员(主要是委派人员)挪用非国有单位资金(未必公款,第132节B段6)构成犯罪的,成立挪用公款罪②;(2)"受国家机关、国有公司、企业、事业单位、人民团体委托,管理、经营国有财产的非国家工作人员,利用职务上的便利,挪用国有资金归个人使

---

① 参见2005年最高人民法院《关于审理抢劫、抢夺刑事案件适用法律若干问题的意见》第7条。
② 参见我国《刑法》第272条第2款、1999年最高人民检察院《关于人民检察院直接受理立案侦查案件立案标准的规定(试行)》。

用构成犯罪的",应当按照挪用资金罪定罪处罚。①

5. 值得注意的是,在"贪污与职务侵占(A)"及"挪用公款与挪用资金(B)"的界分认定中,B者主要依据主体身份定性(本节段4),而A者则有扩张贪污罪认定的倾向,具体界分呈现为通常注重行为主体但也有倾重行为对象的交织:**(1)** 国家工作人员,非法占有非国有单位财物(未必公共财物,第131节B段10)构成犯罪的,依照贪污罪定罪处罚(我国《刑法》第271条第2款)。**(2)** "受托管理国有财产的人员"非法占有国有财物的,"以贪污论"(我国《刑法》第382条第2款)。该条款的"受托人员"应系非国家工作人员(第131节B段4),这也系在类似的情形中注重以行为对象界分定性的特例。

三、挪用特定款物罪

6. 挪用特定款物罪(我国《刑法》第273条),是指利用职务上的便利,违反国家财经管理制度,挪用用于救灾、抢险、防汛、优抚、扶贫、移民、救济款物,情节严重,致使国家和人民群众利益遭受重大损害的行为。

7. 本罪的"挪用"是由单位挪归单位用于非特定事项的公用。

四、抢夺罪

8. 抢夺罪(我国《刑法》第267条第1款),是指以非法占有为目的,采用乘人不备等使人不及反应的方法,公然立即夺取他人财物数额较大,或者多次抢夺的行为。

五、敲诈勒索罪

9. 敲诈勒索罪(我国《刑法》第274条),是指以非法占有为目的,以实施侵害相威胁,强行索取他人财物数额较大,或者多次实施敲诈勒索的行为。

10. 本罪的实行行为系方法行为(暴力威胁或非暴力威胁)与目的行为(强索他人财物)的复合。**(1) 威胁**,是指以实施杀害、伤害等暴力内容,或者揭发隐私、损毁名誉等非暴力内容,对被害人进行精神恐吓,使其产生恐惧心理而不敢抗拒的行为。威胁既可是直接面对被害人实施,也可以是通过其他途径而作用于被害人。威胁的内容可能实施的时间,暴力威胁的,只能是日后而不能是当场;非暴力威胁的,可以是当场也可以是日后。行为人以自伤自杀相向的,在被威胁者具有阻止义务的场合也可成立这里的威胁。**(2) 强索他人财物**,是指将威胁的内容告知被害人,勒令被害人当场(非暴力威胁)或者日后(暴力威胁或非暴力威胁)交付一定的钱财。

---

① 参见2000年最高人民法院《关于对受委托管理、经营国有财产人员挪用国有资金行为如何定罪问题的批复》。

六、故意毁坏财物罪

11. **故意毁坏财物罪**(我国《刑法》第 275 条),是指故意毁灭或者损坏他人财物,数额较大或者有其他严重情节的行为。

12. **毁坏**是该罪的实行行为。对于何为毁坏,刑法理论存在效用侵害说、变更器物形象说等。本书认为,这里的毁坏(财物),是指致使他人财物的**使用性能**丧失或减损的行为,包括:致使财物的物质使用性能或精神感情价值丧失或减损,或者致使他人失去对财物的**占有**而无法使用财物的行为。例如,将大量沙子渗入米中;将录有特定声音的录音抹去;将对某人具有特殊意义的相片涂污;将食用炒锅抹上粪便;将汽车上使用中的轮胎放气;将他人围养的鱼放跑等。

> **思考题**
>
> 1. 国家机关能否被敲诈?
> 2. 对下列案例中的甲与乙应当如何处理?

案例 119-1:委派到非国有公司的国家工作人员甲,教唆该公司的非国家工作人员乙,利用乙的职务之便侵吞该公司的大量财物,乙按甲的指使而为。

第29章 妨害日常管理罪

第120节 妨害日常管理罪概述

一、妨害日常管理罪的本体构成

1. **妨害日常管理罪**,是指妨害国家机关或者有关机构对社会的日常管理活动,破坏社会秩序的行为。

(一) 客观事实要素

2. **实行行为**:妨害日常管理活动,破坏社会秩序。其中,妨害日常管理活动是行为的形式表现,而破坏社会秩序是行为的实质属性。**(1) 法定行为方式**:A. 作为:多数系作为,并且许多在实践中也只能由作为构成。例如,聚众斗殴罪、寻衅滋事罪,暴动越狱罪、劫夺被押解人罪等。B. 少数系不作为:例如,拒不执行判决、裁定罪,拒绝提供间谍犯罪证据罪等。**(2) 法定犯与自然犯**:A. 多数系法定犯:例如,妨害公务罪、扰乱社会秩序罪等。B. 少数系自然犯:例如,聚众淫乱罪,盗窃、侮辱尸体罪等。**(3) 行政法规要素**:A. 本章的许多犯罪,以违反社会管理法规为前提。例如,破坏性采矿罪以违反矿产资源法的规定为前提(《刑法》第343条第2款),滥伐林木罪以违反森林法的规定为前提(第345条第2款)等。B. 本章也有部分犯罪,不以违反管理法规为要件。例如,故意损毁文物罪(第324条第1款)、传授犯罪方法罪(第295条)等。

3. **行为主体**:本章各罪的行为主体,具体表现为:**(1) 一般主体**:例如,煽动暴力抗拒法律实施罪(第278条),非法获取国家秘密罪(第282条第1款)等。**(2) 特殊主体**:例如,伪证罪(第305条)的法定主体,只能是刑事诉讼中的证人、鉴定人、记录人和翻译人。**(3) 自然人并单位**:例如,骗取出境证件罪(第319条)、倒卖文物罪(第326条)等。**(4) 仅限自然人**:例如,聚众斗殴罪(第292条)、寻衅滋事罪(第293条)。

4. **既遂形态**:本章各罪的既遂形态类型表现为:**(1) 行为犯**:例如,非法获取国家秘密罪(第282条第1款)、伪证罪(第305条)等。**(2) 结果犯**:例如,非法使用窃听、窃照专用器材罪(第284条)、聚众扰乱社会秩序罪(第290条第1款)等。**(3) 情节犯**:例如,非法捕捞水产品罪(第340条)、非法采矿罪(第343条第1款)等。**(4) 少数系危险犯**:例如,非法采集、供应血液、制作、供应血液制品罪(第334条第1款)。**(5) 许多系实害犯**:例如,医疗事故罪(第335条)、擅自进口固体废物罪(第339条第2款)等。**(6) 少数兼危险犯及实害犯**:例如,妨害传染病防治罪(第330条)、妨害国境卫生检疫罪(第332条)、妨害动植物防疫、检疫罪(第337条)。

(二) 客观规范要素

5. 本章各罪所侵害的类型法益是社会管理秩序。这里的社会管理秩序仅指狭义上的社会管理秩序。狭义以外的其他社会管理秩序，已作为刑法分则其他各章犯罪的侵害法益。

6. 广义上的社会管理秩序：是指国家机关与有关机构对社会各个方面进行管理而形成的整个社会的有序状态。包括：政治秩序、经济秩序、生产秩序、工作秩序、教学科研秩序、生活秩序等。广义上的社会管理秩序就是社会秩序，一切犯罪都是对社会秩序的侵犯。

7. 狭义上的社会管理秩序：侧重于表述国家机关与有关机构对社会的日常管理活动而形成的某些方面的秩序。包括：公共秩序、司法秩序、国(边)境管理秩序、文物管理秩序、公共卫生秩序、环境资源保护秩序、毒品管制秩序、社会风化秩序等。

(三) 主观责任要素

8. 本章各罪的主观责任形式，表现为故意或者过失；有的犯罪的责任要素还包括特定目的。具体表现为：**(1) 个别系过失**：例如，过失损毁文物罪(第324条第3款)，污染环境罪(第338条)等。**(2) 多数系故意**：例如，非法使用窃听、窃照专用器材罪(第284条)，非法侵入计算机信息系统罪(第285条第1款)，聚众扰乱社会秩序罪(第290条第1款)。**(3) 特定目的**：例如，赌博罪(第303条第1款)的法定责任要素包括营利目的；倒卖文物罪(第326条)的法定责任要素包括牟利目的；伪证罪(第305条)的法定责任要素包括意图陷害他人或者隐匿罪证的目的。

二、妨害日常管理罪的种类

9. 我国《刑法》分则"第六章妨害社会管理秩序罪"分为九节，相应地该章各罪也分为九类。

10. **扰乱公共秩序罪**。包括：妨害公务罪，招摇撞骗罪，组织考试作弊罪，高空抛物罪，催收非法债务罪，组织、领导、参加黑社会性质组织罪等。

11. **妨害司法罪**。包括：伪证罪，帮助毁灭、伪造证据罪，虚假诉讼罪，掩饰、隐瞒犯罪所得、犯罪所得收益罪，拒不执行判决、裁定罪，脱逃罪等。

12. **妨害国(边)境管理罪**。包括：组织他人偷越国(边)境罪，骗取出境证件罪，运送他人偷越国(边)境罪，偷越国(边)境罪等。

13. **妨害文物管理罪**。包括：故意损毁文物罪，故意损毁名胜古迹罪，倒卖文物罪，非法出售、私赠文物藏品罪，盗掘古文化遗址、古墓葬罪等。

14. **危害公共卫生罪**。包括：妨害传染病防治罪，传染病菌种、毒种扩散罪，妨害国境卫生检疫罪，强迫卖血罪，医疗事故罪，非法行医罪等。

15. **破坏环境资源保护罪**。包括：污染环境罪，非法处置进口的固体废物罪，擅自进口固体废物罪，非法捕捞水产品罪，非法狩猎罪，盗伐林木罪等。

16. **走私、贩卖、运输、制造毒品罪**。包括：走私、贩卖、运输、制造毒品罪，非法持有毒品罪，包庇毒品犯罪分子罪，窝藏、转移、隐瞒毒品、毒赃罪等。

17. **组织、强迫、引诱、容留、介绍卖淫罪**。包括：组织卖淫罪，强迫卖淫罪，引诱、容留、介绍卖淫罪，引诱幼女卖淫罪，传播性病罪等。

18. **制作、贩卖、传播淫秽物品罪**。包括：制作、复制、出版、贩卖、传播淫秽物品牟利罪，为他人提供书号出版淫秽书刊罪，传播淫秽物品罪等。

关于本章的立法模式，适宜大章制还是小章制？

第 121 节　妨害公务罪

1. 设置本罪的基本法条是我国《刑法》第 277 条。《刑法》第 157 条第 2 款是涉及本罪的牵连犯而法定为数罪并罚；第 242 条第 1 款是本罪的注意规定。

2. **妨害公务罪**，是指以法定方法阻碍国家机关工作人员、人大代表、红十字会工作人员、国家安全机关、公安机关依法执行职务、履行职责、执行国家安全工作任务的行为。

一、基准构成

3. 妨害公务罪的客观特征区分为四种情形，这四种情形在实行行为、行为对象、侵害法益、结果要素的呈现上有所不同，而在行为主体等要素的内容上则相对一致。

（一）妨害机关人员公务

4. **构成要素**：以暴力、威胁方法阻碍国家机关工作人员依法执行职务。**(1) 实行行为**：方法行为，暴力、威胁方法（第 121 节 A 段 1—4）；目的行为，阻碍依法执行职务。**(2) 行为对象**：正在依法执行职务的国家机关工作人员（第 121 节 A 段 11—13）。**(3) 行为主体**：一般主体。**(4) 侵害法益**：国家机关的公务活动与国家机关工作人员的人身权利。**(5) 责任要素**：责任形式为故意，同时必须具有特定明知（第 121 节 A 段 14—15）。

5. **既遂形态**：本情形为行为犯。

（二）妨害人大代表履职

6. **构成要素**：以暴力、威胁方法阻碍全国人大和地方各级人大代表依法执行代表职务。**(1) 实行行为**：方法行为，暴力、威胁方法；目的行为，阻碍依法执行代表职务（第 121 节 A 段 8）。**(2) 行为对象**：正在依法执行代表职务的全国人大和地方各级人大代表。**(3) 行为主体**：一般主体。**(4) 侵害法益**：人民代表大会的公务活动与人大代表的人身权利。**(5) 责任要素**：责任形式为故意，同时必须具有特定明知。

7. **既遂形态**：本情形为行为犯。

（三）妨害红十字会人员履职

8. **构成要素**：在自然灾害或突发事件中，以暴力、威胁方法阻碍红十字会工作人员依法履行职责。**(1) 实行行为**：方法行为，暴力、威胁方法；目的行为，阻碍依法履行职责（第 121 节 A 段 9）。**(2) 行为对象**：正在依法履行职责的红十字会工作人员。

(3) **行为时间**:在自然灾害(如地震、龙卷风、海啸)或突发事件(如火车相撞、桥梁垮塌、恐怖袭击)中。(4) **行为主体**:一般主体。(5) **侵害法益**:红十字会的公务活动与红十字会工作人员的人身权利。(6) **责任要素**:责任形式为故意,同时必须具有特定明知。

9. **既遂形态**:本情形为行为犯。

(四) 妨害公安人员公务

10. **构成要素**:阻碍国家安全机关、公安机关依法执行国家安全工作任务,未使用暴力、威胁方法,造成严重后果。(1) **目的行为**:阻碍依法执行国家安全工作任务。(2) **行为对象**:正在依法执行工作任务的国家安全机关、公安机关工作人员。(3) **行为结果**:造成严重后果(如犯罪分子未能得到及时的发现、捕获、惩处,犯罪行为未能得到及时的制止,侦察线索中断,犯罪证据灭失)。(4) **行为主体**:一般主体。(5) **侵害法益**:国家安全机关、公安机关的公务活动。(6) **责任要素**:责任形式为故意,同时必须具有特定明知。

11. **既遂形态**:本情形为结果犯。

二、妨害公务罪与其他相关犯罪

12. 妨害公安人员公务之本罪的基准构成无须使用暴力、威胁,但暴力袭击正在依法执行职务的人民警察的,成立袭警罪。

13. 阻碍军事机关工作人员依法执行职务,使用暴力、威胁方法,成立阻碍军人执行职务罪(我国《刑法》第368条第1款)。

三、法定刑

14. 犯妨害公务罪的,处3年以下有期徒刑、拘役、管制或者罚金(我国《刑法》第277条)。

妨害公务罪与袭警罪系何种关系?

第121节 A 妨害公务罪基准构成要素的解读

一、方法行为

(一) 暴力

1. 暴力,是指以阻碍执行公务与职务为目的,针对正在依法执行公务的人员,实施旨在遏制其正常活动的打击、强制等行为。

2. 针对执法人员人身的殴打、捆绑、拘禁等打击与强制的行为,固然是这里的暴力;而针对与执法人员相关的物实施暴力以遏制执法人员的正常活动,也可视作这里的暴力。例如,砸坏汽车等。

3. 暴力是否包括施行催眠术、药物麻醉等,对此刑法理论存在争议。本书认为,基于我国《刑法》的表述与暴力的本义,这里的暴力并不包括和平方式的麻醉等行为。在规范意义上,这里的暴力包括了伤害与杀人等人身侵害(第121节B段1—2)。

(二) 威胁

4. 威胁,是指出于阻碍执行公务的目的,以杀害、伤害、揭发隐私、报复、加害亲属等,对正在依法执行公务的人员进行精神恐吓,意图使其产生恐惧心理而不敢反抗的行为。

二、特定职务

(一) 依法执行职务

5. 何谓依法执行职务,对此,刑法理论存在形式说与实质加形式说的不同见解[1],我国大陆地区学者主要持形式加实质说。

6. 本书认为,立于案发现场当时的判断,只要执法内容没有明显的违法即可认为系依法执行职务。具体地说,依法执行职务必须符合下列条件:**(1) 法定人员**,即必须是法定的国家机关工作人员或者其他依法从事公务的人员;**(2) 职权行为**,即国家机关工作人员所实施的行为符合其职务权限的范围;**(3) 内容合法**,即国家机关工作人员所实施的职务行为的内容符合法律规定;**(4) 程序合法**,即国家机关工作人员所实施的职务行为的程序符合法律规定。

7. 所谓**正在执行公务**,是指已经着手执行公务并且尚未执行完毕。行为人事后或者事前对执行公务的人员所实施的行为,不构成本罪。

(二) 人大代表职务

8. 各级人大代表职务主要有:出席人民代表大会,参与对国家重大问题或地方性重大事务的讨论和决定;根据法律规定的程序提出议案,或者提出建议、批评和意见;提出质询案或者提出询问;参加诸如代表视察等活动;宣传法制,带头执法,协助宪法和法律的实施;联系群众和原选举单位,倾听意见,列席原选举单位的人民代表大会。

(三) 红十字会职责

9. 红十字会工作人员[2]的职责包括:开展救灾的准备工作;在自然灾害和突发事件中,对伤病人员和其他受害者进行救助;普及卫生救护和防病知识,组织群众参加现场救护;参与输血献血工作,推动无偿献血;参加国际人道主义救援工作;依照国际红十字和红新月运动的基本原则,完成人民政府委托事宜等。

(四) 国家安全工作职权

10. 国家安全机关、公安机关的国家安全工作职权包括:国家安全机关在国家安

---

[1] 参见林山田:《刑法特论(下册)》,台湾三民书局1979年版,第922页。
[2] 红十字会系社会救助团体,其工作人员不是公务员,但参照公务员管理。

全工作中依法行使侦查、拘留、预审和执行逮捕以及法律规定的其他职权;国家安全机关的工作人员依法执行国家安全工作任务时,经出示相应证件,有权查验中国公民或者境外人员的身份证明;向有关组织和人员调查、询问有关情况;国家安全机关的工作人员依法执行国家安全工作任务时,经出示相应证件,可以进入有关场所等。

三、国家机关工作人员

11. 典型人员,即在国家机关中从事公务的人员,包括在各级国家权力机关、行政机关、司法机关和军事机关中从事公务的人员。①

12. 准型人员,即在依法"行使国家行政管理职权的组织"中与在受托"代表国家机关行使职权的组织"中从事公务的人员,以及"虽未列入国家机关人员编制但在国家机关"中从事公务的人员。②

13. 准型人员,即在乡(镇)以上中国共产党机关、人民政协机关中从事公务的人员。③

四、责任要素

14. 故意,是指行为人对于自己"使用暴力或威胁方法,阻碍依法执行职务的行为",以及由这一行为为核心征表的"国家机关的公务活动与国家机关工作人员的人身权利被侵状态",持"明知的认识状态"与"希望或放任的态度"。

15. 特定明知,是指行为人明知对方是正在执行公务的国家机关工作人员。

对下列案例中的甲应当如何处理?为什么?

案例121A-1:甲事实上没有犯罪,从而以威胁方法阻碍公安人员依法对其执行逮捕。

第121节 B 妨害公务与被害人重伤、死亡

一、暴力妨害公务与过失致人重伤或死亡

1. 案例121B-1系典型适例,该案甲的行为属于想像竞合犯,即一个妨害公务的行为,同时触犯妨害公务罪与过失致人重伤罪、过失致人死亡罪。按照想像竞合犯的处罚原则从一重处断,认定为过失致人重伤罪、过失致人死亡罪。

---

① 参见2003年最高人民法院《全国法院审理经济犯罪案件工作座谈会纪要》第1条第1项。
② 参见2002年全国人大常委会《关于〈中华人民共和国刑法〉第九章渎职罪主体适用问题的解释》。
③ 参见2006年最高人民检察院《关于渎职侵权犯罪案件立案标准的规定》附则第3项。

案例 121B-1:甲暴力妨害公务,对暴力会致被害人乙重伤、死亡的结果持过失心态,造成乙重伤、死亡。

二、暴力妨害公务与故意伤害或杀人

2. 对案例 121B-2 中甲的行为,也有论著认为是牵连犯,而本书主张系想像竞合犯。这里,关键是对甲之行为的一行为与数行为的认定,应当说甲的行为:对妨害公务罪而言,表现为"伤害、杀人的暴力(A)+阻碍依法执行职务";对故意伤害罪、故意杀人罪而言,表现为"伤害、杀人的暴力(A)"。此虽不是典型的一行为,但是应当视作一行为(第 49 节段 13),系一行为同时触犯数罪名。

案例 121B-2:甲以妨害公务为目的,并以故意伤害及杀人的暴力手段试以实现自己的意图,致被害人重伤或死亡。

三、暴力妨害公务中的数罪

3. 在案例 121B-3 中,甲的行为呈现:"暴力(A)+阻碍依法执行职务"的妨害公务行为;"伤害、杀人(B)"的故意伤害、故意杀人行为。其中,A 的暴力出于妨害公务目的,B 行为出于妨害公务以外其他目的。在此,行为人实施了分别符合不同两罪的实行行为的两个事实行为,这两个事实行为并无重复评价,妨害公务与故意伤害或杀人之间也无牵连关系,从而该案甲的行为成立妨害公务罪与故意伤害罪或故意杀人罪数罪。

案例 121B-3:甲实施暴力妨害公务的行为,在妨害公务的过程中又出于妨害公务以外的其他目的,故意伤害、杀害被害人。

> **思考题**
>
> 对下列案例中的甲应当如何处理?
>
> **案例 121B-4**:甲得知税务局工作人员乙明天将来收税,于是当夜将乙的公车毁坏,致使乙第二天无法前往收税。

第 122 节　寻衅滋事罪

1. 设置本罪的基本法条是我国《刑法》第 293 条,其中,第 1 款为本罪的基准构成,第 2 款为本罪的加重构成。本罪系口袋罪,应予消解。[①]

2. **寻衅滋事罪**,是指出于流氓动机,寻衅滋事,破坏社会秩序的行为。

---

① 详见张小虎:《论我国〈刑法〉应由粗疏型走向精细型:基于我国〈刑法〉立法现状的统计数据分析》,载《政治与法律》2021 年第 10 期。

一、基准构成

3. 寻衅滋事罪的客观特征区分为四种情形,这四种情形在实行行为、行为对象、侵害法益等呈现上有所不同,而在行为主体等要素的内容上则相对一致。

（一）随意殴打他人

4. **构成要素**:随意殴打他人,情节恶劣,破坏社会秩序的。(1) **实行行为**:随意殴打(第122节A段1)。(2) **行为对象**:他人。(3) **定量要素**:情节恶劣(第122节A段5)。(4) **行为主体**:一般主体。(5) **侵害法益**:公共秩序与他人人身权利。(6) **责任要素**:责任形式为故意,同时必须具有流氓动机(第122节A段12—13)。

5. **既遂形态**:本情形为情节犯。

（二）追逐戏弄他人

6. **构成要素**:追逐、拦截、辱骂、恐吓他人,情节恶劣,破坏社会秩序的。(1) **实行行为**:追逐、拦截、辱骂、恐吓(第122节A段2)。(2) **行为对象**:他人。(3) **定量要素**:情节恶劣(第122节A段6)。(4) **行为主体**:一般主体。(5) **侵害法益**:公共秩序与他人人身权利。(6) **责任要素**:责任形式为故意,同时必须具有流氓动机。

7. **既遂形态**:本情形为情节犯。

（三）侵犯他人财物

8. **构成要素**:强拿硬要或者任意损毁、占用公私财物,情节严重,破坏社会秩序的。(1) **实行行为**:强拿硬要或者任意损毁、占用(第122节A段3)。(2) **行为对象**:他人财物。(3) **定量要素**:情节严重(第122节A段7)。(4) **行为主体**:一般主体。(5) **侵害法益**:公共秩序(第122节A段9)与他人财产权利。(6) **责任要素**:责任形式为故意,同时必须具有流氓动机。

9. **既遂形态**:本情形为情节犯。

（四）公共场所滋事

10. **构成要素**:在公共场所起哄闹事,造成公共场所秩序严重混乱,破坏社会秩序的。(1) **实行行为**:起哄闹事(第122节A段4)。(2) **行为地点**:公共场所(第122节A段10—11)。(3) **行为结果**:造成公共场所秩序严重混乱(第122节A段8)。(4) **行为主体**:一般主体。(5) **侵害法益**:公共场所秩序。(6) **责任要素**:责任形式为故意,同时必须具有流氓动机。

11. **既遂形态**:本情形为结果犯。

二、法定刑

12. **基准法定刑**:犯寻衅滋事罪的,处5年以下有期徒刑、拘役或者管制(我国《刑法》第293条第1款)。

13. **加重法定刑**:纠集他人多次实施寻衅滋事行为,严重破坏社会秩序的,处5年以上10年以下有期徒刑,可以并处罚金(我国《刑法》第293条第2款)。

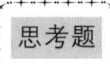

寻衅滋事罪具有口袋罪的特征,应当如何消解这一口袋罪?

第122节 A　寻衅滋事罪基准构成要素的解读

一、实行行为

1. **随意殴打**,是指无故、无理、随心所欲、任意殴打他人。

2. **追逐、拦截、辱骂、恐吓**,是指无故、无理、随心所欲、任意地追赶、阻拦、侮辱、谩骂、威胁、吓唬他人。

3. **强拿硬要**,是指制造事端强行索要他人的财物。**任意损毁、占用**,是指毫无理由、随心所欲地损坏、毁灭、占有、使用他人财物。

4. **起哄闹事**,是指无故制造事端闹事,或者以小事为借口制造事端闹事。

二、情节定量要素及行为结果要素

(一) 随意殴打他人的"情节恶劣"

5. 随意殴打他人的"情节恶劣",应从以下方面判断:(1) **行为结果**,"致1人以上轻伤或2人以上轻微伤"及"引起他人精神失常或自杀等严重后果";(2) **行为次数**,"多次随意殴打他人";(3) **行为方式**,"持凶器随意殴打他人";(4) **行为对象**,"随意殴打精神病人、残疾人……造成恶劣社会影响";(5) **行为场所**,"在公共场所随意殴打他人,造成公共场所秩序严重混乱"。①

(二) 追逐戏弄他人的"情节恶劣"

6. 追逐戏弄他人的"情节恶劣",应从以下方面判断:(1) **行为结果**,"引起他人精神失常或自杀等严重后果"及"严重影响他人的工作、生活、生产、经营";(2) **行为次数**,"多次追逐、拦截……造成恶劣社会影响";(3) **行为方式**,"持凶器追逐、拦截、辱骂、恐吓他人";(4) **行为对象**,"追逐、拦截、辱骂、恐吓精神病人、残疾人……"②

(三) 侵犯他人财物的"情节严重"

7. 侵犯他人财物的"情节严重",应从以下方面判断:(1) **行为结果**,引起他人精神失常或自杀等,或者严重影响他人的工作与生活;(2) **行为次数**,多次强拿硬要或任意损毁而造成恶劣影响;(3) **犯罪数额**,强拿硬要财物价值1000元以上,任意损毁占用财物2000元以上;(4) **行为对象**,针对精神病人、残疾人、流浪乞讨人员等实施

---

① 参见2013年最高人民法院、最高人民检察院《关于办理寻衅滋事刑事案件适用法律若干问题的解释》第2条。

② 参见2013年最高人民法院、最高人民检察院《关于办理寻衅滋事刑事案件适用法律若干问题的解释》第3条。

行为。①

(四)公共场所滋事的"造成秩序严重混乱"

8. 公共场所滋事的"造成秩序严重混乱",应当根据以下要素综合判断:公共场所的性质;公共活动的重要程度;公共场所的人数;起哄闹事的时间;公共场所受影响的范围与程度等。②

三、公共秩序及公共场所

9. **公共秩序**,是指国家机关或者有关机构对社会公共生活管理而形成的有序状态。本罪的公共秩序,主要是指公共场所秩序。

10. **公共场所**,是指车站、码头、民用航空站、医院、商场、公园、影剧院、展览会、运动场、礼堂、公共食堂、游泳池、集贸市场等能够为不特定人随时出入、停留、使用的公共性活动空间。

11. "信息网络"的虚拟空间也应视作公共场所,在信息网络上编造或散布虚假信息,起哄闹事,造成公共秩序严重混乱的,也可成立本罪的第4种情形(第122节段10)。③

四、责任要素

12. **故意**,是指行为人对于自己"随意殴打他人的寻衅滋事行为",以及以这一行为为核心征表的"公共秩序与他人人身权利被侵状态",持"明知的认识状态"与"希望或放任的态度"。

13. **流氓动机**,具体表现为公然蔑视法纪和社会公德,寻求精神刺激,开心取乐,发泄情绪,逞强耍横,无事生非等的行为心态。

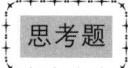

立于公共场所的界说,"现实空间"与"信息网络"各有什么特点?

第122节 B 寻衅滋事罪与相关犯罪的竞合关系

一、规范竞合

1. 殴打与故意伤害:"殴打",即故意打人,包括故意伤害、故意杀人的行为(第

---

① 参见2013年最高人民法院、最高人民检察院《关于办理寻衅滋事刑事案件适用法律若干问题的解释》第4条。

② 参见2013年最高人民法院、最高人民检察院《关于办理寻衅滋事刑事案件适用法律若干问题的解释》第5条。

③ 参见2013年最高人民法院、最高人民检察院《关于办理利用信息网络实施诽谤等刑事案件适用法律若干问题的解释》第5条第2款。

109节A段9—10)。"殴打"所构成的本罪与故意伤害罪、故意杀人罪的构成要素之间也不存在分离关系。"行为人出于流氓动机,随意殴打他人,故意致人重伤或死亡,破坏社会秩序的行为",这是兼有本罪与故意伤害罪或故意杀人罪的犯罪构成的重合形态,对此"依照处罚较重的犯罪定罪处罚"①。由此,成立本罪的以造成他人轻伤为限。

2. 辱骂与侮辱:基于与上述近似的理由,"辱骂"所构成的本罪与"侮辱罪"之间,也存在规范竞合关系。

3. 强拿硬要与抢劫、抢夺、敲诈勒索:"强拿硬要"系公然强行取得他人财物,包括抢劫、抢夺、敲诈勒索的行为。本罪与抢劫罪、抢夺罪、敲诈勒索罪之间也存在规范竞合关系,其规范竞合犯系"行为人出于流氓动机,公然强行取得(抢劫、抢夺或敲诈勒索)他人财物,破坏社会秩序的行为",对此"依照处罚较重的犯罪定罪处罚"。由此:(1)如果强行取财的暴力与胁迫行为对人身侵害的特征显著,其与取财目的的联系至为密切且取财目的居于主导地位等,案情具有此类特征的,可以较重的抢劫罪定罪处罚;(2)如果强行取财只是表现为抢夺或敲诈勒索,则视其具体犯罪数额的大小,数额达至抢夺与敲诈勒索"数额巨大"起点,或接近这一起点又有其他严重情节的,可按抢夺罪或敲诈勒索罪的加重犯定罪处罚。

4. 任意损毁与故意毁坏:"任意损毁"财物所构成的本罪与"故意毁坏财物罪"之间也存在规范竞合关系,其规范竞合犯系"行为人出于流氓动机,故意毁坏他人财物数额较大,破坏社会秩序的行为"。对此,在毁坏财物"数额巨大或者有其他特别严重情节"的场合,可按故意毁坏财物罪的加重犯定罪处罚。

二、想像竞合犯

5. 注意本罪的"恐吓"与"抢劫或敲诈勒索"的关系。抢劫与敲诈勒索系复合行为,而恐吓只是单一行为,从而恐吓与抢劫、敲诈可以构成想像竞合犯,但是它们之间并不符合规范竞合的构成条件。

司法中对情节恶劣的"辱骂"行为,如何认定其系成立寻衅滋事罪还是成立侮辱罪?

第123节 传授犯罪方法罪

1. 设置本罪的基本法条是我国《刑法》第295条。其中,前段规定为本罪的基准

---

① 2013年最高人民法院、最高人民检察院《关于办理寻衅滋事刑事案件适用法律若干问题的解释》第7条。

构成,中段与后段规定为本罪的加重构成。

2. **传授犯罪方法罪**,是指向他人传授犯罪方法的行为。

一、基准构成

(一)客观事实要素

3. **实行行为**:传授犯罪方法。其中:(1) **传授**是指把犯罪方法教给别人。传授的形式包括,使用语言、文字、动作、图像,针对一人或针对多人传授,公开传授或秘密传授等。传授的内容是犯罪方法。(2) **犯罪方法**是指犯罪的经验、技能、手段,包括犯罪的预备、实行、完成的方法,逃避侦查、审判的方法等。

4. **行为对象**:自然人。既可以是具有责任能力的人,也可以是不具有责任能力的人。由此,这与教唆犯的被教唆人必须具有责任能力不同。

5. **行为主体**:一般主体。

6. **既遂形态**:本罪是行为犯。被传授的对象是否接受传授,或者是否学会与提高了犯罪技能,或者是否实施被传授的犯罪,均不影响本罪的成立。

(二)客观规范要素

7. 本罪所侵害的具体法益是社会治安管理秩序,即国家机关或者有关机构对社会治安的日常管理活动而形成的秩序。

(三)主观责任要素

8. 本罪的主观责任形式为故意,故意内容指向由"传授犯罪方法行为"为核心征表的"社会治安管理秩序被侵状态"。

9. 同时,行为人具有特定明知,即明知是犯罪方法,而予以传授。传授的动机可能出于获利、炫耀、义气等,但动机不影响本罪的成立。

二、法定刑

10. **基准法定刑**:犯传授犯罪方法的,处5年以下有期徒刑、拘役或者管制(我国《刑法》第295条前段)。

11. **加重法定刑**:犯传授犯罪方法罪情节严重的,处5年以上10年以下有期徒刑;情节特别严重的,处10年以上有期徒刑或者无期徒刑(我国《刑法》第295条中段与后段)。

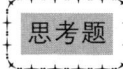
思考题

如何理解传授犯罪方法罪的着手与完成?

第 123 节 A　传授犯罪方法罪与教唆犯

一、传授犯罪方法与教唆的关系

1. 传授犯罪方法与教唆均可以表现为通过语言、文字、行为、图像等方式,对他人进行某种内容的授意;主观责任形式均为故意。但是,两者存在重要**区别**:(1)**实行行为**:传授犯罪方法所传授的内容是犯罪方法,而教唆的内容是犯罪意图。(2)**行为对象**:传授犯罪方法的对象包括具有责任能力的人或不具有责任能力的人;而教唆的对象限于具有责任能力的人,教唆无责任能力的人犯罪属于间接正犯。(3)**侵害法益**:传授犯罪方法罪的侵害法益是确定的,即社会治安管理秩序;而教唆犯的侵害法益是不确定的,其取决于所教唆的犯罪的性质。(4)**责任年龄**:传授犯罪方法罪的责任年龄是已满 16 周岁。教唆犯的责任年龄通常虽也为已满 16 周岁,但是在教唆之罪系我国《刑法》第 17 条第 2 款所列 8 种罪时,教唆犯与被教唆人的责任年龄可以是已满 12 周岁不满 16 周岁。(5)**故意内容**:传授犯罪方法罪的故意内容指向"传授犯罪方法及其具体侵害法益"(第 123 节段 8);而教唆犯的故意内容指向"产生被教唆人的犯罪决意"(第 45 节 C 段 6)。(6)**犯罪形态**:传授犯罪方法罪,是我国《刑法》分则所规定的一个具体罪名,并且该罪属于行为犯。教唆犯,是共同犯罪人的一种类型,由我国《刑法》总则规定;并且教唆犯的成立,必须被教唆人接受教唆(第 45 节 C 段 12)。

二、传授犯罪方法罪与教唆犯的罪数关系

2. 教唆只是引起他人产生犯罪决意而不包括传授犯罪方法,如果行为人既教唆又传授犯罪方法,则可能出现以下情形:(1)**吸收犯**:教唆他人犯甲罪,并且又传授其犯甲罪的犯罪方法,属于吸收犯,按照处理吸收犯的原则,从一重罪重处。(2)**数罪并罚**:教唆他人犯甲罪,并且又传授其犯乙罪的犯罪方法,构成数罪,按照所教唆的罪与传授犯罪方法罪,实行数罪并罚。(3)**数罪并罚**:对不同的对象,分别实施了教唆行为与传授犯罪方法行为,无论教唆犯罪的内容与传授犯罪方法的内容是否属于同一犯罪性质,均构成数罪,实行数罪并罚。(4)**数罪并罚**:传授他人犯甲罪的犯罪方法,又与此人共同实施甲罪,构成数罪,按照传授犯罪方法罪与所实施的罪,实行数罪并罚。

司法中如何具体界分传授犯罪方法与教唆?

第 124 节　窝藏、包庇罪

1. 设置本罪的基本法条是我国《刑法》第 310 条。其中,第 1 款为本罪的基准构成与加重构成,第 2 款是事前通谋的窝藏包庇行为构成共同犯罪的注意规定。第 362 条是对特种单位人员于特定场合针对包括违法分子而犯本罪的特别规定。

2. **窝藏、包庇罪**,是指明知是犯罪的人而为其提供隐藏处所、财物,帮助其逃匿或者作假证明包庇的行为。

一、基准构成

（一）客观事实要素

3. **实行行为**:窝藏或者包庇。**窝藏**,罪状关键术语为"帮助逃匿",是指为犯罪分子提供隐藏处所、财物,帮助其逃匿的行为。**包庇**,罪状关键术语为"作假证明",是指向司法机关作虚假的证明,为犯罪人掩盖罪行与去向;或者实施与帮助实施隐匿毁灭罪证,为犯罪人逃避罪责。

4. **行为对象**:犯罪分子,具体是指逃避刑事追诉或刑罚惩罚的犯罪人。包括:实施犯罪但未被司法机关发现的犯罪分子、已被司法机关发现但未被采取强制措施的犯罪分子、已被采取强制措施但未被司法机关抓获归案的犯罪分子、归案后逃跑的犯罪分子、刑罚执行中逃跑的犯罪分子等。

5. **行为主体**:一般主体。

6. **既遂形态**:本罪是行为犯。

（二）客观规范要素

7. 本罪所侵害的具体法益是司法机关的正常活动。

（三）主观责任要素

8. 本罪的主观责任形式为故意,故意内容指向由"窝藏或包庇行为"为核心征表的"司法机关正常活动被侵状态"。并且,行为人具有特定明知,即明知窝藏、包庇的是犯罪的人。

二、法定刑

9. **基准法定刑**:犯窝藏、包庇罪的,处 3 年以下有期徒刑、拘役或者管制(我国《刑法》第 310 条第 1 款前段)。

10. **加重法定刑**:犯窝藏、包庇罪,情节严重的,处 3 年以上 10 年以下有期徒刑(我国《刑法》第 310 条第 1 款后段)。

全面系统地举例列举窝藏、包庇罪间接正犯的事实情状。

第124节 A 窝藏、包庇罪的犯罪形态与相关犯罪

一、准型构成

1. 我国《刑法》第362条将窝藏、包庇罪的行为对象扩展至违法人员,系对该罪准型构成的规定。具体地说,这一准型构成的特别要素包括:(1) **实行行为**:通风报信。(2) **行为对象**:违法犯罪分子。这里的"违法犯罪分子"包括违法的卖淫、嫖娼者。(3) **行为情境**:在公安机关查处卖淫、嫖娼活动时。(4) **定量要素**:情节严重。(5) **行为主体**:旅馆业、饮食服务业、文化娱乐业、出租汽车业等单位的人员。

二、共同犯罪

2. 实施窝藏、包庇行为事前通谋的,以共同犯罪论处(我国《刑法》第310条第2款)。这意味着在事前有通谋时,事后的窝藏与包庇行为不再认定为本罪,而是构成窝藏包庇对象所犯之罪的共同犯罪。

三、包庇与帮助湮灭罪迹罪证的竞合

3. 对于包庇是否包括帮助湮灭罪迹罪证,刑法理论存在肯定与否定的不同见解。本书肯定包庇包括帮助湮灭罪迹与毁灭罪证的行为。进而,本罪的包庇行为之规定与我国《刑法》第307条第2款的帮助毁灭、伪造证据行为之规定,应当属于规范竞合。

4. 我国《刑法》第294条第3款与本罪有着近似的规定,2000年最高人民法院《关于审理黑社会性质组织犯罪的案件具体应用法律若干问题的解释》第5条也将《刑法》第294条规定的"包庇",解释为包括"隐匿、毁灭、伪造证据"的行为。

5. 至于本罪包庇的关键术语是"作假证明",对此应当认为,"实施与帮助实施隐匿毁灭罪证,为犯罪人逃避罪责",是"作假证明"的一种特殊方式。证据灭失也就间接证明犯罪人无罪。

四、窝藏罪与掩饰、隐瞒犯罪所得、犯罪所得收益罪

6. 窝藏罪与掩饰、隐瞒犯罪所得、犯罪所得收益罪存在一定**相似之处**:实行行为均有掩盖与隐藏的意思;行为主体均为一般主体;侵害法益均为司法机关的正常活动;责任形式均为故意,并且都具有特定明知的要素。

7. 窝藏罪与掩饰、隐瞒犯罪所得、犯罪所得收益罪存在重要**区别**:(1) **实行行为**:窝藏罪的"窝藏"是供以处所与财物而帮助犯罪分子逃匿。而掩饰、隐瞒犯罪所得、犯罪所得收益罪的"窝藏"是供以隐藏处所而使赃物不能或难以被发现;尤其是在掩饰与隐瞒的法定表现上,除了"窝藏"之外还有"转移、收购、代为销售"等法定表现。(2) **行为对象**:窝藏罪的行为对象是"犯罪分子"。而掩饰、隐瞒犯罪所得、犯罪所得

收益罪的行为对象是"犯罪所得及其产生的收益"。**(3) 特定明知**:窝藏罪要求行为人明知窝藏的是犯罪的人。而掩饰、隐瞒犯罪所得、犯罪所得收益罪要求行为人明知掩饰与隐瞒的是犯罪所得及其产生的收益。

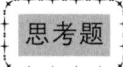

我国《刑法》第362条是窝藏、包庇罪的注意规定还是法律拟制?

第125节 妨害日常管理罪的其他具体犯罪选读

一、伪造、变造、买卖身份证罪

1. 伪造、变造、买卖身份证罪(我国《刑法》第280条第3款),是指伪造、变造、买卖居民身份证、护照、社会保障卡、驾驶证等依法可以用于证明身份的证件的行为。

2. 这里的"伪造"包括无权制作者对真实身份证的复制、假造非真实人员的身份证、利用不知情的公安机关制作内容虚假的身份证等。

二、组织考试作弊罪

3. 组织考试作弊罪(我国《刑法》第284条之一第1款),是指在法律规定的国家考试中,组织作弊的行为。

4. 本罪是行为犯。第284条之一第2款是对本罪准型构成与处罚的规定,系将为组织考试作弊"提供作弊器材或者其他帮助的"帮助行为实行化。

5. 本罪的组织行为是指集结性支配行为,包括统辖、领导、指挥、协调、控制、分派、安排等。"在……考试中"是指在临场应试的具体活动中,考前实施相关行为的可为本罪的预备犯。

三、拒不履行信息网络安全管理义务罪

6. 拒不履行信息网络安全管理义务罪(我国《刑法》第286条之一),是指网络服务提供者不履行法律、行政法规规定的信息网络安全管理义务,经监管部门责令采取改正措施而拒不改正,造成法定严重后果或者具有法定严重情节的行为。

7. 本罪是结果犯或者情节犯。这里的法定结果或情节是指下列情形之一:致使违法信息大量传播;致使用户信息泄露,造成严重后果;致使刑事案件证据灭失,情节严重;有其他严重情节。本罪的行为主体包括自然人和单位。

四、非法利用信息网络罪

8. 非法利用信息网络罪(我国《刑法》第287条之一),是指利用信息网络,设立用于实施诈骗等有关违法犯罪活动的网站通讯群组、发布有关制作或销售毒品枪支

等违法犯罪信息,或者为实施诈骗等违法犯罪活动发布信息,情节严重的行为。

9. 本罪的实行行为由方法行为与目的行为构成,其中目的行为系法定的三种行为之一。本罪的行为主体包括自然人和单位。

五、帮助信息网络犯罪活动罪

10. 帮助信息网络犯罪活动罪(我国《刑法》第287条之二),是指明知他人利用信息网络实施犯罪,为其犯罪提供互联网接入、服务器托管、网络存储、通讯传输等技术支持,或者提供广告推广、支付结算等帮助,情节严重的行为。

11. 本罪是将为利用信息网络实施犯罪的特定帮助行为实行化的立法设置,也是某些场合的中立行为的帮助构成犯罪的立法例。本罪的行为主体包括自然人和单位。

六、编造、故意传播虚假信息罪

12. 编造、故意传播虚假信息罪(我国《刑法》第291条之一第2款),是指编造虚假的险情、疫情、灾情、警情,在信息网络或者其他媒体上传播,或者明知是上述虚假信息,故意在信息网络或者其他媒体上传播,严重扰乱社会秩序的行为。

七、组织、领导、参加黑社会性质组织罪

13. 组织、领导、参加黑社会性质组织罪(我国《刑法》第294条第1款),是指组织、领导、参加黑社会性质的组织的行为。

14. 本罪的参加包括"积极参加"与"其他参加",其中前者是基准行为,后者是减轻行为。第294条第5款对黑社会性质组织的特征作了具体规定。

八、虚假诉讼罪

15. 虚假诉讼罪(我国《刑法》第307条之一),是指以捏造的事实提起民事诉讼,妨害司法秩序或者严重侵害他人合法权益的行为。

16. 本罪是结果犯。本罪的实行行为系由方法行为"捏造事实"与方法行为"提起民事诉讼"构成;法条所述"妨害司法秩序"或者"严重侵害他人合法权益",既是对本罪特定构成结果的限定,也是对本罪法益侵害属性的明示。

17. 本罪与诉讼诈骗所构成的诈骗罪,可能存在想象竞合的情况,依照我国《刑法》第307条之一第3款的规定,从一重罪从重处罚。司法工作人员利用职权犯本罪的,从重处罚。

> **思考题**
>
> 在一些高新科技犯罪中,如何具体立法分担、司法认定设计缺陷责任、生产瑕疵责任、使用不当责任等?

第30章 危害国防利益罪

第126节 危害国防利益罪概述

一、危害国防利益罪的本体构成

1. **危害国防利益罪**,是指危害国防利益的行为。该罪的本体构成包括危害国防利益行为的客观事实要素、侵害国防利益的客观规范要素、故意或过失及特定目的的主观要素。

（一）客观事实要素

2. **实行行为**:危害国防利益行为。(1) **法定行为方式**:多数系作为。例如,阻碍军人执行职务罪、聚众冲击军事禁区罪等。部分系不作为。例如,战时拒绝、逃避征召、军事训练罪等。(2) **法定犯或自然犯**:多数系法定犯。例如,阻碍军事行动罪、聚众扰乱军事管理区秩序罪等。少数系自然犯。例如,冒充军人招摇撞骗罪等。

3. **行为主体**:本章各罪的行为主体,具体表现为:(1) **多数系一般主体**:例如,冒充军人招摇撞骗罪、煽动军人逃离部队罪等。(2) **有的系特殊主体**:例如,接送不合格兵员罪的法定主体,只能是征兵工作人员。(3) **自然人并单位**:例如,故意提供不合格武器装备、军事设施罪等。(4) **仅限自然人**:例如,破坏武器装备、军事设施、军事通信罪等。(5) **仅限单位**:例如,战时拒绝、故意延误军事订货罪。

4. **既遂形态**:本章各罪的既遂形态类型表现为:(1) **行为犯**:例如,破坏武器装备、军事设施、军事通信罪。(2) **结果犯**:例如,过失提供不合格武器装备、军事设施罪。(3) **情节犯**:例如,接送不合格兵员罪。

（二）客观规范要素

5. 本章各罪所侵害的类型法益是国防利益。

6. **国防利益**,是指国家为防备和抵抗侵略,制止武装颠覆,保卫国家的主权、统一、领土完整和安全所进行的军事活动,以及与军事有关的政治、经济、外交、科技、教育等方面的活动,得以顺利进行而体现出的价值意义。国防利益具体包括武装力量建设、军事作战行动、国防物质基础以及其他国防秩序安全等方面的利益。

（三）主观责任要素

7. 本章各罪的主观责任形式,表现为故意或者过失;有的犯罪的责任要素还包括特定目的。具体表现为:(1) **个别过失**:例如,过失提供不合格武器装备、军事设施罪等。(2) **多数故意**:例如,煽动军人逃离部队罪、战时拒绝、逃避征召、军事训练罪等。(3) **特定目的**:例如,冒充军人招摇撞骗罪的法定责任要素,包括谋取非法利益的目的。

二、危害国防利益罪的种类

8. 基于行为侵害法益的具体类型,可以将我国《刑法》"第七章危害国防利益罪"分为四类:

9. **危害武装力量建设的犯罪**。包括:煽动军人逃离部队罪,雇用逃离部队军人罪,接送不合格兵员罪等。

10. **危害军事作战行动的犯罪**。包括:阻碍军人执行职务罪,阻碍军事行动罪,战时故意提供虚假敌情罪等。

11. **危害国防物质基础的犯罪**。包括:破坏武器装备、军事设施、军事通信罪,战时拒绝、故意延误军事订货罪等。

12. **其他危害国防秩序安全的犯罪**。包括:聚众冲击军事禁区罪,聚众扰乱军事管理区秩序罪,冒充军人招摇撞骗罪等。

试述国防利益的具体内容。

第127节 伪造、盗窃、买卖、非法提供、非法使用武装部队专用标志罪

1. 设置本罪的基本法条是我国《刑法》第375条第3款。其中,该条款前段为本罪的典型构成,后段为本罪的加重构成。该条第4款是对第2款之罪[①]与本罪的单位犯罪及其处罚的规定。

2. **伪造、盗窃、买卖、非法提供、非法使用武装部队专用标志罪**,是指伪造、盗窃、买卖或者非法提供、使用武装部队车辆号牌等专用标志,情节严重的行为。

一、基准构成

(一) 客观事实要素

3. **实行行为**:伪造、盗窃、买卖、非法提供、非法使用。此为选择性行为(第85节段6)。**伪造**,凡是产生普通人难以辨明的虚假号牌等专用标志的仿照与制造等行为,均认为是伪造。**盗窃**,是指采用秘密的方法,将他人占有的专用标志,转为自己占有或者转为第三人占有。**买卖**,系购买或者销售专用标志的行为,包括批发与零售,获取金钱或其他物质利益等。**非法提供**,是指专用标志的合法拥有者或者违规占有者,违规将标志提供无权拥有该项标志的人。**非法使用**,是指专用标志的合法拥有者或者无权拥有专用标志者,违规使用该项标志。

---

① 非法生产、买卖武装部队制式服装罪。

4. **行为对象**:武装部队车辆号牌等专用标志。武装部队车辆号牌,是指军队最高车辆主管部门监制的,武装部队专用的车辆号牌。专用标志,是指法律规定的用于表明军职人员的身份、工作场所、车辆等的外在标志。包括臂章、军徽、军衔等。**应当注意**:(1) **包括虚假标志**:"盗窃、买卖、提供、使用伪造、变造的武装部队车辆号牌等专用标志情节严重的,应当追究刑事责任"①。(2) **包括买或卖**:伪造专用标志之后又予出售的;或者买卖真实的专用标志的;或者明知是伪造的专用标志而购买的;或者将他人伪造的专用标志予以出售的。

5. **行为主体**:一般主体和单位。

6. **定量要素**:情节严重。具体应从以下方面判断:(1) **行为结果**:造成严重后果或者恶劣影响;(2) **犯罪数额**:军以上领导机关号牌1副以上或其他车辆号牌3副以上,军徽、军旗等其他军用标志100件以上;(3) **持续时间**:非法提供与使用军以上领导机关以外的其他车辆号牌累计6个月以上。②

7. **既遂形态**:本罪是情节犯。

(二) 客观规范要素

8. 本罪所侵害的具体法益是国家军用标志的管理秩序。

(三) 主观责任要素

9. 本罪的主观责任形式为**故意**,故意内容指向以"伪造、盗窃、买卖、非法提供、非法使用武装部队车辆号牌等专用标志行为"为核心征表的"国家军用标志管理秩序被侵状态"。

二、犯罪形态

10. **共同犯罪**:明知他人实施本罪行为,而"为其生产、提供专用材料或者提供资金、账号、技术、生产经营场所等帮助的,以共犯论处"③。

11. **牵连犯**:行为人出于一个主导犯罪意图的支配,实施本罪行为,而其方法准备行为或后续结果行为又成立诈骗、冒充军人招摇撞骗等罪的,从一重罪重处。④

三、法定刑

12. **基准法定刑**:犯伪造、盗窃、买卖、非法提供、非法使用武装部队专用标志罪的,处3年以下有期徒刑、拘役或者管制,并处或者单处罚金(我国《刑法》第375条第3款前段)。

---

① 2011年最高人民法院、最高人民检察院《关于办理妨害武装部队制式服装、车辆号牌管理秩序等刑事案件具体应用法律若干问题的解释》第4条。
② 参见2011年最高人民法院、最高人民检察院《关于办理妨害武装部队制式服装、车辆号牌管理秩序等刑事案件具体应用法律若干问题的解释》第3条。
③ 2011年最高人民法院、最高人民检察院《关于办理妨害武装部队制式服装、车辆号牌管理秩序等刑事案件具体应用法律若干问题的解释》第5条。
④ 参见2011年最高人民法院、最高人民检察院《关于办理妨害武装部队制式服装、车辆号牌管理秩序等刑事案件具体应用法律若干问题的解释》第6条。

13. **加重法定刑**:犯伪造、盗窃、买卖、非法提供、非法使用武装部队专用标志罪情节严重的,处 3 年以上 7 年以下有期徒刑,并处罚金(我国《刑法》第 375 条第 3 款后段)。

14. **对单位的处罚**:单位犯本罪的,对单位判处罚金,并对其直接负责的主管人员和其他直接责任人员,分别按相应的法定刑处罚(我国《刑法》第 375 条第 4 款)。

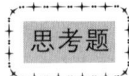

我国《刑法》第 375 条第 3 款所称"买卖"是指什么?

第 128 节 冒充军人招摇撞骗罪

1. 设置本罪的基本法条是我国《刑法》第 372 条,该条前段是本罪的基准罪状与法定刑,后段是本罪的加重罪状与法定刑。

2. **冒充军人招摇撞骗罪**,是指为了谋取非法利益,冒充军人招摇撞骗,损害军队的威信、公共利益、公民权益的行为。

一、基准构成

(一)客观事实要素

3. **实行行为**:包括方法行为与目的行为两个要素。**(1)方法行为**:冒充军人,是指不具有特定军职人员身份的人员,谎称其具有该身份的行为。例如,非军人穿戴军服、军人标志冒充,使用军人身份证件冒充等。冒充军人包括:非军人冒充军人;此类军人冒充彼类军人;普通军人冒充高级军人等。**(2)目的行为**:招摇撞骗,是指以假冒的军人身份炫耀,实施骗取各种利益的行为。

4. **行为对象**:各种利益,具体包括骗取的财物、职位、荣誉、地位、爱情等。

5. **行为主体**:一般主体。

6. **既遂形态**:本罪是行为犯。

(二)客观规范要素

7. 本罪所侵害的具体法益是军队的威信。**军队威信**,是指军队作为国家安全的有力保障,纪律严明、作风过硬、战斗有力,而具有的崇高威望和信誉。

(三)主观责任要素

8. 本罪的主观责任形式为故意。故意内容指向由"冒充军人招摇骗取非法利益"为核心表征的"军队威信被侵状态"。

二、法定刑

9. **基准法定刑**:犯冒充军人招摇撞骗罪的,处 3 年以下有期徒刑、拘役、管制或者剥夺政治权利(我国《刑法》第 372 条前段)。

10. **加重法定刑**:犯冒充军人招摇撞骗罪,情节严重的,处3年以上10年以下有期徒刑(我国《刑法》第372条后段)。对于情节严重的认定,可以根据行为次数、行为手段、所获利益以及造成后果等予以判断。

> **思考题**

本罪规范与诈骗罪规范系何种规范竞合关系?

第129节 危害国防利益罪的其他具体犯罪选读

一、阻碍军人执行职务罪

1. 阻碍军人执行职务罪(我国《刑法》第368条第1款),是指以暴力、威胁方法阻碍军人依法执行职务的行为。

二、破坏武器装备、军事设施、军事通信罪

2. 破坏武器装备、军事设施、军事通信罪(我国《刑法》第369条第1款),是指故意破坏武器装备、军事设施、军事通信的行为。

三、非法生产、买卖武装部队制式服装罪

3. 非法生产、买卖武装部队制式服装罪(我国《刑法》第375条第2款),是指非法生产、买卖武装部队制式服装,情节严重的行为。这里的"非法生产、买卖"是指没有资格的个人或单位擅自行为,或者具有资格的个人或单位超过规定数量行为。

> **思考题**

"买卖"构成我国《刑法》第375条之罪与"逃税罪"能否并存?(考究2011年最高人民法院、最高人民检察院《关于办理妨害武装部队制式服装、车辆号牌管理秩序等刑事案件具体应用法律若干问题的解释》第6条)

第31章 危害廉政建设罪

第130节 危害廉政建设罪概述

一、危害廉政建设罪的本体构成

1. **危害廉政建设罪**,即贪污贿赂罪,是指侵犯职务廉洁性或者其他危害廉政建设的行为。

(一) 客观事实要素

2. **实行行为**:危害廉政建设行为。本章各罪的法定行为方式,表现为:(1) **作为**:多数系作为,并且许多在实践中也只能由作为构成。例如,贪污罪、挪用公款罪、受贿罪等。(2) **少数系不作为**:例如,隐瞒境外存款罪、巨额财产来源不明罪。

3. **行为主体**:本章各罪的行为主体,具体表现为:(1) **少数系一般主体**:例如,行贿罪(《刑法》第389条)、介绍贿赂罪(第392条)。(2) **多数系特殊主体**:例如,贪污罪(第382、383条)的法定主体,只能是国家工作人员或者受国家机关、国有公司、企业、事业单位、人民团体委托管理、经营国有财产的人员。(3) **个别系自然人并单位**:例如,对单位行贿罪(第391条)。(4) **多数仅限自然人**:例如,挪用公款罪(第384条)、巨额财产来源不明罪(第395条)等。(5) **个别仅限单位**:例如,单位行贿罪(第393条)。

4. **既遂形态**:本章各罪的既遂形态类型表现为:(1) **多数系数额犯**:例如,私分国有资产罪(第396条第1款)、私分罚没财物罪(第396条第2款)。(2) **有的系情节犯**:例如,介绍贿赂罪(第392条)、单位行贿罪(第393条)。

(二) 客观规范要素

5. 本章各罪所侵害的类型法益是国家廉政建设制度。

6. 贪污贿赂罪是对国家廉政建设制度的严重侵犯;我国《刑法》制裁贪污贿赂罪以确保国家廉政建设制度,核心是确保国家工作人员职务廉洁性。

(三) 主观责任要素

7. 本章各罪的主观责任形式,均为故意;多数犯罪的责任要素还包括特定目的。(1) **故意**:故意内容指向由"危害廉政建设行为"为核心征表的"国家廉政建设制度被侵状态"。(2) **特定目的**:例如,贪污罪的法定责任要素包括非法占有目的,挪用公款罪的法定责任要素包括取得公款使用权的目的,行贿罪的法定责任要素包括谋取不正当利益的目的,受贿罪的法定责任要素包括非法收受或者索取贿赂的意图。

二、危害廉政建设罪的种类

8. 基于行为主体的具体类型,可以将我国《刑法》分则"第八章贪污贿赂罪"分为

三类:

9. **国家工作人员侵犯职务廉洁性的犯罪**。包括:贪污罪、挪用公款罪、受贿罪。

10. **一般主体或者单位侵犯职务廉洁性的犯罪**。包括:单位受贿罪、行贿罪、对有影响力的人行贿罪等。

11. **其他侵犯廉政建设的犯罪**。包括:利用影响力受贿罪、巨额财产来源不明罪、隐瞒境外存款罪。

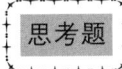

试述"危害廉政建设行为"与"渎职行为"的关系。

第 131 节 贪 污 罪

1. 设置本罪的基本法条是我国《刑法》第 382 条与第 383 条。其中,第 382 条第 1 款为本罪的典型构成,第 2 款是本罪的准型构成,第 3 款是对本罪共犯的规定;第 383 条第 1 款是对本罪法定刑的规定,第 2 款是对计算贪污数额的规定,第 3 款是对本罪从宽处罚的规定,第 4 款是对本罪与受贿罪之终身监禁制度的特别设置。第 183 条第 2 款是保险工作人员成立本罪的准型构成;第 271 条第 2 款是国企委派人员占有单位财物成立本罪的准型构成;第 394 条公务活动接受礼物而成立本罪的准型构成。

2. **贪污罪**,是指国家工作人员利用职务上的便利,侵吞、窃取、骗取或者以其他手段非法占有公共财物的行为。

一、基准构成

(一)客观事实要素

3. **实行行为**:包括三个要素。**(1) 职务行为**:利用职务上的便利,是指利用主管、管理、经手、经营公共财物的权力与方便条件(第 131 节 A 段 1—2)。**(2) 方法行为**:侵吞、窃取、骗取或者以其他手段(第 131 节 A 段 3)。**(3) 目的行为**:取得财物。

4. **行为对象**:公共财物,是指国有财物,劳动群众集体所有的财物,用于扶贫和其他公益事业的社会捐助或者专项基金的财物。在国家机关、国有公司、企业、集体企业和人民团体管理、使用或者运输中的私人财物,以公共财物论。

5. **数额或情节**:数额较大或者有其他较重情节(我国《刑法》第 383 条第 1 款第 1 项)。2016 年最高人民法院、最高人民检察院《关于办理贪污贿赂刑事案件适用法律若干问题的解释》第 1 条对此作了具体规定:**(1) "数额较大"**是指"3 万元以上不满 20 万元";**(2) "其他较重情节"**是指贪污"1 万元以上不满 3 万元"并有下列情形之一:行为对象(贪污救灾、抢险等特定款物);屡次行为(曾因贪污等受过处分或曾因故意犯罪受过刑事追究);赃款去向(用于非法活动);罪后态度(拒不交待赃款去向,或拒不配合追缴致使无法追缴);行为后果(造成恶劣影响等严重后果)。

6. **行为主体**:特殊主体,在此即为国家工作人员(第131节A段4)。

7. **既遂形态**:本罪是数额犯或情节犯。

(二) 客观规范要素

8. 本罪所侵害的具体法益,是国家工作人员职务廉洁性与公共财物管理秩序。

(三) 主观责任要素

9. 本罪的主观责任形式为故意,故意内容指向由贪污行为为核心征表的"国家工作人员职务廉洁性与公共财物管理秩序被侵状态"。

10. 同时,本罪的主观要素还须特定明知与特定目的,即行为人明知是公共财物,且具有非法占有公共财物的目的。

二、法定刑与量刑

11. **基准法定刑**:犯贪污罪,贪污数额较大或者有其他较重情节的,处3年以下有期徒刑或者拘役,并处罚金(我国《刑法》第383条第1款第1项)。

12. **加重法定刑**:贪污数额巨大或者有其他严重情节的,贪污数额特别巨大或者有其他特别严重情节的,数额特别巨大并使国家和人民利益遭受特别重大损失的,按这三级加重罪状法定刑依次递增。本罪最高刑系死刑(我国《刑法》第383条第1款第2项与第3项)。

13. **从宽处罚**:犯贪污罪,在提起公诉前如实供述自己罪行、真诚悔罪、积极退赃、避免、减少损害结果的发生,属于第383条第1款第1项规定情形的,可以从轻、减轻或者免除处罚;属于该条第1款第2项、第3项规定情形的,可以从轻处罚。

14. **终身监禁**:犯贪污罪,有第383条第1款第3项规定情形被判处死刑缓期执行的,人民法院根据犯罪情节等情况可以同时决定在其死刑缓期执行二年期满依法减为无期徒刑后,终身监禁,不得减刑、假释。

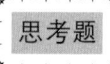

"公共财物"与"公共财产"有无区别?

第131节A 贪污罪实行行为及行为主体的解读

一、贪污实行中的职务行为

1. 贪污实行中的职务行为专指利用主管、管理、经手、经营公共财物的权力与方便条件。**(1) 主管**,是指虽然并不直接持有财物,但是对于财物的流转、使用、处置具有审批、调拨、支配的权能;**(2) 管理**,是指直接接触、看管、护理财物防止财物损耗、流失,从而对于财物具有相应程度的支配权能;**(3) 经手**,是指虽不完全占有财物,但是参与财物流转的过程并且具有控制某个流转环节的权能;(4) **经营**,是指针对财物进行营利活动,从而对于财物具有相应程度的支配、管理、经手的权能。

2. 利用职务之便利,不包括利用与职务无关的熟悉环境、易于进出单位、便于接近作案目标等条件。

二、贪污实行中的方法行为

3. 贪污实行中的方法行为包括侵吞、窃取、骗取或者其他手段。(1) **侵吞**,是指将合法控制的公共财物,违反法律规定而变为自己或者他人所有。(2) **窃取**,是指采取自认为不被发觉的方法,暗中非法拿取公共财物。(3) **骗取**,是指采用虚构事实或者隐瞒真相的方法,非法占有公共财物。(4) **其他手段**,是指采用侵吞、窃取、骗取以外的其他方法,将公共财物归为己有。例如,公款私存、私赠、私自变卖公物等。

三、行为主体

4. 根据我国《刑法》第93条的规定,**国家工作人员**包括:(1) **典型人员**,即在国家机关中从事公务的人员(第121节 A 段 11—13);(2) **国有单位准型人员**,即国有公司、企业、事业单位、人民团体中从事公务的人员;(3) **委派准型人员**,即国家机关、国有公司、企业、事业单位委派到非国有公司、企业、事业单位、社会团体从事公务的人员;(4) **其他准型人员**,即其他依照法律从事公务的人员,包括履行职责的人大代表、人民陪审员,有关城乡基层组织人员等①。

5. 我国《刑法》第93条的界说表明,对国家工作人员的认定可按三项要素为标准:A. 人员所在单位;B. 人员编制属性;C. 具体工作事项。其中,C 系必备要素,即"从事公务";而 A 与 B 系选择要素。缺乏 A(非国有单位中从事公务的国家工作人员,本节段 3 之 3),或缺乏 B(国家机关中从事公务的非编人员,第 121 节 A 段 12);或 A、B 均缺乏(从事行政管理工作的村基层组织人员,本节段 4 之 4),都可以构成国家工作人员。

思考题

受国家机关等委托管理、经营国有财产的人员是否国家工作人员?

第 131 节 B 贪污罪的犯罪形态

一、准型构成

(一)受托经管财产人员的本罪构成

1. 受国家机关、国有公司、企业、事业单位、人民团体委托管理、经营国有财产的

---

① 参见 2003 年最高人民法院《全国法院审理经济犯罪案件工作座谈会纪要》第 1 条第 3 项、2000 年全国人大常委会《关于〈中华人民共和国刑法〉第九十三条第二款的解释》。

人员,利用职务上的便利,侵吞、窃取、骗取或者以其他手段非法占有国有财物的,以贪污论(我国《刑法》第 382 条第 2 款)。

2. 这一准型构成在客观规范要素与主观责任要素上,与本罪典型构成基本一致,其相对特殊的表现在于客观事实要素的行为对象、行为主体方面。这是此类犯罪界分认定中的较为独特的规定(第 119 节段 5)。

3. **行为对象**:国有财物,即属于国家所有的财物。在本罪中主要表现为:国有单位财物,即国家机关、国有公司、企业、事业单位、人民团体拥有的财物;非国有单位中的国有单位财物,即国家机关、国有公司、企业、事业单位在合资企业、合营企业、股份制公司企业中的财物。

4. **行为主体**:"受国家机关、国有公司、企业、事业单位、人民团体委托管理、经营国有财产的人员",即**受托人员**,从 2000 年最高人民法院《关于对受委托管理、经营国有财产人员挪用国有资金行为如何定罪问题的批复》的相同表述来看,这里的"受托人员"系非国家工作人员,而且也不宜将之解释到《刑法》第 93 条的"其他依照法律从事公务的人员"中去。严格而论,"受托"与"依法"是有区别的。因此,不宜将"受托人员"归入《刑法》第 382 条第 1 款规定的行为主体的范畴。这类"受托人员"具有如下构成要素:(**1**) **委托主体**:国家机关、国有公司、企业、事业单位、人民团体。(**2**) **委托事项**:对于国有财产予以管理、经营,具体"是指因承包、租赁、临时聘用等管理、经营国有财产"①。(**3**) **拥有职责**:受托人员基于委托而拥有相应管理与经营国有财产的职责。(**4**) **行为对象**:受托管理、经营的仅限国有财产。

(二) 有关保险人员骗取保险金的本罪构成

5. 国有保险公司工作人员和国有保险公司委派到非国有保险公司从事公务的人员,利用职务上的便利,故意编造未曾发生的保险事故进行虚假理赔,骗取保险金归自己所有的,依照贪污罪定罪处罚(我国《刑法》第 183 条第 2 款)。

6. 这一准型构成在客观规范要素与主观责任要素上,与本罪的典型构成基本一致。其行为主体为国家工作人员中的"国企准型人员"与"委派准型人员",实行行为也为贪污行为中的"利用职务之便"的"骗取"行为。

7. 这一准型构成相对特殊的表现在于客观事实要素的行为对象,即保险金。这里的保险金应当包括:国有保险公司工作人员骗取的该公司的保险金(A);委派人员骗取非国有保险公司的保险金(B)。其中,B 情形的保险金未必就是公共财物,但是即便如此也按贪污罪论处。

(三) 国企人员占有单位财物的本罪构成

8. 国有公司、企业或者其他国有单位中从事公务的人员和国有公司、企业或者其他国有单位委派到非国有公司、企业以及其他单位从事公务的人员,利用职务上的便利,将本单位财物非法占为己有,数额较大的,依照贪污罪定罪处罚(我国《刑法》第 271 条第 2 款)。

---

① 2003 年最高人民法院《全国法院审理经济犯罪案件工作座谈会纪要》第 2 条第 2 项。

9. 这一准型构成在客观规范要素与主观责任要素上,与本罪典型构成基本一致。同样,其行为主体与实行行为的内容,也属于贪污罪典型构成的范畴。

10. 这一准型构成相对特殊的表现仍在于客观事实要素的行为对象,即本单位财物。这里的本单位财物应当包括:国有单位人员非法占有的该单位的财物(A);委派人员非法占有的非国有单位的财物(B)。其中,B 情形的单位财物未必就是公共财物,但是即便如此也按贪污罪论处。

(四) 接受礼物不予交公的本罪构成

11. 国家工作人员在国内公务活动或者对外交往中接受礼物,依照国家规定应当交公而不交公,数额较大的,依照贪污罪定罪处罚(我国《刑法》第 394 条)。

12. 这一准型构成在客观规范要素与主观责任要素上,与本罪典型构成基本一致。其行为主体更无特别之处。

13. 这一准型构成相对特殊的表现在于客观事实要素的行为情境、实行行为与行为对象:(**1**) **行为情境**:在国内公务活动或者对外交往中。(**2**) **实行行为**:接受礼物,应当交公而不交公。在此其法定行为方式系不作为。(**3**) **行为对象**:礼物。

二、贪污罪的共犯

14. 贪污罪的共犯分为三种情况:(**1**) 行为人与国家工作人员勾结,利用国家工作人员的职务便利,共同侵吞、窃取、骗取或者以其他手段非法占有公共财物的,以贪污罪共犯论处。(**2**) 行为人与公司、企业或者其他单位的人员勾结,利用公司、企业或者其他单位人员的职务便利,共同将该单位财物非法占为己有,数额较大的,以职务侵占罪共犯论处。(**3**) 公司、企业或者其他单位中,不具有国家工作人员身份的人与国家工作人员勾结,分别利用各自的职务便利,共同将本单位财物非法占为己有的,按照主犯的犯罪性质定罪。①

15. 在此,按"主犯犯罪性质"定罪的规定值得推敲(第 47 节段 11)。

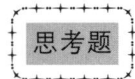

我国《刑法》第 382 条第 2 款是注意规定还是法律拟制?

第 131 节 C 贪污罪与其他犯罪的界分

一、贪污罪与盗窃等罪

1. 贪污罪与盗窃罪、诈骗罪、侵占罪以至抢劫罪等存在重要区别。区别的关键

---

① 参见我国《刑法》第 382 条第 3 款、2000 年最高人民法院《关于审理贪污、职务侵占案件如何认定共同犯罪几个问题的解释》。

在于贪污罪存在职务行为的构成要素,并且行为对象以公共财物为典型特征,进而行为主体身份与侵害法益等方面均有其独特表现。

2. 但是,基于贪污罪的实行行为系利用职务便利的"侵吞、窃取、骗取或者以其他手段非法占有公共财物",从而并不排除在具体案件中贪污罪与盗窃等罪会存在事实上的竞合。由此,国家工作人员利用职务便利盗窃、诈骗、侵占以至抢劫公共财物数额较大的,这应为贪污罪与盗窃等罪的想象竞合犯,对此应从一重处断。

3. 尚须注意,贪污罪与盗窃等罪,在实行行为上虽有一定要素的重合,但是两者并非实行行为构成要素上的整体结构与内容的重合,易言之,贪污罪之职务行为的构成要素是盗窃等罪在实行行为的结构上所不具备的。由此,贪污罪与盗窃等罪在规范关系上并不符合规范竞合的条件。

二、贪污罪与职务侵占罪

4. 贪污罪与职务侵占罪存在诸多区别,诸如行为主体、行为对象、定罪数额、侵害法益等。然而,两者在行为主体与行为对象方面的区别存在交织(第 119 节段 4—5):(1) 国家工作人员只能成立贪污罪,但有时"受托人员(非国家工作人员)"也能成立贪污罪;而职务侵占罪的主体只能是非国家工作人员。(2) 贪污罪行为对象的典型特征是公共财物,但有时"委派人员"犯贪污罪的行为对象也可以是非国有单位的财物。

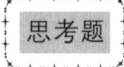

贪污罪与职务侵占罪的关键性区别是什么?

第 132 节 挪用公款罪

1. 设置本罪的基本法条是我国《刑法》第 384 条。其中,该条第 1 款前段为本罪的典型构成,第 1 款中段与后段是本罪的加重构成,该条第 2 款是对本罪特定行为对象从重处罚的规定。第 185 条第 2 款是金融机构人员成立本罪的准型构成;第 272 条第 2 款是国企委派人员挪用单位资金成立本罪的准型构成。

2. **挪用公款罪**,是指国家工作人员利用职务上的便利,挪用公款归个人使用,进行非法活动,或者挪用公款数额较大、进行营利活动,或者挪用公款数额较大、超过 3 个月未还的行为。

一、基准构成

(一) 客观事实要素

3. **实行行为**:分为两个要素。(1) **职务行为**,利用职务上的便利,即利用主管、管理、经手单位钱款的权力与方便条件;(2) **目的行为**,挪用,即未经批准擅自将公款挪作他用,但是并不具有永久性非法占有的目的,而是准备用后归还。

4. **行为对象**:公款,即公共财产中的资金。

5. **挪用去向**:归个人使用(第132节A段2)。

6. **行为主体**:国家工作人员。本罪与贪污罪行为主体的典型形态虽均为国家工作人员,但是贪污罪准型构成的行为主体包括了受托经管国有财物的人员,然而司法解释却特别排除了此类人员挪用公款罪的主体资格(第119节段4)。

7. **定量要素**:本罪的挪用情形分设三种(第132节A段1—10)。其中:(1)挪用公款进行非法活动的,虽法定未有"数额较大"及挪用时间的限制,但司法实践仍有数额的要求。(2)挪用公款进行营利活动的,要求"数额较大"但不受挪用时间和是否归还的限制;(3)一般场合挪用公款的,须"数额较大"且"超过3个月未还"。

8. **既遂形态**:鉴于本罪定量要素的呈现,本罪总体上可谓是数额犯。

(二) 客观规范要素

9. 本罪所侵害的具体法益是国家工作人员职务廉洁性与公款管理秩序。这里的公款管理秩序,主要是针对公款的占有权、使用权、收益权。

(三) 主观责任要素

10. 本罪的主观责任形式为故意,故意内容指向由挪用公款行为为核心征表的"国家工作人员职务廉洁性与公款管理秩序被侵状态"。

11. 同时,责任要素还包括特定明知与特定意图。特定明知,即明知予以挪用是公款;特定意图,即仅有挪用的目的而有归还的意图。

二、法定刑

12. **基准法定刑**:犯挪用公款罪的,处5年以下有期徒刑或者拘役(我国《刑法》第384条第1款前段)。

13. **加重法定刑**:犯挪用公款罪情节严重的,处5年以上有期徒刑;挪用公款数额巨大不退还的,处10年以上有期徒刑或者无期徒刑(我国《刑法》第384条第1款中段与后段)。这里的"不退还",是指"因客观原因在一审宣判前不能退还"①。

14. **从重处罚**:挪用救灾、抢险等特定款物归个人使用的,从重处罚(我国《刑法》第384条第2款)。

如何理解挪用公款中的"归个人使用"?

第132节A 挪用情形及挪用行为的解读

一、挪用公款的三种情形

(一) 用于非法活动的挪用

1. 挪用公款归个人使用,进行非法活动的。

---

① 参见1998年最高人民法院《关于审理挪用公款案件具体应用法律若干问题的解释》第5条。

2. **归个人使用**,其核心强调的是个人挪用;使用被挪用的公款者,无论"是个人还是单位以及单位的性质如何,均认为挪用公款归个人使用"①;反之,单位决定挪给个人则不以挪用公款论,具体是指"经单位领导集体研究决定将公款给个人使用,或者单位负责人为了单位的利益,决定将公款给个人使用的,不以挪用公款罪定罪处罚"②。具体地说归个人使用是指下列情形之一:(1)个人挪给个人,即将公款供本人、亲友或者其他自然人使用的;(2)个人挪给单位,即以个人名义将公款供其他单位使用的;(3)单位名义挪给单位,即个人决定以单位名义将公款供其他单位使用,谋取个人利益的。③

3. **非法活动**,包括实施犯罪行为或者一般的违法行为。例如,进行赌博、走私、贩毒等非法活动。

4. 本情形尽管没有法定**数额要求**,但是根据近期司法解释的规定,追究刑事责任的数额起点系"3万元以上"④;此前司法解释的规定系"5000元至1万元以上"⑤。

5. 本情形的构成无须挪用时间"超过3个月未还"的要素。

(二)用于营利活动的挪用

6. 挪用公款归个人使用,数额较大、进行营利活动的。

7. **数额较大**,近期司法解释的规定系"5万元以上"⑥;此前司法解释的规定系"1万元至3万元以上"⑦。"多次挪用公款不还,挪用公款数额累计计算";"多次挪用公款,并以后次挪用的公款归还前次挪用的公款,挪用公款数额以案发时未还的实际数额认定";挪用公款所获取的利息、收益等违法所得,不计入挪用公款的数额。⑧

8. **营利活动**,是指以牟取经济利益为目的的合法的经营活动。例如,挪用公款存入银行、用于集资、购买股票、国债等。

(三)其他普通型的挪用

9. 挪用公款归个人使用,数额较大、超过3个月未还的。

10. 具体认定时应**注意**:(1)在不知道使用人用公款进行营利活动或者用于非法活动的情况下,挪用公款给他人使用,数额较大、超过3个月未还的,构成挪用公款罪;(2)在明知使用人将公款用于营利活动或者非法活动的情况下,挪用公款给他人使用,按照挪用人挪用公款进行营利活动或者非法活动处置。⑨

---

① 2002年最高人民检察院《关于认真贯彻执行全国人民代表大会常务委员会〈关于刑法第294条第1款的解释〉和〈关于刑法第384条第1款的解释〉的通知》。
② 2003年最高人民法院《全国法院审理经济犯罪案件工作座谈会纪要》第4条第1项。
③ 参见2002年全国人大常委会《关于〈中华人民共和国刑法〉第384条第1款的解释》。
④ 参见2016年最高人民法院、最高人民检察院《关于办理贪污贿赂刑事案件适用法律若干问题的解释》第5条。
⑤ 参见1998年最高人民法院《关于审理挪用公款案件具体应用法律若干问题的解释》第3条。
⑥ 2016年最高人民法院、最高人民检察院《关于办理贪污贿赂刑事案件适用法律若干问题的解释》第6条。
⑦ 1998年最高人民法院《关于审理挪用公款案件具体应用法律若干问题的解释》第3条。
⑧ 参见1998年最高人民法院《关于审理挪用公款案件具体应用法律若干问题的解释》第4条及第2条。
⑨ 参见1998年最高人民法院《关于审理挪用公款案件具体应用法律若干问题的解释》第2条。

二、挪用行为的"挪"与"用"

11. 只"挪"不"用"的行为,是否成立挪用?对此刑法理论存在肯定与否定的不同见解。

12. 本书认为,挪用的完整构成应当包括"挪"与"用",只"挪"不"用"的可以成立挪用的未遂。具体地说:**(1)"挪用"的本义**:是指"把原定用于某方面的钱移到别的方面来用"。① 由此,"挪用"包括了"挪"与"用"。**(2)"挪"与"用"**:"挪",即挪动钱款,是指将钱款由一种依存状态变为另一依存状态;"用",即使用钱款,是指将钱款用于交付而使原有的占有控制状态改变。有时"挪"与"用"一致,例如将钱款通过银行转账支付给他人;有时两者分离,例如将钱款从单位取回家中存放备用。**(3)挪用形态分析**:在挪归自己使用的场合,挪用人将钱款从单位存放状态转移至自己的存放状态,这只是"挪";要成立"用"还需将钱款投入到某种支付目的活动中从而使其原有占有状态改变。在挪归他人使用的场合,挪用人将钱款从单位存放状态转移至自己的或者其他的存放状态,这是"挪";行为人将钱款交付他人由其去使用这就使钱款的原有占有状态改变,从而成立"用"。**(4)只"挪"不"用"**:行为人只"挪"不"用",就实行行为的实施来看,"挪"意味着行为人既已着手实行行为,未"用"即案发意味着实行行为未至完成。有关司法解释也肯定这一情形的定罪与从宽:"挪用公款后尚未投入实际使用的……应当认定为挪用公款罪,但可以酌情从轻处罚"②。

挪用公款中"挪用"的规范含义是什么?

第 132 节 B　挪用公款罪的准型构成

一、金融机构人员挪用单位资金的本罪构成

1. 国有金融机构的工作人员和国有金融机构委派到非国有金融机构中从事公务的人员,利用职务上的便利,挪用本单位或者客户资金的,依照挪用公款罪定罪处罚(我国《刑法》第 185 条第 2 款)。

2. 这一准型构成在客观规范要素与主观责任要素上,与本罪典型构成基本一致。其行为主体也可归入准型国家工作人员的范畴,实行行为也属于挪用公款罪的典型构成。

3. 这一准型构成相对特殊的表现在于客观事实要素的行为对象,即单位及其客

---

① 《现代汉语词典(第 7 版)》,商务印书馆 2016 年版,第 966 页。
② 2003 年最高人民法院《全国法院审理经济犯罪案件工作座谈会纪要》第 4 条第 7 项。

户资金。这里的单位资金应当包括:国有金融机构工作人员挪用的该金融机构的资金(A);委派人员挪用的非国有金融机构的资金(B)。其中,B情形的资金未必就是公款,但是即便如此也按挪用公款罪论处。

二、国企人员挪用单位资金的本罪构成

4. 国有公司、企业或者其他国有单位中从事公务的人员和国有公司、企业或者其他国有单位委派到非国有公司、企业以及其他单位从事公务的人员,利用职务上的便利,挪用本单位资金归个人使用或者借贷给他人……,依照挪用公款罪定罪处罚(我国《刑法》第272条第2款)。

5. 这一准型构成在客观规范要素与主观责任要素上,与本罪典型构成基本一致。同样,其行为主体与实行行为的内容,也属于挪用公款罪典型构成的范畴。

6. 这一准型构成相对特殊的表现仍在于客观事实要素的行为对象,即本单位资金。这里的本单位资金应当包括:国有单位人员挪用的该单位的资金(A);委派人员挪用的非国有单位的资金(B)。其中,B情形的单位资金未必就是公款,但是即便如此也按挪用公款罪论处。

准型构成与注意规定及法律拟制呈现为何种关系?

第132节 C 挪用公款罪与其他犯罪的界分

一、挪用公款罪与贪污罪

1. 挪用公款罪与贪污罪两者在实行行为与行为对象等方面存在诸多区别。不过,两者均可表现为改变公款的存放状态以至将之投入使用,在此场合区别两罪的关键在于,考究行为人主观上是否具有"非法占有的目的"。挪用公款罪行为人仅有挪用的意图,而贪污罪行为人具有非法占有的目的。

2. 行为人挪用或占有的不同主观意图,可以根据其具体行为表现予以判断。具体地说,以下情形应以贪污罪定罪处罚:携带挪用的公款潜逃的;挪用公款后采取虚假发票平账、销毁有关账目等手段,使所挪用的公款已难以在单位财务账目上反映出来,且没有归还行为的;截取单位收入不入账,非法占有,使所占有的公款难以在单位财务账目上反映出来,且没有归还行为的;有证据证明行为人有能力归还所挪用的公款而拒不归还,并隐瞒挪用的公款去向的。①

---

① 参见2003年最高人民法院《全国法院审理经济犯罪案件工作座谈会纪要》第4条第8项。

二、挪用公款罪与挪用资金罪

3. 挪用公款罪与挪用资金罪两者存在诸多区别,诸如行为主体、行为对象、定罪数额、侵害法益等,而两者标志性的区别在于行为主体的不同(第119节段4)。

三、挪用公款罪与挪用特定款物罪

4. 挪用公款罪与挪用特定款物罪两者均可表现为挪用特定款物,并且也均有职务行为与挪用行为的特征。但是,两者在实行行为、行为主体、行为对象、数额标准、侵害法益等方面有着重要区别。而其标志性的**区别**在于:(**1**) **实行行为**:两者尽管均具有挪用行为,但是在挪用的本质特征上有着明显的不同。挪用公款的挪用,是将公款个人挪给个人,或者个人挪给单位,或者为了个人利益挪给单位,即"归个人使用"。而挪用特定款物的挪用,是将特定款物由单位挪归单位用于非特定事项的公用,即"归单位公用"。(**2**) **行为主体**:挪用公款罪的行为主体,是国家工作人员。而挪用特定款物罪的行为主体,是主管、经营、经手特定款物的直接责任人员,包括:国家工作人员与非国家工作人员。(**3**) **行为对象**:挪用公款罪的行为对象是公款,包括特定款物。而挪用特定款物罪的行为对象仅限特定款物。

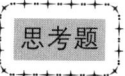

挪用公款罪与挪用资金罪的关键性区别是什么?

第133节 受 贿 罪

1. 设置本罪的基本法条是我国《刑法》第385条与第386条。其中,第385条第1款为本罪的典型构成,第2款是本罪的准型构成;第386条是对本罪法定刑的规定。第388条是斡旋受贿成立本罪的准型构成;第163条第3款是国企人员受贿成立本罪的注意规定;第184条第2款是国有金融机构人员受贿成立本罪的注意规定;第399条第4款是本罪与有关犯罪成立想像竞合犯的处罚。

2. **受贿罪**,是指国家工作人员利用职务上的便利,索取他人财物,或者非法收受他人财物,为他人谋取利益的行为。

一、基准构成

(一) 客观事实要素

3. **实行行为**:包括职务行为与目的行为两个要素。(**1**) **职务行为**:利用职务上的便利,以下简称"利用职务之便"。这里的"职务"是指"专项职务",即个案性公务事项处理的职位权能(第133节A段1—2)。(**2**) **目的行为**:A. 索取他人财物;B. 非法收受他人财物并为他人谋利益。此为选择性行为,A与B择其一即可成立目的行为(第133节A段3—8)。

4. **行为对象**：他人财物。应当注意,这里的"财物"的规范含义(第 133 节 A 段 9—11)。

5. **数额或情节**：数额较大或者有其他较重情节(我国《刑法》第 386 条,第 383 条第 1 款第 1 项)。根据 2016 年 4 月,最高人民法院、最高人民检察院《关于办理贪污贿赂刑事案件适用法律若干问题的解释》第 1 条:(1) "数额较大"是指"3 万元以上不满 20 万元"。(2) "其他较重情节"是指受贿"1 万元以上不满 3 万元"并有下列情形之一：屡次行为(多次索贿);行为特征(为他人谋取不正当利益致使公共国家等利益受损,或为他人谋取职务提拔调整);贪污罪所需的相关情节(第 131 节段 5)。

6. **行为主体**：特殊主体,在此即为国家工作人员。

7. **既遂形态**：本罪是数额犯或情节犯。

(二) 客观规范要素

8. 本罪所侵害的具体法益是国家工作人员职务廉洁性。

(三) 主观责任要素

9. 本罪的主观责任形式为故意,故意内容指向以"受贿行为"为核心征表的"国家工作人员职务廉洁性被侵状态"。

10. 同时,本罪的主观要素还须特定意图,即行为人具有非法收受或者索取贿赂的意图。

二、法定刑与处罚

11. 受贿罪的法定刑及处罚,根据受贿所得数额及情节,援用我国《刑法》第 383 条贪污罪的法定刑及处罚。索贿的从重处罚(我国《刑法》第 386 条,第 131 节段 11—14)。

思考题

受贿罪"利用职务上的便利"是指什么?

第 133 节 A 受贿罪实行行为及行为对象的解读

一、实行行为之职务行为

1. 受贿罪的实行以"利用职务之便"为要素之一,这里的"利用职务之便"包括:**(1) 本人直接实施**:利用自己职务上具体承办某项公共事务的职权及其所形成的便利条件;**(2) 利用隶属关系**:A. 利用自己职务上主管与负责某项公共事务的职权,通过其属下具体承办此项公共事务的人员实施职务行为①;B. 担任单位领导职务者利用不

---

① 参见 1999 年最高人民检察院《关于人民检察院直接受理立案侦查案件立案标准的规定(试行)》第 1 条第 3 项。

属于自己主管的下级部门的国家工作人员的职权①,不过这一解释有待推敲(本节段2)。

2. 本书认为,基于我国《刑法》对第385条(普通型受贿)与第388条(斡旋型受贿)的分别设置,"利用职务之便"不同于"利用职权地位条件"②。"利用职务之便"中的"职务"是指"专项职务",即所担任的直接主管、负责或承办某一具体的个案性的公务事项的职位工作;由此,"利用职务之便"是一种"职权本位"的职权使用。而"利用职权地位条件"是一种"职权传递"的职权利用。③ "担任单位领导职务者利用不属于自己主管的下级部门的国家工作人员的职权"④应属"利用职权地位条件"。

二、实行行为之目的行为

(一) 索取他人财物

3. 索取他人财物,是指主动索要并收取他人财物;其强调的是,行为人主动向他人索要财物,而他人被动向行为人给付财物。

4. 在受贿行为的成立上,索取他人财物,无须同时为他人谋利益。

(二) 非法收受他人财物并为他人谋利益

5. **非法收受他人财物**,是指他人为了某种目的而给予财物,行为人违反规定接受了这些财物;其强调的是,他人主动向行为人给付财物,而行为人被动接受他人所给付的财物。

6. **为他人谋利益**,包括:明示与默示地允诺为他人谋利益、正在为他人谋利益、已经为他人谋取了利益。为他人谋利益,既可以是为他人谋取合法利益,也可以是为他人谋取非法利益;既包括谋取物质利益,也包括谋取非物质利益;既可以为请托人本人谋利益,也可以为请托人所指第三人谋利益。

7. 在收贿成立要素的设置上,我国规定的要旨是"利用职权并予谋利从而收贿"(我国《刑法》第385条第1款),而许多国家刑法典的相应规定是"基于职权行为从而收贿"⑤。由此,按照我国《刑法》的规定,仅凭借职权行为而接收钱财尚不足以完成受贿,受贿的完成还须为他人谋利益;而按照"基于职权行为从而收贿"的规定,只要收贿是凭借了职权行为,即使职权行为尚未实施也系受贿的完成⑥。相比较而言,后者的立法更为合理。

8. 受贿的方式多种多样,包括交易受贿、收受干股、虚假合作投资受贿、虚假委托理财受贿、赌博受贿、特定关系人挂名受贿等。⑦

---

① 参见2003年最高人民法院《全国法院审理经济犯罪案件工作座谈会纪要》第3条第1项。
② 即我国《刑法》第388条所称的"利用本人职权或者地位形成的便利条件"。
③ 详见张小虎:《居间受贿中"利用职权地位条件"的规范解读》,载《国家检察官学院学报》2019年第1期。
④ 2003年最高人民法院《全国法院审理经济犯罪案件工作座谈会纪要》第3条第1项。
⑤ 例如,《日本刑法典》第197条:"就职务上的事项,收受、要求或者约定贿赂";《意大利刑法典》第318条:"因履行其职务行为"而接受钱款、利益或报酬。
⑥ 例如,《意大利刑法典》第318条第1款。
⑦ 参见2007年最高人民法院、最高人民检察院《关于办理受贿刑事案件适用法律若干问题的意见》。

三、行为对象

9. 受贿罪的行为对象系"他人财物"。这里的"财物"究竟何指？对此刑法理论存在不同见解：仅限钱款及物品；包括钱物和财产性利益；包括钱物、财产性利益、非财产性利益。

10. 综合有关司法解释的规定①，这里的"财物"是指：（1）货币。（2）具有经济价值的物品。（3）财产性利益（第 116 节 F 段 21），包括：A. 可以折算为货币的物质利益，如提供房屋装修、债务免除、代币卡（券）等；B. 需要支付货币的其他利益，如会员服务、旅游等。

11. 非财产性利益，即并不具有直接的金钱承载而能给获得者带来的好处。例如，提供招工指标、安置亲属就业、升学、提升职务、迁移户口、非金钱交易的性服务等。非财产性利益不应视作这里的财物，但不排除将之视作成立受贿罪所需的"其他较重情节"的构成要素，如"为他人谋取职务提拔调整"（第 133 节 段 5）。

思考题

"为他人谋利益"是指什么？在受贿罪立法中如何合理地处理这一要素？

第 133 节 B 受贿罪的准型构成及与相关罪的界分

一、受贿罪的准型构成

（一）经济往来受贿的本罪构成

1. 国家工作人员在经济往来中，违反国家规定，收受各种名义的回扣、手续费，归个人所有的，以受贿论处（我国《刑法》第 385 条第 2 款）。

2. 这一准型构成在犯罪数额、行为主体、客观规范要素与主观责任要素上，与本罪典型构成基本一致，其相对特殊的表现在于客观事实要素的实行行为与行为对象。

3. 这一准型构成的实行行为要素包括：A. 职务行为：利用职务上的便利。B. 目的行为：违规收受经济对方的回扣与手续费。C. 行为情境：在经济往来中。这一情形的受贿，是否必须"为对方谋利益"，刑法理论存在争议。对此本书持肯定立场，不过这一要素的存在，依存于"经济往来"的要素中，即在与对方的"经济往来"中"为对方谋利益"。

4. 这一准型构成的行为对象为回扣与手续费。实际上，回扣与手续费仍然是财物，只是经济往来视角的称谓。回扣，是指在商品或劳务交易中，由卖方从收到的价

---

① 参见 2016 年最高人民法院、最高人民检察院《关于办理贪污贿赂刑事案件适用法律若干问题的解释》第 12 条，2008 年最高人民法院、最高人民检察院《关于办理商业贿赂刑事案件适用法律若干问题的意见》第 7 条。

款中,按照一定比例扣出一部分返还给买方或者其经办人的款项。手续费,是指在经济活动中,违反国家规定,支付给交易对方的各种名义的钱款,例如辛苦费、信息费、好处费等。

(二) 斡旋受贿的本罪构成

5. 国家工作人员利用本人职权或者地位形成的便利条件,通过其他国家工作人员职务上的行为,为请托人谋取不正当利益,索取请托人财物或者收受请托人财物的,以受贿论处(我国《刑法》第 388 条)。

6. 这一准型构成在行为对象、犯罪数额、行为主体、客观规范要素与主观责任要素上,与本罪典型构成基本一致,其相对特殊的表现在于客观事实要素的实行行为。具体地说,这一准型受贿的独特构成要素呈现:**(1) 职务行为**:利用本人职权或者地位形成的便利条件,以下简称"利用职权地位条件"。**(2) 方法行为**:通过其他国家工作人员职务上的行为,为请托人谋取不正当利益。**(3) 目的行为**:索取请托人财物或者收受请托人财物。

7. 其中,"**利用职权地位条件**"的成立要素为:没有职务隶属关系,即行为人与被利用的国家工作人员之间在职务上没有隶属与制约关系①;具有一定公务影响,即行为人利用了本人职权或者地位产生的公务影响和一定的工作联系。"利用职权地位条件"与"利用职务之便"是互为分离的概念;前者是一种"职权传递"的职权利用,后者是一种"职权本位"的职权使用(第 133 节 A 段 2)。

8. 对于"利用职权地位条件"的具体表现,2003 年最高人民法院《全国法院审理经济犯罪案件工作座谈会纪要》第 3 条第 3 项将之表述为:单位内不同部门的国家工作人员之间、上下级单位没有职务上隶属、制约关系的国家工作人员之间、有工作联系的不同单位的国家工作人员之间等。对此,本书进一步明确为:**(1) 同级的公务工作**:利用与自己有着职务工作关系的、同一单位或不同单位的其他同级国家工作人员的职务;**(2) 主管的间接领导**:利用虽然属于自己主管的,但不直属于自己领导的下级单位的国家工作人员的职务。**(3) 非主管的间接领导**:利用并不属于自己主管的,同时也不是直属于自己领导的下级单位或部门的国家工作人员的职务。**(4) 非主管的直接领导**:利用虽不属于自己主管的,却直属于自己领导的本单位下级部门的国家工作人员的职务。②

9. 另外,离职人员斡旋受贿的,构成利用影响力受贿罪(A);而现职人员离退休后受贿的,构成受贿罪(B)。其中,A 系我国《刑法》第 388 条之一第 2 款的规定,即离职的国家工作人员利用其原职权或者地位形成的便利条件,通过其他国家工作人员职务上的行为,为请托人谋取不正当利益,索取或者收受请托人财物,数额较大或者情节较重的;B 系司法解释③的规定,即国家工作人员利用职务上的便利,为请托人

---

① 这里的"职务",是指"专项职务"(第 133 节 A 段 2)。
② 详见张小虎:《居间受贿中"利用职权地位条件"的规范解读》,载《国家检察官学院学报》2019 年第 1 期。
③ 参见 2000 年最高人民法院《关于国家工作人员利用职务上的便利为他人谋取利益离退休后收受财物行为如何处理问题的批复》、2003 年最高人民法院《全国法院审理经济犯罪案件工作座谈会纪要》第 3 条。

谋取利益,并与请托人事先约定,在其离退休后收受请托人财物,构成犯罪的。

二、受贿罪与徇私枉法罪

10. 司法工作人员收受贿赂,有徇私枉法行为的,同时又构成受贿罪的,依照处罚较重的规定定罪处罚(我国《刑法》第 399 条)。这是对受贿罪与徇私枉法罪的想像竞合犯及其处罚的规定。

11. 立于受贿罪的评价,"收受贿赂"(A)、"利用职务之便"(B)、"为他人谋利"(C),整合这三者成立受贿罪的实行行为;立于徇私枉法罪的评价,整合 B 与 C 可以表现为"在刑事司法中徇私枉法、徇情枉法",即徇私枉法罪的实行行为①。可见,B 与 C 在受贿罪及徇私枉法罪中被重复评价,从而这是一个"准整体重复"的一个事实行为(第 49 节段 13)。因此,"收受贿赂,有徇私枉法行为的",可谓一行为触犯两罪名,符合想像竞合犯的成立要件。值得注意的是,2012 年最高人民法院、最高人民检察院《关于办理渎职刑事案件适用法律若干问题的解释(一)》第 3 条将类似的情形规定为"数罪并罚",这是值得推敲的。

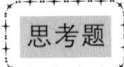

我国《刑法》中"以……论处"的规定系注意规定还是法律拟制?

第 134 节 利用影响力受贿罪

1. 设置本罪的基本法条是我国《刑法》第 388 条之一。其中,该条第 1 款前段为本罪的典型构成,第 1 款中段与后段为本罪的加重构成;该条第 2 款是本罪的准型构成。

2. **利用影响力受贿罪**,是指国家工作人员的密切关系人,通过该国家工作人员的职务行为,或者利用该国家工作人员职权地位所形成的便利条件,通过其他国家工作人员的职务行为,为请托人谋取不正当利益,索取或者收受请托人财物,数额较大或者有其他较重情节的行为。

一、基准构成

(一) 客观事实要素

3. **实行行为**:包括方法行为与目的行为两个要素。**A. 方法行为**:利用国家工作人员的影响力并通过国家工作人员的职务行为;**B. 目的行为**:索取或者收受请托人财物并为请托人谋取不正当利益(第 134 节 A 段 1—8)。

4. **行为对象**:财物以及不正当利益。其中,财物是索取与收取行为的对象;不正

---

① 详见张小虎:《罪刑分析(下册)》,北京大学出版社 2003 年版,第 337 页。

当利益是为请托人谋取行为的对象(第134节A段9—10)。

5. **定量因素**:数额较大或者情节较重。具体标准参见有关受贿罪的规定执行。[①]

6. **行为主体**:特殊主体,即国家工作人员的密切关系人,具体是指与国家工作人员有近亲属(如配偶、子女等),情妇(夫)以及其他共同利益关系的人。[②]

7. **既遂形态**:本罪是数额犯与情节犯。

(二) 客观规范要素

8. 本罪所侵害的具体法益是国家工作人员职务廉洁性。

(三) 主观责任要素

9. 本罪的主观责任形式为故意,故意内容指向由利用影响力受贿行为为核心征表的"国家工作人员职务廉洁性被侵状态"。

10. 同时,本罪的主观要素还须特定意图,即行为人具有非法收受或者索取贿赂的意图。

二、法定刑

11. **基准法定刑**:犯利用影响力受贿罪,处3年以下有期徒刑或者拘役,并处罚金(我国《刑法》第388条之一第1款前段)。

12. **加重法定刑**:犯利用影响力受贿罪,数额巨大或者有其他严重情节的,处3年以上7年以下有期徒刑,并处罚金;数额特别巨大或者有其他特别严重情节的,处7年以上有期徒刑,并处罚金或者没收财产(我国《刑法》第388条之一第1款中段与后段)。

思考题

2007年最高人民法院、最高人民检察院《关于办理受贿刑事案件适用法律若干问题的意见》第11条中的"其他共同利益关系的人"具体包括哪些?

第134节A 利用影响力受贿罪实行行为及行为对象的解读

一、实行行为之方法行为

(一) 方法行为的规范蕴含

1. 这一方法行为的要素是"利用影响力"与"通过国家工作人员的职务行为"。具体分为两种情形:(1) 利用具有密切关系的国家工作人员的影响力,并通过该国家工作人员的职务行为;(2) 利用具有密切关系的国家工作人员的影响力,而通过其他国家工作人员的职务行为。

2. **利用影响力**,是指行为人基于其与国家工作人员的密切关系,从而利用该国

---

① 参见2016年最高人民法院《关于办理贪污贿赂刑事案件具体适用法律若干问题的解释》第10条第1款。
② 参见2007年最高人民法院、最高人民检察院《关于办理受贿刑事案件适用法律若干问题的意见》第11条。

家工作人员职权与地位所形成的对于他人的影响。**通过国家工作人员的职务行为**,是指行为人促使国家工作人员利用职务上的便利条件违规实施或不实施职务行为。

(二) 利用影响力与利用职务之便

3. 我国《刑法》设置了受贿罪典型形态、受贿罪斡旋形态、利用影响力受贿罪,作为受贿性质的犯罪,其构成均有凭恃职权的事实特征,但是其所呈现的内容则是不同的:

4. **典型受贿与斡旋受贿**:典型受贿与斡旋受贿的凭恃职权的要素分别为:A."利用职务上的便利"(我国《刑法》第385条第1款),B."利用职权或者地位形成的便利条件"(第388条)。在此,A与B具有不同含义:A系国家工作人员"本人直接实施"职权或者"利用职务隶属关系"由其他国家工作人员实施职权;B系国家工作人员利用"没有职务隶属关系"但"具有一定公务影响"的其他国家工作人员实施职权(第133节A段2,第133节B段7—8)。这是基于典型受贿与斡旋受贿的相对意义,而对A与B所作的界分。由此,典型受贿也称直接受贿,斡旋受贿也称间接受贿。

5. **斡旋受贿与利用影响力受贿**:利用影响力受贿的凭恃职权要素也有:C."利用职权或者地位形成的便利条件"(我国《刑法》第388条之一)。在字面上C与B基本一致,但是两者所包容的含义则有所不同。这是基于其在不同的具体犯罪构成中,所承载的具体内容也各随相应具体犯罪构成的要求,而有所差异。由此,C的含义系:国家工作人员(甲)的关系密切人,利用该国家工作人员(甲)的职权或地位对于其他国家工作人员(乙)所具有的"一定公务影响",这里的甲与乙(影响源与被影响者)之间,既可以是"具有职务隶属关系"也可以是"没有职务隶属关系"。

二、实行行为之目的行为

6. 这一目的行为的要素是"索取请托人财物""收受请托人财物"与"为请托人谋取不正当利益"。具体分为两种类型:(1) 索取请托人财物,并为请托人谋取不正当利益;(2) 收受请托人财物,并为请托人谋取不正当利益。

7. **索取请托人财物**,是指主动索要并收取请托人财物;**收受请托人财物**,是指请托人为了某种目的而给予财物,行为人收取接受了这些财物。

8. **为请托人谋取不正当利益**,是指行为人为请托人对有权者进行请托与说服,通过关系密切的有权者(甲)违规实施职权行为,或者利用该关系密切的有权者(甲)的职权地位而通过其他有权者(乙)的违规职权行为,设法使请托人违反规定获得利益。需要考究的是,这里的"谋取"的蕴含。就谋取行为的进程而言,存在三个结果点位:一是行为人实施了请托与说服及敦促;二是有权者(甲或者乙)为此而实施职权行为;三是请托人由此而获得利益。本书认为,谋取至少应有前两个点位的行为。对此,形式上缘于《刑法》的规定:通过"国家工作人员职务上的行为";实质上出于本罪的侵害法益:甲或者乙之行为致使职务廉洁性受到玷污。

三、行为对象

9. 索贿与收贿的行为对象系财物。这里,**财物**作为受贿的行为对象,其蕴含与受贿罪行为对象的财物一致,是指钱款、具有经济价值的物品、某些财产性利益,但不包括非财产性利益。

10. 不正当利益系为请托人谋取行为的对象。这里的**不正当利益**,是指具体内容违规或者取得过程违规的利益。这是基于有权者违规行使职权而生之利益。这里的违规包括实体违规与程序违规。前者例如,取得销售经营许可证,虽然按照法定程序获得了审批,但是其原本就不符合审批条件;后者例如,取得销售经营许可证,虽然原本符合审批条件,但是并未按照法定程序予以审批。对于不正当利益的含义,刑法理论曾有不同见解,1999年最高人民检察院《关于人民检察院直接受理立案侦查案件立案标准的规定(试行)》附则第5项将之归为违规的利益以及违规的便利。

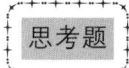

在"利用职权或地位形成的便利条件"上,斡旋受贿与利用影响力受贿的具体区别有哪些?

第 134 节 B 利用影响力受贿罪的准型构成及相关犯罪认定

一、基于离职人员影响力之本罪的准型构成

1. 离职的国家工作人员或者其近亲属以及其他与其关系密切的人,利用该离职的国家工作人员原职权或者地位形成的便利条件,通过其他国家工作人员职务上的行为,为请托人谋取不正当利益,索取请托人财物或者收受请托人财物的,依照利用影响力受贿罪定罪处罚(我国《刑法》第388条之一第2款)。

2. 这一准型构成在实行行为、行为对象、定量要素、客观规范要素与主观责任要素上,与本罪典型构成存在较大相似之处或基本一致,其相对特殊的表现在于客观事实要素的行为主体。

3. 具体地说,这一准型构成的较为独特的要素呈现:**(1) 行为主体**:离职的国家工作人员;离职国家工作人员的近亲属;其他与离职国家工作人员关系密切的人。而典型构成的行为主体:国家工作人员的近亲属;其他国家工作人员关系密切的人。**(2) 利用影响力**:利用离职的国家工作人员原职权或者地位形成的便利条件。而典型构成的利用影响力:利用国家工作人员职权或者地位形成的便利条件。

二、利用职权地位与相关受贿犯罪的认定

4. 根据我国《刑法》与2013年《全国法院审理经济犯罪案件工作座谈会纪要》的规定:在职国家工作人员利用其职权或地位对没有职务隶属制约关系的其他国家工作人员的影响受贿的,构成斡旋受贿(《刑法》第388条);在职国家工作人员利用其职权或地位对具有职务隶属制约关系的其他国家工作人员的影响受贿的,构成典型受贿(第385条第1款);离职国家工作人员(甲)利用其原职权或地位对其他国家工

作人员(乙)的影响受贿的,无论乙原先与甲之间是否具有职务隶属制约关系,均可构成利用影响力受贿(第388条之一)。

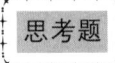

如何具体界分典型受贿、斡旋受贿、利用影响力受贿?

第135节 危害廉政建设罪的其他具体犯罪选读

一、行贿罪

1. 行贿罪(我国《刑法》第389条),是指为谋取不正当利益,给予国家工作人员以财物的行为。

2. 我国《刑法》第389条第1款的"为谋取不正当利益"系本罪的主观要素。第390条第1款中段"谋取不正当利益"系本罪加重犯的客观要素。第390条第2款系本罪从宽处罚的规定。前段的"从轻或者减轻处罚"中,基于进一步的从宽情节,又有后段的"减轻或者免除处罚",较为充分地彰显了宽严相"济"的取向。

二、对有影响力的人行贿罪

3. 对有影响力的人行贿罪(我国《刑法》第390条之一),是指为谋取不正当利益,向国家工作人员的近亲属或者其他与该国家工作人员关系密切的人,或者向离职的国家工作人员或者其近亲属以及其他与其关系密切的人行贿的行为。

三、巨额财产来源不明罪

4. 巨额财产来源不明罪(我国《刑法》第395条第1款),是指国家工作人员的财产或者支出明显超出合法收入,差额巨大,而本人又不能说明其来源是合法的行为。

5. 这里的"不能说明",实质上是拒不说明,属于不作为的行为方式。具体是指行为人有义务说明,也能够说明,但是行为人拒绝履行说明的义务而不予说明,包括不说明或者作虚假的说明。

6. 同时,司法机关无法确定行为人所拥有的与合法收入差额巨大的财产的真实来源,这也是本罪成立的一个前提,假如司法机关已经明确行为人所拥有的与合法收入差额巨大的财产的真实来源,则应当根据查明的事实作出处置。

对下列案例中的甲应当如何处理?为什么?

案例135-1: 甲被国家工作人员乙勒索而给予乙财物,进而获得了不正当利益。

第32章 背离公务职责罪

第136节 背离公务职责罪概述

一、背离公务职责罪的本体构成

1. **背离公务职责罪**,即渎职罪,是指国家机关工作人员,滥用职权、玩忽职守、徇私舞弊或者实施其他渎职,侵害国家机关正常管理活动的行为。

(一) 客观事实要素

2. **实行行为**:滥用职权、玩忽职守或者徇私舞弊。(1) **滥用职权**,是指违规行使职权,或者违规超越职权。其本质是职权的"滥用"。(2) **玩忽职守**,是指疏于职守不履行职责,或者疏于职守不认真履行职责。其本质是职权的"疏漏"。(3) **徇私舞弊**,是指谋求私情私利,采用欺骗的方式等,违法乱纪,损害国家利益。

3. **行为主体**:本章各罪的行为主体,具体表现为:**(1) 多数系特殊主体**:例如,滥用职权罪的法定主体,只能是国家机关工作人员;徇私枉法罪的法定主体,只能是司法工作人员;徇私舞弊不征、少征税款罪的法定主体,只能是税务机关的工作人员。**(2) 两罪系一般主体**:故意泄露国家秘密罪及过失泄露国家秘密罪的法定主体是一般主体。

4. **既遂形态**:本章各罪的既遂形态类型表现为:**(1) 多数系结果犯**:例如,滥用职权罪、玩忽职守罪等。**(2) 有的系行为犯**:例如,徇私枉法罪、私放在押人员罪等。**(3) 有的系情节犯**:例如,故意泄露国家秘密罪、枉法仲裁罪等。

(二) 客观规范要素

5. 本章各罪所侵害的类型法益是国家机关的正常管理活动。国家机关的正常管理活动,是指国家机关对社会进行职能管理的正常活动。

(三) 主观责任要素

6. 本章各罪的主观责任形式,包括:**(1) 故意**:例如,徇私枉法罪、私放在押人员罪等。**(2) 过失**:例如,失职致使在押人员脱逃罪、环境监管失职罪等。

二、背离公务职责罪的种类

7. 基于实行行为的具体类型,可以将我国《刑法》分则"第九章渎职罪"分为四类:

8. **滥用职权的犯罪**。包括:滥用职权罪,私放在押人员罪,违法发放林木采伐许可证罪,办理偷越国(边)境人员出入境证件罪,阻碍解救被拐卖、绑架妇女、儿童罪等。

9. **严重失职的犯罪**。包括:玩忽职守罪,执行判决、裁定失职罪,失职致使在押人员脱逃罪,国家机关工作人员签订、履行合同失职被骗罪,不解救被拐卖、绑架妇女、儿童罪等。

10. **徇私舞弊的犯罪**。包括:徇私枉法罪,民事、行政枉法裁判罪,徇私舞弊减刑、假释、暂予监外执行罪,徇私舞弊不征、少征税款罪,招收公务员、学生徇私舞弊罪等。

11. **其他渎职的犯罪**。包括:故意泄露国家秘密罪,过失泄露国家秘密罪,食品、药品监管渎职罪。

试述"滥用职权""玩忽职守""徇私舞弊"这三种行为之间的关系。

第 137 节　滥用职权罪

1. 设置本罪的基本法条是我国《刑法》第 397 条。其中,该条第 1 款前段为本罪的基准罪状与法定刑,第 1 款中段是本罪的加重罪状与法定刑,第 1 款后段是在规范竞合的场合适用其他特别规范的规定。该条第 2 款是本罪行为加重犯的罪状与法定刑。

2. **滥用职权罪**,是指国家机关工作人员滥用职权,致使公共财产、国家和人民利益遭受重大损失的行为。

一、基准构成

(一) 客观事实要素

3. **实行行为**:滥用职权,具体表现为违规行使职权或违规超越职权(第 137 节 A 段 1—6)。

4. **行为结果**:致使公共财产、国家和人民利益遭受重大损失。具体包括人员伤亡、经济损失、社会影响等后果。①

5. **行为主体**:特殊主体,在此即为国家机关工作人员(第 121 节 A 段 11—13)。

6. **既遂形态**:本罪是结果犯。

(二) 客观规范要素

7. 本罪所侵害的具体法益是国家机关的正常管理活动。

(三) 主观责任要素

8. 从立法形态来看,本罪的主观责任形式为过失。具体心态内容指向造成公共

---

① 参见 2012 年最高人民法院、最高人民检察院《关于办理渎职刑事案件适用法律若干问题的解释(一)》第 1 条。

财产、国家和人民利益重大损失的结果。作为过失犯的过失并不取决于行为心态,行为人滥用职权可为明知故犯,但是这不影响本罪过失的成立。

二、法定刑

9. **基准法定刑**:犯滥用职权罪的,处3年以下有期徒刑或者拘役(我国《刑法》第397条第1款前段)。

10. **加重法定刑**:犯滥用职权罪,情节特别严重的,处3年以上7年以下有期徒刑(我国《刑法》第397条第1款后段)。徇私舞弊犯滥用职权罪的,处5年以下有期徒刑或者拘役;情节特别严重的,处5年以上10年以下有期徒刑(我国《刑法》第397条第2款)。

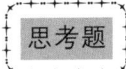

世界各国关于滥用职权犯罪的立法模式有哪些?

第137节 A 滥用职权罪实行行为及行为加重犯的解读

一、实行行为

1. 对于"滥用职权"的规范蕴含,1999年最高人民检察院《关于人民检察院直接受理立案侦查案件立案标准的规定(试行)》第2条在滥用职权罪的界说中将之归为:超越职权而违规;违规而行使职权。由此,结合公务职权的特征,**滥用职权**是指权内违规行使或者违规越权行使本应依法行使的特有的决定或处理有关公共事务的职能权力。滥用职权的本质是"职权"的"滥用",具体地说分为违规行使职权与违规超越职权。

(一)违规行使职权

2. 违规行使职权即基于特定的职权活动,而违法行使这一职权。具体包括"职权活动"及"权内违规"这两项要素。

3. **职权活动**,是指滥用职权应以行为人实施职权活动为基础,表现为行为人基于国家所赋予的特定职责与权力而处理有关公共事务的组织、领导、监督、管理。由此,一般实施本无职权的行为,并非职权的滥用。① 具体表现在:(1)普通人员冒用职权,即非国家机关工作人员冒用国家机关工作人员的名义,实施所谓的公职权力。在这种场合,根本不存在行为人的本有的正当职权问题,如果行为构成犯罪的根本不在渎职犯罪之列。(2)公职人员非公职活动超越职权,即国家机关工作人员在与其职

---

① 详见张小虎:《论我国刑法滥用职权罪的实行行为》,载《法学杂志》2009年第11期。

权无关的活动中,超越其职权范围而实施本属其他部门或单位①的公职权力。例如,税务机关工作人员因为个人恩怨而非法拘押他人。在这种场合,行为人虽有职权,但是案件并非以其职权活动为平台,而行为人超越其职权范围实施的行为也非其职权,由此在整个案件中行为人并无职权行为,进而无所谓滥用职权,如果行为构成犯罪的应当不在渎职犯罪之列。

4. **权内违规**,是指行为人虽然拥有某项职权,但是违反法律规定的程序与要求行使该项职权。例如,公安司法人员在案件侦破中不按规定的审批程序与操作要求,擅自窃听他人的私人电话。

(二)违规超越职权

5. 违规超越职权即基于特定的职权活动,而超越自己职权范围实施自己本无权限的职权行为。具体包括"职权活动"及"违规越权"这两项要素。其中,职权活动已如上述。

6. **违规越权**,是指行为人超越自己的职权范围,决定处理自己无权决定处理的事项,表现为实施自己有限的权限范围以外的职权行为。例如,监狱部门在处理罪犯的监外执行中,不经法院决定或者省级监狱管理机关决定,擅自给予罪犯监外执行。

二、行为加重犯

7. 国家机关工作人员徇私舞弊,犯滥用职权罪的,处加重法定刑(我国《刑法》第397条第2款)。这是对本罪加重犯及其法定刑的规定。这一加重犯的加重构成,在于行为要素的加重。基准构成的滥用职权罪的实行行为由"滥用职权"构成,而这一加重犯的实行行为由"滥用职权+徇私舞弊"构成。这种行为加重犯并不构成独立罪名(第85节A段9)。我国《刑法》有不少这样的行为加重犯。例如,第237条第2款规定的"聚众+第1款的基准实行行为"。

8. 我国《刑法》第397条第2款后段"本法另有规定的,依照规定",是指在该款行为加重犯的规定与《刑法》分则其他规定存在规范竞合的场合,适用其他特别规范。

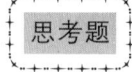

滥用职权的法定行为方式是否也包括"不作为"?②

第138节 玩忽职守罪

1. 设置本罪的基本法条是我国《刑法》第397条。在法条表述上,除实行行为存

---

① 这里的"部门"是指同一机关系统内的不同职能部门。这里的"单位"是指不同机关系统的各个职能单位。例如,监狱与法院,税务与工商。

② 详见张小虎:《论我国刑法滥用职权罪的实行行为》,载《法学杂志》2009年第11期。

在"滥用职权"与"玩忽职守"的差异之外,本罪与滥用职权罪的法定构成要素是一致的。1998年全国人大常委会《关于惩治骗购外汇、逃汇和非法买卖外汇犯罪的决定》第6条是本罪的注意规定。

2. **玩忽职守罪**,是指国家机关工作人员玩忽职守,致使公共财产、国家和人民利益遭受重大损失的行为。

一、基准构成

（一）客观事实要素

3. **实行行为**:玩忽职守。对于"玩忽职守"的规范蕴含,1999年最高人民检察院《关于人民检察院直接受理立案侦查案件立案标准的规定(试行)》第2条将之归为:不负责任不履行或者不认真履行职责。由此,结合公务职权的特征,**玩忽职守**,是指疏于职守不履行应当履行的职责,或者疏于职守不按法律规定的要求履行职责。玩忽职守的本质是职权的"疏漏"。具体分为两种情形:（1）疏于职守不履行职责。例如,接到命案报案后,不出现场。（2）疏于职守不认真履行职责。例如,出现场后,不认真勘查现场。

4. **行为结果**:致使公共财产、国家和人民利益遭受重大损失。其具体内容与滥用职权罪相应要素的内容相同。①

5. **行为主体**:特殊主体,在此即为国家机关工作人员(第121节 A 段 11—13)。

6. **既遂形态**:本罪是结果犯。

（二）客观规范要素

7. 本罪所侵害的具体法益,是国家机关的正常管理活动。

（三）主观责任要素

8. 从立法形态来看,本罪的主观责任形式为过失。具体心态内容指向造成公共财产、国家和人民利益重大损失的结果。作为过失犯的过失并不取决于行为心态,行为人玩忽职守也可能系明知故犯,但是这不影响本罪过失的成立。

二、法定刑

9. 本罪的法定刑与滥用职权罪的一致(我国《刑法》第397条)。

思考题

《日本刑法典》《意大利刑法典》《德国刑法典》等是否明确将玩忽职守作为独立于滥用职权的一种犯罪？为什么？

---

① 参见 2012 年最高人民法院、最高人民检察院《关于办理渎职刑事案件适用法律若干问题的解释(一)》第1条。

第138节 A　玩忽职守罪的责任主体入罪范围及与滥用职权罪的关系

一、责任主体的入罪范围

1. 对于损害结果发生来说,玩忽职守的责任主体可能呈现:直接致果失职者;业务监管失职者;各级领导失职者。

2. 在过失犯罪中,损害结果的大小是定罪量刑的核心要素。没有损害结果,即使存在过失也不成立犯罪;损害结果越是严重,所犯罪行也就越加严重。在严重后果发生的场合,直接致果失职者固然有其责任,而业务监管失职者也难辞其咎,各级领导失职者也难脱干系。不过问题是,是否对之一律予以刑法后果的问责?对此,应当根据损害结果的严重程度而定。

3. 在符合《刑法》入罪的定量要素的场合,直接致果失职者固然要承担刑法后果;在损害结果达到相当严重的程度,一些业务监管失职者也应依法承担相应的刑法后果。而在死伤人数达到成百上千的场合,有关上级领导失职者也应依法承担相应的刑法后果。损害结果越是严重,说明日常管理工作中的隐患也就越大,对于如此重大的隐患,有关领导却失职失管,对之问责也就合法合情合理。每个社会角色,都是有其责任的,领导干部更是如此。

二、玩忽职过罪与滥用职权罪

4. 鉴于我国《刑法》的立法状况,刑法理论或以故意与过失或以作为与不作为,来界分玩忽职过罪与滥用职权罪。本书认为,此两罪的法定构成要素,除了实行行为之玩忽职守与滥用职权的差异之外,包括责任形式在内的其余要素均系一致。而这一实行行为的两者也均含作为与不作为的行为方式,若有区别仅在其阐释本义的视角有所不同。

（一）滥用职权与玩忽职守的立法状况

5. 我国1979年《刑法》仅设置了玩忽职守罪(第187条),从而滥用职权行为包容于玩忽职守罪;并且该《刑法》对于玩忽职守的特别法条也设置得很少,从而使玩忽职守罪成为一个"口袋罪"。鉴于提升刑法的明确性,我国1997修订的《刑法》第397条明确区分滥用职权罪与玩忽职守罪,并且增设了若干滥用职权与玩忽职守的特别法条,然而,如今的玩忽职守罪仍未走出"口袋罪"的泥潭。[①]

6. 从他国立法来看,许多国家刑法典并未区分滥用职权与玩忽职守的犯罪,或者说将玩忽职守的情形也纳入滥用职权的表现之中。例如,《日本刑法典》第25章的渎职罪,主要包括滥用职权犯罪与贿赂犯罪两种。当然,对于滥用职权与玩忽职守未

[①] 详见张小虎:《论我国〈刑法〉应由粗疏型走向精细型:基于我国〈刑法〉立法现状的统计数据分析》,载《政治与法律》2021年第10期。

予界分,并不意味着没有相应的诸多特别规范。

(二) 滥用职权与玩忽职守的行为方式

7. 1999年最高人民检察院《关于人民检察院直接受理立案侦查案件立案标准的规定(试行)》第2条,将滥用职权定义为"违法决定、处理其无权决定、处理的事项,或者违反规定处理公务";而将玩忽职守定义为"严重不负责任,不履行或者不认真履行职责"。这似乎是,"不履行职责"或称懈怠职责的行为方式,已从滥用职权行为中独立出来。刑法理论则有见解认为,滥用职权仅限作为,而玩忽职守仅限不作为,并以此来界分滥用职权与玩忽职守。应当说,基于我国《刑法》及上述司法解释的规定,滥用职权与玩忽职守的法定行为方式均包括作为与不作为。

8. **权力与责任在职务中的统一**:公共管理中的国家职能活动,是以职务为平台的权力与责任的统一体。公职机关履行职务,既是行使权力,也是履行责任。反之,公职机关的背职,既是权力的亵渎,也是责任的亵渎。

9. **权力与责任之背职的规范违反**:背职即违背职务的要求,而这一背职,既可以是违反禁止性规范,也可以是违反命令性规范。以积极行为作前者是作为;以消极行为或消极行为并积极行为作后者是不作为。背职包含了作为与不作为。例如,在项目的审批中,对不符合条件者而任意审批,就积极用权的角度观之,这可谓是作为形式的权力行使背职;从消极弃权的角度来看,这可谓是作为形式的履行责任背职。在项目的审批中,对符合条件者而不予审批,就积极用权的角度观之,这可谓是不作为形式的权力行使背职;从消极弃权的角度来看,这可谓是不作为形式的履行责任背职。

10. **我国《刑法》第408条之一规定的考究**:值得关注的是,《刑法》第408条之一的规定与第397条的规定,在表述方式上基本一致;相对而言,第397条是普通规范,第408条之一是特别规范。然而,在罪名的解释上,前者系两罪而后者仅为"食品、药品监管渎职罪"。应当说,后者的罪名确定更为合理。我国罪名的确定委以司法解释,其也经历了1997年修订的《刑法》以来的理论与实践。可以认为,《刑法》第408条之一的罪名确定是司法解释进步的表现。第408条之一由《刑法修正案(八)》(2011年)增设并由《刑法修正案(十一)》(2020年)修正。

11. **滥用职权与玩忽职守的区别**:在于行为本质的解释。**(1) 滥用职权行为**,实为"职权—权力"的滥用,或曰权力的扩张,即客观上作为或不作为属于权力的行使,行为人主观上也有将此行为作为迫使对方服从的意图。滥用职权即超越职权与违规使权。由于违规,既可是违反禁止性规定,也可是违反命令性规定,从而包括作为与不作为。**(2) 玩忽职守行为**,实为"职守—责任"的懈怠,或曰责任的收缩,即客观上不作为或作为属于责任的解脱,行为人主观上也有将此行为作为放弃权力行使的意图。玩忽职守即不履行职责与不按规定履职。由于不按规定,这里的规定既可以是命令性规范,也可是禁止性规范,从而包括作为与不作为。

(三) 滥用职权罪与玩忽职守罪的责任形式

12. 刑法理论有见解认为,滥用职权罪由故意构成,而玩忽职守罪由过失构成,由此来界分滥用职权罪与玩忽职守罪。本书认为,此两罪均为过失犯罪。过失心态指向的是行为结果。对此,已在上文有关两罪基准构成的阐释中说明。应当看到,《刑法》对于两罪表述的语境是一致的,有关界分两者责任形式的理论阐释也显牵强。再从两罪所共用的法定刑来看,这一法定刑与《刑法》中交通肇事罪、重大责任事故罪等职务过失犯罪的法定刑一致。反之,如果行为人滥用职权或玩忽职守对于造成重大损失的结果持故意心态,行为人构成的就不是滥用职权罪或玩忽职守罪。

玩忽职守的法定行为方式是否也包括"作为"?

第 139 节　背离公务职责罪的其他具体犯罪选读

一、执行判决、裁定滥用职权罪

1. 执行判决、裁定滥用职权罪(我国《刑法》第 399 条第 3 款),是指在执行判决、裁定活动中,滥用职权,不依法采取诉讼保全措施、不履行法定执行职责,或者违法采取诉讼保全措施、强制执行措施,致使当事人或者其他人的利益遭受重大损失的行为。

二、阻碍解救被拐卖、绑架妇女、儿童罪

2. 阻碍解救被拐卖、绑架妇女、儿童罪(我国《刑法》第 416 条第 2 款),是指对被拐卖、绑架的妇女、儿童负有解救职责的国家机关工作人员,利用职务阻碍解救被拐卖、绑架妇女、儿童的行为。

三、执行判决、裁定失职罪

3. 执行判决、裁定失职罪(我国《刑法》第 399 条第 3 款),是指在执行判决、裁定活动中,严重不负责任,不依法采取诉讼保全措施、不履行法定执行职责,或者违法采取诉讼保全措施、强制执行措施,致使当事人或者其他人的利益遭受重大损失的行为。

四、国家机关工作人员签订、履行合同失职被骗罪

4. 国家机关工作人员签订、履行合同失职被骗罪(我国《刑法》第 406 条),是指国家机关工作人员在签订、履行合同过程中,因严重不负责任被诈骗,致使国家利益遭受重大损失的行为。

五、不解救被拐卖、绑架妇女、儿童罪

5. 不解救被拐卖、绑架妇女、儿童罪(我国《刑法》第 416 条第 1 款),是指对被拐卖、绑架的妇女、儿童负有解救职责的国家机关工作人员,接到被拐卖、绑架的妇女、儿童及其家属的解救要求或者接到其他人的举报,而对被拐卖、绑架的妇女、儿童不进行解救,造成严重后果的行为。

六、徇私枉法罪

6. 徇私枉法罪(我国《刑法》第 399 条第 1 款),是指司法工作人员徇私枉法、徇情枉法,对明知是无罪的人而使他受追诉、对明知是有罪的人而故意包庇不使他受追诉,或者在刑事审判活动中故意违背事实和法律作枉法裁判的行为。

七、过失泄露国家秘密罪

7. 过失泄露国家秘密罪(我国《刑法》第 398 条),是指国家机关工作人员违反保守国家秘密法的规定,过失泄露国家秘密,情节严重的行为。

8. 非国家机关工作人员也可以构成本罪,成立本罪的准型构成。

八、食品、药品监管渎职罪

9. 食品、药品监管渎职罪(我国《刑法》第 408 条之一),是指负有食品药品安全监督管理职责的国家机关工作人员,具有法定情形的滥用职权或者玩忽职守,造成严重后果或者有其他严重情节的行为。

> **思考题**

我国《刑法》将泄露国家秘密罪的故意犯与过失犯共用一个法定刑,这一立法是否合理?

第33章 背离军人职责罪

一、背离军人职责罪的本体构成

1. **背离军人职责罪**,是指军人违反职责,危害国家军事利益,依照法律应当受刑罚处罚的行为。

(一) 客观事实要素

2. **实行行为**:违反军人职责。**(1) 军人职责**:包括一般职责与具体职责。军人一般职责,是指每一个军人都应当履行的职责,主要规定在《中国人民解放军内务条令(试行)》第三章中;军人具体职责,是指不同类型的军人在执行不同种类的任务时应当履行的职责,主要规定在中央军委、人民解放军各总部、各军兵种的各种条例、条令中。**(2) 法定行为方式**:多数系作为,例如,阻碍执行军事职务行为、军人叛逃行为、故意泄露军事秘密行为等;少数系不作为,例如,拒不救援友邻部队罪、遗弃伤病军人罪等。**(3) 行为情境**:本章许多犯罪法定构成要素包括特定时间或地点。例如,战时造谣惑众罪、战时自伤罪等以战时为要素,遗弃伤病军人罪以在战场上为要素。

3. **行为主体**:特殊主体,即军职人员。对于军职人员的具体范围,我国《刑法》第450条作了具体规定。

4. **既遂形态**:本章各罪的既遂形态类型表现为:**(1) 行为犯**:例如,非法获取军事秘密罪,投降罪等。**(2) 结果犯**:例如,虐待部属罪,擅离、玩忽军事职守罪等。**(3) 危险犯**:战时造谣惑众罪。

(二) 客观规范要素

5. 本章各罪所侵害的类型法益是国家军事利益。**国家军事利益**,是指国家军事活动以及与军事相关的活动得以顺利进行而体现出的价值意义。具体包括武装力量建设、军事作战行动、军队物质保障、军事科学研究等方面的利益。

(三) 主观责任要素

6. 本章各罪的主观责任形式,包括:**(1) 多数系故意**:例如,战时违抗命令罪、隐瞒、谎报军情罪、投降罪等。**(2) 有的系过失**:例如,过失泄露军事秘密罪、遗失武器装备罪。

二、背离军人职责罪的种类

7. 基于行为及其相关事实特征,可以将我国《刑法》"第十章军人违反职责罪"分为五类:

8. **侵犯军令、军情的犯罪**。包括:战时违抗命令罪,非法获取军事秘密罪,为境外窃取、刺探、收买、非法提供军事秘密罪等。

9. **有关投降、逃避的犯罪。**包括:投降罪,战时临阵脱逃罪,军人叛逃罪,战时自伤罪,逃离部队罪。

10. **有关武器、物资的犯罪。**包括:盗窃、抢夺武器装备、军用物资罪,非法出卖、转让武器装备罪,遗失武器装备罪等。

11. **侵犯部属、伤员、居民、俘虏的犯罪。**包括:虐待部属罪,遗弃伤病军人罪,战时残害居民、掠夺居民财物罪等。

12. **其他违反职责的犯罪。**包括:擅离、玩忽军事职守罪,阻碍执行军事职务罪,指使部属违反职责罪,战时造谣惑众罪等。

思考题

我国《刑法》第450条的"其他人员"具体是指哪些人员?

术词及关键词选摘

B

不法意识　节 33 段 7
不确定罪名　节 85 段 8
不法原因给付效果　节 118 段 6
不纯正不作为犯的具体定性　节 18E 段 13
包容犯　节 52 段 25
比例原则　节 21A 段 6
必要条件关系　节 19B 段 3
本体构成　节 16 段 2
本体构成符合　节 16 段 1
本体构成的判断　节 16 段 8
危害阻却缺乏　节 16 段 1
补充原则　节 29 段 26
报应基底兼顾目的　节 5 段 8
被胁迫犯　节 45D 段 1
被胁迫犯主犯　节 45D 段 2
被胁迫行为的定性　节 34 段 11 脚注
避险过当的定罪　节 29A 段 11
避险结果心态与过当结果心态　节 29A 段 7
避险过当与缺乏不得已的避险　节 29A 段 5

C

从犯教唆犯　节 45 段 3
从属预备犯　节 40A 段 14
处刑刑　节 62 段 11
存在论　节 1 段 8
财产损害　节 117B 段 1
财产性利益　节 116F 段 21
纯粹过失犯　节 38B 段 8
触法少年　节 78 段 5 脚注

D

单一型基准实行行为　节 18B 段 6
典型设置与准型设置　节 85B 段 6
定罪法定　节 36 段 7
独立未遂犯　节 41 段 2
独立预备犯　节 40A 段 14
独立教唆犯　节 45C 段 15
点刑罚理论　节 62A 段 4
第 13 条但书的司法适用限定　节 16 段 18
短缩的二行为犯　节 25 段 11

F

分则犯罪的结构形态　节 39B 段 2
犯罪能力　节 78 段 3
犯罪的轮廓　节 16 段 2
犯罪构成理论的基本点　节 15 段 2
犯罪的违法性与行为的违法性　节 14 段 12
防御性避险　节 29 段 18
防卫过当的定罪　节 28A 段 13
防卫结果心态与过当结果心态　节 28A 段 5
防卫不适时与事先侵害及事后侵害　节 28 段 24
附属型独立预备犯　节 18B 段 8
附条件相对责任年龄阶段　节 32B 段 3
非刑措施　节 81 段 19
非实行预备犯　节 40A 段 10
非法占有目的　节 116D 段 5
非纯粹过失犯　节 39B 段 8
法定刑的格　节 85C 段 2
法益侵害结果　节 19A 段 4
法益侵害属性　节 16 段 4
法秩序统一性　节 117D 段 10
法理的现实终极价值　节 32C 段 5
法律拟制与法律推定　节 85B 段 10
法律拟制与准型设置　节 85B 段 9
复权　节 75 段 1
复合型基准实行行为　节 18B 段 6
幅刑罚理论　节 62A 段 4

G

公共场所　节 112A 段 10
共犯退出　节 48 段 14
共行性共犯　节 43 段 15
更生保护处分　节 78 段 20
攻击性避险　节 29 段 18
构成要件行为　节 18 段 4
规范行为　节 49 段 7
规范故意　节 23C 段 3
规范性独立预备犯　节 40A 段 15
国家工作人员　节 131A 段 4
国家机关工作人员　节 121A 段 11—13
故意与过失的缺乏　节 26 段 1
故意帮助过失犯的片面帮助犯　节 45B 段 17

H

黑社会组织　节 43 段 24

J

交付财物　节 117A 段 5
决定论　节 1 段 8
即成犯　节 50 段 7
经验人　节 6 段 6
具体阴谋犯　节 87A 段 1
既遂标准　节 39 段 2
积极行为　节 18 段 10
积极逃逸　节 95B 段 18
积极不作为　节 109A 段 15
基准刑　节 62 段 9
基准罪状　节 85 段 17
基准法定刑　节 85C 段 11
基准犯罪构成　节 17 段 3
基准实行行为　节 18B 段 2
接续犯　节 50 段 11
集合犯　节 52 段 1
禁止溯责原则　节 108B 段 8 注
禁止执业的法律地位　节 61F 段 3
聚合共犯　节 43 段 15

K

可罚性之必要性递减原则　节 45F 段 6

空白刑法　节 2 段 12
客观规范要素　节 16 段 4
客观事实要素　节 16 段 3
客观基底兼顾主观　节 5 段 4

L

力图　节 41A 段 2
连累犯　节 104 段 13
类型型独立预备犯　节 18B 段 8
理性人　节 6 段 5
理论刑法学（概念刑法学）　节 1 段 5
量刑基准　节 62A 段 2

M

免责的防卫　节 28 段 28
免责的避险　节 28 段 28
秘取型侵财　节 116A 段 4
排列罪名　节 85 段 7
普通多次犯　节 39A 段 8
骗付型侵财　节 116A 段 4

Q

企行犯　节 39A 段 4
其他没收　节 61B 段 13
前置性犯罪　节 18B 段 8
起点刑　节 62 段 9
起诉犹豫　节 67 段 2

R

双层多阶犯罪论体系　节 16 段 1
时效迟延起算　节 72A 段 18
社会内处遇　节 70 段 5
社会相当行为　节 18D 段 1
社会相当性理论　节 18D 段 4
社会危险性的确定　节 77 段 9
使用盗窃　节 116F 段 3
事实行为　节 49 段 7
事实故意　节 23C 段 3
事后盗窃　节 116E 段 10
事后的独立侵占　节 116E 段 7
事实型独立预备犯　节 40A 段 15

实质预备犯　节 40A 段 13
实行化预备犯　节 18B 段 8,节 40A 段 10
实行行为的心态　节 39B 段 8
实行行为样态心态　节 39B 段 8
实行行为属性心态　节 39B 段 8
实行行为的附随情状　节 18 段 20
实行嫁接的准型正犯　节 45F 段 20
实行行为之表象行为的心态　节 39B 段 8
受托人员(贪污罪主体)　节 131B 段 4
现实条件关系　节 19B 段 2
首服　节 64A 段 5
随机法益　节 22 段 12
渗透的取财故意　节 116E 段 5
善行保证金　节 78 段 12

T

同层规范竞合　节 51 段 26
特定心态　节 25 段 1
特别没收　节 61B 段 2
特定构成结果　节 19 段 3
特殊危险人员　节 78 段 6
特定定量情状(分则定量要素)　节 19 段 18
特定目的与直接故意的危害目的　节 25 段 10
特定构成结果与法益侵害结果　节 19 段 9
脱离共犯关系　节 48 段 8

W

未必故意　节 23A 段 15
未遂教唆　节 45C 段 19
危害阻却缺乏　节 16 段 6
危害阻却　节 16 段 6
危害阻却的判断　节 16 段 12
完备刑法　节 2 段 12
往复型基准实行行为　节 18B 段 6

X

先行行为犯罪与不作为犯的定性　节 18E 段 14
行为刑法　节 2 段 12
行为附随情状　节 16 段 3
行为人刑法(思想刑法)　节 2 段 12
行为实质排除事实　节 18D 段 7

行为危害社会的结果(《刑法》第 14、15 条表述)　节 23C 段 5
刑事和解　节 82 段 3
刑事处置　节 81 段 1
刑罚能力　节 78 段 3
刑事特别处置　节 81 段 6
刑事法律关系　节 8 段 1
刑罚宣告犹豫　节 67 段 2
刑罚执行犹豫　节 67 段 2
刑法规范　节 10 段 1
刑法的正确性　节 7 段 6
刑法的不完整性　节 3 段 5
刑法法制主义原则　节 7 段 18
刑法运行的基本模式　节 11 段 11
刑法解释与有利于被告　节 11A 段 3
刑法教义学(刑法信条学)　节 1 段 7
形式预备犯　节 40A 段 13
现实充分条件关系　节 19B 段 5
相当关系　节 19B 段 4
相对共犯　节 43 段 15
相对相当关系　节 19B 段 2
相对完全犯罪共同说　节 44 段 8
选择罪名　节 85 段 6
修复性司法　节 82 段 9
宣告刑　节 62 段 9
徐行犯　节 50 段 13
消极行为　节 18 段 10
消极逃逸　节 95B 段 18
消极不作为　节 109A 段 15

Y

一般没收　节 61B 段 2
一行为与数行为界分的影响因素　节 49 段 11
允许入罪的扩张解释　节 11B 段 10
异层规范竞合　节 51 段 26
优越利益原则　节 29 段 24
抑制的结果犯　节 25 段 11 注
严重危害其他阻却　节 16 段 7,节 35 段 1
严重危害其他阻却事由的规范呈现　节 35 段 5—8
要素缺乏　节 16 段 19

要素阻却　节 16 段 19
原则的共犯从属性说　节 43 段 25
意思刑法　节 2 段 10
意思联络　节 43 段 9
意图偏差的片面帮助犯　节 45B 段 11
虞犯少年　节 78 段 5

Z

中立帮助行为　节 45B 段 15
主犯帮助犯　节 45 段 3
主观责任要素　节 16 段 5
执行刑　节 85 段 21
自然行为　节 49 段 7
自然犯论　节 6 段 12
自我答责原则　节 108B 段 8 注
作为与不作为的辨识　节 18 段 19

注释刑法学（条文刑法学）　节 1 段 5
注意规范与法律拟制　节 85B 段 7
责任要素的空虚要素　节 33 段 2
责任要素的实体要素　节 33 段 2
追征　节 61B 段 18
追加的盗窃故意　节 116E 段 4
追诉时效期限暂停　节 72A 段 17
追诉时效期限中断　节 72A 段 20
追诉时效期限延长　节 72A 段 23
准中止犯　节 42 段 11
哲学刑法学（理念刑法学）　节 1 段 5
致果共生关系　节 19B 段 8
着手　节 28 段 21
（刑法解释）尊重社会观念　节 11B 段 14
罪状陈式　节 85B 段 3